山东省
标准地名诠释

临沂市卷

《山东省标准地名诠释》编纂委员会 编

山东城市出版传媒集团·济南出版社

《山东省标准地名诠释》

编纂委员会

前　言

地名是重要的基础地理信息和社会公共信息，与经济社会发展、人们日常生产生活息息相关。编纂出版《山东省标准地名诠释》是地名管理服务工作的一项基础工程，对进一步推行山东省地名标准化，推广普及地名知识，适应改革开放和高质量发展的需要，以及国家和社会治理、经济发展、文化建设、国防外交等方面具有重要的意义和作用。

2014年7月，国务院印发通知开展第二次全国地名普查。2015年，国务院地名普查办印发《第二次全国地名普查成果转化规划（2015—2020年）》（国地名普查办发〔2015〕6号），山东省地名普查办依此制定了《山东省第二次全国地名普查成果转化规划（2016—2020年）》（鲁地名普查办发〔2016〕4号），部署开展成果转化相关工作，其中包括组织编制出版标准地名图、录、典、志等出版物。编纂出版《山东省标准地名诠释》是贯彻落实"边普查、边应用"指示要求，及时发布并推动第二次全国地名普查成果社会应用的重要举措，也是落实规划目标任务的重要内容。

《山东省标准地名诠释》编纂委员会按照公开出版的要求，在全省第二次全国地名普查成果数据基础上，进行成果的整理挖掘（包括资料收集、数据考证等），编辑出版《山东省标准地名诠释》，并将本书定位为第二次全国地名普查重要的省级成果，是一部以"地名"为主题的省级标准地名工具书。

本书在资料整理和编辑加工的过程中力求做到内容权威、文字精练、编写精心、编辑独到、设计新颖，以期达到当前编辑出版水平的先进行列。在词目释义编写上，本书着力突出"三个重点"（即地名基本要素、地名文化属性、地名所指代地理实体性质与特征），具备四个特点（即广、新、准、实）。其中，"广"即收词广泛，应录尽录，要涵盖重要地名类别及其主要地名；"新"即资料新、信息新，要充分利用地名普查最新成果，反映全省各地地名的新情况、发展建设取得的新成就；"准"即实事求是、表述准确、考证严谨，要求词目释文中的资料、数据翔实有据，表述准确、规范，做到地名拼写准确无误、词条诠释准确无误；"实"即具有实用性。在采词、释文内容和词目编排上都力求符合读者需要，便于读者使用，使之有较高的实用和收藏价值。

　　本次《山东省标准地名诠释》编纂得到多方面的支持，全省各级地名主管部门的领导和地名工作者，不辞辛苦，埋头于本书所需资料的搜集、整理，根据《山东省标准地名诠释》的编写要求，认真组织撰稿，力求做到精益求精。在此，我们对为本书的编纂、出版工作提供了帮助和支持的所有单位、领导和工作人员，表示诚挚的感谢。编纂出版《山东省标准地名诠释》工作任务重、涉及内容多、标准要求高，限于我们的人员专业水准和时间等因素，书中难免存在错误或不足，恳请广大读者批评指正。

凡　例

一、《山东省标准地名诠释》采收山东省 17 市 137 县（市、区）范围内，包括乡镇以上行政区划名称、主要的居民点和自然实体及主要社会、经济设施等重要地名词条，按照行政区域划分和地名类别特点分列 18 卷。

二、采收地名分为六个大类：

1. 政区类：包括山东省政区建制镇、乡、街道及以上全部行政区划单位；国家和省正式批准的各类经济功能区（含开发区、高新区、工业区、保税区、科技园区、新区等）；1949—2014 年间曾经设立而现已废置的地区行署、县级和乡级行政区，特指被撤销建制、被合并或拆分不继续使用原专名的情况。另，城乡社区是社会治理的基本单元，故也收录了部分建有综合服务中心且统一开展基本公共服务的社区名称。

2. 居民点类：具有地标意义或文化意义的住宅区；镇、乡人民政府驻地居民点；经省级以上人民政府或有关部门批准的"历史文化名村""传统村落"；具有明显特点的非镇、乡驻地的居民点（如：文化底蕴浓厚、存续历史悠久、人口数量多、占地面积广、重要历史事件发生地、名人故里、重要少数民族聚居地、交通要口、物资集散地、土特产品产地等）等。

3. 交通运输类：包括城市道路与城镇街巷、铁路、公路、航道、桥梁、车站、港口、机场等。城市道路收录市辖区城区内的快速路、主干道、次干道，县和县级市驻地城区主干道，及其他具有突出特色的一般街巷；铁路收录公开运营的国有铁路（含高铁、干线、支线和专用线）和地方铁路；公路收录省级以上普通公路、高速公路；桥梁和立交桥只收录规模大、历史久、有特色的；隧道只收录 500 米以上的及其他有特色的；港口只收年吞吐量在 10 万吨以上的；码头、船闸只收录大型的、特别重要的；渡口只收录正在使用的重要渡口。

4. 自然地理实体类：包括平原、盆地、山地、丘陵、沼泽、洞穴、河流、峡谷、三角洲、湖泊、陆地岛屿、瀑布、泉、海、海湾、海峡、海洋岛屿、半岛、岬角等。其中河流主要收录长度在 30 千米及以上的，以及具有航运价值的人工水道；湖泊主要收录面积在 3 平方千米及以上的。

5.名胜古迹、纪念地和旅游地类：包括纪念地、重点文物保护单位、风景名胜区、重要景点和一般名胜古迹、自然保护区。其中纪念地收录市级及以上级别的；重点文物保护单位收录经过正式批准的市级（含）以上的；城市公园收录 AAA 级以上的；风景名胜区、自然保护区收录经过正式批准的国家和省级的词条。

6.农业和水利类：包括农场、牧场、林场、渔场、水利枢纽、水库、灌区、渠道、堤防（海塘）等。其中水库收录库容 0.5 亿立方米以上的，灌区收录 3 平方千米以上的。

三、词目排列按分市与分类相结合的原则。即先将全部词目按市大类划分，大类下面分亚类，亚类下面再分小类。在同一亚类或小类词目中，先排全市性的大条目，再按区、县、街道、镇、乡的顺序排出市内条目。各市跨区县的条目在市本级单独排列。

四、本地名诠释资料截止日期为 2014 年 12 月 31 日，所选地名主要来源于第二次全国地名普查成果，主要兼顾反映普查成果和普查期间地名的存量情况，其中少量地名为非标准地名，此类地名需标准化处理，不作为判定标准名称的依据。

五、按照词条释文编写规则，本书相关词条中所列人口数做了技术处理，均为约数，不作为人口统计的依据。

六、本地名诠释中地名罗马字母拼写，遵从《中国地名汉语拼音字母拼写规则（汉语地名部分）》的规定。一般地名的专名与通名分写。专名和通名中的修饰、限定成分，单音节的与其相关部分连写，双音节和多音节的与其相关部分分写；通名已专名化的，按专名处理；居民点中的村名均不区分专名和通名，各音节连写。

地名用字的读音以普通话法定读音为主，同时适当考虑地方读音，如"崖"我省部分地区的地名中读"yái"，标准读音为"yá"；"垓"我省部分地区的地名中读"hǎi"，标准读音为"gāi"；"国"我省部分地区的地名中读"guī"，标准读音为"guó"；"郝"我省部分地区的地名中读"hè"，标准读音为"hǎo"，等等。

七、在每卷卷首，均有本卷地名的词目表。为方便读者检索，在每卷卷末，设有本卷地名的汉语拼音音序索引。

临沂市卷　目录

沂南县

费县

一　政区

临沂市

临沂市 371300
[Línyí Shì]

山东省辖地级市。北纬34°22′—36°13′，东经117°24′—119°11′。在省境东南部。面积17 202平方千米。户籍人口1 113.0万，常住人口1 022.1万。以汉族为主，还有回、满、朝鲜、壮、蒙古等民族。辖兰山、罗庄、河东3区，沂南、郯城、沂水、兰陵、费县、平邑、莒南、蒙阴、临沭9县。市人民政府驻兰山区。西周分属鲁、莒、郯、鄅等诸侯国。战国属齐、楚。秦属琅玡郡和郯郡。西汉分属琅玡郡、东海郡、城阳国和泰山郡。东汉承西汉制，区划略有改动，琅玡郡改为琅玡国，迁治开阳（今临沂）。三国魏为琅玡国、东海国、城阳郡地。晋仍分属东海郡、琅玡国、城阳郡。北魏分设琅玡郡、东海郡、兰陵郡、郯郡、东莞郡、东安郡。北周于郡名之上冠以州名，属沂州琅玡郡、邳州郯郡、海州东海郡。隋为沂州（琅玡郡）地，一部分属泗州（下邳郡）、海州（东海郡）。唐、宋为沂州（琅玡郡）地，部分属密州（高密郡）、海州（东海郡）。金属沂州和莒州。元、明因之。清雍正十二年（1734）皆入沂州府。1913年属济宁道。1925年置琅玡道，治临沂。1928年撤销。1936年置山东省第三行政区。抗日战争时期分属鲁中、鲁南、滨海3行署。1948年改属沂蒙、滨海专区。1950年改置临沂、沂水专区。1953年沂水专区并入临沂专区。1967年改称临沂地区。1989年临沂地区所辖的日照市析出，沂源县划归淄博市。1992年莒县划归日照市后成今境。1994年改置市。（资料来源：《中华人民共和国地名大词典》）因东临沂河得名。地势西北高东南低，以低山丘陵为主，海拔200~500米。以沂河、沭河流域为中心，由北向南构成扇状冲积平原，海拔30~50米。年均气温14.5℃，1月平均气温1.6℃，7月平均气温26.8℃。年均降水量633.6毫米，年均无霜期205天。有沂河、沭河等流经。有白云岩、金刚石、石英砂岩、石膏等矿产资源。有野生植物151种。有野生动物1 049种，其中国家重点保护野生动物有白额雁、大天鹅、鸳鸯等17种。有省级自然保护区1个。森林覆盖率34.5%。有国家级科研单位2个、省级科研单位35个。有临沂大学等高等院校3所，中小学1 709所，国家级图书馆4个，临沂市人民医院等三级以上医院10个。有北寨墓群、郯国故城等国家级文物保护单位12个，兰陵古墓、孟良崮战役遗址、大青山战斗遗址等省级文物保护单位88个，山东省政府成立纪念地等国家级爱国主义教育基地4个、省级爱国主义教育基地10个，纪念地孟良崮战役、岱崮保卫战遗址，沂蒙革命、沂蒙红嫂纪念馆等5个，有省级历史文化名镇5个、历史文化名村5个、传统村落11个、千年古县6个，有国家级非物质文化遗产鲁南五大调、柳琴戏等4个，"卧冰求鲤"传说、糁制作技艺等省级非物质文化遗产19个，

1

风景名胜区和重要古迹、景点蒙山、浮来山、王羲之洗砚池、诸葛亮故居旧址等24个。三次产业比例为10：46：44。农业以花生、小麦、瓜果蔬菜种植为主，畜牧业主要饲养猪、牛、羊、家禽和兔等，渔业以淡水养殖为主。认证无公害农产品、绿色食品、有机食品、地理标志农产品110个，名优产品有孙祖小米、沂南黄瓜、跋山芹菜、沂水生姜、沂水苹果、蒙阴蜜桃、平邑金银花、蒙山全蝎、莒南花生、沂南绿茶、苍山大蒜、兰陵美酒等。工业以煤炭、冶金、电力、机械、电子、化工、建材、轻纺、食品、医药、化肥等产业为主。服务业以商贸物流业为主，有多个大型物流园区，每年举办中国（临沂）国际商贸物流博览会。有国家级开发区3个、省级开发区11个。境内有铁路518千米，公路26 700千米，高速515.2千米。兖石铁路、胶新铁路、京沪、日东、青兰、长深、临枣高速公路，205国道、206国道、327国道，103省道、225省道、231省道、318省道过境。有民用机场1个，民航航线26条，通往国内北京、上海、广州、济南等城市。

临沂 371300-Z01
[Línyí]

临沂市聚落。在市境南部。面积2 293平方千米。人口250.1万。以汉族为主，还有回、满、朝鲜、壮、蒙古等民族。原城墙为夯土筑成，明洪武元年（1368）始筑砖城。明万历十五年（1587）始整修四门，添建城楼。据《沂州志·城池》记载：砖城1座，周围9里，高2丈5尺，阔1丈，垛口3 782.5个，城堡50座，炮台4座，城内马道阔8尺，城外壕深1丈，阔1丈6尺，城楼4座，除南门楼为大楼3层又小楼2座外，其余东、西、北3门均系2层大楼1座又小楼1座。清康熙七年（1668）地震，"东门城楼仅存，余俱坍毁"，后几经增修，才恢复旧观。古城原无护城河，经过

明、清两次开挖引水，始有四面环水的护城河。现除护城河外，城墙、城门皆已无存。1950年建设临沂革命烈士陵园。1964建成临沂沂河大桥。1983年临沂长途汽车站建成，1985年兴建临沂火车站。1986年落成孟良崮战役纪念碑。1997年沂蒙路拓宽改造工程竣工通车。2000年临沂人民广场开工建设。2003年以来，沿沂、沭河实施"以河为轴，两岸开发"的发展战略，改造北部沿河老城区城中村，整治涑河河道，新建改建67条主次干道，新建跨河桥梁16座，滨河景观大道建成，形成"北上东进"城市布局。因东临沂河得名。有人民广场、汉竹简墓、王羲之故居、华东革命烈士陵园、沂蒙革命纪念馆、临沂广播电视塔、书圣阁、凤凰广场等标志性建筑物。沿河成"一河五片"城市景观序列。主城由5个功能片区组成，包括兰山片、罗庄片、河东片、北城新区、经济技术开发区片。兰山片为沂河西岸、祊河西南岸、京沪高速公路、兖石铁路围合的区域，为传统的城市经济中心和商贸物流中心、历史文化中心。罗庄片位于兖石铁路以南，为高新技术开发区和罗庄工业区，以能源、建材、化工、纺织工业和高新技术产业为主。河东片位于沂河以东，由沭河西岸、兖石铁路、机场围合的区域，为城市的航空港和大型物资集散中心，以仓储转运、批发贸易及大型基础设施基地为主体，重点发展民营企业。北城新区位于兰山区行政区范围北部，由沂河西岸、祊河东岸、茶山围合的区域，是城市新兴行政中心、文化娱乐中心、体育中心和科研、休疗养基地。经济技术开发区片位于河东区行政区范围南部，由沂河东岸、沭河西岸、兖石铁路围合的区域，主要为对外贸易加工基地，以省级经济开发区为主体，建成为日照港、连云港和青岛港服务的主要出口货物加工集散地。交通便捷，有多种交通运输方式。

临沂经济技术开发区 371300-E01

[Línyí Jīngjìjìshù Kāifāqū]

在市区东南部。西临沂河，东傍沭河，南依引沂入沭运河，北靠皇山。面积 22 300 公顷。根据行政区域和承载功能命名。2010 年 12 月经国务院正式批准建立国家级开发区，由市级政府管理。为经济国际化的示范区、高新技术产业集中区和现代工业新城区，旨在打造现代产业新区、生态宜居新区和创新发展示范区，实施"五大战略"、建设"五大高地"。建设有高端装备制造、生物医药、金融总部、现代服务业（电子信息）、新能源新材料、精细化工、文化旅游地产、精细化工等八大产业园区，重点发展高端装备制造、生物医药、新能源新材料、现代服务业等四大主导优势产业。有瑞典沃尔沃、美国 IBM 等世界知名企业和山东临工、众泰汽车、翔宇制药、修正药业、东部铜业、山重建机、柳工机械、三一重工等行业龙头企业，"四上"企业达到 500 家，拥有沃尔沃、临工、翔宇、修正等世界名牌、中国名牌或驰名商标等 50 余件。区内交通网络呈"十纵十二横"格局。

临沂高新技术产业开发区 371300-E02

[Línyí Gāoxīnjìshùchǎnyè Kāifāqū]

在市区西南部。东邻罗庄区，西与费县、兰陵县接壤，南接兰陵县、罗庄区，北靠兰山区朱保镇、义堂镇和费县。面积 16 600 公顷。2011 年 6 月经国务院正式批准建立国家级开发区，由市级政府管理。高新区发展规划为"一城八区"，即打造临沂生态科技城，建设电子信息产业园区、新能源产业园区、生物医药产业园区、新材料产业园区、先进装备制造产业园区、科技商务区、工业物流园区和生态旅游风景区。为临沂市的高新技术孵化中心、仓储物流中心和高效农业、观光旅游服务中心，为省级生态示范园、省级循环经济示范园、省级电子信息产业园、省级节能环保产业基地。有电动汽车、沂光电子、卫康生物、金星机床、惠特利等企业 4000 家。高创中心被科技部认定为国家级高新技术创业服务中心。铁路、公路经过园区，交通便利。

旧地名

沂蒙专区（旧） 370000-U01

[Yíméng Zhuānqū]

在山东省东南部。鲁中南行政区辖区。1949 年设置，辖 6 县，专署驻沂水县。1950 年改设沂水专区。

滨海专区（旧） 370000-U02

[Bīnhǎi Zhuānqū]

在山东省东南部。鲁中南行政区辖区。1949 年设置，辖 1 市、8 县，专署驻临沂县。1950 年撤销，所辖各县划归临沂、沂水 2 专区。

沂水专区（旧） 370000-U03

[Yíshuǐ Zhuānqū]

在山东省东南部。1950 年由沂蒙专区改称，辖 9 县，专署驻沂水县。沂水县、莒沂县属之。1953 年撤销，所辖县划归临沂、胶州 2 专区。

临沂专区（旧） 370000-U04

[Línyí Zhuānqū]

在山东省中部偏南。1950 年置，辖 1 市、9 县，专署驻临沂县。1952 年新海连、东海等 1 市、3 县划归江苏省。后辖市县有调整。1967 年改称临沂地区。

莒沂县（旧） 371300-U01
[Jǔyí Xiàn]

在山东省中部偏东。沂蒙专区辖县。1949年9月设县。由莒沂边、沂北两县合并，时辖15个区。1953年撤销，分别划归沂水县和莒县。

蒙山县（旧） 371300-U02
[Méngshān Xiàn]

在山东省中部偏南。临沂市辖县。1946年1月撤销费北县、费东县，合置蒙山县。1952年3月撤销，分别划归平邑县和费县，文河以西划入平邑县，文河以东划属费县。

赵𫯞县（旧） 371300-U03
[Zhàobó Xiàn]

在临沂市西南部。临沂市辖县。1941年3月成立临郯费峄四县边区政府，简称"边联县"。1944年春，边联县改称赵𫯞县。1947年春，将赵𫯞县东半部析出置县，取名苍山县。1950年5月撤销赵𫯞县，其辖区大部分并入苍山县。

临沂县（旧） 371300-U04
[Línyí Xiàn]

在山东省东南部。1914年6月设县。1956年12月，临沂县改为临沂市。1963年3月，临沂市改为临沂县。1983年8月撤销，9月改设临沂市（县级）。

苍山县（旧） 371300-U05
[Cāngshān Xiàn]

在临沂市西南部。临沂市辖县。1947年原赵𫯞县东半部析出置县，取名苍山县。1950年5月撤销赵𫯞县，其辖区大部分并入苍山县。1953年原兰陵县撤销，其辖区部分并入苍山县。2014年1月撤销苍山县，更名为兰陵县。

兰山区

兰山区 371302
[Lánshān Qū]

临沂市人民政府驻地。在市境中部。面积891平方千米。人口118.9万。辖4街道、8镇。区人民政府驻金雀山街道。1994年12月原县级临沂市撤销，其原辖行政区域内设置兰山区。1995年成立兰山区。以清时曾在此设兰山县而得名。沂河、祊河从区境内穿过，境内主要山峰有艾山、茶山、金雀山、银雀山等。有高等院校1所，中小学128所，图书馆2个，体育场馆1个，知名文艺团体1个，三级以上医院3个。有国家级文物保护单位2个、省级文物保护单位16个，有国家级爱国主义教育基地1个，省级非物质文化遗产6个，重要古迹、景点4个。2001年建成临沂人民广场，2005年改造柳青街道，2009建成临沂文化公园。有"山高水长"雕塑等标志性建筑物。三次产业比例为1∶48.2∶50.8。农业盛产小麦、玉米、花生、大豆、大棚油桃等，打造万亩荷塘、万亩海棠、万亩丰产林等农产品产业园区。土特产有惟一斋八宝豆豉、金锣火腿肠、孝河莲藕、沂蒙春茶、临沂煎饼等。工业以绿色食品加工、木业家具加工、装备制造、医药、有色金属加工为主。服务业以商贸物流为主，建有2个物流园区，有专业批发市场多处，电子商务交易、现代物流为新兴业态。有省级开发区1个。有临沂站、临沂长途汽车站，有多条公交线路。

临沂工业园区 371302-E01
[Línyí Gōngyè Yuánqū]

在区境西部。东至临沂主城区，南至临沂高新技术产业开发区，西至戈九路，北至义堂镇。面积2 400公顷。因所在政区且以发展当地工业为主得名。2006 年 5 月经省政府正式批准建立省级开发区，由区级政府管理。是批发市场的加工区、工业发展的聚集区、城市建设的新城区、科技创新的孵化区、招商引资的开放区。入驻企业 300 余家，形成了以华星机械、金立机械、北易车业、龙盛机械、盖氏机械等为龙头的机械制造产业群；以高端装备制造产业园为基础，鼎成印刷产业园、塑料制品、安全防护用品产业园等特色产业园为延伸的特色地产品加工业；以昌宏装饰、伟丰装饰、美华包装为主导的高端装饰材料和以宝华耐磨钢为主导的精品钢等新兴材料产业渐次形成。园区内建有"六纵六横"主道路框架，通公交车。

金雀山街道 371302-A01
[Jīnquèshān Jiēdào]

兰山区人民政府驻地。在区境东部。面积 18 平方千米。人口 17.6 万。1984 年设立。因境内有金雀山而得名。2013 年完成沂州路、陶然路等辖区主次干道的行道树补植，改造东风东关片区。2014 年启动火车站片区改造，完成中心城区棚户区改造项目。沂河、涑河、青龙河、陷泥河从境内穿过。有中小学 15 所，医疗卫生机构 4 个。有省级文物保护单位汉墓竹简博物馆，国家级爱国主义教育基地华东革命烈士陵园，有重要古迹临沂行署旧址、山东省军区交际处旧址、金雀山墓群。农业以种植业为主，主产小麦、水稻、玉米、谷子、地瓜、豆类、花生、棉花、蚕桑、烤烟、蔬菜等。工业以建筑建材、五金机电、医疗器材、造纸化工、医药等业为主。服务业以房地产业和商贸业为主。有临沂站，通公交车。

兰山街道 371302-A02
[Lánshān Jiēdào]

属兰山区管辖。在区境西部。面积 58 平方千米。人口 19.2 万。1984 年设立。因临沂古地名兰山而得名。涑河、祊河从境内穿过。有国家级技术研究中心 1 个。有临沂大学，中小学 17 所，医疗卫生机构 2 个。有国家级文物保护单位洗砚池墓群，省级文物保护单位王羲之故里遗址、临沂孔庙、小城后遗址。沿祊河建有绿色休闲景观带。农业以种植业为主，主要农作物有水稻、小麦、玉米等。工业以板材、食品、建材、冶炼、塑料加工、机械仪器制造、化工、服装加工为主。服务业以物流业为主，有纺织、服装、家电、文体、板材、灯具等专业批发市场。有临沂汽车站，通公交车。

银雀山街道 371302-A03
[Yínquèshān Jiēdào]

属兰山区管辖。在区境西南部。面积 17 平方千米。人口 17.5 万。1984 年设立。因境内有银雀山而得名。先后开展东风东关片区、火车站片区改造工作。陷泥河从境内穿过。有中小学 9 所，医疗卫生机构 2 个。有重要古迹南关清真寺。农业以种植小麦、玉米、紫薯、山楂、大蒜为主。工业以建材装饰、汽车配件、机电自动化、运动器材、广告印刷、机械制造为主，建有工业园区。服务业以物流商贸业为主，有床上用品批发零售市场、农副产品批发中心、购物广场、商贸大厦等。通公交车。

柳青街道 371302-A04
[Liǔqīng Jiēdào]

属兰山区管辖。在区境南部。面积 57 平方千米。人口 12.5 万。2003 年设立。因境内柳青河而得名。2012 年完成北城新区直通老市区的河底隧道建设、柳青河人工湿地公园建设。沂河从境内穿过。有省级技术研究中心 1 个。有中小学 16 所，医疗卫生机构 13 个。有省级文物保护单位郯古城遗址，重要古迹刘疵之墓。农业以种植小麦、玉米、水稻、蔬菜、花卉、水果等为主。工业以化工、针织、机械加工、塑料制品、医药为主，建有工业园、创新孵化园、工业技术研究院等。服务业以商贸为主。通公交车。

白沙埠镇 371302-B01

［Báishābù Zhèn］

兰山区辖镇。在区境东部。面积 70 平方千米。人口 6.6 万。辖 33 村委会，有 50 自然村。镇人民政府驻贾家村。公元前 716 年建中邱邑，西汉为临沂县治所，后废，清末属俄庄乡，民国时期属临沂县第四区，1948 年 10 月建茶山区，1951 年 3 月改为第三区，1955 年 10 月改为茶山区，1958 年 2 月撤区并乡时改为茶山乡，1959 年改为茶山公社。1981 年 12 月因公社机关在白沙埠，更名为白沙埠公社，1984 年 4 月改为白沙埠镇。以镇政府原驻地村白沙埠得名。沂河、孝河、柳青河、鸭子沟从境内穿过。有中小学 9 所，医院 2 个。有省级文物保护单位中丘故城，重要名胜古迹王祥庙、王祥祠、王祥林、洪福寺等。农业产黄桃、花卉苗木、白莲藕、红莲藕、茭白、菱角、鱼虾等，名优特产有孝河藕、羲之米。工业以水表、纺织、生化、塑料加工等为主。服务业以旅游业、物流业为主。有公路经此。

枣园镇 371302-B02

［Zǎoyuán Zhèn］

兰山区辖镇。在区境中部。面积 64 平方千米。人口 6.8 万。辖 36 村委会，有 54 自然村。镇人民政府驻琅琊庄。1958 年由茶山、岔河 2 区析设俄庄乡，同年改公社。1981 年更名枣沟头公社。1984 年改设乡。1994 年改置镇。2014 年更名枣园镇。以镇政府原驻地村大枣沟头得名。祊河、柳青河从境内穿过。有中小学 9 所，卫生院 1 个。

有省市级技术研究中心 4 个。农业以种植小麦、水稻、玉米、花生、棉花、甘薯、蔬菜为主，饲养猪、牛、羊、兔、狐狸、貉子。工业以电缆电器、无缝钢管、高强度水泥钢钉、特种异型钢钉等产品生产为主，瓦楞钉、圆钉、油毡钉等产品畅销国内外。服务业以餐饮、娱乐为主。京沪高速、205 国道过境。

半程镇 371302-B03

［Bànchéng Zhèn］

兰山区辖镇。在区境北部。面积 95 平方千米。人口 7.5 万。辖 32 村委会，有 61 自然村。镇人民政府驻半程村。1977 年析茶山、俄庄、李官 3 公社地设半程公社。1984 年改设乡。1994 年改置镇。以镇政府驻地村得名。柳青河、龙王河等从境内穿过。有中小学 9 所，医院 1 个。有爱国主义教育基地、纪念地茶山烈士陵园。农业以种植小麦、玉米、花生、黄桃、甜茶、花生等为主，养殖生猪、肉牛、肉羊、貉子、狐狸、貂。工业以食品加工、加工制造业等为主，金锣集团为国家级农业产业化龙头企业，金锣商标为中国驰名商标，金锣牌火腿肠为全国食品行业名牌产品，三维集团为省级农业产业化龙头企业。服务业以商贸为主，有日用百货、服装布匹、五金土杂、农副产品等集贸市场。205 国道、省道文泗路过境。

义堂镇 371302-B04

［Yìtáng Zhèn］

兰山区辖镇。在区境西部。面积 102 平方千米。人口 28.7 万。辖 13 村委会，有 61 自然村。镇人民政府驻大义堂村。1949 年为义堂区。1958 年改乡，同年改公社。1984 年改置镇。因镇政府驻地村得名。祊河、涑河、蔡河、文河从境内穿过。有中小学 15 所，卫生院 1 个。有国家级文物保护单位小谷城遗址，重要古迹甘露寺。农业种植蔬菜、林果、苗木，养殖猪、牛、羊、肉鸡、鸽子、狐狸，有沿祊河、涑河2条经济林带。工业以板材加工、化工、机械、建材、食品、塑胶为主，有国家级林产工业科技示范园。服务业以商贸为主，有建材、日用百货、服装布匹、五金土杂、蔬菜水果、图书等交易市场。临枣铁路、兖石铁路、京沪高速、206国道、327国道过境。

李官镇 371302-B05
[Lǐguān Zhèn]

兰山区辖镇。在区境东北部。面积83平方千米。人口4.8万。以汉族为主，还有满、壮、朝鲜、回等民族。辖10村委会，有49自然村。镇人民政府驻李官村。1958年由沂南县划归临沂，为李官公社。1984年改设乡。2002年改置镇。以镇政府驻地村得名。沂河、蒙河从境内穿过。有中小学5所，医院1个。农业以种植小麦、玉米、茶叶、果品、花卉、蔬菜为主，盛产蜜桃，"全乐牌"大桃通过有机食品认证，"黄中皇"大桃为中华名果。工业以塑胶、电子、水表、机械制造、饲料生产、食品加工、果蔬储藏加工等行业为主。服务业以旅游业为主，有茶山风景区、九鼎莲花山景区、桃花源景区等景点。国道沂蒙路北延、省道文泗公路过境。

汪沟镇 371302-B06
[Wānggōu Zhèn]

兰山区辖镇。在区境西北部。面积118平方千米。人口5.8万。辖30村委会，有60自然村。镇人民政府驻东汪沟村。1958年为汪沟、竹园两个乡，同年秋成立两个人民公社，同年冬合并为汪沟人民公社，又改为汪沟区，1962年5月复改为汪沟公社。1976年6月划出32大队、42自然村单独设竹园公社。1984年改设乡。1996年改置镇。2001年竹园乡整建制并入汪沟镇，2011年将汪沟镇整建制划归兰山区管辖。以镇政府原驻地村得名。柳青河从境内穿过。有中小学10所，卫生院1个。有重要名胜古迹闵子祠。农业以种植小麦、玉米、花生、苹果、桃、板栗等为主，建有海棠园、百合园、竹柳园、茶叶园4个农业特色园。养殖生猪、獭兔、黄牛、肉牛，建有养殖小区。工业以能源化工、食品加工、机械制造、板材加工等为主。服务业以餐饮、农事体验为主。京沪高速、日东高速、205国道、省道沂邳公路和文泗公路过境。

方城镇 371302-B07
[Fāngchéng Zhèn]

兰山区辖镇。在区境西北部。面积132平方千米。人口9.8万。辖53村委会，有87自然村。镇人民政府驻西街村。原为方城公社。1984年改方城区。1985年为方城镇。因镇政府原驻地方家村得名。方城河、朱龙河从境内穿过。有中小学3所，卫生院1个。有省级文物保护单位防城故城遗址，名胜古迹孝悌里、双忠桥、兴圣寺、北齐四面造像碑等。农业以种植小麦、玉米、花生、水稻、大葱、辣椒为主，养殖肉鸡、生猪。工业以板材、化工、建筑型材、制鞋为主。省道文泗公路过境。

马厂湖镇 371302-B08
[Mǎchǎnghú Zhèn]

兰山区辖镇。在区境北部。面积70平方千米。人口7.3万。辖30村委会，有30自然村。镇人民政府驻马厂湖村。原为九庄公社，后更名为马厂湖公社，1984年设乡。1996年改置镇。以镇政府驻地村得名。有艾山、小山、三山子、卧虎山、薛南山、石山子等，南涑河等从境内穿过。有中小学4所，卫生院1个。农业种植小麦、水稻、玉米、地瓜、花生、黄烟，盛产果品、药材，养殖猪、牛、桑蚕。工业以石料加工、板材加工、塑料加工为主，金奥机械、通用汽油机等为中国著名品牌，有台资工业园、金湖工业园。服务业以旅游业为主，有特色农业生态游、艾山风景区。省道岚济公路过境。

旧地名

大岭镇（旧） 371302-U01
[Dàlǐng Zhèn]

在区境西部。兰山区辖镇。1994年设立。2001年6月撤销，并入兰山街道。

朱保镇（旧） 371302-U02
[Zhūbǎo Zhèn]

在区境西部。兰山区辖镇。2002年3月设立。2011年8月撤销，并入义堂镇。

新桥镇（旧） 371302-U03
[xīnqiáo Zhèn]

在区境西部。兰山区辖镇。1993年设立。2011年1月费县新桥镇划归兰山区管辖，同年8月撤销，并入方城镇。

社区

朝阳社区 371302-A01-J01
[Cháoyáng Shèqū]

属金雀山街道管辖。在兰山区东南部。面积4.6平方千米。人口11 000。寓意社区如朝阳一样生机勃勃、蒸蒸日上，故名。2001年成立。有楼房22栋，现代建筑风格。驻有临沂市公安局兰山分局等单位。有志愿者服务。通公交车。2011年被评为省文明社区。

东北园社区 371302-A01-J02
[Dōngběiyuán Shèqū]

属金雀山街道管辖。在兰山区东部。面积0.2平方千米。人口1 300。因在老城区的东北角，故名。2001年成立。有楼房10栋，现代建筑风格。有志愿者服务，开展秧歌、书法、绘画等活动。通公交车。

东风社区 371302-A01-J03
[Dōngfēng Shèqū]

属金雀山街道管辖。在兰山区东部。面积1.36平方千米。人口2 700。因1958年后东关镇按土地所有划分为两个单位，既不能重名又想有"东"字开头，所以引用"东风压倒西风"，起名为东风社区。2001年成立。有楼房5栋，现代建筑风格。有志愿者服务，开展秧歌、书法、绘画等活动。通公交车。

东关社区 371302-A01-J04
[Dōngguān Shèqū]

属金雀山街道管辖。在兰山区东部。面积0.56平方千米。人口2 700。因位于临沂老城的东门，是出关进关必经地，故名东关。2001年成立。有楼房53栋，现代建筑风格。驻有东关街派出所、临沂第八中学等单位。有志愿者服务，开展秧歌、书法、绘画等活动。通公交车。

傅家屯社区 371302-A01-J05
[Fùjiātún Shèqū]

属金雀山街道管辖。在兰山区东部。面积1.2平方千米。人口2 700。清康熙十年（1671），有一傅姓人家由苍山涌泉迁徙到此落户谋生，当时此地曾是官府屯兵之地，故名傅家屯，社区沿用原村名。2001年成立。有楼房19栋，现代建筑风格。驻有金雀山中心幼儿园等单位。有志愿者服务，开展秧歌、书法、绘画等活动。通公交车。2014年被评为省文明社区。

焦庄社区 371302-A01-J06
[Jiāozhuāng Shèqū]

属金雀山街道管辖。在兰山区东部。面积2.2平方千米。人口7 600。明末清初，有一焦姓人家在此落户居住，故名焦家庄，社区沿用村名。2002年成立。有楼房47栋，现代建筑风格。有志愿者服务，开展秧歌、书法、绘画等活动。通公交车。

煤山社区 371302-A01-J07
[Méishān Shèqū]

属金雀山街道管辖。在兰山区东部。面积1.1平方千米。人口12 000。明朝时期，沂州府县衙门后有一片空地，长出了蜡梅花，知府休闲时会在这里赏梅，盖了一个厅堂"香林馆"，在这里作诗赏梅，后来沿袭为"煤"，后成立社区定名为煤山社区。2008年成立。有楼房48栋，现代建筑风格。驻有临沂市第三实验小学、兰山区第二人民医院等单位。有志愿者服务，开展秧歌、书法、绘画等活动。通公交车。

南坛社区 371302-A01-J08
[Nántán Shèqū]

属金雀山街道管辖。在兰山区东部。面积2.2平方千米。人口21 000。明万历年间在村北筑"风云雷雨山川坛"一座，因坛坐落于城南，故称南坛。2002年成立。有楼房32栋，现代建筑风格。驻有临沂广播电视台、临沂市气象局等单位。有志愿者服务，开展秧歌、书法、绘画等活动。通公交车。2012年被评为省文明社区。

普村社区 371302-A01-J09
[Pǔcūn Shèqū]

属金雀山街道管辖。在兰山区东部。

面积1.8平方千米。人口3 400。明末建村，原为蒲家庄，后演变为普村，社区沿用村名。2000年成立。有楼房12栋，现代建筑风格。驻有临沂市质量技术监督局、普村小学等单位。有志愿者服务，开展秧歌、书法、绘画等活动。通公交车。

清泉庄社区 371302-A01-J10
[Qīngquánzhuāng Shèqū]

属金雀山街道管辖。在兰山区东部。面积0.11平方千米。人口1 300。村东有一条青龙河，河内有一泉眼，向上喷出清清的泉水，故名清泉庄，社区沿用村名。2001年成立。有楼房15栋，现代建筑风格。有志愿者服务，开展秧歌、书法、绘画等活动。通公交车。

三里庄社区 371302-A01-J11
[Sānlǐzhuāng Shèqū]

属金雀山街道管辖。在兰山区东部。面积2.3平方千米。人口21 100。因三里庄离临沂县城南门三里路，故名。2000年成立。有楼房13栋，现代建筑风格。驻有临沂市国税局、临沂市地税局、临沂市司法局等单位。有志愿者服务，开展秧歌、书法、绘画等活动。通公交车。

小埠东社区 371302-A01-J12
[Xiǎobùdōng Shèqū]

属金雀山街道管辖。在兰山区东部。面积1.96平方千米。人口3 600。在沂河西岸、金雀山东侧的一片高地（古称埠）建村，故称小埠东，社区沿用村名。2001年成立。有楼房42栋，现代建筑风格。有志愿者服务，开展秧歌、书法、绘画等活动。通公交车。2008年被评为省文明社区。

御碑街社区 371302-A01-J13
[Yùbēijiē Shèqū]

属金雀山街道管辖。在兰山区东部。面积 2.6 平方千米。人口 42 200。因此处曾有乾隆皇帝御笔石碑一座，因而得名御碑街。2001 年成立。有楼房 21 栋，现代建筑风格。驻有兰山区政府、临沂市医院、146 医院等单位。有志愿者服务，开展秧歌、书法、绘画等活动。通公交车。2014 年被评为省文明社区。

宋家王庄社区 371302-A02-J01
[Sòngjiāwángzhuāng Shèqū]

属兰山街道管辖。在兰山区西部。面积 0.68 平方千米。人口 3 000。明万历年间建村，车庄（今属苍山县）宋氏在此买地建有三合住宅一处成村后，名为宋家王庄，社区沿用村名。2002 年成立。有楼房 47 栋，现代建筑风格。驻有临沂第十三中学等单位。有志愿者服务、老年人照料服务，开展秧歌、书法等活动。通公交车。

北关社区 371302-A02-J02
[Běiguān Shèqū]

属兰山街道管辖。在兰山区西部。面积 0.23 平方千米。人口 1 000。因位于老临沂城的北城门处，故名。2002 年成立。有楼房 13 栋，现代建筑风格。驻有临沂市第三实验小学等单位。有志愿者服务，开展秧歌、书法、绘画等活动。通公交车。

曹家王庄社区 371302-A02-J03
[Cáojiāwángzhuāng Shèqū]

属兰山街道管辖。在兰山区西部。面积 1.5 平方千米。人口 3 000。因为泾王爷开河督工时驻扎过的村庄，故名王庄，后曹氏迁此，改为曹家王庄，社区沿用村名。2004 年成立。有楼房 68 栋，现代建筑风格。驻有商城实验学校等单位。有志愿者服务，开展秧歌、书法、绘画等活动。通公交车。

后十社区 371302-A02-J04
[Hòushí Shèqū]

属兰山街道管辖。在兰山区西部。面积 2 平方千米。人口 3 000。此处为旧临沂城北十里邮铺所在地，得名北十里铺，后一分为二，本村居后，故为后十里铺（堡），社区沿用村名。2002 年成立。有楼房 17 栋，现代建筑风格。驻有北十小学、兰山地税局等单位。有志愿者服务，开展秧歌、书法、绘画等活动。通公交车。

后园社区 371302-A02-J05
[Hòuyuán Shèqū]

属兰山街道管辖。在兰山区西部。面积 0.56 平方千米。人口 2 300。民国初期因居民以种菜为生，此处多菜园，又地处旧临沂城关西北部，改为西北园，后析置成两个村，本村居南，改称后园，社区沿用村名。2004 年成立。有楼房 7 栋，现代建筑风格。有志愿者服务，开展秧歌、书法、绘画等活动。通公交车。2008 年被评为省文明社区。

兰新社区 371302-A02-J06
[Lánxīn Shèqū]

属兰山街道管辖。在兰山区西部。面积 0.16 平方千米。人口 8 000。"兰新"寓意兰山区新成立的社区，发展前景广阔。2002 年成立。有楼房 7 栋，现代建筑风格。驻有兰山街道中心幼儿园、兰山小学、临沂第十三中学、山东省第七地质勘察院等单位。有志愿者服务，开展秧歌、书法、绘画等活动。通公交车。

林庄社区 371302-A02-J07
[Línzhuāng Shèqū]

属兰山街道管辖。在兰山区西部。面积0.43平方千米。人口2 000。相传，清光绪年间，彭姓人在此为大地主钱姓看林，故名林庄，社区沿用村名。1995年成立。有楼房21栋，现代建筑风格。驻有林庄小学等单位。有志愿者服务，开展秧歌、书法、绘画等活动。通公交车。

前十社区 371302-A02-J08
[Qiánshí Shèqū]

属兰山街道管辖。在兰山区西部。面积2.5平方千米。人口4 000。因位于旧临沂城北十里并为邮铺所在地，得名北十里铺，后一分为二，本村居前，故为前十里铺（堡），社区沿用村名。2003年成立。有楼房2栋，现代建筑风格。驻有临沂市第四人民医院、临沂技师学院、临沂第三十九中学、临沂第三中学、临沂电力技校等单位。通公交车。

前园社区 371302-A02-J09
[Qiányuán Shèqū]

属兰山街道管辖。在兰山区西部。面积1.8平方千米。人口6 000。由西北园析出两个村，本村居南，得名前园，社区沿用村名。2000年成立。有楼房33栋，现代建筑风格。驻有北园路派出所等单位。有志愿者服务，开展秧歌、书法、绘画等活动。通公交车。

书院社区 371302-A02-J10
[Shūyuàn Shèqū]

属兰山街道管辖。在兰山区西部。面积0.9平方千米。人口3 000。辖区内王羲之故居东有一条书院街，因以得名。2002年成立。有楼房9栋，现代建筑风格。驻有洗砚池小学等单位。通公交车。

水田社区 371302-A02-J11
[Shuǐtián Shèqū]

属兰山街道管辖。在兰山区西部。面积1.5平方千米。人口2 000。因耕地低洼，又紧靠涑河，方便灌溉，适合水田种植，故取村名水田，社区沿用村名。2001年成立。有楼房2栋，现代建筑风格。驻有临沂第十一中学等单位。通公交车。

西关社区 371302-A02-J12
[Xīguān Shèqū]

属兰山街道管辖。在兰山区西部。面积1.02平方千米。人口6 000。因该村位于临沂老城的西门，是出关进关必经地，故名西关，社区沿用村名。2001年成立。有楼房7栋，现代建筑风格。通公交车。

张家王庄社区 371302-A02-J13
[Zhāngjiāwángzhuāng Shèqū]

属兰山街道管辖。在兰山区西部。面积0.57平方千米。人口2 000。明成化年间，先民从山西迁此建村，由于大多数居民为张姓，所以命名为张家王庄，社区沿用村名。2002年成立。有楼房46栋，现代建筑风格。有志愿者服务，开展秧歌、书法、绘画等活动。通公交车。

砚台岭社区 371302-A01-J14
[Yàntáilǐng Shèqū]

属兰山街道管辖。在兰山区西部。面积0.35平方千米。人口5 000。据传，明永乐年间建村，因村北高岭形似老鹰，得名鸢台岭。清朝末期，村内文举人刘树祯擅长书法，常到村北鸢台岭采来石头制成砚台研墨，古村人改"鸢"为"砚"，称村为砚台岭，社区沿用村名。2008年成立。有楼房77栋，现代建筑风格。通公交车。

曹家王平社区 371302-A02-J15
[Cáojiāwángpíng Shèqū]

属兰山街道管辖。在兰山区西部。面积0.13平方千米。人口1 000。相传，明崇祯年间，曹姓人来此定居建村，因靠近蒋家王平庄，故命村名为曹家王平庄，社区沿用村名。2008年成立。有楼房17栋，现代建筑风格。有志愿者服务，开展秧歌、书法、绘画等活动。通公交车。

小李庄社区 371302-A02-J16
[Xiǎolǐzhuāng Shèqū]

属兰山街道管辖。在兰山区西部。面积1.5平方千米。人口2 000。李姓人来此定居，因村小，故称小李庄，社区沿用村名。2002年成立。有楼房46栋，现代建筑风格。有志愿者服务，开展秧歌、书法、绘画等活动。通公交车。2013年被评为省文明社区。

东苗庄社区 371302-A03-J01
[Dōngmiáozhuāng Shèqū]

属银雀山街道管辖。在兰山区南部。面积1.5平方千米。人口24 000。据段氏族谱记载，明洪武年间，段氏始祖段和从军并诰赠武略将军，二世武略将军调任沂州卫，六世祖段承宗于明万历年间于城内迁至苗庄东侧建村，故称东苗庄，社区沿用村名。2001年成立。有楼房170栋，现代建筑风格。有志愿者服务，开展秧歌、书法、绘画等活动。通公交车。2007年被评为省文明社区。

宏伟社区 371302-A03-J02
[Hóngwěi Shèqū]

属银雀山街道管辖。在兰山区南部。面积1.52平方千米。人口600。名称由原名红卫庄演变而来，寓意生活前景宏大辉煌。2002年成立。有楼房8栋，现代建筑风格。有志愿者服务，开展秧歌、书法、绘画等活动。通公交车。2007年被评为省文明社区。

陆王庄社区 371302-A03-J03
[Lùwángzhuāng Shèqū]

属银雀山街道管辖。在兰山区南部。面积0.34平方千米。人口3 200。陆姓从山西迁来建村，故名陆王庄，社区沿用村名。2003年成立。有楼房4栋，现代建筑风格。驻有鲁南制药厂等单位。有志愿者服务，开展秧歌、书法、绘画等活动。通公交车。

南关社区 371302-A03-J04
[Nánguān Shèqū]

属银雀山街道管辖。在兰山区南部。面积1.5平方千米。人口10 000。因位于临沂旧城南门而得名。2002年成立。有楼房5栋，现代建筑风格。有志愿者服务，开展秧歌、书法、绘画等活动。通公交车。

三合屯社区 371302-A03-J05
[Sānhétún Shèqū]

属银雀山街道管辖。在兰山区南部。面积3平方千米。人口26 900。三合寓意"天合、地合、人合"，寓意合心、合力、合作。2002年成立。有楼房5栋，现代建筑风格。有志愿者服务，开展秧歌、书法、绘画等活动。通公交车。

五里堡社区 371302-A03-J06
[Wǔlǐpù Shèqū]

属银雀山街道管辖。在兰山区南部。面积3.5平方千米。人口4 000。因距离老县政府五里路，故取名五里堡。2010年成立。有楼房8栋，现代建筑风格。驻有临沂供电公司等单位。有志愿者服务，开展秧歌、书法、绘画等活动。通公交车。

七里沟社区 371302-A03-J07
[Qīlǐgōu Shèqū]

属银雀山街道管辖。在兰山区南部。面积 1.93 平方千米。人口 10 000。因村距临沂城老县衙七里，村北有一条大沟，故名，社区沿用村名。2007 年成立。有楼房 10 栋，现代建筑风格。有志愿者服务，开展秧歌、书法、绘画等活动。通公交车。

新华社区 371302-A03-J08
[Xīnhuá Shèqū]

属银雀山街道管辖。在兰山区中部。面积 3 平方千米。人口 10 900。因辖区内有新华路而得名。2003 年成立。有楼房 112 栋，现代建筑风格。有老年人照料服务、政策法规咨询志愿服务。通公交车。2008 年被评为省文明社区。

柳青苑社区 371302-A04-J01
[Liǔqīngyuàn Shèqū]

属柳青街道管辖。在兰山区北部。面积 5.44 平方千米。人口 8 100。因紧邻柳青河，故名。2009 年成立。有楼房 27 栋，现代建筑风格。有志愿者服务，开展秧歌、书法、绘画等活动。通公交车。

大官苑社区 371302-A04-J02
[Dàguānyuàn Shèqū]

属柳青街道管辖。在兰山区北部。面积 4.13 平方千米。人口 7 100。为大官庄、冉屯、前皮庄、后皮庄、单庄合并成立，以大官苑名之。2008 年成立。有楼房 23 栋，现代建筑风格。驻有临沂第四中学等单位。有志愿者服务，开展秧歌、书法、绘画等活动。通公交车。

朱夏社区 371302-A04-J03
[Zhūxià Shèqū]

属柳青街道管辖。在兰山区北部。面积 3.35 平方千米。人口 10 100。为大朱夏、小朱夏、南范村、赵庄合并成立，以朱夏命名。2013 年成立。有楼房 61 栋，现代建筑风格。有志愿者服务，开展秧歌、书法、绘画等活动。通公交车。

桥坊社区 371302-A04-J04
[Qiáofáng Shèqū]

属柳青街道管辖。在兰山区北部。面积 7.5 平方千米。人口 11 000。为桥坊村、潦沟村等 7 村合并成立，以桥坊名之。2013 年成立。有楼房 24 栋，现代建筑风格。有志愿者服务，开展秧歌、书法、绘画等活动。通公交车。

清华园社区 371302-A04-J05
[Qīnghuáyuán Shèqū]

属柳青街道管辖。在兰山区北部。面积 0.7 平方千米。人口 2 900。取水木清华之意命名。2005 年成立。有楼房 32 栋，现代建筑风格。有志愿者服务、老年人日间照料服务，开展秧歌、书法、绘画等活动。通公交车。

福源社区 371302-A04-J06
[Fúyuán Shèqū]

属柳青街道管辖。在兰山区北部。面积 0.9 平方千米。人口 1 200。名称寓意居民地处福地，幸福安康。2007 年成立。有楼房 12 栋，现代建筑风格。有志愿者服务，开展秧歌、书法、绘画等活动。通公交车。

莲花山社区 371302-B05-J01
[Liánhuāshān Shèqū]

属李官镇管辖。在兰山区东北部。面积 4.2 平方千米。人口 3 800。因区域内有莲花池，且区域西、南两侧有山丘，故名莲花山。2013 年成立。有楼房 42 栋，现代建筑风格。有志愿者服务，开展秧歌、书法、绘画等活动。通公交车。

玫瑰湖社区 371302-B05-J02
[Méiguīhú Shèqū]

属李官镇管辖。在兰山区东北部。面积8.4平方千米。人口5 400。社区毗邻玫瑰湖水库，又建有旅游景点玫瑰湖汽车公园，故名。2013年成立。有楼房37栋，现代建筑风格。有志愿者服务，开展秧歌、书法、绘画等活动。通公交车。

蒙河苑社区 371302-B05-J03
[Ménghéyuàn Shèqū]

属李官镇管辖。在兰山区东北部。面积2.8平方千米。人口2 600。因该村紧靠蒙河，故名。2013年成立。有楼房43栋，现代建筑风格。有志愿者服务，开展秧歌、书法、绘画等活动。通公交车。

桃花源社区 371302-B05-J04
[Táohuāyuán Shèqū]

属李官镇管辖。在兰山区东北部。面积3.2平方千米。人口4 100。因西邻桃花源景区得名。2013年成立。有楼房33栋，现代建筑风格。有志愿者服务，开展秧歌、书法、绘画等活动。通公交车。

仙子峪社区 371302-B05-J05
[Xiānzǐyù Shèqū]

属李官镇管辖。在兰山区东北部。面积1.2平方千米。人口500。清顺治年间，有人在一个汪塘见有10个顽童洗澡，出来只有9个，就问那个哪里去了，顽童都说他是仙子，故名仙子峪村，社区沿用村名。2007年成立。有楼房29栋，现代建筑风格。有志愿者服务，开展秧歌、书法、绘画等活动。通公交车。

向阳河社区 371302-B05-J06
[Xiàngyánghé Shèqū]

属李官镇管辖。在兰山区东北部。面积8.4平方千米。人口6 800。取元代程钜夫名句"主人帝城东畔住，一花一木都向阳"之意为名。2013年成立。有楼房36栋，现代建筑风格。有志愿者服务，开展秧歌、书法、绘画等活动。通公交车。

沂河苑社区 371302-B05-J07
[Yíhéyuàn Shèqū]

属李官镇管辖。在兰山区东北部。面积6.12平方千米。人口7 100。东临沂河而建，故名。2013年成立。有楼房45栋，现代建筑风格。有志愿者服务，开展秧歌、书法、绘画等活动。通公交车。

沂蒙湾社区 371302-B05-J08
[Yíméngwān Shèqū]

属李官镇管辖。在兰山区东北部。面积0.12平方千米。人口900。因处沂、蒙两河交汇处，故名。2013年成立。有楼房26栋，现代建筑风格。有志愿者服务，开展秧歌、书法、绘画等活动。通公交车。

云泊湖社区 371302-B05-J09
[Yúnbóhú Shèqū]

属李官镇管辖。在兰山区东北部。面积1.24平方千米。人口5 000。因该村开挖的排水河而得名，社区沿用村名。2013年成立。有楼房52栋，现代建筑风格。有志愿者服务，开展秧歌、书法、绘画等活动。通公交车。

罗庄区

罗庄区 371311
[Luózhuāng Qū]

临沂市辖区。在市境南部。面积 569 平方千米。人口 62.0 万。以汉族为主，还有回、满、蒙古、土家、布依、朝鲜等民族。辖 6 街道、3 镇。区人民政府驻盛庄街道。1950 年区境属临沂专区临沂县。1952 年设罗庄区（十五区，驻傅庄）。1958 年撤区为乡，属县级临沂市。1963—1983 年属临沂县。1983 年设镇，属县级临沂市。1994 年设立罗庄区，属地级临沂市。2010 年沂堂镇并入。2011 年黄山镇、褚墩镇并入。因政府驻地原为罗庄镇得名。境内有寨山等，沂河、武河、南涑河、陷泥河、燕子河从区境内穿过。有高等院校 4 所，中小学 100 所，图书馆 185 个，体育馆 1 个，知名文艺团体 36 个，三级以上医院 1 个。有省级文物保护单位 5 个，省级爱国主义教育基地 2 个，重要古迹、景点 4 个，有省级旅游特色镇 1 个、省级旅游特色村 1 个。1993 年在泥沱湖旧址上开挖双月湖。1994 年后，整修双月湖公园，包括人民广场、崮台植物园等。2006 年修建华盛江泉城。2010 年建设 13 项污水治理重点工程，实施城区供暖工程及湖北路、电厂路、新 206 国道等路段燃气管网铺设。2014 年改造临沂火车站罗庄片区，扩建通达南路。有华盛江泉城、万力大厦、刘道口水利枢纽等标志性建筑物。三次产业比例为 1.99：61.74：36.27。农业以种植业和林业为主，主产小麦、水稻、牛蒡、杞柳、杨树、银杏林等。工业以冶金、陶瓷、煤炭电力、医药、食品、化工、建材、机械、纺织、木业、建筑业为主，建有工业园区，有中国名牌产品 1 个、山东省名牌产品 3 个、中国驰名商标 1 件、山东省著名商标 2 件、

华盛中天技术中心为国家级企业技术中心。服务业以商贸业、旅游业为主，有鲁南国际粮油市场、鲁南花卉城、罗庄建材批发市场、罗庄陶瓷商城等。有国家级开发区 1 个。有多条公交线路。

盛庄街道 371311-A01
[Shèngzhuāng Jiēdào]

罗庄区人民政府驻地。在区境北部。面积 68 平方千米。人口 10.0 万。以汉族为主，还有满、回等民族。2000 年设立。以辖区内盛庄得名。先后实施城中村改造，完成清河南路、蒙山大道、罗四路改建及陷泥河治理等工程。沂河、陷泥河从境内穿过。有中小学 14 所，知名文艺团体 1 个，医疗卫生机构 2 个。有省级文物保护单位吴白庄画像石墓，临沂盛能游乐园、双月湖国家湿地公园等旅游资源。农业主产小麦、玉米、水稻、蔬菜、花卉，畜牧业以养殖奶牛为主。工业以五金建材、塑料化工、汽贸汽配、粮油及乳品加工为主，建有盛庄工业科技园和盛能工业科技园。服务业以商贸业为主，有鲁南花卉市场、鲁南国际粮油市场，沿沂河路两侧建有汽车销售长廊。有临沂汽车南站，通公交车。

罗庄街道 371311-A02
[Luózhuāng Jiēdào]

属罗庄区管辖。在区境中部。面积 49 平方千米。人口 10.0 万。2000 年设立。因辖区内罗庄得名。先后完成文化南路、罗五路、龙潭路、罗四路、罗程路等重点路段改造，实施旧村改造。南涑河从境内穿过。有国家级技术研究中心 2 个。有中小学 9 所，图书馆 36 个，医疗卫生机构 54 个。有省级文物保护单位朱陈古瓷窑址，省级爱国主义教育基地罗庄区展览馆，宝泉寺公园等旅游资源。农业以种植小麦、玉米、蘑菇、大豆、花生为主。工业以纺织、铸造、钢铁、

陶瓷、机械、建材、医药等为主。服务业以商贸、旅游业为主,有罗庄陶瓷商城、罗庄建材批发市场。通公交车。

傅庄街道 371311-A03
[Fùzhuāng Jiēdào]

属罗庄区管辖。在区境南部。面积 78 平方千米。人口 8.1 万。2000 年设立。因辖区内傅庄得名。先后完成通达南路、新连顺路、镇中路、双福路、沂册路、新 206 国道等 9 条道路改造建设。有庆云山、蟠龙山、响马岭等山峰,南涑河、五里河从境内穿过。有中小学 12 所,医疗卫生机构 2 个。农业主产小麦、玉米、蔬菜等,形成以草莓基地、高效农业基地、花卉苗圃基地、优质水稻种植基地、蔬菜种植基地为主的高效农业产业带。工业以耐火材料、机械铸造、高档建陶、特钢、煤化工为主,有特钢建材循环经济园、高档玻璃循环经济园、不锈钢循环经济园。服务业以商贸物流业为主,建有鲁南钢铁物流中心。通公交车。

册山街道 371311-A04
[Cèshān Jiēdào]

属罗庄区管辖。在区境东南部。面积 52 平方千米。人口 6.2 万。2002 年设立。沿用原镇名。2009 年先后完成江付路、临册路、郑旺路改造提升工程。境内有庆云山、二龙山,沂河、武河、陷泥河从境内穿过。有中小学 10 所,医疗卫生机构 1 个。有省级文物保护单位晏驾墩遗址,名胜古迹五禅寺等。农业主产小麦、玉米、草莓、芋头、葡萄、水稻,有"秸秆生态草莓"特色种植业,"白沙草莓"获有机食品认证,沙沟芋头为国家地理商标认证产品。养殖生猪、奶牛。工业以铝型材、建陶、机械铸造、冶炼、焦化为主。通公交车。

高都街道 371311-A05
[Gāodū Jiēdào]

属罗庄区管辖。在区境东部。面积 48 平方千米。人口 5.3 万。以汉族为主,还有回、满、土家等民族。2002 年设立。因辖区内东、西高都村得名。以街道驻地为中心,创建稻花香小镇、金融小镇。沿滨河生态带建文旅金融园区,沿祝丘路建设都市休闲农业园区,沂蒙路两侧建有商贸物流园区。2014 年建临沂南部生态科技新城。沂河、陷泥河、电厂河、黑沟、大路沟从境内穿过,境内有温泉。有省级技术研究中心 1 个。有高等院校 2 所,中小学 6 所,医疗卫生机构 27 个。有省级爱国主义教育基地罗庄区烈士陵园。农业产有机稻米、有机果蔬、杏鲍菇等,名优特产有"塘贡米"。工业以化工、焦化、建筑材料加工为主,有新能源、新材料、生物医药等新兴产业,建有生态科技城。服务业有以生态农业为主的旅游业,罗庄区效峰现代农业观光旅游示范园为省级工业旅游示范点。通公交车。

罗西街道 371311-A06
[Luóxī Jiēdào]

属罗庄区管辖。在区境西北部。面积 79 平方千米。人口 6.4 万。 2002 年设立。因在罗庄街道西侧得名。南涑河、老龙沟、燕子河从境内穿过。有中小学 7 所,体育馆 7 个,医疗卫生机构 36 个。农业种植花卉、黄烟、林木,养殖奶牛,建有 2 个奶牛养殖基地。工业以硫酸软骨素生产、瓷业、塑料制品加工、硫黄加工、板材加工等为主。服务业以电子、新能源、高新技术产业为主。通公交车。

沂堂镇 371311-B01
[Yítáng Zhèn]

罗庄区辖镇。在区境西部。面积 76 平

方千米。人口 4.9 万。辖 16 村委会，有 29 自然村。镇人民政府驻南沂堂村。1950 年属苍山县神山区。1975 年从神山人民公社析设迷龙公社。1984 年改设沂堂乡。1999 年撤乡设镇。2010 年划属罗庄区。以镇政府驻地村得名。燕子河从境内穿过。有中小学 8 所，医院 2 个。有省级文物保护单位沂堂牌坊，名胜古迹东大埠汉墓群、南沂堂汉墓群、荆山红色旅游基地、麒麟山玉虚观。农业盛产大蒜、花生、黄烟等经济作物和小麦、玉米等粮食作物，为优质大蒜生产基地和地膜花生示范地。工业以工矿业、陶瓷、建材、冶金、化工、蔬菜加工为主。服务业以旅游业为主。临枣铁路、京沪高速、临枣高速、206 国道过境。

褚墩镇 371311-B02
[Chǔdūn Zhèn]

　　罗庄区辖镇。在区境南部。面积 65 平方千米。人口 5.9 万。以汉族为主，还有回族。辖 14 村委会，有 28 自然村。镇人民政府驻褚墩一村。1959 年为郯城县褚墩公社。1984 年改置镇。2011 年划归罗庄区。因镇政府驻地村得名。有虎山、兰山，五里河、燕子河从境内穿过。有中小学 8 所，医院 2 个。农业主产小麦、玉米、蔬菜、水果，产九龙蜜桃、兰山西瓜、桥头丰水梨等果品，建有农业生态园和农业示范园区，有万亩牛蒡、万亩大蒜、万亩千斤良田示范基地，千亩蜜桃、千亩西瓜、千亩蔬菜种植基地。工业以新型建材、煤焦化工、食品贮藏、柳编加工为主。京沪高速、省道济菏公路过境。

黄山镇 371311-B03
[Huángshān Zhèn]

　　罗庄区辖镇。在区境东南部。面积 53 平方千米。人口 5.4 万。辖 12 村委会，有 25 自然村。镇人民政府驻前黄山村。1971 年析褚墩公社部分地设黄山公社。1984 年改设黄山乡。1994 年改置镇。2011 年由郯城县划入罗庄区。以镇政府驻地村得名。有黄山、峰山、文曲山、菊花山等山头，沂河、武河、涑河从境内穿过。有中小学 10 所，医院 1 个。有重要名胜古迹文曲山汉墓遗址、马王城遗址、马王墓等。农业以种植小麦、玉米等为主，产白柳条。工业以化工、水泥、建陶、条柳编、轧钢制钉、小五金、木器等为主，柳工艺品远销世界各地。服务业以生态旅游为主。有公路经此。

社区

沂滨社区 371311-A01-J01
[Yíbīn Shèqū]

　　属盛庄街道管辖。在罗庄区东北部。面积 14.02 平方千米。人口 16 600。以地处沂河畔而名。2013 年成立。以平房为主。通公交车。

白庄社区 371311-A01-J02
[Báizhuāng Shèqū]

　　属盛庄街道管辖。在罗庄区东北部。面积 3.03 平方千米。人口 4 700。以组成村村名后两字"白庄"命名。2013 年成立。以平房为主。通公交车。

三岗社区 371311-A01-J03
[Sāngǎng Shèqū]

　　属盛庄街道管辖。在罗庄区北部。面积 5.97 平方千米。人口 9 000。由张家三岗等村合并，故名。2013 年成立。以平房为主。通公交车。

八块石社区 371311-A01-J04
[Bākuàishí Shèqū]

　　属盛庄街道管辖。在罗庄区北部。面积2.15平方千米。人口3 000。原名举沂庄，因靠进城大道，过往行人皆以村北八块大石为标志在此歇脚，以"八块石"呼之，逐渐取代原名。2004年成立。以平房为主。通公交车。

十里堡社区 371311-A01-J05
[Shílǐpù Shèqū]

　　属盛庄街道管辖。在罗庄区东北部。面积4.99平方千米。人口6 000。以地处沂州城南十里处而得名，后因人口繁衍较快，先后析置成后楼、任家圩子、徐家圩子、孙家圩子、吕家圩子5自然村，统称十里堡，社区沿用村名。2004年成立。有楼房249栋，现代建筑风格。通公交车。

后盛庄社区 371311-A01-J06
[Hòushèngzhuāng Shèqū]

　　属盛庄街道管辖。在罗庄区北部。面积3.48平方千米。人口7 100。相传南宋时期建村，据碑文记载，初名同意庄。清朝时，太平军北上，行至此处，为大雾所迷，误认为是松柏林，免遭战祸，遂改称"剩庄"，后演作盛庄。析为两村后，此村居北，故名后盛庄。社区沿用村名。2004年成立。有楼房37栋，现代建筑风格。通公交车。

大埠东社区 371311-A01-J07
[Dàbùdōng Shèqū]

　　属盛庄街道管辖。在罗庄区东北部。面积2.57平方千米。人口2 300。相传，明永乐年间，韩姓人从山西省洪洞县移民至此，因村西北有一高台，故名村大埠东，社区沿用村名。2004年成立。以平房为主。通公交车。

尚屯社区 371311-A01-J08
[Shàngtún Shèqū]

　　属盛庄街道管辖。在罗庄区东北部。面积2.14平方千米。人口3 500。相传，明天顺六年（1462）由桃花店（现址东北方向）、尚屯（现址东方向）两村合并而成，因尚姓人居多，遂定名尚屯，社区沿用村名。2004年成立。以平房为主。开展为老年人免费健康查体等活动。通公交车。

前盛庄社区 371311-A01-J09
[Qiánshèngzhuāng Shèqū]

　　属盛庄街道管辖。在罗庄区北部。面积1.84平方千米。人口3 500。相传南宋时期建村，据碑文记载，初名同意庄。清朝时，太平军北上，行至此处，为大雾所迷，误认为是松柏林，免遭战祸，遂改称"剩庄"，后演作盛庄。析为两村后，此村居南，故名前盛庄。社区沿用村名。2004年成立。以平房为主。通公交车。

电厂社区 371311-A01-J10
[Diànchǎng Shèqū]

　　属盛庄街道管辖。在罗庄区东北部。面积1.16平方千米。人口4 100。以辖域内临沂发电厂（华能临沂发电有限公司）得名。2004年成立。以平房为主。通公交车。

红土屯社区 371311-A01-J11
[Hóngtǔtún Shèqū]

　　属盛庄街道管辖。在罗庄区东北部。面积2.47平方千米。人口2 900。明成化年间建村，初名石汪沟屯，继因村址坐落在西高东低的红土岭上，改称红土屯。社区沿用村名。2004年成立。有楼房8栋，现代建筑风格，还有平房。通公交车。

林村社区 371311-A01-J12
[Líncūn Shèqū]

　　属盛庄街道管辖。在罗庄区北部。面积1.34平方千米。人口2 400。明洪武年间，林姓人从山西洪洞县迁此立村，以林姓命村名林家村，社区沿用村名。2011年设立。以平房为主。有养老服务。通公交车。

营子社区 371311-A01-J13
[Yíngzi Shèqū]

　　属盛庄街道管辖。在罗庄区北部。面积1.66平方千米。人口1 900。相传清康熙年间建村，因此地原系营盘，故名营子，社区沿用村名。2011年成立。以平房为主。有便民服务。通公交车。

魏三岗社区 371311-A01-J14
[Wèisāngǎng Shèqū]

　　属盛庄街道管辖。在罗庄区北部。面积0.76平方千米。人口1 500。相传，明万历年间，魏姓人来此定居，因此处有三条土岗，遂以魏姓命村名魏家三岗，社区沿用村名。2011年成立。以平房为主。通公交车。

杜三岗社区 371311-A01-J15
[Dùsāngǎng Shèqū]

　　属盛庄街道管辖。在罗庄区北部。面积1.58平方千米。人口3 000。相传，明洪武年间，赵姓人来此定居，因村后有三条土岗，命村名为赵家三岗。后杜姓迁此，户大丁多，遂易名杜家三岗。社区沿用村名。2004年成立。有楼房37栋，现代建筑风格。通公交车。

三岗店子社区 371311-A01-J16
[Sāngǎngdiànzi Shèqū]

　　属盛庄街道管辖。在罗庄区北部。面积2.53平方千米。人口4 500。清宣统元年（1909）测绘《山东省地图》标注：三岗店子。2004年成立。以平房为主。通公交车。

花埠圈社区 371311-A01-J17
[Huābùquān Shèqū]

　　属盛庄街道管辖。在罗庄区东北部。面积3.68平方千米。人口8 000。相传北宋建隆年间建村。村址在山前，北、西两面山丘紧紧相连，形成半圆圈，春夏之季，五颜六色的野花遍布山坡，故名花埠圈。社区沿用村名。2004年成立。有楼房11栋，现代建筑风格，还有平房。通公交车。

沈泉庄社区 371311-A02-J01
[Shěnquánzhuāng Shèqū]

　　属罗庄街道管辖。在罗庄区东部。面积7平方千米。人口2 300。明永乐年间建村，因地面泉多得名泉子庄，后又因人口增多，该村逐步按姓分居，故名沈泉庄，社区沿用村名。2004年成立。有楼房12栋，现代建筑风格，还有别墅254栋。驻有华盛实验学校等单位。有养老服务。通公交车。2014年被评为省文明社区。

小山后社区 371311-A02-J02
[Xiǎoshānhòu Shèqū]

　　属罗庄街道管辖。在罗庄区东部。面积1平方千米。人口1 300。明洪武三年（1370），临沂城北几户商家为了藏金避战乱，来到凤凰岭后居住，取名小山后，社区沿用村名。2004年成立。有楼房9栋，现代建筑风格。有养老服务。通公交车。2010年被评为省文明社区。

焦沂庄社区 371311-A02-J03
[Jiāoyízhuāng Shèqū]

　　属罗庄街道管辖。在罗庄区西部。面积2平方千米。人口2 500。清康熙时焦姓居此，村名焦沂庄，社区沿用村名。2004年成立。有楼房5栋，现代建筑风格。有养老服务。通公交车。2012年被评为省文明社区。

朱陈社区 371311-A02-J04

[Zhūchén Shèqū]

属罗庄街道管辖。在罗庄区西部。面积3平方千米。人口3 800。春秋时期建村，原名诸陈，系以姓氏命名，后改朱陈，社区沿用村名。2004年成立。有楼房10栋，现代建筑风格，还有别墅100栋。有养老服务。通公交车。2013年被评为省文明社区。

鑫城社区 371311-A02-J05

[Xīnchéng Shèqū]

属罗庄街道管辖。在罗庄区中部。面积6.7平方千米。人口8 200。2014年成立。以吉祥嘉言命名，寓意为财富兴盛之城。有楼房79栋，现代建筑风格。有便民服务。通公交车。

涑河社区 371311-A02-J06

[Sùhé Shèqū]

属罗庄街道管辖。在罗庄区中部。面积3.04平方千米。人口4 600。以辖域内南涑河得名。2013年成立。有楼房4栋，现代建筑风格。有便民服务。通公交车。

鑫华社区 371311-A02-J07

[Xīnhuá Shèqū]

属罗庄街道管辖。在罗庄区中部。面积2.8平方千米。人口4 600。以吉祥嘉言命名，取财富兴盛之意。2013年成立。有楼房71栋，现代建筑风格。通公交车。

鑫园社区 371311-A02-J08

[Xīnyuán Shèqū]

属罗庄街道管辖。在罗庄区中部。面

积3.52平方千米。人口4 000。以美好寓意命名，取财富兴盛之意。2013年成立。以平房为主。通公交车。

湖南崖社区 371311-A02-J09

[Húnányái Shèqū]

属罗庄街道管辖。在罗庄区中部。面积4.43平方千米。人口6 200。以辖区内湖南崖村得名。2004年成立。有楼房90栋，现代建筑风格。通公交车。

于泉庄社区 371311-A02-J10

[Yúquánzhuāng Shèqū]

属罗庄街道管辖。在罗庄区中部。面积1.01平方千米。人口1 900。据考，明永乐年间于姓居此立村，因此地多泉，遂名于家泉庄，后简称于泉庄，社区沿用村名。2004年成立。有楼房36栋，现代建筑风格。通公交车。

罗庄社区 371311-A02-J11

[Luózhuāng Shèqū]

属罗庄街道管辖。在罗庄区中部。面积1.37平方千米。人口1 900。据考，明永乐年间罗姓在此定居，因居地多泉，遂名罗家泉庄，后称罗家庄，简称罗庄，社区沿用村名。2004年成立。有楼房6栋，现代建筑风格，还有平房。通公交车。

朱张桥社区 371311-A02-J12

[Zhūzhāngqiáo Shèqū]

属罗庄街道管辖。在罗庄区中部。人口3 100。为朱张桥河北村、朱张桥东北村、朱张桥沟东村合并建立，故名。2013年成立。有楼房12栋，现代建筑风格。通公交车。

后官战湖社区 371311-A02-J13

[Hòuguānzhànhú Shèqū]

属罗庄街道管辖。在罗庄区中部。面

积 3.6 平方千米。人口 2 600。相传隋末天下大乱，史大奈在凤凰城占山为王，唐王李世民率官兵前来收服，史大奈归顺，因收服时曾在此作战，前边一村名前官战湖，该村在北，遂名后官战湖，社区沿用村名。2004 年成立。以平房为主。通公交车。

赵家坝社区 371311-A02-J14
[Zhàojiābà Shèqū]

属罗庄街道管辖。在罗庄区中部。面积 1.06 平方千米。人口 2 100。传明末崇祯年间，赵、陈 2 姓迁此，因北老屯李姓人在南涑河老龟头筑拦水坝灌田，雇赵姓人看坝护堤，成村后遂名赵家坝，社区沿用村名。2004 年成立。以平房为主。通公交车。

山西头社区 371311-A02-J15
[Shānxītóu Shèqū]

属罗庄街道管辖。在罗庄区中部。面积 2.11 平方千米。人口 2 300。据考，明万历年间成村，因地处庆云山西，得名山西头，社区沿用村名。2004 年成立。以平房为主。通公交车。

朱陈北社区 371311-A02-J16
[Zhūchénběi Shèqū]

属罗庄街道管辖。在罗庄区中部。面积 1.40 平方千米。人口 2 500。据考，春秋时期建村，名诸陈，以姓氏命名，继更名朱陈，后改称朱陈北，社区沿用村名。2004 年成立。以平房为主。通公交车。

朱陈西社区 371311-A02-J17
[Zhūchénxī Shèqū]

属罗庄街道管辖。在罗庄区中部。面积 1.41 平方千米。人口 3 000。据考，春秋时期建村，名诸陈，以姓氏命名，继更名朱陈，后改称朱陈西，社区沿用村名。2004 年成立。以平房为主。通公交车。

朱陈东社区 371311-A02-J18
[Zhūchéndōng Shèqū]

属罗庄街道管辖。在罗庄区中部。面积 1.99 平方千米。人口 4 200。据考，春秋时期建村，名诸陈，以姓氏命名，继更名朱陈，后改称朱陈东，社区沿用村名。2004 年成立。以平房为主。通公交车。

山南头社区 371311-A02-J19
[Shānnántóu Shèqū]

属罗庄街道管辖。在罗庄区中部。面积 0.79 平方千米。人口 1 000。据考，清乾隆年间在此开采煤炭，有张、赵、陈、庞等姓定居下来，渐成村落，因地处蟠龙山南，故名山南头，社区沿用村名。2004 年成立。以平房为主。有养老服务。通公交车。

朱陈东南社区 371311-A02-J20
[Zhūchéndōngnán Shèqū]

属罗庄街道管辖。在罗庄区中部。面积 2.12 平方千米。人口 2 000。据考，春秋时期建村，名诸陈，以姓氏命名，继更名朱陈，后改为朱陈东南，社区沿用村名。2004 年成立。以平房为主。通公交车。

通达社区 371311-A03-J01
[Tōngdá Shèqū]

属傅庄街道管辖。在罗庄区中部。面积 6.2 平方千米。人口 5 300。因在通达南路两侧，以所处地理位置命名，寓意通顺畅达。2013 年成立。有楼房 18 栋，现代建筑风格。通公交车。

傅庄社区 371311-A03-J02
[Fùzhuāng Shèqū]

属傅庄街道管辖。在罗庄区中部。面积 6.86 平方千米。人口 12 100。以辖区内傅庄得名。2013 年成立。有楼房 35 栋，现代建筑风格。通公交车。

凤凰居社区 371311-A03-J03
[Fènghuángjū Shèqū]

属傅庄街道管辖。在罗庄区南部。面积 5.41 平方千米。人口 4 600。以吉祥嘉言命名，寓意为吉祥宝地。2013 年成立。有楼房 33 栋，现代建筑风格。通公交车。

龙泉社区 371311-A03-J04
[Lóngquán Shèqū]

属傅庄街道管辖。在罗庄区中部。面积 9.38 平方千米。人口 8 300。以辖区内龙泉村得名。2013 年成立。以平房为主。通公交车。

旦子社区 371311-A03-J05
[Dànzi Shèqū]

属傅庄街道管辖。在罗庄区中部。面积 6.64 平方千米。人口 9 500。因辖区内村名中多有"旦子"，故名。2013 年成立。有楼房 8 栋，现代建筑风格。通公交车。

店子社区 371311-A03-J06
[Diànzi Shèqū]

属傅庄街道管辖。在罗庄区西南部。面积 5.17 平方千米。人口 4 900。以辖区内店子村得名。2013 年成立。以平房为主。通公交车。

汤庄社区 371311-A03-J07
[Tāngzhuāng Shèqū]

属傅庄街道管辖。在罗庄区南部。面积 11.92 平方千米。人口 10 700。以汤庄村得名。2013 年成立。有楼房 21 栋，现代建筑风格。通公交车。

窑岭社区 371311-A03-J08
[Yáolǐng Shèqū]

属傅庄街道管辖。在罗庄区南部。面积 9.21 平方千米。人口 6 900。取辖区内窑北头、窑南头、陈岭村名中各一个字命名。2013 年成立。有楼房 18 栋，现代建筑风格。通公交车。

丁庄社区 371311-A03-J09
[Dīngzhuāng Shèqū]

属傅庄街道管辖。在罗庄区南部。面积 9.20 平方千米。人口 8 500。以辖域内丁庄得名。2013 年成立。以平房为主。通公交车。

三重社区 371311-A03-J10
[Sānchóng Shèqū]

属傅庄街道管辖。在罗庄区南部。面积 9.14 平方千米。人口 9 500。以辖区内三重村得名。2013 年成立。有楼房 4 栋，现代建筑风格。通公交车。

东南社区 371311-A03-J11
[Dōngnán Shèqū]

属傅庄街道管辖。在罗庄区南部。面积 1.54 平方千米。人口 2 200。原名傅杨庄，后改称傅家庄。1984 年依所居方位，原傅家庄析为东北、西北、西南、东南 4 村，社区为原东南村，故名。2013 年成立。以平房为主。通公交车。

东北社区 371311-A03-J12
[Dōngběi Shèqū]

属傅庄街道管辖。在罗庄区南部。面积 1.64 平方千米。人口 2 900。原名傅杨庄，后改称傅家庄。1984 年依所居方位，原傅家庄析为东北、西北、西南、东南 4 村，社区为原东北村，故名。2013 年成立。以平房为主。通公交车。

册山社区 371311-A04-J01
[Chēishān Shèqū]

　　属册山街道管辖。在罗庄区东南部。面积4平方千米。人口3 380。以所辖村命名。2008年成立。有楼房33栋，现代建筑风格。驻有临沂市裕阳照明电器有限公司等单位。通公交车。

龙山社区 371311-A04-J02
[Lóngshān Shèqū]

　　属册山街道管辖。在罗庄区东南部。面积4.29平方千米。人口5 400。以地处二龙山麓得名。2008年成立。有楼房4栋，现代建筑风格。驻有山东瑞高铝业有限公司等单位。通公交车。

山前社区 371311-A04-J03
[Shānqián Shèqū]

　　属册山街道管辖。在罗庄区东南部。面积4.3平方千米。人口4 300。以所辖村得名。2008年成立。有楼房14栋，现代建筑风格。驻有山东鹏程铝业有限公司等单位。通公交车。

五寺社区 371311-A04-J04
[Wǔsì Shèqū]

　　属册山街道管辖。在罗庄区东南部。面积5.2平方千米。人口6 900。以所辖村得名。2013年成立。有楼房18栋，现代建筑风格。通公交车。

新沙沟社区 371311-A04-J05
[Xīnshāgōu Shèqū]

　　属册山街道管辖。在罗庄区东南部。面积3平方千米。人口4 000。以所辖村得名。2013年成立。有楼房11栋，现代建筑风格。驻有临沂市罗庄区金逊塑料包装有限公司等单位。通公交车。

沙旦子社区 371311-A04-J06
[Shādànzi Shèqū]

　　属册山街道管辖。在罗庄区东南部。面积1.4平方千米。人口1 800。明天启年间，因村西有冲积沙层，俗称沙旦子，遂为村名，社区沿用村名。2013年成立。有楼房5栋，现代建筑风格。通公交车。

南头社区 371311-A04-J07
[Nántóu Shèqū]

　　属册山街道管辖。在罗庄区东南部。面积4.88平方千米。人口5 700。因在唐代马力镇遗址南，故名南头。2013年成立。有楼房16栋，现代建筑风格。驻有临沂利信铝业有限公司等单位。通公交车。

沙沟社区 371311-A04-J08
[Shāgōu Shèqū]

　　属册山街道管辖。在罗庄区东南部。面积6.1平方千米。人口7 900。以所辖村得名。2013年成立。有楼房10栋，现代建筑风格。驻有山东豪门铝业有限公司等单位。开展文化下乡巡演活动。通公交车。

同沂社区 371311-A04-J09
[Tóngyí Shèqū]

　　属册山街道管辖。在罗庄区东南部。面积3.9平方千米。人口3 900。以所辖村得名。2013年成立。以平房为主。驻有临沂市华罗铝业有限公司等单位。通公交车。

郑旺社区 371311-A04-J10
[Zhèngwàng Shèqū]

　　属册山街道管辖。在罗庄区东南部。面积2.4平方千米。人口3 200。元代，季氏从胶州东莞迁至临沂城南50里外，紧挨陷泥河建村，此地汪塘众多，且水清澈，故取名净汪，后张、王、李、赵等姓渐次迁入，清代庄内文人以正兴旺发达之意，将村名改为正旺，后演变为郑旺，社区沿用村名。2013年成立。以平房为主。驻有临沂嘉恒陶瓷有限公司等单位。通公交车。

尚阳社区 371311-A04-J11
[Shàngyáng Shèqū]

属册山街道管辖。在罗庄区东南部。面积2.4平方千米。人口1 100。取吉祥嘉言命名。2013年成立。以平房为主。未通公交车。

埝头社区 371311-A04-J12
[Yàntóu Shèqū]

属册山街道管辖。在罗庄区东南部。面积2.2平方千米。人口3 000。因原村初建时地处河堤起点，故名堰头。20世纪80年代汉字简化，将"堰"改为"埝"。2013年成立。以平房为主。未通公交车。

新隆岭社区 371311-A04-J13
[Xīnlónglǐng Shèqū]

属册山街道管辖。在罗庄区东南部。面积2.73平方千米。人口3 600。以吉祥嘉言命名。2013年成立。以平房为主。通公交车。

凤凰岭社区 371311-A04-J14
[Fènghuánglǐng Shèqū]

属册山街道管辖。在罗庄区东南部。面积2平方千米。人口2 400。以吉祥嘉言命名。2013年成立。以平房为主。驻有临沂东鼎铝业有限公司等单位。未通公交车。

后村社区 371311-A04-J15
[Hòucūn Shèqū]

属册山街道管辖。在罗庄区东南部。面积1.9平方千米。人口2 300。明朝中期建村，此处系两个前后相连的小村，前者

名前村，后者名后村，后渐成一村，遂以后村为名，社区沿用村名。2008年成立。有楼房15栋，现代建筑风格。驻有临沂金利瓷业有限公司等单位。通公交车。

金坦社区 371311-A05-J01
[Jīntǎn Shèqū]

属高都街道管辖。在罗庄区东部。面积7平方千米。人口6 400。以辖区内3个村名中的"坦"添"金"，寓意兴旺昌盛，故名。2013年成立。有楼房167栋，现代建筑风格。通公交车。

新和社区 371311-A05-J02
[Xīnhé Shèqū]

属高都街道管辖。在罗庄区东部。面积4平方千米。人口4 700。寓意新成立的社区和谐，故名。2013年成立。有楼房4栋，现代建筑风格。通公交车。

常旺社区 371311-A05-J03
[Chángwàng Shèqū]

属罗庄街道管辖。在罗庄区东部。面积4平方千米。人口6 600。因社区居委会在常旺村而得名。2013年成立。有楼房7栋，现代建筑风格。通公交车。

沈牌子社区 371311-A05-J04
[Shěnpáizi Shèqū]

属高都街道管辖。在罗庄区东部。面积2平方千米。人口2 500。清乾隆年间，沈姓到此落户，渐成村落，当时为防匪患，各村按保甲户口实行军队编制，有营、连、排之称，并以方形和三角形红旗为标志，该村新建，仅编为一排，遂以"沈家排"呼之，因成村名。后演作沈牌子，社区沿用村名。2013年成立。有楼房4栋，现代建筑风格。通公交车。

塘崖社区 371311-A05-J05
[Tángyái Shèqū]

属高都街道管辖。在罗庄区东部。面积 4 平方千米。人口 5 800。因社区居委会在大塘崖村而得名。2013 年成立。有楼房 7 栋，现代建筑风格。通公交车。

薛庄社区 371311-A05-J06
[Xuēzhuāng Shèqū]

属高都街道管辖。在罗庄区东部。面积 5 平方千米。人口 4 300。清初，薛姓到此立村，以姓氏命名薛家庄，社区沿用村名。2013 年成立。以平房为主。通公交车。

东高都社区 371311-A05-J07
[Dōnggāodū Shèqū]

属高都街道管辖。在罗庄区东部。面积 4 平方千米。人口 5 700。明初，石姓到此建村，村名石家庄，后更名高都村，继因村西有同名村，此村居东，故名东高都，社区沿用村名。2013 年成立。有楼房 26 栋，现代建筑风格。通公交车。

滨河社区 371311-A05-J08
[Bīnhé Shèqū]

属高都街道管辖。在罗庄区东部。面积 8.7 平方千米。人口 7 600。因濒临沂河而得名。2013 年成立。有楼房 28 栋，现代建筑风格。通公交车。

程庄社区 371311-A05-J09
[Chéngzhuāng Shèqū]

属高都街道管辖。在罗庄区东部。面积 2 平方千米。人口 3 600。因社区居委会在程家庄而得名。2013 年成立。有楼房 35 栋，现代建筑风格。通公交车。

车辋社区 371311-A05-J10
[Chēwǎng Shèqū]

属高都街道管辖。在罗庄区东部。面积 2.83 平方千米。人口 2 900。清代建村，原名南楼头，清雍正八年（1730），村落毁于大水，遂移至今址，因环村多沟，状如车辋，故名，社区沿用村名。2013 年成立。有楼房 15 栋，现代建筑风格。通公交车。

红日社区 371311-A05-J11
[Hóngrì Shèqū]

属高都街道管辖。在罗庄区东部。面积 1 平方千米。人口 1 800。以辖区内山东红日阿康化工股份有限公司命名，寓意人们生活如初升太阳，红红火火。2013 年成立。以平房为主。通公交车。

西高都社区 371311-A05-J12
[Xīgāodū Shèqū]

属高都街道管辖。在罗庄区东部。面积 1 平方千米。人口 1 900。元末明初，宋姓一家在此落户，继徐姓、胡姓先后从山西高都县（今晋城市）徙来，并与徐姓联姻，成村后遂名高都村。后因村东有同名村，此居西，故名西高都村，社区沿用村名。2013 年成立。有楼房 26 栋，现代建筑风格。通公交车。

沂堂社区 371311-B01-J01
[Yítáng Shèqū]

属沂堂镇管辖。在罗庄区西部。面积 10 平方千米。人口 6 800。以所辖村得名。2013 年成立。有楼房 8 栋，现代建筑风格，还有平房。有志愿者服务，开展留守儿童走访活动。通公交车。

寨子社区 371311-B01-J02
[Zhàizi Shèqū]

属沂堂镇管辖。在罗庄区西部。面积6.4平方千米。人口3 000。清乾隆十八年（1753）三月，因古时官兵曾在此安营扎寨，遂更名寨子，社区沿用村名。2013年成立。以平房为主。有志愿者服务，开展广场舞展演等活动。通公交车。

台井社区 371311-B01-J03
[Táijǐng Shèqū]

属沂堂镇管辖。在罗庄区西部。面积4.2平方千米。人口2 200。西汉末年建村，因村北有卧牛山，故名卧牛村。后清乾隆皇帝南巡，在一汪边迷路，至此方觉清醒，遂将村名易为抬头醒，后演作台井，社区沿用村名。2013年成立。以平房为主。有志愿者服务。通公交车。

丰山社区 371311-B01-J04
[Fēngshān Shèqū]

属沂堂镇管辖。在罗庄区西部。面积5.5平方千米。人口3 600。以辖区内村名谐音，取美好寓意命名。2013年成立。以平房为主。有志愿者服务。通公交车。

泉里堡社区 371311-B01-J05
[Quánlǐpù Shèqū]

属沂堂镇管辖。在罗庄区西部。面积2平方千米。人口2 600。据《王氏家谱》载，明永乐三年（1405）建村，因聚落有一泉，故名泉里堡，社区沿用村名。2013年成立。有楼房4栋，现代建筑风格，还有平房。有志愿者服务，开展扭秧歌、广场舞展演等活动。未通公交车。

贤孝庄社区 371311-B01-J06
[Xiánxiàozhuāng Shèqū]

属沂堂镇管辖。在罗庄区西部。面积2平方千米。人口800。明崇祯年间，袁姓迁此建村，取名袁家庄，后因村内一孩童袁小劝说父母孝顺爷爷奶奶的故事而得名贤孝庄，社区沿用村名。2013年成立。以平房为主。有志愿者服务，开展扭秧歌、广场舞展演等活动。未通公交车。

杏山湖社区 371311-B01-J07
[Xìngshānhú Shèqū]

属沂堂镇管辖。在罗庄区西部。面积1平方千米。人口900。以所辖村得名。2013年成立。以平房为主。有志愿者服务，开展扭秧歌、广场舞展演等活动。通公交车。

迷龙社区 371311-B01-J08
[Mílóng Shèqū]

属沂堂镇管辖。在罗庄区西南部。面积9.8平方千米。人口6 200。清乾隆年间建村，始无村名，后乾隆皇帝南巡至聚落中的汪边迷路，古人称皇帝为"龙"，故取村名迷龙汪。后以方位称为东迷龙、西迷龙、前迷龙、后迷龙4村，社区沿用村名。2013年成立。以平房为主。有志愿者服务，开展扭秧歌、广场舞展演等活动。通公交车。

向阳社区 371311-B01-J09
[Xiàngyáng Shèqū]

属沂堂镇管辖。在罗庄区西南部。面积3.1平方千米。人口2 000。以吉祥嘉言得名。2013年成立。以平房为主。有志愿者服务，开展扭秧歌、广场舞展演等活动。通公交车。

荆山社区 371311-B01-J10
[Jīngshān Shèqū]

属沂堂镇管辖。在罗庄区西部。面积4.4平方千米。人口2 900。明初建村，因村庄处荆山东麓，以山名村，社区沿用村名。

2013年成立。以平房为主。有志愿者服务，开展扭秧歌、广场舞展演等活动。通公交车。

麒麟山社区 371311-B01-J11
[Qílínshān Shèqū]

属沂堂镇管辖。在罗庄区西部。面积4.4平方千米。人口2 700。据《钟氏家谱》记载，明万历三年（1575）建村，因村落处麒麟山东侧，以山名村，社区沿用村名。2013年成立。有楼房21栋，现代建筑风格，还有平房。有志愿者服务，开展扭秧歌、广场舞展演等活动。通公交车。

东大埠社区 371311-B01-J12
[Dōngdàbù Shèqū]

属沂堂镇管辖。在罗庄区西部。面积3.48平方千米。人口2 400。相传乾隆皇帝南巡，在几个聚落处迷路，便北一大步、西一大步、东一大步地来回走，故后人把村庄称为大步，后书写为大埠。因聚落有北、东、西3处，遂称北大埠、东大埠、西大埠（现属苍山县卞庄街道），此为东大埠。2013年成立。以平房为主。有志愿者服务，开展扭秧歌、广场舞展演等活动。未通公交车。

大兴社区 371311-B01-J13
[Dàxīng Shèqū]

属沂堂镇管辖。在罗庄区西部。面积2.6平方千米。人口2 600。据《刘氏家谱》记载，明万历三年（1575）建村，原名前沙屯，又名儿桥屯。1950年，易名大兴屯，取兴隆旺盛之意。2013年成立。有楼房27栋，现代建筑风格。有志愿者服务，开展扭秧歌、广场舞展演等活动。通公交车。

为儿桥社区 371311-B01-J14
[Wèi'érqiáo Shèqū]

属沂堂镇管辖。在罗庄区西部。面积4.52平方千米。人口4 200。据明代墓碑记，元至正年间建村，燕子河从聚落中流过，为方便儿女上学，人们便在河上修建1座石桥，桥头碑刻有劝学扬善的各种图案及文字，取名为儿桥，村庄遂以桥名之，社区沿用村名。2013年成立。以平房为主。有志愿者服务，开展扭秧歌、广场舞展演等活动。通公交车。

龙兴社区 371311-B01-J15
[Lóngxīng Shèqū]

属沂堂镇管辖。在罗庄区西部。面积4.44平方千米。人口3 700。据《张氏家谱》载，明洪武九年（1376）建村，名官庄，后因村后有一眼形似龙的泉，易名龙泉官庄。龙泉官庄村与龙王堂、兴路口和大槐树村合并，取美好寓意命名为龙兴社区。2013年成立。有楼房8栋，现代建筑风格，还有平房。有志愿者服务，开展扭秧歌、广场舞展演等活动。通公交车。

柳庄社区 371311-B01-J16
[Liǔzhuāng Shèqū]

属沂堂镇管辖。在罗庄区西部。面积5.1平方千米。人口4 600。据庙碑记载，明洪武年间建村，因聚落中柳树众多，故名柳庄。后析成两村，以方位定名前柳庄、后柳庄，后合并为一个社区，故名。2013年成立。以平房为主。有志愿者服务，开展扭秧歌、广场舞展演等活动。通公交车。

桥头社区 371311-B02-J01
[Qiáotóu Shèqū]

属褚墩镇管辖。在罗庄区南部。面积7.73平方千米。人口6 600。以辖区内村得名。2013年成立。有楼房12栋，现代建筑风格。通公交车。

卜庄社区 371311-B02-J02
［Bǔzhuāng Shèqū］

属褚墩镇管辖。在罗庄区南部。面积6.29平方千米。人口6 000。以辖区内村得名。2013年成立。有楼房4栋，现代建筑风格。通公交车。

兰山社区 371311-B02-J03
［Lánshān Shèqū］

属褚墩镇管辖。在罗庄区南部。面积7.81平方千米。人口7 300。以辖区内村得名。2013年成立。以平房为主。通公交车。

廖屯社区 371311-B02-J04
［Liàotún Shèqū］

属褚墩镇管辖。在罗庄区南部。面积3.48平方千米。人口3 400。以辖区内村得名。2013年成立。以平房为主。通公交车。

三屯社区 371311-B02-J05
［Sāntún Shèqū］

属褚墩镇管辖。在罗庄区南部。面积3.52平方千米。人口3 900。以辖区内村得名。2013年成立。以平房为主。通公交车。

孙盛庄社区 371311-B02-J06
［Sūnshèngzhuāng Shèqū］

属褚墩镇管辖。在罗庄区南部。面积4.25平方千米。人口2 800。以辖区内村得名。2013年成立。以平房为主。通公交车。

碑住社区 371311-B02-J07
［Bēizhù Shèqū］

属褚墩镇管辖。在罗庄区南部。面积9.08平方千米。人口7 300。以辖区内村得名。2013年成立。以平房为主。通公交车。

西永安社区 371311-B02-J08
［Xīyǒng'ān Shèqū］

属褚墩镇管辖。在罗庄区南部。面积4.83平方千米。人口5 700。以辖区内村得名。2013年成立。以平房为主。通公交车。

三岭社区 371311-B02-J09
［Sānlǐng Shèqū］

属褚墩镇管辖。在罗庄区南部。面积4.63平方千米。人口2 800。辖区内村得名。2013年成立。以平房为主。通公交车。

东永安社区 371311-B02-J10
［Dōngyǒng'ān Shèqū］

属褚墩镇管辖。在罗庄区南部。面积2.25平方千米。人口2 700。南宋末年建村，此处原有一座永安寺，现仍存有明万历三年（1575）重修永安寺的寺碑，村以寺名永安。后因村庄扩大，以沟为界，分为东西两村，此村位东，故名东永安，社区沿用村名。2013年成立。以平房为主。通公交车。

梁庄社区 371311-B02-J11
［Liángzhuāng Shèqū］

属褚墩镇管辖。在罗庄区南部。面积4.64平方千米。人口4 100。明成化年间，赵姓迁此建村，始称赵义官庄，后以梁姓兴旺，改名梁家庄，简称梁庄，社区沿用村名。2013年成立。以平房为主。通公交车。

菊花屯社区 371311-B03-J01
［Júhuātún Shèqū］

属黄山镇管辖。在罗庄区东南部。面积3.48平方千米。人口3 900。以辖区内村得名。2009年成立。有楼房9栋，现代建筑风格。通公交车。

蒋史汪社区 371311–B03–J02
[Jiǎngshǐwāng Shèqū]

属黄山镇管辖。在罗庄区东南部。面积 4.46 平方千米。人口 7 100。以辖区内村得名。2013 年成立。以平房为主。通公交车。

木柞社区 371311–B03–J03
[Mùzuò Shèqū]

属黄山镇管辖。在罗庄区东南部。面积 3.45 平方千米。人口 5 000。以辖区内村得名。2013 年成立。以平房为主。通公交车。

凤凰社区 371311–B03–J04
[Fènghuáng Shèqū]

属黄山镇管辖。在罗庄区东南部。面积 5.54 平方千米。人口 4 400。以吉祥嘉言得名，寓意为吉祥宝地。2013 年成立。以平房为主。通公交车。

官山社区 371311–B03–J05
[Guānshān Shèqū]

属黄山镇管辖。在罗庄区东南部。面积 5.61 平方千米。人口 4 700。以原两村蝎子山、谢家官庄村名中各取一字得名。2013 年成立。以平房为主。通公交车。

凤凰屯社区 371311–B03–J06
[Fènghuángtún Shèqū]

属黄山镇管辖。在罗庄区东南部。面积 4.41 平方千米。人口 4 300。以辖区内村得名。2013 年成立。以平房为主。通公交车。

黄山社区 371311–B03–J07
[Huángshān Shèqū]

属黄山镇管辖。在罗庄区东南部。面积 3.88 平方千米。人口 4 100。以辖区内村得名。2013 年成立。以平房为主。通公交车。

蔡村社区 371311–B03–J08
[Càicūn Shèqū]

属黄山镇管辖。在罗庄区东南部。面积 6.99 平方千米。人口 5 400。以辖区内村得名。2013 年成立。以平房为主。通公交车。

官庄社区 371311–B03–J09
[Guānzhuāng Shèqū]

属黄山镇管辖。在罗庄区东南部。面积 3.37 平方千米。人口 3 700。以辖区内村得名。2013 年成立。以平房为主。通公交车。

峰山社区 371311–B03–J10
[Fēngshān Shèqū]

属黄山镇管辖。在罗庄区东南部。面积 4.84 平方千米。人口 4 200。以辖区内村得名。2013 年成立。以平房为主。通公交车。

双合社区 371311–B03–J11
[Shuānghé Shèqū]

属黄山镇管辖。在罗庄区东南部。面积 2.38 平方千米。人口 1 900。取原两村合并、和谐美满之意命名。2013 年成立。以平房为主。通公交车。

河东区

河东区 371312
[Hédōng Qū]

临沂市辖区。在市境东部。面积 855 平方千米。人口 76.1 万。辖 8 街道、3 镇。区人民政府驻九曲街道。1949—1958 年属临沂县，1958 年属县级临沂市。1963 年属临沂县。1983 年属县级临沂市。1994 年设河东区，属地级临沂市。以位于沂河以东而得名。沂河、沭河、汤河等从区境内穿过。有省级工程技术研究中心 3 个。有中小学 87 所，图书馆 1 个，博物馆 10 个，知名文艺团体 4 个，三级以上医院 1 个。有国家级文物保护单位 1 个，国家级爱国主义教育基地新四军军部旧址暨华东野战军总部纪念馆，省级文物保护单位 9 个，国家级非物质文化遗产龙灯扛阁，重要古迹、景点 18 个。2007 年先后完成郁九曲、杨庄、独树头等 17 个社区的旧村改造工程，2010 年启动兰亭路、李工街、桃源街等路网工程。有凤凰雕塑等标志性建筑物。城市布局呈带状，围绕沂河、沭河形成"一带、三轴、五区、多点"的结构。三次产业比例为 6：50：44。农业以种植业、养殖业为主，产玉米、谷物、棉花等，名优特产有长虹草莓、玉湖莲藕、沂州木瓜、兴梅西瓜、太平板栗、潘湖狗肉等，渔业以水产养殖为主。工业以五金机械、绿色食品、柳编制品、家具建材等为主，有中国五金加工城、中国脱水蔬菜加工城、中国五金产业工贸城、中国铸造产业集群。服务业以旅游业为主。有国家级开发区 1 个。有临沂东火车站、临沂河东汽车站、临沂机场，有多条公交线路。

临沂综合保税区 371312-E01
[Línyí Zōnghé Bǎoshuìqū]

在区境东南部。东至东外环路，西至澳门路，北至临工路，南至华夏路。面积 370 公顷。2014 年 8 月经国务院正式批准建立国家级综合保税区，由市级政府管理。打造拥有保税加工、保税仓储、保税物流、口岸作业和综合服务等的综合开发区。有现代威亚汽车发动机（山东）有限公司、亚太森博（山东）浆纸有限公司、山东吉美乐有限公司、力诺集团有限责任公司、齐鲁制药有限公司、罗欣医药集团有限公司等知名企业，有发动机、浆纸、药品等产品。交通便利。

九曲街道 371312-A01
[Jiǔqǔ Jiēdào]

河东区人民政府驻地。在区境中部。面积 70 平方千米。人口 12.3 万。2004 年设立。因区内郁九曲社区得名。自 2010 年实施棚户区改造，至 2014 年底共实施棚改项目 8 个。李公河从境内穿过。有中小学 12 所，医疗卫生机构 2 个。有国家级非物质文化遗产龙灯扛阁，省级非物质文化遗产褚庄泥塑，重要古迹小皇山汉、明、清代墓葬遗址，独树头崔家大院明清古建筑群，前河湾新四军军部旧址，陈毅旧居，中共中央华东局党校旧址等。经济以服务业、制造业为主。农业以种植小麦、玉米、蔬菜为主，畜牧业以养殖猪、牛、羊、家禽为主。工业以五金加工、铸造、机械加工、建筑材料、装备制造为主，主要产品有五金工具、脱水蔬菜、胶合板、成衣。服务业以五金加工销售、仓储物流为主。有河东汽车站、临沂北站，通公交车。

相公街道 371312-A02
[Xiànggōng Jiēdào]

属河东区管辖。在区境东部。面积 65 平方千米。人口 6.5 万。2004 年设立。因相公庄得名。相传春秋时期管仲和鲍叔牙曾寓居于此，后管仲在鲍叔牙的保荐下当了齐国相国，辅佐齐桓公"九合诸侯，一匡天下"，桓公成为五霸之首，而管仲位居宰相，受人尊敬，管仲村改称相公庄。茅茨沟、黑河从境内穿过。有中小学 10 所，医疗卫生机构 1 个。有重要古迹大范庄遗址、蛋壳陶遗址等。有"兴安门"红楼等标志性建筑物。农业以种植小麦、水稻为主。工业以五金铸造、机械、服装加工、化工、食品、木业、饲料、建筑为主。有相公街道客运站，通公交车。

太平街道 371312-A03
[Tàipíng Jiēdào]

属河东区管辖。在区境北部。面积 50 平方千米。人口 4.2 万。2004 年设立。因郭太平村得名。明洪武年间郭姓建村，取吉祥意名郭太平。2011 年对街道办事处、派出所办公楼改造重建，2013 年建设街道文化站。有中小学 7 所，医疗卫生机构 1 个。有沿河万亩古板栗园、白塔"鼋泉殿"等旅游资源。经济以农业为主。农业以种植水稻、小麦、蔬菜、经济林为主，有"沂平"牌番茄、"同德"牌有机蔬菜、"老庄户"、"善禾"牌粳米等品牌。工业以五金、脱水蔬菜加工为主。通公交车。

汤头街道 371312-A04
[Tāngtóu Jiēdào]

属河东区管辖。在区境北部。面积 180 平方千米。人口 12.0 万。2004 年设立。因地处汤水源头，故名。有汤头温泉，沂河、汤河从境内穿过。有中小学 15 所，医疗卫生机构 3 个。农业主产小麦、玉米、水稻、花生、大豆、草莓、蔬菜等，畜牧业以养殖猪、牛、家禽、貉子等为主。工业有华太电池、鲁泰鞋业、阳山毛纺等产品。服务业以旅游业为主，有 AAAA 级景区 2 个、AAA 级景区 3 个。有汤头客运站，通公交车。

凤凰岭街道 371312-A05
[Fènghuánglǐng Jiēdào]

属河东区管辖。在区境东部。面积 37 平方千米。人口 3.8 万。2004 年设立。因境内凤凰岭得名。黑河、李公河从境内穿过。有中小学 3 所，医疗卫生机构 1 个。有重要古迹东周遗址。农业以种植业、养殖业为主，产小麦、玉米等。工业以五金制造、毛皮加工等为主。服务业以餐饮、物流为主。通公交车。

芝麻墩街道 371312-A06
[Zhīmadūn Jiēdào]

属河东区管辖。在区境南部。面积 61 平方千米。人口 6.4 万。2004 年设立。因境内芝麻墩村得名。李公河从境内穿过。有中小学 8 所，医疗卫生机构 2 个。有皇山东夷文化公园、李公河湿地公园、宇帆高尔夫球场等旅游资源。农业以粮食种植为主。服务业以生态旅游、商业为主。通公交车。

梅埠街道 371312-A07
[Méibù Jiēdào]

属河东区管辖。在区境南部。面积 107 平方千米。人口 7.7 万。2004 年设立。因辖区内梅家埠村得名。2010—2014 年，相继拆迁改造庄家店、王家店、密家墩等 25 个旧村，新建香港路、金升路、柳工路、中山路、联邦路等，着力打造了月亮湾广场、月亮湾农贸市场、干沟渊幸福小镇等，提升改造了醋庄葡萄小镇，重点进行了东部片区城乡一体化美丽乡村建设。解白河、玉白河、彭白河、小墩沟从境内穿过。有中小学 19 所，医疗卫生机构 1 个。有醋庄万亩葡萄园、万亩苗木花卉基地等旅游资源。有 F1 摩托艇世界锦标赛中国临沂大奖赛场馆等标志性建筑物，滨河东路（沂河）风情长廊及好运角田园观光风景长廊。农业以种植粮食、林果、蔬菜为主。工业以化工、机械加工、化肥制造、家具制造为主。通公交车。

朝阳街道 371312-A08
[Cháoyáng Jiēdào]

属河东区管辖。在区境东南部。面积 60 平方千米。人口 5.1 万。2011 年设立。临沂古城素有"龟驼凤凰城"之说，是传说中凤凰的集居之地，朝阳街道位于临沂的东部，引"凤鸣朝阳"之句取"朝阳"二字命名。沭河从境内穿过。有中小学 6 所，医疗卫生机构 1 个。有临沂动植物园等旅游资源。有沭河沿线景观带。农业以种植小麦、玉米、花生、蔬菜为主，畜牧业以养殖水貂、狐狸、貉子等特种动物为主，是鲁南苏北地区特种动物养殖基地。工业以机械制造、制革、棉纺等产业为主。通公交车。

汤河镇 371312-B01
[Tānghé Zhèn]

河东区辖镇。在区境东部。面积 53 平方千米。人口 5.9 万。辖 38 村委会，有 38 自然村。镇人民政府驻前疃庄。1949 年为汤头区。1958 年改设乡，后改公社。1984 年改置镇。因镇内汤河得名。沭河、汤河、祝丘河从境内穿过。有中小学 11 所，医院 1 个，广场 38 个。有古迹祝丘城遗址、县故城遗址等。农业主产小麦、水稻等，盛产沂州海棠、苗木花卉、杞柳等，为全国一村一品示范村镇、中国木柳工艺之乡和山东省苗木花卉产业基地。工业有机械、建材、造纸、食品、金属制品、草柳编、粮食及饲料加工等行业。205 国道、省道岚济公路过境。

八湖镇 371312-B02
[Bāhú Zhèn]

河东区辖镇。在区境东北部。面积 92 平方千米。人口 7.1 万。辖 41 村委会，有 51 自然村。镇人民政府驻邵八湖村。1977 年设疙瘩墩公社。1981 年改名八湖公社。1984 年改设乡。2011 年刘店子乡并入。以镇政府驻地得名。汤河、沭河、管仲河从境内穿过。有中小学 4 所，医院 2 个，广场 1 个。农业主产小麦、花生，盛产大蒜、莲藕、大葱、草莓、西红柿、黄金梨、葡萄等，畜牧业以养鸭为主。工业以蔬菜脱水加工为主，蔬菜产品出口多个国家。服务业以

旅游业为主，有八湖镇金刚岭万亩荷塘生态示范园。鲁南高铁、长申高速、205 国道、省道汶泗公路过境。

郑旺镇 371312-B03
[Zhèngwàng Zhèn]

河东区辖镇。在区境东北部。面积 81 平方千米。人口 7.1 万。辖 34 村委会，有 63 自然村。镇人民政府驻朱家郑旺村。1955 年设洪瑞区，1958 年改设乡，同年改公社，1981 年改郑旺公社。1984 年复设乡。1995 年撤乡设镇。以镇政府驻地得名。汤河从境内穿过。有中小学 8 所，文化馆 1 个，医院 1 个，广场 2 个。农业主产大蒜、稻米、小麦、杞柳。经济以农业、工业为主。农业以种植小麦、水稻、玉米、大豆、柳条、蔬菜为主。工业有五金、板材、木柳、食品、工艺品加工等。服务业以餐饮、住宿、商贸为主。兖石铁路、长深高速、342 省道过境。

社区

凤仪社区 371312-A01-J01
[Fèngyí Shèqū]

属九曲街道管辖。在河东区东北部。面积 10.17 平方千米。人口 8 300。以东夷文化图腾凤凰为主题，取凤仪二字命名。2013 年成立。有楼房 8 栋，现代建筑风格。有志愿者服务，开展未成年人学习等活动。通公交车。

于埠社区 371312-A01-J02
[Yúbù Shèqū]

属九曲街道管辖。在河东区北部。面积 1.56 平方千米。人口 3 800。因为彭家于埠、王家于埠合并而得名。2013 年成立。有楼房 45 栋，现代建筑风格。驻有河东区

市场监管局等单位。有志愿者服务，开展关老爱老、扶贫助残等活动。通公交车。

北城花园社区 371312-A01-J03
[Běichénghuāyuán Shèqū]

属九曲街道管辖。在河东区北部。面积 3.2 平方千米。人口 8 600。因位于城区北部得名。2014 年成立。有楼房 40 栋，现代建筑风格。驻有临沂市委党校等单位。有志愿者服务。通公交车。

东昇花园社区 371312-A01-J04
[Dōngshēnghuāyuán Shèqū]

属九曲街道管辖。在河东区北部。面积 1.27 平方千米。人口 4 500。取"旭日东升"之意，以东昇花园命名。2013 年成立。有楼房 59 栋，现代建筑风格。驻有河东区卫健局、桃源路派出所等单位。开展体育比赛、"我爱读书"等活动。通公交车。

独树头佳园社区 371312-A01-J05
[Dúshùtóujiāyuán Shèqū]

属九曲街道管辖。在河东区西北部。面积 31.17 平方千米。人口 5 200。2013 年成立。有楼房 103 栋，现代建筑风格。有志愿者服务，开展"邻里守望"、关爱留守儿童"七彩课堂"、"快乐星期天"关爱老年人等活动。通公交车。

凤凰茗苑社区 371312-A01-J06
[Fènghuángmíngyuàn Shèqū]

属九曲街道管辖。在河东区北部。面积 5.7 平方千米。人口 9 800。取东夷文化图腾凤凰和名苑二字命名。2014 年成立。有楼房 21 栋，现代建筑风格。通公交车。

九曲店社区 371312-A01-J07
[Jiǔqūdiàn Shèqū]

属九曲街道管辖。在河东区西南部。

面积 3.1 平方千米。人口 3 100。因原自然村得名。2008 年成立。有楼房 23 栋，现代建筑风格。驻有河东区水务局等单位。有志愿者服务，开展关爱残疾人、关爱老年人、关爱未成年人、关爱环境等活动。通公交车。

添骏家园社区 371312-A01-J08
[Tiānjùnjiāyuán Shèqū]

属九曲街道管辖。在河东区东南部。面积 0.5 平方千米。人口 2 800。因添骏商贸市场得名。2014 年成立。有楼房 9 栋，现代建筑风格。有志愿者服务。

北王庄社区 371312-A01-J09
[Běiwángzhuāng Shèqū]

属九曲街道管辖。在河东区西部。面积 0.07 平方千米。人口 1 500。因原自然村得名。2008 年成立。有楼房 14 栋，现代建筑风格。通公交车。

褚庄社区 371312-A01-J10
[Chǔzhuāng Shèqū]

属九曲街道管辖。在河东区南部。面积 1 平方千米。人口 4 300。以姓氏命名。2004 年成立。有楼房 69 栋，现代建筑风格。驻有河东区自然资源局等单位。有志愿者服务。通公交车。

府东家园社区 371312-A01-J11
[Fǔdōngjiāyuán Shèqū]

属九曲街道管辖。在河东区东部。面积 2.76 平方千米。人口 4 000。因在区政府东侧得名。2013 年成立。有楼房 22 栋，现代建筑风格。驻有河东河道管理局等单位。有志愿者服务。通公交车。

巩村社区 371312-A01-J12
[Gǒngcūn Shèqū]

属九曲街道管辖。在河东区南部。面

积 0.72 平方千米。人口 2 100。因原自然村得名。2004 年成立。有楼房 46 栋，现代建筑风格。通公交车。

胡家庄社区 371312-A01-J13
[Hújiāzhuāng Shèqū]

属九曲街道管辖。在河东区西部。面积 0.13 平方千米。人口 1 200。因原自然村得名。2008 年成立。有楼房 15 栋，现代建筑风格。开展广场舞比赛等活动。通公交车。

王家斜坊社区 371312-A01-J14
[Wángjiāxiéfáng Shèqū]

属九曲街道管辖。在河东区东部。面积 0.63 平方千米。人口 2 500。以原自然村得名。2008 年成立。以平房为主。有志愿者服务。通公交车。

李庄子社区 371312-A01-J15
[Lǐzhuāngzi Shèqū]

属九曲街道管辖。在河东区南部。面积 0.72 平方千米。人口 1 600。因原自然村得名。2008 年成立。以平房为主。有志愿者服务。通公交车。

刘村社区 371312-A01-J16
[Liúcūn Shèqū]

属九曲街道管辖。在河东区西南部。面积 2.66 平方千米。人口 1 100。因原自然村得名。2008 年成立。有楼房 12 栋，现代建筑风格。开展广场舞比赛等活动。通公交车。

三官庙社区 371312-A01-J17
[Sānguānmiào Shèqū]

属九曲街道管辖。在河东区西南部。面积 0.6 平方千米。人口 4 300。因原有三官庙得名。2004 年成立。有楼房 43 栋，现代建筑风格。有志愿者服务。通公交车。

杨家岭社区 371312-A01-J18
[Yángjiālǐng Shèqū]

属九曲街道管辖。在河东区南部。面积 0.6 平方千米。人口 1 000。因原自然村得名。2008 年成立。以平房为主。有志愿者服务。通公交车。

杨家庄社区 371312-A01-J19
[Yángjiāzhuāng Shèqū]

属九曲街道管辖。在河东区南部。面积 0.47 平方千米。人口 4 600。因原自然村得名。2008 年成立。有楼房 48 栋，现代建筑风格。有志愿者服务。通公交车。

张家斜坊社区 371312-A01-J20
[Zhāngjiāxiéfáng Shèqū]

属九曲街道管辖。在河东区东部。面积 0.33 平方千米。人口 1 400。因原自然村得名。2008 年成立。有楼房 16 栋，现代建筑风格。有志愿者服务。通公交车。

张庄子社区 371312-A01-J21
[Zhāngzhuāngzi Shèqū]

属九曲街道管辖。在河东区南部。面积 0.1 平方千米。人口 1 500。因原自然村得名。2008 年成立。有楼房 16 栋，现代建筑风格。有志愿者服务。通公交车。

赵庄社区 371312-A01-J22
[Zhàozhuāng Shèqū]

属九曲街道管辖。在河东区西南部。面积 0.25 平方千米。人口 3 200。因原自然村得名。2008 年成立。有楼房 54 栋，现代建筑风格。驻有河东区税务局、河东区人民法院、河东区财政局等单位。开展广场舞比赛等活动。通公交车。

钟家庄社区 371312-A01-J23
[Zhōngjiāzhuāng Shèqū]

属九曲街道管辖。在河东区西部。面积 0.06 平方千米。人口 500。因原自然村得名。2008 年成立。有楼房 5 栋，现代建筑风格。通公交车。

朱斜坊社区 371312-A01-J24
[Zhūxiéfáng Shèqū]

属九曲街道管辖。在河东区东北部。面积 0.3 平方千米。人口 1 600。因原自然村得名。2008 年成立。有楼房 5 栋，现代建筑风格。有志愿者服务。通公交车。

艾家于埠社区 371312-A01-J25
[Àijiāyúbù Shèqū]

属九曲街道管辖。在河东区东北部。面积 0.07 平方千米。人口 1 000。因原自然村得名。2008 年成立。有楼房 6 栋，现代建筑风格。有志愿者服务。通公交车。

沭埠岭社区 371312-A01-J26
[Shùbùlǐng Shèqū]

属九曲街道管辖。在河东区东南部。面积 0.39 平方千米。人口 2 000。因原自然村得名。2008 年成立。有楼房 4 栋，现代建筑风格。有志愿者服务。通公交车。

孟家于埠社区 371312-A01-J27
[Mèngjiāyúbù Shèqū]

属九曲街道管辖。在河东区北部。面积 0.53 平方千米。人口 2 900。因原自然村得名。2008 年成立。有楼房 62 栋，现代建筑风格。有志愿者服务。通公交车。

郁九曲社区 371312-A01-J28
[Yùjiǔqū Shèqū]

属九曲街道管辖。在河东区西南部。面积 1.96 平方千米。人口 4 600。因原自然村得名。2004 年成立。有楼房 52 栋，现代建筑风格。驻有临沂市人民检察院等单位。有志愿者服务。通公交车。

朱团社区 371312-A02-J01
[Zhūtuán Shèqū]

属相公街道管辖。在河东区东部。面积 2.13 平方千米。人口 4 800。以原自然村命名。2008 年成立。以平房为主。有志愿者服务。通公交车。

范庄社区 371312-A02-J02
[Fànzhuāng Shèqū]

属相公街道管辖。在河东区东部。面积 1.95 平方千米。人口 2 500。以原自然村命名。2008 年成立。以平房为主。有志愿者服务。通公交车。

石碑屯社区 371312-A02-J03
[Shíbēitún Shèqū]

属相公街道管辖。在河东区东部。面积 0.75 平方千米。人口 1 600。以原自然村命名。2008 年成立。以平房为主。有志愿者服务。通公交车。

刘家团社区 371312-A02-J04
[Liújiātuán Shèqū]

属相公街道管辖。在河东区东部。面积 0.33 平方千米。人口 1 700。以原自然村命名。2008 年成立。以平房为主。有志愿者服务。通公交车。

南寺社区 371312-A02-J05
[Nánsì Shèqū]

属相公街道管辖。在河东区东部。面积 0.06 平方千米。人口 1 000。因位于释佛寺南侧而得名。2008 年成立。有楼房 4 栋，现代建筑风格。有志愿者服务。通公交车。

南旺社区 371312-A02-J06

[Nánwàng Shèqū]

属相公街道管辖。在河东区东部。面积 2.37 平方千米。人口 4 100。因原自然村得名。2013 年成立。以平房为主。有志愿者服务。通公交车。

平安社区 371312-A02-J07

[Píng'ān Shèqū]

属相公街道管辖。在河东区东北部。面积 2.54 平方千米。人口 3 300。以吉祥之意命名。2013 年成立。以平房为主。有志愿者服务。通公交车。

沈杨社区 371312-A02-J08

[Shěnyáng Shèqū]

属相公街道管辖。在河东区东部。面积 0.64 平方千米。人口 1 800。以原自然村命名。2013 年成立。以平房为主。有志愿者服务。通公交车。

郭太平社区 371312-A03-J01

[Guōtàipíng Shèqū]

属太平街道管辖。在河东区东北部。面积 4.12 平方千米。人口 7 800。以原自然村命名。2013 年成立。有楼房 4 栋，现代建筑风格。驻有太平食品药品监督管理所、太平街道司法所等单位。有志愿者服务。通公交车。

东白塔社区 371312-A03-J02

[Dōngbáitǎ Shèqū]

属太平街道管辖。在河东区东北部。面积 3.66 平方千米。人口 5 700。以原自然村命名。2013 年成立。以平房为主。有志愿者服务。通公交车。

大太平社区 371312-A03-J03

[Dàtàipíng Shèqū]

属太平街道管辖。在河东区东北部。面积 4.6 平方千米。人口 7 400。以原自然村命名。2013 年成立。以平房为主。有志愿者服务。通公交车。

大刘寨社区 371312-A03-J04

[Dàliúzhài Shèqū]

属太平街道管辖。在河东区东北部。面积 4.5 平方千米。人口 7 500。以原自然村命名。2013 年成立。以平房为主。有志愿者服务。通公交车。

东张屯社区 371312-A03-J05

[Dōngzhāngtún Shèqū]

属太平街道管辖。在河东区东北部。面积 2.27 平方千米。人口 4 500。以原自然村命名。2013 年成立。以平房为主。有志愿者服务。通公交车。

大徐寨社区 371312-A03-J06

[Dàxúzhài Shèqū]

属太平街道管辖。在河东区东北部。面积 4.17 平方千米。人口 6 500。以原自然村命名。2013 年成立。以平房为主。有志愿者服务。通公交车。

白塔社区 371312-A04-J01

[Báitǎ Shèqū]

属汤头街道管辖。在河东区西北部。面积 4 平方千米。人口 5 600。以原自然村命名。2013 年成立。有楼房 14 栋，现代建筑风格。有志愿者服务。通公交车。

东王庄社区 371312-A04-J02

[Dōngwángzhuāng Shèqū]

属汤头街道管辖。在河东区北部。面

积 4 平方千米。人口 2 900。因原自然村得名。2008 年成立。以平房为主。通公交车。

官庄社区 371312-A04-J03
[Guānzhuāng Shèqū]

属汤头街道管辖。在河东区北部。面积 1 平方千米。人口 1 300。因姓氏得名。2013 年成立。有楼房 55 栋，现代建筑风格。有志愿者服务。通公交车。

龙车辇社区 371312-A04-J04
[Lóngchēniǎn Shèqū]

属汤头街道管辖。在河东区北部。面积 4 平方千米。人口 3 600。以合并各自然村名取所含字组合得名。2013 年成立。有楼房 55 栋，现代建筑风格。有志愿者服务。通公交车。

泉上屯社区 371312-A04-J05
[Quánshàngtún Shèqū]

属汤头街道管辖。在河东区北部。面积 1.5 平方千米。人口 2 200。因原为屯兵之所得名。2008 年成立。有楼房 10 栋，现代建筑风格。有志愿者服务。通公交车。

汤泉社区 371312-A04-J06
[Tāngquán Shèqū]

属汤头街道管辖。在河东区北部。面积 4 平方千米。人口 7 000。因位于汤河源头得名。2013 年成立。有楼房 6 栋，现代建筑风格。驻有山东省煤炭温泉疗养院、临沂杏园小学汤头分校、汤头中学等单位。有志愿者服务。通公交车。

五湖社区 371312-A04-J07
[Wǔhú Shèqū]

属汤头街道管辖。在河东区北部。面积 3 平方千米。人口 2 600。据碑文记载，元至正十二年（1352），因地势低洼，周围有五处洼湖，故名五湖。2013 年成立。有楼房 12 栋，现代建筑风格。有志愿者服务。通公交车。

西南社区 371312-A04-J08
[Xīnán Shèqū]

属汤头街道管辖。在河东区北部。面积 1 平方千米。人口 1 100。因在汤头街道驻地西南方向得名。2013 年成立。有楼房 6 栋，现代建筑风格。有志愿者服务。通公交车。

长沟社区 371312-A04-J09
[Chánggōu Shèqū]

属汤头街道管辖。在河东区北部。面积 1.8 平方千米。人口 5 200。因地理特征得名。2013 年成立。有楼房 6 栋，现代建筑风格。有志愿者服务。通公交车。

长虹社区 371312-A04-J10
[Chánghóng Shèqū]

属汤头街道管辖。在河东区北部。面积 4 平方千米。人口 1 300。因居于长虹岭区域而得名。2013 年成立。有楼房 13 栋，现代建筑风格。有志愿者服务。通公交车。

葛沟社区 371312-A04-J11
[Gégōu Shèqū]

属汤头街道管辖。在河东区北部。面积 3 平方千米。人口 4 000。因地理特征得名。2013 年成立。以平房为主。有志愿者服务。通公交车。

常庄社区 371312-A05-J01
[Chángzhuāng Shèqū]

属凤凰岭街道管辖。在河东区东南部。面积 2.62 平方千米。人口 5 700。因社区中心村设在常家庄，故名。2013年成立。有楼房16栋，现代建筑风格。有志愿者服务，开展扭秧歌等活动。通公交车。

店子社区 371312-A05-J02

[Diànzi Shèqū]

属凤凰岭街道管辖。在河东区东南部。面积3.3平方千米。人口7 500。以原自然村命名。2013年成立。有楼房9栋，现代建筑风格。有志愿者服务，开展送戏下乡等活动。通公交车。

凤凰社区 371312-A05-J03

[Fènghuáng Shèqū]

属凤凰岭街道管辖。在河东区东南部。面积4.95平方千米。人口8 200。因所属街道得名。2013年成立。有楼房17栋，现代建筑风格。有志愿者服务。通公交车。

黑屯社区 371312-A05-J04

[Hēitún Shèqū]

属凤凰岭街道管辖。在河东区东南部。面积3.43平方千米。人口6 000。取自然村黑墩屯村所含字命名。2013年成立。以平房为主。有志愿者服务，开展扶贫、关爱残疾人等活动。通公交车。

王家社区 371312-A05-J05

[Wángjiā Shèqū]

属凤凰岭街道管辖。在河东区东南部。面积4.21平方千米。人口6 600。取自然村王家黑墩村所含字命名。2013年成立。有楼房10栋，现代建筑风格。有志愿者服务。通公交车。

李埠社区 371312-A05-J06

[Lǐbù Shèqū]

属凤凰岭街道管辖。在河东区东南部。面积2.65平方千米。人口5 000。取合并各

自然村名所含字命名。2013年成立。有楼房6栋，现代建筑风格。有志愿者服务。通公交车。

皇山社区 371312-A06-J01

[Huángshān Shèqū]

属芝麻墩街道管辖。在河东区南部。面积74.3平方千米。人口11 000。因地处皇山附近，故名。2013年成立。有楼房149栋，现代建筑风格。驻有临沂经济技术开发区管委会、沂河管理处等单位。通公交车。

芝麻墩社区 371312-A06-J02

[Zhīmadūn Shèqū]

属芝麻墩街道管辖。在河东区东南部。面积8.5平方千米。人口8 300。以原自然村命名。2014年成立。有楼房74栋，现代建筑风格。有志愿者服务，开展邻里守望、保护环境等活动。通公交车。

佳和社区 371312-A06-J03

[Jiāhé Shèqū]

属芝麻墩街道管辖。在河东区东南部。面积28.52平方千米。人口11 000。以家和万事兴之意命名，换“家”为“佳”，寓意人丁兴旺。2013年成立。有楼房50栋，现代建筑风格。有志愿者服务。通公交车。

滨河社区 371312-A06-J04

[Bīnhé Shèqū]

属芝麻墩街道管辖。在河东区南部。面积7.5平方千米。人口12 000。因地处李公河沿岸，故名。2013年成立。有楼房166栋，现代建筑风格。有志愿者服务，开展邻里守望、保护环境等活动。通公交车。

李公河社区 371312-A06-J05

[Lǐgōnghé Shèqū]

属芝麻墩街道管辖。在河东区南部。

面积 0.62 平方千米。人口 16 000。因靠近李公河得名。2013 年成立。有楼房 115 栋，现代建筑风格。驻有芝麻墩街道派出所等单位。有志愿者服务。通公交车。

东城社区 371312-A06-J06
[Dōngchéng Shèqū]

属芝麻墩街道管辖。在河东区南部。面积 0.18 平方千米。人口 7 100。因地处芝麻墩街道最东部，故名。2013 年成立。有楼房 48 栋，现代建筑风格。驻有山东一方药业有限公司等单位。有志愿者服务，开展家长教育、市民教育、科普教育、普法教育、心理健康教育、未成年人教育、邻里守望等活动。通公交车。

张贺城回族社区 371312-A07-J01
[Zhānghèchénghuízú Shèqū]

属梅埠街道管辖。在河东区东南部。面积 0.87 平方千米。人口 1 400。以原自然村命名。2008 年成立。有楼房 3 栋，现代建筑风格。有志愿者服务。通公交车。

月亮湾东区社区 371312-A07-J02
[Yuèliangwāndōngqū Shèqū]

属梅埠街道管辖。在河东区南部。面积 6.49 平方千米。人口 5 700。因位于月亮湾广场以东得名。2013 年成立。有楼房 85 栋，现代建筑风格。有志愿者服务。通公交车。

月亮湾西区社区 371312-A07-J03
[Yuèliangwānxīqū Shèqū]

属梅埠街道管辖。在河东区南部。面积 7.62 平方千米。人口 10 000。因位于月亮湾广场以西得名。2013 年成立。有楼房 109 栋，现代建筑风格。有志愿者服务。通公交车。

月亮湾北区社区 371312-A07-J04
[Yuèliangwānběiqū Shèqū]

属梅埠街道管辖。在河东区南部。面积 6.32 平方千米。人口 7 200。因位于月亮湾广场以北得名。2013 年成立。有楼房 111 栋，现代建筑风格。有志愿者服务。通公交车。

朝阳东区社区 371312-A08-J01
[Cháoyángdōngqū Shèqū]

属朝阳街道管辖。在河东区东南部。面积 2.21 平方千米。人口 3 300。因为东重沟等村合并设立，以朝阳东升寓意美好希望得名。2013 年成立。有楼房 38 栋，现代建筑风格。有志愿者服务。通公交车。

李万湖社区 371312-A08-J02
[Lǐwànhú Shèqū]

属朝阳街道管辖。在河东区东南部。面积 5.43 平方千米。人口 3 500。因为李家湖和万家湖合并而设，故名。2013 年成立。有楼房 56 栋，现代建筑风格。有志愿者服务。通公交车。

田庄社区 371312-A08-J03
[Tiánzhuāng Shèqū]

属朝阳街道管辖。在河东区东南部。面积 5.49 平方千米。人口 4 600。因为前田庄、郑田庄、中田庄、王田庄、刘田庄合并设立，故名。2013 年成立。有楼房 53 栋，现代建筑风格。有志愿者服务。通公交车。

朝阳新村社区 371312-A08-J04
[Cháoyángxīncūn Shèqū]

属朝阳街道管辖。在河东区东南部。面积 2.42 平方千米。人口 2 100。因美好寓意得名。2013 年成立。有楼房 2 栋，现代建筑风格。有志愿者服务。通公交车。

滨河社区 371312-B01-J01

[Bīnhé Shèqū]

属汤河镇管辖。在河东区东南部。面积 5.02 平方千米。人口 4 100。以濒临沭河、汤河而得名。2013 年成立。以平房为主。通公交车。

程子河社区 371312-B01-J02

[Chéngzǐhé Shèqū]

属汤河镇管辖。在河东区东部。面积 2.25 平方千米。人口 6 200。因中心村程子河得名。2013 年成立。有楼房 5 栋，现代建筑风格。通公交车。

坊坞社区 371312-B01-J03

[Fángwù Shèqū]

属汤河镇管辖。在河东区东部。面积 2.89 平方千米。人口 5 900。取合并各自然村名所含字命名。2013 年成立。有楼房 2 栋，现代建筑风格，还有平房。通公交车。

故县社区 371312-B01-J04

[Gùxiàn Shèqū]

属汤河镇管辖。在河东区东部。面积 1.84 平方千米。人口 3 700。取合并各自然村名所含字组合命名。2013 年成立。有楼房 1 栋，现代建筑风格，还有平房。通公交车。

海棠社区 371312-B01-J05

[Hǎitáng Shèqū]

属汤河镇管辖。在河东区东部。面积 5.08 平方千米。人口 5 900。以盛产临沂市市花海棠得名。2013 年成立。以平房为主。通公交车。

曲坊社区 371312-B01-J06

[Qūfáng Shèqū]

属汤河镇管辖。在河东区东部。面积

6.29 平方千米。人口 7 200。以中心村曲坊命名。2013 年成立。有楼房 12 栋，现代建筑风格，还有平房。通公交车。

新城社区 371312-B01-J07

[Xīnchéng Shèqū]

属汤河镇管辖。在河东区东部。面积 5.59 平方千米。人口 5 500。因新新工艺品厂和天城面粉厂得名。2013 年成立。以平房为主。通公交车。

禹屋社区 371312-B01-J08

[Yǔwū Shèqū]

属汤河镇管辖。在河东区东部。面积 4.16 平方千米。人口 4 300。因禹屋村得名。2013 年成立。以平房为主。通公交车。

祝丘社区 371312-B01-J09

[Zhùqiū Shèqū]

属汤河镇管辖。在河东区东部。面积 3.73 平方千米。人口 4 700。以祝丘古城遗址得名。2013 年成立。以平房为主。通公交车。

洽沟社区 371312-B01-J10

[Qiàgōu Shèqū]

属汤河镇管辖。在河东区东部。面积 4.55 平方千米。人口 9 700。因中心村洽沟得名。2013 年成立。有楼房 40 栋，现代建筑风格。驻有汤河镇人民政府、汤河镇派出所、汤河运输所等单位。有志愿者服务，开展各类文艺活动。通公交车。

柴河社区 371312-B02-J01

[Cháihé Shèqū]

属八湖镇管辖。在河东区东部。面积 4.22 平方千米。人口 6 000。取合并各自然村名所含字命名。2013 年成立。有楼房 1 栋，现代建筑风格。通公交车。

程旺社区 371312-B02-J02
[Chéngwàng Shèqū]

属八湖镇管辖。在河东区东部。面积4.19平方千米。人口5 400。取合并各自然村名所含字命名。2013年成立。以平房为主。通公交车。

赤草坡社区 371312-B02-J03
[Chìcǎopō Shèqū]

属八湖镇管辖。在河东区东部。面积4.77平方千米。人口5 500。取合并各自然村名所含字命名。2013年成立。有楼房3栋，现代建筑风格。通公交车。

坊上社区 371312-B02-J04
[Fángshàng Shèqū]

属八湖镇管辖。在河东区东部。面积6.63平方千米。人口8 000。以中心村坊上命名。2013年成立。有楼房4栋，现代建筑风格。通公交车。

圪墩社区 371312-B02-J05
[Gēdūn Shèqū]

属八湖镇管辖。在河东区东部。面积4.69平方千米。人口6 400。取合并各自然村名所含字命名。2013年成立。有楼房6栋，现代建筑风格。通公交车。

刘店子社区 371312-B02-J06
[Liúdiànzi Shèqū]

属八湖镇管辖。在河东区东北部。面积3.5平方千米。人口3 200。以中心村刘店子命名。2013年成立。以平房为主。驻有刘店子医院、刘店子派出所等单位。通公交车。

石拉渊社区 371312-B02-J07
[Shílāyuān Shèqū]

属八湖镇管辖。在河东区东部。面积4.02平方千米。人口4 500。取合并各自然村名所含字命名。2013年成立。有楼房6栋，现代建筑风格。通公交车。

新五湖社区 371312-B02-J08
[Xīnwǔhú Shèqū]

属八湖镇管辖。在河东区东部。面积4.47平方千米。人口5 200。取合并各自然村名所含字命名。2013年成立。有楼房7栋，现代建筑风格。通公交车。

长虹岭社区 371312-B02-J09
[Chánghónglǐng Shèqū]

属八湖镇管辖。在河东区东部。面积5.17平方千米。人口6 000。因长虹岭得名。2013年成立。有楼房1栋，现代建筑风格。通公交车。

八湖社区 371312-B02-J10
[Bāhú Shèqū]

属八湖镇管辖。在河东区东部。面积8.64平方千米。人口9 900。取合并各自然村名所含字命名。2013年成立。有楼房8栋，现代建筑风格。驻有八湖镇市场监管所、八湖镇卫生院等单位。通公交车。

谭庄社区 371312-B03-J01
[Tánzhuāng Shèqū]

属郑旺镇管辖。在河东区东北部。面积0.17平方千米。人口1 600。以姓氏得名。2008年成立。以平房为主。通公交车。

沭河社区 371312-B03-J02
[Shùhé Shèqū]

属郑旺镇管辖。在河东区东北部。面积1.93平方千米。人口1 500。因沭河得名。2008年成立。有楼房1栋，现代建筑风格，还有平房。通公交车。

后洪瑞社区 371312-B03-J03

[Hòuhóngruì Shèqū]

属郑旺镇管辖。在河东区东北部。面积 0.45 平方千米。人口 1 400。以原自然村得名。2008 年成立。有楼房 7 栋，现代建筑风格。通公交车。

张家湾社区 371312-B03-J04

[Zhāngjiāwān Shèqū]

属郑旺镇管辖。在河东区东北部。面积 0.43 平方千米。人口 2 200。以原自然村得名。2008 年成立。有楼房 2 栋，现代建筑风格。通公交车。

沂南县

沂南县 371321

[Yínán Xiàn]

临沂市辖县。北纬 35°33′，东经 118°27′。在市境北部。面积 1 719 平方千米。人口 94.8 万。以汉族为主，还有回、蒙、朝鲜、满、壮、高山等民族。辖 1 街道、13 镇、1 乡。县人民政府驻界湖街道。春秋为阳国地。西汉置阳都县，属城阳国。东晋废。隋属琅琊郡。唐、宋、元、明、清时大部属沂水县。1939 年抗日民主政权析沂水县之泰安—石臼所公路以南地置县级政区，称南沂蒙。1940 年改为沂南县，属鲁中行政区。1941 年撤销，1942 年复置，属鲁中行政区沂蒙专区。1943 年于沂水、临沂边区置沂临边县。1945 年沂临边县撤销，大部并入沂南县。1950 年属沂水专区。1953 年属临沂专区。1958 年撤销，1961 年复置。1967 年属临沂地区。1994 年属临沂市。（资料来源：《中华人民共和国地名大词典》）因在沂水县以南，故名。地势西高东低，西部山地层峦叠嶂，最高点五彩山，东部丘陵起伏，地面坡度较缓，中部为沂、汶、蒙 3 河冲积平原，平均海拔 114 米。年均气温 13.4℃，1 月平均气温 0.2℃，7 月平均气温 26.7℃。年均降水量 642.7 毫米。有沂河、汶河、蒙河流经。有金、铜、铁、钼、硫黄、大理石、石棉等矿产资源。有野生植物 800 余种，其中国家重点保护野生植物有松、柏、银杏等 26 种。有野生动物 500 余种，其中国家重点保护野生动物有獾、狼、狐狸等 85 种。森林覆盖率 21.93%。有中小学 167 所，图书馆 1 个，博物馆 2 个，体育场馆 3 个，二级以上医院 6 个。有国家级文物保护单位 1 个，省级文物保护单位 8 个，省级爱国主义教育基地 3 个，重要古迹、景点 13 个。三次产业比例为 17∶42∶41。农业以种植业、畜牧业为主，产小麦、玉米、水稻、地瓜、大豆等，主要经济作物有花生、蔬菜、棉花、黄烟等，特产沂南黄瓜、孙祖小米、双堠西瓜、砖埠草莓、双堠樱桃、茶坡芹菜。畜牧业以饲养猪、羊、肉鸡、奶牛、黄牛、兔为主。工业以电动车制造、金矿采掘业、机械制造、化学化工、食品加工为主。服务业以旅游、金融、对外贸易为主，旅游业以"诸葛故里、红嫂家乡、温泉之都、休闲胜地"四大旅游品牌为特色。境内铁路 35.1 千米，公路 1 060 千米。胶新铁路、京沪高速、日兰高速、长深高速、205 国道和省道东红公路、莒界公路、沂邳公路过境。

界湖街道 371321-A01

[Jièhú Jiēdào]

沂南县人民政府驻地。在县境中部。面积 93 平方千米。人口 15.2 万。2009 年设立。因界于山岭间湖洼偏高处得名。1993 年建造了卧龙山公园等纪念设施。沂河、汶河从境内穿过。有中小学 9 所，图书馆 1 个，体育场 4 个，医疗卫生机构 2 个。有国家级文物保护单位北寨墓群，重要名胜古迹袁家大院、智圣汤泉旅游度假村、诸葛亮文化旅游区。农业以种植业为主，产小麦、玉米、地瓜、水稻、花生等，盛产板栗、石榴、柿子等土特产品。工业以建筑建材、电动车制造、鞋服制造、副食品加工为主。服务业以金融、物流为主。有沂南县火车站、沂南县汽车总站、沂南县阳都客运站，通公交车。

岸堤镇 371321-B01
[Àndī Zhèn]

沂南县辖镇。在县境西部。面积144平方千米。人口5.6万。辖1居委会、15村委会，有100自然村。镇人民政府驻岸堤村。1941年6月设岸堤区。1958年设岸堤乡。1985年设镇。2000年高湖乡并入。因镇政府驻地得名。汶河从境内穿过。有中小学9所，卫生院2个。有省级文物保护单位山东抗日军政干部学校旧址，市级文物保护单位姚家峪摩崖造像，有重要名胜古迹蝙蝠洞、清康熙地震碑、百佛寺、观音阁等。农业主产小麦、玉米，盛产花生、黄烟、镜面柿、香椿，林业以经济林为主，畜牧业以饲养猪、羊、家禽为主。工业以石灰石加工、木器家具、服装玩具、食品加工、新型建材五大产业为主。服务业以旅游业为主。省道莒界公路过境。设岸堤客运站。

孙祖镇 371321-B02
[Sūnzǔ Zhèn]

沂南县辖镇。在县境西南部。面积154平方千米。人口4.4万。辖2居委会、17村委会，有57自然村。镇人民政府驻孙祖村。1949年为第五区，1985年设乡，1996年设镇，2000年代庄乡并入。因镇政府驻地得名。孙祖河从境内穿过。有中小学8所，卫生院2个。有纪念地孟良崮战斗遗址、九子峰战斗遗址、抗大一分校旧址等，有重要名胜古迹黄石寺、古塔、孟良崮国家森林公园。农业以种植业为主，主产小麦、玉米、

地瓜、花生、小米，盛产西瓜，特产孙祖小米。畜牧业以饲养猪、羊、家禽为主。工业以石英砂加工、汽车配件、服装加工、农副产品加工等为主。服务业以旅游业为主。有公路经此。

双堠镇 371321-B03
[Shuānghòu Zhèn]

沂南县辖镇。在县境西南部。面积156平方千米。人口4.5万。辖1居委会、9村委会，有151自然村。镇人民政府驻双堠村。1985年改设乡，1997年设镇。2000年南石门乡并入。因镇政府驻地得名。境内有大青山、五彩山，蒙河、五彩河从境内穿过。有中小学9所，卫生院2个。有省级文物保护单位大青山战斗遗址，省级爱国主义教育基地大青山突围纪念馆，市级文物保护单位姚沟遗址、上佛住摩崖造像、朝山摩崖造像等，有彩蒙山休闲度假区等旅游资源。农业以种植小麦、玉米、花生、西瓜、烤烟、板栗、樱桃为主，特产"双堠西瓜"与"红嫂樱桃"。养殖业以饲养猪、蒙山奶牛、黄牛、黑山羊等为主。工业以石英砂采掘为主，另有石英砂加工、机械制造、制鞋纺织、食品加工、塑料加工、新型建材等产业。服务业以旅游业为主。京沪高速、205国道过境。

青驼镇 371321-B04
[Qīngtuó Zhèn]

沂南县辖镇。在县境西南部。面积162平方千米。人口6.9万。辖2居委会、29村委会，有81自然村。镇人民政府驻青驼村。1951年设第八区。1958年设青驼乡。1985年设镇。2000年高里乡并入。因镇政府驻地得名。蒙河从境内穿过。有中小学11所，卫生院2个。有省级文物保护单位山东省战工会遗址纪念馆，市级文物保护单位仲丘故城遗址，市级非物质文化遗产徐公砚

制作技艺，有重要名胜古迹小磨石沟遗址、九女墩、西斗沟墓群等。农业主产小麦、玉米、地瓜、水稻，盛产油桃、黄烟、板栗、西瓜、甜瓜等。畜牧业以饲养猪、羊、家禽为主。工业有纺织制衣、加工铸造等多个产业集群。服务业以物流业为主。日东高速、京沪高速、205 国道、省道沂邳公路过境。

张庄镇 371321-B05
[Zhāngzhuāng Zhèn]

沂南县辖镇。在县境南部。面积 124 平方千米。人口 5.1 万。以汉族为主，还有土家族。辖 1 居委会、26 村委会，有 61 自然村。镇人民政府驻张庄。1949 年属第九区。1985 年设镇。因镇政府驻地得名。汶河从境内穿过。有中小学 11 所，卫生院 1 个。有市级非物质文化遗产弦子戏，有重要名胜古迹法云寺石碑、留田突围遗址等。农业主产小麦、玉米，特产油桃、板栗、葡萄、黄烟、蚕桑等，畜牧业以饲养猪、羊、木赞牛、德国黄牛为主，形成以烤烟、桑蚕、林果、瓜菜、畜牧为主的农业五大支柱产业。工业有轴承制造、大理石加工、石英砂生产、焦炭制造、页岩砖生产、葡萄酒酿造、农副产品加工等产业。省道沂邳公路、沂新公路、葛岸公路过境。

砖埠镇 371321-B06
[Zhuānbù Zhèn]

沂南县辖镇。在县境南部。面积 74 平方千米。人口 4.3 万。辖 1 居委会、12 村委会，有 36 自然村。镇人民政府驻砖埠村。1958 年为砖埠人民公社。1985 年改设乡。1994 年设镇。因镇政府驻地得名。沂河、汶河、蒙河从境内穿过。有中小学 7 所，卫生院 1 个。有省级文物保护单位阳都故城，市级文物保护单位颜氏谱碑，有纪念地诸葛亮故里纪念馆。农业以果蔬种植，狐狸、

火鸡、貉子特种养殖为主，盛产草莓、蜜桃。工业以礼花生产、砖机制造、建筑安装、机械配件、木材加工、服装加工、果蔬加工等为主。服务业以诸葛亮主题文化旅游为主。日东高速过境。

大庄镇 371321-B07
[Dàzhuāng Zhèn]

沂南县辖镇。在县境东南部。面积 158 平方千米。人口 10.2 万。辖 3 居委会、15 村委会，有 90 自然村。镇人民政府驻河村。1952 年设大庄乡。1985 年设镇。2000 年河阳乡、杨家坡镇并入。因镇政府原驻大庄而得名。汶河、沂河从境内穿过。有中小学 17 所，卫生院 2 个。有省级文物保护单位西司马遗址，市级文物保护单位白石埠遗址、河阳遗址、坊前遗址。农业以种植小麦、玉米、花生、蔬菜为主，盛产生姜、黄烟、韭菜、红富士苹果。畜牧业以饲养生猪、肉鸭为主。工业形成以不锈钢、钢管、新能源、特种玻璃、发电、新型建材、生物、造纸为主的循环经济千亿产业园区，免烧砖机生产是重要支柱产业之一。日东高速、长深高速、省道东红公路过境。

辛集镇 371321-B08
[Xīnjí Zhèn]

沂南县辖镇。在县境东部。面积 95 平方千米。人口 6.1 万。辖 5 居委会、10 村委会，有 57 自然村。镇人民政府驻辛集村。1963 年设辛集区。1985 年改设乡。1994 年设镇。2000 年大王庄乡并入。2000 年库沟乡并入。因镇政府驻地得名。沂河从境内穿过。有中小学 4 所，卫生院 2 个。有省级文物保护单位信量桥。农业以种植有机蔬菜、水稻、林果、蚕桑、药材为主，另有生猪、牛养殖业，特产苗家曲村鸭蛋、蒙山灵芝。工业以食品加工、鞋帽柳编、新能源利用为主。服务业以现代物流为主，有大型蔬菜交易批

发市场。胶新铁路、227省道、030省道过境。设沂南站。

蒲汪镇 371321-B09
[Púwāng Zhèn]

沂南县辖镇。在县境东部。面积99平方千米。人口5.8万。辖1居委会、11村委会，有56自然村。镇人民政府驻蒲汪村。1949年为第十五区。1985年改设乡。1994年设镇。2000年大王庄乡并入。因镇政府驻地得名。境内有仙女湖。有中小学4所，卫生院2个。有省级文物保护单位长虹岭墓群，重要古迹有下庄墓群、玉皇庙遗址等。农业主产小麦、玉米、花生、花卉、蔬菜、林果，特产沂南黄瓜、长虹岭苹果、茶坡芹菜、山里红玫瑰。畜牧业以饲养猪、羊、家禽为主。工业以机械加工、木材加工、鞋业、服装、食品、包装制品、花生制品、建筑材料等业为主。胶新铁路、长深高速过境。

湖头镇 371321-B10
[Hútóu Zhèn]

沂南县辖镇。在县境东部。面积90平方千米。人口5.3万。辖2居委会、19村委会，有52自然村。镇人民政府驻湖头村。1944年属沂东县。1953年设为沂南县十六区。1958年设湖头人民公社。1980年设湖头公社。1985年设乡。1994年设镇。2000年东张家哨乡并入。因镇政府驻地得名。湖头河、坡子河、潮沟河从境内穿过。有中小学3所，卫生院1个。有重要古迹薄家店子墓群、辛官庄墓群、肖家哨墓群、湖头墓群等。农业以种植小麦、玉米、蔬菜、花生、林果、黄烟为主，盛产薄店子有机苹果。畜牧业以饲养黄牛、生猪、肉鸡为主。工业形成以机械制造、皮革制造、服装玩具加工、饲料加工、花生深加工为龙头的支柱产业。

服务业以贸易为主，有牲畜交易市场。胶新铁路、长深高速、省道界莒公路过境。

苏村镇 371321-B11
[Sūcūn Zhèn]

沂南县辖镇。在县境东北部。面积69平方千米。人口5.8万。辖4居委会、17村委会，有54自然村。镇人民政府驻苏村。1953年设第十七区。1985年设镇。因镇政府驻地得名。沂河、小河从境内穿过。有中小学9所，卫生院1个。有重要古迹娄家庄遗址、陈庄遗址、夏孟寺碑、刘鸣銮纪念碑等。农业以种植小麦、玉米、蔬菜为主，盛产黄瓜、生姜、葡萄。为鲁中南地区最大无公害蔬菜生产基地之一。工业以糖姜片加工、农副产品深加工为主。服务业以贸易为主，有大型蔬菜批发市场。省道东红公路、界莒公路过境。

铜井镇 371321-B12
[Tóngjǐng Zhèn]

沂南县辖镇。在县境北部。面积123平方千米。人口6.6万。辖1居委会、20村委会，有68自然村。镇人民政府驻铜井村。1955年设铜井区。1985年设镇。2000年鲁家庄乡并入。因镇政府驻地得名。沂河从境内穿过。有中小学3所，卫生院1个。有市级文物保护单位三山沟西汉元凤凤凰刻石，市级非物质文化遗产鲁油古陶制作技艺、牛皮弓传统制作技艺、老油坊传统榨油技艺，有观音寺庙千年银杏树、桃峪天然溶洞、竹泉村旅游度假区和香山湖、观音寺、三山沟原生态风景区、红石寨、马泉生态农业观光区等旅游资源。农业以种植小麦、玉米、蔬菜、花生、棉花为主，特产三山峪生姜，畜牧业以饲养猪、羊、家禽为主。工业以肉类加工、石英砂加工、轴承制造、建材、太阳能管及玻璃项目为主。

服务业以旅游业为主。长深高速、省道沂邳公路、莒界公路过境。

依汶镇 371321-B13
[Yīwèn Zhèn]

沂南县辖镇。在县境西北部。面积 123 平方千米。人口 5.4 万。辖 1 居委会、26 村委会，有 76 自然村。镇人民政府驻依汶村。1949 年为第二区。1985 年改设乡，2000 年朱家里庄乡并入。2002 年改置镇。因镇政府驻地得名。汶河从境内穿过。有中小学 4 所，卫生院 2 个。有省级文物保护单位鲁中革命烈士陵园，重要古迹黄土崖子墓群、付旺墓地、丁家疃遗址等，有诸葛港水上乐园、后峪子生态农业观光区、北大山风景区、兴隆寺等旅游资源。农业以种植小麦、玉米、蔬菜为主，特产帅李、板栗、杏等，畜牧业以饲养猪、羊、家禽为主。工业以矿产资源加工、建筑材料、机械加工、服装加工、轴承制造等为主。服务业以旅游业为主。省道界莒公路过境。

马牧池乡 371321-C01
[Mǎmùchí Xiāng]

沂南县辖乡。在县境西北部。面积 91 平方千米。人口 3.6 万。辖 1 居委会、8 村委会，有 70 自然村。乡人民政府驻牛王庙村。1958 年为人民公社。1985 年设乡。因乡政府原驻马牧池村而得名。汶河、王家河、双泉河从境内穿过。有中小学 2 所，卫生院 1 个。有省级文物保护单位常山庄山东省青代会会址，市级文物保护单位火线桥遗址，省级爱国主义教育基地山东省战邮纪念馆，纪念地沂蒙红嫂纪念馆、王焕于故居，重要古迹吉泰山围寨、战地托儿所旧址、北海银行旧址、棋盘山"古脊椎动物化石"遗址等。农业主产小麦、玉米、黄烟、蔬菜，畜牧业以饲养猪、羊、家禽为主。工业以石英砂、纺织、电子、水泥、

建材等业为主。服务业以红色文化旅游为主，有国家 AAAA 级旅游景区沂蒙红色影视基地。省道界莒公路过境。

旧地名

杨家坡镇（旧） 371321-U01
[Yángjiāpō Zhèn]

沂南县辖乡。在县境东南部。1996 年设立。2000 年撤销，并入大庄镇。

大王庄乡（旧） 371321-U02
[Dàwángzhuāng Xiāng]

沂南县辖乡。在县境东北部。1985 年设立。2000 年撤销，并入辛集镇。

代庄乡（旧） 371321-U03
[Dàizhuāng Xiāng]

沂南县辖乡。在县境西北部。1985 年设立。2000 年撤销，并入孙祖镇。

东张家哨乡（旧） 371321-U04
[Dōngzhāngjiāshào Xiāng]

沂南县辖乡。在县境东北部。1958 年设立。2000 年撤销，并入湖头镇。

独树乡（旧） 371321-U05
[Dúshù Xiāng]

沂南县辖乡。在县境东北部。1958 年设立。2000 年撤销，并入界湖镇，2011 年后属界湖街道。

高里乡（旧） 371321-U06
[Gāolǐ Xiāng]

沂南县辖乡。在县境西南部。1984 年设立。2000 年撤销，并入青驼镇。

河阳乡（旧） 371321-U07

[Héyáng Xiāng]

沂南县辖乡。在县境东南部。1985 年设立。2000 年撤销，并入大庄镇。

库沟乡（旧） 371321-U08

[Kùgōu Xiāng]

沂南县辖乡。在县境东部。1958 年设立。2000 年撤销，并入辛集镇。

鲁家庄乡（旧） 371321-U09

[Lǔjiāzhuāng Xiāng]

沂南县辖乡。在县境西北部。1984 年设立。2000 年撤销，并入铜井镇。

南石门乡（旧） 371321-U10

[Nánshímén Xiāng]

沂南县辖乡。在县境西南部。1984 年设立。2000 年撤销，并入双堠镇。

中高湖乡（旧） 371321-U11

[Zhōnggāohú Xiāng]

沂南县辖乡。在县境西北部。1984 年设立。2000 年撤销，并入岸堤镇。

朱家里庄乡（旧） 371321-U12

[Zhūjiālǐzhuāng Xiāng]

沂南县辖乡。在县境西部。1984 年设立。2000 年撤销，并入依汶镇。

社区

南村社区 371321-A01-J01

[Náncūn Shèqū]

属界湖街道管辖。在沂南县中部。面积 1.2 平方千米。人口 2 200。因地处沂南县城东南方向得名。2005 年成立。有楼房 36 栋，现代中式建筑风格。通公交车。2007 年被评为省文明社区。

水湖套社区 371321-A01-J02

[Shuǐhútào Shèqū]

属界湖街道管辖。在沂南县中部。面积 1.3 平方千米。人口 1 600。因在卧龙山下，南靠一山梁，村处山套，又因村东一片水洼，故名水浒套，后演变为水湖套，社区沿用村名。2006 年成立。有楼房 10 栋，现代中式建筑风格。通公交车。2011 年被评为省文明社区。

德胜社区 371321-A01-J03

[Déshèng Shèqū]

属界湖街道管辖。在沂南县中部。面积 1.9 平方千米。人口 2 600。因明时纪念剿匪胜利，得名得胜庄，后演变为德胜庄，社区沿用村名。2009 年成立。有楼房 54 栋，现代中式建筑风格。通公交车。2012 年被评为省文明社区。

西村社区 371321-A01-J04

[Xīcūn Shèqū]

属界湖街道管辖。在沂南县中部。面积 0.7 平方千米。人口 1 100。地处沂南县城西边，故名。2007 年成立。有楼房 162 栋，现代中式建筑风格，还有平房。通公交车。2013 年被评为省文明社区。

郯城县

郯城县 371322

[Tánchéng Xiàn]

临沂市辖县。北纬 34°36′，东经 118°20′。在市境南部。面积 1 195 平方千米。人口 93.8 万。辖 1 街道、9 镇、3 乡。县人民政府驻郯城街道。春秋为郯国，故城在今郯城镇北部。秦于原郯国故城置郯县，为东海郡治。两汉、魏、晋因之。北齐废，北周大象元年（579）复置，为郯郡治。隋大业初属下邳郡。唐贞观元年（627）省入下邳县，元和中复置，改名郯城县，旋省入临沂县。元末复置，移治今址，属兖州府。清属沂州府。1913 年废府，属岱南道（次年改名济宁道）。1925 年属琅琊道。1928 年废道，属省。1936 年属第三行政督察区。1940 年抗日民主政权于郯城、码头一带另置郯城县，属鲁南专区第三行政区。1943 年属滨海专区第二行政区。1946 年直属滨海专区。1948 年隶属鲁中南行署第六专署。1950 年隶属临沂专区。1967 年改属临沂地区。1994 年 12 月属临沂市。（资料来源：《中华人民共和国地名大词典》）夏、商时期，少皞后裔一支以鸟为图腾的炎族聚居于此，称炎地。少皞后裔中的炎族首领（后称郯子）就封于炎地，称炎国。春秋前后，国名多加"邑"字，从而炎国演变为郯国。地势北高南低，除东北部马陵山等丘陵外，85% 为平原洼地，平均海拔 105 米。属暖温带季风区，年均气温 13.9 ℃，1 月平均气温 −1.8 ℃，7 月平均气温 26.7 ℃。年均降水量 919 毫米。有沂河、沭河等 40 余条河流流经。有煤、铁、金刚石、重晶石、萤石、白云岩、石灰岩、砂岩、页岩、陶瓷土、砖瓦黏土、建筑用砂等矿产资源。有野生植物 660 种。有野生动物 600 余种。森林覆盖率 19.38%。有中小学 191 所，图书馆 1 个，体育场馆 5 个。有国家级文物保护单位 1 个，省级文物保护单位 2 个，国家级非物质文化遗产 1 个，省级非物质文化遗产 4 个，重要古迹、景点 6 个。三次产业比例为 11∶45∶44。农业盛产小麦、玉米、水稻等，是银杏、板栗、琅琊草、葱蒜姜椒等优质基地，优质稻米、草莓、甜瓜等 11 个农产品通过了无公害农产品认证和绿色食品认证，"郯城银杏"获国家地理标志认证。工业以化工、造纸、机械、煤炭、建材、纺织、食品、印刷等为主。境内铁路 62 千米，公路 354.95 千米。哈长铁路、京沪高速、310 国道、205 国道过境。

郯城街道 371322–A01
[Tánchéng Jiēdào]

郯城县人民政府驻地。在县境中部。面积 196 平方千米。人口 13.7 万。2010 年设立。春秋战国时期为郯国故地，故名。沂河、沭河、白马河从境内穿过。有中小学 6 所，医疗卫生机构 3 个。有省级文物保护单位郯国故城，重要名胜古迹孝妇冢、于公墓、郯子公园等。农业主产小麦、水稻、玉米。工业以铸造冶炼、建筑建材、塑料制品为主。服务业以运输、商贸为主。通公交车。

马头镇 371322–B01
[Mǎtóu Zhèn]

郯城县辖镇。在县境西部。面积 87 平方千米。人口 7.7 万。辖 10 村委会，有 79 自然村。镇人民政府驻高圩子村。1971 年设马头公社，1984 年改置镇，2000 年高册乡并入。马头素为本县重要集镇，清代以前水陆交通均较方便，因此处原有商船停泊，宿住车马较多，故得名码头，后人为书写方便，简化为马头。白马河、幸福河从境内穿过，境内有月亮湾、采莲湖。有中小学 18 所，卫生院 2 个。有古迹清真寺等。农业主产小麦、水稻、玉米、花生、蔬菜，畜牧业以牛、羊、兔养殖为主。工业以食品、卫生用品生产为主。服务业以发展饮食服务业和商业为主，是鲁南苏北商品集散地。京沪高速过境。

重坊镇 371322–B02
[Chóngfāng Zhèn]

郯城县辖镇。在县境西南部。面积 87

平方千米。人口 9.2 万。辖 11 村委会，有 60 自然村。镇人民政府驻重坊村。1958 年设重坊乡，同年改公社。1984 年改置镇。以镇政府驻地得名。有中小学 41 所，医院 1 个。农业以银杏种植为主，有中华银杏品种园。工业以银杏加工、黄沙开发、建筑材料加工等为主。服务业以旅游业、运输业为主，有重坊中华银杏园等旅游资源。京沪高速、310 国道过境。

李庄镇 371322-B03
[Lǐzhuāng Zhèn]

郯城县辖镇。在县境北部。面积 152 平方千米。人口 10.2 万。辖 12 村委会，有 76 自然村。镇人民政府驻李庄。1958 年设乡。1984 年改置镇。因镇政府驻地得名。武河、白马河从境内穿过。有中小学 39 所，医院 1 个、卫生院 1 个。农业以种植业为主，主产小麦、玉米、花生、大豆、棉花，林果业以种植苹果、桃、西瓜为主。畜牧业以养殖鸡、猪、羊、牛为主。服务业以旅游业为主，有探花林、青山庵、慈云寺、神泉、汉墓群、古树园等景点。胶新铁路、205 国道过境。

杨集镇 371322-B04
[Yángjí Zhèn]

郯城县辖镇。在县境南部。面积 82 平方千米。人口 5.1 万。辖 17 村委会，有 64 自然村。镇人民政府驻杨北村。1948 年为第六区驻地杨集。1956 年以境内地理实体改名墨河区。1958 年撤区并乡时，改成墨河乡。1971 年以驻地更名为杨集公社。1984 年改置杨集乡。1994 年撤乡设镇。以镇政府驻地得名。墨河从境内穿过。有中小学 58 所，医院 1 所。农业以小麦、水稻种植为主，盛产大蒜、辣椒。工业以服装、电子、农产品加工为主。有公路经此。

港上镇 371322-B05
[Gǎngshàng Zhèn]

郯城县辖镇。在县境西南部。面积 40 平方千米。人口 4.3 万。辖 6 村委会，有 23 自然村。镇人民政府驻港上村。1984 年港上公社改称港上乡。1996 年撤乡设镇。以镇政府驻地得名。沂河从境内穿过。有中小学 24 所，医院 1 个、卫生院 1 个。有国家级非物质文化遗产郯城木旋玩具，龙凤滩生态园、徐圩子抗日战争遗址等旅游资源。农业以草莓、银杏、花卉、良种培育四大特色产业为主。工业以棉花加工、木制品加工为主。服务业以旅游业为主。有公路经此。

高峰头镇 371322-B06
[Gāofēngtóu Zhèn]

郯城县辖镇。在县境南部。面积 73 平方千米。人口 4.8 万。辖 7 村委会，有 47 自然村。镇人民政府驻店子村。1971 年由红花、归昌、城关公社划出 52 个大队组建高峰头公社。1984 年实行行政社分开，建立乡政府。1995 年撤乡设镇。侯氏族谱序载，侯姓于明万历元年（1573）迁此建村，以吉祥意，取名高凤头，转音为高峰头，沿用至今。有中小学 10 所，卫生院 1 个。有重要古迹郯子墓、小麦城遗址等。农业主产水稻、小麦、玉米、花生、板栗、葡萄、蔬菜、杞柳等。工业以柳编加工、黄沙开采、机械加工等为主。服务业以交通运输、邮电通信、商业、餐饮为主。胶新铁路、205 国道、310 国道过境。

庙山镇 371322-B07
[Miàoshān Zhèn]

郯城县辖镇。在县境北部。面积 72 平方千米。人口 4.3 万。辖 8 村委会，有 42 自然村。镇人民政府驻马站村。1958 年设大埠公社，1962年改称区，1971年改建马站公社，1981年更名为庙山公社，1984年改建乡，1995年改设镇。以境内庙山得名。有中小学25所，医院3个。农业以种植小麦、棉花、水稻、蚕桑为主。工业有农机配件、翻砂铸造、建筑安装、采石建材等企业。服务业以运输业等为主。胶新铁路、205国道过境。

胜利镇 371322-B08
[Shènglì Zhèn]

郯城县辖镇。在县境西北部。面积58平方千米。人口4.8万。辖6村委会，有30自然村。镇人民政府驻胜利村。1958年析新港区、重坊区地设房庄乡，同年改公社。1984年设胜利乡。2010年撤乡建镇。因镇政府驻地得名。有中小学32所，医院2个。经济以农业为主，主产玉米、小麦等，经济作物有山牛蒡、大葱、花生、大豆等，盛产银杏、板栗、白柳条。工业有机械制造、草柳编、食品加工、蔬菜加工等。京沪高速、省道郯薛公路过境。

红花镇 371322-B09
[Hónghuā Zhèn]

郯城县辖镇。在县境南部。面积128平方千米。人口6.6万。辖12村委会，有70自然村。镇人民政府驻前苍村。1948年为郯七区。1956年复称红花区。1958年成立红花公社，1962年改称红花区。1971年复称红花公社。1984年改名大院子乡。1995年更名为红花乡。2010年撤乡设镇。以辖区内红花埠村命名。沭河从境内穿过。有中小学13所，卫生院1个。有省级非物质文化遗产红花中国结传统编制技艺，有名胜古迹"小三峡"、仙人桥、由吾仙洞、孔望山等。农业以种植业为主，主要农作物有小麦、水稻、玉米，经济作物以蔬菜为主，是全国无公害蔬菜生产基地。胶新

铁路、陇海铁路、京沪高速、205国道、310国道过境。

花园乡 371322-C01
[Huāyuán Xiāng]

郯城县辖乡。在县境西南部。面积74平方千米。人口5.3万。辖9村委会，有44自然村。乡人民政府驻张哨村。1975年析杨集、归昌、港上3公社地设花园公社。1984年改设乡。原以杏树较多，取名杏花园，后简化为花园。白马河从境内穿过。有中小学35所，卫生院1个。有省级非物质文化遗产柳琴戏。经济以农业为主，主产水稻、小麦、玉米、大豆，水果产草莓、葡萄、西瓜等。工业以稻米、面粉、木材、流制品、纸制品、草制品加工为主。310国道过境。

归昌乡 371322-C02
[Guīchāng Xiāng]

郯城县辖乡。在县境西南部。面积65平方千米。人口3.8万。辖6村委会，有44自然村。乡人民政府驻归昌村。1945年划为第四区。1956年称白河区。1958年撤区并乡，称白河乡，同年9月成立白河人民公社。1962年称白河区。1971年更名归昌公社。1984年复设乡。因乡政府驻地得名。墨河从境内穿过。有中小学49所，卫生院1个。农业主产水稻、小麦、玉米、花生。工业以轻工业为主，有服装、电子、小食品等厂。胶新铁路、京沪高速、310国道过境。

泉源乡 371322-C03
[Quányuán Xiāng]

郯城县辖乡。在县境东北部。面积117平方千米。人口5.1万。辖8村委会，有57自然村。乡人民政府驻泉头村。1949年为泉源区。1958年改公社。1984年改设乡。2000年清泉乡并入。因乡政府驻地得名。

沭河、白马河从境内穿过。有中小学 37 所，卫生院 1 个。有重要名胜古迹马陵古道、玉皇顶奶奶庙、清泉古寺、庞涓墓、老神泉等和毛家寨林场、九道湾林场等旅游景点。农业以黄烟、棉花、蚕桑种植和畜牧养殖等为主，种植生态林、经济林，畜牧业养殖牛、羊、猪、山鸡、娃娃鱼、甲鱼等。工业以食品加工等为主。服务业以商贸流通、交通运输和观光旅游为主。有公路经此。

旧地名

沙墩镇（旧） 371322–U01
[Shādūn Zhèn]

郯城县辖镇。在县境北部。1996 年设立。2011 年撤销，并入李庄镇。

归义乡（旧） 371322–U02
[Guīyì Xiāng]

郯城县辖乡。在县境东部。1984 年设立。2000 年撤销，并入郯城镇。

十里乡（旧） 371322–U03
[Shílǐ Xiāng]

郯城县辖乡。在县境中部。1995 年设立。2000 年撤销，并入郯城镇。

清泉乡（旧） 371322–U04
[Qīngquán Xiāng]

郯城县辖乡。在县境东北部。1997 年设立。2000 年撤销，并入泉源乡。

大尚庄乡（旧） 371322–U05
[Dàshàngzhuāng Xiāng]

郯城县辖乡。在县境东南部。1984 年设立。2000 年撤销，并入红花乡。

高册乡（旧） 371322–U06
[Gāocè Xiāng]

郯城县辖乡。在县境中部。1995 年设立。2000 年撤销，并入马头镇。

新村乡（旧） 371322–U07
[Xīncūn Xiāng]

郯城县辖乡。在县境西南部。1984 年设立。2011 月撤销，并入重坊镇。

社区

恒通社区 371322–A01–J01
[Héngtōng Shèqū]

属郯城街道管辖。在郯城县西部。面积 0.13 平方千米。人口 3 700。辖区内有郯城恒通化工有限公司，故名。2004 年成立。有楼房 9 栋，中式建筑风格。有便民服务。通公交车。2014 年被评为省文明社区。

龙泉社区 371322–A01–J02
[Lóngquán Shèqū]

属郯城街道管辖。在郯城县中部。面积 1.2 平方千米。人口 4 000。因龙泉路得名。2004 年成立。有楼房 19 栋，中式建筑风格。2014 年被评为省文明社区。

东关社区 371322–A01–J03
[Dōngguān Shèqū]

属郯城街道管辖。在郯城县西南部。面积 1.32 平方千米。人口 6 000。以地理方位得名。2005 年成立。有楼房 12 栋，中式建筑风格。通公交车。2014 年被评为省文明社区。

檀都社区 371322–A01–J04
[Tándū Shèqū]

属郯城街道管辖。在郯城县东北部。

面积 0.21 平方千米。人口 6 000。以谐音古郯国的都城命名。2010 年成立。有楼房 75 栋，中式建筑风格。通公交车。2014 年被评为省文明社区。

工业社区 371322-A01-J05
[Gōngyè Shèqū]

属郯城街道管辖。在郯城县西部。面积 0.16 平方千米。人口 4 000。辖区内有郯城县恒通化工有限公司，故名。2003 年成立。有楼房 12 栋，中式建筑风格。通公交车。2014 年被评为省文明社区。

古槐社区 371322-A01-J06
[Gǔhuái Shèqū]

属郯城街道管辖。在郯城县北部。面积 2.87 平方千米。人口 8 500。辖区内有一棵百年古槐树，故名。2013 年成立。有楼房 16 栋，中式建筑风格。通公交车。

南皇亭社区 371322-A01-J07
[Nánhuángtíng Shèqū]

属郯城街道管辖。在郯城县南部。面积 16.15 平方千米。人口 12 400。乾隆下江南时，驻跸郯城，蠲免沿路两侧百姓税赋十分之三，百姓感恩，立碑纪念，称感恩亭。因亭子位于郯城县城南，所以被称为南皇亭。2013 年成立。以平房为主。通公交车。

富民社区 371322-A01-J08
[Fùmín Shèqū]

属郯城街道管辖。在郯城县东部。面积 1.54 平方千米。人口 4 000。以人民美好愿望得名。2013 年成立。以平房为主。通公交车。

龙江社区 371322-A01-J09
[Lóngjiāng Shèqū]

属郯城街道管辖。在郯城县东南部。面积 2.4 平方千米。人口 3 700。因袁庄村前龙江路得名。2013 年成立。以平房为主。通公交车。

团结社区 371322-A01-J10
[Tuánjié Shèqū]

属郯城街道管辖。在郯城县东南部。面积 2.2 平方千米。人口 4 500。名称指干群同心协力、团结一致，共建和谐社区。2014 年成立。以平房为主。通公交车。

黄楼社区 371322-A01-J11
[Huánglóu Shèqū]

属郯城街道管辖。在郯城县南部。面积 5.5 平方千米。人口 4 000。以黄楼村命名。2013 年成立。以平房为主。通公交车。

西城社区 371322-A01-J12
[Xīchéng Shèqū]

属郯城街道管辖。在郯城县西部。面积 2.14 平方千米。人口 4 900。因位于郯城城区西部，故名。2013 年成立。以平房为主。通公交车。

东庄社区 371322-A01-J13
[Dōngzhuāng Shèqū]

属郯城街道管辖。在郯城县北部。面积 3.15 平方千米。人口 7 300。因地理方位得名。2013 年成立。以平房为主。通公交车。

北园社区 371322-A01-J14
[Běiyuán Shèqū]

属郯城街道管辖。在郯城县西部。面积 3.5 平方千米。人口 5 000。因地理位置和特征得名。2013 年成立。以平房为主。通公交车。

东城社区 371322–A01–J15
[Dōngchéng Shèqū]

属郯城街道管辖。在郯城县东部。面积 3.6 平方千米。人口 14 000。因地处郯城县城东，故名。2013 年成立。以平房为主。通公交车。

十里社区 371322–A01–J16
[Shílǐ Shèqū]

属郯城街道管辖。在郯城县北部。面积 8.78 平方千米。人口 7 500。因十里铺村得名。2013 年成立。以平房为主。驻有十里小学、十里中学等单位。通公交车。

马屯社区 371322–A01–J17
[Mǎtún Shèqū]

属郯城街道管辖。在郯城县西北部。面积 11.8 平方千米。人口 8 400。因姓氏得名。2013 年成立。以平房为主。通公交车。

唐桥社区 371322–A01–J18
[Tángqiáo Shèqū]

属郯城街道管辖。在郯城县西北部。面积 9.24 平方千米。人口 8 900。因姓氏和地理位置得名。2013 年成立。以平房为主。驻有唐桥小学等单位。通公交车。

小埠社区 371322–A01–J19
[Xiǎobù Shèqū]

属郯城街道管辖。在郯城县西北部。面积 7.63 平方千米。人口 8 000。因中小埠村得名。2013 年成立。以平房为主。驻有小埠岭初级中学等单位。通公交车。

港口社区 371322–A01–J20
[Gǎngkǒu Shèqū]

属郯城街道管辖。在郯城县西北部。面积 14.55 平方千米。人口 11 800。因地理方位得名。2013 年成立。以平房为主。通公交车。

归义社区 371322–A01–J21
[Guīyì Shèqū]

属郯城街道管辖。在郯城县东北部。面积 9.33 平方千米。人口 8 400。以吉祥、美好寓意命名。2013 年成立。以平房为主。通公交车。

榆林社区 371322–A01–J22
[Yúlín Shèqū]

属郯城街道管辖。在郯城县北部。面积 5.32 平方千米。人口 4 900。因村紧靠榆树林旁，故取名榆林，社区沿用村名。2013 年成立。以平房为主。通公交车。

鲁庄社区 371322–A01–J23
[Lǔzhuāng Shèqū]

属郯城街道管辖。在郯城县东部。面积 2.6 平方千米。人口 5 000。因鲁庄得名。2013 年成立。以平房为主。驻有鲁庄小学等单位。通公交车。

三井社区 371322–A01–J24
[Sānjǐng Shèqū]

属郯城街道管辖。在郯城县东北部。面积 0.8 平方千米。人口 4 500。因三井村得名。2013 年成立。以平房为主。通公交车。

高赵社区 371322–A01–J25
[Gāozhào Shèqū]

属郯城街道管辖。在郯城县北部。面

积 8.27 平方千米。人口 5 900。因姓氏得名。2013 年成立。以平房为主。驻有高赵小学等单位。通公交车。

旺庄社区 371322-A01-J26
[Wàngzhuāng Shèqū]

属郯城街道管辖。在郯城县东南部。面积 17 平方千米。人口 7 800。以兴旺之意得名。2013 年成立。以平房为主。有养老服务。通公交车。

马东社区 371322-B01-J01
[Mǎdōng Shèqū]

属马头镇管辖。在郯城县西部。面积 5.19 平方千米。人口 8 800。因在镇中心大街东侧，故名。2013 年成立。以平房为主。通公交车。

马西社区 371322-B01-J02
[Mǎxī Shèqū]

属马头镇管辖。在郯城县西部。面积 5.9 平方千米。人口 10 100。因所辖 6 个村街地处马头镇驻地西部，故名。2013 年成立。以平房为主。通公交车。

采莲湖社区 371322-B01-J03
[Cǎiliánhú Shèqū]

属马头镇管辖。在郯城县西部。面积 8.94 平方千米。人口 9 400。因辖区内自然村种植莲藕，故名。2013 年成立。以平房为主。通公交车。

北花园社区 371322-B01-J04
[Běihuāyuán Shèqū]

属马头镇管辖。在郯城县西部。面积 7.2 平方千米。人口 8 000。社区内有柏花园、新花园等村庄，又因与南面花园乡重名，取柏花园谐音为北花园社区。2013 年成立。以平房为主。通公交车。

高册社区 371322-B01-J05
[Gāocè Shèqū]

属马头镇管辖。在郯城县西部。面积 8.7 平方千米。人口 7 600。因此地有千余隆起的高地，白马河流经于此，如一条穿梭之线将诸高地穿连在一起，取高地穿成册之意命名。2013 年成立。以平房为主。通公交车。

小马头社区 371322-B01-J06
[Xiǎomǎtóu Shèqū]

属马头镇管辖。在郯城县西部。面积 8 平方千米。人口 6 700。原名七林村，后被洪水淹没，村民迁至原址东白马河道口处定居，因附近码头小，故改称小马头，社区沿用村名。2013 年成立。以平房为主。通公交车。

双兴社区 371322-B01-J07
[Shuāngxīng Shèqū]

属马头镇管辖。在郯城县西部。面积 12 平方千米。人口 6 300。因有双槐、兴隆两村，取名双兴社区，含富兴之意。2013 年成立。以平房为主。通公交车。

马南社区 371322-B01-J08
[Mǎnán Shèqū]

属马头镇管辖。在郯城县西部。面积 14 平方千米。人口 10 500。因在马头镇南部，故名。2013 年成立。以平房为主。通公交车。

玉带社区 371322-B01-J09
[Yùdài Shèqū]

属马头镇管辖。在郯城县西部。面积 14 平方千米。人口 10 500。因地理位置特征得名。2014 年成立。以平房为主。通公交车。

广源社区 371322-B01-J10
［Guǎngyuán Shèqū］

属马头镇管辖。在郯城县西部。面积6.1平方千米。人口5 300。地处郯城经济开发区，实施招商引资，取广纳财源意命名。2013年成立。以平房为主。通公交车。

丁沟社区 371322-B02-J01
［Dīnggōu Shèqū］

属重坊镇管辖。在郯城县西南部。面积5.97平方千米。人口5 600。因姓氏和地理位置得名。2013年成立。以平房为主。通公交车。

新苑社区 371322-B02-J02
［Xīnyuàn Shèqū］

属重坊镇管辖。在郯城县西南部。面积9.37平方千米。人口11 000。"新"是指新村银杏产业开发区，"苑"是指养禽兽植林木的地方。2013年成立。以平房为主。通公交车。

滩头社区 371322-B02-J03
［Tāntóu Shèqū］

属重坊镇管辖。在郯城县西南部。面积2.86平方千米。人口5 200。因地理位置得名。2013年成立。以平房为主。通公交车。

鲍村社区 371322-B02-J04
［Bàocūn Shèqū］

属重坊镇管辖。在郯城县西南部。面积8.68平方千米。人口8 800。因姓氏得名。2013年成立。以平房为主。通公交车。

黄村社区 371322-B02-J05
［Huángcūn Shèqū］

属重坊镇管辖。在郯城县西南部。面积5.88平方千米。人口8 100。因姓氏得名。2013年成立。以平房为主。通公交车。

出口社区 371322-B02-J06
［Chūkǒu Shèqū］

属重坊镇管辖。在郯城县西南部。面积6.62平方千米。人口8 400。因地理方位特征得名。2013年成立。以平房为主。通公交车。

太平社区 371322-B02-J07
［Tàipíng Shèqū］

属重坊镇管辖。在郯城县西南部。面积7.49平方千米。人口9 000。因太平新村得名。2013年成立。以平房为主。通公交车。

杨寺社区 371322-B02-J08
［Yángsì Shèqū］

属重坊镇管辖。在郯城县西南部。面积11.4平方千米。人口3 300。因辖区内杨寺村得名。2013年成立。以平房为主。通公交车。

重北社区 371322-B02-J09
［Chóngběi Shèqū］

属重坊镇管辖。在郯城县西南部。面积7.37平方千米。人口9 200。因位于重坊镇北部，故名。2013年成立。以平房为主。通公交车。

重坊社区 371322-B02-J10
［Chóngfáng Shèqū］

属重坊镇管辖。在郯城县西南部。面积3.03平方千米。人口1 900。因社区内有重坊镇驻地，故以镇名之。2013年成立。以平房为主。驻有重坊镇人民政府、重坊镇中心小学、重坊镇初级中学等单位。通公交车。

高庄社区 371322-B02-J11
［Gāozhuāng Shèqū］

属重坊镇管辖。在郯城县西南部。面积9.35平方千米。人口11 700。因姓氏得名。2013年成立。以平房为主。通公交车。

尚庄社区 371322-B03-J01
［Shàngzhuāng Shèqū］

属李庄镇管辖。在郯城县北部。面积5.8平方千米。人口7 200。因姓氏得名。2013年成立。以平房为主。通公交车。

新河社区 371322-B03-J02
［Xīnhé Shèqū］

属李庄镇管辖。在郯城县北部。面积11.27平方千米。人口6 700。因邻近白马河得名。2013年成立。以平房为主。通公交车。

李庄社区 371322-B03-J03
［Lǐzhuāng Shèqū］

属李庄镇管辖。在郯城县北部。面积5.2平方千米。人口12 000。因姓氏得名。2013年成立。以平房为主。通公交车。

金岭社区 371322-B03-J04
［Jīnlǐng Shèqū］

属李庄镇管辖。在郯城县北部。面积21.7平方千米。人口13 200。因地理位置特征得名。2013年成立。以平房为主。通公交车。

陈埠社区 371322-B03-J05
［Chénbù Shèqū］

属李庄镇管辖。在郯城县北部。面积9.6平方千米。人口9 700。因姓氏得名。2013年成立。以平房为主。通公交车。

唐庄社区 371322-B03-J06
［Tángzhuāng Shèqū］

属李庄镇管辖。在郯城县北部。面积4.7平方千米。人口8 600。因姓氏得名。2013年成立。以平房为主。通公交车。

张蔡社区 371322-B03-J07
［Zhāngcài Shèqū］

属李庄镇管辖。在郯城县北部。面积17.3平方千米。人口13 300。因张蔡村得名。2013年成立。以平房为主。通公交车。

新城花园社区 371322-B03-J08
［Xīnchénghuāyuán Shèqū］

属李庄镇管辖。在郯城县北部。面积12.33平方千米。人口8 500。因美好愿望得名。2013年成立。以平房为主。通公交车。

杨屯社区 371322-B03-J09
［Yángtún Shèqū］

属李庄镇管辖。在郯城县北部。面积10平方千米。人口7 300。因姓氏得名。2013年成立。以平房为主。通公交车。

株柏社区 371322-B03-J10
［Zhūbǎi Shèqū］

属李庄镇管辖。在郯城县北部。面积6.2平方千米。人口5 300。据传，元至正年间，庞、何、李三姓相继迁来建村，因村东路旁有株古柏，故称株柏。2013年成立。以平房为主。通公交车。

福泉社区 371322-B03-J11
［Fúquán Shèqū］

属李庄镇管辖。在郯城县北部。面积6.96平方千米。人口5 300。因美好愿望得名。2013年成立。以平房为主。通公交车。

华埠社区 371322-B03-J12

[Huàbù Shèqū]

属李庄镇管辖。在郯城县北部。面积 5.4 平方千米。人口 7 000。相传最早有华姓人来此建庄，称华家庄，后南来北往的商人来此食宿、经商，故称华埠。2013 年成立。以平房为主。通公交车。

三北头社区 371322-B04-J01

[Sānběitóu Shèqū]

属杨集镇管辖。在郯城县南部。面积 3.32 平方千米。人口 1 700。因地理方位得名。2013 年成立。以平房为主。通公交车。

十三甲社区 371322-B04-J02

[Shísānjiǎ Shèqū]

属杨集镇管辖。在郯城县南部。面积 2.57 平方千米。人口 1 300。明末清初建村，相传有十三户人家来此建村，得名十三家，后演变为十三甲。2013 年成立。以平房为主。通公交车。

塘崖社区 371322-B04-J03

[Tángyá Shèqū]

属杨集镇管辖。在郯城县南部。面积 5.76 平方千米。人口 2 600。因村处水塘旁，故称塘涯村，后演变为塘崖村，社区沿用村名。2013 年成立。以平房为主。通公交车。

大滩社区 371322-B04-J04

[Dàtān Shèqū]

属杨集镇管辖。在郯城县南部。面积 5.12 平方千米。人口 3 200。因地理位置特征得名。2013 年成立。以平房为主。通公交车。

孔圩子社区 371322-B04-J05

[Kǒngwéizi Shèqū]

属杨集镇管辖。在郯城县南部。面积 7.31 平方千米。人口 3 900。因姓氏和地理位置特征得名。2013 年成立。以平房为主。通公交车。

官集社区 371322-B04-J06

[Guānjí Shèqū]

属杨集镇管辖。在郯城县南部。面积 6.83 平方千米。人口 4 100。因姓氏得名。2013 年成立。以平房为主。通公交车。

尹庄社区 371322-B04-J07

[Yǐnzhuāng Shèqū]

属杨集镇管辖。在郯城县南部。面积 4.76 平方千米。人口 3 400。因姓氏得名。2013 年成立。以平房为主。通公交车。

张楼社区 371322-B04-J08

[Zhānglóu Shèqū]

属杨集镇管辖。在郯城县南部。面积 2.31 平方千米。人口 2 400。据传，南宋末期，张姓来此建村，得名张家庄。清道光年间，张姓在村内建楼一座，改称张家楼，简称张楼。2013 年成立。以平房为主。通公交车。

杨北社区 371322-B04-J09

[Yángběi Shèqū]

属杨集镇管辖。在郯城县南部。面积 5.34 平方千米。人口 4 700。因姓氏和方位得名。2013 年成立。以平房为主。通公交车。

杨南社区 371322-B04-J10

[Yángnán Shèqū]

属杨集镇管辖。在郯城县南部。面积 5.59 平方千米。人口 5 000。因姓氏和方位得名。2013 年成立。以平房为主。通公交车。

梁家湾社区 371322-B04-J11

［Liángjiāwān Shèqū］

属杨集镇管辖。在郯城县南部。面积5.4平方千米。人口3 900。因姓氏和地理位置特征得名。2013年成立。以平房为主。通公交车。

汪崖社区 371322-B04-J12

［Wāngyá Shèqū］

属杨集镇管辖。在郯城县南部。面积2.31平方千米。人口2 000。因地理位置特征得名。2013年成立。以平房为主。通公交车。

王海子社区 371322-B04-J13

［Wánghǎizi Shèqū］

属杨集镇管辖。在郯城县南部。面积3.8平方千米。人口2 400。因姓氏和地理位置特征得名。2013年成立。以平房为主。通公交车。

程集社区 371322-B04-J14

［Chéngjí Shèqū］

属杨集镇管辖。在郯城县南部。面积5.72平方千米。人口3 900。因姓氏得名。2013年成立。以平房为主。通公交车。

陆庄社区 371322-B04-J15

［Lùzhuāng Shèqū］

属杨集镇管辖。在郯城县南部。面积6.83平方千米。人口4 100。因姓氏得名。2013年成立。以平房为主。通公交车。

饮马庄社区 371322-B04-J16

［Yìnmǎzhuāng Shèqū］

属杨集镇管辖。在郯城县南部。面积3.8平方千米。人口2 800。因历史典故得名。2013年成立。以平房为主。通公交车。

高瓦房社区 371322-B04-J17

［Gāowǎfáng Shèqū］

属杨集镇管辖。在郯城县南部。面积4.3平方千米。人口2 600。清朝初期，高姓于此落户立村，建有瓦房，村得名高瓦房，社区沿用村名。2013年成立。以平房为主。通公交车。

兴港社区 371322-B05-J01

［Xīngjiǎng Shèqū］

属港上镇管辖。在郯城县西部。面积3.65平方千米。人口4 600。因美好愿望得名。2013年成立。以平房为主。

向阳社区 371322-B05-J02

［Xiàngyáng Shèqū］

属港上镇管辖。在郯城县西部。面积4.47平方千米。人口1 100。因向阳村得名。2013年成立。以平房为主。

港上社区 371322-B05-J03

［Jiǎngshàng Shèqū］

属港上镇管辖。在郯城县西部。面积8.98平方千米。人口2 900。因辖区内港上村得名。2013年成立。以平房为主。

金港社区 371322-B05-J04

［Jīnjiǎng Shèqū］

属港上镇管辖。在郯城县西部。面积3.03平方千米。人口1 000。因美好愿望得名。2013年成立。以平房为主。

富港社区 371322-B05-J05

［Fùjiǎng Shèqū］

属港上镇管辖。在郯城县西部。面积3.2平方千米。人口4 500。因美好愿望得名。2013年成立。以平房为主。

桥村社区　371322–B05–J06
[Qiáocūn Shèqū]

　　属港上镇管辖。在郯城县西部。面积 3.14 平方千米。人口 5 800。因王桥村得名。2013 年成立。以平房为主。

樊埝社区　371322–B05–J07
[Fánniàn Shèqū]

　　属港上镇管辖。在郯城县西部。面积 2.37 平方千米。人口 3 200。因辖区内樊埝村得名。2013 年成立。以平房为主。

珩头社区　371322–B05–J08
[Hángtóu Shèqū]

　　属港上镇管辖。在郯城县西部。面积 4.45 平方千米。人口 6 200。因珩头东村得名。2013 年成立。以平房为主。

中心社区　371322–B06–J01
[Zhōngxīn Shèqū]

　　属高峰头镇管辖。在郯城县东南部。面积 6.95 平方千米。人口 6 500。因辖区内中心村得名。2013 年成立。以平房为主。

周岗社区　371322–B06–J02
[Zhōugǎng Shèqū]

　　属高峰头镇管辖。在郯城县东南部。面积 8.41 平方千米。人口 7 400。因姓氏和地理位置特征得名。2013 年成立。以平房为主。驻有周岗小学等单位。

曹村社区　371322–B06–J03
[Cáocūn Shèqū]

　　属高峰头镇管辖。在郯城县东南部。面积 10 平方千米。人口 8 900。因东曹村得名。2013 年成立。以平房为主。

蒲汪社区　371322–B06–J04
[Púwāng Shèqū]

　　属高峰头镇管辖。在郯城县东南部。面积 12 平方千米。人口 9 500。因地理位置特征得名。2013 年成立。以平房为主。

高峰头社区　371322–B06–J05
[Gāofēngtóu Shèqū]

　　属高峰头镇管辖。在郯城县东南部。面积 10 平方千米。人口 8 400。以镇名为社区名。2013 年成立。以平房为主。

麦坡社区　371322–B06–J06
[Màipō Shèqū]

　　属高峰头镇管辖。在郯城县东南部。面积 0.8 平方千米。人口 3 400。因社区办公地点在麦坡，故名。2013 年成立。以平房为主。驻有麦坡小学等单位。

徐庄社区　371322–B06–J07
[Xúzhuāng Shèqū]

　　属高峰头镇管辖。在郯城县东南部。面积 11 平方千米。人口 7 700。因徐庄得名。2013 年成立。以平房为主。

前林社区　371322–B07–J01
[Qiánlín Shèqū]

　　属庙山镇管辖。在郯城县北部。面积 8.99 平方千米。人口 5 900。因辖区内前林村得名。2013 年成立。以平房为主。

大埠社区　371322–B07–J02
[Dàbù Shèqū]

　　属庙山镇管辖。在郯城县北部。面积 7.6 平方千米。人口 4 000。因地理位置特征得名。2013 年成立。以平房为主。

庙山社区 371322-B07-J03

[Miàoshān Shèqū]

属庙山镇管辖。在郯城县北部。面积9.08平方千米。人口5 500。因区域内自然地理实体得名。2013年成立。以平房为主。

新城社区 371322-B07-J04

[Xīnchéng Shèqū]

属庙山镇管辖。在郯城县北部。面积10.4平方千米。人口6 900。因新城村得名。2013年成立。以平房为主。

立朝社区 371322-B07-J05

[Lìcháo Shèqū]

属庙山镇管辖。在郯城县北部。面积5.14平方千米。人口4 600。该村相传建于唐代，宋朝时称力邵镇，后音转力朝，今演变为立朝。2013年成立。以平房为主。

莎草汪社区 371322-B07-J06

[Shācǎowāng Shèqū]

属庙山镇管辖。在郯城县北部。面积7.48平方千米。人口4 800。因地理位置特征得名。2013年成立。以平房为主。

薛庄社区 371322-B07-J07

[Xuēzhuāng Shèqū]

属庙山镇管辖。在郯城县北部。面积5.68平方千米。人口4 400。因姓氏得名。2013年成立。以平房为主。

马站社区 371322-B07-J08

[Mǎzhàn Shèqū]

属庙山镇管辖。在郯城县北部。面积12.9平方千米。人口7 600。该村相传建于明嘉靖年间，因以前曾于此设铺（即邮亭），传递公文的人在此歇马休息，故名马站。2013年成立。以平房为主。

周庄社区 371322-B08-J01

[Zhōuzhuāng Shèqū]

属胜利镇管辖。在郯城县北部。面积5.96平方千米。人口6 300。因周贾庄得名。2013年成立。以平房为主。

房庄社区 371322-B08-J02

[Fángzhuāng Shèqū]

属胜利镇管辖。在郯城县北部。面积9.5平方千米。人口10 000。因姓氏得名。2013年成立。以平房为主。

新汪社区 371322-B08-J03

[Xīnwāng Shèqū]

属胜利镇管辖。在郯城县北部。面积12.6平方千米。人口9 100。因地理位置特征得名。2013年成立。以平房为主。

蒲坦社区 371322-B08-J04

[Pútǎn Shèqū]

属胜利镇管辖。在郯城县北部。面积4.73平方千米。人口7 200。因徐蒲坦村得名。2013年成立。以平房为主。

赵楼社区 371322-B08-J05

[Zhàolóu Shèqū]

属胜利镇管辖。在郯城县北部。面积6.63平方千米。人口7 400。因赵楼村得名。2013年成立。以平房为主。

高大社区 371322-B08-J06

[Gāodà Shèqū]

属胜利镇管辖。在郯城县北部。面积7.74平方千米。人口11 000。因高大村得名。2013年成立。以平房为主。

三堂社区 371322-B09-J01

[Sāntáng Shèqū]

属红花镇管辖。在郯城县东南部。面

积 8.33 平方千米。人口 4 300。因有三座教堂而得名。2013 年成立。以平房为主。

壮口社区 371322-B09-J02
[Zhuàngkǒu Shèqū]

属红花镇管辖。在郯城县东南部。面积 8.49 平方千米。人口 1 700。因壮口村得名。2013 年成立。以平房为主。

大尚庄社区 371322-B09-J03
[Dàshàngzhuāng Shèqū]

属红花镇管辖。在郯城县东南部。面积 1.11 平方千米。人口 4 500。相传春秋时期建村，传说该村寺多僧众，取名尚庄，后为与小尚庄对应，改称大尚庄。2013 年成立。以平房为主。

大新社区 371322-B09-J04
[Dàxīn Shèqū]

属红花镇管辖。在郯城县东南部。面积 0.9 平方千米。人口 1 300。因吉祥意得名。2013 年成立。以平房为主。

大院子社区 371322-B09-J05
[Dàyuànzi Shèqū]

属红花镇管辖。在郯城县东南部。面积 10.2 平方千米。人口 7 100。明末清初建村时，因村外有围墙，因此取名大院圩子，后简化为大院子。2013 年成立。以平房为主。

沟北社区 371322-B09-J06
[Gōuběi Shèqū]

属红花镇管辖。在郯城县东南部。面积 14.8 平方千米。人口 5 600。以地理方位得名。2013 年成立。以平房为主。

红花埠社区 371322-B09-J07
[Hónghuābù Shèqū]

属红花镇管辖。在郯城县东南部。面

积 8.36 平方千米。人口 7 100。《乾隆·郯城县志》载，该村建于南北朝梁天监年间，有遍地红花，时称红花水埠，后简化为红花埠。2013 年成立。以平房为主。

联伍社区 371322-B09-J08
[Liánwǔ Shèqū]

属红花镇管辖。在郯城县东南部。面积 11.3 平方千米。人口 5 000。因 5 个自然村合并在一起得名。2013 年成立。以平房为主。

袁堂社区 371322-B09-J09
[Yuántáng Shèqū]

属红花镇管辖。在郯城县东南部。面积 6.8 平方千米。人口 3 800。因袁堂村得名。2013 年成立。以平房为主。

重兴社区 371322-B09-J10
[Chóngxīng Shèqū]

属红花镇管辖。在郯城县东南部。面积 6.9 平方千米。人口 5 300。因吉祥之意得名。2013 年成立。以平房为主。

问庄社区 371322-B09-J11
[Wènzhuāng Shèqū]

属红花镇管辖。在郯城县东南部。面积 9.7 平方千米。人口 7 000。因姓氏得名。2013 年成立。以平房为主。

马圩子社区 371322-B09-J12
[Mǎwéizi Shèqū]

属红花镇管辖。在郯城县东南部。面积 8.6 平方千米。人口 4 700。因姓氏和地理位置得名。2013 年成立。以平房为主。

冷庙社区 371322-C01-J01
[Lěngmiào Shèqū]

属花园乡管辖。在郯城县西南部。面

积 5.3 平方千米。人口 4 700。因冷庙村得名。2013 年成立。以平房为主。

大埠子社区 371322-C01-J02
[Dàbùzi Shèqū]

属花园乡管辖。在郯城县西南部。面积 10.04 平方千米。人口 5 700。因大埠子村得名。2013 年成立。以平房为主。

宋窑社区 371322-C01-J03
[Sòngyáo Shèqū]

属花园乡管辖。在郯城县西南部。面积 2.17 平方千米。人口 3 400。因宋窑村得名。2013 年成立。以平房为主。

捷庄社区 371322-C01-J04
[Jiézhuāng Shèqū]

属花园乡管辖。在郯城县西南部。面积 6.39 平方千米。人口 6 600。因后捷村得名。2013 年成立。以平房为主。

朝阳社区 371322-C01-J05
[Cháoyáng Shèqū]

属花园乡管辖。在郯城县西南部。面积 3.62 平方千米。人口 5 400。取"朝阳"二字，寓意"新生、活力、希望"。2013 年成立。以平房为主。

李村社区 371322-C01-J06
[Lǐcūn Shèqū]

属花园乡管辖。在郯城县西南部。面积 4.13 平方千米。人口 3 100。因李村得名。2013 年成立。以平房为主。

涝沟社区 371322-C01-J07
[Làogōu Shèqū]

属花园乡管辖。在郯城县西南部。面积 7.4 平方千米。人口 10 000。因南涝沟北村得名。2013 年成立。以平房为主。

秦庄社区 371322-C01-J08
[Qínzhuāng ShèqQū]

属花园乡管辖。在郯城县西南部。面积 5.7 平方千米。人口 5 500。因秦庄得名。2013 年成立。以平房为主。

花园社区 371322-C01-J09
[Huāyuán Shèqū]

属花园乡管辖。在郯城县西南部。面积 9.2 平方千米。人口 8 400。因花园村得名。2013 年成立。以平房为主。

归昌社区 371322-C02-J01
[Guīchāng Shèqū]

属归昌乡管辖。在郯城县南部。面积 9.5 平方千米。人口 7 100。因归昌村得名。2013 年成立。以平房为主。

樊村社区 371322-C02-J02
[Fáncūn Shèqū]

属归昌乡管辖。在郯城县南部。面积 9.6 平方千米。人口 4 600。因东樊村、西樊村占此社区人数较多且村较大，故名。2013 年成立。以平房为主。

官庄社区 371322-C02-J03
[Guānzhuāng Shèqū]

属归昌乡管辖。在郯城县南部。面积 9.4 平方千米。人口 6 000。因姓氏得名。2013 年成立。以平房为主。

朱村社区 371322-C02-J04
[Zhūcūn Shèqū]

属归昌乡管辖。在郯城县南部。面积 11.3 平方千米。人口 7 800。因姓氏得名。2013 年成立。以平房为主。

玉庙社区 371322-C02-J05
[Yùmiào Shèqū]

属归昌乡管辖。在郯城县南部。面积6.25平方千米。人口4 700。唐代于村内建玉皇庙一座，村得名玉皇庙，后简化为玉庙。2013年成立。以平房为主。

陈庄社区 371322-C02-J06
[Chénzhuāng Shèqū]

属归昌乡管辖。在郯城县南部。面积9.6平方千米。人口7 500。因陈庄得名。2013年成立。以平房为主。

夹埠社区 371322-C03-J01
[Jiābù Shèqū]

属泉源乡管辖。在郯城县东北部。面积9.2平方千米。人口7 600。2013年成立。以平房为主。

五湖社区 371322-C03-J02
[Wǔhú Shèqū]

属泉源乡管辖。在郯城县东北部。面积10.3平方千米。人口6 600。因美好愿望得名。2013年成立。以平房为主。

泉源头社区 371322-C03-J03
[Quányuántóu Shèqū]

属泉源乡管辖。在郯城县东北部。面积8.3平方千米。人口5 800。因地理位置特征得名。2013年成立。以平房为主。

毛家社区 371322-C03-J04
[Máojiā Shèqū]

属泉源乡管辖。在郯城县东北部。面积9.6平方千米。人口6 000。因辖区内南毛村、北毛村得名。2013年成立。以平房为主。

翁屯社区 371322-C03-J05
[Wēngtún Shèqū]

属泉源乡管辖。在郯城县东北部。面积8.5平方千米。人口5 200。因邵湖、段宅、班庄村规模较小，并紧邻翁屯村，故名。2013年成立。以平房为主。

郭庄社区 371322-C03-J06
[Guōzhuāng Shèqū]

属泉源乡管辖。在郯城县东北部。面积6.7平方千米。人口5 800。因姓氏得名。2013年成立。以平房为主。

五棵松社区 371322-C03-J07
[Wǔkēsōng Shèqū]

属泉源乡管辖。在郯城县东北部。面积5.8平方千米。人口1 500。因植物得名。2013年成立。以平房为主。

清泉社区 371322-C03-J08
[Qīngquán Shèqū]

属泉源乡管辖。在郯城县东北部。面积12.9平方千米。人口3 800。因附近有一座清泉寺而得名。2013年成立。以平房为主。

马陵山社区 371322-C03-J09
[Málíngshān Shèqū]

属泉源乡管辖。在郯城县东北部。面积8.9平方千米。人口5 800。因马陵山景区得名。2013年成立。以平房为主。

沂水县

沂水县 371323
[Yíshuǐ Xiàn]

临沂市辖县。北纬35°36′，东经118°13′。在市境北部。面积2 435平方千米。

人口 114.5 万。以汉族为主，还有回、蒙古、苗、彝、壮、布依、朝鲜、满等民族。辖 1 街道、16 镇、1 乡。县人民政府驻沂城街道。春秋为莒国郓邑、郓邑，后入鲁。西汉置东莞县，治今沂水镇，属琅玡郡，又别置东安县，属城阳国。东汉同属琅玡国。晋末废东安县，东莞县属东莞郡。南燕于东莞城置团城镇，因城呈圆形，故名团城。南朝宋徙东莞县治于莒县东北，以团城为东安郡治。北周于团城置莒州。隋开皇初废郡，改莒州为东安县，十六年（596）又改为沂水县，因城临沂水而得名，属琅玡郡。唐、宋属沂州。金、元属莒州。明属青州府。清属沂州府。1913 年属岱南道（翌年改名济宁道）。1925 年属琅玡道。1928 年属省。1936 年属山东省第三行政督察区。1940 年属鲁中行政区沂蒙专区。1950 年属沂水专区，专署驻此。1953 年属临沂专区。1967 年属临沂地区。1994 年属临沂市。（资料来源：《中华人民共和国地名大词典》）南部为冲积平原，县境西及西北部有"崮"。海拔 200~500 米。年均气温 12.3℃，1 月平均气温 −3.2℃，7 月平均气温 25.7℃。年均降水量 629 毫米。有沂河、沭河、浯河、梓河等流经。有铁、钛铁、水泥用灰岩、石英砂岩、白云岩、玄武岩、页岩等矿产资源。森林覆盖率 34.9%。有高等院校 1 所，中小学 201 所，图书馆 1 个，博物馆 1 个，体育馆 1 个，二级以上医院 4 个。有国家级文物保护单位 2 个，省级文物保护单位 15 个，省级爱国主义教育基地 2 个，有国家级传统村落 6 个、省级传统村落 6 个，重要古迹、景点 44 个。三次产业比例为 12∶50∶38。农业以种植小麦、花生、玉米等为主，盛产烤烟、山楂、板栗、核桃、雪枣、大樱桃、花椒、生姜、中药材等。工业以能源化工、机械电子、矿产加工、纺织服装、高端食品产业为主。服务业以批发零售、旅游业为主，名优特产有沂水丰糕、沂水全蝎、高桥手绣、马站裘皮画、夏蔚大樱桃、诸葛苹果、院东头生姜、富官庄小米、高庄绺子烟等。有省级开发区 1 个。境内铁路 62.46 千米，公路 2 596.78 千米。胶新铁路、晋中南铁路、青莱高速、长深高速和省道东红、沂博、兖石、泰薛、沂邳、韩莱公路过境。

山东沂水经济开发区 371323–E01
[Shāndōng Yíshuǐ Jīngjì Kāifāqū]

在县境南部。东起长深高速，西至沂河，北起鑫华路，南至南二环路（长安路以南至南三环路）。面积 4 860 公顷。由所在政区名称和作用性质得名。2006 年 3 月经省政府正式批准成立省级开发区，由县级政府管理。有规模以上企业 156 家，世界 500 强直接投资企业 8 家，重点打造装备制造、高端食品、绿色化工三大主导产业。区内路网纵横，交通便利。

沂城街道 371323–A01
[Yíchéng Jiēdào]

沂水县人民政府驻地。在县境中部。面积 162 平方千米。人口 16.8 万。以汉族为主，还有回族。2009 年设立。因位于沂水县城得名。新建盛世豪庭、金水湾等商住小区，对牛岭埠、后埠东等社区进行改造提升，对正阳路、长安路等主干道进行拓宽、完善路网设施、绿化升级，新修东二环路、雪山河路，金仕顿酒店、开源大酒店及雪山彩虹谷景区等餐饮旅游场所相继开发投入使用，居民综合服务设施日不断完善。有无儿崮、东跋山、西跋山、雪山、马山、锣鼓山，小沂河、顺天河、雪山河、双龙河等从境内穿过。有中小学 22 所，文化馆、图书馆 2 个，体育场馆 2 个，医疗卫生机构 4 个。有重要名胜古迹汉代古城城址、雪山彩虹谷、雪山风情街、红旗山苹果庄园等。沂河两岸将园林绿化、水利防洪、旅游规划相结合，形成独具特色的沿岸风光。有九州商业大厦、供销社大厦、寰宇大酒店等标志性建筑物。经济以制造业为主，先后培植以青援食品、大地玉米、业隆通用、隆科特生物、山东玻纤、合盛矿产品等带动力强、支撑大的骨干项目，逐步形成了"高端食品、机械制造、生物化工、新材料、矿产新加工"五大主导产业群，并不断向优质提升，向高端迈进。农业以种植业为主，主产小麦、玉米、地瓜、黄烟、蔬菜、水果。工业以食品加工、机械制造、生物化工、新材料生产、矿产深加工为主。服务业以旅游业为主。通公交车。

马站镇 371323-B01
[Mǎzhàn Zhèn]

沂水县辖镇。在县境北部。面积133平方千米。人口6.8万。以汉族为主，还有回等民族。辖3居委会、23村委会，有83自然村。镇人民政府驻马站村。1955年称马站区。1958年3月改设乡，9月改公社。1984年设马站区。1985年撤区设镇。因镇政府驻地得名。马站河、沭河、响水河、金沟河等从境内穿过。有中小学12所，医院1个。有国家级文物保护单位穆陵关、齐长城遗址，市级文物保护单位杨家城子故城，有古迹城隍庙等。农业主产小麦、玉米、花生、黄烟、桑蚕、蔬菜，辣椒为国家级无公害产品，注册"马站"牌商标。畜牧业主要饲养肉猪、奶牛、家禽，有大型奶牛养殖基地。工业以矿产开采加工、食品生产、皮毛加工、服装制造、铸造业为主。青兰高速、长深高速和省道泰薛路、东红路过境。

高桥镇 371323-B02
[Gāoqiáo Zhèn]

沂水县辖镇。在县境北部。面积113平方千米。人口6.3万。辖1居委会、19村委会，有72自然村。镇人民政府驻高桥村。1949年为高桥区。1958年改设乡，同年改设公社。1985年改置镇。因镇政府驻地得名。沭河、住龙河从境内穿过。有中小学27所，卫生院1个。有市级非物质文化遗产高桥手绣。农业主产花生、蔬菜、林果、黄烟，特产有机韭菜、苹果等。工业以板材加工、化工、矿产品加工为主。长深高速、省道东红路过境。

许家湖镇 371323-B03
[Xǔjiāhú Zhèn]

沂水县辖镇。在县境南部。面积208平方千米。人口13.1万。辖13居委会、31村委会，有137自然村。镇人民政府驻许家湖村。1953年设第一区。1955年改城郊区。1958年设十里乡，同年改公社。1981年改为许家湖公社。1985年改设乡。1994年改置镇。2000年袁家庄乡并入，2011年姚店子镇并入。因镇政府驻地得名。沂河从境内穿过。有中小学23所，医院2个。有重要古迹东安故城。农业主产小麦、玉米、花生、烟草、生姜，有沂蒙山生态桂花示范园、林下食用菌示范园、有机生姜基地等现代农业园区。工业以食品加工、机械电子、化工、纺织服装、建材业为主。瓦日铁路、长深高速、省道东红路和石兖路过境。设沂水汽车站。

黄山铺镇 371323-B04
[Huángshānpù Zhèn]

沂水县辖镇。在县境西南部。面积98平方千米。人口5.2万。辖5居委会、13村委会，有75自然村。镇人民政府驻黄山铺村。1955年设沂城区。1958年改黄山铺乡，同年改公社。1985年复设乡。1994年改置镇。因镇政府驻地得名。胜利河、清源河、泉庄河从境内穿过。有中小学12所，医院1个。有纪念地黄石山惨案纪念地，名胜古迹圣水祠等，云水禅院景区、汇博农业主题公园等旅游资源。农业主产小麦、玉米、地瓜、蔬菜、林果，特产桃、杏、李子、葡萄、牛心柿、羊角辣椒、黄烟、蚕桑、杨树等，畜牧业主产奶牛、肉鸡、蛋鸡、鹌鹑等。工业以建材、造纸、纺织服装、农产品加工业为主。瓦日铁路、省道石兖路过境。设沂水西站。

诸葛镇 371323-B05
[Zhūgě Zhèn]

沂水县辖镇。在县境西北部。面积222平方千米。人口7.8万。辖4居委会、22村委会，有117自然村。镇人民政府驻大诸葛村。1953年设第五区。1958年改诸葛乡，同年改公社。1985年置镇，析出下古村乡、新民官庄乡。2001年下古村乡、新民官庄乡并入。因镇政府原驻地诸葛村得名。境内有宿山，沂河从境内穿过。有中小学17所，医院3个。有省级文物保护单位安门头遗址，古迹法云寺、南洼洞旧石器遗址等。农业主产小麦、花生、玉米、黄烟，林果业发达，特产中华寿桃、黄金梨、红香椿、丰甜榛杏、花椒等，自主培育"金黄后"黄桃，诸葛红香椿为中国地理标志产品。有鱼类养殖基地。工业以矿产开发、机械制造、服装针织、日用化工、新型材料、农副食品加工为主。服务业以旅游业为主。瓦日铁路、青莱高速、省道博沂路和韩莱路过境。

崔家峪镇 371323-B06
[Cuījiāyù Zhèn]

沂水县辖镇。在县境西部。面积96平方千米。人口3.3万。辖3居委会、9村委会，有63自然村。镇人民政府驻崔家峪村。1955年设荆山区。1958年改设崔家峪乡，同年改公社。1985年改置镇。因镇政府驻地得名。境内有九山、庙崖顶、虎囤山等，胜利河、清源河等从境内穿过。有中小学5

所，医院1个。有名胜古迹平安桥、会仙崖等。农业主产小麦、玉米、地瓜、花生，林果资源丰富，主产板栗、核桃、李子、桃等，"旺峪"牌板栗为A级绿色食品。工业以矿产加工、化工、机械制造业为主。服务业以休闲旅游业为主，有杏山观光农业开发园。省道石兖路过境。

四十里堡镇 371323-B07
[Sìshílǐpù Zhèn]

沂水县辖镇。在县境东南部。面积131平方千米。人口6.8万。辖3居委会、23村委会，有100自然村。镇人民政府驻四十里堡村。1958年设四十里堡乡，同年改公社。1985年改置镇。2000年三十里堡乡并入。因镇政府驻地得名。黄花河、菠萝河从境内穿过。有中小学16所，医院2个。农业主产花生、小麦、玉米、大豆、地瓜等，培育花生早熟品种"鲁花一号"，林果业主产苹果、西瓜、山楂、桃、板栗等。畜牧业主要饲养牛、羊、猪等。工业以食品加工、建筑建材、烟花爆竹生产、服装纺织为主。服务业以仓储物流、旅游业为主。胶新铁路、瓦日铁路、长深高速过境，省道石兖路过境。设沂水火车站。

杨庄镇 371323-B08
[Yángzhuāng Zhèn]

沂水县辖镇。在县境东北部。面积162平方千米。人口6.5万。辖2居委会、20村委会，有64自然村。镇人民政府驻杨庄。1949年为杨庄区。1958年改设乡，同年改公社。1985年改置镇。2001年善疃乡并入。因镇政府驻地得名。沭河、杨庄河、善疃河、秀珍河、儒林河从境内穿过。有中小学13所，医院2个。有大秧歌、柳琴戏、吕剧等特色民间艺术。农业以种植小麦、玉米、草莓、蓝莓、烤烟、中药材、花生、生姜等为主。工业以矿产资源开发加工、塑料制品、精密铸造、板材加工为主。青莱高速、省道泰薛公路过境。

夏蔚镇 371323-B09
[Xiàwèi Zhèn]

沂水县辖镇。在县境西部。面积151平方千米。人口5.4万。辖2居委会、14村委会，有108自然村。镇人民政府驻夏蔚村。1953年设第十三区。1955年改夏蔚区。1958年改设乡，同年改公社。1985年改置镇。2001年王庄镇并入。因镇政府驻地得名。夏蔚河、王庄河、甄家瞳河从境内穿过。有中小学8所，医院2个。有省级文物保护单位中共中央山东分局旧址、《大众日报》创刊地，市级文物保护单位陈毅指挥所旧址。农业主产小麦、玉米、蔬菜、黄烟、花生、马铃薯等，特产大樱桃、柿子、板栗、核桃、酸枣仁、全蝎、香椿、花椒等，圣母山大樱桃为无公害农产品。工业以铁矿石加工、高钙石加工、机械加工为主。服务业以旅游业为主，有沂蒙山根据地旅游景区等资源。省道石兖路过境。

沙沟镇 371323-B10
[Shāgōu Zhèn]

沂水县辖镇。在县境北部。面积210平方千米。人口6.6万。辖2居委会、19村委会，有107自然村。镇人民政府驻沙沟。1949年为崖庄区。1958年改设乡，同年改公社。1971年更名沙沟公社。1985年改置镇，分为沙沟镇、东于沟乡、泮池乡。2001年两乡一镇合并，成立沙沟镇。因镇政府驻地得名。境内有泰薄顶，沭河从境内穿过。有中小学13所，医院3个。有名胜古迹擂台遗址、邳乡故城址、桲椤峪石窟等。农业主产小麦、玉米、花生、蔬菜，特产桃、烤烟、杨树等，种植白花丹参、黄芩等名贵中药材，有蔬菜大棚、果品示范园和中药材种植基地。工业以矿产加工、农副产

品加工、板材加工业为主。服务业以现代物流业为主。青莱高速、省道泰薛路过境。

高庄镇 371323-B11
[Gāozhuāng Zhèn]

沂水县辖镇。在县境西部。面积130平方千米。人口5.2万。辖4居委会、8村委会，有96自然村。镇人民政府驻高庄。1984年析王庄、夏蔚2区地置高庄乡。1995年撤乡设高庄镇。2001年王家庄子乡并入。因镇政府驻地得名。梓河、朱位河、下里河、中峪河、王家庄子河等从境内穿过。有中小学5所，医院1个。有重要名胜古迹薛王台遗址、石井墓群、八步莲花桥等。农业以种植业和畜牧业为主，主产食用菌、烤烟、香椿、花椒、绺子烟、杨树等，主要养殖长毛兔、草鸡。工业以农副产品加工、纺织业、纸箱包装、地毯加工、钢铁铸件、板材加工等为主。省道石兖路过境。

道托镇 371323-B12
[Dàotuō Zhèn]

沂水县辖镇。在县境东部。面积86平方千米。人口4.0万。辖1居委会、11村委会，有45自然村。镇人民政府驻道托村。1955年称道托区。1958年3月改设乡，9月改公社。1984年设道托区。1985年撤区设乡。2010年撤乡设镇。因镇政府驻地得名。沭河、道托河、朱龙河、余粮河从境内穿过。有中小学8所，医院1个。有拉胡腔、布玩具工艺品等特色民间艺术，名胜古迹牛心官庄天主堂、圣母堂、韩家曲汉墓和余粮遗址等，有石门山生态旅游景区。农业形成林果、畜牧、黄烟、中药材四大支柱产业，建有钢管立架矮砧苹果园区、畜禽养殖孵化基地，形成黄旺苹果、胡家旺草莓、横岭猕猴桃、马旺韭菜、西道托葡萄等"一村一品"特色品牌。工业以机械制造、矿产品加工、新型建材、食品加工、塑料制

品制造等产业为主。服务业以现代物流为主。长深高速、省道东红路过境。

龙家圈镇 371323-B13
[Lóngjiāquān Zhèn]

沂水县辖镇。在县境南部。面积 94 平方千米。人口 6.5 万。辖 8 居委会、15 村委会，有 71 自然村。镇人民政府驻龙家圈。1985 年析黄山铺区地置龙家圈乡。2001 年柴山乡并入。2010 年撤乡设镇。因镇政府驻地得名。沂河、胜利河、清源河、泉庄河、柴山河从境内穿过。有中小学 18 所，卫生院 2 个。有名胜古迹三圣堂石祠、上岩寺旧址等，有灵泉山景区、中和花都景区、如意龙湾现代农业旅游景区等旅游资源。农业主产小麦、玉米、地瓜、花生、大豆、食用菌等。工业以食品加工、机械制造、板材加工、纺织服装、生物化工、新材料制造为主。省道石兖公路、沂邳公路过境。

泉庄镇 371323-B14
[Quánzhuāng Zhèn]

沂水县辖镇。在县境西北部。面积 103 平方千米。人口 3.4 万。辖 2 居委会、10 村委会，有 73 自然村。镇人民政府驻泉庄。1951 年为第十五区。1958 年改设泉庄乡，同年改公社。1985 年复设乡。2010 年撤乡设镇。因镇政府驻地得名。有纪王崮、东汉崮、脚子崮、丁家崮等山峰，马连河、温凉河、沂河从境内穿过。有中小学 10 所，医院 1 个。有名胜古迹纪王崮春秋墓，天上王城景区、天地合生态休闲庄园、石棚云崮泉乡旅游区、佃坪桃花园休闲旅游区等旅游资源。农业以有机农业为特色，有晚熟蜜桃、黄金桃、苹果、葡萄、大樱桃、藕等 6 个有机认证品种，林果业发达，果品注册"百桃""纪王红""万山一品"等品牌，泉庄镇葡萄为 A 级绿色食品，注册"汇泉"牌商标。另种植杨树、中药材等。

工业以手套加工、板材加工、化工、矿产加工为主。服务业以旅游业为主。有公路经此。

富官庄镇 371323-B15
[Fùguānzhuāng Zhèn]

沂水县辖镇。在县境东北部。面积 135 平方千米。人口 4.4 万。辖 1 居委会、15 村委会，有 64 自然村。镇人民政府驻官庄。1953 年设第十九区。1958 年改官庄乡，同年改公社。1985 年复设乡。2001 年何家庄子乡并入。2010 年撤乡设镇。因镇政府驻地得名，因重名，"官庄"前加"富"字。浯河从境内穿过。有中小学 10 所，医院 1 个。有名胜古迹抬头遗址、姑子顶遗址、凤台遗址、垛庄明墓林等。农业主产小麦、玉米、黄烟、林果、蔬菜、中药材。工业以水泥制造、家具加工、建筑材料制造为主。服务业以休闲旅游业为主，有金漫湾田园综合体、鼎盛生态园等。省道泰薛路过境。

院东头镇 371323-B16
[Yuàndōngtóu Zhèn]

沂水县辖镇。在县境西南部。面积 105 平方千米。人口 2.9 万。辖 1 居委会、11 村委会，有 80 自然村。镇人民政府驻院东头。1949 年为金泉区。1958 年改院东头乡，1959 年并入姚店子公社。1963 年设院东头区。后改公社。1985 年复设乡。2010 年撤乡设镇。因镇政府驻地得名。峙密河从境内穿过。有中小学 7 所，医院 1 个。有纪念地沂蒙红嫂祖秀莲纪念馆，名胜古迹资庆寺砖石塔、塔洞庵摩崖石刻、刘家店子春秋墓遗址等，有天谷景区、地下萤光湖景区、沂蒙山酒文化园、蒙山龙雾茶博园等旅游资源。经济以种植业、旅游业为主。农业主产小麦、玉米、地瓜、花生、姜、板栗、茶叶等，特产沂蒙全蝎、山山牛、山参、何首乌、松蛹、松菇等。工业以生物化工、农副产品加工、矿产开发、钢材加工为主。服务业以旅游业为主。有公路经此。

圈里乡 371323-C01
[Quānlǐ Xiāng]

沂水县辖乡。在县境北部。面积 112 平方千米。人口 3.6 万。辖 16 村委会，有 78 自然村。乡人民政府驻圈里。1949 年设浯河区。1955 年改圈里区。1958 年改公社。1985 年改设乡。因乡政府驻地得名。有唐王山、太平山、南龙山、荆山等，浯河从境内穿过。有中小学 6 所，医院 1 个。有名胜古迹唐王山反击战旧址、北代庄遗址、圈里大桥等。农业主产小麦、玉米、花生，林果业主产晚熟蜜桃，注册"唐王山"果品系列商标，有唐王山万亩蜜桃示范园区。工业以玄武岩加工、板材加工、纺织、农产品加工为主。省道泰薛路过境。

旧地名

姚店子镇（旧） 371323-U01
[Yáodiànzi Zhèn]

沂水县辖镇。在县境南部。1985 年设立。2011 年撤销，并入许家湖镇。

武家洼镇（旧） 371323-U02
[Wǔjiāwā Zhèn]

沂水县辖镇。在县境中部。1997 年设立。2001 年撤销，并入沂水镇。2009 年沂水镇改沂城街道，仍属之。

王庄镇（旧） 371323-U03
[Wángzhuāng Zhèn]

沂水县辖镇。在县境西部。1997 年设立。2001 年撤销，并入夏蔚镇。

袁家庄乡（旧） 371323-U04
[Yuánjiāzhuāng Xiāng]

沂水县辖乡。在县境南部。1985 年设立。2000 年撤销，并入许家湖镇。

新民官庄乡（旧） 371323-U05
[Xīnmínguānzhuāng Xiāng]

沂水县辖乡。在县境西北部。1985 年设立。2001 年撤销，并入诸葛镇。

下古村乡（旧） 371323-U06
[Xiàgǔcūn Xiāng]

沂水县辖乡。在县境北部。1985 年设立。2001 年撤销，并入诸葛镇。

三十里堡乡（旧） 371323-U07
[Sānshílǐpù Xiāng]

沂水县辖乡。在县境东南部。1985 年设立。2000 年撤销，并入四十里堡镇。

善疃乡（旧） 371323-U08
[Shàntuǎn Xiāng]

沂水县辖乡。在县境东北部。1985 年设立。2001 年撤销，并入杨庄镇。

何家庄子乡（旧） 371323-U09
[Héjiāzhuāngzi Xiāng]

沂水县辖乡。在县境东北部。1985 年设立。2001 年撤销，并入富官庄乡。2010 年富官庄乡撤乡设镇，仍属之。

泮池乡（旧） 371323-U10
[Pànchí Xiāng]

沂水县辖乡。在县境西北部。1985 年设立。2001 年撤销，并入沙沟镇。

东于沟乡（旧） 371323-U11
[Dōngyúgōu Xiāng]

沂水县辖乡。在县境北部。1985年设立。2001年撤销，并入沙沟镇。

王家庄子乡（旧） 371323-U12
[Wángjiāzhuāngzi Xiāng]

沂水县辖乡。在县境西部。1985年设立。2001年撤销，并入高庄镇。

柴山乡（旧） 371323-U13
[Cháishān Xiāng]

沂水县辖乡。在县境中部。1985年设立。2001年撤销，并入龙家圈乡。2010年龙家圈乡撤乡设镇，仍属之。

社区

阳东社区 371323-A01-J01
[Yángdōng Shèqū]

属沂城街道管辖。在沂水县东部。面积3.5平方千米。人口3 900。清代，以此街处沂阳社东侧而名沂阳东街，故社区以阳东命名。2006年成立。有楼房15栋，现代建筑风格。驻有沂水县交通局、沂水县国土局、沂水县审计局等单位。通公交车。

阳西社区 371323-A01-J02
[Yángxī Shèqū]

属沂城街道管辖。在沂水县西部。面积1平方千米。人口2 800。因位于沂阳社西侧得名。2006年成立。有楼房32栋，现代建筑风格。有老年人照料服务。通公交车。2010年被评为省文明社区。

东关社区 371323-A01-J03
[Dōngguān Shèqū]

属沂城街道管辖。在沂水县东部。面积3.2平方千米。人口1 900。相传清代以处沂水县城东门外而得名。2006年成立。有楼房13栋，现代建筑风格。驻有沂水县人民医院、沂水县粮食局等单位。通公交车。

南关社区 371323-A01-J04
[Nánguān Shèqū]

属沂城街道管辖。在沂水县中部。面积0.9平方千米。人口2 000。相传清代以处沂水县城南门外而得名。2006年成立。有楼房14栋，现代建筑风格。通公交车。2012年被评为省文明社区。

北关社区 371323-A01-J05
[Běiguān Shèqū]

属沂城街道管辖。在沂水县西北部。面积5.1平方千米。人口2 100。相传清代以处沂水县城北而得名。2006年成立。有楼房20栋，现代建筑风格。驻有沂水县广播局、临沂市第二人民医院等单位。通公交车。

茶庵社区 371323-A01-J06
[Chá'ān Shèqū]

属沂城街道管辖。在沂水县南部。面积0.26平方千米。人口1 600。明成化年间即形成街道，因有一座白衣庵，县衙在此设茶点供奉过路官员，故名茶庵街。2006年成立。有楼房12栋，现代建筑风格。通公交车。

新村社区 371323-A01-J07
[Xīncūn Shèqū]

属沂城街道管辖。在沂水县西北部。面积0.35平方千米。人口1 100。1958年因城建需要，城内部分居民迁此建新居，取名新村。2006年成立。有楼房13栋，现代建筑风格。驻有沂水县人民检察院、沂水县住建局等单位。通公交车。

回民社区 371323-A01-J08
[Huímín Shèqū]

　　属沂城街道管辖。在沂水县东部。面积 0.9 平方千米。人口 1 500。居民由散居于沂水城各街的回民组成，故名。2006 年成立。有楼房 20 栋，现代建筑风格。通公交车。

城里社区 371323-A01-J09
[Chénglǐ Shèqū]

　　属沂城街道管辖。在沂水县西北部。面积 3.6 平方千米。人口 1 300。相传以处老县城城里而得名。清代曾名城里堡，后改称城里街至今。2006 年成立。有楼房 12 栋，现代建筑风格。驻有沂水县人民政府、沂水县民政局等单位。通公交车。

牛岭埠社区 371323-A01-J10
[Niúlǐngbù Shèqū]

　　属沂城街道管辖。在沂水县北部。面积 0.25 平方千米。人口 1 500。村北一土岭状似卧牛，以此得名牛岭埠。原村于太平天国时期毁于战乱，故移于现址，仍称原名，社区沿用。2006 年成立。有楼房 20 栋，现代建筑风格。通公交车。

前小河社区 371323-A01-J11
[Qiánxiǎohé Shèqū]

　　属沂城街道管辖。在沂水县西部。面积 0.3 平方千米。人口 1 100。相传明初此地曾名阁子门外，后因村东有一条小河，又处老城西侧，故改成西小河。后与后小河对称前小河。2006 年成立。有楼房 15 栋，现代建筑风格。通公交车。

后小河社区 371323-A01-J12
[Hòuxiǎohé Shèqū]

　　属沂城街道管辖。在沂水县西部。面积 0.2 平方千米。人口 700。相传明万历年间即有此村，以东有一条小河，韩姓早居，取名韩家小河，后与前小河对称后小河。2006 年成立。有楼房 16 栋，现代建筑风格。通公交车。

南庄社区 371323-A01-J13
[Nánzhuāng Shèqū]

　　属沂城街道管辖。在沂水县西部。面积 6 平方千米。人口 3 200。据传，此地曾有一北庄，该村处北庄之南，故名南庄，社区沿用村名。2006 年成立。有楼房 12 栋，现代建筑风格。通公交车。

湖埠西社区 371323-A01-J14
[Húbùxī Shèqū]

　　属沂城街道管辖。在沂水县西南部。面积 1.5 平方千米。人口 2 200。村周为湖洼地，村东有一土岭名湖埠岭，以此得名湖埠西，社区沿用村名。2006 年成立。有楼房 10 栋，现代建筑风格。驻有润泽水务公司等单位。通公交车。

前埠东社区 371323-A01-J15
[Qiánbùdōng Shèqū]

　　属沂城街道管辖。在沂水县东北部。面积 0.57 平方千米。人口 1 100。以村处沂水城东岭东侧的开阔地上，得名埠东，后与同名村相区分，称前埠东，社区沿用村名。2006 年成立。有楼房 16 栋，现代建筑风格。驻有沂城街道中心小学等单位。通公交车。

后埠东社区 371323-A01-J16
[Hòubùdōng Shèqū]

　　属沂城街道管辖。在沂水县东北部。面积 0.73 平方千米。人口 1 600。立村时已有埠东村，故名后埠东，社区沿用村名。2006 年成立。有楼房 18 栋，现代建筑风格。驻有沂水县第二中学等单位。通公交车。

东皋社区 371323-A01-J17

[Dōnggāo Shèqū]

属沂城街道管辖。在沂水县中部。面积0.07平方千米。人口3 600。因在县城东皋山南而得名。2006年成立。有楼房52栋，现代建筑风格。驻有沂水县司法局、沂水县房管局等单位。有老年人照料服务。通公交车。2009年被评为省文明社区。

长虹社区 371323-A01-J18

[Chánghóng Shèqū]

属沂城街道管辖。在沂水县东南部。面积0.96平方千米。人口3 300。因长虹小区得名。2006年成立。有楼房40栋，现代建筑风格。驻有沂水县供电公司等单位。通公交车。

伴城社区 371323-A01-J19

[Bànchéng Shèqū]

属沂城街道管辖。在沂水县西北部。面积1.71平方千米。人口2 100。因大伴城村得名。2014年成立。以平房为主。通公交车。

东山社区 371323-A01-J20

[Dōngshān Shèqū]

属沂城街道管辖。在沂水县西北部。面积1.96平方千米。人口2 500。因东山村得名。2014年成立。以平房为主。驻有东山小学等单位。通公交车。

跋山店子社区 371323-A01-J21

[Báshāndiànzi Shèqū]

属沂城街道管辖。在沂水县西北部。面积1.16平方千米。人口1 200。因跋山店子村得名。2014年成立。以平房为主。通公交车。

古城社区 371323-A01-J22

[Gǔchéng Shèqū]

属沂城街道管辖。在沂水县西北部。面积4平方千米。人口2 200。因前古城村得名。2014年成立。以平房为主。通公交车。

武家洼社区 371323-A01-J23

[Wǔjiāwā Shèqū]

属沂城街道管辖。在沂水县西北部。面积3.7平方千米。人口4 200。因武家洼村得名。2014年成立。以平房为主。驻有武家洼小学、沂城街道第二中学等单位。通公交车。

庞家庄社区 371323-A01-J24

[Pángjiāzhuāng Shèqū]

属沂城街道管辖。在沂水县西北部。面积4.6平方千米。人口2 900。因前庞家庄得名。2014年成立。以平房为主。驻有后庞家庄小学等单位。通公交车。

松峰社区 371323-A01-J25

[Sōngfēng Shèqū]

属沂城街道管辖。在沂水县北部。面积5.3平方千米。人口5 800。因北松峰村得名。2014年成立。以平房为主。驻有松峰小学、松峰幼儿园等单位。通公交车。

顺天河社区 371323-A01-J26

[Shùntiānhé Shèqū]

属沂城街道管辖。在沂水县西北部。面积1.5平方千米。人口2 000。因社区临近顺天河得名。2014年成立。以平房为主。通公交车。

友兰社区 371323-A01-J27

[Yǒulán Shèqū]

属沂城街道管辖。在沂水县北部。面

积 5.6 平方千米。人口 5 600。因友兰官庄村得名。2014 年成立。以平房为主。驻有友兰小学等单位。有老年人照料服务。通公交车。2012 年被评为省文明社区。

石良社区　371323-A01-J28
[Shíliáng Shèqū]

属沂城街道管辖。在沂水县北部。面积 1.93 平方千米。人口 4 100。因前石良村得名。2014 年成立。有楼房 18 栋，现代建筑风格。通公交车。

贺庄社区　371323-A01-J29
[Hèzhuāng Shèqū]

属沂城街道管辖。在沂水县西北部。面积 1.2 平方千米。人口 1 800。因前贺庄得名。2014 年成立。以平房为主。通公交车。

田庄社区　371323-A01-J30
[Tiánzhuāng Shèqū]

属沂城街道管辖。在沂水县西北部。面积 2.16 平方千米。人口 3 500。因田庄得名。2014 年成立。有楼房 20 栋，现代建筑风格。通公交车。

和顺社区　371323-A01-J31
[Héshùn Shèqū]

属沂城街道管辖。在沂水县北部。面积 1.36 平方千米。人口 2 700。以吉祥意"和顺"命名。2014 年成立。以平房为主。通公交车。

姚家官庄社区　371323-A01-J32
[Yáojiāguānzhuāng Shèqū]

属沂城街道管辖。在沂水县北部。面积 1.08 平方千米。人口 1 200。因姚家官庄村得名。2014 年成立。以平房为主。通公交车。

新润社区　371323-A01-J33
[Xīnrùn Shèqū]

属沂城街道管辖。在沂水县北部。面积 1.41 平方千米。人口 2 200。因希望环境清新优美，生活日益美好得名。2014 年成立。以平房为主。通公交车。

长安社区　371323-A01-J34
[Cháng'ān Shèqū]

属沂城街道管辖。在沂水县北部。面积 3.5 平方千米。人口 3 500。因长安庄得名。2014 年成立。以平房为主。通公交车。

双龙社区　371323-A01-J35
[Shuānglóng Shèqū]

属沂城街道管辖。在沂水县东北部。面积 3.52 平方千米。人口 4 300。因双龙村得名。2014 年成立。以平房为主。通公交车。

荣富社区　371323-A01-J36
[Róngfù Shèqū]

属沂城街道管辖。在沂水县东北部。面积 1.49 平方千米。人口 1 900。以美好寓意命名。2014 年成立。以平房为主。通公交车。

雪山一社区　371323-A01-J37
[Xuěshān 1 Shèqū]

属沂城街道管辖。在沂水县东部。面积 0.87 平方千米。人口 2 200。因附近有雪山景区和编号得名。2014 年成立。以平房为主。通公交车。

雪山二社区　371323-A01-J38
[Xuěshān 2 Shèqū]

属沂城街道管辖。在沂水县东北部。面积 0.95 平方千米。人口 1 700。因附近有雪山景区和编号得名。2014 年成立。以平房为主。通公交车。

雪山三社区 371323-A01-J39

[Xuěshān 3 Shèqū]

属沂城街道管辖。在沂水县东北部。面积 1.25 平方千米。人口 1800。因附近有雪山景区和编号得名。2014 年成立。以平房为主。通公交车。

晏家铺社区 371323-A01-J40

[Yànjiāpù Shèqū]

属沂城街道管辖。在沂水县东南部。面积 2.04 平方千米。人口 2 800。因前晏家铺村得名。2014 年成立。有楼房 2 栋，现代建筑风格。通公交车。

西朱家庄社区 371323-A01-J41

[Xīzhūjiāzhuāng Shèqū]

属沂城街道管辖。在沂水县北部。面积 0.62 平方千米。人口 1 200。因西朱家庄得名。2014 年成立。有楼房 15 栋，现代建筑风格。通公交车。

东院社区 371323-A01-J42

[Dōngyuàn Shèqū]

属沂城街道管辖。在沂水县东部。面积 2.8 平方千米。人口 2 400。因东院村得名。2014 年成立。以平房为主。通公交车。

南湖社区 371323-B01-J01

[Nánhú Shèqū]

属马站镇管辖。在沂水县北部。面积 2.91 平方千米。人口 2 100。因南郭家湖村得名。2013 年成立。以平房为主。有志愿者服务，开展"情暖夕阳"等活动。通公交车。

金源社区 371323-B01-J02

[Jīnyuán Shèqū]

属马站镇管辖。在沂水县北部。面积 3.54 平方千米。人口 2 200。因金沟河源源不断流经此地，故以吉祥意"金源"名之。2013 年成立。以平房为主。有志愿者服务，开展"情暖夕阳"等活动。通公交车。

天龙社区 371323-B01-J03

[Tiānlóng Shèqū]

属马站镇管辖。在沂水县北部。面积 6.13 平方千米。人口 3 300。因所辖村天桥官庄、双龙埠得名。2013 年成立。以平房为主。驻有双成完全小学等单位。有志愿者服务，开展"情暖夕阳"等活动。未通公交车。

书堂社区 371323-B01-J04

[Shūtáng Shèqū]

属马站镇管辖。在沂水县北部。面积 5.71 平方千米。人口 3 200。因书堂旺村得名。2013 年成立。以平房为主。驻有书堂完全小学等单位。有志愿者服务，开展"情暖夕阳"等活动。通公交车。

双胜社区 371323-B01-J05

[Shuāngshèng Shèqū]

属马站镇管辖。在沂水县北部。面积 6.09 平方千米。人口 2 600。因吉祥意得名。2013 年成立。以平房为主。有志愿者服务，开展"情暖夕阳"等活动。通公交车。

吴家庄社区 371323-B01-J06

[Wújiāzhuāng Shèqū]

属马站镇管辖。在沂水县北部。面积 3.39 平方千米。人口 2 100。因吴家庄得名。2013 年成立。以平房为主。有志愿者服务，开展"情暖夕阳"等活动。通公交车。

金泉社区 371323-B01-J07

[Jīnquán Shèqū]

属马站镇管辖。在沂水县北部。面积 8.14 平方千米。人口 2 700。因为金沟河泉头发源地，故以吉祥意"金泉"名之。2013年成立。以平房为主。有志愿者服务，开展"情暖夕阳"等活动。未通公交车。

珠江社区 371323-B01-J08
[Zhūjiāng Shèqū]

属马站镇管辖。在沂水县北部。面积5.36平方千米。人口5 000。因珠江店子村得名。2013年成立。以平房为主。驻有圣达地毯有限公司等单位。有志愿者服务，开展"情暖夕阳"等活动。通公交车。

杏山社区 371323-B01-J09
[Xìngshān Shèqū]

属马站镇管辖。在沂水县北部。面积9.27平方千米。人口4 900。因杏山店村得名。2013年成立。以平房为主。有志愿者服务，开展"情暖夕阳"等活动。通公交车。

富民社区 371323-B01-J10
[Fùmín Shèqū]

属马站镇管辖。在沂水县北部。面积7.80平方千米。人口1 900。以吉祥美好寓意命名。2013年成立。以平房为主。有志愿者服务，开展"情暖夕阳"等活动。通公交车。

旺湖社区 371323-B01-J11
[Wànghú Shèqū]

属马站镇管辖。在沂水县北部。面积3.97平方千米。人口2 000。从所辖东旺庄、小湖两村各取一字命名。2013年成立。以平房为主。有志愿者服务，开展"情暖夕阳"等活动。通公交车。

古峰台社区 371323-B01-J12
[Gǔfēngtái Shèqū]

属马站镇管辖。在沂水县北部。面积6.96平方千米。人口2 700。因古峰台村得

名。2013年成立。以平房为主。有志愿者服务，开展"情暖夕阳"等活动。通公交车。

龙泉旺社区 371323-B01-J13
[Lóngquánwàng Shèqū]

属马站镇管辖。在沂水县北部。面积8.35平方千米。人口2 000。以西旺庄和吉祥意命名。2013年成立。以平房为主。有志愿者服务，开展"情暖夕阳"等活动。未通公交车。

富余社区 371323-B01-J14
[Fùyú Shèqū]

属马站镇管辖。在沂水县北部。面积7.66平方千米。人口2 400。以吉祥意命名。2013年成立。以平房为主。驻有华能沂水风力有限公司等单位。有志愿者服务，开展"情暖夕阳"等活动。通公交车。

大王庄社区 371323-B01-J15
[Dàwángzhuāng Shèqū]

属马站镇管辖。在沂水县北部。面积4.63平方千米。人口1 400。因辖区内朱刘店原名王庄，故以大王庄命名。2013年成立。以平房为主。驻有山东晟锂环保科技有限公司等单位。有志愿者服务，开展"情暖夕阳"等活动。通公交车。

穆棱关社区 371323-B01-J16
[Mùlíngguān Shèqū]

属马站镇管辖。在沂水县北部。面积7.8平方千米。人口2 600。因紧靠齐长城穆陵关得名。2013年成立。以平房为主。有志愿者服务，开展"情暖夕阳"等活动。通公交车。

徐家店子社区 371323-B01-J17
[Xújiādiànzi Shèqū]

属马站镇管辖。在沂水县北部。面积

5.94 平方千米。人口 4 200。因徐家店子村得名。2013 年成立。以平房为主。驻有店子完全小学等单位。有志愿者服务,开展"情暖夕阳"等活动。通公交车。

上高庄社区 371323-B01-J18
[Shànggāozhuāng Shèqū]

属马站镇管辖。在沂水县北部。面积 5.87 平方千米。人口 2 700。因上高庄得名。2013 年成立。以平房为主。有志愿者服务,开展"情暖夕阳"等活动。未通公交车。

杨城社区 371323-B01-J19
[Yángchéng Shèqū]

属马站镇管辖。在沂水县北部。面积 5.51 平方千米。人口 5 200。因杨家城子村得名。2014 年成立。有楼房 35 栋,现代建筑风格。驻有沂水县第二人民医院等单位。有志愿者服务,开展"情暖夕阳"等活动。通公交车。

金河社区 371323-B01-J20
[Jīnhé Shèqū]

属马站镇管辖。在沂水县北部。面积 2.37 平方千米。人口 2 200。以吉祥意命名。2014 年成立。以平房为主。驻有荣丰制帽有限公司等单位。有志愿者服务,开展"情暖夕阳"等活动。通公交车。

马站社区 371323-B01-J21
[Mǎzhàn Shèqū]

属马站镇管辖。在沂水县北部。面积 3.83 平方千米。人口 3 900。因马站村得名。2014 年成立。有楼房 15 栋,现代建筑风格。驻有马站镇人民政府、马站国土所等单位。有志愿者服务,开展"情暖夕阳"等活动。通公交车。

金城社区 371323-B01-J22
[Jīnchéng Shèqū]

属马站镇管辖。在沂水县北部。面积 4.63 平方千米。人口 1 700。因辖区内有金沟河流经,且靠近马站镇驻地,以吉祥意"金城"名之。2013 年成立。以平房为主。有志愿者服务,开展"情暖夕阳"等活动。通公交车。

沭水北社区 371323-B02-J01
[Shùshuǐběi Shèqū]

属高桥镇管辖。在沂水县北部。面积 5.38 平方千米。人口 3 000。因临沭河而得名沭水,且与沭水南社区对应,位于北侧,故名。2013 年成立。有楼房 25 栋,现代建筑风格,还有平房。有志愿者服务,开展文艺宣传等活动。通公交车。

沭水南社区 371323-B02-J02
[Shùshuǐnán Shèqū]

属高桥镇管辖。在沂水县北部。面积 4.65 平方千米。人口 2 100。因沭水南岭村得名。2013 年成立。以平房为主。有志愿者服务,开展文艺宣传等活动。通公交车。

小瓮山社区 371323-B02-J03
[Xiǎowèngshān Shèqū]

属高桥镇管辖。在沂水县北部。面积 5.08 平方千米。人口 2 700。因小瓮山村得名。2013 年成立。有楼房 12 栋,现代建筑风格。有志愿者服务,开展文艺宣传等活动。通公交车。

长林社区 371323-B02-J04
[Chánglín Shèqū]

属高桥镇管辖。在沂水县北部。面积 6.61 平方千米。人口 4 500。因傅家长林村得名。2013 年成立。以平房为主。有志愿者服务,开展文艺宣传等活动。通公交车。

木荣社区 371323-B02-J05

[Mùróng Shèqū]

　　属高桥镇管辖。在沂水县北部。面积5.84平方千米。人口2 400。因木山村、荣沟村得名。2013年成立。以平房为主。有志愿者服务，开展文艺宣传等活动。未通公交车。

核桃社区 371323-B02-J06

[Hétao Shèqū]

　　属高桥镇管辖。在沂水县北部。面积8.98平方千米。人口3 400。因所辖自然村核桃园村得名。2013年成立。以平房为主。有志愿者服务，开展文艺宣传等活动。通公交车。

荣仁社区 371323-B02-J07

[Róngrén Shèqū]

　　属高桥镇管辖。在沂水县北部。面积5.63平方千米。人口4 800。因袁家荣仁村得名。2013年成立。有楼房406栋，现代建筑风格，还有平房。有志愿者服务，开展文艺宣传等活动。通公交车。

凤凰社区 371323-B02-J08

[Fènghuáng Shèqū]

　　属高桥镇管辖。在沂水县北部。面积6.84平方千米。人口2 900。因所辖自然村凤凰官庄村得名。2013年成立。以平房为主。有志愿者服务，开展文艺宣传等活动。通公交车。

牛旺社区 371323-B02-J09

[Niúwàng Shèqū]

　　属高桥镇管辖。在沂水县北部。面积7.44平方千米。人口3 700。因徐家牛旺村得名。2013年成立。以平房为主。有志愿者服务，开展文艺宣传等活动。通公交车。

永富社区 371323-B02-J10

[Yǒngfù Shèqū]

　　属高桥镇管辖。在沂水县北部。面积5.78平方千米。人口3 300。因所辖村永泉官庄、富泉官庄而得名。2013年成立。有楼房13栋，现代建筑风格。有志愿者服务，开展文艺宣传等活动。通公交车。

山泉社区 371323-B02-J11

[Shānquán Shèqū]

　　属高桥镇管辖。在沂水县北部。面积4.28平方千米。人口3 200。以所辖两村大瓮山和酿泉官庄名之。2013年成立。有楼房55栋，现代建筑风格，还有平房。有志愿者服务，开展文艺宣传等活动。通公交车。

大路社区 371323-B02-J12

[Dàlù Shèqū]

　　属高桥镇管辖。在沂水县北部。面积3.01平方千米。人口1 400。因大路官庄村得名。2013年成立。有楼房15栋，现代建筑风格，还有平房。有志愿者服务，开展文艺宣传等活动。通公交车。

胡庄社区 371323-B02-J13

[Húzhuāng Shèqū]

　　属高桥镇管辖。在沂水县北部。面积9.63平方千米。人口5 300。以所辖自然村胡庄命名。2013年成立。以平房为主。驻有国福小学等单位。有志愿者服务，开展文艺宣传等活动。未通公交车。

河南社区 371323-B02-J14

[Hénán Shèqū]

　　属高桥镇管辖。在沂水县北部。面积2.98平方千米。人口2 400。因西河南村得名。2013年成立。以平房为主。有志愿者服务，开展文艺宣传等活动。通公交车。

山宋社区 371323-B02-J15
[Shānsòng Shèqū]

属高桥镇管辖。在沂水县北部。面积11.88平方千米。人口5 800。因刘家山宋村得名。2013年成立。以平房为主。有志愿者服务，开展文艺宣传等活动。通公交车。

高桥社区 371323-B02-J16
[Gāoqiáo Shèqū]

属高桥镇管辖。在沂水县北部。面积7.29平方千米。人口5 100。因高桥村得名。2013年成立。有楼房324栋，现代建筑风格，还有平房。驻有高桥镇人民政府、高桥镇初级中学、高桥镇中心小学等单位。有志愿者服务，开展文艺宣传等活动。通公交车。

丰台湖社区 371323-B03-J01
[Fēngtáihú Shèqū]

属许家湖镇管辖。在沂水县南部。面积6平方千米。人口4 100。因丰台湖村得名。2013年成立。有楼房3栋，现代建筑风格。有志愿者服务，开展关爱老人等活动。通公交车。

东丘社区 371323-B03-J02
[Dōngqiū Shèqū]

属许家湖镇管辖。在沂水县南部。面积4.1平方千米。人口3 300。因社区所辖村东丘得名。2013年成立。以平房为主。有志愿者服务，开展关爱老人等活动。通公交车。

袁家庄社区 371323-B03-J03
[Yuánjiāzhuāng Shèqū]

属许家湖镇管辖。在沂水县南部。面积6.7平方千米。人口4 800。因袁家庄得名。2013年成立。有楼房1栋，现代建筑风格。驻有许家湖医院袁家庄分院等单位。

有志愿者服务，开展关爱老人等活动。通公交车。

黄家庄社区 371323-B03-J04
[Huángjiāzhuāng Shèqū]

属许家湖镇管辖。在沂水县南部。面积4.0平方千米。人口2 400。因西黄家庄得名。2013年成立。以平房为主。有志愿者服务，开展关爱老人等活动。通公交车。

城子社区 371323-B03-J05
[Chéngzi Shèqū]

属许家湖镇管辖。在沂水县南部。面积3.3平方千米。人口3 200。因后城子村得名。2013年成立。以平房为主。通公交车。

园里社区 371323-B03-J06
[Yuánlǐ Shèqū]

属许家湖镇管辖。在沂水县南部。面积4.3平方千米。人口3 100。因园里村得名。2013年成立。以平房为主。有志愿者服务，开展关爱老人等活动。通公交车。

泉子湖社区 371323-B03-J07
[Quánzihú Shèqū]

属许家湖镇管辖。在沂水县南部。面积4.2平方千米。人口2 600。因泉子湖村得名。2013年成立。有楼房6栋，现代建筑风格。有志愿者服务，开展关爱老人等活动。通公交车。

快堡社区 371323-B03-J08
[Kuàibǎo Shèqū]

属许家湖镇管辖。在沂水县南部。面积6.8平方千米。人口2 300。因快堡村得名。2013年成立。有楼房2栋，现代建筑风格。有志愿者服务，开展关爱老人等活动。通公交车。

正阳社区　371323-B03-J09
[Zhèngyáng Shèqū]

属许家湖镇管辖。在沂水县南部。面积 5.1 平方千米。人口 2 700。以美好寓意命名。2013 年成立。有楼房 1 栋，现代建筑风格。有志愿者服务，开展关爱老人等活动。通公交车。

万泉湖社区　371323-B03-J10
[Wànquánhú Shèqū]

属许家湖镇管辖。在沂水县南部。面积 4.2 平方千米。人口 2 400。因万泉湖村得名。2013 年成立。以平房为主。有志愿者服务，开展关爱老人等活动。通公交车。

马庄社区　371323-B03-J11
[Mǎzhuāng Shèqū]

属许家湖镇管辖。在沂水县南部。面积 5.3 平方千米。人口 2 100。因白家马庄得名。2013 年成立。有楼房 2 栋，现代建筑风格。有志愿者服务，开展关爱老人等活动。通公交车。

潘家沟社区　371323-B03-J12
[Pānjiāgōu Shèqū]

属许家湖镇管辖。在沂水县南部。面积 5.6 平方千米。人口 2 700。因潘家沟村得名。2013 年成立。有志愿者服务，开展关爱老人等活动。通公交车。

前坡社区　371323-B03-J13
[Qiánpō Shèqū]

属许家湖镇管辖。在沂水县南部。面积 4.6 平方千米。人口 2 200。因前坡村得名。2013 年成立。有楼房 2 栋，现代建筑风格。有志愿者服务，开展关爱老人等活动。通公交车。

陈家庄子社区　371323-B03-J14
[Chénjiāzhuāngzi Shèqū]

属许家湖镇管辖。在沂水县南部。面积 6.3 平方千米。人口 3 300。因陈家庄子得名。2013 年成立。以平房为主。有志愿者服务，开展关爱老人等活动。通公交车。

小尧社区　371323-B03-J15
[Xiǎoyáo Shèqū]

属许家湖镇管辖。在沂水县南部。面积 6.9 平方千米。人口 2 400。因南小尧村得名。2013 年成立。以平房为主。有志愿者服务，开展关爱老人等活动。通公交车。

永富庄社区　371323-B03-J16
[Yǒngfùzhuāng Shèqū]

属许家湖镇管辖。在沂水县南部。面积 6.41 平方千米。人口 3 600。因永富庄得名。2013 年成立。以平房为主。通公交车。

大峡谷社区　371323-B03-J17
[Dàxiágǔ Shèqū]

属许家湖镇管辖。在沂水县南部。面积 4.39 平方千米。人口 2 700。因社区内的山东地下大峡谷景区得名。2013 年成立。有楼房 25 栋，现代建筑风格。通公交车。

朱家楼子社区　371323-B03-J18
[Zhūjiālóuzi Shèqū]

属许家湖镇管辖。在沂水县南部。面积 3.97 平方千米。人口 2 200。因前朱家楼子村得名。2013 年成立。以平房为主。未通公交车。

仁家旺社区　371323-B03-J19
[Rénjiāwàng Shèqū]

属许家湖镇管辖。在沂水县南部。面积 6.68 平方千米。人口 2 500。因西仁家旺村得名。2013 年成立。以平房为主。未通公交车。

土城社区 371323-B03-J20
[Tǔchéng Shèqū]

属许家湖镇管辖。在沂水县南部。面积 4.18 平方千米。人口 1 400。因土城庄得名。2013 年成立。以平房为主。未通公交车。

吉子山社区 371323-B03-J21
[Jízishān Shèqū]

属许家湖镇管辖。在沂水县南部。面积 4.23 平方千米。人口 2 300。因吉子山村得名。2013 年成立。以平房为主。未通公交车。

黄山庄社区 371323-B03-J22
[Huángshānzhuāng Shèqū]

属许家湖镇管辖。在沂水县南部。面积 1.72 平方千米。人口 900。因黄山庄得名。2013 年成立。以平房为主。未通公交车。

苗家庄社区 371323-B03-J23
[Miáojiāzhuāng Shèqū]

属许家湖镇管辖。在沂水县南部。面积 6.17 平方千米。人口 2 600。因苗家庄得名。2013 年成立。以平房为主。未通公交车。

坡子社区 371323-B03-J24
[Pōzi Shèqū]

属许家湖镇管辖。在沂水县南部。面积 3.66 平方千米。人口 2 700。因社区所辖村坡子得名。2013 年成立。有楼房 7 栋，现代建筑风格。未通公交车。

水旺庄社区 371323-B03-J25
[Shuǐwàngzhuāng Shèqū]

属许家湖镇管辖。在沂水县南部。面

积 4.02 平方千米。人口 3 100。因东水旺庄得名。2013 年成立。以平房为主。通公交车。

吉家庄社区 371323-B03-J26
[Jíjiāzhuāng Shèqū]

属许家湖镇管辖。在沂水县南部。面积 2.69 平方千米。人口 1 500。因吉家庄得名。2013 年成立。以平房为主。通公交车。

埠前庄社区 371323-B03-J27
[Bùqiánzhuāng Shèqū]

属许家湖镇管辖。在沂水县南部。面积 3.99 平方千米。人口 2 800。因埠前庄得名。2013 年成立。以平房为主。通公交车。

吕丈坡社区 371323-B03-J28
[Lǚzhàngpō Shèqū]

属许家湖镇管辖。在沂水县南部。面积 1.6 平方千米。人口 2 100。早年一吕姓老人在南北大道旁的岭坡处居住，常以茶水供来往行人饮用，时人颂称此处为吕丈坡，后成为村名，社区沿用。2006 年成立。有楼房 1 栋，现代建筑风格。驻有沂水县交通局等单位。有老年人日间照料服务。通公交车。

裕丰社区 371323-B03-J29
[Yùfēng Shèqū]

属许家湖镇管辖。在沂水县南部。面积 0.04 平方千米。人口 4 100。因裕丰小区得名。2006 年成立。有楼房 48 栋，现代建筑风格。有志愿者服务。通公交车。

赵家楼社区 371323-B03-J30
[Zhàojiālóu Shèqū]

属许家湖镇管辖。在沂水县南部。面积 4.9 平方千米。人口 4 500。因东赵家楼村得名。2014 年成立。有楼房 4 栋，现代建筑风格。有志愿者服务，开展关爱老人等活动。通公交车。

许家湖社区 371323-B03-J31
[Xǔjiāhú Shèqū]

属许家湖镇管辖。在沂水县南部。面积 2.61 平方千米。人口 2 400。因许家湖村得名。2014 年成立。有楼房 22 栋，现代建筑风格。驻有许家湖镇人民政府、许家湖镇中心校、许家湖镇第一中学等单位。有志愿者服务，开展关爱老人等活动。通公交车。

春水社区 371323-B03-J32
[Chūnshuǐ Shèqū]

属许家湖镇管辖。在沂水县南部。面积 8.7 平方千米。人口 5 600。取吉祥意以春水名之。2014 年成立。有楼房 39 栋，现代建筑风格。有志愿者服务，开展关爱老人等活动。通公交车。

南社社区 371323-B03-J33
[Nánshè Shèqū]

属许家湖镇管辖。在沂水县南部。面积 4.8 平方千米。人口 4 300。因后南社村得名。2013 年成立。有楼房 1 栋，现代建筑风格。有志愿者服务，开展关爱老人等活动。通公交车。

岜山社区 371323-B03-J34
[Bāshān Shèqū]

属许家湖镇管辖。在沂水县南部。面积 2.3 平方千米。人口 4 200。因后岜山村得名。2013 年成立。有楼房 22 栋，现代建筑风格。有志愿者服务，开展关爱老人等活动。通公交车。

十里社区 371323-B03-J35
[Shílǐ Shèqū]

属许家湖镇管辖。在沂水县南部。面积 4.9 平方千米。人口 4 500。因社区所辖村十里堡得名。2013 年成立。有楼房 34 栋，现代建筑风格。有老年人日间照料服务、志愿者服务，开展关爱老人等活动。通公交车。

沂东社区 371323-B03-J36
[Yídōng Shèqū]

属许家湖镇管辖。在沂水县南部。面积 3.4 平方千米。人口 3 000。因位于沂水经济开发区东部，故名。2014 年成立。以平房为主。驻有沂水县沂蒙中学等单位。有志愿者服务，开展关爱老人等活动。通公交车。

宝泉社区 371323-B03-J37
[Bǎoquán Shèqū]

属许家湖镇管辖。在沂水县南部。面积 1.6 平方千米。人口 1 800。因宝泉村得名。2013 年成立。有楼房 1 栋，现代建筑风格。驻有许家湖镇地税局等单位。有志愿者服务，开展关爱老人等活动。通公交车。

城东社区 371323-B03-J38
[Chéngdōng Shèqū]

属许家湖镇管辖。在沂水县南部。面积 7.3 平方千米。人口 3 800。因所辖村位于沂水县城东南，故名。2014 年成立。有楼房 2 栋，现代建筑风格。驻有许家湖镇东王家庄子小学等单位。有老年人日间照料服务、志愿者服务，开展关爱老人等活动。通公交车。

安子沟社区 371323-B03-J39
[Ānzigōu Shèqū]

属许家湖镇管辖。在沂水县南部。面

积3平方千米。人口1 700。因安子沟村得名。2014年成立。有楼房4栋,现代建筑风格。驻有山东永丰轮胎有限公司等单位。有志愿者服务,开展关爱老人等活动。通公交车。

姚店子社区 371323-B03-J40
[Yáodiànzi Shèqū]

属许家湖镇管辖。在沂水县南部。面积9.96平方千米。人口7 200。因姚店子村得名。2014年成立。有楼房15栋,现代建筑风格。驻有姚店子中学、姚店子中心小学等单位。通公交车。

站前社区 371323-B04-J01
[Zhànqián Shèqū]

属黄山铺镇管辖。在沂水县西部。面积4.8平方千米。人口3 900。因处于瓦日铁路黄山客运站前而得名。2014年成立。有楼房2栋,现代建筑风格,还有平房。通公交车。

埠西社区 371323-B04-J02
[Bùxī Shèqū]

属黄山铺镇管辖。在沂水县西部。面积8平方千米。人口2 700。因埠西村得名。2013年成立。以平房为主。通公交车。

蛮庄社区 371323-B04-J03
[Mánzhuāng Shèqū]

属黄山铺镇管辖。在沂水县西部。面积5.5平方千米。人口3 600。因蛮庄得名。2013年成立。以平房为主。通公交车。

土沟社区 371323-B04-J04
[Tǔgōu Shèqū]

属黄山铺镇管辖。在沂水县西部。面积5平方千米。人口3 000。因东土沟村得名。2013年成立。有楼房2栋,现代建筑风格。通公交车。

朱陈社区 371323-B04-J05
[Zhūchén Shèqū]

属黄山铺镇管辖。在沂水县西部。面积5.2平方千米。人口3 700。因西朱陈村得名。2013年成立。以平房为主。通公交车。

朴城峪社区 371323-B04-J06
[Pǔchéngyù Shèqū]

属黄山铺镇管辖。在沂水县西部。面积7.4平方千米。人口2 700。因朴城峪村得名。2013年成立。以平房为主。通公交车。

松林社区 371323-B04-J07
[Sōnglín Shèqū]

属黄山铺镇管辖。在沂水县西部。面积6.4平方千米。人口3 200。因大松林村得名。2013年成立。有楼房46栋,现代建筑风格。通公交车。

泉安社区 371323-B04-J08
[Quán'ān Shèqū]

属黄山铺镇管辖。在沂水县西部。面积5.7平方千米。人口3 000。因紧邻泉庄河而得名。2013年成立。以平房为主。通公交车。

岳庄社区 371323-B04-J09
[Yuèzhuāng Shèqū]

属黄山铺镇管辖。在沂水县西部。面积6.4平方千米。人口3 000。因岳庄得名。2013年成立。以平房为主。通公交车。

站西社区 371323-B04-J10
[Zhànxī Shèqū]

属黄山铺镇管辖。在沂水县西部。面积3.5平方千米。人口2 000。因处于瓦日铁路黄山客运站以西而得名。2013年成立。以平房为主。通公交车。

胡家庄社区 371323-B04-J11
[Hújiāzhuāng Shèqū]

属黄山铺镇管辖。在沂水县西部。面积 7 平方千米。人口 2 800。因胡家庄得名。2013 年成立。以平房为主。通公交车。

上坪社区 371323-B04-J12
[Shàngpíng Shèqū]

属黄山铺镇管辖。在沂水县西部。面积 7.9 平方千米。人口 3 400。因东上坪村得名。2014 年成立。有楼房 67 栋，现代建筑风格。通公交车。

站东社区 371323-B04-J13
[Zhàndōng Shèqū]

属黄山铺镇管辖。在沂水县西部。面积 6.5 平方千米。人口 3 400。因处于瓦日铁路黄山客运站以东而得名。2014 年成立。有楼房 2 栋，现代建筑风格。通公交车。

河北社区 371323-B04-J14
[Héběi Shèqū]

属黄山铺镇管辖。在沂水县西部。面积 3.5 平方千米。人口 1 400。因位于清源河北岸，故名。2014 年成立。有楼房 19 栋，现代建筑风格。通公交车。

尧崖头社区 371323-B04-J15
[Yáoyátóu Shèqū]

属黄山铺镇管辖。在沂水县西部。面积 5.2 平方千米。人口 3 500。因尧崖头村得名。2014 年成立。有楼房 21 栋，现代建筑风格。通公交车。

黄山社区 371323-B04-J16
[Huángshān Shèqū]

属黄山铺镇管辖。在沂水县西部。面积 5.5 平方千米。人口 3 300。因黄山铺村得名。2014 年成立。有楼房 32 栋，现代建筑风格。通公交车。

锦绣社区 371323-B05-J01
[Jǐnxiù Shèqū]

属诸葛镇管辖。在沂水县西北部。面积 8.67 平方千米。人口 3 000。因秀峪村杏花沟山川秀丽，故以"锦绣"命名。2013 年成立。以平房为主。通公交车。

张耿社区 371323-B05-J02
[Zhānggěng Shèqū]

属诸葛镇管辖。在沂水县西北部。面积 2.74 平方千米。人口 2 400。因张耿村得名。2013 年成立。以平房为主。通公交车。

门楼社区 371323-B05-J03
[Ménlóu Shèqū]

属诸葛镇管辖。在沂水县西北部。面积 7.62 平方千米。人口 3 100。因南门楼村得名。2013 年成立。有楼房 5 栋，现代建筑风格，还有平房。通公交车。

大峪社区 371323-B05-J04
[Dàyù Shèqū]

属诸葛镇管辖。在沂水县西北部。面积 8.61 平方千米。人口 3 500。因大峪村得名。2013 年成立。以平房为主。通公交车。

宿山社区 371323-B05-J05
[Sùshān Shèqū]

属诸葛镇管辖。在沂水县西北部。面积 6.66 平方千米。人口 2 700。因辖区内宿山而得名。2013 年成立。以平房为主。通公交车。

滨湖社区 371323-B05-J06
[Bīnhú Shèqū]

属诸葛镇管辖。在沂水县西北部。面

积 2.53 平方千米。人口 2 500。因濒临跋山水库母亲湖而得名。2013 年成立。以平房为主。通公交车。

阳湖社区 371323-B05-J07
[Yánghú Shèqū]

属诸葛镇管辖。在沂水县西北部。面积 2.2 平方千米。人口 1 400。因位于跋山水库母亲湖北面而得名。2013 年成立。有楼房 5 栋，现代建筑风格，还有平房。通公交车。

徐家峪社区 371323-B05-J08
[Xújiāyù Shèqū]

属诸葛镇管辖。在沂水县西北部。面积 13.4 平方千米。人口 1 500。因徐家峪村得名。2013 年成立。以平房为主。通公交车。

凤鸣社区 371323-B05-J09
[Fèngmíng Shèqū]

属诸葛镇管辖。在沂水县西北部。面积 1.4 平方千米。人口 1 400。因凤落院村得名。2013 年成立。以平房为主。通公交车。

店子社区 371323-B05-J10
[Diànzi Shèqū]

属诸葛镇管辖。在沂水县西北部。面积 4.53 平方千米。人口 2 300。因店子村得名。2013 年成立。以平房为主。通公交车。

新民社区 371323-B05-J11
[Xīnmín Shèqū]

属诸葛镇管辖。在沂水县西北部。面积 3.31 平方千米。人口 3 600。因新民官庄村得名。2013 年成立。以平房为主。驻有韩旺铁矿医院等单位。通公交车。

王峪社区 371323-B05-J12
[Wángyù Shèqū]

属诸葛镇管辖。在沂水县西北部。面积 3.37 平方千米。人口 2 600。因耿家王峪村得名。2013 年成立。以平房为主。通公交车。

暖阳社区 371323-B05-J13
[Nuǎnyáng Shèqū]

属诸葛镇管辖。在沂水县西北部。面积 3.71 平方千米。人口 3 600。因暖阳河流经而得名。2013 年成立。以平房为主。通公交车。

梭峪社区 371323-B05-J14
[Suōyù Shèqū]

属诸葛镇管辖。在沂水县西北部。面积 7.53 平方千米。人口 3 000。因下梭峪村得名。2013 年成立。以平房为主。通公交车。

华庄社区 371323-B05-J15
[Huázhuāng Shèqū]

属诸葛镇管辖。在沂水县西北部。面积 7.15 平方千米。人口 2 700。因下华庄村得名。2013 年成立。以平房为主。通公交车。

暖峪社区 371323-B05-J16
[Nuǎnyù Shèqū]

属诸葛镇管辖。在沂水县西北部。面积 5.19 平方千米。人口 3 000。因所辖自然村大暖峪、小暖峪得名。2013 年成立。以平房为主。通公交车。

文峰社区 371323-B05-J17
[Wénfēng Shèqū]

属诸葛镇管辖。在沂水县西北部。面积

5.15 平方千米。人口 2 200。因境内文峰山得名。2013 年成立。以平房为主。通公交车。

望湖社区 371323-B05-J18
[Wànghú Shèqū]

属诸葛镇管辖。在沂水县西北部。面积 4.50 平方千米。人口 1 700。因能望见跋山水库母亲湖而得名。2013 年成立。以平房为主。通公交车。

新庄社区 371323-B05-J19
[Xīnzhuāng Shèqū]

属诸葛镇管辖。在沂水县西北部。面积 8.04 平方千米。人口 3 100。因新庄得名。2013 年成立。以平房为主。驻有新安小学等单位。通公交车。

常庄社区 371323-B05-J20
[Chángzhuāng Shèqū]

属诸葛镇管辖。在沂水县西北部。面积 9.48 平方千米。人口 5 700。因常庄村得名。2014 年成立。有楼房 7 栋，现代建筑风格，还有平房。驻有诸葛镇人民政府等单位。通公交车。

诸葛北社区 371323-B05-J21
[Zhūgěběi Shèqū]

属诸葛镇管辖。在沂水县西北部。面积 4.67 平方千米。人口 2 800。因处诸葛镇驻地北而得名。2014 年成立。以平房为主。通公交车。

诸葛社区 371323-B05-J22
[Zhūgě Shèqū]

属诸葛镇管辖。在沂水县西北部。面积 15.58 平方千米。人口 5 500。因大诸葛村得名。2014 年成立。以平房为主。驻有诸葛镇第一中学、诸葛镇卫生院等单位。通公交车。

古村社区 371323-B05-J23
[Gǔcūn Shèqū]

属诸葛镇管辖。在沂水县西北部。面积 14.28 平方千米。人口 6 300。因下古村得名。2014 年成立。有楼房 5 栋，现代建筑风格，还有平房。驻有诸葛镇第二中学、古村医院等单位。通公交车。

西荆山头社区 371323-B06-J01
[Xījīngshāntóu Shèqū]

属崔家峪镇管辖。在沂水县西部。面积 4.5 平方千米。人口 1 900。因西荆山头村得名。2013 年成立。以平房为主。有志愿者服务。通公交车。

凰龙湾社区 371323-B06-J02
[Huánglóngwān Shèqū]

属崔家峪镇管辖。在沂水县西部。面积 5.5 平方千米。人口 2 300。因凰龙湾村得名。2013 年成立。以平房为主。有志愿者服务。通公交车。

花峪社区 371323-B06-J03
[Huāyù Shèqū]

属崔家峪镇管辖。在沂水县西部。面积 8.1 平方千米。人口 2 300。因所辖自然村花峪村得名。2013 年成立。有楼房 8 栋，现代建筑风格。有志愿者服务。通公交车。

垛庄铺社区 371323-B06-J04
[Duǒzhuāngpù Shèqū]

属崔家峪镇管辖。在沂水县西部。面积 6.5 平方千米。人口 3 000。因南垛庄铺村得名。2013 年成立。有楼房 71 栋，现代建筑风格。有志愿者服务。通公交车。

虎崖社区 371323-B06-J05
[Hǔyá Shèqū]

属崔家峪镇管辖。在沂水县西部。面

积 7.9 平方千米。人口 2 600。因东虎崖村得名。2013 年成立。有楼房 25 栋，现代建筑风格。有志愿者服务。通公交车。

上常庄社区 371323-B06-J06
[Shàngchángzhuāng Shèqū]

属崔家峪镇管辖。在沂水县西部。面积 11.9 平方千米。人口 3 300。因上常庄村得名。2013 年成立。有楼房 82 栋，现代建筑风格。驻有常庄小学等单位。有志愿者服务。通公交车。

磨峪社区 371323-B06-J07
[Móyù Shèqū]

属崔家峪镇管辖。在沂水县西部。面积 12.7 平方千米。人口 4 900。因磨峪村得名。2013 年成立。有楼房 8 栋，现代建筑风格。驻有对荆峪小学等单位。有志愿者服务。通公交车。

李家峪社区 371323-B06-J08
[Lǐjiāyù Shèqū]

属崔家峪镇管辖。在沂水县西部。面积 7.1 千米。人口 1 600。因李家峪村得名。2013 年成立。有楼房 6 栋，现代建筑风格。有志愿者服务。未通公交车。

下常庄社区 371323-B06-J09
[Xiàchángzhuāng Shèqū]

属崔家峪镇管辖。在沂水县西部。面积 6.6 平方千米。人口 2 100。因下常庄得名。2013 年成立。有楼房 1 栋，现代建筑风格。有志愿者服务。通公交车。

崔家峪社区 371323-B06-J10
[Cuījiāyù Shèqū]

属崔家峪镇管辖。在沂水县西部。面积 10.2 平方千米。人口 3 400。因崔家峪村得名。2014 年成立。有楼房 130 栋，现代

建筑风格。驻有崔家峪镇中心小学、崔家峪镇初级中学等单位。有志愿者服务。通公交车。

上泉社区 371323-B06-J11
[Shàngquán Shèqū]

属崔家峪镇管辖。在沂水县西部。面积 5.8 平方千米。人口 2 700。因上泉村得名。2014 年成立。有楼房 33 栋，现代建筑风格。驻有临通汽车有限公司等单位。有志愿者服务。通公交车。

下泉社区 371323-B06-J12
[Xiàquán Shèqū]

属崔家峪镇管辖。在沂水县西部。面积 7.5 平方千米。人口 2 300。因下泉村得名。2014 年成立。有楼房 2 栋，现代建筑风格。驻有下泉小学等单位。有志愿者服务。通公交车。

皂角树社区 371323-B07-J01
[Zàojiǎoshù Shèqū]

属四十里堡镇管辖。在沂水县东南部。面积 3.5 平方千米。人口 2 100。因皂角树村得名。2014 年成立。以平房为主。有志愿者服务，开展关爱老人、留守儿童等活动。通公交车。

郭官庄社区 371323-B07-J02
[Guōguānzhuāng Shèqū]

属四十里堡镇管辖。在沂水县东南部。面积 5.39 平方千米。人口 2 700。因郭家官庄得名。2013 年成立。有楼房 72 栋，现代建筑风格，还有平房。有志愿者服务，开展关爱老人、留守儿童等活动。通公交车。

洪沟社区 371323-B07-J03
[Hónggōu Shèqū]

属四十里堡镇管辖。在沂水县东南部。

面积 4.23 平方千米。人口 1 900。因洪沟村得名。2013 年成立。以平房为主。有志愿者服务，开展关爱老人、留守儿童等活动。通公交车。

三十里社区 371323-B07-J04
[Sānshílǐ Shèqū]

属四十里堡镇管辖。在沂水县东南部。面积 5.89 平方千米。人口 4 200。因三十里堡村得名。2013 年成立。有楼房 3 栋，现代建筑风格，还有平房。驻有四十里堡镇第二小学、四十里堡镇第二初级中学等单位。有志愿者服务，开展关爱老人、留守儿童等活动。通公交车。

临站社区 371323-B07-J05
[Línzhàn Shèqū]

属四十里堡镇管辖。在沂水县东南部。面积 8.44 平方千米。人口 4 500。因靠近火车站得名。2013 年成立。有楼房 164 栋，现代建筑风格。有志愿者服务，开展关爱老人、留守儿童等活动。通公交车。

新程社区 371323-B07-J06
[Xīnchéng Shèqū]

属四十里堡镇管辖。在沂水县东南部。面积 3.15 平方千米。人口 2 100。因新程村得名。2013 年成立。有楼房 199 栋，现代建筑风格。有志愿者服务，开展关爱老人、留守儿童等活动。通公交车。

于家河社区 371323-B07-J07
[Yújiāhé Shèqū]

属四十里堡镇管辖。在沂水县东南部。面积 5.87 平方千米。人口 2 800。因于家河村得名。2013 年成立。以平房为主。驻有于家河完全小学等单位。有志愿者服务，开展关爱老人、留守儿童等活动。未通公交车。

临城社区 371323-B07-J08
[Línchéng Shèqū]

属四十里堡镇管辖。在沂水县东南部。面积 3.44 平方千米。人口 2 500。因临县城，故名。2013 年成立。以平房为主。有志愿者服务，开展关爱老人等活动。通公交车。

吴家安子社区 371323-B07-J09
[Wújiā'ānzi Shèqū]

属四十里堡镇管辖。在沂水县东南部。面积 5 平方千米。人口 2 800。因吴家安子村得名。2013 年成立。以平房为主。驻有张庄完全小学等单位。有志愿者服务，开展关爱老人、留守儿童等活动。通公交车。

张家庄社区 371323-B07-J10
[Zhāngjiāzhuāng Shèqū]

属四十里堡镇管辖。在沂水县东南部。面积 6.64 平方千米。人口 3 000。因张家庄得名。2013 年成立。以平房为主。有志愿者服务，开展关爱老人、留守儿童等活动。通公交车。

小薛庄社区 371323-B07-J11
[Xiǎoxuēzhuāng Shèqū]

属四十里堡镇管辖。在沂水县东南部。面积 3.2 平方千米。人口 1 600。因小薛庄得名。2013 年成立。有楼房 26 栋，现代建筑风格。驻有小薛庄完全小学等单位。有志愿者服务，开展关爱老人、留守儿童等活动。通公交车。

下店社区 371323-B07-J12
[Xiàdiàn Shèqū]

属四十里堡镇管辖。在沂水县东南部。面积 4.6 平方千米。人口 2 200。因下店村得名。2013 年成立。以平房为主。有志愿者服务，开展关爱老人、留守儿童等活动。通公交车。

苍子坡社区 371323-B07-J13
[Cāngzǐpō Shèqū]

属四十里堡镇管辖。在沂水县东南部。面积6.3平方千米。人口2 900。因苍子坡村得名。2013年成立。有楼房1栋，现代建筑风格，还有平房。有志愿者服务，开展关爱老人、留守儿童等活动。通公交车。

老官庄社区 371323-B07-J14
[Lǎoguānzhuāng Shèqū]

属四十里堡镇管辖。在沂水县东南部。面积8.2平方千米。人口2 900。因老官庄得名。2013年成立。以平房为主。驻有老官庄完全小学等单位。有志愿者服务，开展关爱老人、留守儿童等活动。通公交车。

金场社区 371323-B07-J15
[Jīnchǎng Shèqū]

属四十里堡镇管辖。在沂水县东南部。面积3.56平方千米。人口1 900。因金场村得名。2014年成立。以平房为主。有志愿者服务，开展关爱老人、留守儿童等活动。未通公交车。

张官庄社区 371323-B07-J16
[Zhāngguānzhuāng Shèqū]

属四十里堡镇管辖。在沂水县东南部。面积4平方千米。人口1 700。因张官庄得名。2013年成立。以平房为主。驻有吕家官庄完全小学等单位。有志愿者服务，开展关爱老人、留守儿童等活动。通公交车。

马庄一社区 371323-B07-J17
[Mǎzhuāng 1 Shèqū]

属四十里堡镇管辖。在沂水县东南部。面积5.5平方千米。人口2 700。辖区内以"马庄"名村者多，故取"马庄"加数字序列化命名。2013年成立。有楼房6栋，现代建筑风格。有志愿者服务，开展关爱老人、留守儿童等活动。未通公交车。

马庄二社区 371323-B07-J18
[Mǎzhuāng 2 Shèqū]

属四十里堡镇管辖。在沂水县东南部。面积6.2平方千米。人口3 300。辖区内以"马庄"名村者多，故取"马庄"加数字序列化命名。2013年成立。以平房为主。驻有马庄完全小学等单位。有志愿者服务，开展关爱老人、留守儿童等活动。通公交车。

马庄三社区 371323-B07-J19
[Mǎzhuāng 3 Shèqū]

属四十里堡镇管辖。在沂水县东南部。面积2.9平方千米。人口1 900。辖区内以"马庄"名村者多，故取"马庄"加数字序列化命名。2013年成立。以平房为主。有志愿者服务，开展关爱老人、留守儿童等活动。通公交车。

焦家庄社区 371323-B07-J20
[Jiāojiāzhuāng Shèqū]

属四十里堡镇管辖。在沂水县东南部。面积5.2平方千米。人口3 200。因焦家庄得名。2013年成立。以平房为主。驻有焦家庄完全小学等单位。有志愿者服务，开展关爱老人、留守儿童等活动。通公交车。

漩沟子社区 371323-B07-J21
[Xuángōuzi Shèqū]

属四十里堡镇管辖。在沂水县东南部。面积3.4平方千米。人口1 500。因漩沟子村得名。2013年成立。以平房为主。有志愿者服务，开展关爱老人、留守儿童等活动。通公交车。

长山社区 371323-B07-J22
[Chángshān Shèqū]

属四十里堡镇管辖。在沂水县东南部。面积4.7平方千米。人口2 300。因辖区内有长山得名。2013年成立。以平房为主。有志愿者服务，开展关爱老人、留守儿童等活动。未通公交车。

四十里社区 371323-B07-J23
[Sìshílǐ Shèqū]

属四十里堡镇管辖。在沂水县东南部。面积5.52平方千米。人口3 600。因四十里堡村得名。2013年成立。有楼房8栋，现代建筑风格。驻有四十里堡镇第一初级中学、四十里堡镇第一中心小学等单位。有志愿者服务，开展关爱老人、留守儿童等活动。通公交车。

楼子社区 371323-B08-J01
[Lóuzi Shèqū]

属杨庄镇管辖。在沂水县东北部。面积7.2平方千米。人口2 800。因高家楼子村得名。2013年成立。以平房为主。有志愿者服务。未通公交车。

曹家坡社区 371323-B08-J02
[Cáojiāpō Shèqū]

属杨庄镇管辖。在沂水县东北部。面积11.8平方千米。人口3 400。因曹家坡村得名。2013年成立。以平房为主。有志愿者服务。通公交车。

牛山社区 371323-B08-J03
[Niúshān Shèqū]

属杨庄镇管辖。在沂水县东北部。面积10.5平方千米。人口2 700。因下牛山村得名。2013年成立。以平房为主。驻有牛山小学等单位。有志愿者服务。未通公交车。

崖头社区 371323-B08-J04
[Yátóu Shèqū]

属杨庄镇管辖。在沂水县东北部。面积10.5平方千米。人口1 700。因孔家崖头村得名。2013年成立。以平房为主。有志愿者服务。未通公交车。

郭家峪社区 371323-B08-J05
[Guōjiāyù Shèqū]

属杨庄镇管辖。在沂水县东北部。面积10.04平方千米。人口3 000。因郭家峪村得名。2013年成立。以平房为主。有志愿者服务。未通公交车。

兴盛社区 371323-B08-J06
[Xīngshèng Shèqū]

属杨庄镇管辖。在沂水县东北部。面积9.2平方千米。人口4 000。因辖区的兴盛矿业得名。2013年成立。以平房为主。驻有秦家庄小学等单位。有志愿者服务。未通公交车。

躲庄社区 371323-B08-J07
[Duǒzhuāng Shèqū]

属杨庄镇管辖。在沂水县东北部。面积5.0平方千米。人口2 500。因北躲庄得名。2013年成立。有楼房18栋，现代建筑风格，还有平房。驻有北躲庄小学等单位。有志愿者服务。未通公交车。

四官庄社区 371323-B08-J08
[Sìguānzhuāng Shèqū]

属杨庄镇管辖。在沂水县东北部。面积12.1平方千米。人口6 000。因四官庄得名。2013年成立。以平房为主。驻有四官庄小学等单位。有志愿者服务。通公交车。

四社社区 371323-B08-J09

[Sìshè Shèqū]

　　属杨庄镇管辖。在沂水县东北部。面积 5.3 平方千米。人口 2 700。因四社官庄村得名。2013 年成立。以平房为主。有志愿者服务。通公交车。

仁村社区 371323-B08-J10

[Réncūn Shèqū]

　　属杨庄镇管辖。在沂水县东北部。面积 8.7 平方千米。人口 4 300。因仁村得名。2013 年成立。以平房为主。有志愿者服务。未通公交车。

罗张社区 371323-B08-J11

[Luózhāng Shèqū]

　　属杨庄镇管辖。在沂水县东北部。面积 4.9 平方千米。人口 2 300。因大罗张村得名。2013 年成立。以平房为主。驻有宗波希望小学等单位。有志愿者服务。未通公交车。

善疃社区 371323-B08-J12

[Shàntuǎn Shèqū]

　　属杨庄镇管辖。在沂水县东北部。面积 10.3 平方千米。人口 3 900。因善疃村得名。2013 年成立。以平房为主。有志愿者服务。通公交车。

儒林社区 371323-B08-J13

[Rúlín Shèqū]

　　属杨庄镇管辖。在沂水县东北部。面积 14.3 平方千米。人口 5 000。因上儒林村得名。2013 年成立。以平房为主。有志愿者服务。未通公交车。

庄科社区 371323-B08-J14

[Zhuāngkē Shèqū]

　　属杨庄镇管辖。在沂水县东北部。面积 3.8 平方千米。人口 2 200。因庄科村得名。2013 年成立。以平房为主。驻有庄科小学等单位。有志愿者服务。未通公交车。

东寨社区 371323-B08-J15

[Dōngzhài Shèqū]

　　属杨庄镇管辖。在沂水县东北部。面积 3.4 平方千米。人口 2 000。因东寨村得名。2013 年成立。以平房为主。有志愿者服务。通公交车。

杨庄社区 371323-B08-J16

[Yángzhuāng Shèqū]

　　属杨庄镇管辖。在沂水县东北部。面积 12.08 平方千米。人口 5 200。因杨庄得名。2014 年成立。有楼房 10 栋，现代建筑风格，还有平房。驻有杨庄镇中心中学、杨庄镇中心小学等单位。有志愿者服务。通公交车。

西山根社区 371323-B08-J17

[Xīshāngēn Shèqū]

　　属杨庄镇管辖。在沂水县东北部。面积 7.6 平方千米。人口 2 700。因西山根村得名。2014 年成立。以平房为主。有志愿者服务。通公交车。

泉江社区 371323-B09-J01

[Quánjiāng Shèqū]

　　属夏蔚镇管辖。在沂水县西部。面积 6.23 平方千米。人口 2 700。因所辖自然村松泉官庄、上江峪、下江峪得名。2013 年成立。以平房为主。有志愿者服务。通公交车。

上位社区 371323-B09-J02

[Shàngwèi Shèqū]

　　属夏蔚镇管辖。在沂水县西部。面积 5.42 平方千米。人口 2 400。因东上位村得名。2013 年成立。有楼房 7 栋，现代建筑风格，还有平房。通公交车。

三坪社区 371323–B09–J03
[Sānpíng Shèqū]

属夏蔚镇管辖。在沂水县西部。面积6.1平方千米。人口 2 400。因所辖东牛家坪、西牛家坪、朱家坪 3 个村，均含有"坪"字，故以三坪命名。2013 年成立。以平房为主。未通公交车。

甄家疃社区 371323–B09–J04
[Zhēnjiātuǎn Shèqū]

属夏蔚镇管辖。在沂水县西部。面积7.21平方千米。人口 3 900。因甄家疃村得名。2013 年成立。以平房为主。通公交车。

铜城社区 371323–B09–J05
[Tóngchéng Shèqū]

属夏蔚镇管辖。在沂水县西部。面积7.7平方千米。人口 2 300。传说社区所辖村蕴藏金矿，故以铜城名之。2013 年成立。以平房为主。通公交车。

上里庄社区 371323–B09–J06
[Shànglǐzhuāng Shèqū]

属夏蔚镇管辖。在沂水县西部。面积8.86 平方千米。人口 4 400。因上里庄得名。2013 年成立。以平房为主。通公交车。

葛沟社区 371323–B09–J07
[Gěgōu Shèqū]

属夏蔚镇管辖。在沂水县西部。面积8.5 平方千米。人口 4 200。因葛沟村得名。2013 年成立。以平房为主。通公交车。

桃峪社区 371323–B09–J08
[Táoyù Shèqū]

属夏蔚镇管辖。在沂水县西部。面积6.69 平方千米。人口 1 800。因下桃峪村得名。2013 年成立。以平房为主。未通公交车。

透明崮社区 371323–B09–J09
[Tòumínggù Shèqū]

属夏蔚镇管辖。在沂水县西部。面积7.36 平方千米。人口 2 000。因透明崮村得名。2013 年成立。以平房为主。驻有透明崮全球通希望小学等单位。通公交车。

回峰涧社区 371323–B09–J10
[Huífēngjiàn Shèqū]

属夏蔚镇管辖。在沂水县西部。面积11.94 平方千米。人口 3 100。因回峰涧村得名。2013 年成立。以平房为主。通公交车。

云头峪社区 371323–B09–J11
[Yúntóuyù Shèqū]

属夏蔚镇管辖。在沂水县西部。面积7.19 平方千米。人口 2 300。因云头峪村得名。2013 年成立。以平房为主。驻有水源坪小学等单位。通公交车。

王庄社区 371323–B09–J12
[Wángzhuāng Shèqū]

属夏蔚镇管辖。在沂水县西部。面积13.1 平方千米。人口 4 900。因王庄村得名。2013 年成立。以平房为主。驻有夏蔚镇第二初级中学等单位。通公交车。

长岭社区 371323–B09–J13
[Chánglǐng Shèqū]

属夏蔚镇管辖。在沂水县西部。面积8.5 平方千米。人口 2 700。因长岭村得名。2013 年成立。以平房为主。未通公交车。

院庄社区 371323-B09-J14

[Yuànzhuāng Shèqū]

属夏蔚镇管辖。在沂水县西部。面积8.6平方千米。人口3 300。因院庄村得名。2013年成立。以平房为主。未通公交车。

夏蔚东社区 371323-B09-J15

[Xiàwèidōng Shèqū]

属夏蔚镇管辖。在沂水县西部。面积10.3平方千米。人口3 600。因夏蔚东村得名。2014年成立。以平房为主。驻有夏蔚镇卫生院、夏蔚镇第一初级中学等单位。通公交车。

夏蔚西社区 371323-B09-J16

[Xiàwèixī Shèqū]

属夏蔚镇管辖。在沂水县西部。面积10.7平方千米。人口4 600。因夏蔚西村得名。2014年成立。以平房为主。驻有沂水县国家税务总局夏蔚分局等单位。通公交车。

于家双沟社区 371323-B10-J01

[Yújiāshuānggōu Shèqū]

属沙沟镇管辖。在沂水县西北部。面积6.0平方千米。人口3 000。因于家双沟村得名。2013年成立。有楼房6栋，现代建筑风格。驻有沙沟镇第三幼儿园等单位。有志愿者服务。通公交车。

刘家双沟社区 371323-B10-J02

[Liújiāshuānggōu Shèqū]

属沙沟镇管辖。在沂水县西北部。面积3.8平方千米。人口2 000。因刘家双沟村得名。2013年成立。以平房为主。驻有沙沟镇川店完全小学等单位。有志愿者服务。通公交车。

张家双沟社区 371323-B10-J03

[Zhāngjiāshuānggōu Shèqū]

属沙沟镇管辖。在沂水县西北部。面积3.5平方千米。人口1 600。因张家双沟村得名。2013年成立。有楼房2栋，现代建筑风格。有志愿者服务。通公交车。

崖庄社区 371323-B10-J04

[Yázhuāng Shèqū]

属沙沟镇管辖。在沂水县西北部。面积12.0平方千米。人口5 900。因崖庄一村得名。2013年成立。有楼房5栋，现代建筑风格。有志愿者服务。通公交车。

泮池社区 371323-B10-J05

[Pànchí Shèqū]

属沙沟镇管辖。在沂水县西北部。面积8.6平方千米。人口3 000。因北泮池村得名。2013年成立。有楼房32栋，现代建筑风格。有志愿者服务。通公交车。

三泉社区 371323-B10-J06

[Sānquán Shèqū]

属沙沟镇管辖。在沂水县西北部。面积6.9平方千米。人口3 100。因三泉村得名。2013年成立。有楼房46栋，现代建筑风格。有志愿者服务。通公交车。

道德坪社区 371323-B10-J07

[Dàodépíng Shèqū]

属沙沟镇管辖。在沂水县西北部。面积6.7平方千米。人口2 000。因社区所辖自然村道德坪得名。2013年成立。有楼房3栋，现代建筑风格。有志愿者服务。通公交车。

辉泉社区 371323-B10-J08

[Huīquán Shèqū]

属沙沟镇管辖。在沂水县西北部。面

积 9.8 平方千米。人口 3 100。因辉泉村得名。2013 年成立。有楼房 4 栋，现代建筑风格。有志愿者服务。通公交车。

东峪社区 371323–B10–J09
[Dōngyù Shèqū]

属沙沟镇管辖。在沂水县西北部。面积 7.7 平方千米。人口 1 600。因大东峪村得名。2013 年成立。以平房为主。通公交车。

于沟社区 371323–B10–J10
[Yúgōu Shèqū]

属沙沟镇管辖。在沂水县西北部。面积 20.2 平方千米。人口 4 400。因东于沟村得名。2013 年成立。有楼房 36 栋，现代建筑风格。通公交车。

九岭坡社区 371323–B10–J11
[Jiǔlǐngpō Shèqū]

属沙沟镇管辖。在沂水县西北部。面积 14.6 平方千米。人口 4 400。因九岭坡村得名。2013 年成立。有楼房 3 栋，现代建筑风格。通公交车。

张马庄社区 371323–B10–J12
[Zhāngmǎzhuāng Shèqū]

属沙沟镇管辖。在沂水县西北部。面积 13.4 平方千米。人口 2 500。因张马庄得名。2013 年成立。以平房为主。驻有沙沟镇张马庄村完全小学等单位。通公交车。

麻庄社区 371323–B10–J13
[Mázhuāng Shèqū]

属沙沟镇管辖。在沂水县西北部。面积 9.2 平方千米。人口 1 500。因下麻庄得名。2013 年成立。有楼房 2 栋，现代建筑风格。通公交车。

野坊社区 371323–B10–J14
[Yěfáng Shèqū]

属沙沟镇管辖。在沂水县西北部。面积 10.8 平方千米。人口 3 300。因野坊村得名。2013 年成立。有楼房 16 栋，现代建筑风格。驻有沙沟镇野坊完全小学等单位。有志愿者服务。通公交车。

对崮峪社区 371323–B10–J15
[Duìgùyù Shèqū]

属沙沟镇管辖。在沂水县西北部。面积 11.5 平方千米。人口 2 500。因对崮峪村得名。2013 年成立。有楼房 12 栋，现代建筑风格。有志愿者服务。通公交车。

肖家杨庄社区 371323–B10–J16
[Xiāojiāyángzhuāng Shèqū]

属沙沟镇管辖。在沂水县西北部。面积 12.1 平方千米。人口 3 700。因肖家杨庄得名。2013 年成立。有楼房 4 栋，现代建筑风格。驻有沂水县沙沟镇杨庄完全小学等单位。有志愿者服务。通公交车。

上流庄社区 371323–B10–J17
[Shàngliúzhuāng Shèqū]

属沙沟镇管辖。在沂水县西北部。面积 5.7 平方千米。人口 2 400。因上流庄得名。2013 年成立。有楼房 17 栋，现代建筑风格。有志愿者服务。通公交车。

霹雳石社区 371323–B10–J18
[Pīlìshí Shèqū]

属沙沟镇管辖。在沂水县西北部。面积 8.2 平方千米。人口 2 200。因霹雳石村得名。2013 年成立。有楼房 3 栋，现代建筑风格。有志愿者服务。通公交车。

沙沟社区 371323-B10-J19

[Shāgōu Shèqū]

属沙沟镇管辖。在沂水县西北部。面积 19.5 平方千米。人口 8 700。因沙沟村得名。2014 年成立。有楼房 85 栋，现代建筑风格。有志愿者服务。通公交车。

朱雀社区 371323-B10-J20

[Zhūquè Shèqū]

属沙沟镇管辖。在沂水县西北部。面积 3.5 平方千米。人口 2 200。因前朱雀二村得名。2014 年成立。有楼房 6 栋，现代建筑风格。有志愿者服务。通公交车。

石井社区 371323-B11-J01

[Shíjǐng Shèqū]

属高庄镇管辖。在沂水县西部。面积 17.83 平方千米。人口 6 000。因石井村得名。2013 年成立。以平房为主。有志愿者服务。未通公交车。

王家庄子社区 371323-B11-J02

[Wángjiāzhuāngzi Shèqū]

属高庄镇管辖。在沂水县西部。面积 15.33 平方千米。人口 4 700。因王家庄子村得名。2013 年成立。以平房为主。有志愿者服务。通公交车。

西良社区 371323-B11-J03

[Xīliáng Shèqū]

属高庄镇管辖。在沂水县西部。面积 10.33 平方千米。人口 4 000。因西良村得名。2013 年成立。以平房为主。有志愿者服务。通公交车。

杏峪社区 371323-B11-J04

[Xìngyù Shèqū]

属高庄镇管辖。在沂水县西部。面积 8.78 平方千米。人口 3 000。因杏峪村得名。2013 年成立。有楼房 28 栋，现代建筑风格。有志愿者服务。未通公交车。

下里社区 371323-B11-J05

[Xiàlǐ Shèqū]

属高庄镇管辖。在沂水县西部。面积 9 平方千米。人口 3 600。因下里庄村得名。2013 年成立。有楼房 7 栋，现代建筑风格。驻有下里庄小学等单位。未通公交车。

中峪社区 371323-B11-J06

[Zhōngyù Shèqū]

属高庄镇管辖。在沂水县西部。面积 17.73 平方千米。人口 5 700。因中峪村得名。2013 年成立。以平房为主。驻有中峪小学等单位。有志愿者服务。未通公交车。

上峪社区 371323-B11-J07

[Shàngyù Shèqū]

属高庄镇管辖。在沂水县西部。面积 10.37 平方千米。人口 2 900。因上峪村得名。2013 年成立。有楼房 7 栋，现代建筑风格。驻有上峪小学等单位。有志愿者服务。未通公交车。

良疃社区 371323-B11-J08

[Liángtuǎn Shèqū]

属高庄镇管辖。在沂水县西部。面积 4.76 平方千米。人口 2 100。因良疃村得名。2013 年成立。以平房为主。通公交车。

陈家林社区 371323-B11-J09

[Chénjiālín Shèqū]

属高庄镇管辖。在沂水县西部。面积 10.68 平方千米。人口 4 300。因陈家林村得名。2014 年成立。以平房为主。驻有马兰小学等单位。通公交车。

高庄社区 371323–B11–J10

[Gāozhuāng Shèqū]

属高庄镇管辖。在沂水县西部。面积10.46平方千米。人口5 400。因高庄得名。2013年成立。有楼房10栋,现代建筑风格。驻有高庄镇第一中学、佛庄小学等单位。通公交车。

朱位社区 371323–B11–J11

[Zhūwèi Shèqū]

属高庄镇管辖。在沂水县西部。面积9.34平方千米。人口6 700。因朱位村得名。2014年成立。有楼房8栋,现代建筑风格。有志愿者服务。通公交车。

门庄社区 371323–B11–J12

[Ménzhuāng Shèqū]

属高庄镇管辖。在沂水县西部。面积6.47平方千米。人口2 400。因门庄村得名。2014年成立。有楼房3栋,现代建筑风格。有志愿者服务。未通公交车。

塔坡社区 371323–B12–J01

[Tǎpō Shèqū]

属道托镇管辖。在沂水县东北部。面积6.7平方千米。人口1 900。因塔坡村得名。2013年成立。以平房为主。有志愿者服务,开展"关爱老人·情暖夕阳"、广场舞表演等活动。未通公交车。

余粮社区 371323–B12–J02

[Yúliáng Shèqū]

属道托镇管辖。在沂水县东北部。面积5.44平方千米。人口2 000。因余粮村得名。2013年成立。以平房为主。有志愿者服务,开展"关爱老人·情暖夕阳"等活动。未通公交车。

良峪社区 371323–B12–J03

[Liángyù Shèqū]

属道托镇管辖。在沂水县东北部。面积5.97平方千米。人口1 900。因下良峪村得名。2013年成立。以平房为主。有志愿者服务,开展"关爱老人·情暖夕阳"等活动。未通公交车。

韩家曲社区 371323–B12–J04

[Hánjiāqū Shèqū]

属道托镇管辖。在沂水县东北部。面积9.5平方千米。人口4 200。因韩家曲村得名。2013年成立。有楼房28栋,现代建筑风格,还有平房。有志愿者服务,开展"关爱老人·情暖夕阳"等活动。通公交车。

蔡峪社区 371323–B12–J05

[Càiyù Shèqū]

属道托镇管辖。在沂水县东北部。面积5.52平方千米。人口2 100。因蔡峪村得名。2013年成立。以平房为主。有志愿者服务,开展"关爱老人·情暖夕阳"等活动。通公交车。

胡家旺社区 371323–B12–J06

[Hújiāwàng Shèqū]

属道托镇管辖。在沂水县东北部。面积9.2平方千米。人口2 800。因胡家旺村得名。2013年成立。以平房为主。有志愿者服务,开展"关爱老人·情暖夕阳"等活动。通公交车。

黄旺社区 371323–B12–J07

[Huángwàng Shèqū]

属道托镇管辖。在沂水县东北部。面积6.7平方千米。人口2 400。因大黄旺村得名。2013年成立。以平房为主。有志愿者服务,开展"关爱老人·情暖夕阳"等活动。通公交车。

小店子社区 371323-B12-J08

[Xiǎodiànzi Shèqū]

属道托镇管辖。在沂水县东北部。面积 7.4 平方千米。人口 4 500。因小店子村得名。2013 年成立。以平房为主。有志愿者服务，开展"关爱老人·情暖夕阳"等活动。通公交车。

下村社区 371323-B12-J09

[Xiàcūn Shèqū]

属道托镇管辖。在沂水县东北部。面积 5.19 平方千米。人口 3 700。因下村得名。2013 年成立。有楼房 8 栋，现代建筑风格，还有平房。有志愿者服务，开展"关爱老人·情暖夕阳"等活动。通公交车。

下庄社区 371323-B12-J10

[Xiàzhuāng Shèqū]

属道托镇管辖。在沂水县东北部。面积 5.86 平方千米。人口 3 200。因北下庄村得名。2013 年成立。有志愿者服务，开展"关爱老人·情暖夕阳"等活动。通公交车。

上庄社区 371323-B12-J11

[Shàngzhuāng Shèqū]

属道托镇管辖。在沂水县东北部。面积 7.56 平方千米。人口 3 600。因刘家上庄村得名。2013 年成立。以平房为主。有志愿者服务，开展"关爱老人·情暖夕阳"、爱心义诊等活动。通公交车。

道托社区 371323-B12-J12

[Dàotuō Shèqū]

属道托镇管辖。在沂水县东北部。面积 12.56 平方千米。人口 5 700。因道托村得名。2014 年成立。以平房为主。有志愿者服务，开展"关爱老人·情暖夕阳"等活动。通公交车。

峪子社区 371323-B13-J01

[Yùzi Shèqū]

属龙家圈镇管辖。在沂水县南部。面积 3.84 平方千米。人口 2 000。因下峪子村得名。2013 年成立。有楼房 12 栋，现代建筑风格，还有平房。驻有峪子小学等单位。有志愿者服务，开展公益演出、播放公益电影、广场舞培训、"情暖夕阳"等活动。通公交车。

寨里社区 371323-B13-J02

[Zhàilǐ Shèqū]

属龙家圈镇管辖。在沂水县南部。面积 2.10 平方千米。人口 2 000。因寨里村得名。2013 年成立。有楼房 2 栋，现代建筑风格，还有平房。有志愿者服务，开展公益演出、播放公益电影、广场舞培训、"情暖夕阳"等活动。通公交车。

柳泉社区 371323-B13-J03

[Liǔquán Shèqū]

属龙家圈镇管辖。在沂水县南部。面积 3.92 平方千米。人口 3 000。因柳泉村得名。2013 年成立。以平房为主。驻有柳泉小学等单位。有志愿者服务，开展公益演出、播放公益电影、广场舞培训、"情暖夕阳"等活动。通公交车。

诸坞社区 371323-B13-J04

[Zhūwù Shèqū]

属龙家圈镇管辖。在沂水县南部。面积 7.76 平方千米。人口 5 600。因陈家诸坞、张家诸坞、刘家诸坞、杨家诸坞、李家诸坞、赵家诸坞、武家诸坞、中诸坞、北小官庄相邻集中，故名。2013 年成立。有楼房 2 栋，现代建筑风格。驻有刘诸坞小学等单位。有志愿者服务，开展公益演出、播放公益电影、广场舞培训、"情暖夕阳"等活动。通公交车。

北越庄社区 371323-B13-J05
[Běiyuèzhuāng Shèqū]

属龙家圈镇管辖。在沂水县南部。面积6.56平方千米。人口3 900。因北越庄得名。2013年成立。有楼房2栋，现代建筑风格。有志愿者服务，开展公益演出、播放公益电影、广场舞培训、"情暖夕阳"等活动。通公交车。

草沟社区 371323-B13-J06
[Cǎogōu Shèqū]

属龙家圈镇管辖。在沂水县南部。面积2.52平方千米。人口1 700。因西草沟村得名。2013年成立。以平房为主。有志愿者服务，开展公益演出、播放公益电影、广场舞培训、"情暖夕阳"等活动。通公交车。

盆山社区 371323-B13-J07
[Pénshān Shèqū]

属龙家圈镇管辖。在沂水县南部。面积7.94平方千米。人口3 300。因盆山村得名。2013年成立。以平房为主。驻有盆山小学等单位。有志愿者服务，开展公益演出、播放公益电影、广场舞培训、"情暖夕阳"等活动。通公交车。

柴山社区 371323-B13-J08
[Cháishān Shèqū]

属龙家圈镇管辖。在沂水县南部。面积4.54平方千米。人口2 400。因柴山村得名。2013年成立。有楼房10栋，现代建筑风格。有志愿者服务，开展公益演出、播放公益电影、广场舞培训、"情暖夕阳"等活动。通公交车。

泉沟社区 371323-B13-J09
[Quángōu Shèqū]

属龙家圈镇管辖。在沂水县南部。面积1.76平方千米。人口1 200。因泉沟村得名。2013年成立。以平房为主。有志愿者服务，开展公益演出、播放公益电影、广场舞培训、"情暖夕阳"等活动。通公交车。

里万社区 371323-B13-J10
[Lǐwàn Shèqū]

属龙家圈镇管辖。在沂水县南部。面积7.44平方千米。人口1 800。因里万村得名。2013年成立。以平房为主。有志愿者服务，开展公益演出、播放公益电影、广场舞培训、"情暖夕阳"等活动。通公交车。

龙盘峪社区 371323-B13-J11
[Lóngpányù Shèqū]

属龙家圈镇管辖。在沂水县南部。面积6.59平方千米。人口2 700。因社区所在地山峦连绵、沟峪狭长而得"龙盘峪"之名。2013年成立。以平房为主。有志愿者服务，开展公益演出、播放公益电影、广场舞培训、"情暖夕阳"等活动。通公交车。

肖家沟社区 371323-B13-J12
[Xiāojiāgōu Shèqū]

属龙家圈镇管辖。在沂水县南部。面积5.27平方千米。人口3 100。因下肖家沟村得名。2013年成立。以平房为主。有志愿者服务，开展公益演出、播放公益电影、广场舞培训、"情暖夕阳"等活动。通公交车。

龙家圈社区 371323-B13-J13
[Lóngjiāquān Shèqū]

属龙家圈镇管辖。在沂水县南部。面积3.38平方千米。人口2 900。因龙家圈村得名。2006年成立。有楼房42栋，现代建筑风格。驻有农商银行、邮政银行等单位。有志愿者服务，开展公益演出、播放公益电影、广场舞培训、"情暖夕阳"等活动。通公交车。

杨家庄子社区 371323-B13-J14

[Yángjiāzhuāngzi Shèqū]

属龙家圈镇管辖。在沂水县南部。面积1.24平方千米。人口1 500。因杨家庄子得名。2006年成立。有楼房31栋,现代建筑风格。驻有沂水一中等单位。有志愿者服务,开展公益演出、播放公益电影、广场舞培训、"情暖夕阳"等活动。通公交车。

兴龙社区 371323-B13-J15

[Xīnglóng Shèqū]

属龙家圈镇管辖。在沂水县南部。面积0.12平方千米。人口3 300。因居委会设在兴龙小区,故名。2006年成立。有楼房43栋,现代建筑风格。有志愿者服务,开展公益演出、播放公益电影、广场舞培训等活动。通公交车。

泮池沟社区 371323-B13-J16

[Pànchígōu Shèqū]

属龙家圈镇管辖。在沂水县南部。面积3.23平方千米。人口2 400。因泮池沟村而得名。2014年成立。以平房为主。有志愿者服务,开展公益演出、播放公益电影、广场舞培训、"情暖夕阳"等活动。通公交车。

清源社区 371323-B13-J17

[Qīngyuán Shèqū]

属龙家圈镇管辖。在沂水县南部。面积2.3平方千米。人口2 500。因临清源河而得名。2014年成立。以平房为主。有志愿者服务,开展公益演出、播放公益电影、广场舞培训、"情暖夕阳"等活动。通公交车。

康庄社区 371323-B13-J18

[Kāngzhuāng Shèqū]

属龙家圈镇管辖。在沂水县南部。面积2.37平方千米。人口2 300。因小匡庄、东大埠岭、西大埠岭村相邻,取匡庄的谐音"康庄"命名。2014年成立。有楼房9栋,现代建筑风格。驻有山东省临沂市机电工程学校等单位。有志愿者服务,开展公益演出、播放公益电影、广场舞培训、"情暖夕阳"等活动。通公交车。

后马荒社区 371323-B13-J19

[Hòumǎhuāng Shèqū]

属龙家圈镇管辖。在沂水县南部。面积4.07平方千米。人口3 500。因后马荒村得名。2014年成立。以平房为主。有志愿者服务,开展公益演出、播放公益电影、广场舞培训、"情暖夕阳"等活动。通公交车。

港埠口社区 371323-B13-J20

[Gǎngbùkǒu Shèqū]

属龙家圈镇管辖。在沂水县南部。面积3.31平方千米。人口2 900。因港埠口村得名。2014年成立。以平房为主。有志愿者服务,开展公益演出、播放公益电影、广场舞培训、"情暖夕阳"等活动。通公交车。

张庄社区 371323-B14-J01

[Zhāngzhuāng Shèqū]

属泉庄镇管辖。在沂水县西北部。面积9.8平方千米。人口3 200。因张庄得名。2013年成立。以平房为主。驻有张庄小学等单位。有志愿者服务,开展"情暖夕阳"等活动。未通公交车。

郭庄社区 371323-B14-J02
[Guōzhuāng Shèqū]

属泉庄镇管辖。在沂水县西北部。面积7.7平方千米。人口2 000。因西郭庄得名。2013年成立。以平房为主。驻有西郭庄小学等单位。有志愿者服务，开展"情暖夕阳"等活动。通公交车。

河南社区 371323-B14-J03
[Hénán Shèqū]

属泉庄镇管辖。在沂水县西北部。面积4.7平方千米。人口1 800。因张庄河南村得名。2013年成立。以平房为主。有志愿者服务，开展"情暖夕阳"等活动。未通公交车。

三庄社区 371323-B14-J04
[Sānzhuāng Shèqū]

属泉庄镇管辖。在沂水县西北部。面积7平方千米。人口2 200。因三庄得名。2013年成立。以平房为主。驻有三庄小学等单位。有志愿者服务，开展"情暖夕阳"等活动。未通公交车。

崮崖社区 371323-B14-J05
[Gùyá Shèqū]

属泉庄镇管辖。在沂水县西北部。面积8.7平方千米。人口1 900。因崮崖村得名。2013年成立。以平房为主。驻有崮崖小学等单位。有志愿者服务，开展"情暖夕阳"等活动。未通公交车。

梅家坡社区 371323-B14-J06
[Méijiāpō Shèqū]

属泉庄镇管辖。在沂水县西北部。面积4.9平方千米。人口1 900。因梅家坡村得名。2013年成立。有楼房2栋，现代建筑风格，还有平房。有志愿者服务，开展"情暖夕阳"等活动。未通公交车。

石汪峪社区 371323-B14-J07
[Shíwāngyù Shèqū]

属泉庄镇管辖。在沂水县西北部。面积11.9平方千米。人口4 200。因石汪峪村得名。2013年成立。以平房为主。驻有石汪峪小学等单位。有志愿者服务，开展"情暖夕阳"等活动。通公交车。

沙地社区 371323-B14-J08
[Shādì Shèqū]

属泉庄镇管辖。在沂水县西北部。面积6.8平方千米。人口2 000。因沙地村得名。2013年成立。以平房为主。驻有沙地小学等单位。有志愿者服务，开展"情暖夕阳"等活动。通公交车。

里庄社区 371323-B14-J09
[Lǐzhuāng Shèqū]

属泉庄镇管辖。在沂水县西北部。面积10.4平方千米。人口5 100。因前里庄得名。2014年成立。有楼房8栋，现代建筑风格，还有平房。驻有泉庄中心小学等单位。有志愿者服务，开展"情暖夕阳"等活动。通公交车。

汇泉社区 371323-B14-J10
[Huìquán Shèqū]

属泉庄镇管辖。在沂水县西北部。面积16.8平方千米。人口5 600。因辖区内有泉庄，以吉祥美好寓意命名。2014年成立。有楼房52栋，现代建筑风格，还有平房。驻有泉庄医院、泉庄中学等单位。有志愿者服务，开展"情暖夕阳"等活动。通公交车。

漫流社区 371323-B15-J01
[Mànliú Shèqū]

属富官庄镇管辖。在沂水县东北部。

面积 10.99 平方千米。人口 2 500。因西漫流村得名。2013 年成立。以平房为主。有志愿者服务。未通公交车。

抬头社区 371323–B15–J02
[Táitóu Shèqū]

属富官庄镇管辖。在沂水县东北部。面积 6.08 平方千米。人口 2 700。因抬头村得名。2013 年成立。以平房为主。有志愿者服务。未通公交车。

范家庄社区 371323–B15–J03
[Fànjiāzhuāng Shèqū]

属富官庄镇管辖。在沂水县东北部。面积 2.92 平方千米。人口 1 600。因范家庄得名。2013 年成立。以平房为主。有志愿者服务。未通公交车。

后沟社区 371323–B15–J04
[Hòugōu Shèqū]

属富官庄镇管辖。在沂水县东北部。面积 12.96 平方千米。人口 4 500。因刘家后沟村得名。2013 年成立。有楼房 6 栋，现代建筑风格。有志愿者服务。未通公交车。

桃洼社区 371323–B15–J05
[Táowā Shèqū]

属富官庄镇管辖。在沂水县东北部。面积 6.56 平方千米。人口 1 700。因桃洼村得名。2013 年成立。以平房为主。有志愿者服务。未通公交车。

谭家沟社区 371323–B15–J06
[Tánjiāgōu Shèqū]

属富官庄镇管辖。在沂水县东北部。面积 7.99 平方千米。人口 1 700。因下谭家沟村得名。2013 年成立。以平房为主。有志愿者服务。未通公交车。

朱双社区 371323–B15–J07
[Zhūshuāng Shèqū]

属富官庄镇管辖。在沂水县东北部。面积 7.25 平方千米。人口 3 100。因朱双村得名。2013 年成立。以平房为主。有志愿者服务。未通公交车。

何庄社区 371323–B15–J08
[Hézhuāng Shèqū]

属富官庄镇管辖。在沂水县东北部。面积 6.9 平方千米。人口 2 700。因何家庄子村得名。2013 年成立。以平房为主。有志愿者服务。未通公交车。

陈村社区 371323–B15–J09
[Chéncūn Shèqū]

属富官庄镇管辖。在沂水县东北部。面积 8.67 平方千米。人口 3 400。因前陈村得名。2013 年成立。以平房为主。有志愿者服务、老年人日间照料服务。未通公交车。

得水社区 371323–B15–J10
[Déshuǐ Shèqū]

属富官庄镇管辖。在沂水县东北部。面积 8.88 平方千米。人口 2 700。因西得水村得名。2013 年成立。以平房为主。有志愿者服务。未通公交车。

垛庄社区 371323–B15–J11
[Duǒzhuāng Shèqū]

属富官庄镇管辖。在沂水县东北部。面积 8.05 平方千米。人口 2 500。因垛庄村得名。2013 年成立。有楼房 1 栋，现代建筑风格，还有平房。有志愿者服务。未通公交车。

徕庄社区 371323–B15–J12
[Láizhuāng Shèqū]

属富官庄镇管辖。在沂水县东北部。面积 8.94 平方千米。人口 3 200。因徕庄得名。2013 年成立。以平房为主。有志愿者服务。通公交车。

箕山社区 371323-B15-J13
[Jīshān Shèqū]

属富官庄镇管辖。在沂水县东北部。面积 8.30 平方千米。人口 2 400。因宋家箕山村得名。2013 年成立。以平房为主。有志愿者服务。未通公交车。

石岭社区 371323-B15-J14
[Shílǐng Shèqū]

属富官庄镇管辖。在沂水县东北部。面积 9.17 平方千米。人口 2 900。因高家石岭村得名。2013 年成立。有楼房 1 栋，现代建筑风格，还有平房。有志愿者服务。通公交车。

官庄社区 371323-B15-J15
[Guānzhuāng Shèqū]

属富官庄镇管辖。在沂水县东北部。面积 14.84 平方千米。人口 5 400。因官庄村得名。2014 年成立。有楼房 2 栋，现代建筑风格，还有平房。驻有富官庄镇人民政府、富官庄镇卫生院、沂水县富官庄镇中心校等单位。有志愿者服务。通公交车。

刘家店子社区 371323-B16-J01
[Liújiādiànzi Shèqū]

属院东头镇管辖。在沂水县西南部。面积 13.5 平方千米。人口 3 600。因社区所辖村刘家店子得名。2013 年成立。有楼房 3 栋，现代建筑风格，还有平房。有志愿者服务，开展公益演出、广场舞培训、"情暖夕阳"等活动。通公交车。

师家崖社区 371323-B16-J02
[Shījiāyá Shèqū]

属院东头镇管辖。在沂水县西南部。

面积 5.25 平方千米。人口 1 400。因处山崖下，以姓取名师家崖，社区沿用村名。2013 年成立。以平房为主。有志愿者服务，开展公益演出、广场舞培训、"情暖夕阳"等活动。通公交车。

留虎峪社区 371323-B16-J03
[Liúhǔyù Shèqū]

属院东头镇管辖。在沂水县西南部。面积 7.65 平方千米。人口 2 000。传说古时五台山一和尚法号三脱化，修道多年，临下山时师傅赠其一只虎两个钟，嘱咐其说如虎住你莫住，如钟住你就住，行至今留虎峪处，虎不走了，于是他把虎杀了，继续挑钟前行，此地留有杀虎石和杀虎峪之名，后杀虎峪演变为留虎峪，村以峪取名，社区沿用村名。2013 年成立。以平房为主。有志愿者服务，开展公益演出、广场舞培训、"情暖夕阳"等活动。未通公交车。

马家崖社区 371323-B16-J04
[Mǎjiāyá Shèqū]

属院东头镇管辖。在沂水县西南部。面积 6.07 平方千米。人口 1 600。因靠山崖，以姓取名马家崖。2013 年成立。有楼房 4 栋，现代建筑风格，还有平房。通公交车。

桃棵子社区 371323-B16-J05
[Táokēzi Shèqū]

属院东头镇管辖。在沂水县西南部。面积 10.03 平方千米。人口 2 300。因周围桃树甚多，故得名桃棵子。2013 年成立。有楼房 1 栋，现代建筑风格，还有平房。有志愿者服务，开展公益演出、广场舞培训、"情暖夕阳"等活动。通公交车。

张家庄子社区 371323-B16-J06
[Zhāngjiāzhuāngzi Shèqū]

属院东头镇管辖。在沂水县西南部。

面积 8.51 平方千米。人口 2 200。相传北宋时响马张三影在此招募兵马,修筑围寨,始成村落,取名张家庄子,社区沿用村名。2013 年成立。有楼房 4 栋,现代建筑风格,还有平房。有志愿者服务,开展公益演出、广场舞培训、"情暖夕阳"等活动。通公交车。

许家峪社区 371323-B16-J07
[Xǔjiāyù Shèqū]

属院东头镇管辖。在沂水县西南部。面积 11.99 平方千米。人口 2 800。相传许姓建村,村处山谷中,以姓取名许家峪,社区沿用村名。2013 年成立。以平房为主。有志愿者服务,开展公益演出、广场舞培训、"情暖夕阳"等活动。通公交车。

上岩峪社区 371323-B16-J08
[Shàngyányù Shèqū]

属院东头镇管辖。在沂水县西南部。面积 8.92 平方千米。人口 2 200。相传明末阎姓建村,村处峪的上部,以姓取村名上阎峪,后阎姓他迁,张、黄、王、杜诸姓相继迁此,村名演变为上岩峪,社区沿用。2013 年成立。以平房为主。有志愿者服务,开展公益演出、广场舞培训、"情暖夕阳"等活动。通公交车。

下岩峪社区 371323-B16-J09
[Xiàyányù Shèqū]

属院东头镇管辖。在沂水县西南部。面积 8.66 平方千米。人口 2 000。明朝末年,阎姓建村,村处东西向一长峪的下部,与同名村对称下阎峪。王姓于清雍正八年(1730)自王家坪迁入,后"阎"演变为"岩",社区沿用村名。2013 年成立。有楼房 10 栋,现代建筑风格,还有平房。有志愿者服务,开展公益演出、广场舞培训、"情暖夕阳"等活动。未通公交车。

石门社区 371323-B16-J10
[Shímén Shèqū]

属院东头镇管辖。在沂水县西南部。面积 8.56 平方千米。人口 2 500。因社区所辖村前石门、后石门得名。2013 年成立。以平房为主。有志愿者服务,开展公益演出、广场舞培训、"情暖夕阳"等活动。未通公交车。

院东头社区 371323-B16-J11
[Yuàndōngtóu Shèqū]

属院东头镇管辖。在沂水县西南部。面积 16.49 平方千米。人口 3 800。因院东头村得名。2013 年成立。有楼房 12 栋,现代建筑风格,还有平房。驻有院东头镇初级中学、院东头镇中心小学等单位。有志愿者服务,开展公益演出、广场舞培训、"情暖夕阳"等活动。通公交车。

良门社区 371323-C01-J01
[Liángmén Shèqū]

属圈里乡管辖。在沂水县北部。面积 5.96 平方千米。人口 1 400。因中良门村得名。2013 年成立。以平房为主。有志愿者服务。通公交车。

瑞龙社区 371323-C01-J02
[Ruìlóng Shèqū]

属圈里乡管辖。在沂水县北部。面积 12.82 平方千米。人口 2 400。因瑞龙口村得名。2013 年成立。以平房为主。驻有代庄小学、代庄幼儿园等单位。有志愿者服务。通公交车。

西山社区 371323-C01-J03
[Xīshān Shèqū]

属圈里乡管辖。在沂水县北部。面积 4.69 平方千米。人口 1 200。因社区所辖村吕家西山得名。2013 年成立。以平房为主。驻有麻庄小学、麻庄幼儿园等单位。有志愿者服务。未通公交车。

石栏社区　371323-C01-J04
［Shílán Shèqū］

属圈里乡管辖。在沂水县北部。面积 7.11 平方千米。人口 2 100。因社区所辖村北石栏得名。2013 年成立。以平房为主。有志愿者服务。未通公交车。

龙山社区　371323-C01-J05
［Lóngshān Shèqū］

属圈里乡管辖。在沂水县北部。面积 5.22 平方千米。人口 1 700。因社区临近龙山得名。2013 年成立。有楼房 90 栋，现代建筑风格，还有平房。有志愿者服务。通公交车。

增山社区　371323-C01-J06
［Zēngshān Shèqū］

属圈里乡管辖。在沂水县北部。面积 8.4 平方千米。人口 2 500。因增山后村得名。2013 年成立。有楼房 39 栋，现代建筑风格，还有平房。驻有增山社区幼儿园等单位。有志愿者服务。通公交车。

浯河社区　371323-C01-J07
［Wúhé Shèqū］

属圈里乡管辖。在沂水县北部。面积 8.11 平方千米。人口 2 100。因社区有浯河流经而得名。2013 年成立。以平房为主。驻有岔河小学、岔河幼儿园等单位。有志愿者服务。未通公交车。

高家庄社区　371323-C01-J08
［Gāojiāzhuāng Shèqū］

属圈里乡管辖。在沂水县北部。面积 8.31 平方千米。人口 2 700。因高家庄得名。2013 年成立。以平房为主。有志愿者服务。通公交车。

龙潭社区　371323-C01-J09
［Lóngtán Shèqū］

属圈里乡管辖。在沂水县北部。面积 6.53 平方千米。人口 2 300。以辖区内有龙潭水库（许家庄水库）得名。2013 年成立。以平房为主。驻有高家庄小学、高家庄幼儿园等单位。有志愿者服务。通公交车。

代庄社区　371323-C01-J10
［Dàizhuāng Shèqū］

属圈里乡管辖。在沂水县北部。面积 7.11 平方千米。人口 2 300。因南代庄得名。2013 年成立。以平房为主。有志愿者服务。通公交车。

朱保社区　371323-C01-J11
［Zhūbǎo Shèqū］

属圈里乡管辖。在沂水县北部。面积 9.24 平方千米。人口 3 300。因南朱保村得名。2013 年成立。以平房为主。驻有北朱保幼儿园等单位。有志愿者服务。通公交车。

朱营社区　371323-C01-J12
［Zhūyíng Shèqū］

属圈里乡管辖。在沂水县北部。面积 9.5 平方千米。人口 3 900。因前朱营村得名。2013 年成立。以平房为主。驻有圈里乡中心小学、圈里乡中心幼儿园等单位。有志愿者服务。通公交车。

圈里社区　371323-C01-J13
［Quānlǐ Shèqū］

属圈里乡管辖。在沂水县北部。面积 7.33 平方千米。人口 3 800。因圈里村得名。

2013年成立。以平房为主。有志愿者服务。通公交车。

朱家峪子社区 371323-C01-J14
[Zhūjiāyùzi Shèqū]

属圈里乡管辖。在沂水县北部。面积2.86平方千米。人口900。因朱家峪子村得名。2013年成立。以平房为主。驻有龙山风力发电公司等单位。有志愿者服务。通公交车。

兰陵县

兰陵县 371324
[Lánlíng Xiàn]

临沂市辖县。北纬34°51′，东经118°02′。在市境西南部。面积1 724平方千米。人口140.1万。辖1街道、15镇、1乡。县人民政府驻卞庄街道。楚国置兰陵县。秦分属东海郡之缯、兰陵、襄贲3县。隋分属临沂县、兰陵县。唐初分属临沂、兰陵、缯县。唐贞观元年（627）分属河南道沂州之临沂县、丞县。宋代属京东东路临沂县、丞县。金属山东东路临沂县、山东西路邳州兰陵县。元代属中书省山东东西道宣慰司益都路峄州和沂州临沂县。明清两代分属沂州府之兰山县、费县、郯城县。1943年成立兰陵办事处，1944年改称兰陵县。1948年属鲁中南行政区第三专区（台枣专区）。1949年析临沂、费县、峄县3县部分地置苍山县。1950年赵镈县并入，县治移今址。1953年兰陵县部分地并入。先后属临沂专区、临沂地区。1994年属临沂市。2014年苍山县正式更名为兰陵县。（资料来源：《中华人民共和国地名大词典》）因境内兰陵山而得名。地处鲁南低山丘陵南缘，地势自西北向东南逐次降低，依次是低山、丘陵、平原、洼地，海拔40~580米。年均气温13.5℃，1月平均气温1℃，7月平均气温27℃。年均降水量835.3毫米。有吴坦河、西泇河、陶沟河、汶河、燕子河等流经。有铁、石膏、石灰岩、石英砂岩等矿产资源。有野生动物52种，其中国家重点保护野生动物有东北虎、豹、白虎、梅花鹿等36种。森林覆盖率31.99%。有中小学301所，图书馆1个，知名文艺团体20个，体育场馆1个，二级以上医院6个。有省级文物保护单位2个，省级非物质文化遗产1个，重要古迹、景点17个。三次产业比例为16.63∶35.08∶48.29。农业以种植业为主，农作物有小麦、玉米、甘薯、花生、棉花、烟草、蔬菜等，是国家级大蒜、牛蒡生产基地。工业以蔬菜食品加工、酿酒、矿产建材、轻工制品、机械制造为主。服务业以物流业、商贸业、旅游业、餐饮业为主。名优特产有兰陵美酒、苍山大姜、苍山牛蒡、苍山辣椒、沂蒙长毛兔。有省级开发区1个。境内铁路49.2千米，公路809.5千米。临枣铁路（临沂—枣庄）、京沪高速、临枣高速、206国道和省道郯薛公路、沂邳公路过境。

苍山经济开发区 371324-E01
[Cāngshān Jīngjì Kāifāqū]

在县境中部。东至卞庄街道，西至向城镇，南至卞庄街道，北至苍山街道。面积3 200公顷。因所在政区原名称和功能性质得名。2006年3月经省政府正式批准建立省级开发区，由县级政府管理。通公交车。

卞庄街道 371324-A01
[Biànzhuāng Jiēdào]

兰陵县人民政府驻地。在县境中部。面积68平方千米。人口8.1万。以汉族为主，还有回、黎等民族。2009年设立。春秋时期鲁国卞邑大夫卞庄子曾居此，故名。

先后进行了兰陵路、文峰路、迎宾路等主干道的拓宽延伸，多个老旧小区的改造重建，新建多个城市社区。东泇河、运粮河、沙沟河从境内穿过。有中小学 16 所，图书馆 1 个，体育馆 1 个，医疗卫生机构 13 个。有名胜古迹柞城故城遗址。有塔山文化广场、兰陵文化广场等标志性建筑物。农业以种植小麦、玉米、大棚蔬菜、水果为主，盛产大蒜、黄梨、西瓜。工业以建筑建材、机械制造、板材加工、农副产品加工储藏为主。服务业以批发零售、商贸物流业为主，建有芦柞大蒜批发市场、蔬菜批发市场、鲁南建材批发市场等。有兰陵县长途汽车站，通公交车。

大仲村镇 371324-B01
[Dàzhòngcūn Zhèn]

兰陵县辖镇。在县境北部。面积 151 平方千米。人口 3.6 万。辖 48 村委会，有 67 自然村。镇人民政府驻大仲村。1950 年置大仲村区。1958 年改设乡，后改公社。1984 年改置镇。因镇政府驻地得名。东泇河从境内穿过。有中小学 21 所，卫生院 1 个。有重要古迹东城子古文化遗址、大吴宅画像石墓、大宗山旅游风景区。农业以种植小麦、地瓜、玉米、花生为主，盛产黄烟、大姜、金银花、黑木耳、丰水梨，是淡竹种植基地，养殖肉兔。工业主要有板材加工、陶瓷建材、机械制造、纺织加工等业。服务业以生态旅游为主。临枣铁路和省道沂邳公路、岚济公路、苍邳公路过境。

兰陵镇 371324-B02
[Lánlíng Zhèn]

兰陵县辖镇。在县境南部。面积 136 平方千米。人口 12.2 万。辖 61 村委会，有 115 自然村。镇人民政府驻西北圩村。1953 年设兰陵区。1958 年改设乡，后改公社。1984 年改置镇。2001 年原韩塘乡、横山乡并入。因镇政府驻地为古兰陵县，故名。陶沟河、运女河、西泇河从境内穿过。有中小学 30 所，卫生院 1 个。有省级文物保护单位荀子墓、萧望之墓，重要古迹金山汉墓、兰陵荀子庙。农业以种植小麦、玉米、蔬菜为主。工业以酿酒业、石膏开采、板材业、金属制品加工为主，有名优特产兰陵美酒。服务业以旅游业、商贸业为主，是中国历史文化名镇，有兰陵荀子文化园、萧氏文化园、美酒文化产业园。临枣铁路、临枣高速公路、206 国道和省道沂台公路、郯薛公路过境。

长城镇 371324-B03
[Chángchéng Zhèn]

兰陵县辖镇。在县境南部。面积 126 平方千米。人口 10.4 万。辖 50 村委会，有 88 自然村。镇人民政府驻姚村。1949 年为长城区。1958 年改设乡，后改公社。1984 年改置镇。2011 年原二庙乡并入。因镇政府原驻地得名。燕子河、吴坦河、武成河、良田河、西嘉河、武河、小涑河从境内穿过。有中小学 16 所，卫生院 2 个。有名胜古迹何逊墓。农业以种植小麦、花生、玉米、大棚蔬菜为主，有"一品红"牌朝天椒。工业以柳编加工等为主。服务业以批发零售、商贸物流业为主，有长城红辣椒专业批发市场。省道苍邳路、郯夏路过境。

磨山镇 371324-B04
[Móshān Zhèn]

兰陵县辖镇。在县境东部。面积 78 平方千米。人口 6.7 万。以汉族为主，还有回族。辖 21 村委会，有 42 自然村。镇人民政府驻磨山东村。1949 年为磨山区。1958 年改设乡，后改公社。1984 年改置镇。因境内磨山而得名。有凤凰山、万松山，燕子河、吴坦河、五里河从境内穿过。有中小学 16 所，卫生院 1 个。农业以种植小麦、花生、玉米、大豆、牛蒡、水果和蔬菜为主，盛产大蒜。工业以皮革加工、乳制品加工、蔬菜冷藏和农副产品加工为主，是皮革加工重镇。服务业以批发零售、旅游业为主。省道苍郏路、沂磨路过境。

神山镇 371324-B05
[Shénshān Zhèn]

兰陵县辖镇。在县境东部。面积 72 平方千米。人口 5.4 万。辖 19 村委会，有 38 自然村。镇人民政府驻神山村。1949 年为神山区。1958 年改设乡，后改公社。1984 年改置镇。因镇政府驻地得名。有神山、燕柱山、三峰山、汤旺支河、东燕子河、西燕子河从境内穿过。有中小学 9 所，卫生院 2 个，广场 2 个。有名胜古迹后杨官庄遗址、商墓群等。农业以种植小麦、玉米、花生、大豆等为主，特产苍山大蒜，养殖猪、羊、家禽等。工业以大蒜、果蔬冷藏及综合加工等为主。京沪高速、临枣高速、206 国道、省道泉重路过境。

车辋镇 371324-B06
[Chēwǎng Zhèn]

兰陵县辖镇。在县境北部。面积 127 平方千米。人口 5.8 万。辖 39 村委会，有 79 自然村。镇人民政府驻车辋村。1958 年设车辋乡，后改公社。1984 年复设乡。1996 年撤乡建镇。2001 年甘霖乡并入。因镇政府驻地得名。阳明河从境内穿过。有中小学 12 所，卫生院 1 个。有市级文物保护单位银厂惨案纪念地。农业以种植小麦、玉米、花生、地瓜等为主，盛产黄烟、甜桃、金银花。工业以淀粉加工、水泥生产、工矿业等为主。省道沂郏公路过境。

尚岩镇 371324-B07
[Shàngyán Zhèn]

兰陵县辖镇。在县境西部。面积 79 平方千米。人口 5.2 万。辖 27 村委会，有 63 自然村。镇人民政府驻北尚岩村。1950 年置尚岩区。1958 年改设乡，后改公社。1984 年复设乡。1996 年撤乡设镇。因镇政府驻地得名。西泇河从境内穿过。有中小学 13 所，卫生院 1 个。有名胜古迹泉源寺摩崖造像、万村李家大院、文峰祠。农业以种植小麦、玉米、水稻、蔬菜为主，盛产青椒。工业以蔬菜深加工、铁矿石开采、铁精粉加工、管材制造、复合肥生产为主。服务业以商贸为主，建有蔬菜批发市场。临枣铁路、临枣高速、206 国道过境。

向城镇 371324-B08
[Xiàngchéng Zhèn]

兰陵县辖镇。在县境西部。面积 98 平方千米。人口 10.7 万。辖 59 村委会，有 112 自然村。镇人民政府驻向城村。1950 年置向城区。1958 年改设乡，后改公社。1984 年复设乡。1993 年置镇。2011 年原兴明乡并入。因镇政府驻地得名。西泇河、阳明河、汶河从境内穿过。有中小学 19 所，卫生院 2 个。有名胜古迹鄫国故城遗址、向城遗址、宋氏祠堂、城子古文化遗址。农业以种植小麦、玉米、水稻、大豆等为主，盛产辣椒、西红柿、黄瓜等。工业以塑料制品、建筑材料、纸制品、食品加工等为主。服务业以旅游、物流、商贸为主。临枣铁路、临枣高速、206 国道、省道沂台公路过境。

新兴镇 371324-B09
[Xīnxīng Zhèn]

兰陵县辖镇。在县境西部。面积 91 平方千米。人口 4.4 万。辖 22 村委会，有 44 自然村。镇人民政府驻西新兴村。1958 年由原兰陵县划归苍山置新兴公社。1984 年改设乡。1998 年改镇。因镇政府驻地得名。有中小学 8 所，卫生院 2 个。有重要古迹鲁南大捷主战场旧址等。农业以蔬菜种植和畜牧养殖为主,形成蔬菜、林果、食用菌、特种养殖四大支柱产业。工业以石英石加工、铁矿石加工、食用菌加工等为主。临枣铁路、临枣高速过境。设兰陵西站货运站。

南桥镇 371324-B10
[Nánqiáo Zhèn]

兰陵县辖镇。在县境南部。面积92平方千米。人口7.4万。辖30村委会,有59自然村。镇人民政府驻南桥村。1958年设南桥乡,后改公社。1984年复设乡。1996年撤乡设镇。因镇政府驻地得名。吴坦河、汶河、东泇河、西泇河、沙沟河从境内穿过。有中小学11所,卫生院1个。有丁庄皮影戏、朱乙马戏等地方特色文化,名胜古迹小湖子牌坊。农业种植小麦、棉花、玉米、土豆、大豆等,盛产大蒜、莴苣、白菜等。工业以蔬菜食品加工、机械配件加工、建材加工为主。省道郯薛公路过境。

庄坞镇 371324-B11
[Zhuāngwù Zhèn]

兰陵县辖镇。在县境东部。面积85平方千米。人口8.9万。辖42村委会,有53自然村。镇人民政府驻河西村。1984年由层山公社析设庄坞乡。1998年撤乡设镇。2011年原层山镇并入,称庄坞镇。因镇政府原驻地得名。有中小学16所,卫生院1个。有省级文物保护单位东高尧遗址、庄坞牌坊,名胜古迹大城子遗址、杨家宗祠"节孝坊"、明代永济桥。农业以种植小麦、玉米、牛蒡、白菜、大葱、大蒜等为主。工业以蔬菜加工、柳编业等为主,建有3个工业园区。京沪高速、省道汤郯路过境。

矿坑镇 371324-B12
[Kuàngkēng Zhèn]

兰陵县辖镇。在县境北部。面积86平方千米。人口3.3万。辖20村委会,有24自然村。镇人民政府驻矿坑村。1958年设矿坑乡,后改公社。1984年复设乡。2010年撤乡设镇。因镇政府驻地得名。艾沟河、东泇河、南坡河从境内穿过。有中小学9所,卫生院2个。农业以种植小麦、玉米、花生、地瓜、大豆等为主,盛产黄烟、西瓜、金银花、板栗、石榴,建有万亩板栗生产基地、万亩石榴生产基地。畜牧业以养殖猪、羊、桑蚕为主。工业以板材加工、建筑材料加工、工矿业等为主。临枣铁路和省道岚济公路、沂邳公路过境。

鲁城镇 371324-B13
[Lǔchéng Zhèn]

兰陵县辖镇。在县境西部。面积96平方千米。人口4.1万。辖28村委会,有58自然村。镇人民政府驻雷雨口村。1950年置鲁城区。1958年改设乡,后改公社。1984年复设乡。2010年撤乡设镇。因镇政府驻地附近有春秋战国时鲁国与齐国交界的一个古城邑而得名。西泇河从境内穿过。有中小学9所,卫生院1个。有古迹楼子汉墓群、下寺院址。农业种植小麦、玉米、红薯、花生等,盛产大枣、石榴、柿子、板栗、花椒,养殖猪、牛、羊等。工业以工矿业、婴幼服装加工、摩托车防风坐垫配件生产、皮鞋加工和电子线圈制作等为主。服务业以旅游业为主,建有会宝湖景区,有响水泉、龙湾温泉、观音洞等景点。206国道过境。

芦柞镇 371324-B14
[Lúzuò Zhèn]

兰陵县辖镇。在县境南部。面积96平方千米。人口8.4万。辖33村委会,有65自然村。镇人民政府驻前芦柞村。1984年析磨山、长城2公社地设芦柞乡。2001年撤乡,归卞庄镇管理。2011年原三合乡并入,合为芦柞镇。因镇政府驻地得名。东泇河、沙沟河、小汶河、吴坦河从境内穿过。有中小学24所，卫生院1个。农业以种植小麦、玉米等为主，盛产蔬菜，养殖猪、貂、肉鸡、蛋鸡等。工业以大蒜加工、肉制品加工、水泥预制等为主。省道苍邳公路、沂邳公路过境。

金岭镇 371324-B15
[Jīnlǐng Zhèn]

兰陵县辖镇。在县境北部。面积126平方千米。人口7.3万。辖35村委会，有79自然村。镇人民政府驻月庄。1950年置贾庄区。1958年改设乡，后设公社。1984年复设乡。2011年原卞庄街道小岭片区并入，改称金岭镇。因境内金岭村得名。境内有苍山，东泇河从境内穿过。有中小学19所，卫生院2个。农业主产小麦、玉米、甘薯、水稻、大豆、花生等，盛产大蒜，养殖生猪等。工业以大理石板材加工、石子加工、石材雕刻为主。临枣铁路、临枣高速、206国道、省道蒙台公路过境。设兰陵北站。

下村乡 371324-C01
[Xiàcūn Xiāng]

兰陵县辖乡。在县境西部。面积130平方千米。人口4.7万。辖33村委会，有85自然村。乡人民政府驻下村。1950年设下村区。1958年改设乡，后改公社。1984年复设乡。2001年大炉乡并入。因乡政府驻地得名。文峰河、腾龙河从境内穿过，有抱犊崮、会宝湖、双河湖。有中小学12所，卫生院2个。有名胜古迹灵峰寺、八路军——五师大炉指挥部旧址、抱犊崮景区等。农业以种植小麦、玉米、地瓜、花生等为主，林果主产花椒、核桃、柿子、大枣、桃、杏，特色种植黄烟，建有黄烟生产基地，有五小杂粮（小米、绿豆、豇豆、红小豆、黍子）、五小山果（核桃、板栗、蜜枣、柿饼、黑枣）、

五小茗茶（石榴、山枣、栝楼、草角明、苦菜）等土特产品。畜牧业养殖猪、牛、羊、兔、草鸡、肉鸡、蝎子，建有畜牧产品生产及加工基地。工业以石材加工、食品加工、工矿业为主。服务业以旅游业为主。有公路经此。

旧地名

沂堂镇（旧） 371324-U01
[Yítáng Zhèn]

兰陵县辖镇。在县境北部。1984年设立。2009年撤销，并入罗庄区。

层山镇（旧） 371324-U02
[Céngshān Zhèn]

兰陵县辖镇。在县境东南部。1984年设立。2011年撤销，并入庄坞镇。

贾庄乡（旧） 371324-U03
[Jiǎzhuāng Xiāng]

兰陵县辖乡。在县境中部。1984年设立。2001年撤销，并入卞庄镇。

三合乡（旧） 371324-U04
[Sānhé Xiāng]

兰陵县辖乡。在县境南部。1984年设立。2011年撤销，并入芦柞镇。

兴明乡（旧） 371324-U05
[Xīngmíng Xiāng]

兰陵县辖乡。在县境中部。1984年设立。2011年撤销，并入向城镇。

二庙乡（旧） 371324-U06
[Èrmiào Xiāng]

兰陵县辖乡。在县境东南部。1984年设立。2011年撤销，并入长城镇。

韩塘乡（旧） 371324-U07
［Hántáng Xiāng］

兰陵县辖乡。在县境西南部。1984年设立。2001年撤销，并入兰陵镇。

甘霖乡（旧） 371324-U08
［Gānlín Xiāng］

兰陵县辖乡。在县境西北部。1984年设立。2001年撤销，并入车辋镇。

大炉乡（旧） 371324-U09
［Dàlú Xiāng］

兰陵县辖乡。在县境北部。1984年设立。2001年撤销，并入下村乡。

横山乡（旧） 371324-U10
［Héngshān Xiāng］

兰陵县辖乡。在县境西南部。1984年设立。2001年撤销，并入兰陵镇。

流井乡（旧） 371324-U11
［Liújǐng Xiāng］

兰陵县辖乡。在县境西北部。1984年设立。2001年撤销，并入大仲村镇。

小岭乡（旧） 371324-U12
［Xiǎolǐng Xiāng］

兰陵县辖乡。在县境中部。1984年设立。2001年撤销，并入卞庄镇。

社区

碧翠苑社区 371324-A01-J01
［Bìcuìyuàn Shèqū］

属卞庄街道管辖。在兰陵县东部。面积10.48平方千米。人口4 200。因社区位于东泇河畔，小区内及周边绿化较好，四季常青而得名。1999年成立。有楼房43栋，现代中式建筑风格。驻有兰陵县人民医院等单位。有志愿者服务。通公交车。2003年被评为省文明社区。

费县

费县 371325
［Fèi Xiàn］

临沂市辖县。北纬35°16′，东经117°58′。在市境西部。面积1 681平方千米。人口89.7万。辖1街道、9镇、2乡。县人民政府驻费城街道。春秋为鲁季氏费邑。西汉置费县，属东海郡。东汉属兖州泰山郡。三国魏属徐州琅琊郡。隋末废，唐武德四年（621）复置，移治今县城，属河南道沂州。贞观年间废颛臾县入之，属沂州。宋、金、元因唐制。明属兖州。清属沂州府。1914年属济宁道。1925年属琅琊道。1928年属省。1936年属山东省第三行政督察区。1940年抗日民主政权以滋阳—临沂公路为界析置费南、费北2县，费南属鲁南行政区，费北属鲁中行政区。1942年析置费东县，属鲁中行政区。1943年于今境西南部置温可县，属鲁南行政区。1944年，抗日民主政权将原费县分为费北县、费东县、费南县、温河县4县。1946年以费南县全部并费北等县一部置平邑县。1946年温河县改为费县，隶属鲁南行政区第一专区，费北、费东2县合并置蒙山县。1948年属鲁中南行政区第五专区。1949年改台枣专区。1950年划属临沂专区。1952年撤销蒙山县，上冶、白埠、薛庄、诸满、汪沟5区划归费县。1956年朱田区划入。1967年改属临沂地区。1994年12月属临沂市。2003年费县汪沟镇7个行政村划入兰山区半程镇。2011年费县新桥镇、方城镇、汪沟镇划入兰山区。境域始成现状。（资料来源：《费县志》《费县地名志》）因费邑得名。处沂蒙山区，以山地丘陵为主。北部为蒙山山地，海拔 500~700 米；中南部为低山丘陵，海拔 100~500 米；东部为祊河谷地平原，海拔 75~80 米。年均气温 13.9℃，1 月平均气温 −6.5℃，7 月平均气温 30.6℃。年均降水量 812.2 毫米。有浚河、祊河、涑河、温凉河流经。有金、银、铜、铁、花岗石、石灰石、大理石等矿产资源。森林覆盖率 46.9%。有高等院校 2 所，中小学 137 所，图书馆 1 个，博物馆 1 个，档案馆 1 个，二级以上医院 2 个。有国家级文物保护单位 1 个，省级文物保护单位 4 个，国家级爱国主义教育基地 1 个，国家级纪念地 1 个，省级传统村落 8 个，重要古迹、景点 159 个。三次产业比例为 14：46.5：39.5。农业以种植小麦、玉米、花生、地瓜、黄烟为主，有蓝莓、脆枣等现代农业产业园，省级科技示范园马庄核桃园。畜牧业以饲养生猪、牛、羊、家禽为主。工业以木材加工业、能源建材业、医药业、化工业四大产业为主。服务业以旅游业、商贸物流为主，名优特产有核桃、山楂、板栗、金银花、蒙山全蝎、沂蒙煎饼、沂蒙黑山羊等。境内铁路 31 千米，公路 1 890 千米。兖石铁路、京沪高速、日东高速、327 国道和省道岚济公路、沂邳公路、沂蒙公路、新枣公路过境。

费城街道 371325-A01
[Fèichéng Jiēdào]

费县人民政府驻地。在县境中部。面积 256 平方千米。人口 21.5 万。2010 年设立。以街道驻地得名。有钟罗山、文山、凉山等山峰，浚河、温凉河从境内穿过。有中小学 22 所，医疗卫生机构 6 个。有名胜古迹大汶口文化遗址、古祊城遗址、崮子商代遗址、沂蒙石林、丛柏庵、荷花湾、颜真卿公园等。农业主产小麦、玉米、果品、黄烟等，畜牧业以饲养猪、羊、家禽为主。

工业以塑料制品、印刷装潢、机械制造、建筑建材、纺织印染、奇石加工等为主，有纺织印染、医药化工特色工业园区。服务业以商贸、餐饮等为主。有费县火车站、费县汽车站，通公交车。

上冶镇 371325-B01
[Shàngyě Zhèn]

费县辖镇。在县境西北部。面积 76 平方千米。人口 6.3 万。辖 28 村委会，有 39 自然村。镇人民政府驻上冶村。1955 年设上冶区。1958 年改公社。1985 年改置镇。以镇政府驻地村得名。浚河、紫荆河、玉美河从境内穿过。有中小学 11 所，卫生院 1 个。有名胜古迹费县故城遗址、季桓子井、玉泉观、枕流亭等。农业以种植小麦、玉米、花生、山楂等为主，有"忘梅""双冠"牌西瓜。工业以新材料生产、食品加工、板材加工为主。日东高速、省道蒙台公路过境。

探沂镇 371325-B02
[Tànyí Zhèn]

费县辖镇。在县境东南部。面积 167 平方千米。人口 10.6 万。辖 67 村委会，有 121 自然村。镇人民政府驻薛家村。1952 年前属费县八区。1958 年 2 月设探沂区，3 月设乡，同年秋设公社。1985 年设镇。以镇政府原驻地村得名。涑河、祊河从境内穿过。有中小学 8 所，卫生院 2 个。有古迹许由城、岐山寺、鲁郎城等遗址。农业主产小麦、玉米、花生。工业有家具板材、陶瓷生产、化工等企业，是国家林产工业科技示范园区、临沂市木材加工产业集群核心区。服务业以现代商业、物流业为主。岚兖铁路、327 国道、省道沂邳公路过境。

薛庄镇 371325-B03
[Xuēzhuāng Zhèn]

费县辖镇。在县境东北部。面积 222 平方千米。人口 8.0 万。辖 32 村委会，有 185 自然村。镇人民政府驻薛庄。1953 年设薛庄区。1958 年改设乡，同年成立公社，又改薛庄区。1962 年复改公社。1985 年改设镇。以镇政府驻地村得名。薛庄河从境内穿过。有中小学 12 所，卫生院 1 个。有纪念地费县烈士陵园、大青山胜利突围旧址、八路军一一五师司令部旧址、抗大一分校旧址、费东县工委、行署驻地旧址等，重要名胜古迹颜林。农业主产地瓜、小麦、玉米、花生、蔬菜，名优特产有金虫草、西红柿、丰水梨、苹果、板栗等，"蒙山板栗"为国家地理标志产品，建有蒙山现代农业产业园。工业有建材、矿产、铸造和农产品加工等企业。服务业以旅游业为主，有红色观光游、生态农业观光旅游等特色项目。日东高速过境。

朱田镇 371325-B04
[Zhūtián Zhèn]

费县辖镇。在县境西南部。面积 156 平方千米。人口 6.4 万。辖 31 村委会，有 195 自然村。镇人民政府驻朱田村。1956 年设朱田区。1958 年春设朱田乡，同年秋成立公社。1985 年建朱田乡。1996 年撤乡设镇。以镇政府驻地村得名。朱田河从境内穿过。有中小学 13 所，卫生院 1 个。有重要名胜古迹苑上商代文化遗址、汉代墓群、明代寺院、唐代银杏树、马口事变遗址、楼景洞及明石塘旅游景区等。农业主产小麦、玉米、花生、地瓜、黄烟等，盛产金银花，有名优特产"由吾"藕。还有物流运输、生态旅游等主导产业。有公路经此。

梁邱镇 371325-B05
[Liángqiū Zhèn]

费县辖镇。在费县西南部。面积 197 平方千米。人口 9.9 万。以汉族为主，还有回族。辖 33 村委会，有 205 自然村。镇人民政府驻梁邱村。清朝为费县四大重镇之一。1949 年设梁邱镇。1958 年设乡，同年秋改公社。1985 年设梁邱镇。2001 年郝家村乡并入。以镇政府驻地村得名。温凉河、石井河从境内穿过。有中小学 18 所，卫生院 1 个。有纪念地张庄抗日烈士公墓、老虎山烈士公墓，重要古迹梁王像、清真寺、柳毅庙等。农业以种植小麦、玉米、苹果、山楂、板栗、金银花、黄烟为主，有千亩速生杨树苗基地，养殖肉鸡、淡水鱼等。工业有木业家具、包装制品等企业。省道岚济公路过境。

新庄镇 371325-B06
[Xīnzhuāng Zhèn]

费县辖镇。在县境南部。面积 123 平方千米。人口 5.6 万。辖 31 村委会，有 95 自然村。镇人民政府驻新庄。1949 年为新庄镇。1958 年设乡，同年秋改设公社。1985 年建南新庄乡。1995 年更名新庄乡。1996 年撤乡设镇。以镇政府驻地村得名。新庄河从境内穿过。有中小学 10 所，卫生院 1 个。有东流抗日自卫战、管流庄惨案、柱子山战役等遗址。农业以种植小麦、玉米、黄烟为主，有林果业、畜牧业，建有金银花苗木基地。工业以纺织、塑料制品生产、建材加工为主。服务业以商贸为主。省道岚济公路、蒙台公路过境。

马庄镇 371325-B07
[Mǎzhuāng Zhèn]

费县辖镇。在县境东南部。面积 144 平方千米。人口 6.1 万。以汉族为主，还有回族。辖 40 村委会,有 121 自然村。镇人民政府驻马庄。1949 年为马庄区。1958 年设马庄乡,同年改设公社。1985 年置马庄镇。2011 年芍药山乡并入。以镇政府驻地村得名。涑河、洗耳河从境内穿过。有中小学 13 所,卫生院 2 个。有重要古迹许由洞、徐向前旧居、费县抗日大队遗址、解放天井汪战斗遗址等。农业以种植业和养殖业为主,主产小麦、花生、玉米、黄烟等,盛产核桃、柿子、黑木耳等,养殖长毛兔、银狐等。工业以板材加工、五金加工、轻工(玩具)业为主。省道岚济公路、费马公路过境。

胡阳镇 371325-B08
[Húyáng Zhèn]

费县辖镇。在县境东部。面积 70 平方千米。人口 4.9 万。辖 17 村委会,有 47 自然村。镇人民政府驻胡阳村。1958 年春置胡阳乡,同年秋改设人民公社,又改为胡阳区。1962 年撤销胡阳区,分属薛庄、方城区。1971 年恢复胡阳公社。1985 年设胡阳乡。2001 年撤乡设镇。以镇政府驻地村得名。胡阳河从境内穿过。有中小学 5 所,卫生院 1 个。有重要古迹隋代四面造像碑。农业主产小麦、玉米、水稻、蔬菜等,盛产西红柿,养殖奶牛、山羊等。工业有板材加工、裘皮加工、机械加工、建筑建材、食品加工等企业。有公路经此。

石井镇 371325-B09
[Shíjǐng Zhèn]

费县辖镇。在县境西南部。面积 102 平方千米。人口 3.9 万。辖 21 村委会,有 101 自然村。镇人民政府驻石井村。1958 年冬设石井人民公社。1985 年设石井乡。2001 年撤乡设镇。以镇政府驻地村得名。石井河从境内穿过。有中小学 9 所,卫生院 1 个。有重要古迹冀城遗址、中共苏鲁豫皖临时特委驻地旧址、八路军鲁南军区直属卫生所遗址等。农业主产小麦、地瓜、玉米、花生、黄姜、黄烟等,特产"七月红"大枣、黄瓤地瓜、甜桃、金银花、板栗等,养殖猪、牛、羊等。工业有建筑建材、家具生产等企业。省道新枣公路过境。

大田庄乡 371325-C01
[Dàtiánzhuāng Xiāng]

费县辖乡。在县境北部。面积 96 平方千米。人口 2.4 万。辖 12 村委会,有 76 自然村。乡人民政府驻大田庄。1976 年前境域属上冶区、上冶公社管辖。1976 年 3 月析设五圣公社。1981 年更名为田庄公社。1985 年设大田庄乡。以乡政府驻地村得名。北部为蒙山山脉。有中小学 6 所,卫生院 1 个。有纪念地王杰纪念馆,重要名胜古迹掌枢院、关帝庙、朝阳洞、老虎洞、蜘蛛石、玉皇顶等。农业以种植西瓜、苹果、桃、板栗为主,西瓜注册"双冠"牌商标,板栗密植丰产栽培技术通过国家鉴定,名优特产有蒙山全蝎、蒙山黑羊、蒙山香菇、蒙山马齿苋、蒙山苦菜、荆花蜂蜜等天然食品。工业以翻砂铸造为主。省道蒙台公路过境。

南张庄乡 371325-C02
[Nánzhāngzhuāng Xiāng]

费县辖乡。在县境北部。面积 72 平方千米。人口 4.1 万。辖 16 村委会,有 55 自然村。乡人民政府驻南张庄。1985 年前境域分属上冶公社和薛庄公社所辖,1985 年析设南张庄乡。以乡人民政府驻地村得名。浚河从境内穿过。有中小学 7 所,卫生院 1 个。有蒙山天蒙景区、云瀑洞天旅游区等旅游资源。农业以种植小麦、玉米、大豆、花生、地瓜、蔬菜为主。工业以板材加工、机械铸造、建筑材料加工为主。服务业以旅游业为主。日东高速过境。

旧地名

刘庄镇（旧）　371325-U01
[Liúzhuāng Zhèn]

费县辖镇。在县境东南部。2000年设立。2011年撤销，并入探沂镇。

城北乡（旧）　371325-U02
[Chéngběi Xiāng]

费县辖乡。在县境北部。1985年设立。2010年改镇。2011年撤销，并入费城街道。

郝家村乡（旧）　371325-U03
[Hǎojiācūn Xiāng]

费县辖乡。在县境西南部。1985年设立。2001年撤销，并入梁邱镇。

马头崖乡（旧）　371325-U04
[Mǎtóuyá Xiāng]

费县辖乡。在县境东北部。1985年设立。2001年撤销，并入薛庄镇。

芍药山乡（旧）　371325-U05
[Sháoyàoshān Xiāng]

费县辖乡。在县境南部。1985年设立。2011年撤销，并入马庄镇。

水连峪乡（旧）　371325-U06
[Shuǐliányù Xiāng]

费县辖乡。在县境西部。1985年设立。2001年撤销，并入朱田镇。

许家崖乡（旧）　371325-U07
[Xǔjiāyá Xiāng]

费县辖乡。在县境西南部。1985年设立。2001年撤销，并入费城镇（现费城街道）。

岩坡乡（旧）　371325-U08
[Yánpō Xiāng]

费县辖乡。在县境东南部。1985年设立。2001年撤销，并入探沂镇。

员外乡（旧）　371325-U09
[Yuánwài Xiāng]

费县辖乡。在县境西部。1985年设立。2001年撤销，并入费城镇（现费城街道）。

社区

胜利社区　371325-A01-J01
[Shènglì Shèqū]

属费城街道管辖。在费县中部。面积0.4平方千米。人口1 100。因辖区内自然村胜利街得名。2004年成立。有楼房4栋，现代建筑风格。驻有费县中医院、费县农业机械管理局等单位。有便民服务。通公交车。2009年被评为省文明社区。

自由社区　371325-A01-J02
[Zìyóu Shèqū]

属费城街道管辖。在费县西部。面积0.3平方千米。人口1 500。因自然村自由街得名。2004年成立。有楼房14栋，现代建筑风格。驻有费县综合行政执法局、费县住房和城市建设局等单位。有便民服务。通公交车。2008年被评为省文明社区。

民主社区　371325-A01-J03
[Mínzhǔ Shèqū]

属费城街道管辖。在费县西部。面积0.4平方千米。人口1 200。因自然村民主街得名。2004年成立。有楼房7栋，现代建筑风格。驻有费县实验中学、费县运输公司等单位。通公交车。2013年被评为省文明社区。

平邑县

平邑县 371326
[Píngyì Xiàn]

临沂市辖县。北纬35°30′，东经117°38′。在市境西部。面积1 825平方千米。人口104.1万。以汉族为主，还有回、满、壮等民族。辖1街道、13镇。县人民政府驻平邑街道。西周为颛臾地。西汉置南武阳县，属泰山郡。南朝宋改武阳县，属东泰山郡。隋开皇十六年（596）改为颛臾县，属琅琊郡。唐贞观年间省入费县。1946年以费南县全部及费北、泗水2县各一部置平邑县，治今址，属鲁南行政区第一专区。1948年属台枣专区。1950年属滕县专区。1953年改属临沂专区。1967年属临沂地区。1994年属临沂市。（资料来源：《中华人民共和国地名大辞典》）传为春秋季平子的城邑，故名。以山地丘陵为主，余为河谷平原。地势南北高、中间低，略向东南倾斜。北部蒙山山脉海拔600米以上，南部尼山山脉海拔500~600米，中部浚河谷地平原海拔150~200米。年均气温13.5℃，1月平均气温0.9℃，7月平均气温26.6℃。年均降水量742.7毫米。有浚河、温凉河流经。有黄金、花岗石、石膏、石灰石等矿产资源。有金、银、铁、铅、铝等矿产资源。有野生植物1 050余种。有野生动物143种。有省级自然保护区1个。森林覆盖率38.7%。有中小学184所，体育馆1个，二级以上医院2个。有国家级文物保护单位1个，省级文物保护单位2个，风景名胜区和重要古迹、景点42个。三次产业比例为14.3∶41.9∶43.8。农业以种植业为主，主产果品、金银花、大蒜、土豆、小麦、玉米、花生等，"平邑金银花"获得地理标志证明商标、地理标志农产品"双地标"认证，是国家商品粮基地、无公害蔬菜基地、干鲜果品基地和畜牧业基地。畜牧业以饲养猪、羊、蛋鸡、奶牛、肉牛为主。工业以食品加工、石材加工为主，还有建筑建材、生物医药、装备制造、纺织、高端木业等业，是全国食品工业强县，石材产品远销美、日、韩、德等国家和地区。服务业以商贸、旅游业为主。有省级开发区1个。境内铁路53千米，公路2 311千米。兖石铁路、日兰高速、327国道和省道初张公路、平滕公路、枣徐公路、石兖公路、岚济公路过境。

平邑经济开发区 371326-E01
[Píngyì Jīngjì Kāifāqū]

在县境中部。东至大南泉、小南泉社区，南临日东高速公路，西到胡同村，北至兴水河。面积3 060公顷。以县级政区名称和功能命名。2006年3月经省政府正式批准建立省级开发区，由县级政府管理。是产业特色鲜明、综合配套能力强的现代制造业聚集区。入驻企业16家，其中有雷沃桥箱、阿曼达医药、芙蓉塘制药、天宝化工、路美交通、腾峰纺织、皇华新型建材等企业。境内道路四通八达。

平邑街道 371326-A01
[Píngyì Jiēdào]

平邑县人民政府驻地。在县境中部。面积201平方千米。人口17.6万。2010年成立。以旧村改造和小区建设为重点，完成拆迁面积8.6万平方米，新建设面积26万余平方米。完成板桥路南段开发建设。实施了县城四大出口改造工程。因为平邑县人民政府驻地，故名。浚河从境内穿过。有中小学23所，图书馆1个，知名文艺团体5个，医疗卫生机构2个。有古迹东阳古城遗址、汉代石阙三通、章和石阙、清真寺。农业以种植业、养殖业为主，主产核桃、山楂、柿子、有机小米等经济作物，建有现代农业示范园。工业以石材、石膏板、食品、机械、造纸包装、服装鞋帽、医药、建筑建材加工为主，有沂蒙石材城、中华名吃城和平邑工业园。有平邑火车站、平邑县长途汽车站，通公交车。

仲村镇 371326-B01
[Zhòngcūn Zhèn]

平邑县辖镇。在县境北部。面积114平方千米。人口8.5万。辖40村委会，有61自然村。镇人民政府驻鲍家坡村。1952年设第九区。1958年改设仲村乡，后改公社。1985年改置镇。因镇政府原驻地仲村得名。有云头山、仙姑山，跃鱼沟河、峡圩河从境内穿过。有中小学15所，卫生院1个。有古迹仲子祠、原子思墓、明代木雕彩绘关公像、东城子古文化遗址。农业以种植业、养殖业为主，主产葡萄、桑蚕、蔬菜、板栗、黄烟、莲藕、蛋鸡、商品兔。工业以棉纺手套加工为主，有机械、食品加工、生物制品、化工、酿酒等企业。东平铁路和省道石兖公路、新枣公路、汶泗公路过境。

武台镇 371326-B02
[Wǔtái Zhèn]

平邑县辖镇。在县境北部。面积81平方千米。人口3.8万。辖25村委会，有36自然村。镇人民政府驻孙家庄。1958年由仲村析设武台乡，后改公社。1985年复设乡。1995年改置镇。据传境内有一山名曰武山，为屯兵演武之地，山顶有烽火台，山下有练兵台，故得名武台。有黑山、云台山、大望山、太平顶、鱼鳞山，浚河源头北支流从境内穿过。有中小学9所，卫生院1个。有纪念地武台镇烈士陵园。农业以现代种植业为主，主产黄桃、草莓、蔬菜、花卉，武台黄桃、武台葡萄获国家地理标志证明商标，全镇90%的果品实现绿色无公害生产。工业形成以电缆桥架、饲料加工、起重器材加工为主的产业体系，有惠生饲料、伟力起重机械等知名产品。服务业以休闲旅游、电商业为主，是临沂市电子商务示范镇。省道石兖公路过境。

保太镇 371326-B03
[Bǎotài Zhèn]

平邑县辖镇。在县境东北部。面积109平方千米。人口7.9万。辖48村委会，有62自然村。镇人民政府驻保太村。1949年为保太区。1958年改设乡，后改公社。1985年复设乡。1994年改置镇。以驻地村命名。有蒙山山脉，浚河从境内穿过。有中小学11所，卫生院1个。有重要名胜古迹海螺寺、九女关古道、宋朝千年银杏树等。农业以种植业为主，主产蔬菜、花卉、果品，是花卉苗木繁育周转基地，建有鸵鸟、奶牛养殖基地。农产品加工有三阳粉皮、大夫宁醋制品、羊城果品、食用菌、肉食、武阳豆制品等产品，形成以石膏加工为主的建材产业体系。省道汶泗路过境。

卞桥镇 371326-B04
[Biànqiáo Zhèn]

平邑县辖镇。在县境东部。面积77平方千米。人口5.3万。辖26村委会，有44自然村。镇人民政府驻东卞桥村。1949年为卞桥区。1958年改乡，后改公社。1985年改置镇。以驻地村命名。金线河从境内穿过。有国家级技术研究中心1个，中小学13所，卫生院2个。有重要古迹南安靖和岳家村大汶口文化遗址、东荆埠龙山文化遗址等。农业以种植业为主，主产小麦、玉米、花生、黄烟、瓜菜、林果，是蒙山板栗、花椒主产地。工业以石膏开采、木业、食品加工、建筑建材为主。服务业以旅游业为主，有旅游度假村。菏日铁路、日东高速过境。

地方镇 371326-B05

[Dìfāng Zhèn]

平邑县辖镇。在县境东部。面积 148 平方千米。人口 6.8 万。辖 62 村委会，有 92 自然村。镇人民政府驻八一村。1955 年设地方区。1958 年改设乡，后改公社。1984 年改置镇。以成立的地方工作区得名。有天宝山，浚河、金线河、西固河、白玉河、宋庄河从境内穿过。有中小学 17 所，卫生院 1 个。有重要古迹左宝贵衣冠冢等。农业以种植业为主，主产山楂、梨、苹果、大樱桃、葡萄、蓝莓、黄桃、油桃等，是水果生产大镇。工业以果蔬罐头加工为主导，有印铁制罐、玻璃制品行业。服务业以旅游业、物流运输、餐饮等为主，九间棚旅游区为全国农业旅游示范点。兖石铁路、327 国道过境。

铜石镇 371326-B06

[Tóngshí Zhèn]

平邑县辖镇。在县境东南部。面积 158 平方千米。人口 8.8 万。辖 46 村委会，有 105 自然村。镇人民政府驻铜石村。1958 年设铜石乡，后改公社。1984 年改置镇。以驻地村命名。有封山、大王崮、轿车山，浚河、蓝河从境内穿过。有中小学 14 所，卫生院 1 个。有彭泉慢游谷风景区、丹山自然风景区等旅游资源。农业以种植业为主，主产大蒜、金银花、小麦、玉米、地瓜等，建有国家级"蓝浚"牌无公害大蒜生产基地。工业以有色金属（黄金矿）开采、板材加工、建材生产、中药材加工等为主。兖石铁路、日东高速、327 国道过境。

温水镇 371326-B07

[Wēnshuǐ Zhèn]

平邑县辖镇。在县境东部。面积 50 平方千米。人口 5.8 万。辖 28 村委会，有 41

自然村。镇人民政府驻北温水村。原属铜石、柏林、东阳公社。1985 年设温水乡。1994 年改设温水镇。以驻地村得名。浚河从境内穿过。有中小学 6 所，卫生院 1 个。有重要名胜古迹遇圣桥、林氏老宅八卦宅、元郭三村汉代遗址、永西碧霞元君祠等。经济以种植业为主，主产大蒜、西瓜、果蔬，是无公害产品"花园蜜"西瓜种植基地，有北美海棠、无公害蔬菜、牡丹园、葡萄采摘、食用菌研发生产、猕猴桃、黄桃种植七大现代农业基地。有温水和南林两个工业园区，温水工业园区以机械加工、新材料、新能源为主，有科威机械、汇丰型材、惠普生物等企业；南林工业园区以新能源、建材行业为主，有鲁电生物发电、盛达木业、中庸建材等企业。兖石铁路、日东高速、327 国道过境。

流峪镇 371326-B08

[Liúyù Zhèn]

平邑县辖镇。在县境南部。面积 104 平方千米。人口 5.4 万。辖 39 村委会，有 78 自然村。镇人民政府驻流峪村。1953 年设唐村区。1958 年改设乡，后改公社。1985 年改设流峪乡。1996 年改置镇。以驻地村命名。有丰山，唐村河、东阳河、车庄河从境内穿过。有中小学 12 所，卫生院 1 个。有纪念地南蒲芦革命烈士陵园，名胜古迹五龙湖风景旅游区、唐王石遗址、赤梁院溶洞等。农业主产红薯、花生、金银花、冬枣、板栗、石榴等，是鲁南地区重要的金银花等中药材生产基地和农副产品生产基地。工业形成副食品加工、纺织服装、新型建材等产业群，有凤凰山、金银花、五龙湖三大工业园区。省道新枣公路过境。

郑城镇 371326-B09

[Zhèngchéng Zhèn]

平邑县辖镇。在县境南部。面积 161

平方千米。人口 7.3 万。辖 37 村委会,有 170 自然村。镇人民政府驻郑城村。1949 年为崇崮区。1955 年改郑城区。1958 年改设乡,后改公社。1985 年改置镇。以驻地村命名。有曾子山、观音山、苏家崮等,温凉河、西皋河从境内穿过。有中小学 13 所,卫生院 2 个。有纪念地肖华故居、桃峪高干会议旧址、苏家崮战斗遗址及苏家崮抗日烈士陵园等,名胜古迹曾子山、观音山旅游景区、郑玄公园等。农业主产花生、小麦、玉米、地瓜,盛产金银花、大金星山楂、乌克兰大樱桃、仓方早生桃等。工业以金银花等中药材加工为主,有金泰药业、宝健药业、益生药业等企业。服务业以农业生态旅游为主。省道新枣公路、岚济公路过境。

白彦镇 371326-B10
[Báiyàn Zhèn]

平邑县辖镇。在县境西南部。面积 190 平方千米。人口 8.3 万。辖 40 村委会,有 160 自然村。镇人民政府驻白彦村。1949 年为白彦区。1958 年改设乡,后改公社。1985 年改置镇。以驻地村命名。温凉河从境内穿过。有红山、常山、毓秀山、范家崮等旅游景点,东石门文化遗址、明鲁怀王墓和鲁悼王墓、太皇崮等古迹。有中小学 18 所,卫生院 1 个。经济以种植业和畜牧业为主,主产樱桃、黄烟、花生、地瓜、中药材、瓜菜等经济作物和小麦、玉米等粮食作物,建有黄烟生产基地,特产南洞大樱桃。工业以中药材加工、门窗加工为主,有白彦镇工业聚集区。省道岚济公路过境。

临涧镇 371326-B11
[Línjiàn Zhèn]

平邑县辖镇。在县境西南部。面积 120 平方千米。人口 5.1 万。辖 21 村委会,有 76 自然村。镇人民政府驻临涧村。1953 年

为十六区。1958 年设临涧乡,后改公社。1985 年设临涧乡。1999 年改设临涧镇。2000 年庞庄乡并入。以驻地村命名。有四海山、宝泉崮、狼窝顶等山峰,唐村河、临涧河从境内穿过。有中小学 16 所,卫生院 1 个。有重要名胜古迹下洼宝台寺文化遗址、小卓庄文化遗址和安自山、玉皇山、四开山、姑山等风景区。农业以种植业为主,盛产花生、金银花、大樱桃、水晶梨、板栗等果品,建有蔬菜、果品、大樱桃、中药材种植基地。工业以花岗石荒料开采及深加工、新型建材、农特产品加工为主,是优质"将军红"花岗石主产地。省道岚济公路、平滕公路过境。

丰阳镇 371326-B12
[Fēngyáng Zhèn]

平邑县辖镇。在县境西南部。面积 96 平方千米。人口 4.2 万。辖 28 村委会,有 54 自然村。镇人民政府驻郑家峪村。1950 年为丰阳区。1958 年改设乡,后改公社。1984 年改设郑家峪乡。1992 年因位于丰山前改为丰阳乡。1998 年改置镇。境内有香山、丰山等。有中小学 9 所,卫生院 1 个。农业以种植业和畜牧养殖为主,主产小麦、玉米、地瓜、花生、蔬菜等,有沂蒙霜红桃、丰山板栗等特色农产品品牌。工业以木材、新型建材、商品砼、机械零部件、农特产品加工为主。日东高速、省道平滕公路过境。

柏林镇 371326-B13
[Bǎilín Zhèn]

平邑县辖镇。在县境北部。面积 218 平方千米。人口 6.0 万。辖 30 村委会,有 58 自然村。镇人民政府驻柏林村。1958 年设柏林乡,后改公社。1985 年复设乡。1993 年改置镇。以驻地村命名。有中小学 16 所,卫生院 1 个。有爱国主义教育基地山东省委机关驻地旧址,名胜古迹明光寺、

万寿宫、摩天岭石塔、古柏抱槐、颛臾古城遗址、杨谢南墩遗址、玉皇城遗址、姊妹松等。经济以种植业、畜牧养殖为主，主产樱桃、山楂、苹果、蓝莓、黄烟、花生、地瓜、中药材及蒙山全蝎、蒙山蘑菇、土鼋、蜗牛等，养殖蒙山黑山羊、蒙山草鸡等，土特产有蒙山灵芝、蒙山何首乌、紫草、丹参等中草药。工业以石材加工、农副产品加工、中药材加工等为主。327 国道、省道汶泗路过境。

旧地名

资邱镇（旧） 371326–U01
[Zīqiū Zhèn]

平邑县辖镇。在县境东北部。1984 年设立。2011 年撤销，并入卞桥镇。

岐山镇（旧） 371326–U02
[Qíshān Zhèn]

平邑县辖镇。在县境西北部。1986 年设立。2000 年撤销，并入仲村镇。

天宝山镇（旧） 371326–U03
[Tiānbǎoshān Zhèn]

平邑县辖镇。在县境东南部。1984 年设立。2000 年撤销，并入地方镇。

魏庄乡（旧） 371326–U04
[Wèizhuāng Xiāng]

平邑县辖乡。在县境南部。1984 年设立。2011 年撤销，并入郑城镇。

白马乡（旧） 371326–U05
[Báimǎ Xiāng]

平邑县辖乡。在县境中部。1988 年设立。2000 年撤销，并入平邑镇，2010 年后属平邑街道。

东阳乡（旧） 371326–U06
[Dōngyáng Xiāng]

平邑县辖乡。在县境中部。1958 年设立。2000 年撤销，并入平邑镇，2010 年后属平邑街道。

黄坡乡（旧） 371326–U07
[Huángpō Xiāng]

平邑县辖乡。在县境南部。1984 年设立。2000 年撤销，并入白彦镇。

山阴乡（旧） 371326–U08
[Shānyīn Xiāng]

平邑县辖乡。在县境南部。1985 年设立。2000 年撤销，并入白彦镇。

张里乡（旧） 371326–U09
[Zhānglǐ Xiāng]

平邑县辖乡。在县境东南部。1985 年设立。2000 年撤销，并入铜石镇。

庞庄乡（旧） 371326–U10
[Pángzhuāng Xiāng]

平邑县辖乡。在县境西南部。1984 年设立。2000 年撤销，并入临涧镇。

唐村岭乡（旧） 371326–U11
[Tángcūnlǐng Xiāng]

平邑县辖乡。在县境西南部。1984 年设立。2000 年撤销，分别并入流峪镇、丰阳镇、平邑镇。

羊城乡（旧） 371326–U12
[Yángchéng Xiāng]

平邑县辖乡。在县境东北部。1985 年设立。2000 年撤销，分别并入柏林镇、保太镇。

莒南县

莒南县 371327

[Jǔnán Xiàn]

临沂市辖县。北纬 35°12′，东经 118°49′。在市境东部。面积 1 751 平方千米。人口 103.3 万。以汉族为主，还有回、苗、彝、壮等民族。辖 1 街道、15 镇。县人民政府驻十字路街道。西汉置高乡县，东汉废。北朝东魏置义塘县，隋开皇间废入莒县。1941 年析莒县南部置县，因名莒南，治十字路，属滨海专区。1948 年属鲁中南行政区第六专署。1949 年又属滨海专区。1950 年属沂水专区。1953 年属临沂专区。1967 年改为临沂地区。1994 年 12 月改属临沂市。（资料来源：《中华人民共和国地名大词典》）地势东高西低，东部为低山丘陵区，西部为平原区，平均海拔 200 米。年均气温 12.7 ℃，1 月平均气温 −5.9 ℃，7 月平均气温 25.9 ℃。年均降水量 876 毫米。有沭河、浔河、鸡龙河、龙王河等流经。有金、银、铁、铜、重晶石、氟石、明矾石、石墨、紫砂岩、白云石、花岗石、石英石等矿产资源。有野生植物 70 种，其中国家重点保护野生植物有唐槐、厚壳树等 7 种。有野生动物 51 种，其中国家重点保护野生动物有猪獾、麻雀等 5 种。森林覆盖率 36.96%。有省级工程技术研究中心 1 个、省级示范工程技术研究中心 1 个。有中小学 131 所，图书馆 1 个，博物馆 1 个，体育场 1 个，二级以上医院 2 个。有国家级文物保护单位 2 个，国家级爱国主义教育基地 2 个，省级非物质文化遗产 2 个，风景名胜区和重要古迹、景点 7 个。三次产业比例为 12.8∶40.6∶46.6。农业以种植业为主，主产小麦、水稻、甘薯、玉米、花生等，还有苹果、葡萄、核桃、板栗、山楂、茶叶等经济作物，莒南花生、莒南绿茶、洙边板栗、大店草莓、相沟蓝莓为地理标志绿色环保产品，有国家级出口食品农产品质量安全示范区、农产品地理标志示范样板区，是国家农业产业化示范基地县、全国"平安农机"示范县。是花生商品基地县、优质大花生基地县。工业以冶金有色、绿色食品、装备制造、精细化工等业为主，生物医药、新材料为新兴产业，有中国驰名商标"山东阜丰发酵有限公司"1 个，山东省著名商标"山东三方化工集团有限公司"等 16 个，山东名牌产品、服务名牌"山东白龙机械有限公司"等 11 个。服务业以旅游业、商贸物流业、临港产业为主，有黑陶、石雕、木梳、草柳编、布老虎等特色旅游产品，是董家口港、日照港、岚山港等七大港口强辐射区。有省级开发区 1 个。境内铁路 69.39 千米，公路 2 414.8 千米。新菏兖日铁路、瓦日铁路、长深高速和省道岚济路、莒新路、莒阿路过境。

莒南县经济开发区 371327-E01

[Jǔnán Xiàn Jīngjì Kāifāqū]

在县境中部。东至泰山路，西至华山路，南至岚济路，北至通海路。面积 3 087 公顷。以所在政区和功能性质得名。2006 年 3 月经省政府正式批准建立省级开发区，由县级政府管理。全区规模以上企业 93 家，高新技术企业 11 家，一家企业入围中国 500 强，其中有阜丰集团、鑫海科技、三方化工、仁和堂药业等知名企业。境内铁路、公路纵横交错，通公交车。

十字路街道 371327-A01

[Shízìlù Jiēdào]

莒南县人民政府驻地。在县境中部。面积 168 平方千米。人口 18.5 万。2009 年设立。宋、金时代，因由此东到日照的安东卫、西至临沂，南到连云港的青口、北至莒县，纵横两条大路在此交汇呈"十"字而得名。鸡龙河、白龙河、赤石沟河从境内穿过。有中小学 27 所，文化馆 1 个，图书馆 1 个，医疗卫生机构 56 个。有纪念地鲁东南革命烈士陵园。有五洲广场等标志性建筑物。有卧佛寺公园等旅游资源。农业主产小麦、玉米、地瓜、花生、茶叶、油桃、杏、桑蚕等，有农业生态科技示范园、大棚蔬菜基地等。工业以机械制造、农副产品加工、化工化纤等为主。服务业以商贸物流、文化旅游、餐饮等为主。有莒南火车站、莒南长途客运站，通公交车。

大店镇 371327-B01
[Dàdiàn Zhèn]

莒南县辖镇。在县境北部。面积 131 平方千米。人口 8.7 万。辖 18 村委会，有 71 自然村。镇人民政府驻大店九村。1952 年设第三区。1956 年改大店区。1958 年改大店乡，后改公社。1984 年改置镇。以镇政府驻地村得名。沭河、浔河从境内穿过。有中小学 11 所，卫生院 1 个，公共绿地 3 个，广场 2 个。有国家级文物保护单位八路军——五师司令部旧址，非物质文化遗产薛家窑泥陶烧制技艺，有名胜古迹西周向国故城遗址、老龙腰古墓遗址、葛埠岭英雄塔、薛家窑陶器遗址，马亓山、庄氏庄园等景点。农业主产草莓、苹果、山楂、板栗等，"大店草莓"是中国农产品地理标志产品。工业以制造业为主。服务业以餐饮、批发零售业为主。省道莒阿路过境。

坊前镇 371327-B02
[Fángqián Zhèn]

莒南县辖镇。在县境东部。面积 183 平方千米。人口 8.8 万。辖 20 村委会，有 66 自然村。镇人民政府驻大坊前村。1949 年为桑庄区。1958 年改称公社。1984 年设乡。1994 年改置镇。2011 年原相邸镇并入。以镇政府驻地村得名。绣针河、龙王河、龙

头河从境内穿过。有中小学 16 所，卫生院 2 个，公共绿地 4 个，广场 3 个。农业以种植苹果、山楂、板栗等为主，是花生、茶叶、板栗、苗木生产基地。工业以石材产业为主，石雕石刻产品畅销 40 多个国家和地区。服务业以餐饮、批发零售业为主。兖石铁路、342 国道、省道岚济公路过境。

板泉镇 371327-B03
[Bǎnquán Zhèn]

莒南县辖镇。在县境西部。面积 101 平方千米。人口 7.8 万。辖 17 村委会，有 62 自然村。镇人民政府驻板泉崖村。1938 年至 1940 年属临沂县五区。1940 年划归沭水县。1945 年沭水县撤销，划入莒南县，称板泉区。1958 年改设乡，同年 10 月改为板泉公社。1984 年改置镇。以镇政府驻地村得名。沭河、鸡龙河、武阳河从境内穿过。有中小学 14 所，卫生院 1 个，公共绿地 3 个，广场 2 个。有名胜古迹王璟墓石刻造像、渊子崖革命烈士纪念塔等。经济形成柳编、造纸、木梳加工、钢铝太阳能配件加工、劳保用品生产、蔬菜苗木花卉种植等特色产业，名优特产有板泉石磨煎饼、板泉大饼、板泉木梳。省道岚济路、莒阿路过境。

洙边镇 371327-B04
[Zhūbiān Zhèn]

莒南县辖镇。在县境南部。面积 121 平方千米。人口 5.3 万。辖 16 村委会，有 45 自然村。镇人民政府驻洙边村。1949 年为洙边区。1958 年改设乡，后改公社。1984 年复设乡。1994 年改置镇。因镇政府驻地得名。青口河、书院河从境内穿过。有中小学 11 所，卫生院 1 个，公共绿地 2 个，广场 1 个。有重要古迹孔子晒书台、卜子书院等遗址，沂蒙乡村风情园等旅游资源。农业主产花生、小麦、红薯、玉米、水稻、

大豆、茶叶、黄桃、板栗、蚕桑、苹果、西瓜、黄烟等。工业以制造业为主。服务业以餐饮、批发零售为主。省道莒新公路过境。

文疃镇 371327-B05
[Wéntuǎn Zhèn]

莒南县辖镇。在县境东北部。面积114平方千米。人口4.5万。以汉族为主，还有回、彝等民族。辖10村委会，有29自然村。镇人民政府驻文疃村。1956年设薛庆区。1958年改文疃乡，同年改公社。1984年复设乡。1985年改置镇。以镇政府驻地村得名。有三皇山、鸡山等，文疃河、龙王河从境内穿过。有中小学8所，卫生院1个，公共绿地1个，广场1个。有浮棚山景区、彩沟景区等景点。农业以种植小麦、玉米、地瓜、核桃、蜜桃、苹果、油牡丹、花生、黄烟、蚕桑等为主。工业有食品加工、石材加工、玩具加工、新能源等企业。服务业以餐饮、批发零售业为主。晋中南铁路过境。

石莲子镇 371327-B06
[Shíliánzi Zhèn]

莒南县辖镇。在县境西北部。面积119平方千米。人口7.5万。辖13村委会，有61自然村。镇人民政府驻石莲子村。1952年为第四区。1956年改汀水区。1958年设石莲子乡，后改公社。1984年复设乡。1996年改置镇。2011年汀水镇并入。以镇政府驻地村得名。汀水河、石莲子河从境内穿过。有中小学4所，卫生院2个，公共绿地3个，广场2个。有重要古迹墩后村大汶口文化遗址。农业主产小麦、玉米、西瓜、草莓、葡萄、甘蓝、西红柿等。工业有食品加工、五金加工、服饰制造等企业。服务业以餐饮、批发零售业为主。长深高速、206国道过境。

岭泉镇 371327-B07
[Lǐngquán Zhèn]

莒南县辖镇。在县境西部。面积62平方千米。人口4.1万。辖30村委会，有35自然村。镇人民政府驻西岭泉村。1950年设立岭泉区，1958年成立岭泉乡，后改公社。1984年复设乡。1996年撤乡建镇。因镇政府驻地位村得名。鸡龙河、沭河从境内穿过。有中小学6所，卫生院1个，公共绿地5个，广场2个。有恐龙遗迹地质公园和郯城大地震遗址。农业以种植小麦、玉米、水稻、花生、大豆为主，养殖牛、猪、羊、兔、鸡、淡水鱼等。工业有石材加工、建材加工等企业。兖石铁路、长深高速、省道莒阿路过境。

筵宾镇 371327-B08
[Yánbīn Zhèn]

莒南县辖镇。在县境北部。面积76平方千米。人口4.7万。以汉族为主，还有回族。辖19村委会，有28自然村。镇人民政府驻西筵宾村。1958年析大店、岭泉、路镇3区地设筵宾乡，同年改公社。1984年复设乡。1996年改设镇。以镇政府驻地村得名。鲁沟河、筵宾河从境内穿过。有中小学10所，卫生院1个，公共绿地2个，广场1个。有重要古迹虬龙墩墓、后辛庄汉代墓群。农业主产小麦、水稻、玉米、红薯、花生和西红柿、辣椒、芸豆等蔬菜，是鲁东南地区无公害蔬菜生产基地之一。工业有食品加工、机械制造等产业。服务业以餐饮、批发零售业为主。有公路经此。

涝坡镇 371327-B09
[Làopō Zhèn]

莒南县辖镇。在县境东北部。面积151平方千米。人口5.9万。辖11村委会，有45自然村。镇人民政府驻大涝坡村。

1952 年为第二区。1956 年设涝坡区。1958 年改乡，同年改公社。1984 年改设乡。1998 年改设镇。因镇政府驻地村得名。鸡龙河从境内穿过。有中小学 10 所，卫生院 1 个，公共绿地 2 个，广场 1 个。有天马岛风景区、马鬐山红袄军遗址、鬐山旅游生态区、鬐山村历史陈列馆等旅游资源。农业以种植蚕桑、花生、黄烟、桃、苹果、杏、板栗为主，"柱子山"牌苹果、"崮山"牌梨、"涝坡"牌桃被认证为绿色有机农产品、无公害农产品。工业有石材加工、橡塑制造、机械制造、石雕石刻、花生深加工等企业。服务业以旅游业、批发零售业为主。有公路经此。

道口镇 371327-B10
[Dàokǒu Zhèn]

莒南县辖镇。在县境西北部。面积 53 平方千米。人口 3.6 万。以汉族为主，还有回、苗、彝、壮等民族。辖 19 村委会，有 33 自然村。镇人民政府驻中道口村。1984 年析石莲子、岭泉 2 公社地设道口乡。2011 年撤乡设镇。以镇政府驻地村得名。沭河、鲁沟河、汀水河从境内穿过。有中小学 6 所，卫生院 1 个，公共绿地 2 个，广场 1 个。农业盛产葡萄、草莓、甘蓝、芸豆、西红柿、大棚蔬菜、果品获有机食品认证 1 个、绿色食品认证 6 个。工业有机械铸造、劳保用品、纺织刺绣、生物化工等企业。服务业以餐饮、批发零售业为主。长深高速过境。

相沟镇 371327-B11
[Xiànggōu Zhèn]

莒南县辖镇。在县境西南部。面积 108 平方千米。人口 4.2 万。辖 16 村委会，有 23 自然村。镇人民政府驻东相沟村。1952 年设第十三区。1956 年称三义区。1958 年设相沟乡，同年改公社。1984 年改置乡。2013 年改设镇。以镇政府驻地村得名。刘大河、石沟河、沈保河（武阳河）从境内穿过。有中小学 12 所，卫生院 1 个，公共绿地 2 个，广场 1 个。有朱雀山生态旅游观光园、千荟玫瑰文化产业园、橡树湾公园等旅游资源。农业主产小麦、花生、地瓜、玉米、蓝莓、大樱桃、草莓、玫瑰、葡萄、苹果、梨、黄烟等，注册有"妙香""天赐""老子峪""郁金香""沅沣"等绿色无公害农产品商标。工业以制造业为主。服务业以旅游业、批发零售业为主。罗岚高速过境。

团林镇 371327-B12
[Tuánlín Zhèn]

莒南县辖镇。在县境东南部。面积 82 平方千米。人口 4.2 万。辖 8 村委会，有 42 自然村。镇人民政府驻北团林村。1940 年前属莒县第十区。1941 年 1 月莒南县建政府，属坪上区。1942 年 9 月称团林区。1945 年划为卢山县，同年卢山县撤销，划回莒南县。1947 年团林区撤销，北部 38 个村划入坪上区，南部 14 个村划入壮岗区。1958 年 1 月撤区改为团林乡，同年 8 月成立红光人民公社，9 月成立莒南人民公社时，名为团林生产管理区，10 月又改为团林上人民公社。1961 年 8 月改称团林区。1971 年撤区恢复团林人民公社。1984 年撤销人民公社设团林乡。1996 年 8 月撤乡设镇。因镇政府驻地得名。绣针河从境内穿过。有中小学 6 所，卫生院 1 个，公共绿地 2 个，广场 1 个。有纪念地团林烈士塔。经济以工业为主。农业主要种植小麦、玉米、花生等农作物。工业以制造业为主。服务业以旅游、批发零售为主。有公路经此。

坪上镇 371327-B13
[Píngshàng Zhèn]

莒南县辖镇。在县境东部。面积 118 平方千米。人口 2.2 万。以汉族为主，还有回族。辖 6 村委会，有 50 自然村。镇人民政府驻坪上三村。1941 年前属莒县第十区。1942 年 9 月属团林区。1946 年划入址坊区。1947 年划出成为坪上区。1952 年以序号编为第九区。1958 年 1 月撤区改坪上乡，同年 8 月与朱芦乡合并，时称大山人民公社，9 月成立莒南人民公社时，名为坪上生产管理区，10 月又改为坪上人民公社。1961 年 8 月改称坪上区。1971 年撤区恢复坪上人民公社。1984 年撤销人民公社，设立坪上镇。因镇政府驻地得名。有中小学 5 所，卫生院 1 个，公共绿地 3 个，广场 2 个。有爱国主义教育基地厉家寨展览馆。经济以工业为主。农业主要种植小麦、玉米、花生、樱桃等农作物。工业以制造业为主。服务业以旅游、批发零售为主。兖石铁路、342 省道过境。设坪上火车站。

壮岗镇 371327-B14
[Zhuànggǎng Zhèn]

莒南县辖镇。在县境东南部。面积 93 平方千米。人口 4.6 万。辖 8 村委会，有 33 自然村。镇人民政府驻西村。1940 年前属莒县第十区。1941 年 1 月莒南县建政府，称壮岗区。1952 年以序号编为第十区。1956 年恢复壮岗区。1958 年 1 月撤区改为壮岗乡.同年 8 月成立跃进人民公社。1961 年 8 月改称壮岗区。1971 年撤区恢复壮岗人民公社。1984 年撤销人民公社设立壮岗乡。1994 年撤乡设镇。因原壮岗村得名。有中小学 4 所，卫生院 1 个，公共绿地 2 个，广场 1 个。农业主要种植小麦、花生、水稻、地瓜等农作物，特产茶叶、蓝莓。工业以制造业为主。服务业以旅游、批发零售为主。有公路经此。

朱芦镇 371327-B15
[Zhūlú Zhèn]

莒南县辖镇。在县境东北部。面积 74.8 平方千米。人口 3.8 万。辖 5 村委会，有 26 自然村。镇人民政府驻朱芦村。1941 年前属莒县第十区。1941 年划归莒南县址坊区。1943 年 5 月划归日照县。1945 年 9 月划归莒南县并入坪上区。1952 年 2 月由坪上划出，以序号编为第十一区。1955 年 9 月改称朱芦区。1958 年改称朱芦乡，同年 8 月与坪上乡合并，成立大山人民公社。11 月莒南县人民公社成立时，隶属坪上管理区，12 月中旬改称大山人民公社。1963 年 1 月改称大山区。1971 年复称大山人民公社。1984 年社改乡（镇），建立朱芦乡。1994 年 7 月撤乡设镇。因镇政府驻地得名。有中小学 3 所，卫生院 1 个，公共绿地 2 个，广场 1 个。有爱国主义教育基地甲子山战役旧址、忠烈祠、英雄山等。经济以工业为主。农业主要种植小麦、玉米、花生、樱桃等农作物。工业以制造业为主。服务业以旅游、批发零售为主。兖石铁路、省道北疏港路过境。

社区

温泉社区 371327-A01-J01
[Wēnquán Shèqū]

属十字路街道管辖。在莒南县东部。面积 4 平方千米。人口 6 200。以温泉村得名。2005 年成立。有楼房 44 栋，现代建筑风格。驻有莒南县人民医院、莒南县第二实验小学等单位。有志愿者服务、老年人日间照料服务。通公交车。2007 年被评为省文明社区。

富民社区 371327-A01-J02
[Fùmín Shèqū]

属十字路街道管辖。在莒南县东北部。面积 2 平方千米。人口 1 000。2006 年成立。有楼房 22 栋，现代建筑风格。驻有临沂市农业学校、莒南县第四中学、莒南县第八小学等单位。有老年人日间照料服务。通公交车。2011年被评为省文明社区。

永泰社区 371327-A01-J03
[Yǒngtài Shèqū]

属十字路街道管辖。在莒南县西北部。面积3平方千米。人口1 900。2006年成立。有楼房28栋，现代建筑风格。驻有莒南县规划局、莒南县畜牧局、莒南县地税局等单位。有老年人日间照料服务。通公交车。2012年被评为省文明社区。

蒙阴县

蒙阴县 371328
[Méngyīn Xiàn]

临沂市辖县。北纬35°43′，东经117°56′。在市境西北部。面积1 602平方千米。人口56.4万。辖1街道、8镇、1乡。县人民政府驻蒙阴街道。春秋为鲁蒙邑、堂埠邑地。西汉于蒙邑（今崔家城子）置蒙阴县，因在蒙山之阴得名，属泰山郡。又置卢县，治今故县，属城阳国。东汉2县俱废。三国魏复置蒙阴县，属东莞郡。晋末废。北魏于故蒙阴县东置新泰县，属南青州东安郡，与兖州东泰山郡新泰县（今莱芜）异地同名。北齐省南青州新泰县入兖州新泰县。元初于故蒙阴县东置新泰县，后废入沂水县。皇庆二年（1313）复置蒙阴县，治即今县城，属莒州。明属青州府。清属沂州府。1914年属济宁道，1925年改属琅琊道。1928年属省。1936年属山东省第三行政督察区。1940年建立抗日民主政权。1941年属鲁中行政区沂蒙专区。同年析蒙阴县西北部及新泰县东部置新蒙县，以2县首字命名，属泰南专区。1943年新蒙县撤销，地归原属。1950年属沂水专区。

1953年属临沂专区。1967年属临沂地区。1994年属临沂市至今。（资料来源：《中华人民共和国地名大词典》）地处蒙山北麓，东汶河上游，地势南北高中间低，由西向东逐渐倾斜，山地丘陵为主，海拔300~700米。年均气温13.2℃，1月平均气温−2.1℃，7月平均气温26.1℃。年均降水量790毫米。有东汶河、蒙河流经。有金刚石、煤、铁、金、石灰岩、白云岩、页岩、钠长石、蛭石、陶瓷土、陶瓷用砂岩、麦饭石、花岗石等矿产资源。森林覆盖率58.6%。有省级科研单位1个。有中小学100所，图书馆1个，档案馆1个，知名文艺团体12个，体育场馆2个。有省级文物保护单位4个，省级非物质文化遗产2个，风景名胜区和重要古迹、景点17个，三星级酒店3个。三次产业比例为16.8:38.2:45。农业以种植业、养殖业为主，主产小麦、玉米、花生、地瓜、烟草、蜜桃、花椒、樱桃、苹果、山楂、核桃、板栗，养殖山羊、长毛兔等。工业以机械装备制造、纺织服装、食品酿造、建材矿业、不锈钢产业为主。服务业以交通运输、商贸物流为主，土特产有沂蒙六姐妹煎饼、蒙阴光棍鸡、红烧兔首、岱崮全羊、干煸辣肉丝、蒙阴蜜桃、蒙山全蝎等。境内公路2 622千米。京沪高速、205国道和省道石兖公路、沂台公路、韩莱公路、莒界公路、蒙馆公路过境。

蒙阴街道 371328-A01
[Méngyīn Jiēdào]

蒙阴县人民政府驻地。在县境中部。面积258平方千米。人口15.9万。2010年设立。因街道办事处在蒙阴县城，故名。先后修建了汶河湿地公园、城北文化广场及改造府东路、府前路。东汶河从境内穿过。有中小学16所，体育场馆1个，医疗卫生机构3个。有名胜古迹云蒙湖风景区、九姑庙、刘洪故里、南山仙人洞等。农业以种植小麦、玉米、地瓜、蜜桃、苹果、板栗和养殖长毛兔、猪、家禽为主。工业有纺织、酿造、机械、拖车等企业。205 国道和省道石兖路、沂台路过境。设蒙阴长途汽车站。

常路镇 371328-B01
[Chánglù Zhèn]

蒙阴县辖镇。在县境西北部。面积 77 平方千米。人口 3.5 万。辖 2 居委会、22 村委会，有 51 自然村。镇人民政府驻常路村。1958 年置常路乡，同年改公社。1984 年复改乡。1985 年改置镇。以镇政府驻地村得名。东汶河、常路河、东高都河从境内穿过。有中小学 5 所，卫生院 1 个。有名胜古迹堂阜遗址、夷吾亭、齐鲁分界墙、王莽点将台、藏兵洞等。农业以小麦、玉米、花生、黄烟种植为主，盛产蜜桃、苹果、葡萄等。工业以照明灯具制作、铁业加工、建筑建材、食品加工为主，是灯泡生产基地和汽车、农机、液压配件生产地。服务业以商贸为主。京沪高速、205 国道过境。

岱崮镇 371328-B02
[Dàigù Zhèn]

蒙阴县辖镇。在县境东北部。面积 184 平方千米。人口 5.3 万。辖 34 村委会，有 316 自然村。镇人民政府驻坡里村。1949 年为大崮区。1957 年改坡里乡。1958 年置岱崮人民公社。1984 年置坡里镇。1993 年改今名。为纪念两次南北岱崮保卫战，以山得名。梓河从境内穿过。有中小学 14 所，卫生院 1 个。有名胜古迹上旺民居、下旺民居、丁家庄四合院等古建筑和岱崮地貌旅游区。农业以果品种植为主，特产中华蜜桃。工业以玛钢生产、矿山开采、建材生产为主。服务业以商贸为主。省道沂台路、韩莱路、南坦路过境。

坦埠镇 371328-B03
[Tǎnbù Zhèn]

蒙阴县辖镇。在县境东部。面积 81 平方千米。人口 3.4 万。辖 25 村委会，有 88 自然村。镇人民政府驻坦埠村。1949 年为坦埠区。1957 年改设乡。后改公社。1984 年置镇。因镇政府驻地得名。梓河从境内穿过。有中小学 5 所，卫生院 1 个。有爱国主义教育基地孟良崮战役陈（毅）、粟（裕）前线指挥部旧址，名胜古迹汉朝卢县城遗址、龙山文化遗址、千年古刹中山寺等。农业以蔬菜种植和长毛兔养殖为主，产小麦、玉米、蜜桃、苹果、板栗、冬枣等，是大棚蔬菜、中药材、烟、蚕茧生产基地。工业以纺织、农副产品加工、中药材加工为主。服务业以商贸为主。省道石兖公路过境。

垛庄镇 371328-B04
[Duòzhuāng Zhèn]

蒙阴县辖镇。在县境东南部。面积 259 平方千米。人口 7.9 万。辖 1 居委会、51 村委会，有 274 自然村。镇人民政府驻垛庄。1956 年设垛庄区。1958 年改设乡，同年改公社。1985 年改置镇。因镇政府驻地村得名。蒙河从境内穿过。有中小学 15 所，医院 2 个。有国家级爱国主义教育基地孟良崮烈士陵园，名胜古迹北魏摩崖石刻、孟良崮旅游区、蒙山望海楼景区、千年银杏树等。经济以种植板栗为龙头，烤烟、果品、畜牧养殖为主导。工业有化工、不锈钢、新能源新材料、酱菜等厂。服务业以旅游、商贸为主，孟良崮板栗交易市场为全国重要的板栗集散地。京沪高速、205 国道过境。

高都镇 371328-B05
[Gāodū Zhèn]

蒙阴县辖镇。在县境北部。面积 90 平

方千米。人口 3.3 万。辖 24 村委会，有 66 自然村。镇人民政府驻高都村。1949 年为高都区。1957 年设乡，后改公社。1984 年复设乡。1994 年改置镇。因镇政府驻地得名。东高都河、莫庄河从境内穿过。有中小学 7 所，卫生院 1 个。农业以花生、苹果、蜜桃、板栗种植为主，是无公害苹果生产基地、绿色果品生产基地、全国农技中心高优水果产业示范区。工业有砖瓦陶瓷加工、水泥建材生产、机械铸造、石材加工、饲料加工等企业。服务业以商贸物流为主。省道沂台公路过境。

野店镇 371328-B06
[Yědiàn Zhèn]

蒙阴县辖镇。在县境北部。面积 196 平方千米。人口 3.7 万。辖 25 村委会，有 185 自然村。镇人民政府驻北野店村。1949 年为野店区。1957 年改乡。后改公社。1984 年复设乡。1995 年置镇。以镇政府驻地村得名。野店河、晏子河、板崮崖河从境内穿过。有中小学 9 所，卫生院 1 个。有爱国主义教育基地、纪念地"沂蒙六姐妹"纪念馆，名胜古迹瞭阳崮、晨云崮、朝阳洞等。农业以种植小麦、花生、玉米、蜜桃、樱桃、苹果、板栗，养殖长毛兔、山羊等为主，建有良种兔繁育推广中心、大棚养鸭场、龙须崮波尔山羊人工繁育中心、棋盘石养猪场四大畜禽养殖基地。工业以木器制造、水泥预制、花生深加工、建筑等为主。服务业以生态旅游、红色旅游、商贸为主。省道沂台公路过境。

桃墟镇 371328-B07
[Táoxū Zhèn]

蒙阴县辖镇。在县境南部。面积 171 平方千米。人口 5.6 万。辖 37 村委会，有 188 自然村。镇人民政府驻南桃墟村。1957 年由团埠区析设桃墟乡。后改公社。1984

年复设乡。1995 年改置镇。以镇政府驻地村得名。阁庄河、桃墟河、麻店子河等从境内穿过。有中小学 13 所，卫生院 1 个。有名胜古迹鲁王台遗址、大庙遗址、公鼐遗址、大庄遗址、杏山溶洞等。农业主产小麦、玉米、蜜桃、板栗、石榴、香椿等，石榴为"临沂市优质果品"并注册"宫廷青"商标，板栗获临沂市"十佳果品"称号。工业以铸造、机械加工、木材加工、建材生产等为主。服务业以旅游业为主。京沪高速、205 国道、省道沂台公路过境。

联城镇 371328-B08
[Liánchéng Zhèn]

蒙阴县辖镇。在县境西部。面积 161 平方千米。人口 3.8 万。辖 38 村委会，有 125 自然村。镇人民政府驻崔家城子村。1949 年为城子区。1955 年改联城区。1958 年改称布洼人民公社。1963 年改为联城区。1971 年更名为联城人民公社。1985 年改设乡。2010 年撤乡设镇。因镇政府驻地周围有 9 个以"城子"命名的村庄，故以"城"相联命名。大王庄河、聚来庄河、银麦河等从境内穿过。有中小学 9 所，卫生院 1 个。有名胜古迹虎头崖、钻石公园、白马关、九女关、蒙恬故里、颛臾庙、古汉墓遗址等。农业以种植小麦、地瓜、玉米、花生、黄烟、金银花、果树、蔬菜为主，生产烤烟、养殖蚕茧等。工业以建筑建材、矿产资源开采、食品酿造、印刷、塑料加工为主。服务业以旅游业为主。省道石兖公路过境。

旧寨乡 371328-C01
[Jiùzhài Xiāng]

蒙阴县辖乡。在县境东部。面积 124 平方千米。人口 3.8 万。辖 35 村委会，有 115 自然村。乡人民政府驻双槐树村。1958 年设旧寨乡。1962 年改公社。1984 年复改乡。因乡政府原驻地旧寨村得名。梓河、莫庄河从境内穿过。有中小学 8 所,卫生院 1 个。有名胜古迹司马寨、张子书堂、迎仙桥等及万亩桃园生态游览区。农业主产小麦、花生、玉米等,盛产蜜桃,为"中国优质水蜜桃基地乡镇";饲养长毛兔、生猪、羊等。工业有食品加工、水泥等厂。服务业以商贸物流为主。省道石兖公路、沂台公路过境。

旧地名

界牌镇(旧) 371328-U01
[Jièpái Zhèn]

蒙阴县辖镇。在县境东南部。1996 年设立,2011 年撤销,并入垛庄镇。

巨山乡(旧) 371328-U02
[Jùshān Xiāng]

蒙阴县辖乡。在县境东部。1985 年设立。2000 年撤销,并入蒙阴镇,2010 年属蒙阴街道。

北贾庄乡(旧) 371328-U03
[Běijiǎzhuāng Xiāng]

蒙阴县辖乡。在县境北部。1937 年设立。2000 年撤销,并入岱崮镇。

重山乡(旧) 371328-U04
[Zhòngshān Xiāng]

蒙阴县辖乡。在县境东部。1985 年设立。2000 年撤销,并入界牌镇,2011 年属垛庄镇。

常马乡(旧) 371328-U05
[Chángmǎ Xiāng]

蒙阴县辖乡。在县境西部。1985 年设立。2000 年撤销,并入联城乡,2010 年属联城镇。

社区

东关社区 371328-A01-J01
[Dōngguān Shèqū]

属蒙阴街道管辖。在蒙阴县中部。面积 1 平方千米。人口 3 600。明嘉靖年间王姓迁此居住,因位于东关河东岸,故名小河东,后改为东关。2008 年成立。有楼房 258 栋,现代建筑风格。驻有蒙阴县司法局、蒙阴县农业局等单位。有志愿者服务。通公交车。2011 年被评为省文明社区。

石门社区 371328-A01-J02
[Shímén Shèqū]

属蒙阴街道管辖。在蒙阴县中部。面积 3 平方千米。人口 800。因村东有一岩石,形似门,故得名。2008 年成立。有楼房 29 栋,现代建筑风格。驻有安邦石材有限公司等单位。有志愿者服务。通公交车。2014 年被评为省文明社区。

黄沟社区 371328-A01-J03
[Huánggōu Shèqū]

属蒙阴街道管辖。在蒙阴县中部。面积 3.01 平方千米。人口 2 200。因辖区内黄沟村得名。2006 年成立。有楼房 43 栋,现代建筑风格。驻有蒙阴县国土局、蒙阴县人民检察院等单位。有志愿者服务。通公交车。

金山社区 371328-A01-J04
[Jīnshān Shèqū]

属蒙阴街道管辖。在蒙阴县中部。面积 0.63 平方千米。人口 400。以地形地貌和美好寓意命名。2005 年成立。有楼房 5 栋,现代建筑风格。有志愿者服务。通公交车。

后里社区 371328-B04-J01
[Hòulǐ Shèqū]

　　属垛庄镇管辖。在蒙阴县东南部。面积 2.5 平方千米。人口 1 200。传说此处有富人家建的一座楼，穷人只能在楼后居住，故村名后里，社区以村名之。2008 年成立。以平房为主。通公交车。

临沭县

临沭县 371329
[Línshù Xiàn]

　　临沂市辖县。北纬 34°55′，东经 118°38′。在市境东南部。面积 1 010 平方千米。人口 64.5 万。以汉族为主，还有回、满、哈尼等民族。辖 2 街道、7 镇。县人民政府驻临沭街道。唐武德四年（621）自临沂析置临沭县，属河南道沂州琅琊郡，六年（623）临沭县撤销并入临沂县。清时，属山东布政司沂州府。1912 年后，先后属济宁道、琅琊道。1936 年属山东省第三行政区。1941 年抗日民主政权析临沂县、郯城县置临沭县，属鲁南专区第四行政区。1942 年属滨海专区。1950 年属临沂专区。1956 年撤销。1961 年复置。1967 年属临沂地区。1994 年 12 月属临沂市，隶属至今。（资料来源：《中华人民共和国政区大典》）因临近沭河而得名。地处鲁东丘陵区南部，大部属五莲山低山丘陵，西部沭河两岸为平原。地势北高南低、东高西低，平均海拔 230 米。年均气温 13℃，1 月平均气温 −1.4℃，7 月平均气温 26℃。年均降水量 852 毫米。有沭河、苍源河流经。有重晶石、萤石、瓷石、金刚石等矿产资源。有野生植物 446 种，其中国家重点保护野生植物有银杏、水杉、香樟等 15 种。有野生动物 189 种，其中国家重点保护野生动物有梅花鹿、鹦鹉、猫头鹰等 12 种。

森林覆盖率 9.56%。有国家工程技术研究中心 1 个、省级研究中心 5 个。有中小学 107 所，图书馆 1 个。有省级文物保护单位 2 个，爱国主义教育基地 1 个，风景名胜区和重要古迹、景点 7 个，有三星级饭店 1 个。三次产业比例为 9.2∶49.2∶41.6。农业以种植业为主，主产水稻、小麦、玉米、蔬菜、花生、茶叶、太子参、杞柳等，是国家花生生产基地、国内知名的杞柳产地，"春山雪芽""春山雪剑""苍马山翠毫"等产品为山东名茶。工业以精细化工、肥料生产、机械制造、钢管加工、新型建材、五金工具、节能灯具、生物制药、蔬菜加工、柳编制品等为主，被国家质检总局、科技部分别命名为"全国优质复合肥生产基地""国家火炬计划临沭复合肥产业基地"，拥有中国名牌产品沭河牌手扶拖拉机，拥有中国驰名商标金正大、沃夫特、三安、史丹利、金沂蒙、沭河及图、力士德、诗邦，拥有中国地理标志产品临沭地瓜、临沭花生、临沭柳编 3 个，省著名商标 16 个，省名牌产品 12 个。服务业以旅游业、酒店餐饮业为主。长深高速临沭段、327 国道、省道莒阿公路过境。

临沭街道 371329-A01
[Línshù Jiēdào]

　　临沭县人民政府驻地。在县境中部。面积 121 平方千米。人口 12.0 万。以汉族为主，还有满、回等民族。2010 年设立。因位于临沭县城得名。苍源河从境内穿过。有省级技术研究中心 1 个。有中小学 15 所，医疗卫生机构 39 个。有爱国主义教育基地、纪念地滨海革命烈士陵园，名胜古迹苍马山、冠山仙人洞、红石湖公园、苍源河公园、井店居古遗址等。有史丹利科技大楼等标志性建筑物。农业以种植业和畜牧业为主，主产小麦、玉米、地瓜等，养殖猪、牛、羊、家禽等。工业以肥料加工、柳编、五金工具、机电化工、碳化硅生产等为主，有史丹利化肥股份有限公司。通公交车。

郑山街道 371329-A02
[Zhèngshān Jiēdào]

属临沭县管辖。在县境西部。面积 61 平方千米。人口 12.6 万。2010 年设立。因街道办事处所在地郑山坡村得名。苍源河从境内穿过。有国家级技术研究中心 2 个。有中小学 12 所，医疗卫生机构 39 个。有省级文物保护单位北沟头遗址。农业以种植业和养殖业为主，主产花生、白柳、蚕桑、辣根、芹菜、茶叶等，养殖猪、牛、家禽、狐狸、貉子等，是全国优质农产品加工创业基地。工业以机械制造、生物化工、复合肥生产、金属制管、条柳编工艺品加工和食品加工为主，建有山东常林高端装备制造产业园。通公交车。

蛟龙镇 371329-B01
[Jiāolóng Zhèn]

临沭县辖镇。在县境东部。面积 70 平方千米。人口 4.8 万。辖 2 居委会、13 村委会，有 34 自然村。镇人民政府驻后蛟龙。1949 年为蛟龙区，后改公社。1984 年撤社设蛟龙镇。因驻地村得名。山子河、塘子河、后里河从境内穿过。有中小学 7 所，卫生院 1 个。有爱国主义教育基地新华社山东分社诞生地纪念园和中共山东分局、山东省战工会、八路军一一五师师部驻地纪念地等，古迹后利城古遗址、后石门头古墓等。农业以种植业为主，主产小麦、玉米、地瓜、花生、蔬菜等。工业以五金铸造、水泥、纺织为主。服务业以商贸为主。327 国道过境。

大兴镇 371329-B02
[Dàxīng Zhèn]

临沭县辖镇。在县境东南部。面积 118 平方千米。人口 6.8 万。辖 3 居委会、23

村委会，有 65 自然村。镇人民政府驻芦庄。1949 年为大兴区，后改公社。1981 年改芦庄公社。1984 年改设乡。1994 年撤芦庄乡设大兴镇。2001 年古龙岗乡并入。清康熙年间设同知府，因"兴武安邦镇守"之意而称大兴镇。新沭河、苍源河、庙庄河、朱车河、于店河从境内穿过。有中小学 26 所，卫生院 1 个，广场 1 个。有名胜古迹羽山等。农业以种植业为主，主产小麦、地瓜、花生、玉米、旱稻等，名优农产品有春山茶叶，为省级肉牛改良示范乡镇。工业以化工、铸造、机械加工、塑料制品、建筑材料、采矿为主，盛产黄沙、金红石、石榴石、绿辉石、白云母等。服务业以商贸为主。省道沭牛公路、横山公路过境。

石门镇 371329-B03
[Shímén Zhèn]

临沭县辖镇。在县境南部。面积 130 平方千米。人口 4.5 万。辖 5 居委会、19 村委会，有 67 自然村。镇人民政府驻石门。1955 年设置石门区。1958 年改公社。1984 年改置镇。2001 年前庄镇并入。以镇政府驻地得名。沭河、石门河从境内穿过。有中小学 9 所，卫生院 1 个。有名胜古迹沭河古道、马陵古道、老虎崖、箭眼石等。沭河古道边的岱涧地区至蛟龙湖一带分布着红石砾岩地质景观带。农业以种植业为主，主产小麦、花生、红薯、烟叶等，特色农产品有浅水藕、优质辣椒、紫薯、高档花卉苗木，养殖乌鳢（俗称黑鱼）、大磷富泥鳅，建有农业科技生态示范园 2 个。工业以化工、铸造、化肥生产、五金加工、磨料加工、建材生产为主。省道莒阿公路过境。

曹庄镇 371329-B04
[Cáozhuāng Zhèn]

临沭县辖镇。在县境西南部。面积 78 平方千米。人口 4.7 万。辖 5 居委会、8 村委会，有 32 自然村。镇人民政府驻曹村东街。1949 年为岚山区。后改公社。1984 年改置曹庄镇。2001 年华桥乡并入。以镇政府驻地得名。沭河从境内穿过。有中小学 3 所，卫生院 1 个。有名胜古迹沭河古道、恐龙化石风景区。农业以粮食生产及畜牧养殖为主，主产小麦、玉米、花生、棉桑，是鲁东南优质米产区、养殖专业镇。工业以建材、化工、机械制造为主，有无缝钢管生产加工、柳编工艺品加工、五金铸造、水泥建材等企业。有公路经此。

青云镇 371329-B05
[Qīngyún Zhèn]

临沭县辖镇。在县境北部。面积 164 平方千米。人口 9.7 万。辖 11 居委会、25 村委会，有 82 自然村。镇人民政府驻青云街。1984 年由韩村公社析设青云乡。2001 年韩村镇并入，改为青云镇。2013 年白旄镇并入。因境内青云山得名。利民河从境内穿过。有中小学 17 所，图书馆 1 个，卫生院 2 个。有重要古迹青云古墓群等。农业以种植小麦、玉米、水稻、花生、板栗、蔬菜等为主，建有白石洼千亩葡萄园、黄河千亩蔬菜园、苍马千亩生态园、万亩杞柳示范园，养殖肉鸡、肉鸭、猪、牛等。工业以机械加工、柳编、冶金、化工为主。服务业以商贸物流为主，有新材料和柳木制品物流两大产业园区。长深高速、省道莒阿公路过境。

玉山镇 371329-B06
[Yùshān Zhèn]

临沭县辖镇。在县境东北部。面积 156 平方千米。人口 8.2 万。辖 36 村委会，有 71 自然村。镇人民政府驻东寨子。1949 年为朱仓区，后撤。1977 年由玉山公社析设朱仓公社。1984 年改设乡。1998 年撤乡建镇，改为玉山镇。2011 年朱仓乡并入。因境内玉山得名。镇武河、黄峪河从境内穿过。

有中小学 17 所。有名胜古迹朱洪武金銮殿、朱元璋手植柏、孔子相鲁会齐侯遗址、奎星阁、圣母洞、圣母祠、石猴等。农业以种植小麦、玉米、地瓜、板栗、茶叶、果品等为主，有万亩板栗园，"玉山牌"系列绿茶、"玉山板栗"有名；建有新型环保生态养殖场和特色养殖基地。工业以五金生产、肉类食品加工、粮油加工、矿石加工等为主，白云石、蛇纹石、花岗岩开发利用价值大。长深高速过境。

店头镇 371329-B07
[Diàntóu Zhèn]

临沭县辖镇。在县境南部。面积 84 平方千米。人口 5.1 万。辖 4 居委会、23 村委会，有 45 自然村。镇人民政府驻店头南回族街。1940 年前属郯城县。1941 年称临沭县店头区。1942 年改称桃园区。1955 年称店头区。1956 年划归郯城县。后改公社。1961 年复归临沭县。1984 年建乡。2000 年撤乡建镇。2001 年官庄乡并入。因原政府驻地店头得名。沭河、苍源河等从境内穿过。有中小学 9 所，卫生院 1 个。农业以种植小麦、玉米、花生、蚕桑、花卉等为主。工业以机械铸造精加工、肥料生产、皮革材料加工、纺织品加工为主，是全国电机壳、电机端盖、机床床身和液压件生产基。省道莒阿公路过境。

旧地名

南古镇（旧） 371329-U01
[Nángǔ Zhèn]

临沭县辖镇。在县境西部。1984 年设立。2011 年南古镇沭河以西隶 8 个村街划归梅埠街道，沭河以东的 8 个村街划归郑山街道。

白旄镇（旧） 371329-U02
[Báimáo Zhèn]

临沭县辖镇。在县境西北部。1996 年设立。2013 年撤销，并入青云镇。

朱仓乡（旧） 371329-U03
[Zhūcāng Xiāng]

临沭县辖乡。在县境东部。1984 年设立。2011 年撤销，并入玉山镇。

社区

花园社区 371329-A01-J01
[Huāyuán Shèqū]

属临沭街道管辖。在临沭县南部。面积 2.1 平方千米。人口 2 500。寓意社区如同花园般美好。2005 年成立。有楼房 6 栋，现代建筑风格。通公交车。

河滨社区 371329-A01-J02
[Hébīn Shèqū]

属临沭街道管辖。在临沭县中部。面积 1.24 平方千米。人口 1 600。因滨沧源河而得名。2005 年成立。有楼房 22 栋，现代建筑风格。驻有临沭县人民医院等单位。

利民社区 371329-A01-J03
[Lìmín Shèqū]

属临沭街道管辖。在临沭县北部。面积 1.68 平方千米。人口 2 800。因嘉言得名。2005 年成立。有楼房 16 栋，现代建筑风格。通公交车。

富民社区 371329-A01-J04
[Fùmín Shèqū]

属临沭街道管辖。在临沭县北部。面积 2.68 平方千米。人口 3 600。因嘉言得名。2005 年成立。有楼房 22 栋，现代建筑风格。通公交车。

振兴社区 371329-A01-J05
[Zhènxīng Shèqū]

属临沭街道管辖。在临沭县北部。面积 1.1 平方千米。人口 1 400。因嘉言得名。2005 年成立。有楼房 20 栋，现代建筑风格。驻有临沭街道第二实验小学等单位。通公交车。

兴隆社区 371329-A01-J06
[Xīnglóng Shèqū]

属临沭街道管辖。在临沭县西部。面积 1.8 平方千米。人口 2 100。因嘉言得名。2005 年成立。以平房为主。通公交车。

苍河社区 371329-A01-J07
[Cānghé Shèqū]

属临沭街道管辖。在临沭县西部。面积 0.14 平方千米。人口 1 800。因苍源河从社区东拐弯西流得名。2005 年成立。有楼房 6 栋，现代建筑风格。驻有临沭县中医院、临沭县第四实验小学等单位。通公交车。

镇北社区 371329-A01-J08
[Zhènběi Shèqū]

属临沭街道管辖。在临沭县北部。面积 0.81 平方千米。人口 3 300。因位于镇政府驻地以北而得名。2005 年成立。有楼房 20 栋，现代建筑风格。通公交车。

崔蒿科社区 371329-A01-J09
[Cuīhāokē Shèqū]

属临沭街道管辖。在临沭县西南部。面积 0.66 平方千米。人口 1 400。明代末年，崔姓迁此定居，因靠近李蒿科、孙蒿科，故得名崔蒿科。2005 年成立。有楼房 20 栋，现代建筑风格。通公交车。

孙蒿科社区 371329-A01-J10
[Sūnhāokē Shèqū]

属临沭街道管辖。在临沭县西南部。面积 2.6 平方千米。人口 1 400。明朝末年，孙氏由海东当路徙此立村定居，因建村时此处野蒿丛生，故以姓氏得名孙蒿科，社区沿用村名。2005 年成立。有楼房 16 栋，现代建筑风格。通公交车。

曹村社区 371329-A01-J11
[Cáocūn Shèqū]

属临沭街道管辖。在临沭县东部。面积 4.2 平方千米。人口 1 500。因曹姓立村而得名，社区沿用村名。2005 年成立。有楼房 32 栋，现代建筑风格。通公交车。

薛疃社区 371329-A01-J12
[Xuētuǎn Shèqū]

属临沭街道管辖。在临沭县东南部。面积 7 平方千米。人口 1 300。以姓氏命名。1984 年成立。有楼房 22 栋，现代建筑风格。通公交车。

桃官社区 371329-A01-J13
[Táoguān Shèqū]

属临沭街道管辖。在临沭县东部。面积 12.48 平方千米。人口 7 200。因由桃园村、官庄村合并而来，故名。2013 年成立。以平房为主。通公交车。

苍前社区 371329-A01-J14
[Cāngqián Shèqū]

属临沭街道管辖。在临沭县东北部。面积 1.55 平方千米。人口 5 700。因位于苍山南得名。2005 年成立。以平房为主。通公交车。

界前新村社区 371329-A01-J15
[Jièqiánxīncūn Shèqū]

属临沭街道管辖。在临沭县北部。面积 1 平方千米。人口 3 200。明洪武年间，官府为缉查走私烟贩，在此筑墙设卡，称之为"界墙"。李氏在此立村，称李界墙，后演变为李界前。后因修水库迁此新址建村，故名。2005 年成立。以平房为主。通公交车。

滨海社区 371329-A01-J16
[Bīnhǎi Shèqū]

属临沭街道管辖。在临沭县东部。面积 6 平方千米。人口 4 000。因地理位置得名。2005 年成立。有楼房 30 栋，现代建筑风格。通公交车。

兴安社区 371329-A01-J17
[Xīng'ān Shèqū]

属临沭街道管辖。在临沭县南部。面积 1.61 平方千米。人口 9 200。以嘉言命名。2013 年成立。有楼房 20 栋，现代建筑风格。通公交车。

郑山万人大社区 371329-A02-J01
[Zhèngshānwànrén Dàshèqū]

属郑山街道管辖。在临沭县西北部。面积 16.25 平方千米。人口 13 600。因由郑山居等村合并为万人大社区，故名。2013 年成立。以平房为主。通公交车。

寨和社区 371329-A02-J02
[Zhàihé Shèqū]

属郑山街道管辖。在临沭县西南部。面积 6.62 平方千米。人口 4 300。因由寨东、寨西、后寨、宁庄 4 村合并成立，故名寨和。2007 年成立。有楼房 16 栋，现代建筑风格。通公交车。

金堂社区　371329-A02-J03
[Jīntáng Shèqū]

属郑山街道管辖。在临沭县西部。面积 0.36 平方千米。人口 1 200。清初，狄、贺二姓迁此立村，因村边一池塘内野竹丛生，景致宜人，游人慕名而来，故称慕竹堂，后演变为木竹堂，因字音不雅改名金堂街，社区沿用村名。2007 年成立。有楼房 21 栋，现代建筑风格。通公交车。

利城社区　371329-B01-J01
[Lìchéng Shèqū]

属蛟龙镇管辖。在临沭县东南部。面积 2.35 平方千米。人口 2 000。明朝初年立村，因村庄坐落在利郡古遗址之后，故名后利城，后与前塘村合并为一个社区，故名。2013 年成立。以平房为主。通公交车。

富康社区　371329-B01-J02
[Fùkāng Shèqū]

属蛟龙镇管辖。在临沭县东南部。面积 4.2 平方千米。人口 4 000。以富强康健之意命名。2007 年成立。有楼房 6 栋，现代建筑风格。通公交车。

蛟龙社区　371329-B01-J03
[Jiāolóng Shèqū]

属蛟龙镇管辖。在临沭县东南部。面积 2.66 平方千米。人口 1 600。明朝中叶立村，因村西有条弯曲小河，河水蜿蜒奔流，势若游龙，故名蛟龙湾，后演变为蛟龙汪，社区成立时以蛟龙命名。2013 年成立。有楼房 21 栋，现代建筑风格，还有平房。通公交车。

大兴社区　371329-B02-J01
[Dàxīng Shèqū]

属大兴镇管辖。在临沭县东南部。面积 11.66 平方千米。人口 9 200。以壮大兴盛的寓意命名。2013 年成立。有楼房 26 栋，现代建筑风格，还有平房。驻有临沭县大兴镇中心学校等单位。通公交车。

港头社区　371329-B02-J02
[Gǎngtóu Shèqū]

属大兴镇管辖。在临沭县东南部。面积 8.39 平方千米。人口 5 200。因为港头新村等 3 村组成，故名。2013 年成立。有楼房 2 栋，现代建筑风格，还有平房。通公交车。

日晒社区　371329-B02-J03
[Rìshài Shèqū]

属大兴镇管辖。在临沭县东南部。面积 2.4 平方千米。人口 2 800。明末，徐氏徙此立村定居，始称徐大庄，据传康熙皇帝至此遇雨，雨后在此晒衣，村名改称"衣晒"后取"日晒龙衣万点金"之句前两字，易名日晒。2007 年成立。以平房为主。通公交车。

西石门社区　371329-B03-J01
[Xīshímén Shèqū]

属石门镇管辖。在临沭县南部。面积 2.95 平方千米。人口 2 100。明朝初年建村，因立村于小河之畔，河两岸有两块巨石对峙，形似两扇门，故得名石门。2004 年成立石门新村，2006 年更名为西石门。2009 年成立。有楼房 66 栋，现代建筑风格。通公交车。

棠梨社区　371329-B03-J02
[Tánglí Shèqū]

属石门镇管辖。在临沭县南部。面积 16.79 平方千米。人口 9 200。因此处遍地长满棠梨树而得名。2013 年成立。有楼房 360 栋，现代建筑风格。通公交车。

大羽泉社区 371329-B03-J03
[Dàyǔquán Shèqū]

属石门镇管辖。在临沭县南部。面积11平方千米。人口3 800。因由大峪子、东泉埠、南羽阴、北羽阴4村组成，故各取村名中大、羽、泉3字命名。2013年成立。有楼房30栋，现代建筑风格。通公交车。

沭马社区 371329-B04-J01
[Shùmǎ Shèqū]

属曹庄镇管辖。在临沭县西南部。面积11.47平方千米。人口5 000。因临沭河古道、马陵山脉，故名。2013年成立。有楼房15栋，现代建筑风格。未通公交车。

华桥社区 371329-B04-J02
[Huáqiáo Shèqū]

属曹庄镇管辖。在临沭县西南部。面积6.64平方千米。人口3 200。以原华桥村命名。2013年成立。有楼房12栋，现代建筑风格。通公交车。

四疃社区 371329-B04-J03
[Sìtuǎn Shèqū]

属曹庄镇管辖。在临沭县西南部。面积8.59平方千米。人口4 300。原西郭疃村、东郭疃村合并为郭疃村，东王疃村、西王疃村合并为王疃村，后两村合并为社区，故名。2013年成立。以平房为主。通公交车。

崮山花园社区 371329-B04-J04
[Jíshānhuāyuán Shèqū]

属曹庄镇管辖。在临沭县西南部。面积11.47平方千米。人口7 000。因背靠崮山得名。2013年成立。有楼房8栋，现代建筑风格。通公交车。

朝阳社区 371329-B05-J01
[Cháoyáng Shèqū]

属青云镇管辖。在临沭县北部。面积7.71平方千米。人口4 500。取吉祥意命名。2005年成立。有楼房14栋，现代建筑风格。通公交车。

官庄社区 371329-B05-J02
[Guānzhuāng Shèqū]

属青云镇管辖。在临沭县北部。面积6.76平方千米。人口3 600。因由卢官庄和坊口合并，卢官庄较大，故名。2005年成立。有楼房6栋，现代建筑风格。通公交车。

界前社区 371329-B05-J03
[Jièqián Shèqū]

属青云镇管辖。在临沭县东北部。面积9.03平方千米。人口3 600。后哨、王界前、吴界前、凌界前、王场5村合并时取名界前。2005年成立。以平房为主。通公交车。

莲花社区 371329-B05-J04
[Liánhuā Shèqū]

属青云镇管辖。在临沭县北部。面积9.27平方千米。人口6 200。以美好寓意命名。2005年成立。有楼房23栋，现代建筑风格。通公交车。

华山社区 371329-B05-J05
[Huáshān Shèqū]

属青云镇管辖。在临沭县西北部。面积5.15平方千米。人口3 300。因辖区内有钟华山风景区而得名。2004年成立。以平房为主。通公交车。

柳河社区 371329-B05-J06
[Liǔhé Shèqū]

属青云镇管辖。在临沭县西北部。面

积 3.97 平方千米。人口 3 600。该社区由圈子河、金柳 2 村合并，故名。2014 年成立。以平房为主。通公交车。

柳庄社区 371329-B05-J07
[Liǔzhuāng Shèqū]

属青云镇管辖。在临沭县西北部。面积 5.15 平方千米。人口 5 600。初建村，因村西有座柳毅庙，柳姓迁此以编制柳制品为生，故名柳庄，社区沿用此村名。2012 年成立。有楼房 2 栋，现代建筑风格。通公交车。

青云社区 371329-B05-J08
[Qīngyún Shèqū]

属青云镇管辖。在临沭县北部。面积 5.65 平方千米。人口 1 700。因境内自然地理实体青云山而得名。2001 年成立。以平房为主。通公交车。

朱崔社区 371329-B05-J09
[Zhūcuī Shèqū]

属青云镇管辖。在临沭县西北部。面积 5.17 平方千米。人口 4 400。因由中朱崔和西朱崔合并得名。2014 年成立。以平房为主。通公交车。

措庄社区 371329-B07-J01
[Cuòzhuāng Shèqū]

属店头镇管辖。在临沭县南部。面积 7.61 平方千米。人口 4 100。明初，邵氏由郯城县邵家迁此定居，因村东有一庙宇，每逢社日祭祀，后因村庄屡遭灾难，村民埋怨安错地方，习称错庄。后觉"错"字不雅，便以谐音称措庄，社区沿用村名。2004 年成立。以平房为主。驻有措庄小学等单位。通公交车。

永安社区 371329-B07-J02
[Yǒng'ān Shèqū]

属店头镇管辖。在临沭县东南部。面积 9.38 平方千米。人口 6 200。清初，孙姓由临沂迁此建村，后宋姓迁入，取永远安定之意名永安村，社区沿用村名。2014 年成立。有楼房 35 栋，现代建筑风格。驻有永安小学等单位。通公交车。

二 居民点

兰山区

城市居民点

八一小区 371302-I01

[Bāyī Xiǎoqū]

在区境中部。人口 1 400。总面积 1.8 公顷。因小区位于军分区附近而得名。2004 年始建，2006 年正式使用。建筑总面积 5 500 平方米，多层住宅楼 9 栋，现代建筑特点。通公交车。

城建涑堤春晓小区 371302-I02

[Chéngjiàn Sùdī Chūnxiǎo Xiǎoqū]

在区境中部。人口 1 800。总面积 3.1 公顷。以吉祥语命名，寓意该小区环境优美。2010 年始建，2012 年正式使用。建筑总面积 51 000 平方米，别墅 18 栋。绿化率 35%。有健身器材、社区活动中心等配套设施。通公交车。

富民小区 371302-I03

[Fùmín Xiǎoqū]

在区境中部。人口 10 000。总面积 14.2 公顷。寓意在富国强民的国策下，小区居民过着殷实、惬意的幸福生活。1998 年始建，2000 年正式使用。建筑总面积 250 000 平方米，多层住宅楼 62 栋，现代建筑特点。绿化率 38%。有健身器材、社区活动中心等配套设施。通公交车。

富雅小区 371302-I04

[Fùyǎ Xiǎoqū]

在区境中部。人口 1 300。总面积 5.8 公顷。寓意在国富民安的国策下，小区居民过着富裕雅致的生活。2012 年始建，2012 年正式使用。建筑总面积 42 470 平方米，多层住宅楼 9 栋，现代建筑特点。绿化率 33%。有健身器材、社区活动中心等配套设施。通公交车。

广田悦城小区 371302-I05

[Guǎngtián Yuèchéng Xiǎoqū]

在区境中部。人口 2 500。总面积 4.2 公顷。因小区由广田置业公司建设，故名。1999 年始建，2000 年正式使用。建筑总面积 200 000 平方米，高层住宅楼 7 栋，现代建筑特点。绿化率 37%。有小学等配套设施。通公交车。

河畔花园 371302-I06

[Hépàn Huāyuán]

在区境中部。人口 2 800。总面积 4.2 公顷。小区位于涑河北岸，风景秀丽、绿化良好，故名。2004 年始建，2006 年正式使用。建筑总面积 110 000 平方米，高层住宅楼 4 栋，现代建筑特点。绿化率 35%。有健身器材、社区活动中心等配套设施。通公交车。

宋家王庄小区 371302-I07
[Sòngjiāwángzhuāng Xiǎoqū]

在区境中部。人口 3 100。总面积 4.5 公顷。因是由宋家王庄出资筹建的居民小区，故名。2005 年始建，2007 年正式使用。建筑总面积 100 000 平方米，多层住宅楼 31 栋，现代建筑特点。绿化率 32%。有健身器材、社区活动中心等配套设施。通公交车。

涑河城邦小区 371302-I08
[Sùhé Chéngbāng Xiǎoqū]

在区境中部。人口 2 600。总面积 9.8 公顷。因靠涑河而得名。2010 年始建，2012 年正式使用。建筑总面积 360 000 平方米，住宅楼 18 栋，其中高层 6 栋、多层 12 栋，现代建筑特点。绿化率 34%。有健身器材、社区活动中心等配套设施。通公交车。

竹林桥小区 371302-I09
[Zhúlínqiáo Xiǎoqū]

在区境中部。人口 4 200。总面积 6.5 公顷。小区依傍小桥、流水、竹林等美景，由此得来竹林桥。2001 年始建，2003 年正式使用。建筑总面积 114 000 平方米，多层住宅楼 28 栋，现代建筑特点。绿化率 31%。有健身器材、社区活动中心等配套设施。通公交车。

北道民族花园小区 371302-I10
[Běidào Mínzú Huāyuán Xiǎoqū]

在区境中部。人口 2 800。总面积 10.0 公顷。因该小区是北道村筹建用于本村居民居住，故名。2004 年始建，2006 年正式使用。建筑总面积 70 000 平方米，多层住宅楼 26 栋，现代建筑特点。绿化率 32%。有健身器材、社区活动中心等配套设施。通公交车。

砚台岭小区 371302-I11
[Yàntáilǐng Xiǎoqū]

在区境中部。人口 4 800。总面积 35.0 公顷。该小区是砚台岭村投资建设的小区，故名。2005 年始建，2007 年正式使用。建筑总面积 480 000 平方米，住宅楼 69 栋，其中高层 4 栋、多层 65 栋，现代建筑特点。绿化率 33%。有健身器材、社区活动中心等配套设施。通公交车。

开阳花园小区 371302-I12
[Kāiyáng Huāyuán Xiǎoqū]

在区境中部。人口 623。总面积 1.1 公顷。因位于开阳路而得名。1999 年始建，2001 年正式使用。建筑总面积 39 992 平方米，住宅楼 7 栋，其中高层 1 栋、多层 6 栋，中式建筑风格。绿化率 31%。有健身器材、社区活动中心等配套设施。通公交车。

华馨园小区 371302-I13
[Huáxīnyuán Xiǎoqū]

在区境中部。人口 612。总面积 1.2 公顷。以吉祥语命名，寓意居住环境温馨舒适。2001 年始建，2003 年正式使用。建筑总面积 26 000 平方米，高层住宅楼 7 栋，现代建筑特点。绿化率 31%。有健身器材、社区活动中心等配套设施。通公交车。

皇姑桥小区 371302-I14
[Huánggūqiáo Xiǎoqū]

在区境中部。人口 4 100。总面积 3.1 公顷。因靠近皇姑桥，故名。1991 年始建，1994 年正式使用。建筑总面积 50 000 平方米，多层住宅楼 23 栋，现代建筑特点。绿化率 31%。有健身器材、幼儿园等配套设施。通公交车。

金阳花园 371302-I15
[Jīnyáng Huāyuán]

在区境中部。人口 5 976。总面积 12.0 公顷。因南临金一路，北靠开阳路，故名金阳花园。2010 年始建，2012 年正式使用。建筑总面积 39 000 平方米，住宅楼 28 栋，其中高层 17 栋、多层 11 栋，现代建筑特点。绿化率 31%。有健身器材、社区活动中心等配套设施。通公交车。

锦绣家园小区 371302-I16
[Jǐnxiù Jiāyuán Xiǎoqū]

在区境中部。人口 1 000。总面积 2.5 公顷。名称寓意锦绣华贵。2001 年始建，2003 年正式使用。建筑总面积 32 000 平方米，多层住宅楼 8 栋，现代建筑特点。绿化率 31%。有健身器材、社区活动中心等配套设施。通公交车。

苗庄小区 371302-I17
[Miáozhuāng Xiǎoqū]

在区境中部。人口 10 168。总面积 12.0 公顷。小区位于东苗庄社区，故名。1989 年始建，1992 年正式使用。建筑总面积 400 000 平方米，高层住宅楼 75 栋，现代建筑特点。绿化率 31%。有健身器材、社区活动中心等配套设施。通公交车。

启阳小区 371302-I18
[Qǐyáng Xiǎoqū]

在区境中部。人口 1 811。总面积 1.5 公顷。因靠近启阳路而得名。2000 年始建，2002 年正式使用。建筑总面积 50 000 平方米，多层住宅楼 19 栋，现代建筑特点。绿化率 35%。有健身器材、社区活动中心等配套设施。通公交车。

天河家园 371302-I19
[Tiānhé Jiāyuán]

在区境中部。人口 1 340。总面积 3.4 公顷。因由天河房地产公司建设而得名。1997 年始建，1999 年正式使用。建筑总面积 43 000 平方米，多层住宅楼 16 栋，现代建筑特点。绿化率 31%。有健身器材、社区活动中心等配套设施。通公交车。

五里堡小区 371302-I20
[Wǔlǐpù Xiǎoqū]

在区境中部。人口 1 134。总面积 2.0 公顷。小区由五里堡社区建设，故名。1992 年始建，1995 年正式使用。建筑总面积 30 000 平方米，高层住宅楼 8 栋，现代建筑特点。绿化率 33%。有健身器材、社区活动中心等配套设施。通公交车。

兴隆小区 371302-I21
[Xīnglóng Xiǎoqū]

在区境中部。人口 600。总面积 1.5 公顷。因兴隆路经过小区门口，故名。1996 年始建，1998 年正式使用。建筑总面积 31 680 平方米，多层住宅楼 12 栋，现代建筑特点。绿化率 31%。有健身器材、社区活动中心等配套设施。通公交车。

银雀山小区 371302-I22
[Yínquèshān Xiǎoqū]

在区境中部。人口 1 149。总面积 1.6 公顷。因附近有银雀山而得名。1996 年始建，1998 年正式使用。建筑总面积 36 960 平方米，多层住宅楼 14 栋，现代建筑特点。绿化率 30%。有健身器材、社区活动中心等配套设施。通公交车。

真情家园小区 371302-I23
[Zhēnqíng Jiāyuán Xiǎoqū]

在区境中部。人口 5 000。总面积 8.1

公顷。小区由真情集团建设，故名。1998
年始建，2000年正式使用。建筑总面积
120 000平方米，多层住宅楼23栋，现代
建筑特点。绿化率35%。有健身器材、社
区活动中心等配套设施。通公交车。

后岗头小区 371302-I24
[Hòugǎngtóu Xiǎoqū]

在区境中部。人口1 000。总面积3.9
公顷。由后岗头社区投资建设，故名。
2000年始建，2002年正式使用。建筑总面
积250 000平方米，多层住宅楼7栋，现代
建筑特点。绿化率36%。有健身器材、社
区活动中心等配套设施。通公交车。

全家红埠寺小区 371302-I25
[Quánjiā Hóngbùsì Xiǎoqū]

在区境中部。人口1 010。总面积3.9
公顷。因位于全家红埠寺村而得名。1985
年始建，1988年正式使用。建筑总面积
19 000平方米，多层住宅楼7栋，现代建
筑特点。绿化率34%。有健身器材、社区
活动中心、幼儿园等配套设施。通公交车。

七里家园小区 371302-I26
[Qīlǐ Jiāyuán Xiǎoqū]

在区境中部。人口2 400。总面积0.4
公顷。因位于七里沟社区而得名。2008年
始建，2010年正式使用。建筑总面积12 800
平方米，多层住宅楼10栋，现代建筑特点。
绿化率37%。有健身器材、社区活动中心
等配套设施。通公交车。

宝德花园 371302-I27
[Bǎodé Huāyuán]

在区境中部。人口1 200。总面积4.8
公顷。名称取宝德兴盛之意。2006年始建，
2008年正式使用。建筑总面积7 420平方米，
多层住宅楼6栋，现代建筑特点。绿化率

33%。有健身器材、社区活动中心等配套设
施。通公交车。

吉祥花园 371302-I28
[Jíxiáng Huāyuán]

在区境中部。人口637。总面积0.9公顷。
名称寓意吉祥如意。2002年始建，2004年
正式使用。建筑总面积26 693平方米，
高层住宅楼4栋，现代建筑特点。绿化率
36%。有健身器材、社区活动中心等配套设
施。通公交车。

涧西小区 371302-I29
[Jiànxī Xiǎoqū]

在区境中部。人口645。总面积1.3
公顷。因靠近涧西巷得名。1996年始建，
1997年正式使用。建筑总面积8 620平方米，
多层住宅楼7栋，现代建筑特点。绿化率
35%。有健身器材、社区活动中心等配套设
施。通公交车。

金源尚城小区 371302-I30
[Jīnyuán Shàngchéng Xiǎoqū]

在区境中部。人口1 100。总面积1.8
公顷。名称寓意财源广进。2010年始建，
2012年正式使用。建筑总面积39 000平方
米，多层住宅楼9栋，现代建筑特点。绿
化率32%。有健身器材、社区活动中心等
配套设施。通公交车。

军兴家园 371302-I31
[Jūnxīng Jiāyuán]

在区境中部。人口1 124。原兵工厂家
属院，故名。1992年始建，同年建成。建
筑总面积7 320平方米，多层住宅楼6栋，
现代建筑特点。绿化率33%。有健身器材、
社区活动中心等配套设施。通公交车。

陆王庄小区 371302–I32

[Lùwángzhuāng Xiǎoqū]

在区境中部。人口 660。总面积 1.5 公顷。因由陆王庄建设而得名。2000 年始建，2002 年正式使用。建筑总面积 10 760 平方米，高层住宅楼 4 栋，现代建筑特点。绿化率 36%。有健身器材、社区活动中心等配套设施。通公交车。

明馨小区 371302–I33

[Míngxīn Xiǎoqū]

在区境中部。人口 672。总面积 2.6 公顷。寓意小区居住环境明亮温馨，故名。1994 年始建，1996 年正式使用。建筑总面积 13 788 平方米，高层住宅楼 8 栋，现代建筑特点。绿化率 36%。有健身器材、社区活动中心等配套设施。通公交车。

荣华园小区 371302–I34

[Rónghuáyuán Xiǎoqū]

在区境中部。人口 4 930。总面积 6.7 公顷。名称取富贵荣华之意。2005 年始建，2007 年正式使用。建筑总面积 210 000 平方米，高层住宅楼 11 栋，现代建筑特点。绿化率 33%。有健身器材、社区活动中心等配套设施。通公交车。

商城花园 371302–I35

[Shāngchéng Huāyuán]

在区境中部。人口 546。总面积 1.2 公顷。因靠近临沂商城批发中心得名。2008 年始建，2010 年正式使用。建筑总面积 15 840 平方米，高层住宅楼 6 栋，现代建筑特点。绿化率 31%。有健身器材、社区活动中心等配套设施。通公交车。

盛世春晖小区 371302–I36

[Shèngshì Chūnhuī Xiǎoqū]

在区境中部。人口 1 638。总面积 3.9 公顷。名称寓意春光无限好。2008 年始建，2010 年正式使用。建筑总面积 41 810 平方米，高层住宅楼 15 栋，现代建筑特点。绿化率 37%。有健身器材、社区活动中心等配套设施。通公交车。

滨河润城小区 371302–I37

[Bīnhé Rùnchéng Xiǎoqū]

在区境中部。人口 1 493。总面积 3.8 公顷。名称寓意靠近河边，空气良好。2007 年始建，2009 年正式使用。建筑总面积 86 000 平方米，多层住宅楼 15 栋，现代建筑特点，绿化率 38%。有健身器材、社区活动中心等配套设施。通公交车。

埠东花园 371302–I38

[Bùdōng Huāyuán]

在区境中部。人口 2 316。总面积 6.9 公顷。因由小埠东社区开发用于居民居住而得名。2003 年始建，2005 年正式使用。建筑总面积 47 300 平方米，住宅楼 59 栋，其中高层 36 栋、多层 23 栋，现代建筑特点。绿地面积 12 000 平方米。有健身广场、幼儿园等配套设施。通公交车。

埠东小区 371302–I39

[Bùdōng Xiǎoqū]

在区境中部。人口 605。总面积 4.5 公顷。由小埠东社区开发用于居民居住，因以得名。1993 年始建，1995 年正式使用。建筑总面积 52 000 平方米，多层住宅楼 9 栋，现代建筑特点。绿地面积 12 000 平方米。有健身广场、幼儿园等配套设施。通公交车。

朝阳小区 371302–I40

[Cháoyáng Xiǎoqū]

在区境中部。人口 3 416。总面积 5.5 公顷。因由朝阳社区建设而得名。1995 年始建，1997 年正式使用。建筑总面积 49 200

平方米，多层住宅楼 41 栋，现代建筑特点。绿地面积 15 000 平方米。有健身广场、幼儿园等配套设施。通公交车。

东山小区 371302–I41

[Dōngshān Xiǎoqū]

在区境中部。人口 785。总面积 2.3 公顷。因位于金雀山街道东部而得名。1994 年始建，1996 年正式使用。建筑总面积 14 400 平方米，多层住宅楼 12 栋，现代建筑特点。绿地面积 7 000 平方米。有健身广场、幼儿园等配套设施。通公交车。

东兴花园 371302–I42

[Dōngxīng Huāyuán]

在区境中部。人口 956。总面积 1.6 公顷。因为东兴面粉厂食品有限公司开发的小区而得名。2000 年始建，2002 年正式使用。建筑总面积 10 800 平方米，多层住宅楼 9 栋，现代建筑特点。绿地面积 4 000 平方米。有健身广场、幼儿园等配套设施。通公交车。

福德花园 371302–I43

[Fúdé Huāyuán]

在区境南部。人口 756。总面积 2.2 公顷。名称寓意美好的祝福、高尚的道德之意。2004 年始建，2006 年正式使用。建筑总面积 25 500 平方米，多层住宅楼 8 栋，现代建筑特点。绿地面积 7 000 平方米。有健身广场、幼儿园等配套设施。通公交车。

傅屯小区 371302–I44

[Fùtún Xiǎoqū]

在区境南部。人口 460。总面积 0.7 公顷。因为傅家屯居委开发建设的小区而得名。1993 年始建，1995 年正式使用。建筑总面积 4 800 平方米，多层住宅楼 4 栋，现代建筑特点。绿地面积 2 000 平方米。有健身广场、幼儿园等配套设施。通公交车。

富贵嘉园小区 371302–I45

[Fùguì Jiāyuán Xiǎoqū]

在区境中部。人口 786。总面积 1.1 公顷。名称寓意富贵吉祥。2010 年始建，2012 年正式使用。建筑总面积 13 340 平方米，多层住宅楼 8 栋，现代建筑特点。绿地面积 3 000 平方米。有健身广场等配套设施。通公交车。

富锦花园 371302–I46

[Fùjǐn Huāyuán]

在区境中部。人口 749。总面积 0.6 公顷。名称有富贵锦绣之意。1998 年始建，2000 年正式使用。建筑总面积 13 200 平方米，多层住宅楼 11 栋，现代建筑特点。绿地面积 1 000 平方米。有健身广场、幼儿园等配套设施。通公交车。

鼓楼台小区 371302–I47

[Gǔlóutái Xiǎoqū]

在区境中部。人口 2 600。总面积 3.6 公顷。因该处曾有标志性建筑鼓楼台而得名。2007 年始建，2009 年正式使用。建筑总面积 14 400 平方米，多层住宅楼 12 栋，现代建筑特点。绿地面积 9 000 平方米。有健身广场、幼儿园等配套设施。通公交车。

焦庄花园小区 371302–I48

[Jiāozhuāng Huāyuán Xiǎoqū]

在区境南部。人口 1 171。总面积 3.7 公顷。因为焦庄社区建设小区而得名。2012 年始建，2014 年正式使用。建筑总面积 13 200 平方米，多层住宅楼 11 栋，现代建筑特点。绿地面积 14 000 平方米。有健身广场、幼儿园等配套设施。通公交车。

金雀山小区 371302–I49

[Jīnquèshān Xiǎoqū]

在区境南部。人口 1 500。总面积 2.8

公顷。因是金雀山街道开发建设的小区，故名。1994 年始建，1996 年正式使用。建筑总面积 25 200 平方米，多层住宅楼 21 栋，现代建筑特点。绿地面积 6 000 平方米。有健身广场、幼儿园等配套设施。通公交车。

金坛小区 371302-I50
[Jīntán Xiǎoqū]

在区境南部。人口 6 860。总面积 13.6 公顷。因靠近金坛路而得名。1987 年始建，1988 年正式使用。建筑总面积 89 800 平方米，多层住宅楼 74 栋，现代建筑特点。绿地面积 40 000 平方米。有健身广场、幼儿园等配套设施。通公交车。

锦绣蓝山小区 371302-I51
[Jǐnxiù Lánshān Xiǎoqū]

在区境南部。人口 5 000。总面积 11.3 公顷。名称寓意为兰山地区的锦绣之地。2008 年始建，2010 年正式使用。建筑总面积 56 000 平方米，高层住宅楼 17 栋，现代建筑特点。绿地面积 32 000 平方米。有健身广场、幼儿园等配套设施。通公交车。

康居嘉园小区 371302-I52
[Kāngjū Jiāyuán Xiǎoqū]

在区境南部。人口 1 620。总面积 3.2 公顷。名称寓意健康的居住环境。2007 年始建，2008 年正式使用。建筑总面积 40 000 平方米，多层住宅楼 11 栋，现代建筑特点。绿地面积 10 000 平方米。有健身广场、幼儿园等配套设施。通公交车。

兰亭凤栖苑小区 371302-I53
[Lántíng Fèngqīyuàn Xiǎoqū]

在区境南部。人口 9 768。总面积 2.8 公顷。名称寓意凤凰栖息之地。2010 年始建，2013 年正式使用。建筑总面积 53 546 平方米，高层住宅楼 9 栋，现代建筑特点。

绿地面积 8 000 平方米。有健身广场、幼儿园等配套设施。通公交车。

兰亭水岸小区 371302-I54
[Lántíng Shuǐ'àn Xiǎoqū]

在区境南部。人口 900。总面积 3.6 公顷。因位于涑河、祊河、沂河三河交汇之处，故名。2008 年始建，2010 年正式使用。建筑总面积 27 840 平方米，高层住宅楼 4 栋，现代建筑特点。绿地面积 10 000 平方米。有健身广场、幼儿园等配套设施。通公交车。

鲁商凤凰城小区 371302-I55
[Lǔshāng Fènghuángchéng Xiǎoqū]

在区境中部。人口 7 000。总面积 24.6 公顷。以开发单位命名。2008 年始建，2010 年正式使用。建筑总面积 153 040 平方米，高层住宅楼 19 栋，现代建筑特点，有别墅 52 栋。绿地面积 72 000 平方米。有健身广场、幼儿园等配套设施。通公交车。

名仕家园小区 371302-I56
[Míngshì Jiāyuán Xiǎoqū]

在区境南部。人口 800。总面积 2.1 公顷。寓意小区名士多。2008 年始建，2010 年正式使用。建筑总面积 21 120 平方米，高层住宅楼 8 栋，现代建筑特点。绿地面积 7 000 平方米。有健身广场、幼儿园等配套设施。通公交车。

明德花园 371302-I57
[Míngdé Huāyuán]

在区境南部。人口 1 230。总面积 2.7 公顷。小区名称"明德"取自《大学》中"大学之道，在明明德"。1995 年始建，1996 年正式使用。建筑总面积 15 600 平方米，高层住宅楼 4 栋，现代建筑特点。绿地面积 7 000 平方米。有健身广场等配套设施。通公交车。

南坛小区 371302-I58
［Nántán Xiǎoqū］

在区境南部。人口 1 582。总面积 2.3 公顷。因该小区为南坛居委开发，故名。1990 年始建，1992 年正式使用。建筑总面积 15 600 平方米，多层住宅楼 13 栋，现代建筑特点。绿地面积 8 000 平方米。有健身广场、幼儿园等配套设施。通公交车。

三孔桥小区 371302-I59
［Sānkǒngqiáo Xiǎoqū］

在区境南部。人口 2 480。总面积 6.4 公顷。由于靠近三孔桥，故名。2008 年始建，2009 年正式使用。建筑总面积 16 800 平方米，多层住宅楼 14 栋，现代建筑特点。绿地面积 25 000 平方米。有健身广场等配套设施。通公交车。

三里庄花园小区 371302-I60
［Sānlǐzhuāng Huāyuán Xiǎoqū］

在区境中部。人口 1 300。总面积 1.3 公顷。因位于三里庄社区，环境优美而得名。2000 年始建，2001 年正式使用。建筑总面积 14 400 平方米，多层住宅楼 12 栋，现代建筑特点。绿地面积 4 000 平方米。有健身广场、幼儿园等配套设施。通公交车。

水榭华庭小区 371302-I61
［Shuǐxiè Huátíng Xiǎoqū］

在区境南部。人口 2 600。总面积 20.1 公顷。因环境清新优雅而得名。2007 年始建，2009 年正式使用。建筑总面积 66 720 平方米，住宅楼 17 栋，其中高层 8 栋、多层 9 栋，现代建筑特点，有别墅 87 栋。绿地面积 60 000 平方米。有健身广场、幼儿园等配套设施。通公交车。

泰和花园 371302-I62
［Tàihé Huāyuán］

在区境南部。人口 7 500。总面积 2.5 公顷。名称寓意泰平安康，欢乐祥和。2008 年始建，2009 年正式使用。建筑总面积 201 840 平方米，高层住宅楼 29 栋，现代建筑特点。绿地面积 8 000 平方米。有健身广场等配套设施。通公交车。

西苑小区 371302-I63
［Xīyuàn Xiǎoqū］

在区境南部。人口 1 925。总面积 1.2 公顷。因由原西苑社区居委开发而得名。1998 年始建，2001 年正式使用。建筑总面积 12 000 平方米，多层住宅楼 10 栋，现代建筑特点。绿地面积 4 000 平方米。有健身广场等配套设施。通公交车。

沂河花园 371302-I64
［Yíhé Huāyuán］

在区境中部。人口 786。总面积 3.2 公顷。以本地沂河命名。2000 年始建，2002 年正式使用。建筑总面积 24 012 平方米，多层住宅楼 20 栋，现代建筑特点。绿地面积 9 000 平方米。有健身广场等配套设施。通公交车。

沂蒙家园小区 371302-I65
［Yíméng Jiāyuán Xiǎoqū］

在区境中部。人口 839。总面积 1.7 公顷。因临沂位于沂蒙山区而得名。1994 年始建，1996 年正式使用。建筑总面积 9 623 平方米，多层住宅楼 8 栋，现代建筑特点。绿地面积 6 000 平方米。有健身广场等配套设施。通公交车。

三和园小区 371302-I66
［Sānhéyuán Xiǎoqū］

在区境中部。人口 2 400。总面积 5.8

公顷。名称寓意天、地、人三方和谐。2008年始建，2009年正式使用。建筑总面积178 200平方米，高层住宅楼18栋，现代建筑特点。绿地面积19 000平方米。有健身广场、幼儿园等配套设施。通公交车。

齐鲁园小区 371302-I67

[Qílǔyuán Xiǎoqū]

在区境中部。人口3 650。总面积15.3公顷。以山东古称命名。2008年始建，2010年正式使用。建筑总面积236 640平方米，高层住宅楼34栋，现代建筑特点。绿地面积48 000平方米。有健身广场、幼儿园等配套设施。通公交车。

润园小区 371302-I68

[Rùnyuán Xiǎoqū]

在区境中部。人口3 000。总面积8.5公顷。名称取润物细无声之意。2010年始建，2011年正式使用。建筑总面积104 400平方米，高层住宅楼15栋，现代建筑特点。绿地面积24 000平方米。有健身广场、幼儿园等配套设施。通公交车。

金叶花园 371302-I69

[Jīnyè Huāyuán]

在区境中部。人口1 428。总面积2.8公顷。因是烟草公司职工居住，故名金叶花园。2010年始建，2011年正式使用。建筑总面积69 615平方米，高层住宅楼10栋，现代建筑特点。绿地面积6 000平方米。有健身广场、幼儿园等配套设施。通公交车。

金穗花园小区 371302-I70

[Jīnsuì Huāyuán Xiǎoqū]

在区境中部。人口2 000。总面积4.4公顷。因是中国农业银行职工居住，故名金穗花园小区。2009年始建，2012年正式

使用。建筑总面积62 640平方米，高层住宅楼9栋，现代建筑特点。绿地面积14 000平方米。有健身广场、幼儿园等配套设施。通公交车。

广电小区 371302-I71

[Guǎngdiàn Xiǎoqū]

在区境中部。人口1 560。总面积3.6公顷。因建设用于广播电视台职工居住，故名广电小区。2012年始建，2013年正式使用。建筑总面积69 758平方米，高层住宅楼10栋，现代建筑特点。绿地面积10 000平方米。有健身广场、幼儿园等配套设施。通公交车。

金润花园小区 371302-I72

[Jīnrùn Huāyuán Xiǎoqū]

在区境中部。人口2 686。总面积12.1公顷。名称寓意美好的居住环境。2009年始建，2010年正式使用。建筑总面积111 360平方米，高层住宅楼16栋，现代建筑特点。绿地面积35 000平方米。有健身广场、幼儿园等配套设施。通公交车。

金茂花园小区 371302-I73

[Jīnmào Huāyuán Xiǎoqū]

在区境中部。人口3 000。总面积10.7公顷。因由金茂房地产公司开发而得名。2011年始建，2013年正式使用。建筑总面积146 160平方米，高层住宅楼21栋，现代建筑特点。绿化率33%。有健身广场等配套设施。通公交车。

祥园小区 371302-I74

[Xiángyuán Xiǎoqū]

在区境中部。人口5 000。总面积18.8公顷。名称寓意居住环境安静祥和。2010年始建，2011年正式使用。建筑总面积348 000平方米，高层住宅楼50栋，现代

建筑特点。绿地面积 66 000 平方米。有健身广场等配套设施。通公交车。

和园小区　371302–I75
[Héyuán Xiǎoqū]

在区境中部。人口 1 020。总面积 7.4 公顷。名称寓意吉祥、祥和。2012 年始建，2013 年正式使用。建筑总面积 76 560 平方米，高层住宅楼 11 栋，现代建筑特点。绿地面积 29 000 平方米。有健身广场等配套设施。通公交车。

朴园小区　371302–I76
[Pǔyuán Xiǎoqū]

在区境中部。人口 6 000。总面积 16.7 公顷。寓意小区建筑古朴典雅，环境优美。2010 年始建，2012 年正式使用。建筑总面积 194 880 平方米，高层住宅楼 28 栋，现代建筑特点。绿地面积 61 000 平方米。有健身广场、幼儿园等配套设施。通公交车。

杏坛文化家园小区　371302–I77
[Xìngtán Wénhuà Jiāyuán Xiǎoqū]

在区境中部。人口 8 500。总面积 15.7 公顷。因该小区为教育局及临沂四中职工居住，故名。1998 年始建，2000 年正式使用。建筑总面积 160 080 平方米，高层住宅楼 23 栋，现代建筑特点。绿地面积 50 100 平方米。有健身广场、幼儿园等配套设施。通公交车。

警察花园　371302–I78
[Jǐngchá Huāyuán]

在区境中部。人口 1 800。总面积 5.1 公顷。该小区为临沂市公安局的家属院，故名。2011 年始建，2012 年正式使用。建筑总面积 83 520 平方米，高层住宅楼 12 栋，现代建筑特点。绿地面积 17 000 平方米。有健身广场等配套设施。通公交车。

沂龙湾慧园小区　371302–I79
[Yílóngwān Huìyuán Xiǎoqū]

在区境中部。人口 4 300。总面积 11.4 公顷。因靠近沂河河湾，住宅配套智慧设施，故名。2010 年始建，2012 年正式使用。建筑总面积 107 520 平方米，高层住宅楼 26 栋，现代建筑特点。绿地面积 41 000 平方米。有健身广场、幼儿园等配套设施。通公交车。

澜泊湾小区　371302–I80
[Lánbówān Xiǎoqū]

在区境中部。人口 1 900。总面积 10.6 公顷。因靠近兰山区沂河河湾，风景优美，取其谐音而得名。2011 年始建，2013 年正式使用。建筑总面积 81 520 平方米，高层住宅楼 14 栋，现代建筑特点。绿地面积 43 000 平方米。有健身广场、幼儿园等配套设施。通公交车。

沂龙湾御园小区　371302–I81
[Yílóngwān Yùyuán Xiǎoqū]

在区境中部。人口 3 500。总面积 18.6 公顷。因靠近沂河河湾、建筑品质高而得名。2010 年始建，2012 年正式使用。建筑总面积 123 120 平方米，住宅楼 45 栋，其中高层 12 栋、多层 33 栋，现代建筑特点。绿地面积 65 000 平方米。有健身广场、幼儿园等配套设施。通公交车。

恒大华府小区　371302–I82
[Héngdà Huáfǔ Xiǎoqū]

在区境中部。人口 1 653。总面积 21.4 公顷。因小区由恒大房地产公司开发建设，楼房造型精致、装修奢华，故名。2012 年始建，2014 年正式使用。建筑总面积 236 640 平方米，高层住宅楼 34 栋，现代建筑特点。绿地面积 86 000 平方米。有健身广场、幼儿园等配套设施。通公交车。

滨河阳光小区 371302-I83
[Bīnhé Yángguāng Xiǎoqū]

在区境中部。人口 1 635。总面积 18.0 公顷。因靠近祊河，住宅采光性好，故名。2009 年始建，2010 年建成。建筑总面积 348 000 平方米，高层住宅楼 50 栋，现代建筑特点。有健身广场、幼儿园等配套设施。通公交车。

云泊湖小区 371302-I84
[Yúnbóhú Xiǎoqū]

在区境北部。人口 5 000。总面积 31.6 公顷。因位于云泊湖社区，故名。2010 年始建，2013 年正式使用。建筑总面积 352 778.1 平方米，多层住宅楼 82 栋，现代建筑特点。绿化率 10%。有幼儿园、便民超市、卫生所等配套设施。通公交车。

沂蒙湾小区 371302-I85
[Yíméngwān Xiǎoqū]

在区境北部。人口 1 000。总面积 11.92 公顷。因在沂、蒙两河边得名。2011 年始建，2013 年正式使用。建筑总面积 59 940 平方米，多层住宅楼 11 栋，现代建筑特点。绿化率 20%。有便民超市、卫生所等配套设施。通公交车。

桃花源小区 371302-I86
[Táohuāyuán Xiǎoqū]

在区境北部。人口 900。总面积 4.1 公顷。寓意居住环境优美。2011 年始建，2013 年正式使用。建筑总面积 140 000 平方米，住宅楼 43 栋，其中高层 12 栋、多层 31 栋。绿化率 35%。有健身场所、超市等配套设施。通公交车。

农村居民点

马埠岭 371302-A01-H01
[Mǎbùlǐng]

在区驻地金雀山街道西北方向 10.0 千米。金雀山街道辖自然村。人口 2 000。因村北有一小岭形似骏马奔腾，故名马埠岭。聚落呈团块状分布。经济以种植业为主，种植小麦、玉米。荷日铁路、京沪高速公路、206 国道经此。

洪沟崖 371302-A01-H02
[Hónggōuyá]

在区驻地金雀山街道西北方向 14.1 千米。金雀山街道辖自然村。人口 1 800。曾名小庄，后因有一道沟名洪沟，故取村名洪沟崖。聚落呈团块状分布。经济以种植业为主，种植小麦、玉米、花生。有公路经此。

城后 371302-A01-H03
[Chénghòu]

在区驻地金雀山街道西北方向 11.5 千米。金雀山街道辖自然村。人口 5 600。因南有"即丘城"即古城村，故取名为城后。聚落呈团块状分布。有小学。经济以种植业、木材加工业为主，种植小麦、玉米、蔬菜。有公路经此。

后明坡 371302-A04-H01
[Hòumíngpō]

在区驻地金雀山街道北方向 10.5 千米。柳青街道辖自然村。人口 1 200。清宣统年间建村，因建村时村子处低洼地，每到梅雨时节，好像大汪，因此得名明汪坡，后简称为明坡，后析置成两村，该村居北，故名后明坡。聚落呈团块状分布。经济以种植业、商业为主，种植小麦、玉米、花生等。有公路经此。

郚古城 371302-A04-H02

［Yǔgǔchéng］

在区驻地金雀山街道东北方向 14.4 千米。柳青街道辖自然村。人口 2 600。因此处系周代郚子国都城旧址而得名。聚落呈团块状分布。有省级文物保护单位郚古城遗址。经济以种植业、商业为主，种植小麦、玉米、花生等。有公路经此。

贾家 371302-B01-H01

［Jiǎjiā］

白沙埠镇人民政府驻地。在区驻地金雀山街道北方向 18.0 千米。人口 3 100。因村中贾姓居多，故名。聚落呈团块状分布。有小学、幼儿园。经济以种植业为主，种植小麦、玉米、棉花。有公路经此。

白沙埠 371302-B01-H02

［Báishābù］

在区驻地金雀山街道北方向 17.0 千米。白沙埠镇辖自然村。人口 2 200。1945 年建村，因该村位于沂河西岸，冲积地带白沙积聚，故名。聚落呈团块状分布。经济以种植业为主，种植小麦、玉米、棉花。有公路经此。

船流街 371302-B01-H03

［Chuánliújiē］

在区驻地金雀山街道东北方向 28.6 千米。白沙埠镇辖自然村。人口 1 800。明万历年间建村，因此地东临沂河，民间有渡船义务摆渡来往过客，故名义务船流，后更名为船流街。聚落呈团块状分布。有小学 1 处。经济以种植业为主，种植小麦、玉米、棉花。有公路经此。

柏家庄 371302-B01-H04

［Bǎijiāzhuāng］

在区驻地金雀山街道东北方向 24.9 千米。白沙埠镇辖自然村。人口 2 200。明万历年间建村，曾名东溪沂庄，后因柏姓人多，改称柏家庄。聚落呈团块状分布。经济以种植业为主，种植小麦、玉米、棉花。有公路经此。

钓鱼台 371302-B01-H05

［Diàoyútái］

在区驻地金雀山街道东北方向 22.8 千米。白沙埠镇辖自然村。人口 1 600。相传春秋战国时期系中邱城（诸葛城）王孙公子游乐玩耍之地，故名。聚落呈团块状分布。经济以种植业为主，种植小麦、玉米、棉花。有公路经此。

后城西 371302-B01-H06

［Hòuchéngxī］

在区驻地金雀山街道东北方向 23.8 千米。白沙埠镇辖自然村。人口 2 000。清宣统年间建村，因位于诸葛城西偏北，故得名后城西。聚落呈团块状分布。经济以种植业为主，种植小麦、玉米、棉花。有公路经此。

玩花楼 371302-B01-H07

［Wánhuālóu］

在区驻地金雀山街道东北方向 17.8 千米。白沙埠镇辖自然村。人口 1 000。明代，惠姓铁匠定居成村，该处曾有一座国舅建立的欣赏奇花异草的阁楼，故名。聚落呈团块状分布。经济以种植业为主，种植小麦、玉米、棉花。有公路经此。

朱潘 371302-B01-H08

［Zhūpān］

在区驻地金雀山街道东北方向 19.7 千米。白沙埠镇辖自然村。人口 3 600。晋代前建村，以朱、潘二姓居首，故名朱潘。聚落呈团块状分布。经济以种植业为主，种植小麦、玉米、棉花。有公路经此。

诸葛城 371302-B01-H09

[Zhūgěchéng]

在区驻地金雀山街道东北方向 21.6 千米。白沙埠镇辖自然村。人口 2 000。因诸葛亮居于此，故名诸葛城。聚落呈团块状分布。经济以种植业为主，种植小麦、玉米、棉花。有公路经此。

余粮 371302-B01-H10

[Yúliáng]

在区驻地金雀山街道东北方向 26.5 千米。白沙埠镇辖自然村。人口 1 400。宋朝中期建村，原名敬沂庄。后因村东玉皇庙内有一无梁殿，易名无梁殿。1966 年，以吉祥嘉言更名余粮。聚落呈团块状分布。经济以种植业为主，种植小麦、玉米、棉花。有公路经此。

琅琊庄 371302-B02-H01

[Lángyázhuāng]

枣园镇人民政府驻地。在区驻地金雀山街道东北方向 20.2 千米。人口 2 300。明崇祯年间建村，取兰山和沂州首字，名兰沂庄。后以临沂别称琅琊改称琅琊庄。聚落呈团块状分布。有小学、幼儿园。经济以种植业为主，种植小麦、玉米、花生等。有公路经此。

小枣沟头 371302-B02-H02

[Xiǎozǎogōutóu]

在区驻地金雀山街道西北方向 19.5 千米。枣园镇辖自然村。人口 1 200。清顺治年间建村，初名早过湖。后因东邻一村名大枣沟头，本村较小，遂易名为小枣沟头。聚落呈团块状分布。经济以种植业为主，种植小麦、玉米、棉花。有公路经此。

义和屯 371302-B02-H03

[Yìhétún]

在区驻地金雀山街道西北方向 24.1 千米。枣园镇辖自然村。人口 500。明永乐年间建村，因庄小、人少，且在阎家屯南，曾名小屯。后因村民和睦相处，改称义和屯。聚落呈团块状分布。经济以种植业、木材加工业为主，种植小麦、玉米、蔬菜。有公路经此。

俄庄 371302-B02-H04

[Ézhuāng]

在区驻地金雀山街道西北方向 16.1 千米。枣园镇辖自然村。人口 2 200。村东有一条大沟，常年积水，村民喂了很多鹅在此放养，晋代大书法家王羲之爱鹅，曾来此放鹅、观鹅，故取名鹅庄，后演变为俄庄。聚落呈团块状分布。经济以种植业为主，种植小麦、玉米、棉花。有公路经此。

陶家庄 371302-B02-H05

[Táojiāzhuāng]

在区驻地金雀山街道北方向 15.2 千米。枣园镇辖自然村。人口 2 300。清朝初期，曹氏家族来此地安家建庄，名曹家庄。后因陶氏家族迁来此庄居住，人丁兴旺，改为陶家庄。聚落呈团块状分布。经济以种植业为主，种植小麦、玉米、棉花。有公路经此。

北曲坊 371302-B02-H06

[Běiqūfáng]

在区驻地金雀山街道东北方向 20.2 千米。枣园镇辖自然村。人口 2 900。明成化年间建村，当时皇家在此设两个制曲作坊，本村居北，故名北曲坊。聚落呈团块状分布。经济以种植业为主，种植小麦、玉米、棉花。有公路经此。

郑家庄 371302-B02-H07
[Zhèngjiāzhuāng]

在区驻地金雀山街道西北方向 23.5 千米。枣园镇辖自然村。人口 2 800。清康熙年间建村，曾名小冷前、大义庄。后因郑姓户多，遂改称郑家庄。聚落呈团块状分布。经济以种植业为主，种植小麦、玉米、棉花。有公路经此。

大桥 371302-B02-H08
[Dàqiáo]

在区驻地金雀山街道西北方向 21.7 千米。枣园镇辖自然村。人口 1 600。清乾隆年间建村，初名沂庄。后因村南柳青河建大桥一座，遂改名大桥。聚落呈团块状分布。经济以种植业为主，种植小麦、玉米、棉花。有公路经此。

全家林 371302-B02-H09
[Quánjiālín]

在区驻地金雀山街道西北方向 20.2 千米。枣园镇辖自然村。人口 600。明崇祯年间建村，此地有明万历戊戌进士河南省按察副使全良繁的一片林地，栽有很多松树，遂得村名全家林。聚落呈团块状分布。经济以种植业为主，种植小麦、玉米、棉花。有公路经此。

半程 371302-B03-H01
[Bànchéng]

半程镇人民政府驻地。在区驻地金雀山街道北方向 24.0 千米。人口 2 200。因此处位于老临沂县城至青驼驿站之间，故名。聚落呈团块状分布。有小学、幼儿园。经济以种植业为主，种植小麦、玉米、棉花。有金锣集团等。205 国道经此。

东哨 371302-B03-H02
[Dōngshào]

在区驻地金雀山街道东北方向 26.0 千米。半程镇辖自然村。人口 3 800。相传唐乾封年间建村，薛仁贵征东，遇山寇李小，停兵交战时，此地曾设两个哨所（一东一西），本村居东，故名东哨。聚落呈团块状分布。经济以种植业为主，种植小麦、花生、玉米、水稻、黄桃等。有公路经此。

清沂庄 371302-B03-H03
[Qīngyízhuāng]

在区驻地金雀山街道西北方向 23.3 千米。半程镇辖自然村。人口 1 800。明成化年间建村，因半程河流经此处，清澈透明，又流入柳青河，最终汇入沂河，故名清沂庄。聚落呈团块状分布。经济以种植业为主，种植小麦、玉米等。有公路经此。

山水口 371302-B03-H04
[Shānshuǐkǒu]

在区驻地金雀山街道西北方向 23.5 千米。半程镇辖自然村。人口 1 800。由于位置处东北石沟、敢胜庄、任家庄流出的三条小河汇集处，初建村时村称三水口，后演变为山水口。聚落呈团块状分布。经济以种植业为主，种植小麦、花生、玉米等。有公路经此。

上艾崮 371302-B03-H05
[Shàng'àigù]

在区驻地金雀山街道北方向 26.7 千米。半程镇辖自然村。人口 1 200。北齐时建村，因地处艾崮山西南麓，故名上艾崮。聚落呈团块状分布。有农家书屋。经济以种植业为主，种植小麦、花生、玉米、桃等。有公路经此。

西哨 371302-B03-H06

[Xīshào]

在区驻地金雀山街道东北方向 26.1 千米。半程镇辖自然村。人口 3 500。相传唐乾封年间建村，薛仁贵征东，遇山寇李小，停兵交战时，此地曾设两个哨所（一东一西），本村居西，故名西哨。聚落呈团块状分布。经济以种植业为主，种植玉米、小麦、水稻。有公路经此。

下艾崮 371302-B03-H07

[Xià'àigù]

在区驻地金雀山街道北方向 25.5 千米。半程镇辖自然村。人口 1 600。明朝建村时，因在上艾崮村南，故名下艾崮。聚落呈团块状分布。经济以种植业为主，种植小麦、玉米、花生。有公路经此。

大义堂 371302-B04-H01

[Dàyìtáng]

义堂镇人民政府驻地。在区驻地金雀山街道西北方向 13.3 千米。人口 3 600。建村时村内曾建有一座三义堂，故名大义堂。聚落呈团块状分布。有小学、幼儿园、农村书屋。经济以种植业为主，种植小麦、玉米、花生。327 国道、206 国道经此。

北屠苏 371302-B04-H02

[Běitúsū]

在区驻地金雀山街道西北方向 17.3 千米。义堂镇辖自然村。人口 3 800。明洪武年间建村，因酿屠苏酒而得名。后以祊支流为界分为南北两村，此村为北屠苏。聚落呈团块状分布。经济以种植业、木材加工业为主，种植小麦、水稻。有公路经此。

埠北头 371302-B04-H03

[Bùběitóu]

在区驻地金雀山街道西北方向 18.8 千米。义堂镇辖自然村。人口 1 900。唐朝建村，因位于青风岭以北而得名。聚落呈团块状分布。经济以种植业为主，种植小麦、玉米、花生。有公路经此。

化沂庄 371302-B04-H04

[Huàyízhuāng]

在区驻地金雀山街道西北方向 16.9 千米。义堂镇辖自然村。人口 2 300。清雍正二年（1724）建村，因化氏人丁兴旺，居村首户，故名化家庄，后演变为化沂庄。聚落呈团块状分布。经济以种植业、木材加工业为主，种植小麦、水稻。有公路经此。

沙沟崖 371302-B04-H05

[Shāgōuyá]

在区驻地金雀山街道西北方向 26.1 千米。义堂镇辖自然村。人口 2 400。清康熙年间建村，因村南有一条沙沟且两边土地肥沃，村落居于沟北崖而得名。聚落呈团块状分布。经济以种植业为主，种植小麦、玉米、花生。有公路经此。

李官 371302-B05-H01

[Lǐguān]

李官镇人民政府驻地。在区驻地金雀山街道北方向 25.2 千米。人口 2 000。明成化年间，李姓人来此建村，以李姓命名为李官。聚落呈团块状分布。有小学、幼儿园。经济以种植业为主，种植蜜桃、黄桃。有公路经此。

东汪沟 371302-B06-H01

[Dōngwānggōu]

汪沟镇人民政府驻地。在区驻地金雀

山街道西北方向 26.2 千米。人口 1 200。建于唐敬德年间，因汪多沟多，取名为汪沟。后析置为两个村，本村居东，得名东汪沟。聚落呈团块状分布。有幼儿园、农家书屋等。经济以种植业为主，种植小麦、玉米。有公路经此。

闵家寨 371302-B06-H02
[Mǐnjiāzhài]

在区驻地金雀山街道西北方向 34.2 千米。汪沟镇辖自然村。人口 2 800。该村是孔子弟子闵子骞的故里，现住户多数姓闵，故以姓氏取名闵家寨。聚落呈团块状分布。经济以种植业为主，种植花生、玉米、小麦等。有公路经此。

临沂庄 371302-B06-H03
[Línyízhuāng]

在区驻地金雀山街道西北方向 30.8 千米。汪沟镇辖自然村。人口 1 500。建于清顺治年间，相传有位姓王的府官路过此地，大雨把衣淋湿，故取名淋衣庄。后因字音相近，演变为临沂庄。聚落呈团块状分布。经济以种植业为主，种植小麦、玉米。有公路经此。

柴胡山 371302-B06-H04
[Cháihúshān]

在区驻地金雀山街道西北方向 45.0 千米。汪沟镇辖自然村。人口 1 200。因村西有一座柴胡山而得名。聚落呈团块状分布。经济以种植业为主，种植小麦、玉米、花生、黄瓜。有公路经此。

王家沟 371302-B06-H05
[Wángjiāgōu]

在区驻地金雀山街道西北方向 37.9 千米。汪沟镇辖自然村。人口 1 000。建于明崇祯年间，相传此地寄存过马，故以姓氏取名为伊家寄马沟。清代中期，因居民多数姓王，改名为王家寄马沟，后演变为王家沟。聚落呈团块状分布。经济以种植业为主，种植小麦、玉米。有公路经此。

竹园 371302-B06-H06
[Zhúyuán]

在区驻地金雀山街道西北方向 42.4 千米。汪沟镇辖自然村。人口 1 700。明崇祯年间建村，因该村东头有一片竹子园，故取名竹园。聚落呈团块状分布。经济以种植业为主，种植小麦、玉米、花生、黄瓜。有公路经此。

西街 371302-B07-H01
[Xījiē]

方城镇人民政府驻地。在区驻地金雀山街道西北方向 30.5 千米。人口 1 900。建于北宋宣和年间，原名方家村，后居户增多，村庄扩大，此村居西，故称西街。聚落呈带状分布。有中学、小学、幼儿园。经济以种植业为主，种植小麦、玉米、花生、瓜果、苗木、蔬菜等。有汽车配件、板材、磨料、肉食品加工、五金水暖、果蔬种植合作社等产业，有百货商场、家电商场等。文泗公路经此。

东古城 371302-B07-H02
[Dōnggǔchéng]

在区驻地金雀山街道西北方向 39.9 千米。方城镇辖自然村。人口 900。建于明洪武年间，因位于古城遗址东而得名。1958 年后分为两村，该村居东，称为东古城。聚落呈团块状分布。经济以种植业为主，种植小麦、玉米、花生。有公路经此。

古城里 371302-B07-H03
[Gǔchénglǐ]

在区驻地金雀山街道西北方向 39.9 千

米。方城镇辖自然村。人口1 300。因此处有一座古城遗址而得名。聚落呈团块状分布。经济以种植业为主，种植小麦、玉米、花生。有公路经此。

马厂湖 371302-B08-H01
[Mǎchǎnghú]

马厂湖镇人民政府驻地。在区驻地金雀山街道西北方向3.0千米。人口2 800。北魏时建村，因是即丘县牧马、养马处，故名。聚落呈团块状分布。经济以种植业、养殖业、板材加工业为主，种植花卉，养殖猪、牛。有公路经此。

罗庄区

城市居民点

红日小区 371311-I01
[Hóngrì Xiǎoqū]

在区境中部。人口3 000。总面积16.6公顷。以山东红日化工股份有限公司得名。1999年始建。建筑总面积96 300平方米，多层住宅楼24栋，现代建筑特点。有幼儿园等配套设施。通公交车。

护台小区 371311-I02
[Hùtái Xiǎoqū]

在区境中部。人口1 500。总面积2公顷。以南有护台植物园而名。1998年始建。建筑总面积119 000平方米，多层住宅楼19栋，现代建筑特点。通公交车。

花园小区 371311-I03
[Huāyuán Xiǎoqū]

在区境中部。人口1 100。总面积30公顷。其名有胜似花园之意。1997年始建。

建筑总面积40 000平方米，多层住宅楼11栋，现代建筑特点。有别墅16栋。通公交车。

月亮城华明园 371311-I04
[Yuèliangchéng Huámíngyuán]

在区境中部。人口500。总面积30公顷。以小区近有月亮城而得名。2001年始建。建筑总面积60 000平方米，别墅143栋。通公交车。

月亮城坤明园 371311-I05
[Yuèliangchéng Kūnmíngyuán]

在区境中部。人口1 000。总面积30公顷。以近有月亮城而得名。2001年始建。建筑总面积58 000平方米，多层住宅楼21栋，现代建筑特点。通公交车。

月亮城皓明园 371311-I06
[Yuèliangchéng Hàomíngyuán]

在区境中部。人口1 500。总面积30公顷。以近有月亮城而得名。2001年始建。建筑总面积81 000平方米，多层住宅楼58栋，现代建筑特点。通公交车。

欧罗花园 371311-I07
[Ōuluó Huāyuán]

在区境中部。人口2 400。总面积6.1公顷。以欧洲商业街与罗庄区名首字取名。2005年始建。建筑总面积89 400平方米，住宅楼18栋，其中高层10栋、多层8栋，现代建筑特点。通公交车。

圣景花园 371311-I08
[Shèngjǐng Huāyuán]

在区境北部。人口700。总面积37公顷。以吉祥嘉言命名。2006年正式使用。建筑总面积26 000平方米，多层住宅楼6栋，现代建筑特点。通公交车。

孟园馨苑 371311–I09

[Mèngyuán Xīnyuàn]

在区境北部。人口 3 000。总面积 8.9 公顷。以地处孟家园村而得名。2011 年正式使用。建筑总面积 148 300 平方米，多层住宅楼 35 栋，现代建筑特点。

大成家苑 371311–I10

[Dàchéng Jiāyuàn]

在区境北部。人口 1 600。总面积 14 公顷。以临沂大成置业有限公司得名。2014 年正式使用。建筑总面积 140 000 平方米，多层住宅楼 23 栋，现代建筑特点。

罗欣之家 371311–I11

[Luóxīnzhījiā]

在区境中部。人口 600。总面积 4 公顷。因山东罗欣药业集团股份有限公司得名。2010 年始建。建筑总面积 35 000 平方米，多层住宅楼 7 栋，现代建筑特点。通公交车。

十里洋房 371311–I12

[Shílǐ Yángfáng]

在区境东北部。人口 2 000。总面积 5 公顷。以十里堡社区得名。2013 年始建。建筑总面积 100 000 平方米，高层住宅楼 16 栋，现代建筑特点。通公交车。

宝丽一号 371311–I13

[Bǎolì Yīhào]

在区境中部。人口 2 600。总面积 5.6 公顷。因山东地王集团临沂宝丽置业有限公司得名。2012 年始建。建筑总面积 95 000 平方米，住宅楼 13 栋，其中高层 4 栋、多层 9 栋，现代建筑特点。通公交车。

东城里 371311–I14

[Dōngchénglǐ]

在区境中部。人口 900。总面积 6 公顷。

因此地有绣花城，且地处双月湖东而得名。1993 年始建。建筑总面积 25 000 平方米，多层住宅楼 5 栋，现代建筑特点。有别墅 124 栋。通公交车。

观天下花园 371311–I15

[Guāntiānxià Huāyuán]

在区境东北部。人口 3 300。总面积 19 公顷。其名有居一室而观天下之意。2008 年始建。建筑总面积 338 000 平方米，住宅楼 64 栋，其中高层 7 栋、多层 57 栋，现代建筑特点。通公交车。

合兴花园 371311–I16

[Héxīng Huāyuán]

在区境北部。人口 800。总面积 1.8 公顷。以山东合兴房地产开发有限公司命名。2010 年始建。建筑总面积 29 000 平方米，多层住宅楼 6 栋，现代建筑特点。通公交车。

恒基佳园 371311–I17

[Héngjī Jiāyuán]

在区境中部。人口 1 000。总面积 4 公顷。以吉祥如意之意命名。2011 年始建。建筑总面积 54 000 平方米，多层住宅楼 13 栋，现代建筑特点。

华创金桂园 371311–I18

[Huáchuàng Jīnguìyuán]

在区境东北部。人口 700。总面积 13.3 公顷。以华创置业有限公司而得名。2009 年始建。建筑总面积 117 600 平方米，多层住宅楼 34 栋，现代建筑特点。通公交车。

华润佳园 371311–I19

[Huárùn Jiāyuán]

在区境中部。人口 1 100 。总面积 6 公顷。取开发商名称"润"字，寓美好幸福家园，故名。2011年始建。建筑总面积110 000平方米,住宅楼10栋,其中高层6栋、多层4栋,现代建筑特点。通公交车。

金台名府 371311–I20
[Jīntái Míngfǔ]

在区境中部。人口900。总面积2.3公顷。因近有护台植物园而名。2005年始建。建筑总面积44 000平方米,多层住宅楼7栋,现代建筑特点。通公交车。

锦绣花园 371311–I21
[Jǐnxiù Huāyuán]

在区境中部。人口600。总面积1公顷。其名寓意生活似锦,幸福美满。2008年始建。建筑总面积20 000平方米,多层住宅楼8栋,现代建筑特点。

深莞城 371311–I22
[Shēnguǎn Chéng]

在区境东北部。人口1 200。总面积6.1公顷。以深圳和东莞各取一字命名。2011年始建。建筑总面积139 000平方米,高层住宅楼9栋,现代建筑特点。通公交车。

双月小区 371311–I23
[Shuāngyuè Xiǎoqū]

在区境中部。人口2 600。总面积22公顷。以此地南原双月园学校而得名。2005年始建。建筑总面积105 600平方米,多层住宅楼22栋,现代建筑特点。通公交车。

怡景新苑 371311–I24
[Yíjǐng Xīnyuàn]

在区境北部。人口6 800。总面积18公顷。其名有景致宜人之意。2004年始建,一期2006年正式使用,二期2007年正式使用,三期2010年正式使用。建筑总面积25 000平方米,多层住宅楼43栋,现代建筑特点。通公交车。

农村居民点

留邻庄 371311–A01–H01
[Liúlínzhuāng]

在区驻地盛庄街道东方向8.5千米。盛庄街道辖自然村。人口1 900。据传以前李、刘两姓东西为邻,刘家院中有枣树,枣熟时,每遇大风,枣子常落入李家,李家便在院中用一个大笆接枣,将枣子如数还给刘家。但馋嘴的孩子总要吃几个尝尝,李家唯恐伤了两家和气,便决定搬家。刘家知道后,为了留住邻居,将枣树锯掉。村以此得名。聚落呈团块状分布。经济以商业、土地流转为主。有公路经此。

花埠圈 371311–A01–H02
[Huābùquān]

在区驻地盛庄街道东南方向3.7千米。盛庄街道辖自然村。人口6 900。以回族为主,占96%。北宋建隆年间建村,坐落于山前。因北、西两面山丘紧紧相连,形成半圆圈,每逢春夏之季,五颜六色的野花布满山坡,故得名花埠圈。聚落呈团块状分布。经济以种植、运输、建筑、养殖等为主。有公路经此。

陈家白庄 371311–A01–H03
[Chénjiābáizhuāng]

在区驻地盛庄街道东北方向5.9千米。盛庄街道辖自然村。人口1 700。清顺治年间,陈姓人来此定居,因村前一片白色盐碱地,故名陈家白庄。聚落呈团块状分布。经济以房屋租赁等为主。有公路经此。

店子 371311-A01-H04
［Diànzi］

在区驻地盛庄街道东南方向 9.9 千米。盛庄街道辖自然村。人口 1 400。明崇祯年间建村。原名菊花店，后简称店子。聚落呈团块状分布。经济以商业等为主。有公路经此。

红土屯 371311-A01-H05
［Hóngtǔtún］

在区驻地盛庄街道东方向 3.8 千米。盛庄街道辖自然村。人口 2 900。因村坐落在西高东低的红土岭上，故名红土屯。聚落呈团块状分布。经济以商业等为主。有公路经此。

侯家三岗 371311-A01-H06
［Hóujiāsāngǎng］

在区驻地盛庄街道北方向 2.5 千米。盛庄街道辖自然村。人口 1 100。明成化年间，侯姓人建村，因侯姓居多，且此处有三条土岗，故名侯家三岗。聚落呈团块状分布。经济以商业等为主。有公路经此。

朱张桥西北 371311-A02-H01
［Zhūzhāngqiáoxīběi］

在区驻地盛庄街道西南方向 4.1 千米。罗庄街道辖自然村。人口 1 400。因姓氏、石桥及方位得名。聚落呈团块状分布。经济以租赁服务、商业等为主。有公路经此。

朱张桥西南 371311-A02-H02
［Zhūzhāngqiáoxīnán］

在区驻地盛庄街道西南方向 4.2 千米。罗庄街道辖自然村。人口 1 000。因姓氏、石桥及方位得名。聚落呈团块状分布。经济以租赁服务、商业等为主。有公路经此。

大山后 371311-A02-H03
［Dàshānhòu］

在区驻地盛庄街道东南方向 4.7 千米。罗庄街道辖自然村。人口 5 100。因地处庆云山后，取名大山后。聚落呈团块状分布。经济以租赁服务、商业等为主。有公路经此。

闫泉庄 371311-A02-H04
［Yánquánzhuāng］

在区驻地盛庄街道东南方向 1.6 千米。罗庄街道辖自然村。人口 1 500。明永乐年间，闫姓居住此地，结合地面多泉的特征命名为闫家泉庄，简化为闫泉庄。聚落呈团块状分布。经济以租赁服务、商业等为主。有公路经此。

朱陈东南 371311-A02-H05
［Zhūchéndōngnán］

在区驻地盛庄街道西南方向 2.1 千米。罗庄街道辖自然村。人口 2 000。相传建村于春秋时期，原名诸陈，系以姓氏命名。后改借用典故，更名朱陈。1956 年，以所处方位析为 5 村，本村为朱陈东南。聚落呈团块状分布。经济以种植业、租赁服务、商业等为主。有公路经此。

北老屯 371311-A02-H06
［Běilǎotún］

在区驻地盛庄街道东南方向 3.1 千米。罗庄街道辖自然村。人口 3 200。明永乐明年间，村民从山西洪洞县迁来，当时明代移民有一定编制，实行屯田制，称为屯户，这里是民屯村，命名为老屯。后因南面有同名村，故名北老屯。聚落呈团块状分布。经济以租赁服务、商业等为主。有公路经此。

湖南崖 371311-A02-H07
［Húnányá］

在区驻地盛庄街道北方向 0.9 千米。罗庄街道辖自然村。人口 4 700。相传北宋初期建村。原名看沂庄，后称南移官庄，明代改称湖南崖。聚落呈团块状分布。经济以租赁服务、商业等为主。有公路经此。

陈武庄 371311–A03–H01
[Chénwǔzhuāng]

在区驻地盛庄街道西南方向 15.1 千米。傅庄街道辖自然村。人口 1 400。明永乐年间建村，初名赵德官庄。在乱世中土匪夜经此处，适值大雾弥空，匪误认为是水，未行抢劫。逃脱后，遂村称神雾庄。年深日久，字随音转，取谐音为陈武庄。聚落呈团块状分布。经济以商业、种植业等为主。有公路经此。

东店子 371311–A03–H02
[Dōngdiànzi]

在区驻地盛庄街道西南方向 18.3 千米。傅庄街道辖自然村。人口 1 500。相传建村于唐朝时期，当时这里几家坊店，逐渐形成村落，因属道庄堡辖区，故名道庄店子。后因同名村有三，此村居东，故名东店子。聚落呈团块状分布。经济以种植业、商业等为主。有公路经此。

东三重 371311–A03–H03
[Dōngsānchóng]

在区驻地盛庄街道南方向 16.4 千米。傅庄街道辖自然村。人口 3 100。相传当初这里有三家店，离此三里有个村，村中大户犯法被抄后，剩有三户人来此聚居，这里有三家店、三里村、三户人，故名三重。又因该村逢集，系称三重街。1956 年，为了区别于西三重，始冠以方位词，名东三重。聚落呈团块状分布。经济以种植业、商业等为主。有公路经此。

后站 371311–A03–H04
[Hòuzhàn]

在区驻地盛庄街道西南方向 17.1 千米。傅庄街道辖自然村。人口 1 500。相传乾隆下江南路经此处曾停站休息，人们认为是帝王停站之地必然吉祥，于是聚居成村，以"站"为名。村有二，此在后，故名后站。聚落呈团块状分布。经济以种植业为主，种植小麦、玉米等。有公路经此。

花埠岭 371311–A03–H05
[Huābùlǐng]

在区驻地盛庄街道西南方向 17.5 千米。傅庄街道辖自然村。人口 2 000。相传唐代建村，地处花埠岭后，以岭命名。聚落呈团块状分布。经济以种植业为主，种植小麦、玉米等。有公路经此。

劳模店 371311–A03–H06
[Láomódiàn]

在区驻地盛庄街道南方向 11.6 千米。傅庄街道辖自然村。人口 3 600。隋末唐初建村，因村中建有佛寺老母送子殿，得名老母店子。1946 年鲁南兵工厂曾驻于此，在制造手榴弹及各种武器工作中，该村积极配合做出贡献，同时在各项工作中也积极带头起到模范作用，被评为劳动模范村，自此改称劳模店。聚落呈团块状分布。经济以种植业为主，种植小麦、玉米等。有公路经此。

前官战湖 371311–A03–H07
[Qiánguānzhànhú]

在区驻地盛庄街道西南方向 11.2 千米。傅庄街道辖自然村。人口 1 000。相传唐李世民收服响马首领史大奈时在此观战，故名官战湖，意指官军作战的湖坡。因有二村，此在前，故名前官战湖。聚落呈团块状分布。经济以种植业为主，种植小麦、玉米等。有公路经此。

义和庄 371311-A03-H08
[Yìhézhuāng]

在区驻地盛庄街道西南方向15.5千米。傅庄街道辖自然村。人口600。明洪武年间，孟姓在此定居，因村前有一水泉，取名孟家泉。后村人认为此名不吉也不雅，经傅家庄人帮助改名为义和庄，有义气团结、和睦相处之意。聚落呈团块状分布。经济以种植业为主，种植小麦、玉米等。有公路经此。

西三重 371311-A03-H09
[Xīsānchóng]

在区驻地盛庄街道南方向15.1千米。傅庄街道辖自然村。人口2 000。相传当初这里有三家店，离此三里有个村，村中大户犯法被抄后，剩有三户人来此聚居，这里有三家店、三里村、三户人，故名三重。又因该村逢集，系称三重街。因在东三重之西，取名西三重。聚落呈团块状分布。经济以种植业为主，种植小麦、玉米等。有公路经此。

于家庄 371311-A03-H10
[Yújiāzhuāng]

在区驻地盛庄街道南方向15.1千米。傅庄街道辖自然村。人口800。明初，于姓从山西洪洞县迁来，初来时在东三重西南开荒种地，后来人口渐多，搬来此处建村，以姓氏命名为于家庄。聚落呈团块状分布。经济以种植业为主，种植小麦、玉米等。有公路经此。

中店子 371311-A03-H11
[Zhōngdiànzi]

在区驻地盛庄街道西南方向18.5千米。

傅庄街道辖自然村。人口1 000。相传建村于唐朝时期，当时这里几家坊店，逐渐形成村落，因属道庄堡辖区，故名道庄店子。后因地处东、西店子二村之中，改称中店子。聚落呈团块状分布。经济以种植业为主，种植小麦、玉米等。有公路经此。

东册山 371311-A04-H01
[Dōngcèshān]

在区驻地盛庄街道西南方向16.1千米。册山街道辖自然村。人口2 100。村西北有庆云山、二龙山、中山、玉皇顶四山联结，横亘东西，山势呈"册"字形，取自然实体形象命名为册山。有东西二村并立，此村居东，故名东册山。聚落呈团块状分布。经济以种植业为主，种植小麦、玉米等。有公路经此。

房家沙沟 371311-A04-H02
[Fángjiāshāgōu]

在区驻地盛庄街道东南方向15.6千米。册山街道辖自然村。人口2 600。明代建村，原名大沙沟，后分为六村，以姓氏冠之，故名。聚落呈团块状分布。经济以种植业为主，种植小麦、玉米等。有公路经此。

西册山 371311-A04-H03
[Xīcèshān]

在区驻地盛庄街道东南方向15.1千米。册山街道辖自然村。人口1 300。村西北有庆云山、二龙山、中山、玉皇顶四山联结，横亘东西，山势呈"册"字形，取自然实体形象命名为册山。有东西二村并立，此村居西，故名西册山。聚落呈团块状分布。经济以种植业为主，种植小麦、玉米等。有公路经此。

新桥 371311-A04-H04
[Xīnqiáo]

在区驻地盛庄街道东南方向 19.1 千米。册山街道辖自然村。人口 1 600。明代初期建村，原名呈沂庄。庄后有石桥，因多年失修，破烂不堪，成为村庄的特殊标志，远近行人多以破石桥呼之。1977 年重修石桥，故改名为新桥。聚落呈团块状分布。经济以种植业为主，种植小麦、玉米等。有公路经此。

义和 371311-A04-H05
[Yìhé]

在区驻地盛庄街道东南方向 19.5 千米。册山街道辖自然村。人口 2 000。相传明末清初建村，是大沙沟的村外部分，属于大沙沟村。民国年间陆德山任乡长时，改名陆家沙沟。1948 年后更名义和，有义气和睦、团结相处的含义。聚落呈团块状分布。经济以种植业为主，种植小麦、玉米等。有公路经此。

红胜新村 371311-A05-H01
[Hóngshèngxīncūn]

在区驻地盛庄街道东南方向 15.4 千米。高都街道辖自然村。人口 400。该村原系蒙阴旧寨村，1967 年因修岸堤水库移民而来，取名红胜新村。聚落呈团块状分布。经济以种植业为主，种植小麦、水稻、玉米等。有公路经此。

沂蒙新村 371311-A05-H02
[Yíméngxīncūn]

在区驻地盛庄街道东南方向 8.1 千米。高都街道辖自然村。人口 300。原系蒙阴县旧寨公社旧寨村，1967 年因修岸堤水库移民迁来本地，取名沂蒙新村。聚落呈团块状分布。经济以种植业为主，种植小麦、玉米、水稻、蔬菜等。有公路经此。

后后坦 371311-A05-H03
[Hòuhòutǎn]

在区驻地盛庄街道东方向 12.1 千米。高都街道辖自然村。人口 1 500。原名后坦。1946 年以中间路沟为界分为两个村，该村在路沟北，故名后后坦。聚落呈团块状分布。经济以种植业为主，种植小麦、水稻等。有公路经此。

大塘崖 371311-A05-H04
[Dàtángyá]

在区驻地盛庄街道东南方向 13.4 千米。高都街道辖自然村。人口 3 500。因村庄坐落在池塘南岸，清朝时更名塘崖。同名村有二，以大小区别，此为大塘崖。聚落呈团块状分布。经济以种植业为主，种植小麦、水稻等。有公路经此。

北茶棚 371311-A05-H05
[Běichápéng]

在区驻地盛庄街道东南方向 13.2 千米。高都街道辖自然村。人口 1 000。相传原村在沂河岸边因受黄沙侵袭，清顺治年间迁来此地。当时这里是南北通衢，设茶棚赖以谋生，来往商旅多以茶棚呼之，遂成村名。因有南茶棚，故称北茶棚。聚落呈团块状分布。经济以种植业为主，种植小麦、水稻等。有公路经此。

东小李庄 371311-A05-H06
[Dōngxiǎolǐzhuāng]

在区驻地盛庄街道东南方向 13.1 千米。高都街道辖自然村。人口 1 100。清顺治年间建村，当时只有戚姓一家在此居住，并无村名。李姓始迁祖由中坦迁来后，人丁兴旺，而戚姓又迁往东潘墩居住，故名小李庄。后因重名，以地理位置更名为东小李庄。聚落呈团块状分布。经济以种植业为主，种植小麦、水稻等。有公路经此。

东潘墩 371311-A05-H07
［Dōngpāndūn］

在区驻地盛庄街道东南方向 16.2 千米。高都街道辖自然村。人口 1 000。清乾隆年间建村，村东旧有烽火墩，村前有沙沟村，故名沙沟墩。由于潘姓先来定居，有首创之功，而人数又多，习俗相沿均称潘家墩。清末分出一个小新庄，因为均系潘姓，亦称为潘家墩，故冠以方位词区别之，该村为东潘墩。聚落呈团块状分布。经济以种植业为主，种植小麦、水稻等。有公路经此。

南沂堂 371311-B01-H01
［Nányítáng］

沂堂镇人民政府驻地。在区驻地盛庄街道西南方向 17.5 千米。人口 3 000。清乾隆年间建村，因与北沂堂对应，故名。聚落呈团块状分布。有小学 1 处、中学 1 处。经济以种植业为主，种植大蒜、小麦、玉米、蔬菜等。有蓄电池、汽车配件、皮鞋、摩托车配件、丝绵等厂。有公路经此。

西泉里堡 371311-B01-H02
［Xīquánlǐpù］

在区驻地盛庄街道西方向 22.9 千米。沂堂镇辖自然村。人口 800。明永乐三年（1405）建村，因卧牛山前有一泉，于泉周围建成村落，故名泉里堡。后以泉为界分为两个村，本村在泉西，叫西泉里堡。聚落呈团块状分布。经济以种植业为主，种植小麦、玉米等。有公路经此。

北沂堂 371311-B01-H03
［Běiyítáng］

在区驻地盛庄街道西北方向 15.1 千米。沂堂镇辖自然村。人口 3 100。相传清乾隆皇帝下江南，路过此地迷了路，南一趟，北一趟，找不清出路，后来人们取谐音命名北沂堂。聚落呈团块状分布。经济以种植业为主，种植小麦、玉米等。有公路经此。

后台井 371311-B01-H04
［Hòutáijǐng］

在区驻地盛庄街道西北方向 14.9 千米。沂堂镇辖自然村。人口 1 000。西汉年间始建，因村北有卧牛山，故名村卧牛。因清乾隆皇帝下江南迷路，途经此处才认清方向，得名抬头醒，后易名后台井。聚落呈团块状分布。经济以种植业为主，种植小麦、玉米等。有公路经此。

前锋山 371311-B01-H05
［Qiánfēngshān］

在区驻地盛庄街道西北方向 19.9 千米。沂堂镇辖自然村。人口 2 700。因东西两面有山，常受北风侵袭，故名峰山。后因在山前，名前峰山。聚落呈团块状分布。经济以种植业为主，种植小麦、玉米等。有公路经此。

前柳庄 371311-B01-H06
［Qiánliǔzhuāng］

在区驻地盛庄街道西北方向 13.9 千米。沂堂镇辖自然村。人口 2 600。明洪武年间建村，因村庄周围柳树众多而取名柳庄。后分为前、后两村，本村为前柳庄。聚落呈团块状分布。经济以种植业为主，种植小麦、玉米等。有公路经此。

前迷龙 371311-B01-H07
［Qiánmílóng］

在区驻地盛庄街道西北方向 20.9 千米。沂堂镇辖自然村。人口 1 100。相传清乾隆年间，乾隆皇帝下江南路过此地迷失方向，乾隆皇帝称道："我转战南北，从未迷失方向，在此小小村庄竟然不知东西南北。"故把此地称为迷龙汪。因此地东西前后有四个村落，本村以方位称前迷龙。聚落呈团块状分布。经济以种植业为主，种植小麦、玉米等。有公路经此。

西为儿桥 371311-B01-H08

[Xīwèi'érqiáo]

在区驻地盛庄街道西北方向 18.1 千米。沂堂镇辖自然村。人口 2 600。相传明代中期居住在此地的农民为了方便孩子上学，在燕子河上修建了一座石桥，取名为儿桥。该村位于桥西，故名西为儿桥。聚落呈团块状分布。经济以种植业为主，种植小麦、玉米等。有公路经此。

西杏山湖 371311-B01-H09

[Xīxìngshānhú]

在区驻地盛庄街道西北方向 23.1 千米。沂堂镇辖自然村。人口 400。1749 年建村，以赵姓和王姓人居多，取名西赵庄。后因杏山而取名为西杏山湖。聚落呈团块状分布。经济以种植业为主，种植小麦、玉米等。有公路经此。

兴路口 371311-B01-H10

[Xīnglùkǒu]

在区驻地盛庄街道西北方向 14.3 千米。沂堂镇辖自然村。人口 900。建于明朝末期，因有条十字街，故取村名为岔路口。因重名，1980 年改名为兴路口。聚落呈团块状分布。经济以种植业为主，种植小麦、玉米等。有公路经此。

沂西岭 371311-B01-H11

[Yíxīlǐng]

在区驻地盛庄街道西北方向 19.2 千米。沂堂镇辖自然村。人口 700。因在北沂堂西部岭上，故名沂西岭。聚落呈团块状分布。经济以种植业为主，种植小麦、玉米等。有公路经此。

后大埠 371311-B01-H12

[Hòudàbù]

在区驻地盛庄街道西北方向 23.1 千米。沂堂镇辖自然村。人口 1 700。相传乾隆皇帝下江南路过此地迷了路，找不清方向，于是东一大步，西一大步，南一大步，北一大步，辨别不清方向，故得名后大埠。聚落呈团块状分布。经济以种植业为主，种植小麦、玉米等。有公路经此。

褚墩一村 371311-B02-H01

[Chǔdūnyīcūn]

褚墩镇人民政府驻地。在区驻地盛庄街道南方向 23.8 千米。人口 6 400。唐朝中期建村，因此处土墩较多，原称诸墩，后讹化为褚墩。后分为三个村，此为一村。聚落呈团块状分布。有小学 1 处、中学 1 处。经济以种植业为主，种植小麦、玉米、大豆等。有微型农机厂、机砖厂、恒昌焦化厂等。232 省道经此。

廖屋 371311-B02-H02

[Liàowū]

在区驻地盛庄街道南方向 23.1 千米。褚墩镇辖自然村。人口 700。该村约建于清乾隆年间。因此处原是廖姓谷场，并筑有场屋，故得名廖家屋，简化为廖屋。聚落呈团块状分布。经济以种植业为主，种植小麦、玉米等。有公路经此。

廖屯 371311-B02-H03

[Liàotún]

在区驻地盛庄街道南方向 24.1 千米。褚墩镇辖自然村。人口 2 600。以姓氏命名。聚落呈团块状分布。经济以种植业为主，种植小麦、玉米等。有公路经此。

西永安 371311-B02-H04
[Xīyǒng'ān]

在区驻地盛庄街道南方向 26.1 千米。褚墩镇辖自然村。人口 4 700。此处原有一座永安寺，村以寺名。后因村庄扩大，以沟为界，分为东西两村，此村位西，改称西永安。聚落呈团块状分布。经济以种植业为主，种植小麦、玉米等。有公路经此。

碑住二村 371311-B02-H05
[Bēizhù'èrcūn]

在区驻地盛庄街道南方向 28.1 千米。褚墩镇辖自然村。人口 1 700。明朝建村。因村靠含珠山，山坡上有一突起长方形弧石，状如石碑，体前倾，似从山顶下来在此停住，故名碑住。1946 年分为四村，此为碑住二村。聚落呈团块状分布。经济以种植业为主，种植小麦、玉米等。有公路经此。

北官庄 371311-B02-H06
[Běiguānzhuāng]

在区驻地盛庄街道西南方向 24.1 千米。褚墩镇辖自然村。清康熙年间盛姓建村，称盛家庄。因管姓兴旺，改管庄，讹化为官庄。后因重名，以方位更名北官庄。聚落呈团块状分布。经济以种植业为主，种植小麦、玉米等。有公路经此。

北王庄 371311-B02-H07
[Běiwángzhuāng]

在区驻地盛庄街道西南方向 24.1 千米。褚墩镇辖自然村。人口 700。相传王姓于明末从薛庄迁此建村，以村中双槐始名双槐树，后以姓氏改称王庄。因重名，以方位更名为北王庄。聚落呈团块状分布。经济以种植业为主，种植小麦、玉米等。有公路经此。

风渡口 371311-B02-H08
[Fēngdùkǒu]

在区驻地盛庄街道南方向 24.1 千米。褚墩镇辖自然村。人口 800。该村约建于唐贞观年间，因北依风渡岭，南靠涑河渡口，故名风渡口。聚落呈团块状分布。经济以种植业为主，种植小麦、玉米等。有公路经此。

前黄山 371311-B03-H01
[Qiánhuángshān]

黄山镇人民政府驻地。在区驻地盛庄街道南方向 24.5 千米。人口 1 800。清乾隆年间，徐、朱、陈三姓在此建村，因靠黄山，以方位得名前黄山。聚落呈团块状分布。有小学 1 处、中学 1 处。经济以种植业为主，种植玉米、小麦、大豆、杞柳、蔬菜等。有柳编、电表箱等厂。有公路经此。

栗林 371311-B03-H02
[Lìlín]

在区驻地盛庄街道南方向 26.2 千米。黄山镇辖自然村。人口 2 000。相传元末，薛、何二姓来此耕种官田，称官庄。清乾隆十五年（1750），旺族杜姓从柴口迁此定居，遂以村后大片栗树改村名为栗林。聚落呈团块状分布。经济以种植业为主，种植小麦、玉米等。有公路经此。

柳行 371311-B03-H03
[Liǔháng]

在区驻地盛庄街道南方向 24.0 千米。黄山镇辖自然村。人口 800。清光绪年间建村。此处原是一片柳树行，许姓从王店子来此建村，故得名柳行。聚落呈团块状分布。经济以种植业为主，种植小麦、玉米等。有公路经此。

老屯 371311-B03-H04

[Lǎotún]

在区驻地盛庄街道南方向 26.0 千米。黄山镇辖自然村。人口 1 700。明末始称屯里。后因该村较大，建村年代早于附近小村，故习称老屯。聚落呈团块状分布。经济以种植业为主，种植小麦、玉米等。有公路经此。

谢官庄 371311-B03-H05

[Xièguānzhuāng]

在区驻地盛庄街道南方向 27.2 千米。黄山镇辖自然村。人口 3 000。明万历年间，谢姓自红花埠来此耕种官田，故名谢家官庄，后简化为谢官庄。聚落呈团块状分布。经济以种植业为主，种植小麦、玉米等。有公路经此。

凤凰庄 371311-B03-H06

[Fènghuángzhuāng]

在区驻地盛庄街道南方向 26.5 千米。黄山镇辖自然村。人口 2 600。唐永贞元年（805），苗姓建村称苗儿庄。清康熙七年（1668），郯城大地震毁村，后在原村址北重建，因许姓居多，故称许家庄，习称许庄。因重名，以吉祥嘉言更名为凤凰庄。聚落呈团块状分布。经济以种植业为主，种植小麦、玉米等。有公路经此。

北桃园 371311-B03-H07

[Běitáoyuán]

在区驻地盛庄街道南方向 26.1 千米。黄山镇辖自然村。人口 700。清乾隆年间建村，此处原是木柞村李姓桃园，有李、葛、杜、梁四姓人家在此处看园，逐成村，故得名桃园。1982 年，以方位更名为北桃园。聚落呈团块状分布。经济以种植业为主，种植小麦、玉米等。有公路经此。

蝎子山 371311-B03-H08

[Xiēzishān]

在区驻地盛庄街道南方向 28.0 千米。黄山镇辖自然村。人口 1 700。该村始建于明末，因黄山镇内有一座山，名叫蝎子山，该村在蝎子山脚下，故名蝎子山。聚落呈团块状分布。经济以种植业为主，种植小麦、玉米等。有公路经此。

河东区

城市居民点

冠亚星城 371312-I01

[Guànyà Xīngchéng]

在区境西南部。人口 18 681。总面积 42.7 公顷。因开发公司名称得名。2007 年始建，2009 年正式使用。建筑总面积 819 000 平方米，住宅楼 96 栋，其中高层 54 栋、多层 42 栋，现代建筑特点。有小学、幼儿园等配套设施。通公交车。

安居小区 371312-I02

[Ānjū Xiǎoqū]

在区境西部。人口 7 600。总面积 2.6 公顷。以吉祥语命名，寓意平安宜居。1998 年始建，1999 年正式使用。建筑总面积 237 600 平方米，多层住宅楼 67 栋，现代建筑特点。绿化率 34%。有超市、学校、医院等配套设施。通公交车。

东兴花园 371312-I03

[Dōngxīng Huāyuán]

在区境南部。人口 500。总面积 2.1 公顷。因在东兴路边，遂以路名命名。2006 年始建，2007 年正式使用。建筑总面积 34 200 平方米，多层住宅楼 6 栋，现代建筑特点。绿化率 35%。有超市、公园等配套设施。通公交车。

凤凰家园 371312-I04
[Fènghuáng Jiāyuán]

在区境东部。人口 700。总面积 1.3 公顷。以吉祥言命名。2009 年始建，2013 年正式使用。建筑总面积 12 000 平方米，多层住宅楼 4 栋，现代建筑特点。绿化率 37%。有超市、学校、医院等配套设施。通公交车。

豪森华府 371312-I05
[Háosēn Huáfǔ]

在区境南部。966 户。总面积 18.5 公顷。寓意是豪华大气的小区，故名。2006 年始建，2009 年正式使用。建筑总面积 152 000 平方米，多层住宅楼 44 栋，西式、现代建筑特点。绿化率 40%。有超市、学校、医院等配套设施。通公交车。

九曲花园 371312-I06
[Jiǔqū Huāyuán]

在区境南部。人口 4 600。总面积 26 公顷。因地理位置得名。2003 年始建，2009 年正式使用。建筑总面积 300 000 平方米，住宅楼 57 栋，其中高层 8 栋、多层 49 栋，现代建筑特点。绿化率 35%。有幼儿园、卫生服务中心等配套设施。通公交车。

聚贤居 371312-I07
[Jùxiánjū]

在区境西部。人口 1 100。总面积 24 公顷。意为聚集贤能的小区，故名。1993 年始建，2006 年正式使用。建筑总面积 19 682 平方米，多层住宅楼 10 栋，现代建筑特点。绿化率 20%。有超市、学校、医院等配套设施。通公交车。

农村居民点

褚家庄 371312-A01-H01
[Chǔjiāzhuāng]

在区驻地九曲街道东方向 0.5 千米。九曲街道辖自然村。人口 4 400。东晋时期，褚姓迁居建村，故名褚家庄。聚落呈团块状分布。有农家书屋 1 处、图书室 1 处、小学 1 处。经济以加工业为主。有公路经此。

三官庙 371312-A01-H02
[Sānguānmiào]

在区驻地九曲街道西北方向 3.0 千米。九曲街道辖自然村。人口 4 000。因有三官庙而得名。聚落呈团块状分布。有小学 1 处、中学 2 处。经济以商业为主。有公路经此。

桃园 371312-A01-H03
[Táoyuán]

在区驻地九曲街道西北方向 4.0 千米。九曲街道辖自然村。人口 2 100。因村内栽种杏树、桃树，更名杏花村，后改名桃园庄，简称桃园。聚落呈团块状分布。经济以种植业为主。有公路经此。

孙家于埠 371312-A01-H04
[Sūnjiāyúbù]

在区驻地九曲街道北方向 4.0 千米。九曲街道辖自然村。人口 2 000。因孙姓多，且建村于高地，故名。聚落呈团块状分布。有幼儿园 1 处。经济以商业为主。有公路经此。

前河湾 371312-A01-H05
[Qiánhéwān]

在区驻地九曲街道西北方向 10.5 千米。九曲街道辖自然村。人口 1 000。北宋建隆年间，由丁、钟、孙三姓迁居建村，因地处沂河弯曲处，且该村居南，故取村名前河湾。聚落呈团块状分布。有小学1处、幼儿园1处、文化大舞台1处、图书室1处。有国家级文物保护单位新四军军部旧址（华东野战军纪念馆）。经济以商业为主。有公路经此。

后河湾 371312-A01-H06
[Hòuhéwān]

在区驻地九曲街道西北方向10.0千米。九曲街道辖自然村。人口1 400。清雍正年间，房、张、周三姓迁居建村，因地处沂河弯曲处，故名河湾。后因村南建前河湾，与其对应称后河湾。聚落呈团块状分布。有国家级文物保护单位新四军军部旧址（华东野战军纪念馆）。经济以商业为主。有公路经此。

彭家于埠 371312-A01-H07
[Péngjiāyúbù]

在区驻地九曲街道北方向2.0千米。九曲街道辖自然村。人口2 000。春秋时期，彭姓来此居住，建村于高地，以彭姓和地势命村名彭家于埠。聚落呈团块状分布。有中学1处、文化广场4处、农家书屋1处、图书室1处。经济以五金制造业为主。206国道经此。

王家斜坊 371312-A01-H08
[Wángjiāxiéfáng]

在区驻地九曲街道东方向5.5千米。九曲街道辖自然村。人口1 700。元代王姓迁居于此，因房屋以地势建造在西北向东南延伸的土岗前，堂屋房门向东南偏斜，故取村名王家斜坊。聚落呈团块状分布。有公益电影放映点1处、文化大院1处、图书室1处、幼儿园1处。经济以五金加工业、商业、种植业为主。有公路经此。

朱家斜坊 371312-A01-H09
[Zhūjiāxiéfáng]

在区驻地九曲街道东北方向5.0千米。九曲街道辖自然村。人口1 500。明洪武年间，朱姓迁此建村，因房屋以地势建造在西北向东南延伸的土岗前，堂屋房门向东南偏斜，故取村名朱家斜坊。聚落呈团块状分布。有农家书屋1处、图书室1处、幼儿园1处、小学1处。经济以种植业为主，有五金小作坊。有公路经此。

张家斜坊 371312-A01-H10
[Zhāngjiāxiéfáng]

在区驻地九曲街道东北方向5.4千米。九曲街道辖自然村。人口1 300。明万历年间，张姓迁居于此，在一道西北—东南向土岗前，依地势建造房屋居住，因正房屋门向东南偏斜，故取村名张家斜坊。聚落呈团块状分布。有图书室1处、幼儿园1处。经济以商业为主。有公路经此。

孟家于埠 371312-A01-H11
[Mèngjiāyúbù]

在区驻地九曲街道北方向6.0千米。九曲街道辖自然村。人口2 600。春秋时期孟姓来此居住，建村于高地，故命村名孟家于埠。聚落呈团块状分布。有图书室1处、文体活动室1处、村史馆1处、幼儿园2处。经济以高新产业为主，有山东新海表面技术科技有限公司。有公路经此。

相公东村 371312-A02-H01
[Xiànggōngdōngcūn]

在区驻地九曲街道东北方向15.0千米。相公街道辖自然村。人口2 100。相传春秋时管仲曾居于此，故名管仲庄；继因管仲位居齐国宰相，遂更名相公庄。后析成三村，本村以方位名相公东村。聚落呈散状分布。

经济以种植业为主，种植小麦、玉米，养殖羊，有五金加工业。有公路经此。

相公西村　371312-A02-H02
[Xiànggōngxīcūn]

在区驻地九曲街道东北方向 14.0 千米。相公街道辖自然村。人口 1 900。相传春秋时管仲曾居于此，故名管仲庄；继因管仲位居齐国宰相，遂更名相公庄。后析成三村，本村以方位名相公西村。聚落呈散状分布。有幼儿园 1 处、小学 2 处、中学 2 处。经济以种植业为主，种植小麦、水稻。有公路经此。

相公中村　371312-A02-H03
[Xiànggōngzhōngcūn]

在区驻地九曲街道东北方向 15.0 千米。相公街道辖自然村。人口 1 800。相传春秋时管仲曾居于此，故名管仲庄；继因管仲位居齐国宰相，遂更名相公庄。后析成三村，本村以方位名相公中村。聚落呈散状分布。经济以种植业为主，种植小麦、水稻。有公路经此。

小范庄　371312-A02-H04
[Xiǎofànzhuāng]

在区驻地九曲街道东北方向 13.0 千米。相公街道辖自然村。人口 400。清道光年间建村，因在大范庄北，建村晚，村庄小，故名小范庄。聚落呈散状分布。经济以种植业为主，种植小麦、水稻。有公路经此。

小茅茨　371312-A02-H05
[Xiǎomáocí]

在区驻地九曲街道东方向 16.0 千米。相公街道辖自然村。人口 3 200。村内有数座茅草屋，"茅茨"泛指平民居所，故名。后有村民迁出分为两村，该村名小茅茨。

聚落呈团块状分布。经济以种植业为主。有公路经此。

徐沙兰　371312-A02-H06
[Xúshālán]

在区驻地九曲街道东北方向 15.0 千米。相公街道辖自然村。人口 1 300。该村以徐姓最多，且此地沙多，故名。聚落呈散状分布。有图书室 1 处。经济以种植业为主。有公路经此。

学田庄　371312-A02-H07
[Xuétiánzhuāng]

在区驻地九曲街道东北方向 17.0 千米。相公街道辖自然村。人口 1 100。明洪武年间已有村庄，名学田庄。聚落呈团块状分布。经济以种植业为主，种植小麦、水稻。有公路经此。

宅子　371312-A02-H08
[Zháizi]

在区驻地九曲街道东北方向 10.0 千米。相公街道辖自然村。人口 800。明永乐年间，纪姓在此居住，名纪家宅子。后众姓聚居，不再冠以姓氏，直接称作宅子。聚落呈散状分布。有农家书屋 1 处。经济以种植业为主。有公路经此。

张家岭　371312-A02-H09
[Zhāngjiālǐng]

在区驻地九曲街道东北方向 15.0 千米。相公街道辖自然村。人口 700。因张姓定居于岭前，得名张家岭。聚落呈团块状分布。经济以种植业为主。有公路经此。

张沙兰　371312-A02-H10
[Zhāngshālán]

在区驻地九曲街道东北方向 13.0 千米。相公街道辖自然村。人口 800。因此地沙多，且由张氏建村，故得名张沙兰。聚落呈散状分布。有文化大院 1 处、农家书屋 1 处、图书室 1 处、幼儿园 1 处、小学 1 处。经济以种植业、五金加工业为主，种植小麦、水稻。有公路经此。

郑家寨子 371312-A02-H11
[Zhèngjiāzhàizi]

在区驻地九曲街道东北方向 14.0 千米。相公街道辖自然村。人口 1 500。郑姓为防匪患，筑有围墙，故名。聚落呈团块状分布。经济以种植业为主，种植小麦、水稻。有公路经此。

周家庄子 371312-A02-H12
[Zhōujiāzhuāngzi]

在区驻地九曲街道东方向 11.0 千米。相公街道辖自然村。人口 900。清乾隆十七年（1752），周氏家族来此定居，兴家立业，故名周家庄。后因重名，更名为周家庄子。聚落呈团块状分布。有文化大院 1 处、农家书屋 1 处、图书室 1 处。经济以种植业为主，种植小麦、水稻。有公路经此。

刘团 371312-A02-H13
[Liútuán]

在区驻地九曲街道东方向 8.0 千米。相公街道辖自然村。人口 1 300。明万历年间，刘姓自山西省洪洞县迁来定居成村，故名。聚落呈团块状分布。有学校、图书室、文化活动中心等。经济以加工业为主，有铸造、铸钢、工程机械配件等产业。有公路经此。

寇家屯 371312-A02-H14
[Kòujiātún]

在区驻地九曲街道东北方向 8.0 千米。相公街道辖自然村。人口 900。因寇姓先来定居，以此命名。聚落呈团块状分布。有

小学 1 处、文化大院 1 处。经济以种植业、木业为主。有公路经此。

徐太平 371312-A03-H01
[Xútàipíng]

在区驻地九曲街道东北方向 12.0 千米。太平街道辖自然村。人口 2 800。清康熙年间，徐氏迁此定居，以徐姓和吉祥言命村名徐家太平，后简称徐太平。聚落呈团块状分布。有地方剧种柳琴戏。经济以种植业为主，种植水稻、小麦、玉米、核桃、大豆等。206 国道经此。

小刘家寨子 371312-A03-H02
[Xiǎoliújiāzhàizi]

在区驻地九曲街道东北方向 9.0 千米。太平街道辖自然村。人口 600。明崇祯年间，刘姓来此居住，因庄小、人少，为与大刘家寨子区分，故名小刘家寨子。聚落呈团块状分布。有地方剧种柳琴戏。经济以种植业为主，种植水稻、小麦、玉米、核桃、大豆等。有公路经此。

小徐家寨子 371312-A03-H03
[Xiǎoxújiāzhàizi]

在区驻地九曲街道东北方向 9.0 千米。太平街道辖自然村。人口 600。因是徐姓定居的村庄，故名。聚落呈团块状分布。经济以种植业、养殖业为主，种植水稻、小麦，养殖鸡类。有公路经此。

小张家寨子 371312-A03-H04
[Xiǎozhāngjiāzhàizi]

在区驻地九曲街道东北方向 8.6 千米。太平街道辖自然村。人口 600。清康熙年间，王姓来此居住，初名小王庄。后张姓迁此，人口日增，居村首户，故更名小张家寨子。聚落呈团块状分布。经济以种植业为主，种植鲜切花。有公路经此。

尹家寨子 371312-A03-H05
[Yǐnjiāzhàizi]

在区驻地九曲街道东北方向 9.0 千米。太平街道辖自然村。人口 500。因尹姓户大人多，遂名尹家寨子。聚落呈带状分布。经济以种植业为主，种植水稻、小麦。有公路经此。

大张家寨子 371312-A03-H06
[Dàzhāngjiāzhàizi]

在区驻地九曲街道东北方向 10.0 千米。太平街道辖自然村。人口 4 000。清雍正七年（1729），张姓来此居住，故名大张家寨子。聚落呈团块状分布。经济以种植业、养殖业为主，种植水稻、小麦，养殖肉鸡。有公路经此。

新兴 371312-A04-H01
[Xīnxīng]

在区驻地九曲街道北方向 18.0 千米。汤头街道辖自然村。人口 800。村名寓意吉祥、欣欣向荣。聚落呈散状分布。经济以种植业为主，种植小麦、水稻。233 国道、省道新文泗公路经此。

安太庄 371312-A04-H02
[Āntàizhuāng]

在区驻地九曲街道东北方向 33.0 千米。汤头街道辖自然村。人口 700。寓意希望天下太平，安居乐业，遂名安太庄。聚落呈团块状分布。经济以种植业、养殖业为主，种植小麦、玉米、花生，养殖鸽子、蛋鸡。233 国道经此。

白塔街 371312-A04-H03
[Báitǎjiē]

在区驻地九曲街道北方向 25.0 千米。汤头街道辖自然村。人口 1 800。因有一白塔寺，村曾名白塔寺，后改为白塔街。聚落呈带状分布。有乡村大舞台 1 处、幼儿园 1 处、小学 1 处。经济以种植业为主，种植小麦、水稻。233 国道经此。

北尤庄 371312-A04-H04
[Běiyóuzhuāng]

在区驻地九曲街道东北方向 3.5 千米。汤头街道辖自然村。人口 700。元至元十七年（1280），尤姓建村，故名尤家庄，后以方位改称今名。经济以种植业为主，种植小麦、水稻。有公路经此。

东安乐 371312-A04-H05
[Dōng'ānlè]

在区驻地九曲街道北方向 33.0 千米。汤头街道辖自然村。人口 1 700。因该村在西安乐之东而得名。聚落呈团块状分布。有小学 1 处。经济以种植业、养殖业为主，种植小麦、水稻，养殖肉鸭、奶牛等。227 省道经此。

东大沟庄 371312-A04-H06
[Dōngdàgōuzhuāng]

在区驻地九曲街道东北方向 30.0 千米。汤头街道辖自然村。人口 1 500。元至正二十四年（1364）建村，因村西有一条沟，俗呼东大沟，遂定村名为东大沟庄。聚落呈团块状分布。有幼儿园 1 处。经济以种植业为主，种植小麦、水稻。206 国道经此。

王家巩头 371312-A04-H07
[Wángjiāgǒngtóu]

在区驻地九曲街道东北方向 36.0 千米。汤头街道辖自然村。人口 500。因邻近穆家巩头，且王姓多，故名。聚落呈团块状分布。经济以种植业为主。有公路经此。

东山东 371312-A04-H08

［Dōngshāndōng］

在区驻地九曲街道东北方向 24.0 千米。汤头街道辖自然村。人口 1 100。在汤山东，因有二村，该村居东，故名东山东。聚落呈团块状分布。经济以种植业为主，种植小麦、玉米。省道文泗公路经此。

东王庄 371312-A04-H09

［Dōngwángzhuāng］

在区驻地九曲街道北方向 24.0 千米。汤头街道辖自然村。人口 1 900。北宋建隆年间，王姓来此居住，以姓名命村名王家庄。因重名，根据所处方位，更名为东王庄。聚落呈散状分布。有文化广场 1 处、农家书屋 1 处、幼儿园 1 处。经济以种植业为主，种植小麦、水稻。233 国道经此。

董家官庄 371312-A04-H10

［Dǒngjiāguānzhuāng］

在区驻地九曲街道北方向 20.0 千米。汤头街道辖自然村。人口 700。明万历四十年（1612），董、倪两姓来此居住，初名董倪官庄，后无倪姓，更名董家官庄。聚落呈团块状分布。经济以种植业为主，种植小麦、水稻。233 国道经此。

盖家五湖 371312-A04-H11

［Gàijiāwǔhú］

在区驻地九曲街道北方向 23.0 千米。汤头街道辖自然村。人口 800。盖氏建村于此，因周围地势低洼，有明显五处洼湖，故名。聚落呈团块状分布。经济以种植业为主，种植小麦、水稻。206 国道经此。

公安岭 371312-A04-H12

［Gōng'ānlǐng］

在区驻地九曲街道北方向 29.0 千米。汤头街道辖自然村。人口 1 800。1923 年，为免遭匪患修了围墙，村民认为以后即可安居乐业，遂更名为公安岭。聚落呈团块状分布。有幼儿园 1 处。经济以种植业为主，种植小麦、水稻。233 国道经此。

观音堂子 371312-A04-H13

［Guānyīntángzi］

在区驻地九曲街道北方向 30.0 千米。汤头街道辖自然村。人口 600。明初建村，因有观音庙 1 座，故名观音堂子。聚落呈团块状分布。经济以种植业为主，种植小麦、水稻。227 省道经此。

后林子 371312-A04-H14

［Hòulínzi］

在区驻地九曲街道东北方向 27.0 千米。汤头街道辖自然村。人口 600。明洪武年间建村，因村前有一郭家林，故名后林子。聚落呈团块状分布。有幼儿园 1 处、小学 1 处。经济以种植业为主，种植小麦、水稻。206 国道经此。

滑店子 371312-A04-H15

［Huádiànzi］

在区驻地九曲街道东北方向 20.0 千米。汤头街道辖自然村。人口 400。有滑姓在此开店，故名。聚落呈团块状分布。有幼儿园 1 处、中学 1 处。经济以商业、种植业、养殖业为主，种植小麦、玉米、花生，养殖猪。206 国道经此。

集沂庄 371312-A04-H16

［Jíyízhuāng］

在区驻地九曲街道东北方向 24.0 千米。汤头街道辖自然村。人口 1 200。为济南府辖沂州地，取府、州名称的首字命村名为济沂庄，后演变为集沂庄。聚落呈团块状分布。经济以种植业为主，种植小麦、水稻。206 国道经此。

贾家官庄 371312-A04-H17

[Jiǎjiāguānzhuāng]

在区驻地九曲街道东北方向 25.0 千米。汤头街道辖自然村。人口 1 400。因姓氏得名。明万历九年（1581）建村，以吉祥言命名幸沂庄。后因贾姓开店，住客很多，更名贾家官庄。聚落呈团块状分布。经济以种植业为主，种植小麦、水稻。206 国道经此。

龙泉庄 371312-A04-H18

[Lóngquánzhuāng]

在区驻地九曲街道东北方向 33.0 千米。汤头街道辖自然村。人口 1 100。此地有一泉，泉水清澈，终年不涸，故名。聚落呈团块状分布。经济以种植业为主，种植小麦、水稻。有公路经此。

隆沂庄 371312-A04-H19

[Lóngyízhuāng]

在区驻地九曲街道北方向 30.0 千米。汤头街道辖自然村。人口 600。因清乾隆五十年（1785）建村，又在沂河东岸，故名隆沂庄。聚落呈团块状分布。有乡村大舞台 1 处。经济以种植业为主，种植小麦、玉米、花生。227 省道经此。

逯家长沟 371312-A04-H20

[Lùjiāchánggōu]

在区驻地九曲街道北方向 31.0 千米。汤头街道辖自然村。人口 900。原名正长沟，后遭洪水冲毁，大部迁走，逯姓重建，遂改村名为逯家长沟。聚落呈团块状分布。经济以种植业为主，种植小麦、水稻、西红柿、玉米。233 国道经此。

前林子 371312-A04-H21

[Qiánlínzi]

在区驻地九曲街道北方向 28.0 千米。汤头街道辖自然村。人口 3 200。清康熙二十四年（1685）建村，因地处后林子南，故名前林子。聚落呈团块状分布。经济以种植业为主，种植小麦、水稻。206 国道经此。

沙岭子 371312-A04-H22

[Shālǐngzi]

在区驻地九曲街道北方向 24.0 千米。汤头街道辖自然村。人口 600。明崇祯年间建村，因村后有一个大沙滩，故命村名为沙岭子。聚落呈团块状分布。有小学 1 处、中学 1 处。经济以种植业为主，种植小麦、水稻。233 国道经此。

西北 371312-A04-H23

[Xīběi]

在区驻地九曲街道北方向 25.0 千米。汤头街道辖自然村。人口 1 300。地处汤水源头，故名汤村。后划分为四个村，该村处西北方向，称西北。聚落呈团块状分布。经济以种植业为主，种植小麦、水稻。277 省道经此。

西大沟庄 371312-A04-H24

[Xīdàgōuzhuāng]

在区驻地九曲街道东北方向 30.0 千米。汤头街道辖自然村。人口 900。明崇祯年间建村，因在西边大沟的南头，故名西大沟庄。聚落呈团块状分布。有幼儿园 1 处。经济以种植业为主，盛产蓝莓。206 国道经此。

长沟西岭 371312-A05-H25

[Chánggōuxīlǐng]

在区驻地九曲街道北方向 30.0 千米。汤头街道辖自然村。人口 700。明崇祯三年（1630）建村，因村西有一石岭，村南是逯家长沟，故名长沟西岭。聚落呈带状分布。有文化广场 1 处、文化书屋 1 处。经济以种植业为主，种植小麦、水稻。233 省道经此。

朱家堰 371312-A05-H26
[Zhūjiāyàn]

在区驻地九曲街道北方向 34.0 千米。汤头街道辖自然村。人口 1 300。立村时地势低洼，居民用土筑一防水堰，且朱姓居多，故名。聚落呈团块状分布。经济以种植业为主，种植小麦、玉米。206 国道经此。

许家黑墩 371312-A05-H01
[Xǔjiāhēidūn]

在区驻地九曲街道东方向 9.0 千米。凤凰岭街道辖自然村。人口 600。以姓氏及地理实体命名。聚落呈环状分布。有幼儿园 1 处、小学 1 处。经济以种植业、商业为主，种植小麦、玉米。有公路经此。

白庄 371312-A05-H02
[Báizhuāng]

在区驻地九曲街道东北方向 5.0 千米。凤凰岭街道辖自然村。人口 300。白姓最早来此定居，故名白庄。聚落呈团块状分布。有农家书屋 1 处、小学 1 处、幼儿园 2 处。经济以种植业、加工业为主。日兰铁路经此。

董家庄 371312-A05-H03
[Dǒngjiāzhuāng]

在区驻地九曲街道东北方向 4.5 千米。凤凰岭街道辖自然村。人口 300。清乾隆年间，董姓在此定居，故名。聚落呈带状分布。有文化大院 1 处、农家书屋 1 处、小学 1 处、幼儿园 2 处。经济以种植业、五金加工业为主，种植小麦、玉米。有公路经此。

大店子 371312-A05-H04
[Dàdiànzi]

在区驻地九曲街道东方向 9.0 千米。凤凰岭街道辖自然村。人口 1 600。因明洪武年间马姓人氏来开店较多，故名。聚落呈团块状分布。有文化大院 1 处、农家书屋 1 处、幼儿园 1 处、小学 1 处。有柳琴剧团。经济以种植业为主，种植小麦、玉米。有五金铸造业、物流业、电子商业。有公路经此。

郭家黑墩 371312-A05-H05
[Guōjiāhēidūn]

在区驻地九曲街道东北方向 10.0 千米。凤凰岭街道辖自然村。人口 1 000。因郭姓来此定居而得名。聚落呈团块状分布。有农家书屋 1 处、幼儿园 1 处、小学 1 处。经济以种植业为主，种植小麦、玉米。兖石铁路经此。

黑墩屯 371312-A05-H06
[Hēidūntún]

在区驻地九曲街道东方向 12.0 千米。凤凰岭街道辖自然村。人口 3 300。因村西有凤凰岭高墩，南部是黑色土壤，故名黑墩屯。聚落呈带状分布。有农家书屋 1 处、幼儿园 1 处、小学 1 处、中学 1 处。经济以种植业为主，种植小麦、水稻。有公路经此。

后翟店 371312-A05-H07
[Hòuzháidiàn]

在区驻地九曲街道东方向 6.0 千米。凤凰岭街道辖自然村。人口 1 400。清雍正年间，翟姓来此定居，以开店为业，故命村名翟家店。后析成两个自然村，该村居北，故名后翟店。聚落呈带状分布。有农家书屋 1 处、幼儿园 2 处、小学 1 处。经济以五金加工业、种植业为主，种植小麦、水稻。有公路经此。

前涝墩 371312–A05–H08
[Qiánlàodūn]

在区驻地九曲街道东南方向 8.0 千米。凤凰岭街道辖自然村。人口 1 200。因坐落在黑土涝洼湖中的小土岭前，故命村名前涝墩。聚落呈团块状分布。有幼儿园 1 处、农家书屋 1 处。经济以种植业为主，种植小麦、玉米。有公路经此。

田家黑墩 371312–A05–H09
[Tiánjiāhēidūn]

在区驻地九曲街道东南方向 7.0 千米。凤凰岭街道辖自然村。人口 600。田姓迁此定居，故名。聚落呈团块状分布。有文化大院 1 处、农家书屋 1 处、幼儿园 1 处、小学 1 处、中学 1 处。经济以五金加工业、种植业为主，种植小麦、玉米。有公路经此。

范家沟 371312–A06–H01
[Fànjiāgōu]

在区驻地九曲街道南方向 10.0 千米。芝麻墩街道辖自然村。人口 2 200。明万历年间，范姓来此定居，因门前洼地有一条大沟，故名范家沟。聚落呈散状分布。有幼儿园 1 所。经济以种植业为主，种植小麦、玉米。有公路经此。

芝麻墩 371312–A06–H02
[Zhīmadūn]

在区驻地九曲街道东南方向 6.5 千米。芝麻墩街道辖自然村。人口 2 900。以当地特产命名。聚落呈团块状分布。有幼儿园 1 处。经济以种植业为主，种植小麦、玉米。有公路经此。

埠前店 371312–A06–H03
[Bùqiándiàn]

在区驻地九曲街道南方向 4.0 千米。芝麻墩街道辖自然村。人口 3 700。因有人在皇山高埠之前开店，故名埠前店。聚落呈散状分布。有文化广场 3 处、文化长廊 1 处、幼儿园 5 处、小学 1 处。经济以种植业为主，种植小麦、玉米。有公路经此。

大岗 371312–A06–H04
[Dàgǎng]

在区驻地九曲街道南方向 7.2 千米。芝麻墩街道辖自然村。人口 3 600。因此处有一土山岗，在岗前建村，故名大岗。聚落呈散状分布。有幼儿园 1 处、小学 2 所、中学 1 处。经济以种植业为主，种植小麦、玉米。有公路经此。

前杨家墩 371312–A06–H05
[Qiányángjiādūn]

在区驻地九曲街道东南方向 10.2 千米。芝麻墩街道辖自然村。人口 1 100。明崇祯年间，杨姓迁至后杨家墩居住，后杨氏迁出，分村而居，故名前杨家墩。聚落呈带状分布。有文化广场 1 处、文化活动室 1 处。经济以种植业为主，种植小麦、玉米。有公路经此。

中洪湖 371312–A06–H06
[Zhōnghónghú]

在区驻地九曲街道东南方向 5.0 千米。芝麻墩街道辖自然村。人口 3 500。唐代后期，洪姓在此居住，占有大片土地，称洪家湖，村名亦由此而得。1960 年分成三个自然村，该村居中，故名中洪湖。聚落呈团块状分布。有小学 1 处。经济以种植业为主，种植小麦、玉米。有公路经此。

东洪湖 371312-A06-H07

［Dōnghónghú］

在区驻地九曲街道东南方向 5.0 千米。芝麻墩街道辖自然村。人口 1 000。唐代后期，洪姓在此居住，占有大片土地，称洪家湖，村名亦由此而得。1960 年分成三个自然村，该村居东，故名东洪湖。聚落呈带状分布。有图书室 1 处、幼儿园 1 处。经济以种植业为主，种植小麦、玉米。有公路经此。

韦家官庄 371312-A06-H08

［Wéijiāguānzhuāng］

在区驻地九曲街道东南方向 6.0 千米。芝麻墩街道辖自然村。人口 900。由于韦姓最先迁此建村，而且人数最多，故名韦家官庄。聚落呈团块状分布。有文化广场 1 处、图书室 1 处。经济以种植业为主，种植小麦、玉米。有公路经此。

官庄 371312-A06-H09

［Guānzhuāng］

在区驻地九曲街道东南方向 10.0 千米。芝麻墩街道辖自然村。人口 1 300。明初建村，因历史演变得名黄山官庄，后简化为官庄。聚落呈团块状分布。有幼儿园 1 处、小学 1 处、中学 1 处。经济以商业为主。有公路经此。

后朱汪 371312-A06-H10

［Hòuzhūwāng］

在区驻地九曲街道南方向 7.2 千米。芝麻墩街道辖自然村。人口 1 900。因与前朱汪村南北直对而得名后朱汪。聚落呈团块状分布。有幼儿园 1 处、小学 2 处、中学 1 处。经济以种植业为主，种植小麦、玉米。有公路经此。

梅家埠 371312-A07-H01

［Méijiābù］

在区驻地九曲街道东南方向 23.7 千米。梅埠街道辖自然村。人口 3 600。明代建村，因梅姓最早来此居住，故名梅家埠。聚落呈团块状分布。有文化广场 1 处、文化大院 1 处、农家书屋 1 处、图书室 1 处、幼儿园 2 处、小学 1 处。经济以种植业为主，种植小麦、玉米、花生等。有公路经此。

王家埠 371312-A07-H02

［Wángjiābù］

在区驻地九曲街道东南方向 24.5 千米。梅埠街道辖自然村。人口 2 200。因王姓居多，故名王家埠。聚落呈团块状分布。有文化广场 1 处、文化大院 1 处、农家书屋 1 处、图书室 1 处、幼儿园 1 处。经济以种植业为主，种植小麦、玉米、花生。有公路经此。

钟家埠 371312-A07-H03

［Zhōngjiābù］

在区驻地九曲街道东南方向 24.8 千米。梅埠街道辖自然村。人口 1 300。因钟姓迁此定居成村，故名钟家埠。聚落呈团块状分布。有文化广场 1 处、文化大院 1 处、农家书屋 1 处、图书室 1 处。经济以种植业为主，种植小麦、玉米、花生。有公路经此。

禹王城 371312-A07-H04

［Yǔwángchéng］

在区驻地九曲街道东南方向 30.0 千米。梅埠街道辖自然村。人口 2 600。因禹王治水曾住在此处，为纪念大禹治水之功，故命村名禹王城。聚落呈团块状分布。有文化广场 2 处、文化大院 1 处、农家书屋 1 处、图书室 1 处。经济以种植业为主，种植小麦、玉米、花生。有公路经此。

韩家埠 371312-A07-H05
[Hánjiābù]

在区驻地九曲街道东南方向25.1千米。梅埠街道辖自然村。人口2 400。因韩姓先来定居，故取名韩家埠。聚落呈团块状分布。有文化广场1处、文化大院1处、农家书屋1处、图书室1处、幼儿园1处、小学1处。经济以种植业为主，种植小麦、玉米、花生。有公路经此。

密家墩 371312-A07-H06
[Mìjiādūn]

在区驻地九曲街道东南方向20.0千米。梅埠街道辖自然村。人口2 200。因密姓居多，又地处高墩，故名密家墩。聚落呈团块状分布。有文化广场1处、文化大院1处、农家书屋1处、图书室1处、幼儿园1处、小学1处。经济以种植业为主，种植小麦、玉米、花生。有公路经此。

盛安 371312-A07-H07
[Shèng'ān]

在区驻地九曲街道东南方向30.0千米。梅埠街道辖自然村。人口3 200。以吉祥嘉言命名，寓意盛世平安。聚落呈团块状分布。有文化广场1处、文化大院1处、农家书屋1处、图书室1处、幼儿园2处、小学1处。经济以种植业为主，种植小麦、玉米、花生等。205省道经此。

小王家湖 371312-A07-H08
[Xiǎowángjiāhú]

在区驻地九曲街道东南方向20.0千米。梅埠街道辖自然村。人口1 200。清康熙年间，王姓来此成村，因西北已有大王家湖，本村较小，故名小王家湖。聚落呈团块状分布。有文化广场1处、文化大院1处、农家书屋1处、图书室1处。经济以种植业为主，种植小麦、玉米、花生。有公路经此。

兰宅子 371312-A07-H09
[Lánzháizi]

在区驻地九曲街道东南方向18.4千米。梅埠街道辖自然村。人口500。清乾隆年间，兰姓来此定居，建屋数间，名兰家宅子，后演变为兰宅子。聚落呈团块状分布。经济以种植业为主，种植小麦、玉米、花生。有公路经此。

老荒 371312-A07-H10
[Lǎohuāng]

在区驻地九曲街道东南方向20.5千米。梅埠街道辖自然村。人口500。因村西有荒地而得名老荒。聚落呈团块状分布。经济以种植业为主，种植小麦、玉米、花生。有公路经此。

庄店子 371312-A07-H11
[Zhuāngdiànzi]

在区驻地九曲街道东南方向17.8千米。梅埠街道辖自然村。人口600。明天启年间，庄姓来此定居，并开店，取名庄家店，后演变为庄店子。聚落呈团块状分布。经济以种植业为主，种植小麦、玉米、花生。有公路经此。

丁家湖 371312-A07-H12
[Dīngjiāhú]

在区驻地九曲街道东南方向19.7千米。梅埠街道辖自然村。人口1 400。明万历年间，丁姓始来定居，因地处洼湖，取名丁家湖。聚落呈团块状分布。有文化广场1处、文化大院1处、农家书屋1处、图书室1处、幼儿园1处。经济以种植业为主，种植小麦、玉米、花生。有公路经此。

庄家屋 371312-A07-H13

[Zhuāngjiāwū]

在区驻地九曲街道东南方向 20.1 千米。梅埠街道辖自然村。人口 1 000。清康熙年间，庄姓迁来盖屋居住，故名庄家屋。聚落呈团块状分布。有文化广场 1 处、文化大院 1 处、农家书屋 1 处、图书室 1 处。有传统工艺芦苇席。经济以种植业为主，种植小麦、玉米、花生。有公路经此。

陈家湖 371312-A07-H14

[Chénjiāhú]

在区驻地九曲街道东南方向 18.5 千米。梅埠街道辖自然村。人口 1 800。因陈姓来此定居建村，地处洼湖，故名陈家湖。聚落呈团块状分布。有文化广场 2 处、文化大院 1 处、农家书屋 1 处、图书室 1 处。经济以种植业为主，种植小麦、玉米、花生。有公路经此。

小庄子 371312-A07-H15

[Xiǎozhuāngzi]

在区驻地九曲街道东南方向 18.8 千米。梅埠街道辖自然村。人口 800。清康熙年间，庄姓由庄家店子来此居住，故名小庄子。聚落呈团块状分布。有文化广场 1 处、文化大院 1 处、农家书屋 1 处、图书室 1 处。经济以种植业为主，种植小麦、玉米、花生。有公路经此。

堰上 371312-A08-H01

[Yànshàng]

在区驻地九曲街道东南方向 14.0 千米。朝阳街道辖自然村。人口 1 500。明万历年间建村，因坐落在一条像堰一样的土岭之上，故命村名堰上。聚落呈团块状分布。有图书室 1 处、文体活动室 1 处。经济以种植业为主，种植小麦、玉米、花生。205 国道经此。

吴家坊头 371312-A08-H02

[Wújiāfángtóu]

在区驻地九曲街道东南方向 21.0 千米。朝阳街道辖自然村。人口 1 000。以吴姓命名吴家坊头。聚落呈团块状分布。有文体活动室 1 处、图书室 1 处。经济以种植业为主，种植小麦、玉米、花生。有公路经此。

张家坊头 371312-A08-H03

[Zhāngjiāfángtóu]

在区驻地九曲街道东南方向 20.0 千米。朝阳街道辖自然村。人口 1 800。以姓氏命名。聚落呈团块状分布。有文体活动室 1 处、图书室 1 处。经济以种植业为主，种植小麦、玉米、花生。有公路经此。

前黄庙 371312-A08-H04

[Qiánhuángmiào]

在区驻地九曲街道东南方向 19.0 千米。朝阳街道辖自然村。人口 1 200。因处后黄庙村南而得名前黄庙。聚落呈团块状分布。有文体活动室 1 处、图书室 1 处、幼儿园 1 处。经济以种植业为主，种植小麦、玉米、花生。有公路经此。

刘黄庙 371312-A08-H05

[Liúhuángmiào]

在区驻地九曲街道东南方向 19.0 千米。朝阳街道辖自然村。人口 600。明嘉靖十七年（1538），刘姓来此居住，以刘姓命村名刘旺庄，后刘、黄二姓在村东合修一座庙宇，故改称刘黄庙。聚落呈团块状分布。有文体活动室 1 处、图书室 1 处。经济以种植业为主，种植小麦、玉米、花生。有公路经此。

密家 371312-A08-H06

[Mìjiā]

在区驻地九曲街道东南方向 19.0 千米。

朝阳街道辖自然村。人口 1 100。以密姓命村名密家。聚落呈团块状分布。有文体活动室 1 处、图书室 1 处。经济以种植业为主，种植小麦、玉米、花生。有公路经此。

石桥头 371312-A08-H07
［Shíqiáotóu］

在区驻地九曲街道东南方向 18.0 千米。朝阳街道辖自然村。人口 1 800。因村北石桥而得名石桥头。聚落呈团块状分布。有文体活动室 1 处、图书室 1 处、小学 1 处。经济以种植业为主，种植小麦、玉米、花生。有公路经此。

西重沟 371312-A08-H08
［Xīzhònggōu］

在区驻地九曲街道东南方向 14.0 千米。朝阳街道辖自然村。人口 2 200。该村处东重沟西，故命村名西重沟。聚落呈团块状分布。有文体活动室 1 处、图书室 1 处、中学 1 处。经济以种植业为主，种植小麦、玉米、花生。327 国道经此。

新集子 371312-A08-H09
［Xīnjízi］

在区驻地九曲街道东南方向 12.0 千米。朝阳街道辖自然村。人口 1 400。因成村后设集，故取村名新集子。聚落呈团块状分布。有文体活动室 1 处、图书室 1 处。经济以种植业为主，种植小麦、玉米、花生。327 国道经此。

大三官庙 371312-A08-H10
［Dàsānguānmiào］

在区驻地九曲街道东南方向 13.0 千米。朝阳街道辖自然村。人口 3 500。因村有三官庙而得名。聚落呈团块状分布。有文体活动室 1 处、图书室 1 处。经济以种植业为主，种植小麦、玉米、花生。205 国道经此。

前相庄 371312-A08-H11
［Qiánxiàngzhuāng］

在区驻地九曲街道东南方向 13.0 千米。朝阳街道辖自然村。人口 1 300。该村居相庄最前面，故命村名前相庄。聚落呈团块状分布。有文体活动室 1 处、图书室 1 处。经济以种植业为主，种植小麦、玉米、花生。205 国道经此。

中相庄 371312-A08-H12
［Zhōngxiàngzhuāng］

在区驻地九曲街道东南方向 13.0 千米。朝阳街道辖自然村。人口 1 200。该村居相庄中间，故命村名中相庄。聚落呈团块状分布。有文体活动室 1 处、图书室 1 处、小学 1 处。经济以种植业为主，种植小麦、玉米、花生。205 国道经此。

前趑庄 371312-B01-H01
［Qiánxuézhuāng］

汤河镇人民政府驻地。在区驻地九曲街道东方向 22.0 千米。人口 1 700。明朝末期，有几家逃荒户在今村北搭盖茅屋居住。清初大水泛滥，茅屋为大水趑入漩涡，故名趑庄。后因地处后趑庄之南，故名前趑庄。聚落呈团块状分布。有文化大院 1 处、文化广场 1 处、农家书屋 1 处、图书室 1 处、幼儿园 1 处、中学 1 处。经济以种植业为主，种植小麦、水稻。有公路经此。

西洽沟 371312-B01-H02
［Xīqiàgōu］

在区驻地九曲街道东方向 22.1 千米。汤河镇辖自然村。人口 1 500。因周围有数条大水沟，且位于西边，故名西洽沟。聚落呈团块状分布。有中学、小学、文化活动中心。经济以种植业为主，种植小麦、玉米等，有苗木基地。205 国道经此。

西南坊坞 371312-B01-H03
[Xīnánfángwù]

在区驻地九曲街道东方向 25.0 千米。汤河镇辖自然村。人口 500。汉将樊哙的母亲曾住此地，故名村樊母。清同治年间，根据村北有一土丘，像村外的土堡，故更名坊坞。因村居整个村落西南，故名西南坊坞。聚落呈团块状分布。有文化大院 1 处、文化广场 1 处、农家书屋 1 处、图书室 1 处。经济以种植业为主，种植小麦、水稻。有公路经此。

前朱井寺 371312-B01-H04
[Qiánzhūjǐngsì]

在区驻地九曲街道东方向 24.0 千米。汤河镇辖自然村。人口 1 200。因村后有红庙，庙后有朱井寺，故名朱井寺。后分为两村，该村居前，故名前朱井寺。聚落呈团块状分布。有文化广场 1 处、农家书屋 1 处、图书室 1 处。经济以种植业为主，种植小麦、水稻。有公路经此。

后朱井寺 371312-B01-H05
[Hòuzhūjǐngsì]

在区驻地九曲街道东方向 24.0 千米。汤河镇辖自然村。人口 1 000。因村后有红庙，庙后有朱井寺，故名朱井寺。后分为两村，该村居后，故名后朱井寺。聚落呈团块状分布。有文化广场 1 处、农家书屋 1 处、图书室 1 处。经济以种植业为主，种植小麦。有公路经此。

后坊坞 371312-B01-H06
[Hòufángwù]

在区驻地九曲街道东方向 25.0 千米。汤河镇辖自然村。人口 1 000。汉将樊哙的母亲曾住此地，故名村樊母。清同治年间，根据村北有一土丘，像村外的土堡，故更名坊坞。此村居北，故名后坊坞。聚落呈团块状分布。有文化广场 1 处、农家书屋 1 处、图书室 1 处。经济以种植业为主，种植小麦、水稻。有公路经此。

大程子河 371312-B01-H07
[Dàchéngzihé]

在区驻地九曲街道东方向 19.0 千米。汤河镇辖自然村。人口 3 300。因绕村的河流像城子一样，故名大城子河，后演变为大程子河。聚落呈团块状分布。有文化广场 1 处、农家书屋 1 处、图书室 1 处、小学 1 处。经济以种植业为主，种植小麦、水稻。518 国道经此。

大坊坞 371312-B01-H08
[Dàfángwù]

在区驻地九曲街道东方向 25.0 千米。汤河镇辖自然村。人口 1 900。汉将樊哙的母亲曾住此地，故名村樊母。清同治年间，根据村北有一土丘，像村外的土堡，故更名坊坞。本村因规模大和人口多而得名大坊坞。聚落呈团块状分布。有文化广场 1 处、农家书屋 1 处、图书室 1 处、幼儿园 1 处、小学 1 处。经济以种植业为主，种植小麦、水稻。有公路经此。

大南庄 371312-B01-H09
[Dànánzhuāng]

在区驻地九曲街道东南方向 20.0 千米。汤河镇辖自然村。人口 2 000。因位于曲坊村南，村庄较大，故名大南庄。聚落呈团块状分布。有文化广场 1 处、农家书屋 1 处、图书室 1 处、幼儿园 1 处、小学 1 处。经济以种植业为主，种植小麦、水稻。有公路经此。

旦彰街 371312-B01-H10
［Dànzhāngjiē］

在区驻地九曲街道东南方向 22.0 千米。汤河镇辖自然村。人口 2 300。明代初期，刘姓由山西省洪洞县移民来此，定居成村。"旦"指早晨，"彰"系光明，寓意该村如旭日初升，前途光明，故名旦彰街。聚落呈团块状分布。有文化广场 1 处、农家书屋 1 处、图书室 1 处、幼儿园 2 处、小学 1 处。有市级非物质文化遗产民间秧歌"扑蝴蝶""舞龙灯"。经济以种植业为主，种植小麦、水稻。有公路经此。

东李湖 371312-B01-H11
［Dōnglǐhú］

在区驻地九曲街道东南方向 16.0 千米。汤河镇辖自然村。人口 1 200。李姓在此居住成村，故名李家湖。后因重名，更名为东李湖。聚落呈团块状分布。有文化广场 1 处、农家书屋 1 处、图书室 1 处。经济以种植业为主，种植小麦、水稻。有公路经此。

邵八湖 371312-B02-H01
［Shàobāhú］

八湖镇人民政府驻地。在区驻地九曲街道东北方向 24.0 千米。人口 2 900。初成村时，因只有八户人家，曾名八户村。后邵氏迁入，更名邵八湖。聚落呈团块状分布。有农家书屋 1 处、图书室 1 处、幼儿园 3 处。经济以种植业为主，种植大蒜。有公路经此。

史家宅子 371312-B02-H02
［Shǐjiāzháizi］

在区驻地九曲街道东北方向 30.0 千米。八湖镇辖自然村。人口 900。因姓氏得名史家宅子。聚落呈团块状分布。有农家书屋 1

处、图书室 1 处。经济以种植业为主，种植大蒜。有公路经此。

树沂庄 371312-B02-H03
［Shùyízhuāng］

在区驻地九曲街道东北方向 27.0 千米。八湖镇辖自然村。人口 1 600。清康熙七年（1668），孙姓来此定居，因此地树木较多，又属沂州管辖，遂命村名树沂庄。聚落呈团块状分布。有农家书屋 1 处、图书室 1 处。经济以种植业为主，种植大蒜。有公路经此。

宋十二湖 371312-B02-H04
［Sòngshí'èrhú］

在区驻地九曲街道东北方向 28.0 千米。八湖镇辖自然村。人口 2 000。元至正二十二年（1362），宋姓来此居住，因地势低洼，周围有十二个洼湖，故名。聚落呈团块状分布。有文化广场 1 处、文化大院 1 处、农家书屋 1 处。经济以种植业为主，种植大蒜。有公路经此。

苏程旺 371312-B02-H05
［Sūchéngwàng］

在区驻地九曲街道东北方向 30.0 千米。八湖镇辖自然村。人口 900。程姓定居成村，初名程旺庄。后苏姓迁入，更名苏程旺。聚落呈团块状分布。有文化广场 1 处、图书室 1 处。经济以种植业为主，种植大蒜。有公路经此。

田家魏林 371312-B02-H06
［Tiánjiāwèilín］

在区驻地九曲街道东北方向 26.0 千米。八湖镇辖自然村。人口 300。元大德十一年（1307），田姓从山西洪洞县逃荒至此，安村于魏家林地近处，故名田家魏林。聚落呈团块状分布。有文化广场1处、图书室1处。经济以种植业为主，种植大蒜。有公路经此。

铜佛官庄 371312-B02-H07

[Tóngfóguānzhuāng]

在区驻地九曲街道东北方向17.0千米。八湖镇辖自然村。人口800。因村西有座泰安庙，庙内有两铜质佛像，故命村名铜佛官庄。聚落呈团块状分布。有农家书屋1处。经济以种植业为主，种植大蒜。有公路经此。

王圪塔墩 371312-B02-H08

[Wánggētǎdūn]

在区驻地九曲街道东北方向19.0千米。八湖镇辖自然村。人口1 100。王姓移民至此，因村周围有几个土墩，故名王疙塔墩。聚落呈团块状分布。经济以种植业为主，种植大蒜。有公路经此。

王十二湖 371312-B02-H09

[Wángshí'èrhú]

在区驻地九曲街道东北方向22.0千米。八湖镇辖自然村。人口2 600。王氏来此定居，因地势低洼，周围有十二个洼湖，故名。聚落呈团块状分布。有文化广场1处、农家书屋1处。经济以种植业为主，种植大蒜。有公路经此。

王疃 371312-B02-H10

[Wángtuǎn]

在区驻地九曲街道东北方向25.0千米。八湖镇辖自然村。人口1 900。因姓氏得名。聚落呈团块状分布。有文化大院1处、农家书屋1处、图书室1处。经济以种植业为主，种植大蒜。有公路经此。

魏家魏林 371312-B02-H11

[Wèijiāwèilín]

在区驻地九曲街道东北方向25.0千米。八湖镇辖自然村。人口500。魏姓来此定居，因靠近魏姓的林地，故名魏家魏林。聚落呈团块状分布。有文化广场1处、中学1处。经济以种植业为主，种植大蒜。有公路经此。

吴十二湖 371312-B02-H12

[Wúshí'èrhú]

在区驻地九曲街道东北方向25.0千米。八湖镇辖自然村。人口1 200。明初吴姓来此定居，因地势低洼，周围有十二个洼湖，故名。聚落呈团块状分布。有文化大院1处、农家书屋1处、图书室1处、幼儿园1处。经济以种植业为主，种植大蒜。有公路经此。

朱家郑旺 371312-B03-H01

[Zhūjiāzhèngwàng]

郑旺镇人民政府驻地。在区驻地九曲街道东北方向25.0千米。人口1 700。因郑氏居于汪崖得名郑汪庄。后改"汪"为"旺"，寓郑氏兴旺。后分为四个村，该村朱姓是大户，故名朱家郑旺。聚落呈团块状分布。有农家书屋1处、图书室1处、小学1处。经济以种植业为主，种植水稻、小麦、大豆、玉米、大蒜。有绢花制造业。有公路经此。

谭家庄 371312-B03-H02

[Tánjiāzhuāng]

在区驻地九曲街道东北方向23.0千米。郑旺镇辖自然村。人口1 600。元代初期，谭姓来定居成村，以姓氏命名。聚落呈团块状分布。有农家书屋1处、图书室1处。经济以种植业为主，种植水稻、小麦、大豆、玉米。有酱菜加工业，土特产有郑旺酱菜。企业有大宋食品。有公路经此。

宋家庄 371312-B03-H03
[Sòngjiāzhuāng]

在区驻地九曲街道东北方向 22.0 千米。郑旺镇辖自然村。人口 1 100。明成化年间，宋氏迁居建村，故名宋家庄。聚落呈团块状分布。有农家书屋 1 处、图书室 1 处。经济以种植业为主，种植水稻、小麦、大豆、玉米。有酱菜加工业，土特产有郑旺酱菜。有公路经此。

古墩庄 371312-B03-H04
[Gǔdūnzhuāng]

在区驻地九曲街道东北方向 24.0 千米。郑旺镇辖自然村。人口 1 500。因村北有一土墩，俗称古墩，以此得名。聚落呈团块状分布。有农家书屋 1 处、图书室 1 处。经济以种植业为主，种植水稻、小麦、大豆、玉米、大蒜。有公路经此。

后新庄 371312-B03-H05
[Hòuxīnzhuāng]

在区驻地九曲街道东北方向 28.0 千米。郑旺镇辖自然村。人口 700。因是新建村，故名新庄。后分为两个村，此村在后，名后新庄。聚落呈团块状分布。有农家书屋 1 处、图书室 1 处。经济以种植业为主，种植水稻、小麦、大豆、玉米、大蒜。有公路经此。

北官庄 371312-B03-H06
[Běiguānzhuāng]

在区驻地九曲街道东北方向 29.0 千米。郑旺镇辖自然村。人口 1 000。明朝中期建村，因村西有一大崖头，推车至此非攀拉不能过，故名攀车沟崖。后村民望村中多出官员，更名百官庄。后因区、乡、公社驻地均在村庄以南，故称北官庄。聚落呈团块状分布。有农家书屋 1 处、图书室 1 处。经济以种植业为主，种植水稻、小麦、大豆、玉米、大蒜。有公路经此。

后兰埠 371312-B03-H07
[Hòulánbù]

在区驻地九曲街道东北方向 30.0 千米。郑旺镇辖自然村。人口 1 000。明朝初期建村，村周围有大埠岭、唐埠岭、王埠岭等丘陵高地，群埠丛杂，故名乱埠。后嫌"乱"字不雅，改称兰埠。清康熙年间，村前建有前兰埠，与其对应改称后兰埠。聚落呈团块状分布。有农家书屋 1 处、图书室 1 处。经济以种植业为主，种植水稻、小麦、大豆、玉米、大蒜。有公路经此。

大尤家 371312-B03-H08
[Dàyóujiā]

在区驻地九曲街道东北方向 35.0 千米。郑旺镇辖自然村。人口 1 300。明朝时期尤姓兄弟来此建村，因村庄周边多杏树，故名杏花村。后村西建起寺庙，改称尤家庙子。后分为两村，长支留居本村，称大尤家。聚落呈团块状分布。有农家书屋 1 处、图书室 1 处、小学 1 处。经济以种植业、养殖业为主，种植水稻、小麦、大豆、玉米、大蒜、果树，养殖肉鸡。有装配式建筑用品制造业。有公路经此。

段家 371312-B03-H09
[Duànjiā]

在区驻地九曲街道东北方向 28.0 千米。郑旺镇辖自然村。人口 400。因段姓来此建村，故名段家。聚落呈团块状分布。有农家书屋 1 处、图书室 1 处。经济以种植业为主，种植水稻、小麦、大豆、玉米、大蒜。有公路经此。

东张家岭 371312-B03-H10

[Dōngzhāngjiālǐng]

在区驻地九曲街道东北方向 26.0 千米。郑旺镇辖自然村。人口 900。明万历年间，张姓夫妇逃荒流落于此，渐成村落，取名张家庄。后因重名，以其地处张家岭东，更名为东张家岭。聚落呈团块状分布。有农家书屋 1 处、图书室 1 处。经济以种植业为主，种植水稻、小麦、大豆、玉米、杞柳。有公路经此。

沂南县

城市居民点

安居小区 371321-I01

[Ānjū Xiǎoqū]

在县城南部。人口 4 500。总面积 9.6 公顷。取安居乐业之意命名。1996 年始建，1999 年正式使用。建筑总面积 126 000 平方米，多层住宅楼 38 栋，中式建筑特点。绿化率 20%。有学校、超市等配套设施。通公交车。

贵和源小区 371321·I02

[Guìhéyuán Xiǎoqū]

在县城中部。人口 1 700。总面积 8.7 公顷。取贵气、和谐之意命名。2007 年始建，2011 年正式使用。建筑总面积 87 000 平方米，住宅楼 12 栋，其中高层 3 栋、多层 9 栋，中式建筑特点。绿化率 30%。有超市等配套设施。通公交车。

西山小区 371321-I03

[Xīshān Xiǎoqū]

在县城西部。人口 8 500。总面积 37.3 公顷。因靠近西山而得名。1989 年始建，

1996 年正式使用。建筑总面积 132 200 平方米，多层住宅楼 99 栋，中式建筑特点。绿化率 16%。有超市、学校、医院等配套设施。通公交车。

山水芙蓉城小区 371321-I04

[Shānshuǐ Fúróngchéng Xiǎoqū]

在县城南部。人口 1 500。总面积 17.3 公顷。以开发单位名称命名，取古典山水意境和芙蓉娇美之意命名。2009 年始建，2014 年正式使用。建筑总面积 86 362 平方米，多层住宅楼 24 栋，中式建筑特点。绿化率 35%。有超市、学校等配套设施。通公交车。

华苑怡景小区 371321-I05

[Huáyuàn Yíjǐng Xiǎoqū]

在县城东南部。人口 4 000。总面积 10 公顷。取中华阆苑宜人景色之意命名。2007 年始建，2013 年正式使用。建筑总面积 105 000 平方米，住宅楼 32 栋，其中高层 4 栋、多层 28 栋，中式建筑特点。绿化率 35%。有幼儿园、超市、医务室等配套设施。通公交车。

农村居民点

北寨 371321-A01-H01

[Běizhài]

在县驻地界湖街道西方向 3.0 千米。界湖街道辖自然村。人口 2 000。该村古时筑堤防水，形如寨，且位置在北，故名。聚落呈团块状分布。有北寨汉墓群。经济以种植业为主，种植小麦、玉米、大豆、生姜、棉花、蔬菜等。229 国道经此。

北德胜 371321-A01-H02
[Běidéshèng]

在县驻地界湖街道东方向 1.5 千米。界湖街道辖自然村。人口 400。清末，因在南德胜之北，故更名为北德胜。聚落呈带状分布。有文化广场。经济以种植业、养殖业、加工业为主，种植水稻、小麦。有公路经此。

丹山子 371321-A01-H03
[Dānshānzi]

在县驻地界湖街道东北方向 1.0 千米。界湖街道辖自然村。人口 1 400。因丹山前有一块大红土地，得名丹山子。聚落呈团块状分布。有文化广场 1 处。经济以种植业为主，种植小麦、玉米、蔬菜、瓜类等。有公路经此。

大成庄 371321-A01-H04
[Dàchéngzhuāng]

在县驻地界湖街道东北方向 1.0 千米。界湖街道辖自然村。人口 1 500。以汉族、回族为主，回族占 51%。1914 年，刘氏从高桥迁来建村，因寓意大有成就而得名。聚落呈团块状分布。有文化广场 1 处、幼儿园 1 处。经济以种植业为主，种植小麦、玉米，饲养牛、羊等。有公路经此。

大白石 371321-A01-H05
[Dàbáishí]

在县驻地界湖街道北方向 2.0 千米。界湖街道辖自然村。人口 2 000。村居地下有大量白石头（白云岩），遂名大白石。聚落呈团块状分布。经济以种植业为主，种植地瓜、谷子、豆类、小麦、玉米、高粱等。有公路经此。

东明生 371321-A01-H06
[Dōngmíngshēng]

在县驻地界湖街道西方向 4.0 千米。界湖街道辖自然村。人口 1 900。为了纪念古代名医赵萌生，取村名为萌生，后演变为明生。又因此村位于桥东头，故名东明生。聚落呈带状分布。经济以种植业为主，种植小麦、玉米。有公路经此。

后中疃 371321-A01-H07
[Hòuzhōngtuǎn]

在县驻地界湖街道北方向 1.0 千米。界湖街道辖自然村。人口 2 300。传说由于当时山西大瘟疫，村民为逃难而来，住在历山脚下草木茂密的林中，名中疃。后来因居住分散，分为前、后中疃，此村居后，为后中疃。聚落呈团块状分布。有文化广场。经济以种植业为主，种植水稻、玉米、大豆等。有公路经此。

金场 371321-A01-H08
[Jīnchǎng]

在县驻地界湖街道西北方向 7.5 千米。界湖街道辖自然村。人口 2 000。此地黄金藏量丰富，明代就有人在此采金，故名。聚落呈带状分布。有文化广场 1 处。经济以种植业为主，种植小麦、玉米等。是沂南县黄金公司重要生产基地。有公路经此。

南寨 371321-A01-H09
[Nánzhài]

在县驻地界湖街道西方向 2.0 千米。界湖街道辖自然村。人口 2 100。因为山洪暴发，将村从中冲毁，村民分别在南北两地筑土为寨，该村在南，故名南寨。聚落呈团块状分布。有文化广场 1 处。经济以种植业为主，种植小麦、玉米、高粱、大豆等。229 省道经此。

圣良庄 371321-A01-H10
[Shèngliángzhuāng]

在县驻地界湖街道西南方向 3.0 千米。

界湖街道辖自然村。人口 2 500。原名剩粮庄，寓意有粮吃、有衣穿，后以同音字演变为圣良庄。聚落呈团块状分布。有文化广场 1 处。经济以种植业为主，种植小麦、玉米。有公路经此。

团山庄 371321-A01-H11
[Tuánshānzhuāng]

在县驻地界湖街道南方向 2.0 千米。界湖街道辖自然村。人口 2 400。因背靠团山，故名。聚落呈团块状分布。有文化广场 1 处、幼儿园 1 处。经济以种植业为主，种植小麦、水稻。有公路经此。

水湖套 371321-A01-H12
[Shuǐhútào]

在县驻地界湖街道西方向 0.5 千米。界湖街道辖自然村。人口 2 000。因此村西靠山，南靠一山梁，村处山套之中，且村东有一片水洼，故名水湖套。聚落呈团块状分布。有文化广场 1 处。有民营工业园，为县内木器加工业、鞋业生产制造基地，以及刺绣、被服等手工业加工中心。有公路经此。

枣林庄 371321-A01-H13
[Zǎolínzhuāng]

在县驻地界湖街道西北方向 6.0 千米。界湖街道辖自然村。人口 1 600。古时因有一片一望无际的枣树林而得名枣林庄。聚落呈带状分布。有文化广场 1 处。经济以种植业为主，种植小麦、玉米。有公路经此。

岸堤 371321-B01-H01
[Àndī]

岸堤镇人民政府驻地。在县驻地界湖街道西北方向 21.8 千米。人口 2 900。唐称双凤镇，明因村临汶河堤改称岸堤。聚落呈团块状分布。有中学。有省级文物保护单位山东抗日军政干部学校旧址。经济以

种植业为主，种植小麦、玉米、花生、蔬菜、黄烟等，特产岸堤豆腐皮。省道莒界公路经此。

中高湖前 371321-B01-H02
[Zhōnggāohúqián]

在县驻地界湖街道西北方向 30.9 千米。岸堤镇辖自然村。人口 500。因村处一南北山峪中，地势虽高，但较平坦，当地人称平地为湖，该村在中，故名中高湖。后因位于中高湖后村之南，故更名中高湖前。聚落呈环状分布。有文化广场 1 处。经济以种植业为主，种植花生、玉米、地瓜等。大棚菜生产是该村主要产业。有公路经此。

田家北 371321-B01-H03
[Tiánjiāběi]

在县驻地界湖街道西北方向 27.4 千米。岸堤镇辖自然村。人口 1 800。村处岸堤之北，田姓立村，故名田家北。聚落呈带状分布。有文化广场 1 处。经济以种植业为主，种植小麦、玉米、花生、棉花、黄烟、蔬菜等。有公路经此。

佛子万 371321-B01-H04
[Fóziwàn]

在县驻地界湖街道西北方向 32.9 千米。岸堤镇辖自然村。人口 900。该村三面环山，村处佛子山下，地势较洼，故名佛子洼，后演变为佛子万。聚落呈散状分布。有文化广场 1 处。经济以种植业、林果业和养殖业为主，种植玉米、花生、地瓜等。有公路经此。

冯家庄子 371321-B01-H05
[Féngjiāzhuāngzi]

在县驻地界湖街道西北方向 26.8 千米。岸堤镇辖自然村。人口 1 100。因姓氏得名。聚落呈带状分布。有文化广场 1 处。经济

以种植业为主,种植小麦、玉米、花生、黄烟、地瓜等。有公路经此。

局埠 371321-B01-H06

[Júbù]

在县驻地界湖街道西北方向 25.2 千米。岸堤镇辖自然村。人口 1 300。古代一东西大道经此,该村为渡口之一,故名局埠。聚落呈团块状分布。有文化广场 1 处。经济以种植业为主,种植小麦、花生、玉米等。是主要的蔬菜种植基地之一。336 省道经此。

柳行岔 371321-B01-H07

[Liǔxíngchà]

在县驻地界湖街道西北方向 25.9 千米。岸堤镇辖自然村。人口 1 100。因地理面貌得名。聚落呈团块状分布。经济以种植业为主,种植花生、地瓜、小麦、玉米、板栗、苹果等。是藤编专业村。有公路经此。

上高湖 371321-B01-H08

[Shànggāohú]

在县驻地界湖街道西北方向 30.7 千米。岸堤镇辖自然村。人口 700。因地理位置得名。聚落呈团块状分布。有文化广场 1 处。经济以种植业为主,种植小麦、玉米、花生等。有公路经此。

塘子 371321-B01-H09

[Tángzi]

在县驻地界湖街道西北方向 22.8 千米。岸堤镇辖自然村。人口 1 600。因有泉,长年不涸,泉旁修一水塘,遂以塘子为村名。聚落呈团块状分布。有文化广场 1 处。经济以种植业为主,种植小麦、棉花、地瓜、玉米、黄烟等。有公路经此。

新兴 371321-B01-H10

[Xīnxīng]

在县驻地界湖街道西北方向 29.4 千米。岸堤镇辖自然村。人口 1 800。清康熙七年（1668）,遭强烈地震,房屋倒塌,居民伤亡甚重,人们重建家园,更名新兴。聚落呈团块状分布。有文化广场 1 处。经济以种植业为主,种植小麦、玉米、花生、地瓜等。有公路经此。

西波池 371321-B01-H11

[Xībōchí]

在县驻地界湖街道西北方向 2.3 千米。岸堤镇辖自然村。人口 1 000。村三面环水,南靠艾山,状若水池,故名波池。后东波池立村,该村称西波池。聚落呈带状分布。有文化广场。经济以种植业为主,种植小麦、花生、玉米、地瓜、蔬菜等。有公路经此。

兴旺庄 371321-B01-H12

[Xīngwàngzhuāng]

在县驻地界湖街道西北方向 29.8 千米。岸堤镇辖自然村。人口 1 500。寓意兴旺发达,故名。聚落呈团块状分布。有文化广场。经济以种植业为主,种植小麦、棉花、地瓜、玉米等。有公路经此。

大峪庄 371321-B01-H13

[Dàyùzhuāng]

在县驻地界湖街道西北方向 27.2 千米。岸堤镇辖自然村。人口 600。村处山峪北端,地势较高,故名上峪。后小峪庄立村,改称大峪庄。聚落呈散状分布。经济以种植业为主,种植小米、花生、玉米。有公路经此。

孙祖 371321-B02-H01

[Sūnzǔ]

孙祖镇人民政府驻地。在县驻地界湖街道西南方向 13.1 千米。人口 2 700。传古时有一位名孙祖的武将葬此，故名。聚落呈团块状分布。有学校。经济以种植业为主，种植小麦、玉米、花生、地瓜。建有孙祖苗圃，是沂南县育苗主要基地。有饲料公司、石材料厂等企业。有公路经此。

栗林 371321-B02-H02

[Lìlín]

在县驻地界湖街道西北方向 21.8 千米。孙祖镇辖自然村。人口 1 300。元末明初，刘氏迁此立村，当时此地多栗子林，故名栗林。聚落呈散状分布。有文化广场 1 处。经济以种植业、养殖业为主，种植小麦、玉米、花生。有公路经此。

代庄 371321-B02-H03

[Dàizhuāng]

在县驻地界湖街道西北方向 17.2 千米。孙祖镇辖自然村。人口 1 300。据传宋代戴氏立村，故名戴庄，后演变为代庄。聚落呈团块状分布。有文化广场 1 处。经济以种植业、养殖业为主，种植小麦、玉米、花生，养殖牛、羊、鸡等。有公路经此。

刘家峪 371321-B02-H04

[Liújiāyù]

在县驻地界湖街道西北方向 22.0 千米。孙祖镇辖自然村。人口 1 300。刘氏于明前期在此山峪中立村，故名刘家峪。聚落呈散状分布。有文化广场 1 处。经济以种植业为主，种植花生、地瓜。有公路经此。

南瓦庄 371321-B02-H05

[Nánwǎzhuāng]

在县驻地界湖街道西北方向 20.2 千米。孙祖镇辖自然村。人口 1 100。李守孝三人由本县小河村迁此居住，以烧制砖瓦为生，故称瓦庄。后改称南瓦庄。聚落呈团块状分布。有文化广场。经济以种植业为主，种植小麦、玉米、花生。有公路经此。

北匣石 371321-B02-H06

[Běixiáshí]

在县驻地界湖街道西南方向 9.2 千米。孙祖镇辖自然村。人口 700。明嘉靖年间立村，村东山上有巨石，形似长匣，传说石匣有盖可开，内装宝物，遂以匣石为村名。后为区别于南匣石，称北匣石。聚落呈带状分布。有文化广场 1 处。经济以种植业、养殖业为主。有公路经此。

东铁峪 371321-B02-H07

[Dōngtiěyù]

在县驻地界湖街道西南方向 12.7 千米。孙祖镇辖自然村。人口 1 100。唐永徽年间，李氏兄弟二人入居此地，以打铁为生，后子孙繁衍，铁匠益多，故以铁峪为村名。后为区别于河西的西铁峪，故名东铁峪。聚落呈带状分布。有文化广场 1 处。经济以种植业为主，种植小麦、玉米、花生。有公路经此。

东高庄 371321-B02-H08

[Dōnggāozhuāng]

在县驻地界湖街道西南方向 11.4 千米。孙祖镇辖自然村。人口 1 600。明永乐初年立村，后与东高庄南岭合并，称东高庄。聚落呈带状分布。有文化广场 1 处。经济以种植业、养殖业为主，种植小麦、玉米、花生。有公路经此。

崔家庄子 371321-B02-H09

[Cuījiāzhuāngzi]

在县驻地界湖街道西方向 9.7 千米。孙祖镇辖自然村。人口 1 000。清康熙年间，崔氏自临沂县独树头迁此立村，故名崔家庄子。聚落呈团块状分布。有文化广场 1 处。经济以种植业为主，种植小麦、玉米。有公路经此。

南匣石 371321-B02-H10
[Nánxiáshí]

在县驻地界湖街道西南方向 9.8 千米。孙祖镇辖自然村。人口 1 000。赵氏于明万历年间由山西省迁此立村，后为区别于北匣石，更名南匣石。聚落呈团块状分布。有文化广场 1 处。经济以种植业为主，种植小麦、玉米、花生。有公路经此。

芦山 371321-B02-H11
[Lúshān]

在县驻地界湖街道西北方向 22.6 千米。孙祖镇辖自然村。人口 1 300。因该村地处西部芦山山头低处，故名芦山。聚落呈散状分布。有文化广场 1 处。经济以种植业为主，种植小麦、花生。有公路经此。

里庄 371321-B02-H12
[Lǐzhuāng]

在县驻地界湖街道西北方向 15.3 千米。孙祖镇辖自然村。人口 1 100。据传当时李氏为庄主，故名李庄。后李氏忤上被抄，他姓人盛，改称里庄。聚落呈带状分布。有文化广场 1 处。经济以种植业为主，种植小麦、玉米、花生。有公路经此。

书堂 371321-B02-H13
[Shūtáng]

在县驻地界湖街道西北方向 19.6 千米。孙祖镇辖自然村。人口 1 100。明末，官僚地主刘皋在此建别墅，夏天避暑读书，故称书堂。聚落呈环状分布。有文化广场 1 处。

经济以种植业为主，种植小麦、玉米、花生。有公路经此。

高家围子 371321-B02-H14
[Gāojiāwéizi]

在县驻地界湖街道西南方向 12.7 千米。孙祖镇辖自然村。人口 900。清康熙年间，高氏自小南峪分迁此地，故名。聚落呈团块状分布。有文化广场 1 处。经济以种植业为主，种植小麦、玉米、花生。有公路经此。

双堠 371321-B03-H01
[Shuānghòu]

双堠镇人民政府驻地。在县驻地界湖街道西南方向 20.9 千米。人口 1 200。因村东、西各有一古代军事衍望台"堠"的遗迹，故名。聚落呈带状分布。有文化广场 1 处、幼儿园 1 处、小学 1 处。经济以种植业、服务业为主，种植小麦、玉米。有公路经此。

黑山安 371321-B03-H02
[Hēishān'ān]

在县驻地界湖街道西南方向 29.3 千米。双堠镇辖自然村。人口 1 500。黑山南麓原有一座黑山寺，村名黑山庵，后演变为黑山安。聚落呈散状分布。有文化广场 1 处。经济以种植业为主，种植小麦、玉米等，樱桃、蒙山羊闻名。有公路经此。

东梭庄 371321-B03-H03
[Dōngsuōzhuāng]

在县驻地界湖街道西南方向 23.1 千米。双堠镇辖自然村。人口 1 300。远望牛头山，形似牛梭头，故立村后取名梭庄。后西梭庄建村，该村更名东梭庄。聚落呈带状分布。有文化广场 1 处。经济以种植业为主，种植小麦、玉米，有蔬菜文化园。有公路经此。

桃花山 371321-B03-H04
[Táohuāshān]

在县驻地界湖街道西南方向 18.4 千米。双堠镇辖自然村。人口 700。村周环山，取名套环山，后演变为桃花山。聚落呈团块状分布。有文化广场 1 处。经济以种植业为主，种植小麦、玉米。有公路经此。

秋子峪 371321-B03-H05
[Qiūziyù]

在县驻地界湖街道西南方向 20.1 千米。双堠镇辖自然村。人口 300。因秋氏、侯氏来此建村，故名。聚落呈团块状分布。有文化广场 1 处。经济以种植业为主，种植小麦、玉米。有公路经此。

下佛住 371321-B03-H06
[Xiàfózhù]

在县驻地界湖街道西南方向 25.2 千米。双堠镇辖自然村。人口 600。明末，刘氏来此立村。因地势低于上佛住，故名下佛住。聚落呈带状分布。有文化广场 1 处。经济以种植业为主，种植小麦、玉米。有公路经此。

下石盆子 371321-B03-H07
[Xiàshípénzi]

在县驻地界湖街道西南方向 28.4 千米。双堠镇辖自然村。人口 700。村西有一巨石，中凹似盆，因上石盆建村，故该村称下石盆子。聚落呈带状分布。有文化广场 1 处。经济以种植业为主，种植小麦、玉米。有公路经此。

小欠庄 371321-B03-H08
[Xiǎoqiànzhuāng]

在县驻地界湖街道西南方向 18.2 千米。双堠镇辖自然村。人口 400。因大欠沂庄村民来此立村，为区分，称小欠沂庄，后演变为小欠庄。聚落呈团块状分布。有文化广场 1 处。经济以种植业为主，种植小麦、玉米。有公路经此。

小菜峪 371321-B03-H09
[Xiǎocàiyù]

在县驻地界湖街道西南方向 20.7 千米。双堠镇辖自然村。人口 1 000。因地理位置而得名。聚落呈带状分布。有文化广场 1 处。经济以种植业为主，种植小麦、玉米、黄烟。有公路经此。

青驼 371321-B04-H01
[Qīngtuó]

青驼镇人民政府驻地。在县驻地界湖街道西南方向 19.1 千米。人口 5 700。原有唐代建青驼寺，村以寺名。聚落呈团块状分布。有中学、小学等。有省级文物保护单位山东省战工会纪念馆、市级文物保护单位"仲丘古城"遗址。经济以种植业为主，种植小麦、玉米、花生、大豆。有饲料加工厂、水泥厂等企业。205 国道经此。

南村 371321-B04-H02
[Náncūn]

在县驻地界湖街道西南方向 21.7 千米。青驼镇辖自然村。人口 700。村中青驼街古称钱街，该街东西贯穿，因姚姓在街南北各有一宅，路南侧的宅子称南宅，故取名南宅子，后改名南村。聚落呈带状分布。有文化广场 1 处。经济以种植业、养殖业为主，种植小麦、花生、玉米、大豆等，养殖鸡、鸭、猪、牛。205 国道经此。

高里 371321-B04-H03
[Gāolǐ]

在县驻地界湖街道西南方向 23.2 千米。青驼镇辖自然村。人口 2 100。村址地势较高，多高姓，遂易名高立，明末改称高里。聚落呈团块状分布。有文化广场1处。经济以种植业为主，种植小麦、玉米、花生、大豆、甜桃等。日东高速公路经此。

徐公店 371321-B04-H04
[Xúgōngdiàn]

在县驻地界湖街道西南方向26.2千米。青驼镇辖自然村。人口1 600。据传，唐初礼部尚书徐茂公曾在此居住，故名徐公店。聚落呈带状分布。有文化广场1处。经济以种植业为主，种植小麦、花生、玉米、地瓜等。出产"徐公砚"石。205国道经此。

高家坊庄 371321-B04-H05
[Gāojiāfángzhuāng]

在县驻地界湖街道西南方向23.8千米。青驼镇辖自然村。人口1 100。因该村多高姓家族，该家族做纸坊生意，故命名为高家坊庄。聚落呈带状分布。有文化广场1处。经济以种植业为主，种植小麦、花生、玉米、西瓜等。有公路经此。

石拉子 371321-B04-H06
[Shílāzi]

在县驻地界湖街道西南方向22.4千米。青驼镇辖自然村。人口1 300。村处岭下，遍地碎石，故名石拉子。聚落呈团块状分布。有文化广场1处。经济以种植业为主，种植小麦、玉米、花生、大豆等。有公路经此。

吉拉子 371321-B04-H07
[Jílāzi]

在县驻地界湖街道西南方向20.7千米。青驼镇辖自然村。人口900。因近吉拉子岭，故名吉拉子。聚落呈团块状分布。有文化广场1处。经济以种植业为主，种植玉米、小麦、花生。有公路经此。

西冶 371321-B04-H08
[Xīyě]

在县驻地界湖街道西南方向20.3千米。青驼镇辖自然村。人口900。因定居点附近有冶炼遗址，遂称之为冶炼。后村东小河边又有一村，本村更名西冶炼，简称西冶。聚落呈团块状分布。有文化广场1处。经济以种植业为主，种植玉米、小麦、花生。有公路经此。

西村 371321-B04-H09
[Xīcūn]

在县驻地界湖街道西南方向21.7千米。青驼镇辖自然村。人口2 200。因村西有"仲丘古城"遗址，故名西城子，后改为西村。聚落呈团块状分布。经济以种植业为主，种植玉米、小麦、花生。有公路经此。

赵家岭 371321-B04-H10
[Zhàojiālǐng]

在县驻地界湖街道西南方向19.7千米。青驼镇辖自然村。人口700。因姓氏而得名。聚落呈带状分布。有文化广场1处。经济以种植业为主，种植小麦、花生、玉米、桃、杏、板栗等。有公路经此。

大冯家楼子 371321-B04-H11
[Dàféngjiālóuzi]

在县驻地界湖街道西南方向19.4千米。青驼镇辖自然村。人口900。本村地势由西向东逐步增高，民房因势建造，远望若多层楼房，故名大冯家楼子。聚落呈带状分布。有文化广场1处。经济以种植业为主，种植小麦、花生、玉米、地瓜、棉花等。有桃树基地。有公路经此。

秦家庄子 371321-B04-H12
[Qínjiāzhuāngzi]

在县驻地界湖街道西南方向22.9千米。

青驼镇辖自然村。人口 800。明朝初期，秦姓从蒙阴县分水岭来此居住，故名秦家庄子。聚落呈团块状分布。有文化广场 1 处。经济以种植业为主，种植小麦、花生、玉米等。有公路经此。

张庄 371321-B05-H01
[Zhāngzhuāng]

张庄镇人民政府驻地。在县驻地界湖街道西南方向 8.9 千米。人口 2 100。明代中期张氏来此立村，故名张庄。聚落呈团块状分布。有文化广场 1 处、幼儿园 1 处、中学 1 所、小学 1 所。经济以种植业为主，种植小麦、地瓜、花生等。有公路经此。

和庄 371321-B05-H02
[Hézhuāng]

在县驻地界湖街道西南方向 6.3 千米。张庄镇辖自然村。人口 2 200。传说当时有三个居民点，三处连成一片，称三和庄，意指百姓和睦相处，相亲相爱，日久演变为和庄。聚落呈团块状分布。有文化广场 1 处、中学 1 处、幼儿园 1 处、小学 1 所。经济以种植业为主，种植小麦、玉米、花生等。有公路经此。

上峪 371321-B05-H03
[Shàngyù]

在县驻地界湖街道西南方向 14.9 千米。张庄镇辖自然村。人口 1 500。唐初，邵氏建村，村址地势稍高，称上邵家峪，后简化为上峪。聚落呈带状分布。经济以种植业为主，种植花生、玉米、红薯等，有千亩板栗基地。是"中国蓝"石材原产地，地下资源黄金储量丰富。有公路经此。

北唐山子 371321-B05-H04
[Běitángshānzi]

在县驻地界湖街道东南方向 15.6 千米。

张庄镇辖自然村。人口 1 100。该村为唐氏兄弟所立，取名唐山子。又该村在北，称北唐山子。聚落呈带状分布。经济以种植业为主，种植花生、小麦、玉米、黄烟、果树等。有公路经此。

北官庄 371321-B05-H05
[Běiguānzhuāng]

在县驻地界湖街道南方向 8.2 千米。张庄镇辖自然村。人口 300。因姓氏得名。聚落呈团块状分布。经济以种植业为主，种植小麦、玉米、花生等。有公路经此。

北黄埠 371321-B05-H06
[Běihuángbù]

在县驻地界湖街道南方向 13.2 千米。张庄镇辖自然村。人口 1 300。村南部地势较高，称黄埠。后为区别砖埠镇的南黄埠，称为北黄埠。聚落呈团块状分布。经济以种植业为主，种植小麦、玉米、花生等。有公路经此。

埠子 371321-B05-H07
[Bùzi]

在县驻地界湖街道西南方向 13.2 千米。张庄镇辖自然村。人口 1 100。因村处岭上，得名埠子。聚落呈团块状分布。有文化广场 1 处。有县级文物保护区战国古墓七星堆。经济以种植业为主，种植葡萄、树莓、小麦、玉米等。有公路经此。

大岱 371321-B05-H08
[Dàdài]

在县驻地界湖街道西南方向 10.6 千米。张庄镇辖自然村。人口 1 200。因本村为戴姓所立，清朝中期，名大岱。聚落呈团块状分布。有文化广场 1 处。有县级文物保护单位汉代石碑。经济以种植业为主，种植玉米、小麦。有公路经此。

大惠家庄 371321-B05-H09
［Dàhuìjiāzhuāng］

在县驻地界湖街道西南方向12.3千米。张庄镇辖自然村。人口1 300。因姓氏得名。聚落呈团块状分布。经济以种植业为主，种植小麦、玉米、花生等。有公路经此。

大洼 371321-B05-H10
［Dàwā］

在县驻地界湖街道西南方向7.7千米。张庄镇辖自然村。人口300。因村址低洼而得名。聚落呈团块状分布。经济以种植业为主，种植花生、红薯等。229省道经此。

簸箕掌 371321-B05-H11
［Bòjizhǎng］

在县驻地界湖街道西南方向9.1千米。张庄镇辖自然村。人口600。因村址三面环山而得名。聚落呈团块状分布。经济以种植业为主，种植桃、板栗等。有公路经此。

后汉沿 371321-B05-H12
［Hòuhànyán］

在县驻地界湖街道西南方向10.1千米。张庄镇辖自然村。人口300。明末，韩、严两姓最早立村，村名韩严寒，又根据谐音改作汉沿。后分为二村，本村为后汉沿。聚落呈团块状分布。有文化广场1处。经济以种植业为主，种植小麦、玉米等。有公路经此。

大峪 371321-B05-H13
［Dàyù］

在县驻地界湖街道西南方向8.4千米。张庄镇辖自然村。人口2 000。因地处山峪得名。聚落呈带状分布。有文化广场1处。经济以种植业为主，种植小麦、玉米、花生、板栗等。有公路经此。

砖埠 371321-B06-H01
［Zhuānbù］

砖埠镇人民政府驻地。在县驻地界湖街道南方向17.3千米。人口2 100。原名安逸庄，因地势低洼，常遭水害，元末分迁南北高处定居，此为北迁者，名转埠，今作砖埠。聚落呈团块状分布。有文化广场1处。经济以种植业、养殖业为主，种植小麦、草莓、玉米等，养殖生猪。有公路经此。

北薛庄 371321-B06-H02
［Běixuēzhuāng］

在县驻地界湖街道南方向12.8千米。砖埠镇辖自然村。人口1 800。村多薛姓，在南薛庄之北，故名北薛庄。聚落呈团块状分布。有文化广场1处。经济以种植业为主，种植小麦、花生、玉米等。有公路经此。

山南头 371321-B06-H03
［Shānnántóu］

在县驻地界湖街道南方向21.8千米。砖埠镇辖自然村。人口1 300。以地理位置得名。聚落呈带状分布。有文化广场1处。经济以种植业为主，种植小麦、蜜桃、玉米等。有公路经此。

苏家石沟 371321-B06-H04
［Sūjiāshígōu］

在县驻地界湖街道南方向23.1千米。砖埠镇辖自然村。人口700。因村多苏姓而得名。聚落呈团块状分布。有文化广场1处。经济以种植业为主，种植小麦、玉米、花生等。有公路经此。

苏家庄子 371321-B06-H05
［Sūjiāzhuāngzi］

在县驻地界湖街道南方向22.5千米。砖埠镇辖自然村。人口1 400。以姓氏得名。

聚落呈团块状分布。有文化广场 1 处。经济以种植业、养殖业为主，种植小麦、花生、玉米等，养殖生猪。有公路经此。

孙家黄疃 371321-B06-H06
[Sūnjiāhuángtuǎn]

在县驻地界湖街道南方向 17.8 千米。砖埠镇辖自然村。人口 1 100。据说雨季河水常挟带泥沙上岸，洪水过后，黄泥淤积，又因多孙姓，故名孙家黄疃。聚落呈带状分布。有文化广场 1 处。经济以种植业为主，种植小麦、花生、玉米、草莓、西红柿等。有公路经此。

铁山子 371321-B06-H07
[Tiěshānzi]

在县驻地界湖街道南方向 16.6 千米。砖埠镇辖自然村。人口 1 200。因村在铁山东麓，故名铁山子。聚落呈团块状分布。经济以种植业为主，种植小麦、花生、玉米等。有公路经此。

阳岚 371321-B06-H08
[Yánglán]

在县驻地界湖街道南方向 20.4 千米。砖埠镇辖自然村。人口 600。因附近村庄牧羊人常在此地牧羊，逐渐被称为羊栏，后改为阳岚。聚落呈团块状分布。经济以种植业为主，种植小麦、花生、玉米、蜜桃等。有公路经此。

殷家庄 371321-B06-H09
[Yīnjiāzhuāng]

在县驻地界湖街道南方向 15.6 千米。砖埠镇辖自然村。人口 1 100。相传殷氏于明前期迁入，村以姓氏命名。聚落呈团块状分布。有文化广场 1 处。经济以种植业为主，种植小麦、花生、玉米、西红柿等。有公路经此。

尤家埠子 371321-B06-H10
[Yóujiābùzi]

在县驻地界湖街道南方向 21.2 千米。砖埠镇辖自然村。人口 1 100。因村址地势低洼，常遭水灾，南移至此，遂称游家埠子，后演变为尤家埠子。聚落呈团块状分布。有文化广场 1 处。经济以种植业为主，种植小麦、花生、玉米、蜜桃等。有公路经此。

榆林 371321-B06-H11
[Yúlín]

在县驻地界湖街道南方向 21.2 千米。砖埠镇辖自然村。人口 1 300。该村因榆树多，故名榆林。聚落呈团块状分布。有文化广场 1 处。经济以种植业为主，种植小麦、花生、玉米等。有公路经此。

周旺庄 371321-B06-H12
[Zhōuwàngzhuāng]

在县驻地界湖街道南方向 21.1 千米。砖埠镇辖自然村。人口 1 400。该村为周姓立村，以吉祥语命名。聚落呈团块状分布。有文化广场 1 处。经济以种植业、养殖业为主，种植小麦、花生、玉米等，养殖生猪、肉鸡。有公路经此。

河村 371321-B07-H01
[Hécūn]

大庄镇人民政府驻地。在县驻地界湖街道南方向 5.7 千米。人口 800。因紧靠沂河，称河村。聚落呈团块状分布。经济以种植业为主，种植小麦、花生。是全国著名的砖机生产基地。大庄牌烧鸡畅销全国。省道东红公路、界莒公路经此。

杨家坡 371321-B07-H02
[Yángjiāpō]

在县驻地界湖街道东南方向 16.3 千米。

大庄镇辖自然村。人口 1 600。因姓氏和地势得名。聚落呈团块状分布。经济以种植业为主，主要种植小麦、玉米、花生等。有公路经此。

河阳 371321–B07–H03
[Héyáng]

在县驻地界湖街道东南方向 13.1 千米。大庄镇辖自然村。人口 4 000。村北玉交沟北岸有寺，称河阳寺，后村以寺为名，称河阳。聚落呈团块状分布。有文化广场 1 处。有县级文物保护单位白龙桥。经济以种植业为主，种植蔬菜、小麦、玉米，是全国重要的大棚韭菜、生姜生产基地。有公路经此。

西桃花 371321–B07–H04
[Xītáohuā]

在县驻地界湖街道东南方向 6.1 千米。大庄镇辖自然村。人口 1 700。因村处桃花岭下东桃花之西，故名西桃花。聚落呈团块状分布。经济以种植业为主，种植小麦、花生、玉米等。有公路经此。

西石牛 371321–B07–H05
[Xīshíniú]

在县驻地界湖街道东南方向 21.5 千米。大庄镇辖自然村。人口 1 800。建村于明末中期，因村西南有巨石，状如卧牛，取名石牛，后以方位得名西石牛。聚落呈带状分布。有文化广场 1 处。经济以种植业为主，种植小麦、花生、玉米。有公路经此。

余粮庄 371321–B07–H06
[Yúliángzhuāng]

在县驻地界湖街道东南方向 14.8 千米。大庄镇辖自然村。人口 800。以吉祥寓意命名。聚落呈团块状分布。经济以种植业为主，种植小麦、玉米、蔬菜、花卉。有公路经此。

朱家河 371321–B07–H07
[Zhūjiāhé]

在县驻地界湖街道东南方向 10.5 千米。大庄镇辖自然村。人口 1 300。村因姓氏得名。聚落呈带状分布。有文化广场 1 处。经济以种植业为主，种植小麦、玉米。有公路经此。

小徐疃后 371321–B07–H08
[Xiǎoxútuǎnhòu]

在县驻地界湖街道东南方向 16.9 千米。大庄镇辖自然村。人口 1 100。该村建于明代以前，当初肖、赵两姓居多，故名肖徐疃。后肖姓大部他迁，赵姓迁入，改称小徐疃。后以方位更名小徐疃后。聚落呈团块状分布。经济以种植业为主，种植小麦、花生、玉米。有公路经此。

徐家沟 371321–B07–H09
[Xújiāgōu]

在县驻地界湖街道东南方向 20.1 千米。大庄镇辖自然村。人口 1 100。1708 年，村民由山西洪洞县迁来，当时此村徐姓居多，因靠大沟，故名徐家沟。聚落呈团块状分布。经济以种植业为主，种植小麦。有公路经此。

远家庄子 371321–B07–H10
[Yuǎnjiāzhuāngzi]

在县驻地界湖街道东南方向 12.6 千米。大庄镇辖自然村。人口 1 000。明天启年间，袁氏迁此为高氏种地，名袁家庄子。后袁姓衰，他姓迁入，又因离大庄较远，改称远家庄子。聚落呈带状分布。有文化广场 1 处。经济以种植业为主，种植小麦、玉米、蔬菜。有公路经此。

南左泉后 371321-B07-H11

[Nánzuǒquánhòu]

在县驻地界湖街道东南方向 15.2 千米。大庄镇辖自然村。人口 1 000。此村依泉而立，又多左姓，故名。聚落呈团块状分布。有文化广场 1 处。经济以种植业为主，种植小麦、花生、玉米。有公路经此。

赵家庄子 371321-B07-H12

[Zhàojiāzhuāngzi]

在县驻地界湖街道东南方向 12.4 千米。大庄镇辖自然村。人口 1 000。清代中期，高氏自高家店子析居此地，后有赵、仲、李、刘等多姓入居，赵姓居多，改名赵家庄子。聚落呈团块状分布。经济以机械加工业、钢铁加工业为主。有公路经此。

辛集 371321-B08-H01

[Xīnjí]

辛集镇人民政府驻地。在县驻地界湖街道东南方向 2.9 千米。人口 700。元末名洪家镇，清初易名兴旺庄，后迁入者渐多，改名新集，后演变为今名。聚落呈团块状分布。有学校等。经济以种植业为主，种植小麦、玉米、大豆、大棚蔬菜等。有丝绸厂、医疗厂等企业。227 省道经此。

苗家曲 371321-B08-H02

[Miáojiāqǔ]

在县驻地界湖街道东方向 9.9 千米。辛集镇辖自然村。人口 800。村庄三面环水，河流弯曲，原多苗氏，故名苗家曲。聚落呈团块状分布。有文化广场 1 处。有省级文物保护单位唐朝古迹信量桥。经济以种植业为主，种植大棚蔬菜、小麦、玉米。该村鸭蛋远近闻名。227 省道经此。

榆林子 371321-B08-H03

[Yúlínzi]

在县驻地界湖街道东方向 9.7 千米。辛集镇辖自然村。人口 1 300。原名儒林，寓意希望多儒，后演变为榆林子。聚落呈带状分布。有文化广场 1 处。经济以种植业为主，种植大棚黄瓜、小麦、玉米。有现代渔业园。227 省道经此。

彭家庄 371321-B08-H04

[Péngjiāzhuāng]

在县驻地界湖街道东南方向 9.6 千米。辛集镇辖自然村。人口 1 000。因彭氏立村而得名。聚落呈团块状分布。有文化广场 1 处。经济以种植业为主，种植大棚蔬菜、小麦、玉米等。有公路经此。

郑家营 371321-B08-H05

[Zhèngjiāyíng]

在县驻地界湖街道东南方向 9.1 千米。辛集镇辖自然村。人口 1 100。据传古代曾有军队在此安营，明代前王姓居此，故名王家营。后郑姓迁入，王氏衰，改称郑家营。聚落呈团块状分布。经济以种植业为主，种植黄瓜、小麦、玉米。有公路经此。

高家屯 371321-B08-H06

[Gāojiātún]

在县驻地界湖街道东南方向 11.0 千米。辛集镇辖自然村。人口 2 000。村因姓氏得名。聚落呈团块状分布。经济以种植业为主，种植黄瓜、西红柿、小麦、玉米、地瓜。有公路经此。

房家庄子 371321-B08-H07

[Fángjiāzhuāngzi]

在县驻地界湖街道东北方向 9.5 千米。辛集镇辖自然村。人口 2 200。以姓氏命名。

聚落呈团块状分布。经济以种植业为主，种植黄瓜、玉米、小麦。有公路经此。

东南庄 371321-B08-H08
［Dōngnánzhuāng］

在县驻地界湖街道东方向 10.3 千米。辛集镇辖自然村。人口 1 200。明代中期，房家庄子部分居民迁此立村，因位于房庄子东南，故名东南庄。聚落呈带状分布。经济以种植业为主，种植黄瓜、小麦。有公路经此。

刘家庄子 371321-B08-H09
［Liújiāzhuāngzi］

在县驻地界湖街道东方向 9.8 千米。辛集镇辖自然村。人口 1 000。村以姓氏命名。聚落呈团块状分布。经济以种植业为主，种植黄瓜、小麦、玉米。227 省道经此。

城子庄 371321-B08-H10
［Chéngzizhuāng］

在县驻地界湖街道东方向 17.5 千米。辛集镇辖自然村。人口 2 500。据传三国时期即有人居此，村近古城，故名城子庄。聚落呈团块状分布。有文化广场 1 处。经济以种植业为主，种植大棚蔬菜、小麦、花生、玉米。有公路经此。

世和庄 371321-B08-H11
［Shìhézhuāng］

在县驻地界湖街道东北方向 11.8 千米。辛集镇辖自然村。人口 2 000。希望村民和睦相处，故名世和庄。聚落呈团块状分布。经济以种植业为主，种植大棚蔬菜、小麦、花生、玉米。有公路经此。

库沟 371321-B08-H12
［Kùgōu］

在县驻地界湖街道东方向 13.8 千米。辛集镇辖自然村。人口 2 000。明代曾有军队在此驻防，四周挖壕，内存粮草，遂改名库沟。聚落呈团块状分布。有县级文物保护单位库沟遗址。经济以种植业为主，种植大棚黄瓜、小麦、玉米、花生。有公路经此。

刘家汪 371321-B08-H13
［Liújiāwāng］

在县驻地界湖街道东北方向 15.1 千米。辛集镇辖自然村。人口 1 000。该村由刘氏立村，与张家八角汪为邻，故名刘家八角汪，简称刘家汪。聚落呈带状分布。有宋代古槐 1 棵。经济以种植业为主，种植小麦、花生、玉米、黄烟等。有公路经此。

赵家汪 371321-B08-H14
［Zhàojiāwāng］

在县驻地界湖街道东北方向 15.9 千米。辛集镇辖自然村。人口 1 200。村因姓氏及所处位置得名。聚落呈带状分布。经济以种植业为主，种植黄烟、小麦、花生、玉米等。有公路经此。

李家屯 371321-B08-H15
［Lǐjiātún］

在县驻地界湖街道东南方向 11.6 千米。辛集镇辖自然村。人口 2 100。村以姓氏命名。聚落呈团块状分布。经济以种植业为主，种植大棚蔬菜、小麦、玉米。有公路经此。

涌泉庄 371321-B08-H16
［Yǒngquánzhuāng］

在县驻地界湖街道东南方向 14.1 千米。辛集镇辖自然村。人口 1 000。因有泉而得名。聚落呈团块状分布。经济以种植业为主，种植大棚蔬菜、小麦、花生、玉米、板栗、地瓜。有公路经此。

蒲汪 371321-B09-H01

[Púwāng]

蒲汪镇人民政府驻地。在县驻地界湖街道东方向 19.8 千米。人口 1 900。因村东南角有一菖蒲汪而得名。聚落呈带状分布。有学校。经济以种植业为主，种植小麦、玉米、花生、蔬菜。有公路经此。

大于家庄 371321-B09-H02

[Dàyújiāzhuāng]

在县驻地界湖街道东南方向 24.4 千米。蒲汪镇辖自然村。人口 1 600。以姓氏立村名。聚落呈团块状分布。经济以种植业为主，种植小麦、玉米、花生、玫瑰花、西瓜，是蒲汪镇最大的玫瑰花种植基地之一。有公路经此。

大王庄 371321-B09-H03

[Dàwángzhuāng]

在县驻地界湖街道东北方向 20.8 千米。蒲汪镇辖自然村。人口 900。以姓氏取村名。聚落呈团块状分布。有中学、小学。经济以种植业、工商业为主，种植小麦、玉米、花生、苹果，有木材加工、花生筛选、塑料加工、糕点加工、服装加工等企业。有公路经此。

大碌碡沟 371321-B09-H04

[Dàliùzhougōu]

在县驻地界湖街道东方向 22.7 千米。蒲汪镇辖自然村。人口 1 900。村傍沟而立，沟原名金猪沟，清代始改为碌碡沟，后为区别于小碌碡沟，称大碌碡沟。聚落呈团块状分布。有文化广场 1 处。经济以种植业为主，种植小麦、玉米、花生等。有公路经此。

崔家车疃 371321-B09-H05

[Cuījiāchētuǎn]

在县驻地界湖街道东方向 19.8 千米。蒲汪镇辖自然村。人口 800。明初，车姓系当地富户，附近村落皆属车氏，均名车疃。又传车姓在朝亲戚触犯王法，车姓随外家改姓崔，免遭株连，该村遂名崔家车疃。聚落呈团块状分布。经济以种植业为主，种植小麦、玉米、花生。有公路经此。

曹家店子 371321-B09-H06

[Cáojiādiànzi]

在县驻地界湖街道东方向 24.6 千米。蒲汪镇辖自然村。人口 400。以姓氏命名。聚落呈团块状分布。有文化广场 1 处。经济以种植业为主，种植小麦、玉米、花生。有公路经此。

董家岭 371321-B09-H07

[Dǒngjiālǐng]

在县驻地界湖街道东方向 20.2 千米。蒲汪镇辖自然村。人口 2 000。以姓氏立村。聚落呈带状分布。有文化广场 1 处。经济以种植业为主，种植小麦、玉米、花生、桃。有公路经此。

后屯 371321-B09-H08

[Hòutún]

在县驻地界湖街道东南方向 19.6 千米。蒲汪镇辖自然村。人口 1 300。以地貌取名。聚落呈团块状分布。经济以种植业为主，种植小麦、玉米、花生。有公路经此。

李家庄 371321-B09-H09

[Lǐjiāzhuāng]

在县驻地界湖街道东南方向 22.1 千米。蒲汪镇辖自然村。人口 1 000。以姓氏立村。聚落呈团块状分布。有文化广场 1 处。经济以种植业为主，种植小麦、玉米、花生，为玫瑰花种植示范基地。有公路经此。

梁家拐头 371321-B09-H10
[Liángjiāguǎitóu]

在县驻地界湖街道东南方向 19.7 千米。蒲汪镇辖自然村。人口 1 200。明代前期，梁氏于小河拐弯处立村，起名梁家拐头。聚落呈团块状分布。经济以种植业为主，种植小麦、玉米、花生等。有公路经此。

聚宝官庄后村 371321-B09-H11
[Jùbǎoguānzhuānghòucūn]

在县驻地界湖街道东南方向 22.9 千米。蒲汪镇辖自然村。人口 900。以吉祥嘉言命名。聚落呈团块状分布。经济以种植业为主，种植小麦、玉米、花生。有公路经此。

泥泉官庄 371321-B09-H12
[Níquánguānzhuāng]

在县驻地界湖街道东方向 23.2 千米。蒲汪镇辖自然村。人口 1 200。以地形地物取名。聚落呈团块状分布。有文化广场 1 处。经济以种植业为主，种植小麦、玉米、花生、棉花、薯类等。有公路经此。

龙角庄子 371321-B09-H13
[Lóngjiǎozhuāngzi]

在县驻地界湖街道东方向 27.8 千米。蒲汪镇辖自然村。人口 2 100。明代前龙姓居此，故名龙家庄子，后演变为龙角庄子。聚落呈团块状分布。有文化广场 1 处。经济以种植业为主，种植小麦、玉米、花生、苹果。有公路经此。

湖头 371321-B10-H01
[Hútóu]

湖头镇人民政府驻地。在县驻地界湖街道东方向 12.2 千米。人口 2 400。村前有虎头岭，故名虎头，后演变为今名。聚落呈团块状分布。有学校。有湖头墓群（属长虹岭古墓群）。经济以种植业为主，种植小麦、玉米、花生、蔬菜。长深高速经此。

东张家哨 371321-B10-H02
[Dōngzhāngjiāshào]

在县驻地界湖街道东北方向 20.5 千米。湖头镇辖自然村。人口 1 700。据传古时曾有军队在此安营设哨，这一带村庄多以"哨"命名。该村多张姓，为区分于西张家哨，称东张家哨。聚落呈团块状分布。经济以种植业为主，种植小麦、玉米。有公路经此。

黑牛石 371321-B10-H03
[Hēiniúshí]

在县驻地界湖街道东北方向 23.5 千米。湖头镇辖自然村。人口 2 000。村东有一大黑石块，上有凹坑形似牛蹄，故名黑牛石。聚落呈团块状分布。经济以种植业为主，种植小麦、玉米。有公路经此。

黑石沟 371321-B10-H04
[Hēishígōu]

在县驻地界湖街道东北方向 31.1 千米。湖头镇辖自然村。人口 2 400。因村多沟壑，沟内多黑石，故名黑石沟。聚落呈团块状分布。经济以种植业为主，种植小麦、玉米。有公路经此。

西张家哨 371321-B10-H05
[Xīzhāngjiāshào]

在县驻地界湖街道东北方向 20.2 千米。湖头镇辖自然村。人口 1 300。相传古时曾有军队在此安营设哨，附近村庄多以"哨"命名。该村多张姓，为区别于东张家哨，故名西张家哨。聚落呈团块状分布。经济以种植业为主，种植小麦、玉米、黄烟等。有公路经此。

路家庄 371321-B10-H06

[Lùjiāzhuāng]

在县驻地界湖街道东北方向 25.2 千米。湖头镇辖自然村。人口 2 000。村因姓氏得名。聚落呈团块状分布。有文化广场 1 处。经济以种植业为主，种植小麦、玉米。有公路经此。

苏村 371321-B11-H01

[Sūcūn]

苏村镇人民政府驻地。在县驻地界湖街道东北方向 11.1 千米。人口 5 200。元代苏姓立村，故名。聚落呈团块状分布。有学校。经济以种植业为主，种植小麦、玉米、水稻、花生、蔬菜等。有食品饮料厂、电子元件厂。省道东红公路经此。

司马 371321-B11-H02

[Sīmǎ]

在县驻地界湖街道东北方向 23.8 千米。苏村镇辖自然村。人口 2 500。因姓氏得名。聚落呈团块状分布。有文化广场 1 处。经济以种植业、养殖业为主，种植小麦、花生、玉米、生姜等。有公路经此。

杨家道口 371321-B11-H03

[Yángjiādàokǒu]

在县驻地界湖街道东北方向 9.6 千米。苏村镇辖自然村。人口 2 300。因姓氏得名。聚落呈带状分布。有文化广场 1 处。经济以种植业为主，种植小麦、花生、玉米、生姜等。是全县最大的布料批发市场。有公路经此。

石桥 371321-B11-H04

[Shíqiáo]

在县驻地界湖街道东北方向 7.7 千米。苏村镇辖自然村。人口 800。因村后小河之上有一座用红条石建造的桥，故名。聚落呈团块状分布。经济以种植业为主，种植小麦、玉米等。有公路经此。

石浪头 371321-B11-H05

[Shílàngtóu]

在县驻地界湖街道东北方向 8.8 千米。苏村镇辖自然村。人口 1 100。村东沂河岸边有一石梁，涨水时节，水石相击，浪高声响，故名石浪头。聚落呈团块状分布。有公路经此。

中李家庄 371321-B11-H06

[Zhōnglǐjiāzhuāng]

在县驻地界湖街道东北方向 22.5 千米。苏村镇辖自然村。人口 800。因姓氏和地理位置得名。聚落呈团块状分布。经济以种植业、养殖业为主，种植小麦、花生、玉米、葡萄等。有公路经此。

姚家官庄 371321-B11-H07

[Yáojiāguānzhuāng]

在县驻地界湖街道南方向 12.6 千米。苏村镇辖自然村。人口 700。村中多姚姓，故名姚家官庄。聚落呈团块状分布。经济以种植业、养殖业为主，种植小麦、花生、玉米等。有公路经此。

姚家营 371321-B11-H08

[Yáojiāyíng]

在县驻地界湖街道东北方向 18.1 千米。苏村镇辖自然村。人口 700。村因姓氏得名。聚落呈团块状分布。经济以种植业为主，种植小麦、花生、玉米、蔬菜等。有公路经此。

张家庄子 371321-B11-H09
[Zhāngjiāzhuāngzi]

在县驻地界湖街道西南方向 13.1 千米。苏村镇辖自然村。人口 900。因姓氏得名。聚落呈团块状分布。经济以种植业为主，种植小麦、花生、玉米、生姜等。有公路经此。

朱家庄 371321-B11-H10
[Zhūjiāzhuāng]

在县驻地界湖街道东北方向 20.9 千米。苏村镇辖自然村。人口 800。因姓氏得名。聚落呈团块状分布。经济以种植业、养殖业为主，种植小麦、花生、玉米、生姜等。有公路经此。

邹家小河 371321-B11-H11
[Zōujiāxiǎohé]

在县驻地界湖街道东北方向 17.8 千米。苏村镇辖自然村。人口 600。村因姓氏得名。聚落呈团块状分布。经济以种植业、养殖业为主，种植小麦、花生、玉米、生姜等。有公路经此。

邢家庄 371321-B11-H12
[Xíngjiāzhuāng]

在县驻地界湖街道东北方向 15.2 千米。苏村镇辖自然村。人口 700。以姓氏命名。聚落呈团块状分布。经济以种植业、养殖业为主，种植小麦、花生、玉米、生姜等。有公路经此。

西北 371321-B11-H13
[Xīběi]

在县驻地界湖街道东北方向 12.5 千米。苏村镇辖自然村。人口 1 300。因居住在苏村西北方向，称西北。聚落呈团块状分布。经济以种植业、养殖业为主，种植小麦、花生、玉米等。有公路经此。

西南 371321-B11-H14
[Xīnán]

在县驻地界湖街道东北方向 12.5 千米。苏村镇辖自然村。人口 1 300。因居住在苏村西南方向，称西南。聚落呈团块状分布。有文化广场 1 处。经济以种植业、养殖业为主，种植小麦、花生、玉米等。有公路经此。

铜井 371321-B12-H01
[Tóngjǐng]

铜井镇人民政府驻地。在县驻地界湖街道北方向 4.1 千米。人口 2 600。因居民多采铜，元代名铜坑店。后矿井日多，遂名铜井。聚落呈团块状分布。有幼儿园。有八角革命烈士公墓。经济以种植业为主，种植小麦、玉米、油菜。村有金矿。省道沂邳公路经此。

竹泉 371321-B12-H02
[Zhúquán]

在县驻地界湖街道西北方向 9.1 千米。铜井镇辖自然村。人口 800。清康熙年间，高氏自山西迁此建村，此地有泉，水边多竹，故名竹泉。聚落呈团块状分布。有国家 AAAA 级旅游景区竹泉村旅游度假区。经济以种植业、旅游业为主，种植小麦、花生、生姜、板栗、石榴、琥珀李子等。有公路经此。

朱蒙 371321-B12-H03
[Zhūméng]

在县驻地界湖街道北方向 13.5 千米。铜井镇辖自然村。人口 700。因姓氏得名。聚落呈团块状分布。经济以种植业为主，种植小麦、花生、板栗、玉米、生姜等。有公路经此。

辉泉 371321-B12-H04

［Huīquán］

在县驻地界湖街道北方向 14.2 千米。铜井镇辖自然村。人口 400。因村前泉水景色美好迷人而得名。聚落呈带状分布。经济以种植业为主，种植小麦、花生、板栗、玉米、生姜等。有公路经此。

马泉 371321-B12-H05

［Mǎquán］

在县驻地界湖街道北方向 16.8 千米。铜井镇辖自然村。人口 1 100。因村西泉水石壁上的马蹄形状而得名。聚落呈团块状分布。经济以种植业为主，种植樱桃。有公路经此。

小王庄 371321-B12-H06

［Xiǎowángzhuāng］

在县驻地界湖街道东方向 26.5 千米。铜井镇辖自然村。人口 500。因姓氏得名。聚落呈团块状分布。经济以种植业为主，种植小麦、花生、玉米、土烟，有桃园。有公路经此。

望前庄 371321-B12-H07

［Wàngqiánzhuāng］

在县驻地界湖街道东方向 15.5 千米。铜井镇辖自然村。人口 1 300。该村有一尼姑庵名望仙庵，村因此名望仙庄。1966 年改名为望前庄，表示不断前进之意。聚落呈团块状分布。经济以种植业为主，种植小麦、玉米、花生、大豆、棉花、苹果等。有公路经此。

小安 371321-B12-H08

［Xiǎo'ān］

在县驻地界湖街道东北方向 15.6 千米。铜井镇辖自然村。人口 500。村西原有一尼姑庵，因村小，故名小庵，后演变为小安。聚落呈团块状分布。经济以种植业为主，种植小麦、玉米、花生、棉花、黄烟等。黄金资源丰富。有公路经此。

白家峪 371321-B12-H09

［Báijiāyù］

在县驻地界湖街道北方向 15.9 千米。铜井镇辖自然村。人口 1 000。因姓氏得名。聚落呈带状分布。经济以种植业为主，种植地瓜、苹果、山楂、栗子等，有桃园、板栗园。有公路经此。

沧浪沟 371321-B12-H10

［Cānglànggōu］

在县驻地界湖街道东北方向 14.8 千米。铜井镇辖自然村。人口 3 800。村名取自"沧浪之水清兮"。聚落呈团块状分布。有文化广场 1 处。经济以种植业、养殖业为主，种植小麦、花生、玉米、大豆等。有公路经此。

单家庄 371321-B12-H11

［Shànjiāzhuāng］

在县驻地界湖街道北方向 3.7 千米。铜井镇辖自然村。人口 1 900。因姓氏得名。聚落呈团块状分布。有文化广场 1 处、小学 1 处。经济以种植业为主，种植小麦、花生、玉米、大豆等。229 省道经此。

三社庄 371321-B12-H12

［Sānshèzhuāng］

在县驻地界湖街道北方向 8.6 千米。铜井镇辖自然村。人口 1 200。因古时人物传说得名。聚落呈团块状分布。有幼儿园 1 处。经济以种植业为主。有公路经此。

东朝阳 371321-B12-H13

［Dōngcháoyáng］

在县驻地界湖街道东北方向 9.6 千米。

铜井镇辖自然村。人口 1 900。因所处位置得名。聚落呈团块状分布。有幼儿园 1 处。经济以种植业为主，种植小麦、花生、棉花等，有优质果园。有公路经此。

大史家窝 371321–B12–H14
[Dàshǐjiāwō]

在县驻地界湖街道西北方向 12.2 千米。铜井镇辖自然村。人口 1 200。因姓氏得名。聚落呈带状分布。经济以种植业为主，种植小麦、花生、苹果、土烟。有公路经此。

依汶 371321–B13–H01
[Yīwèn]

依汶镇人民政府驻地。在县驻地界湖街道西北方向 8.6 千米。人口 2 500。传元代已有村落，因傍汶河得名。聚落呈团块状分布。有学校等。经济以种植业为主，种植小麦、玉米、蔬菜。有粉丝厂、麻纺厂、路面砖厂。有公路经此。

后峪子 371321–B13–H02
[Hòuyùzi]

在县驻地界湖街道西北方向 13.5 千米。依汶镇辖自然村。人口 900。相传崔氏于明末迁此定居，因处于大山后部山峪之中，故名后峪子。聚落呈团块状分布。有小学、庄户剧团、文化大院。经济以种植业、旅游业为主，种植小麦、玉米、林果、蔬菜，帅李为特色农产品。有公路经此。

隋家店 371321–B13–H03
[Suíjiādiàn]

在县驻地界湖街道西北方向 15.2 千米。依汶镇辖自然村。人口 1 100。因元代隋氏在此开店而得名。聚落呈团块状分布。有文化广场 1 处。经济以种植业为主，种植蔬菜、小麦、玉米等。336 省道经此。

南栗沟 371321–B13–H04
[Nánlìgōu]

在县驻地界湖街道西方向 11.5 千米。依汶镇辖自然村。人口 2 400。因居住地为一条狭长山沟，故名栗沟，后以方位更名南栗沟。聚落呈带状分布。有文化广场 1 处。经济以种植业为主，种植蔬菜、小麦、玉米。有公路经此。

涝坡 371321–B13–H05
[Làopō]

在县驻地界湖街道西北方向 12.4 千米。依汶镇辖自然村。人口 1 200。因地处燕子山东坡，且山坡土壤瘠薄，土下即为石板，少雨即涝，故称涝坡。聚落呈散状分布。有文化广场 1 处。经济以种植业为主，种植蔬菜、小麦、玉米。有公路经此。

孙隆 371321–B13–H06
[Sūnlóng]

在县驻地界湖街道西北方向 7.0 千米。依汶镇辖自然村。人口 3 000。立村于汉代。村西有一汉墓，相传为西汉武将孙农（奴）之墓，故村名为孙农（奴），民国时期改为孙隆。聚落呈团块状分布。有文化广场 1 处、幼儿园 1 处、小学 1 处。经济以种植业为主，种植蔬菜、小麦、玉米。336 省道经此。

青杨行 371321–B13–H07
[Qīngyángháng]

在县驻地界湖街道西北方向 19.1 千米。依汶镇辖自然村。人口 1 100。因立村时此地多杨树，故名。聚落呈散状分布。有文化广场 1 处。经济以种植业为主，种植蔬菜、小麦、玉米。有公路经此。

王家庄子 371321-B13-H08
[Wángjiāzhuāngzi]

在县驻地界湖街道西北方向 14.6 千米。依汶镇辖自然村。人口 1 200。以姓氏命名。聚落呈团块状分布。经济以种植业为主，种植蔬菜、小麦、玉米。有公路经此。

薄板台 371321-B13-H09
[Bóbǎntái]

在县驻地界湖街道西北方向 14.2 千米。依汶镇辖自然村。人口 1 200。据传明前即有人居此，因村庄所在地多薄板石而得名。聚落呈团块状分布。有文化广场 1 处、幼儿园 1 处。经济以种植业为主，种植小麦、玉米。有公路经此。

牛王庙 371321-C01-H01
[Niúwángmiào]

马牧池乡人民政府驻地。在县驻地界湖街道西北方向 17.6 千米。人口 800。原有宋建牛王庙，村以庙名。聚落呈团块状分布。有小学。有省级爱国主义教育基地省战邮纪念馆。经济以种植业为主，种植蔬菜、小麦、玉米等。有公路经此。

东波池 371321-C01-H02
[Dōngbōchí]

在县驻地界湖街道西北方向 27.0 千米。马牧池乡辖自然村。人口 500。以地貌特征和地物得名。聚落呈团块状分布。有文化广场。经济以种植业为主，种植蔬菜、小麦、玉米。有公路经此。

北村 371321-C01-H03
[Běicūn]

在县驻地界湖街道西北方向 24.8 千米。马牧池乡辖自然村。人口 900。按地理方位命名。聚落呈带状分布。经济以种植业为主，种植蔬菜、小麦、玉米。有公路经此。

常山庄 371321-C01-H04
[Chángshānzhuāng]

在县驻地界湖街道西北方向 18.8 千米。马牧池乡辖自然村。人口 1 300。明洪武年间，李氏从本县小张庄迁来，村名常胜庄，后演变为常山庄。聚落呈团块状分布。为中国传统村落。有沂蒙红嫂纪念馆、国家 AAAA 级旅游景区沂蒙红色影视基地。经济以种植业、旅游业为主，种植蔬菜、小麦、玉米、花生、黄烟等。有公路经此。

拔麻 371321-C01-H05
[Bámá]

在县驻地界湖街道西北方向 20.5 千米。马牧池乡辖自然村。人口 1 300。因地物标志得名。聚落呈带状分布。经济以种植业为主，种植生姜、玉米、花生。有公路经此。

东南官庄 371321-C01-H06
[Dōngnánguānzhuāng]

在县驻地界湖街道西北方向 20.5 千米。马牧池乡辖自然村。人口 1 100。因在马牧池乡东南方向，故以地理位置命名。聚落呈环状分布。有文化广场 1 处。经济以种植业为主，种植蔬菜、小麦、玉米。有中联水泥厂。有公路经此。

董家庄 371321-C01-H07
[Dǒngjiāzhuāng]

在县驻地界湖街道西北方向 20.1 千米。马牧池乡辖自然村。人口 2 300。以姓氏命名。聚落呈团块状分布。有文化广场 1 处。经济以种植业为主，种植花生、地瓜、生姜、小麦、玉米。有公路经此。

南村 371321-C01-H08
[Náncūn]

在县驻地界湖街道西北方向 24.5 千米。马牧池乡辖自然村。人口 1 200。按地理方

位取名。聚落呈团块状分布。有文化广场 1
处。经济以种植业为主，种植蔬菜、小麦、
玉米。有公路经此。

双泉峪子 371321-C01-H09
[Shuāngquányùzi]

在县驻地界湖街道西北方向 18.3 千米。
马牧池乡辖自然村。人口 1 000。有两眼清泉，
故名。聚落呈带状分布。有文化广场 1 处。
经济以种植业为主，种植蔬菜、小麦、玉米。
有公路经此。

桃花峪 371321-C01-H10
[Táohuāyù]

在县驻地界湖街道西北方向 17.4 千米。
马牧池乡辖自然村。人口 1 900。立村时名
逃荒峪，后取谐音得桃花峪。聚落呈散状
分布。有文化广场 1 处。经济以种植业为主，
种植花生、地瓜、桃等。有公路经此。

王家安子 371321-C01-H11
[Wángjiā'ānzi]

在县驻地界湖街道西北方向 14.5 千米。
马牧池乡辖自然村。人口 1 300。村中有一
尼姑庵，故村名王家庵子，后演变为王家
安子。聚落呈团块状分布。有文化广场 1 处。
经济以种植业为主，种植花生、地瓜、玉米。
有公路经此。

西寺堡 371321-C01-H12
[Xīsìbǎo]

在县驻地界湖街道西北方向 16.4 千米。
马牧池乡辖自然村。人口 1 200。传说立村
时有一寺庙及城堡，故得名西寺堡。聚落
呈团块状分布。经济以种植业为主，种植
蔬菜、小麦、玉米，特产车头梨。有丰富
的石英砂资源。有公路经此。

朱家坡 371321-C01-H13
[Zhūjiāpō]

在县驻地界湖街道西北方向 23.9 千米。
马牧池乡辖自然村。人口 1 600。因姓氏得
名。聚落呈散状分布。有文化广场 1 处。
经济以种植业为主，种植花生、地瓜、玉米。
有公路经此。

野竹旺 371321-C01-H14
[Yězhúwàng]

在县驻地界湖街道西北方向 22.2 千米。
马牧池乡辖自然村。人口 1 500。据传建村
时，北地长满旺盛的野竹，村由此得名。
聚落呈团块状分布。有文化广场 1 处。经
济以种植业为主，种植地瓜、小麦、玉米。
是沂南县最大的粉皮加工基地，已注册商
标"野竹旺"牌粉制品。有公路经此。

窑屋沟 371321-C01-H15
[Yáowūgōu]

在县驻地界湖街道西北方向 24.8 千米。
马牧池乡辖自然村。人口 900。建村时发现
木炭窑遗迹，故村名窑屋沟。聚落呈环状
分布。经济以种植业为主，种植花生、地瓜、
小麦、玉米。有公路经此。

郯城县

城市居民点

广厦兰都 371322-I01
[Guǎngshà Lándū]

在县城中部。人口 4 000。总面积 5.4
公顷。以美好愿望命名。2011 年始建，
2013 年正式使用。建筑总面积 180 000 平
方米，高层住宅楼 11 栋，中式、现代建筑

特点。有超市、学校、医院、商场、银行等配套设施。

一品尚都 371322-I02

[Yīpǐn Shàngdū]

在县城南部。人口 1 800。总面积 2.7 公顷。以美好愿望命名。2013 年始建，2014 年正式使用。建筑总面积 47 500 平方米，高层住宅楼 11 栋，中式、现代建筑特点。有超市、学校、商场、银行等配套设施。

北华园 371322-I03

[Běihuá Yuán]

在县城北部。人口 2 500。总面积 4.7 公顷。按地理方位命名。2011 年始建，2013 年正式使用。建筑总面积 83 000 平方米，住宅楼 14 栋，其中高层 4 栋、多层 10 栋，中式、现代建筑特点。有超市等配套设施。通公交车。

锦绣嘉园 371322-I04

[Jǐnxiù Jiāyuán]

在县城南部。人口 1 600。总面积 5.6 公顷。以美好愿望命名。2005 年始建，2008 年正式使用。建筑总面积 53 000 平方米，多层住宅楼 19 栋，中式建筑特点。有超市、学校等。通公交车。

西城印象 371322-I05

[Xīchéng Yìnxiàng]

在县城西部。人口 700。总面积 0.9 公顷。按地理方位命名为西城印象。2013 年始建，2014 年正式使用。建筑总面积 25 000 平方米，多层住宅楼 4 栋，中式建筑特点。绿地面积 800 平方米。

京都花园 371322-I06

[Jīngdū Huāyuán]

在县城南部。人口 600。总面积 0.3 公顷。

以美好愿望命名。2011 年始建，同年正式使用。建筑总面积 12 000 平方米，住宅楼 4 栋，中式建筑特点。绿地面积 500 平方米。

郯城小区 371322-I07

[Tánchéng Xiǎoqū]

在县城东部。人口 1 100。总面积 3.1 公顷。以所处位置命名。2011 年始建。建筑总面积 42 000 平方米，多层住宅楼 10 栋，中式建筑特点。绿地面积 600 平方米。有集市、超市、学校等配套设施。

龙域中央 371322-I08

[Lóngyù Zhōngyāng]

在县城中部。人口 1 500。总面积 2.8 公顷。因位于郯城旧城区中心，以美好愿望得名。2011 年始建，2013 年正式使用。建筑总面积 67 000 平方米，住宅楼 25 栋，其中高层 9 栋、多层 16 栋，中式建筑特点。绿地面积 800 平方米。有超市、学校等配套设施。通公交车。

赋源小区 371322-I09

[Fùyuán Xiǎoqū]

在县城北部。人口 600。总面积 0.4 公顷。寓意财富源源不断，故名。2011 年始建，2012 年正式使用。建筑总面积 30 400 平方米，高层住宅楼 3 栋，中式建筑特点。绿地面积 300 平方米。有学校、超市等配套设施。

平安悦城 371322-I10

[Píng'ān Yuèchéng]

在县城中部。人口 3 000。总面积 5.3 公顷。寓意平安、高兴，故名。2011 年始建，2013 年正式使用。建筑总面积 120 000 平方米，高层住宅楼 11 栋，中式建筑特点。绿地面积 700 平方米。有超市、学校、幼儿园等配套设施。

北关小区 371322-I11
[Běiguān Xiǎoqū]

在县城北部。人口345。总面积4.1公顷。以地理方位命名。2002年始建，2004年正式使用。建筑总面积41 400平方米，高层住宅楼12栋，中式建筑特点。有超市、学校等配套设施。通公交车。

富民小区 371322-I12
[Fùmín Xiǎoqū]

在县城东部。人口2 200。总面积4.9公顷。以美好愿望得名。2006年始建，2008年正式使用。建筑总面积90 300平方米，高层住宅楼13栋，中式建筑特点。有超市、学校等配套设施。通公交车。

璟苑小区 371322-I13
[Jǐngyuàn Xiǎoqū]

在县城北部。人口1 600。总面积2.2公顷。本小区系郯城县公安局开发的小区，故名。2007年始建，2009年正式使用。建筑总面积68 600平方米，住宅楼17栋，其中高层2栋、多层15栋，中式建筑特点。绿地面积600平方米。有学校、超市等配套设施。

新城花园刘道口小区 371322-I14
[Xīnchéng Huāyuán Liúdàokǒu Xiǎoqū]

在县城北部。人口6 000。总面积2.1公顷。因位于刘道口而得名。2010年始建，2011年正式使用。建筑总面积140 000平方米，多层住宅楼37栋，中式建筑特点。绿地面积700平方米。有超市、学校、医院等配套设施。

新城花园青山小区 371322-I15
[Xīnchéng Huāyuán Qīngshān Xiǎoqū]

在县城北部。人口3 000。总面积2.3公顷。因位于青山村而得名。2010年始建，2011年正式使用。建筑总面积147 300平方米，多层住宅楼37栋，中式建筑特点。绿地面积600平方米。有超市、学校、医院等配套设施。

农村居民点

沙窝崖 371322-A01-H01
[Shāwōyá]

在县驻地郯城街道南方向2.3千米。郯城街道辖自然村。人口1 400。原名老庄子，明万历十一年（1583）被洪水冲没，后重建于村北大沙滩西侧，得名沙窝崖。聚落呈团块状分布。经济以种植业、建筑业、商业为主。有公路经此。

西关一街 371322-A01-H02
[Xīguānyījiē]

在县驻地郯城街道西南方向3.0千米。郯城街道辖自然村。人口700。据传，刘百娥最先在此居住，之后越来越多的人来此居住，为纪念刘百娥，取名刘巷。后以县政府为中心，以方位取名西关一街。聚落呈团块状分布。经济以商业为主。有公路经此。

坡里 371322-A01-H03
[Pōlǐ]

在县驻地郯城街道东南方向10.0千米。郯城街道辖自然村。人口1 400。因村处涝洼湖坡，故名坡里。聚落呈团块状分布。经济以种植业为主。胶新铁路经此。

官路口 371322-A01-H04
[Guānlùkǒu]

在县驻地郯城街道西方向2.5千米。郯城街道辖自然村。人口1 200。相传，春秋时，一看守郯国北城门的沈姓人于北门外路旁定居，扩展为村。因村北原建有北亭子，故称北亭子。清朝时以村中岔路口为迎送官员之处，改名官路口。聚落呈带状分布。经济以种植业为主，种植小麦、水稻。有公路经此。

官路东 371322-A01-H05
[Guānlùdōng]

在县驻地郯城街道北方向9.0千米。郯城街道辖自然村。人口2 100。明成化年间建村，以姓氏得名任家村，后以村居官路东侧改称官路东。聚落呈团块状分布。经济以种植业为主。205国道经此。

前龙门 371322-A01-H06
[Qiánlóngmén]

在县驻地郯城街道西南方向10.0千米。郯城街道辖自然村。人口2 600。相传唐贞观年间建村，此村东原有郯城八景之一的"龙门桃浪"，故以此得名龙门，又因方位称前龙门。聚落呈团块状分布。经济以种植业为主。有公路经此。

城里二街 371322-A01-H07
[Chénglǐ'èrjiē]

在县驻地郯城街道西方向1.0千米。郯城街道辖自然村。人口1 400。以县政府为中心，以方位得名城里二街。聚落呈带状分布。经济以种植业为主。有公路经此。

城里一街 371322-A01-H08
[Chénglǐyījiē]

在县驻地郯城街道西方向0.5千米。郯城街道辖自然村。人口2 900。以县政府为中心，以方位得名城里一街。聚落呈带状分布。经济以林业为主。有公路经此。

南关一街 371322-A01-H09
[Nánguānyījiē]

在县驻地郯城街道南方向1.5千米。郯城街道辖自然村。人口1 200。郯城原有四门，本村落在正南门外第一村，以方位得名南关一街。聚落呈团块状分布。经济以种植业为主，盛产小麦、水稻。

南关二街 371322-A01-H10
[Nánguān'èrjiē]

在县驻地郯城街道南方向1.0千米。郯城街道辖自然村。人口1 600。郯城原有四门，本村落在正南门外第二村，以方位得名南关二街。聚落呈带状分布。经济以种植业为主，种植小麦、水稻。

西关二街 371322-A01-H11
[Xīguān'èrjiē]

在县驻地郯城街道西方向1.3千米。郯城街道辖自然村。人口1 500。郯城原有四门，本村落在正西门外第二村，以方位得名西关二街。聚落呈团块状分布。有中学、小学。经济以种植业为主。

大高庄 371322-A01-H12
[Dàgāozhuāng]

在县驻地郯城街道西北方向8.5千米。郯城街道辖自然村。人口1 200。相传明万历年间建村，以姓氏得名高家庄，习称高庄。清康熙年间，赵、宫二姓迁来居住，因村西有小高庄，故改称大高庄。聚落呈团块状分布。经济以种植业为主。有公路经此。

后赵 371322-A01-H13
[Hòuzhào]

在县驻地郯城街道东北方向10.0千米。郯城街道辖自然村。人口1 000。清顺治年间，赵姓来此立村，初称赵家庄。后与西赵家庄对应，故称东赵庄，简化为后赵。聚落呈团块状分布。经济以种植业为主。

西赵 371322-A01-H14
[Xīzhào]

在县驻地郯城街道东北方向 8.6 千米。郯城街道辖自然村。人口 1 100。相传清康熙年间，孙、李、赵等姓相继迁此立村。因东近赵家庄，得名西赵家庄，简化为西赵。聚落呈团块状分布。经济以种植业为主。

后东三村 371322-A01-H15
[Hòudōngsāncūn]

在县驻地郯城街道北方向 0.6 千米。郯城街道辖自然村。人口 2 500。因村处郯国故城东，且居东庄（今前东庄）后，故名后东庄。后分成三个村，该村称后东三村。聚落呈团块状分布。经济以种植业为主。

西环 371322-A01-H16
[Xīhuán]

在县驻地郯城街道西南方向 7.5 千米。郯城街道辖自然村。人口 600。吴氏于明天启年间自本县吴蒲坦迁居城西南五里处定居，以冶炼为生，得名吴冶庄，后习称吴庄，因重名，恢复原名吴冶庄。吴庄、英庄紧靠西外环，2004 年 1 月合并后取名为西环新村，简称西环。聚落呈团块状分布。经济以种植业为主。

杨楼 371322-A01-H17
[Yánglóu]

在县驻地郯城街道北方向 2.0 千米。郯城街道辖自然村。人口 1 400。该村杨姓自临沭县杨家楼村迁此居住，仍沿用原籍村名杨家楼，简化为杨楼。聚落呈团块状分布。经济以种植业为主。

皮城后 371322-A01-H18
[Píchénghòu]

在县驻地郯城街道东北方向 3.0 千米。郯城街道辖自然村。人口 800。清嘉庆年间，皮姓自城后迁此居住，始名皮庄。后因村处郯国故城北，改称皮城后。聚落呈团块状分布。经济以种植业为主，盛产小麦、水稻。

英城后 371322-A01-H19
[Yīngchénghòu]

在县驻地郯城街道北方向 2.6 千米。郯城街道辖自然村。人口 700。约建于北宋，因村处郯国故城后，得名城后。后王、薛、郑、皮、叶等姓相继迁出，因村中英姓居多，故改名英城后。聚落呈团块状分布。经济以种植业为主，盛产小麦、水稻。

薛城后 371322-A01-H20
[Xuēchénghòu]

在县驻地郯城街道北方向 4.0 千米。郯城街道辖自然村。人口 700。清光绪二十六年（1900），朱、薛二姓自城后迁此建村，因朱姓为首户，初称朱圩子。1948 年，以薛姓人口居多，改名薛村，后因村处郯国故城北，故改称薛城后。聚落呈带状分布。经济以种植业为主，种植小麦、水稻。

张卸 371322-A01-H21
[Zhāngxiè]

在县驻地郯城街道东方向 8.0 千米。郯城街道辖自然村。人口 1 000。因距原卸庄较近，初称卸庄，后以方位称前卸庄。张姓村民最多，以姓氏改名张卸庄，简化为张卸。聚落呈带状分布。经济以种植业为主。205 国道经此。

汪卸 371322-A01-H22

[Wāngxiè]

在县驻地郯城街道东方向 9.0 千米。郯城街道辖自然村。人口 1 900。相传唐代贞观年间，薛仁贵征东，在此卸甲休息，后人在此建村，得名卸甲庄，简称卸庄。明末清初，因汪姓居多，改汪卸村，简称汪卸。聚落呈团块状分布。经济以种植业为主，种植小麦。205 国道经此。

南关三街 371322-A01-H23

[Nánguānsānjiē]

在县驻地郯城街道南方向 2.0 千米。郯城街道辖自然村。人口 1 900。原称南关南村，1958 年行政调整，南关东街为一，西街为二，南街为三，故称南关三街。聚落呈带状分布。经济以种植业为主。有公路经此。

东马庄 371322-A01-H24

[Dōngmǎzhuāng]

在县驻地郯城街道南方向 3.0 千米。郯城街道辖自然村。人口 1 000。清顺治九年（1652），马姓自山西鹊里迁居郯城并定居于此，得名马庄，1945 年后又称南马庄。1960 年开挖李墨干渠，将南马庄一分为二，按位置分称东、西马庄，该村为东马庄。聚落呈带状分布。经济以商业为主。

龙泉街 371322-A01-H25

[Lóngquánjiē]

在县驻地郯城街道西方向 2.0 千米。郯城街道辖自然村。人口 2 500。因与县自来水公司相邻，又位于龙泉路，取龙脉之意，称龙泉街。聚落呈团块状分布。经济以种植业为主。

北关二街 371322-A01-H26

[Běiguān'èrjiē]

在县驻地郯城街道北方向 0.6 千米。郯城街道辖自然村。人口 1 100。因靠近郯国故城北侧，原名北老城，1958 年改为北关二大队。1984 年后改为北关二街。聚落呈团块状分布。有小学。经济以种植业为主，种植小麦、玉米、水稻等。

北关三街 371322-A01-H27

[Běiguānsānjiē]

在县驻地郯城街道西南方向 2.0 千米。郯城街道辖自然村。人口 1 400。因靠近郯国故城北侧，故村名北老城。1958 年改为北关三大队，1984 年改为北关三村，2010 年改为北关三街。聚落呈团块状分布。经济以种植业为主。

北关四街 371322-A01-H28

[Běiguānsìjiē]

在县驻地郯城街道西南方向 2.0 千米。郯城街道辖自然村。人口 1 000。因靠近郯国故城北侧，故村名北老城，1958 年改为北关四大队，1984 年改为北关四街。聚落呈带状分布。经济以种植业为主，种植小麦、玉米、水稻等。

北关五街 371322-A01-H29

[Běiguānwǔjiē]

在县驻地郯城街道西南方向 2.3 千米。郯城街道辖自然村。人口 1 000。因靠近郯国故城北侧，故村名北老城，1958 年改为北关五大队，1984 年改为北关五街。聚落呈团块状分布。

北关七街 371322-A01-H30

[Běiguānqījiē]

在县驻地郯城街道西南方向 1.5 千米。郯城街道辖自然村。人口 600。明朝年间建立此村，村中胡姓居多，所以取名胡庄，后改为北关七大队，1996 年改为北关七街。

聚落呈团块状分布。经济以种植业、商业为主，种植小麦、水稻。

东南场街 371322-A01-H31

［Dōngnánchǎngjiē］

在县驻地郊城街道南方向 2.0 千米。郊城街道辖自然村。人口 1 500。因此处原系王氏谷场，地处前八庙东南，故名东南场街。聚落呈团块状分布。有文化广场 1 处。

前八庙街 371322-A01-H32

［Qiánbāmiàojiē］

在县驻地郊城街道南方向 2.0 千米。郊城街道辖自然村。人口 1 400。春秋时，郯国于此建春台，供郯子游观。后人于春台东南角建村，称春台庄。明万历年间在春台西旁建一座腊庙，该村遂改称腊庙。清嘉庆年间以方位改称前腊庙，后演变为前八庙街。聚落呈团块状分布。有文化广场 1 处。经济以种植业为主。有公路经此。

后八庙街 371322-A01-H33

［Hòubāmiàojiē］

在县驻地郊城街道南方向 0.6 千米。郊城街道辖自然村。人口 700。清嘉庆年间，王姓一支由八蜡庙分居于此立村，初称后八蜡庙，后变为后八庙街。聚落呈团块状分布。经济以建筑业、商业为主。

许庄街 371322-A01-H34

［Xǔzhuāngjiē］

在县驻地郊城街道西南方向 2.0 千米。郊城街道辖自然村。人口 500。明崇祯年间，许姓因避战乱自郯城迁此定居，以姓氏得名。聚落呈团块状分布。经济以商业为主。有公路经此。

梅岭齐街 371322-A01-H35

［Méilǐngqíjiē］

在县驻地郊城街道南方向 4.0 千米。郊城街道辖自然村。人口 1 000。明洪武年间，张氏自山西鹊里迁郯城东南四里处定居。因村西北有一小山岭，岭旁有一株大梅花树，岭、树并齐，故名。聚落呈团块状分布。经济以种植业为主，有银杏园。是郊城街道发展工业园区专业村。有公路经此。

黄楼 371322-A01-H36

［Huánglóu］

在县驻地郊城街道南方向 5.0 千米。郊城街道辖自然村。人口 1 500。明嘉靖年间，宦官黄熹鲧自京都来此处隐居，建楼一座，得名黄家楼，简称黄楼。清光绪年间，因村前又建一小黄楼，该村遂改称大黄楼。后两村合称黄楼。聚落呈团块状分布。经济以种植业为主。

西关三街 371322-A01-H37

［Xīguānsānjiē］

在县驻地郊城街道西南方向 5.0 千米。郊城街道辖自然村。人口 2 800。明嘉靖年间，村民由山西洪洞县迁此建村，命名为城西。1999 年以县城为中心，以方位取名西关三街。聚落呈团块状分布。经济以种植业为主。

西关四街 371322-A01-H38

［Xīguānsìjiē］

在县驻地郊城街道西南方向 5.3 千米。郊城街道辖自然村。人口 1 400。清乾隆年间，村民由圈子分支迁此，因方位位于圈子东，故名东圈子，后改为西关四街。聚落呈团块状分布。经济以种植业为主，种植小麦、水稻。有公路经此。

叶城后 371322-A01-H39

[Yèchénghòu]

在县驻地郯城街道西方向 1.0 千米。郯城街道辖自然村。人口 700。清嘉庆年间，叶姓自城后迁此定居，始名叶庄，后以村处郯国故城后，改称叶城后。聚落呈团块状分布。有文化广场 1 处、幼儿园等。经济以种植业为主，种植小麦、玉米、水稻等。

西马街 371322-A01-H40

[Xīmǎjiē]

在县驻地郯城街道西南方向 6.0 千米。郯城街道辖自然村。人口 1 100。明洪武初年，马氏自山西鹊里迁郯，以姓氏得名马庄，又以方位改称南马庄，后改称西马街。聚落呈带状分布。经济以种植业为主，种植小麦、水稻。有公路经此。

北关一街 371322-A01-H41

[Běiguānyījiē]

在县驻地郯城街道西南方向 1.5 千米。郯城街道辖自然村。人口 1 600。因靠近郯国故城北侧，故村名北老城，1950 年改为北关一大队，1991 年改为北关一街。聚落呈带状分布。经济以种植业为主，种植小麦、玉米、水稻等。

后龙门 371322-A01-H42

[Hòulóngmén]

在县驻地郯城街道东南方向 3.0 千米。郯城街道辖自然村。人口 1 100。相传唐贞观年间建村，此村东原有郯城八景之一的"龙门桃浪"，故以此得名龙门，又因方位称后龙门。聚落呈团块状分布。经济以种植业为主，种植小麦、玉米、水稻等。

葛庄 371322-A01-H43

[Gězhuāng]

在县驻地郯城街道东南方向 2.0 千米。郯城街道辖自然村。人口 1 300。村始称孙庄。清初，葛姓由本县滩头迁至村北侧居住，得名葛庄。1958 年两村合并称孙葛庄，后因葛姓居多，又称葛庄。聚落呈团块状分布。经济以种植业为主，种植银杏苗、杨树苗等苗木，是全县闻名的苗木专业村。胶新铁路经此。

大旺 371322-A01-H44

[Dàwàng]

在县驻地郯城街道东南方向 5.5 千米。郯城街道辖自然村。人口 2 400。明永乐年间，尹、赵二姓自山西省绛州府闻喜县迁此建村。清康熙年间，曾改称前旺庄，后又改为大旺庄，简称大旺。聚落呈团块状分布。有文化广场。经济以种植业为主，种植玉米、小麦等。

宋屯 371322-A01-H45

[Sòngtún]

在县驻地郯城街道北方向 10.0 千米。郯城街道辖自然村。人口 900。清康熙年间建村，因宋姓居多，故名宋家庄，俗称宋庄。因重名，更名为宋屯。聚落呈带状分布。经济以种植业为主。有公路经此。

郯东 371322-A01-H46

[Tándōng]

在县驻地郯城街道东南方向 4.5 千米。郯城街道辖自然村。人口 3 700。因此处茅草丛生，村人建房多以茅草盖顶，故名茅茨。明永乐年间，孙姓自直隶大名府迁此建村，其名仍旧。后因位于县城东部，改名郯东。聚落呈团块状分布。有幼儿园 2 处。经济以种植业为主，种植玉米、小麦。郯薛公路经此。

二旺 371322-A01-H47
[Èrwàng]

在县驻地郯城街道东南方向 5.0 千米。郯城街道辖自然村。人口 1 000。清康熙年间建村，因村近大旺村，初名后旺庄，后改称二旺。聚落呈团块状分布。有幼儿园 1 处。经济以种植业为主，种植玉米、小麦等。

管庄 371322-A01-H48
[Guǎnzhuāng]

在县驻地郯城街道西南方向 3.5 千米。郯城街道辖自然村。人口 800。清康熙八年（1669），管姓自管家集迁此建村，故名。聚落呈团块状分布。经济以种植业为主，种植小麦、水稻、玉米、大豆。

王城后 371322-A01-H49
[Wángchénghòu]

在县驻地郯城街道北方向 10.0 千米。郯城街道辖自然村。人口 800。清康熙七年（1668），郯城大地震后，王氏由城后迁此居住，因村处郯国故城北，且紧靠英城后，故名王城后。聚落呈团块状分布。有文化广场 1 处、幼儿园。经济以种植业为主，种植水稻、小麦、玉米、蔬菜、花卉等。205 国道经此。

南泉 371322-A01-H50
[Nánquán]

在县驻地郯城街道东北方向 11.6 千米。郯城街道辖自然村。人口 1 000。明崇祯年间，刘姓迁此立村，此处原有一泉，因处三井村南，故称南泉。聚落呈团块状分布。经济以种植业为主，种植小麦、玉米。有公路经此。

高圩子 371322-B01-H01
[Gāowéizi]

马头镇人民政府驻地。在县驻地郯城街道西方向 7.1 千米。人口 600。明崇祯年间建村，时与何圩子、徐大墙、崔庄统称小圩沟，1939 年分立为四个村，因此村高姓居多，故称高圩子。聚落呈团块状分布。是国家级非物质文化遗产郯马五大调的发源地。经济以种植业为主，种植桃、梨、芥菜苗、豆瓣菜。有公路经此。

桑庄 371322-B01-H02
[Sāngzhuāng]

在县驻地郯城街道西方向 13.3 千米。马头镇辖自然村。人口 2 700。明永乐年间，马、钟、任三姓由山西省洪洞县迁于沂河东堰旁建村，得名三姓庄。清雍正八年（1730），沂河水患毁村，村民东迁于此居住，因植桑树较多，改称桑庄。聚落呈团块状分布。经济以种植业为主，种植水稻、小麦等。有公路经此。

郁顶 371322-B01-H03
[Yùdǐng]

在县驻地郯城街道西方向 3.6 千米。马头镇辖自然村。人口 600。此处原为一高地，郯城北关郁姓人于此设葬林。清光绪年间，李姓来居，扩展成村，故名郁顶。聚落呈团块状分布。经济以种植业为主，种植水稻、小麦等。有公路经此。

繁荣街 371322-B01-H04
[Fánróngjiē]

在县驻地郯城街道西南方向 4.6 千米。马头镇辖自然村。人口 1 600。因地处镇驻地西南方向，故名西南堡，后更名为西南。后以寓意祖国繁荣富强更名繁荣街。聚落呈团块状分布。经济以种植业为主，种植水稻、小麦等。有公路经此。

东圣街 371322-B01-H05
[Dōngshèngjiē]

在县驻地郯城街道西方向 12.2 千米。马头镇辖自然村。人口 2 300。原为东北村和镇东村，1951 年两村合并，称东圣街。聚落呈带状分布。经济以种植业为主，种植水稻、小麦等。有公路经此。

南园街 371322-B01-H06
[Nányuánjiē]

在县驻地郯城街道西方向 10.1 千米。马头镇辖自然村。人口 2 200。民国时期，村民多以栽培蔬菜为业，故名南园街。聚落呈团块状分布。经济以种植业为主，种植水稻、小麦。有公路经此。

高大寺二村 371322-B01-H07
[Gāodàsì'èrcūn]

在县驻地郯城街道西方向 14.2 千米。马头镇辖自然村。人口 1 400。此村始以于公高大其门而得名，后因村西建有高大的清凉寺庙，故称高大寺。后因生活习惯及村落方位更名高大寺二村。聚落呈团块状分布。经济以种植业为主，种植水稻、小麦等。有公路经此。

杨庄 371322-B01-H08
[Yángzhuāng]

在县驻地郯城街道西北方向 10.1 千米。马头镇辖自然村。人口 800。清康熙年间，杨姓迁于吴桥南侧定居，亦称吴桥。1930 年自立为村，以姓氏取名杨庄。聚落呈团块状分布。经济以种植业为主，种植水稻、小麦等。有公路经此。

东张林 371322-B01-H09
[Dōngzhānglín]

在县驻地郯城街道南方向 13.1 千米。马头镇辖自然村。人口 400。明洪武年间，杨姓人迁此立村，以姓氏得名杨庄子。嘉靖年间，张景华卒后，于此设墓林 1 处，此村改称张林。后因生活习惯及村落方位更名东张林。聚落呈团块状分布。经济以种植业为主，种植水稻、小麦等。有公路经此。

张林二村 371322-B01-H10
[Zhānglín'èrcūn]

在县驻地郯城街道南方向 13.3 千米。马头镇辖自然村。人口 1 100。明洪武年间，杨姓人迁此立村，以姓氏得名杨庄子。嘉靖年间，张景华卒后，于此设墓林 1 处，此村改称张林。后因生活习惯及村落方位更名张林二村。聚落呈团块状分布。经济以种植业为主，种植水稻、小麦等。有公路经此。

新花园 371322-B01-H11
[Xīnhuāyuán]

在县驻地郯城街道西方向 13.2 千米。马头镇辖自然村。人口 300。相传明末建村，以村东河上有一石桥，得名桥头。因重名，以邻近刘花园、柏花园，更名为新花园。聚落呈团块状分布。经济以种植业为主，种植水稻、小麦等。有公路经此。

小马头二村 371322-B01-H12
[Xiǎomǎtóu'èrcūn]

在县驻地郯城街道南方向 13.3 千米。马头镇辖自然村。人口 800。唐贞观年间，葛、宋、晁、刘等姓于义地旁立村，原名七林村，后被洪水淹没，村民迁至原址东白马河道口处定居，因较附近码头小，故改称小码头，简化为小马头。1960 年分为三个村，该村叫小马头二村。聚落呈团块状分布。经济以种植业为主，种植水稻、小麦等。有公路经此。

小马头一村 371322-B01-H13
［Xiǎomǎtóuyīcūn］

在县驻地郯城街道南方向12.6千米。马头镇辖自然村。人口1 100。唐贞观年间，葛、宋、晁、刘等姓于义地旁立村，原名七林村，后被洪水淹没，村民迁至原址东白马河道口处定居，因较附近码头小，故改称小码头，简化为小马头。1960年分为三个村，该村叫小马头一村。聚落呈团块状分布。经济以种植业为主，种植水稻、小麦等。有公路经此。

小马头三村 371322-B01-H14
［Xiǎomǎtóusāncūn］

在县驻地郯城街道南方向13.6千米。马头镇辖自然村。人口900。唐贞观年间，葛、宋、晁、刘等姓于义地旁立村，原名七林村，后被洪水淹没，村民迁至原址东白马河道口处定居，因较附近码头小，故改称小码头，简化为小马头。1960年分为三个村，该村叫小马头三村。聚落呈团块状分布。经济以种植业为主，种植水稻、小麦等。有公路经此。

桃行 371322-B01-H15
［Táoháng］

在县驻地郯城街道西方向7.2千米。马头镇辖自然村。人口1 100。明朝中期，郑姓从山西省洪洞县迁此建村，因靠刘花园，故名郑花园。后以村旁有大片桃树园，改称桃行。聚落呈团块状分布。经济以种植业为主，种植水稻、小麦等。有公路经此。

陈村 371322-B01-H16
［Chéncūn］

在县驻地郯城街道西方向11.4千米。马头镇辖自然村。人口700。明朝中期，陈姓迁此建村，得名陈村。聚落呈团块状分布。经济以种植业为主，种植水稻、小麦等。有公路经此。

埝上 371322-B01-H17
［Niànshàng］

在县驻地郯城街道南方向18.2千米。马头镇辖自然村。人口1 600。建于明崇祯年间，因村东白马河堰旁有座太平寺，得名堰寺，亦称堰上。后更名小埝，2004年改为埝上。聚落呈带状分布。经济以种植业为主，种植水稻、小麦等。有公路经此。

徐大墙 371322-B01-H18
［Xúdàqiáng］

在县驻地郯城街道西方向7.5千米。马头镇辖自然村。人口1 100。明崇祯年间建村，时与何圩子、高圩子、崔庄统称小圩沟。1939年单独为村，以徐姓居多，且因村周围筑有围墙，得名徐大墙。聚落呈带状分布。经济以种植业为主，种植水稻、小麦等。有公路经此。

中高册 371322-B01-H19
［Zhōnggāocè］

在县驻地郯城街道西南方向9.8千米。马头镇辖自然村。人口800。建于明万历年间，因周姓在此居住，紧靠凌高册，取名周高册。1958年划分为三个村，此村居中，故名中高册。聚落呈带状分布。经济以种植业为主，种植水稻、小麦等。有公路经此。

科技 371322-B01-H20
［Kējì］

在县驻地郯城街道西方向13.2千米。马头镇辖自然村。人口1 800。传该村建于明朝中期，梁姓在此居住，故名梁村。2004 年与高楼合并，改名科技。聚落呈团块状分布。经济以种植业为主，种植水稻、小麦等。有公路经此。

栗圩子 371322-B01-H21
[Lìwéizi]

在县驻地郯城街道西方向 6.7 千米。马头镇辖自然村。人口 600。清乾隆年间建村，因处大圩沟西，时称西圩沟。1927 年栗姓兴旺，改名栗圩子。聚落呈团块状分布。经济以种植业为主，种植水稻、小麦等。有公路经此。

益民 371322-B01-H22
[Yìmín]

在县驻地郯城街道西方向 9.5 千米。马头镇辖自然村。人口 1 000。明崇祯年间建村，宋姓由长城西宋庄迁此居住，得名宋庄。因重名，以有益于人民之意，更名为益民。聚落呈团块状分布。经济以种植业为主，种植水稻、小麦等。有公路经此。

重坊 371322-B02-H01
[Chóngfāng]

重坊镇人民政府驻地。在县驻地郯城街道西南方向 17.1 千米。人口 1 200。明洪武年间建村，时由孙坊上、倪坊上、田坊上合并而成，因原村名"坊"字重复，故名重坊。聚落呈团块状分布。经济以种植业为主，种植小麦、玉米、银杏。有公路经此。

东鲍 371322-B02-H02
[Dōngbào]

在县驻地郯城街道西南方向 24.8 千米。重坊镇辖自然村。人口 800。明洪武年间建村，因鲍姓居多，得名鲍村，后以方位名

东鲍。聚落呈团块状分布。经济以种植业为主，种植银杏。有公路经此。

炉上 371322-B02-H03
[Lúshàng]

在县驻地郯城街道西南方向 19.3 千米。重坊镇辖自然村。人口 1 300。唐朝建村，因村民多设烘炉，锻打铁器，得名炉上。聚落呈团块状分布。经济以木线加工业为主。有公路经此。

丁沟五村 371322-B02-H04
[Dīnggōuwǔcūn]

在县驻地郯城街道西南方向 25.0 千米。重坊镇辖自然村。人口 1 100。明万历年间建村，因此处有一"丁"字形水沟，故名丁字沟，简称丁沟。1984 年分为五个村，该村为丁沟五村。聚落呈团块状分布。经济以种植业为主，种植草莓、银杏。有公路经此。

丁沟一村 371322-B02-H05
[Dīnggōuyīcūn]

在县驻地郯城街道西南方向 25.2 千米。重坊镇辖自然村。人口 1 300。明万历年间建村，因此处有一"丁"字形水沟，故名丁字沟，简称丁沟。1984 年分为五个村，该村为丁沟一村。聚落呈团块状分布。经济以种植业为主，种植草莓、银杏。有公路经此。

郝庄 371322-B02-H06
[Hǎozhuāng]

在县驻地郯城街道西南方向 19.5 千米。重坊镇辖自然村。人口 1 000。该村建于明万历年间，以郝姓居多，得名郝庄。聚落呈团块状分布。经济以种植业为主，种植银杏。有公路经此。

西滩头 371322-B02-H07
[Xītāntóu]

在县驻地郯城街道西南方向 19.4 千米。重坊镇辖自然村。人口 1 500。清乾隆年间建村，因村处沙滩旁，得名滩头，后因方位偏西，称西滩头。聚落呈团块状分布。经济以木线加工业为主。有公路经此。

丁沟二村 371322-B02-H08
[Dīnggōu'èrcūn]

在县驻地郯城街道西南方向 25.1 千米。重坊镇辖自然村。人口 1 200。明万历年间建村，因此处有一"丁"字形水沟，故名丁字沟，简称丁沟。1984 年分为五个村，该村为丁沟二村。聚落呈团块状分布。经济以种植业为主，种植草莓、银杏。有公路经此。

丁沟三村 371322-B02-H09
[Dīnggōusāncūn]

在县驻地郯城街道西南方向 25.1 千米。重坊镇辖自然村。人口 1 000。明万历年间建村，因此处有一"丁"字形水沟，故名丁字沟，简称丁沟。1984 年分为五个村，该村为丁沟三村。聚落呈团块状分布。经济以种植业为主，种植草莓、银杏。有公路经此。

卢庄 371322-B02-H10
[Lúzhuāng]

在县驻地郯城街道西南方向 19.0 千米。重坊镇辖自然村。人口 800。南宋末期建村，以姓氏得名卢庄。聚落呈团块状分布。经济以种植业、粉丝加工业为主，种植银杏。有公路经此。

于村 371322-B02-H11
[Yúcūn]

在县驻地郯城街道西南方向 26.1 千米。重坊镇辖自然村。人口 1 100。清嘉庆年间，于姓从江苏省邳州于家道口迁此建村，故名于村。聚落呈团块状分布。经济以种植业为主，种植银杏。有公路经此。

新村一村 371322-B02-H12
[Xīncūnyīcūn]

在县驻地郯城街道西南方向 25.4 千米。重坊镇辖自然村。人口 3 700。该村始称官竹寺，后因村靠沂河岸，洪水冲刷，河床东移，迁此重新建村，故改称新村。1961 年分为五个村，该村为新村一村。聚落呈团块状分布。经济以种植业为主，种植银杏，有银杏古梅园。有公路经此。

新村三村 371322-B02-H13
[Xīncūnsāncūn]

在县驻地郯城街道西南方向 25.3 千米。重坊镇辖自然村。人口 1 200。该村始称官竹寺，后因村靠沂河岸，洪水冲刷，河床东移，迁此重新建村，故改称新村。1961 年分为五个村，该村为新村三村。聚落呈团块状分布。经济以种植业为主，种植银杏。有公路经此。

新村四村 371322-B02-H14
[Xīncūnsìcūn]

在县驻地郯城街道西南方向 25.4 千米。重坊镇辖自然村。人口 1 500。该村始称官竹寺，后因村靠沂河岸，洪水冲刷，河床东移，迁此重新建村，故改称新村。1961 年分为五个村，该村为新村四村。聚落呈团块状分布。经济以种植业为主，种植银杏。有公路经此。

新村五村 371322-B02-H15

［Xīncūnwǔcūn］

在县驻地郯城街道西南方向 25.4 千米。重坊镇辖自然村。人口 1 700。该村始称官竹寺，后因村靠沂河岸，洪水冲刷，河床东移，迁此重新建村，故改称新村。1961年分为五个村，该村为新村五村。聚落呈团块状分布。经济以种植业为主，种植银杏。有公路经此。

东滩头 371322-B02-H16

［Dōngtāntóu］

在县驻地郯城街道西南方向 19.3 千米。重坊镇辖自然村。人口 1 400。清光绪年间建村，因村处沙滩旁，居西滩头东，故名东滩头。聚落呈团块状分布。经济以木线加工业为主。有公路经此。

颜庙 371322-B02-H17

［Yánmiào］

在县驻地郯城街道西南方向 25.6 千米。重坊镇辖自然村。人口 900。明崇祯年间建村，原名小寺村，后因颜姓兴旺，重修村东玉皇庙，改称颜庙。聚落呈团块状分布。经济以种植业为主，种植银杏。有公路经此。

王滩头 371322-B02-H18

［Wángtāntóu］

在县驻地郯城街道西南方向 18.9 千米。重坊镇辖自然村。人口 900。清光绪年间，王姓迁此建村，得名王家庄，习称王庄。因重名，以靠近东滩头，更名为王滩头。聚落呈团块状分布。经济以木线加工业、塑料制品加工业为主。有公路经此。

刘马南 371322-B02-H19

［Liúmǎnán］

在县驻地郯城街道西南方向 25.9 千米。重坊镇辖自然村。人口 1 300。明洪武年间，李、马、刘三姓来此建村，始名李马，后称刘马。1960 年分为南、北两村，该村居南，称刘马南。聚落呈团块状分布。经济以种植业为主，种植小麦、玉米、银杏。有公路经此。

后高庄 371322-B02-H20

［Hòugāozhuāng］

在县驻地郯城街道西南方向 33.8 千米。重坊镇辖自然村。人口 2 200。唐朝初期建村，因地势较高，得名高庄。明朝中期，以村北建有北高庄，遂改称南高庄。1950 年以方位划分为前、后高庄，此村居后，称后高庄。聚落呈团块状分布。经济以种植业为主，种植小麦、玉米、银杏。有公路经此。

坊上 371322-B02-H21

［Fángshàng］

在县驻地郯城街道西南方向 29.6 千米。重坊镇辖自然村。人口 700。南宋建村，原孙、张、陆、汤等姓聚居于此，取名坊上。聚落呈散状分布。经济以种植业为主，种植小麦、玉米、银杏，是蔬菜专业村。有公路经此。

大刘庄 371322-B02-H22

［Dàliúzhuāng］

在县驻地郯城街道西南方向 25.8 千米。重坊镇辖自然村。人口 2 300。清乾隆年间，刘姓来武河渡口处定居，始称刘口。后因村庄扩大，改名大刘庄。聚落呈团块状分布。经济以种植业为主，种植银杏、桃、银菜、小麦、玉米。有公路经此。

李庄 371322-B03-H01

［Lǐzhuāng］

李庄镇人民政府驻地。在县驻地郯城

街道北方向 30.2 千米。人口 2 000。明洪武年间，村民由山西洪洞前来，始名太平庄。后李、庄两姓迁入，因李姓兴旺，明万历年间，改为李家庄，简称李庄。聚落呈带状分布。经济以种植业、养殖业、加工业为主，种植小麦、玉米、杞柳、花生、大豆、棉花、黄烟、苹果、鲜桃、西瓜、大棚油桃、大棚樱桃，建成千亩桃园风景区，是著名的杞柳之乡。饲养鸡、猪、牛、羊。有钢木家具、条柳纺织等厂。有公路经此。

诸葛店 371322-B03-H02
［Zhūgědiàn］

在县驻地郯城街道北方向 27.0 千米。李庄镇辖自然村。人口 1 800。建于清乾隆八年（1743），因此处原是北朱庄朱姓的果园，故名朱果。后周、季两姓迁于村西南大道两旁开店，遂改称朱果店，后演为诸葛店。聚落呈团块状分布。经济以种植业为主，种植杞柳、银杏等。205 国道经此。

后陈埠 371322-B03-H03
［Hòuchénbù］

在县驻地郯城街道北方向 30.7 千米。李庄镇辖自然村。人口 1 200。明洪武年间，赵姓由山西省洪洞县迁此建村。因居前陈埠之后，故叫后陈埠。聚落呈团块状分布。经济以种植业为主，种植花生等。

青山 371322-B03-H04
［Qīngshān］

在县驻地郯城街道北方向 34.0 千米。李庄镇辖自然村。人口 2 900。建于汉朝，因有一寺名青山寺，村以此得名青山庵，后简化为青山。聚落呈团块状分布。经济以种植业为主，种植玉米、小麦，以及海棠等花卉，有生猪屠宰和造船业。205 国道经此。

吴莫疃 371322-B03-H05
［Wúmòtuǎn］

在县驻地郯城街道北方向 32.0 千米。李庄镇辖自然村。人口 500。清乾隆年间，吴姓自罗莫疃迁此居住，得名吴家莫疃，简化为吴莫疃。聚落呈团块状分布。经济以种植业为主，种植玉米、小麦等。有公路经此。

刘庄 371322-B03-H06
［Liúzhuāng］

在县驻地郯城街道北方向 19.0 千米。李庄镇辖自然村。人口 1 600。明初建村，刘姓居多，故名刘家庄，简化为刘庄。聚落呈团块状分布。经济以种植业为主，种植杞柳、小麦、玉米等。205 国道经此。

姚庄 371322-B03-H07
［Yáozhuāng］

在县驻地郯城街道北方向 30.0 千米。李庄镇辖自然村。人口 400。清雍正年间建村，原北朱庄朱姓在此建有土窑，后发展成村，得名小窑庄，后演变为姚庄。聚落呈团块状分布。经济以种植业为主，种植玉米、小麦等。205 国道经此。

株柏二村 371322-B03-H08
［Zhūbǎi'èrcūn］

在县驻地郯城街道北方向 24.0 千米。李庄镇辖自然村。人口 1 100。传说元至正年间，因村东路旁有株古柏，故称株柏村。因生活习惯及村落方位分为 5 村，此为株柏二村。聚落呈团块状分布。经济以种植业为主，种植杞柳、小麦、玉米。杞柳编织是该村的传统工艺。

张场 371322-B03-H09
［Zhāngchǎng］

在县驻地郯城街道北方向 20.0 千米。

李庄镇辖自然村。人口 800。清乾隆年间，张姓于此设置场园，后扩展成村，得名张家场。清道光年间，杨氏自杨楼迁来此村，村名仍旧，简化为张场。聚落呈团块状分布。经济以种植业为主，种植小麦、玉米等。205 国道经此。

小塘 371322-B03-H10
[Xiǎotáng]

在县驻地郯城街道北方向 26.0 千米。李庄镇辖自然村。人口 1 800。明隆庆年间，陈、魏等姓相继迁此定居，因靠近大塘，取名小塘。聚落呈团块状分布。经济以种植业为主，种植小麦、玉米。

前陈埠 371322-B03-H11
[Qiánchénbù]

在县驻地郯城街道北方向 26.0 千米。李庄镇辖自然村。人口 1 000。明洪武年间，陈姓由山西省洪洞县迁此居住，因处白马河上游之岭地，故称陈家埠。后以方位称前陈埠。聚落呈团块状分布。经济以种植业为主，种植小麦、玉米。

颜口 371322-B03-H12
[Yánkǒu]

在县驻地郯城街道北方向 34.0 千米。李庄镇辖自然村。人口 1 200。清乾隆年间，该处有一沂河渡口，颜姓从郯城迁此居住，在此建立渡口，后称颜家渡口，建村得名颜家口，简化为颜口。聚落呈团块状分布。经济以种植业和经营捞沙船为主，是全县有名的捞沙船生产、制造专业村。205 国道经此。

后莫疃 371322-B03-H13
[Hòumòtuǎn]

在县驻地郯城街道北方向 32.0 千米。李庄镇辖自然村。人口 600。唐贞观年间，

李姓在此建村，因处罗莫疃北面，故得名后李家莫疃，简化为后莫疃。聚落呈团块状分布。经济以种植业为主，种植玉米、小麦等。

中陈埠 371322-B03-H14
[Zhōngchénbù]

在县驻地郯城街道北方向 26.0 千米。李庄镇辖自然村。人口 600。明洪武年间，赵姓由山西省洪洞县迁此建村，因位于前陈埠、马陈埠北，村居前、后陈埠中间，故名中陈埠。聚落呈团块状分布。有县级汉墓群保护区。经济以种植业、柳编业为主。

于泉 371322-B03-H15
[Yúquán]

在县驻地郯城街道北方向 30.0 千米。李庄镇辖自然村。人口 1 500。唐武德年间，于姓迁此居住，因此处岭上有一水泉，故名于家泉，简化为于泉。聚落呈团块状分布。经济以种植业为主，种植小麦、玉米等。

黄岭 371322-B03-H16
[Huánglǐng]

在县驻地郯城街道北方向 27.0 千米。李庄镇辖自然村。人口 1 100。明洪武年间，黄姓在岭上建村，原称黄家庄，后改名黄家岭，今简化为黄岭。聚落呈团块状分布。经济以种植业为主，种植玉米、小麦等。

马陈埠 371322-B03-H17
[Mǎchénbù]

在县驻地郯城街道北方向 26.0 千米。李庄镇辖自然村。人口 2 100。1919 年，马姓自陈家埠迁于村北居住，始名马圩子，1956 年改称马陈埠。聚落呈团块状分布。经济以种植业为主，种植小麦、玉米等。

尚庄一村 371322-B03-H18
[Shàngzhuāngyīcūn]

在县驻地郯城街道北方向 23.0 千米。李庄镇辖自然村。人口 1 200。明洪武年间，宗姓来此定居，因该处有大片树林，始称宗家林。后王、居、杨诸姓相继迁于宗家林北居住，取名上庄，又演变为尚庄。因生活习惯及村落方位分为 3 村，该村为尚庄一村。聚落呈团块状分布。经济以种植业为主，种植杞柳。有柳编织品加工业。

小唐庄 371322-B03-H19
[Xiǎotángzhuāng]

在县驻地郯城街道北方向 35.0 千米。李庄镇辖自然村。人口 1 100。明嘉靖年间，王姓人自唐庄迁此立村，以其与唐庄对应，改称小唐庄。聚落呈团块状分布。经济以种植业为主，种植鲜桃等。

后墩 371322-B03-H20
[Hòudūn]

在县驻地郯城街道北方向 28.0 千米。李庄镇辖自然村。人口 1 100。明初，魏姓迁此立村，时称全义大庄。原村毁于水患，重建后改为凤凰墩，居后改为后墩。聚落呈团块状分布。经济以种植业为主，种植小麦、玉米、大豆等。205 国道经此。

大唐庄 371322-B03-H21
[Dàtángzhuāng]

在县驻地郯城街道北方向 34.0 千米。李庄镇辖自然村。人口 4 700。明成化年间，唐、赵、王等姓在此定居，因唐姓居多，称唐庄。明嘉靖年间，因部分王姓人迁出另建小唐庄，此村改称大唐庄。聚落呈团块状分布。经济以种植业、加工业为主，生产钢木家具，盛产鲜桃，有"沂武鲜桃"品牌。

北朱庄 371322-B03-H22
[Běizhūzhuāng]

在县驻地郯城街道北方向 30.0 千米。李庄镇辖自然村。人口 1 800。清顺治年间，李庄朱姓人迁此定居，故名朱家庄，简称朱庄。因重名，以方位更名为北朱庄。聚落呈团块状分布。经济以种植业为主，种植玉米、小麦等。205 国道经此。

界牌 371322-B03-H23
[Jièpái]

在县驻地郯城街道北方向 28.0 千米。李庄镇辖自然村。人口 1 000。清雍正年间建村，因村靠临沂、郯城两县交界处，村北立有界牌，故名。聚落呈团块状分布。经济以种植业为主，种植玉米、小麦等。205 国道经此。

大官庄 371322-B03-H24
[Dàguānzhuāng]

在县驻地郯城街道北方向 27.0 千米。李庄镇辖自然村。人口 2 600。明洪武年间，秦、黄二姓自山西洪洞迁此立村，取名大古庄。后陶、莫、朱诸姓相继迁此，且均系清代官宦世家，故改村名为大官庄。聚落呈团块状分布。经济以种植业为主，种植小麦、玉米。205 国道经此。

杨屯 371322-B03-H25
[Yángtún]

在县驻地郯城街道北方向 27.0 千米。李庄镇辖自然村。人口 1 700。唐贞观年间，薛仁贵东征时曾屯兵于此，村内多为诸葛姓人，故得名诸葛屯。后此村由杨姓来居后，方改称杨家屯，简化为杨屯。聚落呈团块状分布。经济以种植业为主，种植玉米、小麦等。205 国道经此。

沙墩 371322-B03-H26

[Shādūn]

在县驻地郯城街道北方向 22.0 千米。李庄镇辖自然村。人口 2 700。建村时称金墩太黄庄。后为避皇帝讳，改名堆金店。清雍正八年（1730），该村毁于水患，后于原村西大沙墩处建村，故改称沙墩。聚落呈团块状分布。经济以种植业为主，种植小麦、玉米。205 国道经此。

北宋庄 371322-B03-H27

[Běisòngzhuāng]

在县驻地郯城街道北方向 29.0 千米。李庄镇辖自然村。人口 700。清雍正年间建村，以宋姓居多，得名宋庄。因重名，以方位更名为北宋庄。聚落呈团块状分布。经济以种植业为主，种植玉米、小麦等。

大塘 371322-B03-H28

[Dàtáng]

在县驻地郯城街道北方向 26.0 千米。李庄镇辖自然村。人口 1 000。传说村西有个古老的大汪塘，故称古塘，后改为大塘。聚落呈团块状分布。经济以种植业为主，种植玉米、小麦等。

乱墩 371322-B03-H29

[Luàndūn]

在县驻地郯城街道北方向 22.0 千米。李庄镇辖自然村。人口 600。取"拦住凤凰"之意命名拦墩，后演为乱墩。聚落呈团块状分布。经济以种植业为主，种植小麦、玉米等。

前宅 371322-B03-H30

[Qiánzhái]

在县驻地郯城街道北方向 27.0 千米。李庄镇辖自然村。人口 900。南宋建村，以姓氏得名段家宅。1958 年以方位改称前段宅，后简称前宅。聚落呈团块状分布。经济以种植业为主，种植小麦、玉米等。胶新铁路经此。

神泉 371322-B03-H31

[Shénquán]

在县驻地郯城街道北方向 33.0 千米。李庄镇辖自然村。人口 900。清康熙年间建村，因庄北有一股流泉水，得名神泉院，初以方位称东神泉院，后简化为神泉。聚落呈团块状分布。经济以种植业为主，种植玉米、小麦、花卉等。有公路经此。

杨北 371322-B04-H01

[Yángběi]

杨集镇人民政府驻地。在县驻地郯城街道西南方向 30.7 千米。人口 1 900。唐贞观年间，众姓聚居于此，杨姓居多，故称杨家集，简化为杨集。1949 年后以村中心路为界划分为两村，本村因位于北部，称杨北。聚落呈团块状分布。经济以种植业为主，种植水稻、小麦、青豆、大葱等。有公路经此。

杨南 371322-B04-H02

[Yángnán]

在县驻地郯城街道西南方向 33.1 千米。杨集镇辖自然村。人口 1 800。唐贞观年间，众姓聚居于此，杨姓居多，故称杨家集，简化为杨集。1949 年后以村中心路为界划分为两村，本村因位于南部，称杨南。聚落呈散状分布。经济以种植业为主，种植水稻、小麦等。有公路经此。

窦墩 371322-B04-H03

[Dòudūn]

在县驻地郯城街道西南方向 34.1 千米。杨集镇辖自然村。人口 400。清道光年间，窦姓迁于此处建村，因姓氏得名窦墩。聚落呈团块状分布。经济以种植业为主，种植水稻、小麦等。

魏庄 371322-B04-H04
［Wèizhuāng］

在县驻地郯城街道西南方向 32.1 千米。杨集镇辖自然村。人口 400。明崇祯年间建村，以姓氏得名魏庄。聚落呈团块状分布。经济以种植业为主，种植水稻、小麦等。

高瓦房 371322-B04-H05
［Gāowǎfáng］

在县驻地郯城街道西南方向 33.0 千米。杨集镇辖自然村。人口 1 100。清朝初期，高姓于此落户立村，建有瓦房，故得名高瓦房。聚落呈带状分布。经济以种植业为主，种植水稻、小麦等。有公路经此。

梁海子 371322-B04-H06
［Liánghǎizi］

在县驻地郯城街道西南方向 30.0 千米。杨集镇辖自然村。人口 1 300。明成化年间，梁姓于此建村。因有一东西沟渠，蜿蜒南流，形成一湾，始名梁家湾。1752 年，梁姓族长统领各族，将沟渠之水引入墨河，取"渠水入河，如龙江海"之意，改名梁家海子，简化为梁海子。聚落呈团块状分布。经济以种植业为主，种植水稻、小麦等。

张墩 371322-B04-H07
［Zhāngdūn］

在县驻地郯城街道西南方向 32.0 千米。杨集镇辖自然村。人口 800。明崇祯年间，张姓于此建村，因村前有沙墩，故名张墩。聚落呈团块状分布。经济以种植业为主，种植水稻、小麦等。有公路经此。

寺东 371322-B04-H08
［Sìdōng］

在县驻地郯城街道西南方向 33.2 千米。杨集镇辖自然村。人口 800。唐代，徐、李、丁等姓于兴隆寺东立村，因村西原有大寺庙，故取名寺东。聚落呈团块状分布。经济以种植业为主，种植水稻、小麦等。

南湖里 371322-B04-H09
［Nánhúlǐ］

在县驻地郯城街道西南方向 33.0 千米。杨集镇辖自然村。人口 600。明永乐年间建村，因此处原为一片旷野，取名湖里，后以方位更名南湖里。聚落呈团块状分布。经济以种植业为主，种植水稻、小麦等。

丁庄 371322-B04-H10
［Dīngzhuāng］

在县驻地郯城街道西南方向 32.0 千米。杨集镇辖自然村。人口 400。明洪武年间，丁氏迁此建村，取名丁庄。聚落呈团块状分布。经济以种植业为主，种植水稻、小麦等。

北杨庄 371322-B04-H11
［Běiyángzhuāng］

在县驻地郯城街道西南方向 33.2 千米。杨集镇辖自然村。人口 500。清光绪年间，杨姓自庄坞迁此建村，得名杨庄，后以方位改称北杨庄。聚落呈团块状分布。经济以种植业为主，种植水稻、小麦等。有公路经此。

官南 371322-B04-H12
［Guānnán］

在县驻地郯城街道西南方向 40.0 千米。杨集镇辖自然村。人口 900。清康熙年间建村，以姓氏得名官集，后以方位改称官南。

聚落呈团块状分布。经济以种植业为主，种植水稻、小麦等。有公路经此。

刘湾 371322-B04-H13
[Liúwān]

在县驻地郯城街道西南方向 33.2 千米。杨集镇辖自然村。人口 500。北宋初期建村，因刘姓居多，村居墨河河湾处，故名刘湾。聚落呈团块状分布。经济以种植业为主，种植水稻、小麦等。

周楼 371322-B04-H14
[Zhōulóu]

在县驻地郯城街道西南方向 33.1 千米。杨集镇辖自然村。人口 800。明永乐年间，周姓在此建楼立村，取名周家楼，简化为周楼。聚落呈团块状分布。经济以种植业为主，种植水稻、小麦等。有公路经此。

尹庄 371322-B04-H15
[Yǐnzhuāng]

在县驻地郯城街道西南方向 33.1 千米。杨集镇辖自然村。人口 1 200。清康熙年间，尹姓来此建村，得名尹庄。聚落呈团块状分布。经济以种植业为主，种植水稻、小麦等。有公路经此。

小张庄 371322-B04-H16
[Xiǎozhāngzhuāng]

在县驻地郯城街道西南方向 36.0 千米。杨集镇辖自然村。人口 500。清乾隆年间，张姓迁此建村，称张庄。后因村小，改称小张庄。聚落呈团块状分布。经济以种植业为主，种植水稻、小麦等。有公路经此。

中汪崖 371322-B04-H17
[Zhōngwāngyá]

在县驻地郯城街道西南方向 36.0 千米。杨集镇辖自然村。人口 800。明朝末期建村，原以村北有一大汪得名汪崖，后以方位改称中汪涯，演变为中汪崖。聚落呈团块状分布。经济以种植业为主，种植水稻、小麦等。有公路经此。

南杨庄 371322-B04-H18
[Nányángzhuāng]

在县驻地郯城街道西南方向 33.1 千米。杨集镇辖自然村。人口 500。清朝初期建村，因杨姓居多，始名杨庄，后以方位改称南杨庄。聚落呈团块状分布。经济以种植业为主，种植水稻、小麦等。有公路经此。

小米湖 371322-B04-H19
[Xiǎomǐhú]

在县驻地郯城街道西南方向 37.0 千米。杨集镇辖自然村。人口 400。清朝末期建村，因靠近大米湖，故称小米湖。聚落呈团块状分布。经济以种植业为主，种植水稻、小麦等。有公路经此。

南张楼 371322-B04-H20
[Nánzhānglóu]

在县驻地郯城街道西南方向 37.0 千米。杨集镇辖自然村。人口 1 000。清康熙年间建村，原名杏花。后因张姓兴旺，建有楼房，改名张楼。因重名，以方位更名为南张楼。聚落呈团块状分布。经济以种植业为主，种植水稻、小麦等。有公路经此。

小滩 371322-B04-H21
[Xiǎotān]

在县驻地郯城街道西南方向 34.1 千米。杨集镇辖自然村。人口 700。该村建于清朝末期，因靠大滩，故名小滩。聚落呈团块状分布。经济以种植业为主，种植水稻、小麦等。

房路 371322-B04-H22

[Fánglù]

在县驻地郯城街道西南方向 30.1 千米。杨集镇辖自然村。人口 400。明末建村，因房姓于此路旁立碑，取名房路。聚落呈带状分布。经济以种植业为主，种植水稻、小麦等。有公路经此。

周塘 371322-B04-H23

[Zhōutáng]

在县驻地郯城街道西南方向 36.5 千米。杨集镇辖自然村。人口 700。明朝建村，因周姓在此居住，并建有一座庙堂，得名周堂，后演变为周塘。聚落呈团块状分布。经济以种植业为主，种植水稻、小麦等。有公路经此。

中北头 371322-B04-H24

[Zhōngběitóu]

在县驻地郯城街道西南方向 33.5 千米。杨集镇辖自然村。人口 800。明洪武年间建村，原以村北有河湾得名北河头。因河道淤积为湖坡，故改称北湖头。后分为三村，因该村在最中间，故称中北头。聚落呈团块状分布。经济以种植业为主，种植水稻、小麦等。有公路经此。

南陈 371322-B04-H25

[Nánchén]

在县驻地郯城街道西南方向 33.2 千米。杨集镇辖自然村。人口 300。清乾隆年间，陈姓迁此建村，得名陈家庄，习称陈庄。因重名，1988 年更名为南陈。聚落呈团块状分布。经济以种植业为主，种植水稻、小麦等。有公路经此。

房下 371322-B04-H26

[Fángxià]

在县驻地郯城街道西南方向 30.3 千米。杨集镇辖自然村。人口 700。清朝初期建村，因东邻房上，故得名房下。聚落呈团块状分布。经济以种植业为主，种植水稻、小麦等。有公路经此。

北张庄 371322-B04-H27

[Běizhāngzhuāng]

在县驻地郯城街道西南方向 30.2 千米。杨集镇辖自然村。人口 2 000。因姓氏得名。聚落呈团块状分布。经济以种植业为主，种植水稻、小麦等。有公路经此。

徐里 371322-B04-H28

[Xúlǐ]

在县驻地郯城街道西南方向 33.5 千米。杨集镇辖自然村。人口 1 000。以姓氏得名徐庄，因重名，更名为徐里。聚落呈团块状分布。经济以种植业为主，种植水稻、小麦等。有公路经此。

李四池 371322-B04-H29

[Lǐsìchí]

在县驻地郯城街道西南方向 36.2 千米。杨集镇辖自然村。人口 400。清道光年间，李姓人家从中汪崖迁此建村，因有四个水池而得名李四池。聚落呈团块状分布。经济以种植业为主，种植水稻、小麦等。

前汪崖 371322-B04-H30

[Qiánwāngyá]

在县驻地郯城街道西南方向 33.8 千米。杨集镇辖自然村。人口 600。清雍正年间建村，因在中汪崖村前，故名前汪崖。聚落呈团块状分布。经济以种植业为主，种植水稻、小麦等。有公路经此。

吴巷 371322-B04-H31

[Wúxiàng]

在县驻地郯城街道西南方向 36.2 千米。

杨集镇辖自然村。人口 600。清朝末期，吴姓由程集迁此定居，统称程集。吴姓迁此定居后形成一巷，分立成村，称吴巷。聚落呈团块状分布。经济以种植业为主，种植水稻、小麦等。有公路经此。

李集 371322-B04-H32
[Lǐjí]

在县驻地郯城街道西南方向 40.0 千米。杨集镇辖自然村。人口 700。明万历年间，江苏省睢宁县大李集有几户李氏先到此居住，所以得名李集。聚落呈团块状分布。经济以种植业为主，种植水稻、小麦等。有公路经此。

港上 371322-B05-H01
[Gǎngshàng]

港上镇人民政府驻地。在县驻地郯城街道西南方向 21.1 千米。人口 1 300。明洪武年间，因发洪水，此处冲有多条与沂河相通的水沟，故改称塝上。因"塝"系冷僻字，1982 年，改为港上。聚落呈团块状分布。经济以种植业为主，种植玉米、水稻、小麦等。有公路经此。

颜湖 371322-B05-H02
[Yánhú]

在县驻地郯城街道西南方向 15.4 千米。港上镇辖自然村。人口 1 100。清康熙年间，颜姓自芦柞迁此定居，因靠采莲湖，取名颜家湖，简化为颜湖。聚落呈团块状分布。有文化广场。经济以种植业为主，种植玉米、水稻、小麦等。有公路经此。

郎里西 371322-B05-H03
[Lánglǐxī]

在县驻地郯城街道西南方向 18.4 千米。港上镇辖自然村。人口 900。村东北隅有三国魏文帝时御史大夫王朗之墓，以王朗故里，得名朗里。后因此村居西，更名郎里西。聚落呈团块状分布。有文化广场等。经济以种植业、加工业为主，种植小麦、玉米等。有公路经此。

珩头中 371322-B05-H04
[Hángtóuzhōng]

在县驻地郯城街道西南方向 20.7 千米。港上镇辖自然村。人口 2 000。明洪武年间，董、米、梁等姓于此处土岭上建村，始称岗头，后转化为珩头。因此村居中，故称珩头中。聚落呈团块状分布。有文化广场。经济以种植业为主，种植小麦、玉米等。有公路经此。

付桥 371322-B05-H05
[Fùqiáo]

在县驻地郯城街道西南方向 19.1 千米。港上镇辖自然村。人口 1 600。明朝末期，刘姓由马头迁居此处落户立村，得名刘家庄，习称刘庄。因重名，以邻村王桥，更名为付桥。聚落呈团块状分布。有文化广场等。经济以种植业、加工业为主，种植小麦、玉米等。有公路经此。

姜庄 371322-B05-H06
[Jiāngzhuāng]

在县驻地郯城街道西南方向 17.3 千米。港上镇辖自然村。人口 2 700。明永乐末年，姜氏迁郯城三合庄。清乾隆年间迁此，名姜庄。因倪、王、姜三村靠近，后并为一村，以姜姓居多，统称姜庄。聚落呈团块状分布。有文化广场等。经济以种植业、加工业为主，种植小麦、玉米等。有公路经此。

店子 371322-B06-H01
[Diànzi]

高峰头镇人民政府驻地。在县驻地郯城街道南方向 9.1 千米。人口 1 900。明朝初年，李姓于此道旁落户立村，开设坊店，得名店子。聚落呈带状分布。经济以种植业为主，种植小麦、玉米。205国道、310国道经此。

麦坡　371322-B06-H02
[Màipō]

在县驻地郯城街道东南方向15.1千米。高峰头镇辖自然村。人口1 700。明末建村，因处马陵山坡且近小麦城，故名麦坡。聚落呈团块状分布。经济以种植业为主，种植小麦、玉米、花生等。310国道经此。

魏园　371322-B06-H03
[Wèiyuán]

在县驻地郯城街道南方向5.1千米。高峰头镇辖自然村。人口500。明万历年间建村，以姓氏称顾园。后魏姓兴旺，改名魏园。聚落呈团块状分布。经济以种植业为主，种植小麦、玉米、水稻、蔬菜。205国道经此。

蔡圩里　371322-B06-H04
[Càiwéilǐ]

在县驻地郯城街道西南方向6.2千米。高峰头镇辖自然村。人口1 000。清康熙年间建村，以姓氏称蔡村，后村筑土圩防匪患，故称蔡圩里。聚落呈团块状分布。经济以种植业为主，种植小麦、水稻等。胶新铁路经此。

葛道口　371322-B06-H05
[Gědàokǒu]

在县驻地郯城街道南方向6.1千米。高峰头镇辖自然村。人口700。明万历年间，葛姓于沭河渡口处落户建村，故名葛道口。聚落呈团块状分布。经济以种植业为主。

中心村　371322-B06-H06
[Zhōngxīncūn]

在县驻地郯城街道南方向12.7千米。高峰头镇辖自然村。人口2 000。1958年，阴村划为6个自然村，因此村地处阴村中心，故名中心村。聚落呈团块状分布。经济以种植业为主，种植小麦、玉米。有公路经此。

南张庄　371322-B06-H07
[Nánzhāngzhuāng]

在县驻地郯城街道南方向6.8千米。高峰头镇辖自然村。人口1 000。明崇祯年间建村，以姓名得名张庄，后以方位改称南张庄。聚落呈团块状分布。经济以种植业为主，种植小麦、玉米。205国道经此。

胡井　371322-B06-H08
[Hújǐng]

在县驻地郯城街道南方向11.5千米。高峰头镇辖自然村。人口1 500。明朝建村，原名李家井。后以胡姓居多，改称胡村。1982年，因重名，改为胡井。聚落呈团块状分布。经济以种植业为主，种植小麦、水稻等。205国道经此。

前高峰头三村　371322-B06-H09
[Qiángāofēngtóusāncūn]

在县驻地郯城街道东南方向11.9千米。高峰头镇辖自然村。人口900。侯姓于明万历元年（1573）迁此建村，以吉祥意，取名高凤头，转音为高峰头。后以方位，改称前高峰头。1981年分为三个村，名前高峰头三村。聚落呈团块状分布。经济以种植业为主，种植小麦、水稻等。310国道经此。

曹西　371322-B06-H10
[Cáoxī]

在县驻地郯城街道西南方向8.2千米。

高峰头镇辖自然村。人口 1 200。南宋时期建村，原以曹姓兴旺，得名曹村。后以方位改名曹西。聚落呈团块状分布。经济以种植业为主，种植小麦、水稻等。有公路经此。

蔡圩后 371322-B06-H11

[Càiwéihòu]

在县驻地郯城街道西南方向 6.1 千米。高峰头镇辖自然村。人口 600。清乾隆年间建村。因处蔡圩里北侧，故名蔡圩后。聚落呈团块状分布。经济以种植业为主，种植水稻、葡萄、银杏。有公路经此。

马站 371322-B07-H01

[Mǎzhàn]

庙山镇人民政府驻地。在县驻地郯城街道北方向 6.1 千米。人口 1 100。明嘉靖年间建村，因以前曾于此设铺（即邮亭），传递公文的人在此歇马休息，故名马站。聚落呈团块状分布。有新城古城遗址。经济以种植业为主，种植小麦、玉米。205 国道经此。

黄滩 371322-B07-H02

[Huángtān]

在县驻地郯城街道西北方向 15.8 千米。庙山镇辖自然村。人口 1 100。明洪武年间，黄氏自山西移民至此，得名黄家村，习称黄村。1982 年，因重名，以村处滩地，更名为黄滩。聚落呈团块状分布。经济以种植业、养殖业为主，种植小麦、玉米，养殖猪，是养猪专业村。205 国道经此。

立朝 371322-B07-H03

[Lìcháo]

在县驻地郯城街道西北方向 19.9 千米。庙山镇辖自然村。人口 5 000。唐代建村，宋朝时称力邵镇，后音转为力朝，演为立朝。

聚落呈团块状分布。经济以种植业为主，种植小麦、玉米。有公路经此。

西山 371322-B07-H04

[Xīshān]

在县驻地郯城街道西北方向 17.4 千米。庙山镇辖自然村。人口 900。因该村位于山南头西侧，故名。聚落呈团块状分布。经济以种植业为主，种植小麦、玉米。有公路经此。

薛庄二村 371322-B07-H05

[Xuēzhuāng'èrcūn]

在县驻地郯城街道西北方向 19.7 千米。庙山镇辖自然村。人口 1 100。因薛姓人在此建村，故村名薛家庄，后因薛庄分为四个村，此村在西南方位，定名为薛庄二村。聚落呈团块状分布。经济以种植业为主，种植杞柳，生产柳制品，是柳条柳编专业村。有公路经此。

山北东 371322-B07-H06

[Shānběidōng]

在县驻地郯城街道西北方向 18.8 千米。庙山镇辖自然村。人口 1 100。该村元末始建，崇姓始居，后杨姓迁入，因村处庙山北侧，故名山北头。1960 年分为两个村，本村位东，故名山北东。聚落呈团块状分布。经济以种植业为主，种植小麦、玉米。有公路经此。

东刘埠 371322-B07-H07

[Dōngliúbù]

在县驻地郯城街道西北方向 17.4 千米。庙山镇辖自然村。人口 1 100。清道光年间，刘、卜二姓迁此建村，时称刘卜村。后刘姓兴旺，改名刘埠。因该村位于东侧，更名东刘埠。聚落呈团块状分布。经济以种植业为主，种植小麦、玉米。有公路经此。

后林　371322-B07-H08
［Hòulín］

在县驻地郯城街道东北方向 13.4 千米。庙山镇辖自然村。人口 700。此村建于明嘉靖年间，时以村靠前林寺，取名前林寺，后普称庙后。清雍正年间，改名为后林。聚落呈团块状分布。经济以种植业为主，种植小麦、玉米。205 国道经此。

薛庄三村　371322-B07-H09
［Xuēzhuāngsāncūn］

在县驻地郯城街道西北方向 19.8 千米。庙山镇辖自然村。人口 1 000。因薛姓人在此建村，故村名薛家庄，后因薛庄分为四个村，此村在东南方位，定名为薛庄三村。聚落呈团块状分布。经济以种植业为主，种植杞柳，生产柳制品，是柳条柳编专业村。有公路经此。

前场　371322-B07-H10
［Qiánchǎng］

在县驻地郯城街道西北方向 17.3 千米。庙山镇辖自然村。人口 600。该村建于明初，孙、李二姓自山西洪洞县迁此建村，因村处庙山南坡，称为山南头。后因本村在山南头最南面，故称前场。聚落呈团块状分布。经济以种植业为主，种植小麦、玉米。有公路经此。

新城　371322-B07-H11
［Xīnchéng］

在县驻地郯城街道西北方向 14.5 千米。庙山镇辖自然村。人口 1 600。民国《临沂县志》记载："曹操剿灭吕布后，任命臧霸管理徐州。后来臧霸占领此地，称作新城。"新城由此得名。聚落呈团块状分布。经济以种植业为主，种植小麦、玉米。有公路经此。

西城前　371322-B07-H12
［Xīchéngqián］

在县驻地郯城街道西北方向 14.1 千米。庙山镇辖自然村。人口 700。该村建于北宋中期，始称于家庄。后以村居新城南，得名南城。后改为城前村，又以方位称西城前。聚落呈团块状分布。经济以种植业为主，种植小麦、玉米。有公路经此。

胜利村　371322-B08-H01
［Shènglìcūn］

胜利镇人民政府驻地。在县驻地郯城街道西北方向 12.2 千米。人口 1 300。清光绪年间建村，此处原为刘姓粮场，故名刘场，后改为胜利村。聚落呈团块状分布。经济以种植业为主，种植玉米、小麦等。有公路经此。

南刘宅子　371322-B08-H02
［Nánliúzháizi］

在县驻地郯城街道西北方向 20.0 千米。胜利镇辖自然村。人口 2 400。该村建于明洪武年间，原称池桥口。清道光年间，刘姓自马头迁此建宅，易名刘宅子。1958 年，以方位改称南刘宅子。聚落呈带状分布。经济以种植业为主，种植银杏。有草帽厂、玩具厂、手套厂。有公路经此。

高大村　371322-B08-H03
［Gāodàcūn］

在县驻地郯城街道西北方向 23.1 千米。胜利镇辖自然村。人口 3 100。该村建于南宋末期，因此处原有一座古牌坊，以牌坊之高大，名村高岱。后因"岱"与"大"谐音，改名为高大村。聚落呈带状分布。经济以种植业为主，种植小麦、玉米。有公路经此。

胡一村 371322-B08-H04
[Húyīcūn]

在县驻地郯城街道西北方向 14.7 千米。胜利镇辖自然村。人口 1 000。清顺治年间建村。以胡姓居多，得名胡村。后分为三村，本村为胡一村。聚落呈团块状分布。经济以种植业、交通运输业、造船业为主。京沪高速公路经此。

徐蒲坦 371322-B08-H05
[Xúpútǎn]

在县驻地郯城街道西北方向 15.5 千米。胜利镇辖自然村。人口 3 000。明嘉靖年间，徐氏迁此建村，以此地有多处汪塘，遍生蒲草，取名蒲坦。后冠以姓氏，改称徐蒲坦。聚落呈团块状分布。经济以种植业为主，种植玉米、小麦。有公路经此。

渡村 371322-B08-H06
[Dùcūn]

在县驻地郯城街道西北方向 15.0 千米。胜利镇辖自然村。人口 700。清乾隆二十六年（1761），此处建桥时立村，以监工碑得名监工庄。后以村处渡口，改称渡村。聚落呈团块状分布。经济以种植业为主，种植玉米、小麦等。232 省道经此。

张塘 371322-B08-H07
[Zhāngtáng]

在县驻地郯城街道西北方向 15.3 千米。胜利镇辖自然村。人口 1 700。明万历八年（1580），杜、张姓同时来居，以张姓居多，故名张庄。因重名，以有一大汪塘，更名为张塘。聚落呈团块状分布。经济以种植业为主，种植玉米、小麦。京沪高速经此。

三合庄 371322-B08-H08
[Sānhézhuāng]

在县驻地郯城街道西北方向 23.5 千米。胜利镇辖自然村。人口 1 200。清嘉庆年间，颜庄、叶场、东南场三村合并，故称三合庄。聚落呈带状分布。经济以种植业为主，种植银杏。有公路经此。

吴蒲坦 371322-B08-H09
[Wúpútǎn]

在县驻地郯城街道西北方向 20.0 千米。胜利镇辖自然村。人口 1 400。明嘉靖年间，吴姓迁于此地，因靠徐蒲坦，得名吴蒲坦。聚落呈团块状分布。经济以种植业为主，种植玉米、小麦。

前苍 371322-B09-H01
[Qiáncāng]

红花镇人民政府驻地。在县驻地郯城街道南方向 19.7 千米。人口 600。清初，徐姓由后苍分居于此建村，以方位得名前苍烟子，简化为前苍。聚落呈团块状分布。经济以种植业为主，种植小麦、水稻、蔬菜。有公路经此。

西岳 371322-B09-H02
[Xīyuè]

在县驻地郯城街道西南方向 25.6 千米。红花镇辖自然村。人口 800。清康熙年间建村，以姓氏得名岳庄，后以方位改称西岳。聚落呈带状分布。经济以种植业、运输业为主，种植水稻、小麦。有公路经此。

大朱庄 371322-B09-H03
[Dàzhūzhuāng]

在县驻地郯城街道西南方向 25.4 千米。红花镇辖自然村。人口 900。明末建村，以姓氏得名朱庄，后改称大朱庄。聚落呈带状分布。经济以种植业为主，种植水稻、小麦。有公路经此。

陈刘庄 371322-B09-H04
[Chénliúzhuāng]

在县驻地郯城街道东南方向 21.6 千米。红花镇辖自然村。人口 500。清乾隆年间，刘、陈二姓在此分立刘庄、陈庄。后因刘姓兴旺，统称刘庄。因重名，又以姓氏改名为陈刘庄。聚落呈团块状分布。经济以种植业、运输业为主，种植小麦、玉米。有公路经此。

徐集 371322-B09-H05
[Xújí]

在县驻地郯城街道东南方向 21.3 千米。红花镇辖自然村。人口 1 100。该村建于春秋时期，因徐姓最多，故得名徐集。聚落呈带状分布。经济以种植业、运输业为主，种植小麦、玉米。有公路经此。

前三堂 371322-B09-H06
[Qiánsāntáng]

在县驻地郯城街道西南方向 20.2 千米。红花镇辖自然村。人口 500。明崇祯年间建村，因处后三堂前，故名前三堂。聚落呈散状分布。经济以种植业、运输业为主，种植小麦、水稻、玉米、蔬菜。

姚马 371322-B09-H07
[Yáomǎ]

在县驻地郯城街道东南方向 21.7 千米。红花镇辖自然村。人口 1 400。明崇祯年间建村，原名杨马村。后杨姓迁出，姚姓从江苏东海县羽山来居，故改称姚马。聚落呈带状分布。经济以种植业、运输业为主，种植小麦、玉米。

谢圩子 371322-B09-H08
[Xièwéizi]

在县驻地郯城街道东南方向 30.6 千米。红花镇辖自然村。人口 700。清康熙年间建村，原以张姓居多，村旁有一池塘，称张家塘。后谢姓兴旺，筑圩防匪，改称谢圩子。聚落呈团块状分布。经济以种植业、运输业为主，种植小麦、玉米。有公路经此。

老周圩子 371322-B09-H09
[Lǎozhōuwéizi]

在县驻地郯城街道东南方向 30.3 千米。红花镇辖自然村。人口 600。明崇祯年间建村，始名周塘。后因周姓一支分居小周塘，此改称老周唐。为防匪患，村周筑圩，遂改称老周圩子。聚落呈团块状分布。经济以种植业为主，种植小麦、玉米。

房圩子 371322-B09-H10
[Fángwéizi]

在县驻地郯城街道东南方向 30.6 千米。红花镇辖自然村。人口 700。清初建村，原名房家岗。后为安全，村周筑圩，改名房圩子。聚落呈团块状分布。经济以种植业、运输业为主，种植小麦、玉米。

黄沟崖 371322-B09-H11
[Huánggōuyá]

在县驻地郯城街道西南方向 22.0 千米。红花镇辖自然村。人口 800。清光绪年间黄姓迁至沟沿建村，故名黄沟崖。聚落呈团块状分布。经济以种植业、运输业为主，种植小麦、水稻、蔬菜、玉米。胶新铁路经此。

马圩子 371322-B09-H12
[Mǎwéizi]

在县驻地郯城街道西南方向 20.6 千米。红花镇辖自然村。人口 800。清嘉庆年间建村，此处原是江苏省东海县桃林马姓堆房，佃户聚居于此，为防沭河水患，村周筑起土圩，故名马圩子。聚落呈团块状分布。经济以种植业为主，种植小麦、玉米。有公路经此。

东宋窑 371322-B09-H13
[Dōngsòngyáo]

在县驻地郯城街道西南方向 24.8 千米。红花镇辖自然村。人口 1 000。清康熙年间，宋氏由港上来此建村，因以烧制陶器为业，得名宋窑。后因重名，以方位更名为东宋窑。聚落呈团块状分布。经济以种植业、运输业为主，种植小麦、水稻、蔬菜、玉米。有公路经此。

固疃 371322-B09-H14
[Gùtuǎn]

在县驻地郯城街道东南方向 21.4 千米。红花镇辖自然村。人口 600。明末，顾姓于此落户立村，得名顾疃，后演变成固疃。聚落呈团块状分布。经济以种植业为主，种植小麦、玉米。有公路经此。

后三堂 371322-B09-H15
[Hòusāntáng]

在县驻地郯城街道西南方向 23.0 千米。红花镇辖自然村。人口 800。明万历年间建村，因有三座教堂，以方位名后三堂。聚落呈带状分布。经济以种植业、运输业为主，种植小麦、水稻、玉米。有公路经此。

张哨 371322-C01-H01
[Zhāngshào]

花园乡人民政府驻地。在县驻地郯城街道西南方向 25.1 千米。人口 2 200。北宋中期建村，初名郭周。北宋年间，因战争设哨所。清光绪年间，张姓来居，称张孟哨，简称张哨。聚落呈团块状分布。经济以种植业为主，种植玉米、小麦、草莓。有公路经此。

捷庄二村 371322-C01-H02
[Jiézhuāng'èrcūn]

在县驻地郯城街道西南方向 21.2 千米。花园乡辖自然村。人口 1 800。春秋时期建村，时以村南北狭长分三截，得名三截庄，演变为三捷庄。后分为前捷庄、后捷庄、捷一村，前捷庄又分为捷二、捷三村，该村为捷庄二村。聚落呈团块状分布。经济以种植业为主，种植玉米、水稻、小麦、草莓、葡萄。有公路经此。

捷庄一村 371322-C01-H03
[Jiézhuāngyīcūn]

在县驻地郯城街道西南方向 21.1 千米。花园乡辖自然村。人口 900。春秋时期建村，时以村南北狭长分三截，得名三截庄，演变为三捷庄。后分为前捷庄、后捷庄、捷一村，该村为捷庄一村。聚落呈团块状分布。经济以种植业为主，种植玉米、水稻、小麦、草莓、葡萄。有公路经此。

捷庄三村 371322-C01-H04
[Jiézhuāngsāncūn]

在县驻地郯城街道西南方向 21.5 米。花园乡辖自然村。人口 1 000。春秋时期建村，时以村南北狭长分三截，得名三截庄，演变为三捷庄。后分为前捷庄、后捷庄、捷一村，前捷庄又分为捷二、捷三村，该村为捷庄三村。聚落呈团块状分布。经济以种植业为主，种植玉米、水稻、小麦、草莓、葡萄。有公路经此。

后捷庄 371322-C01-H05
[Hòujiézhuāng]

在县驻地郯城街道西南方向 20.8 千米。花园乡辖自然村。人口 3 000。春秋时期建村，时以村南北狭长分三截，得名三截庄，演变为三捷庄。后分为前捷庄、后捷庄、捷一村，该村为后捷庄。聚落呈团块状分布。经济以种植业为主，种植玉米、水稻、小麦、草莓、葡萄。310 国道经此。

颜庄 371322-C01-H06
[Yánzhuāng]

在县驻地郯城街道西南方向 19.1 千米。花园乡辖自然村。人口 1 000。明嘉靖年间建村，村民姓氏以颜、黄二姓为主，其中颜姓居多，以姓氏得名颜家庄，简化为颜庄。聚落呈团块状分布。经济以种植业为主，种植水稻、小麦、草莓。有公路经此。

顾庄 371322-C01-H07
[Gùzhuāng]

在县驻地郯城街道西南方向 12.2 千米。花园乡辖自然村。人口 300。该村建于清道光年间，因姓氏得名。聚落呈团块状分布。经济以种植业为主，种植水稻、小麦。养殖生猪。

西宋庄 371322-C01-H08
[Xīsòngzhuāng]

在县驻地郯城街道西南方向 27.5 千米。花园乡辖自然村。人口 1 400。清乾隆年间建村。该处原是南涝沟窦姓谷场，众姓佃户聚居于此，因宋姓较多，得名宋家庄，习称宋庄。因重名，以方位更名为西宋庄。聚落呈团块状分布。经济以种植业为主，种植水稻、小麦、玉米等。有公路经此。

西周庄 371322-C01-H09
[Xīzhōuzhuāng]

在县驻地郯城街道西南方向 17.5 千米。花园乡辖自然村。人口 900。清嘉庆年间建村。因周姓居多，故名周家庄，习称周庄。因重名，以靠近白马河，更名为临河。1997 年，更名为西周庄。聚落呈团块状分布。经济以种植业为主，种植水稻、小麦等。有公路经此。

西北湾 371322-C01-H10
[Xīběiwān]

在县驻地郯城街道西南方向 16.9 千米。花园乡辖自然村。人口 800。明洪武年间，宋、许两姓在冷村西北角的白马湾处居住，得名西北湾。聚落呈团块状分布。经济以种植业为主，种植水稻、小麦等。有公路经此。

归昌 371322-C02-H01
[Guīchāng]

归昌乡人民政府驻地。在县驻地郯城街道西南方向 15.3 千米。人口 800。传说为纪念周文王（姬昌）访贤归来，更名为归昌。聚落呈团块状分布。经济以种植业、手工业、服务业为主，种植小麦、水稻。有公路经此。

幸福村 371322-C02-H02
[Xìngfúcūn]

在县驻地郯城街道西南方向 15.4 千米。归昌乡辖自然村。人口 700。唐代建村，陈、王二姓相继迁此落户，因王姓建楼，得名王楼。2014 年 5 月与吴庄合并，名幸福村。聚落呈团块状分布。经济以种植业、手工业为主，种植小麦、水稻，编织坐垫、稻草绳等，有砖厂。有公路经此。

高庄 371322-C02-H03
[Gāozhuāng]

在县驻地郯城街道西南方向 15.7 千米。归昌乡辖自然村。人口 400。清嘉庆年间，高姓自本县高炉迁此建村，故名高庄。聚落呈团块状分布。经济以种植业为主，种植小麦、水稻等。

马王 371322-C02-H04
[Mǎwáng]

在县驻地郯城街道西南方向 17.9 千米。

归昌乡辖自然村。人口 2 000。因王氏迁来，故名王庄。后因马姓来居，改名为马王。聚落呈团块状分布。经济以种植业为主，种植小麦、水稻、玉米。有公路经此。

道东 371322-C02-H05
［Dàodōng］

在县驻地郯城街道西南方向 15.1 千米。归昌乡辖自然村。人口 600。清雍正年间，朱姓一支由朱出口迁此定居，始名朱庄。清末以村筑土圩，改称朱圩子。2004 年同刘塘合并后，因在铁路东，得名道东。聚落呈带状分布。经济以种植业为主，种植小麦、水稻。胶新铁路经此。

三合 371322-C02-H06
［Sānhé］

在县驻地郯城街道西南方向 14.1 千米。归昌乡辖自然村。人口 1 500。因夏庄、单庄、焦庄三个村规模较小且紧邻，故三村合并，取同心合力之意，命名三合。聚落呈散状分布。经济以种植业、养殖业、加工业为主，种植水稻、小麦。胶济铁路经此。

老归昌 371322-C02-H07
［Lǎoguīchāng］

在县驻地郯城街道西南方向 13.7 千米。归昌乡辖自然村。人口 2 200。周代建村，时因村东有一形似龟盖高地，曾有凤鸟落此，故取村名凤凰。后与小归昌对应，改称老归昌。聚落呈团块状分布。经济以种植业为主，种植小麦、水稻。有公路经此。

刘塘 371322-C02-H08
［Liútáng］

在县驻地郯城街道西南方向 14.6 千米。归昌乡辖自然村。人口 500。该村建于明万历年间，因村中建有观音堂，刘姓居多，得名刘堂，后转化为刘塘。聚落呈带状分布。经济以种植业为主，种植小麦、水稻。有公路经此。

归昌四村 371322-C02-H09
［Guīchāngsìcūn］

在县驻地郯城街道西南方向 16.8 千米。归昌乡辖自然村。人口 1 000。该村据传建于周代，古称兴隆镇，为纪念周文王访贤归来，更名归昌。后分为五村，本村为归昌四村。聚落呈团块状分布。经济以种植业、手工业、服务业为主，种植小麦、水稻。有公路经此。

西樊 371322-C02-H10
［Xīfán］

在县驻地郯城街道西南方向 19.5 千米。归昌乡辖自然村。人口 1 500。该村建于东汉末期，原称樊盛村。明崇祯年间，杜姓兴旺，此地古有杏花盛开，取繁荣昌盛之意，始称樊盛，演变为樊村。后因在路西，改称西樊。聚落呈团块状分布。经济以种植业为主，种植小麦、水稻、洋葱、大蒜。有公路经此。

葛大 371322-C02-H11
［Gědà］

在县驻地郯城街道西南方向 18.1 千米。归昌乡辖自然村。人口 1 300。该村建于隋朝，因村西有一大土墩，众称疙瘩，故村得名疙瘩，后演变为葛大。聚落呈团块状分布。经济以种植业为主，种植小麦、水稻。有公路经此。

关庙 371322-C02-H12
［Guānmiào］

在县驻地郯城街道西南方向 11.4 千米。归昌乡辖自然村。人口 1 000。明洪武二十六年（1393），王氏由山西平遥来此落户，建村时取名王寨子。后因建庙，特此改名为关帝庙，简称关庙。聚落呈团块状分布。经济以种植业为主，种植小麦、水稻。有公路经此。

张楼 371322-C02-H13
[Zhānglóu]

在县驻地郯城街道西南方向 16.0 千米。归昌乡辖自然村。人口 1 000。南宋末期，张姓来此建村，得名张家庄。清道光年间，张姓在村内建楼一座，改称张家楼，简称张楼。聚落呈团块状分布。经济以种植业为主，种植小麦、水稻。有公路经此。

薛寨子 371322-C02-H14
[Xuēzhàizi]

在县驻地郯城街道西南方向 10.1 千米。归昌乡辖自然村。人口 1 900。唐贞观年间，薛仁贵东征曾于此安营扎寨。北宋初年，薛姓来此建村，得名薛寨子。聚落呈团块状分布。经济以种植业为主，种植小麦、水稻。有公路经此。

泉头 371322-C03-H01
[Quántóu]

泉源乡人民政府驻地。在县驻地郯城街道东北方向 20.7 千米。人口 1 700。相传，昔人行军至此，马刨地得泉，名马刨泉。初名泉儿头，后演变为今名。聚落呈团块状分布。经济以种植业为主，主产玉米、小麦等。有公路经此。

黄圈 371322-C03-H02
[Huángquān]

在县驻地郯城街道东北方向 21.8 千米。泉源乡辖自然村。人口 1 700。该村建于明嘉靖年间。原以吉祥意取名兴隆庄。后因黄姓兴旺，三面环山，又处沭河湾处，改名黄圈。聚落呈团块状分布。经济以种植

业为主，种植小麦、玉米、花生、地瓜。有公路经此。

穆柯寨 371322-C03-H03
[Mùkēzhài]

在县驻地郯城街道东北方向 15.3 千米。泉源乡辖自然村。人口 1 700。明万历年间建村。鲁氏暮时自鲁庄迁此居住，时称暮寨，后演变为穆柯寨。聚落呈团块状分布。

河疃 371322-C03-H04
[Hétuǎn]

在县驻地郯城街道东北方向 23.2 千米。泉源乡辖自然村。人口 1 400。该村建于清康熙年间，因地处丘陵，村西靠河，故称河疃。聚落呈团块状分布。经济以种植业为主，种植小麦、玉米。有公路经此。

司家 371322-C03-H05
[Sījiā]

在县驻地郯城街道东北方向 18.6 千米。泉源乡辖自然村。人口 300。清康熙年间，司姓猎户来此立村，故名司家。聚落呈带状分布。经济以种植业为主，种植小麦、玉米等。有公路经此。

社子 371322-C03-H06
[Shèzi]

在县驻地郯城街道东北方向 19.2 千米。泉源乡辖自然村。人口 800。明万历年间建村，以求社神赐福之意，取名社子。另一说，战国时代，孙膑率兵于此万箭射死庞涓，建村时得名射子，后讹化为社子。聚落呈团块状分布。经济以种植业为主，种植小麦、花生、玉米。

卸甲营 371322-C03-H07
[Xièjiǎyíng]

在县驻地郯城街道东北方向 18.3 千米。

泉源乡辖自然村。人口 1 000。传说战国时期齐伐魏，孙膑于此擒住庞涓，卸下盔甲，安营休息。明末建村时，以此取名卸甲营。聚落呈带状分布。经济以种植业为主，种植小麦、玉米。有公路经此。

王家 371322-C03-H08
[Wángjiā]

在县驻地郯城街道东北方向 20.9 千米。泉源乡辖自然村。人口 800。清雍正八年（1730），原住址毁于水患，王姓迁此立村，得名王家。聚落呈团块状分布。经济以种植业为主，种植小麦、花生、玉米。有公路经此。

集子 371322-C03-H09
[Jízi]

在县驻地郯城街道东北方向 24.6 千米。泉源乡辖自然村。人口 1 200。该村建于明崇祯年间，因三面环山，始名集山集，后演称为集子。聚落呈团块状分布。经济以种植业为主，种植小麦、玉米。有公路经此。

肖家 371322-C03-H10
[Xiāojiā]

在县驻地郯城街道东北方向 20.6 千米。泉源乡辖自然村。人口 400。清雍正八年（1730）原住址毁于水患，肖家迁此建村，得名肖家。聚落呈团块状分布。经济以种植业为主。有公路经此。

山里赵 371322-C03-H11
[Shānlǐzhào]

在县驻地郯城街道东北方向 15.1 千米。泉源乡辖自然村。人口 300。明永乐年间，赵姓自山西洪洞县迁此建村，始名赵家，后因四面环山，取名山里赵。聚落呈团块状分布。经济以种植业为主，种植小麦、玉米、地瓜。有公路经此。

裂庄 371322-C03-H12
[Lièzhuāng]

在县驻地郯城街道东北方向 21.9 千米。泉源乡辖自然村。人口 1 100。清同治三年（1864），散居马陵山东坡之周、李等姓集居于此，因李姓居多，始名李庄。民国初，土匪多次攻打该村，均未攻破，故称烈庄，后演为裂庄。聚落呈团块状分布。经济以种植业为主，种植小麦、玉米、花生。有公路经此。

后城 371322-C03-H13
[Hòuchéng]

在县驻地郯城街道东北方向 21.7 千米。泉源乡辖自然村。人口 1 000。据考证，该处系春秋时郯邑遗址，因居其后，故称后城。聚落呈团块状分布。经济以种植业为主，种植小麦、花生、玉米、地瓜、黄烟。有公路经此。

前城 371322-C03-H14
[Qiánchéng]

在县驻地郯城街道东北方向 21.8 千米。泉源乡辖自然村。人口 800。据考证，该处系春秋时郯邑遗址，因居其前，故称前城。聚落呈团块状分布。经济以种植业为主，种植小麦、花生、玉米、地瓜。有公路经此。

富康新村一组 371322-C03-H15
[Fùkāngxīncūnyīzǔ]

在县驻地郯城街道东北方向 17.6 千米。泉源乡辖自然村。人口 1 000。明初，朱姓由三里汪分居于此，以方位称东三里汪，后简化为东三汪村。2010 年，因与西吉庄村合并，寓意富裕、安康，名富康新村。后分为两个组，此称富康新村一组。聚落呈团块状分布。经济以种植业为主，种植玉米、小麦等。有公路经此。

南毛 371322-C03-H16

[Nánmáo]

在县驻地郯城街道东北方向 16.8 千米。泉源乡辖自然村。人口 1 000。明嘉靖年间，郭姓与王姓在此建村荣贵庄。清雍正年间发洪水，毛姓迁入，以方位称南毛。聚落呈团块状分布。经济以种植业为主，种植玉米、小麦等。有公路经此。

翁屯 371322-C03-H17

[Wēngtún]

在县驻地郯城街道东北方向 24.8 千米。泉源乡辖自然村。人口 1 000。明永乐年间，翁姓人自山西洪洞县迁此立村，故名翁家屯，简化为翁屯。聚落呈团块状分布。经济以种植业为主，种植玉米、小麦等。有公路经此。

沂水县

城市居民点

沂河明珠 371323-I01

[Yíhé Míngzhū]

在县城西北部。人口 12 000。总面积 26.25 公顷。依傍沂河，名称寓意河畔明珠。2006 年始建，2008 年正式使用。建筑总面积 510 000 平方米，住宅楼 95 栋，其中高层 26 栋、多层 69 栋，现代建筑特点。绿化率 56.2%。有超市等配套设施。通公交车。

河东岸 371323-I02

[Hédōng'àn]

在县城西北部。人口 4 800。总面积 9.5 公顷。小区处大沂河城区段东侧，打造"生活是河，幸福是岸"的理念，故名。2011 年始建，2014 年正式使用。建筑总面积 264 000 平方米，住宅楼 21 栋，其中高层 14 栋、多层 7 栋，法式建筑特点。绿化率 35.6%。有幼儿园、超市等配套设施。

胜利花园 371323-I03

[Shènglì Huāyuán]

在县城南部。人口 2 800。总面积 7 公顷。寓意胜利成功，故名。2004 年始建，2005 年正式使用。建筑总面积 119 400 平方米，多层住宅楼 24 栋，现代建筑特点。绿化率 30%。有学校、超市等配套设施。

东方名城 371323-I04

[Dōngfāng Míngchéng]

在县城中部。人口 3 250。总面积 5.8 公顷。寓意东方名士所居之城，故名。2007 年始建，2009 年正式使用。建筑总面积 128 000 平方米，多层住宅楼 34 栋，现代建筑特点。绿化率 36.2%。有超市等配套设施。

南湖庄园 371323-I05

[Nánhú Zhuāngyuán]

在县城南部。人口 1 725。总面积 5.8 公顷。处县城南部，意为山水庄园式小区，故名。2004 年始建，2006 年正式使用。建筑总面积 70 300 平方米，多层住宅楼 17 栋，现代建筑特点。绿化率 35.0%。有超市等配套设施。

沂华荣都 371323-I06

[Yíhuá Róngdū]

在县城中部。人口 750。总面积 1.4 公顷。寓意荣华富贵，故名。2010 年始建，2011 年正式使用。建筑总面积 21 000 平方米，住宅楼 11 栋，其中高层 4 栋、多层 7 栋，现代建筑特点。绿化率 38%。有超市等配套设施。通公交车。

金水湾花园 371323-I07

[Jīnshuǐwān Huāyuán]

在县城东部。人口3 000。总面积7.8公顷。小区西邻埠东河,寓意环境优美,故名。2009年始建,2011年正式使用。建筑总面积145 000平方米,住宅楼29栋,其中高层9栋、多层20栋,现代建筑特点。绿化率30%。有超市等配套设施。通公交车。

金龙湾 371323-I08

[Jīnlóngwān]

在县城北部。人口1 500。总面积3公顷。小区三面临河,似龙环绕,以美好寓意命名。2010年始建,2013年正式使用。建筑总面积65 000平方米,住宅楼10栋,其中高层9栋、多层1栋,现代建筑特点,有别墅8栋。有学校等配套设施。

山水文园 371323-I09

[Shānshuǐ Wényuán]

在县城南部。人口4 287。总面积13公顷。寓意山水花园式小区。2011年始建,2013年正式使用。建筑总面积200 000平方米,住宅楼22栋,其中高层19栋、多层3栋,现代建筑特点。绿化率45%。有超市、学校等配套设施。

滨河绿洲 371323-I10

[Bīnhé Lǜzhōu]

在县城中部。人口5 060。总面积9.8公顷。沿沂河而建,绿洲为鲁洲谐音,代表开发公司,故名。2009年始建,2011年正式使用。建筑总面积230 000平方米,高层住宅楼34栋,现代建筑特点。绿化率50%。有学校、市场等配套设施。

金梦圆 371323-I11

[Jīnmèngyuán]

在县城中部。人口2 142。总面积11.48公顷。寓意富贵、圆梦,故名。2008年始建,2011年正式使用。建筑总面积190 000平方米,住宅楼39栋,其中高层9栋、多层30栋,现代建筑特点。绿化率26%。有学校、医院等配套设施。

大名城 371323-I12

[Dàmíng Chéng]

在县城中部。人口4 800。总面积15公顷。寓意历史悠久、人杰地灵,故名。2008年始建,2010年正式使用。建筑总面积225 000平方米,住宅楼31栋,其中高层12栋、多层19栋,现代建筑特点,有别墅2栋。绿化率30%。有超市、学校、医院等配套设施。通公交车。

如意家园 371323-I13

[Rúyì Jiāyuán]

在县城中部。人口3 240。总面积12.3公顷。寓意和谐美满、事事如意,故名。一期2009年始建,2011年正式使用;二期2012年始建,2013年正式使用;三期2013年始建,2014年正式使用。建筑总面积185 000平方米,住宅楼31栋,其中高层4栋、多层27栋,现代建筑特点。绿化率65%。有超市、学校、医院、广场等配套设施。通公交车。

锦绣花苑 371323-I14

[Jǐnxiù Huāyuàn]

在县城南部。人口1 420。总面积2.2公顷。寓意锦绣河川、鲜花满园,故名。2002年始建,2003年正式使用。建筑总面积37 000平方米,多层住宅楼13栋,现代建筑特点。绿化率30.0%。有超市等配套设施。

盛世豪庭 371323-I15
[Shèngshì Háotíng]

在县城中部。人口 3 300。总面积 6.2 公顷。寓意太平盛世、家居豪庭，故名。2008 年始建，2010 年正式使用。建筑总面积 152 900 平方米，住宅楼 30 栋，其中高层 1 栋、多层 29 栋，现代建筑特点。绿化率 30%。有超市、学校等配套设施。通公交车。

北园春天 371323-I16
[Běiyuán Chūntiān]

在县城北部。人口 1 420。总面积 2.5 公顷。因位于县城北部，故名。2010 年始建，2011 年正式使用。建筑总面积 37 000 平方米，多层住宅楼 8 栋，现代建筑特点。绿化率 30%。有学校等配套设施。通公交车。

雅圣苑 371323-I17
[Yǎshèng Yuàn]

在县城东部。人口 2 470。总面积 7.1 公顷。寓意典雅圣洁，故名。2003 年始建，2005 年正式使用。建筑总面积 110 000 平方米，多层住宅楼 27 栋，现代建筑特点。绿化率 38%。有超市等配套设施。

翰林华府 371323-I18
[Hànlín Huáfǔ]

在县城中部。人口 1 560。总面积 3 公顷。寓意位居翰林、书香世家、百年华府，故名。2009 年始建，2012 年正式使用。建筑总面积 110 000 平方米，多层住宅楼 19 栋，现代建筑特点。绿化率 30%。有超市、学校等配套设施。通公交车。

阳光新城 371323-I19
[Yángguāng Xīnchéng]

在县城东部。人口 2 300。总面积 5.4 公顷。地处县城东部高地，是太阳升起照耀的第一个区域，寓意温馨美好。2006 年始建，2007 年正式使用。建筑总面积 92 800 平方米，多层建筑楼 22 栋，现代建筑特点。绿化率 35%。有超市、学校等配套设施。通公交车。

信合家园 371323-I20
[Xìnhé Jiāyuán]

在县城南部。人口 2 100。总面积 10.6 公顷。为信用联社职工集中居住之地，故名。2009 年始建，2011 年正式使用。建筑总面积 162 000 平方米，住宅楼 14 栋，其中高层 12 栋、多层 2 栋，现代建筑特点。绿化率 20%。有学校等配套设施。通公交车。

农村居民点

大伴城 371323-A01-H01
[Dàbànchéng]

在县驻地沂城街道西北方向 15.0 千米。沂城街道辖自然村。人口 1 200。传说古代此地曾建过城池，因半途而废，故有半城之说，村以此得名半城。后"半"演变为"伴"，因重名，更名大伴城。聚落呈团块状分布。有文体广场 1 处。经济以种植业为主，种植蔬菜、花生、玉米、小麦等。有公路经此。

东山 371323-A01-H02
[Dōngshān]

在县驻地沂城街道西北方向 12.0 千米。沂城街道辖自然村。人口 1 300。明万历年间，傅姓因受洪水威胁，投奔村东名董山者居住，遂以"董山"为村名。后"董"演变为"东"，名东山。聚落呈团块状分布。有文体广场 1 处、小学 1 处。有树龄 360 年国槐 1 棵。经济以种植业为主，种植蔬菜、花生、玉米、小麦等。有公路经此。

跋山店子 371323-A01-H03
[Báshāndiànzi]

在县驻地沂城街道西北方向 10.0 千米。沂城街道辖自然村。人口 1 000。村处跋山东麓，早年武姓开店为业，以此得名跋山店子。聚落呈团块状分布。有文体广场 1 处。经济以种植业为主，种植花生、玉米、小麦等。有公路经此。

前古城 371323-A01-H04
[Qiángǔchéng]

在县驻地沂城街道西北方向 9.0 千米。沂城街道辖自然村。人口 800。因近古城遗址得名。明初，因重名，称前古城。聚落呈带状分布。有文化广场 1 处。经济以种植业为主，种植玉米、小麦、花生等。有公路经此。

武家洼 371323-A01-H05
[Wǔjiāwā]

在县驻地沂城街道西北方向 8.0 千米。沂城街道辖自然村。人口 3 500。元初，李姓立村，以村处土岭之南，得名埠南头。后武姓人盛，地势低洼，遂更名为武家洼。聚落呈团块状分布。有小学 1 处、文化广场 1 处。经济以种植业为主，种植玉米、小麦、花生等。有公路经此。

前庞家庄 371323-A01-H06
[Qiánpángjiāzhuāng]

在县驻地沂城街道西北方向 10.0 千米。沂城街道辖自然村。人口 900。庞姓来此居住，形成两个小村，该村居前，名前庞家庄。聚落呈团块状分布。有文化广场 1 处。经济以种植业为主，种植玉米、小麦、花生等。有公路经此。

北松峰 371323-A01-H07
[Běisōngfēng]

在县驻地沂城街道北方向 19.0 千米。沂城街道辖自然村。人口 1 600。村东南峰头山早年松树甚多，村以此取名松峰头，后简称松峰。南松峰建村后，即与其对称，名北松峰。聚落呈带状分布。有小学、文化广场。经济以种植业为主，种植小麦、花生、玉米等。有公路经此。

前善疃 371323-A01-H08
[Qiánshàntuǎn]

在县驻地沂城街道西北方向 7.5 千米。沂城街道辖自然村。人口 700。明初单姓立村，以村临河边沙滩，得名单滩。村处同名村之前，故名前单滩。后单姓泯迹，武姓十五世武永沂于清乾隆年间自后单滩徙此，遂演变为前善疃。聚落呈团块状分布。经济以种植业为主，种植玉米、小麦等。有公路经此。

友兰官庄 371323-A01-H09
[Yǒulánguānzhuāng]

在县驻地沂城街道西北方向 7.5 千米。沂城街道辖自然村。人口 1 200。明初，于、杨两姓迁此立村。万历年间，张姓九世张第在、张弟友兄弟二人由小峪村迁此，因此地原系南张庄邹姓大户"栏牛"之处，习称"牛栏"，后人遂以牛栏官庄为村名。1964 年，改称友兰官庄。聚落呈团块状分布。有文化广场 1 处、小学 1 处。经济以种植业为主，种植苹果、黄烟、玉米、小麦、花生等。有公路经此。

前石良 371323-A01-H10
[Qiánshíliáng]

在县驻地沂城街道西北方向 6.1 千米。沂城街道辖自然村。人口 900。因处几个石良村之前，取名前石良。聚落呈团块状分布。有文化广场 2 处、小学 1 处。经济以工副业为主。有公路经此。

前贺庄 371323-A01-H11
[Qiánhèzhuāng]

在县驻地沂城街道西北方向 5.2 千米。沂城街道辖自然村。人口 1 100。贺姓家境颇富，名望高，故以贺姓名村。1944 年，为与同名村对称，名前贺庄。聚落呈团块状分布。经济以种植业、养殖业为主。有文化广场 1 处。有公路经此。

田庄 371323-A01-H12
[Tiánzhuāng]

在县驻地沂城街道西北方向 4.0 千米。沂城街道辖自然村。人口 2 700。初名芙蓉官庄，后因闹虫灾，村移至南低洼处填洼建房，以此更名填庄，后演变为田庄。聚落呈团块状分布。有文化广场 1 处。经济以种植业、养殖业为主。有公路经此。

徐家洼 371323-A01-H13
[Xújiāwā]

在县驻地沂城街道北方向 2.0 千米。沂城街道辖自然村。人口 1 300。徐姓于洼地立村，故名。聚落呈团块状分布。有文化广场、幼儿园等。经济以商业为主。有公路经此。

姚家官庄 371323-A01-H14
[Yáojiāguānzhuāng]

在县驻地沂城街道北方向 2.5 千米。沂城街道辖自然村。人口 600。明初，姚姓来此垦种官地，后成村庄，取名姚家官庄。聚落呈团块状分布。有文化广场等。经济以商业为主。有公路经此。

李家洼 371323-A01-H15
[Lǐjiāwā]

在县驻地沂城街道北方向 2.5 千米。沂城街道辖自然村。人口 800。明成化年间，李姓自安丘县下坡迁此立村，村处洼地，故名。聚落呈团块状分布。经济以商业为主。有公路经此。

大梨行 371323-A01-H16
[Dàlíháng]

在县驻地沂城街道东北方向 4.5 千米。沂城街道辖自然村。人口 2 000。明初，杜姓定居成村，以姓取名杜家庄。姚、胥、张、王等姓继至。后杜姓他迁，遂以村近处有梨树行子而更名为梨行，后为与同名村对称，名大梨行。聚落呈团块状分布。有文化广场等。经济以种植业为主，种植玉米、黄烟、小麦。有公路经此。

长安庄 371323-A01-H17
[Cháng'ānzhuāng]

在县驻地沂城街道北方向 6.0 千米。沂城街道辖自然村。人口 1 800。南宋年间，孟姓立村。村西北沟涧中多桃树，春天桃花盛开，桃花涧之名始于此。1914 年，以吉祥意改称长安庄。聚落呈团块状分布。有小学、文化广场等。经济以种植业为主，种植玉米、黄烟、小麦。有公路经此。

双龙 371323-A01-H18
[Shuānglóng]

在县驻地沂城街道东北方向 6.0 千米。沂城街道辖自然村。人口 1 000。村址原系景家庄景姓圈羊之地，习称羊圈，沿袭为村名。2000 年，以临双龙河更村名为双龙。聚落呈团块状分布。有文化广场 1 处。经济以种植业为主，种植小麦、玉米、花生、红薯。有公路经此。

唐家庄子 371323-A01-H19

[Tángjiāzhuāngzi]

在县驻地沂城街道东北方向 4.6 千米。沂城街道辖自然村。人口 700。明初，唐姓始居成村，故名。聚落呈团块状分布。有文化广场 1 处。经济以种植业为主，种植小麦、玉米、花生、红薯。有公路经此。

冯家庄 371323-A01-H20

[Féngjiāzhuāng]

在县驻地沂城街道东方向 1.5 千米。沂城街道辖自然村。人口 1 300。明崇祯年间，冯氏迁居于此，以姓名村。聚落呈团块状分布。有文化广场 1 处。经济以种植业、养殖业为主。有公路经此。

黄泥崖 371323-A01-H21

[Huángníyá]

在县驻地沂城街道东方向 2.0 千米。沂城街道辖自然村。人口 800。清康熙年间，赵姓定居成村。村前黄土崖下雨后多泥，以此得名黄泥崖。聚落呈团块状分布。有文化广场 1 处。经济以种植业、养殖业为主。有公路经此。

毛家窑 371323-A01-H22

[Máojiāyáo]

在县驻地沂城街道东北方向 3.0 千米。沂城街道辖自然村。人口 1 100。明初，毛姓居此，以烧窑为业，得名毛家窑。聚落呈团块状分布。有文化广场 1 处。经济以种植业、养殖业为主。有公路经此。

前晏家铺 371323-A01-H23

[Qiányànjiāpù]

在县驻地沂城街道东南方向 3.0 千米。沂城街道辖自然村。人口 1 900。晏姓于近古驿站处立村，又位于同名村之前，故名。

聚落呈团块状分布。有文化广场 2 处。经济以种植业、养殖业为主。有公路经此。

刘官庄 371323-A01-H24

[Liúguānzhuāng]

在县驻地沂城街道西北方向 18.0 千米。沂城街道辖自然村。人口 1 200。明朝中叶，刘姓迁此立村，时村东已有几个以官庄取名村，遂取名刘官庄。聚落呈团块状分布。有文化广场等。经济以种植业为主，种植小麦、玉米、花生等。有公路经此。

孔家庄 371323-A01-H25

[Kǒngjiāzhuāng]

在县驻地沂城街道北方向 11.0 千米。沂城街道辖自然村。人口 1 800。明初，孔姓六十二世孔文展自岜山迁此定居，以姓名村。聚落呈团块状分布。有文化广场等。经济以种植业为主，种植小麦、花生、玉米、黄烟等。有公路经此。

北张庄 371323-A01-H26

[Běizhāngzhuāng]

在县驻地沂城街道西北方向 9.0 千米。沂城街道辖自然村。人口 1 300。以村处张古山之北得名北张庄。聚落呈散状分布。有文化广场 1 处。经济以种植业为主，种植黄烟、苹果、玉米、小麦等。有公路经此。

西朱家庄 371323-A01-H27

[Xīzhūjiāzhuāng]

在县驻地沂城街道北方向 1.5 千米。沂城街道辖自然村。人口 1 200。朱姓始居，以姓得名。1944 年，始与同名村对称名西朱家庄。聚落呈团块状分布。有文化广场、幼儿园等。经济以商业为主。有公路经此。

七里堡子 371323-A01-H28
[Qīlǐbǎozi]

在县驻地沂城街道北方向 3.5 千米。沂城街道辖自然村。人口 1 100。村距沂城七华里，故名七里堡子。聚落呈团块状分布。有中学、文化广场等。经济以种植业、商业为主。有公路经此。

长家沟 371323-A01-H29
[Chángjiāgōu]

在县驻地沂城街道东北方向 6.7 千米。沂城街道辖自然村。人口 1 500。明末，耿姓为躲避土匪，自沂水西北张耿村迁此立村，以村处山沟，得名藏家沟，后演变为长家沟。聚落呈团块状分布。有文化广场 1处。经济以种植业为主，种植小麦、玉米、花生、红薯。有公路经此。

东院 371323-A01-H30
[Dōngyuàn]

在县驻地沂城街道东方向 4.0 千米。沂城街道辖自然村。人口 2 400。建村时雪山下有尼姑庵院，村处尼姑庵院的上方，得名院上。1958 年，以处镇境东部，改称东院。聚落呈带状分布。有文化广场 1 处。有国家 AAAA 级雪山彩虹谷景区。经济以种植业、旅游业为主，种植小麦、玉米、花生、棉花、地瓜等。有公路经此。

金牛官庄 371323-A01-H31
[Jīnniúguānzhuāng]

在县驻地沂城街道西北方向 13.0 千米。沂城街道辖自然村。人口 400。早年间，村民在河边淘金，所得之金能铸成一头金牛，以村处官地，取名金牛官庄。聚落呈团块状分布。有文体广场 1 处。经济以种植业为主，种植黄烟、花生、玉米、小麦等。有公路经此。

马站 371323-B01-H01
[Mǎzhàn]

马站镇人民政府驻地。在县驻地沂城街道北方向 33.5 千米。人口 3 400。因清初设驿站得名。聚落呈带状分布。有学校 2 处、文化广场 2 处。经济以种植业为主，种植小麦、花生、玉米。有地毯厂、皮毛加工厂。省道东红路、泰薛路经此。

黄家店子 371323-B01-H02
[Huángjiādiànzi]

在县驻地沂城街道北方向 31.6 千米。马站镇辖自然村。人口 1 300。因村坐落在南北向大路旁，黄姓曾开设店铺，故名黄家店子。聚落呈散状分布。有文化广场 1 处、幼儿园 1 处、图书室 1 处。经济以种植业、商业为主，种植小麦、花生、玉米。省道东红路经此。

杨家城子 371323-B01-H03
[Yángjiāchéngzi]

在县驻地沂城街道北方向 33.5 千米。马站镇辖自然村。人口 3 800。南宋时期杨姓居此。明初村名仁和寨。清朝中期，因村处古城遗址，改称杨家城子。聚落呈散状分布。有幼儿园、小学、中学、文化广场、图书室。经济以种植业、商业为主，种植小麦、花生、玉米。有公路经此。

南郭家湖 371323-B01-H04
[Nánguōjiāhú]

在县驻地沂城街道北方向 34.0 千米。马站镇辖自然村。人口 700。村周多湖、洼地，以郭姓取名郭家湖。明万历年间，因北郭家湖立村，遂对称南郭家湖。聚落呈散状分布。有文化广场 1 处、图书室 1 处。经济以种植业为主，种植小麦、玉米、花生等。有公路经此。

石家庄 371323-B01-H05
[Shíjiāzhuāng]

在县驻地沂城街道北方向 31.4 千米。马站镇辖自然村。人口 700。明初，石姓始居，以姓名村。聚落呈团块状分布。有文化广场 1 处、图书室 1 处。经济以种植业为主，种植小麦、玉米、花生等。有公路经此。

王井 371323-B01-H06
[Wángjǐng]

在县驻地沂城街道北方向 32.0 千米。马站镇辖自然村。人口 700。明成化年间，王姓自费县西关迁此立村，耿、柳二姓先后来此，三姓合议取名王家耿柳庄，1958 年改称王井。聚落呈团块状分布。有文化广场、小学、图书室。经济以种植业为主，种植小麦、玉米、花生等。有公路经此。

天桥官庄 371323-B01-H07
[Tiānqiáoguānzhuāng]

在县驻地沂城街道北方向 33.5 千米。马站镇辖自然村。人口 1 000。初以吉祥意取名永兴庄，后因村北天桥沟筑一石桥，而改称天桥官庄。聚落呈团块状分布。有文化广场 1 处、图书室 1 处。经济以种植业为主，种植小麦、玉米、花生等。有公路经此。

书堂旺 371323-B01-H08
[Shūtángwàng]

在县驻地沂城街道西北方向 35.0 千米。马站镇辖自然村。人口 1 700。村处山旺中，村北三官庙设有书堂，取名书堂旺。聚落呈散状分布。有文化广场 1 处、图书室 1 处。经济以种植业为主，种植小麦、玉米、花生等。有公路经此。

王家旺 371323-B01-H09
[Wángjiāwàng]

在县驻地沂城街道西北方向 37.0 千米。马站镇辖自然村。人口 1 200。以姓取名王家庄。因重名，更名为王家旺。聚落呈散状分布。有文化广场 1 处、图书室 1 处。经济以种植业为主，种植小麦、玉米、花生等。有公路经此。

吴家庄 371323-B01-H10
[Wújiāzhuāng]

在县驻地沂城街道北方向 36.0 千米。马站镇辖自然村。人口 1 300。以姓取名。聚落呈散状分布。有文化广场 1 处、图书室 1 处。经济以种植业为主，种植小麦、玉米、花生等。有公路经此。

上窑 371323-B01-H11
[Shàngyáo]

在县驻地沂城街道北方向 33.0 千米。马站镇辖自然村。人口 800。村址居下窑村上，故称上窑。聚落呈团块状分布。有文化广场 1 处、图书室 1 处。经济以种植业为主，主产小麦、玉米、花生等。有公路经此。

珠江店子 371323-B01-H12
[Zhūjiāngdiànzi]

在县驻地沂城街道北方向 28.6 千米。马站镇辖自然村。人口 1 100。明成化年间，冯三会自益都冯家老庄徙此，村建在临近珠江故城的南北大道旁，有开设店铺者，以此得名珠江店子。聚落呈团块状分布。有文化广场 1 处、图书室 1 处。经济以种植业为主，种植小麦、玉米。有公路经此。

杏山店 371323-B01-H13
[Xìngshāndiàn]

在县驻地沂城街道北方向 28.6 千米。

马站镇辖自然村。人口 1 300。村靠杏山，王姓曾开设店铺，故名杏山店。聚落呈团块状分布。有文化广场、图书室。经济以种植业为主，种植小麦、玉米、花生等。有公路经此。

神林店 371323-B01-H14
[Shénlíndiàn]

在县驻地沂城街道北方向 35.0 千米。马站镇辖自然村。人口 1 100。神姓在树林旁开设店铺，故名神林店。聚落呈团块状分布。有文化广场 1 处、图书室 1 处。经济以种植业、养殖业为主，种植小麦、花生、玉米等，养殖生猪、肉鸡。省道东红公路经此。

东旺庄 371323-B01-H15
[Dōngwàngzhuāng]

在县驻地沂城街道北方向 36.0 千米。马站镇辖自然村。人口 1 100。村处南山旺中，与村西同名村对称，名东旺庄。聚落呈团块状分布。有文化广场 1 处、图书室 1 处。经济以种植业为主，种植小麦、玉米、花生等。有公路经此。

古峰台 371323-B01-H16
[Gǔfēngtái]

在县驻地沂城街道北方向 35.7 千米。马站镇辖自然村。人口 1 300。以汉、回族为主，回族占 5%。孔姓居此时，于村北筑大土台祭奠其祖宗，以此得名孔府坛。1937 年，以谐音演变为古峰台。聚落呈团块状分布。有文化广场 1 处、图书室 1 处、学校 1 处。经济以种植业为主，种植小麦、玉米、花生等。有公路经此。

西旺庄 371323-B01-H17
[Xīwàngzhuāng]

在县驻地沂城街道北方向 36.0 千米。

马站镇辖自然村。人口 900。因村坐落于王庄以西，故名西王庄，后演变为西旺庄。聚落呈团块状分布。有文化广场 1 处、图书室 1 处。经济以种植业为主，种植小麦、玉米、花生、黄烟等。有公路经此。

斜官庄 371323-B01-H18
[Xiéguānzhuāng]

在县驻地沂城街道北方向 37.4 千米。马站镇辖自然村。人口 900。村邻河，居民顺地势建房，房屋向一侧倾斜，故名斜官庄。聚落呈团块状分布。有文化广场 1 处、图书室 1 处。经济以种植业、养殖业为主，种植小麦、花生、玉米等，养殖生猪、肉鸡。有公路经此。

朱刘店 371323-B01-H19
[Zhūliúdiàn]

在县驻地沂城街道北方向 38.4 千米。马站镇辖自然村。人口 700。因朱、刘二姓人众，临路设店铺，故名。聚落呈团块状分布。有文化广场、图书室、小学。经济以种植业、养殖业为主，种植小麦、花生、玉米等，养殖生猪、肉鸡。省道东红公路经此。

石硱 371323-B01-H20
[Shílá]

在县驻地沂城街道北方向 40.0 千米。马站镇辖自然村。人口 1 000。因村近处山上有耸立的大岩石，得名石硱。聚落呈团块状分布。有文化广场 1 处、图书室 1 处。经济以种植业、养殖业为主，种植小麦、花生、玉米等，养殖肉兔。有公路经此。

徐家店子 371323-B01-H21
[Xújiādiànzi]

在县驻地沂城街道北方向 27.0 千米。马站镇辖自然村。人口 800。明成化年间，徐勉来此定居,地处南北大道旁,徐姓曾开设店房,以此得名徐家店子。聚落呈带状分布。有文化广场1处、小学1处、图书室1处。经济以种植业为主,种植小麦、玉米。有公路经此。

上高庄 371323-B01-H22
[Shànggāozhuāng]

在县驻地沂城街道北方向29.0千米。马站镇辖自然村。人口1 400。因村坐落在岭上,地势较高,故名高庄。明末,张姓于村南较低处建立下高庄,遂与其对称名上高庄。聚落呈带状分布。有文化广场1处、图书室1处。经济以种植业为主,种植小麦、玉米。长深高速经此。

郭家庙子 371323-B01-H23
[Guōjiāmiàozi]

在县驻地沂城街道北方向36.6千米。马站镇辖自然村。人口900。以汉、回族为主,其中回族占50%。明朝中叶,郭姓始居建村,初名郭家庄。后郭姓犯律被抄无人。清顺治年间,王复元自昌乐尧沟来居,继有回族沙、马等姓迁此,因村西建有三官庙,故改称郭家庙子。聚落呈团块状分布。有文化广场1处、图书室1处。经济以种植业、养殖业为主,种植小麦、花生、玉米等,养殖牛、羊。有公路经此。

沙家庄 371323-B01-H24
[Shājiāzhuāng]

在县驻地沂城街道北方向36.3千米。马站镇辖自然村。人口300。回族占100%。曹姓于明洪武年间建村,以姓取名曹家庄。后有沙姓迁入。明崇祯年间曹姓他迁,沙姓为主,故改称沙家庄。聚落呈团块状分布。有文化广场1处、图书室1处。是山东省传统古村落。经济以种植业、养

殖业为主,种植小麦、花生、玉米等,养殖牛、羊。有公路经此。

蒋家后沟 371323-B01-H25
[Jiǎngjiāhòugōu]

在县驻地沂城街道北方向35.9千米。马站镇辖自然村。人口700。以汉、回族为主,其中回族占35%。蒋姓于明洪武年间迁此立村,村处一大沟后,取名蒋家后沟。聚落呈团块状分布。有文化广场1处、图书室1处。经济以种植业、养殖业为主,种植小麦、花生、玉米等,养殖牛、羊。有公路经此。

西河 371323-B01-H26
[Xīhé]

在县驻地沂城街道北方向38.0千米。马站镇辖自然村。人口100。村处西河西岸,以河得名。聚落呈团块状分布。有文化广场1处、图书室1处。经济以种植业、养殖业为主,种植小麦、花生、玉米等,养殖生猪、肉鸡等。有公路经此。

关顶 371323-B01-H27
[Guāndǐng]

在县驻地沂城街道北方向41.0千米。马站镇辖自然村。人口600。明初建村,以村处"齐长城穆陵关"之巅得名。聚落呈带状分布。有文化广场1处。有国家级文物保护单位齐长城穆陵关遗址。为中国传统古村落。经济以种植业、旅游业为主,种植玉米、小麦等。省道东红路经此。

祉村 371323-B01-H28
[Zhǐcūn]

在县驻地沂城街道东北方向27.0千米。马站镇辖自然村。人口1 800。原村址地势低洼,易遭水灾,后迁岭上,以祈福之意

取名祉村。聚落呈团块状分布。有文化广场1处。经济以种植业为主,种植小麦、玉米、花生等。有公路经此。

高桥 371323-B02-H01

[Gāoqiáo]

高桥镇人民政府驻地。在县驻地沂城街道北方向20.0千米。人口1 300。以村北有石拱桥得名。聚落呈散状分布。有幼儿园、小学、中学、文化广场等。经济以商业为主。东红公路经此。

沭水南岭 371323-B02-H02

[Shùshuǐnánlǐng]

在县驻地沂城街道北方向23.5千米。高桥镇辖自然村。人口1 200。明万历年间,徐姓自今沂南县司马村迁此建村,故名。聚落呈散状分布。有文化广场1处、图书室1处、小学1处。经济以种植业为主,种植玉米、小麦等。有公路经此。

小瓮山 371323-B02-H03

[Xiǎowèngshān]

在县驻地沂城街道北方向21.5千米。高桥镇辖自然村。人口1 800。明永乐年间,秦姓自昌乐县高崖迁此,因烧制陶瓷,与大瓮山对称,名小瓮山。聚落呈团块状分布。有文化广场1处、图书室1处、幼儿园1处。经济以种植业为主,种植玉米、小麦等。有公路经此。

傅家长林 371323-B02-H04

[Fùjiāchánglín]

在县驻地沂城街道北方向19.0千米。高桥镇辖自然村。人口1 100。因此处原有一长数里的树林,称长林,在此一带建村者,皆以"长林"为名,冠以姓氏称谓。明永乐年间,傅姓建村,故名。聚落呈团块状分布。有文化广场1处、图书室1处。

经济以种植业为主,种植玉米、小麦等。有公路经此。

木山 371323-B02-H05

[Mùshān]

在县驻地沂城街道北方向26.0千米。高桥镇辖自然村。人口1 700。以北临木山得名。聚落呈散状分布。有文化广场1处、图书室1处。经济以种植业为主,种植玉米、小麦等。有公路经此。

阎家宅 371323-B02-H06

[Yánjiāzhái]

在县驻地沂城街道北方向20.0千米。高桥镇辖自然村。人口1 200。村南曾有阎氏住宅,后人习称此地为阎家宅。聚落呈团块状分布。有文化广场1处、图书室1处。经济以种植业为主,种植小麦、玉米、花生等。有公路经此。

袁家荣仁 371323-B02-H07

[Yuánjiāróngrén]

在县驻地沂城街道北方向24.5千米。高桥镇辖自然村。人口600。因村民希望繁荣,注重仁义,故以"荣仁"为名,冠以姓氏称谓。李、吴二姓来此为界湖的袁姓大户种地,故名袁家荣仁。聚落呈团块状分布。有文化广场1处、图书室1处、幼儿园1处。经济以种植业为主,种植玉米、林果、小麦等。有公路经此。

柳子沟 371323-B02-H08

[Liǔzigōu]

在县驻地沂城街道北方向17.5千米。高桥镇辖自然村。人口1 100。村侧一沟长满柳子,得名柳子沟,村以沟取名。聚落呈散状分布。有文化广场1处、图书室1处。经济以种植业为主,种植玉米、小麦等。有公路经此。

徐家牛旺 371323-B02-H09
[Xújiāniúwàng]

在县驻地沂城街道北方向 24.5 千米。高桥镇辖自然村。人口 500。芳姓于元初居此，清初徐姓迁居此地，随邻村李家牛旺，取名徐家牛旺。聚落呈团块状分布。有文化广场 1 处、图书室 1 处、小学 1 处。经济以种植业为主，种植玉米、小麦等。有公路经此。

沭水 371323-B02-H10
[Shùshuǐ]

在县驻地沂城街道北方向 24.0 千米。高桥镇辖自然村。人口 500。以村临沭河而得名沭水。聚落呈散状分布。有文化广场 1 处、图书室 1 处。经济以种植业为主，种植玉米、小麦等。有公路经此。

富泉官庄 371323-B02-H11
[Fùquánguānzhuāng]

在县驻地沂城街道北方向 24.0 千米。高桥镇辖自然村。人口 1 000。村侧有一旺泉，以吉祥意取名富泉官庄。聚落呈团块状分布。有文化广场 1 处、图书室 1 处。经济以种植业为主，种植玉米、小麦等。有公路经此。

大瓮山 371323-B02-H12
[Dàwèngshān]

在县驻地沂城街道北方向 21.5 千米。高桥镇辖自然村。人口 2 000。初名大芙蓉，后以村靠山，且烧制陶瓮，改称瓮山。小瓮山建村后，与之对称，更名大瓮山。聚落呈团块状分布。有文化广场 1 处、图书室 1 处。经济以种植业为主，种植玉米、小麦等。有公路经此。

大路官庄 371323-B02-H13
[Dàlùguānzhuāng]

在县驻地沂城街道北方向 22.0 千米。高桥镇辖自然村。人口 800。早年南北大路经村，得名大路官庄。聚落呈团块状分布。有文化广场 1 处、图书室 1 处。经济以种植业为主，种植玉米、小麦等。有公路经此。

马家方庄 371323-B02-H14
[Mǎjiāfāngzhuāng]

在县驻地沂城街道北方向 23.5 千米。高桥镇辖自然村。人口 1 000。明代官府曾令四个居民点为一纳粮单位，习称四方庄。此处数村即以方庄为村名，并冠以姓氏称谓。因马姓建村，得名。聚落呈散状分布。有文化广场 1 处、图书室 1 处。经济以种植业为主，种植小麦、玉米、花生等。有公路经此。

西河南 371323-B02-H15
[Xīhénán]

在县驻地沂城街道北方向 19.0 千米。高桥镇辖自然村。人口 1 400。村坐落在住龙河南，处同名村之西，故名。聚落呈团块状分布。有文化广场 1 处、图书室 1 处。经济以种植业为主，种植小麦、玉米、花生等。有公路经此。

刘家山宋 371323-B02-H16
[Liújiāshānsòng]

在县驻地沂城街道北方向 27.0 千米。高桥镇辖自然村。人口 1 100。宋姓曾在村西南岭上定居，习称山上宋家，后近岭建村者皆以山宋名村，冠以姓氏称谓。刘姓立村，故名刘家山宋。聚落呈散状分布。有文化广场 1 处、图书室 1 处。经济以种植业为主，种植小麦、玉米、花生等。有公路经此。

沙岭子 371323-B02-H17
[Shālǐngzi]

在县驻地沂城街道北方向 18.0 千米。高桥镇辖自然村。人口 1 600。因村周多沙土岭，故名沙岭子。聚落呈团块状分布。有文化广场 1 处、图书室 1 处。经济以种植业为主，种植玉米、花生、小麦等。有公路经此。

团山 371323-B02-H18
[Tuánshān]

在县驻地沂城街道北方向 19.0 千米。高桥镇辖自然村。人口 1 600。以西靠团山得名。聚落呈散状分布。有文化广场 1 处。经济以种植业为主，种植玉米、花生、小麦等。有公路经此。

杨家坪 371323-B02-H19
[Yángjiāpíng]

在县驻地沂城街道北方向 29.0 千米。高桥镇辖自然村。人口 800。因村坐落在山坪上，姚姓来此勤于垦殖，所收谷物足以养家，以此得名养家坪，后演变为杨家坪。聚落呈散状分布。有文化广场 1 处。经济以种植业为主，种植玉米、花生、小麦等。有公路经此。

坪下河 371323-B02-H20
[Píngxiàhé]

在县驻地沂城街道北方向 27.0 千米。高桥镇辖自然村。人口 1 000。村建在山坪上，下有小河，以此取名坪下河。聚落呈散状分布。有文化广场 1 处。经济以种植业为主，种植玉米、花生、小麦等。有公路经此。

永全官庄 371323-B02-H21
[Yǒngquánguānzhuāng]

在县驻地沂城街道北方向 23.0 千米。高桥镇辖自然村。人口 900。村西有一泉，泉水冒出，故名涌泉官庄，后以谐音写作永全官庄。因当时村较小，又简称小官庄。因县内重名，复称永全官庄。聚落呈团块状分布。有文化广场 1 处、图书室 1 处。经济以种植业为主，种植玉米、小麦等。有公路经此。

许家湖 371323-B03-H01
[Xǔjiāhú]

许家湖镇人民政府驻地。在县驻地沂城街道南方向 6.2 千米。人口 400。明末清初，许姓在湖洼地建村，故名。聚落呈团块状分布。有中学、小学、幼儿园、文化广场等。经济以种植业为主，种植小麦、玉米、花生等。有食品生产业、机械制造业、服装加工业。省道东红路经此。

东赵家楼 371323-B03-H02
[Dōngzhàojiālóu]

在县驻地沂城街道南方向 5.9 千米。许家湖镇辖自然村。人口 1 300。原名芭山前，清初，因赵姓建有两座楼房，遂以赵家楼为村名。1958 年，以汪塘为界分成东西二村，村址居东，故名。聚落呈散状分布。有农家书屋 1 处。经济以种植业为主，种植小麦、玉米、花生等。有公路经此。

丰台湖 371323-B03-H03
[Fēngtáihú]

在县驻地沂城街道南方向 5.5 千米。许家湖镇辖自然村。人口 1 700。村东有一沟，青草茂密，以此得名青草沟。清初，因村处湖洼地，取国泰民丰之意，改称丰泰湖，后演变为丰台湖。聚落呈团块状分布。有农家书屋 1 处。经济以种植业为主，种植小麦、玉米、花生等。有公路经此。

北社 371323-B03-H04

[Běishè]

在县驻地沂城街道西南方向 7.0 千米。许家湖镇辖自然村。人口 2 900。早年，此处原有一村名水南官庄，后被大水冲没。吕姓在旧村址南重新建村，因村处南村社北端，故名北社。聚落呈散状分布。有农家书屋 1 处。经济以种植业为主，种植小麦、玉米、花生等。有公路经此。

后南社 371323-B03-H05

[Hòunánshè]

在县驻地沂城街道南方向 9.0 千米。许家湖镇辖自然村。人口 1 300。清朝时建有南村社，村以社得名南社，因位于同名村之北，故名后南社。聚落呈散状分布。有农家书屋 1 处。经济以种植业为主，种植小麦、玉米、花生等。有公路经此。

西丘 371323-B03-H06

[Xīqiū]

在县驻地沂城街道南方向 9.5 千米。许家湖镇辖自然村。人口 1 000。丘姓于元朝建村，以姓取名丘村。后刘姓迁此，改称刘家丘。后因有两个丘村相连，此村在西，故改称西丘。聚落呈散状分布。有农家书屋 1 处。经济以种植业为主，种植小麦、玉米、花生等。有公路经此。

袁家庄 371323-B03-H07

[Yuánjiāzhuāng]

在县驻地沂城街道西南方向 12.5 千米。许家湖镇辖自然村。人口 1 300。以袁姓名村。聚落呈散状分布。有农家书屋 1 处。经济以种植业为主，种植小麦、玉米、花生等。有公路经此。

西黄家庄 371323-B03-H08

[Xīhuángjiāzhuāng]

在县驻地沂城街道西南方向 13.5 千米。许家湖镇辖自然村。人口 800。以姓取名黄家庄。后因人多村大，析为三个村，此村在西，称西黄家庄。聚落呈团块状分布。有农家书屋 1 处。有沂水县三级保护树木银杏树。经济以种植业为主，种植小麦、玉米、花生等。有公路经此。

后城子 371323-B03-H09

[Hòuchéngzi]

在县驻地沂城街道西南方向 11.5 千米。许家湖镇辖自然村。人口 1 400。村处汉东安城遗址，因袁姓居多，故名袁家城子。后与前城子对称，名后城子。聚落呈散状分布。有东汉时期东安故城遗址和汉代后城子墓群。经济以种植业为主，种植小麦、玉米、花生等。有公路经此。

园里 371323-B03-H10

[Yuánlǐ]

在县驻地沂城街道西南方向 11.5 千米。许家湖镇辖自然村。人口 800。因此地土肥水足，年年粮菜丰收，故有黄家菜园之称，简称园里。聚落呈散状分布。有农家书屋 1 处。经济以种植业为主，种植小麦、玉米、花生等。有公路经此。

泉子湖 371323-B03-H11

[Quánzihú]

在县驻地沂城街道西南方向 14.5 千米。许家湖镇辖自然村。人口 500。村临泉，泉水潴积成一片水汪，似湖，故称泉子湖。聚落呈散状分布。有农家书屋 1 处。经济以种植业为主，种植小麦、玉米、花生等。有公路经此。

快堡 371323-B03-H12
[Kuàibǎo]

在县驻地沂城街道南方向 8.0 千米。许家湖镇辖自然村。人口 1 900。村西大路旁原有驿站碑，距县城二十华里，故称二十里堡。因该堡传递信息快，故誉称快堡，村以堡名。聚落呈散状分布。有农家书屋 1 处。有汉代快堡遗址。经济以种植业为主，种植小麦、玉米、花生等。有公路经此。

东斜午 371323-B03-H13
[Dōngxiéwǔ]

在县驻地沂城街道南方向 10.5 千米。许家湖镇辖自然村。人口 700。因依地势建房，房屋都向一侧倾斜，故名斜屋，后演变为斜午。1936 年，以沟为界分为两个村，村址居东，故名。聚落呈散状分布。有农家书屋 1 处。经济以种植业为主，种植小麦、玉米、花生等。有公路经此。

万泉湖 371323-B03-H14
[Wànquánhú]

在县驻地沂城街道南方向 12.8 千米。许家湖镇辖自然村。人口 600。村处湖洼地，地下水位浅，随处一挖便有泉水，故名万泉湖。聚落呈散状分布。有农家书屋 1 处。有汉代万泉湖墓群。经济以种植业为主，种植小麦、玉米、花生等。有公路经此。

白家马庄 371323-B03-H15
[Báijiāmǎzhuāng]

在县驻地沂城街道东南方向 10.5 千米。许家湖镇辖自然村。人口 900。古时此地扎过兵营，设有练马场，于姓建村，取名于家马庄。明朝中期，白姓自诸城市孟疃迁入，于姓他迁，遂改名白家马庄。聚落呈团块状分布。有农家书屋 1 处。经济以种植业为主，种植小麦、玉米、花生等。有公路经此。

潘家沟 371323-B03-H16
[Pānjiāgōu]

在县驻地沂城街道东南方向 10.7 千米。许家湖镇辖自然村。人口 800。因村临沟，潘姓建村，以姓取名潘家沟。聚落呈散状分布。有农家书屋 1 处。经济以种植业为主，种植小麦、玉米、花生等。有公路经此。

前坡 371323-B03-H17
[Qiánpō]

在县驻地沂城街道东南方向 9.5 千米。许家湖镇辖自然村。人口 1 900。古时此地曾扎过兵营，设有趟马场，以此取名马趟坡，后演变为满堂坡。因村北有一同名村，村址居前，故称前满堂坡。1958 年简称前坡。聚落呈散状分布。有农家书屋 1 处。有元代前坡元墓遗址。经济以种植业为主，种植小麦、玉米、花生等。有公路经此。

陈家庄子 371323-B03-H18
[Chénjiāzhuāngzi]

在县驻地沂城街道东方向 8.0 千米。许家湖镇辖自然村。人口 1 700。以姓名村。聚落呈散状分布。有农家书屋 1 处。经济以种植业为主，种植小麦、玉米、花生等。有公路经此。

南小尧 371323-B03-H19
[Nánxiǎoyáo]

在县驻地沂城街道东方向 6.0 千米。许家湖镇辖自然村。人口 1 200。因初建时人户少，与大尧对称，名小尧。明永乐年间，北小尧建村后，与其对称，名南小尧。聚落呈散状分布。有农家书屋 1 处。经济以种植业为主，种植小麦、玉米、花生等。有公路经此。

大尧 371323-B03-H20

[Dàyáo]

在县驻地沂城街道东方向 7.0 千米。许家湖镇辖自然村。人口 1 600。于、张二姓居此后，以立窑烧木炭为业，故名窑村。明洪武年间，李姓于村西建一小窑村，本村因人户多，改称大窑，后演变为大尧。聚落呈散状分布。有农家书屋 1 处。经济以种植业为主，种植小麦、玉米、花生等。有公路经此。

后坡 371323-B03-H21

[Hòupō]

在县驻地沂城街道东南方向 7.7 千米。许家湖镇辖自然村。人口 1 900。古时此地曾扎过兵营，设有趟马场，以此取名马趟坡，后演变为满堂坡。因村南又立一同名村，村址居北，故称后满堂坡。1958 年改称后坡。聚落呈散状分布。有农家书屋 1 处。经济以种植业为主，种植小麦、玉米、花生、桃等。有公路经此。

八宝庄 371323-B03-H22

[Bābǎozhuāng]

在县驻地沂城街道西南方向 16.5 千米。许家湖镇辖自然村。人口 1 200。近处有金矿、铜矿等，灵山上有灵芝等名贵草药，故名八宝灵山官庄，后演变为八宝庄。聚落呈散状分布。有农家书屋 1 处。经济以种植业为主，种植小麦、玉米、花生等。有公路经此。

邵家宅 371323-B03-H23

[Shàojiāzhái]

在县驻地沂城街道西南方向 15.5 千米。许家湖镇辖自然村。人口 1 200。以邵姓户众，取名邵家宅。聚落呈散状分布。有农家书屋 1 处。经济以种植业为主，种植小麦、玉米、花生等。有公路经此。

后岜山 371323-B03-H24

[Hòubāshān]

在县驻地沂城街道西南方向 4.5 千米。许家湖镇辖自然村。人口 2 000。初建村时，以村临沟，沟侧有桃园，故名桃园沟。后桃园被毁，村南邻岜山村，清乾隆年间改称后岜山。聚落呈团块状分布。有文化广场 1 处、农家书屋 1 处。有树龄 600 年银杏树 1 棵。经济以种植业为主，种植桃子、蔬菜等。335 省道经此。

于家官庄 371323-B03-H25

[Yújiāguānzhuāng]

在县驻地沂城街道南方向 2.5 千米。许家湖镇辖自然村。人口 2 000。元末，于姓来此垦种官地，以姓取名于家官庄。聚落呈团块状分布。有图书室、电子阅览室、文化广场。经济以商业为主。227 省道、335 省道经此。

冯家官庄 371323-B03-H26

[Féngjiāguānzhuāng]

在县驻地沂城街道东南方向 2.5 千米。许家湖镇辖自然村。人口 1 700。原名太平官庄，明末清初，以冯姓人盛，改称冯家官庄。聚落呈团块状分布。有文化广场 1 处。经济以商业为主。有公路经此。

宝泉 371323-B03-H27

[Bǎoquán]

在县驻地沂城街道南方向 3.5 千米。许家湖镇辖自然村。人口 1 300。村北有一泉，泉水流入村内，村民用水方便，以此取名宝泉。聚落呈团块状分布。有文化广场 1 处。经济以种植业为主，种植花生、小麦、玉米等。有公路经此。

东王家庄 371323-B03-H28
[Dōngwángjiāzhuāng]

在县驻地沂城街道东南方向 4.5 千米。许家湖镇辖自然村。人口 1 900。以姓取名王家庄子，因重名，更名为东王家庄。聚落呈团块状分布。有图书室、电子阅览室、文化广场等。经济以种植业为主，种植小麦、玉米、花生等。335 省道经此。

安子沟 371323-B03-H29
[Ānzigōu]

在县驻地沂城街道东南方向 3.5 千米。许家湖镇辖自然村。人口 1 400。因村西一沟状似马鞍，故名鞍子沟，后演变为安子沟。聚落呈团块状分布。有文化广场 1 处。经济以种植业为主，种植花生、玉米、小麦等。有公路经此。

姚店子 371323-B03-H30
[Yáodiànzi]

在县驻地沂城街道西南方向 15.0 千米。许家湖镇辖自然村。人口 2 700。明洪武年间，姚姓由山西洪洞县喜鹊窝迁来山东沂水县，落籍在此，因地处交通要道，姚姓初以开店为生，故称姚店子。聚落呈团块状分布。有中学、小学、文化广场等。经济以种植业、商业为主，种植生姜、玉米、小麦等。229 省道经此。

永富庄 371323-B03-H31
[Yǒngfùzhuāng]

在县驻地沂城街道西南方向 8.9 千米。许家湖镇辖自然村。人口 2 000。明天启五年（1625），王姓由临沂迁此，以荣华富贵之意，取名荣富庄，后演变为永富庄。聚落呈团块状分布。有小学、文化广场等。经济以种植业为主，主产生姜、玉米、小麦等。有公路经此。

后武家庄 371323-B03-H32
[Hòuwǔjiāzhuāng]

在县驻地沂城街道西南方向 10.7 千米。许家湖镇辖自然村。人口 1 700。以姓名村。前武家庄建村后，即与其对称，名后武家庄。聚落呈团块状分布。经济以种植业为主，主产生姜、玉米、小麦等。有公路经此。

前朱家楼子 371323-B03-H33
[Qiánzhūjiālóuzi]

在县驻地沂城街道西南方向 11.6 千米。许家湖镇辖自然村。人口 300。明朝初期，朱姓自山西洪洞县迁此建村，后朱姓发迹，建楼一座，故名朱家楼子。清末，因人口增多，析为两村，此村在前，故名。聚落呈团块状分布。有文化广场 1 处。经济以种植业为主，主产生姜、玉米、小麦等。有公路经此。

西仁家旺 371323-B03-H34
[Xīrénjiāwàng]

在县驻地沂城街道西南方向 14.3 千米。许家湖镇辖自然村。人口 1 000。阴姓于山坳中建村，以姓取名阴家旺。后阴姓泯迹，村名演变为仁家旺。清初，东仁家旺建立后，以对称名西仁家旺。聚落呈团块状分布。有学校、文化广场等。经济以种植业为主，种植生姜、玉米、小麦等。有公路经此。

土城庄 371323-B03-H35
[Tǔchéngzhuāng]

在县驻地沂城街道西南方向 13.9 千米。许家湖镇辖自然村。人口 900。村南峙山脚下有古城土墙遗存，以此得名土城庄。聚落呈团块状分布。经济以种植业为主，主产生姜、玉米、小麦等。有公路经此。

吉子山 371323-B03-H36
［Jízishān］

在县驻地沂城街道西南方向 15.0 千米。许家湖镇辖自然村。人口 1 600。以山得名。聚落呈团块状分布。经济以种植业为主，主产生姜、玉米、小麦等。有公路经此。

黄山庄 371323-B03-H37
［Huángshānzhuāng］

在县驻地沂城街道西南方向 12.5 千米。许家湖镇辖自然村。人口 800。以靠近黄山子而得名黄山庄。聚落呈团块状分布。经济以种植业为主，种植生姜、玉米、小麦等。有公路经此。

苗家庄 371323-B03-H38
［Miáojiāzhuāng］

在县驻地沂城街道西南方向11.2 千米。许家湖镇辖自然村。人口 1 200。明万历年间，苗姓迁此建村，以姓名村。聚落呈团块状分布。经济以种植业为主，主产生姜、玉米、小麦等。有公路经此。

前武家庄 371323-B03-H39
［Qiánwǔjiāzhuāng］

在县驻地沂城街道西南方向 14.2 千米。许家湖镇辖自然村。人口 800。武姓初建，取名为武家庄。后因重名，此村址在南，改称前武家庄。聚落呈团块状分布。有文化广场。经济以种植业为主，主产蔬菜、生姜、玉米、小麦等。有公路经此。

东水旺庄 371323-B03-H40
［Dōngshuǐwàngzhuāng］

在县驻地沂城街道西南方向 16.5 千米。许家湖镇辖自然村。人口 1 400。当时村里有一深潭，常年水旺，以此得名水旺庄。后因人口增多，1940 年分为二村，此村居东，故名东水旺庄。聚落呈团块状分布。有学校、文化广场等。经济以种植业为主，主产生姜、玉米、小麦等。有公路经此。

吉家庄 371323-B03-H41
［Jíjiāzhuāng］

在县驻地沂城街道西南方向 16.8 千米。许家湖镇辖自然村。人口 700。明崇祯年间，吉勋携家来此建村，以姓取名。聚落呈团块状分布。有文化广场。经济以种植业为主，主产生姜、玉米、小麦等。有公路经此。

埠前庄 371323-B03-H42
［Bùqiánzhuāng］

在县驻地沂城街道西南方向 16.6 千米。许家湖镇辖自然村。人口 1 800。因村北有一土埠，以此得名埠前庄。聚落呈团块状分布。有幼儿园、文化广场等。经济以种植业为主，主产生姜、玉米、小麦等。有公路经此。

长山官庄 371323-B03-H43
［Chángshānguānzhuāng］

在县驻地沂城街道南方向 7.5 千米。许家湖镇辖自然村。人口 900。此处原属官地且村近长山，故名长山官庄。聚落呈散状分布。有农家书屋 1 处。经济以种植业为主，种植桃等。有公路经此。

兰香埠 371323-B03-H44
［Lánxiāngbù］

在县驻地沂城街道南方向 12.5 千米。许家湖镇辖自然村。人口 700。村东有一小岭，村西沂河东岸树林中盛产兰香蘑菇，以此得名兰香埠。聚落呈散状分布。有农家书屋 1 处。经济以种植业为主，种植小麦、玉米、花生等。有公路经此。

黄山铺 371323-B04-H01
[Huángshānpù]

黄山铺镇人民政府驻地。在县驻地沂城街道西方向 10.7 千米。人口 1 200。古时设驿站且近黄山，故名。聚落呈团块状分布。有幼儿园、小学、中学、文化广场等。经济以种植业为主，种植地瓜、小麦、玉米、花生、生姜、白菜等。有饲料加工厂、酒厂、轴承厂。省道石兖路经此。

东上坪 371323-B04-H02
[Dōngshàngpíng]

在县驻地沂城街道西方向 11.8 千米。黄山铺镇辖自然村。人口 1 100。村处崔家峪河北岸地势较高的平坦地上，故名上坪。西上坪建村后，即与其对称，名东上坪。聚落呈团块状分布。有文化广场 1 处、文化大院 1 处、农家书屋 1 处、图书室 1 处。经济以种植业为主，种植地瓜、小麦、玉米、花生、生姜等。有公路经此。

埠西 371323-B04-H03
[Bùxī]

在县驻地沂城街道西方向 12.8 千米。黄山铺镇辖自然村。人口 500。村在土岭西侧，得名阜西，后演变为埠西。聚落呈带状分布。有幼儿园 1 处、小学 1 处。经济以种植业为主，种植地瓜、小麦、玉米、花生、生姜等。有公路经此。

蛮庄 371323-B04-H04
[Mánzhuāng]

在县驻地沂城街道西方向 12.4 千米。黄山铺镇辖自然村。人口 2 000。初有南方人在此停居，当地人称南方人为"蛮"，故名蛮庄。聚落呈团块状分布。有农家书屋 1 处、图书室 1 处、小学 1 处。经济以种植业为主，种植地瓜、小麦、玉米、花生、生姜等。有公路经此。

葛子铺 371323-B04-H05
[Gězipù]

在县驻地沂城街道西方向 6.0 千米。黄山铺镇辖自然村。人口 1 100。此地距县城十华里，古时于此设驿站，村后建有魁星阁，由此得名阁子铺，后演变为葛子铺。聚落呈团块状分布。有图书室 1 处。经济以种植业为主，种植地瓜、小麦、玉米、花生、生姜等。有公路经此。

东河北 371323-B04-H06
[Dōnghéběi]

在县驻地沂城街道西方向 7.8 千米。黄山铺镇辖自然村。人口 800。因村处清源河北岸而得名河北，后人口居多，分为二村，村址在东，故名。聚落呈团块状分布。有文化广场 1 处、图书室 1 处。经济以种植业为主，种植地瓜、小麦、玉米、花生、生姜等。有公路经此。

东土沟 371323-B04-H07
[Dōngtǔgōu]

在县驻地沂城街道西方向 14.4 千米。黄山铺镇辖自然村。人口 1 200。村邻大土沟，故以土沟名村，此处建有二村，村址居东，故名。聚落呈团块状分布。有文化广场 1 处、图书室 1 处。经济以种植业为主，种植地瓜、小麦、玉米、花生、生姜等。有公路经此。

西朱陈 371323-B04-H08
[Xīzhūchén]

在县驻地沂城街道西方向 8.6 千米。黄山铺镇辖自然村。人口 900。元末，李都迁此立村，村址居西，名西朱陈。聚落呈带状分布。有图书室 1 处。经济以种植业为主，种植地瓜、小麦、玉米、花生、生姜等。有公路经此。

朴城峪 371323-B04-H09

［Pǔchéngyù］

在县驻地沂城街道西方向 13.0 千米。黄山铺镇辖自然村。人口 600。村处峪中，传说早年一寺庙搬迁，来到这里车破了，以此得名破车峪。清末，谐音称朴城峪。聚落呈带状分布。有图书室 1 处、文化广场 1 处。经济以种植业为主，种植地瓜、小麦、玉米、花生、生姜等。有公路经此。

大松林 371323-B04-H10

［Dàsōnglín］

在县驻地沂城街道西方向 14.0 千米。黄山铺镇辖自然村。人口 1 600。村处一松树林的西旁，初名西松林，后因人多村大，与河对岸的小松林对称，名大松林。聚落呈团块状分布。有文化广场 1 处、图书室 1 处。经济以种植业为主，种植地瓜、小麦、玉米、花生、生姜等。有公路经此。

西泉庄 371323-B04-H11

［Xīquánzhuāng］

在县驻地沂城街道西方向 8.9 千米。黄山铺镇辖自然村。人口 1 300。因缺水南迁至泉侧建村，遂改名为泉庄。明泰昌元年（1620）析为两个村，村址在西，称为西泉庄。聚落呈团块状分布。有图书室 1 处、小学 1 处、幼儿园 1 处。经济以种植业为主，主产小麦、玉米、芋头、生姜等。有公路经此。

岳庄 371323-B04-H12

［Yuèzhuāng］

在县驻地沂城街道西方向 12.0 千米。黄山铺镇辖自然村。人口 2 000。岳姓于北宋时期在此建村，以姓取名岳庄。聚落呈团块状分布。有图书室 1 处。经济以种植业为主，种植地瓜、小麦、玉米、花生、生姜等。有公路经此。

尧崖头 371323-B04-H13

［Yáoyátóu］

在县驻地沂城街道西方向 9.0 千米。黄山铺镇辖自然村。人口 1 600。村北山上多石灰岩，村民于崖下建窑烧石灰，故名窑崖头，后演变为尧崖头。聚落呈团块状分布。有文化广场 1 处、图书室 1 处。经济以种植业为主，种植地瓜、小麦、玉米、花生、生姜等。有公路经此。

寺前官庄 371323-B04-H14

［Sìqiánguānzhuāng］

在县驻地沂城街道西方向 8.9 千米。黄山铺镇辖自然村。人口 700。村处龙兴寺古庙前，此地原为官地，故名寺前官庄。聚落呈团块状分布。有文化广场 1 处。经济以种植业为主，种植地瓜、小麦、玉米、花生、生姜等。有公路经此。

大官庄 371323-B04-H15

［Dàguānzhuāng］

在县驻地沂城街道西方向 11.0 千米。黄山铺镇辖自然村。人口 1 000。此地原为官地，村名演变为大官庄。聚落呈团块状分布。有文化广场 1 处、幼儿园 1 处。经济以种植业为主，种植地瓜、小麦、玉米、花生、生姜等。有公路经此。

胡家庄 371323-B04-H16

［Hújiāzhuāng］

在县驻地沂城街道西方向 10.8 千米。黄山铺镇辖自然村。人口 2 800。明初，胡姓在此建村，以此取名胡家庄。聚落呈团块状分布。有文化广场 2 处。经济以种植业为主，种植地瓜、小麦、玉米、花生、生姜等。有公路经此。

圣水坊 371323-B04-H17
［Shèngshuǐfāng］

在县驻地沂城街道西方向 15.5 千米。黄山铺镇辖自然村。人口 600。村南山上一洞，终年流水，名圣水龙宫洞。相传唐朝在此建一庙，名圣水祠，村以庙得名圣水坊。聚落呈散状分布。有图书室 1 处。经济以种植业为主，种植小麦、玉米、花生等。有公路经此。

大匡庄 371323-B04-H18
［Dàkuāngzhuāng］

在县驻地沂城街道西方向 7.3 千米。黄山铺镇辖自然村。人口 2 000。北宋时期，匡姓居此，以姓取名匡庄。小匡庄建村后，改称大匡庄。聚落呈团块状分布。有文化广场 1 处、图书室 1 处、幼儿园 1 处。经济以种植业为主，种植地瓜、小麦、玉米、花生、生姜等。有公路经此。

南朱冬 371323-B04-H19
［Nánzhūdōng］

在县驻地沂城街道西方向 9.7 千米。黄山铺镇辖自然村。人口 1 000。元末，朱元璋带兵北征，曾于此扎营，时至隆冬，后人称之住冬，又演变为朱冬。北朱冬建村后，与其对称，名南朱冬。聚落呈团块状分布。有文化广场 1 处。经济以种植业为主，种植地瓜、小麦、玉米、花生、生姜等。有公路经此。

龙山店 371323-B04-H20
［Lóngshāndiàn］

在县驻地沂城街道西方向 8.6 千米。黄山铺镇辖自然村。人口 700。因村靠近龙山，且处在东西大道上，多店铺，故名龙山店。聚落呈团块状分布。有文化广场 1 处。经济以种植业为主，种植地瓜、小麦、玉米、花生、生姜等。有公路经此。

大诸葛 371323-B05-H01
［Dàzhūgě］

诸葛镇人民政府驻地。在县驻地沂城街道西北方向 27.0 千米。人口 1 100。明初，朱、高二姓建村，名朱高，亦名朱郭，后谐音称诸葛。因南部有一同名村，为区分名称且因村庄较大，故称大诸葛。聚落呈团块状分布。有幼儿园 1 处、小学 1 处、中学 1 处、文化广场 1 处、农家书屋 1 处。经济以种植业为主，种植小麦、玉米、花生等。有矿产开发业、机械制造业、服装加工业。省道博沂路经此。

司家沟 371323-B05-H02
［Sījiāgōu］

在县驻地沂城街道西北方向 26.0 千米。诸葛镇辖自然村。人口 1 200。村处大沟中，以司姓初建，故名。聚落呈团块状分布。有文化广场 1 处、农家书屋 1 处。经济以种植业为主，种植小麦、玉米、花生等。有公路经此。

常庄 371323-B05-H03
［Chángzhuāng］

在县驻地沂城街道西北方向 25.0 千米。诸葛镇辖自然村。人口 2 700。相传元初常姓建村，吴姓后至，以村坐落在山坪上，取名常家坪，后简称常庄。聚落呈团块状分布。有小学 1 处、文化广场 1 处、农家书屋 1 处。经济以种植业为主，种植小麦、玉米、花生等。有公路经此。

下古 371323-B05-H04
［Xiàgǔ］

在县驻地沂城街道西北方向 22.0 千米。诸葛镇辖自然村。人口 3 800。因村坐落在古村遗址上，故名古村。明初，其北部建村名上古，即与其对称，名下古。聚落呈带状分布。有小学 1 处、中学 1 处、幼儿园 1 处、文化广场 2 处、农家书屋 1 处。经济以林果业为主。有公路经此。

南门楼 371323-B05-H05
[Nánménlóu]

在县驻地沂城街道西北方向 18.0 千米。诸葛镇辖自然村。人口 2 100。明嘉靖年间，吴姓始居建村，名吴家庄。继有李姓自门楼迁入，后李姓人丁兴旺，随门楼村更名为南门楼。聚落呈带状分布。有幼儿园 1 处、小学 1 处、文化广场 1 处、农家书屋 1 处、图书室 2 处。经济以林果业为主。有公路经此。

大峪 371323-B05-H06
[Dàyù]

在县驻地沂城街道西北方向 18.0 千米。诸葛镇辖自然村。人口 900。村处峪中，与小峪村对称，名大峪。聚落呈带状分布。有幼儿园 1 处、小学 1 处、文化广场 1 处、图书室 1 处。经济以林果业为主。有公路经此。

江家官庄 371323-B05-H07
[Jiāngjiāguānzhuāng]

在县驻地沂城街道西北方向 20.0 千米。诸葛镇辖自然村。人口 1 200。明洪熙元年（1425），江姓七世爱顺自东里店迁此建村，因江姓曾有在朝为官者，故名江家官庄。聚落呈带状分布。有文化广场 1 处、图书室 1 处。经济以种植业为主，主产花生、玉米、小麦等。有公路经此。

上小诸葛 371323-B05-H08
[Shàngxiǎozhūgě]

在县驻地沂城街道西北方向 32.0 千米。诸葛镇辖自然村。人口 600。明初，朱、郭两姓自山西洪洞县迁此，以姓取名朱郭庄。为与北部同名村相区别，以村较小，对称小朱郭，又演变为小诸葛。清初人口增多，析为二村，因村居高处，故名上小诸葛。聚落呈团块状分布。有文化广场 1 处、图书室 1 处。经济以种植业为主，种植小麦、玉米、花生等。有公路经此。

李家营 371323-B05-H09
[Lǐjiāyíng]

在县驻地沂城街道西北方向 34.0 千米。诸葛镇辖自然村。人口 400。李姓建村，取名李家营。聚落呈团块状分布。有文化广场 1 处、图书室 1 处。经济以种植业为主，种植小麦、玉米、花生等。有公路经此。

徐家峪 371323-B05-H10
[Xújiāyù]

在县驻地沂城街道西北方向 36.0 千米。诸葛镇辖自然村。人口 400。清康熙年间，张姓迁此立村，以姓取名张家庄。因重名，更名为徐家峪。聚落呈带状分布。有图书室 1 处。经济以林果业为主。有公路经此。

凤落院 371323-B05-H11
[Fèngluòyuàn]

在县驻地沂城街道西北方向 38.0 千米。诸葛镇辖自然村。人口 900。村处山前较低处，以黄姓始居，取名黄家万，后以谐音演变为黄路万。清末，因村位于凤山顶东麓，村名演变为凤落院。聚落呈带状分布。有文化大院 1 处、幼儿园 1 处、小学 1 处。经济以林果业为主。有公路经此。

店子 371323-B05-H12
[Diànzi]

在县驻地沂城街道西北方向 42.0 千米。诸葛镇辖自然村。人口 1 400。明朝初年，朱、崔两姓建村，因以开店为业，故称朱崔店子。明朝中期，罗姓迁此。万历年间，张姓自张庄来居。后因罗姓人盛，又改称罗家店子。1949 年后简称店子。聚落呈带状分布。有图书室 1 处。经济以林果业为主。有公路经此。

新民官庄 371323-B05-H13
［Xīnmínguānzhuāng］

在县驻地沂城街道西北方向 44.0 千米。诸葛镇辖自然村。人口 1 600。因土地肥沃，所产谷米质地优良，村由此得名细米官庄，后以谐音名新民官庄。聚落呈带状分布。有图书室 1 处。经济以林果业为主。有公路经此。

耿家王峪 371323-B05-H14
［Gěngjiāwángyù］

在县驻地沂城街道西北方向 46.0 千米。诸葛镇辖自然村。人口 1 500。此地原称西龙王峪，耿氏建村后，改称现名。聚落呈带状分布。有图书室 1 处。经济以林果业为主。有公路经此。

安家圈 371323-B05-H15
［Ānjiāquān］

在县驻地沂城街道西北方向 28.0 千米。诸葛镇辖自然村。人口 600。村处河圈地，曾取名大圈，后改称安家圈。聚落呈团块状分布。有文化广场 1 处。经济以种植业为主，种植苹果、小麦、玉米、花生等。有公路经此。

下梭峪 371323-B05-H16
［Xiàsuōyù］

在县驻地沂城街道西北方向 24.0 千米。诸葛镇辖自然村。人口 1 000。村处梭形的峪中，得名梭峪。村址较低，与上梭峪对称，名下梭峪。聚落呈带状分布。有文化广场 1 处、农家书屋 1 处、小学 1 处。经济以种植业为主，种植杨树、玉米、花生等。有公路经此。

秀峪 371323-B05-H17
［Xiùyù］

在县驻地沂城街道西北方向 25.0 千米。诸葛镇辖自然村。人口 1 000。村处有铁石的峪中，因土石呈铁锈色，故称锈峪，后演变为秀峪。聚落呈团块状分布。有文化广场 1 处、图书室 1 处。经济以种植业为主，种植苹果、小麦、玉米、花生等。有公路经此。

下华庄 371323-B05-H18
［Xiàhuázhuāng］

在县驻地沂城街道西北方向 26.0 千米。诸葛镇辖自然村。人口 1 800。华姓初建，故名华庄。西部上华庄建村后，即与之对称，名下华庄。聚落呈团块状分布。有文化广场 1 处、幼儿园 1 处。经济以种植业为主，种植林果、香椿、小麦等。有公路经此。

略疃 371323-B05-H19
［Lüètuǎn］

在县驻地沂城街道西北方向 27.0 千米。诸葛镇辖自然村。人口 600。因河水绕村南略过而得名。聚落呈团块状分布。有小学 1 处、文化广场 1 处。经济以种植业为主，种植林果、香椿、小麦等。有公路经此。

桃树万 371323-B05-H20
［Táoshùwàn］

在县驻地沂城街道西北方向 46.0 千米。诸葛镇辖自然村。人口 900。村处山前低洼处，桃树多，故名桃树万。聚落呈带状分布。有文化广场 1 处、农家书屋 1 处。经济以林果业为主。有公路经此。

河西庄 371323-B05-H21

[Héxīzhuāng]

在县驻地沂城街道西北方向 46.0 千米。诸葛镇辖自然村。人口 1 300。村处沂河西岸，故名河西。因重名，更名为河西庄。聚落呈带状分布。有文化广场 1 处。经济以林果业为主。有公路经此。

上古 371323-B05-H22

[Shànggǔ]

在县驻地沂城街道西北方向 18.0 千米。诸葛镇辖自然村。人口 1 600。因村位于下古北部较高处，故对称名上古。聚落呈带状分布。有文化广场 1 处。经济以林果业为主。有公路经此。

东河西 371323-B05-H23

[Dōnghéxī]

在县驻地沂城街道西北方向 17.0 千米。诸葛镇辖自然村。人口 1 200。村位于顺天河西岸，取名河西。因重名，1950 年以处境东部，改称东河西。聚落呈团块状分布。有文化广场 1 处。经济以林果业为主。有公路经此。

张耿 371323-B05-H24

[Zhānggěng]

在县驻地沂城街道西北方向 41.0 千米。诸葛镇辖自然村。人口 2 400。村以张、耿二姓取名张耿。聚落呈带状分布。有小学 1 处、文化广场 1 处。经济以林果业为主。有公路经此。

新庄 371323-B05-H25

[Xīnzhuāng]

在县驻地沂城街道西北方向 25.0 千米。诸葛镇辖自然村。人口 3 100。元朝初年，蒋姓居此，后蒋氏被抄无人，单姓于元朝中期来此另建新村，逐渐以新庄为村名。聚落呈团块状分布。有小学 1 处、文化广场 1 处。经济以种植业为主，主产苹果、桃、葡萄、玉米、花生等。有公路经此。

马崮峪 371323-B05-H26

[Mǎgùyù]

在县驻地沂城街道西北方向 26.0 千米。诸葛镇辖自然村。人口 800。村处马崮顶后一峪中，故名。聚落呈带状分布。有文化广场 1 处。经济以种植业为主，种植苹果、小麦、玉米、花生等。有公路经此。

下胡同峪 371323-B05-H27

[Xiàhútòngyù]

在县驻地沂城街道西北方向 22.0 千米。诸葛镇辖自然村。人口 600。村处形似胡同的峪中，与上胡同峪对称，名下胡同峪。聚落呈散状分布。有文化广场 1 处。经济以种植业为主，种植小麦、玉米、花生等。有公路经此。

葛庄 371323-B05-H28

[Gězhuāng]

在县驻地沂城街道西北方向 24.0 千米。诸葛镇辖自然村。人口 500。以姓氏得名。聚落呈团块状分布。有文化广场 1 处。经济以种植业为主，种植小麦、玉米、花生等。有公路经此。

崔家峪 371323-B06-H01

[Cuījiāyù]

崔家峪镇人民政府驻地。在县驻地沂城街道西北方向 19.0 千米。人口 2 300。元代崔姓于山谷地建村，故名。聚落呈带状分布。有幼儿园 1 处、小学 1 处、中学 1 处。经济以种植业为主，种植玉米、小麦、花生等。有机械制造业、服装加工业。省道兖石路经此。

西荆山头 371323-B06-H02

[Xījīngshāntóu]

在县驻地沂城街道西北方向 20.0 千米。崔家峪镇辖自然村。人口 1 300。刘姓于明嘉靖年间来此立村，原名北水庄，因遭虫害迁至荆山的东头，故改名为荆山头。因人口增多，于 1946 年以大路为界分为二村，村处路西，故名。聚落呈带状分布。有文化广场。经济以种植业为主，种植黄烟、花生。有公路经此。

上泉 371323-B06-H03

[Shàngquán]

在县驻地沂城街道西方向 18.7 千米。崔家峪镇辖自然村。人口 1 300。村处岭上，村东、村北各有一旺泉，故名上泉。聚落呈带状分布。经济以种植业为主，种植玉米、小麦等。有公路经此。

凰龙湾 371323-B06-H04

[Huánglóngwān]

在县驻地沂城街道西方向 21.0 千米。崔家峪镇辖自然村。人口 1 000。村坐落在山前较低处，村南黄土岭蜿蜒似龙，以此得名黄龙万，后演变为黄落万。传说黄土岭上落过凤凰，又更名凰龙湾。聚落呈散状分布。有文化广场 1 处。经济以种植业为主，种植玉米、小麦、花生、板栗、黄烟。有公路经此。

吕公峪 371323-B06-H05

[Lǚgōngyù]

在县驻地沂城街道西方向 20.0 千米。崔家峪镇辖自然村。人口 1 000。村处吕公山下一峪中，故名吕公峪。聚落呈散状分布。有文化广场 1 处。经济以种植业为主，种植玉米、小麦、花生、板栗、黄烟、桃、葡萄。有公路经此。

南垛庄铺 371323-B06-H06

[Nánduǒzhuāngpù]

在县驻地沂城街道西方向 15.8 千米。崔家峪镇辖自然村。人口 1 500。因村东三里许有窦家庄，曾设驿站，故名窦家铺。因百脚虫为害，村民向西躲至今址定居，村居河南岸，遂称南躲庄铺，又演变为南垛庄铺。聚落呈环状分布。有文化广场 1 处等。经济以种植业为主，种植玉米、小麦、花生、板栗等。省道兖石路经此。

下泉 371323-B06-H07

[Xiàquán]

在县驻地沂城街道西方向 16.0 千米。崔家峪镇辖自然村。人口 1 600。村有一旺泉，地势较西部低，故名下泉。聚落呈团块状分布。有小学 1 处。经济以种植业为主，种植李子、板栗、苹果等。省道兖石路经此。

东虎崖 371323-B06-H08

[Dōnghǔyá]

在县驻地沂城街道西方向 20.9 千米。崔家峪镇辖自然村。人口 700。传说早年村南山崖曾出现过老虎，以此得名虎崖。清初分为二村，村址居东，故名。聚落呈团块状分布。经济以种植业为主，种植玉米、小麦等。有公路经此。

上常庄 371323-B06-H09

[Shàngchángzhuāng]

在县驻地沂城街道西方向 19.8 千米。崔家峪镇辖自然村。人口 700。元初，常姓于此建村，取名常庄。村处同名村以西，地势较高，故名上常庄。聚落呈团块状分布。有学校 1 处。经济以种植业为主，种植玉米、小麦等。有公路经此。

磨峪 371323-B06-H10
[Mòyù]

在县驻地沂城街道西北方向 21.0 千米。崔家峪镇辖自然村。人口 1 200。因村处峪中，北山有白沙石，多数村民以开石制磨为副业，以此得名磨峪。聚落呈散状分布。有学校 1 处等。经济以种植业为主，种植玉米、小麦等。有公路经此。

李家峪 371323-B06-H11
[Lǐjiāyù]

在县驻地沂城街道西方向 16.6 千米。崔家峪镇辖自然村。人口 1 200。以姓取名李家峪。聚落呈带状分布。有文化广场。经济以种植业为主，种植玉米、小麦等。有公路经此。

下常庄 371323-B06-H12
[Xiàchángzhuāng]

在县驻地沂城街道西方向 19.8 千米。崔家峪镇辖自然村。人口 1 600。常姓建村，村处河流下方，与同名村对称，名下常庄。聚落呈团块状分布。有小学 1 处。经济以种植业为主，种植玉米、小麦等。有公路经此。

龙凤湾 371323-B06-H13
[Lóngfèngwān]

在县驻地沂城街道西方向 21.6 千米。崔家峪镇辖自然村。人口 400。村四面环山，林木茂密，早晨见日晚，下午日落早，故名黑万。2001 年，取吉祥意，改名为龙凤湾。聚落呈带状分布。有文化广场 1 处。经济以种植业为主，种植玉米、小麦、花生、黄烟、果树。有公路经此。

四十里堡 371323-B07-H01
[Sìshílǐpù]

四十里堡镇人民政府驻地。在县驻地沂城街道东南方向 12.6 千米。人口 1 300。始建于元，时属莒县，因距莒城40里而得名。聚落呈团块状分布。有中学 1 处、小学 1 处、幼儿园 1 处、文化广场 1 处等。经济以种植业为主，种植小麦、花生、玉米等。有酒厂、食品厂、预制厂、化肥厂。省道石兖路经此。

皂角树 371323-B07-H02
[Zàojiǎoshù]

在县驻地沂城街道东南方向 12.0 千米。四十里堡镇辖自然村。人口 1 200。王姓立村时，村西北有三棵皂角树，故名。聚落呈散状分布。有文化广场 1 处。有二级保护树木国槐 1 棵。经济以种植业、养殖业为主，种植小麦、花生、玉米等。有公路经此。

郭家官庄 371323-B07-H03
[Guōjiāguānzhuāng]

在县驻地沂城街道东南方向 12.8 千米。四十里堡镇辖自然村。人口 900。此处原为官地，郭姓立村，取名郭家官庄。聚落呈散状分布。经济以种植业、养殖业为主，种植小麦、花生、玉米等。有公路经此。

洪沟 371323-B07-H04
[Hónggōu]

在县驻地沂城街道东南方向 13.5 千米。四十里堡镇辖自然村。人口 700。因村临东西向大沟，取名横沟，后演变成洪沟。聚落呈散状分布。有文化广场 1 处。经济以种植业、养殖业为主，种植小麦、花生、玉米等。有公路经此。

三十里堡 371323-B07-H05
[Sānshílǐpù]

在县驻地沂城街道东南方向 13.7 千米。四十里堡镇辖自然村。人口 2 400。元末，翁、刘二姓立村，时属莒县，因距莒县城三十华里得名。聚落呈散状分布。有小学1处、中学1处、文化广场2处。经济以种植业、养殖业为主，种植小麦、花生、玉米等。省道莒沂路经此。

刘家官庄 371323-B07-H06
[Liújiāguānzhuāng]

在县驻地沂城街道东南方向13.0千米。四十里堡镇辖自然村。人口800。邻村多以官庄取名，刘姓随之取名刘家官庄。聚落呈散状分布。有文化广场1处。有公路经此。

新程 371323-B07-H07
[Xīnchéng]

在县驻地沂城街道东南方向12.0千米。四十里堡镇辖自然村。人口800。明初，吕姓始居，村周有沟，似成壕，以吉祥意取村名新城沟。后吕姓泯迹，刘、许等姓迁入，2012年后，以新的征程之意改名为新程。聚落呈带状分布。有文化广场1处。有3级保护树木皂角树1棵。经济以种植业、养殖业为主，种植小麦、花生、玉米等。有公路经此。

于家河 371323-B07-H08
[Yújiāhé]

在县驻地沂城街道东南方向12.8千米。四十里堡镇辖自然村。人口900。于姓临河立村，故名于家河。聚落呈带状分布。有小学1处、文化广场1处。经济以种植业、养殖业为主，种植小麦、花生、玉米等。有公路经此。

西许家庄 371323-B07-H09
[Xīxǔjiāzhuāng]

在县驻地沂城街道东南方向12.0千米。四十里堡镇辖自然村。人口500。以姓氏取村名许家庄。因重名，以村处西部，名西许家庄。聚落呈团块状分布。有文化广场1处。经济以种植业、养殖业为主，种植小麦、花生、玉米等。有公路经此。

吴家安子 371323-B07-H10
[Wújiā'ānzi]

在县驻地沂城街道东南方向15.8千米。四十里堡镇辖自然村。人口500。清雍正年间吴姓立村，村近处有座庵子庙，以此得名吴家庵子，后简称吴家庄。因重名，定名为吴家安子。聚落呈团块状分布。有小学1处。经济以种植业为主，种植小麦、玉米。有公路经此。

张家庄 371323-B07-H11
[Zhāngjiāzhuāng]

在县驻地沂城街道东南方向15.0千米。四十里堡镇辖自然村。人口1400。以姓名村。聚落呈散状分布。有文化广场1处。经济以种植业为主，种植小麦、玉米。有公路经此。

小薛庄 371323-B07-H12
[Xiǎoxuēzhuāng]

在县驻地沂城街道东南方向14.0千米。四十里堡镇辖自然村。人口1000。薛姓建村时人户少，故名小薛庄。聚落呈团块状分布。有小学1处、文化广场1处。经济以种植业为主，种植小麦、玉米。有公路经此。

下店 371323-B07-H13
[Xiàdiàn]

在县驻地沂城街道东南方向15.0千米。四十里堡镇辖自然村。人口1500。早年村近涝甸子，得名甸子。因村邻古大道，有开店铺者，故演变为店子。后与同名村对称，名下店。聚落呈带状分布。有文化广场1处。

经济以种植业为主，种植小麦、玉米。有公路经此。

苍子坡 371323-B07-H14
[Cāngzǐpō]

在县驻地沂城街道东南方向 14.0 千米。四十里堡镇辖自然村。人口 800。早居者以村东土地肥沃，盛产小麦，取村名麦浪湖。1668 年莒县大地震后，人烟稀少，土地荒芜，此地长满苍子，遂名苍子坡。聚落呈带状分布。有文化广场 1 处。经济以种植业、养殖业为主，种植小麦、花生、玉米等。有公路经此。

老官庄 371323-B07-H15
[Lǎoguānzhuāng]

在县驻地沂城街道东南方向 16.5 千米。四十里堡镇辖自然村。人口 1 000。此地原系官地，在此立村者多以官庄名村，因临近小官庄，故名老官庄。聚落呈带状分布。有小学 1 处、文化广场 1 处。经济以种植业、养殖业为主，种植小麦、花生、玉米等。有公路经此。

金场 371323-B07-H16
[Jīnchǎng]

在县驻地沂城街道东南方向 13.5 千米。四十里堡镇辖自然村。人口 1 100。早年曾有人在此设场淘金，故名金场。聚落呈带状分布。有小学 1 处、文化广场 1 处。经济以种植业、养殖业为主，种植小麦、花生、玉米等。有公路经此。

北张家官庄 371323-B07-H17
[Běizhāngjiāguānzhuāng]

在县驻地沂城街道东南方向 14.0 千米。四十里堡镇辖自然村。人口 800。此地原为官地，以姓得名张家官庄。因重名，更名北张家官庄。聚落呈带状分布。有文化广

场 1 处。经济以种植业、养殖业为主，种植小麦、花生、玉米等。有公路经此。

大孙家马庄 371323-B07-H18
[Dàsūnjiāmǎzhuāng]

在县驻地沂城街道东南方向 13.0 千米。四十里堡镇辖自然村。人口 700。明弘治年间，侯姓立村，称侯家马庄。继孙姓迁此，后侯姓犯律被斩，改名孙家马庄。因重名，更名大孙家马庄。聚落呈散状分布。有文化广场 1 处。经济以种植业、养殖业为主，种植小麦、花生、玉米等。有公路经此。

大李马庄 371323-B07-H19
[Dàlǐmǎzhuāng]

在县驻地沂城街道东南方向 13.2 千米。四十里堡镇辖自然村。人口 1 300。明末，李姓兄弟二人自浮来山西南水牛村迁此立村，以姓取名李家马庄。后因村较大，与小李马庄对称，名大李马庄。聚落呈散状分布。有文化广场 1 处。经济以种植业为主，种植小麦、花生、玉米等。有公路经此。

薛家马庄 371323-B07-H20
[Xuējiāmǎzhuāng]

在县驻地沂城街道东南方向 13.6 千米。四十里堡镇辖自然村。人口 1 200。传说此地古时候曾驻扎军队，南面安哨营，此地拦战马，故以马庄名村。明嘉靖年间，薛姓来此立村，故称薛家马庄。聚落呈散状分布。有文化广场 1 处。经济以种植业、养殖业为主，种植小麦、花生、玉米等。有公路经此。

焦家庄 371323-B07-H21
[Jiāojiāzhuāng]

在县驻地沂城街道东南方向 13.5 千米。四十里堡镇辖自然村。人口 300。清顺治年间，焦姓自日照的焦家花园村迁此，以姓

名村。聚落呈带状分布。有小学 1 处、文化广场 1 处。经济以种植业、养殖业为主，种植小麦、花生、玉米等。有公路经此。

漩沟子 371323-B07-H22
[Xuángōuzi]

在县驻地沂城街道东南方向 14.0 千米。四十里堡镇辖自然村。人口 700。村东、西均有河沟，雨季，两河沟之水于村前相汇，形成漩涡，以此得名漩沟子。聚落呈散状分布。有文化广场 1 处。经济以种植业、养殖业为主，种植小麦、花生、玉米等。有公路经此。

魏家官庄 371323-B07-H23
[Wèijiāguānzhuāng]

在县驻地沂城街道东南方向 13.2 千米。四十里堡镇辖自然村。人口 300。因此地原系官地，故以姓得名魏家官庄。聚落呈散状分布。有文化广场 1 处。经济以种植业、养殖业为主，种植小麦、花生、玉米等。有公路经此。

前岔河 371323-B07-H24
[Qiánchàhé]

在县驻地沂城街道东南方向 13.5 千米。四十里堡镇辖自然村。人口 1 600。村处黄花河与一岔河相汇处西侧，故以岔河名村。为与同名村以示区别，更名前岔河。聚落呈散状分布。有文化广场 1 处。经济以种植业为主，种植小麦、玉米。有公路经此。

大海子后 371323-B07-H25
[Dàhǎizihòu]

在县驻地沂城街道东南方向 14.0 千米。四十里堡镇辖自然村。人口 400。立村时，村南河中有一渊子，当地俗称海子，近海子立村者皆以海子取名。村址建在海子以北，得名海子后。又以位于同名村的北面，故称后海子后。后因村较大，改称大海子后。聚落呈散状分布。有文化广场 1 处。经济以种植业、养殖业为主，种植小麦、花生、玉米等。有公路经此。

佟官庄 371323-B07-H26
[Tóngguānzhuāng]

在县驻地沂城街道东南方向 17.0 千米。四十里堡镇辖自然村。人口 1 100。明洪武年间，佟氏迁来安居，以姓名村。因重名，更名为佟官庄。聚落呈带状分布。有文化广场 1 处。经济以种植业、养殖业为主，种植小麦、花生、玉米等。有公路经此。

刘春岭 371323-B07-H27
[Liúchūnlǐng]

在县驻地沂城街道东南方向 14.2 千米。四十里堡镇辖自然村。人口 600。为纪念烈士刘春，村更名为刘春岭。聚落呈带状分布。有文化广场 1 处。经济以种植业、养殖业为主，种植小麦、花生、玉米等。有公路经此。

杨庄 371323-B08-H01
[Yángzhuāng]

杨庄镇人民政府驻地。在县驻地沂城街道东北方向 32.8 千米。人口 1 500。元代立村，明时杨姓族居此，故名。聚落呈带状分布。有中学、小学、文化广场。经济以种植业、商业为主，种植小麦、玉米、花生等。有公路经此。

西山根 371323-B08-H02
[Xīshāngēn]

在县驻地沂城街道北方向 34.3 千米。杨庄镇辖自然村。人口 1 300。因村建在西山脚下，故名西山根。聚落呈团块状分布。有文化广场 1 处。经济以种植业为主，种植小麦、花生、玉米、桃等。有公路经此。

高家楼子 371323-B08-H03

[Gāojiālóuzi]

在县驻地沂城街道东北方向 32.0 千米。杨庄镇辖自然村。人口 600。因村西一山头像幢高楼，后人在此建村，即以楼为村名，名高家楼子。聚落呈散状分布。有文化广场 1 处。经济以种植业为主，种植苹果、小麦、玉米、花生等。有公路经此。

曹家坡 371323-B08-H04

[Cáojiāpō]

在县驻地沂城街道东北方向 35.8 千米。杨庄镇辖自然村。人口 600。明初曹姓在此山坡上建村，取名曹家坡。聚落呈散状分布。有文化广场 1 处。经济以种植业为主，种植小麦、玉米、花生、桃等。有公路经此。

下牛山 371323-B08-H05

[Xiàniúshān]

在县驻地沂城街道北方向 37.0 千米。杨庄镇辖自然村。人口 1 100。因村建在牛山北较低处，与上牛山对称，名下牛山。聚落呈散状分布。有小学 1 处、文化广场 1 处。经济以种植业为主，种植小麦、玉米、花生、黄烟等。有公路经此。

孔家崖头 371323-B08-H06

[Kǒngjiāyátóu]

在县驻地沂城街道北方向 40.0 千米。杨庄镇辖自然村。人口 600。孔氏六十一世孔贞华于明万历年间迁此，村处山崖下，故名孔家崖头。聚落呈散状分布。有文化广场 1 处。有树龄 340 年国槐 1 株。经济以种植业为主，种植小麦、玉米、花生等。有公路经此。

郭家峪 371323-B08-H07

[Guōjiāyù]

在县驻地沂城街道北方向 40.0 千米。杨庄镇辖自然村。人口 1 300。村处峪中，郭姓初建，故名。聚落呈散状分布。有小学 1 处。经济以种植业为主，种植小麦、花生、玉米等。有公路经此。

秦家庄 371323-B08-H08

[Qínjiāzhuāng]

在县驻地沂城街道北方向 32.0 千米。杨庄镇辖自然村。人口 1 900。村以姓得名。聚落呈散状分布。有小学 1 处。经济以种植业为主，种植小麦、玉米、花生等。有公路经此。

北躲庄 371323-B08-H09

[Běiduǒzhuāng]

在县驻地沂城街道北方向 28.6 千米。杨庄镇辖自然村。人口 1 500。五代时期董姓始居，取名董家庄。相传董姓势霸一方，董家小姐武艺高强，曾与赵匡胤在此交战。赵匡胤当了宋朝皇帝后抄灭董家庄，后逃离的居民返回原村定居，改村名为躲庄。南躲庄建村后，始与其对称，名北躲庄。聚落呈团块状分布。有小学 1 处。经济以种植业为主，种植小麦、玉米、花生。有公路经此。

四官庄 371323-B08-H10

[Sìguānzhuāng]

在县驻地沂城街道东北方向 25.1 千米。杨庄镇辖自然村。人口 2 300。早年有四名妇女来此建村，取名四婆庄。清初，村中大户郝良辰兼办四县边界的民事官司，很有名望。郝良辰死时，四县的县官前来吊唁，席间读及村名觉不雅，遂改称四官庄。聚落呈散状分布。有小学 1 处。经济以种

植业为主，种植小麦、玉米、花生等。有
公路经此。

四社官庄 371323-B08-H11
［Sìshèguānzhuāng］

在县驻地沂城街道东北方向 23.9 千米。
杨庄镇辖自然村。人口 1 100。村处荣仁、
兴泉、仁村、山孟四社之间，故名。聚落
呈团块状分布。有文化广场 1 处。经济以
种植业为主，种植小麦、玉米、花生等。
有公路经此。

仁村 371323-B08-H12
［Réncūn］

在县驻地沂城街道东北方向 20.9 千米。
杨庄镇辖自然村。人口 2 200。传说早年迁
住的几姓患难相济，注重仁义，故取名仁
村。聚落呈团块状分布。有小学 1 处。经
济以种植业为主，种植小麦、玉米、花生等。
有公路经此。

大罗张 371323-B08-H13
［Dàluózhāng］

在县驻地沂城街道东北方向 27.0 千米。
杨庄镇辖自然村。人口 1 600。以罗、张二
姓为村名，后南部又建一村名小罗张，村
即改称大罗张。聚落呈团块状分布。有小
学 1 处。经济以种植业为主，种植小米、玉米、
花生等。有公路经此。

善疃 371323-B08-H14
［Shàntuǎn］

在县驻地沂城街道东北方向 28.4 千米。
杨庄镇辖自然村。人口 1 200。村中早年有
一财主依势欺压邻村民众，民众深为怀恨，
贬称其庄为劣庄。后来财主家被抄，善良
的人们重新建村，取名善疃。聚落呈团块
状分布。有小学 1 处、中学 1 处。经济以

种植业为主，种植小麦、玉米、花生等。
有公路经此。

上儒林 371323-B08-H15
［Shàngrúlín］

在县驻地沂城街道东北方向 29.0 千米。
杨庄镇辖自然村。人口 2 000。刘子强原居
山西洪洞县，明洪武年间迁居沂水北乡儒
林庄，村靠近儒林寺，以寺名村。后刘姓
分居两处，形成两个村，居东北部较高处
的称上儒林。聚落呈散状分布。有小学 1 处。
经济以种植业为主，种植小麦、玉米、花生、
黄烟等。有公路经此。

水牛 371323-B08-H16
［Shuǐniú］

在县驻地沂城街道东北方向 33.0 千米。
杨庄镇辖自然村。人口 1 400。因临河，以
前的富户水牛很多，故以水牛为村名。聚
落呈团块状分布。有文化广场 1 处。经济
以种植业为主，种植小麦、玉米、花生等。
有公路经此。

庄科 371323-B08-H17
［Zhuāngkē］

在县驻地沂城街道东北方向 27.0 千米。
杨庄镇辖自然村。人口 2 200。两面高、中
间低洼、两端有开口的地带称为科，故名
庄科。聚落呈团块状分布。有文化广场 1 处。
经济以种植业为主，种植小麦、玉米、花
生等。有公路经此。

孟母 371323-B08-H18
［Mèngmǔ］

在县驻地沂城街道东北方向 24.5 千米。
杨庄镇辖自然村。人口 1 800。因村东有孟
母祠和孟母坟得名。聚落呈散状分布。有
幼儿园、文化广场等。经济以种植业为主，

种植小麦、玉米、花生等。有预制厂、纸板厂、化工厂、轴承仪器厂。长深高速经此。

南躲庄 371323-B08-H19
[Nánduǒzhuāng]

在县驻地沂城街道东北方向 28.0 千米。杨庄镇辖自然村。人口 1 500。因村建在躲庄南，随躲庄取名南躲庄。聚落呈团块状分布。有文化广场 1 处。经济以种植业为主，种植小麦、玉米、花生等。有公路经此。

东寨 371323-B08-H20
[Dōngzhài]

在县驻地沂城街道东北方向 27.0 千米。杨庄镇辖自然村。人口 2 000。明初，蔡、柳、周等姓始居，与河西西石桥对称，名东石桥。后先居诸姓他迁，明成化年间任姓来居。任姓于村周筑起寨墙，遂改称任家寨。1943 年后，与西寨对称，名东寨。聚落呈团块状分布。有文化广场 1 处。经济以种植业为主，种植小麦、玉米、花生等。有公路经此。

五山 371323-B08-H21
[Wǔshān]

在县驻地沂城街道东北方向 33.0 千米。杨庄镇辖自然村。人口 1 200。因南靠五山而得名。聚落呈散状分布。有文化广场 1 处。经济以种植业、养殖业为主，种植小麦、花生、玉米等。有公路经此。

上磨山沟 371323-B08-H22
[Shàngmòshāngōu]

在县驻地沂城街道东北方向 31.0 千米。杨庄镇辖自然村。人口 400。村处磨山北一山沟上部，取名上磨山沟。聚落呈散状分布。有文化广场 1 处。经济以种植业为主，种植小麦、玉米、花生、黄烟等。有公路经此。

南仉林 371323-B08-H23
[Nánzhǎnglín]

在县驻地沂城街道东北方向 24.0 千米。杨庄镇辖自然村。人口 1 000。元初，仉姓建村。仉姓来居时此地有大片树林，以此取名仉林。清初，北部建北仉林，此村居南，遂改称南仉林。聚落呈散状分布。有文化广场 1 处。经济以种植业为主，种植小麦、玉米、花生等。有公路经此。

夏蔚 371323-B09-H01
[Xiàwèi]

夏蔚镇人民政府驻地。在县驻地沂城街道西方向 29.0 千米。人口 2 600。南宋初年，夏姓定居成村，时村前有大片芦苇，得名夏苇，后演变为夏蔚。聚落呈团块状分布。有中学、小学、幼儿园、文化广场等。经济以种植业为主，种植小麦、花生、玉米、生姜、核桃、大樱桃等。有化肥厂、阀门厂、包装制品厂、造纸厂、饲料加工厂。省道石兖路经此。

东上位 371323-B09-H02
[Dōngshàngwèi]

在县驻地沂城街道西方向 27.0 千米。夏蔚镇辖自然村。人口 800。村处岭上，为河道上游，且位于同名村之东，故名东上位。聚落呈散状分布。有小学 1 处、文化广场 1 处。经济以种植业为主，种植玉米、小麦、花生、地瓜等。省道石兖路经此。

东牛家坪 371323-B09-H03
[Dōngniújiāpíng]

在县驻地沂城街道西方向 29.0 千米。夏蔚镇辖自然村。人口 700。与西牛家坪对称，名东牛家坪。聚落呈散状分布。有文化广场 1 处。经济以种植业为主，种植玉米、小麦、花生、地瓜等。有公路经此。

甄家疃 371323-B09-H04
[Zhēnjiātuǎn]

在县驻地沂城街道西方向 40.0 千米。夏蔚镇辖自然村。人口 2 500。因初为甄姓建村，故名。聚落呈带状分布。经济以种植业为主，种植小麦、花生、玉米等。有公路经此。

南王家庄 371323-B09-H05
[Nánwángjiāzhuāng]

在县驻地沂城街道西方向 41.0 千米。夏蔚镇辖自然村。人口 1 200。以姓取名王家庄子。因重名，更名为南王家庄。聚落呈环状分布。经济以种植业、养殖业为主，种植小麦、花生、玉米、生姜等。有公路经此。

上里庄 371323-B09-H06
[Shànglǐzhuāng]

在县驻地沂城街道西方向 35.0 千米。夏蔚镇辖自然村。人口 900。传说三国时曹丕夫人甄娘娘从此路过，人们留其歇息，以此得名留庄。村处一长山谷的上部，与西部下留庄对称，名上留庄，后演变为上里庄。聚落呈团块状分布。有学校 1 处、文化广场 1 处等。经济以种植业为主，种植玉米、小麦、姜等。有公路经此。

松泉官庄 371323-B09-H07
[Sōngquánguānzhuāng]

在县驻地沂城街道西方向 25.0 千米。夏蔚镇辖自然村。人口 900。早年村北山上有松柏，山下有一清泉，故名松泉官庄。聚落呈团块状分布。经济以种植业为主，种植玉米、小麦、花生、地瓜等。省道石兖路经此。

葛沟 371323-B09-H08
[Gěgōu]

在县驻地沂城街道西方向 35.0 千米。夏蔚镇辖自然村。人口 2 700。村初名合口，书面写作阁沟，后以谐音演变为葛沟。聚落呈带状分布。有小学 1 处、文化广场 1 处。经济以种植业为主，种植大樱桃、玉米、小麦。有公路经此。

下桃峪 371323-B09-H09
[Xiàtáoyù]

在县驻地沂城街道西方向 38.0 千米。夏蔚镇辖自然村。人口 1 100。村处峪中，因桃树多得名桃峪。清雍正年间，其北部又建上桃峪村，即与其对称，名下桃峪。聚落呈团块状分布。有文化广场 1 处。经济以种植业、养殖业为主，种植小麦、花生、玉米等。有公路经此。

透明崮 371323-B09-H10
[Tòumínggù]

在县驻地沂城街道西方向 44.0 千米。夏蔚镇辖自然村。人口 600。村坐落在透明崮西侧的低洼地里，取名透明崮洼，后简称透明崮。聚落呈带状分布。有小学、文化广场。经济以种植业为主，种植玉米、小麦、苹果、花椒、桃。有公路经此。

回峰涧 371323-B09-H11
[Huífēngjiàn]

在县驻地沂城街道西方向 41.0 千米。夏蔚镇辖自然村。人口 900。村处山涧中，四周山峰重叠回旋，以此得名回峰涧。聚落呈团块状分布。有小学 1 处、文化广场 1 处。经济以种植业为主，种植玉米、小麦、苹果、花椒、桃、樱桃。有公路经此。

云头峪 371323-B09-H12
[Yúntóuyù]

在县驻地沂城街道西方向 42.0 千米。夏蔚镇辖自然村。人口 1 100。村处云头峪山前的峪里，故名。聚落呈环状分布。有文化广场 1 处。经济以种植业为主，种植玉米、小麦、苹果、花椒、桃、樱桃。有公路经此。

王庄 371323-B09-H13
[Wángzhuāng]

在县驻地沂城街道西方向 37.0 千米。夏蔚镇辖自然村。人口 1 900。以姓取名王庄。聚落呈团块状分布。有中学 1 处、小学 1 处、幼儿园 1 处。经济以种植业、养殖业为主，种植小麦、花生、樱桃等。有公路经此。

长岭 371323-B09-H14
[Chánglǐng]

在县驻地沂城街道西方向 40.0 千米。夏蔚镇辖自然村。人口 1 400。姚姓临科（两边高、中间低、两端有开口的地带）建宅，故名宅科。因重名，更名为长岭。聚落呈团块状分布。有文化广场 1 处。经济以种植业、养殖业为主，种植小麦、花生、玉米等。有公路经此。

院庄 371323-B09-H15
[Yuànzhuāng]

在县驻地沂城街道西方向 40.0 千米。夏蔚镇辖自然村。人口 900。以靠近寺院得名院上，后演变为院庄。聚落呈带状分布。有文化广场 1 处。经济以种植业、养殖业为主，种植小麦、花生、玉米、大樱桃、核桃。有公路经此。

水源坪 371323-B09-H16
[Shuǐyuánpíng]

在县驻地沂城街道西方向 40.0 千米。

夏蔚镇辖自然村。人口 1 200。村坐落在山坪上，有泉水下流，为村南小河之源，以此得名水源坪。聚落呈带状分布。有文化广场 1 处、小学 1 处。经济以种植业为主，种植玉米、小麦、苹果、花椒、桃、樱桃。有公路经此。

晏婴店子 371323-B09-H17
[Yànyīngdiànzi]

在县驻地沂城街道西方向 34.0 千米。夏蔚镇辖自然村。人口 1 700。村临交通要道，设有店铺，村南为晏婴崮，故名晏婴店子。有文化广场 1 处。经济以种植业为主，种植玉米、小麦、花生、地瓜、大樱桃等。省道兖石路经此。

沙沟 371323-B10-H01
[Shāgōu]

沙沟镇人民政府驻地。在县驻地沂城街道西北方向 30.6 千米。人口 4 000。元代立村，以南濒沭河沙滩、北近沟壑得名。聚落呈团块状分布。有学校 2 所。经济以种植业为主，种植小麦、花生、玉米、苹果、杨树等。有面粉厂。有公路经此。

前朱雀二村 371323-B10-H02
[Qiánzhūquè'èrcūn]

在县驻地沂城街道西北方向 28.4 千米。沙沟镇辖自然村。人口 500。前朱雀村部分村民于 1972 年搬迁到原村以北的岭上定居，取名北前朱雀，1985 年更名为前朱雀二村。聚落呈团块状分布。有文化广场等。经济以种植业、林业为主，种植小麦、花生、玉米、杨树等。有公路经此。

于家双沟 371323-B10-H03
[Yújiāshuānggōu]

在县驻地沂城街道西北方向 28.2 千米。沙沟镇辖自然村。人口 1 100。村处两大沟中间，于姓居多，故名于家双沟。聚落呈团块状分布。有文化广场、幼儿园等。经济以种植业、林业为主，种植小麦、花生、玉米、杨树等。有公路经此。

刘家双沟 371323-B10-H04
[Liújiāshuānggōu]

在县驻地沂城街道西北方向 27.1 千米。沙沟镇辖自然村。人口 600。原名小后沟，是刘南宅大户的庄园，后以刘姓多，随张家双沟取名刘家双沟。聚落呈带状分布。经济以种植业、林业为主，种植小麦、花生、玉米、杨树等。有公路经此。

张家双沟 371323-B10-H05
[Zhāngjiāshuānggōu]

在县驻地沂城街道西北方向 25.9 千米。沙沟镇辖自然村。人口 700。因村东、西各有一条大沟，张姓居多，故名张家双沟。聚落呈团块状分布。有文化广场等。经济以种植业、林业为主，种植小麦、花生、玉米、杨树等。有公路经此。

崖庄一村 371323-B10-H06
[Yázhuāngyīcūn]

在县驻地沂城街道西北方向 34.7 千米。沙沟镇辖自然村。人口 1 000。元朝初期，阎姓在原崖庄旧址定居成村，以姓得名阎庄。后阎姓无人，路姓于明永乐年间自淄川迁此。后因村处大山崖下，以谐音演变成崖庄。1958 年建沙沟水库，村向北部山岭上搬迁，始分成五村，以序数命名为崖庄一村。聚落呈团块状分布。有文化广场等。经济以种植业、林业为主，种植小麦、花生、玉米、杨树等。有公路经此。

北泮池 371323-B10-H07
[Běipànchí]

在县驻地沂城街道西北方向 36.2 千米。沙沟镇辖自然村。人口 1 300。村东原有四个大汪，以此得名泮池。南泮池建村后，对称名北泮池。聚落呈带状分布。有文化广场、中学、小学、幼儿园等。经济以种植业为主，种植小麦、花生、玉米、桃、杨树等。有公路经此。

三泉 371323-B10-H08
[Sānquán]

在县驻地沂城街道西北方向 38.8 千米。沙沟镇辖自然村。人口 1 800。村侧有三个泉子，故名三泉。聚落呈团块状分布。有文化广场。经济以种植业、林业为主，种植小麦、花生、玉米、板栗、桃、苹果、杨树等。有公路经此。

沈家洞 371323-B10-H09
[Shěnjiādòng]

在县驻地沂城街道西北方向 40.6 千米。沙沟镇辖自然村。人口 400。村东山上有一天然洞穴，沈姓以洞名村沈家洞。聚落呈团块状分布。有文化广场等。经济以种植业、林业为主，种植小麦、花生、玉米、桃、杨树等。有公路经此。

辉泉 371323-B10-H10
[Huīquán]

在县驻地沂城街道西北方向 41.6 千米。沙沟镇辖自然村。人口 1 800。村西一泉，底呈灰色，以泉名村，得名灰泉。1949 年取吉祥意改为辉泉。聚落呈团块状分布。有文化广场等。经济以种植业、林业为主，种植小麦、花生、玉米、核桃、苹果、杨树等。有公路经此。

大东峪 371323-B10-H11
[Dàdōngyù]

在县驻地沂城街道北方向 39.5 千米。沙沟镇辖自然村。人口 700。村处一山谷的东端，故名东峪。小东峪建村后改称大东峪。聚落呈散状分布。有文化广场等。经济以种植业、林业为主，种植小麦、花生、玉米、杨树、板栗等。有公路经此。

东于沟 371323-B10-H12
[Dōngyúgōu]

在县驻地沂城街道西北方向 37.4 千米。沙沟镇辖自然村。人口 2 200。村邻大沟，山洪暴发时此沟即被水冲淤，故名淤沟，村以沟得名。西于沟建村后，即与其对称名东于沟。聚落呈团块状分布。有文化广场、小学、幼儿园等。经济以种植业、林业为主，种植小麦、花生、玉米、杨树、苹果、桃、核桃、板栗等。341 国道经此。

九岭坡 371323-B10-H13
[Jiǔlǐngpō]

在县驻地沂城街道西北方向 34.9 千米。沙沟镇辖自然村。人口 1 500。村处岭坡上，因有九条岭相连，故名九岭坡。聚落呈团块状分布。有文化广场等。经济以种植业、林业为主，种植小麦、花生、玉米、杨树等。有公路经此。

张马庄 371323-B10-H14
[Zhāngmǎzhuāng]

在县驻地沂城街道西北方向 39.5 千米。沙沟镇辖自然村。人口 1 400。地处沭河上游，野草茂密，适宜牧马，故名拴马庄，后演变为张马庄。聚落呈带状分布。有文化广场、小学等。经济以种植业、林业为主，种植小麦、花生、玉米、杨树、板栗等。有公路经此。

下麻庄 371323-B10-H15
[Xiàmázhuāng]

在县驻地沂城街道西北方向 40.6 千米。沙沟镇辖自然村。人口 300。姜奎文于明崇

祯年间自潍县姜家庄迁居此地，初名姜家麻庄。后因人口较多，1958 年分成两个村，因居同名村的下部，故名下麻庄。聚落呈散状分布。经济以种植业为主，种植小麦、花生、玉米、杨树、苹果、桃等。有公路经此。

野坊 371323-B10-H16
[Yěfáng]

在县驻地沂城街道西北方向 37.5 千米。沙沟镇辖自然村。人口 1 800。刘姓迁来前曾有人在此建房居住，后人去房存，习称野房，演变成野坊。聚落呈带状分布。有文化广场、小学等。经济以种植业、林业为主，种植小麦、花生、玉米、杨树等。有公路经此。

对崮峪 371323-B10-H17
[Duìgùyù]

在县驻地沂城街道西北方向 39.7 千米。沙沟镇辖自然村。人口 1 400。以村处对崮山东侧一峪中，得名对崮峪。聚落呈带状分布。有文化广场等。经济以种植业、林业为主，种植小麦、花生、玉米、杨树、核桃等。有公路经此。

肖家杨庄 371323-B10-H18
[Xiāojiāyángzhuāng]

在县驻地沂城街道西北方向 36.0 千米。沙沟镇辖自然村。人口 1 900。元朝时杨姓建村，名杨庄。明成化年间，肖姓自今龙家圈镇肖家沟迁居此地。清末，以肖姓户多，改称肖家杨庄。聚落呈带状分布。有文化广场、小学等。经济以种植业、林业为主，种植小麦、花生、玉米、杨树、核桃、苹果、桃等。有公路经此。

石槽峪 371323-B10-H19
[Shícáoyù]

在县驻地沂城街道西北方向 42.6 千米。

沙沟镇辖自然村。人口 300。以汉、回族为主,其中回族占 2%。初名丁家屋子,后因村处山谷中,有石像石槽,得名石槽峪。聚落呈带状分布。经济以种植业、林业为主,种植小麦、花生、玉米、杨树、苹果、板栗等。有公路经此。

上流庄 371323-B10-H20
[Shàngliúzhuāng]

在县驻地沂城街道西北方向 40.6 千米。沙沟镇辖自然村。人口 2 400。以汉、回族为主,其中回族占 95%。村居较高处,村前有三条石岭,如龙形,俗称石龙。村由此得名向龙庄,后演变为上流庄。聚落呈带状分布。有文化广场、小学等。经济以种植业为主,种植小麦、花生、玉米、杨树等。341 国道经此。

霹雳石 371323-B10-H21
[Pīlìshí]

在县驻地沂城街道西北方向 38.6 千米。沙沟镇辖自然村。人口 2 200。以汉、回族为主,其中回族占 0.8%。村南山上有一巨石,中间裂缝很大,传说被雷所劈,得名霹雳石。聚落呈环状分布。有文化广场等。经济以种植业为主。341 国道经此。

道德坪 371323-B10-H22
[Dàodépíng]

在县驻地沂城街道西北方向 40.4 千米。沙沟镇辖自然村。人口 400。村处山坪上,因村民诚朴,注重仁义道德,故名道德坪。聚落呈团块状分布。有文化广场、小学等。经济以种植业、林业为主,种植小麦、花生、玉米、杨树等。有公路经此。

高庄 371323-B11-H01
[Gāozhuāng]

高庄镇人民政府驻地。在县驻地沂城街道西方向 40.0 千米。人口 1 500。以姓氏命名。聚落呈团块状分布。有中学、小学、幼儿园、文化广场等。经济以种植业为主,种植玉米、小麦、桃等。有双星鞋厂。省道石兖路经此。

王家庄子 371323-B11-H02
[Wángjiāzhuāngzi]

在县驻地沂城街道西北方向 37.4 千米。高庄镇辖自然村。人口 800。村处石井村下方,初名下石井。明嘉靖年间,王姓人多,改村名王家庄子。聚落呈散状分布。有文化大院 1 处、农家书屋 1 处、图书室 1 处、幼儿园 1 处、小学 1 处、中学 1 处等。经济以种植业为主,种植玉米、小麦等。有公路经此。

西良 371323-B11-H03
[Xīliáng]

在县驻地沂城街道西方向 35.6 千米。高庄镇辖自然村。人口 1 200。村处数道山梁的里面,取名梁里。1943 年,因人户多,以河沟为界析为两村,村址居西,演变为西良。聚落呈团块状分布。有文化大院 1 处、农家书屋 1 处、图书室 1 处。经济以种植业为主,种植小麦、玉米。有公路经此。

陈家林 371323-B11-H04
[Chénjiālín]

在县驻地沂城街道西方向 37.2 千米。高庄镇辖自然村。人口 800。王姓人户多,陈氏墓林较大,故以陈家林为村名。聚落呈团块状分布。有文化大院 1 处、农家书屋 1 处、图书室 1 处。经济以种植业为主,种植玉米、小麦等。有公路经此。

杏峪 371323-B11-H05
[Xìngyù]

在县驻地沂城街道西方向 35.0 千米。高庄镇辖自然村。人口 1 000。因峪中杏树多，故名杏峪。聚落呈散状分布。有小学 1 处。经济以种植业为主，种植玉米、小麦、花生等。有公路经此。

石井 371323-B11-H06
［Shíjǐng］

在县驻地沂城街道西方向 38.0 千米。高庄镇辖自然村。人口 6 000。因村中多石井而得名。聚落呈团块状分布。有文化广场 1 处、图书室 1 处等。经济以种植业为主，种植玉米、小麦等。有公路经此。

朱位 371323-B11-H07
［Zhūwèi］

在县驻地沂城街道西方向 33.0 千米。高庄镇辖自然村。人口 2 500。村东靠晏婴崮，西依积米山，南傍夏蔚河，北邻五台山，村居其中，大有助威之势，以此得名助威，后演变为朱位。聚落呈团块状分布。有文化广场 2 处、阅览室 1 处。经济以种植业为主，主产大姜、玉米、小麦等。省道兖石路经此。

下里庄 371323-B11-H08
［Xiàlǐzhuāng］

在县驻地沂城街道西方向 31.9 千米。高庄镇辖自然村。人口 1 600。传说三国时期，曹丕的夫人甄娘娘路经此地，人们留其歇息，以此得名留庄。村处一东西向长山谷的下方，故称下留庄，后演变为下里庄。聚落呈带状分布。有小学 1 处、文化广场 1 处。经济以种植业为主，种植玉米、小麦等。有公路经此。

中峪 371323-B11-H09
［Zhōngyù］

在县驻地沂城街道西方向 33.0 千米。高庄镇辖自然村。人口 1 500。村处东西走向长山谷的中段，故名中峪。聚落呈团块

状分布。有文化大院 1 处、农家书屋 1 处、图书室 1 处、幼儿园 1 处、小学 1 处。经济以种植业为主，种植花生、玉米、黄烟等。有公路经此。

上峪 371323-B11-H10
［Shàngyù］

在县驻地沂城街道西方向 31.0 千米。高庄镇辖自然村。人口 2 400。秦姓在崮墩山侧定居，取名秦家崮墩。刘、王等姓来居后，以村处东西走向的山谷上端，改称上峪。聚落呈团块状分布。有小学 1 处、幼儿园 1 处、文化广场 1 处、文化大院 1 处、图书室 1 处。经济以种植业为主，种植花生、玉米、黄烟等。有公路经此。

门庄 371323-B11-H11
［Ménzhuāng］

在县驻地沂城街道西方向 35.0 千米。高庄镇辖自然村。人口 2 000。村南山上一巨石中间有洞似门，以此得名门庄。聚落呈散状分布。有幼儿园、文化广场、图书室。经济以种植业为主，种植玉米、小麦等。有公路经此。

良疃 371323-B11-H12
［Liángtuǎn］

在县驻地沂城街道西方向 36.8 千米。高庄镇辖自然村。人口 800。良姓建村，取名良疃。聚落呈团块状分布。有中学 1 处、小学 1 处、幼儿园 1 处、文化广场 1 处、农家书屋 1 处。经济以种植业为主，种植小麦、玉米。有公路经此。

道托 371323-B12-H01
［Dàotuō］

道托镇人民政府驻地。在县驻地沂城街道北方向 14.5 千米。人口 1 500。明代相姓立村，在古道旁设店，取生计依托此道意，

名道托店，后简称今名。聚落呈团块状分布。有中学1处、小学1处、幼儿园1处、文化广场1处。经济以种植业为主，种植小麦、玉米、花生、林果等。有机械制造业、塑料加工业。省道东红路经此。

塔坡 371323-B12-H02

[Tǎpō]

在县驻地沂城街道北方向16.2千米。道托镇辖自然村。人口1 000。村处岭坡上，因岭似塔，故名塔岭坡，后简称塔坡。聚落呈团块状分布。有文化广场1处。经济以种植业为主，种植玉米、小麦、黄烟等。有公路经此。

余粮 371323-B12-H03

[Yúliáng]

在县驻地沂城街道北方向12.5千米。道托镇辖自然村。人口1 000。此处土地较平坦，武姓来此勤于耕耘，每岁有余粮，故以余粮名村。聚落呈团块状分布。有文化广场3处、小学1处。经济以种植业为主，种植玉米、小麦、花生、地瓜。有公路经此。

下良峪 371323-B12-H04

[Xiàliángyù]

在县驻地沂城街道北方向12.6千米。道托镇辖自然村。人口900。村处两条山梁之间的峪中，故名梁峪，后演变为良峪。以村址地势低，故名下良峪。聚落呈团块状分布。有文化广场1处。经济以种植业为主，种植玉米、小麦、花生、地瓜。有公路经此。

韩家曲 371323-B12-H05

[Hánjiāqū]

在县驻地沂城街道北方向10.0千米。道托镇辖自然村。人口1 300。传说韩姓为纪念先祖韩通屈死，取村名韩家屈，后演变为韩家曲。聚落呈团块状分布。有文化广场1处。经济以种植业为主，种植花生、地瓜、玉米、黄烟等。227省道经此。

蔡峪 371323-B12-H06

[Càiyù]

在县驻地沂城街道东北方向8.2千米。道托镇辖自然村。人口900。以村处峪中，蔡姓初建，故名蔡峪。聚落呈散状分布。有文化广场3处。经济以种植业为主，种植玉米、小麦、花生等。有公路经此。

胡家旺 371323-B12-H07

[Hújiāwàng]

在县驻地沂城街道东北方向9.7千米。道托镇辖自然村。人口1 300。相传明弘治年间，胡姓自今沂南县孙祖村迁此建村，取名胡家庄。因县内重名，更名为胡家旺。聚落呈团块状分布。有文化广场3处、小学1处。经济以种植业为主，种植玉米、小麦、花生等。有公路经此。

大黄旺 371323-B12-H08

[Dàhuángwàng]

在县驻地沂城街道东北方向14.1千米。道托镇辖自然村。人口1 100。明万历年间，武姓迁此建村，后有王、赵等姓来居。村西一小河名黄河子，近村处河两岸形成好几个汪塘，习称黄汪子，后成村名，演变为黄旺子。小黄旺建村后，即对称名大黄旺。聚落呈散状分布。有文化广场3处、小学1处、幼儿园1处。经济以种植业为主，种植玉米、小麦、花生等。有公路经此。

小店子 371323-B12-H09

[Xiǎodiànzi]

在县驻地沂城街道东北方向16.3千米。道托镇辖自然村。人口1 600。明初，先后有肖、贾等姓居此。肖姓以开店铺为业，故得名肖店子，后演变为小店子。聚落呈散状分布。有文化广场4处、小学1处、幼儿园1处。经济以种植业为主，种植玉米、小麦、花生等。有公路经此。

下村 371323-B12-H10
[Xiàcūn]

在县驻地沂城街道东北方向18.5千米。道托镇辖自然村。人口2 200。原村初建在岭上，因遭火灾从岭上搬迁到岭下平地另立新村，故名下村。聚落呈散状分布。有文化广场2处、小学1处、幼儿园1处。经济以种植业为主，种植玉米、小麦、花生等。有公路经此。

北下庄 371323-B12-H11
[Běixiàzhuāng]

在县驻地沂城街道东北方向14.8千米。道托镇辖自然村。人口800。村处河流下方，与西部的上庄对称，名下庄。因位于同名村之北，故更名北下庄。聚落呈散状分布。有文化广场1处。经济以种植业为主，种植玉米、小麦、花生等。有公路经此。

刘家上庄 371323-B12-H12
[Liújiāshàngzhuāng]

在县驻地沂城街道东北方向14.0千米。道托镇辖自然村。人口800。村处河流上方，与下庄对称，名上庄。因刘姓早居，故名刘家上庄。聚落呈团块状分布。有小学1处、幼儿园1处、文化广场1处。经济以种植业为主，种植花生、玉米。有公路经此。

牛心官庄 371323-B12-H13
[Niúxīnguānzhuāng]

在县驻地沂城街道东北方向11.2千米。道托镇辖自然村。人口800。村址原为官地，村南临牛心山，以山得名牛心官庄。聚落呈散状分布。有文化广场1处。经济以种植玉米、小麦、花生等。有公路经此。

龙家圈 371323-B13-H01
[Lóngjiāquān]

龙家圈镇人民政府驻地。在县驻地沂城街道西方向3.2千米。人口2 900。明初龙姓始居，以沂河绕村半圈得名。聚落呈团块状分布。有文化广场1处、文化大院1处、农家书屋1处、中学1处、小学1处等。经济以工商业为主，有食品加工业、布鞋加工业等。有公路经此。

下峪子 371323-B13-H02
[Xiàyùzi]

在县驻地沂城街道西南方向6.3千米。龙家圈镇辖自然村。人口1 100。村处山谷的下方，与上峪子对称，名下峪子。聚落呈团块状分布。有文化广场1处、文化大院1处、农家书屋1处、小学1处。经济以种植业为主，有桃园。有公路经此。

泮池沟 371323-B13-H03
[Pànchígōu]

在县驻地沂城街道西南方向6.6千米。龙家圈镇辖自然村。人口1 500。因村后有条大沟，来往推车过沟的人需盘车（指连推带拉）通过，由此得名盘车沟，后演变为泮池沟。聚落呈团块状分布。有文化广场1处、文化大院1处、农家书屋1处。经济以种植业为主，种植小麦、玉米、花生、蔬菜。省道兖石路经此。

前埠子 371323-B13-H04
[Qiánbùzi]

在县驻地沂城街道西方向4.2千米。龙家圈镇辖自然村。人口600。以村北有一岭得名埠子。因村址在前，故名前埠子。聚落呈团块状分布。有文化广场 1 处、文化大院 1 处、农家书屋 1 处。经济以商业为主。有公路经此。

寨里 371323-B13-H05
[Zhàilǐ]

在县驻地沂城街道西方向 5.4 千米。龙家圈镇辖自然村。人口 800。建村时此地有一寨里寺，以寺名村。聚落呈团块状分布。有文化广场 1 处、文化大院 1 处、农家书屋 1 处。经济以种植业、加工业为主，种植草莓，生产粉皮、粉条等。省道兖石路经此。

小匡庄 371323-B13-H06
[Xiǎokuāngzhuāng]

在县驻地沂城街道西北方向 5.9 千米。龙家圈镇辖自然村。人口 1 100。北宋后期，匡姓自匡庄分居至此立村，取名小匡庄。聚落呈团块状分布。有文化广场 2 处、文化大院 1 处、农家书屋 1 处。经济以种植业为主，种植小麦、玉米、蔬菜等。有公路经此。

柳泉 371323-B13-H07
[Liǔquán]

在县驻地沂城街道西北方向 6.9 千米。龙家圈镇辖自然村。人口 2 500。陈姓始居，曾取名陈家庄，后陈姓无居人。明万历初年，田姓自湖埠西迁此，以村东大柳树下有山泉而改称柳泉。聚落呈团块状分布。有小学 1 处、文化广场 4 处、文化大院 1 处、农家书屋 1 处。经济以种植业为主，种植小麦、玉米、花生等。无公路经此。

后马荒 371323-B13-H08
[Hòumǎhuāng]

在县驻地沂城街道西北方向 4.4 千米。龙家圈镇辖自然村。人口 1 300。建村前此地原是数百亩草荒洼地，为官府和富户牧马处，以此得名马荒洼。因重名，村址在后，故名。聚落呈团块状分布。有文化广场 1 处、文化大院 1 处、农家书屋 1 处。经济以种植业为主，种植小麦、玉米、棉花、蔬菜、花卉等。有公路经此。

陈家诸坞 371323-B13-H09
[Chénjiāzhūwù]

在县驻地沂城街道西北方向 7.5 千米。龙家圈镇辖自然村。人口 700。村东、北两面临沂河，早年河水较深，此处河岸宜泊船只，船民在岸边建有多个居民点，故周围村庄均以诸坞命名。村中陈姓户多，称陈家诸坞。聚落呈团块状分布。有文化广场 1 处、文化大院 1 处。经济以种植业为主，种植蔬菜、生姜等。有公路经此。

北越庄 371323-B13-H10
[Běiyuèzhuāng]

在县驻地沂城街道西北方向 9.5 千米。龙家圈镇辖自然村。人口 1 500。原村在今址西北，后越岭迁此另建新村，取名越庄。因与本区岳庄同音，1958 年，改称北越庄。聚落呈团块状分布。有幼儿园 1 处、文化广场 1 处、文化大院 1 处、农家书屋 1 处。经济以种植业为主，种植小麦、玉米、草莓、花生等。有公路经此。

西草沟 371323-B13-H11
[Xīcǎogōu]

在县驻地沂城街道西北方向 10.3 千米。龙家圈镇辖自然村。人口 800。因村前有一杂草丛生的大沟，故名草沟。1944 年分为二村，村址居西，故名。聚落呈团块状分布。有文化广场 1 处、文化大院 1 处。经济以种植业为主，种植玉米、小麦、花生、棉花等。有公路经此。

盆山 371323-B13-H12
[Pénshān]

在县驻地沂城街道西北方向 12.0 千米。龙家圈镇辖自然村。人口 1 500。村原名太平官庄，后因临近盆山而改称盆山。聚落呈团块状分布。有文化广场 1 处、文化大院 1 处、农家书屋 1 处、小学 1 处。经济以种植业为主，种植苹果、玉米、小麦、花生、棉花等。有公路经此。

柴山 371323-B13-H13
[Cháishān]

在县驻地沂城街道西北方向 16.0 千米。龙家圈镇辖自然村。人口 1 700。村处柴胡山前，得名柴山。聚落呈团块状分布。有文化广场 1 处、文化大院 1 处、农家书屋 1 处、幼儿园 1 处、小学 1 处。经济以种植业、商业为主，种植小麦、玉米、花生，烧饼油条制作是该村的特色产业，黄家烧饼、油条、柴山大饼在省内闻名。有公路经此。

泉沟 371323-B13-H14
[Quángōu]

在县驻地沂城街道西北方向 18.0 千米。龙家圈镇辖自然村。人口 500。村中沟底有一旺泉，以此得名泉沟。聚落呈团块状分布。有文化广场 1 处、文化大院 1 处。经济以种植业为主，种植苹果、桃、小麦、玉米、花生等。有公路经此。

里万 371323-B13-H15
[Lǐwàn]

在县驻地沂城街道西北方向 18.4 千米。龙家圈镇辖自然村。人口 600。村处三山间的里头，故名里万。聚落呈团块状分布。有文化广场 1 处、文化大院 1 处、农家书屋 1 处。经济以种植业为主，种植小麦、玉米、花生、山楂、桃子、樱桃。有公路经此。

南套 371323-B13-H16
[Nántào]

在县驻地沂城街道西北方向 13.6 千米。龙家圈镇辖自然村。人口 1 000。村处沂河南岸的河套里，故称南河套，后简称南套。1959 年南迁至此立村，仍沿用原村名。聚落呈团块状分布。有文化广场 1 处、文化大院 1 处、农家书屋 1 处、小学 1 处。经济以种植业为主，种植玉米、小麦、花生等。有公路经此。

下肖家沟 371323-B13-H17
[Xiàxiāojiāgōu]

在县驻地沂城街道西北方向 20.4 千米。龙家圈镇辖自然村。人口 1 300。肖氏于明初自登州府黄县赤山寨迁此山沟处定居，以姓取名肖家沟。因处同名村下方，故称下肖家沟。1962 年搬迁至西岭上，仍沿用原村名。聚落呈团块状分布。有文化广场 1 处、文化大院 1 处、农家书屋 1 处、小学 1 处。经济以种植业为主，种植苹果。有公路经此。

港埠口 371323-B13-H18
[Gǎngbùkǒu]

在县驻地沂城街道西方向 5.5 千米。龙家圈镇辖自然村。人口 2 900。村处沂河西岸，早年此处为停泊船只的港口，得名港埠口。聚落呈团块状分布。有文化广场 1 处、文化大院 1 处、农家书屋 1 处、小学 1 处。经济以种植业为主，种植芹菜、苦菊、上海青等。有公路经此。

吴坡 371323-B13-H19
[Wúpō]

在县驻地沂城街道西南方向 6.1 千米。龙家圈镇辖自然村。人口 1 700。早年村周树木甚多，坡田很少，得名无坡，后演变为吴坡。聚落呈团块状分布。有文化广场 1

处、文化大院 1 处、农家书屋 1 处。经济以种植业为主，种植粮食作物、西瓜、大棚蔬菜等。有公路经此。

公家疃 371323–B13–H20
[Gōngjiātuǎn]

在县驻地沂城街道西方向 4.0 千米。龙家圈镇辖自然村。人口 1 700。公姓建村，取名公家疃。聚落呈团块状分布。有文化广场 1 处、文化大院 1 处、农家书屋 1 处。经济以种植业为主，种植草莓、大棚蔬菜等。省道沂邳路经此。

前马荒 371323–B13–H21
[Qiánmǎhuāng]

在县驻地沂城街道西北方向 3.9 千米。龙家圈镇辖自然村。人口 2 000。建村前此地原是数百亩草荒洼地，为官府和富户牧马处，以此得名马荒洼。因村址处同名村之前，故名前马荒。聚落呈团块状分布。有文化广场 1 处、文化大院 1 处、农家书屋 1 处。经济以种植业为主，种植小麦、玉米、棉花、蔬菜、花卉等，有布鞋制造、医疗器械、食品等行业。有公路经此。

泉庄 371323–B14–H01
[Quánzhuāng]

泉庄镇人民政府驻地。在县驻地沂城街道西北方向 33.3 千米。人口 800。以村前有一旺泉，取名泉庄。聚落呈团块状分布。有文化广场 1 处、幼儿园 1 处、小学 1 处、中学 1 处、农家书屋 1 处。经济以林果业为主，主产桃、苹果、葡萄等。有公路经此。

西郭庄 371323–B14–H02
[Xīguōzhuāng]

在县驻地沂城街道西北方向 28.0 千米。泉庄镇辖自然村。人口 1 200。明景泰年间，梅姓自山西洪洞县迁此建村。因村东邻郭庄，随其名而取名西郭庄。聚落呈散状分布。有文化广场 1 处、小学 1 处。经济以种植业为主，主产葡萄、桃、玉米、小麦、花生等。有公路经此。

张庄河南 371323–B14–H03
[Zhāngzhuānghénán]

在县驻地沂城街道西北方向 37.0 千米。泉庄镇辖自然村。人口 1 300。村处马连河南岸，隔河与张庄相望，取名河南。因重名，更名为张庄河南。聚落呈团块状分布。有文化广场 1 处、文化大院 1 处。经济以林果业为主，主产葡萄、苹果、桃等。有公路经此。

三庄 371323–B14–H04
[Sānzhuāng]

在县驻地沂城街道西北方向 36.0 千米。泉庄镇辖自然村。人口 800。尹姓自重安社尹家峪庄迁此，牛姓自马泉社石佛沟庄来居，张姓、石姓自文峰社石牛坡庄迁入，村由此得名三社庄，后简称三庄。聚落呈团块状分布。有文化广场 1 处、小学 1 处。经济以林果业为主，主产桃、苹果、葡萄等。有公路经此。

崮崖 371323–B14–H05
[Gùyá]

在县驻地沂城街道西北方向 40.0 千米。泉庄镇辖自然村。人口 700。村处纪王崮南崖下，故名崮崖。聚落呈环状分布。有文化广场 1 处、幼儿园 1 处、小学 1 处、农家书屋 1 处。经济以林果业为主，主产桃、苹果等。有公路经此。

梅家坡 371323–B14–H06
[Méijiāpō]

在县驻地沂城街道西北方向 32.0 千米。

泉庄镇辖自然村。人口 800。明末，梅姓在马头岗东南一山坡上建村，取名梅家坡。聚落呈散状分布。有文化广场 1 处、文化大院 1 处。经济以种植业为主，种植桃、花椒、玉米、花生等。有公路经此。

石汪峪 371323-B14-H07
［Shíwāngyù］

在县驻地沂城街道西北方向 31.0 千米。泉庄镇辖自然村。人口 1 700。村前有一大石汪，向东、西延伸形成一条长峪，以此得名石汪峪。聚落呈散状分布。有文化广场 1 处、小学 1 处。经济以种植业为主，种植苹果、桃、玉米、花生、小麦等。有公路经此。

前里庄 371323-B14-H08
［Qiánlǐzhuāng］

在县驻地沂城街道西北方向 29.0 千米。泉庄镇辖自然村。人口 1 600。因村大、户多，在村南、北各建一土地庙，两庙相距正好一里，由此得名里庄。后分为两村，本村居南，称前里庄。聚落呈散状分布。有文化广场 1 处、文化大院 1 处、小学 1 处。经济以种植业为主，种植玉米、小麦、花生、花椒等。有公路经此。

张庄 371323-B14-H09
［Zhāngzhuāng］

在县驻地沂城街道西北方向 38.0 千米。泉庄镇辖自然村。人口 2 000。以姓名村。聚落呈团块状分布。有文化广场 1 处、文化大院 1 处、小学 1 处。经济以林果业为主，主产葡萄、苹果、桃等。有公路经此。

沙地 371323-B14-H10
［Shādì］

在县驻地沂城街道西北方向 28.0 千米。泉庄镇辖自然村。人口 2 000。以村周多沙地而得名。聚落呈带状分布。有文化广场 1 处、农家书屋 1 处、文化大院 1 处、小学 1 处。经济以种植业为主，种植玉米、小麦等。有公路经此。

塔井峪 371323-B14-H11
［Tǎjǐngyù］

在县驻地沂城街道西北方向 34.0 千米。泉庄镇辖自然村。人口 1 600。村处峪中，传说曾有一眼古井塌陷，由此得名塌井峪，后演变为塔井峪。聚落呈环状分布。有文化广场 1 处、文化大院 1 处、幼儿园 1 处。经济以林果业为主，主产大樱桃等。有公路经此。

佃坪 371323-B14-H12
［Diànpíng］

在县驻地沂城街道西北方向 31.0 千米。泉庄镇辖自然村。人口 1 100。村北有一山，上面很平，像垫子一样，得名垫坪，后演变为佃坪。聚住呈散状分布。有文化广场 1 处、文化大院 1 处。经济以林果业为主，主产桃、苹果等。有公路经此。

石棚 371323-B14-H13
［Shípéng］

在县驻地沂城街道西北方向 33.0 千米。泉庄镇辖自然村。人口 1 600。村侧有一石洞名石棚，村以此得名。聚落呈散状分布。有文化广场 1 处、文化大院 1 处。经济以种植业为主，种植苹果、桃、花椒、玉米、花生、小麦等。有公路经此。

官庄 371323-B15-H01
［Guānzhuāng］

富官庄镇人民政府驻地。在县驻地沂城街道东北方向 55.0 千米。人口 2 400。元代建村，时为官吏之佃户庄，故名官庄。聚落呈团块状分布。有中学 1 处、小学 1 处、幼儿园 1 处、文化广场 5 处。经济以种植业为主，种植小麦、玉米、花生等。有电缆厂。有公路经此。

西漫流 371323-B15-H02
[Xīmànliú]

在县驻地沂城街道西方向 57.6 千米。富官庄镇辖自然村。人口 400。村附近有一旺泉，泉水漫溢，以此得名漫流。以村址居西，得名西漫流。聚落呈散状分布。有文化广场 2 处。经济以种植业为主，种植小麦、玉米、花生等。有公路经此。

抬头 371323-B15-H03
[Táitóu]

在县驻地沂城街道北方向 58.0 千米。富官庄镇辖自然村。人口 700。东部樊家庄有一人去西山寺院出家为僧，思家心切时，居高东眺，抬头首见此村，以此得名抬头。聚落呈团块状分布。有文化广场 1 处。经济以种植业为主，种植小麦、玉米、花生、草莓等。有公路经此。

范家庄 371323-B15-H04
[Fànjiāzhuāng]

在县驻地沂城街道东北方向 58.0 千米。富官庄镇辖自然村。人口 800。元朝初期已有樊姓居此，名樊家庄，后演变为范家庄。聚落呈散状分布。有文化广场 1 处。经济以种植业为主，种植小麦、玉米、花生、大樱桃等。有公路经此。

刘家后沟 371323-B15-H05
[Liújiāhòugōu]

在县驻地沂城街道东南方向 57.0 千米。富官庄镇辖自然村。人口 1 400。刘姓来后，村址移至后大沟中，改名后沟。因重名，更名为刘家后沟。聚落呈环状分布。有文化广场 1 处。经济以种植业为主，种植小麦、玉米、花生等。有公路经此。

桃洼 371323-B15-H06
[Táowā]

在县驻地沂城街道东北方向 63.0 千米。富官庄镇辖自然村。人口 700。原村名杏山官庄，因发生过火灾，改成瓢洼，后演变为桃洼。聚落呈团块状分布。有文化广场 1 处。经济以种植业为主，种植小麦、玉米、花生、桃等。有公路经此。

下谭家沟 371323-B15-H07
[Xiàtánjiāgōu]

在县驻地沂城街道东方向 61.5 千米。富官庄镇辖自然村。人口 600。村处原村东南较低处，故名。聚落呈散状分布。有文化广场 1 处、幼儿园 1 处。经济以种植业为主，种植小麦、玉米、花生等。有公路经此。

朱双 371323-B15-H08
[Zhūshuāng]

在县驻地沂城街道东方向 67.0 千米。富官庄镇辖自然村。人口 2 400。原名南张解，因遭水灾西迁至此立村。明嘉靖年间，两朱姓兴旺，改名朱双。聚落呈团块状分布。有文化广场 1 处、幼儿园 1 处、小学 1 处、中学 1 处。经济以种植业为主，种植小麦、玉米、花生、蔬菜等。有公路经此。

何家庄子 371323-B15-H09
[Héjiāzhuāngzi]

在县驻地沂城街道东方向 65.0 千米。富官庄镇辖自然村。人口 1 400。以姓取名。聚落呈环状分布。有文化广场 1 处、小学 1 处、中学 1 处、幼儿园 1 处。经济以种植业为主，种植小麦、玉米、花生等。有公路经此。

前陈 371323-B15-H10
[Qiánchén]

在县驻地沂城街道东南方向 65.0 千米。富官庄镇辖自然村。人口 1 300。相传元初，陈姓始居建村，以姓取名陈村。继有吴姓来居。后陈村建立后，即与之对称，名前陈。聚落呈团块状分布。有文化广场 1 处、幼儿园 1 处、小学 1 处。经济以种植业为主，种植黄烟、玉米、花生等。有公路经此。

西得水 371323-B15-H11
[Xīdéshuǐ]

在县驻地沂城街道东南方向 60.0 千米。富官庄镇辖自然村。人口 900。村西一小河绕村半圈，戴姓在此建村，取名戴得水。东得水建村后，改称西戴得水，后简称西得水。聚落呈团块状分布。有文化广场 1 处、小学 1 处。经济以种植业为主，种植黄烟、玉米、花生等。有公路经此。

垛庄 371323-B15-H12
[Duǒzhuāng]

在县驻地沂城街道南方向 61.0 千米。富官庄镇辖自然村。人口 1 200。相传王姓因躲战乱迁此，故名躲庄，后演变为垛庄。聚落呈散状分布。有文化广场 1 处。经济以种植业为主，种植黄烟、玉米、花生等。有公路经此。

徕庄 371323-B15-H13
[Láizhuāng]

在县驻地沂城街道南方向 58.0 千米。富官庄镇辖自然村。人口 1 500。明初战乱频繁，山东人少，山西人应招徕（徕、来古通用）山东定居垦殖，以此取名徕庄。聚落呈散状分布。有文化广场 3 处、小学 1 处。经济以种植业为主，种植黄烟、玉米、花生、小麦、中药材等。有公路经此。

宋家箕山 371323-B15-H14
[Sòngjiājīshān]

在县驻地沂城街道南方向 61.0 千米。富官庄镇辖自然村。人口 800。明朝初年，宋姓迁山东莒北箕山东建村，取名宋家箕山。聚落呈散状分布。有文化广场 1 处。经济以种植业为主，种植黄烟、玉米、花生、中药材等。有公路经此。

高家石岭 371323-B15-H15
[Gāojiāshílǐng]

在县驻地沂城街道西南方向 62.0 千米。富官庄镇辖自然村。人口 1 200。村居石岭之上，以姓取名高家石岭。聚落呈带状分布。有文化广场 1 处、小学 1 处。经济以种植业为主，种植黄烟、玉米、花生等。有公路经此。

宝山坡 371323-B15-H16
[Bǎoshānpō]

在县驻地沂城街道西南方向 65.0 千米。富官庄镇辖自然村。人口 1 300。村处宝山东坡，故名。聚落呈散状分布。有文化广场 1 处。经济以种植业为主，种植黄烟、玉米、花生等。有公路经此。

院东头 371323-B16-H01
[Yuàndōngtóu]

院东头镇人民政府驻地。在县驻地沂城街道西南方向 25.0 千米。人口 400。以村处望仙院之东而得名。聚落呈团块状分布。有中学、小学、幼儿园、文化广场等。经济以种植业为主，种植生姜、板栗、芋头、林果等。有公路经此。

师家崖 371323-B16-H02
[Shījiāyá]

在县驻地沂城街道西南方向 20.0 千米。

院东头镇辖自然村。人口 1 000。村处山崖下，以姓取名师家崖。聚落呈团块状分布。经济以种植业为主，种植生姜、林果、芋头等。有公路经此。

留虎峪 371323-B16-H03
[Liúhǔyù]

在县驻地沂城街道西南方向 21.0 千米。院东头镇辖自然村。人口 1 000。传说古时五台山一和尚法号三脱化，修道多年，临下山时师傅赠其一只虎两个钟，嘱咐其如虎住你莫住，如钟住你就住。行至此，虎不走了，于是他把虎杀了，继续挑钟前行。故此地名杀虎峪，后演变为留虎峪。村以峪取名。聚落呈带状分布。经济以种植业、旅游业为主，种植生姜、林果、芋头等。有公路经此。

佟家庄 371323-B16-H04
[Tóngjiāzhuāng]

在县驻地沂城街道西南方向 18.0 千米。院东头镇辖自然村。人口 300。明初，佟姓在此建村，以姓取名佟家庄。聚落呈团块状分布。经济以种植业为主，种植生姜、林果、芋头等。有公路经此。

马家崖 371323-B16-H05
[Mǎjiāyá]

在县驻地沂城街道西南方向 21.0 千米。院东头镇辖自然村。人口 1 300。村后靠山崖，以姓取名马家崖。聚落呈团块状分布。经济以种植业为主，种植生姜、林果、芋头等。有公路经此。

桃棵子 371323-B16-H06
[Táokēzi]

在县驻地沂城街道西南方向 28.0 千米。院东头镇辖自然村。人口 600。村周桃树甚多，得名桃棵子。聚落呈团块状分布。经济以种植业为主，种植生姜、林果、芋头等。有公路经此。

张家庄子 371323-B16-H07
[Zhāngjiāzhuāngzi]

在县驻地沂城街道西南方向 27.0 千米院东头镇辖自然村。人口 900。北宋时，响马张三影在此招募兵马，修筑围寨，始成村落，取名张家庄子。聚落呈团块状分布。经济以种植业为主，种植生姜、板栗、芋头、茶叶等。有公路经此。

许家峪 371323-B16-H08
[Xǔjiāyù]

在县驻地沂城街道西南方向 30.0 千米。院东头镇辖自然村。人口 1 100。许姓建村，村处山谷中，以姓取名许家峪。聚落呈团块状分布。经济以种植业为主，种植生姜、板栗、芋头、林果等。有公路经此。

上岩峪 371323-B16-H09
[Shàngyányù]

在县驻地沂城街道西南方向 29.0 千米。院东头镇辖自然村。人口 900。明末阎姓建村，村处峪的上部，以姓取村名上阎峪。后阎姓他迁，村名演变为上岩峪。聚落呈团块状分布。有小学 1 处。经济以种植业为主，种植生姜、板栗、芋头、林果等。有公路经此。

下岩峪 371323-B16-H10
[Xiàyányù]

在县驻地沂城街道西南方向 28.0 千米。院东头镇辖自然村。人口 600。明末阎姓建村，村处峪的下部，与同名村对称，名下阎峪。后阎姓泯迹，村名演变为下岩峪。聚落呈团块状分布。经济以种植业为主，种植生姜、板栗、芋头、林果等。无公路经此。

西郑家庄 371323-B16-H11

[Xīzhèngjiāzhuāng]

在县驻地沂城街道西南方向 25.0 千米。院东头镇辖自然村。人口 600。元末明初郑姓建村,以姓取名郑家庄。因重名,更名为西郑家庄。聚落呈团块状分布。经济以种植业为主,种植生姜、板栗、芋头、林果等。有公路经此。

田家峪 371323-B16-H12

[Tiánjiāyù]

在县驻地沂城街道西南方向 26.0 千米。院东头镇辖自然村。人口 1 200。明初田姓建村,取名田家峪。聚落呈团块状分布。经济以种植业为主,种植生姜、芋头、林果等。有公路经此。

四门洞 371323-B16-H13

[Sìméndòng]

在县驻地沂城街道西南方向 21.0 千米。院东头镇辖自然村。人口 300。村北山有一洞,有四个门,村以此得名四门洞。聚落呈团块状分布。经济以种植业、旅游业为主,种植生姜、林果、芋头等。有公路经此。

西墙峪 371323-B16-H14

[Xīqiángyù]

在县驻地沂城街道西南方向 27.0 千米。院东头镇辖自然村。人口 300。村处峪中,村西山高似墙,得名西墙峪。聚落呈团块状分布。经济以种植业为主,种植生姜、林果、芋头等。无公路经此。

圈里 371323-C01-H01

[Quānlǐ]

圈里乡人民政府驻地。在县驻地沂城街道北方向 50.0 千米。人口 1 500。村以四面环山得名圈里。聚落呈团块状分布。有文化广场 1 处、文化大院 1 处、农家书屋 1 处、中学 1 处、小学 1 处、幼儿园 1 处。经济以种植业为主,种植小麦、玉米、花生、蜜桃等。有铁器加工业、石墨加工业。有公路经此。

瑞龙口 371323-C01-H02

[Ruìlóngkǒu]

在县驻地沂城街道北方向 43.0 千米。圈里乡辖自然村。人口 800。传说宋太祖赵匡胤曾率兵经此,宿营时在泉口处睡了一觉,以此得名睡龙口,后演变为瑞龙口。聚落呈团块状分布。有文化广场 1 处、文化大院 1 处、农家书屋 1 处。经济以种植业为主,种植小麦、玉米、花生、蜜桃等。有公路经此。

麻庄 371323-C01-H03

[Mázhuāng]

在县驻地沂城街道北方向 50.0 千米。圈里乡辖自然村。人口 300。相传元朝中期麻姓建村,取名麻庄。聚落呈团块状分布。有文化广场 1 处、文化大院 1 处、农家书屋 1 处、小学 1 处、幼儿园 1 处。经济以种植业为主,种植小麦、玉米、花生、蜜桃等。有公路经此。

柿子园 371323-C01-H04

[Shìziyuán]

在县驻地沂城街道北方向 55.0 千米。圈里乡辖自然村。人口 700。传说早年村中设立书院,曾出过很有名的儒士,村以此得名士子院,后演变为柿子园。聚落呈团块状分布。有文化广场 1 处、文化大院 1 处、农家书屋 1 处。经济以种植业为主,种植小麦、玉米、花生、蜜桃等。有公路经此。

贾姚庄 371323-C01-H05
[Jiǎyáozhuāng]

在县驻地沂城街道北方向 50.0 千米。圈里乡辖自然村。人口 600。明洪武年间，贾姓自山西洪洞县迁此建村，以姓取名贾家庄。明嘉靖年间，姚氏迁至贾家庄南立村，名姚家庄。1956 年并为一村，取名贾姚庄。聚落呈团块状分布。有文化广场 1 处、文化大院 1 处、农家书屋 1 处。经济以种植业为主，种植小麦、玉米、花生、蜜桃等。有公路经此。

增山后 371323-C01-H06
[Zēngshānhòu]

在县驻地沂城街道北方向 52.0 千米。圈里乡辖自然村。人口 600。明嘉靖年间，贾姓自安丘县石叶子村迁居此地，以处增山后得名。聚落呈团块状分布。有文化广场 1 处、文化大院 1 处、农家书屋 1 处、幼儿园 1 处。经济以种植业为主，种植小麦、玉米、花生、蜜桃等。有公路经此。

张家洼 371323-C01-H07
[Zhāngjiāwā]

在县驻地沂城街道北方向 50.0 千米。圈里乡辖自然村。人口 800。村处浯河南岸洼地上，以姓取名张家洼。聚落呈散状分布。有文化广场 1 处、文化大院 1 处、农家书屋 1 处。经济以种植业为主，种植小麦、玉米、花生、蜜桃等。有公路经此。

高家庄 371323-C01-H08
[Gāojiāzhuāng]

在县驻地沂城街道北方向 56.0 千米。圈里乡辖自然村。人口 300。以姓名村。聚落呈团块状分布。有文化广场 1 处、文化大院 1 处、农家书屋 1 处。经济以种植业为主，种植小麦、玉米、花生、蜜桃等。有公路经此。

许家庄 371323-C01-H09
[Xǔjiāzhuāng]

在县驻地沂城街道北方向 56.0 千米。圈里乡辖自然村。人口 600。明洪武年间，许姓自山西洪洞县迁此建村，以姓取名许家庄。聚落呈团块状分布。有文化广场 1 处、文化大院 1 处、农家书屋 1 处、小学 1 处、幼儿园 1 处。经济以种植业为主，种植小麦、玉米、花生、蜜桃等。有公路经此。

南代庄 371323-C01-H10
[Nándàizhuāng]

在县驻地沂城街道北方向 48.0 千米。圈里乡辖自然村。人口 700。元末明初，代姓在浯河南岸建村，取名南代庄。聚落呈团块状分布。有文化广场 1 处、文化大院 1 处、农家书屋 1 处。经济以种植业为主，种植小麦、玉米、花生、蜜桃等。有公路经此。

南朱保 371323-C01-H11
[Nánzhūbǎo]

在县驻地沂城街道北方向 48.0 千米。圈里乡辖自然村。人口 1 000。村东有一大土堡，传说内藏宝物，故称珠堡，遂作村名，后演变为朱保。北朱保建村后，改称南朱保。聚落呈团块状分布。有文化广场 1 处、文化大院 1 处、农家书屋 1 处。经济以种植业为主，种植小麦、玉米、花生、蜜桃等。有公路经此。

前朱营 371323-C01-H12
[Qiánzhūyíng]

在县驻地沂城街道北方向 50.0 千米。圈里乡辖自然村。人口 900。明太祖朱元璋率师北征，曾在此扎营，此地得名朱营。因程姓人户多，故取名程家朱营。明中叶，村北另建后朱营，即与其对称，名前朱营。

聚落呈团块状分布。有文化广场 1 处、文化大院 1 处、农家书屋 1 处。经济以种植业为主，种植小麦、玉米、花生、蜜桃等。有公路经此。

中良门 371323-C01-H13
[Zhōngliángmén]

在县驻地沂城街道北方向 54.0 千米。圈里乡辖自然村。人口 500。元朝初期，蒙姓居此开荒种地，由穷变富，人们说是此地养活了蒙家，遂名养蒙。明朝初期，蒙姓向南向北近处分迁另建两村，本村居中，即称中养蒙。民国初年，演变为中良门。聚落呈带状分布。有文化广场 1 处、文化大院 1 处、农家书屋 1 处。经济以种植业为主，种植小麦、玉米、花生、蜜桃等。有公路经此。

朱家峪子 371323-C01-H14
[Zhūjiāyùzi]

在县驻地沂城街道北方向 42.0 千米。圈里乡辖自然村。人口 400。清康熙年间，朱姓自益都迁此建村，村处峪中，故名。聚落呈团块状分布。有文化广场 1 处、文化大院 1 处、农家书屋 1 处。经济以种植业为主，种植小麦、玉米、花生、蜜桃等。有公路经此。

七箭 371323-C01-H15
[Qījiàn]

在县驻地沂城街道北方向 62.0 千米。圈里乡辖自然村。人口 800。唐高祖李渊曾在此村南山上避难，李渊在山上向北射了七箭，村以此得名。聚落呈带状分布。有文化广场 1 处、文化大院 1 处、农家书屋 1 处。经济以种植业为主，种植小麦、玉米、花生、蜜桃等。有公路经此。

涝坡 371323-C01-H16
[Làopō]

在县驻地沂城街道北方向 60.0 千米。圈里乡辖自然村。人口 1 100。村处山坡，周围多涝洼地，故名。聚落呈散状分布。有文化广场 1 处、文化大院 1 处、农家书屋 1 处、幼儿园 1 处。经济以种植业为主，种植小麦、玉米、花生、蜜桃等。有公路经此。

兰陵县

城市居民点

嘉河明珠 371324-I01
[Jiāhé Míngzhū]

在县城中部。人口 500。总面积 0.7 公顷。因位于东泇河畔得名。2011 年始建，2013 年正式使用。建筑总面积 40 000 平方米，高层住宅楼 2 栋，现代建筑特点。

平安苑 371324-I02
[Píng'ān Yuàn]

在县城中部。人口 5 000。总面积 21.4 公顷。寓意四季平安、美如花园，故名。2005 年始建，2006 年正式使用。建筑总面积 150 000 平方米，住宅楼 38 栋，其中高层 6 栋、多层 32 栋。现代建筑特点。

世纪福城 371324-I03
[Shìjì Fúchéng]

在县城东部。人口 2 500。总面积 7.0 公顷。以世纪福缘集团命名。2009 年始建，2010 年正式使用。建筑总面积 120 000 平方米，多层住宅楼 31 栋，现代建筑特点。

金盾家园 371324-I04
[Jīndùn Jiāyuán]

在县城东部。人口 2 100。总面积 3.9公顷。因是公安局家属院得名。2011 年始建，2012 年正式使用。建筑总面积 89 400 平方米，多层住宅楼 23 栋，现代建筑特点。

农村居民点

赵官庄 371324-A01-H01
[Zhàoguānzhuāng]

在县驻地下庄街道西方向 2.2 千米。下庄街道辖自然村。人口 1 000。原管姓一家在此居住。明洪武年间，赵氏家族由山西洪洞县迁此与管姓合建一村，因管姓在先，取名管家庄，后易名为赵官庄。聚落呈团块状分布。有文化广场 1 处、文化大院 1 处、幼儿园 1 处、小学 1 处。经济以种植业为主，种植小麦、玉米。有公路经此。

仓谷屯 371324-A01-H02
[Cānggǔtún]

在县驻地下庄街道西方向 7.5 千米。下庄街道辖自然村。人口 900。宋朝时，此地是运粮河流经之地，并在此建有粮仓，故名。聚落呈团块状分布。有文化广场 1 处、文化大院 1 处、幼儿园 1 处、小学 1 处。经济以种植业为主，种植小麦、玉米。有公路经此。

柞城前 371324-A01-H03
[Zuòchéngqián]

在县驻地下庄街道东方向 2.0 千米。下庄街道辖自然村。人口 1400。建村于明朝初年，因村处于柞城城南得名。聚落呈团块状分布。有文化广场 1 处、文化大院 1 处、幼儿园 1 处。经济以种植业为主，种植大蒜、小麦、玉米。有公路经此。

柞城 371324-A01-H04
[Zuòchéng]

在县驻地下庄街道东方向 0.5 千米。下庄街道辖自然村。人口 5 600。建村于南宋初年，因村处于柞城故城址而得名。聚落呈团块状分布。有文化广场 1 处、文化大院 1 处、幼儿园 1 处、小学 1 处、中学 1 处。经济以种植业为主，种植大蒜、小麦、玉米。有公路经此。

小埝 371324-A01-H05
[Xiǎoniàn]

在县驻地下庄街道南方向 5.0 千米。下庄街道辖自然村。人口 700。建村于明万历四年（1576），赵姓从赵官庄迁来此地，居住在土埝之上，故而得名小埝。聚落呈散状分布。有文化广场 1 处、文化大院 1 处、幼儿园 1 处。经济以种植业为主，种植大蒜、小麦、玉米。有公路经此。

小城东 371324-A01-H06
[Xiǎochéngdōng]

在县驻地下庄街道东方向 4.0 千米。下庄街道辖自然村。人口 2 400。建村于明末清初，因村西北角临古城而得名。聚落呈团块状分布。有文化广场 1 处、文化大院 1 处、幼儿园 1 处、小学 1 处。经济以种植业为主，种植大蒜、小麦、玉米。有公路经此。

西纸坊 371324-A01-H07
[Xīzhǐfáng]

在县驻地下庄街道西北方向 6.3 千米。下庄街道辖自然村。人口 4 000。当时有几户人家以造纸为业，故得名西纸坊。聚落呈环状分布。有文化广场 1 处、文化大院 1 处、幼儿园 1 处、小学 1 处。经济以种植业为主，种植小麦、玉米。省道沂邳路经此。

王沙窝 371324-A01-H08
［Wángshāwō］

在县驻地卞庄街道南方向 8.0 千米。卞庄街道辖自然村。人口 600。因村附近是一片沙滩，且王姓先居于此，故名王沙窝。聚落呈团块状分布。有文化广场 1 处、文化大院 1 处、幼儿园 1 处。经济以种植业为主，种植大蒜。有公路经此。

弯槐树 371324-A01-H09
［Wānhuáishù］

在县驻地卞庄街道西南方向 9.0 千米。卞庄街道辖自然村。人口 1 000。建村于明朝年间，以村南有弯槐树而得名。聚落呈团块状分布。有文化广场 1 处、文化大院 1 处、幼儿园 1 处。经济以种植业为主，种植大蒜、小麦。有公路经此。

洼桥 371324-A01-H10
［Wāqiáo］

在县驻地卞庄街道西南方向 3.0 千米。卞庄街道辖自然村。人口 1 300。因有一小洼桥而得名。聚落呈团块状分布。有文化广场 1 处、文化大院 1 处、幼儿园 1 处、小学 1 处。经济以种植业为主，种植大蒜、小麦、玉米。有公路经此。

柿树园 371324-A01-H11
［Shìshùyuán］

在县驻地卞庄街道南方向 8.0 千米。卞庄街道辖自然村。人口 500。建村于明朝初年，原是代村王姓地主的一片柿树林，故名柿树园。聚落呈团块状分布。有文化广场 1 处、文化大院 1 处、幼儿园 1 处、小学 1 处。经济以种植业为主，种植大蒜、小麦、玉米。有公路经此。

晒米城前 371324-A01-H12
［Shàimǐchéngqián］

在县驻地卞庄街道西南方向 6.0 千米。卞庄街道辖自然村。人口 400。春秋战国时期，卞庄子内有一人造土山，山顶平整，后被卞庄子列为晒米场地，名晒米城。本村居其前，故名晒米城前。聚落呈散状分布。有文化广场 1 处、文化大院 1 处、幼儿园 1 处、小学 1 处、中学 1 处。经济以商业为主。有公路经此。

前连厂 371324-A01-H13
［Qiánliánchǎng］

在县驻地卞庄街道西南方向 3.5 千米。卞庄街道辖自然村。人口 800。因村西有小汶河，莲花场地较多，取名莲花场地，后简称连厂。又因与后连厂对应而得名前连厂。聚落呈团块状分布。有文化广场 1 处、文化大院 1 处、幼儿园 1 处、小学 1 处。经济以种植业为主，种植大蒜、小麦、玉米。有公路经此。

龙沂庄 371324-A01-H14
［Lóngyízhuāng］

在县驻地卞庄街道西北方向 4.0 千米。卞庄街道辖自然村。人口 5 400。建村于唐朝年间，因村冢有一寺庙，庙两侧有泉，南有绵延弯曲的山岭，庙像龙头，泉像龙眼，山岭像龙身，远看貌似巨龙，故庙称龙泉寺，名村龙王，后演变为龙沂庄。聚落呈带状分布。有文化广场 1 处、文化大院 1 处、幼儿园 1 处、小学 1 处、中学 1 处。经济以种植业为主，种植小麦、玉米。省道沂邳路经此。

后营 371324-A01-H15
［Hòuyíng］

在县驻地卞庄街道南方向 3.0 千米。卞庄街道辖自然村。人口 2 500。相传建村于南宋初年，因柞王曾在此安过兵营，官员住前，士卒住后，后建成村落，故名。聚落呈散状分布。有文化广场 1 处、文化大院 1 处、幼儿园 1 处、小学 1 处。经济以种植业为主，种植大蒜、小麦。有公路经此。

后连厂 371324-A01-H16
[Hòuliánchǎng]

在县驻地卞庄街道西南方向 3.0 千米。卞庄街道辖自然村。人口 1 100。因村西有小汶河，莲花场地较多，取名莲花场地，后简称连厂。又因与前连厂对应而得名后连厂。聚落呈团块状分布。有文化广场 1 处、文化大院 1 处、幼儿园 1 处。经济以种植业为主，种植大蒜、玉米。有公路经此。

高沙窝 371324-A01-H17
[Gāoshāwō]

在县驻地卞庄街道西南方向 5.0 千米。卞庄街道辖自然村。人口 1 900。建村于清乾隆初年，因村附近是一片沙滩，且高姓先居于此，故名。聚落呈团块状分布。有文化广场 1 处、文化大院 1 处、幼儿园 1 处、小学 1 处。经济以种植业为主，种植大蒜、玉米。有公路经此。

芙蓉西 371324-A01-H18
[Fúróngxī]

在县驻地卞庄街道东南方向 4.0 千米。卞庄街道辖自然村。人口 1 800。建村于北宋太平兴国四年（979），因村在芙蓉山之阳，且与芙蓉东村对应，故名。聚落呈团块状分布。有文化广场 1 处、文化大院 1 处、幼儿园 1 处。经济以种植业为主，种植大蒜、玉米。有公路经此。

芙蓉东 371324-A01-H19
[Fúróngdōng]

在县驻地卞庄街道东南方向 4.0 千米。卞庄街道辖自然村。人口 2 200。建村于北宋太平兴国四年（979），因村在芙蓉山之阳，且与芙蓉西村对应，故名。聚落呈团块状分布。有文化广场 1 处、文化大院 1 处、幼儿园 1 处、小学 1 处。经济以种植业为主，种植大蒜、玉米。有公路经此。

东小屯 371324-A01-H20
[Dōngxiǎotún]

在县驻地卞庄街道南方向 10.0 千米。卞庄街道辖自然村。人口 1 100。村为临沂西南部所屯之首，故名村小院屯。后因东迦河之隔，村分两处，为与西小屯对应，故名东小屯。聚落呈团块状分布。有文化广场 1 处、文化大院 1 处、幼儿园 1 处、小学 1 处。经济以种植业为主，种植大蒜。有公路经此。

代村 371324-A01-H21
[Dàicūn]

在县驻地卞庄街道西南方向 4.5 千米。卞庄街道辖自然村。人口 3 700。始建于东晋年间，初因代姓居多，故名代村。聚落呈团块状分布。有文化广场 1 处、文化大院 1 处、幼儿园 1 处、小学 1 处、中学 1 处。经济以种植业为主，种植大蒜、小麦。有公路经此。

大坊 371324-A01-H22
[Dàfāng]

在县驻地卞庄街道西南方向 6.0 千米。卞庄街道辖自然村。人口 2 400。建村于明万历年间，因村中有一较大的手工作坊，故名大坊。聚落呈散状分布。有文化广场 1 处、文化大院 1 处、幼儿园 1 处、小学 1 处、中学 1 处。经济以种植业为主，种植大蒜、小麦、玉米。有公路经此。

大城东 371324-A01-H23

[Dàchéngdōng]

在县驻地卞庄街道东北方向 2.5 千米。卞庄街道辖自然村。人口 2 500。因村位于柞城故城以东，且与小城东对应，故名。聚落呈团块状分布。有文化广场 1 处、文化大院 1 处、幼儿园 1 处、小学 1 处、中学 1 处。经济以种植业为主，种植大蒜、小麦、玉米。有公路经此。

北小庄 371324-A01-H24

[Běixiǎozhuāng]

在县驻地卞庄街道西南方向 10.0 千米。卞庄街道辖自然村。人口 1 400。村分南北两处，因与南小庄对应而得名。聚落呈团块状分布。有文化广场 1 处、文化大院 1 处、幼儿园 1 处。经济以种植业为主，种植大蒜、小麦。有公路经此。

大仲村 371324-B01-H01

[Dàzhòngcūn]

大仲村镇人民政府驻地。在县驻地卞庄街道北方向 15.0 千米。人口 3 000。以汉、回族为主，回族占 7%。明永乐年间建村，因村中有一大冢，故名大冢。清朝初年，易名大仲村。聚落呈团块状分布。有文化广场 1 处、文化大院 1 处、幼儿园 1 处、小学 1 处、中学 1 处。经济以种植业为主，种植小麦、玉米等。省道沂邳路经此。

小东湖 371324-B01-H02

[Xiǎodōnghú]

在县驻地卞庄街道西北方向 18.0 千米。大仲村镇辖自然村。人口 300。建村于同治年间，命名大湖，后以庄小人少，且在东康东，易名小东湖。聚落呈带状分布。有文化广场 1 处、文化大院 1 处。经济以种植业为主。有公路经此。

南邱 371324-B01-H03

[Nánqiū]

在县驻地卞庄街道西北方向 18.2 千米。大仲村镇辖自然村。人口 900。建村于明宣德年间，以邱姓先居于此，名村邱庄。后因与北邱对应，遂称南邱。聚落呈团块状分布。有文化广场 1 处、文化大院 1 处、幼儿园 1 处。经济以种植业为主，种植花生、地瓜等。有公路经此。

大冶 371324-B01-H04

[Dàyě]

在县驻地卞庄街道北方向 10.2 千米。大仲村镇辖自然村。人口 1 800。明朝官府在此开矿炼铁，遂名村大冶。聚落呈团块状分布。有文化广场 1 处、文化大院 1 处、幼儿园 1 处、小学 1 处。经济以种植业为主，种植小麦、玉米。有公路经此。

大城子 371324-B01-H05

[Dàchéngzi]

在县驻地卞庄街道西北方向 19.2 千米。大仲村镇辖自然村。人口 1 100。建村于唐贞观年间，因姓氏得名朱家城。后村分为两处，与小城子对应，改为大城子。聚落呈团块状分布。有文化广场 1 处、文化大院 1 处、幼儿园 1 处、小学 1 处。经济以种植业为主，种植花生、玉米、地瓜等。有公路经此。

郁家行 371324-B01-H06

[Yùjiāháng]

在县驻地卞庄街道西北方向 20.2 千米。大仲村镇辖自然村。人口 700。明崇祯十一年（1638），费县城知事巡视路过，村民前往迎接，遂名村遇驾行，后演变为郁家行。聚落呈团块状分布。有文化广场 1 处、文化大院 1 处、幼儿园 1 处。经济以种植业为主，种植小麦、玉米。有公路经此。

车庄 371324-B01-H07
［Chēzhuāng］

在县驻地卞庄街道北方向 15.0 千米。大仲村镇辖自然村。人口 2 900。清朝中期，因歹徒作乱，几个村合为一体，名村扯庄，后演变为车庄。聚落呈团块状分布。有文化广场 1 处、文化大院 1 处、幼儿园 1 处。经济以种植业为主，种植小麦、花生、玉米等。有公路经此。

北孟庄 371324-B01-H08
［Běimèngzhuāng］

在县驻地卞庄街道西北方向 23.3 千米。大仲村镇辖自然村。人口 600。建村于绍兴元年（1131），以孟姓先居于此，名村孟庄。后因重名，改为北孟庄。聚落呈团块状分布。有文化广场 1 处、文化大院 1 处、幼儿园 1 处。经济以种植业为主，种植小麦、花生、玉米等。有公路经此。

柳河 371324-B01-H09
［Liǔhé］

在县驻地卞庄街道西北方向 16.0 千米。大仲村镇辖自然村。人口 900。建村于清朝初年，因村中一条小河两岸柳树丛生，故得名柳河。聚落呈团块状分布。有文化广场 1 处、文化大院 1 处、幼儿园 1 处。经济以种植业为主，种植小麦、花生、地瓜等。有公路经此。

白彦庄 371324-B01-H10
［Báiyànzhuāng］

在县驻地卞庄街道北方向 14.7 千米。大仲村镇辖自然村。人口 400。据传建村当年，在地里落了数百只白雁，故名村白雁村，后书写为白彦庄。聚落呈团块状分布。有文化广场 1 处、文化大院 1 处、幼儿园 1 处。经济以种植业为主。有公路经此。

梁屯 371324-B01-H11
［Liángtún］

在县驻地卞庄街道北方向 13.7 千米。大仲村镇辖自然村。人口 800。明永乐初年建村，因梁姓先居于此，故名。聚落呈团块状分布。有文化广场 1 处、文化大院 1 处。经济以种植业为主，种植小麦、玉米。有公路经此。

陶主院 371324-B01-H12
［Táozhǔyuàn］

在县驻地卞庄街道北方向 15.5 千米。大仲村镇辖自然村。人口 400。据传明朝燕王四太子逃学至此村寺庙，被和尚收留。太子回京后，派官员重修寺庙，易村名为逃主院。逃与陶同音，且村中陶姓居多，遂称陶主院。聚落呈团块状分布。有文化广场 1 处、文化大院 1 处。经济以种植业为主，种植小麦、玉米等。有公路经此。

立营庄 371324-B01-H13
［Lìyíngzhuāng］

在县驻地卞庄街道西北方向 23.4 千米。大仲村镇辖自然村。人口 500。建村于唐朝年间，原名隶隶。后因征战时在此安营扎寨，易名立营庄。聚落呈团块状分布。有文化广场 1 处、文化大院 1 处。经济以种植业为主，种植花生、地瓜等。有公路经此。

陶屯 371324-B01-H14
［Táotún］

在县驻地卞庄街道北方向 12.9 千米。大仲村镇辖自然村。人口 1 400。明永乐二年（1404），陶姓人家自山西洪洞县迁居于此，名村陶屯。聚落呈团块状分布。有文化广场 1 处、文化大院 1 处。经济以种植业为主，种植小麦、玉米。有公路经此。

涝坡 371324-B01-H15
［Làopō］

在县驻地卞庄街道北方向 13.3 千米。大仲村镇辖自然村。人口 1 200。明天启年间建村，原名杏花村。后因村在两岭脚下，地势低洼，积水成涝，改为涝坡。聚落呈团块状分布。有文化广场 1 处、文化大院 1 处。经济以种植业为主，种植小麦、玉米、花生。有公路经此。

兰凤窝 371324-B01-H16
［Lánfèngwō］

在县驻地卞庄街道北方向 10.9 千米。大仲村镇辖自然村。人口 1 000。因村前紧靠青凤岭，村后有凤凰山，故名鸾凤窝。后为读写方便，改称兰凤窝。聚落呈团块状分布。有文化广场 1 处、文化大院 1 处。经济以种植业为主，种植小麦、花生、玉米等。229 省道经此。

永安 371324-B01-H17
［Yǒng'ān］

在县驻地卞庄街道北方向 13.8 千米。大仲村镇辖自然村。人口 600。明崇祯初年，徐氏由淮南迁至此地定居，遂名村徐家庄。后因重名，更为永安。聚落呈团块状分布。有文化广场 1 处、文化大院 1 处。经济以种植业为主。有公路经此。

石坑 371324-B01-H18
［Shíkēng］

在县驻地卞庄街道北方向 14.3 千米。大仲村镇辖自然村。人口 1 800。原名水泉。清乾隆年间，因重修村中庙和佛塔，挖坑凿石，成一大坑，遂易名石坑。聚落呈团块状分布。有文化广场 1 处、文化大院 1 处、幼儿园 1 处、小学 1 处。经济以种植业为主，种植小麦、花生、地瓜。有公路经此。

上流井 371324-B01-H19
［Shàngliújǐng］

在县驻地卞庄街道西北方向 19.5 千米。大仲村镇辖自然村。人口 800。建于唐朝，原名官庄。因村西有一井，每年夏季井水外溢，明永乐年间易名流井官庄，后简称流井。又因与下流井对应，得名上流井。聚落呈团块状分布。有文化广场 1 处、文化大院 1 处、幼儿园 1 处、小学 1 处。经济以种植业为主，种植小麦、花生、地瓜。有公路经此。

任庄 371324-B01-H20
［Rènzhuāng］

在县驻地卞庄街道北方向 13.5 千米。大仲村镇辖自然村。人口 600。因村内居民善良，官府放在村中的金银虽无人看管，但无丢失，故被人誉为仁义庄，后改称任庄。聚落呈团块状分布。有文化广场 1 处、文化大院 1 处。经济以种植业为主，种植小麦、花生、地瓜等。有公路经此。

后沂沟 371324-B01-H21
［Hòuyígōu］

在县驻地卞庄街道北方向 13.0 千米。大仲村镇辖自然村。人口 700。因村后有一大沟，向西通东沭河，夏季河水上涨，逆流溢出沟中，得名溢沟村，后易名后沂沟。聚落呈团块状分布。有文化广场 1 处、文化大院 1 处。经济以种植业为主，种植小麦、玉米等。有公路经此。

泉汪 371324-B01-H22
［Quánwāng］

在县驻地卞庄街道北方向 16.4 千米。大仲村镇辖自然村。人口 500。建村于清宣统年间，因村周围多泉，有汪，故名。聚落呈团块状分布。有文化广场 1 处、文化大院1处。经济以种植业为主，种植小麦、玉米。229省道经此。

西石曲 371324-B01-H23
[Xīshíqū]

在县驻地下庄街道北方向18.6千米。大仲村镇辖自然村。人口1 000。因村东南奶奶山下有一石曲庙，崔氏迁此定居后，以庙名村石曲。后因村处庙的西北方向，故名西石曲。聚落呈团块状分布。有文化广场1处、文化大院1处、幼儿园1处、小学1处。经济以种植业为主。有公路经此。

西北圩 371324-B02-H01
[Xīběiwéi]

兰陵镇人民政府驻地。在县驻地下庄街道西南方向23.3千米。人口3 300。自古盛产美酒，按位置分为四圩，因本村位于西北侧，故名西北圩。聚落呈团块状分布。有文化广场1处、文化大院1处、幼儿园1处、小学1处、中学1处等。经济以种植业为主，种植玉米、小麦、蔬菜。有兰陵美酒股份有限公司。318省道经此。

北横山东 371324-B02-H02
[Běihéngshāndōng]

在县驻地下庄街道西南方向30.2千米。兰陵镇辖自然村。人口900。古时村西庙山建有兴云寺，以寺名村兴云镇。因庙山呈横向之势，易名横山。又因村位于横山村最东边，故名北横山东。聚落呈团块状分布。有文化广场1处、文化大院1处、幼儿园1处、小学1处。318省道经此。

蔡庙 371324-B02-H03
[Càimiào]

在县驻地下庄街道西南方向42.3千米。兰陵镇辖自然村。人口800。建村于明洪武年间，原名丁家集，后村处庙附近，庙内和尚姓蔡，遂易名蔡庙。聚落呈团块状分布。有文化广场1处、文化大院1处。经济以种植业为主。有公路经此。

常堡 371324-B02-H04
[Chángpù]

在县驻地下庄街道西南方向41.6千米。兰陵镇辖自然村。人口300。建于清顺治年间，村处原是一高滩，前是洼地，称堡子汪，因常姓迁此居住后，名村常堡。聚落呈团块状分布。有文化广场1处、文化大院1处。经济以种植业为主。有公路经此。

车官庄 371324-B02-H05
[Chēguānzhuāng]

在县驻地下庄街道西南方向38.3千米。兰陵镇辖自然村。人口1 000。建村于明末清初年间，村处官地旁，以赵姓先居于此，名村赵官庄。后以车姓居多，易名车官庄。聚落呈团块状分布。有文化广场1处、文化大院1处。经济以种植业为主。有公路经此。

大郭家庄 371324-B02-H06
[Dàguōjiāzhuāng]

在县驻地下庄街道西南方向31.3千米。兰陵镇辖自然村。人口1 200。建村于明隆庆年间，原名蔡家河湾。郭姓于明万历元年（1573）由东埝头迁入，后蔡姓迁出，改名大郭家庄。聚落呈团块状分布。有文化广场1处、文化大院1处。经济以种植业为主。有公路经此。

大李庄 371324-B02-H07
[Dàlǐzhuāng]

在县驻地下庄街道西南方向36.0千米。兰陵镇辖自然村。人口1 800。以陈姓先居于此，故名村陈家庄。明成化年间，李姓迁入，易名李家官沟，后改称大李庄。聚落呈团块状分布。有文化广场 1 处、文化大院 1 处、幼儿园 1 处、小学 1 处。有公路经此。

大庄子 371324-B02-H08
[Dàzhuāngzi]

在县驻地卞庄街道西南方向 38.3 千米。兰陵镇辖自然村。人口 300。建村于明万历年间。相传马姓由山西迁此居住后，以周围无村落，遂名村老庄子。刘姓迁入后，易名马刘大庄。清光绪初年，改称大庄子。聚落呈团块状分布。有文化广场 1 处、文化大院 1 处。经济以种植业为主。有公路经此。

狄庄 371324-B02-H09
[Dízhuāng]

在县驻地卞庄街道西南方向 31.2 千米。兰陵镇辖自然村。人口 400。清末，以狄姓居多，名村狄庄。聚落呈团块状分布。有文化广场 1 处、文化大院 1 处。经济以种植业为主。有公路经此。

东横沟崖 371324-B02-H10
[Dōnghénggōuyá]

在县驻地卞庄街道西南方向 32.0 千米。兰陵镇辖自然村。人口 700。因村与西横沟崖隔着宋太祖时修的运盐河相望，按位置名东横沟崖。聚落呈团块状分布。有文化广场 1 处、文化大院 1 处。经济以种植业为主。有公路经此。

董塘 371324-B02-H11
[Dǒngtáng]

在县驻地卞庄街道西南方向 31.0 千米。兰陵镇辖自然村。人口 1 000。建村于明永乐年间，原名顺河庄。清朝初年，村北的菩萨庙经董姓整修一新，并设有庙堂，遂易名董堂，后书写为董塘。聚落呈团块状

分布。有文化广场 1 处、文化大院 1 处。经济以种植业为主。有公路经此。

房家庄 371324-B02-H12
[Fángjiāzhuāng]

在县驻地卞庄街道西南方向 38.7 千米。兰陵镇辖自然村。人口 1 300。先人房姓建村，名房林，后易名房家庄。聚落呈团块状分布。有文化广场 1 处、文化大院 1 处。经济以种植业为主。有公路经此。

韩塘 371324-B02-H13
[Hántáng]

在县驻地卞庄街道西南方向 39.5 千米。兰陵镇辖自然村。人口 1 000。建村于北宋末年，原名葛沟。明朝初年，由于韩姓居多，改名为韩塘。聚落呈团块状分布。有文化广场 1 处、文化大院 1 处、幼儿园 1 处、小学 1 处、中学 1 处。经济以种植业、商业为主。有公路经此。

后黄墩 371324-B02-H14
[Hòuhuángdūn]

在县驻地卞庄街道西南方向 39.2 千米。兰陵镇辖自然村。人口 800。建村于明建文年间，因附近有座黄土岗，俗称黄墩。村分前后两处，以方位称后黄墩。聚落呈团块状分布。有文化广场 1 处、文化大院 1 处、幼儿园 1 处、小学 1 处。经济以种植业为主。有公路经此。

林屯 371324-B02-H15
[Líntún]

在县驻地卞庄街道西南方向 30.0 千米。兰陵镇辖自然村。人口 1 600。原名后屯，后以林姓居多，易名林屯。聚落呈团块状分布。有文化广场 1 处、文化大院 1 处。经济以种植业为主。有公路经此。

刘家艾曲 371324-B02-H16
[Liújiā'àiqū]

在县驻地卞庄街道西南方向 25.3 千米。兰陵镇辖自然村。人口 900。因刘姓先居于此，此处是古运盐河曲流处，河边长着多年生植物艾，故村名刘家艾曲。聚落呈团块状分布。有文化广场 1 处、文化大院 1 处、幼儿园 1 处、小学 1 处。经济以种植业为主。231 省道经此。

柳树王 371324-B02-H17
[Liǔshùwáng]

在县驻地卞庄街道西南方向 37.0 千米。兰陵镇辖自然村。人口 1 100。建村于明洪武二年（1369），村中原有数棵大柳树，其中一棵粗数围，堪称柳树之王，村名源此。聚落呈团块状分布。有文化广场 1 处、文化大院 1 处。经济以种植业为主。有公路经此。

潘王庄 371324-B02-H18
[Pānwángzhuāng]

在县驻地卞庄街道西南方向 36.0 千米。兰陵镇辖自然村。人口 2 200。建村时林姓先居于此，名村平林镇。南宋绍兴二十年（1150），以兴隆庙会易名兴隆镇。明万历年间，以潘、王两姓居多，改称潘王庄。聚落呈团块状分布。有文化广场 1 处、文化大院 1 处、幼儿园 1 处、小学 1 处。经济以种植业为主。有公路经此。

前烟头 371324-B02-H19
[Qiányāntóu]

在县驻地卞庄街道西南方向 32.0 千米。兰陵镇辖自然村。人口 1 000。村处的运女河内有一大深渊，刘、孙等姓迁居于深渊前后，本村居前，名前渊头，后讹称为前烟头。聚落呈团块状分布。有文化广场 1 处、文化大院 1 处。经济以种植业为主。有公路经此。

前朱楼 371324-B02-H20
[Qiánzhūlóu]

在县驻地卞庄街道西南方向 34.0 千米。兰陵镇辖自然村。人口 400。建村于明建文年间，白姓迁此居住后建一楼房，故名村白家楼。后以朱姓居多，易名朱楼。清宣德年间，村分成前后两处，与后朱楼对应，改称前朱楼。聚落呈团块状分布。有文化广场 1 处、文化大院 1 处。经济以种植业为主。有公路经此。

孙家屋 371324-B02-H21
[Sūnjiāwū]

在县驻地卞庄街道西南方向 38.3 千米。兰陵镇辖自然村。人口 800。建村于明天启四年（1624），因一孙姓铁匠迁此居住后盖起两间草屋，以打铁为业，渐成村落，故名孙家屋。聚落呈团块状分布。有文化广场 1 处、文化大院 1 处。经济以种植业为主。有公路经此。

孙楼 371324-B02-H22
[Sūnlóu]

在县驻地卞庄街道西南方向 32.0 千米。兰陵镇辖自然村。人口 2 100。明朝末年，大学士孙依脉在此占有楼房和多处宅院，故名。聚落呈团块状分布。有文化广场 1 处、文化大院 1 处。经济以种植业为主。318 省道经此。

王坊前 371324-B02-H23
[Wángfángqián]

在县驻地卞庄街道西南方向 30.0 千米。兰陵镇辖自然村。人口 1 100。建村于明正德年间，因村处有两眼泉，俗称双泉。王姓迁此居住后，以泉名村王双泉，后演变为王坊前。聚落呈团块状分布。有文化广场1处、文化大院1处、幼儿园1处、小学1处。经济以种植业为主。有公路经此。

王家艾曲后街 371324-B02-H24
[Wángjiā'àiqūhòujiē]

在县驻地卞庄街道西南方向25.8千米。兰陵镇辖自然村。人口1 100。建村于唐大和年间,村在古运盐河西岸弯曲处,岸上常年生长宿根草药艾,俗称艾曲。因王姓先居此地,人口甚多,故名王家艾曲后街。聚落呈团块状分布。有文化广场1处、文化大院1处、幼儿园1处、小学1处。经济以养殖业、种植业为主。231省道经此。

王家艾曲前街 371324-B02-H25
[Wángjiā'àiqūqiánjiē]

在县驻地卞庄街道西南方向25.0千米。兰陵镇辖自然村。人口1 100。建村于唐大和年间,村在古运盐河西岸弯曲处,岸上常年生长宿根草药艾,俗称艾曲。因王姓先居此地,人口甚多,故名王家艾曲前街。聚落呈团块状分布。有文化广场1处、文化大院1处、幼儿园1处、小学1处。经济以种植业为主。有公路经此。

西横沟崖 371324-B02-H26
[Xīhénggōuyá]

在县驻地卞庄街道西南方向33.0千米。兰陵镇辖自然村。人口1 800。因有宋太祖在位时期京城通往沿海的运盐河故道,称横沟崖。因村庄坐落于兰陵古镇西侧,又称兰陵西、横沟崖,后称西横沟崖。聚落呈团块状分布。有文化广场1处、文化大院1处。经济以种植业为主。有公路经此。

小郭家庄 371324-B02-H27
[Xiǎoguōjiāzhuāng]

在县驻地卞庄街道西南方向35.0千米。

兰陵镇辖自然村。人口700。建村于唐朝年间,因村在小郭山下,以山名村。聚落呈团块状分布。有文化广场1处、文化大院1处。经济以种植业为主。有公路经此。

小苗家艾曲 371324-B02-H28
[Xiǎomiáojiā'àiqū]

在县驻地卞庄街道西南方向25.0千米。兰陵镇辖自然村。人口500。建于北宋熙宁年间,因苗姓先居于此,故名小苗家艾曲。聚落呈团块状分布。有文化广场1处、文化大院1处。经济以种植业为主。231省道经此。

小仲村北 371324-B02-H29
[Xiǎozhòngcūnběi]

在县驻地卞庄街道西南方向27.1千米。兰陵镇辖自然村。人口2 800。建村于西汉建元年间,以村西南有萧望之墓,名村萧冢。明、清易名小中村。后因与大仲村对应,易名小仲村。后分为两村,本村居北,名小仲村北。聚落呈团块状分布。有文化广场1处、文化大院1处。经济以种植业为主。231省道经此。

友期庄 371324-B02-H30
[Yǒuqīzhuāng]

在县驻地卞庄街道西南方向34.0千米。兰陵镇辖自然村。人口1 400。建于战国时期,相传王姓与岳城王姓友好,常定期在此聚会,故名。聚落呈团块状分布。有幼儿园1处、文化广场1处、文化大院1处。经济以种植业为主。231省道经此。

于官庄东 371324-B02-H31
[Yúguānzhuāngdōng]

在县驻地卞庄街道西南方向33.0千米。兰陵镇辖自然村。人口1 000。建村于明永乐年间,于姓迁此居住,有为官者,故名。

聚落呈团块状分布。有小学 1 处、文化广场 1 处、文化大院 1 处、幼儿园 1 处、小学 1 处。经济以种植业为主。318 省道经此。

臧桥 371324-B02-H32
［Zāngqiáo］

在县驻地下庄街道西南方向 40.0 千米。兰陵镇辖自然村。人口 400。清顺治年间建村，臧姓迁此居住后在运女河上修一石桥，故名村臧桥。聚落呈团块状分布。有文化广场 1 处、文化大院 1 处。经济以种植业为主。有公路经此。

造律头 371324-B02-H33
［Zàolùtóu］

在县驻地下庄街道西南方向 31.0 千米。兰陵镇辖自然村。人口 200。相传秦末，邱颖、萧何两个书生一同进京城赶考，萧何考中，邱颖却落了榜。数年之后，邱颖二次进京城赶考，萧何从中弄了手脚，邱颖二次落榜。于是邱颖决心回家造一部律条献给皇上，来整治国家的不正之风。后人为了不忘邱颖造律的功绩，便在他的墓前修了个造律亭，邱颖所居住过的地方叫造律条。后来，又寓法律源头之意，改为造律头。聚落呈团块状分布。有文化广场 1 处、文化大院 1 处。经济以种植业为主。有公路经此。

作字沟北 371324-B02-H34
［Zuòzìgōuběi］

在县驻地下庄街道西南方向 24.0 千米。兰陵镇辖自然村。人口 1 800。古有仓颉在此作字，故取名作字村。一条大水沟把村分成两部分，以方位称作字沟北。聚落呈团块状分布。有文化广场 1 处、文化大院 1 处。经济以种植业为主。231 省道经此。

作字沟南 371324-B02-H35
［Zuòzìgōunán］

在县驻地下庄街道西南方向 25.0 千米。兰陵镇辖自然村。人口 1 200。古有仓颉在此作字，故取名作字村。一条大水沟把村分成两部分，以方位称作字沟南。聚落呈团块状分布。有文化广场 1 处、文化大院 1 处。经济以种植业为主。231 省道经此。

丁家滩 371324-B02-H36
［Dīngjiātān］

在县驻地下庄街道西南方向 38.3 千米。兰陵镇辖自然村。人口 600。因村处陶沟河河滩上，以丁姓先居于此，故名。聚落呈团块状分布。有文化广场 1 处、文化大院 1 处。经济以种植业为主。有公路经此。

姚村 371324-B03-H01
［Yáocūn］

长城镇人民政府驻地。在县驻地下庄街道南方向 17.9 千米。人口 1 100。因姚姓先居于此，故名。聚落呈团块状分布。有小学、文化广场。经济以种植业、养殖业为主，种植小麦、玉米、大蒜等，养殖家禽、生猪等。229 省道经此。

白堡 371324-B03-H02
［Báipù］

在县驻地下庄街道东南方向 22.3 千米。长城镇辖自然村。人口 200。因白姓先居于此，且村处土丘之上，故名。聚落呈团块状分布。有文化广场 1 处、文化大院 1 处。经济以种植业、养殖业为主，种植小麦、玉米、大蒜，养殖生猪、肉鸡。有公路经此。

池口 371324-B03-H03
［Chíkǒu］

在县驻地下庄街道东南方向 28.1 千米。

长城镇辖自然村。人口 900。建村于明末，因东武河道口有座石桥，桥头有个大水池，顾名村池桥口，后简称池口。聚落呈团块状分布。有文化广场 1 处、文化大院 1 处。经济以种植业、养殖业为主，种植小麦、玉米、大蒜。318 省道经此。

大埠 371324-B03-H04
[Dàbù]

在县驻地卞庄街道东南方向 30.5 千米。长城镇辖自然村。人口 1 700。因村处高台之上，故名。聚落呈团块状分布。有文化广场 1 处、文化大院 1 处。经济以种植业、养殖业为主，种植小麦、玉米、大蒜。有公路经此。

大墩 371324-B03-H05
[Dàdūn]

在县驻地卞庄街道东南方向 24.8 千米。长城镇辖自然村。人口 2 000。有一人长得矮壮，外号叫大墩。为方便行人，他终日在村西河道口驮人过河，不要报酬。后来他又在河上架桥一座。百姓为纪念他，遂名村大墩。聚落呈团块状分布。有文化广场 1 处、文化大院 1 处、幼儿园 1 处、小学 1 处。经济以种植业、养殖业为主，种植小麦、玉米、大蒜等。有公路经此。

店子 371324-B03-H06
[Diànzi]

在县驻地卞庄街道东南方向 28.2 千米。长城镇辖自然村。人口 1 200。明弘治初年，此处是郯城通兰陵的大道，有人在路旁开店，后迁居者逐渐增多，形成村，故名店子。聚落呈团块状分布。有文化广场 1 处、文化大院 1 处。经济以种植业为主，种植小麦、玉米。有公路经此。

二庙 371324-B03-H07
[Èrmiào]

在县驻地卞庄街道东南方向 27.4 千米。长城镇辖自然村。人口 1 500。明嘉靖年间以庙名村，后简称二庙。聚落呈团块状分布。有文化广场 1 处、文化大院 1 处、幼儿园 1 处、小学 1 处、中学 1 处。经济以种植业为主，种植小麦、玉米、大蒜等。318 省道经此。

范滩 371324-B03-H08
[Fàntān]

在县驻地卞庄街道东南方向 19.1 千米。长城镇辖自然村。人口 1 300。村处系高滩，范氏兄弟常来此放牧，后迁居于此，遂名村范滩。聚落呈团块状分布。有文化广场 1 处、文化大院 1 处、幼儿园 1 处、小学 1 处。经济以种植业、养殖业为主，种植小麦、玉米、大蒜，养殖生猪、肉鸡。229 省道经此。

冯村 371324-B03-H09
[Féngcūn]

在县驻地卞庄街道东南方向 22.9 千米。长城镇辖自然村。人口 2 000。因冯姓先居于此，故名冯村。聚落呈团块状分布。有文化广场 1 处、文化大院 1 处。经济以种植业、养殖业为主，种植小麦、玉米、大蒜。318 省道经此。

傅村 371324-B03-H10
[Fùcūn]

在县驻地卞庄街道东南方向 28.5 千米。长城镇辖自然村。人口 900。建村于明万历年间，因居民系由涌泉迁入，多为傅姓，故名。聚落呈团块状分布。有文化广场 1 处、文化大院 1 处。经济以种植业、养殖业为主，种植小麦、玉米、大蒜等。有公路经此。

沟崖 371324-B03-H11
[Gōuyá]

在县驻地卞庄街道东南方向 21.3 千米。长城镇辖自然村。人口 700。明永乐二年（1404），始祖自山西洪洞县喜鹊窝迁居姚村，后于明崇祯十三年（1640）迁居于此，原名赵沟堰，后演变为沟崖。聚落呈团块状分布。有文化广场 1 处、文化大院 1 处。经济以种植业为主，种植小麦、玉米。有公路经此。

河湾 371324-B03-H12
[Héwān]

在县驻地卞庄街道东南方向 19.6 千米。长城镇辖自然村。人口 700。建村于清乾隆年间，因村处东泇河下游转弯处，故名。聚落呈团块状分布。有文化广场 1 处、文化大院 1 处。经济以种植业为主，种植小麦、玉米、大蒜。有公路经此。

洪西 371324-B03-H13
[Hóngxī]

在县驻地卞庄街道东南方向 27.7 千米。长城镇辖自然村。人口 1 200。因芦塘山西有一大沟，张姓先居于此，名村沟西。后因重名，更为洪西。聚落呈团块状分布。有文化广场 1 处、文化大院 1 处。经济以种植业为主，种植小麦、玉米、大蒜等。有公路经此。

后墩 371324-B03-H14
[Hòudūn]

在县驻地卞庄街道东南方向 26.2 千米。长城镇辖自然村。人口 600。因村处高沙滩后，故名。聚落呈团块状分布。有文化广场 1 处、文化大院 1 处。经济以种植业、养殖业为主，种植小麦、玉米、大蒜，养殖生猪、肉鸡。有公路经此。

后湖 371324-B03-H15
[Hòuhú]

在县驻地卞庄街道东南方向 28.6 千米。长城镇辖自然村。人口 1 500。因村处芦塘山后，地势低洼多水泊，故名。聚落呈团块状分布。有文化广场 1 处、文化大院 1 处。经济以种植业、养殖业为主，种植小麦、玉米、大蒜，养殖生猪、肉鸡。有公路经此。

居村 371324-B03-H16
[Jūcūn]

在县驻地卞庄街道东南方向 29.4 千米。长城镇辖自然村。人口 1 300。清康熙七年（1668），因郯城大地震，居姓迁居于此，故名。聚落呈团块状分布。有文化广场 1 处、文化大院 1 处。经济以种植业、养殖业为主，种植小麦、玉米、大蒜，养殖驴，居村驴肉名扬海外。有公路经此。

李湖埠 371324-B03-H17
[Lǐhúbù]

在县驻地卞庄街道东南方向 30.6 千米。长城镇辖自然村。人口 1 300。因李姓先居于此，且西北方原是一片湖泊，村处地势较高，故名。聚落呈团块状分布。有文化广场 1 处、文化大院 1 处、幼儿园 1 处、小学 1 处。经济以种植业、养殖业为主，种植小麦、玉米、大蒜，养殖生猪、肉鸡。有公路经此。

李圩子 371324-B03-H18
[Lǐwéizi]

在县驻地卞庄街道东南方向 32.3 千米。长城镇辖自然村。人口 800。原名武河埝，后为防盗，在村周围筑起围墙，遂易名李圩子。聚落呈团块状分布。有文化广场 1 处、文化大院 1 处。经济以种植业、养殖业为主，种植小麦、玉米、大蒜，养殖生猪、肉鸡。有公路经此。

芦汪 371324-B03-H19

[Lúwāng]

在县驻地卞庄街道东南方向 29.2 千米。长城镇辖自然村。人口 700。建村于明崇祯年间，因村处地势低洼，遍地芦汪，故名。聚落呈团块状分布。有文化广场 1 处、文化大院 1 处。经济以种植业、养殖业为主，种植小麦、玉米、大蒜等，养殖生猪、肉鸡。有公路经此。

马场 371324-B03-H20

[Mǎchǎng]

在县驻地卞庄街道东南方向 31.3 千米。长城镇辖自然村。人口 600。村处原是郯城马围子马姓设置收割庄稼的场地，清嘉庆年间，李姓居住场边为其种地打场，渐成村，故名。聚落呈团块状分布。有文化广场 1 处、文化大院 1 处。经济以种植业为主，种植小麦、玉米。有公路经此。

南官庄 371324-B03-H21

[Nánguānzhuāng]

在县驻地卞庄街道东南方向 27.5 千米。长城镇辖自然村。人口 800。初仅几户人家，因官兵曾在此安营扎寨，名村小官庄。后因村处长城南，遂易名南官庄。聚落呈团块状分布。有文化广场 1 处、文化大院 1 处。经济以种植业为主。有公路经此。

亓庄 371324-B03-H22

[Qízhuāng]

在县驻地卞庄街道东南方向 23.8 千米。长城镇辖自然村。人口 2 400。因亓姓先居于此，故名。聚落呈团块状分布。有文化广场 1 处、文化大院 1 处。经济以种植业为主，种植小麦、玉米。有公路经此。

沙墩 371324-B03-H23

[Shādūn]

在县驻地卞庄街道东南方向 27.6 千米。长城镇辖自然村。人口 1 000。因村西南角有沙滩，故名。聚落呈团块状分布。有文化广场 1 处、文化大院 1 处、幼儿园 1 处、小学 1 处。经济以种植业为主，种植小麦、玉米、大蒜。318 省道经此。

沙元 371324-B03-H24

[Shāyuán]

在县驻地卞庄街道东南方向 27.1 千米。长城镇辖自然村。人口 1 600。建村于明永乐年间，初因常受水灾，在村周围筑一沙堰，遂名村沙堰，后演变为沙元。聚落呈团块状分布。有文化广场 1 处、文化大院 1 处。经济以种植业为主，种植小麦、玉米、大蒜。有公路经此。

瓦子埠 371324-B03-H25

[Wǎzibù]

在县驻地卞庄街道东南方向 30.2 千米。长城镇辖自然村。人口 2 200。因村处高台之上，故名村瓦子埠。聚落呈团块状分布。有文化广场 1 处、文化大院 1 处、幼儿园 1 处、小学 1 处。经济以种植业为主，种植小麦、玉米。有公路经此。

为女桥 371324-B03-H26

[Wèinǚqiáo]

在县驻地卞庄街道东南方向 20.3 千米。长城镇辖自然村。人口 900。相传，当时有一徐某，因为女儿嫁到燕子河西村，往返不便，爱女心切，专为女儿修桥一座，故名。聚落呈团块状分布。有文化广场 1 处、文化大院 1 处。经济以种植业为主，种植小麦、玉米、大蒜。有公路经此。

西林 371324-B03-H27

[Xīlín]

在县驻地卞庄街道东南方向 26.9 千米。长城镇辖自然村。人口 1 100。建村于明嘉靖年间，因村处芦塘西，且为徐姓林地，故名。聚落呈团块状分布。有文化广场 1 处、文化大院 1 处。经济以种植业为主，种植小麦、玉米、大蒜。有公路经此。

西王庄 371324-B03-H28

[Xīwángzhuāng]

在县驻地卞庄街道东南方向 25.4 千米。长城镇辖自然村。人口 2 500。建村于 1404 年，因王姓先居于此，名村王庄。后因村在长城西，遂易名西王庄。聚落呈团块状分布。有文化广场 1 处、文化大院 1 处。经济以种植业为主，种植辣椒。有公路经此。

薛村 371324-B03-H29

[Xuēcūn]

在县驻地卞庄街道东南方向 24.3 千米。长城镇辖自然村。人口 1 200。相传，薛氏师祖由江苏邳县薛圈子迁至此处，名村薛庄。1953 年易名薛村。聚落呈团块状分布。有文化广场 1 处、文化大院 1 处。经济以种植业为主，种植小麦、玉米、大蒜。有公路经此。

姚场 371324-B03-H30

[Yáochǎng]

在县驻地卞庄街道东南方向 28.7 千米。长城镇辖自然村。人口 300。明万历十一年（1583），姚姓迁居于此，因住在地主的场边，故名。聚落呈团块状分布。有文化广场 1 处、文化大院 1 处。经济以种植业为主，种植小麦、玉米、大蒜。有公路经此。

长屯 371324-B03-H31

[Chángtún]

在县驻地卞庄街道东南方向 20.6 千米。长城镇辖自然村。人口 1 400。建村于清乾隆年间，因离长城较近，故名。聚落呈团块状分布。有文化广场 1 处、文化大院 1 处。经济以种植业为主，种植小麦、玉米、大蒜。有公路经此。

磨山东 371324-B04-H01

[Móshāndōng]

磨山镇人民政府驻地。在县驻地卞庄街道东南方向 11.4 千米。人口 3 200。建村于春秋时期，因山而得名。聚落呈团块状分布。有文化广场 1 处、文化大院 1 处、幼儿园 1 处、小学 1 处、中学 1 处。经济以种植业为主，种植小麦、玉米、大蒜。有公路经此。

东疃前 371324-B04-H02

[Dōngtuǎnqián]

在县驻地卞庄街道东南方向 10.6 千米。磨山镇辖自然村。人口 900。明初建村，因与不远处西疃对应而得名。后因规模较大，分为南、北两村，南为前，北为后，此村因在南，故名东疃前。聚落呈团块状分布。经济以种植业为主，种植小麦、玉米、大蒜。有防水材料、食品饮料、板鸭等厂。省道苍郯路经此。

北周庄 371324-B04-H03

[Běizhōuzhuāng]

在县驻地卞庄街道东南方向 7.4 千米。磨山镇辖自然村。人口 1 100。建村于明洪武年间，因孔姓先居于此，名孔家庄。万历年间，周姓迁居于此，孔姓乏后，遂易名周家庄。后因处于庄北，更名北周庄。聚落呈团块状分布。有文化广场 1 处、文化大院 1 处、幼儿园 1 处、小学 1 处。经济以种植业为主，种植小麦、玉米、大蒜。有公路经此。

赤土门东 371324-B04-H04
[Chìtǔméndōng]

在县驻地卞庄街道东南方向 10.5 千米。磨山镇辖自然村。人口 1 300。建村于 1366 年，因村旁有一红色土质山岭，且岭中有路一条，两边陡峭，远看似大门，故名赤土门。又因居于山东，故名赤土门东。聚落呈团块状分布。有文化广场 1 处、文化大院 1 处、幼儿园 1 处、小学 1 处。经济以种植业为主，种植小麦、玉米、大蒜。有公路经此。

大含山 371324-B04-H05
[Dàhánshān]

在县驻地卞庄街道东南方向 15.3 千米。磨山镇辖自然村。人口 1 600。建村于清顺治年间，因村居于大含珠山的斜坡上，故名大含珠山，后简称大含山。聚落呈团块状分布。有文化广场 1 处、文化大院 1 处。经济以种植业为主，种植小麦、玉米、大蒜。有公路经此。

东三峰 371324-B04-H06
[Dōngsānfēng]

在县驻地卞庄街道东南方向 4.9 千米。磨山镇辖自然村。人口 2 800。建村于 1424 年，相传，村北三座山上各有蜜蜂一窝，故名村三蜂庄。1958 年分为两个村，本村为东三峰。聚落呈团块状分布。有文化广场 1 处、文化大院 1 处、幼儿园 1 处、小学 1 处、中学 1 处。经济以种植业为主，种植小麦、玉米、大蒜。206 国道经此。

东石良 371324-B04-H07
[Dōngshíliáng]

在县驻地卞庄街道东南方向 12.7 千米。磨山镇辖自然村。人口 2 200。建村于唐朝贞观年间，此处河两岸住有许多人家，他们隔岸交往不便，后两岸居民各集资银钱十两，修石桥一座，故以十两名村。村居河东，故名东十两，后以谐音名东石良。聚落呈团块状分布。有文化广场 1 处、文化大院 1 处、幼儿园 1 处、小学 1 处、中学 1 处。经济以种植业为主，种植小麦、玉米、大蒜。有公路经此。

东疃后 371324-B04-H08
[Dōngtuǎnhòu]

在县驻地卞庄街道东南方向 11.7 千米。磨山镇辖自然村。人口 1 200。建村于明朝洪武年间，与西疃对应，名东疃。后因规模较大，分为南、北两村，南为前，北为后，此村因在北侧，故名东疃后。聚落呈团块状分布。有文化广场 1 处、文化大院 1 处。经济以种植业为主，种植小麦、玉米、大蒜。有公路经此。

河北 371324-B04-H09
[Héběi]

在县驻地卞庄街道东南方向 10.9 千米。磨山镇辖自然村。人口 600。建村于清康熙初年，因高姓先居于此，且村东有一桥，故以桥名村高家桥。后高姓乏后，李姓迁居，村处燕子河北岸，遂易名河北。聚落呈团块状分布。有文化广场 1 处、文化大院 1 处。经济以种植业为主，种植小麦、玉米、大蒜。有公路经此。

河套 371324-B04-H10
[Hétào]

在县驻地卞庄街道东南方向 11.4 千米。

磨山镇辖自然村。人口 2 100。建村于明万历年间，因村处燕子河的东西两岸，故名。聚落呈团块状分布。有文化广场 1 处、文化大院 1 处、幼儿园 1 处、小学 1 处。经济以种植业为主，种植小麦、玉米、大蒜。有公路经此。

河套屯 371324-B04-H11
[Hétàotún]

在县驻地卞庄街道东南方向 12.3 千米。磨山镇辖自然村。人口 1 500。建村于清乾隆年间，当时官府为便于纳粮，在河西岸建一接官厅，架起日月龙凤桥，遂名村河套屯。聚落呈团块状分布。有文化广场 1 处、文化大院 1 处。经济以种植业为主，种植小麦、玉米、大蒜。有公路经此。

花庄 371324-B04-H12
[Huāzhuāng]

在县驻地卞庄街道东南方向 14.3 千米。磨山镇辖自然村。人口 2 000。建村于明崇祯年间，因花姓先居于此，故名。聚落呈团块状分布。有文化广场 1 处、文化大院 1 处。经济以种植业为主，种植小麦、玉米、大蒜。有公路经此。

华岩寺 371324-B04-H13
[Huáyánsì]

在县驻地卞庄街道东南方向 11.3 千米。磨山镇辖自然村。人口 1 100。因村后有一华岩寺庙，故以寺名村。聚落呈团块状分布。有文化广场 1 处、文化大院 1 处、幼儿园 1 处、小学 1 处。经济以种植业为主，种植小麦、玉米、大蒜。有公路经此。

焦店 371324-B04-H14
[Jiāodiàn]

在县驻地卞庄街道东南方向 14.5 千米。磨山镇辖自然村。人口 2 100。建村于明洪

武年间。相传，古时此处为通往青口的要道，一焦姓在此建房开店，繁衍成村，故名焦家店，后简称焦店。聚落呈团块状分布。有文化广场 1 处、文化大院 1 处。经济以种植业为主，种植小麦、玉米、大蒜。有公路经此。

马庄 371324-B04-H15
[Mǎzhuāng]

在县驻地卞庄街道东南方向 10.6 千米。磨山镇辖自然村。人口 1 500。建村于明洪武年间，因马姓先居于此，故名。聚落呈团块状分布。有文化广场 1 处、文化大院 1 处。经济以种植业为主，种植小麦、玉米、大蒜。有公路经此。

桑科 371324-B04-H16
[Sāngkē]

在县驻地卞庄街道东南方向 10.8 千米。磨山镇辖自然村。人口 1 000。因植有桑树，故名。聚落呈团块状分布。有文化广场 1 处、文化大院 1 处。经济以种植业为主，种植小麦、玉米、大蒜。有公路经此。

山南 371324-B04-H17
[Shānnán]

在县驻地卞庄街道东南方向 12.9 千米。磨山镇辖自然村。人口 2 100。建村于明洪武年间，因村北有竹篱山而得名。聚落呈团块状分布。有文化广场 1 处、文化大院 1 处、幼儿园 1 处、小学 1 处。经济以种植业为主，种植小麦、玉米、大蒜。有公路经此。

史庄 371324-B04-H18
[Shǐzhuāng]

在县驻地卞庄街道东南方向 15.5 千米。磨山镇辖自然村。人口 2 100。建村于明永乐年间，因史姓先居于此，故名。聚落呈

团块状分布。有文化广场 1 处、文化大院 1 处。经济以种植业为主，种植小麦、玉米、大蒜。有公路经此。

宋庄 371324-B04-H19
[Sòngzhuāng]

在县驻地下庄街道东南方向 16.8 千米。磨山镇辖自然村。人口 1 800。建村于明永乐年间，原名清平庄。清康熙年间成为车辆宋姓的佃户，遂易名宋庄。聚落呈团块状分布。有文化广场 1 处、文化大院 1 处。经济以种植业为主，种植小麦、玉米、大蒜。有公路经此。

旺庄东 371324-B04-H20
[Wàngzhuāngdōng]

在县驻地下庄街道东南方向 14.9 千米。磨山镇辖自然村。人口 2 100。建村于明洪武年间，因王姓先居于此，名村王庄。后因瘟疫，为期望村庄今后兴旺发达，于明天启年间易名旺庄东。聚落呈团块状分布。有文化广场 1 处、文化大院 1 处。经济以种植业为主，种植小麦、玉米、大蒜。有公路经此。

西石良 371324-B04-H21
[Xīshíliáng]

在县驻地下庄街道东南方向 10.9 千米。磨山镇辖自然村。人口 4 000。建村于唐贞观年间，此处河两岸住有许多人家，他们隔岸交往不便，后两岸居民各集资银钱十两，修石桥一座，故以十两名村。村居河西，故名西十两，后以谐音名西石良。聚落呈团块状分布。有文化广场 1 处、文化大院 1 处、幼儿园 1 处、小学 1 处。经济以种植业为主，种植小麦、玉米、大蒜。有公路经此。

西疃 371324-B04-H22
[Xītuǎn]

在县驻地下庄街道东南方向 10.1 千米。磨山镇辖自然村。人口 2 900。以回族为主。建村于宋建隆年间，原村东有片大树林，是鸟类栖息之处，称为疃，故名。聚落呈团块状分布。有文化广场 1 处、文化大院 1 处、幼儿园 1 处、小学 1 处。经济以种植业为主，种植小麦、玉米、大蒜。有公路经此。

小含山 371324-B04-H23
[Xiǎohánshān]

在县驻地下庄街道东南方向 13.6 千米。磨山镇辖自然村。人口 1 300。建村于清顺治年间，因村居于大含珠山的斜坡上，故名大含珠山，后更名小含山。聚落呈团块状分布。有文化广场 1 处、文化大院 1 处。经济以种植业为主，种植小麦、玉米、大蒜。有公路经此。

神山 371324-B05-H01
[Shénshān]

神山镇人民政府驻地。在县驻地下庄街道东北方向 10.1 千米。人口 6 000。唐朝建村，因位于神山东南部而得名。聚落呈团块状分布。有小学、中学。经济以种植业为主，种植大蒜、玉米。有大蒜冷库、山东省凤林农机有限公司。有公路经此。

白泉 371324-B05-H02
[Báiquán]

在县驻地下庄街道东北方向 6.8 千米。神山镇辖自然村。人口 2 800。明洪武年间，村西北角石馒山岭有一眼泉水，故取名白泉。聚落呈带状分布。有文化广场 1 处、文化大院 1 处、幼儿园 1 处、小学 1 处。经济以种植业为主，种植大蒜、玉米等。有公路经此。

东道庄 371324-B05-H03
[Dōngdàozhuāng]

在县驻地卞庄街道东方向 12.7 千米。神山镇辖自然村。人口 1 400。唐贞观年间建村，始有李姓、车姓到此居住，名大道庄，后更名东道庄。聚落呈带状分布。有文化广场 1 处、文化大院 1 处、幼儿园 1 处、小学 1 处。经济以种植业为主，种植大蒜、玉米等。206 国道、京沪高速经此。

神山官庄 371324-B05-H04
[Shénshānguānzhuāng]

在县驻地卞庄街道东北方向 8.3 千米。神山镇辖自然村。人口 500。1993 年，因靠近神山镇驻地，故更名为神山官庄。聚落呈团块状分布。有文化广场 1 处、文化大院 1 处。经济以种植业为主，种植大蒜、玉米、杂粮。有公路经此。

将军桥 371324-B05-H05
[Jiāngjūnqiáo]

在县驻地卞庄街道东北方向 12.5 千米。神山镇辖自然村。人口 700。隋朝末年，以山东为首的农民起义军首领程咬金、秦琼、史大奈竖起反隋的大旗，因来往不便修一桥，后来立下赫赫战功，助李建唐，此桥被封为将军桥，村由此得名。聚落呈带状分布。有文化广场 1 处、文化大院 1 处。经济以种植业为主，种植大蒜、玉米、小麦。京沪高速经此。

六合店 371324-B05-H06
[Liùhédiàn]

在县驻地卞庄街道东北方向 8.3 千米。神山镇辖自然村。人口 2 100。明万历年间，韩、冷、尤、刘、胡、侯等六姓在临枣古道的店铺居住，故名六合店。聚落呈团块状分布。有文化广场 1 处、文化大院 1 处。经济以种植业为主，种植大蒜。有公路经此。

青竹官庄 371324-B05-H07
[Qīngzhúguānzhuāng]

在县驻地卞庄街道东北方向 7.8 千米。神山镇辖自然村。人口 2 300。始建于明末清初，因村后有山，名光山，以山名村光山前，且因山上有竹林，后改为青竹官庄。聚落呈环状分布。有文化广场 1 处、文化大院 1 处、幼儿园 1 处、小学 1 处。经济以种植业为主，种植大蒜、小麦、玉米等。206 国道经此。

三山后 371324-B05-H08
[Sānshānhòu]

在县驻地卞庄街道东方向 3.7 千米。神山镇辖自然村。人口 400。建村于 1773 年，因村处三峰山后面，故名村三峰山后，后简称三山后。聚落呈团块状分布。有文化广场 1 处、文化大院 1 处。经济以种植业为主，种植大蒜、玉米、小麦等。有公路经此。

西耿庄 371324-B05-H09
[Xīgěngzhuāng]

在县驻地卞庄街道东北方向 7.5 千米。神山镇辖自然村。人口 900。建村于明万历年间，因耿姓先居于此地而取名耿家寨，后改名为耿庄。1986 年分为两村，本村位西，名西耿庄。聚落呈带状分布。有文化广场 1 处、文化大院 1 处。经济以种植业为主，种植大蒜、玉米等。有公路经此。

郑岭 371324-B05-H10
[Zhènglǐng]

在县驻地卞庄街道东北方向 8.2 千米。神山镇辖自然村。人口 1 200。明末清初，有一对兄弟落户此处，兄弟二人本姓郑，故名郑岭。聚落呈团块状分布。有文化广场1处、文化大院1处。经济以种植业为主，种植大蒜、小麦、玉米、花生等。有公路经此。

西河头 371324-B05-H11
[Xīhétóu]

在县驻地卞庄街道东北方向11.5千米。神山镇辖自然村。人口1 800。建于宋宣和年间，因村处于燕子河支流的入河处，故名西河头。聚落呈散状分布。有文化广场1处、文化大院1处。经济以种植业为主，种植大蒜、玉米、大豆等。有公路经此。

燕山官庄 371324-B05-H12
[Yànshānguānzhuāng]

在县驻地卞庄街道东北方向3.6千米。神山镇辖自然村。人口500。以村北有燕住山，且村中有中举为官者，故名。聚落呈团块状分布。有文化广场1处、文化大院1处。经济以种植业为主，种植大蒜、玉米等。206国道经此。

车辋 371324-B06-H01
[Chēwǎng]

车辋镇人民政府驻地。在县驻地卞庄街道西北方向24.3千米。人口4 200。因村落逐渐扩大，又是南北要道，车辆来往多，故名车辋。聚落呈带状分布。有文化广场1处、文化大院1处、幼儿园1处、小学1处、中学1处。经济以种植业为主，种植小麦、玉米、地瓜、花生，产金银花、烟叶等。有铝矿及农机修配、综合加工厂。231省道经此。

木家庄 371324-B06-H02
[Mùjiāzhuāng]

在县驻地卞庄街道西北方向28.2千米。车辋镇辖自然村。人口1 300。因天旱无雨，人们盼水心切，故名村沐浴庄，后演变为木家庄。聚落呈散状分布。有文化广场1处、文化大院1处。经济以种植业为主，种植小麦、玉米、地瓜。有公路经此。

牡丹池 371324-B06-H03
[Mǔdānchí]

在县驻地卞庄街道西方向27.3千米。车辋镇辖自然村。人口1 300。因庙前有一花池，池中有牡丹花，故名村牡丹池。聚落呈环状分布。有文化广场1处、文化大院1处。经济以种植业为主，种植小麦、玉米、地瓜。有公路经此。

孟庄 371324-B06-H04
[Mèngzhuāng]

在县驻地卞庄街道西方向28.8千米。车辋镇辖自然村。人口400。因孟姓先居于此，故名。聚落呈环状分布。有文化广场1处、文化大院1处。经济以种植业为主，种植小麦、玉米、地瓜。有公路经此。

马桃峪 371324-B06-H05
[Mǎtáoyù]

在县驻地卞庄街道北方向32.8千米。车辋镇辖自然村。人口900。因马姓先居于此，且村西河两岸长满桃树，故名。聚落呈环状分布。有文化广场1处、文化大院1处。经济以种植业为主，种植小麦、玉米、地瓜。231省道经此。

龙桃峪 371324-B06-H06
[Lóngtáoyù]

在县驻地卞庄街道北方向33.3千米。车辋镇辖自然村。人口1 200。龙姓迁入，因村周围的丘陵上长满了桃树，遂易名龙桃峪。聚落呈环状分布。有文化广场1处、文化大院1处。经济以种植业为主，种植小麦、玉米、地瓜。有公路经此。

刘宝山前 371324-B06-H07
［Liúbǎoshānqián］

在县驻地卞庄街道西北方向 20.3 千米。车辋镇辖自然村。人口 900。建村于元朝年间，因村北有座宝山，以山名村。聚落呈环状分布。有文化广场 1 处、文化大院 1 处。经济以种植业为主，种植小麦、玉米。有公路经此。

考村 371324-B06-H08
［Kǎocūn］

在县驻地卞庄街道北方向 29.3 千米。车辋镇辖自然村。人口 200。因有一古墩寺失火，周围树木等物被烧焦，故名烤村，后演变为考村。聚落呈环状分布。有文化广场 1 处、文化大院 1 处、幼儿园 1 处、小学 1 处。经济以种植业为主，种植小麦、玉米、地瓜。有公路经此。

九女山 371324-B06-H09
［Jiǔnǚshān］

在县驻地卞庄街道西北方向 34.3 千米。车辋镇辖自然村。人口 1 500。明天启年间，人户渐多，村向北迁至九女山下，遂以山名村。聚落呈散状分布。有文化广场 1 处、文化大院 1 处、幼儿园 1 处、小学 1 处。经济以种植业为主，种植小麦、玉米、地瓜。有公路经此。

节义庄 371324-B06-H10
［Jiéyìzhuāng］

在县驻地卞庄街道西北方向 27.3 千米。车辋镇辖自然村。人口 1 100。因红石旦、南庙、北庙三个村连在一起，为表示团结友爱之意，故名。聚落呈环状分布。有文化广场 1 处、文化大院 1 处。经济以种植业为主，种植小麦、玉米、地瓜。231 省道经此。

后银厂 371324-B06-H11
［Hòuyínchǎng］

在县驻地卞庄街道北方向 20.3 千米。车辋镇辖自然村。人口 700。因村东南有银子山，明万历年间曾在此开矿炼银，处炼银厂址，故名。聚落呈环状分布。有文化广场 1 处、文化大院 1 处、幼儿园 1 处、小学 1 处。经济以种植业为主，种植小麦、玉米、地瓜。有公路经此。

后小炉 371324-B06-H12
［Hòuxiǎolú］

在县驻地卞庄街道西北方向 30.3 千米。车辋镇辖自然村。人口 1 000。因在龙宝山开银矿，来此建炉冶炼，故名村小炉。后村分为前后两处，与前小炉对应，名后小炉。聚落呈散状分布。有文化广场 1 处、文化大院 1 处。经济以种植业为主，种植小麦、玉米。有公路经此。

扶丘 371324-B06-H13
［Fúqiū］

在县驻地卞庄街道西北方向 21.1 千米。车辋镇辖自然村。人口 1 900。因村北有丘子墓，故名。聚落呈散状分布。有文化广场 1 处、文化大院 1 处。经济以种植业为主，种植小麦、玉米。有公路经此。

房沙沟 371324-B06-H14
［Fángshāgōu］

在县驻地卞庄街道西北方向 31.8 千米。车辋镇辖自然村。人口 400。因山洪暴发冲击成溢洪沟，故名村溢合庄。后因河内多沙石，且房姓居多，遂易名房沙沟。聚落呈散状分布。有文化广场 1 处、文化大院 1 处。经济以种植业为主，种植小麦、玉米。有公路经此。

崔桃峪 371324-B06-H15

［Cuītáoyù］

在县驻地卞庄街道北方向 32.3 千米。车辋镇辖自然村。人口 800。因崔姓先居于此，且村西山峪长满桃树，故名。聚落呈环状分布。有文化广场 1 处、文化大院 1 处。经济以种植业为主，种植小麦、玉米、地瓜。有公路经此。

陈家林 371324-B06-H16

［Chénjiālín］

在县驻地卞庄街道西北方向 19.8 千米。车辋镇辖自然村。人口 900。因葛姓一家逃荒户来此为陈家看林，后繁衍成村落，故名陈家林。聚落呈散状分布。有文化广场 1 处、文化大院 1 处。经济以种植业为主，种植小麦、玉米、地瓜。有公路经此。

南漫溪 371324-B06-H17

［Nánmànxī］

在县驻地卞庄街道西方向 19.9 千米。车辋镇辖自然村。人口 1 000。因山阻阳明河之水，流至扶丘以北分成东西两股，当洪水泛滥时，河水溢出水岸，从地面漫过，故称漫溪，以溪名村。聚落呈环状分布。有文化广场 1 处、文化大院 1 处。经济以种植业为主，种植小麦、玉米。有公路经此。

曹家庄 371324-B06-H18

［Cáojiāzhuāng］

在县驻地卞庄街道西北方向 36.8 千米。车辋镇辖自然村。人口 400。因曹姓先居于此，故名村曹庄。清康熙八年（1669），因村处高山脚下的山沟里，易名曹家山沟，后称曹家庄。聚落呈环状分布。有文化广场 1 处、文化大院 1 处。经济以种植业为主，种植小麦、玉米、地瓜。有公路经此。

北漫溪 371324-B06-H19

［Běimànxī］

在县驻地卞庄街道西方向 20.3 千米。车辋镇辖自然村。人口 1 800。因山阻阳明河之水，流至扶丘以北分成东西两股，当洪水泛滥时，河水溢出水岸，从地面漫过，故称漫溪，以溪名村。与南漫溪对应，得名北漫溪。聚落呈环状分布。有文化广场 1 处、文化大院 1 处、幼儿园 1 处、小学 1 处。经济以种植业为主，种植小麦、玉米、地瓜。有公路经此。

安平庄 371324-B06-H20

［Ānpíngzhuāng］

在县驻地卞庄街道西北方向 28.8 千米。车辋镇辖自然村。人口 300。1980 年地名普查时，因重名，更名为安平庄。聚落呈散状分布。有文化广场 1 处、文化大院 1 处。经济以种植业为主，种植小麦、玉米、地瓜。有公路经此。

赵家沙沟 371324-B06-H21

［Zhàojiāshāgōu］

在县驻地卞庄街道西北方向 30.9 千米。车辋镇辖自然村。人口 200。因山洪暴发冲击成溢洪沟，故名村溢合庄。后因河内多沙石，且赵姓居多，遂易名赵家沙沟。聚落呈散状分布。有文化广场 1 处、文化大院 1 处。经济以种植业为主，种植小麦、玉米、地瓜。有公路经此。

张桃峪 371324-B06-H22

［Zhāngtáoyù］

在县驻地卞庄街道北方向 32.5 千米。车辋镇辖自然村。人口 800。因张姓先居于此，且村西河岸边长满桃树，故名。聚落呈环状分布。有文化广场 1 处、文化大院 1 处。经济以种植业为主，种植小麦、玉米、地瓜。有公路经此。

兴隆庄 371324-B06-H23
［Xīnglóngzhuāng］

在县驻地下庄街道西北方向 24.9 千米。车辋镇辖自然村。人口 600。建村于明朝，因村附近有条土坝，形呈龙状，故名村兴龙庄，后易名兴隆庄。聚落呈散状分布。有文化广场 1 处、文化大院 1 处。经济以种植业为主，种植小麦、玉米。有公路经此。

赵家石河 371324-B06-H24
［Zhàojiāshíhé］

在县驻地下庄街道西北方向 39.3 千米。车辋镇辖自然村。人口 500。建村于清朝初年，因赵姓先居于此，且村东有一小河，河床中积满卵石，故名。聚落呈散状分布。有文化广场1处、文化大院1处、幼儿园1处、小学1处。经济以种植业为主，种植小麦、玉米、地瓜。有公路经此。

西岭 371324-B06-H25
［Xīlǐng］

在县驻地下庄街道西北方向 25.9 千米。车辋镇辖自然村。人口 400。建村于清道光年间，处阳明河西部岭上，故名。聚落呈散状分布。有文化广场 1 处、文化大院 1 处。经济以种植业为主，种植小麦、玉米、地瓜。有公路经此。

北尚岩 371324-B07-H01
［Běishàngyán］

尚岩镇人民政府驻地。在县驻地下庄街道西北方向 16.3 千米。人口 2 300。明朝建村，始称桃花。因濒临西泇河，清朝易名为上沿，后书写为尚岩。因与南部尚岩对应，故名。聚落呈团块状分布。有小学、文化广场等。经济以种植业为主，种植小麦、玉米。206 国道经此。

安庄 371324-B07-H02
［Ānzhuāng］

在县驻地下庄街道西方向 20.6 千米。尚岩镇辖自然村。人口 2 500。建于元末明初，因村处于文峰山前，山清水秀，田肥民殷，堪称乐土，故名安庄。聚落呈团块状分布。有文化广场 1 处、文化大院 1 处。经济以种植业为主，种植小麦、玉米、地瓜。有公路经此。

白水牛石后 371324-B07-H03
［Báishuǐniúshíhòu］

在县驻地下庄街道西方向 25.8 千米。尚岩镇辖自然村。人口 900。建于明万历年间，因村前有一块大石头，形似水牛，故名。聚落呈散状分布。有文化广场 1 处、文化大院 1 处。经济以种植业为主，种植小麦、玉米。有公路经此。

白水牛石前 371324-B07-H04
［Báishuǐniúshíqián］

在县驻地下庄街道西方向 25.8 千米。尚岩镇辖自然村。人口 800。建于明万历年间，因村后有一块大石头，形似水牛，故名。聚落呈团块状分布。有文化广场 1 处、文化大院 1 处。经济以种植业为主，种植小麦、玉米。206 国道经此。

北荆堂 371324-B07-H05
［Běijīngtáng］

在县驻地下庄街道西北方向 29.6 千米。尚岩镇辖自然村。人口 200。建村于明永乐年间，当时有一池塘，塘边长满荆条，村在池塘北，名村北荆塘，后演变为今名。聚落呈散状分布。有文化广场 1 处、文化大院 1 处。经济以种植业为主，种植小麦、玉米。有公路经此。

卞村 371324-B07-H06
［Biàncūn］

在县驻地卞庄街道西北方向 21.6 千米。尚岩镇辖自然村。人口 800。建于元元统二年（1334），原名李家庄。明洪武年间，卞、张两姓先后迁来，故名。聚落呈团块状分布。有文化广场 1 处、文化大院 1 处。经济以种植业为主，种植小麦、玉米。有公路经此。

大南庄 371324-B07-H07
［Dànánzhuāng］

在县驻地卞庄街道西方向 20.9 千米。尚岩镇辖自然村。人口 2 400。建村于明永乐年间，因居民生活贫苦，故名大南庄。聚落呈团块状分布。有文化广场 1 处、文化大院 1 处。经济以种植业为主，种植小麦、玉米。有公路经此。

大泉 371324-B07-H08
［Dàquán］

在县驻地卞庄街道西北方向 28.6 千米。尚岩镇辖自然村。人口 1 000。建于明永乐十年（1412），因此村有一天然大泉，故名。聚落呈团块状分布。有文化广场 1 处、文化大院 1 处。经济以种植业为主，种植小麦、玉米。有公路经此。

东水沟 371324-B07-H09
［Dōngshuǐgōu］

在县驻地卞庄街道西方向 22.7 千米。尚岩镇辖自然村。人口 1 800。建于明朝初年，原名东沟泉。为与西水沟对应，故名东水沟。聚落呈团块状分布。有文化广场 1 处、文化大院 1 处。经济以种植业为主，种植小麦、玉米。有公路经此。

东纸坊 371324-B07-H10
［Dōngzhǐfáng］

在县驻地卞庄街道西北方向 23.6 千米。尚岩镇辖自然村。人口 600。建于明崇祯年间，村民原以造纸业为主，故名纸坊，后更名东纸坊。聚落呈团块状分布。有文化广场 1 处、文化大院 1 处。经济以种植业为主，种植小麦、玉米。有公路经此。

董家后院 371324-B07-H11
［Dǒngjiāhòuyuàn］

在县驻地卞庄街道西北方向 25.5 千米。尚岩镇辖自然村。人口 1 000。建于西汉年间，因董姓先居于此，故名董家后院。聚落呈团块状分布。有文化广场 1 处、文化大院 1 处、幼儿园 1 处、小学 1 处、中学 1 处。经济以种植业为主，种植小麦、玉米。有公路经此。

杜村 371324-B07-H12
［Dùcūn］

在县驻地卞庄街道西北方向 24.6 千米。尚岩镇辖自然村。人口 1 100。建于明天顺年间，因杜姓先居于此，故名杜村。聚落呈团块状分布。有文化广场 1 处、文化大院 1 处。经济以种植业为主，种植小麦、玉米。有公路经此。

沟西 371324-B07-H13
［Gōuxī］

在县驻地卞庄街道西方向 21.5 千米。尚岩镇辖自然村。人口 2 100。建于元末明初，因村处于尚岩间的大沟西侧，故名。聚落呈团块状分布。有文化广场 1 处、文化大院 1 处、幼儿园 1 处、小学 1 处、中学 1 处。经济以种植业为主，种植小麦、玉米。有公路经此。

郭村 371324-B07-H14
［Guōcūn］

在县驻地卞庄街道西北方向 22.6 千米。尚岩镇辖自然村。人口 2 100。建于元元统二年（1334），因郭姓先居于此，故叫郭村。聚落呈团块状分布。有文化广场 1 处、文化大院 1 处。经济以种植业为主，种植小麦、玉米。有公路经此。

会宝岭 371324-B07-H15
［Huìbǎolǐng］

在县驻地卞庄街道西北方向 25.5 千米。尚岩镇辖自然村。人口 600。建于清康熙年间，因村处会宝岭下，故名。聚落呈团块状分布。有文化广场 1 处、文化大院 1 处。经济以种植业为主，种植小麦、玉米。有公路经此。

刘村 371324-B07-H16
［Liúcūn］

在县驻地卞庄街道西北方向 20.5 千米。尚岩镇辖自然村。人口 1 100。建于南宋淳祐年间，宋、刘二姓始居，和睦相处，名结义，后易为刘村。聚落呈团块状分布。有文化广场 1 处、文化大院 1 处。经济以种植业为主，种植小麦、玉米。有公路经此。

牧羊沟 371324-B07-H17
［Mùyánggōu］

在县驻地卞庄街道西北方向 26.5 千米。尚岩镇辖自然村。人口 200。相传，因母子二人讨饭经过此沟，母亲去世，称没娘沟，后来演变为牧羊沟。聚落呈团块状分布。有文化广场 1 处、文化大院 1 处。经济以种植业为主，种植小麦、玉米。有公路经此。

彭后院 371324-B07-H18
［Pénghòuyuàn］

在县驻地卞庄街道西北方向 23.5 千米。尚岩镇辖自然村。人口 400。建于西汉年间，因彭姓先居于此，故叫彭后院。聚落呈团块状分布。有文化广场 1 处、文化大院 1 处。经济以种植业为主，种植小麦、玉米。有公路经此。

坦上集 371324-B07-H19
［Tǎnshàngjí］

在县驻地卞庄街道西北方向 23.5 千米。尚岩镇辖自然村。人口 1 400。建于唐宝应元年（762），因集市设在村北城墙山的山坡上，故名村大山集，后改名为坦上集。聚落呈团块状分布。有文化广场 1 处、文化大院 1 处、幼儿园 1 处、小学 1 处、中学 1 处。经济以种植业为主，种植小麦、玉米。有公路经此。

陶李 371324-B07-H20
［Táolǐ］

在县驻地卞庄街道西北方向 27.2 千米。尚岩镇辖自然村。人口 1 400。建于明万历年间，王、陶、李三姓先居于此，因王姓居多，名为王庄，后改为陶李。聚落呈团块状分布。有文化广场 1 处、文化大院 1 处。经济以种植业为主，种植小麦、玉米。有公路经此。

万村 371324-B07-H21
［Wàncūn］

在县驻地卞庄街道西北方向 22.7 千米。尚岩镇辖自然村。人口 2 000。建于明洪武二年（1369），因李姓从山西迁居于此，形容离故乡有万里之遥，故名万村。聚落呈团块状分布。有文化广场 1 处、文化大院 1 处。经济以种植业为主，种植小麦、玉米。有公路经此。

王楼南庄 371324-B07-H22
［Wánglóunánzhuāng］

在县驻地卞庄街道西方向 20.7 千米。

尚岩镇辖自然村。人口2 400。建于明朝初年，原名段村，因邵姓迁居于此，盖起楼房，易名邵家楼，后改名为王楼南庄。聚落呈团块状分布。有文化广场1处、文化大院1处。经济以种植业为主，种植小麦、玉米。有公路经此。

杨套 371324-B07-H23
[Yángtào]

在县驻地卞庄街道西方向23.6千米。尚岩镇辖自然村。人口600。建于明朝初年，村四面环山，俗称山套。因徐姓先居于此，后徐姓迁出，杨姓迁入，故称杨套。聚落呈团块状分布。有文化广场1处、文化大院1处。经济以种植业为主，种植小麦、玉米。有公路经此。

枣庄 371324-B07-H24
[Zǎozhuāng]

在县驻地卞庄街道西北方向26.6千米。尚岩镇辖自然村。人口800。建于清康熙年间，因村东北枣树漫山遍野，故名。聚落呈团块状分布。有文化广场1处、文化大院1处。经济以种植业为主，种植小麦、玉米。有公路经此。

朱庄 371324-B07-H25
[Zhūzhuāng]

在县驻地卞庄街道西北方向28.6千米。尚岩镇辖自然村。人口500。建于明正统年间，高姓先居，故叫高家庄。后因高姓迁出，朱姓迁入，遂易名朱庄。聚落呈团块状分布。有文化广场1处、文化大院1处。经济以种植业为主，种植小麦、玉米。有公路经此。

向城 371324-B08-H01
[Xiàngchéng]

向城镇人民政府驻地。在县驻地卞庄街道西南方向11.9千米。人口3 800。始建于春秋，因项义在此称王，称项邑，后演变为向城。聚落呈团块状分布。有小学。经济以种植业为主，种植小麦、玉米。有荣庆物流有限公司、兰陵富达纸箱有限公司。省道沂台路经此。

鄫城前 371324-B08-H02
[Zēngchéngqián]

在县驻地卞庄街道西北方向14.7千米。向城镇辖自然村。人口2 300。建村于明永乐二年（1404），因村处鄫国故城前，故名。聚落呈团块状分布。经济以种植业为主，种植小麦、玉米、蔬菜。有公路经此。

北张桥 371324-B08-H03
[Běizhāngqiáo]

在县驻地卞庄街道西南方向14.2千米。向城镇辖自然村。人口1 600。明朝前期为周李庄，明永乐年间，因村北有一石拱大桥，且村中张姓居多，故名张桥。后阳明河支流从村中间流过，分为两村，以方位称北张桥。聚落呈环状分布。有文化广场1处、文化大院1处。经济以种植业为主，种植小麦、玉米。有公路经此。

城子 371324-B08-H04
[Chéngzi]

在县驻地卞庄街道西南方向18.2千米。向城镇辖自然村。人口200。新石器时代就有先人居住，村后有古城遗址，故名城子。聚落呈团块状分布。有文化广场1处、文化大院1处。经济以种植业为主，种植蔬菜。有公路经此。

道口 371324-B08-H05
[Dàokǒu]

在县驻地卞庄街道西北方向16.3千米。向城镇辖自然村。人口900。因村附近有一泉，泉水顺沟倒流，故名道口。聚落呈团块状分布。有文化广场 1 处、文化大院 1 处、幼儿园 1 处、小学 1 处、中学 1 处。经济以种植业为主，种植小麦、玉米。206 国道经此。

东城前 371324–B08–H06
［Dōngchéngqián］

在县驻地下庄街道西南方向 17.4 千米。向城镇辖自然村。人口 1 200。明永乐年间，宋氏在此建村。因处向邑古城南，且与西城前对应，故名东城前。聚落呈带状分布。有文化广场 1 处、文化大院 1 处。经济以种植业为主，种植小麦、玉米。有公路经此。

峰下沟 371324–B08–H07
［Fēngxiàgōu］

在县驻地下庄街道西方向 18.5 千米。向城镇辖自然村。人口 1 300。建村于明永乐年间，因村上有文峰山，下有李文子河，故名峰下沟。聚落呈团块状分布。有文化广场 1 处、文化大院 1 处。经济以种植业为主，种植小麦、玉米。206 国道经此。

后姚 371324–B08–H08
［Hòuyáo］

在县驻地下庄街道西南方向 16.2 千米。向城镇辖自然村。人口 900。因村后西洳河东畔筑有烧制砖瓦的数座古窑，故名村后窑。因与前姚相对，故易名后姚。聚落呈团块状分布。有文化广场 1 处、文化大院 1 处。经济以种植业为主，种植小麦、玉米。有公路经此。

胡家官庄 371324–B08–H09
［Hújiāguānzhuāng］

在县驻地下庄街道西南方向 17.1 千米。向城镇辖自然村。人口 800。始建于南宋景炎年间，因胡姓人氏迁此定居，其子孙有官至翰林者，故名胡家官庄。聚落呈带

状分布。有文化广场 1 处、文化大院 1 处。经济以种植业为主，种植蔬菜。有公路经此。

迦头 371324–B08–H10
［Jiātóu］

在县驻地下庄街道西南方向 19.3 千米。向城镇辖自然村。人口 2 000。建村于明洪武二年（1369），因村位于迦河改道之源头，故名迦头。聚落呈团块状分布。有文化广场 1 处、文化大院 1 处、幼儿园 1 处、小学 1 处、中学 1 处。经济以种植业为主，种植蔬菜。有公路经此。

黎丘 371324–B08–H11
［Líqiū］

在县驻地下庄街道西北方向 18.2 千米。向城镇辖自然村。人口 1 800。建村于明末，因村处黄山脚下丘陵，山清水秀，土质黑色，故名黧丘，后易名黎丘。聚落呈团块状分布。有文化广场 1 处、文化大院 1 处。经济以种植业为主，种植小麦、玉米。有公路经此。

柳峪 371324–B08–H12
［Liǔyù］

在县驻地下庄街道西方向 19.1 千米。向城镇辖自然村。人口 1 600。明洪武年间，村民由山西辗转迁来本地，因村处于西洳河曲流处，水势缓流，两岸多植柳树，天长日久，形成柳树林，俗称柳树域，后称柳峪。聚落呈团块状分布。有文化广场 1 处、文化大院 1 处。经济以种植业为主，种植小麦、玉米。有公路经此。

马家官庄 371324–B08–H13
［Mǎjiāguānzhuāng］

在县驻地下庄街道西南方向 18.2 千米。向城镇辖自然村。人口 300。该村建于明万历年间，马姓人氏迁此定居后，其子孙有

官至翰林者，故名马家官庄。聚落呈团块状分布。有文化广场1处、文化大院1处。经济以种植业为主，种植小麦、玉米。有公路经此。

南楼 371324-B08-H14
[Nánlóu]

在县驻地卞庄街道西方向16.1千米。向城镇辖自然村。人口900。明末，有个叫送九驴的人，此人是绿林大盗，发横财后，在此处盖下了南北楼，村以此得名。聚落呈团块状分布。有文化广场1处、文化大院1处。经济以种植业为主，种植蔬菜。有公路经此。

土楼 371324-B08-H15
[Tǔlóu]

在县驻地卞庄街道西北方向16.3千米。向城镇辖自然村。人口1 300。建于明朝初期，宋姓在村南准备建造一座土质结构的二层房子，用土垫了地基，高出地面数尺，后因某种原因未建成，故村名土楼。聚落呈团块状分布。有文化广场1处、文化大院1处。经济以种植业为主，种植小麦、玉米。206国道经此。

魏家庄 371324-B08-H16
[Wèijiāzhuāng]

在县驻地卞庄街道西北方向17.5千米。向城镇辖自然村。人口900。北宋钦宗年间，魏姓迁居此地，故名魏家庄。聚落呈团块状分布。有文化广场1处、文化大院1处。经济以种植业为主，种植小麦、玉米。有公路经此。

西城前 371324-B08-H17
[Xīchéngqián]

在县驻地卞庄街道西南方向18.6千米。向城镇辖自然村。人口1 600。因位于向城西南二里许，故名西城前。聚落呈团块状分布。有文化广场1处、文化大院1处、幼儿园1处、小学1处、中学1处。经济以种植业为主，种植小麦、玉米、蔬菜。有公路经此。

小北湖 371324-B08-H18
[Xiǎoběihú]

在县驻地卞庄街道西北方向23.7千米。向城镇辖自然村。人口300。建村于明永乐年间，因村前有鄫国古城一座，故名城后。1984年分为四个村，以方位改称城后小北湖，后简称小北湖。聚落呈带状分布。有文化广场1处、文化大院1处。经济以种植业为主，种植小麦、玉米。有公路经此。

小郭东 371324-B08-H19
[Xiǎoguōdōng]

在县驻地卞庄街道西南方向20.5千米。向城镇辖自然村。人口2 400。建于西汉年间，原名古廓里，后改为小郭东。聚落呈团块状分布。有文化广场1处、文化大院1处、幼儿园1处、小学1处、中学1处。经济以种植业为主，种植小麦、玉米。有公路经此。

鄫城后河北 371324-B08-H20
[Zēngchénghòuhéběi]

在县驻地卞庄街道西北方向20.6千米。向城镇辖自然村。人口500。建村于明永乐年间，因村前有鄫国古城一座，故名城后。1984年分为四个村，以方位改称鄫城后河北。聚落呈带状分布。有文化广场1处、文化大院1处、幼儿园1处、小学1处、中学1处。有国家级文物保护单位鄫国故城遗址。经济以种植业为主，种植小麦。有公路经此。

西新兴 371324-B09-H01
［Xīxīnxīng］

新兴镇人民政府驻地。在县驻地卞庄街道西南方向 23.7 千米。人口 1 400。元大德年间建村，与东新兴相对应，故名。聚落呈团块状分布。有幼儿园、小学、文化广场。经济以种植业为主，种植小麦、玉米、蔬菜。枣临铁路经此。

云埔 371324-B09-H02
［Yúnpǔ］

在县驻地卞庄街道西南方向 18.5 千米。新兴镇辖自然村。人口 1 000。建村于明万历十八年（1590），以村处有寺庙云间阁，以庙名村云铺，后更名为云埔。聚落呈团块状分布。有文化广场 1 处、文化大院 1 处。经济以种植业为主，种植小麦、玉米、大棚蔬菜。有公路经此。

于楼 371324-B09-H03
［Yúlóu］

在县驻地卞庄街道西南方向 25.2 千米。新兴镇辖自然村。人口 1 500。相传此处有一寺庙，并建有楼台，且于姓先居于此，故名。聚落呈团块状分布。有文化广场 1 处、文化大院 1 处。经济以种植业为主，种植小麦、玉米、蔬菜。有公路经此。

新马庄 371324-B09-H04
［Xīnmǎzhuāng］

在县驻地卞庄街道西南方向 13.4 千米。新兴镇辖自然村。人口 1 500。建村于元朝初年，原名青龙桥。后因众多农户以养马为生，易名马庄，后更名为新马庄。聚落呈团块状分布。有文化广场 1 处、文化大院 1 处。经济以种植业为主，种植小麦、玉米、大棚蔬菜。有公路经此。

下湖 371324-B09-H05
［Xiàhú］

在县驻地卞庄街道西南方向 15.1 千米。新兴镇辖自然村。人口 2 200。建村于元至正年间，原名圣皇庄，清光绪二年（1876）改称今名。聚落呈团块状分布。有文化广场 1 处、文化大院 1 处。经济以种植业为主，种植小麦、玉米、大棚蔬菜。有公路经此。

西刘庄 371324-B09-H06
［Xīliúzhuāng］

在县驻地卞庄街道西南方向 26.3 千米。新兴镇辖自然村。人口 900。建村于明崇祯十七年（1644），以刘姓先居于此，名村刘庄，后更名为西刘庄。聚落呈团块状分布。有文化广场 1 处、文化大院 1 处。经济以种植业为主，种植小麦、玉米、大棚蔬菜。有公路经此。

西大寨 371324-B09-H07
［Xīdàzhài］

在县驻地卞庄街道西南方向 26.7 千米。新兴镇辖自然村。人口 1 300。因村沿有用作防卫的寨墙分布，位于寨墙西，故名西大寨。聚落呈团块状分布。有文化广场 1 处、文化大院 1 处。经济以种植业为主，种植小麦、玉米。有公路经此。

太子堂 371324-B09-H08
［Tàizǐtáng］

在县驻地卞庄街道西南方向 23.5 千米。新兴镇辖自然村。人口 3 300。建村于北宋中叶，因村处原有一寺庙，以庙名村太祖堂，后易名太子堂。聚落呈团块状分布。有文化广场 1 处、文化大院 1 处、幼儿园 1 处、小学 1 处。经济以种植业为主，种植小麦、玉米、大棚蔬菜。有公路经此。

前大尧 371324-B09-H09
[Qiándàyáo]

在县驻地卞庄街道西南方向25.9千米。新兴镇辖自然村。人口400。建村于南宋绍兴元年（1131），村民以烧窑为业，村遂称大窑，后更名为前大尧。聚落呈团块状分布。有文化广场1处、文化大院1处。经济以种植业为主，种植小麦、玉米、大棚蔬菜。有公路经此。

后大尧 371324-B09-H10
[Hòudàyáo]

在县驻地卞庄街道西南方向26.5千米。新兴镇辖自然村。人口800。建村于南宋绍兴元年（1131），村民以烧窑为业，村遂称大窑，后更名为后大尧。聚落呈团块状分布。有文化广场1处、文化大院1处。经济以种植业为主，种植小麦、玉米、大棚蔬菜。有公路经此。

阁老埠 371324-B09-H11
[Gélǎobù]

在县驻地卞庄街道西南方向23.2千米。新兴镇辖自然村。人口700。1722年建村，一官吏晚年曾居此，且乐于助人，人们尊其为"阁老"，为纪念他，以村地势较高，名村阁老埠。聚落呈团块状分布。有文化广场1处、文化大院1处。经济以种植业为主，种植小麦、玉米、大棚蔬菜。有公路经此。

东大寨 371324-B09-H12
[Dōngdàzhài]

在县驻地卞庄街道西南方向27.2千米。新兴镇辖自然村。人口900。村沿有用作防卫的寨墙分布，位于寨墙东，故名东大寨。聚落呈团块状分布。有文化广场1处、文化大院1处。经济以种植业为主，种植小麦、玉米。无公路经此。

板闸湖 371324-B09-H13
[Bǎnzháhú]

在县驻地卞庄街道西南方向22.5千米。新兴镇辖自然村。人口1 500。建村于明天启年间，村处莘莘湖畔，遂名板闸湖。聚落呈团块状分布。有文化广场1处、文化大院1处。经济以种植业为主，种植小麦、玉米、大棚蔬菜。有公路经此。

南桥 371324-B10-H01
[Nánqiáo]

南桥镇人民政府驻地。在县驻地卞庄街道西南方向17.4千米。人口2 600。明朝，一太学生任良弼，号南桥，曾居于此，故村名南桥。聚落呈散状分布。有文化广场1处、文化大院1处、幼儿园1处、小学1处、中学1处。经济以种植业、养殖业为主。318省道经此。

后胡寨 371324-B10-H02
[Hòuhúzhài]

在县驻地卞庄街道南方向13.5千米。南桥镇辖自然村。人口700。汉代胡姓流落至此，用木桩围挡起居住地，因人数众多，分为两村，本村居北，称后胡寨。聚落呈团块状分布。有文化广场1处、文化大院1处。经济以种植业、养殖业为主，种植辣椒、大蒜。有公路经此。

界坊 371324-B10-H03
[Jièfáng]

在县驻地卞庄街道南方向23.1千米。南桥镇辖自然村。人口1 100。建村于明朝末年，原名义和庄，因村处山东和江苏的分界处，后易名界坊。聚落呈团块状分布。有文化广场1处、文化大院1处、幼儿园1处、小学1处。经济以种植业、养殖业为主，种植辣椒、大蒜。有公路经此。

鲁西 371324-B10-H04
［Lǔxī］

在县驻地卞庄街道西南方向 20.5 千米。南桥镇辖自然村。人口 1 600。春秋时期，刘、邱二姓从鲁国迁此建村，村名鲁坊。后因人多，分为两村，以方位称鲁西。聚落呈团块状分布。有文化广场 1 处、文化大院 1 处、幼儿园 1 处、小学 1 处。经济以种植业、养殖业为主，种植辣椒、大蒜。318 省道经此。

小窑 371324-B10-H05
［Xiǎoyáo］

在县驻地卞庄街道西南方向 22.1 千米。南桥镇辖自然村。人口 300。建村于唐末，因刘姓在此以烧陶器为业，故名。聚落呈团块状分布。有文化广场 1 处、文化大院 1 处。经济以种植业、养殖业为主，种植辣椒、大蒜。有公路经此。

大湖子 371324-B10-H06
［Dàhúzi］

在县驻地卞庄街道西南方向 21.5 千米。南桥镇辖自然村。人口 1 100。建村于南宋庆元年间，因地势低洼，积水似湖泊，且与小湖子村对应，故名。聚落呈团块状分布。有文化广场 1 处、文化大院 1 处。经济以种植业、养殖业为主，种植辣椒、大蒜。有公路经此。

大桥 371324-B10-H07
［Dàqiáo］

在县驻地卞庄街道西南方向 23.7 千米。南桥镇辖自然村。人口 600。建村于明永乐年间，该村原名老鸹巷，因村西的大河上有座唐朝修建的石桥，故得名大桥。聚落呈团块状分布。有文化广场 1 处、文化大院 1 处。经济以种植业、养殖业为主，种植辣椒、大蒜。318 省道经此。

河西 371324-B11-H01
［Héxī］

庄坞镇人民政府驻地。在县驻地卞庄街道东南方向 20.7 千米。人口 3 200。因处武河西岸，与河东庄坞对应，故名庄坞河西，后简称河西。聚落呈带状分布。有文化广场 1 处、文化大院 1 处、幼儿园 1 处。经济以种植业为主，种植小麦、玉米、四季菜。232 省道经此。

北哨 371324-B11-H02
［Běishào］

在县驻地卞庄街道东南方向 21.0 千米。庄坞镇辖自然村。人口 2 600。唐贞观年间，薛礼征东在此设立一个兵营，分东、西、南、北四个哨所，本村为北哨。聚落呈团块状分布。有文化广场 1 处、文化大院 1 处、幼儿园 1 处、小学 1 处。经济以种植业为主，种植大蒜、小麦、玉米、四季菜。有公路经此。

北营子 371324-B11-H03
［Běiyíngzi］

在县驻地卞庄街道东南方向 31.0 千米。庄坞镇辖自然村。人口 1 500。相传古时在此修一点将台，在点将台南北安营扎寨，后以此名村。因村分南北两处，与南营子对应，故名北营子。聚落呈团块状分布。有文化广场 1 处、文化大院 1 处。经济以种植业为主，种植小麦、玉米、四季菜。有公路经此。

大城子 371324-B11-H04
［Dàchéngzi］

在县驻地卞庄街道南方向 25.0 千米。庄坞镇辖自然村。人口 900。因村处大城子遗址上，故名。聚落呈团块状分布。有文化广场 1 处、文化大院 1 处。经济以种植业为主，种植小麦、玉米、大蒜、四季菜。有公路经此。

后涌泉 371324-B11-H05
［Hòuyǒngquán］

在县驻地卞庄街道东南方向 28.0 千米。庄坞镇辖自然村。人口 2 900。因村西北有泉水涌出，故名。聚落呈团块状分布。有文化广场 1 处、文化大院 1 处、幼儿园 1 处、小学 1 处、中学 1 处。经济以种植业为主，种植小麦、玉米、四季菜。有公路经此。

南多福庄 371324-B11-H06
［Nánduōfúzhuāng］

在县驻地卞庄街道东方向 30.0 千米。庄坞镇辖自然村。人口 2 100。原名躲避庄，因小儿多脾病，将村南迁一华里，后脾病减少，以吉祥言易名多福庄。因村分为南北两处，与北多福庄对应，故名。聚落呈团块状分布。有文化广场 1 处、文化大院 1 处、幼儿园 1 处、小学 1 处。经济以种植业为主，种植小麦、玉米、四季菜。有公路经此。

南街 371324-B11-H07
［Nánjiē］

在县驻地卞庄街道东南方向 27.0 千米。庄坞镇辖自然村。人口 2 100。因村原系庄坞集市一条南大街，故名。聚落呈带状分布。有文化广场 1 处、文化大院 1 处。经济以种植业为主，种植小麦、玉米、四季菜。232 省道经此。

前涌泉 371324-B11-H08
［Qiányǒngquán］

在县驻地卞庄街道东南方向 23.0 千米。庄坞镇辖自然村。人口 3 400。因村西北有泉水涌出，故名。聚落呈团块状分布。有文化广场 1 处、文化大院 1 处。经济以种植业为主，种植小麦、玉米、四季菜。有公路经此。

小池头 371324-B11-H09
［Xiǎochítóu］

在县驻地卞庄街道东南方向 27.0 千米。庄坞镇辖自然村。人口 1 900。因在村通往大城子的护河堤边有一小水池，故名。聚落呈散状分布。有文化广场 1 处、文化大院 1 处。经济以种植业为主，种植小麦、玉米、四季菜。有公路经此。

庄坞 371324-B11-H10
［Zhuāngwù］

在县驻地卞庄街道东南方向 27.0 千米。庄坞镇辖自然村。人口 3 600。因村地势周围高、中间低，故名。聚落呈带状分布。有文化广场 1 处、文化大院 1 处、幼儿园 1 处、小学 1 处。经济以种植业为主，种植小麦、玉米、四季菜。232 省道经此。

学田 371324-B11-H11
［Xuétián］

在县驻地卞庄街道东南方向 25.0 千米。庄坞镇辖自然村。人口 2 100。因村前有土地，为官府办学之用地，故名。聚落呈带状分布。有文化广场 1 处、文化大院 1 处。经济以种植业为主，种植小麦、玉米、四季菜。有公路经此。

矿坑 371324-B12-H01
［Kuàngkēng］

矿坑镇人民政府驻地。在县驻地卞庄街道东北方向 20.7 千米。人口 3 500。建村于明永乐年间，此处采铁矿石，有矿坑遗留，村名源此。聚落呈团块状分布。有文化广场 1 处、文化大院 1 处、幼儿园 1 处、小学 1 处、中学 1 处。经济以种植业为主，种植小麦、玉米、黄烟等。229 省道经此。

东延寿 371324-B12-H02

［Dōngyánshòu］

在县驻地下庄街道北方向 27.9 千米。矿坑镇辖自然村。人口 700。村中李姓有一人名万年，字延寿，高龄达 104 岁，因此村名延寿庄。后村分为东西两处，以方位称东延寿。聚落呈团块状分布。有文化广场 1 处、文化大院 1 处。经济以种植业、养殖业为主，种植小麦、花生、玉米等。有公路经此。

后立庄 371324-B12-H03

［Hòulìzhuāng］

在县驻地下庄街道北方向 26.7 千米。矿坑镇辖自然村。人口 1 700。明洪武二年（1369）在此建朝阳殿庙宇一座，万历年间，村民由山西移至庙后建村，名后立庄。聚落呈环状分布。有文化广场 1 处、文化大院 1 处、幼儿园 1 处、小学 1 处。经济以种植业为主，种植小麦、玉米。229 省道经此。

湖子峪 371324-B12-H04

［Húziyù］

在县驻地下庄街道北方向 30.4 千米。矿坑镇辖自然村。人口 1 000。建村于清道光年间，原名安沂庄。因村处山岭之间，故易名湖子峪。聚落呈团块状分布。有文化广场 1 处、文化大院 1 处。经济以种植业为主，种植小麦、玉米、黄烟等。有公路经此。

灰泉 371324-B12-H05

［Huīquán］

在县驻地下庄街道北方向 24.3 千米。矿坑镇辖自然村。人口 900。建村于明洪武年间，原名巍泉。后因三面环山，且三山之间有泉，故易名灰泉。聚落呈团块状分布。有文化广场 1 处、文化大院 1 处。经济以种植业为主，种植小麦、玉米、黄烟等。有公路经此。

惠民庄 371324-B12-H06

［Huìmínzhuāng］

在县驻地下庄街道北方向 25.4 千米。矿坑镇辖自然村。人口 1 900。元末，皮姓始居，毁于兵祸。明永乐年间，张、李、顾姓先后迁居，为求吉避祸，取名惠民庄。聚落呈团块状分布。有文化广场 1 处、文化大院 1 处。经济以种植业为主，种植小麦、玉米、黄烟等。有公路经此。

楼山沟 371324-B12-H07

［Lóushāngōu］

在县驻地下庄街道北方向 30.5 千米。矿坑镇辖自然村。人口 500。建村于明崇祯八年（1635），因村处楼山脚下的山沟，得名楼山沟。聚落呈带状分布。有文化广场 1 处、文化大院 1 处。经济以种植业为主，种植小麦、玉米、黄烟等。有公路经此。

前马庄 371324-B12-H08

［Qiánmǎzhuāng］

在县驻地下庄街道北方向 30.6 千米。矿坑镇辖自然村。人口 1 000。建村于唐末，因村东大平石上有马蹄印，故名村马庄。后分两处，以方位称前马庄。聚落呈带状分布。有文化广场 1 处、文化大院 1 处。经济以种植业为主，种植小麦、玉米、棉花。有公路经此。

棠林 371324-B12-H09

［Tánglín］

在县驻地下庄街道北方向 24.5 千米。矿坑镇辖自然村。人口 3 300。明嘉靖年间，因棠姓先居于此，在西北角有一片棠梨树，故得村名棠林。聚落呈团块状分布。有文化广场 1 处、文化大院 1 处、幼儿园 1 处、小学 1 处。经济以种植业为主,种植小麦、玉米。229 省道经此。

西延寿 371324-B12-H10
[Xīyánshòu]

在县驻地卞庄街道北方向 29.2 千米。矿坑镇辖自然村。人口 500。村中李姓有一人名万年,字延寿,高龄达 104 岁,因此村名延寿庄。后村分为东西两处,以方位称西延寿。聚落呈带状分布。有文化广场 1 处、文化大院 1 处。经济以种植业为主,种植小麦、花生、玉米。有公路经此。

朱柳 371324-B12-H11
[Zhūliǔ]

在县驻地卞庄街道北方向 24.4 千米。矿坑镇辖自然村。人口 2 600。建村于明永乐年间,因古代战争时在此屯兵,几经战乱,村落幸存,且朱姓人居多,故名村朱留,后俗称朱柳。聚落呈团块状分布。有文化广场 1 处、文化大院 1 处。经济以种植业、养殖业为主,种植小麦、玉米、黄烟等,养殖生猪、貂。有公路经此。

雷雨口 371324-B13-H01
[Léiyǔkǒu]

鲁城镇人民政府驻地。在县驻地卞庄街道西北方向 29.0 千米。人口 1 800。建村于明嘉靖年间,因村北有一大青石,形似鲤鱼张口,故名村鲤鱼口,后以谐音名雷雨口。聚落呈团块状分布。有文化广场 1 处、文化大院 1 处、幼儿园 1 处、小学 1 处、中学 1 处。经济以种植业为主,种植花生、小麦,村内盛产铁矿石,鹏辉矿业坐落在本村。有公路经此。

北鲁城 371324-B13-H02
[Běilǔchéng]

在县驻地卞庄街道西北方向 34.6 千米。

鲁城镇辖自然村。人口 1 100。明正德年间,一白姓山寨主居此,自封鲁南王,后村渐名鲁城。明嘉靖年间,与南鲁城相对应,称北鲁城。聚落呈团块状分布。有文化广场 1 处、文化大院 1 处。经济以种植业为主,种植辣椒、黄瓜。有公路经此。

北泉沟 371324-B13-H03
[Běiquángōu]

在县驻地卞庄街道西北方向 38.6 千米。鲁城镇辖自然村。人口 300。清康熙年间,因村西小水沟内自南向北有三泉,该村坐落在北泉沟崖上,故名村北泉沟。聚落呈团块状分布。经济以种植业为主,种植小麦、玉米、花生。有公路经此。

大闫庄 371324-B13-H04
[Dàyánzhuāng]

在县驻地卞庄街道西北方向 34.1 千米。鲁城镇辖自然村。人口 1 000。建于明万历年间,以闫姓居多,故名闫庄。清道光年间,因与小闫庄对应,称大闫庄。聚落呈团块状分布。有文化广场 1 处、文化大院 1 处。经济以种植业为主,种植小麦、玉米、花生。有公路经此。

东马庙 371324-B13-H05
[Dōngmǎmiào]

在县驻地卞庄街道西北方向 38.1 千米。鲁城镇辖自然村。人口 2 000。建村于明洪武年间,村有一寺庙,庙中有一对泥马,俗称马王庙。村在马王庙东,称东马庙。聚落呈团块状分布。有文化广场 1 处、文化大院 1 处、幼儿园 1 处、小学 1 处。经济以种植业为主,种植小麦、玉米、花生。有公路经此。

东石门 371324-B13-H06
［Dōngshímén］

在县驻地卞庄街道西方向 29.6 千米。鲁城镇辖自然村。人口 1 700。以村南平顶山北侧有一石洞，形似大门，故名村石门。明万历年间，村分成东西两处，与西石门毗邻，名东石门。聚落呈团块状分布。有文化广场 1 处、文化大院 1 处、幼儿园 1 处、小学 1 处。经济以种植业为主，种植小麦、玉米、花生。206 国道经此。

后场 371324-B13-H07
［Hòuchǎng］

在县驻地卞庄街道西方向 29.4 千米。鲁城镇辖自然村。人口 300。始建于清道光年间，因村在石城崮北脚下，为庙中和尚的打谷场地，故名。聚落呈团块状分布。经济以种植业为主，种植小麦、玉米、花生。有公路经此。

老书房 371324-B13-H08
［Lǎoshūfáng］

在县驻地卞庄街道西北方向 31.8 千米。鲁城镇辖自然村。人口 600。建村于西汉初年，相传原为匡衡上学的学校，故名。聚落呈团块状分布。有文化广场 1 处、文化大院 1 处。经济以种植业为主，种植小麦、玉米、花生。有公路经此。

毛家埠 371324-B13-H09
［Máojiābù］

在县驻地卞庄街道西北方向 37.6 千米。鲁城镇辖自然村。人口 800。建村于明弘治年间，因村在河边小岭之上，以毛姓居多，故名。聚落呈团块状分布。有文化广场 1 处、文化大院 1 处。经济以种植业为主，种植小麦、玉米、花生。有公路经此。

庙东 371324-B13-H10
［Miàodōng］

在县驻地卞庄街道西北方向 33.5 千米。鲁城镇辖自然村。人口 200。建村于明嘉靖年间，以周姓居多，名周家围子。后迁至仁义庙东，故名。聚落呈带状分布。经济以种植业为主，种植玉米、花生、小麦。有公路经此。

南山 371324-B13-H11
［Nánshān］

在县驻地卞庄街道西北方向 33.8 千米。鲁城镇辖自然村。人口 1 100。建村于唐贞观年间，原名匡王山南，后简称南山。聚落呈团块状分布。有文化广场 1 处、文化大院 1 处。经济以种植业为主，种植小麦、玉米、花生。有公路经此。

平山后 371324-B13-H12
［Píngshānhòu］

在县驻地卞庄街道西北方向 31.5 千米。鲁城镇辖自然村。人口 400。建村于清道光年间，因散居在平山附近的张、高、李等姓聚居在平山后面，故名平山后。聚落呈团块状分布。经济以种植业为主，种植小麦、玉米、花生。206 国道经此。

前龙湾 371324-B13-H13
［Qiánlóngwān］

在县驻地卞庄街道西北方向 42.1 千米。鲁城镇辖自然村。人口 800。建村于清乾隆年间，因村北有一条小溪名龙潭湾，村在其南岸，称前龙湾。聚落呈团块状分布。有文化广场 1 处、文化大院 1 处。经济以种植业为主，种植小麦、玉米、花生。有公路经此。

上寨山头 371324-B13-H14
[Shàngzhàishāntóu]

在县驻地卞庄街道西北方向 41.9 千米。鲁城镇辖自然村。人口 100。建村于清光绪年间，因村北有座山，名为寨山。该村在上头，故名。聚落呈团块状分布。经济以种植业为主，种植小麦、玉米、花生。有公路经此。

天台庄 371324-B13-H15
[Tiāntáizhuāng]

在县驻地卞庄街道西北方向 42.8 千米。鲁城镇辖自然村。人口 900。建村于北宋宣和年间，因村在天台岭下，故名。聚落呈团块状分布。有文化广场 1 处、文化大院 1 处。经济以种植业为主，种植小麦、玉米、花生。有公路经此。

王圩子 371324-B13-H16
[Wángwéizi]

在县驻地卞庄街道西北方向 34.8 千米。鲁城镇辖自然村。人口 1 200。西汉初年，因王姓居多，故名。聚落呈团块状分布。有文化广场 1 处、文化大院 1 处。经济以种植业为主，种植小麦、玉米、花生。有公路经此。

王子石 371324-B13-H17
[Wángzǐshí]

在县驻地卞庄街道西北方向 31.8 千米。鲁城镇辖自然村。人口 500。建村于西汉初年，相传匡衡原在此居住，村口有一大石，其母迎匡衡放学时，常站此处，以此名村望子石，后改称王子石。聚落呈团块状分布。有文化广场 1 处、文化大院 1 处。经济以种植业为主，种植花生、小麦。有公路经此。

西马庙 371324-B13-H18
[Xīmǎmiào]

在县驻地卞庄街道西北方向 38.6 千米。鲁城镇辖自然村。人口 2 000。建村于明洪武年间，村处有一寺庙，庙中有一对泥马，俗称马王庙。因村在马王庙西，故称西马庙。聚落呈团块状分布。有文化广场 1 处、文化大院 1 处。经济以种植业为主，种植小麦、玉米、花生。有公路经此。

响水泉 371324-B13-H19
[Xiǎngshuǐquán]

在县驻地卞庄街道西北方向 43.8 千米。鲁城镇辖自然村。人口 400。建村于明万历年间，因村西有一泉，常年流水，如鸣珮环，以泉名村。聚落呈带状分布。经济以种植业为主，种植小麦、玉米、花生。有公路经此。

银财源 371324-B13-H20
[Yíncáiyuán]

在县驻地卞庄街道西北方向 37.8 千米。鲁城镇辖自然村。人口 800。建村于清顺治十年（1653），因村土地肥沃，故名。聚落呈团块状分布。有文化广场 1 处、文化大院 1 处。经济以种植业为主，种植小麦、玉米、花生。有公路经此。

庄岭 371324-B13-H21
[Zhuānglǐng]

在县驻地卞庄街道西北方向 30.5 千米。鲁城镇辖自然村。人口 800。建村于明万历年间，因村在山岭之上，且庄姓先居于此，故名。聚落呈团块状分布。有文化广场 1 处、文化大院 1 处。经济以种植业为主，种植小麦、玉米、花生。有公路经此。

芦柞 371324-B14-H01
[Lúzuò]

芦柞镇人民政府驻地。在县驻地卞庄街道南方向 16.5 千米。人口 3 600。吕姓从山西洪洞县迁来立村，名吕公村。中华人民共和国成立前，因此地有芦苇荡，更名为芦柞。聚落呈团块状分布。有文化广场 1 处、文化大院 1 处、幼儿园 2 处、小学 1 处、中学 1 处。经济以种植业为主，种植大蒜、玉米。229 省道经此。

常庄 371324-B14-H02
[Chángzhuāng]

在县驻地卞庄街道西南方向 11.8 千米。芦柞镇辖自然村。人口 900。建村于清朝初年，因常姓先居于此，故名。聚落呈团块状分布。有文化广场 1 处、文化大院 1 处。经济以种植业为主，种植大蒜、小麦、玉米等。有公路经此。

崔桥 371324-B14-H03
[Cuīqiáo]

在县驻地卞庄街道西南方向 11.9 千米。芦柞镇辖自然村。人口 600。建村于清朝初年，因崔姓先居于此，故名。聚落呈团块状分布。有文化广场 1 处、文化大院 1 处。经济以种植业为主，种植大蒜、小麦、玉米。有公路经此。

大古庄 371324-B14-H04
[Dàgǔzhuāng]

在县驻地卞庄街道南方向 6.5 千米。芦柞镇辖自然村。人口 1 900。建村于清顺治年间，曾名十家汪大官庄，1984 年更为大古庄。聚落呈团块状分布。有文化广场 1 处、文化大院 1 处、幼儿园 1 处、小学 1 处。经济以种植业为主，种植大蒜、玉米、花生。有公路经此。

大吴皇路 371324-B14-H05
[Dàwúhuánglù]

在县驻地卞庄街道西南方向 13.7 千米。芦柞镇辖自然村。人口 2 700。建于明永乐年间，皇帝南去路过此地，起名黄落，后改为大吴皇路。聚落呈团块状分布。有文化广场 1 处、文化大院 1 处、幼儿园 1 处、小学 1 处。经济以种植业为主，种植小麦、玉米。有公路经此。

大杨树 371324-B14-H06
[Dàyángshù]

在县驻地卞庄街道西南方向 6.2 千米。芦柞镇辖自然村。人口 1 400。明洪武十二年（1379）建村，因村东有棵大杨树而得名。聚落呈团块状分布。有文化广场 1 处、文化大院 1 处。经济以种植业为主，种植大蒜、小麦、玉米。有公路经此。

墩头 371324-B14-H07
[Dūntóu]

在县驻地卞庄街道南方向 12.7 千米。芦柞镇辖自然村。人口 3 900。明正统元年（1436），村民由山西喜鹊窝迁至此，因村中原有一个大土堆而得名。聚落呈团块状分布。有文化广场 1 处、文化大院 1 处、幼儿园 1 处、小学 1 处。经济以种植业为主，种植大蒜、玉米。有公路经此。

顾庄 371324-B14-H08
[Gùzhuāng]

在县驻地卞庄街道南方向 11.9 千米。芦柞镇辖自然村。人口 2 000。明洪武年间，顾姓由山西洪洞县迁来，当时此地只有顾姓一家，故起名顾庄。聚落呈团块状分布。有文化广场 1 处、文化大院 1 处。经济以种植业为主，种植大蒜、玉米、小麦。有公路经此。

河西 371324-B14-H09

［Héxī］

在县驻地卞庄街道西南方向 12.9 千米。芦柞镇辖自然村。人口 900。明洪武二年（1369），薛、杨、秦三姓由山西迁来，阳明河、汶河、猛河三河交汇为一条河，三姓长住河边，村得名河西。聚落呈团块状分布。有文化广场 1 处、文化大院 1 处。经济以种植业为主，种植小麦、玉米。有公路经此。

后宋庄 371324-B14-H10

［Hòusòngzhuāng］

在县驻地卞庄街道南方向 12.6 千米。芦柞镇辖自然村。人口 800。明朝年间，苏姓迁来，称后宋庄。聚落呈团块状分布。有文化广场 1 处、文化大院 1 处。经济以种植业为主，种植大蒜、小麦、玉米。有公路经此。

后吴坦 371324-B14-H11

［Hòuwútǎn］

在县驻地卞庄街道南方向 5.1 千米。芦柞镇辖自然村。人口 3 400。元末明初，因当时有五个大滩子，故称吴坦。后分为两村，该村名后吴坦。聚落呈团块状分布。有文化广场 1 处、文化大院 1 处、幼儿园 1 处、小学 1 处。经济以种植业为主，种植大蒜、玉米。229 省道经此。

后周 371324-B14-H12

［Hòuzhōu］

在县驻地卞庄街道西南方向 5.3 千米。芦柞镇辖自然村。人口 1 500。明永乐初年建村，名周村。后因族群矛盾拆成前后两村，该村名后周。聚落呈团块状分布。有文化广场 1 处、文化大院 1 处。经济以种植业为主，种植大蒜、小麦、玉米等。有公路经此。

李河湾 371324-B14-H13

［Lǐhéwān］

在县驻地卞庄街道西南方向 14.10 千米。芦柞镇辖自然村。人口 800。明永乐年间，村民由山西喜鹊窝迁来此地，原来村东有桥叫崔桥。后有李姓地主居此，村北有小河，故名李河湾。聚落呈团块状分布。有文化广场 1 处、文化大院 1 处。经济以种植业为主，种植小麦、玉米。有公路经此。

栗皇路 371324-B14-H14

［Lìhuánglù］

在县驻地卞庄街道西南方向 14.5 千米。芦柞镇辖自然村。人口 800。明洪武年间，栗姓从山西洪洞县迁来，故村名栗家。后有一位皇帝经过此地，故名栗皇路。聚落呈团块状分布。有文化广场 1 处、文化大院 1 处。经济以种植业为主，种植小麦、玉米。有公路经此。

刘岗子 371324-B14-H15

［Liúgǎngzi］

在县驻地卞庄街道西南方向 14.7 千米。芦柞镇辖自然村。人口 1 400。元末，刘姓由山西大同县迁此，名刘岗子。聚落呈团块状分布。有文化广场 1 处、文化大院 1 处。经济以种植业为主，种植小麦、玉米。有公路经此。

刘皇路 371324-B14-H16

［Liúhuánglù］

在县驻地卞庄街道西南方向 11.2 千米。芦柞镇辖自然村。人口 800。清乾隆皇帝下江南路过此地，故称皇路。因当时刘姓居多，故称刘皇路。聚落呈团块状分布。有文化广场 1 处、文化大院 1 处。经济以种植业为主，种植小麦、玉米。有公路经此。

南哨 371324-B14-H17
[Nánshào]

在县驻地卞庄街道东南方向 13.9 千米。芦柞镇辖自然村。人口 3 900。建村于唐贞观年间，相传唐朝薛礼东征时，在此屯兵设哨卡，故名南哨。聚落呈团块状分布。有文化广场 1 处、文化大院 1 处、幼儿园 1 处、小学 1 处。经济以种植业为主，种植小麦、玉米。有公路经此。

南头 371324-B14-H18
[Nántóu]

在县驻地卞庄街道西南方向 12.6 千米。芦柞镇辖自然村。人口 1 100。因人多且地处南方，故名南头。聚落呈团块状分布。有文化广场 1 处、文化大院 1 处。经济以种植业为主，种植小麦、玉米。有公路经此。

任河湾 371324-B14-H19
[Rénhéwān]

在县驻地卞庄街道西南方向 12.5 千米。芦柞镇辖自然村。人口 2 300。元末，任姓由滕县康柳迁居此地，故名。聚落呈团块状分布。有文化广场 1 处、文化大院 1 处、幼儿园 1 处、小学 1 处。经济以种植业为主，种植小麦、玉米、大蒜。有公路经此。

三合北头 371324-B14-H20
[Sānhéběitóu]

在县驻地卞庄街道西南方向 12.4 千米。芦柞镇辖自然村。人口 1 900。因阳明河、汶河、猛河三河交汇为一条河，得名三河镇，后改为三合村。后因人多且地处村北头，故名。聚落呈团块状分布。有文化广场 1 处、文化大院 1 处、幼儿园 1 处、小学 1 处。经济以种植业为主，种植小麦、玉米、大蒜。有公路经此。

邵庄 371324-B14-H21
[Shàozhuāng]

在县驻地卞庄街道西南方向 11.9 千米。芦柞镇辖自然村。人口 800。建村于清朝初年，因邵姓先居于此，以姓氏名村。聚落呈团块状分布。有文化广场 1 处、文化大院 1 处。经济以种植业为主，种植大蒜、小麦、玉米等。有公路经此。

双庙后 371324-B14-H22
[Shuāngmiàohòu]

在县驻地卞庄街道西南方向 12.7 千米。芦柞镇辖自然村。人口 600。清乾隆年间，因村前有两座庙，故名双庙后。聚落呈团块状分布。有文化广场 1 处、文化大院 1 处。经济以种植业为主，种植小麦、玉米等。有公路经此。

顺河庄 371324-B14-H23
[Shùnhézhuāng]

在县驻地卞庄街道南方向 12.3 千米。芦柞镇辖自然村。人口 600。清乾隆十六年（1751），因李姓先来，顺河而居，故名顺河庄。聚落呈团块状分布。有文化广场 1 处、文化大院 1 处。经济以种植业为主，种植大蒜、玉米。有公路经此。

陶庄 371324-B14-H24
[Táozhuāng]

在县驻地卞庄街道南方向 11.4 千米。芦柞镇辖自然村。人口 1 000。建村于清光绪年间，陶氏先居于此，得名陶庄。聚落呈团块状分布。有文化广场 1 处、文化大院 1 处。经济以种植业为主，种植大蒜、玉米等。有公路经此。

王楼 371324-B14-H25
[Wánglóu]

在县驻地卞庄街道南方向 4.8 千米。芦柞镇辖自然村。人口 1 200。明洪武年间，村民由山西迁来，村名娄子。后因内侍臣王承恩居此，改为王楼。聚落呈团块状分布。有文化广场 1 处、文化大院 1 处。经济以种植业为主，种植大蒜。有公路经此。

韦河湾 371324-B14-H26
[Wéihéwān]

在县驻地卞庄街道西南方向 12.9 千米。芦柞镇辖自然村。人口 300。建村于明天启年间，因居阳明河拐弯处，故名韦河湾。聚落呈团块状分布。有文化广场 1 处、文化大院 1 处。经济以种植业为主，种植小麦、玉米、大蒜。有公路经此。

圩子 371324-B14-H27
[Wéizi]

在县驻地卞庄街道南方向 12.1 千米。芦柞镇辖自然村。人口 2 300。明洪武年间，杜姓由山西洪洞县迁来，当时此地只有杜姓，因世道乱，杜姓建围墙一道，故取名围子，后改为圩子。聚落呈团块状分布。有文化广场 1 处、文化大院 1 处、幼儿园 1 处、小学 1 处。经济以种植业为主，种植小麦、玉米、大棚蔬菜。有公路经此。

西哨一村 371324-B14-H28
[Xīshàoyīcūn]

在县驻地卞庄街道东南方向 12.4 千米。芦柞镇辖自然村。人口 1 200。相传唐朝薛礼征东时在此驻兵，设立西哨卡，故名。聚落呈团块状分布。有文化广场 1 处、文化大院 1 处、幼儿园 1 处、小学 1 处。经济以种植业为主，种植大蒜、小麦、玉米。有公路经此。

斜沟 371324-B14-H29
[Xiégōu]

在县驻地卞庄街道西南方向 10.3 千米。

芦柞镇辖自然村。人口 3 800。古时曾在此征战，血流成渠，名村血沟，后谐音更名斜沟。聚落呈团块状分布。有文化广场 1 处、文化大院 1 处、幼儿园 1 处、小学 1 处。经济以种植业为主，种植大蒜、小麦、玉米。有公路经此。

剡子官 371324-B14-H30
[Shànziguān]

在县驻地卞庄街道南方向 5.7 千米。芦柞镇辖自然村。人口 2 200。明洪武年间，村民由山西迁来，当时剡姓居于此，后因崇祯年间王承恩在朝为内侍臣，故改为剡子官。聚落呈团块状分布。有文化广场 1 处、文化大院 1 处、幼儿园 1 处、小学 1 处。经济以种植业为主，种植大蒜。有公路经此。

尤庄 371324-B14-H31
[Yóuzhuāng]

在县驻地卞庄街道南方向 10.5 千米。芦柞镇辖自然村。人口 2 800。明永乐年间，尤氏落居，故名尤庄。聚落呈团块状分布。有文化广场 1 处、文化大院 1 处、幼儿园 1 处、小学 1 处。经济以种植业为主，种植大蒜、小麦、玉米。有公路经此。

月庄 371324-B15-H01
[Yuèzhuāng]

金岭镇人民政府驻地。在县驻地卞庄街道北方向 6.2 千米。人口 2 300。因有一眼井像簸子，故名村簸庄，后书写为月庄。聚落呈团块状分布。有中学、小学、幼儿园。经济以种植业为主，种植小麦、玉米。省道沂邳公路经此。

金岭 371324-B15-H02
[Jīnlǐng]

在县驻地卞庄街道北方向 7.4 千米。金岭镇辖自然村。人口 700。苏姓先居于此，曾名苏家圈、圈里，1980 年更名金岭。聚落呈团块状分布。有文化广场 1 处、文化大院 1 处、幼儿园 1 处、小学 1 处、中学 1 处。经济以种植业为主，种植小麦、玉米。有公路经此。

曹村 371324-B15-H03
[Cáocūn]

在县驻地卞庄街道西北方向 10.3 千米。金岭镇辖自然村。人口 700。建村于明洪武年间，相传，明朝有一名姓曹的南方商人来此，见到山上满是玫瑰花，风景秀丽，便在此居住。其女儿爱养花，所养之花品种繁多，故名万花山。后曹姓迁出，他姓迁入，为纪念曹姓，将村易名为曹庄。后因重名，更名曹村。聚落呈团块状分布。有文化广场 1 处、文化大院 1 处。经济以种植业为主，盛产小麦、玉米、地瓜等。有公路经此。

滂河 371324-B15-H04
[Pānghé]

在县驻地卞庄街道西北方向 5.3 千米。金岭镇辖自然村。人口 1 700。建村于明洪武二年（1369），相传刘姓一家讨饭至此，后繁衍成村，因在小河旁，故名。聚落呈团块状分布。有文化广场 1 处、文化大院 1 处。经济以种植业为主，种植小麦、玉米。有公路经此。

竹龙桥 371324-B15-H05
[Zhúlóngqiáo]

在县驻地卞庄街道西北方向 7.6 千米。金岭镇辖自然村。人口 600。因村东有一座竹龙桥，以桥名村。聚落呈团块状分布。有文化广场 1 处、文化大院 1 处。经济以种植业为主，种植小麦、玉米。有公路经此。

姜宅子 371324-B15-H06
[Jiāngzháizi]

在县驻地卞庄街道西北方向 8.1 千米。金岭镇辖自然村。人口 600。建村于清雍正十一年（1733），相传，在林西村给地主做长工的姜姓祖先，在林西村南湖一共盖了八间坊子，过路人称为姜家宅子，故名姜宅子。聚落呈团块状分布。有文化广场 1 处、文化大院 1 处。经济以种植业为主，种植小麦、玉米。有公路经此。

莲子汪 371324-B15-H07
[Liánzǐwāng]

在县驻地卞庄街道东北方向 6.8 千米。金岭镇辖自然村。人口 1 800。建村于明洪武三十一年（1398），因地势低洼，植莲藕多，故名。聚落呈团块状分布。有文化广场 1 处、文化大院 1 处、幼儿园 1 处、小学 1 处。经济以种植业为主，种植小麦、玉米。有公路经此。

南码头 371324-B15-H08
[Nánmǎtóu]

在县驻地卞庄街道西北方向 11.8 千米。金岭镇辖自然村。人口 700。始建于元末，因村北河上有座石桥，桥头对面河岸像马头，故名南马头，后书写为南码头。聚落呈团块状分布。有文化广场 1 处、文化大院 1 处。经济以种植业为主，种植小麦、玉米。有公路经此。

马巷庄 371324-B15-H09
[Mǎxiàngzhuāng]

在县驻地卞庄街道东北方向 6.4 千米。金岭镇辖自然村。人口 1 600。建村于西汉建元期间，因当时有崔、马、于三姓从临沭县马巷迁来落户，故名马巷庄。聚落呈团块状分布。有文化广场 1 处、文化大院 1

处。经济以种植业为主，种植小麦、玉米。有公路经此。

太平 371324-B15-H10
[Tàipíng]

在县驻地卞庄街道东北方向 5.4 千米。金岭镇辖自然村。人口 700。明末清初，因近杨总兵之墓，故名杨家林。1944 年改名太平庄，后更名为太平。聚落呈团块状分布。有文化广场 1 处、文化大院 1 处。经济以种植业为主，种植小麦、玉米。有公路经此。

西大埠 371324-B15-H11
[Xīdàbù]

在县驻地卞庄街道东北方向 8.1 千米。金岭镇辖自然村。人口 3 000。因乾隆下江南，东一大步，西一大步，演变为西大埠。聚落呈团块状分布。有文化广场 1 处、文化大院 1 处、幼儿园 1 处、小学 1 处。经济以种植业为主，种植小麦、玉米。有公路经此。

晒钱埠一村 371324-B15-H12
[Shàiqiánbùyīcūn]

在县驻地卞庄街道西北方向 7.2 千米。金岭镇辖自然村。人口 1 300。建村于唐朝，传说一名官员回家，走到此处时下大雨，被大雨淋湿，天晴之后在此晒钱，故名晒钱埠。后分为三村，本村为晒钱埠一村。聚落呈团块状分布。有文化广场 1 处、文化大院 1 处、幼儿园 1 处、小学 1 处。经济以种植业为主，种植小麦、玉米。有公路经此。

东坞丘 371324-B15-H13
[Dōngwùqiū]

在县驻地卞庄街道西北方向 9.1 千米。金岭镇辖自然村。人口 1 200。西汉末年，王莽追赶刘秀到此地，刘秀对天长叹"如果天明上一阵雾就能救我一命"。后来，天明果然上雾，刘秀借大雾掩护逃跑，此地遂改名雾救，后演为坞丘。坞丘村较大，后分为四村，该村以方位名东坞丘。聚落呈团块状分布。有文化广场 1 处、文化大院 1 处、幼儿园 1 处、小学 1 处。经济以种植业、养殖业为主，种植花生、金针菇。有公路经此。

西坞丘 371324-B15-H14
[Xīwùqiū]

在县驻地卞庄街道西北方向 9.9 千米。金岭镇辖自然村。人口 1 700。西汉末年，王莽追赶刘秀到此地，刘秀对天长叹"如果天明上一阵雾就能救我一命"。后来，天明果然上雾，刘秀借大雾掩护逃跑，此地遂改名雾救，后演为坞丘。坞丘村较大，后分为四村，该村以方位名西坞丘。聚落呈团块状分布。有文化广场 1 处、文化大院 1 处。经济以种植业为主，种植小麦、玉米。有公路经此。

压油沟 371324-B15-H15
[Yàyóugōu]

在县驻地卞庄街道西北方向 11.5 千米。金岭镇辖自然村。人口 300。明初，因银头山有银矿，人们去采矿，路过此地，称其为拉油沟。明末清初，改名为压油沟。聚落呈散状分布。有文化广场 1 处、文化大院 1 处。经济以种植业为主，种植小麦、玉米、大豆。有公路经此。

东大桥 371324-B15-H16
[Dōngdàqiáo]

在县驻地卞庄街道西北方向 9.9 千米。金岭镇辖自然村。人口 800。建村于元至正元年（1341），因村东有一座桥，常被洪水冲塌，取名东塌桥，后演变为东大桥。聚落呈团块状分布。有文化广场 1 处、文化大院 1 处。经济以种植业为主，种植小麦、玉米、蔬菜。有公路经此。

下村 371324-C01-H01
[Xiàcūn]

下村乡人民政府驻地。在县驻地卞庄街道西北方向 26.8 千米。人口 1 600。建村于明永乐年间，因与上村对应，故名下村。聚落呈团块状分布。有文化广场 1 处、文化大院 1 处、幼儿园 1 处、小学 1 处、中学 1 处。经济以种植业为主，种植小麦、玉米、谷子、地瓜、板栗、核桃、柿子、山楂、花椒，有农机修配、综合加工等厂。有公路经此。

北张峪子 371324-C01-H02
[Běizhāngyùzi]

在县驻地卞庄街道西北方向 43.2 千米。下村乡辖自然村。人口 900。建村于清康熙年间，因张姓居多，且村处两山之间的西泇河支流北岸，故名。聚落呈散状分布。有文化广场 1 处、文化大院 1 处。经济以种植业为主，种植地瓜、玉米、小麦、花椒、金银花、柿子。有公路经此。

鹁鸽崖 371324-C01-H03
[Bógēyá]

在县驻地卞庄街道西北方向 43.1 千米。下村乡辖自然村。人口 200。建村于清嘉庆年间，原名东北山，因村东半山腰处有一石崖，人不可攀登，鹁鸽巢居于上，1918年易名鹁鸽崖。聚落呈散状分布。有文化广场 1 处、文化大院 1 处。经济以种植业为主，种植地瓜、玉米、小麦、花椒、金银花、柿子。有公路经此。

蚕厂 371324-C01-H04
[Cánchǎng]

在县驻地卞庄街道西北方向 34.5 千米。下村乡辖自然村。人口 300。建村于明崇祯年间，因村内户户都善养蚕，故名蚕场，后演变为蚕厂。聚落呈团块状分布。有文化广场 1 处、文化大院 1 处。经济以种植业为主，种植地瓜、玉米、小麦、花椒、金银花、柿子。有公路经此。

大古 371324-C01-H05
[Dàgǔ]

在县驻地卞庄街道西北方向 39.3 千米。下村乡辖自然村。人口 200。建村于唐大中年间，以历史悠久而得名。聚落呈散状分布。有文化广场 1 处、文化大院 1 处。经济以种植业为主，种植地瓜、玉米、小麦、花椒、金银花、柿子。有公路经此。

大灰泉 371324-C01-H06
[Dàhuīquán]

在县驻地卞庄街道西北方向 38.6 千米。下村乡辖自然村。人口 900。建村于唐武德年间，因村东龙王庙前有一泉，周围土壤的颜色呈灰色，与小灰泉对应，故名大灰泉。聚落呈带状分布。有文化广场 1 处、文化大院 1 处。经济以种植业为主，种植地瓜、玉米、小麦、花椒、金银花、柿子。有公路经此。

钓鱼台 371324-C01-H07
[Diàoyútái]

在县驻地卞庄街道西北方向 35.6 千米。下村乡辖自然村。人口 400。建村于清乾隆年间，因村前有一深渊，岸陡崖高，人们常在此钓鱼，故名。聚落呈团块状分布。有文化广场 1 处、文化大院 1 处。经济以种植业为主，种植地瓜、玉米、小麦、花椒、金银花、柿子。有公路经此。

东马山 371324-C01-H08
[Dōngmǎshān]

在县驻地卞庄街道西北方向 41.3 千米。下村乡辖自然村。人口 1 200。建村于唐光化年间，因与西马山对应，故名。聚落呈团块状分布。有文化广场 1 处、文化大院 1 处。经济以种植业为主，种植地瓜、玉米、小麦、花椒、金银花、柿子。有公路经此。

东苇湖 371324-C01-H09
[Dōngwěihú]

在县驻地卞庄街道西北方向 36.5 千米。下村乡辖自然村。人口 1 600。建村于 1644 年，因村处芦苇丛的东部而得名。聚落呈团块状分布。有文化广场 1 处、文化大院 1 处。经济以种植业为主，种植地瓜、玉米。有公路经此。

葛宝庄 371324-C01-H10
[Gěbǎozhuāng]

在县驻地卞庄街道西北方向 38.6 千米。下村乡辖自然村。人口 500。建村于明弘治年间，当时，龙宝山开采银矿，炼好的银子存放于此，故名村搁宝庄，后演变为葛宝庄。聚落呈环状分布。有文化广场 1 处、文化大院 1 处。经济以种植业为主，种植地瓜、玉米、小麦、花椒、金银花、柿子。有公路经此。

加河滩 371324-C01-H11
[Jiāhétān]

在县驻地卞庄街道西北方向 32.6 千米。下村乡辖自然村。人口 500。建村于明隆庆年间，因村前后各有一河交汇于此，水缓淤泥成滩，故名。聚落呈带状分布。有文化广场 1 处、文化大院 1 处。经济以种植业为主，种植地瓜、玉米、小麦、花椒、金银花、柿子。有公路经此。

孔庄 371324-C01-H12
[Kǒngzhuāng]

在县驻地卞庄街道西北方向 32.5 千米。下村乡辖自然村。人口 2 400。建村于 1503 年，原名孔孟庄，后简称孔庄。聚落呈团块状分布。有文化广场 1 处、文化大院 1 处、幼儿园 1 处、小学 1 处。经济以种植业为主，种植地瓜、玉米、小麦、花椒、金银花、柿子。有公路经此。

流井 371324-C01-H13
[Liújǐng]

在县驻地卞庄街道西北方向 36.3 千米。下村乡辖自然村。人口 600。建村于明朝初年，原名小官庄。清朝初年，因大井水外溢，流进小井，遂易名流井。聚落呈团块状分布。有文化广场 1 处、文化大院 1 处。经济以种植业为主，种植地瓜、玉米、小麦、花椒、金银花、柿子。有公路经此。

龙王堂 371324-C01-H14
[Lóngwángtáng]

在县驻地卞庄街道西北方向 38.3 千米。下村乡辖自然村。人口 30。建村于清乾隆年间，因村中有一眼像龙形的温泉，泉水从一块灰池塘里流出，故名龙王塘，后书写为龙王堂。聚落呈团块状分布。有文化广场 1 处、文化大院 1 处。经济以种植业为主，种植地瓜、玉米、小麦、花椒、金银花、柿子。有公路经此。

孟家渊 371324-C01-H15
[Mèngjiāyuān]

在县驻地卞庄街道西北方向 34.6 千米。下村乡辖自然村。人口 1 700。建村于明洪武十三年（1380），因村西的河中有一深渊，故名。聚落呈散状分布。有文化广场 1 处、文化大院 1 处。经济以种植业为主，种植地瓜、玉米、小麦、花椒、金银花、柿子。
有公路经此。

上大炉 371324-C01-H16
[Shàngdàlú]

在县驻地下庄街道西北方向 54.2 千米。
下村乡辖自然村。人口 1 500。始建于明朝，
原名天宝寨。万历二十六年（1598），龙
宝山开采银矿，曾在此建炉炼银，遂易名
大炉。因村分为南北两处，与下大炉对应，
故名上大炉。聚落呈带状分布。有文化广
场 1 处、文化大院 1 处、幼儿园 1 处、小
学 1 处、中学 1 处。经济以种植业为主，
种植小麦、玉米、地瓜，产柿饼、核桃、
金银花、花椒等。有公路经此。

吴家沟 371324-C01-H17
[Wújiāgōu]

在县驻地下庄街道西北方向 41.3 千米。
下村乡辖自然村。人口 1 200。建村于明隆
庆年间，因吴姓先居于此，且村处小北山
和龙宝山之间，故名。聚落呈散状分布。
有文化广场 1 处、文化大院 1 处。经济以
种植业为主，种植地瓜、玉米、小麦、花椒、
金银花、柿子。有公路经此。

西河 371324-C01-H18
[Xīhé]

在县驻地下庄街道西北方向 24.3 千米。
下村乡辖自然村。人口 1 200。建村于唐贞
观年间，因村处西珈河东岸，故名。聚落
呈团块状分布。有文化广场 1 处、文化大
院 1 处、幼儿园 1 处、小学 1 处。经济以
种植业为主，种植地瓜、玉米、小麦、花椒、
金银花、柿子。有公路经此。

崖头 371324-C01-H19
[Yátóu]

在县驻地下庄街道西北方向 32.1 千米。

下村乡辖自然村。人口 600。建村于明弘治
年间，因村东黄莲山悬崖陡峭而得名。聚
落呈团块状分布。有文化广场 1 处、文化
大院 1 处。经济以种植业为主，种植地瓜、
玉米、小麦、花椒、金银花、柿子。有公
路经此。

杨崮前 371324-C01-H20
[Yánggùqián]

在县驻地下庄街道西北方向 34.6 千米。
下村乡辖自然村。人口 900。元末，有一支
农民起义军的领袖叫杨八姐，曾在此占山
为王，名山杨崮，村因在杨崮的南面而得名。
聚落呈散状分布。有文化广场 1 处、文化
大院 1 处。经济以种植业为主，种植地瓜、
玉米、小麦、花椒、金银花、柿子。有公
路经此。

英宝山前 371324-C01-H21
[Yīngbǎoshānqián]

在县驻地下庄街道西北方向 37.2 千米。
下村乡辖自然村。人口 300。建村于清光绪
十一年（1885），因村处鹰膀山的前面，
故名村鹰膀山前，后演变为英宝山前。聚
落呈团块状分布。有文化广场 1 处、文化
大院 1 处。经济以种植业为主，种植地瓜、
玉米、小麦、花椒、金银花、柿子。有公
路经此。

枣峪子 371324-C01-H22
[Zǎoyùzi]

在县驻地下庄街道西北方向 33.7 千米。
下村乡辖自然村。人口 500。建村于清乾隆
年间，因此地有十八峪，皆长满枣树，故
名。聚落呈团块状分布。有文化广场 1 处、
文化大院 1 处。经济以种植业为主，种植
地瓜、玉米、小麦、花椒、金银花、柿子。
有公路经此。

周家洼 371324-C01-H23
[Zhōujiāwā]

在县驻地下庄街道西北方向 38.6 千米。下村乡辖自然村。人口 100。因村地势低洼，故名。聚落呈团块状分布。有文化广场 1 处、文化大院 1 处。经济以种植业为主，种植地瓜、玉米、小麦、花椒、金银花、柿子。有公路经此。

费县

农村居民点

上冶 371325-B01-H01
[Shàngyě]

上冶镇人民政府驻地。在县驻地费城街道西北方向 14.8 千米。人口 7 200。建于天宝年间，起初叫安乐村。明洪武年间，北大寺观音堂毁于冰雹，又往南高处重建，以此改村名上延，后演变为上冶。聚落呈团块状分布。有中小学、幼儿园等。经济以种植业为主，种植小麦、玉米、山楂、西瓜。有板材加工业。省道蒙台公路经此。

许家庄 371325-B01-H02
[Xǔjiāzhuāng]

在县驻地费城街道北方向 18.2 千米。上冶镇辖自然村。人口 600。明崇祯年间，许姓从山西迁往今平邑南的韩甫庄落户，后迁居此地，以姓氏取名许家庄。聚落呈团块状分布。有文化广场 1 处、农家书屋 1 处。经济以种植业为主，种植小麦、玉米等。有公路经此。

富民 371325-B01-H03
[Fùmín]

在县驻地费城街道北方向 16.0 千米。上冶镇辖自然村。人口 400。建于清乾隆年间，因距上冶五里而得名五里庄。1980年后，以吉祥嘉言更名富民。聚落呈团块状分布。有文化广场 2 处。经济以种植业为主，种植小麦、玉米等。有公路经此。

北村 371325-B01-H04
[Běicūn]

在县驻地费城街道北方向 16.4 千米。上冶镇辖自然村。人口 3 400。原名顺合庄。明洪武二年（1369），因该村地理位置位于上冶北边，故取名北村。聚落呈团块状分布。有文化广场 3 处、文化大院 1 处、农家书屋 1 处、图书室 1 处、小学 1 处。有县级文物保护单位大汶口文化、龙山文化和周代、汉代遗址。经济以种植业为主，种植小麦、玉米等。有公路经此。

翟家 371325-B01-H05
[Zháijiā]

在县驻地费城街道北方向 16.2 千米。上冶镇辖自然村。人口 2 100。明万历年间，因村中以翟姓为主，故称。聚落呈团块状分布。有文化广场 1 处、农家书屋 1 处、幼儿园 1 处。有县级文物保护单位大汶口文化、龙山文化和周代、汉代遗址。经济以种植业为主，种植小麦、玉米等，该村为马扎、板凳生产专业村。有公路经此。

大仲口 371325-B01-H06
[Dàzhòngkǒu]

在县驻地费城街道东北方向 17.0 千米。上冶镇辖自然村。人口 1 800。建于明崇祯年间，因村里有一条小河，故取名大仲沟，后人们改称为大仲口。聚落呈团块状分布。有文化广场 1 处。经济以种植业为主，种植西葫芦等。有公路经此。

兴国庄 371325-B01-H07
[Xīngguózhuāng]

在县驻地费城街道东北方向 16.0 千米。上冶镇辖自然村。人口 3 100。明洪武年间，此地只有几户人家分散而居，住所相距甚远，后来又都搬到了一起，后代不断繁衍生息，逐渐形成了村庄，以此取名兴归庄，后来又演变为兴国庄。聚落呈团块状分布。有文化广场 1 处、幼儿园 1 处、小学 1 处。经济以种植业为主，种植大葱、西葫芦、西瓜、葡萄、小麦、玉米、花生。有公路经此。

仲口屯 371325-B01-H08
[Zhòngkǒutún]

在县驻地费城街道东北方向 15.4 千米。上冶镇辖自然村。人口 2 400。明万历年间，以姓氏命名为牛家屯。清乾隆年间，因此地大沟、小沟很多，改名为重口屯。光绪年间，又按村北紧靠大、小仲口，改名为仲口屯。聚落呈团块状分布。有文化广场 2 处、图书室 1 处、小学 1 处。经济以种植业为主，种植小麦、玉米、花生等。有公路经此。

里仁庄 371325-B01-H09
[Lǐrénzhuāng]

在县驻地费城街道北方向 14.6 千米。上冶镇辖自然村。人口 2 600。清乾隆年间，按讲究礼仪、仁义之意取名为礼仁庄，后改名里仁庄。聚落呈团块状分布。有文化广场 1 处、文化大院 1 处、幼儿园 1 处。经济以种植业为主，种植玉米、小麦等。有公路经此。

东岭 371325-B01-H10
[Dōnglǐng]

在县驻地费城街道北方向 14.0 千米。上冶镇辖自然村。人口 1 100。明崇祯年间，以姓氏取名吴家庄。后因位于上冶东侧小岭，改名东岭。聚落呈团块状分布。有文化广场 1 处、文化大院 1 处、农家书屋 1 处、图书室 1 处、中学 1 处。有县级文物保护单位玉泉观、枕流亭遗址。经济以种植业为主，种植小麦、玉米、花生。有公路经此。

埠后 371325-B01-H11
[Bùhòu]

在县驻地费城街道北方向 13.4 千米。上冶镇辖自然村。人口 1 100。建于明嘉靖年间，因该村位于丘陵北面，故得名埠后。聚落呈团块状分布。有文化广场 1 处、文化大院 1 处、图书室 1 处、幼儿园 1 处。经济以种植业为主，种植小麦、玉米，有板皮加工厂。有公路经此。

双丘 371325-B01-H12
[Shuāngqiū]

在县驻地费城街道北方向 13.0 千米。上冶镇辖自然村。人口 1 400。清顺治年间，曾名两孔桥，后按村西有两个大土墩改名为双丘。聚落呈团块状分布。有文化广场 1 处、文化大院 1 处、图书室 1 处、幼儿园 1 处、小学 1 处。经济以种植业为主，种植小麦、玉米。有公路经此。

水湖 371325-B01-H13
[Shuǐhú]

在县驻地费城街道东北方向 11.8 千米。上冶镇辖自然村。人口 2 000。建于清雍正年间，原以吉祥嘉言取名为长安庄，后因该村东南地势低洼，雨后满湖积水，故取名为水湖。聚落呈团块状分布。有文化广场 1 处、小学 1 处。经济以种植业为主，种植玉米、小麦。石膏制作"金蛋"为该村特色产业。有公路经此。

凌胜庄 371325-B01-H14
[Língshèngzhuāng]

在县驻地费城街道北方向14.2千米。上冶镇辖自然村。人口400。建于清朝年间，从外地迁来几户人家在此建村，因周围都有村庄，故得名新庄。因重名，1980年以姓氏更名为凌胜庄。聚落呈团块状分布。有文化广场1处、农家书屋1处、小学1处。经济以种植业为主，种植玉米、小麦。有公路经此。

民义庄 371325-B01-H15
[Mínyìzhuāng]

在县驻地费城街道北方向13.1千米。上冶镇辖自然村。人口1 800。清顺治年间，此地居民义气相处，取名民义庄。聚落呈团块状分布。有文化广场1处、文化大院1处、图书室1处。经济以种植业为主，种植小麦、玉米。日兰高速公路经此。

大青太庄 371325-B01-H16
[Dàqīngtàizhuāng]

在县驻地费城街道北方向11.4千米。上冶镇辖自然村。人口1 300。清顺治年间，麻家来此建村，取名麻家庄。光绪年间，麻家勾结土匪，骚扰四外村庄，群众烧毁麻家宅院，从此清静、太平，故称清太庄。后因河东又有一小清太庄，而称大清太庄，后演变为大青太庄。聚落呈团块状分布。有文化广场。经济以种植业为主，种植玉米、小麦、花生。有公路经此。

曲池 371325-B01-H17
[Qūchí]

在县驻地费城街道北方向11.2千米。上冶镇辖自然村。人口900。建于明嘉靖年间，此地有个弯曲的大养鱼池，故得名曲池。聚落呈团块状分布。经济以种植业为主，种植玉米、小麦。有公路经此。

西毕城 371325-B01-H18
[Xībìchéng]

在县驻地费城街道北方向10.9千米。上冶镇辖自然村。人口2 800。建于明成化年间，因位于古鄪城北墙外西头，故以方位取名西鄪城。因鄪城字生僻，故于1980年改为西毕城。聚落呈团块状分布。有文化广场1处、文化大院1处、图书室1处、幼儿园1处。有国家级文物保护单位费县故城遗址、县级文物保护单位汉代墓群。经济以种植业为主，种植玉米、小麦。特色产业为金蛋工艺品加工。有公路经此。

万仓庄 371325-B01-H19
[Wàncāngzhuāng]

在县驻地费城街道东北方向12.4千米。上冶镇辖自然村。人口2 500。建于清顺治年间，以吉祥嘉言取名万仓庄。后因村内泉子很多，改名为万泉庄。因重名，故于1980年12月恢复原名万仓庄。聚落呈团块状分布。有文化广场1处、图书室1处。经济以种植业为主，种植玉米、小麦。有公路经此。

国庄 371325-B01-H20
[Guózhuāng]

在县驻地费城街道东北方向12.1千米。上冶镇辖自然村。人口800。建于清康熙年间，以姓氏取名郭家庄。因重名，故于1980年更名为国庄。聚落呈团块状分布。有图书室1处。"金蛋"工艺为该村特色产业，柳编加工历史悠久。有公路经此。

刘官庄 371325-B01-H21
[Liúguānzhuāng]

在县驻地费城街道东北方向13.2千米。上冶镇辖自然村。人口1 900。清顺治年间，以姓氏取名刘家寨。光绪年间，因刘姓在京做官，故改名刘官庄。聚落呈团块状分布。

有图书室 1 处。经济以种植业为主，种植小麦、玉米。有公路经此。

西鸭子沟 371325-B01-H22
[Xīyāzigōu]

在县驻地费城街道东北方向 13.8 千米。上冶镇辖自然村。人口 600。建于清顺治年间，相传曾有一身患重病的少年背着母亲走到村东，累死在沟旁，故得名压子沟。因该村位于沟西岸，称西压子沟，后来演变为西鸭子沟。聚落呈团块状分布。有文化广场 1 处、图书室 1 处。经济以种植业为主，种植小麦、玉米。有公路经此。

蔡庄 371325-B01-H23
[Càizhuāng]

在县驻地费城街道东北方向 11.4 千米。上冶镇辖自然村。人口 1 700。建于清顺治年间，以姓氏取名崔家庄。因此地严重缺水，无法种菜，周围村庄都来卖菜，故名菜庄，后写为蔡庄。聚落呈团块状分布。有文化广场 1 处、图书室 1 处。经济以种植业为主，种植小麦、玉米。有公路经此。

姚河庄 371325-B01-H24
[Yáohézhuāng]

在县驻地费城街道东北方向 10.8 千米。上冶镇辖自然村。人口 1 400。明崇祯年间，有姚姓迁来居住，因西南两面靠近浚河，故名姚河庄。聚落呈团块状分布。有文化广场 1 处、图书室 1 处。经济以种植业为主，种植小麦、玉米、花生。有公路经此。

城南头 371325-B01-H25
[Chéngnántóu]

在县驻地费城街道东北方向 9.6 千米。上冶镇辖自然村。人口 1 000。建于元至正年间，因位于费县故城遗址西南角，故名城南头。聚落呈团块状分布。有文化广场 1

处、图书室 1 处。有国家级文物保护单位费县故城遗址。经济以种植业为主，种植小麦、玉米、花生。有公路经此。

古城 371325-B01-H26
[Gǔchéng]

在县驻地费城街道北方向 10.0 千米。上冶镇辖自然村。人口 1 200。因该村建在费县故城遗址内，故名古城。聚落呈团块状分布。有图书室 1 处。有国家级文物保护单位费县故城遗址。经济以种植业为主，种植小麦、玉米。有公路经此。

薛家 371325-B02-H01
[Xuējiā]

探沂镇人民政府驻地。在县驻地费城街道东方向 16.0 千米。人口 1 100。明洪武年间，薛姓人家最早来此居住，取名薛家。聚落呈团块状分布。有文化广场 1 处、农家书屋 1 处、幼儿园 1 处、中学 1 处、小学 1 处。经济以种植业为主，种植小麦、玉米。有公路经此。

小探沂 371325-B02-H02
[Xiǎotànyí]

在县驻地费城街道东南方向 14.9 千米。探沂镇辖自然村。人口 1 000。唐天宝年间建村，原名滩沂，后演变为探沂。后因村庄扩大，分为两村，此村人少，故名小探沂。聚落呈团块状分布。有幼儿园。经济以种植业为主，种植小麦、玉米、小青南瓜、黄椒等。有家具业、板材业、陶瓷业、化工业。327 国道经此。

青山湖 371325-B02-H03
[Qīngshānhú]

在县驻地费城街道东南方向 21.7 千米。探沂镇辖自然村。人口 1 400。建于明万历年间，因地势低洼，为青沙土质，故名青沙湖。后以位于青山东侧改名为青山湖。聚落呈团块状分布。有文化广场1处、农家书屋1处、幼儿园1处。经济以种植业为主，种植小麦、玉米。有公路经此。

黑土湖 371325-B02-H04
[Hēitǔhú]

在县驻地费城街道东南方向20.3千米。探沂镇辖自然村。人口1 700。元代名府胜庄。明弘治年间，因地处湖洼，盛产黑豆，故改名黑豆湖。1948年演变为黑土湖。聚落呈团块状分布。有文化广场1处。经济以种植业为主，种植小麦、玉米，有板材加工业。有公路经此。

蔡家岭 371325-B02-H05
[Càijiālǐng]

在县驻地费城街道东南方向21.5千米。探沂镇辖自然村。人口800。建于清光绪年间，因位于卧虎山北侧岭上，故以姓氏命名为蔡家岭。聚落呈团块状分布。有文化广场1处、幼儿园1处。经济以种植业为主，种植小麦、玉米，有板材加工业，建有旋皮厂。有公路经此。

旺山前 371325-B02-H06
[Wàngshānqián]

在县驻地费城街道东南方向19.8千米。探沂镇辖自然村。人口1 700。建于清乾隆年间，因位于旺山南侧，故得名旺山前。聚落呈团块状分布。有文化广场1处。经济以种植业为主，种植小麦、玉米。有公路经此。

南新庄 371325-B02-H07
[Nánxīnzhuāng]

在县驻地费城街道东南方向18.6千米。探沂镇辖自然村。人口1 800。建于明崇祯年间，因位于北新庄南侧，故称南新庄。

聚落呈团块状分布。有文化广场1处、幼儿园1处、小学1处。经济以种植业为主，种植小麦、玉米，有板材加工业。有公路经此。

管疃 371325-B02-H08
[Guǎntuǎn]

在县驻地费城街道东南方向18.9千米。探沂镇辖自然村。人口1 400。建于明崇祯年间，相传此村曾出过大官，故得名官疃，后演变为管疃。聚落呈团块状分布。经济以种植业为主，种植小麦、玉米。有公路经此。

北新庄 371325-B02-H09
[Běixīnzhuāng]

在县驻地费城街道东南方向17.9千米。探沂镇辖自然村。人口600。建于明洪武年间，以吉祥嘉言取名新庄。明崇祯年间，此地南侧建新村取名南新庄，该村故名北新庄。聚落呈团块状分布。有文化广场1处、幼儿园1处。经济以种植业为主，种植小麦、玉米，有板材加工业。有公路经此。

窦家 371325-B02-H10
[Dòujiā]

在县驻地费城街道东南方向18.3千米。探沂镇辖自然村。人口1 200。建于明朝初期，以姓氏命名为窦家。聚落呈团块状分布。有文化广场1处。经济以种植业为主，种植小麦、玉米。有公路经此。

前接峪 371325-B02-H11
[Qiánjiēyù]

在县驻地费城街道东南方向19.4千米。探沂镇辖自然村。人口2 000。建于唐永隆年间，因与鲁郎城地域相连，故名接舆，后简写为接峪。又分为两村，该村居南，故称前接峪。聚落呈团块状分布。有文化广场 1 处、幼儿园 1 处、小学 1 处。经济以种植业为主，种植小麦、玉米。有公路经此。

鲁城 371325-B02-H12
[Lǔchéng]

在县驻地费城街道东南方向 18.6 千米。探沂镇辖自然村。人口 900。建于唐咸通元年（860），1944 年前围墙东门悬有鲁郎城铭刻石匾，故称城子。因重名，1980 年更名为鲁城。聚落呈团块状分布。有文化广场 1 处。有县级文物保护单位鲁郎城遗址。经济以种植业为主，种植小麦、玉米。有公路经此。

后接峪 371325-B02-H13
[Hòujiēyù]

在县驻地费城街道东南方向 19.0 千米。探沂镇辖自然村。人口 600。全姓于清乾隆年间从前接峪迁居此地，因位于前接峪北侧，故名后接峪。聚落呈团块状分布。有文化广场 1 处。经济以种植业为主，种植小麦、玉米。有公路经此。

西墠 371325-B02-H14
[Xīshàn]

在县驻地费城街道东南方向 19.8 千米。探沂镇辖自然村。人口 2 000。明洪武年间，此地东有祭祀的场地名为墠，该村位于墠的西面，故称西墠，后写作西墠。聚落呈团块状分布。有文化广场 1 处、农家书屋 1 处。经济以种植业、板材加工业为主，种植小麦、玉米。有公路经此。

许庄 371325-B02-H15
[Xǔzhuāng]

在县驻地费城街道东南方向 19.6 千米。探沂镇辖自然村。人口 500。以汉、回族为主，回族占 81%。建于明万历年间，因许姓最早来此居住，故名许家庄。因重名，1980 年更名为许庄。聚落呈团块状分布。有文化广场 1 处、农家书屋 1 处。经济以种植业、板材加工业为主，种植小麦、玉米。有公路经此。

万家庄 371325-B02-H16
[Wànjiāzhuāng]

在县驻地费城街道东南方向 18.4 千米。探沂镇辖自然村。人口 1 500。建于明洪武年间，以姓氏命名为万家庄。聚落呈团块状分布。有文化广场 1 处、农家书屋 1 处、幼儿园 1 处。经济以种植业为主，种植小麦、玉米，有板材业。有公路经此。

毛家河 371325-B02-H17
[Máojiāhé]

在县驻地费城街道东南方向 16.9 千米。探沂镇辖自然村。人口 1 700。建于明洪武年间，因毛姓最先来此居住，西靠洗耳河，故名毛家河。聚落呈团块状分布。有文化广场 1 处。经济以种植业、板材加工业为主，种植小麦、玉米。有公路经此。

沂艾庄 371325-B02-H18
[Yí'àizhuāng]

在县驻地费城街道东南方向 17.6 千米。探沂镇辖自然村。人口 500。建于清乾隆年间，最早由万家庄部分村民迁来此地居住，故取名移安庄，后演变为沂艾庄。聚落呈团块状分布。经济以种植业为主，种植小麦、玉米。有公路经此。

玉泉庄 371325-B02-H19
[Yùquánzhuāng]

在县驻地费城街道东南方向 16.6 千米。探沂镇辖自然村。人口 2 000。建于唐武德年间，因村西南有处四季不干的山泉，故名玉泉庄。聚落呈团块状分布。经济以种植业为主，种植玉米、小麦，有板材加工业。有公路经此。

墩西庄 371325-B02-H20
[Dūnxīzhuāng]

在县驻地费城街道东南方向18.6千米。探沂镇辖自然村。人口700。以汉、回族为主，回族占10%。建于清康熙年间，相传有个蟒牛泉，取名井泉庄。清乾隆初年，为防御土匪侵袭，在村东建一土墩为烽火台，故以此命名为墩西庄。聚落呈团块状分布。经济以种植业为主，种植玉米、小麦、花生，有板材加工业。有公路经此。

泉子沟 371325-B02-H21
[Quánzigōu]

在县驻地费城街道东南方向15.2千米。探沂镇辖自然村。人口1 000。建于唐咸通年间，因该村建在一条山沟内，并有许多季节性小山泉，故名泉子沟。聚落呈带状分布。有文化广场1处。经济以种植业为主，种植小麦、玉米。有公路经此。

汤家屯 371325-B02-H22
[Tāngjiātún]

在县驻地费城街道东南方向17.8千米。探沂镇辖自然村。人口1 300。建于明崇祯年间，最早有七户人家分散居住在一个大土墩上，故名七邻墩屯。清代中期，汤姓迁此，改名为汤家屯。聚落呈团块状分布。有文化广场1处、农家书屋1处。经济以种植业为主，种植小麦、玉米，有板材加工业。有公路经此。

甘林 371325-B02-H23
[Gānlín]

在县驻地费城街道东南方向16.5千米。探沂镇辖自然村。人口1 300。建于明洪武年间，因盼望风调雨顺，故名甘霖，后演变为甘林。聚落呈团块状分布。有幼儿园3处、小学1处。经济以种植业为主，种植玉米、小麦。有公路经此。

东王管疃 371325-B02-H24
[Dōngwángguǎntuǎn]

在县驻地费城街道东南方向15.6千米。探沂镇辖自然村。人口1 100。明万历年间，有一王姓官人在此住了一夜，故得名王官疃，后演变为王管疃。因村庄逐步扩大，分为三村，该村居东，故称东王管疃。聚落呈团块状分布。有文化广场1处、幼儿园1处。经济以种植业为主，种植小麦、玉米。有公路经此。

南泉 371325-B02-H25
[Nánquán]

在县驻地费城街道东南方向16.2千米。探沂镇辖自然村。人口600。建于清康熙年间，因此地北侧太来庄南侧有水泉，故名南泉。聚落呈团块状分布。有文化广场1处、幼儿园3处。经济以种植业为主，种植小麦、玉米。有公路经此。

石田庄 371325-B02-H26
[Shítiánzhuāng]

在县驻地费城街道东南方向17.8千米。探沂镇辖自然村。人口900。建于明末，以石头和泉子居多而得名石泉庄。因重名，1980年更名为石田庄。聚落呈团块状分布。经济以种植业为主，种植小麦、玉米。有公路经此。

太来庄 371325-B02-H27
[Tàiláizhuāng]

在县驻地费城街道东南方向16.0千米。探沂镇辖自然村。人口800。建于明弘治年间，村民从山西介修县迁来，以姓氏起名耿家庄，后以时事太平改为太来庄。聚落呈团块状分布。有文化广场1处、农家书屋1处。经济以种植业为主，种植小麦、玉米，有板材加工业，建有旋皮厂、胶合板厂。有公路经此。

红卫　371325-B02-H28
［Hóngwèi］

在县驻地费城街道东南方向14.6千米。探沂镇辖自然村。人口1 100。1967年，从许家崖水库库区的埠下村迁至此处，以吉祥嘉言命名为红卫。聚落呈团块状分布。有文化广场1处。经济以种植业为主，种植小麦、玉米。有公路经此。

石行　371325-B02-H29
［Shíháng］

在县驻地费城街道东南方向17.0千米。探沂镇辖自然村。人口4 200。建于明万历年间，因地下石头很多，大片大片露出地面，故名石行。聚落呈团块状分布。有文化广场1处、农家书屋1处、幼儿园1处、小学1处。经济以种植业为主，种植小麦、玉米，有板材加工企业。有公路经此。

英家疃　371325-B02-H30
［Yīngjiātuǎn］

在县驻地费城街道东南方向14.0千米。探沂镇辖自然村。人口2 600。建于明崇祯年间，訾姓来此最早，故名訾家疃。后訾姓无人，又以英姓人多，称为英家疃。聚落呈团块状分布。有文化广场1处、幼儿园2处、小学1处。经济以种植业为主，种植小麦、玉米。有公路经此。

新安岭　371325-B02-H31
［Xīn'ānlǐng］

在县驻地费城街道东南方向15.6千米。探沂镇辖自然村。人口1 000。以吉祥嘉言和地理实体命名。聚落呈团块状分布。经

济以种植业为主，种植小麦、玉米，有板材加工企业。有公路经此。

柴埠庄　371325-B02-H32
［Cháibùzhuāng］

在县驻地费城街道东南方向18.6千米。探沂镇辖自然村。人口1 100。相传康熙皇帝下江南时，住邻村王富，此村柴姓民女因参与选妃未中，故终身未嫁。康熙帝去世8年，柴女病逝，葬于村后河边，故以此得名柴埠庄。聚落呈团块状分布。有幼儿园等。经济以种植业为主，种植小麦、玉米、花生。建有胶合板厂、板材厂。327国道经此。

碗窑　371325-B02-H33
［Wǎnyáo］

在县驻地费城街道东南方向17.0千米。探沂镇辖自然村。人口1 600。建于明天启年间，因此处地下有煤，百姓自古多以挖煤为生，曾取名为窑山庄。后又盘窑烧碗，改名为碗窑。聚落呈团块状分布。有文化广场1处、农家书屋1处、幼儿园1处。经济以种植业为主，种植玉米、小麦，有板材加工企业。327国道经此。

郭家庄　371325-B02-H34
［Guōjiāzhuāng］

在县驻地费城街道东南方向17.6千米。探沂镇辖自然村。人口700。建于明崇祯年间，郭姓最早来此居住，取名郭家庄。聚落呈团块状分布。有文化广场1处、农家书屋1处。经济以板材加工业为主。有公路经此。

王富　371325-B02-H35
［Wángfù］

在县驻地费城街道东南方向19.1千米。探沂镇辖自然村。人口2 800。据传清康熙

皇帝路过此村，扎营安府，故取名王府，后演变为王富。聚落呈团块状分布。有文化广场1处、农家书屋1处、幼儿园3处、小学1处。有县级文物保护单位东周、汉代、宋代遗址。经济以板材加工业为主。有公路经此。

许由城 371325-B02-H36
[Xǔyóuchéng]

在县驻地费城街道东南方向17.1千米。探沂镇辖自然村。人口2 200。上古高士许由命村名为许由城。因建于汉代古城址上，现村东北角仍有城墙遗址，故名城子。因重名，故于1980年恢复旧称许由城。聚落呈团块状分布。有文化广场1处。有省级文物保护单位春秋许田城遗址。经济以种植业为主，种植玉米、小麦，有板材加工企业。有公路经此。

张家 371325-B02-H37
[Zhāngjiā]

在县驻地费城街道东南方向15.1千米。探沂镇辖自然村。人口2 000。建于明朝初期，因当地姓师的为大户，取名师家。清朝时师家犯法被抄，后师姓无人，张姓居多，1937年改为张家。聚落呈团块状分布。有文化广场1处、农家书屋1处、幼儿园2处、小学1处。经济以种植业为主，种植玉米、小麦，有板材加工企业。327国道经此。

大探沂 371325-B02-H38
[Dàtànyí]

在县驻地费城街道东南方向15.2千米。探沂镇辖自然村。人口800。建于唐天宝年间，因村北是祊河（古称小沂河）的大片沙滩，取名为滩沂，后因谐音演变为探沂。因村庄扩大，分为两村，此村人口多，故称大探沂。聚落呈团块状分布。有文化广场1处。经济以种植业为主，种植小麦、玉米，有板材加工企业。有公路经此。

同乐庄 371325-B02-H39
[Tónglèzhuāng]

在县驻地费城街道东方向13.0千米。探沂镇辖自然村。人口1 500。建于元至正年间，相传朱姓农夫变成龙将要离开时，也曾有人敲打铜盆，呼唤他回来，但无效，人们失望地将铜盆扔落地上，据此取名铜落庄，后演变为同乐庄。聚落呈团块状分布。有文化广场1处、农家书屋1处。经济以种植业为主，种植玉米、小麦，有板材加工业。327国道经此。

高家岭 371325-B02-H40
[Gāojiālǐng]

在县驻地费城街道东南方向13.1千米。探沂镇辖自然村。人口1 000。建于清道光年间，因坐落在岭上，以姓氏命名为高家岭。聚落呈团块状分布。有文化广场1处。经济以种植业为主，种植玉米、小麦，有板材加工业。有公路经此。

翟家岭 371325-B02-H41
[Zháijiālǐng]

在县驻地费城街道东南方向11.7千米。探沂镇辖自然村。人口400。建于清康熙年间，以姓氏命名为翟家庄。因重名，1980年更名为翟家岭。聚落呈团块状分布。经济以种植业为主，种植小麦、玉米，有板材加工企业。327国道经此。

丰厚庄 371325-B02-H42
[Fēnghòuzhuāng]

在县驻地费城街道东南方向13.1千米。探沂镇辖自然村。人口2 500。建于唐天宝年间，以吉祥嘉言取名丰厚庄。康熙皇帝下江南路过此村，有一儿童爬到很高的树上，攀来跃去，犹如顽猴，康熙帝夸奖说这孩子真是猴王。一老人听见，连忙叫小孩下来叩头谢恩，说皇上封他为猴王了。据此庄名为封猴庄，后改为丰厚庄。聚落呈团块状分布。有文化广场1处、幼儿园1处、小学1处。经济以种植业为主，种植小麦、玉米。有公路经此。

斗立庄 371325-B02-H43
［Dǒulìzhuāng］

在县驻地费城街道东南方向12.1千米。探沂镇辖自然村。人口1 000。建于明崇祯年间，因村西山很陡，故名陡立庄，后演变为斗立庄。聚落呈团块状分布。有文化广场1处、农家书屋1处。经济以种植业为主，种植小麦、玉米。有公路经此。

三尚庄 371325-B02-H44
［Sānshàngzhuāng］

在县驻地费城街道东南方向12.6千米。探沂镇辖自然村。人口2 000。建于明崇祯年间，原以尚姓取名尚庄。后尚姓无人，并逐渐形成三个小村，各以姓氏命名为孙家尚庄、马家尚庄、王家尚庄。后三个村扩大连成一个自然村，命名为三尚庄。聚落呈团块状分布。有文化广场1处、幼儿园1处、小学1处。经济以种植业为主，种植小麦、玉米。有公路经此。

长立庄 371325-B02-H45
［Chánglìzhuāng］

在县驻地费城街道东南方向11.0千米。探沂镇辖自然村。人口200。建于清嘉庆年间，因住户很分散，有三里路长，故名长立庄。聚落呈团块状分布。经济以种植业为主，种植小麦、玉米。有公路经此。

公进庄 371325-B02-H46
［Gōngjìnzhuāng］

在县驻地费城街道东南方向11.0千米。探沂镇辖自然村。人口1 000。建于清康熙年间，相传此地东侧曾有铁矿，一直打到村下，故名攻进庄，后演变为公进庄。聚落呈团块状分布。有文化广场1处。经济以种植业为主，种植小麦、玉米。有公路经此。

立纪庄 371325-B02-H47
［Lìjìzhuāng］

在县驻地费城街道东南方向10.6千米。探沂镇辖自然村。人口1 400。建于明万历年间，以姓氏取名李家庄，后演变为立纪庄。聚落呈团块状分布。有文化广场1处、农家书屋1处、幼儿园1处、小学1处。经济以种植业为主，种植小麦、玉米。有公路经此。

夏立庄 371325-B02-H48
［Xiàlìzhuāng］

在县驻地费城街道东南方向10.2千米。探沂镇辖自然村。人口300。建于清嘉庆年间，相传安村时正值夏天，故取名为夏立庄。聚落呈团块状分布。有文化广场1处。有马山寺遗址。经济以种植业为主，种植小麦、玉米。有公路经此。

北季家疃 371325-B02-H49
［Běijìjiātuǎn］

在县驻地费城街道东方向7.7千米。探沂镇辖自然村。人口1 300。建于清顺治年间，以姓氏命名为季家疃。因有南北村之分，该村在北，故称北季家疃。聚落呈团块状分布。有农家书屋、文化广场。经济以种植业为主，种植小麦、玉米。有公路经此。

南季家疃 371325-B02-H50
[Nánjìjiātuǎn]

在县驻地费城街道东方向 7.8 千米。探沂镇辖自然村。人口 1 300。建于清顺治年间，以姓氏命名为季家疃。因有南北村之分，该村在南，故称南季家疃。聚落呈团块状分布。有农家书屋 1 处。经济以种植业为主，种植小麦、玉米。有公路经此。

张家南尹 371325-B02-H51
[Zhāngjiānányǐn]

在县驻地费城街道东方向 10.6 千米。探沂镇辖自然村。人口 1 500。建于南宋咸淳年间，传说有位朱姓农夫变成龙离开此地时，家人劝其回来，引唤不归，故名难引，又演变为南尹。后分为几个村，此村张姓居多，故名张家南尹。聚落呈团块状分布。经济以种植业为主，种植小麦、玉米。有公路经此。

北徕庄铺 371325-B02-H52
[Běiláizhuāngpù]

在县驻地费城街道东方向 9.7 千米。探沂镇辖自然村。人口 2 100。明万历年间，客商从湖南迁居此地，取名徕庄铺。后分成南北二村，该村居北，称北徕庄铺。聚落呈团块状分布。有幼儿园 1 处。经济以种植业为主，种植小麦、玉米。有公路经此。

前徕庄铺 371325-B02-H53
[Qiánláizhuāngpù]

在县驻地费城街道东方向 9.8 千米。探沂镇辖自然村。人口 800。明万历年间，客商从湖南迁居此地，取名徕庄铺。后分成南北二村，该村居南，称南徕庄铺。后群众认为南与难同音，故改为前徕庄铺。聚落呈团块状分布。经济以种植业为主，种植小麦、玉米。有公路经此。

富贵庄 371325-B02-H54
[Fùguìzhuāng]

在县驻地费城街道东方向 6.5 千米。探沂镇辖自然村。人口 600。建于明万历年间，以吉祥嘉言命名为富国庄，后演变为富贵庄。聚落呈团块状分布。有幼儿园 1 处。经济以种植业为主，种植小麦、玉米。327 国道经此。

蒋家 371325-B02-H55
[Jiǎngjiā]

在县驻地费城街道东南方向 7.4 千米。探沂镇辖自然村。人口 1 600。建于清乾隆年间，最早由蒋姓在此居住，取名为蒋家。聚落呈团块状分布。经济以种植业为主，种植小麦、玉米。327 国道经此。

岩坡庄 371325-B02-H56
[Yánpōzhuāng]

在县驻地费城街道东南方向 8.6 千米。探沂镇辖自然村。人口 500。建于明崇祯年间，因位于雁坡山北侧，取名雁坡庄，后演变为岩坡庄。聚落呈团块状分布。有幼儿园 1 处、小学 1 处。有市级文物保护单位古桥凤仙桥遗址。经济以种植业为主，种植小麦、玉米。327 国道经此。

盛家庄 371325-B02-H57
[Shèngjiāzhuāng]

在县驻地费城街道东南方向 10.3 千米。探沂镇辖自然村。人口 300。建于清乾隆年间，盛姓最早来此居住，取名盛家庄。聚落呈团块状分布。经济以种植业为主，种植小麦、玉米。有公路经此。

祝家庄 371325-B02-H58
[Zhùjiāzhuāng]

在县驻地费城街道东南方向 10.0 千米。

探沂镇辖自然村。人口1 100。建于明万历年间，祝姓最早来此居住，取名祝家庄。聚落呈团块状分布。有文化广场1处。经济以种植业为主，种植小麦、玉米。有公路经此。

古泉　371325-B02-H59
[Gǔquán]

在县驻地费城街道东南方向8.3千米。探沂镇辖自然村。人口500。建于清顺治年间，此地有个泉子，历史悠久，故名古泉。聚落呈团块状分布。有文化广场1处。经济以种植业为主，种植小麦、玉米。有公路经此。

南阳庄　371325-B02-H60
[Nányángzhuāng]

在县驻地费城街道东南方向9.5千米。探沂镇辖自然村。人口600。建于明天启年间，原名破庄子，后按吉祥嘉言命名为南阳庄。聚落呈团块状分布。有文化广场1处、小学1处。经济以种植业为主，种植小麦、玉米。有公路经此。

侯家后峪　371325-B02-H61
[Hóujiāhòuyù]

在县驻地费城街道东南方向10.6千米。探沂镇辖自然村。人口300。建于清康熙年间，因位于高山、寨山之间后面的山峪中，故名后峪。后形成几个自然村，该村侯姓居多，故名侯家后峪。聚落呈带状分布。有文化广场1处。经济以种植业为主，种植小麦、玉米。有公路经此。

寺口　371325-B02-H62
[Sìkǒu]

在县驻地费城街道东南方向17.5千米。探沂镇辖自然村。人口300。建于唐显庆年间，因该村处于岐山山口上，山内有岐山寺，

故名寺口。聚落呈团块状分布。有县级文物保护单位岐山遗址。经济以种植业为主，种植小麦、玉米、地瓜。有公路经此。

刘庄　371325-B02-H63
[Liúzhuāng]

在县驻地费城街道东南方向19.0千米。探沂镇辖自然村。人口1 300。建于明洪武年间，以刘、纪两姓取名刘纪庄。清光绪初年，因纪姓无人，改名为刘家庄，后演变为刘庄。聚落呈团块状分布。有文化广场1处、幼儿园4处、小学1处、中学1处。经济以种植业为主，种植小麦、玉米。有公路经此。

前杨家庄　371325-B02-H64
[Qiányángjiāzhuāng]

在县驻地费城街道东南方向11.8千米。探沂镇辖自然村。人口600。建于清乾隆年间，以姓氏命名为杨家庄。因有前、后二村，该村居南，称为前杨家庄。聚落呈团块状分布。经济以种植业为主，种植小麦、玉米。有公路经此。

东庄　371325-B02-H65
[Dōngzhuāng]

在县驻地费城街道东南方向8.3千米。探沂镇辖自然村。人口800。建于明崇祯年间，因地处朱龙河东岸，故名东庄。聚落呈团块状分布。有文化广场1处、幼儿园1处、小学1处。经济以种植业为主，种植小麦、玉米。有公路经此。

官连庄　371325-B02-H66
[Guānliánzhuāng]

在县驻地费城街道东南方向7.2千米。探沂镇辖自然村。人口700。建于清康熙年间，以吉祥嘉言取名光临庄，后演变为官连庄。聚落呈团块状分布。有文化广场1处。

经济以种植业为主，种植小麦、玉米。有公路经此。

三南尹 371325-B02-H67
［Sānnányǐn］

在县驻地费城街道东方向 11.9 千米。探沂镇辖自然村。人口 700。建于南宋咸淳年间，传说有位朱姓农夫变成龙离开此地时，家人劝其回来，引唤不归，故名难引，又演变为南尹。后形成几个村落，其中三个村以姓氏命名为季家南尹、尉家南尹、赵家南尹，三个村逐渐扩大连成一片，形成一个自然村，故称三南尹。聚落呈团块状分布。有文化广场 1 处、幼儿园 1 处、小学 1 处。有县级文物保护单位汉代、宋代遗址。经济以种植业为主，种植玉米、小麦。有公路经此。

肖山后 371325-B02-H68
［Xiāoshānhòu］

在县驻地费城街道东方向 6.4 千米。探沂镇辖自然村。人口 400。建于清康熙年间，因位于肖山北侧，故名肖山后。聚落呈团块状分布。经济以种植业为主，种植小麦、玉米。有公路经此。

薛庄 371325-B03-H01
［Xuēzhuāng］

薛庄镇人民政府驻地。在县驻地费城街道东北方向 13.1 千米。人口 3 200。唐天宝年间，薛姓来此居住，得名薛家庄。明代始称薛庄。聚落呈团块状分布。有中学、小学、幼儿园。经济以种植业为主，种植地瓜、小麦、玉米、花生、蔬菜，有板材加工业。有公路经此。

阳田 371325-B03-H02
［Yángtián］

在县驻地费城街道东北方向 15.6 千米。薛庄镇辖自然村。人口 1 400。因位于蒙阳河边，田地肥沃，故名阳田。聚落呈团块状分布。有文化广场 1 处。经济以种植业为主，种植小麦、玉米、花生。有公路经此。

大古台 371325-B03-H03
［Dàgǔtái］

在县驻地费城街道东北方向 24.5 千米。薛庄镇辖自然村。人口 100。建于清乾隆年间，耿姓在此建村，十余年后，雇工三十余人，因干活分散，吃饭时间不一，就规定在一个大台子上打鼓为令，故名打鼓台，后演变为大古台。聚落呈团块状分布。有文化广场 1 处、文化大院 1 处、农家书屋 1 处、图书室 1 处、幼儿园 1 处、小学 1 处。经济以种植业为主，种植地瓜、花生、板栗等。有公路经此。

大古台北山 371325-B03-H04
［Dàgǔtáiběishān］

在县驻地费城街道东北方向 25.1 千米。薛庄镇辖自然村。人口 100。1930 年建村，因位于大古台北侧山下，故名大古台北山。聚落呈团块状分布。经济以种植业为主，种植地瓜、花生、板栗等。有公路经此。

火红峪 371325-B03-H05
［Huǒhóngyù］

在县驻地费城街道东北方向 23.8 千米。薛庄镇辖自然村。人口 100。聂姓于清乾隆二十年（1755）来此居住，因过去此处曾遭火灾，满峪一片火红，故名火红峪。聚落呈团块状分布。经济以种植业为主，种植花生、玉米、地瓜、板栗等。有公路经此。

火山后 371325-B03-H06
［Huǒshānhòu］

在县驻地费城街道东北方向 19.4 千米。薛庄镇辖自然村。人口 900。建于清康熙年间，因位于火山北侧，故名火山后。聚落呈团块状分布。有文化广场 1 处、文化大院 1 处、农家书屋 1 处、图书室 1 处。经济以种植业为主，种植玉米、小麦等。有公路经此。

大良 371325-B03-H07
[Dàliáng]

在县驻地费城街道东北方向 19.0 千米。薛庄镇辖自然村。人口 1 500。因该村坐落在一个较大的山梁上，故名大梁，后演变为大良。聚落呈团块状分布。有文化广场 1 处、图书室 1 处、幼儿园 1 处、小学 1 处。为省级传统村落。经济以种植业为主，种植小麦、玉米、板栗。有公路经此。

茂山庄 371325-B03-H08
[Màoshānzhuāng]

在县驻地费城街道东北方向 17.4 千米。薛庄镇辖自然村。人口 500。建于清康熙年间，因位于茂山脚下，故名茂山庄。聚落呈团块状分布。有文化广场 1 处。经济以种植业为主，种植小麦、玉米、花生。有公路经此。

金桂 371325-B03-H09
[Jīnguì]

在县驻地费城街道东北方向 15.7 千米。薛庄镇辖自然村。人口 100。建于清康熙年间，以姓氏命名刘家庄。1980 年，因重名，以村庄距离彩山前的桂花树很近，故取名金桂。聚落呈团块状分布。经济以种植业为主，种植玉米、小麦、花生、板栗。有公路经此。

邱阳 371325-B03-H10
[Qiūyáng]

在县驻地费城街道东北方向 13.9 千米。薛庄镇辖自然村。人口 1 500。建于明成化

年间，因村北有三座古墓，称为丘阳，后演变为邱阳。聚落呈团块状分布。有文化广场 1 处、文化大院 1 处、农家书屋 1 处、图书室 1 处、幼儿园 1 处、小学 1 处。经济以种植业为主，种植小麦、玉米、花生。有公路经此。

黄埠西 371325-B03-H11
[Huángbùxī]

在县驻地费城街道东北方向 14.1 千米。薛庄镇辖自然村。人口 600。建于清顺治年间，因位于黄埠山西侧，故名黄埠西。聚落呈团块状分布。有文化广场。经济以种植业为主，种植小麦、玉米。有公路经此。

杏埠 371325-B03-H12
[Xìngbù]

在县驻地费城街道东北方向 16.2 千米。薛庄镇辖自然村。人口 800。建于清乾隆年间，以姓氏命名为卢家庄。光绪年间，以此村杏树很多，改名为杏埠。聚落呈团块状分布。有文化广场 1 处、文化大院 1 处、农家书屋 1 处、图书室 1 处。有县级文物保护单位汉代、宋代墓地。经济以种植业为主，种植小麦、玉米、花生、蔬菜等。有公路经此。

聂家庄 371325-B03-H13
[Nièjiāzhuāng]

在县驻地费城街道东北方向 13.0 千米。薛庄镇辖自然村。人口 1 000。明崇祯年间，聂姓从王林聂家井迁居此地，取名聂家庄。聚落呈团块状分布。有文化广场 1 处、文化大院 1 处、农家书屋 1 处、图书室 1 处、幼儿园 1 处、小学 1 处。经济以种植业为主，种植小麦、玉米、花生等。有公路经此。

幸福庄 371325-B03-H14

[Xìngfúzhuāng]

在县驻地费城街道东北方向 11.1 千米。薛庄镇辖自然村。人口 800。建于清顺治年间，此地曾建有粮仓，取名仓家庄，后名康家庄。1958 年，以吉祥嘉言改为幸福庄。聚落呈团块状分布。有文化广场 1 处、文化大院 1 处、农家书屋 1 处、图书室 1 处、幼儿园 1 处。经济以种植业为主，种植小麦、玉米、花生。有公路经此。

阳口 371325-B03-H15

[Yángkǒu]

在县驻地费城街道东北方向 12.6 千米。薛庄镇辖自然村。人口 800。建于元至元年间，因位于蒙阳河边，由高阳、巨庄、幸福庄三个村在此修建渡口，故名阳口。聚落呈团块状分布。有文化大院 1 处、图书室 1 处。经济以种植业为主，种植小麦、玉米。有公路经此。

北长行 371325-B03-H16

[Běichángxíng]

在县驻地费城街道东北方向 9.3 千米。薛庄镇辖自然村。人口 1 000。建于元至元年间，因该地有座桥，通往远方，常有人行走，故名长行，后分为南、北二村，此村居北，称北长行。聚落呈团块状分布。有文化广场 1 处。经济以种植业为主，种植小麦、玉米、花生。有公路经此。

高阳 371325-B03-H17

[Gāoyáng]

在县驻地费城街道东北方向 10.5 千米。薛庄镇辖自然村。人口 1 600。建于明景泰年间，以姓氏取名高家庄。清康熙年间，和小庄、西岭联合，改为高连庄。后又分开，此庄已无高姓，以吉祥嘉言改为高阳庄，简称高阳。聚落呈团块状分布。有文化广场 1 处、文化大院 1 处、农家书屋 1 处、图书室 1 处、幼儿园 1 处、小学 1 处。经济以种植业为主，种植小麦、玉米、蔬菜、水果等。有公路经此。

盘石庄 371325-B03-H18

[Pánshízhuāng]

在县驻地费城街道东北方向 9.3 千米。薛庄镇辖自然村。人口 1 500。建于明万历年间，因此处三面丘陵，地势高，中间略低，像磨盘一样，故名盘石庄。聚落呈团块状分布。有文化广场 1 处、文化大院 1 处。经济以种植业为主，种植小麦、玉米。有公路经此。

城阳 371325-B03-H19

[Chéngyáng]

在县驻地费城街道东北方向 11.3 千米。薛庄镇辖自然村。人口 1 700。该村在县城薛固其南，故称为城阳。聚落呈团块状分布。有文化广场 1 处、文化大院 1 处、农家书屋 1 处、图书室 1 处。经济以种植业为主，种植小麦、玉米、花生。有公路经此。

东吉山 371325-B03-H20

[Dōngjíshān]

在县驻地费城街道东北方向 10.8 千米。薛庄镇辖自然村。人口 700。建于清光绪初年，以姓氏命名为张家庄。因位于吉山北侧，改名为吉山后。后分为二村，该村居东，称为东吉山。聚落呈团块状分布。有文化广场 1 处。经济以种植业为主，种植小麦、玉米。有公路经此。

王林 371325-B03-H21

[Wánglín]

在县驻地费城街道东北方向 17.8 千米。薛庄镇辖自然村。人口 1 100。建于明万历年间，以山势取名古前寨。清康熙年间，以明嘉靖皇帝爱妃的王妃墓改为王林。聚落呈团块状分布。有文化广场 1 处、文化大院 1 处。有县级文物保护单位王妃墓。经济以种植业为主，种植小麦、玉米、花生、蔬菜。有公路经此。

北汤沟 371325-B03-H22
[Běitānggōu]

在县驻地费城街道东北方向 13.5 千米。薛庄镇辖自然村。人口 1 600。建于明成化年间，因村后有一泉和一水沟，故名北汤沟。聚落呈团块状分布。有幼儿园、文化广场。经济以种植业为主，种植小麦、玉米、花生。有公路经此。

黄泥崖 371325-B03-H23
[Huángníyá]

在县驻地费城街道东北方向 15.4 千米。薛庄镇辖自然村。人口 2 200。建于明万历年间，因位于黄土崖头，故名黄泥崖。聚落呈团块状分布。有文化广场 1 处、农家书屋 1 处、图书室 1 处、幼儿园 1 处、小学 1 处。经济以种植业为主，种植玉米、小麦、花生、蔬菜。有公路经此。

马头崖 371325-B03-H24
[Mǎtóuyá]

在县驻地费城街道东北方向 19.9 千米。薛庄镇辖自然村。人口 800。建于明洪武初年，原以姓氏命名为苗家村，后因位于马头崮东侧，于清代初年改名马头崖。聚落呈带状分布。有文化广场、文化大院、农家书屋、图书室、小学。经济以种植业为主，种植板栗、玉米、小麦、花生等。有公路经此。

彭家岚子 371325-B03-H25
[Péngjiālánzi]

在县驻地费城街道东北方向 21.6 千米。薛庄镇辖自然村。人口 600。建于清道光年间，该村南北各有一座山，形似鸡，俗称公鸡山、母鸡山。山头伸向村庄，故名村棚鸡岚，后演变为彭家岚子。聚落呈团块状分布。有文化广场 1 处、幼儿园 1 处、小学 1 处。经济以种植业为主，种植板栗。有公路经此。

转山前 371325-B03-H26
[Zhuǎnshānqián]

在县驻地费城街道东北方向 22.2 千米。薛庄镇辖自然村。人口 600。建于清光绪年间，因北靠转虎山，故名转山前。聚落呈团块状分布。有文化广场 1 处。经济以种植业为主，种植小麦、玉米、花生。有公路经此。

付家沟 371325-B03-H27
[Fùjiāgōu]

在县驻地费城街道东北方向 21.4 千米。薛庄镇辖自然村。人口 200。建于清光绪二十年（1894），因村中主要以付姓为主，故名。聚落呈团块状分布。经济以种植业为主，种植小麦、玉米、花生。有公路经此。

小刘庄 371325-B03-H28
[Xiǎoliúzhuāng]

在县驻地费城街道东北方向 20.8 千米。薛庄镇辖自然村。人口 100。刘姓于清道光年间迁居此地，称小刘庄。聚落呈团块状分布。有文化广场 1 处。经济以种植业、养殖业为主，种植玉米、小麦、花生等。有公路经此。

西马营 371325-B03-H29
[Xīmǎyíng]

在县驻地费城街道东北方向 24.9 千米。薛庄镇辖自然村。人口 400。相传唐代有人占山为王时，在山前东西两侧建了两个营盘。明成化年间建村，该村在西，故以此命名为西马营。聚落呈团块状分布。有文化广场。经济以种植业为主，种植小麦、玉米、花生。有公路经此。

北桃园 371325-B03-H30

[Běitáoyuán]

在县驻地费城街道东北方向 25.7 千米。薛庄镇辖自然村。人口 300。建于清康熙年间，因桃树很多而取名北桃园。1966 年以后简称为桃园。因重名，于 1980 年复名北桃园。聚落呈带状分布。有文化广场 1 处。经济以种植业为主，种植小麦、玉米、花生。有公路经此。

翟家庄 371325-B03-H31

[Zháijiāzhuāng]

在县驻地费城街道东北方向 24.4 千米。薛庄镇辖自然村。人口 400。建于清乾隆初年，以姓氏命名为翟家庄。聚落呈团块状分布。有文化广场 1 处、图书室 1 处。有文化广场。经济以种植业为主，种植花生、玉米、地瓜等。有公路经此。

张家湾 371325-B03-H32

[Zhāngjiāwān]

在县驻地费城街道东北方向 23.9 千米。薛庄镇辖自然村。人口 600。建于清康熙初年，以姓氏取名为张家庄。因重名，1980 年更名为张家湾。聚落呈团块状分布。有文化广场 1 处、农家书屋 1 处、图书室 1 处。经济以种植业为主，种植小麦、玉米、花生。有公路经此。

同庄四村 371325-B03-H33

[Tóngzhuāngsìcūn]

在县驻地费城街道东北方向 21.9 千米。薛庄镇辖自然村。人口 200。建于明朝中期，以姓氏命名为仝家庄，后演变为同庄。1970 年建古城水库时，一、二、三队迁出，

只有四队留在原址，故称同庄四村。聚落呈团块状分布。有文化广场 1 处、文化大院 1 处、农家书屋 1 处、图书室 1 处、幼儿园 1 处、小学 1 处。经济以种植业为主，种植玉米、花生等。有公路经此。

颜林 371325-B03-H34

[Yánlín]

在县驻地费城街道东北方向 20.0 千米。薛庄镇辖自然村。人口 2 000。建于明洪武年间，此处为三国时青、徐二州刺史颜盛及后人之林墓，该村以此命名。聚落呈团块状分布。有文化广场 1 处、农家书屋 1 处、图书室 1 处。有市级文物保护单位颜林。经济以种植业为主，种植小麦、玉米、花生、蔬菜。有公路经此。

昌国庄 371325-B03-H35

[Chāngguózhuāng]

在县驻地费城街道东北方向 17.8 千米。薛庄镇辖自然村。人口 1 200。建于南宋宝祐年间，相传战乱时，此村防守严密，百姓生活安定，周围住户搬到这里居住，故名昌国庄。聚落呈团块状分布。有文化广场 1 处、文化大院 1 处、农家书屋 1 处、图书室 1 处。经济以种植业、养殖业为主。有公路经此。

胜粮庄 371325-B03-H36

[Shèngliángzhuāng]

在县驻地费城街道东北方向 16.9 千米。薛庄镇辖自然村。人口 1 700。建于明洪武年间，相传当时的封建统治者每年向此地收超倍的钱粮，故取名盛粮庄，后演变为胜粮庄。聚落呈团块状分布。有文化广场 1 处、文化大院 1 处、农家书屋 1 处、图书室 1 处、幼儿园 2 处。经济以种植业为主。有公路经此。

下盐店 371325-B03-H37
［Xiàyándiàn］

在县驻地费城街道东北方向 20.3 千米。薛庄镇辖自然村。人口 900。明末，有一盐巡在此地查到私盐，就地处理，故取名盐店。后按地势分为两村，该村在下，故称下盐店。聚落呈团块状分布。有文化广场。经济以种植业为主，种植玉米、小麦、花生、蔬菜。有公路经此。

北王家庄 371325-B03-H38
［Běiwángjiāzhuāng］

在县驻地费城街道东北方向 22.5 千米。薛庄镇辖自然村。人口 700。建于明崇祯年间，以姓氏命名为王家庄。因重名，按方位改为北王家庄。聚落呈团块状分布。经济以种植业为主，种植小麦、玉米、花生、地瓜等。有公路经此。

丁旺 371325-B03-H39
［Dīngwàng］

在县驻地费城街道东北方向 18.6 千米。薛庄镇辖自然村。人口 1 600。建于明嘉靖年间，庄前有块巨石，附近有泉，曾名石泉庄。后以姓氏改为宋家庄。因宋姓减少，又以吉祥嘉言改名为丁旺。聚落呈带状分布。有文化广场 1 处。经济以种植业为主，种植小麦、玉米、蔬菜。有公路经此。

城子 371325-B03-H40
［Chéngzi］

在县驻地费城街道东北方向 19.0 千米。薛庄镇辖自然村。人口 300。相传宋朝时，当地统治者为防御战祸，修建城墙，取名为城子。聚落呈团块状分布。有文化广场 1 处、农家书屋 1 处、图书室 1 处。经济以种植业为主，种植花生、地瓜、玉米、板栗、山楂、杏等。有公路经此。

谭家庄 371325-B03-H41
［Tánjiāzhuāng］

在县驻地费城街道东北方向 23.6 千米。薛庄镇辖自然村。人口 300。建于明万历年间，谭姓最早来此居住，故名谭家庄。聚落呈团块状分布。有文化广场 1 处、文化大院 1 处、农家书屋 1 处、图书室 1 处。经济以种植业为主，种植板栗。有公路经此。

白马峪 371325-B03-H42
［Báimǎyù］

在县驻地费城街道东北方向 15.5 千米。薛庄镇辖自然村。人口 1 800。吴姓从西毕城迁居此地，因喂养一匹大白马，众乡邻称为白马庄。清光绪年间称为白马峪。聚落呈团块状分布。有文化广场 1 处、文化大院 1 处、农家书屋 1 处、图书室 1 处、幼儿园 1 处、小学 1 处。经济以种植业为主，种植小麦、玉米、花生、桃、山楂。有公路经此。

姚家庄 371325-B03-H43
［Yáojiāzhuāng］

在县驻地费城街道东北方向 12.0 千米。薛庄镇辖自然村。人口 1 800。建于清乾隆年间，因村中主要以姚姓为主，故名。聚落呈团块状分布。有文化广场 1 处、文化大院 1 处、农家书屋 1 处、图书室 1 处、幼儿园 1 处。经济以种植业为主，种植小麦、玉米、花生、西红柿。有公路经此。

毛沟 371325-B03-H44
［Máogōu］

在县驻地费城街道东北方向 14.1 千米。薛庄镇辖自然村。人口 2 500。唐天宝年间为茅沟。元至元年间，相传该村茅阁老被诛，故改名为毛沟。聚落呈团块状分布。有文化广场 1 处、文化大院 1 处、农家书屋 1 处、图书室 1 处、幼儿园 1 处。经济以种植业、养殖业为主。有公路经此。

白石屋 371325-B03-H45

[Báishíwū]

在县驻地费城街道东北方向 23.6 千米。薛庄镇辖自然村。人口 400。1982 年《费县地名志》载："建于清代乾隆年间，村内有个自然形成的白石棚，形如房屋，故名白石屋。"2013 年，因开发天蒙旅游区，上白石屋、下白石屋、龙将 3 个村迁至谭家庄村南安置，取名白石屋。聚落呈团块状分布。有文化广场 1 处。经济以种植业为主，主要种植板栗等。

朱田 371325-B04-H01

[Zhūtián]

朱田镇人民政府驻地。在县驻地费城街道西方向 14.1 千米。人口 1 200。相传建于明成化年间，因朱姓最早来此居住，故名朱田。聚落呈团块状分布。有文化广场 2 处、文化大院 1 处、农家书屋 1 处、图书室 1 处、幼儿园 2 处、小学 1 处、中学 1 处。经济以种植业为主，种植小麦、玉米、地瓜、花生。有公路经此。

曹家沟 371325-B04-H02

[Cáojiāgōu]

在县驻地费城街道西南方向 25.4 千米。朱田镇辖自然村。人口 200。建于明成化年间，曹姓来此山沟旁居住，故得名曹家沟。聚落呈团块状分布。有文化广场 1 处、文化大院 1 处、农家书屋 1 处、图书室 1 处、幼儿园 1 处。经济以种植业为主，种植小麦、玉米、地瓜、花生、金银花、山楂等。有公路经此。

围子 371325-B04-H03

[Wéizi]

在县驻地费城街道西南方向 22.2 千米。朱田镇辖自然村。人口 300。建于清光绪初年，因村四周修有围墙，故得名围子。聚落呈团块状分布。经济以种植业为主，种植小麦、玉米、花生、地瓜、板栗、核桃。有公路经此。

李家庄 371325-B04-H04

[Lǐjiāzhuāng]

在县驻地费城街道西南方向 24.7 千米。朱田镇辖自然村。人口 300。清顺治年间，李姓最早来此居住，得名李家庄。聚落呈散状分布。有文化广场 1 处、文化大院 1 处、农家书屋 1 处、图书室 1 处、幼儿园 1 处、小学 1 处。经济以种植业为主，种植山楂、桃、小麦、玉米、花生、地瓜、金银花。有公路经此。

龙王口 371325-B04-H05

[Lóngwángkǒu]

在县驻地费城街道西南方向 20.5 千米。朱田镇辖自然村。人口 200。建于明嘉靖年间，因村南有块涝洼地，故得名涝坡。后以靠近龙王口水库而改为龙王口。聚落呈团块状分布。有文化广场 1 处、文化大院 1 处、农家书屋 1 处、图书室 1 处。经济以种植业为主，种植小麦、花生、桃、核桃。有大理石厂。有公路经此。

大泗彦 371325-B04-H06

[Dàsìyàn]

在县驻地费城街道西南方向 23.2 千米。朱田镇辖自然村。人口 1 100。因村址四次南延，故称四延，后演变为泗彦。因东有小泗彦，相对而称名大泗彦。聚落呈团块状分布。有文化广场 1 处、文化大院 1 处、农家书屋 1 处、图书室 1 处。经济以种植业为主，种植山楂、小麦、玉米、花生、地瓜。有公路经此。

中西北哨 371325-B04-H07

[Zhōngxīběishào]

在县驻地费城街道西方向 24.0 千米。朱田镇辖自然村。人口 200。建于清康熙年间，因该村坐落在大泗彦的西北，又在西北沟的边哨上，故取名西北哨。后村庄扩大，形成三村，该村居中，称中西北哨。聚落呈团块状分布。经济以种植业为主，种植山楂、玉米、花生、地瓜、小麦。有公路经此。

东宁家沟 371325-B04-H08

[Dōngnìngjiāgōu]

在县驻地费城街道西南方向 20.3 千米。朱田镇辖自然村。人口 100。建于清朝初期，宁姓来此山沟落户，命名为宁家沟。后来村庄扩大，分为三村，该村居东，为东宁家沟。聚落呈团块状分布。有文化广场、文化大院、农家书屋、图书室。经济以种植业为主，种植苹果、桃、山楂、核桃。有公路经此。

魏家沟 371325-B04-H09

[Wèijiāgōu]

在县驻地费城街道西南方向 19.0 千米。朱田镇辖自然村。人口 1 100。建于明末，因地处山沟，魏姓居多，故名魏家沟。聚落呈团块状分布。有小学 1 处。经济以种植业为主，种植山楂、玉米、花生、地瓜、小麦。有公路经此。

楼下 371325-B04-H10

[Lóuxià]

在县驻地费城街道西南方向 19.5 千米。朱田镇辖自然村。人口 1 600。早年间该村遭灾荒，全村人流迁外地。清顺治年间，又有人回旧址落户，故取名留下，后演变为楼下。聚落呈团块状分布。有文化广场 1 处、文化大院 1 处、农家书屋 1 处、图书室 1 处、幼儿园 1 处、小学 1 处。经济以种植业为主，种植山楂、玉米、花生、地瓜、小麦等。有公路经此。

中水连峪 371325-B04-H11

[Zhōngshuǐliányù]

在县驻地费城街道西南方向 20.6 千米。朱田镇辖自然村。人口 400。建于明崇祯年间，因位于山峪之中，村前有河，常年流水，故得名水连峪。后分为三村，该村居中，名中水连峪。聚落呈团块状分布。有幼儿园 1 处。经济以种植业为主，种植小麦、玉米、花生、地瓜、板栗、核桃。有公路经此。

大王庄 371325-B04-H12

[Dàwángzhuāng]

在县驻地费城街道西南方向 9.6 千米。朱田镇辖自然村。人口 500。建于明崇祯年间，因王姓最早来此居住，故名大王庄。聚落呈团块状分布。有文化广场 1 处、文化大院 1 处、农家书屋 1 处、图书室 1 处。经济以种植业为主，种植小麦、玉米、地瓜、花生。有公路经此。

四亩地 371325-B04-H13

[Sìmǔdì]

在县驻地费城街道西南方向 16.4 千米。朱田镇辖自然村。人口 200。建于元至顺年间，因建村时仅有四亩平坦地，故得名四亩地。聚落呈团块状分布。有文化广场 1 处、文化大院 1 处、农家书屋 1 处、图书室 1 处、幼儿园 1 处、小学 1 处。经济以种植业为主，种植小麦、玉米、地瓜、花生。有公路经此。

白涧厂 371325-B04-H14
[Báijiànchǎng]

在县驻地费城街道西南方向 10.4 千米。朱田镇辖自然村。人口 400。建于清乾隆年间，因位于山涧，又有大柞萝场，养了很多蚕，结茧时一片皆白，故名白茧场，后演变为白涧厂。聚落呈团块状分布。有文化广场 1 处。经济以种植业为主，种植小麦、玉米、地瓜、花生。有公路经此。

崮山 371325-B04-H15
[Gùshān]

在县驻地费城街道西南方向 11.8 千米。朱田镇辖自然村。人口 200。建于明成化年间，因位于崮山北侧，故名崮山。聚落呈带状分布。有文化广场 1 处、文化大院 1 处、农家书屋 1 处、图书室 1 处。经济以种植业为主，种植小麦、玉米、花生、地瓜、金银花、山楂、小米、黄烟、大豆，有板材厂、龙骨厂等。有公路经此。

糯米湾 371325-B04-H16
[Nuòmǐwān]

在县驻地费城街道西南方向 12.9 千米。朱田镇辖自然村。人口 700。建于明万历年间，因该村曾有一块地产糯米，故得名糯米湾。聚落呈团块状分布。有文化广场 1 处。经济以种植业为主，种植小麦、玉米、花生、地瓜、金银花、山楂、小米、黄烟、大豆，有板材厂、龙骨厂等。有公路经此。

黄汪头 371325-B04-H17
[Huángwāngtóu]

在县驻地费城街道西南方向 14.5 千米。朱田镇辖自然村。人口 500。建于清朝初期，因村前有一黄泥汪，故名黄汪头。聚落呈团块状分布。有文化广场 1 处、文化大院 1 处、农家书屋 1 处、图书室 1 处、幼儿园 1 处、小学 1 处。经济以种植业为主，种植山楂、小麦、玉米、花生、地瓜，有板皮厂、空心砖厂等。有公路经此。

绿竹芽 371325-B04-H18
[Lǜzhúyá]

在县驻地费城街道西南方向 14.2 千米。朱田镇辖自然村。人口 300。建于明嘉靖年间，相传村西大杨树下，有一野猪追捕野鹿时，将路过此地的一个闺女咬死，后被埋在树下，故得名鹿猪压。后以此名不雅，更名绿竹芽。聚落呈团块状分布。有文化广场 1 处。经济以种植业为主，种植核桃、小麦、玉米、花生、地瓜。有公路经此。

尤家庄 371325-B04-H19
[Yóujiāzhuāng]

在县驻地费城街道西南方向 11.1 千米。朱田镇辖自然村。人口 600。建于清嘉庆年间，尤姓最早来此居住，取名尤家庄。聚落呈团块状分布。有文化广场 1 处、文化大院 1 处、农家书屋 1 处、图书室 1 处、幼儿园 1 处、小学 1 处。经济以种植业为主，种植小麦、玉米、地瓜、花生。有公路经此。

大山河 371325-B04-H20
[Dàshānhé]

在县驻地费城街道西南方向 12.2 千米。朱田镇辖自然村。人口 1 200。建于清乾隆年间，因位于大山北侧、小河的两侧，故名大山河。聚落呈团块状分布。有文化广场 1 处、文化大院 1 处、农家书屋 1 处、图书室 1 处。经济以种植业为主，种植小麦、玉米、地瓜、花生。有公路经此。

上崮前 371325-B04-H21
[Shànggùqián]

在县驻地费城街道西南方向 15.4 千米。朱田镇辖自然村。人口 300。建于清雍正年间，因位于由吾崮南侧，取名崮前。后分为两村，该村居上，称为上崮前。聚落呈团块状分布。经济以种植业为主，种植山楂、玉米、花生、地瓜、小麦。有公路经此。

南马口 371325-B04-H22
[Nánmǎkǒu]

在县驻地费城街道西南方向 17.7 千米。朱田镇辖自然村。人口 500。建于清雍正年间，因位于北马口南部，故名南马口。聚落呈团块状分布。有文化广场 1 处、文化大院 1 处、农家书屋 1 处、图书室 1 处、小学 1 处。经济以种植业为主，种植山楂、小麦、玉米、地瓜、花生。有公路经此。

可乐庄 371325-B04-H23
[Kělèzhuāng]

在县驻地费城街道西方向 9.8 千米。朱田镇辖自然村。人口 600。清道光年间，曹姓在此居住，因一县官路过此地时说："此地可落一个庄。"故名可落庄，后演变为可乐庄。聚落呈带状分布。有文化广场 1 处、文化大院 1 处、农家书屋 1 处、图书室 1 处、幼儿园 1 处、小学 1 处。经济以种植业为主，种植黄烟、山楂、玉米、花生、地瓜、小麦。有公路经此。

石沟 371325-B04-H24
[Shígōu]

在县驻地费城街道西方向 11.7 千米。朱田镇辖自然村。人口 1 100。建于清嘉庆年间，因有条水沟，多乱石，故名石沟。聚落呈团块状分布。有文化广场 1 处、文化大院 1 处、农家书屋 1 处、图书室 1 处。经济以种植业为主，种植山楂、玉米、花生、小麦、甜瓜等。有公路经此。

东南岭 371325-B04-H25
[Dōngnánlǐng]

在县驻地费城街道西方向 14.5 千米。

朱田镇辖自然村。人口 200。建于清雍正年间，因处于一条岭的东南侧，故名东南岭。聚落呈团块状分布。经济以种植业为主，种植山楂、玉米、小麦等。有公路经此。

大由吾 371325-B04-H26
[Dàyóuwú]

在县驻地费城街道西方向 16.4 千米。朱田镇辖自然村。人口 900。隋文帝时，有由吾道荣者移居于此，以此得名由吾，后因南侧一小村也称由吾，故改为大由吾。聚落呈团块状分布。有文化广场 1 处、幼儿园 1 处、小学 1 处。经济以种植业为主，种植山楂、玉米、小麦，有蔬菜大棚、空心砖厂等。有公路经此。

团瓢店 371325-B04-H27
[Tuánpiáodiàn]

在县驻地费城街道西方向 18.6 千米。朱田镇辖自然村。人口 500。相传唐朝一孙姓在此盖了一间屋开饭店，因屋顶形如团瓢，故名团瓢店。聚落呈团块状分布。有文化大院 1 处、农家书屋 1 处、图书室 1 处。经济以种植业为主，种植金银花、山楂、玉米、花生、地瓜。有公路经此。

北廉家庄 371325-B04-H28
[Běiliánjiāzhuāng]

在县驻地费城街道西方向 19.0 千米。朱田镇辖自然村。人口 600。建于明嘉靖年间，以姓氏取名廉家庄。因重名，1980 年以方位改为北廉家庄。聚落呈带状分布。有文化广场 1 处、文化大院 1 处、农家书屋 1 处、图书室 1 处、幼儿园 1 处。经济以种植业为主，种植金银花、山楂、玉米、花生、地瓜。有公路经此。

殷庄 371325-B04-H29

［Yīnzhuāng］

在县驻地费城街道西方向 12.3 千米。朱田镇辖自然村。人口 600。建于明初，殷姓最早来此居住，取名殷庄。聚落呈团块状分布。有文化广场 1 处、文化大院 1 处、农家书屋 1 处、图书室 1 处。经济以种植业为主，种植黄烟、小麦、玉米、花生、地瓜。有空心砖厂等。有公路经此。

外麻沃 371325-B04-H30

［Wàimáwò］

在县驻地费城街道西南方向 15.6 千米。朱田镇辖自然村。人口 100。明末，此处有一放马的地，称为马窝。因该村位于此处山湾之外，故称为外麻窝，后演变为外麻沃。聚落呈团块状分布。有文化广场 1 处。经济以种植业为主，种植黄烟、小麦、玉米、花生、地瓜。有公路经此。

苑上 371325-B04-H31

［Yuànshàng］

在县驻地费城街道西方向 15.4 千米。朱田镇辖自然村。人口 300。明朝，王姓地主在此修建花园作为别墅，故名苑上。聚落呈团块状分布。有文化广场 1 处、文化大院 1 处、农家书屋 1 处、图书室 1 处。经济以种植业为主，种植黄烟、小麦、玉米、花生、地瓜。有公路经此。

盘车沟 371325-B04-H32

［Pánchēgōu］

在县驻地费城街道西方向 9.8 千米。朱田镇辖自然村。人口 600。建于清朝初年，当时是费城通往平邑必经之路，村西水沟有座小石桥，过往车辆需盘车过桥，故名盘车沟。聚落呈团块状分布。有文化广场 1 处、文化大院 1 处、农家书屋 1 处、图书室 1 处、幼儿园 1 处。经济以种植业为主，种植黄烟、小麦、玉米、花生、地瓜。有公路经此。

知方 371325-B04-H33

［Zhīfāng］

在县驻地费城街道西南方向 13.8 千米。朱田镇辖自然村。人口 1 400。传说过去该村原在西边炭山上，因被人报官说是草寇而被剿，后澄清，知道这里都是好人，被官命名为知放。后迁居现址，演变为知方。聚落呈团块状分布。有文化广场 1 处、文化大院 1 处、农家书屋 1 处、图书室 1 处、幼儿园 1 处、小学 1 处。经济以种植业为主，种植小麦、玉米、花生、地瓜。有养牛场等。有公路经此。

梁邱 371325-B05-H01

［Liángqiū］

梁邱镇人民政府驻地。在县驻地费城街道西南方向 25.4 千米。人口 2 600。相传东周时有位梁王在此筑城，死后葬于村西南岭上，冢大者，谓之丘，以此丘墓取村名梁丘，古时丘、邱通用，为避孔子名讳，故名。聚落呈团块状分布。有幼儿园等。有市级文物保护单位清真寺。经济以种植业为主，种植小麦、玉米、苹果、山楂、板栗、金银花等。有板材加工企业。有公路经此。

关阳司 371325-B05-H02

［Guānyángsī］

在县驻地费城街道西南方向 29.0 千米。梁邱镇辖自然村。人口 5 200。关阳司在山东费县西南八十里，旧有巡司，因背山朝阳，故名关阳司。聚落呈团块状分布。有文化广场 2 处、文化大院 1 处、农家书屋 1 处、图书室 1 处、幼儿园 1 处、小学 1 处。经济以种植业为主，种植小麦、玉米、地瓜、花生。有公路经此。

纸房　371325-B05-H03

［Zhǐfáng］

在县驻地费城街道西南方向 24.3 千米。梁邱镇辖自然村。人口 500。清初，有一书生当官后，为了报答老师的恩情，同老师来此，手指此地，要给老师盖房子，故以此得名指房，后演变为纸房。聚落呈团块状分布。经济以种植业为主，种植小麦、玉米、花生。有公路经此。

周家楼　371325-B05-H04

［Zhōujiālóu］

在县驻地费城街道西南方向 24.0 千米。梁邱镇辖自然村。人口 300。建于清康熙初年，以古楼、姓氏起名周家楼。聚落呈带状分布。经济以种植业为主，种植小麦、玉米、花生。有公路经此。

东张家庄　371325-B05-H05

［Dōngzhāngjiāzhuāng］

在县驻地费城街道西南方向 25.0 千米。梁邱镇辖自然村。人口 800。建于明嘉靖初年，以姓氏命名张家庄。因重名，1980 年按方位更名东张家庄。聚落呈团块状分布。有文化广场 1 处、农家书屋 1 处、幼儿园 1 处。经济以种植业为主，种植小麦、玉米、花生。有公路经此。

花园　371325-B05-H06

［Huāyuán］

在县驻地费城街道西南方向 24.0 千米。梁邱镇辖自然村。人口 700。建于清乾隆年间，因此地果树很多，每当春天鲜花盛开，犹如花园，故名。聚落呈带状分布。有幼儿园 1 处。经济以种植业为主，种植小麦、玉米、花生。有公路经此。

甘田庄　371325-B05-H07

［Gāntiánzhuāng］

在县驻地费城街道西南方向 22.2 千米。梁邱镇辖自然村。人口 1 500。建于清康熙初年，因有个甜水泉子，故名甘甜庄，后演变为甘田庄。聚落呈团块状分布。有文化广场 1 处、农家书屋 1 处。经济以种植业为主，种植小麦、玉米、花生。有公路经此。

梁邱西　371325-B05-H08

［Liángqiūxī］

在县驻地费城街道西南方向 26.0 千米。梁邱镇辖自然村。人口 2 700。以汉、回族为主，其中回族占 53%。相传东周时有位梁王在此筑城，死后葬于村西南岭上，冢大者，谓之丘，以此丘墓取名为梁丘，古时丘、邱通用，为避孔子名讳，故为梁邱。因位于梁邱西，故名。聚落呈团块状分布。有文化广场 1 处、农家书屋 1 处、图书室 1 处。有县级文物保护单位梁邱清真寺。经济以种植业为主，种植小麦、玉米、地瓜、花生。有公路经此。

北梁邱　371325-B05-H09

［Běiliángqiū］

在县驻地费城街道西南方向 24.6 千米。梁邱镇辖自然村。人口 900。建于明初，因位于梁邱北边，故名北梁邱。聚落呈团块状分布。有文化广场 1 处。经济以种植业为主，种植小麦、玉米、地瓜、花生。有公路经此。

岭东头　371325-B05-H10

［Lǐngdōngtóu］

在县驻地费城街道西南方向 25.0 千米。梁邱镇辖自然村。人口 100。明末，因村西是一条长岭，故名岭东头。聚落呈团块状分布。有文化广场 1 处、农家书屋 1 处、图书室 1 处。经济以种植业为主，种植小麦、玉米、地瓜、花生。有公路经此。

下河 371325-B05-H11
[Xiàhé]

在县驻地费城街道西南方向 19.7 千米。梁邱镇辖自然村。人口 1 000。建于明成化年间，因位于小河的下侧，故名下河。聚落呈带状分布。有文化广场 3 处、幼儿园 2 处、小学 1 处。经济以种植业为主，种植小麦、玉米、花生。有公路经此。

梁邱东 371325-B05-H12
[Liángqiūdōng]

在县驻地费城街道西南方向 24.3 千米。梁邱镇辖自然村。人口 2 100。以汉、回族为主，回族占 20%。相传东周时有位梁王在此筑城，死后葬于村西南岭上，冢大者，谓之丘，以此丘墓取名为梁丘，古时丘、邱通用，为避孔子名讳，故为梁邱。因位于梁邱东，故名。聚落呈团块状分布。有文化广场 1 处、农家书屋 1 处。经济以种植业为主，种植小麦、玉米、地瓜、花生。有公路经此。

涝坡 371325-B05-H13
[Làopō]

在县驻地费城街道西南方向 33.8 千米。梁邱镇辖自然村。人口 400。建于清雍正年间，因该村过去有一大片涝洼地，故名。聚落呈团块状分布。有文化广场 2 处、幼儿园 2 处、小学 1 处。经济以种植业为主，种植小麦、玉米、地瓜、花生。有公路经此。

东沟峪 371325-B05-H14
[Dōnggōuyù]

在县驻地费城街道西南方向 21.8 千米。梁邱镇辖自然村。人口 500。建于明万历年间，因位于沟峪东，故名。聚落呈带状分布。有文化广场 1 处、农家书屋 1 处。经济以种植业为主，种植小麦、玉米、花生。有公路经此。

英家口 371325-B05-H15
[Yīngjiākǒu]

在县驻地费城街道西南方向 29.8 千米。梁邱镇辖自然村。人口 400。建于清乾隆年间，因北靠尖山子和台虎山的山口，故以姓氏命名为英家口。聚落呈团块状分布。有文化广场 2 处、小学 1 处。经济以种植业为主，种植小麦、玉米、地瓜、花生。有公路经此。

季作 371325-B05-H16
[Jìzuò]

在县驻地费城街道西南方向 29.1 千米。梁邱镇辖自然村。人口 1 000。建于明初，早年季姓在此居住耕作，故名。聚落呈团块状分布。有文化广场 1 处、幼儿园 1 处、小学 1 处。经济以种植业为主，种植小麦、玉米、地瓜、花生。有公路经此。

南官庄 371325-B05-H17
[Nánguānzhuāng]

在县驻地费城街道西南方向 24.4 千米。梁邱镇辖自然村。人口 300。建于明初，此处有一片官地，南北各有一村，该村在南，故名。聚落呈团块状分布。经济以种植业为主，种植小麦、玉米、地瓜、花生。有公路经此。

蒋家围子 371325-B05-H18
[Jiǎngjiāwéizi]

在县驻地费城街道西南方向 16.8 千米。梁邱镇辖自然村。人口 1 300。建于清康熙年间，以姓氏命名为蒋家围子。聚落呈团块状分布。有文化广场 1 处、农家书屋 1 处、图书室 1 处、幼儿园 1 处。经济以种植业为主，种植小麦、玉米、花生。有公路经此。

郝家 371325-B05-H19

［Hǎojiā］

在县驻地费城街道西南方向 23.4 千米。梁邱镇辖自然村。人口 1100。以汉、回族为主，其中回族占 0.6%。建于元代，以姓氏起名王家。郝姓于明洪武年间迁居此村，改名为郝家。聚落呈团块状分布。有文化广场 2 处、农家书屋 1 处、幼儿园 2 处、小学 1 处、中学 1 处。经济以种植业为主，种植小麦、玉米、地瓜、花生。有公路经此。

蝎子崮墩 371325-B05-H20

［Xiēzigùdūn］

在县驻地费城街道西南方向 22.8 千米。梁邱镇辖自然村。人口 1100。清乾隆初年，因位于三个小岭头前侧，故名三个崮墩。清道光年间改为平安庄。光绪初年，因岭上多产蝎子而改名蝎子崮墩。聚落呈团块状分布。有文化广场 1 处。经济以种植业为主，种植小麦、玉米、花生。有公路经此。

下阳庄 371325-B05-H21

［Xiàyángzhuāng］

在县驻地费城街道西南方向 17.6 千米。梁邱镇辖自然村。人口 700。原名埠下河西，因位于朝阳山北侧，故于清乾隆年间析为阳邑庄。此庄居南，于清末改称下阳庄。1959 年许家崖水库建成后，此庄从原址移迁到沟南、朝阳山北侧，仍称下阳庄。聚落呈团块状分布。有文化广场 2 处、农家书屋 1 处、图书室 1 处。经济以种植业为主，种植小麦、玉米、花生。有公路经此。

西后柱子 371325-B05-H22

［Xīhòuzhùzi］

在县驻地费城街道西南方向 18.2 千米。梁邱镇辖自然村。人口 600。原为后柱子，因建许家崖水库，于 1960 年迁移至此，分东、西两个村，该村居西，故于 1980 年改为西后柱子。聚落呈团块状分布。有文化广场 1 处、幼儿园 1 处、小学 1 处。经济以种植业为主，种植小麦、玉米、花生。有公路经此。

南燕庄 371325-B05-H23

［Nányànzhuāng］

在县驻地费城街道西南方向 16.3 千米。梁邱镇辖自然村。人口 400。相传建于唐代，因位于温凉河南岸燕山寺旁，故取名南燕庄。该庄从原址迁到姚沟山下，仍用南燕庄之名。聚落呈团块状分布。有文化广场 1 处、图书室 1 处。经济以种植业为主，种植小麦、玉米、花生。有公路经此。

活沟 371325-B05-H24

［Huógōu］

在县驻地费城街道西南方向 23.8 千米。梁邱镇辖自然村。人口 500。建于明成化年间，因村东有一条南北河，村前有一条东西小沟，故得名河沟，后演变为活沟。聚落呈团块状分布。有文化广场 3 处、图书室 1 处。经济以种植业为主，种植小麦、玉米、花生。有公路经此。

王家邵庄 371325-B05-H25

［Wángjiāshàozhuāng］

在县驻地费城街道西南方向 26.6 千米。梁邱镇辖自然村。人口 900。建于明朝初年，因西靠邵庄，王姓居多，故名王家邵庄。聚落呈团块状分布。有文化广场 1 处、图书室 1 处。经济以种植业为主，种植小麦、玉米、地瓜、花生。有公路经此。

赶牛路 371325-B05-H26

[Gǎnniúlù]

在县驻地费城街道西南方向 24.6 千米。梁邱镇辖自然村。人口 200。建于清乾隆年间，此处过去有条上山的路，放牛的人常走，故名。聚落呈带状分布。经济以种植业为主，种植小麦、玉米、地瓜、花生。有公路经此。

侯家庄 371325-B05-H27

[Hóujiāzhuāng]

在县驻地费城街道西南方向 24.2 千米。梁邱镇辖自然村。人口 1 800。建于明成化年间，以侯姓最早来此定居，故名侯家庄。聚落呈团块状分布。有文化广场 3 处。经济以种植业为主，种植小麦、玉米、花生。有公路经此。

息城 371325-B05-H28

[Xīchéng]

在县驻地费城街道西南方向 28.6 千米。梁邱镇辖自然村。人口 1 000。相传战国时，有一队人马在此休息，后以此取名为息城。聚落呈团块状分布。有幼儿园 1 处、小学 1 处。经济以种植业为主，种植小麦、玉米、地瓜、花生。有公路经此。

小阳庄 371325-B05-H29

[Xiǎoyángzhuāng]

在县驻地费城街道西南方向 17.8 千米。梁邱镇辖自然村。人口 500。建于明洪武初年，取名小羊尾庄。因位于朝阳山北侧，故于清末更名为小阳庄。聚落呈带状分布。有文化广场 3 处、幼儿园 1 处。经济以种植业为主，种植小麦、玉米、花生。有公路经此。

下书房 371325-B05-H30

[Xiàshūfáng]

在县驻地费城街道西南方向 31.8 千米。梁邱镇辖自然村。人口 600。相传秦始皇焚书坑儒时，有个私塾先生路过此地，书被雨淋湿，在一块大石头上晒书，后以此取名为书房。因住户增多，村庄扩大，分为二村。该村居下，称为下书房。聚落呈团块状分布。有文化广场 2 处、小学 1 处。经济以种植业为主，种植小麦、玉米、地瓜、花生。有公路经此。

邵庄 371325-B05-H31

[Shàozhuāng]

在县驻地费城街道西南方向 27.3 千米。梁邱镇辖自然村。人口 1 600。建于明初，以姓氏命名。聚落呈团块状分布。有文化广场 1 处、图书室 1 处。经济以种植业为主，种植小麦、玉米、地瓜、花生。有公路经此。

靳家沟 371325-B05-H32

[Jìnjiāgōu]

在县驻地费城街道西南方向 20.4 千米。梁邱镇辖自然村。人口 900。靳氏于明天启年间从江苏睢阳靳家湖迁居此地，以姓氏命名为靳家沟。聚落呈团块状分布。有文化广场 1 处。经济以种植业为主，种植小麦、玉米、花生。有公路经此。

马蹄河 371325-B05-H33

[Mǎtíhé]

在县驻地费城街道西南方向 23.2 千米。梁邱镇辖自然村。人口 900。建于唐末，相传此地驻有士兵，常到河边遛马饮水，踩下了很多马蹄印子，故名。聚落呈团块状分布。有文化广场 2 处、农家书屋 1 处、幼儿园 1 处、小学 1 处。经济以种植业为主，种植小麦、玉米、地瓜、花生。有公路经此。

杨树行 371325-B05-H34

[Yángshùháng]

在县驻地费城街道西南方向 22.0 千米。

梁邱镇辖自然村。人口 800。建于明成化年间，该村曾因石崖下常住燕子取名燕子石，又以村内杨树较多而改名杨树行。聚落呈团块状分布。经济以种植业为主，种植小麦、玉米、地瓜、花生。有公路经此。

张庄 371325-B05-H35
［Zhāngzhuāng］

在县驻地费城街道西南方向 28.4 千米。梁邱镇辖自然村。人口 1 600。明成化年间，因村中主要以张姓为主，故名。聚落呈团块状分布。有文化广场 2 处、幼儿园 1 处、小学 1 处。经济以种植业为主，种植小麦、玉米、地瓜、花生。有公路经此。

仁厚庄 371325-B05-H36
［Rénhòuzhuāng］

在县驻地费城街道西南方向 29.2 千米。梁邱镇辖自然村。人口 900。明万历年间，此处一位许姓当了大官，对家乡百姓仁义、忠厚，故名仁厚官庄，后演变为仁厚庄。聚落呈团块状分布。经济以种植业为主，种植花生、玉米、大豆。有公路经此。

夏家沟 371325-B05-H37
［Xiàjiāgōu］

在县驻地费城街道西南方向 19.8 千米。梁邱镇辖自然村。人口 1 100。夏姓于明洪武年间从梁家峪迁居此地，以姓氏命名为夏家沟。聚落呈团块状分布。有图书室 1 处、幼儿园 1 处。经济以种植业为主，种植小麦、玉米、花生。有公路经此。

马家沟 371325-B05-H38
［Mǎjiāgōu］

在县驻地费城街道西南方向 35.3 千米。梁邱镇辖自然村。人口 200。建于清康熙年间，因村中主要以马姓为主，故名。聚落呈团块状分布。有文化大院 3 处。经济以种植业为主，种植小麦、玉米、地瓜、花生。有公路经此。

张家庄 371325-B05-H39
［Zhāngjiāzhuāng］

在县驻地费城街道西南方向 26.6 千米。梁邱镇辖自然村。人口 500。建于明初，以姓氏命名为张家庄。聚落呈带状分布。经济以种植业为主，种植小麦、玉米、地瓜、花生。有公路经此。

稻港 371325-B05-H40
［Dàogǎng］

在县驻地费城街道西南方向 30.9 千米。梁邱镇辖自然村。人口 200。建于明成化年间，相传大禹治水后期，此处是上下船的地方，后范姓来此居住，起名道港。后因此处低洼常年积水，可种水稻，改名为稻港。聚落呈团块状分布。有文化大院 1 处。经济以种植业为主，种植小麦、玉米、地瓜、花生。有公路经此。

山神庙 371325-B05-H41
［Shānshénmiào］

在县驻地费城街道西南方向 31.0 千米。梁邱镇辖自然村。人口 100。建于明万历年间，因北靠龟山，山上过去有土地庙，故名。聚落呈团块状分布。经济以种植业为主，种植小麦、玉米、地瓜、花生。有公路经此。

岳庙湖 371325-B05-H42
［Yuèmiàohú］

在县驻地费城街道西南方向 26.0 千米。梁邱镇辖自然村。人口 1 900。明初，为纪念岳飞，修建岳飞庙。后有人到此居住，因地势平坦，取名岳庙湖。聚落呈团块状分布。有文化大院 1 处。经济以种植业为主，种植小麦、玉米、地瓜。有公路经此。

油房 371325-B05-H43
［Yóufáng］

在县驻地费城街道西南方向 26.3 千米。梁邱镇辖自然村。人口 500。清光绪年间，梁邱一户地主在此开设油房，由此得名。聚落呈团块状分布。有文化广场 2 处、文化大院 1 处、图书室 1 处、幼儿园 2 处、小学 1 处。经济以种植业为主，种植小麦、玉米、地瓜。有公路经此。

新庄 371325-B06-H01
［Xīnzhuāng］

新庄镇人民政府驻地。在县驻地费城街道西南方向 21.3 千米。人口 2 600。明洪武年间，原冀北庄部分居民迁此建新村，故名新庄。聚落呈团块状分布。有幼儿园。经济以种植业为主，主要农作物有小麦、玉米、黄烟。省道岚济公路、蒙台公路经此。

朱家茧坡 371325-B06-H02
［Zhūjiājiǎnpō］

在县驻地费城街道西南方向 21.4 千米。新庄镇辖自然村。人口 1 300。朱姓于清乾隆年间迁居此地，当时全系柞蚕场，以姓氏取名为朱家茧坡。聚落呈带状分布。有文化广场 1 处、图书室 1 处、幼儿园 1 处。经济以种植业为主，主要农作物有小麦、玉米、花生。有公路经此。

赵家茧坡 371325-B06-H03
［Zhàojiājiǎnpō］

在县驻地费城街道西南方向 21.8 千米。新庄镇辖自然村。人口 600。赵成图于明万历初年从费城东玉泉庄迁至赵家庄，又于清康熙初年从赵家庄迁移至此，当时系柞蚕场，故名赵家茧坡。聚落呈团块状分布。有文化广场 1 处、幼儿园 1 处、小学 1 处。经济以种植业为主，主要农作物有小麦、玉米、花生。有公路经此。

石牛 371325-B06-H04
［Shíniú］

在县驻地费城街道西南方向 23.2 千米。新庄镇辖自然村。人口 500。赵姓于清乾隆四十年（1775）从赵家茧坡分迁此岭，取名赵家岭，1948 年以村周围石头形如牛，改名为石牛。聚落呈团块状分布。经济以种植业为主，主要农作物有小麦、玉米、花生。有公路经此。

宋家岭 371325-B06-H05
［Sòngjiālǐng］

在县驻地费城街道西南方向 23.8 千米。新庄镇辖自然村。人口 1 200。宋姓于清康熙初年从山西迁居此岭，故名宋家岭。聚落呈团块状分布。有文化广场 1 处。经济以种植业为主，主要农作物有小麦、玉米、花生。有公路经此。

北脱衣 371325-B06-H06
［Běituōyī］

在县驻地费城街道西南方向 25.5 千米。新庄镇辖自然村。人口 500。建村于明洪武年间，以设驿站而取驼驿之名。相传明末有位将军路过此地，因脱衣裳患伤寒病而死葬于此地，故于清道光年间改名为脱衣。1979 年，将原址分迁此东、西、北岭，该村居北，故名北脱衣。聚落呈带状分布。有文化广场 1 处。经济以种植业为主，主要农作物有小麦、玉米、花生。有公路经此。

新照庄 371325-B06-H07
［Xīnzhàozhuāng］

在县驻地费城街道西南方向 24.4 千米。新庄镇辖自然村。人口 1 100。以吉祥嘉言命名。聚落呈团块状分布。有文化广场 1 处、幼儿园 1 处、小学 1 处。经济以种植业为主，主要农作物有小麦、玉米、花生。有公路经此。

邵立庄 371325-B06-H08
[Shàolìzhuāng]

在县驻地费城街道西南方向 24.2 千米。新庄镇辖自然村。人口 400。建于明成化年间，以邵、李两姓取名为邵李庄。清乾隆初年因李姓无人，故名。聚落呈团块状分布。经济以种植业为主，主要农作物有小麦、玉米、花生。有公路经此。

水牛石 371325-B06-H09
[Shuǐniúshí]

在县驻地费城街道西南方向 23.8 千米。新庄镇辖自然村。人口 600。建于明洪武年间，因村南水汪边有块巨石形如水牛，故名水牛石。聚落呈团块状分布。有文化广场 1 处。经济以种植业为主，主要农作物有小麦、玉米、花生。有公路经此。

横沟崖 371325-B06-H10
[Hénggōuyá]

在县驻地费城街道西南方向 23.1 千米。新庄镇辖自然村。人口 1 100。清代中期，以村中东西横穿大水沟命名为横沟崖。聚落呈团块状分布。有文化广场 1 处、图书室 1 处。有县级文物保护单位汉代墓地。经济以种植业为主，主要农作物有小麦、玉米、花生。有公路经此。

邵家白露 371325-B06-H11
[Shàojiābáilù]

在县驻地费城街道西南方向 23.6 千米。新庄镇辖自然村。人口 900。邵姓于明万历年间迁居此地，因为正值白露节气，故名邵家白露。聚落呈团块状分布。有文化广场 1 处。经济以种植业为主，主要农作物有小麦、玉米、花生。有公路经此。

李家白露 371325-B06-H12
[Lǐjiābáilù]

在县驻地费城街道西南方向 23.7 千米。新庄镇辖自然村。人口 1 000。李姓于明万历初年从梁邱迁居此地，当时正值白露节气，故取名李家白露。聚落呈团块状分布。有文化广场 1 处、小学 1 处。经济以种植业为主，主要农作物有小麦、玉米、花生。有公路经此。

太和庄 371325-B06-H13
[Tàihézhuāng]

在县驻地费城街道西南方向 23.9 千米。新庄镇辖自然村。人口 800。以吉祥嘉言命名。聚落呈团块状分布。有文化广场 1 处。经济以种植业为主，主要农作物有小麦、玉米、花生。有公路经此。

西杨家庄 371325-B06-H14
[Xīyángjiāzhuāng]

在县驻地费城街道西南方向 25.5 千米。新庄镇辖自然村。人口 400。以姓氏命名。杨姓于明正德初年迁居此地，取名杨家庄，后因重名，故以位置改名为西杨家庄。聚落沿山谷呈带状分布。有文化广场 1 处。经济以种植业为主，主要农作物有小麦、玉米、花生。有公路经此。

信兴庄 371325-B06-H15
[Xìnxīngzhuāng]

在县驻地费城街道西南方向 25.2 千米。新庄镇辖自然村。人口 700。相传蔡子明将军奉命灭铁头王路过此地已兵困马乏，得知离阵地已不远，增强了信心，故以此命名为信兴庄。聚落呈团块状分布。有文化广场 1 处。经济以种植业为主，主要农作物有小麦、玉米、花生。有公路经此。

归仁庄 371325-B06-H16

[Guīrénzhuāng]

在县驻地费城街道西南方向 23.2 千米。新庄镇辖自然村。人口 1 500。建于明洪武年间，以信奉周礼命名为归仁庄。聚落呈团块状分布。有文化广场 1 处、小学 1 处。经济以种植业为主，主要农作物有小麦、玉米、花生。有公路经此。

东后柱子 371325-B06-H17

[Dōnghòuzhùzi]

在县驻地费城街道西南方向 18.6 千米。新庄镇辖自然村。人口 400。1960 年因建许家崖水库，村民从后柱子分迁到此，仍用原村名，后因该村居东，故于 1980 年更名为东后柱子。聚落呈团块状分布。有文化广场 1 处。经济以种植业为主，主要农作物有小麦、玉米、花生。有公路经此。

相家庄 371325-B06-H18

[Xiāngjiāzhuāng]

在县驻地费城街道西南方向 17.3 千米。新庄镇辖自然村。人口 1 100。以姓氏命名。聚落沿山谷呈带状分布。有文化广场 1 处、图书室 1 处。经济以种植业为主，主要农作物有小麦、玉米、花生。有公路经此。

东纸房 371325-B06-H19

[Dōngzhǐfáng]

在县驻地费城街道西南方向 21.0 千米。新庄镇辖自然村。人口 600。建于明万历年间，相传早年此地有造纸房，故取名纸房。因与本县石井镇纸房重名，故于 1980 年按方位更名为东纸房。聚落呈团块状分布。有文化广场 1 处、图书室 1 处。经济以种植业为主，主要农作物有小麦、玉米、花生。有公路经此。

岳山庄 371325-B06-H20

[Yuèshānzhuāng]

在县驻地费城街道西南方向 20.6 千米。新庄镇辖自然村。人口 600。建于清乾隆年间，因在月山南侧，故取名月山庄，后演变为岳山庄。聚落呈团块状分布。有文化广场 1 处。经济以种植业为主，主要农作物有小麦、玉米、花生。有公路经此。

西各郎 371325-B06-H21

[Xīgèláng]

在县驻地费城街道西南方向 21.1 千米。新庄镇辖自然村。人口 400。建于清顺治年间，以姓氏和吉祥嘉言取名为葛旺庄。民国初年演变为各郎，后村庄扩展为东西两个村，此村居西，故名。聚落呈团块状分布。有文化广场 1 处。经济以种植业为主，主要农作物有小麦、玉米、花生。有公路经此。

西风厚 371325-B06-H22

[Xīfēnghòu]

在县驻地费城街道西南方向 24.3 千米。新庄镇辖自然村。人口 800。建于清咸丰年间，此村居西，故以吉祥嘉言取名为西风厚。聚落呈团块状分布。有文化广场 1 处、图书室 1 处。经济以种植业为主，主要农作物有小麦、玉米、花生。有公路经此。

余店子 371325-B06-H23

[Yúdiànzi]

在县驻地费城街道南方向 20.2 千米。新庄镇辖自然村。人口 1 400。清康熙三十五年（1696）重修三宫殿碑文记载为余家店，后演变为店子，因与本县上冶等四个公社的店子重名，故于 1980 年更名为余店子。聚落呈团块状分布。有文化广场 1 处、小学 1 处。经济以种植业为主，主要农作物有小麦、玉米、花生。有公路经此。

柳树沟 371325-B06-H24
［Liǔshùgōu］

在县驻地费城街道南方向 17.4 千米。新庄镇辖自然村。人口 200。赵姓人士于清道光年间搬迁过来，因村里柳树较多，在山沟之间，故名。聚落呈团块状分布。有文化广场 1 处。经济以种植业为主，主要农作物有小麦、玉米、花生、金银花、地瓜等。有公路经此。

鲍家庄 371325-B06-H25
［Bàojiāzhuāng］

在县驻地费城街道南方向 17.1 千米。新庄镇辖自然村。人口 1 100。建于元至元年间，因村中主要以鲍姓为主，故名。聚落呈团块状分布。有文化广场 1 处。经济以种植业为主，主要农作物有小麦、玉米、花生。有公路经此。

北芦山 371325-B06-H26
［Běilúshān］

在县驻地费城街道南方向 20.0 千米。新庄镇辖自然村。人口 700。马姓于清乾隆初年从大盛家庄迁移至此地，因在芦山北侧，故名北芦山。聚落呈团块状分布。有文化广场 1 处、图书室 1 处。经济以种植业为主，主要农作物有小麦、玉米、花生。有公路经此。

东杨家庄 371325-B06-H27
［Dōngyángjiāzhuāng］

在县驻地费城街道南方向 20.3 千米。新庄镇辖自然村。人口 800。杨姓于明万历年间迁居此地，取名杨家庄。因与本县薛庄、梁邱、竹园公社的杨家庄重名，故于 1980 年根据方位更名为东杨家庄。聚落呈团块状分布。有文化广场 1 处。经济以种植业为主，主要农作物有小麦、玉米、花生。有公路经此。

轴沟 371325-B06-H28
［Zhóugōu］

在县驻地费城街道南方向 21.8 千米。新庄镇辖自然村。人口 1 200。董应魁于明成化年间从老君崖迁居此地，因在虎山、芦山、崇山三座山的山沟里，原老君崖地处山沟，来此仍住山沟，故名住沟，后演变为轴沟。聚落呈团块状分布。有文化广场 1 处、幼儿园 1 处、小学 1 处。经济以种植业为主，主要农作物有小麦、玉米、花生。有公路经此。

小胜家庄 371325-B06-H29
［Xiǎoshèngjiāzhuāng］

在县驻地费城街道南方向 23.8 千米。新庄镇辖自然村。人口 1 000。以吉祥嘉言命名。盛姓于清康熙三十年间（1691）迁居此地，取名小盛家庄，1948 年以吉祥嘉言改名为小胜家庄。聚落呈团块状分布。有文化广场 1 处。经济以种植业为主，主要农作物有小麦、玉米、花生。有公路经此。

亓家岭 371325-B06-H30
［Qíjiālǐng］

在县驻地费城街道南方向 23.4 千米。新庄镇辖自然村。人口 200。亓姓于清光绪初年从亓家庄迁居此地，故名。聚落呈团块状分布。经济以种植业为主，主要农作物有小麦、玉米、花生。有公路经此。

崇山头 371325-B06-H31
［Chóngshāntóu］

在县驻地费城街道南方向 23.4 千米。新庄镇辖自然村。人口 1 400。顾氏六世于明崇祯年间从石渠村迁居崇山南侧，故取名为崇山头。聚落呈团块状分布。有文化广场 1 处。有县级文物保护单位汉代墓群。经济以种植业为主，主要农作物有小麦、玉米、花生。有公路经此。

管流庄 371325-B06-H32
［Guǎnliúzhuāng］

在县驻地费城街道南方向 19.9 千米。新庄镇辖自然村。人口 1 700。柏、崔、赵三姓于清顺治年间迁居此地，取名官庄，清康熙年间演变为管流庄。1956 年改为官庄。因与许家崖、马庄、方城公社和城关镇的官庄重名，故于 1980 年恢复原名管流庄。聚落呈团块状分布。有文化广场 1 处、小学 1 处。经济以种植业为主，主要农作物有小麦、玉米、花生。有公路经此。

下崖 371325-B06-H33
［Xiàyá］

在县驻地费城街道南方向 20.2 千米。新庄镇辖自然村。人口 1 300。付姓于清乾隆初年从永泉迁居此地，因在崖头下，故取名下崖。聚落呈团块状分布。有文化广场 1 处。经济以种植业为主，主要农作物有小麦、玉米、花生。有公路经此。

石龙庄 371325-B06-H34
［Shílóngzhuāng］

在县驻地费城街道南方向 20.9 千米。新庄镇辖自然村。人口 800。建于明崇祯年间，因在石龙山东侧，故名石龙庄。清康熙年间，此庄为车辋宋姓地主的佃户庄，改名为十步庄，后演变为石埠庄，因与本县新桥镇的石埠庄重名，故 1980 年恢复原名石龙庄。聚落呈团块状分布。有文化广场 1 处、图书室 1 处。经济以种植业为主，主要农作物有小麦、玉米、花生。有公路经此。

东流 371325-B06-H35
［Dōngliú］

在县驻地费城街道南方向 19.0 千米。新庄镇辖自然村。人口 1 900。清顺治初年，村后刘家崮山半坡有个龙潭泉，常年流水，汇成小河，经此村北折而向东流去，故名东流。聚落呈团块状分布。有文化广场 1 处、幼儿园 1 处。古迹有东流抗日自卫战遗址，建有东流抗日自卫战纪念馆。经济以种植业为主，主要农作物有小麦、玉米、花生。有公路经此。

雷山头 371325-B06-H36
［Léishāntóu］

在县驻地费城街道南方向 19.9 千米。新庄镇辖自然村。人口 300。郑姓人家于明万历年间迁居此地，以姓氏取名郑家庄，后郑姓无人，王姓人家于清乾隆初年从青山湖村迁来，因位于擂鼓山南侧，改村名为擂鼓山头，后又复称郑家庄。1980 年 12 月，因与本县石井公社郑家庄重名，又更名为雷山头。聚落呈团块状分布。有文化广场 1 处。经济以种植业为主，主要农作物有小麦、玉米、花生。有公路经此。

马庄 371325-B07-H01
［Mǎzhuāng］

马庄镇人民政府驻地。在县驻地费城街道东南方向 16.7 千米。人口 1 400。相传明永乐年间，官军剿灭清泉寺和尚时，在此处饮过马，以此取名饮马庄，后演变为马庄。聚落呈团块状分布。有幼儿园。经济以种植业为主，主要农作物有小麦、花生、玉米、核桃、柿子等。有公路经此。

张胜庄 371325-B07-H02
［Zhāngshèngzhuāng］

在县驻地费城街道南方向 13.6 千米。马庄镇辖自然村。人口 1 000。据该村碑文记载，明洪武二年（1369）以姓氏命名为张家庄，1980 年地名普查时，因与本县汪沟公社张家庄重名，更名为张胜庄。聚落呈带状分布。有文化广场 1 处、农家书屋 1 处、图书室 1 处、幼儿园 1 处、小学 1 处。

经济以种植业、加工业为主，主要农作物有小麦、玉米。有公路经此。

杏树湾　371325-B07-H03

[Xìngshùwān]

在县驻地费城街道南方向 10.0 千米。马庄镇辖自然村。人口 300。建于明万历年间，因村中杏树很多，称为杏树湾。聚落呈团块状分布。经济以种植业为主，主要农作物有小麦、玉米。有公路经此。

土山后　371325-B07-H04

[Tǔshānhòu]

在县驻地费城街道南方向 10.2 千米。马庄镇辖自然村。人口 300。建于明崇祯年间，因在土山北侧，故名。聚落呈团块状分布。有文化广场 1 处。经济以种植业为主，主要农作物有小麦、玉米。有公路经此。

西马庄　371325-B07-H05

[Xīmǎzhuāng]

在县驻地费城街道南方向 16.6 千米。马庄镇辖自然村。人口 1 000。回族占 34%。相传明永乐年间，官军剿灭清泉寺和尚时，在此处水汪内饮过马，即按此取名饮马庄，后改为马庄。后来村庄扩大，在原马庄村西、南各形成一个村，该村居西，故名西马庄。聚落呈团块状分布。有文化广场 1 处、农家书屋 1 处、图书室 1 处、幼儿园 1 处。古迹有芙蓉寺。经济以种植业、商贸业、加工业为主，主要农作物有小麦、玉米、地瓜。有公路经此。

北豹窝　371325-B07-H06

[Běibàowō]

在县驻地费城街道东南方向 17.6 千米。马庄镇辖自然村。人口 1 100。建于明洪武末年，因在南豹窝以北、涑河北岸而称北豹窝。聚落呈团块状分布。有文化广场 1 处、

图书室 1 处、幼儿园 1 处。经济以种植业、加工业为主，主要农作物有小麦、玉米、花生。有公路经此。

大下庄　371325-B07-H07

[Dàxiàzhuāng]

在县驻地费城街道南方向 15.5 千米。马庄镇辖自然村。人口 800。建于元代末年，名涑行村，明末王姓被抄家灭族，清顺治年间改为吓庄，演变为下庄。1958 年建马庄水库，从原址迁出形成两个村，该村因人多，故名大下庄。聚落呈带状分布。有文化广场 1 处、图书室 1 处。经济以种植业、加工业为主，主要农作物有小麦、玉米、地瓜、花生。有公路经此。

大井头　371325-B07-H08

[Dàjǐngtóu]

在县驻地费城街道南方向 18.9 千米。马庄镇辖自然村。人口 2 300。相传元代中期因该村在金雀山东侧，取名为金雀埠，直至明代末年因打了眼井改为大井头。聚落呈团块状分布。有文化广场 1 处、幼儿园 1 处。经济以种植业、加工业、商贸业为主，主要农作物有小麦、玉米、地瓜、花生、黄烟等。有公路经此。

程庄　371325-B07-H09

[Chéngzhuāng]

在县驻地费城街道东南方向 20.2 千米。马庄镇辖自然村。人口 2 800。建于明成化年间，相传村北有古城遗址而取名城子庄，后演变为程庄。聚落呈团块状分布。有文化广场 1 处、农家书屋 1 处、图书室 1 处、幼儿园 1 处、小学 1 处。经济以种植业、加工业、商贸业、养殖业为主，主要农作物有小麦、玉米、地瓜、花生、黄烟，养殖猪、狐狸。有公路经此。

陈围子 371325-B07-H10
[Chénwéizi]

在县驻地费城街道南方向 20.7 千米。马庄镇辖自然村。人口 900。建于清嘉庆年间，因村中主要以陈姓为主，故名。聚落呈带状分布。有文化广场 1 处。经济以种植业、加工业为主，主要农作物有小麦、玉米、地瓜、花生。有公路经此。

后梧桐峪 371325-B07-H11
[Hòuwútóngyù]

在县驻地费城街道南方向 17.8 千米。马庄镇辖自然村。人口 600。建于清乾隆末年，因盛产梧桐树，取名梧桐峪，因住户逐步增多，分为前后两村，该村在后，故为后梧桐峪。聚落呈团块状分布。有文化广场 1 处、图书室 1 处。经济以种植业为主，主要农作物有小麦、玉米。有公路经此。

仁和庄 371325-B07-H12
[Rénhézhuāng]

在县驻地费城街道南方向 17.3 千米。马庄镇辖自然村。人口 1 000。建于明崇祯年间，以多姓聚居和睦相处而得名仁和庄。聚落呈团块状分布。有文化广场 1 处、农家书屋 1 处、图书室 1 处、幼儿园 1 处。经济以种植业、加工业为主，主要农作物有小麦、玉米、地瓜、花生。有公路经此。

东古口 371325-B07-H13
[Dōnggǔkǒu]

在县驻地费城街道南方向 16.1 千米。马庄镇辖自然村。人口 2 100。建于清康熙年间，在虎山北侧山口，取名为虎口，后按西南靠近刘家崮改为崮口，演变为古口后形成东西两古口，该村居东，成为东古口。聚落呈带状分布。有文化广场 1 处、农家书屋 1 处、幼儿园 1 处、小学 1 处。经济以种植业、加工业为主，主要农作物有小麦、玉米、地瓜、花生。有公路经此。

西古口 371325-B07-H14
[Xīgǔkǒu]

在县驻地费城街道南方向 16.9 千米。马庄镇辖自然村。人口 1 000。建于清康熙年间，在虎山北侧山口，取名为虎口，后按西南靠近刘家崮改为崮口，演变为古口后形成东西两古口，该村居西，称为西古口。聚落呈团块状分布。有文化广场 1 处、图书室 1 处。经济以种植业为主，主要农作物有小麦、玉米。有公路经此。

宋家峪 371325-B07-H15
[Sòngjiāyù]

在县驻地费城街道南方向 15.3 千米。马庄镇辖自然村。人口 900。建于明永乐年间，因在密山东侧，曾取名密山头，后以姓氏命名为宋家峪。聚落呈团块状分布。有文化广场 1 处、图书室 1 处。经济以种植业、加工业为主，主要农作物有小麦、玉米、地瓜。有公路经此。

中牛田 371325-B07-H16
[Zhōngniútián]

在县驻地费城街道东南方向 13.6 千米。马庄镇辖自然村。人口 600。建于明万历年间，相传许由隐于簸山，逛至此处曰"此乃牛壮田肥之地也"，故得名牛田，后来住户增多，按地势分为上、中、下三个牛田，该村居中，故名。聚落呈团块状分布。有文化广场 1 处、文化大院 1 处、农家书屋 1 处、图书室 1 处、幼儿园 1 处。经济以种植业为主，主要农作物有小麦、玉米。有公路经此。

光山头 371325-B07-H17
[Guāngshāntóu]

在县驻地费城街道东南方向 14.7 千米。马庄镇辖自然村。人口 500。建于明万历年间，相传许由隐于簸山，逛至此山头，故名逛山头，后演变为光山头。聚落呈带状分布。有文化广场 1 处、图书室 1 处、幼儿园 1 处。有县级文物保护单位徐向前旧居。经济以种植业为主，主要农作物有小麦、玉米。有公路经此。

许由洞 371325-B07-H18
[Xǔyóudòng]

在县驻地费城街道东南方向 15.4 千米。马庄镇辖自然村。人口 200。建于清康熙年间，相传古时许由为躲避尧的谦让，而隐居在箕山脚下的洞中，后人称此洞为许由洞，该村在此附近，故名。聚落呈带状分布。村北有许由洞，为县级文物保护单位。经济以种植业为主，主要农作物有小麦、玉米。有公路经此。

双桥 371325-B07-H19
[Shuāngqiáo]

在县驻地费城街道东南方向 15.6 千米。马庄镇辖自然村。人口 1 100。建于清康熙年间，以村前洼湖取名为小湖，因与本县汪沟公社小湖重名，1980 年以村的前后各有一座桥取名为双桥。聚落呈团块状分布。有文化广场 1 处、图书室 1 处、幼儿园 1 处、小学 1 处。经济以种植业为主，主要农作物有小麦、玉米。有公路经此。

沾花庄 371325-B07-H20
[Zhānhuāzhuāng]

在县驻地费城街道东南方向 14.8 千米。马庄镇辖自然村。人口 1 000。建于明洪武年间，相传古代一名女将战败身亡于此地，故取名战花庄，后演变为沾花庄。聚落呈团块状分布。有文化广场 1 处、图书室 1 处、幼儿园 1 处。经济以种植业、加工业、商贸业、养殖业为主。有公路经此。

卸甲水 371325-B07-H21
[Xièjiǎshuǐ]

在县驻地费城街道东南方向 15.0 千米。马庄镇辖自然村。人口 1 000。建于元代末年，相传古代有一将军路过此地，由于疲劳过度，就在一棵大树下卸了铠甲睡了觉，后人以此事取村名为卸甲睡，曾演变为谢家水，最终定名卸甲水。聚落呈带状分布。有文化广场 1 处、图书室 1 处。经济以种植业、加工业为主，主要农作物有小麦、玉米、地瓜、花生、黄烟等。有公路经此。

长丰庄 371325-B07-H22
[Chángfēngzhuāng]

在县驻地费城街道东南方向 12.2 千米。马庄镇辖自然村。人口 600。建于清康熙年间，该村西、南、北三面靠山，形似簸箕，取名为簸箕掌，因与城关镇簸箕掌重名，1980 年以靠近长丰塘坝取名长丰庄。聚落呈团块状分布。有文化广场 1 处。经济以种植业为主，主要农作物有小麦、玉米。有公路经此。

楼子峪 371325-B07-H23
[Lóuziyù]

在县驻地费城街道南方向 9.4 千米。马庄镇辖自然村。人口 100。建于明成化年间，因在两个小岭之间，西门有一石垛，形如楼，故名。聚落呈团块状分布。有文化广场 1 处、农家书屋 1 处、图书室 1 处。经济以种植业为主，主要农作物有小麦、玉米。有公路经此。

牛角峪 371325-B07-H24

[Niújiǎoyù]

在县驻地费城街道南方向 11.7 千米。马庄镇辖自然村。人口 500。建于明崇祯年间，相传此地原为南泉的牛圈，故名牛圈峪，清初演变为牛角峪。聚落呈带状分布。有文化广场 1 处。经济以种植业为主，主要农作物有小麦、玉米、核桃。有公路经此。

东赵庄 371325-B07-H25

[Dōngzhàozhuāng]

在县驻地费城街道南方向 8.8 千米。马庄镇辖自然村。人口 200。建于明嘉靖年间，以姓氏命名为赵庄，后分东、西两村，该村居东，称为东赵庄。聚落呈团块状分布。有文化广场 1 处。经济以种植业为主，主要农作物有小麦、玉米。有公路经此。

东利涧 371325-B07-H26

[Dōnglìjiàn]

在县驻地费城街道南方向 9.8 千米。马庄镇辖自然村。人口 300。建于明万历年间，因在两山之中，故名利涧，后分为东、西、南三村，该村居东，称东利涧。聚落呈团块状分布。有文化广场 1 处、幼儿园 1 处、小学 1 处。经济以种植业为主，主要农作物有小麦、玉米。有公路经此。

东荆湾 371325-B07-H27

[Dōngjīngwān]

在县驻地费城街道南方向 8.4 千米。马庄镇辖自然村。人口 200。建于明万历年间，张、李两姓来此居住，曾叫张李庄，后因地处山湾，荆条很多，称为荆湾，随着村庄扩大，分为东、南、西三村，该村居东，称为东荆湾。聚落呈团块状分布。有文化广场 1 处。经济以种植业为主，主要农作物有小麦、玉米、棉花、核桃。有公路经此。

东宋庄 371325-B07-H28

[Dōngsòngzhuāng]

在县驻地费城街道南方向 11.2 千米。马庄镇辖自然村。人口 300。建于清康熙年间，传说中两位老人喝醉酒后，互相送归，故名送庄，后演变为宋庄，后因扩大成两个村，该村居东，称东宋庄。聚落呈团块状分布。有文化广场 1 处。经济以种植业为主，主要农作物有小麦、玉米。有公路经此。

芍药山 371325-B07-H29

[Sháoyàoshān]

在县驻地费城街道南方向 12.0 千米。马庄镇辖自然村。人口 300。建于清康熙年间，因北部靠芍药山，故村名芍药山。聚落呈团块状分布。有文化广场 1 处、图书室 1 处、幼儿园 1 处、小学 1 处。经济以种植业为主，主要农作物有小麦、玉米。有公路经此。

河头湾 371325-B07-H30

[Hétóuwān]

在县驻地费城街道南方向 13.3 千米。马庄镇辖自然村。人口 900。建于清康熙年间，因在涑河源头，取名为河头湾。聚落呈带状分布。有文化广场 1 处、图书室 1 处。经济以种植业为主，主要农作物有小麦、玉米。有公路经此。

石河 371325-B07-H31

[Shíhé]

在县驻地费城街道南方向 13.4 千米。马庄镇辖自然村。人口 800。建于清康熙年间，村西有条季节性小河，河底全是石板，称为石河，村名亦以此称为石河。聚落呈团块状分布。有文化广场 1 处。经济以种植业为主，主要农作物有谷子、玉米、花生、板栗、核桃。有公路经此。

王大夫庄 371325-B07-H32
[Wángdàifuzhuāng]

在县驻地费城街道东南方向 20.0 千米。马庄镇辖自然村。人口 1 500。建于明永乐年间，原名小破庄、茶棚庄，相传一位官人路过此地得病被姓王的妇女治好，故名。聚落呈团块状分布。有文化广场 1 处、图书室 1 处。经济以种植业、商贸业、加工业为主，主要农作物有小麦、玉米、地瓜、黄烟。有公路经此。

红果峪 371325-B07-H33
[Hóngguǒyù]

在县驻地费城街道南方向 13.4 千米。马庄镇辖自然村。人口 1 000。建于明万历年间，以姓氏取名周家庄。因与本县其他周家庄重名，1980 年以当地盛产山楂，更名为红果峪。聚落呈带状分布。有文化广场 1 处。经济以种植业为主，主要农作物有玉米、小麦、核桃、山楂。有公路经此。

尚庄 371325-B07-H34
[Shàngzhuāng]

在县驻地费城街道南方向 13.0 千米。马庄镇辖自然村。人口 1 300。相传此地在唐代时修建关帝庙，有庙地。明永乐年间在此建村，取和尚的尚字做村名。1978 年秋因搞农田基本建设，从原址迁到西北 1 千米处将东、中、西三个尚庄合并，统称尚庄。聚落呈团块状分布。有文化广场 1 处、图书室 1 处、幼儿园 1 处、小学 1 处。经济以种植业为主，主要农作物有谷子、玉米、花生、板栗、核桃。有公路经此。

莲花庄 371325-B07-H35
[Liánhuāzhuāng]

在县驻地费城街道南方向 14.2 千米。马庄镇辖自然村。人口 600。该村居民曾移居四次，于清康熙年间定居此地，因村东北侧有形似莲花的石盆，故取名为莲花庄。聚落呈团块状分布。有文化广场 1 处。经济以种植业为主，主要农作物有玉米、花生、小麦、核桃。有公路经此。

东天井汪 371325-B07-H36
[Dōngtiānjǐngwāng]

在县驻地费城街道南方向 14.9 千米。马庄镇辖自然村。人口 1 000。建于明嘉靖年间，以姓氏命名为赵家庄，后因村四周皆山，取名天井汪。村庄扩大后，分为南、北、东、西四个庄，该村居东，故名。聚落呈带状分布。有文化广场 1 处、图书室 1 处。经济以种植业为主，主要农作物有谷子、玉米、花生、板栗、核桃。有公路经此。

南天井汪 371325-B07-H37
[Nántiānjǐngwāng]

在县驻地费城街道南方向 15.4 千米。马庄镇辖自然村。人口 500。建于明嘉靖年间，以姓氏命名为赵家庄，后因村四周皆山，取名天井汪。村庄扩大后，分为南、北、东、西四个庄，该村居南，故名。聚落呈团块状分布。有文化广场 1 处、图书室 1 处。经济以种植业为主，主要农作物有小麦、玉米。有公路经此。

北天井汪 371325-B07-H38
[Běitiānjǐngwāng]

在县驻地费城街道南方向 15.2 千米。马庄镇辖自然村。人口 1 100。明嘉靖年间，以姓氏命名为赵家庄，后因村四周皆山，取名天井汪。村庄扩大后，分为南、北、东、西四个庄，该村居北，故名北天井汪。有文化广场 1 处、幼儿园 1 处、小学 1 处。聚落呈带状分布。经济以种植业为主，主要农作物有玉米、花生、小麦、核桃。有公路经此。

鱼林山 371325-B07-H39
[Yúlínshān]

在县驻地费城街道南方向15.4千米。马庄镇辖自然村。人口700。建于清乾隆年间，以村西有块巨石形似鱼以及当地树林多而称为鱼林山。有文化广场1处、图书室1处。聚落呈团块状分布。经济以种植业为主，主要农作物有小麦、玉米、棉花、核桃。有公路经此。

大寨 371325-B07-H40
[Dàzhài]

在县驻地费城街道西南方向11.9千米。马庄镇辖自然村。人口300。建于清康熙年间，因在大寨山南侧，故名。聚落呈团块状分布。有文化广场1处、图书室1处、幼儿园1处、小学1处。经济以种植业为主，主要农作物有小麦、玉米。有公路经此。

柳行头 371325-B07-H41
[Liǔhángtóu]

在县驻地费城街道南方向13.7千米。马庄镇辖自然村。人口600。因涑河上游的两岸柳林茂盛，故名柳行头。聚落呈团块状分布。有文化广场1处、农家书屋1处、图书室1处、幼儿园1处。经济以种植业、加工业为主，主要农作物有小麦、玉米、地瓜。有公路经此。

山西头 371325-B07-H42
[Shānxītóu]

在县驻地费城街道南方向14.6千米。马庄镇辖自然村。人口600。姚氏原居住于诸城县，元末战乱，迁至费县山阳村，后由于人口众多，由山阳村迁至马庄西涑河西岸，取名为涑行村，由于积涝，后迁至涑河东岸匡爷山西边，依山傍水，故取名为山西头。有文化广场1处、图书室1处。聚落呈带状分布。经济以种植业、加工业为主。有公路经此。

水泉庄 371325-B07-H43
[Shuǐquánzhuāng]

在县驻地费城街道南方向14.8千米。马庄镇辖自然村。人口300。建于元代末年，因村东有一久旱不枯的泉子，故名。聚落呈团块状分布。经济以种植业、加工业为主。有公路经此。

西南峪 371325-B07-H44
[Xīnányù]

在县驻地费城街道东南方向16.2千米。马庄镇辖自然村。人口900。建于明崇祯年间，因在天井汪西南的山峪里，取名为西南峪。聚落呈团块状分布。有文化广场1处。经济以种植业为主，主要农作物有小麦、玉米。有公路经此。

胡阳 371325-B08-H01
[Húyáng]

胡阳镇人民政府驻地。在县驻地费城街道东北方向12.3千米。人口2 000。明万历年间建村，胡、杨两姓最早来此居住，取名胡杨庄，后因杨姓无人，改为胡阳。聚落呈团块状分布。有幼儿园。经济以种植业为主，主要农作物有小麦、玉米、水稻、西红柿。

石贵岭 371325-B08-H02
[Shíguìlǐng]

在县驻地费城街道东北方向8.8千米。胡阳镇辖自然村。人口400。建于清嘉庆十二年（1807），希望石头能带来富贵，故以吉祥嘉言命名为石贵岭。聚落呈团块状分布。有文化广场1处。经济以种植业为主，主要农作物有小麦、玉米、花生等。

北山阳 371325-B08-H03
［Běishānyáng］

在县驻地费城街道东北方向 8.8 千米。胡阳镇辖自然村。人口 1 800。建于明朝末期，该村因地处吉山西南岭，命名为山阳，有南北两村，此村居北，故称北山阳。聚落呈团块状分布。有文化广场 1 处。经济以种植业为主，主要农作物有小麦、玉米、花生等。有公路经此。

南山阳 371325-B08-H04
［Nánshānyáng］

在县驻地费城街道东北方向 7.9 千米。胡阳镇辖自然村。人口 1 700。建于明朝末期，因地处吉山西南岭，命名为山阳，有南北两村，此村居南，故称南山阳。聚落呈团块状分布。有文化广场 1 处、幼儿园 1 处、小学 1 处。经济以种植业为主，主要农作物有小麦、玉米、花生等。有公路经此。

曹家庄 371325-B08-H05
［Cáojiāzhuāng］

在县驻地费城街道东北方向 10.0 千米。胡阳镇辖自然村。人口 800。建于清朝中期，因姓氏命名。聚落呈团块状分布。有文化广场 1 处、文化大院 1 处、农家书屋 1 处、图书室 1 处。经济以种植业为主，主要农作物有小麦、玉米、花生等。有公路经此。

农立庄 371325-B08-H06
［Nónglìzhuāng］

在县驻地费城街道东北方向 9.9 千米。胡阳镇辖自然村。人口 1 000。建于清朝初期，原名重兴庄，据传很早以前，一大官路过此地，见男耕女织，都很勤劳，便下轿子问一老农，这是什么庄，老农答是重兴庄，官说不如叫努力庄，由此得名，后演变为农立庄。聚落呈团块状分布。有文化广场 1

处。经济以种植业为主，主要农作物有小麦、玉米、花生等。有公路经此。

岩峪 371325-B08-H07
［Yányù］

在县驻地费城街道东北方向 11.7 千米。胡阳镇辖自然村。人口 1 200。建于明崇祯年间，因该村在岩峪寺南侧，故村名亦为岩峪。聚落呈团块状分布。有文化广场 1 处、幼儿园 1 处。经济以种植业为主，主要农作物有小麦、玉米、花生等。有公路经此。

秦家屯 371325-B08-H08
［Qínjiātún］

在县驻地费城街道东北方向 12.5 千米。胡阳镇辖自然村。人口 700。建于清乾隆年间，以姓氏得名秦家屯。聚落呈团块状分布。有文化广场 1 处、文化大院 1 处、农家书屋 1 处、图书室 1 处。经济以种植业为主，主要农作物有小麦、玉米、花生、西红柿等。有公路经此。

西永旺 371325-B08-H09
［Xīyǒngwàng］

在县驻地费城街道东北方向 14.6 千米。胡阳镇辖自然村。人口 700。建于明万历年间，原以吉祥嘉言命名为永旺村。清光绪年间，该村葛家当龙王庙主，村庄中的大沟发源于大固山龙王庙下，故改名为龙王沟。1955 年恢复原名，因村庄扩大成东、西、南三村，该村居西，称西永旺。聚落呈团块状分布。有文化广场 1 处、文化大院 1 处、农家书屋 1 处、图书室 1 处、幼儿园 1 处。经济以种植业为主，主要农作物有大棚瓜菜。有公路经此。

新胜庄 371325-B08-H10
［Xīnshèngzhuāng］

在县驻地费城街道东北方向 14.5 千米。

胡阳镇辖自然村。人口1 700。以吉祥嘉言命名。聚落呈团块状分布。有文化广场1处、文化大院1处、农家书屋1处、图书室1处、幼儿园1处。经济以种植业为主，主要农作物有小麦、玉米、花生。有公路经此。

玉米庄 371325-B08-H11
[Yùmǐzhuāng]

在县驻地费城街道东北方向14.4千米。胡阳镇辖自然村。人口1 300。建于清康熙年间，原以吉祥嘉言命名为永睦庄，1946年解放军驻防，因口音不同，将此庄误写为玉米庄，村中范姓很多，认为玉米对范姓有利，故从此更名为玉米庄。聚落呈团块状分布。有文化广场1处、文化大院1处、农家书屋1处、图书室1处、幼儿园1处。经济以种植业为主，主要农作物有花生、玉米、小麦，瓜菜种植已经形成规模。有公路经此。

新店 371325-B08-H12
[Xīndiàn]

在县驻地费城街道东北方向13.7千米。胡阳镇辖自然村。人口600。建于明洪武二年（1369），相传村北有一麻家的状元府，经营旅店、油坊，庄名叫麻家店子，后麻家败了家，剩下几个用人搬到路南居住，改叫半边店子，后又简称店子，1980年地名普查时，因与本县其他店子村重名，更名为新店。聚落呈团块状分布。有文化广场1处、文化大院1处、农家书屋1处、图书室1处、幼儿园1处。经济以种植业为主，主要农作物有花生、玉米、小麦，瓜菜种植初具规模。有公路经此。

养马庄 371325-B08-H13
[Yǎngmǎzhuāng]

在县驻地费城街道东北方向12.5千米。胡阳镇辖自然村。人口1 100。建于明朝末期，相传历史上朝廷为捉拿一名逃亡大臣，派人率马队在此居住多时，从此命名为养马庄。又说："一大户人家的马丢失，被该村人收养，后归还失主，为日后前来答谢，故名养马庄。聚落呈团块状分布。有文化广场1处、文化大院1处、农家书屋1处、图书室1处、幼儿园1处。经济以种植业为主，主要农作物有花生、玉米、小麦，瓜菜种植初具规模。有公路经此。

城头 371325-B08-H14
[Chéngtóu]

在县驻地费城街道东北方向7.2千米。胡阳镇辖自然村。人口2 800。据村西福胜院长兴碑记载，建于后五代，因该村在旧城址以南，故名城头。聚落呈团块状分布。有文化广场1处、文化大院1处、农家书屋1处、图书室1处、幼儿园1处。有县级文物保护单位隋代鼎建金像之碑。经济以种植业为主，主要农作物有花生、玉米、小麦。有公路经此。

中徕庄 371325-B08-H15
[Zhōngláizhuāng]

在县驻地费城街道东方向8.7千米。胡阳镇辖自然村。人口800。建于明洪武年间，原为一个大村，总称徕庄，抗日战争时期，因村庄扩大而分为三个村，该村居中而称为中徕庄。聚落呈团块状分布。有文化广场1处、幼儿园1处、小学1处。经济以种植业为主，主要农作物有花生、玉米、小麦。有公路经此。

四九庄 371325-B08-H16
[Sìjiǔzhuāng]

在县驻地费城街道东方向9.3千米。胡阳镇辖自然村。人口1 300。建于明成化年间，村南有老观墩古庙，每逢四、九日为庙集，故命名为四九庄。聚落呈团块状分布。有文化广场 1 处。经济以种植业为主，主要农作物有花生、玉米、小麦，蓝莓园建设初具规模。有公路经此。

茶树庄　371325-B08-H17

[Cháshùzhuāng]

在县驻地费城街道东北方向 10.6 千米。胡阳镇辖自然村。人口 1 400。建于明崇祯二年（1629），因村头有棵大茶树，故名为茶树庄。聚落呈团块状分布。有文化广场 1 处、文化大院 1 处、农家书屋 1 处、图书室 1 处。经济以种植业为主，主要农作物有花生、玉米、小麦，瓜菜种植初具规模。有公路经此。

茂盛庄　371325-B08-H18

[Màoshèngzhuāng]

在县驻地费城街道东方向 10.7 千米。胡阳镇辖自然村。人口 600。明洪武年间建村，以吉祥嘉言命名为茂盛庄。聚落呈团块状分布。有文化广场 1 处。经济以种植业为主，主要农作物有花生、玉米、小麦。有公路经此。

城立庄　371325-B08-H19

[Chénglìzhuāng]

在县驻地费城街道东方向 11.2 千米。胡阳镇辖自然村。人口 1 800。建于明朝中期，相传一县官想在此设置县城，因缺少猫地存不住粮食，故未设城，但后人却因此称为城里庄，后演变为城立庄。聚落呈团块状分布。有文化广场 1 处、文化大院 1 处、农家书屋 1 处、图书室 1 处。经济以种植业、养殖业为主，主要农作物有花生、玉米、小麦，优质奶牛养殖已经形成规模。有公路经此。

团结　371325-B08-H20

[Tuánjié]

在县驻地费城街道东北方向 13.1 千米。胡阳镇辖自然村。人口 600。建于清道光年间，因在大固安西侧，取名小固安，1972 年从方城公社古城水库上游同庄迁来部分居民，为表示和睦共处而取名为团结。聚落呈团块状分布。有文化广场 1 处。经济以种植业为主，主要农作物有花生、玉米、小麦，瓜菜种植初具规模。有公路经此。

大固安　371325-B08-H21

[Dàgù'ān]

在县驻地费城街道东北方向 13.4 千米。胡阳镇辖自然村。人口 1 000。建于清雍正年间，以吉祥嘉言命名为大固安。聚落呈团块状分布。有文化广场 1 处。经济以种植业为主，主要农作物有花生、玉米、小麦，瓜菜种植初具规模。有公路经此。

万福庄　371325-B08-H22

[Wànfúzhuāng]

在县驻地费城街道东方向 12.6 千米。胡阳镇辖自然村。人口 1 100。建于明朝初年，以吉祥嘉言命名为万福庄。聚落呈团块状分布。有文化广场 1 处、文化大院 1 处、农家书屋 1 处、图书室 1 处、幼儿园 1 处。经济以种植业为主，主要农作物有花生、玉米、小麦，瓜菜种植初具规模。有公路经此。

邵家屯　371325-B08-H23

[Shàojiātún]

在县驻地费城街道东方向 12.8 千米。胡阳镇辖自然村。人口 1 300。建于清顺治年间，因邵、见两姓建村而名邵见屯，后改为邵家屯。聚落呈团块状分布。有文化广场 1 处。经济以种植业为主，主要农作物有花生、玉米、小麦。有公路经此。

西北尹 371325-B08-H24
[Xīběiyǐn]

在县驻地费城街道东方向 12.0 千米。胡阳镇辖自然村。人口 1 400。建于明朝中期，因在整个北尹的西端，称为西北尹。聚落呈团块状分布。有文化广场 1 处、文化大院 1 处、农家书屋 1 处、图书室 1 处、幼儿园 1 处、小学 1 处。经济以种植业为主，主要农作物有花生、玉米、小麦。有公路经此。

丁家庄 371325-B08-H25
[Dīngjiāzhuāng]

在县驻地费城街道东方向 8.6 千米。胡阳镇辖自然村。人口 800。以姓氏命名为丁家庄。聚落呈团块状分布。有文化广场 1 处。经济以种植业为主，主要农作物有花生、玉米、小麦。有公路经此。

石井 371325-B09-H01
[Shíjǐng]

石井镇人民政府驻地。在县驻地费城街道西南方向 29.6 千米。人口 1 300。建于元至正年间，相传早年在此打了一口石井，以井得名。聚落呈团块状分布。有幼儿园。经济以种植业为主，主要农作物有小麦、玉米、花生。省道新枣公路经此。

大安 371325-B09-H02
[Dà'ān]

在县驻地费城街道西南方向 34.5 千米。石井镇辖自然村。人口 1 200。建于明成化年间，因村西有上庵庙，故名上庵。1950 年以吉祥嘉言更名为大安。聚落呈团块状分布。有文化广场 3 处、文化大院 1 处、农家书屋 1 处、图书室 1 处、幼儿园 1 处。经济以种植业、商贸业为主，主要农作物有小麦、玉米、花生及杂果。有公路经此。

小岩子 371325-B09-H03
[Xiǎoyánzi]

在县驻地费城街道西南方向 35.1 千米。石井镇辖自然村。人口 400。因地理位置得名。建于明万历年间，该村三面靠山，建村于岩石之上，故名小岩子。聚落呈团块状分布。有文化广场 1 处。经济以种植业、商贸业为主，主要农作物有小麦、玉米及林果。有公路经此。

老宅子 371325-B09-H04
[Lǎozháizi]

在县驻地费城街道西南方向 33.6 千米。石井镇辖自然村。人口 300。建于清康熙初年，相传明朝末年，此处曾有人居住，仍有宅基地，故称为老宅子。聚落呈团块状分布。经济以种植业为主，主要农作物有花生、玉米、小麦。有公路经此。

柴火峪 371325-B09-H05
[Cháihuǒyù]

在县驻地费城街道西南方向 33.0 千米。石井镇辖自然村。人口 300。建于明嘉靖年间，因此地原为尤家宅放柴草的地方，故名。聚落呈团块状分布。有文化广场 5 处、文化大院 1 处、农家书屋 1 处、图书室 1 处、幼儿园 1 处。经济以种植业为主，主要农作物有小麦、玉米。有公路经此。

齐家峪 371325-B09-H06
[Qíjiāyù]

在县驻地费城街道西南方向 33.5 千米。石井镇辖自然村。人口 800。建于明正德年间，因地处山峪，故以姓氏取名齐家峪。聚落呈团块状分布。有文化广场 1 处、文化大院 1 处、农家书屋 1 处、图书室 1 处。经济以种植业为主，主要农作物有小麦、玉米。有公路经此。

荆山寺 371325-B09-H07
[Jīngshānsì]

在县驻地费城街道西南方向 33.4 千米。石井镇辖自然村。人口 100。建于 1958 年，原系石井公社林场，因在荆山寺庙宇内，故名荆山寺。聚落呈团块状分布。有县级文物保护单位荆山寺烈士公墓。经济以种植业为主，主要农作物有小麦、玉米。有公路经此。

鸭汪 371325-B09-H08
[Yāwāng]

在县驻地费城街道西南方向 30.2 千米。石井镇辖自然村。人口 600。建于明嘉靖年间，因村西有一小汪，能饲养鸭子，故名鸭汪。聚落呈团块状分布。有文化广场 3 处、文化大院 1 处、农家书屋 1 处、图书室 1 处、幼儿园 1 处。经济以种植业为主，主要农作物有小麦、玉米。有公路经此。

胡家 371325-B09-H09
[Hújiā]

在县驻地费城街道西南方向 32.0 千米。石井镇辖自然村。人口 500。建于明洪武年间，以姓氏命名。聚落呈团块状分布。有文化广场 1 处、文化大院 1 处、农家书屋 1 处、图书室 1 处、幼儿园 1 处、小学 1 处。经济以种植业为主，主要农作物有小麦、玉米。有公路经此。

裴家沟 371325-B09-H10
[Péijiāgōu]

在县驻地费城街道西南方向 29.1 千米。石井镇辖自然村。人口 300。建于清道光年间，因裴姓最早来此立村居住，故取名裴家沟。聚落呈团块状分布。有文化广场 2 处、文化大院 1 处、农家书屋 1 处、图书室 1 处。经济以种植业为主，主要农作物有小麦、玉米。有公路经此。

鞠家庄 371325-B09-H11
[Jūjiāzhuāng]

在县驻地费城街道西南方向 27.7 千米。石井镇辖自然村。人口 500。建于清道光年间，以鞠姓先来此定居而得名鞠家庄。聚落呈团块状分布。有文化广场 1 处、农家书屋 1 处、图书室 1 处、幼儿园 1 处。经济以种植业为主，主要农作物有小麦、玉米。有公路经此。

枣连峪 371325-B09-H12
[Zǎoliányù]

在县驻地费城街道西南方向 27.5 千米。石井镇辖自然村。人口 400。建于清道光年间，相传有人在村前湖里抓了一船鲢鱼，因天热一时卖不了，都槽了肚（鱼肚子腐烂了），故名槽鲢鱼，后逐渐演变成枣连峪。聚落呈团块状分布。有文化广场 1 处。经济以种植业为主，主要农作物有小麦、玉米。有公路经此。

边家庄 371325-B09-H13
[Biānjiāzhuāng]

在县驻地费城街道西南方向 27.9 千米。石井镇辖自然村。人口 500。建于明崇祯年间，卞氏立村，以姓氏名村卞家庄，后演变为边家庄。聚落呈团块状分布。有文化广场 1 处、文化大院 1 处、农家书屋 1 处、图书室 1 处。经济以种植业为主，主要农作物有小麦、玉米、花生。有公路经此。

城后 371325-B09-H14
[Chénghòu]

在县驻地费城街道西南方向 30.5 千米。石井镇辖自然村。人口 900。相传建于元代，因在春秋古翼城的北侧，故名城后。聚落呈团块状分布。有文化广场 2 处、文化大院 1 处、农家书屋 1 处、图书室 1 处。有县级文物保护单位周代翼城遗址。经济以种植业为主，主要农作物有小麦、玉米、花生。有公路经此。

龙衣庄 371325-B09-H15
［Lóngyīzhuāng］

在县驻地费城街道西南方向 33.0 千米。石井镇辖自然村。人口 500。建于清康熙初年，相传有一条龙在此蜕过皮，以此取名龙衣庄。聚落呈团块状分布。有文化广场 1 处、农家书屋 1 处、图书室 1 处、幼儿园 1 处、小学 1 处。经济以种植业为主，主要农作物有小麦、玉米、花生。有公路经此。

黄公庄 371325-B09-H16
［Huánggōngzhuāng］

在县驻地费城街道西南方向 33.0 千米。石井镇辖自然村。人口 1 100。建于明万历年间，该村碑记载为皇姑庄，1947 年后演变为黄公庄。聚落呈团块状分布。有文化广场 1 处、农家书屋 1 处。经济以种植业为主，主要农作物有小麦、玉米、花生。有公路经此。

苗家圈 371325-B09-H17
［Miáojiāquān］

在县驻地费城街道西南方向 34.0 千米。石井镇辖自然村。人口 400。建于明洪武年间，以姓氏命名为苗家园，后演变为苗家圈。聚落呈团块状分布。经济以种植业为主，主要农作物有小麦、玉米、花生。有公路经此。

高岩庄 371325-B09-H18
［Gāoyánzhuāng］

在县驻地费城街道西南方向 33.7 千米。石井镇辖自然村。人口 500。建于明万历年间，因盛产高粱而得名高粱庄，后演变成高岩庄。聚落呈团块状分布。有文化广场 1 处、文化大院 1 处、农家书屋 1 处、图书室 1 处、幼儿园 1 处、小学 1 处。经济以种植业为主，主要农作物有小麦、玉米、花生。有公路经此。

葛针林 371325-B09-H19
［Gézhēnlín］

在县驻地费城街道西南方向 34.8 千米。石井镇辖自然村。人口 400。清乾隆年间，宋姓从枣庄官地迁居此地，因周围酸枣树（又名葛针）较多，故名。聚落呈团块状分布。经济以种植业为主，主要农作物有小麦、玉米、花生。有公路经此。

高桥 371325-B09-H20
［Gāoqiáo］

在县驻地费城街道西南方向 31.9 千米。石井镇辖自然村。人口 1 300。建于明嘉靖年间，以村南石桥而得名高桥。聚落呈团块状分布。有文化广场 3 处、农家书屋 1 处、图书室 1 处、幼儿园 1 处、小学 1 处。有中共苏鲁豫皖边区特委驻地旧址。经济以种植业为主，主要农作物有小麦、玉米。有公路经此。

郑家庄 371325-B09-H21
［Zhèngjiāzhuāng］

在县驻地费城街道西南方向 30.7 千米。石井镇辖自然村。人口 300。明万历年间，郑姓从滕县郑家寨迁居此地，故名郑家庄。聚落呈团块状分布。有文化广场 1 处、农家书屋 1 处。经济以种植业为主，主要农作物有小麦、玉米、花生。有公路经此。

马褂庄 371325-B09-H22
［Mǎguàzhuāng］

在县驻地费城街道西南方向 31.7 千米。石井镇辖自然村。人口 300。建于清康熙初年，相传此地有个人做了一件马褂，别人出门时常来借用，故由此得名马褂庄。

聚落呈团块状分布。经济以种植业为主，主要农作物有小麦、玉米、花生。有公路经此。

乔家庄 371325-B09-H23

[Qiáojiāzhuāng]

在县驻地费城街道西南方向 31.9 千米。石井镇辖自然村。人口 500。建于明万历年间，因村中主要以乔姓为主，故名。聚落呈团块状分布。有文化广场 1 处。经济以种植业为主，主要农作物有小麦、玉米、花生。有公路经此。

板桥 371325-B09-H24

[Bǎnqiáo]

在县驻地费城街道西南方向 25.7 千米。石井镇辖自然村。人口 800。建于明洪武年间，因此地曾修有一座石板桥而得名。聚落呈团块状分布。有文化广场 1 处、幼儿园 1 处、小学 1 处。经济以种植业为主，主要农作物有小麦、玉米、花生。有公路经此。

葛针园 371325-B09-H25

[Gézhēnyuán]

在县驻地费城街道西南方向 28.2 千米。石井镇辖自然村。人口 400。建于清光绪年间，因此处葛针树较多（酸枣树），故名。聚落呈团块状分布。有文化广场 1 处、农家书屋 1 处、图书室 1 处、幼儿园 1 处、小学 1 处。经济以种植业为主，主要农作物有小麦、玉米、花生。有公路经此。

红山口 371325-B09-H26

[Hóngshānkǒu]

在县驻地费城街道西南方向 27.1 千米。石井镇辖自然村。人口 300。建于明洪武年间，因在红山南侧山口上，故名。聚落呈团块状分布。经济以种植业为主，主要农作物有小麦、玉米、花生。有公路经此。

莲花峪 371325-B09-H27

[Liánhuāyù]

在县驻地费城街道西南方向 29.0 千米。石井镇辖自然村。人口 700。据村中明洪武二年（1369）碑文记载，建于元至元三年（1337），因在青皮山南侧土岭顶上，形如莲花，故名。聚落呈团块状分布。有文化广场 1 处、幼儿园 1 处。经济以种植业为主，主要农作物有小麦、玉米、花生。有公路经此。

大田庄 371325-C01-H01

[Dàtiánzhuāng]

大田庄乡人民政府驻地。在县驻地费城街道北方向 19.5 千米。人口 400。建于清康熙年间，以姓氏命名田庄，后习惯称为大田庄。聚落呈团块状分布。有幼儿园等。经济以种植业为主，主要农作物有小麦、玉米、板栗、山楂、西瓜、苹果等。有公路经此。

韩家庄 371325-C01-H02

[Hánjiāzhuāng]

在县驻地费城街道北方向 28.5 千米。大田庄乡辖自然村。人口 300。建于清康熙年间，因最早韩姓前来居住，故名韩家庄。聚落呈团块状分布。有文化广场 1 处。经济以种植业为主，主要农作物有山楂、苹果、板栗。有公路经此。

牛岚 371325-C01-H03

[Niúlán]

在县驻地费城街道北方向 26.7 千米。大田庄乡辖自然村。人口 1 600。明末清初，战乱不断，村内村民由南向北迁徙过来，又逢大旱，民不聊生，村民感到迁徙的不易，所以把村名叫游难村，后因谐音演变发展成牛岚。聚落呈团块状分布。有农家书屋 1 处、幼儿园 1 处、小学 1 处。经济以种植业为主，主要农作物有桃、杏。有公路经此。

臧家庄 371325-C01-H04
[Zāngjiāzhuāng]

在县驻地费城街道北方向 24.6 千米。大田庄乡辖自然村。人口 700。清康熙年间此地有仓姓住户，因东北面有村名老猫窝，认为猫对仓姓有利，故取名仓家庄，后来仓姓无人，取谐音为臧家庄。聚落呈带状分布。有文化广场 1 处、农家书屋 1 处。经济以种植业为主，主要农作物有桃、杏。有公路经此。

薛家庄 371325-C01-H05
[Xuējiāzhuāng]

在县驻地费城街道北方向 18.8 千米。大田庄乡辖自然村。人口 500。建于清康熙年间，以姓氏命名为薛家庄。聚落呈带状分布。有文化广场 1 处。经济以种植业为主，主要农作物有小麦、玉米、板栗、山楂。有公路经此。

东渐富 371325-C01-H06
[Dōngjiànfù]

在县驻地费城街道北方向 19.0 千米。大田庄乡辖自然村。人口 1 600。明朝末年，苏家从蒙阴苏家围子迁来，以吉祥嘉言取名渐富庄，后分为东西两村，该村居东，故名东渐富。聚落呈团块状分布。有文化广场 2 处、农家书屋 1 处。经济以种植业为主，主要农作物有花生、玉米、小麦、大豆。有公路经此。

西渐富 371325-C01-H07
[Xījiànfù]

在县驻地费城街道北方向 18.9 千米。大田庄乡辖自然村。人口 2 000。明朝末年，苏家从蒙阴苏家围子迁来，以吉祥嘉言取名渐富庄，后分为东、西两村，该村居西，故名西渐富。聚落呈团块状分布。有文化广场 1 处、农家书屋 1 处。经济以种植业为主，主要农作物有花生、玉米、小麦、大豆。有公路经此。

西安太 371325-C01-H08
[Xī'āntài]

在县驻地费城街道北方向 20.2 千米。大田庄乡辖自然村。人口 1 000。建于明崇祯年间，因当时各处发生战争，百姓盼望安宁、太平，取村名为安太，后分为东、西两村，该村居西，故名西安太。聚落呈团块状分布。有文化广场 2 处、农家书屋 1 处。经济以种植业为主，主要农作物有黄烟、花卉、苗木、金银花、板栗。有公路经此。

东安太 371325-C01-H09
[Dōng'āntài]

在县驻地费城街道北方向 20.1 千米。大田庄乡辖自然村。人口 1 500。建于明崇祯年间，因当时各处发生战争，百姓盼望安宁、太平，取村名为安太，后分为东、西两村，该村居东，故名东安太。聚落呈团块状分布。有文化广场 1 处、农家书屋 1 处、幼儿园 1 处、小学 1 处。经济以种植业为主，主要农作物有小麦、玉米、花生等。有公路经此。

齐鲁地 371325-C01-H10
[Qílǔdì]

在县驻地费城街道北方向 19.0 千米。大田庄乡辖自然村。人口 1 500。春秋战国时期，此地有条东西向土龙脊，相传是齐国和鲁国两国军队作战的分界线，南为鲁军，北为齐军，明万历年间，在土龙脊两侧建村，故名齐鲁地。聚落呈团块状分布。有文化广场 3 处、农家书屋 1 处、幼儿园 1

处。有县级文物保护单位宋氏关帝庙。经济以种植业为主，主要农作物有小麦、玉米、花生、黄烟。有公路经此。

五圣堂 371325-C01-H11
［Wǔshèngtáng］

在县驻地费城街道北方向 24.1 千米。大田庄乡辖自然村。人口 300。清顺治年间，此地有座庙堂，内有五尊泥像，被称为五大圣人，故村名五圣堂。聚落呈团块状分布。有文化广场 3 处、农家书屋 1 处、幼儿园 1 处、小学 1 处。经济以种植业为主，主要农作物有桃、杏。有公路经此。

青云庄 371325-C01-H12
［Qīngyúnzhuāng］

在县驻地费城街道北方向 19.8 千米。大田庄乡辖自然村。人口 400。清嘉庆年间，从大田庄迁来此地，以村后回龙庙和龙王河取名青龙庄，民国年间村庄遭土匪抢劫烧光，后来村民逃难重新回村后，改名青云庄。聚落呈团块状分布。有文化广场 1 处、农家书屋 1 处、幼儿园 1 处、小学 1 处。古迹有回龙庙。经济以种植业为主，主要农作物有桃、杏。有公路经此。

黄土庄 371325-C01-H13
［Huángtǔzhuāng］

在县驻地费城街道北方向 20.1 千米。大田庄乡辖自然村。人口 800。建于明洪武年间，因村前全是黄土而得名。聚落呈团块状分布。有文化广场 1 处、农家书屋 1 处。经济以种植业为主，主要农作物有桃、杏。有公路经此。

周家庄 371325-C01-H14
［Zhōujiāzhuāng］

在县驻地费城街道北方向 20.4 千米。大田庄乡辖自然村。人口 300。建于清乾隆年间，因周姓最早来此定居，故名周家庄。聚落呈团块状分布。有文化广场 3 处、农家书屋 1 处、图书室 1 处、幼儿园 1 处。经济以种植业、旅游业为主，主要农作物有大樱桃、杏、山楂、板栗、桃。有公路经此。

南张庄 371325-C02-H01
［Nánzhāngzhuāng］

南张庄乡人民政府驻地。在县驻地费城街道北方向 13.3 千米。人口 1 300。建于明崇祯年间，曾名吴圣庄。清光绪年间，以姓氏及地理方位取今名。聚落呈团块状分布。有幼儿园。经济以种植业为主，主要农作物有小麦、玉米、花生等。日东高速、天蒙公路、文泗公路经此。

小贤河 371325-C02-H02
［Xiǎoxiánhé］

在县驻地费城街道北方向 17.3 千米。南张庄乡辖自然村。人口 2 200。明崇祯年间，从山西省洪洞县喜鹊窝迁来李、刘两家在此建村，取名可乐圈，后因逃避旧政府苛捐杂税，曾报了个假名"小贤河"，后来慢慢叫了此名。聚落呈团块状分布。有文化广场 2 处。经济以种植业、养殖业、商贸业为主，主要农作物有小麦、玉米、花生等。有公路经此。

西龙岗 371325-C02-H03
［Xīlónggǎng］

在县驻地费城街道北方向 14.2 千米。南张庄乡辖自然村。人口 1 600。建于明崇祯年间，因该村西面、北面丘陵起伏，故有龙岗之称，由于该村在沟西，故名。聚落呈团块状分布。有文化广场 1 处、农家书屋 1 处。经济以种植业为主，主要农作物有小麦、玉米、花生。有公路经此。

龙雨庄 371325-C02-H04
[Lóngyǔzhuāng]

在县驻地费城街道北方向 15.8 千米。南张庄乡辖自然村。人口 1 300。建于清康熙年间，相传此地常年干旱缺水，为求雨，人们在村西修了一座龙王庙，故名。聚落呈团块状分布。有文化广场 1 处、图书室 1 处、幼儿园 1 处、小学 1 处。经济以种植业、养殖业、商贸业为主，主要农作物有小麦、玉米、花生。有公路经此。

贺乐石 371325-C02-H05
[Hèlèshí]

在县驻地费城街道北方向 16.4 千米。南张庄乡辖自然村。人口 500。建于清咸丰年间，因此处有块名为"贺乐石"的巨石，故名。别名王家围子。聚落呈团块状分布。有文化广场 2 处。经济以种植业为主，主要农作物有地瓜、玉米、花生。有公路经此。

太白庄 371325-C02-H06
[Tàibáizhuāng]

在县驻地费城街道北方向 15.0 千米。南张庄乡辖自然村。人口 600。建于明成化年间，相传太白金星到过此地，故名太白庄。聚落呈团块状分布。有文化广场 1 处。经济以种植业为主，主要农作物有小麦、玉米、花生。有公路经此。

鲍家庄 371325-C02-H07
[Bàojiāzhuāng]

在县驻地费城街道北方向 18.4 千米。南张庄乡辖自然村。人口 300。建于清康熙年间，鲍姓最早来此居住，因姓氏得名鲍家庄。聚落呈团块状分布。经济以种植业为主，主要农作物有小麦、玉米、花生。有公路经此。

北刘家庄 371325-C02-H08
[Běiliújiāzhuāng]

在县驻地费城街道北方向 17.5 千米。南张庄乡辖自然村。人口 300。建于清乾隆年间，以姓氏命名，后因重名，1980 年地名普查时，按方位更名为北刘家庄。聚落呈团块状分布。有文化广场 3 处、农家书屋 1 处。经济以种植业、养殖业为主，主要农作物有小麦、玉米、花生、地瓜等。有公路经此。

聂家沟 371325-C02-H09
[Nièjiāgōu]

在县驻地费城街道北方向 16.6 千米。南张庄乡辖自然村。人口 600。建于清乾隆年间，原名青杨庄，后按姓氏改名为聂家沟。聚落呈团块状分布。有文化广场 1 处。有北魏时期的万福堂庙。经济以种植业为主，主要农作物有小麦、玉米、花生。有公路经此。

小青太庄 371325-C02-H10
[Xiǎoqīngtàizhuāng]

在县驻地费城街道北方向 10.6 千米。南张庄乡辖自然村。人口 600。清顺治年间，麻家来此建村，称麻家庄。光绪年间，因麻家勾结土匪祸害百姓，群众烧毁麻家宅院，从此清静太平，得名清太庄，因河西有一清太庄，该村小，故得名小清太庄，后演变为小青太庄。聚落呈团块状分布。有文化广场 1 处。经济以种植业为主，主要农作物有小麦、玉米、花生。有公路经此。

保安庄 371325-C02-H11
[Bǎo'ānzhuāng]

在县驻地费城街道北方向 10.2 千米。南张庄乡辖自然村。人口 1 400。相传在明万历年间，此地各村瘟疫盛行，唯有该村没有发生病情，因此官府命名为保安庄。聚落呈团块状分布。有文化广场 4 处、农家书屋 1 处。有官设保安庄碑、明代顺阳桥。经济以种植业为主，主要农作物有小麦、玉米、花生。有公路经此。

左家庄 371325–C02–H12
[Zuǒjiāzhuāng]

在县驻地费城街道北方向 12.3 千米。南张庄乡辖自然村。人口 600。建于清雍正年间，因该村在保安庄北侧，村小人少，故得名小保安庄。1958 年以姓氏改为左家庄。聚落呈团块状分布。有文化广场 1 处、幼儿园 1 处。经济以种植业为主，主要农作物有小麦、玉米、花生。有公路经此。

店子 371325–C02–H13
[Diànzi]

在县驻地费城街道北方向 13.2 千米。南张庄乡辖自然村。人口 700。清顺治年间，该村因紧靠大路，来往行人不断，买卖兴隆，故称兴隆店子，后演变为店子。聚落呈团块状分布。经济以种植业、养殖业、商贸业为主，主要农作物有小麦、玉米、花生。有公路经此。

杨家庄 371325–C02–H14
[Yángjiāzhuāng]

在县驻地费城街道北方向 12.9 千米。南张庄乡辖自然村。人口 1 000。建于清康熙年间，因在白埠南侧，取名南白埠，又因村中杨姓居多，于清同治年间改为杨家庄。聚落呈团块状分布。有文化广场 1 处。经济以种植业、养殖业、商贸业为主，主要农作物有小麦、玉米、花生。有公路经此。

石桥 371325–C02–H15
[Shíqiáo]

在县驻地费城街道北方向 13.2 千米。南张庄乡辖自然村。人口 1 200。建于清道光年间，因村东有座石桥，为通往东海推盐的必经之路，故名。聚落呈团块状分布。有文化大院 1 处、农家书屋 1 处、图书室 1 处。经济以种植业为主，主要农作物有小麦、玉米、花生。有公路经此。

武家汇 371325–C02–H16
[Wǔjiāhuì]

在县驻地费城街道北方向 10.4 千米。南张庄乡辖自然村。人口 700。建于元至元年间，相传原先有五户人家五个姓到此落户，故名五家汇，后演变为武家汇。聚落呈团块状分布。有文化广场 3 处、农家书屋 1 处、幼儿园 2 处。有古银杏树、古桥两座。经济以种植业为主，主要农作物有小麦、玉米、花生。有公路经此。

北石沟 371325–C02–H17
[Běishígōu]

在县驻地费城街道北方向 8.6 千米。南张庄乡辖自然村。人口 3 300。建于清康熙年间，因村北有一条水沟，住户皆在沟南，故得名北齐沟，后因住户增多分居沟北，沟上修建了石桥，故改名北石沟。聚落呈团块状分布。有文化广场 2 处、幼儿园 2 处、小学 1 处。经济以种植业为主，主要农作物有小麦、玉米、花生。有公路经此。

孙家庄 371325–C02–H18
[Sūnjiāzhuāng]

在县驻地费城街道北方向 9.5 千米。南张庄乡辖自然村。人口 700。建于清康熙年间，因村中主要以孙姓为主，故名。聚落呈团块状分布。有文化广场 2 处。经济以种植业为主，主要农作物有小麦、玉米、花生。有公路经此。

花坡 371325-C02-H19
[Huāpō]

在县驻地费城街道北方向 8.4 千米。南张庄乡辖自然村。人口 1 200。建于元至元年间，取名安会庄。清代初年因南坡种植芦苇，故名芦花坡，后演变为花坡。聚落呈团块状分布。有文化广场 2 处。经济以种植业为主，主要农作物有小麦、玉米、花生。有公路经此。

巨庄 371325-C02-H20
[Jùzhuāng]

在县驻地费城街道北方向 7.2 千米。南张庄乡辖自然村。人口 2 500。建于清康熙年间，因村中主要以巨姓为主，故名。聚落呈团块状分布。有文化广场 2 处、幼儿园 1 处、小学 1 处。经济以种植业为主，主要农作物有小麦、玉米、花生。有公路经此。

平邑县

城市居民点

明德花园 371326-I01
[Míngdé Huāyuán]

在县城西部。人口 6 200。总面积 13.4公顷。根据《大学》经典语句"大学之道，在明明德"命名。2008 年始建，2010 年正式使用。建筑总面积 200 000 平方米，住宅楼 41 栋，其中高层 4 栋、多层 37 栋，现代中式建筑特点。绿化率 35%。有幼儿园、超市、公园等配套设施。通公交车。

北苑邑鼎晟小区 371326-I02
[Běiyuànyì Dǐngshèng Xiǎoqū]

在县城北部。人口 1 100。总面积 1 公顷。为北苑社区居民迁建楼，并以平邑县最高点、兴盛发展之意得名。2013 年始建，2014 年正式使用。建筑总面积 39 800 平方米，高层住宅楼 5 栋，现代中式建筑特点。绿化率 35%。有公园等配套设施。通公交车。

金盾家园 371326-I03
[Jīndùn Jiāyuán]

在县城西部。人口 4 000。总面积 4.6公顷。金盾家园为县公安局所属小区，故名。2009 年始建，2011 年正式使用。建筑总面积 130 000 平方米，多层住宅楼 15 栋，现代中式建筑特点。绿化率 35%。有医务室、超市、菜市场等配套设施。通公交车。

祥和家园 371326-I04
[Xiánghé Jiāyuán]

在县城西部。人口 2 000。总面积 5.6公顷。寓意幸福美满、祥和安宁而得名。2011 年始建，2013 年正式使用。建筑总面积 230 000 平方米，住宅楼 19 栋，其中高层 7 栋、多层 12 栋，现代中式建筑特点。绿化率 35%。有超市、医务室等配套设施。通公交车。

农村居民点

西张庄二村 371326-A01-H01
[Xīzhāngzhuāng'èrcūn]

在县驻地平邑街道东北方向 4.0 千米。平邑街道辖自然村。人口 1 900。以姓氏和方位命名西张庄，后分为三个村，此为二村。聚落呈团块状分布。有文化广场 1 处、文化大院 1 处、农家书屋 1 处、图书室 1 处。古迹有孟氏祠堂、吴家大院、相公林古建筑群。经济以种植业为主，主要农作物有小麦、玉米、土豆等。有公路经此。

大殿汪 371326-A01-H02
[Dàdiànwāng]

在县驻地平邑街道西方向 4.0 千米。平邑街道辖自然村。人口 1 100。相传乾隆皇帝路过此处、见此地山清水秀，大殿威严，前面是一汪秀水，御赐村名大殿汪。聚落呈团块状分布。有文化广场 1 处、文化大院 1 处、农家书屋 1 处、图书室 1 处。经济以种植业为主，主要农作物有小麦、玉米。有公路经此。

白龙泉 371326-A01-H03
[Báilóngquán]

在县驻地平邑街道西方向 9.0 千米。平邑街道辖自然村。人口 600。因村南北各有一山似白龙腾空，山下有一清泉长年奔流，村民依泉而居，即取村名为白龙泉。聚落呈团块状分布。有文化广场 1 处、文化大院 1 处、农家书屋 1 处、图书室 1 处。有白龙寺、米杶民抗日根据地遗址。经济以种植业为主，主要农作物有花生、地瓜。有公路经此。

颛臾 371326-A01-H04
[Zhuānyú]

在县驻地平邑街道东北方向 6.5 千米。平邑街道辖自然村。人口 5 900。相传古颛臾后裔在国灭后迁居此地，建颛臾村。聚落呈团块状分布。有文化广场 2 处、文化大院 3 处、农家书屋 3 处、图书室 3 处、幼儿园 3 处、小学 1 处。有颛臾古国遗址。经济以种植业为主，主要农作物有土豆、花生等。有公路经此。

小三阳 371326-A01-H05
[Xiǎosānyáng]

在县驻地平邑街道北方向 4.0 千米。平邑街道辖自然村。人口 1 700。因原村名中有生僻字，在地名普查时简化为同音字，更名为小三阳。聚落呈团块状分布。有文化广场 1 处、农家书屋 1 处、图书室 1 处。经济以种植业为主，主要农作物有玉米、小麦、土豆，特产粉皮。有公路经此。

毛家洼 371326-A01-H06
[Máojiāwā]

在县驻地平邑街道东方向 3.0 千米。平邑街道辖自然村。人口 2 900。因村内毛姓大户且地势四面高中间洼而得名。聚落呈团块状分布。有文化广场 1 处、文化大院 1 处、农家书屋 1 处、图书室 1 处、小学 1 处。经济以种植业、商贸业为主，主要农作物有玉米、黄桃。有公路经此。

浚东 371326-A01-H07
[Jùndōng]

在县驻地平邑街道东方向 2.0 千米。平邑街道辖自然村。人口 2 300。第一次全国地名普查时因县内重名，又因村靠浚河东岸而更名为浚东。聚落呈团块状分布。有文化广场 1 处、文化大院 1 处、农家书屋 1 处、图书室 1 处、幼儿园 1 处、小学 1 处。经济以种植业、商贸业为主，主要农作物有土豆、小麦等。有公路经此。

大东阳 371326-A01-H08
[Dàdōngyáng]

在县驻地平邑街道南方向 4.0 千米。平邑街道辖自然村。人口 2 600。村址处在小淮河东且在玉带山之阳，名为东阳，后为与小东阳相区别而得名大东阳。聚落呈带状分布。有文化广场 1 处、文化大院 1 处、农家书屋 1 处、图书室 1 处、幼儿园 1 处。经济以运输业、建筑业、种植业为主，主要农作物有小麦、玉米等。240 省道经此。

保定庄 371326-A01-H09

[Bǎodìngzhuāng]

在县驻地平邑街道东南方向 3.0 千米。平邑街道辖自然村。人口 2 900。因村北有一硕大盘石，上有一块形状像"宝锭"的大石，故名宝锭，后因谐音改为保定，祈求风调雨顺、保佑生活安定。聚落呈团块状分布。有文化广场 1 处、文化大院 1 处、农家书屋 1 处、图书室 1 处、幼儿园 1 处、小学 1 处。经济以种植业为主，兼有建筑业、运输业、批发零售业等。327 国道经此。

永唐 371326-A01-H10

[Yǒngtáng]

在县驻地平邑街道东南方向 6.0 千米。平邑街道辖自然村。人口 1 000。1980 年第一次全国地名普查时更名，以示永远纪念原籍唐村，又不与唐村水库重名，取名永唐。聚落呈团块状分布。有文化广场 1 处、文化大院 1 处、幼儿园 1 处、小学 1 处。经济以种植业为主，兼有建筑业、批发零售业等。有公路经此。

阳顶庄 371326-A01-H11

[Yángdǐngzhuāng]

在县驻地平邑街道南方向 3.0 千米。平邑街道辖自然村。人口 1 100。因坐落在地势较高的羊圈旁而得名，阳为羊谐音转化，顶代指地势高。聚落呈团块状分布。有文化广场 1 处、农家书屋 1 处、图书室 1 处。经济以种植业为主，主要农作物有小麦等。有公路经此。

大井 371326-A01-H12

[Dàjǐng]

在县驻地平邑街道东南方向 10.4 千米。平邑街道辖自然村。人口 4 600。宋朝中期建村，因村址内岩石上凿出了一口大井，且井口有石栏杆，因而得名大井。聚落呈带状分布。有文化广场 2 处、文化大院 2 处、农家书屋 4 处、图书室 4 处、幼儿园 2 处。经济以种植业为主，主要农作物有小麦等。有公路经此。

南城子 371326-A01-H13

[Nánchéngzi]

在县驻地平邑街道东南方向 12.0 千米。平邑街道辖自然村。人口 2 000。因村中有一被称为城台的土台子，清朝中期曾名福城庄，清光绪年间更名为南城子。聚落呈团块状分布。有文化广场 1 处、文化大院 1 处、农家书屋 1 处、图书室 1 处。经济以种植业为主，主要农作物有小麦等。有公路经此。

东旺沟 371326-A01-H14

[Dōngwànggōu]

在县驻地平邑街道西南方向 9.7 千米。平邑街道辖自然村。人口 1 300。以旺山取名旺沟，后孙、李姓迁入，以孔桥为界，此村在东，故名东旺沟。聚落呈团块状分布。有文化广场 1 处、文化大院 1 处、农家书屋 1 处、图书室 1 处。经济以种植业为主，主要农作物有小麦、玉米、花生。有公路经此。

红泉 371326-A01-H15

[Hóngquán]

在县驻地平邑街道南方向 10.0 千米。平邑街道辖自然村。人口 1 200。村旁黑石旁有一泉，故名黑泉庄，因红代表吉祥，后改名为红泉。聚落呈团块状分布。有文化广场 1 处、农家书屋 1 处、图书室 1 处。经济以种植业为主，主要作物有中药材。有公路经此。

晗哺庄 371326-A01-H16

[Hánbǔzhuāng]

在县驻地平邑街道南方向 9.9 千米。平邑街道辖自然村。人口 2 800。明弘治年间，赵、许、杨三姓分别占三山庄、旱埠庄，后两村合，逐渐演变为晗哺庄。聚落呈团块状分布。有文化广场 1 处、文化大院 1 处、农家书屋 1 处、图书室 1 处。经济以种植业为主，主要农作物有小麦、玉米、花生。有公路经此。

白马庄 371326-A01-H17

[Báimǎzhuāng]

在县驻地平邑街道西北方向 11.0 千米。平邑街道辖自然村。人口 4 200。相传夜有白马从村北至村南走来，又在村中井内喝水，改为白马庄。聚落呈团块状分布。有文化广场 1 处、文化大院 1 处、农家书屋 1 处、图书室 1 处、幼儿园 1 处、小学 1 处、中学 1 处。经济以种植业、批发零售业为主，主要农作物有玉米、花生。327 国道经此。

舜帝庙 371326-A01-H18

[Shùndìmiào]

在县驻地平邑街道西方向 12.0 千米。平邑街道辖自然村。人口 1 700。明朝末期建村，因村东建有舜王庙，故名舜帝庙。聚落呈团块状分布。有文化广场 1 处、农家书屋 1 处、图书室 1 处、幼儿园 1 处。有舜帝庙旧址。经济以种植业、商贸业为主，主要农作物有小麦、玉米。327 国道经此。

凤凰庄 371326-A01-H19

[Fènghuángzhuāng]

在县驻地平邑街道西北方向 10.0 千米。平邑街道辖自然村。人口 2 200。相传，因南山经常有凤凰落入改名凤凰落，后逐渐演变为凤凰庄。聚落呈团块状分布。有文化广场 1 处、文化大院 1 处、农家书屋 1 处、图书室 1 处。经济以种植业为主，主要农作物有小麦、花生等。

新安 371326-A01-H20

[Xīn'ān]

在县驻地平邑街道西北方向 4.5 千米。平邑街道辖自然村。人口 700。1980 年第一次全国地名普查时取唐村水库迁建而来新安的村庄之意定名为新安。聚落呈团块状分布。有文化广场 1 处、文化大院 1 处、农家书屋 1 处、图书室 1 处、中学 1 处。经济以种植业为主。327 国道经此。

利国庄 371326-A01-H21

[Lìguózhuāng]

在县驻地平邑街道北方向 5.0 千米。平邑街道辖自然村。人口 800。明朝王氏家族从泗水源村迁来定居，取利国利民之意得名利国庄。聚落呈团块状分布。有文化广场 1 处、文化大院 1 处、农家书屋 1 处、图书室 1 处、幼儿园 1 处、小学 1 处。经济以商贸业、种植业为主，主要农作物有小麦、玉米。有公路经此。

讲理村 371326-A01-H22

[Jiǎnglǐcūn]

在县驻地平邑街道西方向 10.0 千米。平邑街道辖自然村。人口 1 300。据悉家里丢失物件、邻里街坊有矛盾，都要到台上理论，全村人都能听到，俗称讲理台，村称讲理。聚落呈团块状分布。有文化大院 1 处、农家书屋 1 处、图书室 1 处、幼儿园 1 处。经济以商贸业、种植业为主，主要农作物有小麦、玉米。

茄山头 371326-A01-H23

[Qiéshāntóu]

在县驻地平邑街道西方向 8.0 千米。平邑街道辖自然村。人口 1 200。明末建村，始称丰盛庄，后因在茄山脚下，改称茄山头。聚落呈团块状分布。有文化大院 1 处、农家书屋 1 处、图书室 1 处、幼儿园 1 处。经济以商贸业、种植业为主，主要农作物有花生、地瓜、玉米。有公路经此。

奎山 371326-A01-H24
[Kuíshān]

在县驻地平邑街道西方向 14.0 千米。平邑街道辖自然村。人口 500。以附近自然地理实体得名。聚落呈团块状分布。有文化大院 1 处、农家书屋 1 处、图书室 1 处。经济以商贸业、种植业为主，主要农作物有花生、地瓜、玉米。有公路经此。

东贺庄 371326-A01-H25
[Dōnghèzhuāng]

在县驻地平邑街道西方向 3.0 千米。平邑街道辖自然村。人口 2 000。明万历年间建村，因吃水困难，取名喝庄，后谐音演变为贺庄。又与西贺庄对应，改名为东贺庄。聚落呈团块状分布。有文化广场 1 处、文化大院 1 处、农家书屋 1 处、图书室 1 处、小学 1 处、幼儿园 1 处。经济以种植业为主，主要农作物有小麦。327 国道经此。

德化庄 371326-A01-H26
[Déhuàzhuāng]

在县驻地平邑街道西方向 10.0 千米。平邑街道辖自然村。人口 600。明末建村，村人在此耕地时因山地常把犁铧弄断，故名掰铧庄，后谐音演变为德化庄。聚落呈团块状分布。有文化广场 1 处、文化大院 1 处、农家书屋 1 处、图书室 1 处、幼儿园 1 处、小学 1 处。经济以商贸业和种植业为主，主要农作物有花生、地瓜、玉米。有公路经此。

老邱峪 371326-A01-H27
[Lǎoqiūyù]

在县驻地平邑街道西方向 5.0 千米。平邑街道辖自然村。人口 2 200。明万历年间建村，村址四面环山，坐落在山峪中，清记为老渠峪，后演变为今名。聚落呈团块状分布。有文化大院 1 处、农家书屋 1 处、图书室 1 处、幼儿园 1 处。有老邱峪遗址。经济以商贸业和种植业为主，主要农作物有花生、地瓜、玉米。有公路经此。

南阳 371326-A01-H28
[Nányáng]

在县驻地平邑街道西南方向 8.0 千米。平邑街道辖自然村。人口 1 200。因南有小淮河，北有牛山，而山之南为阳、河之北为阳，故名南阳。聚落呈团块状分布。有文化广场 1 处、文化大院 1 处、农家书屋 1 处、图书室 1 处、幼儿园 1 处。经济以种植业为主，主要农作物有小麦。有木材加工企业。241 省道经此。

胡同 371326-A01-H29
[Hútòng]

在县驻地平邑街道西方向 2.3 千米。平邑街道辖自然村。人口 2 200。明初，张、董姓建村，分别称为张家胡同、董家胡同，后合并省去姓氏，称为胡同。聚落呈团块状分布。有文化广场 2 处、文化大院 1 处、农家书屋 1 处、图书室 1 处、小学 1 处、幼儿园 1 处。经济以种植业为主，主要农作物有小麦、玉米。327 国道经此。

朝阳 371326-A01-H30
[Cháoyáng]

在县驻地平邑街道西南方向 5.8 千米。平邑街道辖自然村。人口 300。2006 年以朝气蓬勃、蒸蒸日上之意更名为朝阳。聚落呈团块状分布。有文化广场 1 处、文化大院 1 处、农家书屋 1 处、图书室 1 处。经济以种植业为主，特产山楂。

白庄 371326-A01-H31
[Báizhuāng]

在县驻地平邑街道西南方向 5.6 千米。平邑街道辖自然村。人口 2 900。因村东北 0.5 千米处有白侍郎百亩墓地，以此得名。聚落呈团块状分布。有文化广场 1 处、农家书屋 1 处、图书室 1 处、幼儿园 1 处。经济以种植业为主，主要农作物有小麦、玉米等。241 省道经此。

黄草坡 371326-A01-H32
[Huángcǎopō]

在县驻地平邑街道东南方向 15.0 千米。平邑街道辖自然村。人口 2 100。明崇祯十七年（1644）建村，因四面环山，当时黄草丛生，故取名黄草坡。聚落呈团块状分布。有文化大院 1 处、农家书屋 1 处、图书室 1 处、幼儿园 1 处、小学 1 处。经济以种植业为主，主要农作物有小麦、玉米、花生，特产小米。

石崮庄 371326-A01-H33
[Shígùzhuāng]

在县驻地平邑街道西南方向 4.5 千米。平邑街道辖自然村。人口 2 300。明朝建村时取名居宁庄，因处岭地，村北沟中石头如鼓而得名石崮庄。聚落呈团块状分布。有文化广场 1 处、农家书屋 1 处、图书室 1 处、幼儿园 2 处、小学 1 处。经济以种植业为主。327 国道经此。

鲍家坡 371326-B01-H01
[Bàojiāpō]

仲村镇人民政府驻地。在县驻地平邑街道北方向 9.3 千米。人口 900。因鲍姓居多得名鲍家坡。聚落呈团块状分布。有文化广场 1 处、文化大院 1 处、农家书屋 1 处、图书室 1 处。古迹有观音庙等。经济以种植业、手工业为主，主要农作物有小麦、玉米。省道石兖路、新枣路经此。

西流庄 371326-B01-H02
[Xīliúzhuāng]

在县驻地平邑街道西北方向 5.6 千米。仲村镇辖自然村。人口 1 000。因在东流庄以西，故名西流庄。聚落呈团块状分布。有文化广场 1 处、文化大院 1 处、农家书屋 1 处、图书室 1 处。经济以种植业为主，主要农作物有黄桃、葡萄、草莓。有公路经此。

驿头 371326-B01-H03
[Yìtóu]

在县驻地平邑街道西北方向 6.9 千米。仲村镇辖自然村。人口 3 500。明嘉靖年间，乔洪与赵姓来此建村，旧时此处设有驿站，称白马驿，清初称驿头。聚落呈团块状分布。有小学 1 处、幼儿园 1 处。经济以种植业为主，主要农作物有黄桃等。有公路经此。

荒里 371326-B01-H04
[Huānglǐ]

在县驻地平邑街道西北方向 6.4 千米。仲村镇辖自然村。人口 1 200。因狄姓人多，村周围有树栅栏，故称狄家寨，后陈姓迁入，狄姓因罪被抄，改名荒里。聚落呈团块状分布。有文化广场 1 处、文化大院 1 处、农家书屋 1 处、图书室 1 处。经济以种植业为主，主要农作物有黄烟。有公路经此。

回龙庙 371326-B01-H05
[Huílóngmiào]

在县驻地平邑街道西北方向 7.9 千米。仲村镇辖自然村。人口 4 700。康熙皇帝巡视江南时路过此地，天降大雨，村名改为回龙庙。聚落呈团块状分布。有幼儿园1处、小学1处。经济以种植业为主，主要农作物有小麦、玉米。有公路经此。

魏平庄 371326-B01-H06
[Wèipíngzhuāng]

在县驻地平邑街道西北方向5.7千米。仲村镇辖自然村。人口900。1980年第一次全国地名普查时因县内重名更名，因此处地处平原，改为魏平庄。聚落呈团块状分布。有文化广场1处。经济以种植业为主，主要农作物有黄桃、草莓、葡萄。有公路经此。

北仲村 371326-B01-H07
[Běizhòngcūn]

在县驻地平邑街道北方向12.5千米。仲村镇辖自然村。人口3 600。明洪武年间，刘姓来此建村，因在仲村以北取名北仲。聚落呈团块状分布。有文化广场1处、文化大院1处、农家书屋1处、图书室1处、小学1处、幼儿园1处。经济以种植业为主，主要农作物有黄烟。有公路经此。

新合庄 371326-B01-H08
[Xīnhézhuāng]

在县驻地平邑街道北方向13.4千米。仲村镇辖自然村。人口1 000。清朝建管家庄、寇家庄、桃园三个村，1946年合并取名新合庄。聚落呈团块状分布。有文化广场1处、文化大院1处、农家书屋1处、图书室1处。经济以种植业为主，主要农作物有黄烟。有公路经此。

西岭庄 371326-B01-H09
[Xīlǐngzhuāng]

在县驻地平邑街道西北方向12.5千米。仲村镇辖自然村。人口1 200。清乾隆年间，

刘、李两姓来此定居，因村址居于仲村西岭得名西岭庄。聚落呈团块状分布。有图书室1处。经济以种植业为主，主要农作物有黄烟。有公路经此。

西坝子 371326-B01-H10
[Xībàzi]

在县驻地平邑街道西北方向11.0千米。仲村镇辖自然村。人口700。明万历年间吴大章建村，取名泰和庄，后沿东北山泉水冲成的沟砌成石坝子，名吴家坝子，后改为西坝子。聚落呈团块状分布。有文化广场1处、文化大院1处、农家书屋1处、图书室1处。经济以种植业为主，主要农作物有黄烟。有公路经此。

峡玕 371326-B01-H11
[Xiágān]

在县驻地平邑街道北方向17.4千米。仲村镇辖自然村。人口1 700。唐朝建村，因村的东面和西面各有一座小山，一条季节小河穿村而过，故名峡纤，后逐渐演变为峡玕。聚落呈团块状分布。有文化广场1处、文化大院1处、农家书屋1处、图书室1处、幼儿园1处。经济以种植业为主，主要农作物有黄烟。有公路经此。

梅家沟 371326-B01-H12
[Méijiāgōu]

在县驻地平邑街道北方向15.1千米。仲村镇辖自然村。人口1 400。因梅姓居多，地处山丘之洼，以地形及姓氏命名为梅家沟。聚落呈团块状分布。有文化广场1处、文化大院1处、农家书屋1处、图书室1处、幼儿园1处、小学1处。经济以种植业为主，主要农作物有黄烟。有公路经此。

岐山庄 371326-B01-H13

[Qíshānzhuāng]

在县驻地平邑街道北方向 14.4 千米。仲村镇辖自然村。人口 1 700。元朝建村，原址在庄东南 500 米处，名为高家庄，后迁于岐山附近岭坡上，故名岐山庄。聚落呈团块状分布。有文化广场 1 处、文化大院 1 处、农家书屋 1 处、图书室 1 处、小学 1 处、幼儿园 1 处。经济以种植业为主，主要农作物有小麦、玉米、花生、黄烟等。有公路经此。

北大支坡 371326-B01-H14

[Běidàzhīpō]

在县驻地平邑街道西北方向 15.4 千米。仲村镇辖自然村。人口 1 100。明朝建村，因傍水，又与大支泊对称，取名北大支泊，后水位下降，成为丘陵，为与南大支坡对称，改名北大支坡。聚落呈团块状分布。有文化广场 1 处、文化大院 1 处、农家书屋 1 处、图书室 1 处、幼儿园 1 处。经济以种植业为主，主要农作物有黄烟。有公路经此。

武岩庄 371326-B01-H15

[Wǔyánzhuāng]

在县驻地平邑街道西北方向 15.6 千米。仲村镇辖自然村。人口 700。明朝建村，因东靠武山，此地多有石灰岩而命名为武岩庄。聚落呈团块状分布。有文化广场 1 处、文化大院 1 处、农家书屋 1 处、图书室 1 处。农业以种植业为主，主要经济作物有黄烟。有公路经此。

陈家寨 371326-B01-H16

[Chénjiāzhài]

在县驻地平邑街道北方向 9.0 千米。仲村镇辖自然村。人口 1 300。元至正年间，崔、狄两姓建村，因狄姓人多，村周围有树栅栏，故名狄家寨，后陈姓迁入，狄姓因罪被抄，故更名陈家寨。聚落呈团块状分布。有文化广场 1 处、文化大院 1 处、农家书屋 1 处、图书室 1 处。经济以种植业为主，主要农作物有黄烟。有公路经此。

临城 371326-B01-H17

[Línchéng]

在县驻地平邑街道北方向 8.9 千米。仲村镇辖自然村。人口 1 900。1980 年第一次全国地名普查时因县内重名更名，以在汉代南武阳旧址西侧更名为临城。聚落呈团块状分布。有文化广场 1 处、文化大院 1 处、农家书屋 1 处、图书室 1 处、幼儿园 1 处、中学 1 处。古迹有南武阳故城。经济以种植业为主，主要农作物有黄烟。有公路经此。

原宪屯 371326-B01-H18

[Yuánxiàntún]

在县驻地平邑街道北方向 6.8 千米。仲村镇辖自然村。人口 2 800。因该村系孔子七十二贤人之一原宪故里，2013 年 12 月更名为原宪屯。聚落呈团块状分布。有文化广场 1 处、文化大院 1 处、农家书屋 1 处、图书室 1 处、幼儿园 1 处、小学 1 处。经济以种植业为主，主要农作物有黄烟。有公路经此。

永胜 371326-B01-H19

[Yǒngshèng]

在县驻地平邑街道北方向 6.9 千米。仲村镇辖自然村。人口 300。因修建唐村水库，迁库区的大河崖东庄过来建村，以嘉言取名永胜。有图书室 1 处。经济以种植业为主，主要农作物有黄烟。有公路经此。

大昌乐 371326-B01-H20

[Dàchānglè]

在县驻地平邑街道北方向 7.9 千米。仲村镇辖自然村。人口2 700。明嘉靖年间建村，村居小昌乐南，以吉祥嘉言取名大昌乐，清朝初期以方位更名南昌乐，后复名大昌乐。聚落呈团块状分布。有文化广场1处、文化大院1处、农家书屋1处、图书室1处、小学1处、幼儿园1处。经济以种植业为主，主要农作物有黄烟。有公路经此。

兴民庄 371326-B01-H21
[Xīngmínzhuāng]

在县驻地平邑街道西北方向10.8千米。仲村镇辖自然村。人口2 400。明万历年间，雏形为三个小村，清光绪年间合并为一个村，以嘉言命名为兴民庄。聚落呈团块状分布。有文化广场1处、文化大院1处、农家书屋1处、图书室1处、幼儿园1处、小学1处。经济以种植业为主，主要农作物有小麦、玉米、地瓜。有公路经此。

北近台 371326-B01-H22
[Běijìntái]

在县驻地平邑街道西北方向11.8千米。仲村镇辖自然村。人口1 700。明万历年间，刘栋等人来此建村，因北靠新泰县初名北近泰，清初更名北近台。聚落呈团块状分布。有文化广场1处、文化大院1处、农家书屋1处、图书室1处、幼儿园1处。古迹有康家林。经济以种植业为主，主要农作物有小麦、玉米、地瓜。有公路经此。

泽国庄 371326-B01-H23
[Zéguózhuāng]

在县驻地平邑街道北方向20.6千米。仲村镇辖自然村。人口1 600。明末建村，初名上庄，因居住分散，后归拢到一起建村，名择归，后逐渐演变为泽国庄。聚落呈团块状分布。有幼儿园1处。经济以种植业为主，主要农作物有黄烟。有公路经此。

马家峪 371326-B01-H24
[Mǎjiāyù]

在县驻地平邑街道北方向19.7千米。仲村镇辖自然村。人口4 100。唐朝建村，因村北有巨石形似马头曰马头石，得名马头峪，元末改称马家峪。聚落呈团块状分布。有文化广场1处、文化大院1处、农家书屋1处、图书室1处、幼儿园1处、小学1处。经济以种植业为主，主要农作物有黄烟。有公路经此。

马尾庄 371326-B01-H25
[Mǎwěizhuāng]

在县驻地平邑街道北方向19.8千米。仲村镇辖自然村。人口1 300。唐朝建村，相传唐王东征时，前队驻新泰县马头庄，后队离前队四十里驻此村，故名马尾庄。聚落呈团块状分布。有文化广场1处、文化大院1处、农家书屋1处、图书室1处、幼儿园1处。经济以种植业为主，主要农作物有黄烟。有公路经此。

康阜庄 371326-B01-H26
[Kāngfùzhuāng]

在县驻地平邑街道北方向14.7千米。仲村镇辖自然村。人口2 700。明万历年间，王、程、李姓迁来定居，因当时人少，土地肥沃有利于农业，故名康阜庄。聚落呈团块状分布。有文化广场1处、文化大院1处、农家书屋1处、图书室1处、幼儿园1处、小学1处。经济以种植业为主，主要农作物有黄烟。有公路经此。

东流庄 371326-B01-H27
[Dōngliúzhuāng]

在县驻地平邑街道西北方向9.1千米。仲村镇辖自然村。人口2 700。汉朝建村，原名里仁庄，后因河流绕庄半圈，在村庄的东边，明朝后称东流庄。聚落呈团块状分布。有文化广场 1 处、文化大院 1 处、农家书屋 1 处、图书室 1 处、幼儿园 1 处、小学 1 处。经济以商贸业、种植业为主，主要农作物有黄桃、葡萄、草莓。有公路经此。

孙家庄 371326-B02-H01
［Sūnjiāzhuāng］

武台镇人民政府驻地。在县驻地平邑街道北方向 16.6 千米。人口 1 900。明初孙姓建村，取名孙家庄。聚落呈团块状分布。有文化广场 1 处、文化大院 1 处、农家书屋 1 处、图书室 1 处、幼儿园 1 处、中学 1 处。经济以种植业为主，主要农作物有花生、黄桃等。335 省道经此。

孟家庄 371326-B02-H02
［Mèngjiāzhuāng］

在县驻地平邑街道北方向 18.4 千米。武台镇辖自然村。人口 800。因孟姓迁来较早，遂取名孟家庄。聚落呈团块状分布。有小学 1 处。有黑山战斗烈士陵园。经济以种植业为主，主要农作物有黄桃、花生。335 省道经此。

南武沟 371326-B02-H03
［Nánwǔgōu］

在县驻地平邑街道北方向 12.0 千米。武台镇辖自然村。人口 2 100。明初建村，因居武山附近，又在北武沟村南，故名南武沟。聚落呈团块状分布。有文化大院 1 处、农家书屋 1 处、图书室 1 处、幼儿园 1 处、文化广场 1 处。经济以种植业为主，主要农作物有玉米、花生，特产葡萄。有公路经此。

南武台 371326-B02-H04
［Nánwǔtái］

在县驻地平邑街道北方向 16.3 千米。武台镇辖自然村。人口 1 100。秦朝建村，村南有武山，得名武台，后分出北武台，此村称南武台。聚落呈团块状分布。有文化广场 1 处、文化大院 1 处、农家书屋 1 处、图书室 1 处。经济以种植业为主，主要农作物有玉米、花生，特产黄桃。335 省道经此。

清河 371326-B02-H05
［Qīnghé］

在县驻地平邑街道东北方向 20.8 千米。武台镇辖自然村。人口 1 300。以该村在浚河发源地，水质清冽更名为清河。聚落呈团块状分布。有文化广场 1 处、农家书屋 1 处、图书室 1 处、幼儿园 1 处。经济以种植业为主，主要农作物有玉米、花生，特产黄桃。有公路经此。

卧龙坑 371326-B02-H06
［Wòlóngkēng］

在县驻地平邑街道北方向 20.6 千米。武台镇辖自然村。人口 1 000。宋朝建村，宋、吴、张、孙先后定居，村处洼地，以吉祥嘉言取名卧龙坑。聚落呈团块状分布。有文化广场 1 处、农家书屋 1 处、图书室 1 处、幼儿园 1 处。经济以种植业为主，主要农作物有玉米、花生，特产黄桃、葡萄、苹果等。有公路经此。

承安庄 371326-B02-H07
［Chéng'ānzhuāng］

在县驻地平邑街道东北方向 13.1 千米。武台镇辖自然村。人口 1 500。明末建村，取名城安庄，后以吉祥嘉言改为承安庄。聚落呈团块状分布。有文化广场 1 处、农家书屋 1 处、图书室 1 处、幼儿园 1 处。经济以种植业为主，主要农作物有玉米、花生，特产黄桃、葡萄、苹果等。有公路经此。

东武沟 371326-B02-H08
[Dōngwǔgōu]

在县驻地平邑街道北方向 12.9 千米。武台镇辖自然村。人口 1 200。明初建村，因居武山东，与西武沟对称，得名东武沟。聚落呈团块状分布。有文化广场 1 处、文化大院 1 处、农家书屋 1 处、图书室 1 处、幼儿园 1 处、小学 1 处。经济以种植业为主，主要农作物有黄桃、葡萄。有公路经此。

万山庄 371326-B02-H09
[Wànshānzhuāng]

在县驻地平邑街道北方向 21.1 千米。武台镇辖自然村。人口 1 700。明朝建村，以群山环绕得名万山庄。聚落呈团块状分布。有文化广场 1 处、文化大院 1 处、农家书屋 1 处、图书室 1 处、幼儿园 1 处、小学 1 处。经济以种植业为主，主要农作物有花生，特产黄桃、葡萄。有公路经此。

东近台 371326-B02-H10
[Dōngjìntái]

在县驻地平邑街道北方向 19.1 千米。武台镇辖自然村。人口 1 600。清末由本县义新庄建村，因与西近台对称，故名东近台。聚落呈团块状分布。有文化广场 1 处、农家书屋 1 处、图书室 1 处。经济以种植业为主，主要农作物有黄桃。有公路经此。

西武沟 371326-B02-H11
[Xīwǔgōu]

在县驻地平邑街道北方向 13.1 千米。武台镇辖自然村。人口 1 100。明初建村，在武山附近，居南武沟北，名为北武沟，后与东武沟对称，改名西武沟。聚落呈团块状分布。有文化广场 1 处、农家书屋 1 处、图书室 1 处。经济以种植业为主，主要农作物有花生、葡萄、草莓、黄桃等。有公路经此。

武沟寨 371326-B02-H12
[Wǔgōuzhài]

在县驻地平邑街道北方向 13.0 千米。武台镇辖自然村。人口 900。明朝建村，以吉祥嘉言取名长安村，清乾隆年间以其地势改称武沟寨。聚落呈团块状分布。有文化广场 1 处、农家书屋 1 处、图书室 1 处。经济以种植业为主，主要农作物有黄桃、葡萄等。有公路经此。

新平庄 371326-B02-H13
[Xīnpíngzhuāng]

在县驻地平邑街道东北方向 20.8 千米。武台镇辖自然村。人口 600。1980 年第一次全国地名普查时，因县内重名，以吉祥言更名新平庄。聚落呈团块状分布。有文化广场 1 处、文化大院 1 处、农家书屋 1 处、图书室 1 处、幼儿园 1 处。经济以种植业为主，主要农作物有黄桃、葡萄、丹参等。有公路经此。

水沟 371326-B02-H14
[Shuǐgōu]

在县驻地平邑街道北方向 13.7 千米。武台镇辖自然村。人口 4 200。明末韩姓建村，取名韩家村，此处沟壑较多，有东西两河相汇，后称水沟。聚落呈团块状分布。有文化广场 1 处、文化大院 1 处、农家书屋 1 处、图书室 1 处、幼儿园 1 处。经济以种植业为主，主要农作物有黄桃、葡萄、草莓等。有公路经此。

白马关 371326-B02-H15
[Báimǎguān]

在县驻地平邑街道东北方向 21.3 千米。武台镇辖自然村。人口 1 800。1980 年第一次全国地名普查时，因县内重名，以该村在白马关附近更名为白马关。聚落呈团块状分布。有文化广场 1 处、文化大院 1 处、农家书屋 1 处、图书室 1 处、小学 1 处。经济以种植业为主，主要农作物有黄桃、花生。有公路经此。

蒋里 371326-B02-H16
[Jiǎnglǐ]

在县驻地平邑街道北方向 19.3 千米。武台镇辖自然村。人口 900。汉朝建村，初名讲理，后演变为蒋里。聚落呈团块状分布。有文化广场 1 处、农家书屋 1 处、幼儿园 1 处。经济以种植业为主，主要农作物有黄桃、花生。有公路经此。

黄台庄 371326-B02-H17
[Huángtáizhuāng]

在县驻地平邑街道东北方向 15.2 千米。武台镇辖自然村。人口 900。因居于黄土祭台之西，故取村名黄台庄。聚落呈团块状分布。有文化广场 1 处、文化大院 1 处、农家书屋 1 处、图书室 1 处。经济以种植业为主，主要农作物有黄桃、葡萄、花生、草莓等。有公路经此。

黑山前 371326-B02-H18
[Hēishānqián]

在县驻地平邑街道东北方向 14.8 千米。武台镇辖自然村。人口 1 300。明末建村，村址坐落在黑山前，故名。聚落呈团块状分布。有文化广场 1 处、文化大院 1 处、农家书屋 1 处、图书室 1 处。有黑山阻击战旧址。经济以种植业为主，主要农作物有黄桃、花生。有公路经此。

咸家巷 371326-B02-H19
[Xiánjiāxiàng]

在县驻地平邑街道北方向 16.9 千米。武台镇辖自然村。人口 1 000。明朝建村，咸、于、冯三姓定居，以姓氏得名三村，后村域扩大，咸姓较多，统称咸家巷。聚落呈团块状分布。有文化广场 1 处、文化大院 1 处、农家书屋 1 处、图书室 1 处、幼儿园 2 处、小学 1 处。经济以种植业为主，主要农作物有黄桃、花生。有公路经此。

西近台 371326-B02-H20
[Xījìntái]

在县驻地平邑街道北方向 18.2 千米。武台镇辖自然村。人口 1 100。明末建村，因靠近武台，又在东近台西，故名西近台。聚落呈团块状分布。有文化广场 1 处、文化大院 1 处、农家书屋 1 处、图书室 1 处。经济以种植业为主，主要农作物有黄桃、葡萄。有公路经此。

大王家庄 371326-B02-H21
[Dàwángjiāzhuāng]

在县驻地平邑街道北方向 22.0 千米。武台镇辖自然村。人口 1 300。清初王俊率妻来此定居建村，取名王家庄，因村西北有西王庄，为区分，故名大王家庄。聚落呈团块状分布。有文化广场 1 处、文化大院 1 处、农家书屋 1 处、图书室 1 处、幼儿园 1 处。经济以种植业为主，主要农作物有黄桃、花生。有公路经此。

八亩石 371326-B02-H22
[Bāmǔshí]

在县驻地平邑街道北方向 19.1 千米。武台镇辖自然村。人口 1 000。清朝中期，以村前有块八亩多的石头地，得名八亩石。聚落呈团块状分布。有文化广场 1 处、文化大院 1 处、农家书屋 1 处、图书室 1 处。有公路经此。

保太村 371326-B03-H01
[Bǎotàicūn]

保太镇人民政府驻地。在县驻地平邑街道东北方向 10.7 千米。人口 2 600。宋朝建村，因村北有一祭祀宝台而得名，后取永保太平之意改称保太。聚落呈团块状分布。有图书室1处、中学1处、小学1处等。经济以种植业为主，主要农作物有小麦、花生、金银花、蔬菜等。有公路经此。

西埠阴 371326-B03-H02

[Xībùyīn]

在县驻地平邑街道东北方向8.6千米。保太镇辖自然村。人口2 200。宋朝建村，因在埠头北面古称埠阴，因与东埠阴对应，得名西埠阴。聚落呈团块状分布。有文化广场1处、图书室1处。经济以种植业为主，主要农作物有花生、金银花。有公路经此。

蒋沟 371326-B03-H03

[Jiǎnggōu]

在县驻地平邑街道东北方向13.7千米。保太镇辖自然村。人口1 100。因本地沟河特多，四季流水哗哗而响，故叫响沟，因谐音得名蒋沟。聚落呈团块状分布。有文化广场1处、文化大院1处、农家书屋1处、图书室1处。古迹有石大夫庙。经济以种植业为主，主要农作物有花生、金银花。有公路经此。

福禄庄 371326-B03-H04

[Fúlùzhuāng]

在县驻地平邑街道东北方向12.2千米。保太镇辖自然村。人口1 100。明万历五年（1577），魏守孝、周大志在此开垦土地建村，以吉祥嘉言取名福禄庄。聚落呈团块状分布。有文化广场1处、农家书屋1处、图书室1处。经济以种植业为主，主要农作物有花生、金银花。有公路经此。

鲁埠 371326-B03-H05

[Lǔbù]

在县驻地平邑街道东北方向12.1千米。保太镇辖自然村。人口3 600。元末明初，魏姓母子由莱芜鲁城乞讨至此落户，三面为河，村建在河东南高埠处，故名鲁埠。聚落呈团块状分布。有文化广场1处、农家书屋1处、图书室1处、幼儿园2处、小学1处。经济以种植业为主，主要农作物有花生、金银花。有公路经此。

荆山庄 371326-B03-H06

[Jīngshānzhuāng]

在县驻地平邑街道北方向12.4千米。保太镇辖自然村。人口1 100。据传宋朝初期建村，聚落在山前，荆棘丛生，以此取名荆山庄。聚落呈团块状分布。有文化广场1处、文化大院1处、农家书屋1处、图书室1处。经济以种植业为主，主要农作物有花生、金银花。有公路经此。

李家白壤 371326-B03-H07

[Lǐjiābáirǎng]

在县驻地平邑街道北方向10.1千米。保太镇辖自然村。人口1 900。宋初李姓建村，因土地肥沃，取名李家白壤。聚落呈团块状分布。有幼儿园1处。经济以苗木种植业为主。有公路经此。

高家白壤 371326-B03-H08

[Gāojiābáirǎng]

在县驻地平邑街道北方向10.0千米。保太镇辖自然村。人口2 000。宋朝末年建村，高姓人居多，又由于土壤肥沃，故名高家白壤。聚落呈团块状分布。有文化广场1处、农家书屋1处、幼儿园2处、小学1处。经济以苗木种植业为主。有公路经此。

堤后 371326-B03-H09

[Dīhòu]

在县驻地平邑街道北方向7.5千米。保太镇辖自然村。人口2 700。唐朝建村，因在河堤后面，故取名堤后。聚落呈团块状分布。有文化广场 1 处、文化大院 1 处、农家书屋 1 处、图书室 1 处、幼儿园 1 处、小学 1 处。经济以种植业为主，主要农作物有花生、棉花、蔬菜。有公路经此。

纯厚庄 371326-B03-H10
[Chúnhòuzhuāng]

在县驻地平邑街道北方向 6.2 千米。保太镇辖自然村。人口 2 300。宋朝末期建村，村民皆淳朴厚道，以吉祥语取名淳厚，后变为纯厚庄。聚落呈团块状分布。有文化广场 1 处、文化大院 1 处、农家书屋 1 处、幼儿园 1 处。经济以种植业为主，主要农作物有花生、棉花。

大三阳 371326-B03-H11
[Dàsānyáng]

在县驻地平邑街道北方向 5.8 千米。保太镇辖自然村。人口 6 600。宋朝称屯阳镇，清代逐渐演变为毛阳，1980 年第一次全国地名普查时因 "毛" 系生僻字，更名为大三阳。有农家书屋 1 处、图书室 4 处、幼儿园 3 处、小学 1 处、文化广场 1 处。经济以种植业为主，主要农作物有小麦、蔬菜。有公路经此。

万庄 371326-B03-H12
[Wànzhuāng]

在县驻地平邑街道东北方向 10.0 千米。保太镇辖自然村。人口 2 700。宋朝建村，因当时户数众多，取名万家庄，后人简称为万庄。聚落呈团块状分布。有文化广场 1 处、文化大院 1 处、农家书屋 1 处、小学 1 处、幼儿园 1 处。经济以种植业为主，主要农作物有地瓜。有公路经此。

冷蒋 371326-B03-H13
[Lěngjiǎng]

在县驻地平邑街道东北方向 9.5 千米。保太镇辖自然村。人口 1 200。明朝初期有冷姓前来定居，取名冷家村，后演变为冷蒋。聚落呈团块状分布。有图书室 1 处。经济以种植业为主，主要农作物有地瓜等。有公路经此。

黄疃 371326-B03-H14
[Huángtuǎn]

在县驻地平邑街道东北方向 9.8 千米。保太镇辖自然村。人口 700。明朝建村，在一片荒滩处，以此取名荒滩，后演变改为黄疃。聚落呈团块状分布。有文化广场 1 处。经济以种植业为主，主要农作物有地瓜等。有公路经此。

东埠阴 371326-B03-H15
[Dōngbùyīn]

在县驻地平邑街道东北方向 9.2 千米。保太镇辖自然村。人口 1 300。宋朝建村，因在埠头，古称埠阴，后因与西埠阴相对，得名东埠阴。聚落呈团块状分布。有文化广场 1 处、图书室 1 处、幼儿园 2 处。经济以种植业为主，主要农作物有地瓜。有公路经此。

杨家庙 371326-B03-H16
[Yángjiāmiào]

在县驻地平邑街道东北方向 13.9 千米。保太镇辖自然村。人口 900。唐朝建有杨戬庙，后有杨姓人家居住安村，取名杨家庙。聚落呈团块状分布。有文化广场 1 处、文化大院 1 处。经济以种植业为主，主要农作物有地瓜等。有公路经此。

洼里 371326-B03-H17
［Wāli］

在县驻地平邑街道东北方向 12.4 千米。保太镇辖自然村。人口 1 900。唐朝年间，华姓、宋姓由山西省喜鹊窝迁来建村，因地势洼，二面环岭，三面环河，处在中间洼地，故取名洼里。聚落呈团块状分布。有农家书屋 1 处、幼儿园 1 处。经济以种植业为主，主要农作物有花生、金银花，特色种植花卉苗木。有公路经此。

西子宿 371326-B03-H18
［Xīzǐsù］

在县驻地平邑街道东北方向 11.7 千米。保太镇辖自然村。人口 700。村西有条南水沟，沟西叫西子宿，沟东叫东子宿。聚落呈团块状分布。经济以种植业为主，主要农作物有花生、小麦。有公路经此。

大夫宁 371326-B03-H19
［Dàfūníng］

在县驻地平邑街道东北方向 13.6 千米。保太镇辖自然村。人口 2 200。元初建村，以吉祥嘉言取名大富宁，后改为大夫宁。聚落呈团块状分布。有文化广场 1 处、农家书屋 1 处、图书室 1 处、幼儿园 1 处。经济以种植业为主，主要农作物有花生、金银花。有公路经此。

南夫宁 371326-B03-H20
［Nánfūníng］

在县驻地平邑街道东北方向 12.1 千米。保太镇辖自然村。人口 1 000。元末建村，因战乱不安，村民难富而不安宁，取名难夫宁，后改名为南夫宁。聚落呈团块状分布。有文化大院 1 处、农家书屋 1 处。经济以种植业为主，主要农作物有花生、小麦。有公路经此。

德埠庄 371326-B03-H21
［Débùzhuāng］

在县驻地平邑街道东北方向 11.9 千米。保太镇辖自然村。人口 1 200。元朝建村，村址坐落在高坡上，以吉祥嘉言命名为德埠庄。聚落呈团块状分布。经济以种植业为主，主要农作物有花生、小麦。有公路经此。

潭上寨 371326-B03-H22
［Tánshàngzhài］

在县驻地平邑街道东北方向 9.5 千米。保太镇辖自然村。人口 1 200。元末建村，因村南有一水潭得名潭上寨，后改名寨上，1980 年第一次全国地名普查时，因县内重名，复名潭上寨。聚落呈团块状分布。有文化广场 1 处。经济以种植业为主，主要农作物有麻、地瓜。有公路经此。

北王家庄 371326-B03-H23
［Běiwángjiāzhuāng］

在县驻地平邑街道东北方向 17.9 千米。保太镇辖自然村。人口 400。清朝末年，先民由山西省洪洞县喜鹊窝迁来定居，后王道平担着两个儿子来此定居，取名王家庄，后因有村重名，于 1954 年改称北王家庄。聚落呈团块状分布。有农家书屋 1 处、图书室 1 处，有文化大院和文化广场。经济以种植业为主，主要农作物有山楂、丹参、金银花。有公路经此。

南羊子庄 371326-B03-H24
［Nányángzizhuāng］

在县驻地平邑街道东北方向 15.8 千米。保太镇辖自然村。人口 1 000。明朝魏姓建村，以山取名羊趾庄，后有王氏在村北建村，因重名，故改称南羊趾庄，后变为南羊子庄。聚落呈团块状分布。经济以种植业为主，主要农作物有小麦、苹果。有公路经此。

东金管庄 371326-B03-H25
［Dōngjīnguǎnzhuāng］

在县驻地平邑街道东北方向 16.0 千米。保太镇辖自然村。人口 800。1971 年修建大夫宁水库，原金管家庄三生产队搬至西岭建村，为便于区分，原金管家庄为金管家庄东岭，后为东金管庄。聚落呈团块状分布。有图书室 1 处。经济以种植业为主，主要农作物有花生、金银花。有公路经此。

皮卞庄 371326-B03-H26
［Píbiànzhuāng］

在县驻地平邑街道东北方向 16.0 千米。保太镇辖自然村。人口 700。宋朝时期，赵、孙、刘、宋等姓氏建村，原名皮鞭庄，后演变为皮卞庄。聚落呈团块状分布。有图书室 1 处。经济以种植业为主，主要农作物有黄桃、丹参。有公路经此。

大埠槐 371326-B03-H27
［Dàbùhuái］

在县驻地平邑街道东北方向 17.5 千米。保太镇辖自然村。人口 800。明朝建村，村北有座大山，村后紧靠丘埠，故取名大埠怀，后改称大埠槐。聚落呈团块状分布。有文化广场 1 处。经济以种植业为主，主要农作物有黄桃、丹参、板栗等。有公路经此。

前孙家庄 371326-B03-H28
［Qiánsūnjiāzhuāng］

在县驻地平邑街道东北方向 15.8 千米。保太镇辖自然村。人口 1 200。明朝建村，1630 年，孙志禹五子从费县白埠子迁入此处立孙家庄，后人口增多，根据位置分为前孙家庄与后孙家庄。聚落呈团块状分布。有文化广场 1 处、文化大院 1 处、农家书屋 1 处、图书室 1 处、小学 1 处。经济以种植业为主，主要农作物有小麦、苹果。有公路经此。

孟家武阳 371326-B03-H29
［Mèngjiāwǔyáng］

在县驻地平邑街道北方向 10.3 千米。保太镇辖自然村。人口 1 800。宋朝末期，有孟姓始来定居，村居武山之南，取名孟家武阳。聚落呈团块状分布。有文化广场 1 处、农家书屋 1 处、图书室 1 处、幼儿园 1 处。经济以种植业为主，主要农作物有金银花、蔬菜。有公路经此。

东卞桥 371326-B04-H01
［Dōngbiànqiáo］

卞桥镇人民政府驻地。在县驻地平邑街道东北方向 22.7 千米。人口 2 800。中华人民共和国成立后，为与西卞桥村区分，改为东卞桥村。聚落呈团块状分布。有小学 1 处、幼儿园 3 处。经济以种植业为主，主要农作物有小麦、花生、玉米。有正洪食品、冠玉石膏制品等企业。有公路经此。

东荆埠 371326-B04-H02
［Dōngjīngbù］

在县驻地平邑街道东方向 23.3 千米。卞桥镇辖自然村。人口 1 700。明万历年间建村，因村西临河，初名埠河东，后与西荆埠对称，改为东荆埠。聚落呈团块状分布。有文化大院、图书阅览室。经济以商贸业、木材加工业为主，主要农作物有小麦、玉米、花生。有公路经此。

岐古庄 371326-B04-H03
［Qígǔzhuāng］

在县驻地平邑街道东方向 26.4 千米。卞桥镇辖自然村。人口 1 400。相传北宋有卢姓从上冶村迁来建村，在岐古山下，取名岐古庄。聚落呈团块状分布。有文化广场 1 处、图书室 1 处、幼儿园 1 处。经济以种植业为主，主要农作物有小麦、玉米、花生、花椒。有公路经此。

左庄 371326-B04-H04

［Zuǒzhuāng］

在县驻地平邑街道东方向 21.3 千米。卞桥镇辖自然村。人口 900。明代建村，因村居金线河左侧，与南左庄对称，得名北左庄，后南左庄改为西卞桥，此村为左庄。聚落呈团块状分布。有文化广场 1 处、图书室 1 处、幼儿园 1 处。经济以种植业为主。有公路经此。

南安靖 371326-B04-H05

［Nán'ānjìng］

在县驻地平邑街道东北方向 21.0 千米。卞桥镇辖自然村。人口 1 500。清朝建村，因此处有两座尼姑庵，取名庵靖，后与北安靖相对，改称南安靖。聚落呈团块状分布。有文化广场 1 处、图书室 1 处、幼儿园 1 处。经济以商贸业、木材加工业为主。有公路经此。

柳子沟 371326-B04-H06

［Liǔzǐgōu］

在县驻地平邑街道东北方向 18.3 千米。卞桥镇辖自然村。人口 600。该村最初以吉祥嘉言取名富足庄，清末取流传后代之意改名留子沟，后变为柳子沟。聚落呈团块状分布。有文化广场 1 处、图书室 1 处、幼儿园 1 处。经济以种植业为主。有公路经此。

卞家崖 371326-B04-H07

［Bǔjiāyá］

在县驻地平邑街道东北方向 20.6 千米。卞桥镇辖自然村。人口 1 400。由于卞氏人居多，遂称卞家崖。聚落呈团块状分布。有文化广场 1 处、图书室 1 处、幼儿园 1 处、小学 1 处。经济以种植业为主，主要农作物有花生、玉米。有公路经此。

八顶庄 371326-B04-H08

［Bādǐngzhuāng］

在县驻地平邑街道东方向 27.4 千米。卞桥镇辖自然村。人口 600。明朝建村，因村居山岭，此地有八个岭头，以此得名八顶庄。聚落呈团块状分布。有文化广场 1 处、图书室 1 处、幼儿园 1 处。经济以种植业为主，主要农作物有花生。有公路经此。

资邱 371326-B04-H09

［Zīqiū］

在县驻地平邑街道东方向 25.9 千米。卞桥镇辖自然村。人口 2 900。金代即有此村，村南有一土丘，以此取名。聚落呈团块状分布。有文化广场 1 处、图书室 1 处、中学 1 处、小学 1 处、幼儿园 1 处。经济以种植业为主，主要农作物有小麦、玉米。有公路经此。

辉泉 371326-B04-H10

［Huīquán］

在县驻地平邑街道东方向 27.9 千米。卞桥镇辖自然村。人口 1 400。相传，此处有一泉称灰泉，村以泉得名灰泉。后因"灰"字不洁，故改称辉泉。聚落呈团块状分布。有文化广场 1 处、图书室 1 处、幼儿园 1 处。古迹有辉泉遗址。经济以种植业为主，主要农作物有西瓜、西葫芦、花生。有公路经此。

尹家村 371326-B04-H11

［Yǐnjiācūn］

在县驻地平邑街道东方向 26.6 千米。卞桥镇辖自然村。人口 2 000。清道光年间，尹姓人从尹家梭庄迁至此建村，取名尹家村。聚落呈团块状分布。有文化广场 1 处、图书室 1 处、幼儿园 1 处、中学 1 处。经济以种植业为主，主要农作物有小麦、玉米。有公路经此。

关庙 371326-B04-H12

[Guānmiào]

在县驻地平邑街道东方向 25.5 千米。卞桥镇辖自然村。人口 1 200。清末王姓迁来建村，此处有一关帝庙，得名关庙。聚落呈团块状分布。有文化广场 1 处、图书室 1 处、幼儿园 1 处。经济以种植业为主。有公路经此。

唐刘村 371326-B04-H13

[Tángliúcūn]

在县驻地平邑街道东方向 25.4 千米。卞桥镇辖自然村。人口 1 700。明末建有唐家村、刘家村，后合并为一村唐刘村。聚落呈团块状分布。有文化广场 1 处、图书室 1 处、幼儿园 1 处。经济以种植业为主，主要农作物有小麦、玉米等。有公路经此。

时家村 371326-B04-H14

[Shíjiācūn]

在县驻地平邑街道东方向 26.4 千米。卞桥镇辖自然村。人口 2 100。明末范姓人立村，曾建一楼，取名范家楼，后村内时姓人多，取名时家村。聚落呈团块状分布。有文化广场 1 处、小学 1 处、幼儿园 1 处。经济以种植业为主，主要农作物有小麦、玉米，特产苍方早生桃子、凯特杏、小凤西瓜。有公路经此。

岳家村 371326-B04-H15

[Yuèjiācūn]

在县驻地平邑街道东方向 26.0 千米。卞桥镇辖自然村。人口 2 800。明代此处曾有蔡家庄、丰丘村，清代岳姓来此建村，后蔡家庄、丰丘村并入，合称岳家村。聚落呈团块状分布。有文化广场 1 处、图书室 1 处、幼儿园 1 处、小学 1 处。经济以种植业为主，主要农作物有小麦、玉米等。有公路经此。

杨庄 371326-B04-H16

[Yángzhuāng]

在县驻地平邑街道东方向 24.3 千米。卞桥镇辖自然村。人口 1 400。清代初期，杨姓来此建村，故名杨庄。聚落呈团块状分布。有文化广场 1 处、图书室 1 处、幼儿园 1 处。经济以种植业为主，特产花椒、西葫芦。有公路经此。

前东庄 371326-B04-H17

[Qiándōngzhuāng]

在县驻地平邑街道东方向 27.3 千米。卞桥镇辖自然村。人口 2 100。因在岳家村以东，改名为东庄，分为前围子、后围子两村，中华人民共和国成立后定名为前东庄。聚落呈带状分布。有文化广场 1 处、图书室 1 处、幼儿园 1 处、小学 1 处。经济以种植业、养殖业为主，主要农作物有花生、板栗。有公路经此。

后东庄 371326-B04-H18

[Hòudōngzhuāng]

在县驻地平邑街道东方向 28.3 千米。卞桥镇辖自然村。人口 1 700。明万历年间有张氏族人在此落户居住，取名张家庄，后在岳家村东，改名为东庄，分为前围子、后围子两个村，中华人民共和国成立后定为后东庄。聚落呈团块状分布。有文化广场 1 处、图书室 1 处、幼儿园 1 处。经济以种植业为主，主要农作物有小麦、玉米。有公路经此。

八一 371326-B05-H01

[Bāyī]

地方镇人民政府驻地。在县驻地平邑街道东南方向 30.0 千米。人口 1 400。中华人民共和国成立后建设生产大队时，因"八一"代表军队，以其作为村名。经济以种植业为主。327 国道经此。

三合 371326-B05-H02

[Sānhé]

在县驻地平邑街道东南方向 27.3 千米。地方镇辖自然村。人口 1 000。三合有阴气、阳气和天气相结合的寓意。聚落呈团块状分布。有图书室 1 处、小学 1 处、幼儿园 1 处、中学 1 处。有龙山文化遗址、左宝贵衣冠冢。经济以种植业为主，主要农作物有小麦、玉米、黄桃。有康发食品、奇伟罐头、环球印铁制罐等企业。327 国道经此。

千行庄 371326-B05-H03

[Qiānxíngzhuāng]

在县驻地平邑街道东南方向 27.7 千米。地方镇辖自然村。人口 700。清乾隆年间，以吉祥嘉言取名千祥庄，光绪年间改为千行庄，寓意千里之行。聚落呈团块状分布。有文化广场 1 处、农家书屋 1 处、幼儿园 1 处。经济以种植业为主，主要农作物有花生、玉米。有公路经此。

九间棚 371326-B05-H04

[Jiǔjiānpéng]

在县驻地平邑街道东南方向 38.0 千米。地方镇辖自然村。人口 200。相传一刘姓夫妇逃荒躲难，在此处以石棚为屋，繁衍生息，后人口增加，砌石为墙，分为九室，故名九间棚。聚落呈团块状分布。有文化广场 1 处、文化大院 1 处、图书室 1 处。有九间棚旧址。经济以种植业为主，主要农作物有金银花。有山东新大陆药业有限公司、九间棚金银花茶叶公司和电子商务运营公司等企业。有公路经此。

前东固 371326-B05-H05

[Qiándōnggù]

在县驻地平邑街道东南方向 28.0 千米。地方镇辖自然村。人口 1 800。明初建村称东固，后杨姓村民迁至此称前东固。聚落呈团块状分布。有农家书屋 1 处、幼儿园 1 处、小学 1 处。古迹有杨家祠堂。经济以种植业为主。有公路经此。

东朱尹 371326-B05-H06

[Dōngzhūyǐn]

在县驻地平邑街道东南方向 24.6 千米。地方镇辖自然村。人口 1 400。元至正年间武姓建村，以朱红为吉祥，故名朱尹，又因在家庙之东，故称东朱尹。聚落呈团块状分布。有农家书屋 1 处、幼儿园 1 处、小学 1 处。经济以种植业为主，主要农作物有花生。有公路经此。

下坡 371326-B05-H07

[Xiàpō]

在县驻地平邑街道东南方向 25.2 千米。地方镇辖自然村。人口 2 200。元朝末年建村，因村居岭坡，以岭得名下坡。聚落呈团块状分布。有文化广场 1 处、农家书屋 1 处、幼儿园 1 处。经济以种植业为主，主要农作物有花生。有公路经此。

大广粮 371326-B05-H08

[Dàguǎngliáng]

在县驻地平邑街道东南方向 23.3 千米。地方镇辖自然村。人口 1 000。清康熙元年（1662）建村，地处丘陵，初名光凉，后取吉祥名字大广粮。聚落呈团块状分布。有农家书屋 1 处、幼儿园 1 处。经济以种植业为主，主要农作物有花生等。有公路经此。

东家庄 371326-B05-H09
［Dōngjiāzhuāng］

在县驻地平邑街道东南方向 24.5 千米。地方镇辖自然村。人口 1 600。清康熙年间，东野姓人来此建村，取名东家庄。聚落呈团块状分布。有文化广场 1 处、农家书屋 1 处、幼儿园 1 处、小学 1 处。经济以种植业为主，主要农作物有花生等。有公路经此。

黄城 371326-B05-H10
［Huángchéng］

在县驻地平邑街道东南方向 23.1 千米。地方镇辖自然村。人口 800。清康熙元年（1662）建村，当时此处多荒地，取名荒场，后皇帝南巡在此歇息，命名皇城，后为黄城。聚落呈团块状分布。有文化广场 1 处、农家书屋 1 处。经济以种植业为主，主要农作物有花生等。有公路经此。

邱上 371326-B05-H11
［Qiūshàng］

在县驻地平邑街道东南方向 27.4 千米。地方镇辖自然村。人口 2 400。明宣德十年（1435）建村，彭姓为主，以丘古墩为标记，取名彭家丘，延至清乾隆年间演变为邱上。聚落呈团块状分布。有文化广场 1 处、文化大院 1 处、农家书屋 1 处、图书室 1 处、幼儿园 1 处、小学 1 处。古迹有彭占祺故居。经济以种植业为主，主要农作物有花生等。日东高速公路经此。

范家台 371326-B05-H12
［Fànjiātái］

在县驻地平邑街道东南方向 26.9 千米。地方镇辖自然村。人口 800。明万历年间建村，因村附近有一土台，相传是樊梨花的点将台，后由谐音取名范家台。聚落呈团块状分布。有文化广场 1 处、农家书屋 1

处、图书室 1 处、幼儿园 1 处、小学 1 处、中学 1 处。有樊梨花点将台、范家台遗址。经济以种植业为主，主要农作物有黄桃。有公路经此。

兴仁庄 371326-B05-H13
［Xīngrénzhuāng］

在县驻地平邑街道东南方向 26.7 千米。地方镇辖自然村。人口 900。明万历年间建村，以吉祥言兴旺仁义之意取名兴仁庄，后有南石桥村合并至兴仁庄。聚落呈团块状分布。有文化广场 1 处、农家书屋 1 处。经济以种植业为主，主要农作物有花生等。有公路经此。

顺河庄 371326-B05-H14
［Shùnhézhuāng］

在县驻地平邑街道东南方向 25.7 千米。地方镇辖自然村。人口 1 000。据传唐朝末期建村，吕姓取名吕家寨，明朝末期以吉祥言更名和顺庄，因县内重名，清朝初期以地势改称顺河庄。聚落呈团块状分布。有文化广场 1 处、农家书屋 1 处、幼儿园 1 处。经济以种植业为主，主要农作物有花生等。有公路经此。

利沟 371326-B05-H15
［Lìgōu］

在县驻地平邑街道东南方向 32.9 千米。地方镇辖自然村。人口 1 300。明万历年间建村，始居河岸，常遭水患，后迁至此，得名离沟，后演变为利沟。聚落呈团块状分布。有文化广场 1 处、农家书屋 1 处。经济以种植业为主，主要农作物有花生等。兖石铁路和 327 国道经此。

康太庄 371326-B05-H16
［Kāngtàizhuāng］

在县驻地平邑街道东南方向 30.9 千米。

地方镇辖自然村。人口 1 200。明万历年间康姓建村，以吉祥言得名康太庄。聚落呈团块状分布。有小学 1 处、农家书屋 1 处、幼儿园 1 处。经济以种植业为主，主要农作物有花生等。有公路经此。

大瑶草 371326-B05-H17
[Dàyáocǎo]

在县驻地平邑街道东南方向 31.1 千米。地方镇辖自然村。人口 1 100。明万历年建村，始村北河岸多有古窑，茅草丛生，取名窑草湾，后为瑶草。因村西有小瑶草相对，故名大瑶草。聚落呈团块状分布。有农家书屋 1 处、幼儿园 1 处。经济以种植业为主，主要农作物有花生等。有公路经此。

博平 371326-B05-H18
[Bópíng]

在县驻地平邑街道东南方向 31.9 千米。地方镇辖自然村。人口 800。明朝末期许姓建村，初为南庄、北庄，约清道光年间，南北合为一庄，以物产丰富、和谐太平之意取名博平。聚落呈团块状分布。有农家书屋 1 处、幼儿园 1 处。经济以种植业为主，主要农作物有花生、大豆。有公路经此。

利渊 371326-B05-H19
[Lìyuān]

在县驻地平邑街道东南方向 32.0 千米。地方镇辖自然村。人口 1 000。明万历年间建村，村南有渊子，雨季河水泛滥，淹没村屋，后搬至此得名离渊，后演变为利渊。聚落呈团块状分布。有农家书屋 1 处、幼儿园 1 处、小学 1 处。经济以种植业为主，主要农作物有花生、大豆、水果等。有公路经此。

大井头 371326-B05-H20
[Dàjǐngtóu]

在县驻地平邑街道东南方向 29.9 千米。地方镇辖自然村。人口 1 400。明万历年间建村，后农民耕作发现一石板盖井，井中之石留有提水磨出的十多厘米绳迹和脚印，故取名大井头。聚落呈团块状分布。有文化广场 1 处、文化大院 1 处、农家书屋 1 处、幼儿园 1 处、小学 1 处。经济以种植业为主，主要农作物有花生等。有公路经此。

西瑶草 371326-B05-H21
[Xīyáocǎo]

在县驻地平邑街道东南方向 30.3 千米。地方镇辖自然村。人口 1 100。明万历年间建村，村河岸多窑，茅草丛生，以此得名窑草湾，后变为瑶草。因村在大瑶草西，故名西瑶草。聚落呈团块状分布。有文化广场 1 处、农家书屋 1 处。经济以种植业为主，主要农作物有花生、大豆、水果等。有公路经此。

归来庄 371326-B05-H22
[Guīláizhuāng]

在县驻地平邑街道东南方向 23.3 千米。地方镇辖自然村。人口 700。清乾隆年间建村，始五六户散居岭东、西两侧，初名破庄子，后统一搬至岭东，故名归来庄。聚落呈团块状分布。有文化广场 1 处、农家书屋 1 处。经济以种植业为主，主要农作物有花生、玉米等。兖石铁路、327 国道经此。

大泉 371326-B05-H23
[Dàquán]

在县驻地平邑街道东南方向 27.2 千米。地方镇辖自然村。人口 1 000。明成化年间建村，村北一泉，大旱不涸，大雨不溢，得名仙泉庄，清光绪年间更名泉上，1970年改称大泉。聚落呈团块状分布。有文化广场1处、农家书屋1处、幼儿园1处、小学1处。经济以种植业为主，主要农作物有黄桃。兖石铁路、327国道经此。

甘草峪 371326-B05-H24
[Gāncǎoyù]

在县驻地平邑街道东南方向26.0千米。地方镇辖自然村。人口900。清乾隆年间建村，始人烟稀少、土地荒芜，称甘草峪。聚落呈团块状分布。有文化广场1处、农家书屋1处、幼儿园1处、小学1处。经济以种植业为主，主要农作物有花生、山楂、板栗等。有公路经此。

左廉峪 371326-B05-H25
[Zuǒliányù]

在县驻地平邑街道东南方向28.2千米。地方镇辖自然村。人口1 600。因村内左姓、廉姓为大户，取名左廉峪。聚落呈团块状分布。经济以种植业为主，主要农作物有山楂、板栗等。有公路经此。

九府庄 371326-B05-H26
[Jiǔfǔzhuāng]

在县驻地平邑街道东南方向26.3千米。地方镇辖自然村。人口400。明洪武年间，此地曾为疆场，经多次寻找，村内只剩下九名妇女，因此为九妇庄，后变为九府庄。聚落呈团块状分布。经济以种植业为主，主要农作物有黄桃。

义兴庄 371326-B05-H27
[Yìxīngzhuāng]

在县驻地平邑街道东南方向26.9千米。地方镇辖自然村。人口1 600。清顺治十八年（1661），苗、吴、臧三姓始从沂郡迁入，开垦荒地，三姓以兄弟相称，聚义取名义兴庄，延续至今。聚落呈团块状分布。有文化广场1处、农家书屋1处、幼儿园1处、小学1处。经济以种植业为主，主要农作物有小麦、玉米等。有公路经此。

大平安庄 371326-B05-H28
[Dàpíng'ānzhuāng]

在县驻地平邑街道东南方向26.2千米。地方镇辖自然村。人口2 000。建于明洪熙元年（1425），以吉祥语命名为平安庄，后与小平安庄对称，改为大平安庄。聚落呈团块状分布。有文化广场1处、农家书屋1处、幼儿园1处、小学1处。经济以种植业为主，主要农作物有小麦、玉米。有公路经此。

王崮山 371326-B05-H29
[Wánggùshān]

在县驻地平邑街道东南方向29.6千米。地方镇辖自然村。人口2 800。明万历年间朱姓始居，地处山峪，初名朱连峪，传说后有蜂王率群蜂越山东飞，更名王过山，后为王崮山。聚落呈团块状分布。有文化广场1处、农家书屋1处、幼儿园1处、小学1处。经济以种植业为主，主要农作物有花生、玉米。有公路经此。

南金池 371326-B05-H30
[Nánjīnchí]

在县驻地平邑街道东南方向27.1千米。地方镇辖自然村。人口900。明万历年间建村，因河水拐弯处有一肥沃洼地，土质好，旱涝皆收，故名金池，村居池南，故名南金池。聚落呈团块状分布。有文化大院1处、农家书屋1处、幼儿园1处、小学1处。经济以种植业为主，主要农作物有花生、玉米、水果。有公路经此。

铜石 371326-B06-H01

[Tóngshí]

铜石镇人民政府驻地。在县驻地平邑街道东南方向 19.9 千米。人口 2 600。宋朝末年建村，因东岭石色如铜，故名铜石。聚落呈团块状分布。有文化广场 1 处、文化大院 1 处、农家书屋 1 处、中学 1 处、小学 1 处、幼儿园 5 处。古迹有铜石遗址。经济以农业种植为主，主要农作物有大蒜、地瓜。有锦城木业、金灿科技等企业。327 国道经此。

营子洼 371326-B06-H02

[Yíngziwǎ]

在县驻地平邑街道东南方向 21.0 千米。铜石镇辖自然村。人口 200。明朝中期建村，因村居营子顶山麓山沟处取名营子沟，1980 年第一次全国地名普查时以该村地势低洼更名为营子洼。聚落呈团块状分布。经济以种植业、商贸业为主。

平顶山 371326-B06-H03

[Píngdǐngshān]

在县驻地平邑街道东南方向 23.0 千米。铜石镇辖自然村。人口 200。相传清初张、杨两姓在此地定居，因此处四面为悬崖，仅居住处山顶四处平整，故名平顶山。至今村内保留着第一代人居住的石屋，保存完好。聚落呈团块状分布。有文化广场 1 处、文化大院 1 处、农家书屋 1 处、图书室 1 处、幼儿园 1 处、小学 1 处。经济以种植业、商贸业为主。

昌里 371326-B06-H04

[Chānglǐ]

在县驻地平邑街道东南方向 21.3 千米。铜石镇辖自然村。人口 2 700。北宋初期建村，传说此处为放马场，取名厂里，后演变为昌里。聚落呈团块状分布。有文化广

场 1 处、文化大院 1 处、农家书屋 1 处、幼儿园 1 处、小学 1 处。古迹有昌里遗址。经济以种植业为主，主要农作物有金银花、山楂。有公路经此。

烈庄 371326-B06-H05

[Lièzhuāng]

在县驻地平邑街道东南方向 16.8 千米。铜石镇辖自然村。人口 1 500。北宋初期建村，因有一条季节性河流从村中央穿过，因而取名烈（裂）庄。聚落呈团块状分布。有文化广场 1 处、农家书屋 1 处、幼儿园 1 处。经济以种植业、商贸业为主，主要农作物有小麦、玉米、花生。有公路经此。

永新 371326-B06-H06

[Yǒngxīn]

在县驻地平邑街道东南方向 18.8 千米。铜石镇辖自然村。人口 2 800。1980 年第一次全国地名普查时因县内重名，以吉祥言更名为永新。聚落呈团块状分布。有幼儿园 1 处、文化广场 1 处。经济以种植业为主，主要农作物有小麦、玉米。有公路经此。

十字庄 371326-B06-H07

[Shízìzhuāng]

在县驻地平邑街道东南方向 20.2 千米。铜石镇辖自然村。人口 1 100。清朝初建村，因村南有宝古山，山南部有红岩石组成横竖交叉的十字形，取名十字庄。聚落呈团块状分布。有文化广场 1 处、农家书屋 1 处、幼儿园 1 处。经济以种植业、商贸业为主，主要农作物有黄桃。有公路经此。

西皋 371326-B06-H08

[Xīgāo]

在县驻地平邑街道东南方向 18.4 千米。铜石镇辖自然村。人口 3 000。宋代建村，因在河西岸，得名西皋。聚落呈团块状分布。

有文化广场 1 处、幼儿园 1 处、小学 1 处。经济以种植业、商贸业为主，主要农作物有黄桃。有公路经此。

麻窝 371326-B06-H09
[Máwō]

在县驻地平邑街道东南方向 19.9 千米。铜石镇辖自然村。人口 1 500。唐朝初期，在丹山之阳，故取名为丹阳，后因此处多麻，清末改名为麻窝。聚落呈团块状分布。有文化广场 1 处、文化大院 1 处、农家书屋 1 处、幼儿园 1 处。经济以种植业为主，主要农作物有花生、黄桃、山楂、板栗。有公路经此。

贺山庄 371326-B06-H10
[Hèshānzhuāng]

在县驻地平邑街道东南方向 20.3 千米。铜石镇辖自然村。人口 1 400。明朝末年建村，初名兴旺庄，因村靠近山且村内贺姓人居多，明末更名贺山庄。聚落呈团块状分布。有文化广场 1 处、农家书屋 1 处。经济以种植业、商贸业为主，主要农作物有黄桃、板栗等。有公路经此。

红旗 371326-B06-H11
[Hóngqí]

在县驻地平邑街道东南方向 18.5 千米。铜石镇辖自然村。人口 800。1971 年修建昌里水库，由卓家庄迁此建村，以吉祥嘉言取名红旗新村，1988 年 5 月更名为红旗。聚落呈团块状分布。有文化广场 1 处、农家书屋 1 处。经济以种植业为主，主要农作物有小麦、玉米、花生。有公路经此。

南锅泉 371326-B06-H12
[Nánguōquán]

在县驻地平邑街道东南方向 19.7 千米。铜石镇辖自然村。人口 1 200。汉代建村，村址处有一天然泉眼形似锅状名锅泉，村在锅泉南，故称南锅泉。聚落呈团块状分布。有文化广场 1 处、农家书屋 1 处、幼儿园 1 处。古迹有南锅泉遗址。经济以种植业、商贸业为主，主要农作物有小麦、玉米、花生。

小官路 371326-B06-H13
[Xiǎoguānlù]

在县驻地平邑街道东南方向 16.1 千米。铜石镇辖自然村。人口 2 400。元朝末年庞姓立村，以期盼仕途之吉祥嘉言取名小官路。聚落呈团块状分布。有文化广场 1 处、农家书屋 1 处、幼儿园 1 处、小学 1 处。经济以种植业为主。有公路经此。

南诸冯 371326-B06-H14
[Nánzhūféng]

在县驻地平邑街道东南方向 23.1 千米。铜石镇辖自然村。人口 1 900。据传说五帝时代舜王在此地居住，因此地已有北诸冯，故此称南诸冯。聚落呈团块状分布。有文化广场 1 处、农家书屋 1 处、幼儿园 1 处。经济以种植业、商贸业为主，主要农作物有小麦、玉米。有公路经此。

大广泉 371326-B06-H15
[Dàguǎngquán]

在县驻地平邑街道东南方向 20.2 千米。铜石镇辖自然村。人口 600。北宋建村，此处因泉多而名广泉。与小广泉对应，称大广泉。聚落呈团块状分布。经济以种植业为主，主要农作物有大蒜、花椒、山楂。有公路经此。

大沟崖 371326-B06-H16
[Dàgōuyá]

在县驻地平邑街道东南方向 19.1 千米。铜石镇辖自然村。人口 1 400。清朝建村称东永利村，后因于氏居多改名于家沟。又因村中有一大沟，后改称大沟崖。聚落呈团块状分布。有文化广场 1 处、农家书屋 1 处。经济以种植业为主，主要农作物有小麦、玉米、花生、大蒜、地瓜。鲁南高铁、327 国道经此。

南官庄 371326-B06-H17
[Nánguānzhuāng]

在县驻地平邑街道东南方向 19.5 千米。铜石镇辖自然村。人口 700。明弘治年间建村，因土地瘠薄，始免征赋税，称官庄，又与北官庄相应改称南官庄。聚落呈团块状分布。有文化广场 1 处。经济以种植业为主，主要农作物有大蒜。有公路经此。

北诸冯 371326-B06-H18
[Běizhūféng]

在县驻地平邑街道东南方向 20.5 千米。铜石镇辖自然村。人口 2 000。据传说五帝时代，舜王在此居住过，因有南诸冯，此村为北诸冯。聚落呈团块状分布。有文化广场 1 处、农家书屋 1 处。经济以种植业、商贸业为主，主要农作物有小麦、玉米。有公路经此。

大圣堂 371326-B06-H19
[Dàshèngtáng]

在县驻地平邑街道东南方向 27.7 千米。铜石镇辖自然村。人口 500。宋代建村，因此处有一古庙大圣堂，故以庙得名。聚落呈团块状分布。有文化广场 1 处、农家书屋 1 处。经济以种植业、商贸业为主，主要农作物有山楂、板栗。

彭家泉 371326-B06-H20
[Péngjiāquán]

在县驻地平邑街道东南方向 25.1 千米。铜石镇辖自然村。人口 600。元代建村，因村南有山泉经村中北流，彭姓居多，得名彭家泉。聚落呈团块状分布。有文化广场 1 处、农家书屋 1 处。经济以种植业为主，主要农作物有金银花、黄桃。有公路经此。

沟南 371326-B06-H21
[Gōunán]

在县驻地平邑街道东南方向 21.8 千米。铜石镇辖自然村。人口 400。明洪武年间，先民由山西省洪洞县迁来立村，因村北有一条大沟，故取名沟南。聚落呈团块状分布。经济以种植业为主，主要农作物有金银花、山楂。

骆驼岭 371326-B06-H22
[Luòtuolǐng]

在县驻地平邑街道东南方向 24.7 千米。铜石镇辖自然村。人口 300。明末建村，山脚下有一山岭似骆驼形状，得名骆驼岭。聚落呈团块状分布。经济以种植业为主，主要农作物有黄桃、山楂。

两城庄 371326-B06-H23
[Liǎngchéngzhuāng]

在县驻地平邑街道东南方向 18.5 千米。铜石镇辖自然村。人口 1 500。明末建村，位居山前，取名前庄，后更名为两城庄。聚落呈团块状分布。有文化广场 1 处、农家书屋 1 处。经济以种植业为主，主要农作物有金银花、山楂等。有公路经此。

北寺 371326-B06-H24
[Běisì]

在县驻地平邑街道东南方向 21.0 千米。铜石镇辖自然村。人口 800。北宋建村，因村北有一寺，故名北寺。聚落呈团块状分布。有文化广场 1 处、农家书屋 1 处。经济以种植业、商贸业为主，主要农作物有山楂、大樱桃、金银花。日东高速经此。

南阜 371326-B06-H25
[Nánfù]

在县驻地平邑街道东南方向 25.7 千米。铜石镇辖自然村。人口 900。北宋末期建村，因村靠南阜岭而得名。聚落呈团块状分布。有文化广场 1 处、文化大院 1 处、农家书屋 1 处、幼儿园 1 处、小学 1 处。经济以种植业、商贸业为主，主要农作物有山楂、小麦、玉米。日东高速经此。

北张里 371326-B06-H26
[Běizhānglǐ]

在县驻地平邑街道东南方向 18.6 千米。铜石镇辖自然村。人口 1 500。明末，有张、刘两姓建村，取名张刘庄，后与南张刘庄对应称北张刘庄，后演变为北张里。聚落呈团块状分布。有文化广场 1 处、农家书屋 1 处、幼儿园 1 处、小学 1 处。经济以种植业、商贸业为主，主要农作物有大蒜、苗木。有公路经此。

北浚 371326-B06-H27
[Běijùn]

在县驻地平邑街道东南方向 27.6 千米。铜石镇辖自然村。人口 500。因该村地处浚河北岸，更名为北浚。聚落呈团块状分布。有文化广场 1 处。经济以种植业为主，主要农作物有小麦、玉米、大蒜。有公路经此。

王家村 371326-B06-H28
[Wángjiācūn]

在县驻地平邑街道东南方向 23.1 千米。铜石镇辖自然村。人口 1 100。明朝王姓建村，以姓氏取名王家村。聚落呈团块状分布。有文化广场 1 处、农家书屋 1 处、幼儿园 1 处。经济以种植业为主，主要农作物有山楂、黄梨、黄桃等。有公路经此。

仁和庄 371326-B06-H29
[Rénhézhuāng]

在县驻地平邑街道东南方向 23.5 千米。铜石镇辖自然村。以吉祥嘉言得名。聚落呈团块状分布。有文化广场 1 处、农家书屋 1 处。经济以种植业为主，主要农作物有小麦、玉米、花生等。有公路经此。

泉子峪 371326-B06-H30
[Quánziyù]

在县驻地平邑街道东南方向 14.7 千米。铜石镇辖自然村。人口 200。明末建村，因村南山顶有一眼山泉，取名泉子峪。聚落呈团块状分布。有文化大院、图书阅览室。经济以种植业为主，主要农作物有小麦、玉米、花生等。有公路经此。

董李庄 371326-B06-H31
[Dǒnglǐzhuāng]

在县驻地平邑街道东南方向 21.1 千米。铜石镇辖自然村。人口 600。该村董、李两姓较多，故名董李庄。聚落呈团块状分布。有文化广场 1 处、农家书屋 1 处、幼儿园 1 处、小学 1 处。经济以种植业为主，主要农作物有小麦、水果。有公路经此。

北温水 371326-B07-H01
[Běiwēnshuǐ]

温水镇人民政府驻地。在县驻地平邑街道东南方向 13.2 千米。人口 3 400。明朝建村，因村西南有温泉东流，取名温水村，后与南温水对称改名北温水。聚落呈团块状分布。有文化广场 1 处、文化大院 1 处、农家书屋 1 处、图书室 1 处、小学 1 处、幼儿园 1 处、中学 1 处。经济以种植业为主，主要农作物有小麦、大蒜、花生、玉米。有丰源化肥厂等企业。有公路经此。

仁孝庄 371326-B07-H02
[Rénxiàozhuāng]

在县驻地平邑街道东南方向 16.1 千米。温水镇辖自然村。人口 1 100。以吉祥嘉言改为仁孝庄，寓意村民仁义、孝顺。聚落呈团块状分布。有文化广场 1 处、图书室 1 处。经济以种植业为主，主要农作物有小麦、大蒜、玉米。有公路经此。

东公利 371326-B07-H03
[Dōnggōnglì]

在县驻地平邑街道东南方向 12.4 千米。温水镇辖自然村。人口 1 700。唐朝中期，先民从浙江迁此立村，以吉祥嘉言取名公利庄，因与西公利相对，更名为东公利。聚落呈团块状分布。有文化广场 1 处、文化大院 1 处、农家书屋 1 处、图书室 1 处、幼儿园 1 处、小学 1 处。经济以种植业为主，主要农作物有小麦、大蒜、玉米。有公路经此。

永西 371326-B07-H04
[Yǒngxī]

在县驻地平邑街道东南方向 11.9 千米。温水镇辖自然村。人口 1 600。建于明朝，原有曲姓在此占山为王，取名曲家庄，后曲大王被平息改为永息庄，后演变为永西。聚落呈团块状分布。有文化广场 1 处、文化大院 1 处、农家书屋 1 处、图书室 1 处。古迹有碧霞元君祠。经济以种植业为主，主要农作物有小麦、大蒜、玉米。有公路经此。

富饶庄 371326-B07-H05
[Fùráozhuāng]

在县驻地平邑街道东南方向 12.0 千米。温水镇辖自然村。人口 500。明朝建村，以吉祥嘉言取名富饶庄。聚落呈团块状分布。经济以种植业为主，主要农作物有小麦、大蒜、玉米。有公路经此。

小河 371326-B07-H06
[Xiǎohé]

在县驻地平邑街道东南方向 11.9 千米。温水镇辖自然村。人口 1 000。明万历年间建村，村东有小河南流，以此取名小河。聚落呈团块状分布。有文化广场 1 处、文化大院 1 处。经济以种植业为主，主要农作物有小麦、大蒜、玉米。有公路经此。

元郭 371326-B07-H07
[Yuánguō]

在县驻地平邑街道东南方向 9.2 千米。温水镇辖自然村。人口 6 000。明朝初期建村，因周围地高，村居洼地，取名园廓，后变为元郭。聚落呈团块状分布。有文化广场 1 处、文化大院 1 处、幼儿园 1 处、小学 1 处。古迹有林氏古宅。经济以种植业为主，主要农作物有小麦、大蒜、玉米、土豆。有公路经此。

务本庄 371326-B07-H08
[Wùběnzhuāng]

在县驻地平邑街道东南方向 10.5 千米。温水镇辖自然村。人口 1 000。以"君子务本"意取名务本庄。聚落呈团块状分布。有文化广场 1 处、图书室 1 处。经济以种植业为主，主要农作物有小麦、大蒜、玉米、土豆。有公路经此。

永庆 371326-B07-H09
[Yǒngqìng]

在县驻地平邑街道东南方向 8.5 千米。温水镇辖自然村。人口 1 200。明朝末年建村，以吉祥言得名永庆，后因在南马家庄以北，改为北马家庄，1980 年第一次全国地名普查时因容易与白马庄混淆，复名永庆。聚落呈团块状分布。有文化广场 1 处、图书室 1 处、幼儿园 1 处、小学 1 处。经济以种植业为主,主要农作物有大蒜、土豆。兖石铁路经此。

西纯庄 371326-B07-H10
[Xīchúnzhuāng]

在县驻地平邑街道东南方向 10.6 千米。温水镇辖自然村。人口 1 400。北宋建村,初名丰山埠,又名徐前庄,康熙年间改为锡纯庄,后改为西纯庄。聚落呈团块状分布。有文化广场 1 处。经济以种植业为主,主要农作物有大蒜、土豆、小麦。兖石铁路经此。

东武安 371326-B07-H11
[Dōngwǔ'ān]

在县驻地平邑街道东南方向 12.7 千米。温水镇辖自然村。人口 3 300。建于宋朝,传说宋时,因孙勉在朝任回路节度使奉旨征北回朝时,在此得病而死,因孙勉是武将,故曰"武安",因与西武安对称得名东武安。聚落呈团块状分布。有文化广场 1 处、幼儿园 2 处、小学 1 处。经济以种植业为主,主要农作物有大蒜、土豆、小麦、玉米、花生。有公路经此。

花园庄 371326-B07-H12
[Huāyuánzhuāng]

在县驻地平邑街道东南方向 16.4 千米。温水镇辖自然村。人口 2 000。宋朝初期建村,此地为颛臾国花园旧址,以此取名花园庄。聚落呈团块状分布。有文化广场 1 处。经济以种植业为主,主要农作物有大蒜、小麦、玉米,特产西瓜。有公路经此。

宋河 371326-B07-H13
[Sònghé]

在县驻地平邑街道东南方向 12.8 千米。温水镇辖自然村。人口 3 100。因临河,1973 年改名为宋河。聚落呈团块状分布。有文化广场 1 处、小学 1 处。经济以农业种植为主,主要农作物有大蒜、小麦、玉米、土豆。有公路经此。

西围沟 371326-B07-H14
[Xīwéigōu]

在县驻地平邑街道东南方向 12.6 千米。温水镇辖自然村。人口 2 400。北宋建村,因村周围有沟,位居东围沟西,故名西围沟。聚落呈团块状分布。有文化广场 1 处、幼儿园 2 处。古迹有彭氏家庙。经济以种植业为主,主要农作物有大蒜、小麦、玉米、土豆。有公路经此。

南林 371326-B07-H15
[Nánlín]

在县驻地平邑街道东南方向 12.9 千米。温水镇辖自然村。人口 3 500。明朝建村,地理位置与柏林南北相向,故名南林。聚落呈团块状分布。有文化广场 1 处、小学 1 处、幼儿园 2 处。经济以种植业为主,主要农作物有花生、小麦、玉米。有公路经此。

桥头庄 371326-B07-H16
[Qiáotóuzhuāng]

在县驻地平邑街道东南方向 9.6 千米。温水镇辖自然村。人口 1 000。明朝中期建村,以吉祥嘉言取名兴隆庄,后村北建一桥,明末改为桥头庄。聚落呈团块状分布。经济以种植业为主,主要农作物有花生、小麦、玉米。有公路经此。

堡前庄 371326-B07-H17
[Pùqiánzhuāng]

在县驻地平邑街道东南方向 16.3 千米。温水镇辖自然村。人口 1 100。宋朝末年建村,因村北有一堡台,以此得名堡前庄。聚落呈团块状分布。有文化广场 1 处。古迹有堡前庄遗址。经济以种植业为主，主要农作物有花生、小麦、玉米。327 国道经此。

东围沟 371326-B07-H18
[Dōngwéigōu]

在县驻地平邑街道东南方向 13.2 千米。温水镇辖自然村。人口 3 800。宋朝建村，因三面环沟，与西围沟相对，取名东围沟。聚落呈团块状分布。有文化广场 1 处、幼儿园 1 处。经济以种植业为主，主要农作物有花生、大蒜、小麦、玉米。有公路经此。

梭庄 371326-B07-H19
[Suōzhuāng]

在县驻地平邑街道东南方向 16.8 千米。温水镇辖自然村。人口 3 300。明朝末年阎姓建村，初名小阎家庄，清末改为阎家薛庄，后为阎家梭庄、梭庄。聚落呈团块状分布。有文化广场 1 处、幼儿园 1 处、小学 1 处。经济以种植业为主，主要农作物有花生、大蒜、小麦、玉米。有公路经此。

足食庄 371326-B07-H20
[Zúshízhuāng]

在县驻地平邑街道东南方向 15.9 千米。温水镇辖自然村。人口 500。清康熙年间以吉祥言改为足食庄，寓意不愁吃不愁穿，丰衣足食。聚落呈团块状分布。有文化广场 1 处。经济以种植业为主，主要农作物有花生、大蒜、小麦、玉米。有公路经此。

太平庄 371326-B07-H21
[Tàipíngzhuāng]

在县驻地平邑街道东南方向 15.0 千米。温水镇辖自然村。人口 700。明朝末年建村，以吉祥嘉言取名太平庄，寓意百姓生活太平，无战乱。聚落呈团块状分布。有文化广场 1 处。经济以种植业为主，主要农作物有花生、大蒜、小麦、玉米。有公路经此。

永安庄 371326-B07-H22
[Yǒng'ānzhuāng]

在县驻地平邑街道东南方向 15.0 千米。温水镇辖自然村。人口 1 000。清朝初期建村，以吉祥嘉言取名永安庄，寓意永远平安。聚落呈团块状分布。有文化广场 1 处。经济以种植业为主，主要农作物有花生、大蒜、小麦、玉米。有公路经此。

南马庄 371326-B07-H23
[Nánmǎzhuāng]

在县驻地平邑街道东南方向 5.5 千米。温水镇辖自然村。人口 1 100。明末建村，在永庆庄南，取名南永庆，后改为南马庄。聚落呈团块状分布。有文化广场 1 处、幼儿园 2 处、小学 1 处。经济以种植业为主，主要农作物有花生、大蒜、小麦、玉米。兖石铁路、327 国道经此。

后贯庄 371326-B07-H24
[Hòuguànzhuāng]

在县驻地平邑街道东北方向 16.0 千米。温水镇辖自然村。人口 700。明朝建村，因在东山书院后取名书院后村，后改为后贯庄。聚落呈团块状分布。经济以种植业为主，主要农作物有花生、大蒜、小麦、玉米。有公路经此。

前贯庄 371326-B07-H25
[Qiánguànzhuāng]

在县驻地平邑街道东方向 16.0 千米。温水镇辖自然村。人口 900。因该村西北有一泉，水平向东流穿越村庄，得名前贯庄。聚落呈团块状分布。有文化广场 1 处、文化大院 1 处、农家书屋 1 处、图书室 1 处、幼儿园 1 处、小学 1 处。古迹有东山书院历史遗迹、御圣桥。经济以种植业为主，主要农作物有花生、大蒜、小麦、玉米。有公路经此。

流峪 371326-B08-H01
[Liúyù]

流峪镇人民政府驻地。在县驻地平邑街道南方向 16.0 千米。人口 2 200。唐朝建村，因村处两山之间、小河边而得名流峪。聚落呈团块状分布。有文化广场 1 处、文化大院 1 处、图书室 1 处、幼儿园 1 处。经济以种植业为主，主要农作物有小麦、玉米、花生、地瓜，盛产金银花、花椒、山楂。240 省道经此。

水崖 371326-B08-H02
[shuǐyá]

在县驻地平邑街道南方向 19.5 千米。流峪镇辖自然村。人口 600。元朝建村，因村西面有个老龙潭，常年有水，天大旱时也常滴水，故名滴水崖，后以河及方位分为南水崖、北水崖、上水崖。2004 年 12 月南水崖、北水崖、上水崖合并为水崖。聚落呈团块状分布。有文化广场 1 处、文化大院 1 处、农家书屋 1 处、图书室 1 处、幼儿园 1 处。经济以种植业为主，主要农作物有金银花。有公路经此。

护城庄 371326-B08-H03
[Hùchéngzhuāng]

在县驻地平邑街道南方向 15.1 千米。流峪镇辖自然村。人口 1 000。唐朝建村，在城子遗址西北方向，以护卫城子之意名护城庄。聚落呈团块状分布。有文化广场 1 处、农家书屋 1 处、图书室 1 处、小学 1 处、幼儿园 1 处。经济以种植业为主，主要农作物有金银花。有公路经此。

义新庄 371326-B08-H04
[Yìxīnzhuāng]

在县驻地平邑街道南方向 10.5 千米。流峪镇辖自然村。人口 1 200。明朝初期建村，因地势得名蝎子山，后因村民齐心协力抗击土匪，改为齐心庄，后改为义新庄。聚落呈团块状分布。有文化广场 1 处、农家书屋 1 处、图书室 1 处、幼儿园 1 处。经济以种植业为主，主要农作物有金银花。有公路经此。

栗园 371326-B08-H05
[Lìyuán]

在县驻地平邑街道南方向 11.3 千米。流峪镇辖自然村。人口 700。宋朝建村，因当时栗树较多，故名栗园。聚落呈团块状分布。有文化广场 1 处、图书室 1 处。经济以种植业为主，主要农作物有小麦、玉米、花生。有公路经此。

黄林 371326-B08-H06
[Huánglín]

在县驻地平邑街道南方向 15.8 千米。流峪镇辖自然村。人口 1 200。宋朝初期建村，原有桃花村和刘家庄，合并成西归庄，后传说某皇姑葬于此地称皇林，村名逐渐改称为黄林。聚落呈团块状分布。有文化广场 1 处、农家书屋 1 处、图书室 1 处、小学 1 处、幼儿园 1 处。经济以种植业为主，主要农作物有金银花、中药材。240 省道经此。

老泉崖 371326-B08-H07
[Lǎoquányá]

在县驻地平邑街道西南方向 12.0 千米。流峪镇辖自然村。人口 1 100。清朝初期建村，因南山根有一泉，故名老泉崖。聚落呈团块状分布。有文化广场 1 处、图书室 1 处。有老泉崖战斗旧址。经济以种植业为主，主要农作物有金银花。有公路经此。

西沟 371326-B08-H08

[Xīgōu]

在县驻地平邑街道南方向 16.6 千米。流峪镇辖自然村。人口 900。明朝建村，因坐落在流峪西边的山沟里，故名流峪西沟，后逐渐演变成西沟。聚落呈团块状分布。有文化广场 1 处、农家书屋 1 处、图书室 1 处。经济以种植业为主，主要农作物有金银花、山楂。有公路经此。

车庄 371326-B08-H09

[Chēzhuāng]

在县驻地平邑街道南方向 20.1 千米。流峪镇辖自然村。人口 2 200。因被洪水切成南、北两个庄，后两庄连成一片，"切"和"车"发音相近，故为车庄。聚落呈团块状分布。有文化广场 1 处、文化大院 1 处、农家书屋 1 处、图书室 1 处、小学 1 处、幼儿园 1 处。经济以种植业为主，主要农作物有金银花、山楂。240 省道经此。

下崮安 371326-B08-H10

[Xiàgù'ān]

在县驻地平邑街道南方向 21.9 千米。流峪镇辖自然村。人口 800。因坐落在马家崮山岭上，与上崮安对称，名下崮安。聚落呈团块状分布。有文化广场 1 处、图书室 1 处。经济以种植业为主，主要农作物有金银花。有公路经此。

南申庄 371326-B08-H11

[Nánshēnzhuāng]

在县驻地平邑街道南方向 10.8 千米。流峪镇辖自然村。人口 1 600。明朝初期建村，因有沈姓在河南岸居住称南沈庄，后沈姓无人，演变为南申庄。聚落呈团块状分布。有农家书屋 1 处、图书室 1 处、幼儿园 1 处。经济以种植业为主，主要农作物有小麦、玉米、地瓜、花生等。有公路经此。

赤梁院 371326-B08-H12

[Chìliángyuàn]

在县驻地平邑街道南方向 15.5 千米。流峪镇辖自然村。人口 900。清朝初期建村，因远看稍红的山梁下有一寺院并以吉祥言而得名赤梁院。聚落呈团块状分布。有文化广场 1 处、图书室 1 处。经济以种植业为主，主要农作物有金银花。240 省道经此。

城子 371326-B08-H13

[Chéngzi]

在县驻地平邑街道西南方向 15.1 千米。流峪镇辖自然村。人口 1 000。相传唐王李世民曾住于此而得名城子。聚落呈团块状分布。有文化广场 1 处、农家书屋 1 处、图书室 1 处。有城子遗址。经济以种植业为主，主要农作物有金银花。有公路经此。

乐平庄 371326-B08-H14

[Lèpíngzhuāng]

在县驻地平邑街道南方向 12.6 千米。流峪镇辖自然村。人口 1 900。清道光年间建村，因坐落在山峪中，地势平坦，故取名乐平庄，寓意欢乐平安。聚落呈团块状分布。有文化广场 1 处、图书室 1 处。经济以种植业为主，主要农作物有金银花。有公路经此。

北申庄 371326-B08-H15

[Běishēnzhuāng]

在县驻地平邑街道西南方向 8.6 千米。流峪镇辖自然村。人口 1 500。明朝初期建村，因有沈姓在河北岸居住称北沈庄，后沈姓无人，演变为北申庄。聚落呈团块状分布。有文化广场 1 处、图书室 1 处、小学 1 处、幼儿园 1 处。经济以种植业为主，主要农作物有金银花、苹果。有公路经此。

南蒲芦 371326-B08-H16
[Nánpúlú]

在县驻地平邑街道南方向 13.6 千米。流峪镇辖自然村。人口 2 500。因村内随便打井有水，蒲草和芦苇到处生长，故名蒲芦村。后与北蒲芦相对，称南蒲芦。聚落呈团块状分布。有文化广场 1 处、农家书屋 1 处、图书室 1 处、小学 1 处、幼儿园 1 处。经济以种植业为主，主要农作物有金银花。有公路经此。

义和庄 371326-B08-H17
[Yìhézhuāng]

在县驻地平邑街道南方向 14.9 千米。流峪镇辖自然村。人口 700。清朝建村，以吉祥言仁义和顺和睦之意取名义和庄。聚落呈团块状分布。有文化广场 1 处、图书室 1 处。经济以种植业为主，主要农作物有金银花。有公路经此。

枣场峪 371326-B08-H18
[Zǎochǎngyù]

在县驻地平邑街道南方向 14.1 千米。流峪镇辖自然村。人口 400。从前该村枣树多，曾叫过枣场，后更名为枣场峪。聚落呈团块状分布。有文化广场 1 处、图书室 1 处。经济以种植业为主，主要农作物有金银花、丹参、花生。有公路经此。

向阳峪 371326-B08-H19
[Xiàngyángyù]

在县驻地平邑街道南方向 14.7 千米。流峪镇辖自然村。人口 500。因该村地处山南，故名向阳峪。聚落呈团块状分布。有文化广场 1 处、农家书屋 1 处、图书室 1 处。经济以种植业为主，主要农作物有金银花、丹参、花生。有公路经此。

谭家庄 371326-B08-H20
[Tánjiāzhuāng]

在县驻地平邑街道南方向 16.4 千米。流峪镇辖自然村。人口 1 800。唐朝谭姓建村，以姓氏取名谭家庄。聚落呈团块状分布。有文化广场 1 处、图书室 1 处、幼儿园 1 处。经济以种植业为主，主要农作物有金银花。有公路经此。

郑城 371326-B09-H01
[Zhèngchéng]

郑城镇人民政府驻地。在县驻地平邑街道西南方向 28.5 千米。人口 1 900。东汉末期建村，以东汉经学家郑玄曾居此地而得名。聚落呈团块状分布。有文化广场 1 处、农家书屋 1 处、幼儿园 3 处、小学 1 处。经济以种植业为主，主要农作物有中药材、果品。有中药材专业合作社，金泰药业、三源药业、金银花农产品市场等企业。240 省道经此。

南武城 371326-B09-H02
[Nánwǔchéng]

在县驻地平邑街道南方向 36.8 千米。郑城镇辖自然村。人口 1 000。因靠近南城山而得名。聚落呈散状分布。有文化广场 1 处、农家书屋 1 处、幼儿园 1 处。有曾皙墓、唐代摩崖石刻。经济以种植业为主，主要农作物有金银花、水果。有公路经此。

桃峪 371326-B09-H03
[Táoyù]

在县驻地平邑街道南方向 25.0 千米。郑城镇辖自然村。人口 1 500。明末建村，初建时因村口有大杏树曾名大杏树村，后因漫山桃林更名为桃峪。聚落呈散状分布。有文化广场 1 处、农家书屋 1 处、幼儿园 3 处。有桃峪高干会议旧址。经济以种植业为主，主要农作物有金银花、果树。有公路经此。

松林 371326-B09-H04
［Sōnglín］

在县驻地平邑街道南方向 27.1 千米。郑城镇辖自然村。人口 800。清顺治年间建村，因坐落在大松树旁，故取名松林。聚落呈散状分布。有文化广场 1 处、农家书屋 1 处、幼儿园 1 处、中学 1 处。经济以种植业为主，主要农作物有花生、金银花等。240 省道经此。

宁安庄 371326-B09-H05
［Níng'ānzhuāng］

在县驻地平邑街道西南方向 27.6 千米。郑城镇辖自然村。人口 700。1980 年第一次全国地名普查时因县内重名，以吉祥言改为宁安庄。聚落呈散状分布。有文化大院 1 处、农家书屋 1 处。经济以种植业为主，主要农作物有花生、金银花等。有公路经此。

油篓 371326-B09-H06
［Yóulǒu］

在县驻地平邑街道南方向 23.5 千米。郑城镇辖自然村。人口 1 300。明朝初期建村，因村中有块像油篓的石头，故名。聚落呈散状分布。有文化广场 1 处、农家书屋 1 处、幼儿园 1 处。经济以种植业为主，主要农作物有金银花、梨、柿子等。有公路经此。

巩家山 371326-B09-H07
［Gǒngjiāshān］

在县驻地平邑街道南方向 25.2 千米。郑城镇辖自然村。人口 2 100。村名原为公鸡山，后逐渐演变为巩家山。聚落呈散状分布。有小学 1 处。经济以种植业为主，主要农作物有金银花。有公路经此。

柿子峪 371326-B09-H08
［Shìziyù］

在县驻地平邑街道南方向 26.5 千米。

郑城镇辖自然村。人口 800。因此处柿树较多，又坐落在山峪里，故名柿子峪。聚落呈散状分布。经济以种植业为主，主要农作物有金银花、果树。有公路经此。

后水湾 371326-B09-H09
［Hòushuǐwān］

在县驻地平邑街道南方向 24.2 千米。郑城镇辖自然村。人口 1 900。因村址处在河流弯曲部位，流水发出响声，故名响水湾，后人口变多分为三个村落，与前水湾、中水湾对应，得名后水湾。聚落呈团块状分布。有文化广场 1 处、农家书屋 1 处、幼儿园 1 处、小学 1 处。经济以种植业为主，主要农作物有金银花。有公路经此。

印荷庄 371326-B09-H10
［Yìnhézhuāng］

在县驻地平邑街道南方向 36.4 千米。郑城镇辖自然村。人口 600。以该村在印荷山脚下得名印荷庄。聚落呈团块状分布。有文化广场 1 处、农家书屋 1 处。经济以种植业为主，主要农作物有金银花。

花峪庄 371326-B09-H11
［Huāyùzhuāng］

在县驻地平邑街道南方向 34.8 千米。郑城镇辖自然村。人口 1 200。明万历二年（1574）花姓始来定居，改名花家庄，后演变为花峪庄。聚落呈团块状分布。有文化广场 1 处、农家书屋 1 处。经济以种植业为主，主要农作物有金银花。有公路经此。

大魏庄 371326-B09-H12
［Dàwèizhuāng］

在县驻地平邑街道南方向 34.4 千米。郑城镇辖自然村。人口 1 400。明万历年间魏姓建村，取名魏庄，后与小魏庄对应，改名为大魏庄。聚落呈团块状分布。有文

二 居民点

化广场 1 处、农家书屋 1 处、幼儿园 2 处、小学 1 处、中学 1 处。经济以种植业为主，主要农作物有金银花、板栗、苹果。342 省道经此。

虎窝 371326-B09-H13
［Hǔwō］

在县驻地平邑街道南方向 40.1 千米。郑城镇辖自然村。人口 200。明天顺六年（1462）建村，因村西北有虎形巨石和众多虎形小石群，故名虎窝。聚落呈团块状分布。有文化广场 1 处、农家书屋 1 处、幼儿园 1 处、小学 1 处。经济以种植业为主，主要农作物有金银花、板栗、花椒。有公路经此。

杜家山 371326-B09-H14
［Dùjiāshān］

在县驻地平邑街道南方向 24.5 千米。郑城镇辖自然村。人口 600。明万历年间建村，因坐落在杜家山脚下，故以山取名杜家山。聚落呈团块状分布。有文化广场 1 处、农家书屋 1 处。经济以种植业为主，主要农作物有金银花。有公路经此。

小魏庄 371326-B09-H15
［Xiǎowèizhuāng］

在县驻地平邑街道南方向 35.5 千米。郑城镇辖自然村。人口 800。明万历年间魏姓人建村，取名魏庄，后与大魏庄对应，改名为小魏庄。聚落呈团块状分布。有文化广场 1 处、农家书屋 1 处。经济以种植业为主，主要农作物有小麦、玉米、花生。342 省道经此。

石家庄 371326-B09-H16
［Shíjiāzhuāng］

在县驻地平邑街道南方向 29.3 千米。郑城镇辖自然村。人口 700。明朝初期石姓建村，以姓氏取名石家庄。聚落呈团块状分布。有文化广场 1 处、农家书屋 1 处。经济以种植业为主，主要农作物有小麦、玉米、花生。有公路经此。

埠西 371326-B09-H17
［Bùxī］

在县驻地平邑街道南方向 31.8 千米。郑城镇辖自然村。人口 1 200。明朝中期建村，因村居河西岸，得名埠西。聚落呈团块状分布。有文化广场 1 处、农家书屋 1 处。经济以种植业、商贸业为主，主要农作物有金银花、花生等。有公路经此。

东石龙口 371326-B09-H18
［Dōngshílóngkǒu］

在县驻地平邑街道南方向 35.0 千米。郑城镇辖自然村。人口 500。清朝中期建村，村东有一个崖头，形似龙头，以地势名石龙口，后分两个村，因与西石龙口对应，得名东石龙口。聚落呈团块状分布。有文化广场 1 处、农家书屋 1 处。经济以种植业为主，主要农作物有金银花、花生、地瓜。有公路经此。

下崇圣 371326-B09-H19
［Xiàchóngshèng］

在县驻地平邑街道南方向 34.7 千米。郑城镇辖自然村。人口 800。相传有两条大虫路过此地要吃人，村民杀了两头猪，所以立村时得名虫剩，后演变为崇圣，分上下两个村，本村在下，为下崇圣。聚落呈团块状分布。有文化广场 1 处、农家书屋 1 处、幼儿园 1 处、小学 1 处。经济以种植业为主，主要农作物有金银花。有公路经此。

南杨庄 371326-B09-H20
［Nányángzhuāng］

在县驻地平邑街道南方向 33.1 千米。

郑城镇辖自然村。人口 600。明末杨姓建村，以姓氏命名为杨家庄，后因区分具体方位，改名为南杨庄。聚落呈团块状分布。有文化广场 1 处、农家书屋 1 处、幼儿园 1 处、小学 1 处。经济以种植业为主。有公路经此。

兰西村 371326-B09-H21
[Lánxīcūn]

在县驻地平邑街道南方向 26.8 千米。郑城镇辖自然村。人口 800。以在兰河西岸而更名为兰西村。聚落呈团块状分布。有文化广场 1 处、农家书屋 1 处。经济以农业种植为主，主要农作物有金银花、山楂、桃子。有公路经此。

白彦 371326-B10-H01
[Báiyàn]

白彦镇人民政府驻地。在县驻地平邑街道西南方向 30.9 千米。人口 2 200。明朝初期建村，因村西建有白衣郎庙，得名白彦。聚落呈团块状分布。有文化广场 1 处、文化大院 1 处、农家书屋 1 处、图书室 1 处、中学 1 处、小学 1 处、幼儿园 2 处。经济以种植业为主，主要农作物有花生、玉米、地瓜。有东方柏利门业、联发门业等企业。342 省道经此。

小山后 371326-B10-H02
[Xiǎoshānhòu]

在县驻地平邑街道西南方向 29.8 千米。白彦镇辖自然村。人口 1 200。清朝建村，因村前有座小山，得名小山后。聚落呈团块状分布。有文化广场 1 处、文化大院 1 处、农家书屋 1 处、图书室 1 处。有鲁怀王、悼王墓。经济以种植业为主，主要农作物有花生、玉米、地瓜。有公路经此。

石洞口 371326-B10-H03
[Shídòngkǒu]

在县驻地平邑街道西南方向 29.1 千米。白彦镇辖自然村。人口 900。清初建村，因此处有一沟像龙，被大水冲开称石龙口，得名石龙口，后改为石洞口。聚落呈团块状分布。有文化广场 1 处、文化大院 1 处、农家书屋 1 处、图书室 1 处。经济以种植业为主，主要农作物有花生、玉米、地瓜。有公路经此。

枣梨 371326-B10-H04
[Zǎolí]

在县驻地平邑街道西南方向 33.5 千米。白彦镇辖自然村。人口 1 600。明嘉靖年间建村，因此处枣树、梨树较多，故取村名枣梨。聚落呈团块状分布。有文化广场 1 处、文化大院 1 处、农家书屋 1 处、图书室 1 处。经济以种植业、养殖业为主，主要农作物有花生、玉米、地瓜。有公路经此。

崮北 371326-B10-H05
[Gùběi]

在县驻地平邑街道西南方向 32.7 千米。白彦镇辖自然村。人口 900。因该村在太皇崮西北，命名为皇崮，后改为崮北。聚落呈团块状分布。有文化广场 1 处、文化大院 1 处、农家书屋 1 处、图书室 1 处、小学 1 处。有太皇崮石碑遗像。经济以种植业、养殖业为主，主要农作物有花生、玉米、地瓜。有公路经此。

南径 371326-B10-H06
[Nánjìng]

在县驻地平邑街道西南方向 27.0 千米。白彦镇辖自然村。人口 1 900。明朝建村，因村北有一条东西大路称为径，此村在路南，故名南径。聚落呈团块状分布。有文化广场 1 处、文化大院 1 处、农家书屋 1 处、图书室 1 处、幼儿园 1 处、小学 1 处。经济以种植业为主，主要农作物有花生、玉米、地瓜。342 省道经此。

界牌沟 371326-B10-H07
[Jièpáigōu]

在县驻地平邑街道西南方向 28.0 千米。白彦镇辖自然村。人口 1 900。明万历三十七年（1609）建村，因在费、滕两县交界处，界石立村中河沟处，故得名界牌沟。聚落呈团块状分布。有文化广场 1 处、文化大院 1 处、农家书屋 1 处、图书室 1 处。经济以种植业为主，主要农作物有花生、玉米、地瓜。342 省道经此。

却庄 371326-B10-H08
[Quèzhuāng]

在县驻地平邑街道西南方向 26.9 千米。白彦镇辖自然村。人口 1 100。清顺治年间，却姓建村，以姓氏取名却家庄，后演变为却庄。聚落呈团块状分布。有文化广场 1 处、文化大院 1 处、农家书屋 1 处、图书室 1 处、幼儿园 1 处。经济以种植业为主，主要农作物有花生、玉米、地瓜。342 省道经此。

大北径 371326-B10-H09
[Dàběijìng]

在县驻地平邑街道西南方向 26.4 千米。白彦镇辖自然村。人口 1 200。明朝建村，因村南有一条大路为径，此村在路北，又因与小北径对应而取名大北径。聚落呈团块状分布。有文化广场 1 处、文化大院 1 处、农家书屋 1 处、图书室 1 处。经济以种植业为主，主要农作物有花生、玉米、地瓜。342 省道经此。

龙湾 371326-B10-H10
[Lóngwān]

在县驻地平邑街道西南方向 32.4 千米。白彦镇辖自然村。人口 1 000。明朝建村，因在河湾处、河道又似龙形，故名龙湾。聚落呈团块状分布。有文化广场 1 处、文化大院 1 处、农家书屋 1 处、图书室 1 处。经济以种植业、养殖业为主。有公路经此。

山阴 371326-B10-H11
[Shānyīn]

在县驻地平邑街道西南方向 26.5 千米。白彦镇辖自然村。人口 1 500。宋朝建村，因在山阴寺北，故名。聚落呈团块状分布。有文化广场 1 处、文化大院 1 处、农家书屋 1 处、图书室 1 处、幼儿园 1 处、小学 1 处。经济以种植业为主。有公路经此。

官庄 371326-B10-H12
[Guānzhuāng]

在县驻地平邑街道西南方向 29.3 千米。白彦镇辖自然村。人口 600。明朝时期上级官员经常来地方视察民情，在视察时每个落脚点相隔 50 里路，所到的村庄被称为官庄。聚落呈团块状分布。有文化广场 1 处、文化大院 1 处、农家书屋 1 处、图书室 1 处。经济以种植业为主。342 省道经此。

燕岭 371326-B10-H13
[Yànlǐng]

在县驻地平邑街道西南方向 31.1 千米。白彦镇辖自然村。人口 1 000。因该村地处岭地，燕姓居多，故名燕岭。聚落呈团块状分布。有文化广场 1 处、文化大院 1 处、农家书屋 1 处、图书室 1 处。经济以种植业为主，主要农作物有地瓜、花生等。有公路经此。

老林后 371326-B10-H14

[Lǎolínhòu]

在县驻地平邑街道西南方向 30.6 千米。白彦镇辖自然村。人口 400。明正德年间建村，因村前有徐姓的老林，故名老林后。聚落呈团块状分布。有文化广场 1 处、文化大院 1 处、农家书屋 1 处、图书室 1 处。经济以养殖业、种植业为主，主要农作物有地瓜、花生等。342 省道经此。

下河 371326-B10-H15

[Xiàhé]

在县驻地平邑街道西南方向 28.4 千米。白彦镇辖自然村。人口 600。明初因村西有条沙河，在河流下方，故名下河。聚落呈团块状分布。有文化广场 1 处、文化大院 1 处、农家书屋 1 处、图书室 1 处、小学 1 处。经济以种植业为主，主要农作物有金银花、地瓜、花生、小麦、玉米等。

徐庄 371326-B10-H16

[Xúzhuāng]

在县驻地平邑街道西南方向 31.4 千米。白彦镇辖自然村。人口 600。明嘉靖年间徐姓建村，以姓氏取名徐庄。聚落呈团块状分布。有文化广场 1 处、文化大院 1 处、农家书屋 1 处、图书室 1 处、幼儿园 1 处、小学 1 处。经济以种植业为主，主要农作物有地瓜、花生等。244 省道经此。

大朱庄 371326-B10-H17

[Dàzhūzhuāng]

在县驻地平邑街道西南方向 34.7 千米。白彦镇辖自然村。人口 1 500。明末清初，朱姓、蒋姓居此，因朱姓人多，故取名大朱庄。聚落呈团块状分布。有文化广场 1 处、文化大院 1 处、农家书屋 1 处、图书室 1 处、幼儿园 1 处。经济以养殖业、种植业为主，主要农作物有金银花、地瓜、花生、小麦、玉米等。244 省道经此。

小黄草坡 371326-B10-H18

[Xiǎohuángcǎopō]

在县驻地平邑街道南方向 37.0 千米。白彦镇辖自然村。人口 800。明万历年间，因盛产黄草而取名黄草坡。后与大黄草坡对应，故名小黄草坡。聚落呈团块状分布。有文化广场 1 处、文化大院 1 处、农家书屋 1 处、图书室 1 处。经济以养殖业、种植业为主，主要农作物有金银花、地瓜、花生、小麦、玉米等。有公路经此。

大朱龙湾 371326-B10-H19

[Dàzhūlóngwān]

在县驻地平邑街道南方向 41.0 千米。白彦镇辖自然村。人口 500。清乾隆二十九年（1764）朱姓建村，因与小朱龙湾对应，得名大朱龙湾。聚落呈团块状分布。有文化广场 1 处、文化大院 1 处、农家书屋 1 处、图书室 1 处。经济以种植业为主，主要农作物有大樱桃、地瓜、花生、小麦、玉米等。有公路经此。

金斗庄 371326-B10-H20

[Jīndǒuzhuāng]

在县驻地平邑街道南方向 37.7 千米。白彦镇辖自然村。人口 900。清顺治初年，金、蔡姓建村，一户是金员外，一户称蔡八缸，以姓氏和吉祥意取名金斗庄。聚落呈团块状分布。有文化广场 1 处、文化大院 1 处、农家书屋 1 处、图书室 1 处。经济以制造业为主。有公路经此。

贺郎铺 371326-B10-H21

[Hèlángpù]

在县驻地平邑街道南方向 35.7 千米。白彦镇辖自然村。人口 700。宋末，一位贺姓迁此定居，开设杂货铺，故名贺郎铺。聚落呈团块状分布。有文化广场1处。经济以种植业、养殖业、批发零售业为主。有公路经此。

临涧 371326-B11-H01
[Línjiàn]

临涧镇人民政府驻地。在县驻地平邑街道西南方向21.2千米。人口2 700。元至元十七年（1280），因立村于二山涧中，故名。聚落呈团块状分布。有文化广场1处、文化大院1处、农家书屋1处、图书室1处、中学1处、小学1处、幼儿园3处。经济以种植业为主，主要农作物有小麦、玉米、花生、金银花等。有公路经此。

涝滩 371326-B11-H02
[Làotān]

在县驻地平邑街道西南方向22.5千米。临涧镇辖自然村。人口800。清朝中期刘姓建村，因村前有个涝窝头，长年流水，水草茂盛，故名涝滩。聚落呈团块状分布。经济以种植业为主，主要农作物有玉米、花生等。有公路经此。

大涝泉 371326-B11-H03
[Dàlàoquán]

在县驻地平邑街道西南方向23.1千米。临涧镇辖自然村。人口1 400。宋朝年间，先民从山西省喜鹊窝迁来建村，因村西有一山泉称涝泉，得名大涝泉。聚落呈团块状分布。有文化广场1处、文化大院1处、农家书屋1处、图书室1处、幼儿园1处、小学1处。经济以种植业为主，主要农作物有玉米、花生等。有公路经此。

上南庄 371326-B11-H04
[Shàngnánzhuāng]

在县驻地平邑街道西南方向20.5千米。

临涧镇辖自然村。人口500。清朝初期，先民从曲阜赵家村迁来建村，因村址在南庄的岭岗上，故名上南庄。聚落呈团块状分布。经济以种植业为主，主要农作物有玉米、花生等。有公路经此。

兴旺庄 371326-B11-H05
[Xīngwàngzhuāng]

在县驻地平邑街道西南方向19.1千米。临涧镇辖自然村。人口500。以吉祥言得名兴旺庄。聚落呈团块状分布。有文化广场1处、文化大院1处、农家书屋1处、图书室1处。经济以种植业为主，主要农作物有玉米、花生等。有公路经此。

三岔河 371326-B11-H06
[Sānchàhé]

在县驻地平邑街道西南方向18.7千米。临涧镇辖自然村。人口600。以坐落在山间三条小河交叉处而得名。聚落呈团块状分布。有文化广场1处、文化大院1处、农家书屋1处、图书室1处。经济以种植业为主，主要农作物有玉米、花生等。有公路经此。

东庄 371326-B11-H07
[Dōngzhuāng]

在县驻地平邑街道西南方向15.6千米。临涧镇辖自然村。人口900。清初在河西岸立一村称西庄，后与其对称改名东庄。聚落呈团块状分布。有文化广场1处、文化大院1处、农家书屋1处、图书室1处、幼儿园1处、小学1处。经济以种植业为主，主要农作物有玉米、花生等。有公路经此。

姑山后 371326-B11-H08
[Gūshānhòu]

在县驻地平邑街道西南方向17.5千米。

临涧镇辖自然村。人口 800。以自然地理实体和相对位置而得名。聚落呈团块状分布。经济以种植业为主，主要农作物有玉米、花生等。有公路经此。

上峪 371326-B11-H09
[Shàngyù]

在县驻地平邑街道西南方向 25.5 千米。临涧镇辖自然村。人口 1 000。明朝初期陈姓建村，名陈家峪，明末部分人迁出在村下建村，称下峪，故改为上峪。聚落呈团块状分布。有幼儿园 1 处、小学 1 处。经济以种植业为主，主要农作物有玉米、花生等。有公路经此。

前马槽 371326-B11-H10
[Qiánmǎcáo]

在县驻地平邑街道西南方向 22.2 千米。临涧镇辖自然村。人口 1 000。清朝中期徐姓建村，原有一个石槽，用以喂马，故名喂马槽，后分两村，以方位称前马槽。聚落呈团块状分布。有小学 1 处。经济以种植业为主，主要农作物有玉米、花生等。有公路经此。

西王岭 371326-B11-H11
[Xīwánglǐng]

在县驻地平邑街道西南方向 17.0 千米。临涧镇辖自然村。人口 200。以该村在岭西得名西王岭。聚落呈团块状分布。经济以批发零售业、农业种植为主，主要农作物有玉米、花生等。有公路经此。

北庞庄 371326-B11-H12
[Běipángzhuāng]

在县驻地平邑街道西南方向 19.5 千米。临涧镇辖自然村。人口 700。明朝张姓建村，因此处地形周围多水，中间隆起如螃蟹地，谐音称庞庄，后以方位取名北庞庄。聚落呈团块状分布。有幼儿园 1 处、小学 1 处。经济以种植业为主，主要农作物有玉米、花生等。有公路经此。

东曹庄 371326-B11-H13
[Dōngcáozhuāng]

在县驻地平邑街道西南方向 23.4 千米。临涧镇辖自然村。人口 500。1962 年以河为界分东、西曹庄，此村居东，故称东曹庄。聚落呈团块状分布。经济以种植业为主，主要农作物有玉米、花生等。有公路经此。

坡里 371326-B11-H14
[Pōlǐ]

在县驻地平邑街道西南方向 19.2 千米。临涧镇辖自然村。人口 1 100。清朝中期建村，因村居山坡，故名坡里。聚落呈团块状分布。有文化广场 1 处、文化大院 1 处、农家书屋 1 处、图书室 1 处。经济以种植业为主，主要农作物有玉米、花生等。有公路经此。

瓦子埠 371326-B11-H15
[Wǎzibù]

在县驻地平邑街道西南方向 21.6 千米。临涧镇辖自然村。人口 1 400。明朝中期张姓建村，因此处过去烧过砖瓦，村址又坐落在河岸高处、故名。聚落呈团块状分布。有文化广场 1 处、文化大院 1 处、农家书屋 1 处、图书室 1 处。经济以商贸业、种植业为主，主要农作物有玉米、花生等。有公路经此。

前桃沟 371326-B11-H16
[Qiántáogōu]

在县驻地平邑街道西南方向 25.5 千米。临涧镇辖自然村。人口 1 100。明朝末期建村，处荒山沟，有桃行称桃沟，后形成两个村，此村居前，称前桃沟。聚落呈团块状分布。有文化广场 1 处、文化大院 1 处、农家书屋 1 处、图书室 1 处。经济以商贸业、种植业为主，主要农作物有玉米、花生等。有公路经此。

三里峪 371326-B11-H17
[Sānlǐyù]

在县驻地平邑街道西南方向 23.9 千米。临涧镇辖自然村。人口 900。此村四面环岭，中间有河，距邻村均在三里左右，故改名三里峪。聚落呈团块状分布。古迹有清真寺。经济以商贸业、种植业为主，主要农作物有玉米、花生等。有公路经此。

余粮店 371326-B11-H18
[Yúliángdiàn]

在县驻地平邑街道西南方向 21.1 千米。临涧镇辖自然村。人口 1 400。明朝初期建村，村前一古庙无梁头，名无梁殿，1957年以吉祥言改为余粮店。聚落呈团块状分布。有文化广场 1 处、文化大院 1 处、农家书屋 1 处、图书室 1 处、幼儿园 1 处、小学 1 处。古迹有无梁殿。经济以商贸业、种植业为主，主要农作物有玉米、花生等。有公路经此。

茂分岭 371326-B11-H19
[Màofēnlǐng]

在县驻地平邑街道西南方向 27.0 千米。临涧镇辖自然村。人口 300。清末建村，因树多茂盛、村居山岭，以吉祥嘉言取名茂富岭，1960 年改为茂分岭。聚落呈团块状分布。经济以商贸业、种植业为主，主要农作物有玉米、花生等。有公路经此。

大麦滩 371326-B11-H20
[Dàmàitān]

在县驻地平邑街道西南方向 33.0 千米。临涧镇辖自然村。人口 400。清乾隆三十二

年（1767）建村，相传唐王李世民在此打过被抓回的马，取名打马滩，后改为大麦滩。聚落呈团块状分布。经济以商贸业、种植业为主，主要农作物有玉米、地瓜、花生等。有公路经此。

分岭 371326-B11-H21
[Fēnlǐng]

在县驻地平邑街道西南方向 29.0 千米。临涧镇辖自然村。明末从山西省喜鹊窝迁来建村，因住在分岭上，故名。聚落呈团块状分布。有文化广场 1 处、文化大院 1 处、农家书屋 1 处、图书室 1 处、幼儿园 1 处、小学 1 处。经济以商贸业、种植业为主，主要农作物有玉米、地瓜、花生等。有公路经此。

付家沟 371326-B11-H22
[Fùjiāgōu]

在县驻地平邑街道西南方向 27.0 千米。临涧镇辖自然村。人口 400。清光绪六年（1880）建村，因在此处山坡上发现一喜鹊与蛇斗，以为是龙凤呈祥之地，改称福家沟，后改为付家沟。聚落呈团块状分布。有文化广场 1 处、文化大院 1 处、农家书屋 1 处。经济以商贸业、种植业为主，主要农作物有玉米、花生等。有公路经此。

郑家峪 371326-B12-H01
[Zhèngjiāyù]

丰阳镇人民政府驻地。在县驻地平邑街道西南方向 12.9 千米。人口 2 200。传说唐朝时有兵马作战路过此地，在此整了整盔甲，因此得名整甲峪，后逐渐演变为郑家峪。聚落呈团块状分布。有中学 1 处、小学 1 处、幼儿园 1 处。经济以种植业为主，主要农作物有花生、地瓜。有康贝德木业等企业。241 省道经此。

香山 371326-B12-H02
[Xiāngshān]

在县驻地平邑街道西南方向 12.4 千米。丰阳镇辖自然村。人口 2 000。该村在香山，故名。聚落呈团块状分布。有文化广场 2 处、文化大院 1 处、农家书屋 1 处、小学 1 处。有风景名胜香山红叶。经济以种植业为主，主要农作物有花生、地瓜。有公路经此。

南埠庄 371326-B12-H03
[Nánbùzhuāng]

在县驻地平邑街道西南方向 12.1 千米。丰阳镇辖自然村。人口 400。宋朝建村，因村居一河边，取名埠庄，后因村南建一同名村，为区别，故称南埠庄。聚落呈团块状分布。有文化大院。有市级文物保护单位邱舆故城旧址。经济以种植业为主，主要农作物有花生、地瓜。241 省道经此。

东峨庄 371326-B12-H04
[Dōng'ézhuāng]

在县驻地平邑街道西南方向 6.4 千米。丰阳镇辖自然村。人口 1 200。明初建村，原称南峨庄，1975 年搬至牛山脚下，1980 年第一次全国地名普查时更名为东峨庄。聚落呈团块状分布。有农家书屋 1 处、图书室 1 处、小学 1 处。经济以种植业为主，主要农作物有花生、地瓜。241 省道经此。

东西皋 371326-B12-H05
[Dōngxīgāo]

在县驻地平邑街道西南方向 6.8 千米。丰阳镇辖自然村。人口 1 100。清初建村，因村居河边高处，取名西高，"高"与"皋"音近，改为西皋，后分两村，以方位改为东西皋。聚落呈团块状分布。有农家书屋 1 处。经济以种植业为主，主要农作物有花生、地瓜。日东高速公路、241 省道经此。

义顺庄 371326-B12-H06
[Yìshùnzhuāng]

在县驻地平邑街道西南方向 8.4 千米。丰阳镇辖自然村。人口 600。以吉祥嘉言命名。聚落呈团块状分布。有农家书屋 1 处。经济以农业种植为主，主要农作物有花生、地瓜。有公路经此。

青草坡 371326-B12-H07
[Qīngcǎopō]

在县驻地平邑街道西南方向 8.6 千米。丰阳镇辖自然村。人口 600。清朝初期，以姓氏取名牛家沟，后以吉祥言改为青草坡。聚落呈团块状分布。有农家书屋 1 处。经济以种植业为主，主要农作物有花生、地瓜、小麦。有公路经此。

花果峪 371326-B12-H08
[Huāguǒyù]

在县驻地平邑街道西南方向 8.5 千米。丰阳镇辖自然村。人口 900。清初建村，因村址在山峪里，花果树很多，故名花果峪。聚落呈团块状分布。有文化广场 3 处、农家书屋 1 处。经济以养殖业、商贸业、种植业为主，主要农作物有花生、地瓜、小麦、水果、山楂、板栗等。241 省道经此。

老池峪 371326-B12-H09
[Lǎochíyù]

在县驻地平邑街道西南方向 9.0 千米。丰阳镇辖自然村。人口 700。清初建村，因村在西山峪，里山河源头有一天然水池，故名老池峪。聚落呈团块状分布。有文化广场 1 处、农家书屋 1 处。经济以种植业、建筑业、运输业等为主，主要农作物有花生、地瓜等。241 省道经此。

白石庄 371326-B12-H10
［Báishízhuāng］

在县驻地平邑街道西南方向 15.1 千米。丰阳镇辖自然村。人口 900。清末建村，因村北岭上有三堆突出的白石头，故名白石庄。聚落呈团块状分布。有农家书屋 1 处、小学 1 处。经济以种植业为主，主要农作物有花生、地瓜等。有公路经此。

红山村 371326-B12-H11
［Hóngshāncūn］

在县驻地平邑街道西南方向 15.1 千米。丰阳镇辖自然村。人口 1 100。以该村在红山西部，改为红山村。聚落呈团块状分布。有文化广场 1 处、农家书屋 1 处。经济以种植业为主，主要农作物有花生、地瓜、金银花、桃子等。有公路经此。

三寨 371326-B12-H12
［Sānzhài］

在县驻地平邑街道西南方向 13.7 千米。丰阳镇辖自然村。人口 1 600。明朝中期此处建有三个村为东寨、西寨、南寨，后合为一个村，称三寨。聚落呈团块状分布。有文化广场 1 处、农家书屋 1 处。经济以商贸业、种植业为主，主要农作物有花生、玉米、地瓜等。有公路经此。

大丰阳 371326-B12-H13
［Dàfēngyáng］

在县驻地平邑街道西南方向 13.7 千米。丰阳镇辖自然村。人口 1 300。清初建村，因在丰山南，故取名大丰阳。聚落呈团块状分布。有小学 1 处、文化广场 1 处、农家书屋 1 处。经济以商贸业、种植业为主，主要农作物有花生、玉米、地瓜、土豆、生姜、大蒜等。241 省道经此。

大峪沟 371326-B12-H14
［Dàyùgōu］

在县驻地平邑街道西南方向 14.2 千米。丰阳镇辖自然村。人口 1 000。清初建村，因在较大山峪中，故取名大峪沟。聚落呈团块状分布。有小学 1 处、幼儿园 1 处。经济以商贸业、种植业为主，主要农作物有花生、黄烟、地瓜等。241 省道经此。

长岭 371326-B12-H15
［Chánglǐng］

在县驻地平邑街道西南方向 14.9 千米。丰阳镇辖自然村。人口 1 000。清初建村，因村后有一山岭较长，故名长岭。聚落呈团块状分布。有文化广场 1 处、农家书屋 1 处。经济以商贸业、种植业为主，主要农作物有花生、玉米、地瓜、土豆、大豆、生姜等。241 省道经此。

娄山沟 371326-B12-H16
［Lóushāngōu］

在县驻地平邑街道西南方向 16.8 千米。丰阳镇辖自然村。人口 300。相传清朝中期，张氏居住在娄山脚下河沟边，故称娄山沟。聚落呈团块状分布。有文化广场 1 处、农家书屋 1 处。经济以商贸业、种植业为主，主要农作物有花生、玉米、小麦等。有公路经此。

西峨庄 371326-B12-H17
［Xī'ézhuāng］

在县驻地平邑街道西南方向 6.4 千米。丰阳镇辖自然村。人口 1 300。因南峨庄整村搬迁，与南峨庄相对位置变化，改为西峨庄。聚落呈团块状分布。有文化广场 1 处、农家书屋 1 处、幼儿园 1 处。经济以种植业为主，主要农作物有小麦、玉米、花生等。241 省道经此。

岳家庙 371326-B12-H18
[Yuèjiāmiào]

在县驻地平邑街道西南方向 7.5 千米。丰阳镇辖自然村。人口 1 100。明末岳姓建村，因村旁有一庙宇，故名岳家庙。聚落呈团块状分布。有文化广场 1 处、农家书屋 1 处。经济以种植业为主，主要农作物有地瓜、花生等。有公路经此。

响水庄 371326-B12-H19
[Xiǎngshuǐzhuāng]

在县驻地平邑街道东南方向 4.2 千米。丰阳镇辖自然村。人口 400。清朝初期建村，村前面地势较陡，山水下流发出很大的声响，以此取名响水庄。聚落呈团块状分布。有文化广场 2 处、农家书屋 1 处。经济以种植业为主，主要农作物有地瓜、花生等。有公路经此。

丰山前 371326-B12-H20
[Fēngshānqián]

在县驻地平邑街道东南方向 10.9 千米。丰阳镇辖自然村。人口 500。以该村在丰山之南改名丰山前。聚落呈团块状分布。有文化广场 2 处、农家书屋 1 处。经济以种植业为主，主要农作物有地瓜、花生等。有公路经此。

大城西村 371326-B12-H21
[Dàchéngxīcūn]

在县驻地平邑街道东南方向 13.0 千米。丰阳镇辖自然村。人口 1 000。明末建村，因居古邱舆城西而取名城西，后在村西建一村，称小城西，与其对称，故改为大城西。聚落呈团块状分布。经济以种植业为主，主要农作物有地瓜、花生等。有公路经此。

柏林 371326-B13-H01
[Bǎilín]

柏林镇人民政府驻地。在县驻地平邑街道东方向 12.0 千米。人口 2 600。明朝建村，因村前有片柏树林，故名柏林。聚落呈团块状分布。有历史遗迹雹神庙。经济以种植业为主，主要农作物有小麦、玉米、地瓜、花生、黄烟、苹果等。有公路经此。

李家石屋 371326-B13-H02
[Lǐjiāshíwū]

在县驻地平邑街道东北方向 20.0 千米。柏林镇辖自然村。人口 400。北宋年间，卜姓先民为躲避战乱来此，在此立着的大石头下搭起窝棚，立石为屋，因此得名立家石屋，后演变为李家石屋。聚落呈散状分布。经济以种植业、旅游业为主，主要农作物有山楂、板栗、苹果。有公路经此。

金三峪 371326-B13-H03
[Jīnsānyù]

在县驻地平邑街道东北方向 13.0 千米。柏林镇辖自然村。人口 1 500。由大涝峪、塔峪、东峪合并，称金三峪。聚落呈团块状分布。有小学 1 处。经济以种植业为主。有公路经此。

鬼谷子 371326-B13-H04
[Guǐgǔzǐ]

在县驻地平邑街道东方向 23.0 千米。柏林镇辖自然村。人口 200。相传此地为春秋战国时期鬼谷子出生地或隐居地，因而得名。聚落呈团块状分布。有重要历史遗迹鬼谷子旧址。经济以种植业为主，主要农作物有小麦、玉米，特色种植果树。

贾庄 371326-B13-H05
[Jiǎzhuāng]

在县驻地平邑街道东方向 17.4 千米。

柏林镇辖自然村。人口 2 800。有一位姓贾的人在此处出家，被称为贾神仙，故得名贾庄。聚落呈团块状分布。有文化广场 1 处、文化大院 1 处、农家书屋 1 处、图书室 1 处、幼儿园 1 处、小学 1 处。经济以种植业为主，主要农作物有小麦、玉米等。有公路经此。

山庄 371326-B13-H06
[Shānzhuāng]

在县驻地平邑街道东北方向 15.6 千米。柏林镇辖自然村。人口 1 400。明末建村，因村落在山岭上而得名。聚落呈团块状分布。有文化广场 1 处、文化大院 1 处、农家书屋 1 处、图书室 1 处。经济以种植业为主，主要农作物有小麦、玉米等。有公路经此。

汪家坡 371326-B13-H07
[Wāngjiāpō]

在县驻地平邑街道东北方向 14.2 千米。柏林镇辖自然村。人口 3 300。明初建村，当时分前、后村，清末因村中有汪姓，故合并始称汪家坡。聚落呈团块状分布。有文化广场 1 处、文化大院 1 处、农家书屋 1 处、图书室 1 处、幼儿园 1 处、小学 1 处。经济以种植业为主，主要农作物有小麦、玉米等。有公路经此。

固城 371326-B13-H08
[Gùchéng]

在县驻地平邑街道东方向 16.5 千米。柏林镇辖自然村。人口 3 500。汉朝建村，在颛臾故城遗址南，在颛臾城又名古城，村以此得名，后演变为固城。聚落呈团块状分布。有文化广场 1 处、文化大院 1 处、农家书屋 1 处、图书室 1 处、幼儿园 1 处、小学 1 处。有历史遗迹固城墓群、颛臾古国旧址。经济以种植业为主，主要农作物有小麦、玉米等。有公路经此。

南孝义 371326-B13-H09
[Nánxiàoyì]

在县驻地平邑街道东方向 17.8 千米。柏林镇辖自然村。人口 1 400。据传二十四孝之一老莱子曾在蒙山之阳安家落户，所居住的地方后被命名为孝义，后分为南孝义与北孝义。聚落呈团块状分布。有幼儿园 1 处、小学 1 处。经济以种植业为主，主要农作物有小麦、玉米等。有公路经此。

北孝义 371326-B13-H10
[Běixiàoyì]

在县驻地平邑街道东方向 18.0 千米。柏林镇辖自然村。人口 1 000。据传二十四孝之一老莱子曾在蒙山之阳安家落户，所居住的地方后被命名为孝义，后分为南孝义与北孝义。聚落呈团块状分布。有小学 1 处。古迹有孝子故里。经济以种植业为主，主要农作物有小麦、玉米等。有公路经此。

金钱岭 371326-B13-H11
[Jīnqiánlǐng]

在县驻地平邑街道东北方向 27.0 千米。柏林镇辖自然村。人口 20。传说草寺里面有一个小和尚几天没吃没喝，他师父出门回来却发现小和尚长胖了很多，问他吃的什么长如此胖壮，小和尚说吃一位不知名朋友送来的石头，他师父很惊讶，便将一根金线交给徒弟，让他把线绑在那位不知名的朋友身上，后来这个师父顺着金线找到了这个传说中的"朋友"，竟然是一株植物，后来人们把金线经过的地方取名金线岭，后演变为金钱岭。聚落呈团块状分布。经济以种植业为主，主要农作物有小麦、玉米等。

杨谢 371326-B13-H12
[Yángxiè]

在县驻地平邑街道东北方向 14.8 千米。柏林镇辖自然村。人口 3 700。据传杨姓道士曾在村内化缘，他十分感谢这个村的人，后来改名为杨谢。聚落呈团块状分布。有文化广场 1 处、文化大院 1 处、农家书屋 1 处、图书室 1 处、幼儿园 1 处。有杨谢南墩遗址。经济以种植业为主，主要农作物有小麦、玉米等，盛产蓝莓。有公路经此。

小楼村 371326-B13-H13
[Xiǎolóucūn]

在县驻地平邑街道东方向 23.0 千米。柏林镇辖自然村。人口 1 000。因村北也有一块娄子石，取名小楼村。聚落呈团块状分布。有文化广场 1 处、文化大院 1 处、农家书屋 1 处、图书室 1 处。经济以种植业为主，主要农作物有小麦、玉米等。

桥仙庄 371326-B13-H14
[Qiáoxiānzhuāng]

在县驻地平邑街道东北方向 16.2 千米。柏林镇辖自然村。人口 1 800。建于明末年间，因村东河上有一座自然形成的石桥，为仙迹，故取名桥仙庄。聚落呈团块状分布。有文化广场 1 处、文化大院 1 处、农家书屋 1 处、图书室 1 处、幼儿园 1 处。经济以种植业为主，主要农作物有小麦、玉米等。有公路经此。

玉皇城 371326-B13-H15
[Yùhuángchéng]

在县驻地平邑街道东北方向 17.0 千米。柏林镇辖自然村。人口 300。因村北有一座 8 米多高的土台，原名玉皇城台，故得村名玉皇城。聚落呈团块状分布。古迹有玉皇庙。经济以种植业为主，主要农作物有小麦、玉米等。有公路经此。

九女关 371326-B13-H16
[Jiǔnǚguān]

在县驻地平邑街道东北方向 20.6 千米。柏林镇辖自然村。因有古迹九女关口而得名。聚落呈团块状分布。有文化广场 1 处、文化大院 1 处、农家书屋 1 处、图书室 1 处、幼儿园 1 处。古迹有九女关口。经济以种植业为主，主要农作物有小麦、玉米等。有公路经此。

北刘家庄 371326-B13-H17
[Běiliújiāzhuāng]

在县驻地平邑街道东北方向 20.3 千米。柏林镇辖自然村。人口 400。因姓氏和地理位置得名。聚落呈团块状分布。经济以种植业为主，主要农作物有小麦、玉米等。有公路经此。

刘家寨 371326-B13-H18
[Liújiāzhài]

在县驻地平邑街道东方向 28.0 千米。柏林镇辖自然村。人口 1 000。因村中刘姓居多，故更名为刘家寨。聚落呈团块状分布。有文化广场 1 处、文化大院 1 处、农家书屋 1 处、图书室 1 处、幼儿园 1 处、小学 1 处。经济以种植业为主，主要农作物有小麦、玉米等。有公路经此。

黑碗口 371326-B13-H19
[Hēiwǎnkǒu]

在县驻地平邑街道东北方向 18.3 千米。柏林镇辖自然村。人口 100。因村落所在处四面环山，形状似碗，又因山石多为黑色，故名黑碗口。聚落呈团块状分布。经济以种植业为主，主要农作物有小麦、玉米等。有公路经此。

黄崖 371326-B13-H20
[Huángyá]

在县驻地平邑街道东北方向 13.8 千米。柏林镇辖自然村。人口 1 900。明朝中期建村，因村周围有很多黄土崖头，取名黄崖。聚落呈团块状分布。有文化广场 1 处、文化大院 1 处、农家书屋 1 处、图书室 1 处、幼儿园 1 处。经济以种植业为主，主要农作物有小麦、玉米等。有公路经此。

崔家庄 371326-B13-H21
[Cuījiāzhuāng]

在县驻地平邑街道东方向 21.8 千米。柏林镇辖自然村。人口 700。清乾隆元年（1736），崔姓人建村，故名崔家庄。聚落呈团块状分布。有文化广场 1 处、文化大院 1 处、农家书屋 1 处、图书室 1 处。经济以种植业为主，主要农作物有小麦、玉米等。有公路经此。

三关庙 371326-B13-H22
[Sānguānmiào]

在县驻地平邑街道东北方向 18.4 千米。柏林镇辖自然村。人口 1 900。因村靠一官帝庙所居，以庙取名三官庙，后演变成三关庙。聚落呈团块状分布。有文化广场 1 处、文化大院 1 处、农家书屋 1 处、图书室 1 处、幼儿园 1 处、小学 1 处。经济以种植业为主，主要农作物有小麦、玉米等。有公路经此。

大燕峪 371326-B13-H23
[Dàyànyù]

在县驻地平邑街道东北方向 25.6 千米。柏林镇辖自然村。人口 200。古时，据说一风水先生来到此地看到了成双成对的石头并以鸳鸯图案为主，故取名鸳鸯峪，经后人演变为今天的燕峪，后分为大燕峪、小燕峪。聚落呈团块状分布。经济以种植业为主，主要农作物有小麦、玉米等。有公路经此。

巩固庄 371326-B13-H24
[Gǒnggùzhuāng]

在县驻地平邑街道东北方向 15.5 千米。柏林镇辖自然村。人口 800。明末建村，村东有一古柏，传为明代巩固营所在地，得名巩固庄。聚落呈团块状分布。有文化广场 1 处、文化大院 1 处、农家书屋 1 处、图书室 1 处。有摩天岭古建筑。经济以种植业为主，主要农作物有小麦、玉米等。有公路经此。

挑沟 371326-B13-H25
[Tiāogōu]

在县驻地平邑街道东北方向 18.7 千米。柏林镇辖自然村。人口 500。因附近有水沟水质良好，村民常在此挑水，故名挑沟。聚落呈团块状分布。有幼儿园 1 处、小学 1 处。经济以种植业为主，主要农作物有小麦、玉米等。有公路经此。

莒南县

城市居民点

光明小区 371327-I01
[Guāngmíng Xiǎoqū]

在县境东南部。人口 400。总面积 1.1 公顷。以嘉言命名。1998 年始建，2002 年正式使用。建筑总面积 13 500 平方米，多层住宅楼 4 栋，现代建筑风格。有超市、学校、卫生室、广场等配套设施。通公交车。

国鑫富民小区 371327-I02
[Guóxīn Fùmín Xiǎoqū]

在县境东北部。人口 100。总面积 0.36 公顷。以嘉言命名。2008 年始建，2009 年正式使用。建筑总面积 6 590 平方米，多层住宅楼 2 栋，现代建筑风格。通公交车。

盛泉苑小区 371327-I03
［Shèngquányuàn Xiǎoqū］

在县境东部。人口 260。总面积 0.61 公顷。以美好寓意命名。2008 年始建，2010 年正式使用。建筑总面积 19 332 平方米，多层住宅楼 2 栋，现代建筑风格。有超市、学校、卫生室、广场等配套设施。通公交车。

天桥小区 371327-I04
［Tiānqiáo Xiǎoqū］

在县境中部。人口 1 700。总面积 4.53 公顷。因在天桥路得名。2009 年始建，2011 年正式使用。建筑总面积 128 324 平方米，多层住宅楼 14 栋，现代建筑风格。有超市、学校、卫生室、广场等配套设施。通公交车。

兴泉苑小区 371327-I05
［Xīngquányuàn Xiǎoqū］

在县境中部。人口 800。总面积 2.45 公顷。以美好寓意命名。2004 年始建，2006 年正式使用。建筑总面积 73 328 平方米，多层住宅楼 2 栋，现代建筑风格。有超市、学校、卫生室、广场等配套设施。通公交车。

站前小区 371327-I06
［Zhànqián Xiǎoqū］

在县境中部。人口 500。总面积 1.6 公顷。因在莒南县火车站前边而命名为站前小区。1993 年始建，1994 年正式使用。建筑总面积 55 000 平方米，多层住宅楼 6 栋，现代建筑风格。有超市、学校、卫生室、广场等配套设施。通公交车。

农村居民点

白家岭 371327-A01-H01
［Báijiālǐng］

在县驻地十字路街道西南方向 13.0 千米。十字路街道辖自然村。人口 1 300。明宣德年间，白姓由江苏省连云港市迁此建村，因村处布满白石头的岭上，故名白家岭。聚落呈团块状分布。有文化广场 1 处。经济以种植业和养殖业为主，主要农作物有小麦、玉米、花生，养殖业以生猪养殖为主。有公路经此。

春移官庄 371327-A01-H02
［Chūnyíguānzhuāng］

在县驻地十字路街道西南方向 5.0 千米。十字路街道辖自然村。人口 1 400。明洪武四年（1371），崔、胡、周、韩四姓因避洪水和战乱，从安徽迁此建村的时候，正值春季，故取名春移官庄。聚落呈团块状分布。有文化广场 1 处、图书室 1 处。经济以种植业和养殖业为主，主要农作物有小麦、花生、玉米，养殖业以生猪、肉鸡养殖为主。有公路经此。

大埠南村 371327-A01-H03
［Dàbùnáncūn］

在县驻地十字路街道南方向 4.0 千米。十字路街道辖自然村。人口 3 200。据传，始祖原籍安徽歙县，继迁江苏东海县西市，明洪武二年（1369）迁此立村，因地处石埠玉岭南，且村大，故名大埠南村。聚落呈团块状分布。有文化广场 1 处。经济以种植业为主，主要农作物有小麦、玉米、花生等。有公路经此。

大南黄庄 371327-A01-H04

[Dànánhuángzhuāng]

在县驻地十字路街道西南方向 4.0 千米。十字路街道辖自然村。人口 1 000。明嘉靖年间，王姓建村于东王黄庄的南侧，故名前王家黄庄。后因村大且在几个黄庄的南侧，改称大南黄庄。聚落呈带状分布。有文化广场 1 处。经济以种植业和养殖业为主，主要农作物有小麦、玉米、花生等，生猪、肉牛、奶牛养殖初具规模。有公路经此。

大曲流河 371327-A01-H05

[Dàqūliúhé]

在县驻地十字路街道北方向 2.0 千米。十字路街道辖自然村。人口 1 300。明成化年间，聂氏迁居曲流河各村，因该村坐落在弯弯曲曲的鸡龙河北岸，且村大，故名大曲流河。有文化广场 1 处。经济以种植业为主，主要农作物有小麦、玉米、花生等。有公路经此。

大山前 371327-A01-H06

[Dàshānqián]

在县驻地十字路街道北方向 2.2 千米。十字路街道辖自然村。人口 1 600。明成化年间，聂氏迁居曲流河各村，相传，该村是其中最大的一个，因坐落在大山前之前，故名大山前。聚落呈带状分布。有文化广场 1 处。经济以种植业和养殖业为主，主要农作物有小麦、花生、玉米等，养殖业以生猪、肉鸡养殖为主。有公路经此。

大沈家扁山 371327-A01-H07

[Dàshěnjiābiǎnshān]

在县驻地十字路街道东北方向 3.0 千米。十字路街道辖自然村。人口 1 700。明洪武年间，刘、沈两姓迁至扁山北侧立村，且沈姓多，故称沈家扁山，后因村大改称

大沈家扁山。经济以种植业和养殖业为主，主要农作物有小麦、花生、玉米等。有公路经此。

东埠 371327-A01-H08

[Dōngbù]

在县驻地十字路街道东北方向 8.0 千米。十字路街道辖自然村。人口 2 100。元至顺四年（1333），赵氏自江苏东海县迁至娘娘山南侧高处立村，以步步登高之祥意，取名埠。明初冠以方位取名东埠。聚落呈带状分布。有文化广场 1 处。经济以种植业和养殖业为主，主要农作物有小麦、花生、玉米等。有公路经此。

东风 371327-A01-H09

[Dōngfēng]

在县驻地十字路镇街道西方向 6.0 千米。十字路街道辖自然村。人口 500。以吉祥嘉言得名。聚落呈带状分布。经济以种植业和养殖业为主，主要农作物有小麦、玉米、花生等，养殖业以生猪、鸡、牛养殖为主。有公路经此。

东赤石沟 371327-A01-H10

[Dōngchìshígōu]

在县驻地十字路街道东方向 3.0 千米。十字路街道辖自然村。人口 1 900。明洪武年间建村，因村庄坐落在一条赤红石沟旁，故名赤石沟，明正德年间，村西又立一村，该村在东，改称东赤石沟。聚落呈带状分布。有文化大舞台 1 处、农家书屋 1 处。经济以种植业和养殖业为主，主要农作物有小麦、花生、玉米等，养殖业以生猪养殖为主。有公路经此。

东兰墩 371327-A01-H11

[Dōnglándūn]

在县驻地十字路街道北方向 6.5 千米。

十字路街道辖自然村。人口 800。明洪武年间，石姓自东海县迁至良店，后迁此立村，当时有名望的人故后在村北筑有土墩，墩上长有兰花，村名定为兰花墩，清末演变为兰墩，后冠以方位称为东兰墩。聚落呈带状分布。有文化大舞台 1 处、图书室 1 处。经济以种植业和养殖业为主。有公路经此。

东芦家林 371327-A01-H12
[Dōnglújiālín]

在县驻地十字路街道东方向 6.0 千米。十字路街道辖自然村。人口 1 600。元朝末年，芦姓迁此定居，因芦姓看护林地取名芦家林，后分为两村，该村按方位称东芦家林。聚落呈带状分布。有文化大舞台 1 处、农家书屋 1 处。经济以商贸业、种植业为主，主要农作物有小麦、花生、玉米等。有公路经此。

沟头 371327-A01-H13
[Gōutóu]

在县驻地十字路街道西南方向 4.0 千米。十字路街道辖自然村。人口 1 400。明朝初年，刘氏自登州府蓬莱县迁此建村，因地处四条沟的沟头处、故名沟头。聚落呈带状分布。经济以种植业和养殖业为主，主要农作物有小麦、花生、玉米，养殖业以生猪养殖为主。有公路经此。

官坊街 371327-A01-H14
[Guānfángjiē]

在县驻地十字路街道西方向 9.0 千米。十字路街道辖自然村。人口 1 300。据史料记载，明永乐后期，殷姓自东海迁来，因此地有一条河流称坊河，水质清澈，且系古官道交汇地，并且此处有座古接官牌坊，因此而定居，后来戴姓来此定居，因而建村，定名官坊。后因逢集而称街，故称官坊街。聚落呈团块状分布。有文化大舞台 1 处、

农家书屋 1 处、小学 1 处。经济以种植业和养殖业为主，主要农作物有小麦、花生、玉米，养殖业以生猪、蛋鸡养殖为主。有公路经此。

官岭前 371327-A01-H15
[Guānlǐngqián]

在县驻地十字路街道北方向 10.0 千米。十字路街道辖自然村。人口 1 000。明洪武二年（1369），刘氏由江苏东海县徙迁莒之南官岭山前定居，因山而得名官岭前。聚落呈团块状分布。有文化大舞台 1 处。经济以种植业和养殖业为主，主要农作物有小麦、花生、玉米等。有公路经此。

红星 371327-A01-H16
[Hóngxīng]

在县驻地十字路街道东方向 7.0 千米。十字路街道辖自然村。人口 500。1966 年，因建陡山水库，为响应党的号召，王姓从城子村搬迁而来，取名红星。聚落呈团块状分布。有文化大舞台 1 处、农家书屋 1 处。经济以种植业和养殖业为主，主要农作物有小麦、花生、玉米，养殖业以生猪、鸡、鸭养殖为主。有公路经此。

虎园 371327-A01-H17
[Hǔyuán]

在县驻地十字路街道东北方向 7.0 千米。十字路街道辖自然村。人口 1 400。明崇祯年间，化姓迁此立村，因地处虎山之下，故名虎园。聚落呈团块状分布。有文化广场 1 处。经济以种植业、养殖业、商贸业为主，主要农作物有小麦、花生、玉米等，养殖业以生猪养殖为主。有公路经此。

老古窝 371327-A01-H18
[Lǎogǔwō]

在县驻地十字路街道西北方向 6.0 千

米。十字路街道辖自然村。人口1 000。相传，明万历三十二年（1604）建村，因村里曾有许多老鸹聚集，故名老鸹窝，清初书写为老古窝，沿用至今。聚落呈带状分布。有文化大舞台1处、图书室1处、小学1处。经济以商贸业、种植业为主，主要农作物有小麦、花生、玉米，养殖业以生猪、鸡养殖为主。有公路经此。

李家扁山 371327-A01-H19
[Lǐjiābiǎnshān]

在县驻地十字路街道北方向2.0千米。十字路街道辖自然村。人口2 100。明洪武年间，李姓自东海县螳螂村迁此建村，因村东靠扁山，故名李家扁山。有文化广场1处。经济以商贸业为主。有公路经此。

刘家扁山 371327-A01-H20
[Liújiābiǎnshān]

在县驻地十字路街道东北方向7.0千米。十字路街道辖自然村。人口1 300。刘氏自东海迁至扁山东北角落居成村，故名刘家扁山。聚落呈团块状分布。有文化广场1处。经济以商贸业、种植业为主，主要农作物有小麦、花生、玉米等。有公路经此。

刘家官坊 371327-A01-H21
[Liújiāguānfáng]

在县驻地十字路街道西方向7.0千米。十字路街道辖自然村。人口1 200。清康熙年间，刘姓自海东来此建村，借官坊村名之称，冠以姓氏取名刘家官坊。聚落呈团块状分布。有文化广场1处。经济以种植业和养殖业为主，主要农作物有小麦、花生、玉米等，养殖业以生猪、肉鸡养殖为主。有公路经此。

刘家黄庄 371327-A01-H22
[Liújiāhuángzhuāng]

在县驻地十字路街道西南方向5.0千米。十字路街道辖自然村。人口300。明万历年间，刘姓迁此建村，借邻村黄庄之称，冠以姓氏取名刘家黄庄。聚落呈团块状分布。有文化广场1处。经济以种植业和养殖业为主，主要农作物有小麦、花生、玉米等，养殖业以生猪养殖为主。有公路经此。

马蹄湖 371327-A01-H23
[Mǎtíhú]

在县驻地十字路街道西南方向6.0千米。十字路街道辖自然村。人口1 300。明洪武四年（1371），朱姓迁此建村，因村西青石台上有自然形成的马蹄印，且村前有一片湖地，故名马蹄湖。聚落呈团块状分布。有文化大舞台1处、农家书屋1处。经济以商贸业、种植业为主。有公路经此。

猛虎崖 371327-A01-H24
[Měnghǔyá]

在县驻地十字路街道西南方向6.0千米。十字路街道辖自然村。人口1 000。相传，村建于明隆庆年间，因村西南方向有一处山崖远看像一只猛虎，下面有一山洞，故名猛虎崖。聚落呈团块状分布。有文化广场1处。经济以种植业和养殖业为主。有公路经此。

彭家扁山 371327-A01-H25
[Péngjiābiǎnshān]

在县驻地十字路街道北方向2.0千米。十字路街道辖自然村。人口900。相传，明宣德年间，赵姓迁此建村，因村东靠扁山，故名赵家扁山。明末张、彭两姓相继迁入，清末张姓人户多，改为张家扁山，清末彭姓人户跃居首位，更为彭家扁山。聚落呈团块状分布。有文化广场 1 处。经济以商贸业为主。有公路经此。

石泉湖 371327-A01-H26
[Shíquánhú]

在县驻地十字路街道东北方向 7.0 千米。十字路街道辖自然村。人口 400。清康熙三十五年（1696），李氏自大沈家扁山迁此立村，因村前乱石中有泉，积水成湖，故名石泉湖。聚落呈团块状分布。有图书室 1 处、小学 1 处。经济以种植业、养殖业、商贸业为主，主要农作物有小麦、花生、玉米等，养殖业以生猪养殖为主。有公路经此。

土沟 371327-A01-H27
[Tǔgōu]

在县驻地十字路街道西方向 5.0 千米。十字路街道辖自然村。人口 1 900。明洪武年间，蔡、阎、郭三姓迁此建村，因村庄坐落在土岭的沟壑之上，故名土沟。聚落呈团块状分布。有文化大舞台 1 处、幼儿园 1 处。经济以种植业和养殖业为主，主要农作物有小麦、玉米、花生等，养殖业以生猪、肉鸡、牛养殖为主。有公路经此。

王家欢疃沟 371327-A01-H28
[Wángjiāhuāntuǎngōu]

在县驻地十字路街道西南方向 9.0 千米。十字路街道辖自然村。人口 1 300。明洪武年间，王姓自莒州科庄迁此在一条水沟北定居，王姓的另一支在沟南，建南官庄村。因沟北自然环境好，明中期居住的也迁到沟北，以欢聚之意，改称王家欢疃沟。聚落呈团块状分布。有文化大舞台 1 处、农家书屋 1 处。经济以种植业和养殖业为主，主要农作物有苹果、小麦、花生、玉米等，养殖业以生猪、肉鸡养殖为主。有公路经此。

王家结庄 371327-A01-H29
[Wángjiājiézhuāng]

在县驻地十字路街道东北方向 11.0 千米。十字路街道辖自然村。清康熙年间，王姓自大白常迁至拉子山后定居建村，取名王家结庄。聚落呈团块状分布。有文化广场 1 处。经济以商贸业、种植业为主，主要农作物有小麦、花生、玉米等，养殖业以生猪养殖为主。有公路经此。

王家庄 371327-A01-H30
[Wángjiāzhuāng]

在县驻地十字路街道东方向 2.0 千米。十字路街道辖自然村。人口 1 500。其中回族 150 人。明万历十一年（1583），王姓由江苏省东海县螳螂村三槐堂迁此建村，以姓氏取名，故名王家庄。聚落呈团块状分布。有图书室 1 处。经济以种植业和养殖业为主，主要农作物有小麦、玉米、花生等。有公路经此。

沃土 371327-A01-H31
[Wòtǔ]

在县驻地十字路街道东北方向 10.0 千米。十字路街道辖自然村。人口 2 000。明洪武二年（1369），程、刘两姓自东县迁入莒南县沃土村，因村坐落于一片肥沃的土地上，故名沃土。聚落呈团块状分布。有文化大舞台 1 处、农家书屋 1 处。经济以种植业、养殖业、商贸业为主，主要农作物有小麦、花生、玉米等。有公路经此。

吴家庄子 371327-A01-H32
[Wújiāzhuāngzi]

在县驻地十字路街道北方向 4.0 千米。十字路街道辖自然村。人口 200。以姓氏名村。聚落呈团块状分布。有文化广场 1 处。经济以商贸业、种植业为主。有公路经此。

西埠 371327-A01-H33

[Xībù]

在县驻地十字路街道东北方向 6.0 千米。十字路街道辖自然村。人口 1 200。明洪武年间，本村始祖迁至娘娘山南侧高处立村，以步步登高之祥意，取名埠，后冠以方位定名西埠。聚落呈团块状分布。有文化广场 1 处。经济以种植业和养殖业为主，主要农作物有小麦、花生、玉米、蔬菜、葡萄等。有公路经此。

西赤石沟 371327-A01-H34

[Xīchìshígōu]

在县驻地十字路街道东方向 3.0 千米。十字路街道辖自然村。人口 800。明正德年间，始祖迁此立村，因村近赤石沟，且在东赤石沟村西，故名西赤石沟。聚落呈带状分布。有文化广场 1 处。经济以种植业和养殖业为主，主要农作物有小麦、花生、玉米等，养殖业以生猪养殖为主。有公路经此。

西兰墩 371327-A01-H35

[Xīlándūn]

在县驻地十字路街道西北方向 7.5 千米。十字路街道辖自然村。人口 900。明洪武年间，许姓由河南许昌迁来建村，因村北有土墩，和东兰墩相邻，故名西兰墩。聚落呈团块状分布。有文化广场 1 处。经济以种植业和养殖业为主，主要农作物有小麦、花生、玉米，养殖业以生猪、肉鸡养殖为主。有公路经此。

西莲汪崖 371327-A01-H36

[Xīliánwāngyá]

在县驻地十字路街道西方向 5.0 千米。十字路街道辖自然村。人口 400。据传，明万历年间，闫姓从山西洪洞县迁此建村，因此地有一条沟，沟边水汪里长满莲花，故取名莲汪崖。后以沟为界分为东、西两村，该村在沟西崖，故名西莲汪崖。聚落呈团块状分布。有文化大舞台 1 处、农家书屋 1 处。经济以种植业和养殖业为主，主要农作物有小麦、花生、玉米等，养殖业以生猪养殖为主。有公路经此。

西芦家林 371327-A01-H37

[Xīlújiālín]

在县驻地十字路街道东方向 6.0 千米。十字路街道辖自然村。人口 1 500。元朝末年，芦姓迁此定居，因看护林地，故名芦家林。1947 年分两村，该村按方位称西芦家林。聚落呈团块状分布。有文化广场 1 处。经济以种植业和养殖业为主，主要农作物有小麦、花生、玉米等，养殖业以生猪、牛、羊、肉鸡养殖为主。有公路经此。

小埠南 371327-A01-H38

[Xiǎobùnán]

在县驻地十字路街道南方向 0.3 千米。十字路街道辖自然村。人口 800。据传，本村始祖原籍安徽歙县，继迁江苏东海县西市，明洪武二年（1369）迁此立村，因村坐落于大埠南之北，且村小，故名小埠南。聚落呈团块状分布。有文化广场 1 处。经济以种植业和养殖业为主，主要农作物有小麦、花生、玉米，养殖业以生猪养殖为主。有公路经此。

兴隆店子 371327-A01-H39

[Xīnglóngdiànzi]

在县驻地十字路街道南方向 2.0 千米。十字路街道辖自然村。人口 1 700。明永乐年间，因立村时此地已有一座兴隆寺，且刘、汪两姓在路旁开设坊店，生意兴隆，故名兴隆店子。聚落呈团块状分布。有文化广场 1 处、小学 1 处。经济以种植业和养殖业为主，主要农作物有小麦、花生、玉米，养殖业以生猪、蛋鸡养殖为主。有公路经此。

尤家庄子 371327-A01-H40
[Yóujiāzhuāngzi]

在县驻地十字路街道北方向 4.0 千米。十字路街道辖自然村。人口 1 500。尤姓于明洪武二年（1369）从江苏省东海县迁来，故名尤家庄子。聚落呈团块状分布。有文化大舞台 1 处、农家书屋 1 处。经济以商贸业为主。有公路经此。

赵家河子 371327-A01-H41
[Zhàojiāhézi]

在县驻地十字路街道西方向 5.0 千米。十字路街道辖自然村。人口 1 600。元元统元年（1333），赵姓迁此建村，因村西有条小河，赵姓是村中第一大姓，故名赵家河子。聚落呈团块状分布。经济以种植业和养殖业为主，主要农作物有小麦、花生、玉米等。有公路经此。

邹家扁山 371327-A01-H42
[Zōujiābiǎnshān]

在县驻地十字路街道东北方向 2.0 千米。十字路街道辖自然村。人口 600。明万历二十三年（1595），邹氏迁此立村，因村庄坐落于扁山北侧，故名邹家扁山。聚落呈团块状分布。有文化大舞台 1 处、农家书屋 1 处。经济以种植业、养殖业、商贸业为主，主要农作物有小麦、花生、玉米等。有公路经此。

大店九村 371327-B01-H01
[Dàdiànjiǔcūn]

大店镇人民政府驻地。在县驻地十字路街道西北方向 16.0 千米。人口 800。传金朝时朱、陈两姓始迁定居，名村朱陈村，后有两家富户开店做生意改名朱陈店，明万历年间改称大店。1984年，改称大店九村。聚落呈团块状分布。有文化大舞台、幼儿园 1 处、小学 1 处。经济以种植业和养殖业为主，主要农作物有水稻、花生、小麦、玉米、草莓等，养殖业以生猪、牛、羊养殖为主。有公路经此。

薛家窑 371327-B01-H02
[Xuējiāyáo]

在县驻地十字路街道北方向 17.0 千米。大店镇辖自然村。人口 2 400。清末，该村土陶业兴起，薛姓建窑，以烧制陶器为生，所以改村名为薛家窑。聚落呈团块状分布。有文化大舞台 1 处、农家书屋 1 处。经济以种植业为主，主要农作物有小麦、大米、花生。有公路经此。

陈家庄子 371327-B01-H03
[Chénjiāzhuāngzi]

在县驻地十字路街道北方向 17.5 千米。大店镇辖自然村。人口 1 300。据传，明洪武年间，陈氏来此立村，取名陈家庄子。聚落呈团块状分布。有文化广场 1 处。经济以种植业为主，主要农作物有玉米、小麦、花生等。有公路经此。

大店一村 371327-B01-H04
[Dàdiànyīcūn]

在县驻地十字路街道北方向 15.8 千米。大店镇辖自然村。人口 1 100。传金朝时朱、陈两姓始迁定居，名村朱陈村，后有两家富户开店做生意改名朱陈店，明万历年间改称大店。后分为多个村，按序数得名。聚落呈团块状分布。有文化广场 1 处。经济以种植业为主，主要农作物有水稻、小麦。有公路经此。

大店二村 371327-B01-H05

［Dàdiàn'èrcūn］

在县驻地十字路街道北方向 15.7 千米。大店镇辖自然村。人口 1 000。传金朝时朱、陈两姓始迁定居，名村朱陈村，后有两家富户开店做生意改名朱陈店，明万历年间改称大店。后分为多个村，按序数得名。聚落呈团块状分布。有文化大舞台 1 处、图书室 1 处。经济以种植业为主，主要农作物有水稻、小麦、草莓。有公路经此。

大店三村 371327-B01-H06

［Dàdiànsāncūn］

在县驻地十字路街道北方向 15.7 千米。大店镇辖自然村。人口 800。传金朝时朱、陈两姓始迁定居，名村朱陈村，后有两家富户开店做生意改名朱陈店，明万历年间改称大店。后分为多个村，按序数得名。聚落呈团块状分布。有文化大舞台 1 处、农家书屋 1 处。经济以种植业为主，主要农作物有水稻、小麦、草莓。有公路经此。

大店四村 371327-B01-H07

［Dàdiànsìcūn］

在县驻地十字路街道北方向 15.7 千米。大店镇辖自然村。人口 700。传金朝时朱、陈两姓始迁定居，名村朱陈村，后有两家富户开店做生意改名朱陈店，明万历年间改称大店。后分为多个村，按序数得名。聚落呈团块状分布。有文化广场 1 处、图书室 1 处、中学 1 处、幼儿园 1 处、小学 1 处。经济以种植业为主，主要农作物有水稻、小麦、草莓。有公路经此。

大店五村 371327-B01-H08

［Dàdiànwǔcūn］

在县驻地十字路街道北方向 15.6 千米。大店镇辖自然村。人口 700。传金朝时朱、陈两姓始迁定居，名村朱陈村，后有两家富户开店做生意改名朱陈店，明万历年间改称大店。后分为多个村，按序数得名。聚落呈团块状分布。有文化广场 1 处。经济以养殖生猪、牛为主。有公路经此。

大店六村 371327-B01-H09

［Dàdiànliùcūn］

在县驻地十字路街道北方向 15.4 千米。大店镇辖自然村。人口 600。传金朝时朱、陈两姓始迁定居，名村朱陈村，后有两家富户开店做生意改名朱陈店，明万历年间改称大店。后分为多个村，按序数得名。聚落呈团块状分布。有文化广场 1 处。经济以种植业为主，主要农作物有小麦、水稻、玉米、花生、草莓等，养殖业以猪、牛、羊养殖为主。有公路经此。

大店七村 371327-B01-H10

［Dàdiànqīcūn］

在县驻地十字路街道北方向 15.3 千米。大店镇辖自然村。人口 600。传金朝时朱、陈两姓始迁定居，名村朱陈村，后有两家富户开店做生意改名朱陈店，明万历年间改称大店。后分为多个村，按序数得名。聚落呈团块状分布。有文化大舞台 1 处、农家书屋 1 处。经济以种植业为主，主要农作物有小麦、水稻、玉米、花生、草莓等，养殖业以生猪、牛养殖为主。有公路经此。

大店八村 371327-B01-H11

［Dàdiànbācūn］

在县驻地十字路街道北方向 15.4 千米。大店镇辖自然村。人口 700。传金朝时朱、陈两姓始迁定居，名村朱陈村，后有两家富户开店做生意改名朱陈店，明万历年间改称大店。后分为多个村，按序数得名。聚落呈团块状分布。有文化广场 1 处、图书室 1 处。经济以种植业为主，主要农作物有小麦、水稻、玉米、花生、草莓等，养殖业以生猪、牛养殖为主。有公路经此。

大店十村 371327-B01-H12
[Dàdiànshícūn]

在县驻地十字路街道北方向 16.0 千米。大店镇辖自然村。人口 900。传金朝时朱、陈两姓始迁定居，名村朱陈村，后有两家富户开店做生意改名朱陈店，明万历年间改称大店。后分为多个村，按序数得名。聚落呈团块状分布。有文化广场 1 处。经济以种植业为主，主要农作物有水稻、小麦、玉米。有公路经此。

多居官庄 371327-B01-H13
[Duōjūguānzhuāng]

在县驻地十字路街道北方向 17.9 千米。大店镇辖自然村。人口 1 200。相传，明洪武年间，张姓由东海前来定居。清雍正八年（1730），为防洪水，百姓搬到高处居住，始称躲水官庄。后因有多姓共居，在清朝末期，改称多居官庄。聚落呈团块状分布。有文化广场 1 处。经济以种植业为主，主要农作物有花生、小麦、水稻、草莓。有公路经此。

河湾 371327-B01-H14
[Héwān]

在县驻地十字路街道西北方向 18.3 千米。大店镇辖自然村。人口 800。因村庄坐落于沭河与浔河汇流的河湾处、遂改名河湾。聚落呈团块状分布。有文化广场 1 处。经济以种植业为主，主要农作物有小麦、玉米、花生、草莓。有公路经此。

后惠子坡 371327-B01-H15
[Hòuhuìzǐpō]

在县驻地十字路街道北方向 15.1 千米。

大店镇辖自然村。人口 2 100。明洪武四年（1371），季姓自江苏省东海县迁此建村，为教诲子女安分守己，又因村庄坐落于岭坡上，故取名诲子坡，后演变为惠子坡，为区别邻近重名村，改为后惠子坡。聚落呈团块状分布。有文化大舞台 1 处、农家书屋 1 处。经济以种植业为主，主要农作物有小麦、玉米、花生。有公路经此。

花园 371327-B01-H16
[Huāyuán]

在县驻地十字路街道北方向 13.8 千米。大店镇辖自然村。人口 1 100。因该村西南建有花园，故名。聚落呈团块状分布。有文化大舞台 1 处、农家书屋 1 处、小学 1 处。经济以种植业为主，主要农作物有小麦、玉米、花生。有公路经此。

甲子山 371327-B01-H17
[Jiǎzǐshān]

在县驻地十字路街道北方向 11.2 千米。大店镇辖自然村。人口 1 600。明朝初年，王姓由江苏省东海县迁居涝坡公社西山，明中期迁至甲子山定居，因村坐落在架子山脚下，故名架子山，后演变为甲子山。聚落呈团块状分布。有文化广场 1 处。经济以种植业、商贸业为主，主要农作物有小麦、花生、玉米。有公路经此。

街疃 371327-B01-H18
[Jiētuǎn]

在县驻地十字路街道北方向 15.4 千米。大店镇辖自然村。人口 2 300。因村中有一条大街横贯东西，村民多沿街而居，改称街疃。聚落呈团块状分布。有文化大舞台 1 处、农家书屋 1 处、小学 1 处。经济以种植业为主，主要农作物有花生、玉米、草莓。有公路经此。

四角岭 371327-B01-H19
[Sìjiǎolǐng]

在县驻地十字路街道西北方向 13.8 千米。大店镇辖自然村。人口 1 300。明洪武年间，庄氏四户自江苏东海县迁此立村，因村庄坐落于岭上，故名四家岭，又因村庄四角都有小岭拱围，后改称四角岭。聚落呈团块状分布。有文化大舞台 1 处、农家书屋 1 处。经济以种植业为主，主要农作物有小麦、玉米、花生、草莓。有公路经此。

宣文岭 371327-B01-H20
[Xuānwénlǐng]

在县驻地十字路街道西北方向 17.8 千米。大店镇辖自然村。人口 1 900。该村地势北高南低，北有稳岭，东有一条南北走向的水沟名宣水沟，村名宣文岭即由宣水沟和稳岭各取一字组合而成，后来演变为宣文岭。聚落呈团块状分布。有文化大舞台 1 处、图书室 1 处。经济以种植业和养殖业为主。有公路经此。

大坊前 371327-B02-H01
[Dàfángqián]

坊前镇人民政府驻地。在县驻地十字路街道东方向 15.4 千米。人口 2 500。相传，本村始祖建村于坊前，后为区别临近重名村，改称大坊前。聚落呈团块状分布。有文化广场 1 处、农家书屋 1 处、中学 1 处、幼儿园 1 处、小学 1 处。经济以种植业和养殖业为主，主要农作物有小麦、花生、玉米、地瓜等。有公路经此。

岔河 371327-B02-H02
[Chàhé]

在县驻地十字路街道东方向 13.0 千米。坊前镇辖自然村。人口 2 400。因村处在河岔之间，故名岔河。聚落呈团块状分布。有文化广场 1 处。经济以种植业和养殖业为主，主要农作物有小麦、花生、玉米、地瓜等。有公路经此。

大嵯峨 371327-B02-H03
[Dàcuó'é]

在县驻地十字路街道东方向 7.8 千米。坊前镇辖自然村。人口 800。相传，明朝中期已建村，因有一群天鹅经常在村上空盘旋，故名旋鹅，后演变成嵯峨。清乾隆年间村东南又建一嵯峨村，为示区别，因该村村大户多，改称大嵯峨。聚落呈团块状分布。有文化广场 1 处、农家书屋 1 处。经济以种植业为主，主要农作物有小麦、花生、玉米、地瓜等。有公路经此。

大峪崖 371327-B02-H04
[Dàyùyá]

在县驻地十字路街道东方向 7.7 千米。坊前镇辖自然村。人口 1 500。相传，明朝初期，阎姓自山西省洪洞县迁此建村，因村坐落在陡崖东侧，故名大崖头，清初改称大峪崖。聚落呈团块状分布。有文化大舞台 1 处、农家书屋 1 处。经济以种植业和养殖业为主，主要农作物有小麦、花生、玉米、地瓜等。有公路经此。

东川 371327-B02-H05
[Dōngchuān]

在县驻地十字路街道东方向 18.2 千米。坊前镇辖自然村。人口 2 900。明景泰年间，张姓由东海县柳底村迁此定居，因村坐落在河圈之内，故名圈子。后因重名，于 1981 年改名为东川。聚落呈团块状分布。有文化广场 1 处。经济以种植业为主，主要农作物有玉米、花生、小麦、地瓜等。有公路经此。

东甘霖 371327-B02-H06
[Dōnggānlín]

在县驻地十字路街道东方向 13.5 千米。坊前镇辖自然村。人口 1 000。明洪武年间，孙姓兄弟七人由江苏省东海县孙家山逃荒至此山泉旁吃着干粮，并议定在此建村，故名干粮村，后感此名不雅，改称甘霖。后为区别重名村，按方位更名北甘霖，1955 年以小河为界分为东、西甘霖，因该村在东边，按方位称东甘霖。聚落呈团块状分布。有文化广场 1 处、农家书屋 1 处。经济以种植业和养殖业为主，主要农作物有小麦、花生、玉米、地瓜等。有公路经此。

荷花湾 371327-B02-H07
[Héhuāwān]

在县驻地十字路街道东方向 7.7 千米。坊前镇辖自然村。人口 500。因湾内荷花满塘，故名荷花湾。聚落呈团块状分布。有文化广场 1 处。经济以种植业为主，主要农作物有小麦、花生、玉米、地瓜等。有公路经此。

黑龙坡 371327-B02-H08
[Hēilóngpō]

在县驻地十字路街道东方向 14.5 千米。坊前镇辖自然村。人口 1 600。相传，有对凤凰飞至此地天已黑，落于村后坡树林里，故名黑落坡，后人为图吉利，于清末改称黑龙坡。聚落呈团块状分布。有文化广场 1 处。经济以种植业为主，主要农作物有小麦、花生、玉米、地瓜等。有公路经此。

贾家龙头 371327-B02-H09
[Jiǎjiālóngtóu]

在县驻地十字路街道东方向 17.5 千米。坊前镇辖自然村。人口 800。先民于清乾隆年间由北泉子头迁居贾家龙头，李姓迁入时，贾姓早已在此建村，称贾家龙王头，后演变为贾家龙头。聚落呈团块状分布。有文化广场 1 处。经济以种植业为主，主要农作物有小麦、花生、玉米、地瓜等。有公路经此。

聚将台 371327-B02-H10
[Jùjiàngtái]

在县驻地十字路街道东方向 16.4 千米。坊前镇辖自然村。人口 800。宋将杨文广南征时，曾在林中聚将点兵，故名聚将台。聚落呈团块状分布。有文化广场 1 处。经济以种植业和养殖业为主，主要农作物有小麦、花生、玉米、地瓜等。有公路经此。

坡木 371327-B02-H11
[Pōmù]

在县驻地十字路街道东方向 11.2 千米。坊前镇辖自然村。人口 800。明洪武年间，卢姓迁此建村，因村坐落于树木丛生的岭坡下，故名坡木。聚落呈团块状分布。有文化大舞台 1 处、农家书屋 1 处。经济以种植业和养殖业为主，主要农作物有小麦、花生、玉米、地瓜等。有公路经此。

邱官庄 371327-B02-H12
[Qiūguānzhuāng]

在县驻地十字路街道东方向 18.5 千米。坊前镇辖自然村。人口 2 200。明永乐三年（1405），邱姓自江苏省东海县当路村迁此建村，为求得人丁兴旺，取名邱旺庄，清康熙年间，村内因做官的较多，故改称邱官庄。聚落呈团块状分布。有文化广场 1 处。经济以种植业和养殖业为主，主要农作物有小麦、花生、玉米、地瓜等。有公路经此。

水泉头 371327-B02-H13
[Shuǐquántóu]

在县驻地十字路街道东方向 10.4 千米。

坊前镇辖自然村。人口1 600。卢永忠于明末由大涝坡迁居水泉头，因村边有一山泉，四季泉水皆旺，故名水泉头。聚落呈团块状分布。有文化广场1处、农家书屋1处。经济以种植业为主，主要农作物有小麦、花生、玉米、地瓜等。有公路经此。

宋家峧山 371327-B02-H14
[Sòngjiājiāoshǎn]

在县驻地十字路街道东方向17.0千米。坊前镇辖自然村。人口900。宋氏于明洪武年间自东海戴村迁居宋家峧山，全村共有张、宋、李三姓，因东有张家峧山，中间有程家峧山，故称宋家峧山。聚落呈带状分布。有文化广场1处。经济以商贸业为主。有公路经此。

王家相邸 371327-B02-H15
[Wángjiāxiàngdǐ]

在县驻地十字路街道东方向11.9千米。坊前镇辖自然村。人口600。相传，明朝初期，唐姓迁此建村。明洪武四年（1371），王、何二姓由江苏省东海县迁入，因村毗邻徐家相邸，故名王家相邸。聚落呈团块状分布。有文化广场1处。经济以种植业为主，主要农作物有小麦、花生、玉米、地瓜等。有公路经此。

兴旺庄 371327-B02-H16
[Xīngwàngzhuāng]

在县驻地十字路街道东方向11.2千米。坊前镇辖自然村。人口800。明景泰三年（1452），李姓自江苏省东海县李家大村迁入李家崖村，后迁此建村，因村建在枯水沟旁，故名枯沟，后感此名不雅，1916年更名为兴旺庄。聚落呈团块状分布。有文化大舞台1处、农家书屋1处。经济以种植业为主，主要农作物有小麦、花生、玉米、地瓜等。有公路经此。

许家派庄 371327-B02-H17
[Xǔjiāpàizhuāng]

在县驻地十字路街道东方向16.9千米。坊前镇辖自然村。人口600。许氏原籍江南海州东海乡，明洪武初年迁居日照县南乡伸家庄，清顺治二年（1645）迁莒县，因村建在韩家派庄西面，故名许家派庄。聚落呈团块状分布。有文化广场1处。经济以种植业为主，主要农作物有玉米、花生、小麦、地瓜。有公路经此。

杨家岳河 371327-B02-H18
[Yángjiāyuèhé]

在县驻地十字路街道东方向9.4千米。坊前镇辖自然村。人口600。明洪武二年（1369），杨姓由江苏省东海县螳螂村迁此建村，因村坐落在月牙河畔，故名杨家月河，后演为杨家岳河。聚落呈团块状分布。有文化广场1处。经济以种植业和养殖业为主，主要农作物有小麦、板栗等。有公路经此。

赵家 371327-B02-H19
[Zhàojiā]

在县驻地十字路街道东方向15.9千米。坊前镇辖自然村。人口1 300。据记载，明朝末年，赵姓由本县赵家土山迁来定居，因村坐落在山涧里，故名涧里。1940年，因赵姓居多，故改称赵家。聚落呈团块状分布。有文化广场1处。经济以种植业为主，主要农作物有玉米、花生、小麦、地瓜。有公路经此。

朱家洼子 371327-B02-H20
[Zhūjiāwāzi]

在县驻地十字路街道东方向17.8千米。坊前镇辖自然村。人口2 300。明朝末年，朱氏迁此定居，取名朱家洼子。聚落呈团块状分布。有文化广场 1 处、农家书屋 1 处。经济以种植业为主，主要农作物有小麦、花生、玉米、地瓜等。有公路经此。

朱梅 371327-B02-H21
[Zhūméi]

在县驻地十字路街道东方向 14.9 千米。坊前镇辖自然村。人口 2 200。因村北岭上盛开红梅花，故名红梅，后以"朱"代"红"改称朱梅。聚落呈团块状分布。有文化广场 1 处、农家书屋 1 处。经济以种植业为主，主要农作物有小麦、花生、玉米、地瓜等。有公路经此。

板泉崖 371327-B03-H01
[Bǎnquányá]

板泉镇人民政府驻地。在县驻地十字路街道西方向 14.1 千米。人口 2 900。明末清初，原名五姓官庄，清康熙七年（1668）大地震毁村，又在石板崖下水泉边重建，改称板泉崖。聚落呈团块状分布。有学校。经济以手工业为主。有公路经此。

前村 371327-B03-H02
[Qiáncūn]

在县驻地十字路街道西南方向 15.0 千米。板泉镇辖自然村。人口 500。明末清初，是七姓官庄，后村中有石板底下有泉水而名板泉崖村，1959 年由板泉崖村分出，由于位置在前而得名前村。聚落呈团块状分布。有文化广场 1 处、农家书屋 1 处、中学 2 处、幼儿园 1 处、小学 1 处。经济以种植业为主，主要农作物有小麦、花生、玉米。342 省道经此。

卞家涝坡 371327-B03-H03
[Biànjiālàopō]

在县驻地十字路街道西南方向 15.2 千米。板泉镇辖自然村。人口 1 700。明万历年间，罗、王、卞、葛等姓相继迁至此地建村，因村处岭西坡涝洼地，且罗姓最早迁此，故名罗家涝坡。清朝中期，卞姓人口增多，改称卞家涝坡。聚落呈团块状分布。有文化广场 1 处、农家书屋 1 处。经济以种植业和养殖业为主，主要农作物有小麦、花生等，养殖业以生猪养殖为主。有公路经此。

大白常 371327-B03-H04
[Dàbáicháng]

在县驻地十字路街道西方向 15.1 千米。板泉镇辖自然村。人口 2 900。据考，北宋末年，王姓迁此建村，因村庄坐落在沭河东岸，以河流似白带，河水长流不息，而取名白常。后因村大，改称大白常。聚落呈团块状分布。有文化广场 1 处、农家书屋 1 处、小学 1 处。经济以种植业为主，主要农作物有花生等，养殖业以生猪养殖为主。有公路经此。

大韩岭 371327-B03-H05
[Dàhánlǐng]

在县驻地十字路街道西南方向 11.9 千米。板泉镇辖自然村。人口 1 900。韩氏于明洪武年间自江苏东海螳螂村迁居至此，因西靠土岭，故名韩家岭，后改称大韩岭。聚落呈团块状分布。有文化广场 1 处、农家书屋 1 处。经济以种植业和养殖业为主，主要农作物有小麦、花生、玉米、地瓜。有公路经此。

东高榆 371327-B03-H06
[Dōnggāoyú]

在县驻地十字路街道西南方向 19.6 千米。板泉镇辖自然村。人口 1 400。明朝末年，丁姓家族自日照市郭湖村迁至此，因在一棵大榆树下落村，故名高榆。后按方位分为东、西高榆村，此村在东，故名东高榆。聚落呈团块状分布。有文化广场 1 处、农家书屋1处。经济以种植业为主，主要农作物有小麦、花生、玉米等。有公路经此。

东于家湖 371327-B03-H07
［Dōngyújiāhú］

在县驻地十字路街道西方向12.0千米。板泉镇辖自然村。人口600。明弘治年间韩、纪两姓迁入后，因村东北是洼地，当中的土墩上有尼姑庵，且在大路东，故改称东凸凸凹。1940年，因村北河湾湖地改称东于家湖。聚落呈带状分布。有文化广场1处。经济以种植业和养殖业为主，主要农作物有小麦、花生、玉米等。有公路经此。

郭家坊庄 371327-B03-H08
［Guōjiāfángzhuāng］

在县驻地十字路街道西南方向18.5千米。板泉镇辖自然村。人口1 000。明天启年间，郭姓自山西省洪洞县迁此建村，取名郭家坊庄。聚落呈团块状分布。有文化广场1处。经济以种植业和养殖业为主，主要农作物有小麦、花生等。有公路经此。

后王家武阳 371327-B03-H09
［Hòuwángjiāwǔyáng］

在县驻地十字路街道西南方向18.9千米。板泉镇辖自然村。人口1000。明弘治四年（1491），王氏自江苏省东海县当路村迁此建两村，因西邻武阳街，该村居后，故名后王家武阳。聚落呈团块状分布。有文化广场1处。经济以种植业为主，主要农作物有花生、大豆、地瓜等。有公路经此。

岚峨沟 371327-B03-H10
［Lán'égōu］

在县驻地十字路街道西南方向19.3千米。板泉镇辖自然村。人口600。明万历年间张姓迁此建村，因村前河沟内常有天鹅出现，命名拦鹅沟，后演变成岚峨沟。聚落呈团块状分布。经济以种植业为主，主要农作物有花生、小麦、玉米、地瓜等。有公路经此。

刘家官庄 371327-B03-H11
［Liújiāguānzhuāng］

在县驻地十字路街道西方向14.1千米。板泉镇辖自然村。人口700。明朝中期，刘姓自洙边村迁至此处建村，以吉祥之意，取名刘家官庄，后王姓从大白常和淇岔河村迁入，仍称刘家官庄。聚落呈团块状分布。有文化广场1处。经济以种植业和养殖业为主，主要农作物有小麦、花生等，养殖业以生猪养殖为主。有公路经此。

潘庄 371327-B03-H12
［Pānzhuāng］

在县驻地十字路街道西南方向17.6千米。板泉镇辖自然村。人口1 900。明朝末年，朱姓自江苏省沙河村迁入，后又有王、刘姓迁入，朱氏渐成村中主姓大户，仍称潘庄。聚落呈团块状分布。有文化广场1处、农家书屋1处、小学1处。经济以种植业为主，主要农作物有小麦、玉米、花生、地瓜。有公路经此。

庞疃 371327-B03-H13
［Pángtuǎn］

在县驻地十字路街道西方向13.6千米。板泉镇辖自然村。人口2 000。以姓氏名村。聚落呈团块状分布。有文化广场1处、图书室1处、小学1处。经济以种植业和运输业为主。有公路经此。

武阳街 371327-B03-H14
［Wǔyángjiē］

在县驻地十字路街道西南方向20.0千米。板泉镇辖自然村。人口1 200。秦朝时期建村，陈姓迁此，因村前小河洪水冲出羊状奇石五块，取名五羊。汉朝时因村人能歌善舞，故改名舞阳，后演变为武阳，后因该村逢集，遂改为武阳街。聚落呈带状分布。有文化广场1处。经济以种植业为主，主要农作物有小麦、花生、玉米。有公路经此。

西新庄 371327-B03-H15
[Xīxīnzhuāng]

在县驻地十字路街道西南方向14.4千米。板泉镇辖自然村。人口1 600。因东临徐家新庄，故名王家新庄，清末以方位改称西新庄。聚落呈团块状分布。有文化广场1处。经济以种植业为主，主要农作物有小麦、花生、玉米。有公路经此。

新河里 371327-B03-H16
[Xīnhélǐ]

在县驻地十字路街道西南方向20.2千米。板泉镇辖自然村。人口700。唐天佑年间，五姓自临沂城北岔河村迁此立村，因在沭河、鸡龙河、南山河环抱处，故以方位取名前、中、后河里，后称河里，后因重名改为新河里。聚落呈团块状分布。有文化广场1处。经济以手工业为主。有公路经此。

杨家湖 371327-B03-H17
[Yángjiāhú]

在县驻地十字路街道西南方向15.8千米。板泉镇辖自然村。人口1 600。明朝末年，杨姓自陕西弘农郡迁此立村，因村处低洼湖，故名杨家湖。聚落呈团块状分布。有文化广场1处、农家书屋1处。经济以种植业为主，主要农作物有花生、苹果、玉米、地瓜。有公路经此。

临沭 371327-B03-H18
[Línshù]

在县驻地十字路街道西南方向17.7千米。板泉镇辖自然村。人口600。明朝初期，杨姓迁此建村，因村西邻沭河，故称杨临沭。后因赵、杨、陈合村，通称临沭。聚落呈团块状分布。有文化广场1处。经济以种植业为主，主要农作物有小麦、花生、玉米。有公路经此。

渊子崖 371327-B03-H19
[Yuānzǐyá]

在县驻地十字路街道西方向13.7千米。板泉镇辖自然村。人口3 200。明洪武年间，林氏自新泰迁此建村，因村坐落在一深渊近处，故名渊子崖。聚落呈带状分布。有文化广场1处、农家书屋1处、幼儿园1处、小学1处。经济以商贸业、种植业为主，主要农作物有小麦、花生、玉米等。有公路经此。

寨子 371327-B03-H20
[Zhàizi]

在县驻地十字路街道西方向13.7千米。板泉镇辖自然村。人口1 700。相传，唐朝名将罗成攻打龙泉寺时，在此安下营寨。明朝初年，孟姓在原前后营寨旧址处建立村庄，取名前、后寨子；后因两村连成一片，通称寨子。聚落呈团块状分布。有文化广场1处。经济以运输业、种植业为主。有公路经此。

张家官庄 371327-B03-H21
[Zhāngjiāguānzhuāng]

在县驻地十字路街道西南方向14.5千米。板泉镇辖自然村。人口700。明朝中期，张姓自临沂张庄迁至刘家官庄南侧立村，取名张家官庄。有文化广场1处。经济以种植业和养殖业为主，主要农作物有小麦、花生等，养殖业以生猪、肉牛养殖为主。有公路经此。

洙边 371327-B04-H01

[Zhūbiān]

洙边镇人民政府驻地。在县驻地十字路街道南方向 13.2 千米。人口 2 700。因村处洙溪河边，故名洙边。聚落呈团块状分布。有文化广场 1 处、农家书屋 1 处、幼儿园 1 处、小学 1 处、中学 1 处。经济以种植业和养殖业为主，主要农作物有小麦、玉米、花生、地瓜、板栗等，养殖业以生猪、肉鸡养殖为主。有公路经此。

陈家莲子坡 371327-B04-H02

[Chénjiāliánzǐpō]

在县驻地十字路街道东南方向 16.5 千米。洙边镇辖自然村。人口 500。清康熙年间，陈姓自东夹河村迁此建村，后刘姓迁入，因西靠莲花坡，故名陈家莲子坡。聚落呈团块状分布。有文化广场 1 处。经济以种植业和养殖业为主，主要农作物有小麦、花生、玉米等，养殖业以生猪、肉鸡养殖为主。有公路经此。

大高家庄 371327-B04-H03

[Dàgāojiāzhuāng]

在县驻地十字路街道南方向 18.3 千米。洙边镇辖自然村。人口 2 000。明初，高姓自江苏省东海县迁此定居，故称高家庄。后以该村大，改称大高家庄。聚落呈带状分布。有文化广场 1 处。经济以种植业和养殖业为主，主要农作物有小麦、玉米、水稻、花生等，养殖业以生猪、肉鸡养殖为主。有公路经此。

东黄埝 371327-B04-H04

[Dōnghuángniàn]

在县驻地十字路街道南方向 15.8 千米。洙边镇辖自然村。人口 400。清康熙年间，孙氏迁此立村，因在中黄埝东，故称东黄埝。聚落呈团块状分布。有文化广场 1 处。经济以种植业和养殖业为主，主要农作物有小麦、花生、玉米、地瓜、板栗等，养殖业以生猪养殖为主。有公路经此。

东书院 371327-B04-H05

[Dōngshūyuàn]

在县驻地十字路街道东南方向 11.2 千米。洙边镇辖自然村。人口 1 300。相传，南宋农民起义军领袖李泉、杨妙真的书院设在此地，故名书院。后为区别重名村，冠以方位改称东书院。聚落呈团块状分布。有文化广场 1 处、农家书屋 1 处、小学 1 处。经济以种植业为主，主要农作物有小麦、地瓜、花生、茶叶、苹果、山楂等。有公路经此。

东袁家山 371327-B04-H06

[Dōngyuánjiāshān]

在县驻地十字路街道南方向 20.1 千米。洙边镇辖自然村。人口 1 000。清乾隆年间，袁姓自临沭县镇武庙村迁此建村，因村坐落于长满葛子的山上，故名葛子山，后因姓氏演变为东袁家山。聚落呈团块状分布。有文化大舞台 1 处、农家书屋 1 处。经济以种植业和养殖业为主，主要农作物有小麦、花生、玉米、茶叶、板栗，养殖业以生猪养殖为主。有公路经此。

扶兰官庄 371327-B04-H07

[Fúlánguānzhuāng]

在县驻地十字路街道南方向 18.3 千米。洙边镇辖自然村。人口 1 000。清康熙年间，先民从江苏东海县上峪村迁此建村，因相传村西南有一观测风云灵验道士住佛灵观，故名佛灵官庄，清末演变成扶兰官庄。聚落呈团块状分布。有文化广场 1 处。经济以种植业和养殖业为主，主要农作物有小麦、花生、玉米，养殖业以生猪、牛、羊养殖为主。有公路经此。

后净埠 371327-B04-H08

［Hòujìngbù］

在县驻地十字路街道东南方向13.8千米。洙边镇辖自然村。人口1 100。明永乐年间，赵姓自江苏省赵家村迁此建村，后丁姓迁入，因村处河岸高处，故名净埠。后惠姓在村前又建一村，称前净埠子，该村居后，冠以方位改称后净埠。聚落呈带状分布。有文化广场1处。经济以种植业和养殖业为主，主要农作物有小麦、花生、玉米、茶叶等，养殖业以生猪养殖为主。有公路经此。

环河崖 371327-B04-H09

［Huánhéyá］

在县驻地十字路街道东南方向13.5千米。洙边镇辖自然村。人口1 100。明天顺年间，刘姓从洙边迁来本址建村，因村南、北、西三面临河，故名环河崖。聚落呈团块状分布。有文化广场1处、农家书屋1处。经济以种植业和养殖业为主，主要农作物有小麦、玉米、花生、地瓜、板栗、茶叶，养殖业以生猪、肉鸡养殖为主。有公路经此。

马家峪 371327-B04-H10

［Mǎjiāyù］

在县驻地十字路街道南方向17.5千米。洙边镇辖自然村。人口2 100。明正统年间，马姓迁此定居，因村四周多山峪，且马姓居多，故名马家峪。聚落呈团块状分布。有文化广场1处。经济以种植业为主，主要农作物有花生、小麦、地瓜、玉米，养殖业以生猪养殖为主。有公路经此。

清水涧 371327-B04-H11

［Qīngshuǐjiàn］

在县驻地十字路街道东南方向19.5千米。洙边镇辖自然村。人口1 900。清康熙年间，李姓自壮岗东坡村迁此建村，因村东有清泉，泉水常年流入南面山间，故名清水涧。聚落呈团块状分布。有文化广场1处。经济以种植业和养殖业为主，主要农作物有小麦、玉米、花生、地瓜、板栗、茶叶，养殖业以生猪、肉鸡养殖为主。有公路经此。

三界首一村 371327-B04-H12

［Sānjièshǒuyīcūn］

在县驻地十字路街道东南方向16.5千米。洙边镇辖自然村。人口600。明景泰年间，刘姓自东海大村迁此定居，因地处苏、鲁两省的赣榆、莒南、临沭三县交界处、故名三界首。后分为三个村，该村更名为三界首一村。聚落呈团块状分布。有文化广场1处、农家书屋1处。经济以种植业和养殖业为主，主要农作物有小麦、花生、玉米、茶叶等，养殖业以生猪养殖为主。有公路经此。

王家野疃 371327-B04-H13

［Wángjiāyětuǎn］

在县驻地十字路街道南方向8.9千米。洙边镇辖自然村。人口1 800。清乾隆二十五年（1760），王姓迁此建村，因村西有石成山，山下有河，形成山野河疃之地，故名王家野疃。聚落呈团块状分布。有文化广场1处。经济以种植业为主，主要农作物有小麦、地瓜、花生、茶叶、苹果等。有公路经此。

岫务 371327-B04-H14

［Xiùwù］

在县驻地十字路街道南方向15.1千米。洙边镇辖自然村。人口1 500。明洪武年间郁氏迁此立村，因村南岭上清晨经常烟雾弥漫，远眺如山，故取名岫雾，后演变为岫务。聚落呈团块状分布。有文化广场1处。

经济以种植业和养殖业为主，主要农作物有小麦、花生、玉米、地瓜、茶叶等，养殖业以生猪养殖为主。有公路经此。

杨庄 371327-B04-H15
[Yángzhuāng]

在县驻地十字路街道南方向 17.7 千米。洙边镇辖自然村。人口 1 200。明万历年间，王姓迁此建村，因王姓会制造土枪土炮，土匪惧而让之，故名让庄，又因村边杨树成林，清末改称杨庄。聚落呈团块状分布。有文化广场 1 处。经济以种植业和养殖业为主，主要农作物有小麦、花生、玉米，养殖业以生猪养殖为主。有公路经此。

中黄埝 371327-B04-H16
[Zhōnghuángniàn]

在县驻地十字路街道南方向 15.7 千米。洙边镇辖自然村。人口 900。明万历年间，张姓迁此建村，因村后有黄土埝，故名黄埝。此处又立两村，皆称黄埝，为示区别，按方位改称中黄埝。聚落呈团块状分布。有文化广场 1 处。经济以种植业、养殖业为主，主要农作物有小麦、玉米、花生、地瓜、板栗、茶叶等，养殖业以生猪、肉鸡养殖为主。有公路经此。

中龙掌 371327-B04-H17
[Zhōnglóngzhǎng]

在县驻地十字路街道东南方向 9.3 千米。洙边镇辖自然村。人口 700。明天顺元年（1457），刘姓由洙边村迁此建村，因地形似传说中的龙掌，故名龙掌，该村居中，后按方位改称中龙掌。聚落呈团块状分布。有文化大舞台 1 处、农家书屋 1 处。经济以种植业为主，主要农作物有小麦、地瓜、花生等。有公路经此。

庄庄河东村 371327-B04-H18
[Zhuāngzhuānghédōngcūn]

在县驻地十字路街道南方向 13.9 千米。洙边镇辖自然村。人口 800。相传，建村于明成化年间，因孙、侯、杨三姓相继迁至小河南、北两岸分别立村，因三庄相连，统称庄庄。后为区别邻村，此村在东，称庄庄河东村。聚落呈团块状分布。有文化广场 1 处。经济以商贸业、种植业为主，主要农作物有小麦、花生、玉米等，养殖业以生猪、肉鸡养殖为主。有公路经此。

文疃 371327-B05-H01
[Wéntuǎn]

文疃镇人民政府驻地。在县驻地十字路街道东北方向 25.9 千米。人口 1 600。因村靠浔水，坐落于一片河疃平川中，且近处有座大古坟，故取名坟疃。后嫌"坟"字不佳，于 1958 年改称文疃。聚落呈团块状分布。有文化广场 1 处、农家书屋 1 处、幼儿园 1 处、小学 1 处、中学 1 处。经济以种植业和养殖业为主，主要农作物有小麦、玉米、花生，养殖业以生猪养殖为主。有公路经此。

草岭前 371327-B05-H02
[Cǎolǐngqián]

在县驻地十字路街道东北方向 25.2 千米。文疃镇辖自然村。人口 1 800。因村坐落在长满野草的岭坡南侧，故名草岭前。聚落呈团块状分布。有文化广场 1 处、农家书屋 1 处。经济以种植业、养殖业为主，主要农作物有小麦、玉米、花生等，养殖业以生猪养殖为主。有公路经此。

大薛庆 371327-B05-H03
[Dàxuēqìng]

在县驻地十字路街道东北方向 22.6 千

米。文疃镇辖自然村。人口1 400。以姓氏名村。聚落呈带状分布。有文化广场1处、农家书屋1处。经济以种植业和养殖业为主，主要农作物有小麦、玉米、花生，养殖业以生猪养殖为主。有公路经此。

东田庄 371327-B05-H04
[Dōngtiánzhuāng]

在县驻地十字路街道东北方向25.5千米。文疃镇辖自然村。人口700。徐氏于明洪武二年（1369）迁居田庄，因该村居东，故称为东田庄。聚落呈团块状分布。有文化广场1处、农家书屋1处。经济以种植业和养殖业为主，主要农作物有小麦、玉米、花生，养殖业以生猪、肉鸡养殖为主。有公路经此。

黄城 371327-B05-H05
[Huángchéng]

在县驻地十字路街道东北方向17.2千米。文疃镇辖自然村。人口500。此地枳树较多，秋后果实满枝，一片金黄，有一官员路过此地，赞美此景如黄色之城，以此取名黄城。聚落呈团块状分布。有文化广场1处。经济以种植业和养殖业为主，主要农作物有小麦、玉米、花生，养殖业以生猪养殖为主。有公路经此。

看马庄 371327-B05-H06
[Kànmǎzhuāng]

在县驻地十字路街道东北方向25.1千米。文疃镇辖自然村。人口2 100。明洪武年间，陈姓迁此定居，因马鬐王曾在此设立看马场，取名看马庄。聚落呈带状分布。有文化广场1处。经济以种植业为主，主要农作物有小麦、玉米、花生，养殖业以生猪养殖为主。有公路经此。

前土泥巷 371327-B05-H07
[Qiántǔníxiàng]

在县驻地十字路街道东北方向22.5千米。文疃镇辖自然村。人口1 000。因周围是黏土质，雨后街巷多泥泞，故称土泥巷，后冠以方位更名为前土泥巷。聚落呈带状分布。有文化广场1处。经济以种植业和养殖业为主，主要农作物有小麦、玉米、花生，养殖业以生猪养殖为主。有公路经此。

三皇山 371327-B05-H08
[Sānhuángshān]

在县驻地十字路街道东北方向25.0千米。文疃镇辖自然村。人口700。据传，徐姓于明朝末年在三皇山南侧脚下定居，故名三皇山。聚落呈团块状分布。有文化广场1处。经济以种植业和养殖业为主，主要农作物有小麦、玉米、花生，养殖业以生猪养殖为主。有公路经此。

石城 371327-B05-H09
[Shíchéng]

在县驻地十字路街道东北方向24.8千米。文疃镇辖自然村。人口1 600。据传，明洪武年间，滕姓为防战乱迁此立村，古时曾在村北城山上修筑了石头城墙，故名石城。聚落呈团块状分布。有文化广场1处。经济以种植业和养殖业为主，主要农作物有小麦、玉米、花生，养殖业以生猪养殖为主。有公路经此。

滕家河 371327-B05-H10
[Téngjiāhé]

在县驻地十字路街道东北方向22.6千米。文疃镇辖自然村。人口2 500。因有一条小河穿过村内，并以村中大姓滕姓立村，取名滕家河。聚落呈团块状分布。有文化广场1处、农家书屋1处。经济以种植业和养殖业为主，主要农作物有小麦、玉米、花生，养殖业以生猪养殖为主。有公路经此。

魏家柳沟 371327–B05–H11
[Wèijiāliǔgōu]

在县驻地十字路街道东北方向 17.8 千米。文疃镇辖自然村。人口 1 800。明洪武年间，魏姓来此居住，因村西、南两面靠河，河岸柳树成行，故名魏家柳沟。聚落呈团块状分布。有文化广场 1 处、农家书屋 1 处。经济以种植业和养殖业为主，主要农作物有小麦、玉米、花生，养殖业以生猪养殖为主。有公路经此。

银子窖 371327–B05–H12
[Yínzijiào]

在县驻地十字路街道东北方向 19.7 千米。文疃镇辖自然村。人口 1 000。因村中有一石顶子，石顶底窖有银子，因此窖名银子窖，村由此得名。聚落呈团块状分布。有文化广场 1 处。经济以种植业和养殖业为主，主要农作物有小麦、玉米、花生，养殖业以生猪养殖为主。有公路经此。

张家薛庆 371327–B05–H13
[Zhāngjiāxuēqìng]

在县驻地十字路街道东北方向 24.4 千米。文疃镇辖自然村。人口 500。以姓氏名村。聚落呈团块状分布。有文化广场 1 处。经济以种植业和养殖业为主，主要农作物有小麦、玉米、花生，养殖业以生猪养殖为主。有公路经此。

左家沟 371327–B05–H14
[Zuǒjiāgōu]

在县驻地十字路街道东北方向 23.3 千米。文疃镇辖自然村。人口 1 400。左姓建村时，有一条沟，故名左家沟。聚落呈团块状分布。有文化广场 1 处。经济以种植

业和养殖业为主，主要农作物有小麦、玉米、花生，养殖业以生猪养殖为主。有公路经此。

石莲子 371327–B06–H01
[Shíliánzǐ]

石莲子镇人民政府驻地。在县驻地十字路街道西北方向 22.1 千米。人口 1 600。因村庄坐落于小溪北岸，南岸有形状各异的石砬子，故名石砬子，清末又以石块形似莲子，改称石莲子。聚落呈带状分布。有文化广场 1 处。经济以种植业和养殖业为主，主要农作物有小麦、花生、玉米，养殖业以生猪、肉鸡养殖为主。有公路经此。

东夹古哨 371327–B06–H02
[Dōngjiāgǔshào]

在县驻地十字路街道西北方向 21.4 千米。石莲子镇辖自然村。人口 600。明隆庆二年（1568），李姓从东莲花汪村迁此建村。相传明永乐年间，有一彭姓武官为御外敌建立彭城，并在城东、西各建一兵营哨所，该村在东哨所处，故称东夹古哨。聚落呈带状分布。有文化广场 1 处。经济以种植业为主，主要农作物有小麦、花生、玉米等。有公路经此。

杜家汀河 371327–B06–H03
[Dùjiātīnghé]

在县驻地十字路街道西北方向 23.1 千米。石莲子镇辖自然村。人口 300。清雍正八年（1730），杜姓迁此立村，因村坐落于汀水河东岸，故名杜家汀。后史姓迁入，亦称史家汀河。1981 年地名普查时确定保留杜家汀河。聚落呈团块状分布。有文化大舞台 1 处、农家书屋 1 处。经济以种植业和养殖业为主，主要农作物有小麦、花生、玉米等。有公路经此。

高家埠 371327-B06-H04

[Gāojiābù]

在县驻地十字路街道西北方向 27.6 千米。石莲子镇辖自然村。人口 1 400。明洪武年间，高姓自山西省洪洞县迁此建村，因村前有座埠子岭，故名高家埠。聚落呈带状分布。有文化广场 1 处。经济以种植业和养殖业为主，主要农作物有小麦、花生、玉米等，养殖业以生猪、肉鸡养殖为主。有公路经此。

官西坡 371327-B06-H05

[Guānxīpō]

在县驻地十字路街道西北方向 26.1 千米。石莲子镇辖自然村。人口 1 500。因村坐落于安子岭西坡的庵观寺附近，故名观西坡，清初演变为官西坡。聚落呈团块状分布。有文化广场 1 处。经济以种植业和养殖业为主，主要农作物有花生、玉米、小麦等，养殖业以生猪、肉鸡养殖为主。有公路经此。

莱沟 371327-B06-H06

[Láigōu]

在县驻地十字路街道西北方向 20.6 千米。石莲子镇辖自然村。人口 900。因村坐落于莱沟边，故名莱沟。聚落呈带状分布。有文化广场 1 处。经济以种植业和养殖业为主，主要农作物有小麦、花生、玉米等，养殖业以生猪养殖为主。有公路经此。

梁家屯 371327-B06-H07

[Liángjiātún]

在县驻地十字路街道西北方向 21.2 千米。石莲子镇辖自然村。人口 1 400。明永乐四年（1406），梁姓自明初即随洪武帝当兵，屡立军功，被封为广武将军，并被准许在中原界内屯田练兵，故梁姓在此定居后，以屯田练兵之意取名梁家屯。聚落呈带状分布。有文化广场 1 处。经济以种植业和养殖业为主，主要农作物有花生、玉米、小麦等，养殖业以生猪、肉鸭养殖为主。有公路经此。

漫墩岭 371327-B06-H08

[Màndūnlǐng]

在县驻地十字路街道西北方向 20.2 千米。石莲子镇辖自然村。人口 700。清雍正八年（1730），因水灾，杜姓从沭河西岸宣文村迁此在岭上立村，取名漫杜岭，清末演变为漫墩岭。聚落呈团块状分布。有文化广场 1 处。经济以种植业为主，主要农作物有小麦、花生、玉米、蔬菜、西瓜等。有公路经此。

彭古城 371327-B06-H09

[Pénggǔchéng]

在县驻地十字路街道西北方向 25.4 千米。石莲子镇辖自然村。人口 1 500。据传，明燕王扫北时，曾派立有战功的彭姓武官在此镇守，并建立彭城，故名彭古城。聚落呈带状分布。有文化广场 1 处。经济以种植业和养殖业为主，主要农作物有花生、玉米、小麦等，养殖业以生猪养殖为主。有公路经此。

汀水东村 371327-B06-H10

[Tīngshuǐdōngcūn]

在县驻地十字路街道西北方向 30.0 千米。石莲子镇辖自然村。人口 1 400。明初，赵姓迁此建村，取名赵家庄子。因村东有汀水河，清初称汀水，后因村大分为四村，该村居东，故名汀水东村。聚落呈团块状分布。有文化广场 1 处。经济以种植和养殖为主，主要农作物有花生、玉米、小麦，肉鸡养殖初具规模。有公路经此。

王家沟 371327-B06-H11
[Wángjiāgōu]

在县驻地十字路街道西北方向 26.4 千米。石莲子镇辖自然村。人口 1 400。因有东北、西南走向大沟，故以姓氏得名王家沟。聚落呈带状分布。有文化广场 1 处、农家书屋 1 处、幼儿园 1 处、小学 1 处。经济以种植业和养殖业为主，主要农作物有花生、玉米、小麦等，养殖业以肉鸭、肉鸡养殖为主。有公路经此。

西北庄 371327-B06-H12
[Xīběizhuāng]

在县驻地十字路街道西北方向 21.2 千米。石莲子镇辖自然村。人口 600。清康熙年间，庄姓由莒县城南朱陈村迁此立村，因村坐落于墩后村西北角而得名西北庄。聚落呈带状分布。有文化广场 1 处。经济以种植业和养殖业为主，主要农作物有小麦、花生、玉米、草莓等。有公路经此。

西石杭头 371327-B06-H13
[Xīshíhángtóu]

在县驻地十字路街道西北方向 23.5 千米。石莲子镇辖自然村。人口 2 400。相传，明朝初期，咸、沈、孙、赵等姓相继迁入定居，因村西有自然形成的一片石头，故名石杭头，后因村中的一座庙宇为界分为东、西两个村，该村居西，故称西石杭头。聚落呈团块状分布。有文化广场 1 处。经济以种植业和养殖业为主，主要农作物有小麦、花生、玉米等。有公路经此。

向阳 371327-B06-H14
[Xiàngyáng]

在县驻地十字路街道西北方向 28.3 千米。石莲子镇辖自然村。人口 1 000。因地理位置朝阳取名向阳村。聚落呈团块状分布。有文化广场 1 处。经济以种植业和养殖业为主，主要农作物有花生、玉米、小麦等，养殖业以肉鸭、肉鸡养殖为主。有公路经此。

严家庄 371327-B06-H15
[Yánjiāzhuāng]

在县驻地十字路街道西北方向 18.7 千米。石莲子镇辖自然村。人口 1 300。明初，严姓由莒县严家崮西村迁此立村，取名严家庄。聚落呈团块状分布。有文化广场 1 处。经济以种植业和养殖业为主，主要农作物有花生、玉米、小麦、西瓜、草莓、辣椒等。有公路经此。

燕泥子 371327-B06-H16
[Yànnízi]

在县驻地十字路街道西北方向 21.5 千米。石莲子镇辖自然村。人口 800。明洪武年间，林姓迁此立村，因村东南地势低洼，每到春夏之交，燕子纷纷来此衔泥筑巢，故名燕泥子。聚落呈带状分布。有文化广场 1 处。经济以种植业和养殖业为主，主要农作物有小麦、花生、玉米等，养殖业以生猪、貂养殖为主。有公路经此。

张官庄 371327-B06-H17
[Zhāngguānzhuāng]

在县驻地十字路街道西北方向 22.6 千米。石莲子镇辖自然村。人口 800。清顺治年间，张姓自山西省洪洞县喜鹊窝迁此建村，取名张家官庄，1981 年更名张官庄。聚落呈带状分布。有文化广场 1 处。经济以种植业和养殖业为主，主要农作物有小麦、花生、玉米等。有公路经此。

主家岭 371327-B06-H18
[Zhǔjiālǐng]

在县驻地十字路街道西北方向 22.2 千

米。石莲子镇辖自然村。人口1 200。清雍正八年（1730），村民因水患迁西岭，且此时主姓居多，故改称主家岭。聚落呈带状分布。有文化广场1处。经济以种植业为主，主要农作物有小麦、花生、玉米等。有公路经此。

西岭泉 371327-B07-H01
[Xīlǐngquán]

岭泉镇人民政府驻地。在县驻地十字路街道西北方向10.0千米。人口2 600。因村西岭上有一泉流水不息，故名西岭泉。聚落呈团块状分布。有文化广场1处、农家书屋1处、幼儿园1处、小学1处、中学1处。经济以种植业和养殖业为主，主要农作物有小麦、玉米等，养殖业以生猪、肉鸭养殖为主。有公路经此。

崔家沟头 371327-B07-H02
[Cuījiāgōutóu]

在县驻地十字路街道西北方向10.1千米。岭泉镇辖自然村。人口800。明洪武元年（1368），崔、窦、邢三姓自江苏东海迁此建村，因村两侧有条大沟且崔姓居多，故名崔家沟头。聚落呈散状分布。有文化广场1处。经济以种植业和养殖业为主，主要农作物有小麦、玉米，养殖业以生猪、肉鸭养殖为主。有公路经此。

大葛集子 371327-B07-H03
[Dàgějízi]

在县驻地十字路街道西北方向7.2千米。岭泉镇辖自然村。人口1 200。明景泰年间，孟氏自东海迁此建村，称孟家瞳后。后葛姓兴旺，因村内逢大集，改为大葛集子。聚落呈团块状分布。有文化大舞台1处、农家书屋1处。经济以种植业和养殖业为主，主要农作物有小麦、玉米等，养殖业以生猪、肉鸭养殖为主。有公路经此。

大圣堂 371327-B07-H04
[Dàshèngtáng]

在县驻地十字路街道西方向14.6千米。岭泉镇辖自然村。人口1 300。明万历年间，闫氏自山西洪洞县喜鹊窝迁此定居，相传因圣人在此办过学堂，故得名大圣堂。聚落呈团块状分布。有文化广场1处。经济以种植业和养殖业为主，主要农作物有小麦、玉米、花生，养殖业以生猪、肉鸡养殖为主。有公路经此。

东高岭 371327-B07-H05
[Dōnggāolǐng]

在县驻地十字路街道西北方向12.5千米。岭泉镇辖自然村。人口1 200。明朝初年，高、汲两姓自江苏东海县和东野埠村迁至此建村，因村处丘陵处、故名高家岭，后因重名改为东高岭。聚落呈团块状分布。有文化广场1处。经济以种植业和养殖业为主，主要农作物有小麦、玉米，养殖业以生猪、肉鸭养殖为主。有公路经此。

东石沟 371327-B07-H06
[Dōngshígōu]

在县驻地十字路街道西南方向8.3千米。岭泉镇辖自然村。人口1 900。据记载，明永乐年间付氏来此建村，因靠近石沟河，又以付姓为主，故起名付家石沟，后以方位改称东石沟。聚落呈团块状分布。有文化大舞台1处、农家书屋1处。经济以种植业和养殖业为主，主要农作物有小麦、玉米，养殖业以生猪、肉鸭养殖为主。有公路经此。

后左山 371327-B07-H07
[Hòuzuǒshān]

在县驻地十字路街道西方向10.5千米。岭泉镇辖自然村。人口1 400。因村左边是小山，位置在后，故得名后左山。聚落呈团块状分布。有文化广场1处。经济以种植业和养殖业为主，主要农作物有小麦、玉米，养殖业以生猪、肉鸭养殖为主。有公路经此。

化家庙子 371327-B07-H08
[Huàjiāmiàoz]

在县驻地十字路街道西北方向8.1千米。岭泉镇辖自然村。人口800。相传，明崇祯年间，化姓自江苏东海迁出，至一座庙的西侧定居，故名化家庙子。聚落呈团块状分布。有文化广场1处、农家书屋1处。经济以种植业和养殖业为主，主要农作物有小麦、玉米，养殖业以生猪、肉鸭养殖为主。有公路经此。

解家岭 371327-B07-H09
[Xièjiālǐng]

在县驻地十字路街道西北方向12.5千米。岭泉镇辖自然村。人口600。清雍正年间，聂氏族人由临沭逃荒迁住聂家洼，后因大雨，河水暴涨无法在此生存，清乾隆三十七年（1772）迁此定居，因居岭上，起名聂家岭。民国时期，因解氏渐盛而更名解家岭。聚落呈团块状分布。有文化广场1处。经济以种植业和养殖业为主，主要农作物有小麦、玉米，养殖业以生猪、肉鸭养殖为主。有公路经此。

梨杭 371327-B07-H10
[Líháng]

在县驻地十字路街道西方向15.2千米。岭泉镇辖自然村。人口1 400。明洪武年间，孙氏自江苏东海迁至日照孙家村，建文元年（1399）迁至铁牛庙，当年部分孙氏族人离开旧居来此另立新村名离行，后演变为梨杭。聚落呈团块状分布。有文化广场1处。经济以种植业和养殖业为主，主要农

作物有小麦、玉米等，养殖业以生猪、肉鸭养殖为主。有公路经此。

刘家岭 371327-B07-H11
[Liújiālǐng]

在县驻地十字路街道西北方向11.5千米。岭泉镇辖自然村。人口400。明朝初年，刘氏自江苏东海县迁至此建村，因村处丘陵且刘姓为多，故名刘家岭。聚落呈团块状分布。有文化广场1处。经济以种植业和养殖业为主，主要农作物有小麦、玉米等，养殖业以生猪、肉鸭养殖为主。有公路经此。

马棚官庄 371327-B07-H12
[Mǎpéngguānzhuāng]

在县驻地十字路街道西北方向5.9千米。岭泉镇辖自然村。人口1 000。明洪武年间，张姓迁此居住，因在村前大路旁搭一马棚供行人歇脚，故取名马棚官庄。聚落呈团块状分布。有文化广场1处、农家书屋1处、幼儿园1处、小学1处。经济以种植业和养殖业为主，主要农作物有小麦、玉米等，养殖业以生猪、肉鸭养殖为主。有公路经此。

南大官庄 371327-B07-H13
[Nándàguānzhuāng]

在县驻地十字路街道西北方向13.2千米。岭泉镇辖自然村。人口1 600。相传，明初，孙姓自铁牛庙村迁至此建村，初建村在山岭石泉旁，故称石泉官庄。后因狼伤害人命，迁至小官庄西北立村，因该村比小官庄大，故称大官庄。1981年地名普查时，为区别重名村，冠以方位改称南大官庄。聚落呈团块状分布。有文化大舞台1处、农家书屋1处。经济以种植业和养殖业为主，主要农作物有小麦、玉米等，养殖业以生猪、肉鸭养殖为主。有公路经此。

南小官庄 371327-B07-H14

[Nánxiǎoguānzhuāng]

在县驻地十字路街道西方向 12.5 千米。岭泉镇辖自然村。人口 2 000。明朝中期，孙姓自铁牛庙村迁至此建村，后闫、王两姓相继迁入，后因有一人在京城考中小官，故名小官庄村。1981 年地名普查时，为区别重名村，冠以方位改称南小官庄。聚落呈团块状分布。有文化广场 1 处。经济以种植业和养殖业为主，主要农作物有小麦、玉米等，养殖业以生猪、肉鸭养殖为主。有公路经此。

彭家墩后 371327-B07-H15

[Péngjiādūnhòu]

在县驻地十字路街道西北方向 8.7 千米。岭泉镇辖自然村。人口 600。据传，明朝初年，彭姓、庄姓分别自彭家仕沟和林后迁此立村，因村前有一土墩，故名彭家墩后。聚落呈带状分布。有文化广场 1 处。经济以种植业和养殖业为主，主要农作物有小麦、玉米等，养殖业以生猪、肉鸭养殖为主。有公路经此。

彭家岭 371327-B07-H16

[Péngjiālǐng]

在县驻地十字路街道西北方向 11.5 千米。岭泉镇辖自然村。人口 200。明朝初年，彭氏自东海迁至彭家墩后，数年后又迁至此，因村西有一岭，得名彭家岭。聚落呈散状分布。有文化广场 1 处。经济以种植业和养殖业为主，主要农作物有小麦、玉米等，养殖业以生猪、肉鸭养殖为主。有公路经此。

淇岔河 371327-B07-H17

[Qíchàhé]

在县驻地十字路街道西方向 14.2 千米。岭泉镇辖自然村。人口 2 800。明洪武年间，王氏自江苏东海迁至此处，见一沟虽小，却淇水涟涟，荡漾不息，故名淇岔河。聚落呈团块状分布。有文化广场 1 处、农家书屋 1 处、幼儿园 1 处、小学 1 处。经济以种植业和养殖业为主，主要农作物有小麦、玉米等，养殖业以生猪、肉鸭养殖为主。有公路经此。

前柴沟 371327-B07-H18

[Qiáncháigōu]

在县驻地十字路街道西方向 9.7 千米。岭泉镇辖自然村。人口 1 600。明朝中期，孙、朱等姓自今梨杭及江苏东海县相继迁入定居，因村居后、中柴沟之前，故名前柴沟。聚落呈团块状分布。有文化广场 1 处。经济以种植业为主，主要农作物有小麦、花生、玉米等。有公路经此。

前葛集子 371327-B07-H19

[Qiánggějízi]

在县驻地十字路街道西北方向 7.8 千米。岭泉镇辖自然村。人口 1 200。清嘉庆年间，葛姓自后葛家集子村迁至此，因处大葛家集子前，故名前葛集子。聚落呈团块状分布。有文化广场 1 处。经济以种植业和养殖业为主，主要农作物有小麦、玉米等，养殖业以生猪、肉鸭养殖为主。有公路经此。

前左山 371327-B07-H20

[Qiánzuǒshān]

在县驻地十字路街道西方向 10.7 千米。岭泉镇辖自然村。人口 1 700。因村左边是小山，位置在前，故得名前左山。聚落呈团块状分布。有文化广场 1 处。经济以种植业和养殖业为主，主要农作物有小麦、玉米等，养殖业以生猪、肉鸭养殖为主。有公路经此。

石汪崖 371327-B07-H21
[Shíwāngyá]

在县驻地十字路街道西南方向 8.9 千米。岭泉镇辖自然村。人口 400。明嘉靖年间，宋氏八世祖由大柴沟迁至此地，由于村南有一石塘，故名石汪崖。聚落呈团块状分布。有文化广场 1 处。经济以种植业和养殖业为主，主要农作物有小麦、玉米等，养殖业以生猪、肉鸭养殖为主。有公路经此。

宋家石沟 371327-B07-H22
[Sòngjiāshígōu]

在县驻地十字路街道西南方向 8.9 千米。岭泉镇辖自然村。人口 300。明永乐年间，宋氏来此建村，因靠近石沟河，村内又以宋姓为主，故名宋家石沟。聚落呈团块状分布。有文化广场 1 处。经济以种植业和养殖业为主，主要农作物有小麦、玉米，养殖业以生猪、肉鸭养殖为主。有公路经此。

王家沟头 371327-B07-H23
[Wángjiāgōutóu]

在县驻地十字路街道西北方向 10.5 千米。岭泉镇辖自然村。人口 700。明洪武元年（1368），王、邢两姓自江苏东海迁至此，因村西侧有条大沟且王姓居多，故名王家沟头。聚落呈散状分布。有文化广场 1 处。经济以种植业和养殖业为主，主要农作物有小麦、玉米，养殖业以生猪、肉鸭养殖为主。有公路经此。

西高家岭 371327-B07-H24
[Xīgāojiālǐng]

在县驻地十字路街道西北方向 12.8 千米。岭泉镇辖自然村。人口 800。明朝初年，高、汲两姓自江苏东海县和东野埠村迁至此建村，因村处丘陵西，故名西高家岭。聚落呈团块状分布。有文化广场 1 处。经济以种植业和养殖业为主，主要农作物有小麦、玉米，养殖业以生猪、肉鸭养殖为主。有公路经此。

西石沟 371327-B07-H25
[Xīshígōu]

在县驻地十字路街道西南方向 9.4 千米。岭泉镇辖自然村。人口 600。明嘉靖年间，因村前沟内举足踏石，取名石沟，为区别邻近重名村，该村在西且大，故称为大西石沟，后人称西石沟。聚落呈团块状分布。有文化广场 1 处。经济以种植业和养殖业为主，主要农作物有小麦、玉米、花生等，养殖业以生猪、肉鸭养殖为主。有公路经此。

徐家岭 371327-B07-H26
[Xújiālǐng]

在县驻地十字路街道西北方向 11.8 千米。岭泉镇辖自然村。人口 1 100。明朝初年，刘氏自江苏东海县迁至此建村，因村处丘陵且徐姓为多，故名徐家岭。聚落呈团块状分布。有文化广场 1 处。经济以种植业和养殖业为主，主要农作物有小麦、玉米等，养殖业以生猪、肉鸭养殖为主。有公路经此。

薛家墩后 371327-B07-H27
[Xuējiādūnhòu]

在县驻地十字路街道西北方向 8.8 千米。岭泉镇辖自然村。人口 1 500。清朝中叶，薛、王两姓自东海迁至一土墩立村，各取名薛家墩后。道光年间因水灾，王姓迁至村旁另立新村，取名新庄子，1940 年统称薛家墩后。聚落呈团块状分布。有文化广场 1 处。经济以种植业和养殖业为主，主要农作物有小麦、玉米，养殖业以生猪、肉鸭养殖为主。有公路经此。

杨家湕子 371327-B07-H28
[Yángjiāyǎnzi]

在县驻地十字路街道西北方向 6.1 千米。岭泉镇辖自然村。人口 400。杨氏于清康熙年间迁居岳河庄，复迁至湕子庄，因杨氏建村，故取名杨家湕子。聚落呈团块状分布。有文化广场 1 处、农家书屋 1 处。经济以种植业和养殖业为主，主要农作物有小麦、玉米，养殖业以生猪、肉鸭养殖为主。有公路经此。

殷家庄 371327-B07-H29
[Yīnjiāzhuāng]

在县驻地十字路街道西方向 15.5 千米。岭泉镇辖自然村。人口 700。明万历年间，殷氏由江苏东海大埠村迁至此定居。清乾隆五年（1740），宋氏由前柴沟迁来，汲氏由东野埠迁来，崔氏于清同治年间由崔家沟头迁来，因殷氏人多，故名殷家庄。聚落呈团块状分布。有文化广场 1 处。经济以种植业和养殖业为主，主要农作物有小麦、玉米等，养殖业以生猪、肉鸭养殖为主。有公路经此。

于家湕子 371327-B07-H30
[Yújiāyǎnzi]

在县驻地十字路街道西北方向 5.8 千米。岭泉镇辖自然村。人口 600。明朝初年，于姓迁此定居，因村北河内有深湕，故名于家湕子。聚落呈团块状分布。有文化广场 1 处。经济以种植业和养殖业为主，主要农作物有小麦、玉米等，养殖业以生猪、肉鸭养殖为主。有公路经此。

西筵宾 371327-B08-H01
[Xīyánbīn]

筵宾镇人民政府驻地。在县驻地十字路街道北方向 11.0 千米。人口 1 100。明弘治年间，徐氏自东海迁此立村。因南宋时期红袄军曾在此招贤纳士，设有宾馆，宴请从军者，故名筵宾，后以方位改称西筵宾。聚落呈带状分布。有文化广场 1 处、农家书屋 1 处、幼儿园 1 处、小学 1 处、中学 1 处。经济以商贸业、种植业为主，主要农作物有小麦、花生、玉米等。有公路经此。

苍沟 371327-B08-H02
[Cānggōu]

在县驻地十字路街道西北方向 12.9 千米。筵宾镇辖自然村。人口 1 100。相传，村始建于隋朝，因多杏花，初名杏花村。明朝初年，苍姓由东海县迁来定居，将村址东移，紧靠一条水沟，故以姓氏和地理位置命名为苍沟。聚落呈团块状分布。有文化广场 1 处。经济以种植业和养殖业为主，主要农作物有小麦、玉米、花生等，养殖业以生猪、肉鸡养殖为主。有公路经此。

大文家山后 371327-B08-H03
[Dàwénjiāshānhòu]

在县驻地十字路街道北方向 8.1 千米。筵宾镇辖自然村。人口 3 000。明景泰年间，文氏自东海县初迁文家水磨，后迁此立村，因村址坐落在平顶山后且村大，故称大文家山后。聚落呈团块状分布。有文化广场 1 处、农家书屋 1 处、幼儿园 1 处、小学 1 处。经济以种植业和养殖业为主，主要农作物有小麦、花生、玉米、苹果等，养殖业以生猪、肉牛养殖为主。有公路经此。

东集西 371327-B08-H04
[Dōngjíxī]

在县驻地十字路街道西北方向 7.7 千米。筵宾镇辖自然村。人口 1 500。汉回聚居村，其中回族 821 人。明洪武年间，郝姓自东海迁此建村，初名郝家村。清乾隆时期，彭、周、米三姓回民自齐河县米家寨迁来，因村靠筵宾集市西侧，在西集西村东侧，故改称东集西。聚落呈团块状分布。有文化广场1处。经济以种植业和养殖业为主。有公路经此。

东略庄 371327-B08-H05
[Dōnglüèzhuāng]

在县驻地十字路街道西北方向9.4千米。筵宾镇辖自然村。人口2 300。明洪武年间，孙氏由海州孙家山迁日照孙家村，四世子孝迁住铁牛庙，五世从铁牛庙迁此，因此处低洼，后东迁高处，名挪庄。清兵侵略该村，遂把"挪"改成"略"字，称孙家略庄。1958年，冠以方位改称东略庄。聚落呈团块状分布。有文化广场1处。经济以商贸业、种植业为主，主要农作物有小麦、花生、玉米，养殖业以生猪养殖为主。有公路经此。

东筵宾 371327-B08-H06
[Dōngyánbīn]

在县驻地十字路街道西北方向7.2千米。筵宾镇辖自然村。人口900。明弘治年间，徐氏自东海迁此立村，因南宋时期红袄军曾在此招贤纳士，设有宾馆，宴请从军者，故名筵宾，后冠以方位改称东筵宾。聚落呈团块状分布。有文化广场1处。经济以种植业为主。有公路经此。

范家水磨 371327-B08-H07
[Fànjiāshuǐmò]

在县驻地十字路街道西北方向9.2千米。筵宾镇辖自然村。人口2 400。明万历三十九年（1611），范姓迁此立村，因河边水磨得名范家水磨村。1958年，海子村、文家水磨、范家水磨三个村合并，统称范家水磨。聚落呈团块状分布。有文化大舞台1处、农家书屋1处。经济以种植业为主，主要农作物有小麦、玉米等。有公路经此。

后泉龙头 371327-B08-H08
[Hòuquánlóngtóu]

在县驻地十字路街道西北方向4.7千米。筵宾镇辖自然村。人口800。徐氏自东海迁来，因村东南有一水泉似龙吐水，故名泉龙头，因在前泉龙头后，遂定名为后泉龙头。聚落呈团块状分布。有文化广场1处、农家书屋1处。经济以种植业和养殖业为主，主要农作物有小麦、花生、玉米等，养殖业以生猪养殖为主。有公路经此。

后下河 371327-B08-H09
[Hòuxiàhé]

在县驻地十字路街道西北方向11.7千米。筵宾镇辖自然村。人口1 500。明洪武年间，滕氏三兄弟迁此建村，因村建在小河的下游，故名下河村，1948年分为两个村，因此村居后，故名后下河。聚落呈团块状分布。有文化广场1处、农家书屋1处。经济以种植业为主。有公路经此。

后新庄 371327-B08-H10
[Hòuxīnzhuāng]

在县驻地十字路街道西北方向7.1千米。筵宾镇辖自然村。人口1 200。明洪武二年（1369），徐、宋两姓由江苏省东海县迁此立村，取名新庄，因前后两村同名，该村在前新庄后，故名后新庄。聚落呈团块状分布。有文化广场1处。经济以种植业和养殖业为主，主要农作物有小麦、玉米、花生等，养殖业以生猪、蛋鸡养殖为主。有公路经此。

集前 371327-B08-H11
[Jíqián]

在县驻地十字路街道西北方向6.8千米。筵宾镇辖自然村。人口3 500。徐氏于明弘治年间由东海迁居莒南筵宾，后分住西筵宾、前后泉龙、集前，因村址建在筵宾集市场前边，故名集前。聚落呈带状分布。有文化广场1处。经济以种植业为主。有公路经此。

解家庄 371327-B08-H12
[Xièjiāzhuāng]

在县驻地十字路街道西北方向10.7千米。筵宾镇辖自然村。人口900。明洪武年间，崔姓迁此建村，名崔家庄。因自然灾害人口锐减，明朝末年，解姓从老子峪村迁此定居，改名解家庄。聚落呈团块状分布。有文化广场1处。经济以商贸业、种植业为主，主要农作物有小麦、花生、玉米、大头菜、芸豆等，养殖业以生猪、蛋鸡养殖为主。有公路经此。

金沟官庄 371327-B08-H13
[Jīngōuguānzhuāng]

在县驻地十字路街道西北方向11.3千米。筵宾镇辖自然村。人口1 600。相传，元朝末年，金姓定居水沟旁，取名金沟官庄。纪姓于明洪武年间迁居后，曾改称金纪官庄，后多姓居住，仍沿用原名称。聚落呈团块状分布。有文化大舞台1处、农家书屋1处。经济以种植业和养殖业为主。有公路经此。

老子峪 371327-B08-H14
[Lǎozǐyù]

在县驻地十字路街道北方向9.1千米。筵宾镇辖自然村。人口2 100。明洪武年间，姜、赵、解三姓由东海迁来定居，同期修建老子庙一座，庙宇周围沟峪多，故名老子峪。聚落呈团块状分布。有文化大舞台1处、农家书屋1处。经济以种植业和养殖业为主，主要农作物有花生、地瓜，养殖业以生猪、肉牛养殖为主。有公路经此。

齐家庄子 371327-B08-H15
[Qíjiāzhuāngzi]

在县驻地十字路街道西北方向11.6千米。筵宾镇辖自然村。人口2 100。相传，隋朝末年，齐氏三青迁此定居，发展成村，俗称齐家村。据传，罗成讨伐红土埠盗寇老和尚，曾住在齐氏三青家，后齐氏虽迁出，但迁此定居的李、徐、宋、孙、尉、王等姓，村民团结一致，齐心协力，故称齐家庄子。聚落呈团块状分布。有文化广场1处。经济以种植业为主，主要农作物有甘蓝、芸豆等。有公路经此。

前新庄 371327-B08-H16
[Qiánxīnzhuāng]

在县驻地十字路街道西北方向6.6千米。筵宾镇辖自然村。人口1 800。明洪武二年（1369），孙、宋两姓自江苏东海县迁此新建村庄，因在后新庄之前，故名前新庄。聚落呈团块状分布。有文化广场1处。经济以种植业和养殖业为主。有公路经此。

沙汪头 371327-B08-H17
[Shāwāngtóu]

在县驻地十字路街道西北方向13.3千米。筵宾镇辖自然村。人口2 300。明洪武六年（1373），李姓迁李家地，后遭水患，各自迁徙，李云庆迁此立村，因村址有一大汪，汪底全是淤沙，故名沙汪崖，李姓定居沙汪崖南头，故名沙汪头。聚落呈团块状分布。有文化广场1处。经济以商贸业、种植业为主，主要农作物有玉米、小麦、花生等，养殖业以生猪养殖为主。有公路经此。

团埠子 371327-B08-H18
[Tuánbùzi]

在县驻地十字路街道西北方向11.9千

米。筵宾镇辖自然村。人口1 400。唐朝中期，胡姓迁此立村，因相传唐将罗成征讨了村南红土埠寺里作恶多端的和尚，村民得以回家团聚，故名团埠子。聚落呈团块状分布。有文化广场1处。经济以种植业为主。有公路经此。

西集西 371327-B08-H19
[Xījíxī]

在县驻地十字路街道西北方向8.0千米。筵宾镇辖自然村。人口1 300。据记载，明崇祯年间，尹氏自日照迁此建村，因靠筵宾集市场西部，故名西集西。聚落呈团块状分布。有文化广场1处。经济以种植业为主。有公路经此。

夏家桥 371327-B08-H20
[Xiàjiāqiáo]

在县驻地十字路街道西北方向9.3千米。筵宾镇辖自然村。人口700。明洪武年间，董氏迁至此处定居，随后夏氏等相继迁入。相传，有个石匠夏吉旦，领头凑钱筑修石桥一座，行人无不称赞，故将村名定为夏家桥。聚落呈散状分布。有文化广场1处。经济以种植业为主。有公路经此。

油碾官庄 371327-B08-H21
[Yóuniǎnguānzhuāng]

在县驻地十字路街道北方向5.0千米。筵宾镇辖自然村。人口200。明洪武年间，秦氏自江苏东海县迁此立村，因地处山岭出产花生，人们用石碾碾花生米，开坊榨油，故取名油碾岭，后人为图吉利，改为油碾官庄。聚落呈散状分布。有文化广场1处。经济以商贸业、种植业为主。有公路经此。

大涝坡 371327-B09-H01
[Dàlàopō]

涝坡镇人民政府驻地。在县驻地十字路街道东北方向12.5千米。人口2 800。因村坐落于涝洼坡地上，故取名涝坡。后为区别临近重名村，该村大，故改称大涝坡。聚落呈带状分布。有文化广场1处、农家书屋1处、幼儿园1处、小学1处、中学1处。经济以种植业和养殖业为主，主要农作物有小麦、玉米、花生等，养殖业以生猪、蛋鸡养殖为主。有公路经此。

大岭 371327-B09-H02
[Dàlǐng]

在县驻地十字路街道东北方向8.5千米。涝坡镇辖自然村。人口800。据《曹氏族谱》载：明景泰年间由江苏东海县迁居东店头河西村，长世龙俊分居大岭。因村坐落在八挂岭之上，此岭较大，故命名为大岭。聚落呈团块状分布。有文化大舞台1处、农家书屋1处。经济以种植业和养殖业为主，主要农作物有小麦、玉米、花生等，养殖业以生猪、蛋鸡养殖为主。有公路经此。

东店头 371327-B09-H03
[Dōngdiàntóu]

在县驻地十字路街道东北方向11.1千米。涝坡镇辖自然村。人口800。因此村靠大路，开店人户多，故改称店头，后分成三个村，此村居东，称为东店头。聚落呈团块状分布。有文化广场1处。经济以种植业和养殖业为主，主要农作物有小麦、玉米、花生等，养殖业以生猪养殖为主。有公路经此。

高家柳沟 371327-B09-H04
[Gāojiāliǔgōu]

在县驻地十字路街道东北方向15.8千米。涝坡镇辖自然村。人口900。因龙王河靠村东流过，沿河两岸柳树生长茂盛，取名为柳沟河西，后因高姓居多，于1946年改名为高家柳沟。聚落呈带状分布。有文化广场 1 处、农家书屋 1 处、幼儿园 1 处、小学 1 处。经济以种植业和养殖业为主，主要农作物有小麦、玉米、花生等，养殖业以生猪、蛋鸡养殖为主。有公路经此。

李家鸡山 371327-B09-H05
[Lǐjiājīshān]

在县驻地十字路街道东北方向 14.9 千米。涝坡镇辖自然村。人口 1 000。因村坐落在鸡山脚下，且李姓建村，取名李家鸡山。聚落呈带状分布。有文化广场 1 处。经济以种植业和养殖业为主，主要农作物有小麦、玉米、花生等，养殖业以生猪养殖为主。有公路经此。

卢范大庄 371327-B09-H06
[Lúfàndàzhuāng]

在县驻地十字路街道东北方向 14.5 千米。涝坡镇辖自然村。人口 1 200。卢姓于明洪武年间来此定居，范姓相继迁来，故以姓氏取名卢范大庄。聚落呈团块状分布。有文化广场 1 处。经济以种植业和养殖业为主，主要农作物有小麦、玉米、花生等，养殖业以生猪养殖为主。有公路经此。

上白杨沟 371327-B09-H07
[Shàngbáiyánggōu]

在县驻地十字路街道东北方向 10.0 千米。涝坡镇辖自然村。人口 600。相传，建村于清康熙四十年（1701），因坐落在沟的上端，且沟边长满了白杨树，取名上白杨沟。聚落呈团块状分布。有文化广场 1 处。经济以商贸业、种植业为主，主要农作物有小麦、玉米、花生等。有公路经此。

王家大庄 371327-B09-H08
[Wángjiādàzhuāng]

在县驻地十字路街道东北方向 14.5 千米。涝坡镇辖自然村。人口 900。因王姓居

多，故称王家大庄。聚落呈团块状分布。有文化广场 1 处。经济以商贸业、种植业为主，主要农作物有小麦、玉米、花生等。有公路经此。

魏家沟 371327-B09-H09
[Wèijiāgōu]

在县驻地十字路街道东北方向 13.8 千米。涝坡镇辖自然村。人口 600。以姓氏和当地自然地理实体命名。聚落呈团块状分布。有文化广场 1 处。经济以商贸业、种植业为主，主要农作物有小麦、玉米、花生等。有公路经此。

西店头 371327-B09-H10
[Xīdiàntóu]

在县驻地十字路街道东北方向 9.6 千米。涝坡镇辖自然村。人口 2 000。因此村靠大路，开店人户多，故改称店头。后分成三个村，此村居西，称西店头。聚落呈团块状分布。有文化广场 1 处、农家书屋 1 处、幼儿园 1 处、小学 1 处。经济以商贸业、种植业为主，主要农作物有小麦、玉米、花生等。有公路经此。

夏家沟 371327-B09-H11
[Xiàjiāgōu]

在县驻地十字路街道东北方向 12.2 千米。涝坡镇辖自然村。人口 2 200。因夏姓在一条沟的北侧建村，故名夏家沟。聚落呈带状分布。有文化广场 1 处。经济以商贸业、种植业为主，主要农作物有小麦、玉米、花生等。有公路经此。

严家沟 371327-B09-H12
[Yánjiāgōu]

在县驻地十字路街道东北方向 18.2 千米。涝坡镇辖自然村。人口 1 100。严姓建村于独山前的沟旁，故名严家沟。聚落呈

团块状分布。有文化广场 1 处。经济以商贸业、种植业为主，主要农作物有小麦、玉米、花生等。有公路经此。

有方 371327–B09–H13
[Yǒufāng]

在县驻地十字路街道东北方向 13.5 千米。涝坡镇辖自然村。人口 1 200。据传，明洪武年间建村，因有榨油作坊，故名油坊，后改为有方。聚落呈散状分布。有文化广场 1 处。经济以商贸业、种植业为主，主要农作物有小麦、玉米、花生等。有公路经此。

张家围子 371327–B09–H14
[Zhāngjiāwéizi]

在县驻地十字路街道东北方向 9.9 千米。涝坡镇辖自然村。人口 1 400。因张姓来此，并在村周围建有围墙，故名张家围子。聚落呈团块状分布。有文化广场 1 处、农家书屋 1 处。经济以商贸业、种植业为主，主要农作物有小麦、玉米、花生等。有公路经此。

中峰 371327–B09–H15
[Zhōngfēng]

在县驻地十字路街道东北方向 16.3 千米。涝坡镇辖自然村。人口 900。因该村南边有香山、北有顶坝山、东南有狼窝山，山峦起伏，野草丛生，人们放牧羊群，故名羊栏，亦称羊圈。后因此村名不雅，1964 年改称中峰。聚落呈带状分布。有文化广场 1 处。经济以商贸业、养殖业、种植业为主，主要农作物有小麦、玉米、花生等，养殖业以生猪养殖为主。有公路经此。

中道口 371327–B10–H01
[Zhōngdàokǒu]

道口镇人民政府驻地。在县驻地十字路街道西北方向 17.7 千米。人口 1 400。清乾隆年间，大店地主在楼庄、后道口之间开设酒店、油坊，四乡贫民来此干活挣钱度日，逐渐聚集成村，故取名中道口。聚落呈团块状分布。有农家书屋 1 处、幼儿园 1 处、小学 1 处、中学 1 处。经济以商贸业、种植业为主，主要农作物有小麦、花生、玉米等。有公路经此。

鲍家官庄 371327–B10–H02
[Bàojiāguānzhuāng]

在县驻地十字路街道西北方向 13.6 千米。道口镇辖自然村。人口 300。清乾隆年间，鲍、林两姓在王家官庄前建村，因鲍姓较多，故名鲍家官庄。后李姓相继迁入，仍称鲍家官庄。聚落呈带状分布。有文化广场 1 处。经济以农业为主，主要农作物有小麦、花生、玉米、草莓等。有公路经此。

北集 371327–B10–H03
[Běijí]

在县驻地十字路街道西北方向 17.5 千米。道口镇辖自然村。人口 900。明朝初期，巩、刘、严等姓相继迁此定居，因此地房屋方向不正，上午时间短，取名旦上。原此村逢集，1915 年后，集市转移到东许口，改名为旧北集，1930 年后改称北集。聚落呈团块状分布。有文化广场 1 处。经济以种植业和装修业为主，主要农作物有小麦、玉米。有公路经此。

曹家庄子 371327–B10–H04
[Cáojiāzhuāngzi]

在县驻地十字路街道西北方向 14.7 千米。道口镇辖自然村。人口 1 900。明洪武年间，曹姓迁此建村，取名曹家庄子，后曹姓无嗣，李、张等姓分别从江苏省东海县和本县其他地方迁此定居，仍称曹家庄子。聚落呈带状分布。有文化广场 1 处、农家书屋 1 处。经济以种植业和养殖业为主，主要农作物有小麦、花生、玉米、甘蓝、草莓等，养殖业以生猪、肉鸡养殖为主。有公路经此。

陈家湖　371327-B10-H05
[Chénjiāhú]

在县驻地十字路街道西北方向 19.5 千米。道口镇辖自然村。人口 1 100。清顺治年间，陈姓由东夹河村迁此建村，因村处平原，故名陈家湖。聚落呈带状分布。有文化广场 1 处、农家书屋 1 处。经济以商贸业、种植业为主，主要农作物有小麦、玉米、花生等，养殖业以生猪养殖为主。有公路经此。

东许口　371327-B10-H06
[Dōngxǔkǒu]

在县驻地十字路街道西北方向 16.7 千米。道口镇辖自然村。人口 2 000。明洪武年间，许姓迁此建村，因村处沭河渡口处，故名许口。清雍正八年（1730），刘氏在村西岭又建一村，称西许口，后为区别重名村，冠以方位改称东许口。聚落呈带状分布。有文化广场 1 处。经济以种植业和养殖业为主，主要农作物有小麦、花生、玉米等。有公路经此。

东野埠　371327-B10-H07
[Dōngyěbù]

在县驻地十字路街道西北方向 15.2 千米。道口镇辖自然村。人口 1 200。因村外有一高地称埠，故名野埠，清雍正八年（1730），沭河水暴涨，洪水冲垮村庄，村人分别向东西两岸移居，形成两村，该村居东，故称东野埠。聚落呈带状分布。有文化广场 1 处、农家书屋 1 处。经济以种植业和养殖业为主，主要农作物有小麦、

玉米、花生、大蒜，养殖业以生猪、羊养殖为主。有公路经此。

墩庄子　371327-B10-H08
[Dūnzhuāngzi]

在县驻地十字路街道西北方向 16.0 千米。道口镇辖自然村。人口 500。清雍正八年（1730），刘、贾两姓迁此建村，庄姓于清道光年间迁入，因村西有两个土墩，故名墩庄子。聚落呈团块状分布。有文化广场 1 处。经济以种植业和养殖业为主，主要农作物有草莓、小麦、玉米。有公路经此。

广亮门　371327-B10-H09
[Guǎngliàngmén]

在县驻地十字路街道西北方向 18.4 千米。道口镇辖自然村。人口 2 100。据传，左姓最早建村。明洪武三年（1370），徐姓自江苏东海县大桥村迁此居住，因相传有个左员外，在此建了一座"光宗耀祖"、富丽堂皇的高大石门楼，而命名广亮门。聚落呈团块状分布。有文化广场 1 处、农家书屋 1 处。经济以种植业和养殖业为主，主要农作物有小麦、玉米、花生、草莓、葡萄，养殖业以生猪、肉鸡、羊养殖为主。有公路经此。

宏伟　371327-B10-H10
[Hóngwěi]

在县驻地十字路街道西北方向 14.9 千米。道口镇辖自然村。人口 600。以吉祥嘉言而得名。聚落呈团块状分布。有文化广场 1 处。经济以种植业和养殖业为主，主要农作物有小麦、花生、玉米，养殖业以生猪养殖为主。有公路经此。

后道口 371327-B10-H11
[Hòudàokǒu]

在县驻地十字路街道西北方向 15.9 千米。道口镇辖自然村。人口 900。据传，明洪武年间立村，因处交通要道，且系沭河渡口处，故名道口。清乾隆年间村前又立两村，为示区别，冠以方位改称后道口。聚落呈散状分布。有文化广场 1 处。经济以商贸业、种植业为主，主要农作物有小麦、水稻、花生、玉米等。有公路经此。

贾吉岭 371327-B10-H12
[Jiǎjílǐng]

在县驻地十字路街道西北方向 19.9 千米。道口镇辖自然村。人口 300。清雍正年间，贾氏自陈家白崓迁此建村，因村立静鸡岭之上，故取名贾家岭，后为吉祥，改称贾吉岭。聚落呈团块状分布。有文化广场 1 处。经济以种植业和养殖业为主，主要农作物有小麦、玉米、花生等，养殖业以生猪养殖为主。有公路经此。

前道口 371327-B10-H13
[Qiándàokǒu]

在县驻地十字路街道西北方向 15.5 千米。道口镇辖自然村。人口 1 300。清顺治年间，钮、刘等姓迁此立村，为防战乱，村四周筑有围墙，设有岗楼，故名楼庄。清乾隆年间，借邻村道口之称，冠以方位，改称前道口。聚落呈团块状分布。有文化广场 1 处。经济以种植业和养殖业为主，主要农作物有小麦、花生、玉米等，养殖业以生猪、肉鸡养殖为主。有公路经此。

前介脉头 371327-B10-H14
[Qiánjièmàitóu]

在县驻地十字路街道西北方向 15.6 千米。道口镇辖自然村。人口 1 400。据记载，明万历年间，郭、丁氏迁此立村，后李、聂等姓相继迁入，因此村落居四个介脉头之前，于 1941 年改称前介脉头。聚落呈团块状分布。有文化广场 1 处。经济以种植业和养殖业为主，主要农作物有生姜、大蒜、苹果、花生、玉米、小麦等。有公路经此。

邵家庄子 371327-B10-H15
[Shàojiāzhuāngzi]

在县驻地十字路街道西北方向 13.9 千米。道口镇辖自然村。人口 600。以姓氏名村。聚落呈团块状分布。有文化广场 1 处。经济以种植业和养殖业为主，主要农作物有小麦、花生、玉米等，养殖业以生猪、牛养殖为主。有公路经此。

西许口 371327-B10-H16
[Xīxǔkǒu]

在县驻地十字路街道西北方向 18.3 千米。道口镇辖自然村。人口 1 300。因村处东许口以西，故名西许口。聚落呈团块状分布。有文化广场 1 处、学校 1 处。经济以种植业为主，主要农作物有小麦、玉米、花生。有公路经此。

西野埠 371327-B10-H17
[Xīyěbù]

在县驻地十字路街道西北方向 15.9 千米。道口镇辖自然村。人口 2 400。清雍正八年（1730），沭河发大水，村址被冲垮，村民各自向东西移居，因村庄野外有一高地称为埠，以河为界，称东、西野埠，该村在西，故称西野埠。聚落呈团块状分布。有文化广场 1 处。经济以种植业为主，主要农作物有小麦、玉米、花生等。有公路经此。

营子 371327-B10-H18
[Yíngzi]

在县驻地十字路街道西北方向 20.5 千米。道口镇辖自然村。人口 800。相传，南宋时期金兵曾在此安营扎寨。明朝初年，孟姓迁此立村，故称孟家营子，后因刘、卢、李、王、张、艾等姓迁此，于 1942 年改称营子。聚落呈团块状分布。有文化广场 1 处。经济以种植业和养殖业为主，主要农作物有小麦、花生、玉米等，养殖业以生猪、肉鸡养殖为主。有公路经此。

砖疃 371327-B10-H19
[Zhuāntuǎn]

在县驻地十字路街道西北方向 17.0 千米。道口镇辖自然村。人口 1 900。据考证，专诸祖茔在此，为纪念专诸取名为专疃，清朝时期演变为砖疃。聚落呈带状分布。有文化广场 1 处。经济以商贸业、种植业为主，主要农作物有小麦、花生、玉米、蔬菜等，养殖业以生猪、肉鸡养殖为主。有公路经此。

东相沟 371327-B11-H01
[Dōngxiànggōu]

相沟镇人民政府驻地。在县驻地十字路街道西南方向 13.5 千米。人口 2 500。明初，王姓来此定居，因村西沟里流水打着漩涡南流，取名漩沟。明朝后期，村北沟内生有许多橡树，改称橡沟，后演变为相沟。为区别重名村，因该村居东，故名东相沟。聚落呈团块状分布。有文化广场 1 处、农家书屋 1 处、幼儿园 1 处、小学 1 处、中学 1 处。经济以商贸业、种植业为主，主要农作物有红薯、小麦等。有公路经此。

大结庄 371327-B11-H02
[Dàjiézhuāng]

在县驻地十字路街道西南方向 20.0 千

米。相沟镇辖自然村。人口 800。明万历年间，刘氏自白旄迁此立村，后孙、王、李、解、郭、朱、季诸姓相继迁入，因多姓共居，故名大结庄。聚落呈团块状分布。有文化广场 1 处。经济以种植业和养殖业为主，主要农作物有小麦、花生、玉米、葡萄，养殖业以生猪养殖为主。有公路经此。

东花沟 371327-B11-H03
[Dōnghuāgōu]

在县驻地十字路街道西南方向 21.4 千米。相沟镇辖自然村。人口 200。明崇祯年间，刘氏二兄弟自东结庄迁此分东西两地定居，因村落沟壑纵横，花木繁多，故称东花沟。聚落呈团块状分布。有文化大舞台 1 处、农家书屋 1 处。经济以种植业和养殖业为主，主要农作物有花生、红薯、小麦等，养殖业以生猪、肉羊养殖为主。有公路经此。

东结庄 371327-B11-H04
[Dōngjiézhuāng]

在县驻地十字路街道西南方向 19.1 千米。相沟镇辖自然村。人口 800。相传，刘姓由白旄迁居大结庄，明崇祯年间，又迁大结庄东立村，该村居东，故称东结庄。聚落呈带状分布。有文化大舞台 1 处、农家书屋 1 处。经济以种植业和养殖业为主，主要农作物有小麦、花生、玉米、葡萄，养殖生猪等。有公路经此。

东三义 371327-B11-H05
[Dōngsānyì]

在县驻地十字路街道西南方向 10.8 千米。相沟镇辖自然村。人口 900。明万历十四年（1586），先民由临沭迁至三义口东立村，取名东官庄，为区别重名村，1981 年更名东三义。聚落呈团块状分布。有文化广场 1 处。经济以种植业为主，主要农作物有小麦、花生、红薯、玉米等。有公路经此。

东沈保 371327–B11–H06

[Dōngshěnbǎo]

在县驻地十字路街道西南方向 18.1 千米。相沟镇辖自然村。人口 500。据传，明朝末期杜姓从甘霖分迁沈保，因此村居东，故名东沈保。聚落呈团块状分布。有文化大舞台 1 处、农家书屋 1 处、小学 1 处。经济以种植业为主，主要农作物有小麦、花生、玉米等，养殖业以生猪、牛养殖为主。有公路经此。

东王祥 371327–B11–H07

[Dōngwángxiáng]

在县驻地十字路街道西南方向 15.5 千米。相沟镇辖自然村。人口 800。明初，王氏自东海县海州十八村迁此，传王姓一青年多才多艺，科举得第，被尊称王相公，同时将村庄命名为王相公庄，清末演变为王祥，该村因处王祥村东首而得名东王祥。聚落呈团块状分布。有文化广场 1 处、农家书屋 1 处、幼儿园 1 处。经济以种植业和养殖业为主，主要农作物有烟草、花生等，养殖业以生猪、牛、羊养殖为主。有公路经此。

董家沟 371327–B11–H08

[Dǒngjiāgōu]

在县驻地十字路街道西南方向 19.9 千米。相沟镇辖自然村。人口 500。董姓建村，因村前有一山沟，故名董家沟。聚落呈团块状分布。有文化广场 1 处。经济以种植业和养殖业为主，主要农作物有花生、红薯、小麦等，养殖业以生猪养殖为主。有公路经此。

二涧 371327–B11–H09

[Èrjiàn]

在县驻地十字路街道西南方向 13.7 千米。相沟镇辖自然村。人口 1 100。因建村于两山涧之下，故名二涧。聚落呈团块状分布。有文化广场 1 处。经济以种植业和养殖业为主，主要农作物有花生、红薯、小麦等，养殖业以生猪养殖为主。有公路经此。

后安子窝 371327–B11–H10

[Hòu'ānziwō]

在县驻地十字路街道西南方向 20.5 千米。相沟镇辖自然村。人口 700。据记载，清朝中叶陈姓迁此建村，因村前地形两头高、中部低，形似马鞍，且常住有鹌鹑，故名鹌子窝，后以谐音演变为安子窝，因在前安子窝村后立村，故称后安子窝。聚落呈团块状分布。有文化大舞台 1 处、农家书屋 1 处。经济以种植业和养殖业为主，主要农作物有小麦、花生、玉米等，养殖业以生猪养殖为主。有公路经此。

前古城 371327–B11–H11

[Qiángǔchéng]

在县驻地十字路街道西南方向 18.8 千米。相沟镇辖自然村。人口 700。明洪武末年，潘氏自云南乌撒街老鸹窝迁此，同时张氏自莒县井邱初迁常旺移居至此，初因村小不成庄，后演为古城庄，又因重名，冠以方位称前古城。聚落呈团块状分布。有文化大舞台 1 处、农家书屋 1 处。经济以种植业和养殖业为主，主要农作物有小麦、花生、玉米等，养殖业以生猪、肉牛养殖为主。有公路经此。

秦王柱 371327–B11–H12

[Qínwángzhù]

在县驻地十字路街道西南方向 17.5 千

米。相沟镇辖自然村。人口 700。因古传秦王路过此地，坐一石条休息，后人将石条立起成柱，故取名秦王柱。聚落呈带状分布。有文化大舞台 1 处、农家书屋 1 处。经济以种植业和养殖业为主，主要农作物有小麦、玉米、花生等，养殖业以生猪养殖为主。有公路经此。

上涧 371327-B11-H13
[Shàngjiàn]

在县驻地十字路街道西南方向 13.3 千米。相沟镇辖自然村。人口 1 100。因在两山涧之上立村，故名上涧。聚落呈带状分布。有文化大舞台 1 处、农家书屋 1 处。经济以种植业和养殖业为主，主要农作物有小麦、玉米、花生等，养殖业以生猪养殖为主。有公路经此。

宋家沟一村 371327-B11-H14
[Sòngjiāgōuyīcūn]

在县驻地十字路街道西南方向 19.0 千米。相沟镇辖自然村。人口 1 000。明洪武年间，宋氏自东海迁此立村，因处于沟旁，故名宋家沟，1961 年分村为宋家沟一村。聚落呈带状分布。有文化大舞台 1 处、农家书屋 1 处。经济以商贸业、种植业为主，主要作物有小麦、花生、玉米、地瓜、苹果、梨等。有公路经此。

万家王庄 371327-B11-H15
[Wànjiāwángzhuāng]

在县驻地十字路街道西南方向 15.1 千米。相沟镇辖自然村。人口 1 200。据记载，明朝初年，万姓自江苏迁至此地，立村于东南王庄村西，始称万家河崖，明朝末期借临村之称，命名为万家王庄。聚落呈带状分布。有文化广场 1 处。经济以种植业和养殖业为主，主要农作物有花生、红薯、小麦等，生猪、肉羊养殖初具规模。有公路经此。

西黄埝 371327-B11-H16
[Xīhuángniàn]

在县驻地十字路街道西南方向 16.3 千米。相沟镇辖自然村。人口 1 200。清顺治二年（1645），孔山公自曲阜迁此，后刘、王、宋等姓相继迁入，因地处黄埝之西，故名西黄埝。聚落呈团块状分布。有文化大舞台 1 处、农家书屋 1 处。经济以商贸业、种植业为主，主要作物有小麦、花生、玉米、地瓜、苹果、梨等，养殖业以生猪养殖为主。有公路经此。

西相沟 371327-B11-H17
[Xīxiànggōu]

在县驻地十字路街道西南方向 16.0 千米。相沟镇辖自然村。人口 400。相传，明朝末年，季姓由惠子坡村迁至东相沟西立村，故名西相沟。聚落呈团块状分布。有文化大舞台 1 处、农家书屋 1 处。经济以运输业、种植业为主，主要农作物有花生、红薯、小麦等。有公路经此。

杨令箭 371327-B11-H18
[Yánglìngjiàn]

在县驻地十字路街道西南方向 21.1 千米。相沟镇辖自然村。人口 300。清朝中期，张氏自临沭南石河迁此，后王氏等相继迁入。古传杨文广征南在村西山上扎寨，山东坡设射箭场，村落此岭，故名杨岭箭，后演变为杨令箭。聚落呈团块状分布。有文化广场 1 处。经济以种植业和养殖业为主，主要农作物有花生、红薯、小麦等，养殖业以生猪、肉羊养殖为主。有公路经此。

甄家沟 371327-B11-H19
[Zhēnjiāgōu]

在县驻地十字路街道西南方向 18.5 千米。相沟镇辖自然村。人口 1 400。因甄姓在蝎子山东坡沟北建村，故名甄家沟。聚落呈带状分布。有文化广场 1 处。经济以种植业和养殖业为主，主要农作物有小麦、花生、玉米等，养殖业以生猪、肉鸡养殖为主。有公路经此。

中王祥 371327-B11-H20
[Zhōngwángxiáng]

在县驻地十字路街道西南方向 15.4 千米。相沟镇辖自然村。人口 800。明初，王氏自海州十八村迁此，传为王姓一青年多才多艺，科举得第，被尊称王相公，同时将村庄命名为王相公庄，清末演变为王祥，该村因处王祥村中间而得名中王祥。聚落呈带状分布。有农家书屋 1 处。经济以种植业和养殖业为主，主要农作物有烟草、小麦、玉米、花生等，养殖业以生猪、牛、羊养殖为主。有公路经此。

北团林 371327-B12-H01
[Běituánlín]

团林镇人民政府驻地。在县驻地十字路街道东南方向 28.5 千米。人口 1 600。明永乐年间曾在此进行过团体练兵，人们便以团练为名，把赵家疃、张漫岭、杨家疃分别改为赵家团练、大李家团练、小李家团练。清康熙年间又以三村之间的树林为名，把团练改为团林，以方位命名为东、西、北三个团林。因赵家团练在其他两村之北，得名北团林。聚落呈带状分布。有文化广场 1 处、农家书屋 1 处、幼儿园 1 处、小学 1 处、中学 1 处。经济以种植业为主，主要农作物有小麦、花生、玉米等，养殖业以生猪养殖为主。有公路经此。

北泉子一村 371327-B12-H02
[Běiquánziyīcūn]

在县驻地十字路街道东南方向 29.2 千米。团林镇辖自然村。人口 2 800。据《李氏家乘》载，原籍海州桃源村，始祖于明初迁居莒邑泉子头庄。因坐落于水泉之北，取名为北泉子头。1961 年以序号改称北泉子一村。聚落呈带状分布。有文化大舞台 1 处、农家书屋 1 处。经济以种植业和养殖业为主，主要农作物有小麦、花生、玉米等，养殖业以生猪养殖为主。有公路经此。

北沙沟 371327-B12-H03
[Běishāgōu]

在县驻地十字路街道东南方向 26.1 千米。团林镇辖自然村。人口 1 000。孙氏家祖于明永乐二年（1404）由南京城北西门里迁居莒州后大营，崇祯九年（1636）又迁来此地，因村庄是孙姓所建，且在沙沟一侧，故称孙家沙沟。相传，明朝永乐年间何姓来此居住，因村西有一条长沟，现已成河，名叫沙沟，故取名为何家沙沟。改革开放后，因孙家沙沟、何家沙沟两个村规模较小且紧邻，故合并为一个村庄，因其在沙沟村的最北边，所以称北沙沟。聚落呈带状分布。有文化广场 1 处。经济以商贸业、种植业为主，主要农作物有小麦、花生、玉米等。有公路经此。

大王家沙沟 371327-B12-H04
[Dàwángjiāshāgōu]

在县驻地十字路街道东南方向 28.2 千米。团林镇辖自然村。人口 800。明崇祯年间，有王姓迁居此地，因坐落沙沟河旁，取名王家沙沟，后因村大，故取名大王家沙沟。聚落呈带状分布。有文化广场 1 处。经济以种植业和养殖业为主，主要农作物有小麦、花生、玉米等，养殖业以生猪养殖为主。有公路经此。

大刘家沙沟 371327-B12-H05
[Dàliújiāshāgōu]

在县驻地十字路街道东南方向 28.6 千米。团林镇辖自然村。人口 400。清代刘姓迁至尹家沙沟北侧定居，取名刘家沙沟，因与邻近的刘家沙沟重名，1940 年改为大刘家沙沟。聚落呈团块状分布。有文化广场 1 处。经济以种植业为主，主要农作物有小麦、玉米、花生。有公路经此。

鲁家沙沟 371327-B12-H06
[Lǔjiāshāgōu]

在县驻地十字路街道东南方向 27.3 千米。团林镇辖自然村。人口 700。明永乐年间，先民由东海徙居莒县壮岗镇，清雍正三年（1725）从壮岗迁来本地居住，因村庄在沙沟一侧，且是鲁姓建立，故名鲁家沙沟。聚落呈团块状分布。有文化广场 1 处。经济以种植业和养殖业为主，主要农作物有花生、玉米、小麦等，养殖业以生猪养殖为主。有公路经此。

南唐家楼 371327-B12-H07
[Nántángjiālóu]

在县驻地十字路街道东南方向 32.7 千米。团林镇辖自然村。人口 1 100。据考，唐姓建村于明建文年间，因在村中建一座土楼，故名唐家楼。1947 年分为三个村，此村按方位称南唐家楼。聚落呈带状分布。有文化广场 1 处。经济以种植业和养殖业为主，主要农作物有小麦、花生、玉米等，养殖业以生猪养殖为主。有公路经此。

朋河石 371327-B12-H08
[Pénghéshí]

在县驻地十字路街道西南方向 24.9 千米。团林镇辖自然村。人口 400。相传，明洪武七年（1374），彭、何、石三姓由东海迁来建村，以三姓氏定名为彭何石，后三姓氏皆绝，张、王、陈姓迁入，仍沿用原名，后演变为朋河石。聚落呈散状分布。有文化广场 1 处。经济以种植业和养殖业为主，主要农作物有小麦、花生、玉米等，养殖业以生猪养殖为主。有公路经此。

唐家庄 371327-B12-H09
[Tángjiāzhuāng]

在县驻地十字路街道西南方向 30.0 千米。团林镇辖自然村。人口 900。唐姓自洪武年间由江南海州当芦村迁居至此定居，取名唐庄，后因重名，更名为唐家庄。聚落呈团块状分布。有文化广场 1 处。经济以种植业和养殖业为主，主要农作物有小麦、花生、玉米等，养殖业以生猪养殖为主。有公路经此。

王家黄所 371327-B12-H10
[Wángjiāhuángsuǒ]

在县驻地十字路街道西南方向 27.2 千米。团林镇辖自然村。人口 600。明初建村，元朝时，黄姓在此居住，称黄家官庄，后被山大王曹文生诛灭。明初，王姓自海东故乡徙居山东莒邑黄所庄，迁来后，村庄建在原黄姓住所废墟上，故改称王家黄所。聚落呈带状分布。有文化广场 1 处。经济以种植业和养殖业为主，主要农作物有小麦、花生、玉米等，养殖业以生猪养殖为主。有公路经此。

西朱家沙沟 371327-B12-H11
[Xīzhūjiāshāgōu]

在县驻地十字路街道西南方向 28.0 千米。团林镇辖自然村。人口 500。相传，朱姓于明崇祯年间迁至沙沟旁建村，取名朱家沙沟，为区别邻近重名村，因村小人户少，改称小朱沙沟。后因紧依东朱沙沟，更名西朱家沙沟。聚落呈团块状分布。有文化广场 1 处。经济以种植业和养殖业为主，主要农作物有小麦、花生、玉米等，养殖业以生猪养殖为主。有公路经此。

徐家桑园 371327-B12-H12
[Xújiāsāngyuán]

在县驻地十字路街道西南方向 29.6 千米。团林镇辖自然村。人口 400。相传，徐姓于元朝末年迁此建村，取名徐家庄。因与文疃公社的徐家庄重名，且与李家桑园邻近，改称徐家桑园。聚落呈团块状分布。有文化广场 1 处。经济以种植业为主，主要农作物有小麦、玉米，养殖业以生猪养殖为主。有公路经此。

中沙沟 371327-B12-H13
[Zhōngshāgōu]

在县驻地十字路街道西南方向 26.3 千米。团林镇辖自然村。人口 900。相传，崔姓建村于清顺治十年（1653），取名崔家沙沟。清同治年间为防匪盗，筑起围墙，遂以崔家围子取代原名。因潘姓在沙沟旁建村，故名潘家沙沟。2004 年崔家围子村、潘家沙沟村合并成为中沙沟。聚落呈团块状分布。有文化广场 1 处。经济以种植业和养殖业为主，主要农作物有小麦、花生、玉米等，养殖业以生猪养殖为主。有公路经此。

坪上三村 371327-B13-H01
[Píngshàngsāncūn]

坪上镇人民政府驻地。在县驻地十字路街道东南方向 22.1 千米。人口 2 400。相传该村建于元朝，几户陈姓先来此定居，明洪武年间又有陈姓迁来，因村北、南、东三面环河，西面依岭，中间约 1 平方千米的地方低洼平坦，惯称坪场，故村名坪场，后演变为坪上。1980 年 12 月由坪上村分出，得名坪上三村。聚落呈带状分布。

有文化广场 1 处、农家书屋 1 处、幼儿园 1 处、小学 1 处、中学 1 处。经济以种植业、商贸业和养殖业为主，主要农作物有小麦、花生、玉米等，养殖业以生猪养殖为主。有公路经此。

大铁牛庙 371327-B13-H02
[Dàtiěniúmiào]

在县驻地十字路街道东方向 24.8 千米。坪上镇辖自然村。人口 1 700。传说，很久以前，一天晚上，有一尼姑路过此地，突然看到从天降下三头大牛，一头铜牛、一头金牛、一头铁牛，尼姑伸手一拂尘，把一头铁牛打落在地，故有铁牛降地之传说。相传范、彦两姓于元朝初年迁此建村，其后人在尚存的一块形似卧牛状、被称为铁牛的陨石坐落地南岳天齐王庙旁建村，故村称大铁牛庙。聚落呈带状分布。有文化大舞台 1 处、农家书屋 1 处。经济以种植业和养殖业为主，主要农作物有小麦、花生、玉米等，养殖业以生猪养殖为主。有公路经此。

东南沟河 371327-B13-H03
[Dōngnángōuhé]

在县驻地十字路街道东南方向 24.0 千米。坪上镇辖自然村。人口 1 400。相传，徐姓于明洪武年间自江苏东海迁来建村，清朝中期河道被泥沙淤平，又以村南的一条沟河，改称南沟河。后分为东、西两村，该村居东，故称东南沟河。聚落呈团块状分布。有文化广场 1 处。经济以种植业和养殖业为主，主要农作物有小麦、花生、玉米等，养殖业以生猪养殖为主。有公路经此。

马家庄 371327-B13-H04
[Mǎjiāzhuāng]

在县驻地十字路街道东南方向 24.2 千

463

米。坪上镇辖自然村。人口 500。清朝初年，为避战乱，全村北迁于此，因马姓居多，故名马家庄。聚落呈团块状分布。有文化广场 1 处。经济以种植业和养殖业为主，主要农作物有小麦、花生、玉米等，养殖业以生猪养殖为主。有公路经此。

石河 371327-B13-H05
[Shíhé]

在县驻地十字路街道东方向 21.0 千米。坪上镇辖自然村。人口 2 200。姜氏建村时，以村西南石鼓岭上的虎状石头取名石虎村。后嫌此名不雅，以村西的一条石头很多的小河，改称石河，后分为东、西两村。改革开放后西石河与东石河合并，改名为石河。聚落呈团块状分布。有文化广场 1 处。经济以种植业和养殖业为主，主要农作物有小麦、花生、玉米等，养殖业以生猪养殖为主。有公路经此。

王家道村峪 371327-B13-H06
[Wángjiādàocūnyù]

在县驻地十字路街道东南方向 21.9 千米。坪上镇辖自然村。人口 900。相传，王姓于明洪武年间迁至岭前沟峪边建村，因王姓建村，且村址靠近岭前沟峪，得名王家道村峪。聚落呈团块状分布。有文化广场 1 处。经济以种植业为主，主要农作物有花生、玉米、小麦等，养殖业以生猪养殖为主。有公路经此。

王家岭 371327-B13-H07
[Wángjiālǐng]

在县驻地十字路街道东方向 22.9 千米。坪上镇辖自然村。人口 900。明洪武年间，先民由东海县迁居日照县七老岭，再移于莒南古坪后洼。清雍正年间，因洪水之灾，迁到北岭顶居住，且能望见旧家址，故名望家岭，经过后世演变，得名王家岭。聚

落呈散状分布。有文化大舞台 1 处、农家书屋 1 处。经济以种植业和养殖业为主，主要农作物有小麦、花生、玉米等，养殖业以生猪养殖为主。有公路经此。

温家 371327-B13-H08
[Wēnjiā]

在县驻地十字路街道东方向 23.1 千米。坪上镇辖自然村。人口 1 500。因温姓建村，得名温家。聚落呈团块状分布。有文化广场 1 处。经济以种植业和养殖业为主，主要农作物有小麦、花生、玉米等，养殖业以生猪养殖为主。有公路经此。

西铁牛庙 371327-B13-H09
[Xītiěniúmiào]

在县驻地十字路街道东方向 24.3 千米。坪上镇辖自然村。人口 1 100。该村先祖于离乱之际徙居此地，因建村于大铁牛庙西，故称西铁牛庙。聚落呈团块状分布。有文化大舞台 1 处、农家书屋 1 处。经济以种植业和养殖业为主，主要农作物有小麦、花生、玉米等，养殖业以生猪养殖为主。有公路经此。

西辛庄 371327-B13-H10
[Xīxīnzhuāng]

在县驻地十字路街道东南方向 23.2 千米。坪上镇辖自然村。人口 1 700。陈氏于明洪武元年（1368）同赵氏太太祖母由江苏东海大村迁来，居莒州东南乡坪场镇南西辛庄，陈姓在此辛勤劳动创建村庄，取名辛庄，后人户增多，于明末分成东、西两村，该村居西，称为西辛庄。聚落呈散状分布。有文化广场 1 处。经济以种植业和养殖业为主，主要农作物有小麦、花生、玉米等，养殖业以生猪养殖为主。有公路经此。

小龙沟 371327-B13-H11
[Xiǎolónggōu]

在县驻地十字路街道东北方向 20.3 千米。坪上镇辖自然村。人口 900。相传，严姓于明崇祯年间迁此建村，因村庄坐落在小龙山西侧的沟旁，始称小龙庄，后改称为小龙沟。聚落呈散状分布。有文化广场 1 处。经济以种植业和养殖业为主，主要农作物有小麦、花生、玉米等，养殖业以生猪养殖为主。有公路经此。

幸福峪 371327-B13-H12
[Xìngfúyù]

在县驻地十字路街道东南方向 20.7 千米。坪上镇辖自然村。人口 400。相传段姓于明崇祯年间在此建村，取名段家老窝，后段姓绝，徐姓迁来，改称徐家老窝。改革开放后，与高家老窝村合并，更名为幸福峪。聚落呈团块状分布。有文化广场 1 处。经济以种植业和养殖业为主，主要农作物有小麦、花生、玉米等，养殖业以生猪养殖为主。有公路经此。

寨子河 371327-B13-H13
[Zhàizihé]

在县驻地十字路街道东北方向 25.5 千米。坪上镇辖自然村。人口 600。清乾隆年间，鲁姓由团林公社鲁家沙沟迁此定居，后张、薄、李姓分别由张家寨、山底、李家彩迁来，散居秋牧山岭坡和寨子河旁，后聚居，取名寨子河。聚落呈散状分布。有文化广场 1 处。经济以种植业和养殖业为主，主要农作物有小麦、花生、玉米等，养殖业以生猪养殖为主。有公路经此。

朱府 371327-B13-H14
[Zhūfǔ]

在县驻地十字路街道东方向 26.0 千米。

坪上镇辖自然村。人口 900。相传，唐光启年间，朱姓最早建村，曾出过官人，有府第之称，故名朱府。后朱姓绝，孙姓从大铁牛庙迁来，仍沿用原名。聚落呈带状分布。有文化广场 1 处。经济以种植业和养殖业为主，主要农作物有小麦、花生、玉米等，养殖业以生猪养殖为主。有公路经此。

西村 371327-B14-H01
[xīcūn]

壮岗镇人民政府驻地。在县驻地东南方向 23.5 千米。人口 2 700。1946 年壮岗村分为三个村，按地理位置该村靠西，得名西村。聚落呈散状分布。有文化广场 1 处、农家书屋 1 处、幼儿园 1 处、小学 1 处、中学 1 处。经济以种植业和养殖业为主，主要农作物有小麦、花生、玉米等，养殖业以生猪养殖为主。有公路经此。

大莲花汪 371327-B14-H02
[Dàliánhuāwāng]

在县驻地十字路街道东南方向 27.1 千米。壮岗镇辖自然村。人口 1 600。明万历五年（1577），徐氏老祖自莒南县坊前镇朱梅村迁此建村，当时村东有个自然水汪，汪内莲花盛开，故取名莲花汪。后来，为区别临近重名村，以此村庄大、人口多，改称大莲花汪。聚落呈团块状分布。有文化广场 1 处。经济以种植业和养殖业为主，主要农作物有小麦、花生、玉米等，养殖业以生猪养殖为主。有公路经此。

东村 371327-B14-H03
[Dōngcūn]

在县驻地十字路街道东南方向 24.5 千米。壮岗镇辖自然村。人口 1 500。1946 年壮岗村分为三个村，按地理位置该村靠东，得名东村。聚落呈团块状分布。有文化广场 1 处。经济以种植业和养殖业为主，主要农作物有小麦、花生、玉米等，养殖业以生猪养殖为主。有公路经此。

东演马 371327-B14-H04

[Dōngyǎnmǎ]

在县驻地十字路街道东南方向 20.2 千米。壮岗镇辖自然村。人口 1 500。唐朝秦琼曾在此演练兵马，取名演马庄。冯姓于明初迁此定居，取名冯家演马庄。1946 年分成两村，此村居东，故称东演马。聚落呈散状分布。有文化大舞台 1 处、农家书屋 1 处。经济以种植业和养殖业为主，主要农作物有小麦、花生、玉米等，养殖业以生猪养殖为主。有公路经此。

韩家湖 371327-B14-H05

[Hánjiāhú]

在县驻地十字路街道东南方向 23.7 千米。壮岗镇辖自然村。人口 500。明初，始祖迁居此处立村，为多姓杂居，后因居住人口中韩姓人数较多，故名韩家湖。聚落呈团块状分布。有文化广场 1 处。经济以种植业和养殖业为主，主要农作物有小麦、花生、玉米等，养殖业以生猪养殖为主。有公路经此。

砚柱 371327-B14-H06

[Yànzhù]

在县驻地十字路街道东南方向 17.0 千米。壮岗镇辖自然村。人口 400。明初始祖立村于小河上游，初名上游庄，明中期因古传春秋时齐国丞相晏婴曾在此住过，故改称宴住，清朝演变为砚柱。聚落呈团块状分布。有文化广场 1 处。经济以种植业为主，主要农作物有花生、玉米、小麦等，养殖业以生猪养殖为主。有公路经此。

柳家 371327-B14-H07

[Liǔjiā]

在县驻地十字路街道东南方向 23.8 千米。壮岗镇辖自然村。人口 300。明正德三年（1508），柳姓建庄，取名柳家庄，后演变为柳家。聚落呈团块状分布。有文化广场 1 处。经济以种植业和养殖业为主，主要农作物有小麦、花生、玉米等，养殖业以生猪养殖为主。有公路经此。

前朱陈 371327-B14-H08

[Qiánzhūchén]

在县驻地十字路街道东南方向 20.4 千米。壮岗镇辖自然村。人口 700。明成化二十三年（1487），朱姓由朱家洼子村迁此建村，因村前有城墙土坝，故名朱城。清末陈姓迁入，改称朱陈。后来由江苏迁来王姓。1915 年分为两村，此村居前，称前朱陈。聚落呈散状分布。有文化广场 1 处。经济以种植业为主，主要农作物有花生、玉米、小麦等。有公路经此。

西北坡 371327-B14-H09

[Xīběipō]

在县驻地十字路街道东南方向 25.6 千米。壮岗镇辖自然村。人口 500。明朝初有卢、张、鲁等姓在此地立村，因村址坐落在西北方向，所以叫西北坡。聚落呈带状分布。有文化广场 1 处。经济以种植业和养殖业为主，主要农作物有小麦、花生、玉米等，养殖业以生猪养殖为主。有公路经此。

西坡 371327-B14-H10

[Xīpō]

在县驻地十字路街道东南方向 20.3 千米。壮岗镇辖自然村。人口 1 100。王家从小岗子移至王家岭坡下，取名西坡。聚落呈团块状分布。有文化广场 1 处。经济以种植业和养殖业为主，主要农作物有小麦、花生、玉米等，养殖业以生猪养殖为主。有公路经此。

严家乔旺 371327-B14-H11
[Yánjiāqiáowàng]

在县驻地十字路街道东南方向 22.5 千米。壮岗镇辖自然村。人口 600。明朝中期胡姓建村，借邻村高家乔旺村之名，取名胡家乔旺。后严王朱姓迁入，民国初期改称严家乔旺。聚落呈团块状分布。有文化广场 1 处。经济以种植业和养殖业为主，主要农作物有小麦、花生、玉米等，养殖业以生猪养殖为主。有公路经此。

砚柱河东村 371327-B14-H12
[Yànzhùhédōngcūn]

在县驻地十字路街道东南方向 17.2 千米。壮岗镇辖自然村。人口 800。相传，春秋时齐国大夫晏婴曾在此住过，故名晏住，清朝时演变为砚柱，1946 年以龙王河为界，分为东、西两个村庄，该村在河东，称砚柱河东村。聚落呈团块状分布。有文化大舞台 1 处、农家书屋 1 处。经济以种植业和养殖业为主，主要农作物有小麦、花生、玉米等，养殖业以生猪养殖为主。有公路经此。

朱芦 371327-B15-H01
[Zhūlú]

朱芦镇人民政府驻地。在县驻地十字路街道东北方向 29.0 千米。人口 3 700。因村前有芦苇荡，地势洼，称为朱家洼子、朱家塘子。明中期，曹、姜、孙三姓相继迁来，因朱家建有一座二层小楼，叫朱家楼子，清后期称为朱芦。聚落呈团块状分布。有文化广场 1 处、农家书屋 1 处、幼儿园 1 处、小学 1 处、中学 1 处。经济以种植业和养殖业为主，主要农作物有小麦、花生、

玉米等，养殖业以生猪养殖为主。有公路经此。

大青峰峪 371327-B15-H02
[Dàqīngfēngyù]

在县驻地十字路街道东北方向 29.7 千米。朱芦镇辖自然村。人口 1 100。元末明初，始祖由日照田家寨迁此，因村西峰峪青松繁茂，故名青峰峪，后因该村较大，称大青峰峪。聚落呈带状分布。有文化大舞台 1 处、农家书屋 1 处。经济以种植业和养殖业为主，主要农作物有小麦、花生、玉米等，养殖业以生猪养殖为主。有公路经此。

东青峰峪 371327-B15-H03
[Dōngqīngfēngyù]

在县驻地十字路街道东北方向 31.4 千米。朱芦镇辖自然村。人口 700。元末明初，始祖由日照田家寨迁此，因村西峰峪青松繁茂，故名青峰峪，后冠以方位称东青峰峪。聚落呈团块状分布。有文化广场 1 处。经济以种植业和养殖业为主，主要农作物有小麦、花生、玉米等，养殖业以生猪养殖为主。有公路经此。

河西 371327-B15-H04
[Héxī]

在县驻地十字路街道东北方向 27.3 千米。朱芦镇辖自然村。人口 2 300。明初，先民从东海迁居莒县东南黑坊口，后移居朱芦河西建村，故名河西。聚落呈散状分布。有文化广场 1 处。经济以种植业和养殖业为主，主要农作物有小麦、花生、玉米等，养殖业以生猪养殖为主。有公路经此。

横沟 371327-B15-H05
[Hénggōu]

在县驻地十字路街道东北方向 29.1 千米。朱芦镇辖自然村。人口 2 600。明末，

朱、刘、牟等姓首先迁此立村，清道光年间，徐姓多莒县凌阳迁此，因有一条沟横穿村中，故名横沟。聚落呈带状分布。有文化大舞台1处、农家书屋1处。经济以种植业和养殖业为主，主要农作物有小麦、玉米、花生，养殖业以生猪养殖为主。有公路经此。

李家彩 371327-B15-H06
[Lǐjiācǎi]

在县驻地十字路街道东北方向29.8千米。朱芦镇辖自然村。人口1 200。因村西蜿蜒南下的绣针河，流水宛如彩带，当地村民建居于绣针河畔，本村李姓居首，故名李家彩。聚落呈带状分布。有文化大舞台1处、农家书屋1处。经济以种植业和养殖业为主，主要农作物有小麦、花生、玉米等，养殖业以生猪养殖为主。有公路经此。

刘家彩 371327-B15-H07
[Liújiācǎi]

在县驻地十字路街道东北方向28.2千米。朱芦镇辖自然村。人口1 000。因村西蜿蜒南下的绣针河，流水宛如彩带，当地村民建居于绣针河畔，本村刘姓居多，故名刘家彩。聚落呈团块状分布。有文化广场1处。经济以种植业和养殖业为主，主要农作物有小麦、花生、玉米等，养殖业以生猪养殖为主。有公路经此。

前青峰峪 371327-B15-H08
[Qiánqīngfēngyù]

在县驻地十字路街道东北方向30.5千米。朱芦镇辖自然村。人口600。元末明初，始祖由日照田家寨迁此，因村西峰峪青松繁茂，故名青峰峪，后冠以方位称前青峰峪。聚落呈带状分布。有文化广场1处。经济以种植业和养殖业为主，主要农作物有小麦、花生、玉米等，养殖业以生猪养殖为主。有公路经此。

宋家彩 371327-B15-H09
[Sòngjiācǎi]

在县驻地十字路街道东北方向28.6千米。朱芦镇辖自然村。人口500。因村西蜿蜒南下的绣针河，流水宛如彩带，当地村民建居于绣针河畔，本村宋姓居多，故名宋家彩。聚落呈带状分布。有文化广场1处。经济以种植业和养殖业为主，主要农作物有小麦、花生、玉米等，养殖业以生猪养殖为主。有公路经此。

孙家土山 371327-B15-H10
[Sūnjiātǔshān]

在县驻地十字路街道东北方向31.8千米。朱芦镇辖自然村。人口700。明初，孙姓自江苏东海县孙家村迁此定居，因村四周皆为土山丘，故名孙家土山。聚落呈团块状分布。有文化大舞台1处、农家书屋1处。经济以种植业和养殖业为主，主要农作物有小麦、花生、玉米等，养殖业以生猪养殖为主。有公路经此。

辛庄 371327-B15-H11
[Xīnzhuāng]

在县驻地十字路街道东北方向33.5千米。朱芦镇辖自然村。人口600。1935年，赵姓由址坊迁此村，取名赵家村。1943年，因新建村改名为新庄，后演变为辛庄。聚落呈散状分布。有文化大舞台1处。经济以种植业和养殖业为主，主要农作物有小麦、花生、玉米等，养殖业以生猪养殖为主。有公路经此。

幸福山 371327-B15-H12
[Xìngfúshān]

在县驻地十字路街道东北方向28.6千米。朱芦镇辖自然村。人口800。以吉祥嘉言得名。聚落呈团块状分布。有文化广场1处。经济以种植业和养殖业为主，主要农作物有小麦、花生、玉米等，养殖业以生猪养殖为主。有公路经此。

张家彩 371327-B15-H13
[Zhāngjiācǎi]

在县驻地十字路街道东北方向29.8千米。朱芦镇辖自然村。人口800。明末，张姓从日照海曲太平桥村迁此建村，因村西蜿蜒南下的绣针河，流水宛如彩带，当地村民建居于绣针河畔，本村张姓居多，故名张家彩。聚落呈带状分布。有文化大舞台1处、农家书屋1处。经济以种植业和养殖业为主，主要农作物有小麦、花生、玉米等，养殖业以生猪养殖为主。有公路经此。

蒙阴县

城市居民点

蒙阴叠翠小区 371328-I01
[Méngyīn Diécuì Xiǎoqū]

在县城北部。人口3 006。总面积1.1公顷。在叠翠路以北，以蒙阴古八大景之一"蒙山叠翠"之意，取名叠翠小区。1996年始建，1997年正式使用。建筑总面积132 800平方米，多层住宅楼26栋，现代建筑风格。绿化率30%。有健身广场等配套设施。通公交车。

汶河小区 371328-I02
[Wènhé Xiǎoqū]

在县城南部。人口3 030。总面积12.26公顷。因紧靠汶河北岸而得名。2001年始建，2002年正式使用。建筑总面积143 050平方米，多层住宅楼38栋，现代建筑风格。绿化率30%。通公交车。

龙庭居北区 371328-I03
[Lóngtíngjū Běiqū]

在县城南部。人口1 035。总面积0.3公顷。据清县志载乾隆帝南巡时，曾在此小住，故名。2011年始建，2012年正式使用。建筑总面积82 011平方米，住宅楼9栋，其中高层3栋、多层6栋，现代建筑风格。绿化率30%。有休闲广场、健身器材等配套设施。通公交车。

龙庭居南区 371328-I04
[Lóngtíngjū Nánqū]

在县城南部。人口2 410。总面积0.8公顷。据清县志载乾隆帝南巡时，曾在此小住，故名。2012年始建，2014年正式使用。建筑总面积146 961平方米，住宅楼25栋，其中高层6栋、多层19栋，现代建筑风格。绿化率20%。有休闲广场、健身器材等配套设施。通公交车。

明德花园 371328-I05
[Míngdé Huāyuán]

在县城北部。人口2 400。总面积1.4公顷。"明德"语出《大学》"大学之道，在明明德"，即认同、践行和彰显美德，在这里意为让小区的居民都能弘扬美德，让本小区成为典范。2010年始建，2011年正式使用。建筑总面积124 840平方米，多层住宅楼32栋，现代建筑风格。绿化率30%。有广场、超市、幼儿园等配套设施。通公交车。

天基云蒙庄园 371328-I06
[Tiānjī Yúnméng zhuāngyuán]

在县城东部。人口3 300。总面积1.3公顷。因该小区北邻云蒙路，由山东天基置业发展有限公司开发建设，故名。2012年始建，2013年正式使用。建筑总面积

162 305 平方米，多层住宅楼 39 栋，现代建筑风格。绿化率 35%。有健身器材等配套设施。通公交车。

农村居民点

东关 371328-A01-H01
[Dōngguān]

在县驻地蒙阴街道南方向 0.7 千米。蒙阴街道辖自然村。人口 1 100。因在东关河东岸，故名小河东，后更名为小东关，1991 年又更名为东关。聚落呈团块状分布。有文化广场 3 处、文化大院 1 处、图书室 1 处、幼儿园 10 处、小学 2 处、中学 1 处。经济以商贸业、种植业为主。京沪高速、205 国道经此。

大东关 371328-A01-H02
[Dàdōngguān]

在县驻地蒙阴街道东南方向 0.8 千米。蒙阴街道辖自然村。人口 300。相传元皇庆二年（1313）建村，因在县城东南部，紧靠城池，故取名东关。后因在其附近又建一村名小东关，故改称大东关。聚落呈团块状分布。有文化广场 1 处、文化大院 1 处、图书室 1 处、幼儿园 6 处。经济以商贸业为主。有公路经此。

兴隆 371328-A01-H03
[Xīnglóng]

在县驻地蒙阴街道西方向 2.1 千米。蒙阴街道辖自然村。人口 200。以吉祥嘉言命名。聚落呈团块状分布。有文化广场 1 处、文化大院 1 处、图书室 1 处、幼儿园 5 处、小学 1 处、中学 1 处。经济以商贸业为主。有公路经此。

西洼 371328-A01-H04
[Xīwā]

在县驻地蒙阴街道西方向 4.2 千米。蒙阴街道辖自然村。人口 1 000。传说明洪武年间建村，因在蒙阴城西洼地里，故得名西洼。聚落呈团块状分布。有文化广场 1 处、文化大院 1 处、图书室 1 处、幼儿园 3 处、中学 1 处。经济以商贸业为主。205 国道经此。

胡家黄沟 371328-A01-H05
[Hújiāhuánggōu]

在县驻地蒙阴街道北方向 0.8 千米。蒙阴街道辖自然村。人口 300。以姓氏及地形地貌特征命名。聚落呈团块状分布。有文化广场 1 处、文化大院 1 处、图书室 1 处、幼儿园 1 处。经济以商贸业为主。有公路经此。

苏家庄子 371328-A01-H06
[Sūjiāzhuāngzi]

在县驻地蒙阴街道东南方向 1.0 千米。蒙阴街道辖自然村。人口 600。以姓氏命名。聚落呈团块状分布。有文化广场 1 处、文化大院 1 处、图书室 1 处、幼儿园 1 处。经济以商贸业为主。335 省道经此。

南保德 371328-A01-H07
[Nánbǎodé]

在县驻地蒙阴街道东南方向 2.5 千米。蒙阴街道辖自然村。人口 2 200。相传元时韩姓建村，传说此处是块"宝地"，故取名宝地庄，演变为保德，后以方位称南保德。聚落呈团块状分布。有文化广场 1 处、文化大院 1 处、图书室 1 处、幼儿园 1 处、小学 1 处、中学 1 处。古迹有宝德牌坊。经济以商贸业、种植业为主，主要农作物有花生、小麦。205 国道经此。

保德店子 371328-A01-H08
[Bǎodédiànzi]

在县驻地蒙阴街道东南方向 3.2 千米。蒙阴街道辖自然村。人口 200。相传元时韩姓建村，传说此处是块"宝地"，故取名宝地庄，后演变为保德，后因此处开店，故名。聚落呈团块状分布。有文化广场 1 处、文化大院 1 处、图书室 1 处、幼儿园 1 处。经济以商贸业、种植业为主，主要农作物有花生、小麦。205 国道经此。

八里台子 371328-A01-H09
[Bālǐtáizi]

在县驻地蒙阴街道北方向 2.0 千米。蒙阴街道辖自然村。人口 400。以距离和地形地貌命名。聚落呈团块状分布。有文化广场 1 处、文化大院 1 处、图书室 1 处。经济以商贸业、种植业为主，主要农作物有花生、地瓜。205 国道经此。

南竺院 371328-A01-H10
[Nánzhúyuàn]

在县驻地蒙阴街道西南方向 3.5 千米。蒙阴街道辖自然村。人口 3 200。传说元朝建村，此处有座寿圣寺，俗称南寺院，因寺院内多竹子，故取名南竹园，后演变为南竺院。聚落呈带状分布。有文化广场 1 处、文化大院 1 处、图书室 1 处、幼儿园 3 处、小学 1 处。经济以商贸业、种植业为主，主要农作物有花生、地瓜、小麦。205 国道经此。

南官庄 371328-A01-H11
[Nánguānzhuāng]

在县驻地蒙阴街道西南方向 4.2 千米。蒙阴街道辖自然村。人口 1 500。以所处方位命名。聚落呈带状分布。有文化广场 1 处、文化大院 1 处、图书室 1 处、幼儿园 2 处。

经济以商贸业、种植业为主，主要农作物有花生、地瓜、小麦。205 国道经此。

安子 371328-A01-H12
[Ānzi]

在县驻地蒙阴街道东北方向 3.0 千米。蒙阴街道辖自然村。人口 200。清光绪年间，李姓自北道沟迁居建村，因村北一石似马鞍子，故取名叫鞍子，后演称安子。聚落呈带状分布。经济以商贸业、种植业为主，主要农作物有花生、地瓜、小麦。342 国道经此。

北竺院 371328-A01-H13
[Běizhúyuàn]

在县驻地蒙阴街道西方向 4.6 千米。蒙阴街道辖自然村。人口 400。传说元时霍姓建村，因村东有座北寺院，院内多竹子，故取村名北竹园，后演变为北竺院。聚落呈带状分布。有文化广场 1 处、文化大院 1 处、图书室 1 处、幼儿园 1 处。经济以商贸业、种植业为主，主要农作物有花生、地瓜、小麦。335 省道经此。

邢家庄 371328-A01-H14
[Xíngjiāzhuāng]

在县驻地蒙阴街道西方向 4.2 千米。蒙阴街道辖自然村。人口 300。以姓氏命名。聚落呈团块状分布。经济以商贸业、种植业为主，主要农作物有花生、地瓜、小麦。335 省道经此。

小田庄 371328-A01-H15
[Xiǎotiánzhuāng]

在县驻地蒙阴街道西南方向 5.6 千米。蒙阴街道辖自然村。人口 200。以姓氏命名。聚落呈带状分布。有文化广场 1 处、文化大院 1 处、图书室 1 处。经济以商贸业、种植业为主，主要农作物有花生、地瓜、小麦。234 省道经此。

北沟 371328-A01-H16
[Běigōu]

在县驻地蒙阴街道西南方向 4.6 千米。蒙阴街道辖自然村。人口 200。以地理方位和地形地貌命名。聚落呈团块状分布。经济以商贸业、种植业为主，主要农作物有花生、地瓜、小麦。234 省道经此。

北新庄 371328-A01-H17
[Běixīnzhuāng]

在县驻地蒙阴街道西南方向 5.1 千米。蒙阴街道辖自然村。人口 100。以地理方位和建村先后命名。聚落呈团块状分布。经济以商贸业、种植业为主，主要农作物有花生、地瓜、小麦。234 省道经此。

小王庄 371328-A01-H18
[Xiǎowángzhuāng]

在县驻地蒙阴街道南方向 5.2 千米。蒙阴街道辖自然村。人口 100。以姓氏和规模大小命名。聚落呈带状分布。经济以商贸业、种植业为主，主要农作物有花生、地瓜、小麦。234 省道经此。

姜家旺 371328-A01-H19
[Jiāngjiāwàng]

在县驻地蒙阴街道南方向 5.3 千米。蒙阴街道辖自然村。人口 100。清末姜姓建村，取兴旺发达之意命名为姜家旺。聚落呈环状分布。经济以商贸业、种植业为主，主要农作物有花生、地瓜、小麦。有公路经此。

陡沟 371328-A01-H20
[Dǒugōu]

在县驻地蒙阴街道南方向 5.4 千米。蒙阴街道辖自然村。人口 300。以地形地貌特征命名。聚落呈带状分布。经济以商贸业、种植业为主，主要农作物有花生、地瓜、小麦。有公路经此。

罗家庄 371328-A01-H21
[Luójiāzhuāng]

在县驻地蒙阴街道西南方向 4.6 千米。蒙阴街道辖自然村。人口 800。以姓氏命名。聚落呈团块状分布。有文化广场 1 处、文化大院 1 处、图书室 1 处。经济以商贸业、种植业为主，主要农作物有花生、蜜桃。234 省道经此。

姚洼地 371328-A01-H22
[Yáowādì]

在县驻地蒙阴街道西南方向 5.3 千米。蒙阴街道辖自然村。人口 200。因在建有木炭窑的洼地里，故名窑洼地，后演变为姚洼地。聚落呈团块状分布。经济以商贸业、种植业为主，主要农作物有花生、蜜桃、地瓜、小麦。有公路经此。

张庄南沟 371328-A01-H23
[Zhāngzhuāngnángōu]

在县驻地蒙阴街道西南方向 5.5 千米。蒙阴街道辖自然村。人口 300。以村落和地形地貌命名。聚落呈团块状分布。经济以商贸业、种植业为主，主要农作物有花生、蜜桃、地瓜、小麦。有公路经此。

大峪 371328-A01-H24
[Dàyù]

在县驻地蒙阴街道西南方向 6.9 千米。蒙阴街道辖自然村。人口 500。因在一条较大的峪沟里，故名大峪。聚落呈带状分布。有文化广场1处、文化大院1处、图书室1处。经济以商贸业、种植业为主，主要农作物有花生、蜜桃、地瓜、小麦。有公路经此。

小峪子 371328-A01-H25
[Xiǎoyùzi]

在县驻地蒙阴街道西南方向 7.4 千米。蒙阴街道辖自然村。人口 100。因在一条小山峪里，故名小峪子。聚落呈带状分布。经济以商贸业、种植业为主，主要农作物有花生、蜜桃、地瓜、小麦。

大峪南沟 371328-A01-H26
[Dàyùnángōu]

在县驻地蒙阴街道西南方向 7.7 千米。蒙阴街道辖自然村。人口 100。以地理方位和地形地貌命名。聚落呈带状分布。经济以商贸业、种植业为主，主要农作物有花生、蜜桃、地瓜、小麦。234 省道经此。

万宝地 371328-A01-H27
[Wànbǎodì]

在县驻地蒙阴街道西南方向 7.5 千米。蒙阴街道辖自然村。人口 400。因村南有一片万芭草地，故取名万芭地，后演为万宝地。聚落呈散状分布。有文化广场 1 处、文化大院 1 处、图书室 1 处。经济以商贸业、种植业为主，主要农作物有花生、蜜桃、地瓜、小麦。234 省道经此。

季家庄 371328-A01-H28
[Jìjiāzhuāng]

在县驻地蒙阴街道西南方向 8.5 千米。蒙阴街道辖自然村。人口 500。以姓氏命名。聚落呈团块状分布。经济以商贸业、种植业为主，主要农作物有花生、蜜桃、地瓜、小麦。234 省道经此。

小徐家沟 371328-A01-H29
[Xiǎoxújiāgōu]

在县驻地蒙阴街道西南方向 9.7 千米。蒙阴街道辖自然村。人口 200。以姓氏命名。

聚落呈团块状分布。经济以商贸业、种植业为主，主要农作物有花生、蜜桃、地瓜、小麦。234 省道经此。

黄土崖子 371328-A01-H30
[Huángtǔyázi]

在县驻地蒙阴街道西南方向 10.5 千米。蒙阴街道辖自然村。人口 100。因村落在一个黄土崖子上而得名。聚落呈带状分布。经济以商贸业、种植业为主，主要农作物有花生、蜜桃、地瓜、小麦。234 省道经此。

徐家沟 371328-A01-H31
[Xújiāgōu]

在县驻地蒙阴街道东方向 2.5 千米。蒙阴街道辖自然村。人口 1 000。以姓氏命名。聚落呈团块状分布。有文化广场 1 处、文化大院 1 处、图书室 1 处。经济以商贸业、种植业为主，主要农作物有花生、蜜桃、地瓜、小麦。205 国道、342 国道经此。

邵家沟 371328-A01-H32
[Shàojiāgōu]

在县驻地蒙阴街道西北方向 3.5 千米。蒙阴街道辖自然村。人口 400。因在一条河沟旁，故以姓氏取名邵家沟。聚落呈团块状分布。有文化广场 1 处、文化大院 1 处、图书室 1 处、幼儿园 1 处。经济以商贸业、种植业为主，主要农作物有蜜桃。有公路经此。

李家保德 371328-A01-H33
[Lǐjiābǎodé]

在县驻地蒙阴街道东北方向 2.0 千米。蒙阴街道辖自然村。人口 700。以姓氏命名。聚落呈带状分布。有文化广场 1 处、文化大院 1 处、图书室 1 处、小学 1 处、幼儿园 1 处。经济以商贸业、种植业为主，主要农作物有葡萄、蜜桃。342 国道经此。

崔家楼 371328-A01-H34
［Cuījiālóu］

在县驻地蒙阴街道东北方向 1.6 千米。蒙阴街道辖自然村。人口 100。以姓氏及特色建筑物命名。聚落呈带状分布。经济以商贸业、种植业为主，主要农作物有花生、蜜桃、地瓜、小麦。205 国道经此。

向阳庄 371328-A01-H35
［Xiàngyángzhuāng］

在县驻地蒙阴街道东南方向 2.6 千米。蒙阴街道辖自然村。人口 400。因地处向阳坡，故取名向阳庄。聚落呈团块状分布。有文化广场 1 处、文化大院 1 处、图书室 1 处、幼儿园 1 处。经济以商贸业、种植业为主，主要农作物有蜜桃。335 省道经此。

小芦山 371328-A01-H36
［Xiǎolúshān］

在县驻地蒙阴街道北方向 10.6 千米。蒙阴街道辖自然村。人口 200。因在芦山脚下，建村比芦山村晚，故名小芦山。聚落呈带状分布。经济以商贸业、种植业为主，主要农作物有花生、蜜桃。有公路经此。

小北山 371328-A01-H37
［Xiǎoběishān］

在县驻地蒙阴街道北方向 9.2 千米。蒙阴街道辖自然村。人口 200。以地理位置命名。聚落呈环状分布。经济以商贸业、种植业为主，主要农作物有花生、蜜桃。有公路经此。

山头 371328-A01-H38
［Shāntóu］

在县驻地蒙阴街道西北方向 8.9 千米。蒙阴街道辖自然村。人口 400。以地形地貌命名。聚落呈带状分布。经济以商贸业、种植业为主，主要农作物有花生、蜜桃。有公路经此。

八大峪 371328-A01-H39
［Bādàyù］

在县驻地蒙阴街道西北方向 9.0 千米。蒙阴街道辖自然村。人口 600。以树木数量及地形地貌特征命名。因山峪中有八棵大杏树，故取名八大峪。聚落呈散状分布。有文化广场 1 处、文化大院 1 处、图书室 1 处、幼儿园 1 处。经济以商贸业、种植业为主，主要农作物有蜜桃。有公路经此。

常路 371328-B01-H01
［Chánglù］

常路镇人民政府驻地。在县驻地蒙阴街道西北方向 12.0 千米。人口 2 400。因坐落在大路旁，故名长路，后演变为常路。聚落呈团块状分布。有幼儿园 1 处、小学 1 处、中学 1 处。古迹有唐代天齐庙。经济以种植业为主，主要农作物有蜜桃、小麦、玉米、花生。205 国道经此。

东山 371328-B01-H02
［Dōngshān］

在县驻地蒙阴街道西北方向 12.0 千米。常路镇辖自然村。人口 300。以地形地貌命名。聚落呈团块状分布。经济以商贸业、种植业为主，主要农作物有蜜桃、小麦、玉米、蔬菜、花生。205 国道经此。

小常路 371328-B01-H03
［Xiǎochánglù］

在县驻地蒙阴街道西北方向 12.0 千米。常路镇辖自然村。人口 600。因距常路村近，且村又小，故名小常路。聚落呈团块状分布。经济以种植业和养殖业为主，主要农作物有小麦、玉米。205 国道经此。

西三庄 371328-B01-H04
[Xīsānzhuāng]

在县驻地蒙阴街道西北方向 14.6 千米。常路镇辖自然村。人口 500。以方位及序数命名。聚落呈散状分布。经济以种植业和养殖业为主，主要农作物有蔬菜、小麦、玉米。有公路经此。

田家岭 371328-B01-H05
[Tiánjiālǐng]

在县驻地蒙阴街道西北方向 15.0 千米。常路镇辖自然村。人口 600。以姓氏及地形地貌命名。聚落呈带状分布。有文化广场 1 处、农家书屋 1 处。经济以种植业为主，主要农作物有玉米、小麦、花生。205 国道经此。

西下庄 371328-B01-H06
[Xīxiàzhuāng]

在县驻地蒙阴街道西北方向 15.0 千米。常路镇辖自然村。人口 1 200。以地理方位及地理实体命名。聚落呈散状分布。有农家书屋 1 处。经济以商贸业、种植业为主，主要农作物有小麦、玉米、蜜桃、蔬菜。有公路经此。

石峰峪 371328-B01-H07
[Shífēngyù]

在县驻地蒙阴街道西北方向 18.8 千米。常路镇辖自然村。人口 700。因坐落在有怪石状如山峰的峪中得名。聚落呈团块状分布。有文化大院 1 处、农家书屋 1 处。经济以商贸业、种植业为主，主要农作物有蜜桃。有公路经此。

蒋家坪 371328-B01-H08
[Jiǎngjiāpíng]

在县驻地蒙阴街道西北方向 18.1 千米。常路镇辖自然村。人口 600。传说，明朝时蒋姓建村，因在沟峪平展处而得村名。聚落呈团块状分布。有文化大院 1 处、农家书屋 1 处、小学 1 处。经济以种植业为主，主要农作物有蜜桃、蔬菜、花生、玉米。有公路经此。

南松林 371328-B01-H09
[Nánsōnglín]

在县驻地蒙阴街道西北方向 15.7 千米。常路镇辖自然村。人口 500。以地理方位及植被特征命名。聚落呈带状分布。有文化大院 1 处、农家书屋 1 处。经济以商贸业、种植业为主，主要农作物有小麦、玉米、蜜桃、蔬菜。205 国道经此。

于洼 371328-B01-H10
[Yúwā]

在县驻地蒙阴街道西北方向 12.8 千米。常路镇辖自然村。人口 500。因在东汶河淤积而成的洼地上，故名淤洼，后演变为于洼。聚落呈带状分布。经济以商贸业、种植业为主，主要农作物有小麦、玉米、葡萄。有公路经此。

台庄 371328-B01-H11
[Táizhuāng]

在县驻地蒙阴街道西北方向 18.1 千米。常路镇辖自然村。人口 2 500。相传北宋年间田姓建村，故名田庄。后因村内有台庄遗址，更名为台庄。聚落呈团块状分布。有文化大院 1 处、农家书屋 1 处、小学 1 处。村内有汉代台庄遗址。经济以商贸业、种植业为主，主要农作物有小麦、玉米、花生，种植杨树。有公路经此。

坡里 371328-B02-H01
[Pōlǐ]

岱崮镇人民政府驻地。在县驻地蒙阴

街道东北方向 32.0 千米。人口 900。相传明洪武年间苗姓建村，因东、北两侧靠山间水泊，故名泊里，后演变为坡里。聚落呈团块状分布。有文化大院 1 处、农家书屋 1 处、图书室 2 处、幼儿园 2 处、小学 1 处。有龙山文化古遗址和抗日战争革命旧址。经济以商贸业、种植业为主，主要农作物有蜜桃。有公路经此。

丁家庄 371328-B02-H02
[Dīngjiāzhuāng]

在县驻地蒙阴街道东北方向 32.0 千米。岱崮镇辖自然村。人口 400。以姓氏命名。聚落呈带状分布。有市级文物保护单位丁家庄四合院。经济以种植业和加工业为主。有公路经此。

大崮 371328-B02-H03
[Dàgù]

在县驻地蒙阴街道东北方向 30.6 千米。岱崮镇辖自然村。人口 1 500。该村位于大崮山东山坡上，故名大崮。聚落呈团块状分布。有文化大院 1 处、农家书屋 1 处、图书室 1 处。有县级文物保护单位大崮革命遗址。经济以种植业为主。有公路经此。

燕窝 371328-B02-H04
[Yànwō]

在县驻地蒙阴街道东北方向 32.5 千米。岱崮镇辖自然村。人口 200。因村东石崖上有石洞似燕窝，故取名燕窝。聚落呈带状分布。有文化大院 1 处、农家书屋 1 处、图书室 1 处。经济以种植业为主。有公路经此。

岱崮 371328-B02-H05
[Dàigù]

在县驻地蒙阴街道东北方向 30.5 千米。岱崮镇辖自然村。人口 1 000。因靠近北岱崮山而得名。聚落呈带状分布。有文化大院 1 处、农家书屋 1 处、图书室 1 处。有省级文物保护单位岱崮革命遗址。经济以种植业为主。有公路经此。

笊篱坪 371328-B02-H06
[Zhàolípíng]

在县驻地蒙阴街道东北方向 30.0 千米。岱崮镇辖自然村。人口 100。因村边有一块地形似笊篱而得名。聚落呈带状分布。有文化大院 1 处、农家书屋 1 处、图书室 1 处。经济以种植业和旅游业为主。有公路经此。

蒋家庄 371328-B02-H07
[Jiǎngjiāzhuāng]

在县驻地蒙阴街道东北方向 30.7 千米。岱崮镇辖自然村。人口 100。以姓氏命名。聚落呈散状分布。有文化大院 1 处、农家书屋 1 处、图书室 1 处。经济以种植业为主。有公路经此。

黑土洼 371328-B02-H08
[Hēitǔwā]

在县驻地蒙阴街道东北方向 35.0 千米。岱崮镇辖自然村。人口 200。因坐落在黑土洼里，故名黑土洼。聚落呈散状分布。有文化大院 1 处、农家书屋 1 处、图书室 1 处。经济以种植业为主。有公路经此。

东上峪 371328-B02-H09
[Dōngshàngyù]

在县驻地蒙阴街道东北方向 33.7 千米。岱崮镇辖自然村。人口 100。因坐落在尖洼村上面的山峪里，故名上峪，不久在其村西峪中建一村名西上峪，故改成东上峪。聚落呈散状分布。有文化大院 1 处、农家书屋 1 处、图书室 1 处。经济以种植业为主。有公路经此。

马子石沟 371328-B02-H10

［Mǎzǐshígōu］

在县驻地蒙阴街道东北方向 28.5 千米。岱崮镇辖自然村。人口 100。因坐落在山沟旁，附近有一石像马而得名。聚落呈散状分布。有文化大院 1 处、农家书屋 1 处、图书室 1 处、幼儿园 1 处。经济以种植业为主。有公路经此。

大朱家庄 371328-B02-H11

［dàzhūjiāzhuāng］

在县驻地蒙阴街道东北方向 31.6 千米。岱崮镇辖自然村。人口 2 000。因姓氏而得名。聚落呈散状分布。经济以种植业为主，主要农作物有蜜桃、玉米、小麦。有公路经此。

潘家坡 371328-B02-H12

［Pānjiāpō］

在县驻地蒙阴街道东北方向 33.4 千米。岱崮镇辖自然村。人口 200。清道光年间潘姓建村，因坐落在山坡上而得名。聚落呈带状分布。经济以种植业为主。有公路经此。

犁掩沟 371328-B02-H13

［Líyǎngōu］

在县驻地蒙阴街道东北方向 37.3 千米。岱崮镇辖自然村。人口 500。相传西汉时，刘秀被王莽追赶到此山沟，一个正在耕地的张姓老农将刘掩埋在犁耙下，使其幸免于难，故得名犁掩沟。聚落呈带状分布。有文化大院 1 处、农家书屋 1 处、图书室 1 处。经济以种植业为主。332 省道经此。

上旺 371328-B02-H14

［Shàngwàng］

在县驻地蒙阴街道东北方向 36.1 千米。岱崮镇辖自然村。人口 600。因村前有一渊子，水很旺，故名上旺。聚落呈带状分布。有文化大院 1 处、农家书屋 1 处、图书室 1处。有市级文物保护单位上旺民居。经济以种植业为主。332 省道经此。

茶局峪 371328-B02-H15

［Chájúyù］

在县驻地蒙阴街道东北方向 33.1 千米。岱崮镇辖自然村。人口 600。传说有一赶考举子路过此地，一农户殷勤招待以茶水，举子受到感动，为此村取名曰茶局峪。聚落呈团块状分布。有文化大院 1 处、农家书屋 1 处、图书室 1 处。经济以种植业为主。有公路经此。

卢崮旺 371328-B02-H16

［Lúgùwàng］

在县驻地蒙阴街道东北方向 33.7 千米。岱崮镇辖自然村。人口 200。因坐落在卢崮山前旺里而得名。聚落呈团块状分布。经济以种植业为主。有公路经此。

卢崮坡 371328-B02-H17

［Lúgùpō］

在县驻地蒙阴街道东北方向 34.1 千米。岱崮镇辖自然村。人口 200。据《公氏族谱》载，清末，公姓自公家庄迁居建村，因坐落在卢崮山的东坡上而得名。聚落呈散状分布。经济以种植业为主。有公路经此。

宿龙峪 371328-B02-H18

［Sùlóngyù］

在县驻地蒙阴街道东北方向 32.5 千米。岱崮镇辖自然村。人口 300。因村间有一山峪，肚大口小，像捕鱼的"虚笼"，故得名虚笼峪，后演变为宿龙峪。聚落呈散状分布。经济以种植业为主。有公路经此。

碾台 371328-B02-H19

［Niǎntái］

在县驻地蒙阴街道东北方向 32.3 千米。

岱崮镇辖自然村。人口 300。清乾隆年间，宋姓自下东门迁此建村，因村旁有巨石像碾台，故得名碾台。聚落呈散状分布。经济以种植业为主。有公路经此。

上茶局峪 371328-B02-H20
[Shàngchájúyù]

在县驻地蒙阴街道东北方向 33.4 千米。岱崮镇辖自然村。人口 200。因此村在茶局峪村上面，故名上茶局峪。聚落呈团块状分布。有文化大院 1 处、农家书屋 1 处、图书室 1 处。经济以种植业为主。有公路经此。

西山 371328-B02-H21
[Xīshān]

在县驻地蒙阴街道东北方向 33.4 千米。岱崮镇辖自然村。人口 100。因在上茶局峪村西坡上，故名西山。聚落呈散状分布。经济以种植业为主。有公路经此。

岱崮西庄 371328-B02-H22
[Dàigùxīzhuāng]

在县驻地蒙阴街道东北方向 31.8 千米。岱崮镇辖自然村。人口 300。清光绪年间，姬姓由大三树迁来，因在岱崮庄西，故名岱崮西庄。聚落呈散状分布。经济以种植业为主。有公路经此。

岱崮北庄 371328-B02-H23
[Dàigùběizhuāng]

在县驻地蒙阴街道东北方向 31.5 千米。岱崮镇辖自然村。人口 100。清光绪年间，伊姓自烟庄迁此建村，因在南岱崮庄北，故名岱崮北庄。聚落呈散状分布。经济以种植业为主。有公路经此。

沟西崖 371328-B02-H24
[Gōuxīyá]

在县驻地蒙阴街道东北方向 29.5 千米。

岱崮镇辖自然村。人口 100。清咸丰年间建村，因在一条大山沟的西畔，故名。聚落呈散状分布。经济以种植业为主。有公路经此。

里峪 371328-B02-H25
[Lǐyù]

在县驻地蒙阴街道东北方向 29.7 千米。岱崮镇辖自然村。人口 200。清末建村，因坐落在笊篱坪村东南一条深山峪里，故名里峪。聚落呈散状分布。经济以种植业为主。有公路经此。

公家庄 371328-B02-H26
[Gōngjiāzhuāng]

在县驻地蒙阴街道东北方向 31.7 千米。岱崮镇辖自然村。人口 200。清嘉庆年间，公姓自坦埠迁此建村，取名公家庄。聚落呈散状分布。有文化大院 1 处、农家书屋 1 处、图书室 1 处。经济以种植业为主。有公路经此。

公家庄小西山 371328-B02-H27
[Gōngjiāzhuāngxiǎoxīshān]

在县驻地蒙阴街道东北方向 31.9 千米。岱崮镇辖自然村。人口 100。以姓氏及地形地貌特征命名。聚落呈散状分布。经济以种植业为主。有公路经此。

包家唐子 371328-B02-H28
[Bāojiātángzi]

在县驻地蒙阴街道东北方向 31.8 千米。岱崮镇辖自然村。人口 100。清道光年间，包姓自上东门迁此建村，因附近有座观音堂，故取名包家堂子，后演变为包家唐子。聚落呈散状分布。经济以种植业为主。有公路经此。

大洼 371328-B02-H29
[Dàwā]

在县驻地蒙阴街道东北方向 31.3 千米。岱崮镇辖自然村。人口 100。清末，公姓自公家庄来此建村，因坐落在一块较大的山间洼地而得名。聚落呈团块状分布。经济以种植业为主。有公路经此。

褚里 371328-B02-H30
[Chǔlǐ]

在县驻地蒙阴街道东北方向 32.1 千米。岱崮镇辖自然村。人口 100。清乾隆年间，王姓自下旺来此建村，因坐落在不到近前看不到的山洼里，故取名搐里，后演变为褚里。聚落呈散状分布。经济以种植业为主。有公路经此。

牛栏坪 371328-B02-H31
[Niúlánpíng]

在县驻地蒙阴街道东北方向 32.1 千米。岱崮镇辖自然村。人口 300。清咸丰年间，孙姓自大孙官庄迁来建村，因坐落在一草坪上，人们多在此放牛，并建有牛栏而得名。聚落呈散状分布。经济以种植业为主。有公路经此。

菠萝万 371328-B02-H32
[Bōluówàn]

在县驻地蒙阴街道东北方向 31.0 千米。岱崮镇辖自然村。人口 200。清末孙姓建村，因坐落在遍生菠萝树的山旺里而得名。聚落呈散状分布。经济以种植业为主。有公路经此。

黄家洼 371328-B02-H33
[Huángjiāwā]

在县驻地蒙阴街道东北方向 30.4 千米。岱崮镇辖自然村。人口 300。清朝末年黄姓建村，因坐落在山洼里，故名。聚落呈散状分布。经济以种植业为主。有公路经此。

尖洼 371328-B02-H34
[Jiānwā]

在县驻地蒙阴街道东北方向 32.7 千米。岱崮镇辖自然村。人口 600。清初张姓自沂水迁此建村，因坐落在柞树居多的山洼里，因当地称柞树为尖菠萝树，故得名尖洼。聚落呈散状分布。有文化大院 1 处、农家书屋 1 处。经济以种植业为主。有公路经此。

大峰峪 371328-B02-H35
[Dàfēngyù]

在县驻地蒙阴街道东北方向 31.9 千米。岱崮镇辖自然村。人口 100。因坐落在大峰峪山下，故名。聚落呈散状分布。经济以种植业为主。有公路经此。

三十亩地 371328-B02-H36
[Sānshímǔdì]

在县驻地蒙阴街道东北方向 32.1 千米。岱崮镇辖自然村。人口 100。清末田姓建村，自垛庄迁来，因村前有一块三十余亩的地片而得名。聚落呈散状分布。经济以种植业为主。有公路经此。

云台官庄 371328-B02-H37
[Yúntáiguānzhuāng]

在县驻地蒙阴街道东北方向 31.9 千米。岱崮镇辖自然村。人口 400。传说明末贾姓建村，因村西之水泉崮山，在村中只能见其崮顶，如云中之台，故名云台观庄，后演变为云台官庄。聚落呈散状分布。经济以种植业为主。有公路经此。

大岭 371328-B02-H38
[Dàlǐng]

在县驻地蒙阴街道东北方向 31.7 千米。

岱崮镇辖自然村。人口 300。据《田氏族谱》载，清乾隆年间田姓自沂水湖埠西迁来建村，因坐落在一条大岭上而得名。聚落呈散状分布。有文化大院 1 处、农家书屋 1 处、图书室 1 处、幼儿园 1 处、小学 1 处。经济以种植业为主。有公路经此。

马鞍山 371328-B02-H39

[Mǎ'ānshān]

在县驻地蒙阴街道东北方向 32.3 千米。岱崮镇辖自然村。人口 300。清乾隆年间黄姓从沂水来此建村，因坐落在马鞍山西坡上而得名。聚落呈散状分布。经济以种植业为主。有公路经此。

下石门峪 371328-B02-H40

[Xiàshíményù]

在县驻地蒙阴街道东北方向 32.3 千米。岱崮镇辖自然村。人口 400。因坐落在有一巨石像门的山峪中，故名石门峪。后因在其上又建一村名上石门峪，故改称下石门峪。聚落呈散状分布。有文化大院 1 处、农家书屋 1 处。经济以种植业为主。有公路经此。

上石门峪 371328-B02-H41

[Shàngshíményù]

在县驻地蒙阴街道东北方向 32.9 千米。岱崮镇辖自然村。人口 300。因坐落在下石门峪上边，故称为上石门峪。聚落呈散状分布。经济以种植业为主。有公路经此。

高崖 371328-B02-H42

[Gāoyá]

在县驻地蒙阴街道东北方向 35.3 千米。岱崮镇辖自然村。人口 100。因坐落在高崖下而得名。聚落呈散状分布。经济以种植业为主。有公路经此。

管场 371328-B02-H43

[Guǎnchǎng]

在县驻地蒙阴街道东北方向 36.0 千米。岱崮镇辖自然村。人口 100。因坐落在一片无主荒山场上，故名官场，后演变为管场。聚落呈散状分布。经济以种植业为主。有公路经此。

张家北山 371328-B02-H44

[Zhāngjiāběishān]

在县驻地蒙阴街道东北方向 34.9 千米。岱崮镇辖自然村。人口 100。清道光年间，张姓自诸夏迁来建村，因坐落在东上峪村北山间，故名。聚落呈散状分布。经济以种植业为主。有公路经此。

石门 371328-B02-H45

[Shímén]

在县驻地蒙阴街道东北方向 33.9 千米。岱崮镇辖自然村。人口 100。清嘉庆年间，刘姓自东上峪迁来，因村南有一石像门，故名。聚落呈散状分布。经济以种植业为主。有公路经此。

西上峪 371328-B02-H46

[Xīshàngyù]

在县驻地蒙阴街道东北方向 33.8 千米。岱崮镇辖自然村。人口 100。据《公氏族谱》载，清嘉庆年间，公姓自坦埠迁此居住，因坐落在东上峪村西山峪里，故与其对称为西上峪。聚落呈散状分布。有文化大院 1 处、农家书屋 1 处、图书室 1 处。经济以种植业为主。有公路经此。

公家岭 371328-B02-H47

[Gōngjiālǐng]

在县驻地蒙阴街道东北方向 33.8 千米。岱崮镇辖自然村。人口 100。清乾隆年间，刘姓自朱家庄迁来到此山岭上建村，后与朱家庄公姓交换住址，故名。聚落呈散状分布。经济以种植业为主。有公路经此。

江家山　371328-B02-H48
[Jiāngjiāshān]

在县驻地蒙阴街道东北方向33.1千米。岱崮镇辖自然村。人口100。清道光年间，江姓自东里庄迁此建村，因坐落在山间，故名。聚落呈散状分布。经济以种植业为主。有公路经此。

柳树头　371328-B02-H49
[Liǔshùtóu]

在县驻地蒙阴街道东北方向29.8千米。岱崮镇辖自然村。人口400。明末，公姓从上东门迁此建村，因柳树多，故取名柳树头。聚落呈团块状分布。有文化大院1处、农家书屋1处、图书室1处。经济以种植业为主。有公路经此。

包家洼　371328-B02-H50
[Bāojiāwā]

在县驻地蒙阴街道东北方向29.8千米。岱崮镇辖自然村。人口400。清乾隆年间，包姓自上东门迁此建村，因坐落在地势低洼处而得名。聚落呈散状分布。经济以种植业为主。有公路经此。

小官庄　371328-B02-H51
[Xiǎoguānzhuāng]

在县驻地蒙阴街道东北方向31.0千米。岱崮镇辖自然村。人口400。清嘉庆年间，公姓自坦埠来此建村于无主荒坡上，取名小官庄。聚落呈散状分布。经济以种植业为主。有公路经此。

尹家洼　371328-B02-H52
[Yǐnjiāwā]

在县驻地蒙阴街道东北方向30.6千米。岱崮镇辖自然村。人口800。传说明朝末年尹姓建村，因坐落在山间平洼处，故名。聚落呈散状分布。有文化大院1处、农家书屋1处、图书室1处。经济以种植业为主。有公路经此。

杨角峪　371328-B02-H53
[Yángjiǎoyù]

在县驻地蒙阴街道东北方向30.9千米。岱崮镇辖自然村。人口200。1912年，公姓自尹家洼迁此建村，因坐落在一个貌似羊角的山峪里，故名羊角峪，后演变为杨角峪。聚落呈散状分布。经济以种植业为主。有公路经此。

坦埠　371328-B03-H01
[Tǎnbù]

坦埠镇人民政府驻地。在县驻地蒙阴街道东方向25.0千米。人口900。相传元初杜姓建村，因附近有一荒丘，曾是野兽、强人出没之地，路人望之生畏，故名惮阜，元末改称坦埠。聚落呈团块状分布。有文化广场1处、文化大院1处、农家书屋1处、图书室1处、幼儿园2处、小学1处、中学1处。经济以商贸业、种植业为主，主要农作物有小麦、花生、蜜桃。有公路经此。

诸夏　371328-B03-H02
[Zhūxià]

在县驻地蒙阴街道东北方向18.9千米。坦埠镇辖自然村。人口1800。明初，孙姓自山西喜鹊窝迁此建村，传汉时有皇帝巡视城阳国经此，爱此山景，连说"住下"，取名住下，后以谐音取今名。聚落呈团块状分布。有文化广场1处、文化大院1处、农家书屋 1 处、图书室 1 处、幼儿园 1 处。经济以种植业为主，主要农作物有果品、蔬菜。有公路经此。

东西崖 371328-B03-H03
[Dōngxīyá]

在县驻地蒙阴街道东北方向 25.8 千米。坦埠镇辖自然村。人口 2 000。清康熙初年，宋姓自西崖迁此落户，因在西崖村河东，故取名东西崖。聚落呈团块状分布。有文化广场 1 处、文化大院 1 处、农家书屋 1 处、图书室 1 处、幼儿园 1 处。古迹有顺德庙。经济以商贸业、种植业为主，主要农作物有小麦、玉米、生姜、蜜桃。有公路经此。

东河南 371328-B03-H04
[Dōnghénán]

在县驻地蒙阴街道东北方向 25.9 千米。坦埠镇辖自然村。人口 1 000。以方位及所处位置命名。聚落呈带状分布。有文化广场 1 处、文化大院 1 处、农家书屋 1 处、图书室 1 处。经济以种植业为主。有公路经此。

西河南 371328-B03-H05
[Xīhénán]

在县驻地蒙阴街道东北方向 24.5 千米。坦埠镇辖自然村。人口 1 000。以方位及所处位置命名。聚落呈团块状分布。有文化广场 1 处、文化大院 1 处、农家书屋 1 处、图书室 1 处。经济以种植业为主。有公路经此。

东坦埠 371328-B03-H06
[Dōngtǎnbù]

在县驻地蒙阴街道东北方向 25.2 千米。坦埠镇辖自然村。人口 1 000。相传元初杜姓建村，因附近有一荒丘，曾是野兽、强

人出没之地，路人望之生畏，故名惮阜，元末改称坦埠，后以方位改为今名。聚落呈团块状分布。有文化广场 1 处、文化大院 1 处、农家书屋 1 处、图书室 1 处。经济以种植业为主。335 省道经此。

中山 371328-B03-H07
[Zhōngshān]

在县驻地蒙阴街道东北方向 21.7 千米。坦埠镇辖自然村。人口 200。清末建村，因在中山怀抱里而得名。聚落呈带状分布。古迹有中山寺。经济以种植业为主。有公路经此。

金钱官庄 371328-B03-H08
[Jīnqiánguānzhuāng]

在县驻地蒙阴街道东北方向 23.5 千米。坦埠镇辖自然村。人口 600。以地形地貌特征及吉祥寓意命名。聚落呈带状分布。有文化广场 1 处、文化大院 1 处、农家书屋 1 处、图书室 1 处。经济以种植业为主。有公路经此。

朱家峪 371328-B03-H09
[Zhūjiāyù]

在县驻地蒙阴街道东北方向 19.7 千米。坦埠镇辖自然村。人口 200。清光绪年间，朱姓自重山迁此建村，因在山峪里，故名朱家峪。聚落呈团块状分布。经济以种植业为主。有公路经此。

黄家洼 371328-B03-H10
[Huángjiāwā]

在县驻地蒙阴街道东北方向 18.4 千米。坦埠镇辖自然村。人口 200。以姓氏及地形地貌特征命名。聚落呈带状分布。有文化广场 1 处、文化大院 1 处、农家书屋 1 处、图书室 1 处。经济以种植业为主。有公路经此。

西黑清 371328-B03-H11
[Xīhēiqīng]

在县驻地蒙阴街道东北方向23.1千米。坦埠镇辖自然村。人口200。以方位及山石颜色命名。聚落呈团块状分布。经济以种植业为主。有公路经此。

石灰峪 371328-B03-H12
[Shíhuīyù]

在县驻地蒙阴街道东北方向24.7千米。坦埠镇辖自然村。人口300。清末建村，因坐落在山峪里，山坡发白像白色的石灰，故名石灰峪。聚落呈团块状分布。经济以种植业为主。有公路经此。

邱家旺 371328-B03-H13
[Qiūjiāwàng]

在县驻地蒙阴街道东北方向25.9千米。坦埠镇辖自然村。人口300。清末邱姓自野店迁此建村，因坐落在山旺里得名。聚落呈团块状分布。经济以种植业为主。有公路经此。

黄家峪 371328-B03-H14
[Huángjiāyù]

在县驻地蒙阴街道东北方向26.9千米。坦埠镇辖自然村。人口100。因坐落在黄土山峪里，故名黄土峪，后演变为黄家峪。聚落呈带状分布。经济以种植业为主。有公路经此。

朝阳峪 371328-B03-H15
[Cháoyángyù]

在县驻地蒙阴街道东北方向26.4千米。坦埠镇辖自然村。人口500。相传明崇祯年间建村，因坐落在一山峪的北坡，向阳，故名朝阳峪。聚落呈带状分布。经济以种植业为主。有公路经此。

南官庄 371328-B03-H16
[Nánguānzhuāng]

在县驻地蒙阴街道东北方向25.8千米。坦埠镇辖自然村。人口100。清末建村于无主官邸，因在下东门村南，故名南官庄。聚落呈团块状分布。经济以种植业为主。有公路经此。

五花万 371328-B03-H17
[Wǔhuāwàn]

在县驻地蒙阴街道东北方向23.8千米。坦埠镇辖自然村。人口100。清末建村，因坐落在山草茂盛、野花繁多的山旺里而得名。聚落呈团块状分布。经济以种植业为主。有公路经此。

蹇家庄 371328-B03-H18
[Jiǎnjiāzhuāng]

在县驻地蒙阴街道东北方向24.4千米。坦埠镇辖自然村。人口600。清乾隆年间，蹇姓迁此建村，故名。聚落呈团块状分布。有文化广场1处、文化大院1处、农家书屋1处、图书室1处。经济以种植业为主。有公路经此。

锞山前 371328-B03-H19
[Kèshānqián]

在县驻地蒙阴街道东北方向25.6千米。坦埠镇辖自然村。人口200。1969年公姓迁此居住，因在锞山前，故名锞山前。聚落呈带状分布。经济以种植业为主。335省道经此。

黑崖 371328-B03-H20
[Hēiyá]

在县驻地蒙阴街道东北方向20.8千米。坦埠镇辖自然村。人口100。清末张姓从南竺院迁来建村，因处一黑山崖上而得名。

聚落呈带状分布。经济以种植业为主。有公路经此。

垛庄 371328-B04-H01
[Duòzhuāng]

垛庄镇人民政府驻地。在县驻地蒙阴街道东南方向 27.0 千米。人口 3 200。宋朝初年建村，传此村曾被地震和洪水摧毁，后在废墟上重建，故名重摞庄，后演变为垛庄。聚落呈团块状分布。有文化广场 1 处、文化大院 1 处、农家书屋 1 处、图书室 1 处、幼儿园 1 处、小学 1 处、中学 1 处。有垛庄革命遗址、燕翼堂旧址等。经济以商贸业、种植业为主，主要农作物有小麦、玉米、花生、板栗。京沪高速、205 国道经此。

瓦子坪 371328-B04-H02
[Wǎzipíng]

在县驻地蒙阴街道东南方向 22.9 千米。垛庄镇辖自然村。人口 600。唐朝末年建村，因此处有一较大的平洼地，故名洼子坪，后演变为瓦子坪。聚落呈团块状分布。有文化广场 1 处、文化大院 1 处、农家书屋 1 处、图书室 1 处。经济以种植业为主，主要农作物有小麦、玉米、花生、蜜桃、黄烟。京沪高速、205 国道经此。

程家庄 371328-B04-H03
[Chéngjiāzhuāng]

在县驻地蒙阴街道东南方向 24.0 千米。垛庄镇辖自然村。人口 500。据传明万历年间程姓迁此建村，故名程家庄。聚落呈团块状分布。有文化广场 1 处。有少王陵墓、道观遗址。经济以种植业为主，主要农作物有小麦、玉米、花生、蜜桃。京沪高速、205 国道经此。

沙屋后 371328-B04-H04
[Shāwūhòu]

在县驻地蒙阴街道东南方向 24.5 千米。垛庄镇辖自然村。人口 500。清朝初年建村，因村南有沙窝，故名沙窝后，后演变为沙屋后。聚落呈团块状分布。有文化广场 1 处、文化大院 1 处、农家书屋 1 处、图书室 1 处。经济以商贸业、种植业为主，主要农作物有小麦、玉米、花生、蜜桃。京沪高速经此。

桑行子 371328-B04-H05
[Sānghángzi]

在县驻地蒙阴街道东南方向 25.9 千米。垛庄镇辖自然村。人口 500。民国初年建村，因有一片桑树，故名桑行子。聚落呈团块状分布。有文化广场 1 处、文化大院 1 处、农家书屋 1 处、图书室 1 处。经济以商贸业、种植业为主，主要农作物有小麦、玉米、花生、蜜桃。京沪高速经此。

黑石拉 371328-B04-H06
[Hēishílā]

在县驻地蒙阴街道东南方向 24.5 千米。垛庄镇辖自然村。人口 100。清宣统年间董姓建村，因此地有黑石，故名。聚落呈带状分布。经济以种植业为主。有公路经此。

戚家沟 371328-B04-H07
[Qījiāgōu]

在县驻地蒙阴街道东南方向 20.6 千米。垛庄镇辖自然村。人口 100。清宣统年间戚姓建村，因坐落在一个山沟里，故名。聚落呈团块状分布。经济以种植业为主。有公路经此。

鲇鱼汪 371328-B04-H08
[Niányúwāng]

在县驻地蒙阴街道东南方向 20.8 千米。垛庄镇辖自然村。人口 100。清末建村，因此地有一汪塘，内多鲇鱼，故名鲇鱼汪。聚落呈团块状分布。经济以种植业、旅游业为主。有公路经此。

豆角峪 371328-B04-H09
[Dòujiǎoyù]

在县驻地蒙阴街道东南方向 22.3 千米。垛庄镇辖自然村。人口 100。清末王姓建村在弯弯山上，因山像豆角，故名。聚落呈散状分布。经济以商贸业、种植业为主，主要农作物有板栗、山楂。有公路经此。

草滩 371328-B04-H10
[Cǎotān]

在县驻地蒙阴街道东南方向 22.3 千米。垛庄镇辖自然村。人口 100。据《刘氏家谱》载，清朝末年建村，因此处是片大草滩，故名草滩。聚落呈散状分布。经济以商贸业、种植业为主，主要农作物有板栗、山楂。有公路经此。

藕汪崖 371328-B04-H11
[Ǒuwāngyái]

在县驻地蒙阴街道东南方向 22.2 千米。垛庄镇辖自然村。人口 100。1964 年张吴姓建村时有很多藕汪崖头，故名。聚落呈带状分布。有农家书屋 1 处、图书室 1 处。经济以商贸业、种植业为主，主要农作物有板栗、山楂。有公路经此。

石马庄 371328-B04-H12
[Shímǎzhuāng]

在县驻地蒙阴街道东南方向 21.8 千米。垛庄镇辖自然村。人口 900。明朝初年建村，因村北有一巨石像马，故名石马庄。聚落呈团块状分布。有文化广场 1 处、幼儿园 1 处、小学 1 处。经济以商贸业、种植业为主，主要农作物有小麦、玉米、花生、蜜桃、板栗。有公路经此。

东北山 371328-B04-H13
[Dōngběishān]

在县驻地蒙阴街道东南方向 21.4 千米。垛庄镇辖自然村。人口 100。因在石马庄东北山间而得名。聚落呈团块状分布。有文化广场 1 处。经济以商贸业、种植业为主，主要农作物有小麦、玉米、花生、蜜桃、板栗。有公路经此。

西旺 371328-B04-H14
[Xīwàng]

在县驻地蒙阴街道东南方向 21.4 千米。垛庄镇辖自然村。人口 100。民国初年魏姓建村，因在山旺里，故名。聚落呈散状分布。经济以商贸业、种植业为主，主要农作物有小麦、玉米、花生、蜜桃、板栗。有公路经此。

下罗圈崖 371328-B04-H15
[Xiàluóquānyái]

在县驻地蒙阴街道东南方向 23.3 千米。垛庄镇辖自然村。人口 300。清初建村，此地四面环山像罗圈，因靠陡崖，故名。后又在其上建一村，名上罗圈崖，故与其对称为下罗圈崖。聚落呈团块状分布。有文化广场 1 处、文化书屋 1 处、图书馆 1 处。经济以商贸业、种植业为主，主要农作物有小麦、玉米、花生、蜜桃、板栗等。有公路经此。

西洼峪 371328-B04-H16
[Xīwāyù]

在县驻地蒙阴街道东南方向 22.4 千米。垛庄镇辖自然村。人口 100。清光绪年间建村于山峪平洼处，因建有东、西二村，对称为东、西洼峪，此村居西，故名西洼峪。聚落呈团块状分布。经济以商贸业、种植业为主，主要农作物有小麦、玉米、花生、蜜桃、板栗。有公路经此。

东洼峪 371328-B04-H17
[Dōngwāyù]

在县驻地蒙阴街道东南方向 23.1 千米。垛庄镇辖自然村。人口 100。清光绪年间建村，因在西洼峪村东，故名东洼峪。聚落呈带状分布。经济以商贸业、种植业为主，主要农作物有小麦、玉米、花生、蜜桃、板栗。有公路经此。

韩家沟 371328-B04-H18
[Hánjiāgōu]

在县驻地蒙阴街道东南方向 23.3 千米。垛庄镇辖自然村。人口 100。清光绪年间韩姓迁此建村，因坐落在沟边，故名韩家沟。聚落呈带状分布。经济以商贸业、种植业为主，主要农作物有小麦、玉米、花生、蜜桃、板栗。有公路经此。

上罗圈崖 371328-B04-H19
[Shàngluóquānyái]

在县驻地蒙阴街道东南方向 23.6 千米。垛庄镇辖自然村。人口 100。清同治年间建村，因在下罗圈崖上边，故名上罗圈崖。聚落呈散状分布。经济以商贸业、种植业为主，主要农作物有小麦、玉米、花生、蜜桃、板栗。有公路经此。

南蓉芙 371328-B04-H20
[Nánróngfú]

在县驻地蒙阴街道东南方向 24.4 千米。垛庄镇辖自然村。人口 700。有汉族、回族，其中回族占 62%。明洪武年间建村，因在西长明村南，故名南庄，后以吉祥嘉言改名南蓉芙。聚落呈团块状分布。有文化广场 1 处、文化大院 1 处、农家书屋 1 处、图书室 1 处、小学 1 处。有省级文物保护单位南蓉芙遗址，县级文物保护单位南蓉芙清真寺、南蓉芙烈士墓群。经济以商贸业、养殖业、种植业为主，主要农作物有烟草、花生、小麦、玉米、蜜桃。有公路经此。

南大林 371328-B04-H21
[Nándàlín]

在县驻地蒙阴街道东南方向 24.4 千米。垛庄镇辖自然村。人口 100。以地理方位、地形地貌特征命名。聚落呈团块状分布。经济以商贸业、养殖业、种植业为主，主要农作物有烟草、花生、小麦、玉米、蜜桃。京沪高速经此。

大山寺 371328-B04-H22
[Dàshānsì]

在县驻地蒙阴街道东南方向 26.4 千米。垛庄镇辖自然村。人口 700。据寺碑记载，元末明初建村，因此村有座大善寺，故得村名大善寺，后演变为大山寺。聚落呈团块状分布。有文化广场 1 处、文化大院 1 处、农家书屋 1 处、图书室 1 处。经济以商贸业、种植业为主，主要农作物有小麦、玉米、花生、板栗、桃。有公路经此。

寺后洼 371328-B04-H23
[Sìhòuwā]

在县驻地蒙阴街道东南方向 26.1 千米。垛庄镇辖自然村。人口 500。宋朝初年建村，因坐落在大山寺后洼地里，故名寺后洼。聚落呈团块状分布。有图书室 1 处。经济以商贸业、种植业为主，主要农作物有小麦、玉米、花生、苹果、桃、樱桃。京沪高速经此。

西山角 371328-B04-H24
[Xīshānjiǎo]

在县驻地蒙阴街道东南方向 26.4 千米。垛庄镇辖自然村。人口 300。明末建村，因在黄仁村西山角处，故名西山角。聚落呈团块状分布。有文化广场 1 处、文化大院 1

处、农家书屋 1 处、图书室 1 处。经济以
商贸业、种植业为主，主要农作物有苹果、
桃子、金银花。有公路经此。

唐王崖 371328-B04-H25
[Tángwángyái]

在县驻地蒙阴街道东南方向 27.8 千米。
垛庄镇辖自然村。人口 100。清末建村，因
此处有一山崖，传说唐王曾从此崖下路过，
故名唐王崖。聚落呈团块状分布。经济以
商贸业、种植业为主，主要农作物有板栗、
蜜桃。有公路经此。

大涝峪 371328-B04-H26
[Dàlàoyù]

在县驻地蒙阴街道东南方向 27.2 千米。
垛庄镇辖自然村。人口 100。清光绪年间建
村于一山岭中，因村前有块涝地，故名涝峪，
后又在其附近建一村名小涝峪，故与其对
称，名大涝峪。聚落呈散状分布。经济以
商贸业、种植业为主，主要农作物有板栗、
蜜桃。有公路经此。

手巾峪 371328-B04-H27
[Shǒujīnyù]

在县驻地蒙阴街道东南方向 27.2 千米。
垛庄镇辖自然村。人口 100。清光绪年间建
村，因坐落在山峪里，有人会织毛巾，故
得名手巾峪。聚落呈团块状分布。经济以
商贸业、种植业为主，主要农作物有板栗、
蜜桃。有公路经此。

南峪 371328-B04-H28
[Nányù]

在县驻地蒙阴街道东南方向 26.3 千米。
垛庄镇辖自然村。人口 200。清朝末年建村，
因在石屋山村南南峪里，故名南峪。聚落
呈散状分布。经济以种植业为主，主要农
作物有蜜桃、板栗。有公路经此。

朱家沟 371328-B04-H29
[Zhūjiāgōu]

在县驻地蒙阴街道东南方向 27.4 千米。
垛庄镇辖自然村。人口 6。相传清同治年间
朱姓来此山沟居住，故名朱家沟。聚落呈
团块状分布。经济以商贸业、种植业为主，
主要农作物有板栗、蜜桃、金银花。有公
路经此。

石屋山 371328-B04-H30
[Shíwūshān]

在县驻地蒙阴街道东南方向 25.8 千米。
垛庄镇辖自然村。人口 400。据传元朝末年
建村，因在一天然石屋云霞洞山下，故名
石屋山。聚落呈团块状分布。有文化广场 1
处、文化大院 1 处、农家书屋 1 处、图书
室 1 处、幼儿园 1 处、小学 1 处。经济以
商贸业、种植业为主，主要农作物有板栗、
金银花、玉米、花生。有公路经此。

郭家沟 371328-B04-H31
[Guōjiāgōu]

在县驻地蒙阴街道东南方向 24.3 千米。
垛庄镇辖自然村。人口 100。清初郭姓建村，
因在山沟里，故名。聚落呈团块状分布。
经济以商贸业、种植业、养殖业为主，主
要农作物有板栗、金银花、玉米、花生等，
养殖业以生猪、山羊养殖为主。有公路经此。

洞西头 371328-B04-H32
[Dòngxītóu]

在县驻地蒙阴街道东南方向 24.7 千米。
垛庄镇辖自然村。人口 8。民国初赵姓建村，
因有天然石屋洞，故名。聚落呈团块状分
布。经济以商贸业、种植业、养殖业为主，
主要农作物有板栗、金银花、玉米、花
生等，养殖业以生猪、山羊养殖为主。有
公路经此。

大舀子 371328-B04-H33

[Dàyǎozi]

在县驻地蒙阴街道东南方向 24.7 千米。垛庄镇辖自然村。人口 100。清初赵姓建村，地形像舀子，故名。聚落呈散状分布。经济以商贸业、种植业、养殖业为主，主要农作物有板栗、金银花、玉米、花生等，养殖业以生猪、山羊养殖为主。有公路经此。

官庄 371328-B04-H34

[Guānzhuāng]

在县驻地蒙阴街道东南方向 25.1 千米。垛庄镇辖自然村。人口 100。清朝赵姓建村，传说有大官来过，故名。聚落呈散状分布。经济以商贸业、种植业、养殖业为主，主要农作物有板栗、金银花、玉米、花生等，养殖业以生猪、山羊养殖为主。有公路经此。

石屋山新村 371328-B04-H35

[Shíwūshānxīncūn]

在县驻地蒙阴街道东南方向 26.2 千米。垛庄镇辖自然村。人口 300。1970 年因修建黄仁水库，石屋山部分村民迁此建村，取名新村。2013 年因合并乡镇后重名，故改为石屋山新村。聚落呈团块状分布。有文化广场 1 处、农家书屋 1 处、图书室 1 处。经济以商贸业、种植业、养殖业为主，主要农作物有板栗、金银花、玉米、花生等，养殖业以生猪、山羊养殖为主。有公路经此。

石拉子 371328-B04-H36

[Shílāzi]

在县驻地蒙阴街道东南方向 24.5 千米。垛庄镇辖自然村。人口 200。据传明万历年间建村，因多碎石，故名石拉子。聚落呈团块状分布。经济以商贸业、种植业、养殖业为主，主要农作物有板栗、金银花、玉米、花生等，养殖业以生猪、山羊养殖为主。有公路经此。

韩家庄 371328-B04-H37

[Hánjiāzhuāng]

在县驻地蒙阴街道东南方向 24.7 千米。垛庄镇辖自然村。人口 100。清朝末年韩姓居此，故名韩家庄。聚落呈团块状分布。经济以商贸业、种植业、养殖业为主，主要农作物有板栗、金银花、玉米、花生等，养殖业以生猪、山羊养殖为主。有公路经此。

夹夹沟 371328-B04-H38

[Jiājiāgōu]

在县驻地蒙阴街道东南方向 23.6 千米。垛庄镇辖自然村。人口 100。清末段姓自皇营迁此建村，因处在两山之间的山沟中，两山夹一沟，故名夹夹沟。聚落呈散状分布。经济以商贸业、种植业、养殖业为主，主要农作物有板栗、金银花、玉米、花生等，养殖业以生猪、山羊养殖为主。有公路经此。

黄姑庵 371328-B04-H39

[Huánggū'ān]

在县驻地蒙阴街道东南方向 24.7 千米。垛庄镇辖自然村。人口 300。明末建村，因此处有一尼庵，传说某朝代一皇姑在此修炼，故名皇姑庵。后演变为黄姑庵。聚落呈散状分布。有文化广场 1 处、文化大院 1 处、农家书屋 1 处、图书室 1 处。经济以商贸业、种植业为主，主要农作物有板栗、金银花、桃等。有公路经此。

椿树沟 371328-B04-H40

[Chūnshùgōu]

在县驻地蒙阴街道东南方向 25.5 千米。垛庄镇辖自然村。人口 100。清末建村，因坐落在多椿树的山沟里，故名椿树沟。聚落呈散状分布。经济以商贸业、种植业为主，主要农作物有板栗、蜜桃。有公路经此。

保崮门 371328-B04-H41
[Bǎogùmén]

在县驻地蒙阴街道东南方向 28.5 千米。垛庄镇辖自然村。人口 200。清光绪年间建村，因北靠崮山，山上有个小洞，洞口朝南，像门，故名保崮门。聚落呈散状分布。有文化广场 1 处、文化大院 1 处、农家书屋 1 处、图书室 1 处。经济以商贸业、种植业为主，主要农作物有板栗和蜜桃。有公路经此。

桑园 371328-B04-H42
[Sāngyuán]

在县驻地蒙阴街道东南方向 30.8 千米。垛庄镇辖自然村。人口 500。据传明洪武年间建村，因多桑树，故名桑园。聚落呈团块状分布。有文化广场 1 处、文化大院 1 处、农家书屋 1 处、图书室 1 处、幼儿园 1 处、小学 1 处。古迹有唐朝姑姑庵。经济以商贸业、种植业为主，主要农作物有板栗、蜜桃、山楂、樱桃、苹果、核桃、杏、李子、花生、地瓜、小麦、玉米等。有公路经此。

高都 371328-B05-H01
[Gāodū]

高都镇人民政府驻地。在县驻地蒙阴街道北方向 12.0 千米。人口 2 000。明初薛姓自山西喜鹊窝迁此建村，因在西高都村东，故取名东高都，后简称高都。聚落呈团块状分布。有小学。经济以商贸业、种植业为主，主要农作物有蜜桃、苹果、玉米、地瓜、花生。有公路经此。

上温 371328-B05-H02
[Shàngwēn]

在县驻地蒙阴街道北方向 17.2 千米。高都镇辖自然村。人口 1 700。以地理方位、姓氏命名。聚落呈团块状分布。有幼儿园 1 处。经济以果品种植业为主，主要农作物有蜜桃、苹果、板栗。有公路经此。

山头 371328-B05-H03
[Shāntóu]

在县驻地蒙阴街道北方向 18.6 千米。高都镇辖自然村。人口 200。清光绪年间徐姓自莫庄迁此建村，因坐落在一小山头上而得名。聚落呈环状分布。经济以种植业为主，主要农作物有桃、苹果、花生、玉米、地瓜。有公路经此。

青石堆 371328-B05-H04
[Qīngshíduī]

在县驻地蒙阴街道北方向 18.1 千米。高都镇辖自然村。人口 100。清末建村，因附近有一大堆青石而得名。聚落呈环状分布。经济以种植业为主，主要农作物有桃、苹果、花生、玉米、地瓜。有公路经此。

王家胡同 371328-B05-H05
[Wángjiāhútòng]

在县驻地蒙阴街道北方向 17.8 千米。高都镇辖自然村。人口 300。清道光年间，王姓自下温村迁此建村，因在两条山梁之间，远望像在一条胡同里，故名王家胡同。聚落呈散状分布。经济以种植业为主，主要农作物有桃、苹果、花生、玉米、地瓜。有公路经此。

高家岭 371328-B05-H06
[Gāojiālǐng]

在县驻地蒙阴街道北方向 17.4 千米。高都镇辖自然村。人口 100。清末高姓建村，因坐落在山岭上得名。聚落呈环状分布。经济以种植业为主，主要农作物有桃、苹果、花生、玉米、地瓜。有公路经此。

下薛家峪 371328-B05-H07
[Xiàxuējiāyù]

在县驻地蒙阴街道北方向 16.2 千米。高都镇辖自然村。人口 800。明正德年间，薛姓自东高都迁此建村，因坐落在山峪中，故名薛家峪，后因其上头建一村名上薛家峪，与其对称，名下薛家峪。聚落呈散状分布。有农家书屋1处、图书室1处。经济以种植业为主，主要农作物有桃、苹果、花生、玉米、地瓜。有公路经此。

北沟 371328-B05-H08
［Běigōu］

在县驻地蒙阴街道北方向17.2千米。高都镇辖自然村。人口100。1933年，张姓建村，因在薛家峪北沟，故名。聚落呈环状分布。经济以种植业为主，主要农作物有桃、苹果、花生、玉米、地瓜。有公路经此。

上陡沟 371328-B05-H09
［Shàngdǒugōu］

在县驻地蒙阴街道北方向15.5千米。高都镇辖自然村。人口200。清光绪年间，杨姓自蔡庄迁此建村，因坐落在榆树山庄山下深沟里而得名陡沟，后因又在其下又建一村名下陡沟，故与其对称，名上陡沟。聚落呈散状分布。经济以种植业为主，主要农作物有桃、苹果、花生、玉米、地瓜。有公路经此。

下黑石山 371328-B05-H10
［Xiàhēishíshān］

在县驻地蒙阴街道南方向16.6千米。高都镇辖自然村。人口200。传说清朝初年建村，因坐落在黑石山下，故名黑石山。后因其上面又建一上黑石山村，故与其对称，为下黑石山。聚落呈环状分布。经济以种植业为主，主要农作物有桃、苹果、花生、玉米、地瓜。有公路经此。

黄泥沟 371328-B05-H11
［Huángnígōu］

在县驻地蒙阴街道北方向15.9千米。

高都镇辖自然村。人口200。清咸丰年间，李姓自新泰黑沟迁此建村，因坐落在黄土岭下，雨后水黄地滑，故名黄泥沟。聚落呈团块状分布。经济以种植业为主，主要农作物有桃、苹果、花生、玉米、地瓜。有公路经此。

崔家北岭 371328-B05-H12
［Cuījiāběilǐng］

在县驻地蒙阴街道北方向16.4千米。高都镇辖自然村。人口200。民国时崔姓建村，因坐落在黄泥沟村北岭上而得名。聚落呈环状分布。经济以种植业为主，主要农作物有桃、苹果、花生、玉米、地瓜。有公路经此。

北野店 371328-B06-H01
［Běiyědiàn］

野店镇人民政府驻地。在县驻地蒙阴街道东北方向22.0千米。人口300。明洪武初年，叶姓迁此地南居住，因开设客店，故名叶家店。后因叶姓无人，村落又处山野中，故演变为野店。明崇祯年间卢姓又在野店村北建此村，对称北野店。聚落呈带状分布。经济以商贸业、种植业为主，主要农作物有蜜桃、苹果、板栗、花生、地瓜。省道沂台公路经此。

寨后万 371328-B06-H02
［Zhàihòuwàn］

在县驻地蒙阴街道北方向14.3千米。野店镇辖自然村。人口100。清宣统年间，文、公、侯三姓建村，因坐落在司马寨山后旺里，故名寨后万。聚落呈散状分布。经济以商贸业、种植业为主，主要农作物有蜜桃、苹果、板栗、樱桃、花生、地瓜。有公路经此。

焦坡北山 371328-B06-H03
[Jiāopōběishān]

在县驻地蒙阴街道东北方向 24.9 千米。野店镇辖自然村。人口 300。清初宋姓自下东门迁此建村，因坐落在焦坡村北山脚下，故名。聚落呈散状分布。经济以商贸业、种植业为主，主要农作物有蜜桃、苹果、板栗、樱桃、花生、地瓜。有公路经此。

庙岭 371328-B06-H04
[Miàolǐng]

在县驻地蒙阴街道东北方向 24.0 千米。野店镇辖自然村。人口 200。清末包姓自上东门迁此建村，因在有山神庙的山岭上，故名。聚落呈散状分布。经济以商贸业、种植业为主，主要农作物有蜜桃、苹果、板栗、樱桃、花生、地瓜。有公路经此。

西坪 371328-B06-H05
[Xīpíng]

在县驻地蒙阴街道东北方向 24.2 千米。野店镇辖自然村。人口 100。清康熙三年（1664），公姓由上东门迁此建村，因在东坪村西侧，地势较平坦，故与东坪对称西坪。聚落呈团块状分布。经济以商贸业、种植业为主，主要农作物有蜜桃、苹果、板栗、樱桃、花生、地瓜。有公路经此。

长岭 371328-B06-H06
[Chánglǐng]

在县驻地蒙阴街道东北方向 23.5 千米。野店镇辖自然村。人口 200。清嘉庆十年（1805），宋姓由下东门迁此落户，因在一条漫长的山岭上，故名长岭。聚落呈散状分布。经济以商贸业、种植业为主，主要农作物有蜜桃、苹果、板栗、樱桃、花生、地瓜。有公路经此。

朱家坡 371328-B06-H07
[Zhūjiāpō]

在县驻地蒙阴街道东北方向 24.1 千米。野店镇辖自然村。人口 400。明万历十一年（1583），朱姓自莱芜朱家庄迁来落户，因朱姓族户大、人丁旺，遂改名朱家坡。聚落呈团块状分布。经济以商贸业、种植业为主，主要农作物有蜜桃、苹果、板栗、花生、地瓜、玉米。234 省道经此。

南坪 371328-B06-H08
[Nánpíng]

在县驻地蒙阴街道东北方向 24.1 千米。野店镇辖自然村。人口 100。1921 年朱姓自朱家坡迁此建村，因坐落在朱家坡南一草坪上，故名南坪。聚落呈团块状分布。经济以商贸业、种植业为主，主要农作物有蜜桃、苹果、板栗、花生、地瓜。234 省道经此。

窑窝 371328-B06-H09
[Yáowō]

在县驻地蒙阴街道西北方向 23.8 千米。野店镇辖自然村。人口 100。1941 年公姓建村，因此处原有木炭窑烧制木炭，故得名窑窝。聚落呈散状分布。经济以商贸业、种植业为主，主要农作物有蜜桃、苹果、板栗、樱桃、花生、地瓜。有公路经此。

东山 371328-B06-H10
[Dōngshān]

在县驻地蒙阴街道东北方向 21.8 千米。野店镇辖自然村。人口 300。清光绪二十九年（1903），朱姓自朱家坡迁此居住，因坐落在朱家坡村东山坡上而得名。聚落呈散状分布。经济以商贸业、种植业为主，主要农作物有蜜桃、苹果、板栗。234 省道经此。

东晏 371328-B06-H11

[Dōngyàn]

在县驻地蒙阴街道东北方向 25.1 千米。野店镇辖自然村。人口 100。清光绪二十九年（1903），朱姓自朱家坡来此居住，因村东山坡上有前人留下的堰坝，故名东堰，后演变为东晏。聚落呈散状分布。经济以商贸业、种植业为主，主要农作物有蜜桃、苹果、板栗、樱桃、花生、地瓜。有公路经此。

曹家梁 371328-B06-H12

[Cáojiāliáng]

在县驻地蒙阴街道东北方向 21.0 千米。野店镇辖自然村。人口 100。民国初年曹姓建村，因坐落在山梁上得名。聚落呈散状分布。经济以商贸业、种植业为主，主要农作物有蜜桃、苹果、板栗、花生、地瓜。234 省道经此。

新庄北山 371328-B06-H13

[Xīnzhuāngběishān]

在县驻地蒙阴街道东北方向 20.3 千米。野店镇辖自然村。人口 200。1910 年秦姓建村，因坐落在新庄北边山上而得名。聚落呈散状分布。经济以商贸业、种植业为主，主要农作物有蜜桃、苹果、板栗、樱桃、花生、地瓜。有公路经此。

伊家圈 371328-B06-H14

[Yījiāquān]

在县驻地蒙阴街道东北方向 20.4 千米。野店镇辖自然村。人口 500。清乾隆十一年（1746），伊姓自挨庄（现名烟庄）迁此建村，因坐落在河套里，河水绕村半圈而得名。聚落呈团块状分布。经济以商贸业、种植业为主，主要农作物有蜜桃、苹果、板栗、樱桃、花生、地瓜。有公路经此。

石泉 371328-B06-H15

[Shíquán]

在县驻地蒙阴街道北方向 20.6 千米。野店镇辖自然村。人口 300。清嘉庆十五年（1810），伊姓自挨庄（现名烟庄）迁此建村，因此处有一山泉，泉水从石缝中流出，故名石泉。聚落呈散状分布。有文化广场 1 处。经济以商贸业、种植业为主，主要农作物有蜜桃、苹果、板栗、樱桃、花生、地瓜。有公路经此。

小寨 371328-B06-H16

[Xiǎozhài]

在县驻地蒙阴街道北方向 20.5 千米。野店镇辖自然村。人口 200。清咸丰六年（1856），苏姓自苏家庄迁此落户，因在小山寨下而得名。聚落呈散状分布。经济以商贸业、种植业为主，主要农作物有蜜桃、苹果、板栗、樱桃、花生、地瓜。有公路经此。

木沟峪 371328-B06-H17

[Mùgōuyù]

在县驻地蒙阴街道北方向 20.8 千米。野店镇辖自然村。人口 300。清嘉庆十五年（1810），伊姓自挨庄（现名烟庄）迁此居住，因此地有六条沙梁形成的五条山沟，故名五沟峪，后演变为木沟峪。聚落呈团块状分布。经济以商贸业、种植业为主，主要农作物有蜜桃、苹果、板栗、樱桃、花生、地瓜。有公路经此。

东柳沟 371328-B06-H18

[Dōngliǔgōu]

在县驻地蒙阴街道北方向 20.0 千米。野店镇辖自然村。人口 200。清宣统二年（1910），伊姓建村，因坐落在西柳沟村东，故与其对称东柳沟。聚落呈散状分布。经济以商贸业、种植业为主，主要农作物有蜜桃、苹果、板栗、樱桃、花生、地瓜。有公路经此。

为主，主要农作物有蜜桃、苹果、板栗、樱桃、花生、地瓜。有公路经此。

西柳沟 371328-B06-H19
[Xīliǔgōu]

在县驻地蒙阴街道北方向 20.1 千米。野店镇辖自然村。人口 300。清光绪三十年（1904），王姓自沂水（现沂南）柳沟迁此建村，因又在其东建一村名东柳沟，故与其对称西柳沟。聚落呈散状分布。经济以商贸业、种植业为主，主要农作物有蜜桃、苹果、板栗、樱桃、花生、地瓜。有公路经此。

阁老崮 371328-B06-H20
[Gélǎogù]

在县驻地蒙阴街道东北方向 17.1 千米。野店镇辖自然村。人口 200。据隋氏墓志碑载，清同治二年（1863），隋姓自马牧池迁此建村，因坐落在阁老崮山半腰里而得名。聚落呈团块状分布。经济以商贸业、种植业为主，主要农作物有蜜桃、苹果、板栗、樱桃、花生、地瓜。有公路经此。

邱家岭 371328-B06-H21
[Qiūjiālǐng]

在县驻地蒙阴街道北方向 14.1 千米。野店镇辖自然村。人口 100。民国时期邱姓自莫庄迁此建村，因坐落在岭上而得名。聚落呈环状分布。经济以商贸业、种植业为主，主要农作物有蜜桃、苹果、板栗、樱桃、花生、地瓜。有公路经此。

朝阳洞 371328-B06-H22
[Cháoyángdòng]

在县驻地蒙阴街道东北方向 14.7 千米。野店镇辖自然村。人口 100。1931 年，玉皇庙徐道士建村，因在朝阳洞附近，故名。聚落呈散状分布。经济以商贸业、种植业

东坪 371328-B06-H23
[Dōngpíng]

在县驻地蒙阴街道东北方向 24.6 千米。野店镇辖自然村。人口 400。明永乐十八年（1420），公姓自上东门迁此居住，因地势较平坦，故名坪子。后又在其西建一村名西坪，故与其对称为东坪。聚落呈团块状分布。经济以商贸业、种植业为主，主要农作物有蜜桃、苹果、板栗、樱桃、花生、地瓜。有公路经此。

芥子峪 371328-B06-H24
[Jièziyù]

在县驻地蒙阴街道北方向 14.4 千米。野店镇辖自然村。人口 100。清光绪九年（1883），宋姓自坦布林迁此建村，因芥菜较多，故名芥子峪。聚落呈环状分布。经济以商贸业、种植业为主，主要农作物有蜜桃、苹果、板栗、樱桃、花生、地瓜。有公路经此。

南晏子 371328-B06-H25
[Nányànzǐ]

在县驻地蒙阴街道北方向 17.3 千米。野店镇辖自然村。人口 700。传说元初晏姓建村，因在北晏子村南，故与其对称南晏子。聚落呈团块状分布。经济以商贸业、种植业为主，主要农作物有蜜桃、苹果、板栗、花生、地瓜、玉米。234 省道经此。

后桑园 371328-B06-H26
[Hòusāngyuán]

在县驻地蒙阴街道北方向 18.9 千米。野店镇辖自然村。人口 100。民国初年建村，坐落在南晏子村北，因此处原是晏姓桑园，故名后桑园。聚落呈团块状分布。经济以

商贸业、种植业为主，主要农作物有蜜桃、苹果、板栗、樱桃、花生、地瓜。有公路经此。

天马场 371328-B06-H27
[Tiānmǎchǎng]

在县驻地蒙阴街道北方向 18.9 千米。野店镇辖自然村。人口 200。据赵氏墓地碑记载，清嘉庆十五年（1810）赵姓建村，因此处曾是种植过天麻的场所，故名天麻场，后演变为天马场。聚落呈散状分布。经济以商贸业、种植业为主，主要农作物有蜜桃、苹果、板栗、樱桃、花生、地瓜。有公路经此。

北晏子 371328-B06-H28
[Běiyànzǐ]

在县驻地蒙阴街道东北方向 18.4 千米。野店镇辖自然村。人口 700。传说元初晏姓建村，故名晏子，不久又在其南建一村名南晏子，故与其对称为北晏子。聚落呈团块状分布。有小学 1 处、幼儿园 1 处。经济以商贸业、种植业为主，主要农作物有蜜桃、苹果、板栗、花生、地瓜、玉米。234 省道经此。

黄土岭 371328-B06-H29
[Huángtǔlǐng]

在县驻地蒙阴街道东北方向 17.7 千米。野店镇辖自然村。人口 100。原名黄土梁，因与本公社黄土良大队黄土良村音同，1981 年更名为黄土岭。聚落呈环状分布。经济以商贸业、种植业为主，主要农作物有蜜桃、苹果、板栗、花生、地瓜、玉米。234 省道经此。

柴火山 371328-B06-H30
[Cháihuǒshān]

在县驻地蒙阴街道东北方向 17.7 千米。野店镇辖自然村。人口 200。民国初期建村，因此处山上野草茂盛，不愁烧柴，故名柴火山。聚落呈团块状分布。经济以商贸业、种植业为主，主要农作物有蜜桃、苹果、板栗、樱桃、花生、地瓜。有公路经此。

响水峪 371328-B06-H31
[Xiǎngshuǐyù]

在县驻地蒙阴街道东北方向 16.8 千米。野店镇辖自然村。人口 20。1930 年，包、姬两姓建村，因此处有一小瀑布，流水很响，故名响水峪。聚落呈环状分布。经济以商贸业、种植业为主，主要农作物有蜜桃、苹果、板栗、樱桃、花生、地瓜。有公路经此。

北坪 371328-B06-H32
[Běipíng]

在县驻地蒙阴街道东北方向 16.7 千米。野店镇辖自然村。人口 300。相传清乾隆姬姓建村，因坐落在南晏子村南坪上，故名南坪。因重名，1981 年更名为北坪。聚落呈团块状分布。有文化广场 1 处。经济以商贸业、种植业为主，主要农作物有蜜桃、苹果、板栗、花生、地瓜、玉米。234 省道经此。

黄土崖 371328-B06-H33
[Huángtǔyá]

在县驻地蒙阴街道东北方向 16.6 千米。野店镇辖自然村。人口 200。清末，张、徐两姓建村，因坐落在黄土岗上，故名黄土崖。聚落呈团块状分布。经济以商贸业、种植业为主，主要农作物有蜜桃、苹果、板栗、花生、地瓜、玉米。234 省道经此。

上东门 371328-B06-H34
[Shàngdōngmén]

在县驻地蒙阴街道东北方向 24.9 千米。野店镇辖自然村。人口 1 600。因村东小河是东周时齐、鲁的界河，该村是故鲁国的东门户，故取名东门。清初又在其南建一村名下东门，故与其对称上东门。聚落呈团块状分布。有小学 1 处、幼儿园 1 处。经济以商贸业、种植业为主，主要农作物有蜜桃、苹果、板栗、樱桃、花生、地瓜。有公路经此。

南桃墟 371328-B07-H01
[Nántáoxū]

桃墟镇人民政府驻地。在县驻地蒙阴街道东南方向 12.0 千米。人口 700。因过去有桃林，并有废墟，故名桃墟。以桃墟为名建有二村，此村居南，故名南桃墟。聚落呈团块状分布。有文化大院 1 处、农家书屋 1 处、幼儿园 1 处、小学 1 处、中学 1 处。经济以商贸业、种植业为主，主要农作物有小麦、玉米、蜜桃。205 国道经此。

百泉峪 371328-B07-H02
[Bǎiquányù]

在县驻地蒙阴街道南方向 14.3 千米。桃墟镇辖自然村。人口 300。清康熙年间方姓建村，故名方家庄，因有泉水，1981 年更名为九泉峪，2008 年改为百泉峪。聚落呈团块状分布。经济以旅游业、种植业为主，主要农作物有苹果、蜜桃、板栗。省道沂台公路经此。

前城 371328-B07-H03
[Qiánchéng]

在县驻地蒙阴街道东南方向 11.5 千米。桃墟镇辖自然村。人口 400。明万历年间，公姓自公家城子迁此建村，因在公家城子村南、富家寨山前，故名前城子，后简化为前城。聚落呈团块状分布。有文化大院 1 处、农家书屋 1 处、幼儿园 1 处、小学 1 处。经济以种植业为主，主要农作物有香椿、石榴、楸树。有公路经此。

孙家峪子 371328-B07-H04
[Sūnjiāyùzi]

在县驻地蒙阴街道东南方向 17.2 千米。桃墟镇辖自然村。人口 200。清乾隆年间，孙姓自费县白埠迁此建村，因在一山峪里，故名。聚落呈环状分布。经济以种植业为主。336 省道经此。

东桃墟 371328-B07-H05
[Dōngtáoxū]

在县驻地蒙阴街道东南方向 11.1 千米。桃墟镇辖自然村。人口 300。1960 年因修岸堤水库，从北桃墟搬迁至此建村，与西桃墟对称，故名东桃墟。聚落呈团块状分布。经济以种植业为主。有公路经此。

青山埠 371328-B07-H06
[Qīngshānbù]

在县驻地蒙阴街道东南方向 7.4 千米。桃墟镇辖自然村。人口 700。相传清嘉庆年间建村，因西依长山，东临汶水，故名青山埠。聚落呈团块状分布。有文化广场 1 处。经济以种植业为主。有公路经此。

庙子岭 371328-B07-H07
[Miàozilǐng]

在县驻地蒙阴街道东南方向 8.1 千米。桃墟镇辖自然村。人口 200。传说明朝初年建村，因在有一山神庙的岭上，故名庙子岭。聚落呈团块状分布。有文化广场 1 处。经济以种植业为主。京沪高速、205 国道经此。

周家庄 371328-B07-H08
[Zhōujiāzhuāng]

在县驻地蒙阴街道东南方向 9.2 千米。桃墟镇辖自然村。人口 200。据传清乾隆年间周姓从临沂县迁此，故名周家庄。聚落呈团块状分布。有文化大院 1 处、农家书屋 1 处。经济以种植业为主。京沪高速经此。

黄土沟 371328-B07-H09

[Huángtǔgōu]

在县驻地蒙阴街道东南方向 15.9 千米。桃墟镇辖自然村。人口 700。据传清雍正年间建村，因此地有一条黄土深沟，故名黄土沟。聚落呈团块状分布。有文化大院 1 处、农家书屋 1 处。经济以种植业为主。京沪高速、205 国道经此。

南太平 371328-B07-H10

[Nántàipíng]

在县驻地蒙阴街道东南方向 16.0 千米。桃墟镇辖自然村。人口 300。相传明朝末年建村，传说此村历来未遭战乱，民众太平，故名太平庄。后又在其北建一村名北太平，故与其对称为南太平。聚落呈团块状分布。有文化大院 1 处。经济以种植业为主。205 国道经此。

柏家宅子 371328-B07-H11

[Bǎijiāzháizi]

在县驻地蒙阴街道东南方向 16.7 千米。桃墟镇辖自然村。人口 400。相传明末柏姓建村，传说柏姓触犯王法，满门被斩，只剩下一座空宅院，故名柏家宅子。聚落呈团块状分布。有文化大院 1 处。经济以种植业为主。京沪高速、205 国道经此。

响水旺 371328-B07-H12

[Xiǎngshuǐwàng]

在县驻地蒙阴街道东南方向 16.9 千米。桃墟镇辖自然村。人口 100。清末建村，坐落在有一流水作响的山旺里，故名响水旺。聚落呈团块状分布。经济以种植业为主。京沪高速经此。

蒋沟桥 371328-B07-H13

[Jiǎnggōuqiáo]

在县驻地蒙阴街道东南方向 14.4 千米。桃墟镇辖自然村。人口 800。传说清康熙年间建村，因东有一条由很多小河汇成的沟河，上有一座石拱桥，故名千沟桥。后因蒋姓来落户，故演变为蒋沟桥。聚落呈团块状分布。有文化大院 1 处、农家书屋 1 处、幼儿园 1 处。经济以种植业为主。有公路经此。

新官庄 371328-B07-H14

[Xīnguānzhuāng]

在县驻地蒙阴街道东南方向 14.9 千米。桃墟镇辖自然村。人口 200。1959 年修岸堤水库时，部分居民从库底官庄迁东北。1961 年从东北返回，集中在杨树底、蒋沟桥村南落户，后改名新村。因重名，1981 年更名为新官庄。聚落呈团块状分布。经济以种植业为主。有公路经此。

陡兴庄 371328-B07-H15

[Dǒuxīngzhuāng]

在县驻地蒙阴街道东南方向 14.2 千米。桃墟镇辖自然村。人口 500。相传清雍正年间石姓自东陡山迁此建村，以吉祥嘉言取名陡兴庄。聚落呈团块状分布。经济以种植业为主。有文化大院 1 处、农家书屋 1 处、幼儿园 1 处。京沪高速经此。

长岭 371328-B07-H16

[Chánglǐng]

在县驻地蒙阴街道东南方向 14.1 千米。桃墟镇辖自然村。人口 100。清朝末年建村，因坐落在一条长岭上，故名长岭。聚落呈散状分布。经济以种植业为主。有公路经此。

南窑 371328-B07-H17

[Nányáo]

在县驻地蒙阴街道东南方向 14.2 千米。桃墟镇辖自然村。人口 100。清朝末年，石姓自陡兴庄迁此建村，因在陡兴庄南，有土窑，故名南窑。聚落呈散状分布。经济以种植业为主。有公路经此。

鞍子 371328-B07-H18
[Ānzi]

在县驻地蒙阴街道东南方向 14.4 千米。桃墟镇辖自然村。人口 300。据传清道光年间建村，因地形像马鞍子，故名鞍子。聚落呈散状分布。经济以种植业为主。有公路经此。

南良 371328-B07-H19
[Nánliáng]

在县驻地蒙阴街道东南方向 14.9 千米。桃墟镇辖自然村。人口 200。经济以种植业为主。清末石姓从桃墟迁此建村，因坐落在黄泥崖山头南山梁上，故名。聚落呈散状分布。经济以种植业为主。有公路经此。

大王庄 371328-B07-H20
[Dàwángzhuāng]

在县驻地蒙阴街道东南方向 14.9 千米。桃墟镇辖自然村。人口 600。传说汉朝末年王姓来此建村，故名王家庄。后又在附近建一村，名小王家庄，故与其对称为大王家庄，后演变为大王庄。聚落呈团块状分布。有文化大院 1 处、农家书屋 1 处。经济以种植业为主。有公路经此。

吉宝峪 371328-B07-H21
[Jíbǎoyù]

在县驻地蒙阴街道东南方向 17.8 千米。桃墟镇辖自然村。人口 400。清康熙年间建村，因此山峪南、北各有一石鸡，故名鸡宝峪，后演变为吉宝峪。聚落呈团块状分布。有文化大院 1 处、农家书屋 1 处。经济以种植业为主。有公路经此。

青崖 371328-B07-H22
[Qīngyá]

在县驻地蒙阴街道东南方向 19.0 千米。桃墟镇辖自然村。人口 200。相传清嘉庆年间建村，因在青崖山下，故名青崖。聚落呈散状分布。有文化大院 1 处。经济以种植业为主。有公路经此。

郭家水营 371328-B07-H23
[Guōjiāshuǐyíng]

在县驻地蒙阴街道东南方向 11.4 千米。桃墟镇辖自然村。人口 200。清雍正年间，郭姓建村，因村前有河，有村迎着水的意思，故名郭家水迎，后演变为郭家水营。聚落呈团块状分布。有文化大院 1 处、幼儿园 1 处。经济以种植业为主。234 省道经此。

马连场 371328-B07-H24
[Mǎliánchǎng]

在县驻地蒙阴街道东南方向 10.9 千米。桃墟镇辖自然村。人口 100。相传清光绪年间建村，因此地多菠萝树，故名菠萝场，后演变为马连场。聚落呈散状分布。经济以种植业为主。有公路经此。

刘家水营 371328-B07-H25
[Liújiāshuǐyíng]

在县驻地蒙阴街道东南方向 11.5 千米。桃墟镇辖自然村。人口 300。明朝末年，刘姓建村，因紧靠小河，有村迎着水的意思，故名刘家水迎，后演变为刘家水营。聚落呈团块状分布。经济以种植业为主。有公路经此。

石家水营 371328-B07-H26
[Shíjiāshuǐyíng]

在县驻地蒙阴街道东南方向 12.6 千米。桃墟镇辖自然村。人口 800。明成化年间建村，因村前有小河，有村迎着水的意思，故名石家水迎，后演变为石家水营。聚落呈团块状分布。经济以种植业为主。234省道经此。

崔家城子 371328-B08-H01
[Cuījiāchéngzi]

联城镇人民政府驻地。在县驻地蒙阴街道西南方向8.0千米。人口600。明洪武四年（1371），崔姓自山西洪洞县喜鹊窝迁此，因在西汉蒙阴城旧址一带，故名崔家城子。聚落呈团块状分布。有文化大院1处、幼儿园1处。有颛臾庙遗址。经济以商贸业、种植业为主，主要农作物有小麦、玉米、花生、核桃、葡萄。有公路经此。

季家城子 371328-B08-H02
[Jìjiāchéngzi]

在县驻地蒙阴街道西南方向6.7千米。联城镇辖自然村。人口300。相传清道光年间季姓建村，因在西汉蒙阴城旧址一带，故名季家城子。聚落呈团块状分布。古迹有玉皇庙。经济以种植业为主，主要农作物有小麦、玉米、蜜桃、核桃、黄烟。有公路经此。

小山口 371328-B08-H03
[Xiǎoshānkǒu]

在县驻地蒙阴街道西南方向7.4千米。联城镇辖自然村。人口400。据相氏谱碑记载，清雍正十一年（1733），相姓自相家庄子迁此建村，因居处是一山口，故名相家口。清朝末年，东儒来村王姓迁此，遂改为小山口。聚落呈团块状分布。有图书室1处。经济以商贸业、种植业、养殖业为主，主要农作物有小米、花生、玉米，养殖业以羊养殖为主。有公路经此。

王家洼 371328-B08-H04
[Wángjiāwā]

在县驻地蒙阴街道西南方向11.2千米。联城镇辖自然村。人口800。因靠近大王庄，故取村名小王庄，又因与桃墟公社小王庄重名，1981年更名为王家洼。聚落呈团块状分布。有文化广场1处、文化大院1处、农家书屋1处、小学1处。经济以种植业为主，主要农作物有香菇、中药材。有公路经此。

王去峪 371328-B08-H05
[Wángqùyù]

在县驻地蒙阴街道西南方向11.8千米。联城镇辖自然村。人口800。因居处是个山峪，附近有一古废墟，称王墟峪，后演变为王去峪。聚落呈团块状分布。有文化广场1处、农家书屋1处、图书室1处、小学1处。经济以种植业和养殖业为主，主要农作物有黄烟和中药材，养殖业以肉兔养殖为主。有公路经此。

相家庄子 371328-B08-H06
[Xiāngjiāzhuāngzi]

在县驻地蒙阴街道西方向12.5千米。联城镇辖自然村。人口600。清雍正初年，相姓自滕县相庄迁此，以姓氏得村名相家庄子。聚落呈团块状分布。有文化广场1处、农家书屋1处、图书室1处。经济以种植业为主，主要农作物有蜜桃和中药材。有公路经此。

高楼庄 371328-B08-H07
[Gāolóuzhuāng]

在县驻地蒙阴街道西方向11.3千米。联城镇辖自然村。人口300。清道光二十二年（1842），孟姓自东儒来迁此，后因高、卢氏无人，孟为大户，故更名为高楼庄，以高楼寨山得名。聚落呈团块状分布。有文化广场 1 处。经济以种植业为主，主要农作物有蜜桃和中药材。有公路经此。

常岭 371328-B08-H08
［Chánglǐng］

在县驻地蒙阴街道西南方向 12.8 千米。联城镇辖自然村。人口 300。相传清初孙姓迁此建村，因处在一条较长的岭上，故名长岭，后演变为常岭。聚落呈散状分布。有文化广场 1 处、图书室 1 处、小学 1 处。经济以种植业为主，主要农作物有小麦、玉米、花生、地瓜、桃。有公路经此。

大类家庄 371328-B08-H09
［Dàlèijiāzhuāng］

在县驻地蒙阴街道西南方向 12.5 千米。联城镇辖自然村。人口 300。明末，类姓自东杨家庄迁此落户，故名类家庄。清朝中期又在附近建一村名小类家庄，故与其对称为大类家庄。聚落呈团块状分布。有文化广场 1 处、农家书屋 1 处、图书室 1 处等。经济以种植业为主，主要农作物有蜜桃和中药材。有公路经此。

西杨家庄 371328-B08-H10
［Xīyángjiāzhuāng］

在县驻地蒙阴街道西南方向 11.4 千米。联城镇辖自然村。人口 400。传说明朝初年杨姓在一小河两边建村，该村居西，故名西杨家庄。聚落呈团块状分布。有文化广场 1 处。经济以商贸业、种植业为主，主要农作物有蜜桃和中药材。有公路经此。

山子后 371328-B08-H11
［Shānzihòu］

在县驻地蒙阴街道西南方向 12.0 千米。联城镇辖自然村。人口 100。清宣统年间建村，因在对山子后坡，故名山子后。聚落

呈团块状分布。经济以商贸业、种植业为主，主要农作物有蜜桃和中药材。有公路经此。

铁头仓 371328-B08-H12
［Tiětóucāng］

在县驻地蒙阴街道西南方向 9.5 千米。联城镇辖自然村。人口 300。明末王姓建村，传说官府曾在此处建造铁板盖顶的粮仓而得名铁头仓。聚落呈团块状分布。有文化广场 1 处。经济以商贸业、种植业为主，主要农作物有花生、地瓜、蜜桃。有公路经此。

季家官庄 371328-B08-H13
［Jìjiāguānzhuāng］

在县驻地蒙阴街道西南方向 8.3 千米。联城镇辖自然村。人口 300。清光绪三十二年（1906），季姓建村，因季姓有人在外做官，故名季家官庄。聚落呈团块状分布。有图书室 1 处。经济以商贸业、种植业为主，主要农作物有花生、地瓜、蜜桃。有公路经此。

郭家场 371328-B08-H14
［Guōjiāchǎng］

在县驻地蒙阴街道西南方向 10.7 千米。联城镇辖自然村。人口 600。明成化四年（1468），郭姓自费县阳西迁此建村，因附近有片柊椤场而得名郭家场。聚落呈团块状分布。有文化广场 1 处、图书室 1 处。经济以商贸业、种植业为主，主要农作物有花生、地瓜、蜜桃。有公路经此。

徐家虎路坡 371328-B08-H15
［Xújiāhǔlùpō］

在县驻地蒙阴街道西南方向 10.9 千米。联城镇辖自然村。人口 200。清光绪三十一年（1905），徐姓建村于山下坡地上，传说蒙山上的老虎常从此路过，故名徐家虎

路坡。聚落呈团块状分布。有文化广场 1 处、图书室 1 处。经济以商贸业、种植业为主，主要农作物有地瓜、小麦、玉米、花生、中药材。有公路经此。

大庄 371328-B08-H16
[Dàzhuāng]

在县驻地蒙阴街道南方向 10.6 千米。联城镇辖自然村。人口 900。该村在附近村庄中较大，故名大庄。聚落呈散状分布。有文化广场 1 处、幼儿园 1 处、中小学 1 处。有县级文物保护单位吕娘娘墓。经济以商贸业、种植业为主，主要农作物有小麦、玉米、花生。有公路经此。

小庄 371328-B08-H17
[Xiǎozhuāng]

在县驻地蒙阴街道西南方向 9.1 千米。联城镇辖自然村。人口 600。清初张姓建村，因靠近大庄，故与其对称为小庄。聚落呈团块状分布。经济以商贸业、种植业为主，主要农作物有地瓜、小麦、玉米、花生。有公路经此。

刘家官庄 371328-B08-H18
[Liújiāguānzhuāng]

在县驻地蒙阴街道西南方向 11.5 千米。联城镇辖自然村。人口 400。明初刘姓自山西喜鹊窝迁此建村，传说该村系由官府组织移民所建，故名刘家官庄。聚落呈团块状分布。有文化广场 1 处、文化大院 1 处、图书室 1 处。经济以商贸业、种植业为主，主要农作物有桃、黄烟、小麦。有公路经此。

小平和庄 371328-B08-H19
[Xiǎopínghézhuāng]

在县驻地蒙阴街道西南方向 10.7 千米。联城镇辖自然村。人口 100。传说清道光年间建村，因在大平和庄附近，与其对称，

故名小平和庄。聚落呈团块状分布。经济以商贸业、种植业为主，主要农作物有地瓜、小麦、玉米、花生、中药材。234 省道经此。

北钓鱼台 371328-B08-H20
[Běidiàoyútái]

在县驻地蒙阴街道西南方向 8.6 千米。联城镇辖自然村。人口 100。传说明朝末年建村，因在南钓鱼台村北，与其对称，故名北钓鱼台。聚落呈散状分布。有文化广场 1 处、文化大院 1 处、图书室 1 处。经济以商贸业、种植业为主，主要农作物有花生、地瓜。有公路经此。

双槐树 371328-C01-H01
[Shuānghuáishù]

旧寨乡人民政府驻地。在县驻地蒙阴街道东方向 15.0 千米。人口 400。明末，张姓自八里庙子迁此建村，因村内有两棵古槐树，故名。聚落呈团块状分布。有图书室 1 处、文化大院 1 处、农家书屋 1 处。经济以种植业和养殖业为主，主要农作物有蜜桃、小麦，养殖业以长毛兔养殖为主。省道石尧公路经此。

上河 371328-C01-H02
[Shànghé]

在县驻地蒙阴街道东北方向 13.6 千米。旧寨乡辖自然村。人口 500。传说明崇祯年间建村，因在北莫庄上面小河边而得名。聚落呈散状分布。有文化大院 1 处、农家书屋 1 处、图书馆 1 处。经济以种植业为主，主要农作物有蜜桃。234 省道经此。

书堂 371328-C01-H03
[Shūtáng]

在县驻地蒙阴街道北方向 12.3 千米。旧寨乡辖自然村。人口 500。明正统年间，王姓自桑庄来此居住，因在元时老夫子张

垫所创办的北麓书院处，故取名张子书堂，后简称书堂。聚落呈团块状分布。有文化大院 1 处、农家书屋 1 处、图书室 1 处。经济以种植业为主。有公路经此。

圃峪 371328-C01-H04
［Pǔyù］

在县驻地蒙阴街道北方向 9.9 千米。旧寨乡辖自然村。人口 500。明同治年间，徐姓自龙王峪迁此建村，因坐落在山峪中，曾在此繁育过苗木而得名。聚落呈团块状分布。有文化大院 1 处、农家书屋 1 处、图书馆 1 处。经济以种植业为主。234 省道经此。

娥池万 371328-C01-H05
［Échíwàn］

在县驻地蒙阴街道东北方向 9.1 千米。旧寨乡辖自然村。人口 600。清光绪年间，徐姓自龙王峪迁此建村，坐落在山旺里，因此处有一泉池，传说曾有个美女在此梳洗过，故名娥池万。聚落呈团块状分布。有文化大院 1 处、农家书屋 1 处、图书馆 1 处。经济以种植业为主，主要农作物有蜜桃。234 省道经此。

莲汪崖 371328-C01-H06
［Liánwāngyá］

在县驻地蒙阴街道东北方向 11.5 千米。旧寨乡辖自然村。人口 1 200。明崇祯年间，宋姓自旧寨迁此建村，因坐落在植满莲藕的汪塘边，故名莲汪崖。聚落呈团块状分布。有文化广场 1 处、农家书屋 1 处、图书室 1 处。经济以种植业为主，主要农作物有蜜桃。234 省道经此。

西里庄 371328-C01-H07
［Xīlǐzhuāng］

在县驻地蒙阴街道东北方向 10.2 千米。旧寨乡辖自然村。人口 1 200。传说明朝初年李姓建村，取名李庄，后演变为里庄。后因在其东建一村名东里庄，故改称西里庄。聚落呈团块状分布。有农家书屋 1 处、图书室 1 处。经济以种植业为主，主要农作物有蜜桃。有公路经此。

南沟 371328-C01-H08
［Nángōu］

在县驻地蒙阴街道东北方向 10.2 千米。旧寨乡辖自然村。人口 300。相传清光绪年间建村，因在白柳村南山沟里而得名。聚落呈团块状分布。有文化广场 1 处、文化大院 1 处、农家书屋 1 处、图书室 1 处。经济以种植业为主，主要农作物有蜜桃。有公路经此。

大上峪 371328-C01-H09
［Dàshàngyù］

在县驻地蒙阴街道东北方向 14.8 千米。旧寨乡辖自然村。人口 800。传说明初王姓建村，因坐落在旧寨上方的山峪里，故得名上峪。后在此峪中又建数村，皆以上峪为名，因该村建村早，故名大上峪。聚落呈散状分布。有文化广场 1 处、文化大院 1 处、农家书屋 1 处、图书室 1 处。经济以种植业为主，主要农作物有蜜桃。有公路经此。

郭家上峪 371328-C01-H10
［Guōjiāshàngyù］

在县驻地蒙阴街道东北方向 12.1 千米。旧寨乡辖自然村。人口 400。明成化年间，郭姓自南黄崖迁此建村，因坐落在旧寨上方的山峪里，故名郭家上峪。聚落呈团块状分布。有文化广场 1 处、文化大院 1 处、农家书屋 1 处、图书室 1 处。经济以种植业为主，主要农作物有黄桃。有公路经此。

刘家上峪 371328-C01-H11

[Liújiāshàngyù]

在县驻地蒙阴街道东北方向 12.9 千米。旧寨乡辖自然村。人口 500。相传明崇祯年间刘姓自大山坡迁此建村，因坐落在旧寨上方的山峪里，故取名刘家上峪。聚落呈团块状分布。有文化大院 1 处、农家书屋 1 处、图书室 1 处。经济以种植业为主。有公路经此。

山南头 371328-C01-H12

[Shānnántóu]

在县驻地蒙阴街道东北方向 12.5 千米。旧寨乡辖自然村。人口 7。清末建村，因坐落在一山的南头而得名。聚落呈团块状分布。有文化广场 1 处、文化大院 1 处、农家书屋 1 处、图书室 1 处。经济以种植业为主，主要农作物有蜜桃。有公路经此。

沈家庄 371328-C01-H13

[Shěnjiāzhuāng]

在县驻地蒙阴街道东北方向 11.6 千米。旧寨乡辖自然村。人口 500。传说明朝末年沈姓建村，故名沈家庄。聚落呈团块状分布。有文化广场 1 处、文化大院 1 处、农家书屋 1 处、图书室 1 处。经济以种植业为主，主要农作物有蜜桃。有公路经此。

黄石沟 371328-C01-H14

[Huángshígōu]

在县驻地蒙阴街道东北方向 12.2 千米。旧寨乡辖自然村。人口 200。清末建村，因坐落在山沟里，多黄石，故名黄石沟。聚落呈团块状分布。经济以种植业为主，主要农作物有蜜桃。有公路经此。

旧寨 371328-C01-H15

[Jiùzhài]

在县驻地蒙阴街道东北方向 13.0 千米。旧寨乡辖自然村。人口 1 500。明初马姓自山西喜鹊窝迁此建村，相传因当时野兽多，村民扎木寨防之，后因住户增多，不再扎新木寨，原有的已陈旧，故得名旧寨。聚落呈团块状分布。有文化广场 1 处、文化大院 1 处、农家书屋 1 处、图书室 1 处。经济以种植业为主，主要农作物有蜜桃，养殖业以长毛兔养殖为主。有公路经此。

西彭吴 371328-C01-H16

[Xīpéngwú]

在县驻地蒙阴街道东北方向 15.0 千米。旧寨乡辖自然村。人口 1 300。明永乐年间，赵氏四世祖信自北楼迁此居住，因明万历年间又在其东建一村名东彭吴，故与其对称为西彭吴。聚落呈团块状分布。有文化广场 1 处、文化大院 1 处、农家书屋 1 处、图书室 1 处。有山东省边家食品风味有限公司等企业。335 省道经此。

马家庄子 371328-C01-H17

[Mǎjiāzhuāngzi]

在县驻地蒙阴街道东北方向 14.5 千米。旧寨乡辖自然村。人口 500。清康熙年间，马姓自旧寨迁此，故取名马家庄子。聚落呈团块状分布。有文化广场 1 处、文化大院 1 处、农家书屋 1 处、图书室 1 处。经济以种植业为主，主要农作物有蜜桃。335 省道经此。

八里庙子 371328-C01-H18

[Bālǐmiàozi]

在县驻地蒙阴街道东北方向 15.7 千米。旧寨乡辖自然村。人口 700。明永乐年间，张姓建村，因此处有个山神庙，距旧寨村八华里而得名。聚落呈团块状分布。有文化广场 1 处、文化大院 1 处、农家书屋 1 处、图书室 1 处。经济以种植业为主，主要农作物有蜜桃。335 省道经此。

谢庄 371328-C01-H19
[Xièzhuāng]

在县驻地蒙阴街道东北方向 15.7 千米。旧寨乡辖自然村。人口 1 400。明洪武年间，谢姓自山西喜鹊窝迁此建村，取名谢庄。聚落呈团块状分布。有文化广场 1 处、文化大院 1 处、农家书屋 1 处、图书室 1 处、小学 1 处。经济以种植业为主，主要农作物有蜜桃、花生等。有公路经此。

临沭县

城市居民点

第壹城小区 371329-I01
[Dìyīchéng Xiǎoqū]

在县境南部。人口 3 000。总面积 7.0 公顷。打造临沭第一的人文住宅小区，故名。2011 年始建，2014 年正式使用。建筑总面积 150 000 平方米，住宅楼 25 栋，其中小高层 6 栋、多层 19 栋，现代建筑风格。绿化率 35%。有幼儿园、体育活动场地、卫生所等配套设施。通公交车。

瓯龙现代城小区 371329-I02
[Ōulóng Xiàndàichéng Xiǎoqū]

在县境东部。人口 2 400。总面积 12.2 公顷。以吉祥嘉言命名。2008 年始建，2011 年正式使用。建筑总面积 170 000 平方米，住宅楼 24 栋，其中小高层 3 栋、多层 21 栋，现代建筑风格。绿化率 42%。有幼儿园、便民超市、卫生所等配套设施。通公交车。

东城小区 371329-I03
[Dōngchéng Xiǎoqū]

在县境东部。人口 1 150。总面积 3.93 公顷。因位于县城东而得名。2000 年始建，2010 年正式使用。建筑总面积 53 800 平方米，多层住宅楼 10 栋，现代建筑风格。绿化率 35%。有幼儿园、便民超市、卫生所等配套设施。通公交车。

佳禾花园小区 371329-I04
[Jiāhé Huāyuán Xiǎoqū]

在县境东部。人口 1 000。总面积 3.95 公顷。以开发商佳禾房地产公司命名。2008 年始建，2011 年正式使用。建筑总面积 43 000 平方米，多层住宅楼 8 栋，现代建筑风格。绿化率 35%。有幼儿园、便民超市、卫生所等配套设施。通公交车。

宝来新天地小区 371329-I05
[Bǎolái Xīntiāndì Xiǎoqū]

在县境中部。580 户。总面积 1.87 公顷。以吉祥嘉言命名。2009 年始建，2010 年正式使用。建筑总面积 47 000 平方米，住宅楼 4 栋，其中高层 1 栋、多层 3 栋，现代建筑风格。绿化率 35%。有超市、学校、医院等配套设施。通公交车。

富贵苑小区 371329-I06
[Fùguìyuàn Xiǎoqū]

在县境西部。人口 1 100。总面积 2.4 公顷。以嘉言命名。2012 年始建，2013 年正式使用。建筑总面积 48 000 平方米，多层住宅楼 11 栋，现代建筑风格。绿化率 35%。有幼儿园、便民超市、卫生所等配套设施。通公交车。

景钰嘉园小区 371329-I07
[Jǐngyù Jiāyuán Xiǎoqū]

在县境北部。人口 3 000。总面积 6.5 公顷。以环境与人共存之意命名。2008 年始建，2010 年正式使用。建筑总面积 123 800 平方米，住宅楼 19 栋，其中小高层 3 栋、多层 16 栋，现代建筑风格。绿化率 35%。有幼儿园、便民超市、卫生所等配套设施。通公交车。

常林御园小区 371329-I08
[Chánglín Yùyuán Xiǎoqū]

在县境北部。人口 2 400。总面积 18.73 公顷。2010 年始建，2011 年正式使用。建筑总面积 94 300 平方米，住宅楼 15 栋，其中小高层 2 栋、多层 13 栋，现代建筑风格。绿化率 35%。有超市、学校、医院等配套设施。通公交车。

常林公寓小区 371329-I09
[Chánglín Gōngyù Xiǎoqū]

在县境南部。人口 4 000。总面积 4.83 公顷。以常林文化取名。前 6 栋 1992 年始建，1994 年正式使用；后 17 栋 2004 年始建，2006 年正式使用。建筑总面积 139 400 平方米，多层住宅楼 23 栋，现代建筑风格。绿化率 35%。有超市、学校、医院等配套设施。通公交车。

山水桂华苑小区 371329-I10
[Shānshuǐ Guìhuáyuàn Xiǎoqū]

在县境北部。人口 1 100。总面积 1.39 公顷。以桂花园林之意取名。2012 年始建，2013 年正式使用。建筑总面积 59 738.46 平方米，高层住宅楼 3 栋，现代建筑风格。绿化率 35%。有超市、学校、医院等配套设施。通公交车。

兰亭文苑小区 371329-I11
[Lántíng Wényuàn Xiǎoqū]

在县境南部。人口 1 104。总面积 2.38 公顷。因《兰亭集序》得名。2010 年始建，2011 年正式使用。建筑总面积 40 000 平方米，多层住宅楼 10 栋，现代建筑风格。

绿化率 35%。有超市、学校、医院等配套设施。通公交车。

兰亭山庄小区 371329-I12
[Lántíng Shānzhuāng Xiǎoqū]

在县境北部。人口 195。总面积 1.96 公顷，因《兰亭集序》得名。2010 年始建，2012 年正式使用。建筑总面积 19 100 平方米，别墅 65 栋，现代建筑风格。绿化率 35%。有超市、学校、医院等配套设施。通公交车

弘盛华庭小区 371329-I13
[Hóngshèng Huátíng Xiǎoqū]

在县境北部。人口 2 122。总面积 5.7 公顷。以嘉言命名。2010 年始建，2011 年正式使用。建筑总面积 100 000 平方米，住宅楼 24 栋，其中小高层 3 栋、多层 21 栋，现代建筑风格。绿化率 42%。有幼儿园、便民超市、卫生所等配套设施。通公交车。

阳光居小区 371329-I14
[Yángguāngjū Xiǎoqū]

在县境北部。人口 3 500。总面积 4.8 公顷。以阳光普照之意命名。2005 年始建，2006 年正式使用。建筑总面积 45 800 平方米，多层住宅楼 30 栋，现代建筑风格。绿化率 35%。有幼儿园、便民超市、卫生所等配套设施。通公交车。

盛世豪庭小区 371329-I15
[Shèngshì Háotíng Xiǎoqū]

在县境北部。人口 1 500。总面积 3.9 公顷。以吉祥嘉言命名。2008 年始建，2010 年正式使用。建筑总面积 88 700 平方米，住宅楼 8 栋，其中小高层 6 栋、高层 2 栋，现代建筑风格。绿化率 35%。有幼儿园、便民超市、卫生所等配套设施。通公交车

农村居民点

周庄西街 371329-A01-H01
[Zhōuzhuāngxījiē]

在县驻地临沭街道南方向 5.0 千米。临沭街道辖自然村。人口 1 900。贾、李二姓在村西岭坡上建村，始称西顶子。后周姓迁入，人丁兴旺，发展成村中主姓人户，将村址东移改称周庄。此村居西，故名周庄西街。聚落呈团块状分布。有小学。经济以种植业为主，主要农作物有小麦、玉米、花生、地瓜等。有公路经此。

周庄东街 371329-A01-H02
[Zhōuzhuāngdōngjiē]

在县驻地临沭街道南方向 5.0 千米。临沭街道辖自然村。人口 1 700。贾、李二姓在村西岭坡上建村，始称西顶子。后周姓迁入，人丁兴旺，发展成村中主姓人户，将村址东移改称周庄。此村居东，故名周庄东街。聚落呈团块状分布。经济以种植业为主，主要农作物有小麦、玉米、花生、地瓜等。有公路经此。

中半路 371329-A01-H03
[Zhōngbànlù]

在县驻地临沭街道南方向 2.0 千米。临沭街道辖自然村。人口 200。明朝末年，刘姓自白旄迁此定居，村址是原刘半路场地，故始称刘场。因村处前后半路村之间，1960 年更名为中半路。聚落呈团块状分布。经济以种植业为主，主要农作物有小麦、玉米、地瓜等。有公路经此。

镇南街 371329-A01-H04
[Zhènnánjiē]

在县驻地临沭街道北方向 4.5 千米。临沭街道辖自然村。人口 1 200。以与镇的相对地理方位命名。聚落呈团块状分布。经济以种植业为主。有公路经此。

镇北街 371329-A01-H05
[Zhènběijiē]

在县驻地临沭街道北方向 4.5 千米。临沭街道辖自然村。人口 2 700。以与镇的相对地理方位命名。聚落呈团块状分布。经济以种植业为主。有公路经此。

孙家沟 371329-A01-H06
[Sūnjiāgōu]

在县驻地临沭街道东北方向 3.0 千米。临沭街道辖自然村。人口 600。孙姓于清康熙年间依岭傍沟建村定居，冠其姓得名孙家沟。聚落呈团块状分布。经济以种植业为主，主要农作物有小麦、花生、地瓜等。有公路经此。

凌山头 371329-A01-H07
[Língshāntóu]

在县驻地临沭街道北方向 6.0 千米。临沭街道辖自然村。人口 2 000。因凌氏于苍山西麓建村，故名凌家山西头，后简称凌山头。聚落呈团块状分布。经济以种植业为主，主要农作物有水稻、小麦、地瓜、玉米、花生等。有公路经此。

北月庄 371329-A01-H08
[Běiyuèzhuāng]

在县驻地临沭街道东北方向 15.0 千米。临沭街道辖自然村。人口 1 100。明朝末年，杨氏卜居于此。因时值仲月，以嘉言示吉祥，故名月庄。后为避同名村，以其方位改称北月庄。聚落呈团块状分布。经济以种植业为主，主要农作物有小麦、花生、地瓜等。有公路经此。

胡家庄 371329-A01-H09
[Hújiāzhuāng]

在县驻地临沭街道东方向 4.5 千米。临沭街道辖自然村。人口 700。明朝末年，胡氏自山里村徙此卜居，故名。聚落呈团块状分布。经济以种植业为主，主要农作物有小麦、花生、地瓜、玉米等。有公路经此。

庙前南村 371329-A01-H10
[Miàoqiánnáncūn]

在县驻地临沭街道东北方向 4.5 千米。临沭街道辖自然村。人口 1 400。以村子与该处红云寺的方位命名。聚落呈团块状分布。经济以种植业为主，主要农作物有花生、地瓜、小麦等。有公路经此。

庙前东村 371329-A01-H11
[Miàoqiándōngcūn]

在县驻地临沭街道东北方向 4.5 千米。临沭街道辖自然村。人口 500。以村子与该处红云寺的方位命名。聚落呈团块状分布。经济以种植业为主，主要农作物有花生、地瓜、小麦等。有公路经此。

尚庄 371329-A01-H12
[Shàngzhuāng]

在县驻地临沭街道西北方向 2.5 千米。临沭街道辖自然村。人口 1 000。因尚氏立村，故名尚庄。聚落呈团块状分布。经济以种植业为主，主要农作物有花生、地瓜、玉米等。

井店中村 371329-A01-H13
[Jǐngdiànzhōngcūn]

在县驻地临沭街道东方向 4.5 千米。临沭街道辖自然村。人口 1 000。因井氏在此居住，称井家店子，简称井店子。此村位于南、北井店之间，故名井店中村。聚落呈团块状分布。经济以农业为主。有公路经此。

寨子 371329-A01-H14
[Zhàizi]

在县驻地临沭街道东南方向 2.0 千米。临沭街道辖自然村。人口 1 200。明朝末年，王姓迁此立村定居，取嘉言以示吉祥，名兴旺庄，后改名寨子。聚落呈团块状分布。经济以种植业为主，主要农作物有小麦、玉米、花生等。

小韩庄 371329-A01-H15
[Xiǎohánzhuāng]

在县驻地临沭街道西北方向 2.5 千米。临沭街道辖自然村。人口 600。明朝末年，韩氏徙此立村定居，因建村于大韩庄村东，且村小，故名小韩庄。聚落呈团块状分布。经济以种植业为主，主要农作物有小麦、玉米、花生等。

王家庄 371329-A01-H16
[Wángjiāzhuāng]

在县驻地临沭街道东方向 4.5 千米。临沭街道辖自然村。人口 1 100。清乾隆年间，王氏自山里徙此卜居，因村西小河内有一盆形怪石，始称石盆庄。后以王姓居多，改称王家庄。聚落呈团块状分布。经济以种植业为主，主要农作物有小麦、花生、地瓜等。

后杨楼 371329-A01-H17
[Hòuyánglóu]

在县驻地临沭街道东南方向 2.5 千米。临沭街道辖自然村。人口 1 300。明洪武三年（1370），杨氏始祖自海东当路村迁此处定居，始称杨家庄。后因杨氏有人在京为官，筑楼九座，遂改杨九楼，简称杨楼。

因村处苍源河北岸，故称后杨楼。聚落呈团块状分布。经济以种植业为主，主要农作物有小麦、玉米、花生、地瓜等。有公路经此。

西河口南村 371329-A01-H18
[Xīhékǒunáncūn]

在县驻地临沭街道东南方向 4.4 千米。临沭街道辖自然村。人口 1 000。因村处苍源河转弯处西侧，故名西河口。该村因位于西河口南部，称西河口南村。聚落呈团块状分布。经济以种植业为主，主要农作物有小麦、花生、地瓜等。

曹家洼 371329-A01-H19
[Cáojiāwā]

在县驻地临沭街道东北方向 2.0 千米。临沭街道辖自然村。人口 1 100。清初，曹姓建村于三面环岭的低洼处，冠其姓，村得名曹家洼。聚落呈团块状分布。经济以种植业为主，主要农作物有花生、小麦等。

西河口北村 371329-A01-H20
[Xīhékǒuběicūn]

在县驻地临沭街道东南方向 4.4 千米。临沭街道辖自然村。人口 800。1984 年，西河口北生产大队以方位、地理实体改名西河口北村。聚落呈团块状分布。经济以种植业为主，主要农作物有小麦、花生、地瓜等。

王山头 371329-A01-H21
[Wángshāntóu]

在县驻地临沭街道东北方向 2.5 千米。临沭街道辖自然村。人口 1 500。明朝初年，王氏在苍山西麓建村，故名王家山西头，后简称王山头。聚落呈团块状分布。经济以种植业为主，主要农作物有花生、地瓜、小麦、玉米等。有公路经此。

徐宅子 371329-A01-H22
[Xúzháizi]

在县驻地临沭街道南方向 5.0 千米。临沭街道辖自然村。人口 600。明洪武二年（1369），徐氏兄弟自海东当路迁此定居，冠其姓得名徐家宅子，后简称徐宅子。聚落呈团块状分布。经济以种植业为主，主要农作物有小麦、玉米、地瓜等。有公路经此。

利民街 371329-A01-H23
[Lìmínjiē]

在县驻地临沭街道北方向 4.0 千米。临沭街道辖自然村。人口 2 800。取为民谋利之意，故名。聚落呈团块状分布。经济以种植业为主。有公路经此。

后崔蒿科村 371329-A01-H24
[Hòucuīhāokēcūn]

在县驻地临沭街道西南方向 3.0 千米。临沭街道辖自然村。人口 700。清咸丰二年（1852），部分居民迁往村南安庄，此村居后称后崔蒿科。聚落呈团块状分布。经济以种植业为主，主要农作物有小麦、玉米、花生等。有公路经此。

后半路 371329-A01-H25
[Hòubànlù]

在县驻地临沭街道南方向 2.0 千米。临沭街道辖自然村。人口 1 900。明代末年，刘姓从白旄迁此立村卜居，因村处夏庄和周庄之间，故称刘半路，简称半路。此村位于半路村南部，称后半路。聚落呈团块状分布。经济以种植业为主，主要农作物有小麦、花生、地瓜等。有公路经此。

侯官庄 371329-A02-H01
[Hóuguānzhuāng]

在县驻地临沭街道西方向 4.3 千米。郑山街道辖自然村。人口 900。明万历年间，侯姓人家由山西迁此立村定居，取吉祥意命名为侯官庄。聚落呈团块状分布。经济以种植业为主，主要农作物有小麦、玉米、花生、地瓜。有公路经此。

刘河涯 371329-A02-H02

［ Liúhéyá ］

在县驻地临沭街道西方向 4.4 千米。郑山街道辖自然村。人口 500。清初，刘姓由山西白旄迁徙至此定居，因立村于沭河岸边，故得名刘河涯。聚落呈团块状分布。经济以种植业为主，主要农作物有小麦、玉米、花生、地瓜等。有公路经此。

徐埠前 371329-A02-H03

［ Xúbùqián ］

在县驻地临沭街道西南方向 3.9 千米。郑山街道辖自然村。人口 1 300。清顺治二年（1645），徐氏由郯城三井村迁此定居，立村于一土岭之前，故取名徐埠前。聚落呈团块状分布。经济以种植业为主，主要农作物有小麦、玉米、花生、地瓜。有公路经此。

前高埠 371329-A02-H04

［ Qiángāobù ］

在县驻地临沭街道西南方向 3.7 千米。郑山街道辖自然村。人口 700。明弘治年间，高氏由临沂洪瑞迁此立村，因村处土埠之前，故名高埠前，后以方位命名为前高埠。聚落呈团块状分布。经济以种植业为主，主要农作物有小麦、玉米、花生、地瓜。有公路经此。

后东 371329-A02-H05

［ Hòudōng ］

在县驻地临沭街道西南方向 3.5 千米。郑山街道辖自然村。人口 1 300。明朝末年，

班氏来此立村，后邱、李等姓相继迁入，因村处南古村东侧，故取名东村。1945 年分为前后二村，此村居后，遂称后东。聚落呈团块状分布。经济以种植业为主，主要农作物有小麦、花生、玉米、地瓜。有公路经此。

宁庄 371329-A02-H06

［ Níngzhuāng ］

在县驻地临沭街道西南方向 3.0 千米。郑山街道辖自然村。人口 600。明朝中叶，宁氏从曲阜西北逃荒至此立村定居，冠其姓，故名宁庄。聚落呈团块状分布。经济以商贸业、种植业为主，主要农作物有小麦、花生、玉米、地瓜。有公路经此。

后寨 371329-A02-H07

［ Hòuzhài ］

在县驻地临沭街道西南方向 3.8 千米。郑山街道辖自然村。人口 800。明末，孟氏立村于南宋时金兵曾安过营寨的地方，取名寨里，后因村处前寨之后，遂改称后寨。聚落呈团块状分布。经济以商贸业、种植业为主，主要农作物有小麦、花生、玉米、地瓜。有公路经此。

朱沙埠 371329-A02-H08

［ Zhūshābù ］

在县驻地临沭街道西北方向 3.8 千米。郑山街道辖自然村。人口 1 600。清朝末年，朱姓自朱家庄徙此立村，因靠近陆沙埠，故称朱沙埠。聚落呈团块状分布。经济以种植业为主，主要农作物有小麦、花生、玉米、地瓜。有公路经此。

尤庄 371329-A02-H09

［ Yóuzhuāng ］

在县驻地临沭街道西北方向 0.5 千米。郑山街道辖自然村。人口 600。明末，尤氏

自莒南县小尤家庄徙此立村，取名尤家庄，后简称尤庄。聚落呈团块状分布。经济以商贸业为主。有公路经此。

邢屯 371329-A02-H10
[Xíngtún]

在县驻地临沭街道西方向 0.4 千米。郑山街道辖自然村。人口 1 400。明初，邢氏自临沂邢家湖迁此立村，称邢家村，后因村处姜屯、罗屯之间，更名为邢家屯，后简称邢屯。聚落呈团块状分布。经济以商贸业、种植业为主，主要农作物有小麦、花生、玉米、地瓜。有公路经此。

罗屯 371329-A02-H11
[Luótún]

在县驻地临沭街道西方向 0.3 千米。郑山街道辖自然村。人口 1 900。明朝，罗氏始祖为永乐皇帝当侍从，永乐皇帝迁都北京后，曾授罗氏为扫殿将军，罗氏年迈还乡，择此广置田园，立村定居，冠其姓得名罗家屯，后简称罗屯。聚落呈团块状分布。经济以种植业为主，主要农作物有小麦、花生、玉米、地瓜。有公路经此。

姜屯 371329-A02-H12
[Jiāngtún]

在县驻地临沭街道西方向 0.5 千米。郑山街道辖自然村。人口 1 800。明朝中叶，李氏迁此立村，因村处沙岭环抱之中，时称大沙埠屯。后姜氏迁入，又临交通要道，姜氏开设坊店，过路客商称姜家屯，习传成俗，后简称姜屯。聚落呈团块状分布。经济以种植业为主，主要农作物有小麦、花生、玉米、地瓜。有公路经此。

宅子 371329-A02-H13
[Zháizi]

在县驻地临沭街道西方向 0.4 千米。郑山街道辖自然村。人口 1 600。明末，别氏立村建宅，时称别家宅子。清初，王氏迁入渐成村中主姓，嫌村名不雅，改称宅子。聚落呈团块状分布。经济以种植业为主，主要农作物有小麦、花生、玉米、地瓜。有公路经此。

西海子 371329-A02-H14
[Xīhǎizi]

在县驻地临沭街道西方向 0.4 千米。郑山街道辖自然村。人口 1 500。元朝中叶，宋氏由朱辰迁此立村，时称新庄。因地势低洼，时有积水，清雍正八年（1730）夏，暴雨成灾，此处一片汪洋。洪水退后，居民重建家园，更名宋海子，后简化为海子。后以方位分为东、西海子村，此村在西边，称西海子。聚落呈团块状分布。经济以种植业为主，主要农作物有小麦、花生、玉米、地瓜。有公路经此。

东海子 371329-A02-H15
[Dōnghǎizi]

在县驻地临沭街道西方向 0.4 千米。郑山街道辖自然村。人口 900。元朝中叶，宋氏迁此立村，时称新庄，后因洪水泛滥，犹如大海，水消后，重新建村，改称海子。此村在东边，称东海子。聚落呈团块状分布。经济以种植业为主，主要农作物有小麦、花生、玉米、地瓜。有公路经此。

东王庄 371329-A02-H16
[Dōngwángzhuāng]

在县驻地临沭街道西方向 0.4 千米。郑山街道辖自然村。人口 400。清乾隆年间，王氏自南沟头迁此建村，因立村时人户较少，始称小王庄，1980 年地名普查时，为避重名村，更名为东王庄。聚落呈团块状分布。经济以种植业为主，主要农作物有小麦、花生、玉米、地瓜。

丰岭 371329-A02-H17

[Fēnglǐng]

在县驻地临沭街道西南方向 3.0 千米。郑山街道辖自然村。人口 600。明末，李氏自黄谷峪徙凤凰岭旁立村，村以岭名，称凤凰岭，后演变为丰岭。聚落呈团块状分布。经济以商贸业、种植业为主，主要农作物有小麦、花生、玉米。有公路经此。

后蛟龙 371329-B01-H01

[Hòujiāolóng]

蛟龙镇人民政府驻地。在县驻地临沭街道东南方向 9.0 千米。人口 1 500。村中土龙坝西有一小河随坝弯曲，如若游龙，故名。聚落呈团块状分布。有幼儿园 1 处、小学 1 处、中学 1 处。经济以种植业为主，主要农作物有花生、地瓜、玉米、小麦等。有公路经此。

黄金斗 371329-B01-H02

[Huángjīndǒu]

在县驻地临沭街道东南方向 11.6 千米。蛟龙镇辖自然村。人口 2 200。明朝末年立村，据传一商贾在一泉沟处发现冲积的金子，人们慕名聚居，愿黄金成斗，故取名为黄金斗。聚落呈团块状分布。经济以种植业为主，主要农作物有花生、地瓜、玉米、小麦等。有公路经此。

坡石桥 371329-B01-H03

[Pōshíqiáo]

在县驻地临沭街道东南方向 11.3 千米。蛟龙镇辖自然村。人口 1 500。明朝初年立村，因洗水村西冲击一座破石桥，故名破石桥，后演变为坡石桥。聚落呈团块状分布。经济以种植业为主，主要农作物有花生、地瓜、玉米、小麦等。

后利城 371329-B01-H04

[Hòulìchéng]

在县驻地临沭街道东南方向 14.0 千米。蛟龙镇辖自然村。人口 2 000。明朝初年立村，因村庄坐落在利城郡古遗址之后，故名后利城。聚落呈团块状分布。经济以种植业为主，主要农作物有花生、地瓜、玉米、小麦等。有公路经此。

前利城 371329-B01-H05

[Qiánlìchéng]

在县驻地临沭街道东南方向 13.5 千米。蛟龙镇辖自然村。人口 1 300。明朝初年立村，因村庄坐落在利城郡古遗址之前，故名前利城。聚落呈团块状分布。经济以种植业为主，主要农作物有花生、地瓜、玉米、小麦等。有公路经此。

西塘子 371329-B01-H06

[Xītángzi]

在县驻地临沭街道东南方向 15.0 千米。蛟龙镇辖自然村。清朝中叶，因村处观音堂之西，故名西堂子，后演变为西塘子。聚落呈团块状分布。经济以种植业为主，主要农作物有花生、地瓜、玉米、小麦等。有公路经此。

东塘子 371329-B01-H07

[Dōngtángzi]

在县驻地临沭街道东南方向 15.0 千米。蛟龙镇辖自然村。人口 500。清朝中叶立村，因村处观音堂之东，故取名东堂子，后演变成东塘子。聚落呈团块状分布。经济以种植业为主，主要农作物有花生、地瓜、玉米、小麦等。有公路经此。

张小湾 371329-B01-H08

[Zhāngxiǎowān]

在县驻地临沭街道东南方向 13.0 千米。

蛟龙镇辖自然村。人口 300。清乾隆年间，张氏从本县张沙埠迁此立村，因靠近小湾，故名张小湾。聚落呈团块状分布。经济以种植业为主，主要农作物有花生、地瓜、玉米、小麦等。有公路经此。

吴家后 371329-B01-H09
[Wújiāhòu]

在县驻地临沭街道东南方向 11.3 千米。蛟龙镇辖自然村。人口 1 700。明朝中叶，徐氏徙此立村，因靠近李家后，故称徐家后，嗣后，吴姓迁入，渐成村中主户，遂改称吴家后。聚落呈团块状分布。经济以种植业为主，主要农作物有花生、地瓜、玉米、小麦等。有公路经此。

姚家后 371329-B01-H10
[Yáojiāhòu]

在县驻地临沭街道东南方向 10.8 千米。蛟龙镇辖自然村。人口 1 400。明朝中叶，姚氏徙此立村，因靠近李家后，故得名姚家后。聚落呈团块状分布。经济以种植业为主，主要农作物有花生、地瓜、玉米、小麦等。有公路经此。

烈疃 371329-B01-H11
[Liètuǎn]

在县驻地临沭街道东南方向 12.1 千米。蛟龙镇辖自然村。人口 2 700。明洪武年间，李氏迁此立村，始称李家疃，后因李氏族众与匪徒搏斗，刚烈异常，改称烈疃。聚落呈团块状分布。经济以种植业为主，主要农作物有花生、地瓜、玉米、小麦等。有公路经此。

张疃 371329-B01-H12
[Zhāngtuǎn]

在县驻地临沭街道东南方向 12.0 千米。蛟龙镇辖自然村。人口 2 100。明朝末年，张氏徙此立村，因靠近烈疃，故名张疃。聚落呈团块状分布。经济以种植业为主，主要农作物有花生、地瓜、玉米、小麦等。有公路经此。

芦庄 371329-B02-H01
[Lúzhuāng]

大兴镇人民政府驻地。在县驻地临沭街道东南方向 16.0 千米。人口 2 600。因姓氏得名。聚落呈团块状分布。有文化广场 1 处、中小学 2 处。经济以种植业为主，主要农作物有小麦、花生、玉米。有公路经此。

河北 371329-B02-H02
[Héběi]

在县驻地临沭街道南方向 16.5 千米。人口 1 200。1970 年石梁河水库扩建，原村部分居民搬迁，因新村址在新沭河北岸，故名河北。聚落呈团块状分布。有学校 1 处。经济以种植业为主，主要农作物有小麦、花生、玉米。有公路经此。

宫格庄 371329-B02-H03
[Gōnggézhuāng]

在县驻地临沭街道东南方向 15.3 千米。大兴镇辖自然村。人口 1 400。明末，宫氏由蒙阴宫城子迁此立村定居，始称宫宅子，后因靠近李葛庄，冠其姓，改称宫葛庄，习称宫格庄。聚落呈团块状分布。经济以种植业为主，主要农作物有小麦、花生、玉米。有公路经此。

河南 371329-B02-H04
[Hénán]

在县驻地临沭街道东南方向 21.0 千米。大兴镇辖自然村。人口 400。明朝中叶，付氏由苍山县运城徙此定居，因村后有一座阎王庙，始称阎王殿，后居民多种植大蒜，遂改名蒜家沟，1955 年又改称小日晒，

1958 年因村处新沭河南岸，改称河南。聚落呈团块状分布。经济以种植业为主，主要农作物有小麦、花生、玉米。有公路经此。

红旗岭 371329-B02-H05
［Hóngqílǐng］

在县驻地临沭街道东南方向 20.1 千米。大兴镇辖自然村。人口 200。1973 年石梁河水库扩建，东日晒部分居民为种地方便，移居新沭河南岸岭南向阳处立村，因岭上有红旗坐标，故名红旗岭。聚落呈团块状分布。经济以种植业为主，主要农作物有小麦、花生、玉米。

胡家沟 371329-B02-H06
［Hújiāgōu］

在县驻地临沭街道东南方向 17.3 千米。大兴镇辖自然村。人口 1 000。明洪武年间，王氏迁居于此，在两条呈弧形的水沟间建村，始称弧家沟，后演变为胡家沟。聚落沿村西小河呈团块状分布。经济以种植业为主，主要农作物有小麦、花生、玉米。

纪高埠 371329-B02-H07
［Jìgāobù］

在县驻地临沭街道东南方向 11.2 千米。大兴镇辖自然村。人口 700。清朝初年，纪氏自大高埠迁此建村居住，始称纪家官庄，后因靠近大高埠，冠其姓称纪高埠。聚落呈团块状分布。经济以种植业为主，主要农作物有小麦、花生、玉米。

金花 371329-B02-H08
［Jīnhuā］

在县驻地临沭街道东南方向 16.2 千米。大兴镇辖自然村。人口 900。明朝末年，徐、朱、赵诸姓迁此立村定居，因村处岭下沟旁，岭坡沟畔长满金银花，故称金花。聚落呈团块状分布。有幼儿园 1 处、小学 1

处。经济以种植业为主，主要农作物有小麦、花生、玉米。

大兴西街 371329-B02-H09
［Dàxīngxījiē］

在县驻地临沭街道东南方向 18.3 千米。大兴镇辖自然村。人口 1 600。王氏于明洪武年间迁此定居，因立村于乱石沟畔，始称沟山集，清朝中叶建立衙署后，改称大兴。1984 年，按其方位改称大兴西街。聚落呈团块状分布。经济以种植业为主。

小沈埠 371329-B02-H10
［Xiǎoshěnbù］

在县驻地临沭街道东南方向 27.4 千米。大兴镇辖自然村。人口 800。清朝初年，英氏由涝枝街迁到西湖定居，始称小西湖，亦称小坡堰，清末，移居沈家埠前建村，遂称小沈埠。聚落呈团块状分布。经济以种植业为主，主要农作物有小麦、花生、玉米。

小于科 371329-B02-H11
［Xiǎoyúkē］

在县驻地临沭街道南方向 17.6 千米。大兴镇辖自然村。人口 700。明洪武年间，王氏初来立村时称安乐村，后因靠近大于科，故改称小于科。聚落呈团块状分布。经济以种植业为主，主要农作物有小麦、花生、玉米。

谢家岭 371329-B02-H12
［Xièjiālǐng］

在县驻地临沭街道东南方向 23.1 千米。大兴镇辖自然村。人口 900。明初，毛、王、英诸姓在岭上散居，始称毛庄、王庄、英家涧，清道光年间，谢氏迁入后，人口逐渐增多，遂改称谢家岭。聚落呈团块状分布。经济以种植业为主，主要农作物有小麦、花生、玉米。

新龙岗 371329-B02-H13
[Xīnlónggǎng]

在县驻地临沭街道东南方向 20.8 千米。大兴镇辖自然村。人口 700。1936 年，王姓西迁此定居，因立村于西尧村南，始称南堰，后因地处土岗之上，改称新龙岗。聚落呈团块状分布。经济以种植业为主，主要农作物有小麦、花生、玉米。

友谊村 371329-B02-H14
[Yǒuyìcūn]

在县驻地临沭街道东南方向 15.5 千米。大兴镇辖自然村。人口 700。清乾隆十六年（1751），郇氏自郇清林徙此立村定居，因立村于黄泥沟畔，故名黄泥沟，后来 13 个姓氏相继迁入和睦相处，故更名为友谊村。聚落呈团块状分布。经济以种植业为主，主要农作物有小麦、花生、玉米。

朱家庄 371329-B02-H15
[Zhūjiāzhuāng]

在县驻地临沭街道东南方向 23.8 千米。大兴镇辖自然村。人口 400。清朝中叶，朱氏由海东当路迁居英家涧村旁，嗣后他姓迁入，形成村落，称朱家庄。聚落呈团块状分布。经济以种植业为主，主要农作物有小麦、花生、玉米。

西大坡 371329-B02-H16
[Xīdàpō]

在县驻地临沭街道东南方向 15.6 千米。大兴镇辖自然村。人口 2 100。明初，因村处三岭之间的岭坡上，所以称坡里。清朝中期，村西南又有一小村，称为小坡，坡里又易名大坡。该村在西，故名西大坡。聚落呈团块状分布。经济以种植业为主，主要农作物有小麦、花生、玉米。

西林中村 371329-B02-H17
[Xīlínzhōngcūn]

在县驻地临沭街道南方向 11.6 千米。大兴镇辖自然村。人口 1 000。始迁村民于明初从海东当路迁此立村居住。清康熙七年（1668）大地震，村庄被毁，幸存者靠近松林西建村，村以林名，故名西林。此村居中，故名西林中村。聚落呈团块状分布。经济以种植业为主，主要农作物有小麦、花生、玉米。

西林西村 371329-B02-H18
[Xīlínxīcūn]

在县驻地临沭街道东南方向 11.2 千米。大兴镇辖自然村。人口 900。始迁村民于明初从海东当路迁此立村居住。清康熙七年（1668）大地震，村庄被毁，幸存者靠近松林西建村，村以林名，故名西林。此村居西，故名西林西村。聚落呈团块状分布。有学校、文化广场等。经济以种植业为主，主要农作物有小麦、花生、玉米。

大兴东街 371329-B02-H19
[Dàxīngdōngjiē]

在县驻地临沭街道东南方向 18.8 千米。大兴镇辖自然村。人口 1 900。王氏于明洪武年间迁此定居，因立村于乱石沟畔，始称沟山集，清朝中叶建立衙署后，改称大兴。1984 年，按其方位改称大兴东街。聚落呈团块状分布。经济以种植业为主。

安乐村 371329-B02-H20
[Ānlècūn]

在县驻地临沭街道东南方向 25.4 千米。大兴镇辖自然村。人口 300。取安居乐业之意命名。聚落呈团块状分布。经济以种植业为主，主要农作物有小麦、花生、玉米。

石门 371329-B03-H01

[Shímén]

石门镇人民政府驻地。在县驻地临沭街道南方向 27.0 千米。人口 4 700。明朝初年，王氏徙此立村卜居，因建村于河畔，河两岸有两块巨石，陡峭对峙，形似两扇门，故名石门。聚落呈团块状分布。有中学。经济以种植业为主，主要农作物有花生、地瓜、小麦等。省道莒阿路经此。

姚沟 371329-B03-H02

[Yáogōu]

在县驻地临沭街道南方向 35.0 千米。石门镇辖自然村。人口 500。因姚氏于明朝末年徙此定居，建村于沟畔，时称姚家沟，后更名为姚沟。聚落呈团块状分布。经济以种植业为主，主要农作物有小麦、玉米、花生。

张后 371329-B03-H03

[Zhānghòu]

在县驻地临沭街道南方向 29.0 千米。石门镇辖自然村。人口 700。明初，张、许、陈三姓结伴徙此，许姓落居。张姓为觅风水地，几经迁徙，皆不如愿，又返许、陈姓居处，以此称张家巡回，后沿革为张巡会。1984 年改称张巡会后，后简称今名。聚落呈团块状分布。经济以种植业为主，主要农作物有小麦、玉米、花生。

张巡会前村 371329-B03-H04

[Zhāngxúnhuìqiáncūn]

在县驻地临沭街道南方向 28.5 千米。石门镇辖自然村。人口 1 100。明初，张、许姓二人结伴徙此，许姓在此落居，张姓继续西迁，几经周折，未找到称心如意的定居地，又返回此地，与徐氏共建家园，因张姓人户多，故称张家巡会，后延称张巡会。此村位于张巡会村南部，取名张巡会前村。聚落呈团块状分布。经济以种植业为主，主要农作物有花生、地瓜、小麦等。

转林中村 371329-B03-H05

[Zhuǎnlínzhōngcūn]

在县驻地临沭街道南方向 34.0 千米。石门镇辖自然村。人口 900。明朝末年，白毛刘氏迁此，取村名转林，形容如树林茂密之意，因刘氏族人众多，为刘转林。之后转林居民为种地方便，陆续迁出，因该村在中部，后改称转林中村。聚落呈团块状分布。经济以种植业为主，主要农作物有小麦、玉米等。

东岔河 371329-B03-H06

[Dōngchàhé]

在县驻地临沭街道南方向 34.0 千米。石门镇辖自然村。人口 600。明朝末年，王氏在小沟分岔处建村，始称王岔河，后以河为界，分为东、西二村，因该村在河的东面，故称东岔河。聚落呈团块状分布。经济以种植业为主，主要农作物有小麦、花生、玉米。

南小峪子 371329-B03-H07

[Nánxiǎoyùzi]

在县驻地临沭街道南方向 35.0 千米。石门镇辖自然村。人口 200。1939 年，王姓为种地方便，从小峪子迁此立村定居，因在小峪子村南，故称南小峪子。聚落呈团块状分布。经济以种植业为主，主要农作物有花生、地瓜、小麦等。

小徐庄 371329-B03-H08

[Xiǎoxúzhuāng]

在县驻地临沭街道南方向 31.0 千米。石门镇辖自然村。人口 200。1945 年，刘、徐二姓为种地方便，先后从徐庄迁此落居，得名小徐庄。聚落呈团块状分布。经济以种植业为主，主要农作物有花生、地瓜、小麦等。

徐庄 371329-B03-H09

[Xúzhuāng]

在县驻地临沭街道南方向 31.0 千米。石门镇辖自然村。人口 1 600。明朝中叶，徐氏择此立村，以姓氏得名徐庄。聚落呈团块状分布。经济以种植业为主，主要农作物有小麦、玉米、花生。

小冲 371329-B03-H10

[Xiǎochōng]

在县驻地临沭街道南方向 28.0 千米。石门镇辖自然村。人口 1 100。清末，刘氏徙此建村，始称刘家庄，后因村中有条小水沟，冲成一条深沟，改称小冲。聚落呈团块状分布。经济以种植业为主，主要农作物有小麦、玉米、花生。

中石门 371329-B03-H11

[Zhōngshímén]

在县驻地临沭街南方向 28.5 千米。石门镇辖自然村。人口 1 600。明朝初年，王氏徙此卜居，因建村于河畔，河两岸有两块巨石，陡峭对峙，形似两扇门，故名中石门。聚落呈团块状分布。经济以种植业为主，主要农作物有小麦、玉米、花生。225 省道经此。

曹村东街 371329-B04-H01

[Cáocūndōngjiē]

曹庄镇人民政府驻地。在县驻地临沭街道西南方向 22.0 千米。人口 3 700。以姓氏和方位命名。聚落呈团块状分布。古迹有马陵古道、周代郯国领地等。有中学 1 处、幼儿园 1 处、小学 1 处。经济以种植业为主，主要农作物有小麦、玉米、花生。有公路经此。

西郭疃 371329-B04-H02

[Xīguōtuǎn]

在县驻地临沭街道西南方向 27.2 千米。曹庄镇辖自然村。人口 1 500。李氏迁入，在东郭疃西，称西郭疃。聚落呈团块状分布。经济以种植业为主，主要农作物有小麦、玉米、花生。

东山前 371329-B04-H03

[Dōngshānqián]

在县驻地临沭街道西南方向 27.5 千米。曹庄镇辖自然村。人口 900。因该村地处西山前之东，故名东山前。聚落呈团块状分布。经济以种植业为主，主要农作物有小麦、玉米、花生。

西山前 371329-B04-H04

[Xīshānqián]

在县驻地临沭街道西南方向 25.6 千米。曹庄镇辖自然村。人口 1 400。为防匪患，村民联筑围墙，处于岌山前，故名西山前。聚落呈团块状分布。经济以种植业为主，主要农作物有小麦、玉米、花生。

华桥 371329-B04-H05

[Huáqiáo]

在县驻地临沭街道西南方向 25.1 千米。曹庄镇辖自然村。人口 1 600。明朝中叶，因村东有一小桥，故称化桥。后传薛礼征东时，曾在小桥上挂甲小憩，逐渐改称挂甲桥，后演变为华桥。经济以种植小麦、玉米、花生为主。

解庄 371329-B04-H06

[Xièzhuāng]

在县驻地临沭街道西南方向 25.9 千米。曹庄镇辖自然村。人口 600。以姓氏命名。聚落呈团块状分布。经济以种植业为主，主要农作物有小麦、玉米、花生。

谭庄 371329-B04-H07
[Tánzhuāng]

在县驻地临沭街道西南方向 25.7 千米。曹庄镇辖自然村。人口 900。明末，谭姓徙此立村，始称谭宅子，后改称谭家庄，现简称谭庄。聚落呈团块状分布。经济以种植业为主，主要农作物有小麦、玉米、花生。

常林 371329-B04-H08
[Chánglín]

在县驻地临沭街道西南方向 28.4 千米。曹庄镇辖自然村。人口 1 000。常氏迁入，村旁有常家林，故称常林。聚落呈团块状分布。经济以种植业为主，主要农作物有小麦、玉米、花生。

青云街 371329-B05-H01
[Qīngyúnjiē]

青云镇人民政府驻地。在县驻地临沭街道北方向 13.0 千米。人口 1 700。因境内青云山得名。聚落呈团块状分布。有中学、小学、幼儿园。古迹有青云古墓群和黄屯古槐。经济以种植业为主，主要农作物有小麦、玉米、花生、地瓜等。长深高速、省道莒阿路经此。

于家山 371329-B05-H02
[Yújiāshān]

在县驻地临沭街道东北方向 18.0 千米。青云镇辖自然村。人口 1 200。清朝中叶，于氏徙此立村，因村靠近大山，故名。聚落呈团块状分布。经济以种植业为主，主要农作物有小麦、玉米、花生、地瓜等。

贾山 371329-B05-H03
[Jiǎshān]

在县驻地临沭街道东北方向 19.0 千米。青云镇辖自然村。人口 1 100。据史料记载，清雍正年间，贾氏徙此立村，后季姓迁入，因村处大山西麓，故名贾季山，后简称今名。聚落呈团块状分布。经济以种植业为主，主要农作物有小麦、玉米、花生、地瓜等。

郭家山 371329-B05-H04
[Guōjiāshān]

在县驻地临沭街道东北方向 17.0 千米。青云镇辖自然村。人口 1 400。清初，郭氏徙此立村，后杜姓迁入，因靠近大山，故名。聚落呈团块状分布。经济以种植业为主，主要农作物有小麦、玉米、花生、地瓜等。

周官庄 371329-B05-H05
[Zhōuguānzhuāng]

在县驻地临沭街道西北方向 10.0 千米。青云镇辖自然村。人口 2 000。明末，周氏由临沂程子河迁此定居，因村旁有一莲花池，故名莲花村，后因靠近杨官庄，改称周官庄。聚落呈团块状分布。经济以种植业为主，主要农作物有小麦、玉米、花生、地瓜等。

前叶埠 371329-B05-H06
[Qiányèbù]

在县驻地临沭街道西北方向 16.0 千米。青云镇辖自然村。人口 700。清初，叶氏从南方徙此小岭立村，始称叶埠，后以岭为界分前叶埠、后叶埠两个村。聚落呈团块状分布。经济以种植业为主，主要农作物有小麦、玉米、花生、地瓜等。

后叶埠 371329-B05-H07
[Hòuyèbù]

在县驻地临沭街道西北方向 11.2 千米。青云镇辖自然村。人口 700。清初，叶氏从南方徙此小岭立村，始称叶埠，后以岭为界分前叶埠、后叶埠两个村。聚落呈团块状分布。经济以种植业为主，主要农作物有小麦、玉米、花生、地瓜等。

石埠子 371329-B05-H08
[Shíbùzi]

在县驻地临沭街道西北方向 9.1 千米。青云镇辖自然村。人口 1 900。明末，姚姓由费县城头村迁此定居，后张姓从江苏省拓汪迁来，因立村于石岭旁，故名。聚落呈团块状分布。经济以种植业为主，主要农作物有小麦、玉米、花生、地瓜等。

金盆底 371329-B05-H09
[Jīnpéndǐ]

在县驻地临沭街道西北方向 9.5 千米。青云镇辖自然村。人口 600。明初，张、吴两姓迁此，立村于小盆地之处，取吉祥意，得名金盆底。聚落呈团块状分布。经济以种植业为主，主要农作物有小麦、玉米、花生、地瓜等。

彭官庄 371329-B05-H10
[Péngguānzhuāng]

在县驻地临沭街道西北方向 10.1 千米。青云镇辖自然村。人口 400。清初，彭氏由于官庄徙此立村，仍称官庄，后冠姓，名彭官庄。聚落呈团块状分布。经济以种植业为主，主要农作物有小麦、玉米、花生、地瓜等。

新马庄 371329-B05-H11
[Xīnmǎzhuāng]

在县驻地临沭街道西北方向 12.2 千米。青云镇辖自然村。人口 400。1974 年银马庄遭洪患，部分居民移新址立村，遂命名为新马庄。聚落呈团块状分布。经济以种植业为主，主要农作物有小麦、玉米、花生、地瓜等。

三里村 371329-B05-H12
[Sānlǐcūn]

在县驻地临沭街道西北方向 12.3 千米。青云镇辖自然村。人口 500。明末，王氏由白莲谷徙此立村，因村居马庄、埠上、叶埠三村各一华里处，故名三里村。聚落呈团块状分布。经济以种植业为主，主要农作物有小麦、玉米、花生、地瓜等。

蒿墩 371329-B05-H13
[Hāodūn]

在县驻地临沭街道西北方向 12.3 千米。青云镇辖自然村。人口 500。清乾隆年间，小官庄部分居民徙此立村，时称小官庄。1955 年，以村旁有一野蒿丛生的土墩，改称蒿墩。聚落呈团块状分布。经济以种植业为主，主要农作物有小麦、玉米、花生、地瓜等。

东朱崔 371329-B05-H14
[Dōngzhūcuī]

在县驻地临沭街道西北方向 19.0 千米。青云镇辖自然村。人口 1 500。明末，朱、崔两姓徙此立村，以两姓氏命名朱崔，1956 年以方位分为三个村，此村居东，称东朱崔。聚落呈团块状分布。经济以种植业为主，主要农作物有小麦、玉米、花生、地瓜等。

黄家屯 371329-B05-H15
[Huángjiātún]

在县驻地临沭街道北方向 17.1 千米。青云镇辖自然村。人口 1 100。据史料记载，明永乐年间，黄姓自莒南黄泥沟迁此立村，冠其姓得名黄家屯。聚落呈团块状分布。经济以种植业为主，主要农作物有小麦、玉米、花生、地瓜等。

季岭 371329-B05-H16

[Jìlǐng]

在县驻地临沭街道北方向 20.0 千米。青云镇辖自然村。人口 1 700。季姓于明朝中叶迁此立村定居，因该村依山岭，冠其姓得名季家岭，后简称季岭。聚落呈团块状分布。经济以种植业为主，主要农作物有小麦、玉米、花生、地瓜等。

石家庄 371329-B05-H17

[Shíjiāzhuāng]

在县驻地临沭街道北方向 18.8 千米。青云镇辖自然村。人口 300。清康熙年间，石姓自临沂县石家村迁此定居，之前已有许姓先定居于此，石姓迁入后，命村名为石景庄，后改成石家庄。聚落呈团块状分布。经济以种植业为主，主要农作物有小麦、玉米、花生、地瓜等。

曹岭 371329-B05-H18

[Cáolǐng]

在县驻地临沭街道北方向 21.0 千米。青云镇辖自然村。人口 1 100。明朝中叶，曹姓依岭建村，冠其姓得名曹岭。聚落呈团块状分布。经济以种植业为主，主要农作物有小麦、玉米、花生、地瓜等。

庙后 371329-B05-H19

[Miàohòu]

在县驻地临沭街道北方向 8.4 千米。青云镇辖自然村。人口 600。明朝中叶，因村前有一座庙，取名庙后。聚落呈团块状分布。经济以种植业为主，主要农作物有小麦、玉米、地瓜、花生等。

王场 371329-B05-H20

[Wángchǎng]

在县驻地临沭街道东北方向 15.0 千米。青云镇辖自然村。人口 800。明朝初年，王氏来此立村，始称崖下，后迁至一平坦如场地带，改称王场。聚落呈团块状分布。经济以种植业为主，主要农作物有小麦、花生、红薯等。

刘疃河南村 371329-B05-H21

[Liútuǎnhénáncūn]

在县驻地临沭街道北方向 8.3 千米。青云镇辖自然村。人口 1 600。明朝中叶，刘姓来此建村，取名刘疃，1984 年改为刘疃河南村。聚落呈团块状分布。经济以种植业为主，主要农作物有小麦、玉米、花生、地瓜等。

刘疃河北村 371329-B05-H22

[Liútuǎnhéběicūn]

在县驻地临沭街道北方向 9.0 千米。青云镇辖自然村。人口 1 600。明朝中叶，刘姓来此建村，取名刘疃，1984 年改为刘疃河北村。聚落呈团块状分布。经济以种植业为主，主要农作物有小麦、玉米、花生、地瓜等。

半路 371329-B05-H23

[Bànlù]

在县驻地临沭街道北方向 9.1 千米。青云镇辖自然村。人口 300。清初时期，顾氏徙此建村，后刘姓迁入，因村在庙庄、庙后两村中间，且各距半里路，故名。聚落呈团块状分布。经济以种植业为主，主要农作物有小麦、玉米、花生、地瓜等。

刘家河西村 371329-B05-H24

[Liújiāhéxīcūn]

在县驻地临沭街道北方向 15.0 千米。青云镇辖自然村。人口 300。明末，刘姓徙此建村，因村处刘疃河西侧，故冠其姓得名。聚落呈团块状分布。经济以种植业为主，主要农作物有小麦、玉米、花生、地瓜等。

庙庄 371329-B05-H25
［Miàozhuāng］

在县驻地临沭街道北方向 10.0 千米。青云镇辖自然村。人口 2 100。明嘉靖四十年（1561），方、谢二姓迁此卜居，因村前有座古庙，因此取名庙庄。聚落呈团块状分布。经济以种植业为主，主要农作物有小麦、玉米、花生、地瓜等。

葛庄 371329-B05-H26
［Gězhuāng］

在县驻地临沭街道北方向 10.1 千米。青云镇辖自然村。人口 600。诸葛氏于清朝中叶自临沂迁此立村，冠其姓得名葛家庄，后简称葛庄。聚落呈团块状分布。经济以种植业为主，主要农作物有小麦、玉米、花生、地瓜等。

王界前 371329-B05-H27
［Wángjièqián］

在县驻地临沭街道东北方向 12.0 千米。青云镇辖自然村。人口 600。明末，王氏自本县王场迁此建村，因村靠近李界前，故名。聚落呈团块状分布。经济以种植业为主，主要农作物有小麦、玉米、花生、地瓜等。

后哨 371329-B05-H28
［Hòushào］

在县驻地临沭街道东北方向 14.0 千米。青云镇辖自然村。人口 600。清朝初年，付氏迁此定居，后杜、吴二姓相继迁入。因官府曾在此设缉查私盐贩子的哨卡，且在李界前后立村，故名后哨。聚落呈团块状分布。经济以种植业为主，主要农作物有小麦、玉米、花生、地瓜等。

凌界前村 371329-B05-H29
［Língjièqiáncūn］

在县驻地临沭街道东北方向 12.2 千米。青云镇辖自然村。人口 500。明末，凌氏自凌山头迁此立村，因靠近李界前，故名。聚落呈团块状分布。经济以种植业为主，主要农作物有小麦、玉米、花生、地瓜等。

东寨子 371329-B06-H01
［Dōngzhàizi］

玉山镇人民政府驻地。在县驻地临沭街道东北方向 12.6 千米。人口 600。地名来历不可考。聚落呈带状分布。经济以种植业为主，主要农作物有花生、地瓜、小麦等。有公路经此。

盘中村 371329-B06-H02
［Pánzhōngcūn］

在县驻地临沭街道东方向 10.0 千米。玉山镇辖自然村。人口 1 500。因在东盘中部，故名。聚落呈团块状分布。经济以种植业为主，主要农作物有小麦。

东一村 371329-B06-H03
［Dōngyīcūn］

在县驻地临沭街道东北方向 20.0 千米。玉山镇辖自然村。人口 1 100。明洪武三年（1370），袁、王、杨姓迁此建村，因在河西，故名西朱仓，后改为东一村。聚落呈团块状分布。经济以种植业为主。

前湖子 371329-B06-H04
［Qiánhúzi］

在县驻地临沭街道东北方向 20.0 千米。玉山镇辖自然村。人口 800。明洪武初年，李氏迁此立村，因在玉山西脚下低洼处，积水成湖，故名湖子。1984年分为前湖子、中湖子、后湖子三村。聚落呈团块状分布。经济以种植业为主。

中湖子 371329-B06-H05
［Zhōnghúzi］

在县驻地临沭街道东北方向 20.0 千米。玉山镇辖自然村。人口 500。明洪武初年，李氏迁此立村，因在玉山西脚下低洼处，积水成湖，故名湖子。1984 年分为前湖子、中湖子、后湖子三村。聚落呈团块状分布。经济以种植业为主。

后湖子 371329-B06-H06
［Hòuhúzi］

在县驻地临沭街道东北方向 20.0 千米。玉山镇辖自然村。人口 2 500。洪武初年，李氏迁此立村，因在玉山西脚下低洼处，积水成湖，故名湖子。1984 年分为前湖子、中湖子、后湖子三村。聚落呈团块状分布。经济以种植业为主，主要农作物有小麦。

东石河 371329-B06-H07
［Dōngshíhé］

在县驻地临沭街道东北方向 21.0 千米。玉山镇辖自然村。人口 2 300。由石河围里、石河官庄、石河后庄、石河姜庄合并为东石河村。聚落呈团块状分布。经济以种植花生、地瓜、小麦为主。

刁街 371329-B06-H08
［Diāojiē］

在县驻地临沭街道东北方向 20.0 千米。玉山镇辖自然村。人口 400。地名来历不可考。聚落呈带状分布。经济以种植业为主，主要农作物有花生、小麦等。

东北庄 371329-B06-H09
［Dōngběizhuāng］

在县驻地临沭街道东北方向 20.0 千米。玉山镇辖自然村。人口 500。因在镇政府东北方向，故名。聚落呈带状分布。经济以种植业为主。

崖上 371329-B06-H10
［Yáshàng］

在县驻地临沭街道东方向 20.0 千米。玉山镇辖自然村。人口 400。宋末，刘氏徙此落居，后李、袁二姓迁入，因村坐落于小河两岸之大崖上，故名崖上。聚落呈带状分布。经济以种植业为主，主要农作物有花生、小麦等。

崖下 371329-B06-H11
［Yáxià］

在县驻地临沭街道东方向 21.0 千米。玉山镇辖自然村。人口 1 700。清初，朱氏从沙河村迁此定居，因村庄坐落于崖头下，故名崖下。聚落呈带状分布。经济以种植业为主。

桥头 371329-B06-H12
［Qiáotóu］

在县驻地临沭街道东方向 20.0 千米。玉山镇辖自然村。人口 300。清道光年间，胡氏由蛟龙徙此定居，因西河上有座石桥，故称桥头。聚落呈带状分布。经济以种植业为主，主要农作物有花生和小麦等。

东官庄 371329-B06-H13
［Dōngguānzhuāng］

在县驻地临沭街道东方向 17.0 千米。玉山镇辖自然村。人口 2 000。清末立村，以嘉言命名为官庄。后为避同名村，以其方位改称东官庄。聚落呈团块状分布。经济以种植业为主，主要农作物有小麦和玉米。

水沟 371329-B06-H14
［Shuǐgōu］

在县驻地临沭街道东方向 17.5 千米。玉山镇辖自然村。人口 1 100。明末立村，因村周围有一条大水沟环绕，故称水沟。

聚落呈团块状分布。经济以种植业为主，主要农作物有小麦和玉米。

前穆疃　371329-B06-H15
［Qiánmùtuǎn］

在县驻地临沭街道东北方向 15.0 千米。玉山镇辖自然村。人口 1 700。明初，以姓氏命村名为穆疃，后因村居后穆疃南，改成前穆疃。聚落呈团块状分布。经济以种植业为主，主要农作物有小麦、玉米。

九里村　371329-B06-H16
［Jiǔlǐcūn］

在县驻地临沭街道东北方向 25.0 千米。玉山镇辖自然村。人口 300。因是百泉村和九里村合并而得名。聚落呈团块状分布。经济以种植业为主，主要农作物有小麦和玉米。

后石鼓岭　371329-B06-H17
［Hòushígǔlǐng］

在县驻地临沭街道东北方向 24.0 千米。玉山镇辖自然村。人口 700。明朝初年，张姓自山西省洪洞县喜鹊窝迁此村定居，因村处石鼓西侧，村以岭名，该村居北，故又称北石鼓岭，后又改称后石鼓岭。聚落呈团块状分布。经济以种植业为主，主要农作物有小麦。

后尹岭　371329-B06-H18
［Hòuyǐnlǐng］

在县驻地临沭街道东北方向 24.0 千米。玉山镇辖自然村。人口 500。清乾隆年间，尹氏在前尹岭村后建村，故称后尹岭。聚落呈团块状分布。经济以种植业为主，主要农作物有小麦。

金鸡墩　371329-B06-H19
［Jīnjīdūn］

在县驻地临沭街道东北方向 24.0 千米。玉山镇辖自然村。人口 900。因建村时村北有一大土堆，堆上有野蒿，灌木丛生，常有野鸡栖息于此，故得名野鸡墩，后村民嫌其名不雅，更名为金鸡墩。聚落呈团块状分布。经济以种植业为主，主要农作物有小麦。

店头南回族街　371329-B07-H01
［Diàntóunánhuízújiē］

店头镇人民政府驻地。在县驻地临沭街道南方向 10.0 千米。人口 1 100。有汉族、回族，其中回族 210 人。清雍正八年（1730）洪水泛滥，房屋倒塌，村庄被淹，唯村北高岗处幸存几家坊店，人们居此避难。洪水消落，居民在此高岗处重建村庄，取名店头，后以方位改今名。聚落呈团块状分布。有文化广场 1 处、中学 1 处、小学 1 处。经济以种植业为主，主要农作物有小麦、玉米、花生。225 省道经此。

店头西街　371329-B07-H02
［Diàntóuxījiē］

在县驻地临沭街道南方向 10.0 千米。店头镇辖自然村。人口 700。有汉族、回族，其中回族 314 人。清雍正八年（1730）洪水泛滥，房屋倒塌，村庄被淹，唯村北高岗处幸存几家坊店，人们居此避难。洪水消落，居民在此高岗处重建村庄，取名店头，后以方位改今名。聚落呈团块状分布。有文化广场 1 处。经济以种植业为主，主要农作物有小麦、玉米、花生。225 省道经此。

店头北街　371329-B07-H03
［Diàntóuběijiē］

在县驻地临沭街道南方向 10.0 千米。

店头镇辖自然村。人口 800。有汉族、回族，其中回族 212 人。清雍正八年（1730）洪水泛滥，房屋倒塌，村庄被淹，唯村北高岗处幸存几家坊店，人们居此避难。洪水消落，居民在此高岗处重建村庄，取名店头，后以方位改今名。聚落呈团块状分布。有文化广场 1 处。经济以种植业为主，主要农作物有小麦、玉米、花生。225 省道经此。

大垛庄 371329-B07-H04

［Dàduǒzhuāng］

在县驻地临沭街道西南方向 13.0 千米。店头镇辖自然村。人口 1 400。清雍正八年（1730）立村，后演称垛庄。小垛庄建村后遂改大垛庄。聚落呈团块状分布。有文化广场 1 处。经济以种植业为主，主要农作物有小麦、玉米、花生。有公路经此。

小垛庄 371329-B07-H05

［Xiǎoduǒzhuāng］

在县驻地临沭街道西南方向 12.0 千米。店头镇辖自然村。人口 1 400。清雍正八年（1730）张姓择此高地建村，因立村于垛庄之后，且村小，故名小垛庄。聚落呈团块状分布。有文化广场 1 处。经济以种植业为主，主要农作物有小麦、玉米、花生。

仓巡会 371329-B07-H06

［Cāngxúnhuì］

在县驻地临沭街道东南方向 14.5 千米。店头镇辖自然村。人口 1 300。清朝初年，仓氏迁此立村后演称仓巡会。聚落呈团块状分布。有文化广场 1 处。经济以种植业为主，主要农作物有小麦、玉米、花生。有公路经此。

东大于科 371329-B07-H07

［Dōngdàyúkē］

在县驻地临沭街道东南方向 15.0 千米。店头镇辖自然村。人口 2 100。明洪武年间，王氏移此建村，建村时有大片榆树，村以树为名，后演变为大于科村，后以古庙为界分为二村，此村居东，故称东大于科。又传因清朝康熙皇帝南巡，路经此处遇大雨，曾在大榆树下避雨，故改称大雨科，后演变为大于科，后以方位得名东大于科。聚落呈团块状分布。有文化广场 1 处。经济以种植业为主，主要农作物有小麦、玉米、花生。有公路经此。

西大于科 371329-B07-H08

［Xīdàyúkē］

在县驻地临沭街道东南方向 14.0 千米。店头镇辖自然村。人口 900。明洪武年间，王氏移此建村，建村时有大片榆树，村以树为名，后演变为大于科村，后以古庙为界分为二村，此村居东，故称西大于科村。又传因清朝康熙皇帝南巡，路经此处遇大雨，曾在大榆树下避雨，故改称大雨科，后演变为大于科，后以方位得名西大于科。聚落呈团块状分布。有文化广场 1 处。经济以种植业为主，主要农作物有小麦、玉米、花生。有公路经此。

张楮林 371329-B07-H09

［Zhāngchǔlín］

在县驻地临沭街道东南方向 13.0 千米。店头镇辖自然村。人口 1 500。明天启三年（1623），张汉礼带两子张清德、张清春自张南埠子迁此定居，后来，吕姓等相继迁入。因张氏立村时，村东有一片楮桃林，故名张家楮桃林，后简称张楮林。聚落呈团块状分布。有文化广场 1 处、小学 1 处。经济以种植业为主，主要农作物有小麦、玉米、花生。有公路经此。

郇楮林 371329-B07-H10
［Huánchǔlín］

在县驻地临沭街道东南方向 12.5 千米。店头镇辖自然村。人口 1 300。清顺治年间，郇氏由青州大郇庄迁居于此，立村时，村东有一片楮桃林，村以林为名，后演称郇楮林。聚落呈团块状分布。有文化广场 1 处。经济以种植业为主，主要农作物有小麦、玉米、花生。

三　交通运输

临沂市

城市道路

解放东路 371300-K01
[Jiěfàng Dōnglù]

在市境中部。西起滨河东路，东至陶然东路。沿线与滨河东路、兰亭路、东兴路、正阳路、陶然北路、陶然东路相交。长 3.1 千米，宽 40 米，沥青、混凝土路面。1995 年开工，同年建成，2013 年改（扩）建。是兰山区解放路东延至河东区辖区内的道路，故名。两侧有临沂市人民检察院、临沂九曲小学、恒越大厦、临沂市交通运输局河东分局、河东区自然资源局等。通公交车。

金雀山东路 371300-K02
[Jīnquèshān Dōnglù]

在市境中部。西起滨河东路，东至沭埠岭一路。沿线与滨河东路、兰亭路、顺和路、东兴路、正阳路、陶然北路相交。长 2.5 千米，宽 42 米，沥青、混凝土路面。2002 年开工，同年建成，2011 年改（扩）建。是金雀山路东延至河东区内的道路，故名。两侧有河东红太阳家具城、临沂沂蒙职业中等专业学校、奥德杉杉家具城、临沂市长城职业中专、沭埠岭工业园等。通公交车。

陶然路 371300-K03
[Táorán Lù]

在市境南部。东起滨河路，西至工业大道。沿线与蒙山大道、通达路、沂蒙路、中丘路相交。长 10.8 千米，宽 42 米，沥青路面。1984 年开工，1985 年建成，1992 年改扩建。因陶然居餐饮公司出资修整，以公司名称命名。沿途多商铺、酒店。两侧有临沂海关、临沂火车站、临沂隆达汽车站等。为临沂城区南部主干道，通公交车。

沂河路 371300-K04
[Yíhé Lù]

在市境南部。东起沭河大道，西至京沪高速。沿线与联邦路、昆明路、沃尔沃路、滨河东路、滨河路、沂州路、通达南路、蒙山大道、湖东路、琅琊王路、206 国道等相交。长 26.4 千米，宽 28 米，沥青路面。1996 年开工，1998 年建成，2009 年、2012 年改扩建。因近沂河得名。两侧有吴白庄汉像遗址、临沂二十二中学、盛能游乐公园、花卉市场、国际会展中心、钢材市场等。为临沂城区南部重要东西干道，通公交车。

沂州路 371300-K05
[Yízhōu Lù]

在市境东部。北起涑河南，南至清河南路。沿线与金雀山路、解放路相交。长 5.6 千米，宽 30 米，沥青路面。民国年间为青石板路，后自北向南延长，1975 年建成沥青路面，1980 年贯通，2000 年改扩建。因该路起点原系沂州府署驻地而得名。沿途多商铺、居民小区。两侧有金雀山街道办事处、沂蒙革命纪念馆、华东革命烈士陵园等。为临沂城区重要南北干道，通公交车。

祝丘路 371300-K06
[Zhùqiū Lù]

在市境中部。北起金雀山路，南至南大路。沿线与陶然路、清河南路、沂河路、湖北路相交。2007年、2010年改扩建。以故名祝丘县得名。长8.9千米，宽21米，沥青混凝土路面。通公交车。

中丘路 371300-K07
[Zhōngqiū Lù]

在市境中部。南起罗塘路，北至金雀山路。沿线与陶然路、沂河路、湖北路、罗程路相交。长11.9千米，宽9米，混凝土路面。春秋时期曾在境内兰山区白沙埠镇建有中丘城，故以历史地名命名。1960年开工，2004年改建。两侧有高都中学。通公交车。

华夏路 371300-K08
[Huáxià Lù]

在市境东部。西起滨河东路，东至沭河桥头。沿线与香港路、沃尔沃路、杭州路、联邦路、澳门路等相交。长22千米，宽38米，沥青混凝土路面。2003年开工，2008年、2009年改扩建。因在华夏重工附近，得名华夏路。两侧有人民医院、华夏重工、银凤陶瓷、东部铜业、广亚铝业等。该路是连接临沂城区与临沭县的主要道路，是城区主干道之一，通公交车。

铁路

兖石铁路 371300-30-A-b01
[Yǎnshí Tiělù]

国有铁路。起于济宁市兖州，止于日照石臼所站。全长307.9千米。在朱保站与枣临铁路相交；在平邑站与东平铁路相交；在临沂站与胶新铁路相接；自费县站向东

与胶济线接轨，向西与京沪线接轨。1981年开工，1985年建成，1986年正式通车。线路等级为I级干线，单、复线，横跨泗河、沂河、沭河。主要承担兰山区的物资、人员运输交流任务。年输送能力1 800万吨。是山东重要铁路，它的建成对晋煤外运、开发沂蒙山区、振兴鲁南经济和巩固国防都具有重要意义。

枣临铁路 371300-30-A-b02
[Zǎolín Tiělù]

国有铁路。起于枣庄市，止于临沂市。正线全长119.51千米。在兖州站与京沪线相交，在朱保站与兖石铁路相交。2009年8月开工建设，2012年5月主体完工，2012年11月29日全线开通运营。为II级单线电气化铁路。进一步完善了路网结构，有效缓解京沪铁路运输能力紧张状况，有利于形成鲁南地区与日照港口的便捷出海通道。是山东省十一五规划的重要建设项目，是四纵四横铁路网的重要组成部分。

胶新铁路 371300-30-A-b03
[Jiāoxīn Tiělù]

国有铁路。起于山东省胶州，止于江苏省新沂。途经胶州站、诸城站、临沂东站等主要大站。全程306.6千米，山东省内297千米。在临沂东站与兖石铁路相接，在沂水站与瓦日铁路相交。2001年始建，2003年12月正式通车，2014年改建为电气化铁路。为I级单线电气化铁路。经过中国东部最大的发震活动断裂带——郯庐断裂带的中段。主要承担货物、人员运输交流任务。胶新铁路加强了东北与华北、华东地区的优势互补，缩短运输距离，扩大了投资、内需，带动地方经济增长，具有重要的战略地位与作用，在全国路网建设和经济建设中有着重要的战略意义。

瓦日线 371300-30-A-b04

[Wǎrì Xiàn]

国有铁路。起于山西兴县瓦塘，止于山东日照港。全长 1 260 千米。在沂水站与胶新铁路相交。2010 年 10 月始建，2014 年 12 月建成。为Ⅰ级双线电气化铁路。成为国家新增"西煤东输"的能源动脉，能够显著提高山西中南部地区煤炭外运能力，优化运输结构，降低运输成本，成为我国煤炭外运新的大能力通道。

东平铁路 371300-30-A-b05

[Dōngpíng Tiělù]

国有铁路。起于磁莱线东都站，止于兖石铁路平邑站。全长 59 千米。在平邑站与兖石铁路相交。2008 年 12 月开始修建，2010 年 11 月建成通车运营。为Ⅱ级单线电气化铁路。为泰安、莱芜地区的煤炭、钢铁等大宗货物运输创造了更便捷的出海通道。

公路

日兰高速公路 371300-30-B-a01

[Rìlán Gāosù Gōnglù]

高速公路。起点山东省日照市，止点河南省兰考县。省内全长 473 千米。1997 年开工，2000 年建成。一、二级公路，沥青路面，路面宽 24 米。与京沪高速公路相交。日兰高速公路的开通为居民出行旅游提供了便利的条件。

京沪高速公路 371300-30-B-a02

[Jīnghù Gāosù Gōnglù]

高速公路。起点北京市，止点上海市。纵贯中国北京、天津、河北、山东、江苏、上海六省市。全长 1 261.99 千米，山东省内全长 431.82 千米。1987 年 12 月开工建设，分 20 个路段分期建设，整个工程建设历时 13 年，至 2000 年全线贯通。一级公路，沥青路面，路面宽 24 米。与日兰高速公路相交，与文泗公路、连菏线相连。京沪高速公路通车后，将中国华北、华东地区连为一体，缓解了北京至上海交通走廊的运输紧张状况，对加强国道主干线的联网和发挥高速公路的规模效益，以及加强北京、天津、河北、山东、江苏、上海之间的经济联系与合作、促进沿线地区乃至中国的经济发展具有重要意义。

临枣高速公路 371300-30-B-a03

[Línzǎo Gāosù Gōnglù]

高速公路。起点临沂，止点枣庄。全长 88.6 千米。2009 年 11 月全面开工建设，2013 年全线通车。双向四车道，路面宽 28 米。接轨京沪高速公路、京台高速公路。是山东省南部东西向交通主动脉。

日东高速公路 371300-30-B-a04

[Rìdōng Gāosù Gōnglù]

高速公路。起点日照市，止点菏泽市东明县。经过临沂市、济宁市。全长 413.3 千米。1998 年开工，2000 年建成。双向四车道，沥青混凝土路面。建有特大桥 2 座、大桥 10 座、中小桥 32 座、涵洞 141 道、天桥 28 座、通道 88 道、互通立交 3 处、分离立交 3 处。与 206 国道、222 省道、225 省道互通，与 204 国道、335 省道和疏港路相连。是山东省"五纵四横一环"公路主框架的重要组成部分，是国道主干线京沪高速公路、京福高速公路和同三高速公路的重要连接线。

长深高速公路 371300-30-B-a05

[Chángshēn Gāosù Gōnglù]

高速公路。起点长春，止点深圳。山东境内全长 205.44 千米。2009 年 6 月始建，2013 年建成通车。双向六车道，路基宽 34.5 米，沥青路面。与青兰高速相接，有效缓解交通压力，加强了区域经济交流，对促进经济发展具有重要意义。

青兰高速公路 371300-30-B-a06
[Qīnglán Gāosù Gōnglù]

高速公路。全长 205.44 千米，临沂境内长 48.66 千米。2005 年 3 月始建，2007 年建成通车。沥青路面。与长深高速相接，对促进沿线经济发展具有重要意义。

205 国道 371300-30-B-b01
[205 Guódào]

国道。起点山海关，止点深圳。经过河北、天津、山东、江苏、安徽、浙江、福建和广东 8 个省份（直辖市）。全长 3 160 千米。明朝时就为驿道，1964 年改建，1973 年完成全线路面硬化。1994 年、2005 年、2009 年、2012 年等多次分段改造。二级公路，路面宽 12~24 米。沥青混凝土路面。是南北连接京津冀和长三角经济带的交通枢纽，对促进南北经济合作具有重要意义。

206 国道 371300-30-B-b02
[206 Guódào]

国道。起点山东省烟台市，止点广东省汕头市。全长 2 440 千米。建于 1958 年，临沂地区境内原是潍坊至徐州、郯城至微山公路的一段，1986 年公路普查时定为烟汕线。一、二级公路，宽 23~31 米，沥青路面。与 205 国道、207 国道、227 省道衔接。优化区域路网布局，改善交通运输条件，提升公路安全。

310 国道 371300-30-B-b03
[310 Guódào]

国道。起点江苏省连云港市，止点甘肃省天水市。途经山东、安徽、河南、陕西等省。临沂境内长 25.50 千米。1964 年始建，1971 年改造沥青表面处理，1984 年改造为二级沥青砼路面。路基宽 12 米。是东部沿海通往徐州的重要干线。

327 国道 371300-30-B-b04
[327 Guódào]

国道。起点连云港，止点菏泽。经过连云港市、临沂市、菏泽市等。全长 458 千米。原为土路，1956—1967 年全线改建，1979—1984 年拓宽路基，1990—1991 年再次改建。一级公路。路面宽 23~38 米。沥青混凝土路面。与日东高速、234 省道、229 省道相交。是联系山东与江苏两省的干线公路之一，对优化区域路网结构，改善区域交通运输条件，促进沿线经济社会发展具有积极作用。

225 省道 371300-30-B-c01
[225 Shěngdào]

省道。起点山东省莒县，止点江苏省徐州市阿湖。临沂境内长 41.5 千米。1994 年开工建设，1996 年建成通车。二级公路，沥青混凝土柔性路面，路面净宽 23 米。与 205 国道、342 国道衔接。为国内重要的交通道路。

227 省道 371300-30-B-c02
[227 Shěngdào]

省道。起点东营市东明，止点临沂市红花埠。临沂市境内长 31.57 千米。1935 年始建，后经多次改扩建，2012 年改建为一级公路。宽 23 米，沥青路面。与长深高速北连接线、烟汕线、薛馆线、石兖线、山深线、岚济线衔接。对优化区域路网结构、改善区域交通运输条件、促进沿线经济社会发展具有积极作用。

229 **省道** 371300-30-B-c03

[229 Shěngdào]

省道。起点山东省临沂市沂水县，止点江苏省邳州县。全长 164.2 千米。1956 年秋始建，后经多次改扩建，1994 年改建为一、二级公路。沥青路面。路面宽 14 米。有效缓解了交通压力，促进了沿线经济发展。

232 **省道** 371300-30-B-c04

[232 Shěngdào]

省道。起点临沂市罗庄区汤庄，止点临沂市郯城县。全长 135.261 千米。1958 年开工，1959 年建成，2001 年、2008 年、2010 年等多次改建。二级公路，沥青路面，宽 15~18 米。与 206 国道相交。

234 **省道** 371300-30-B-c05

[234 Shěngdào]

省道。起点淄博市沂源县，止点枣庄市台儿庄。全长 156.324 千米。1986 年为沙土路，1991 年、1992 年、2011 年、2012 年等多次改建。一、二级公路，路面宽 9~12 米，沥青路面。与日兰高速公路、327 国道、岚济线相交。

236 **省道** 371300-30-B-c06

[236 Shěngdào]

省道。起点博山，止点沂水城。临沂境内长 37.09 千米。1936 年始建，后经多次改扩建，1998 年改建为二级公路。宽 12 米，沥青路面。与韩莱线相接。是连接沂水县、沂源县的重要交通通道，促进了两县间的经济往来。

240 **省道** 371300-30-B-c07

[240 Shěngdào]

省道。起点泰安临沂界，止点枣庄市。

临沂境内长 62.309 千米。1993—1994 年加宽改建；1998—1999 年，对平邑县城至仲村段加宽改建；2007—2008 年，对仲村至新泰段进行加宽改建；2012 年，对平邑县城以南路段进行加宽改建。路面宽 12~21 米，二级公路，沥青混凝土路面。与 335 省道、327 国道相交。对经济发展具有推动作用。

241 **省道** 371300-30-B-c08

[241 Shěngdào]

省道。起点临沂市平邑县，止点枣庄市滕州市。临沂境内长 32.042 千米。1987 年建成。1989 年、1994 年、2013 年等多次大修改建。路面宽 9~33 米，二级公路，沥青混凝土路面。与 327 国道相交。对经济开发建设起到了举足轻重的作用。

244 **省道** 371300-30-B-c09

[244 Shěngdào]

省道。起点枣庄市，止点徐州市。临沂境内长 9.491 千米。1997 年进行路面改建，2014 年进行了大修。路面宽 7~9 米，三级公路，沥青混凝土路面。对经济发展起到重要作用。

332 **省道** 371300-30-B-c10

[332 Shěngdào]

省道。起点莱芜市，止点韩旺。临沂境内长 15.03 千米。1976 年始建，1999 年改建为二级公路。宽 7 米，沥青路面。与博沂线相接。该条道路为连接蒙阴北部与沂源、莱芜的重要交通通道。

335 **省道** 371300-30-B-c11

[335 Shěngdào]

省道。起点山东日照市石臼港，止点济宁市兖州区。临沂境内长 21.867 千米。1935 年秋始建，后经多次改扩建，1993 年改建为二级公路。宽 12~21 米，沥青路面。

与 240 省道相交。是连接东部沿海和鲁中平原地区的经济大动脉。

336 省道　371300-30-B-c12
[336 Shěngdào]

省道。起点山东省莒县，止点山东省蒙阴县界牌镇。1963 年始建，1990 年全线建成通车，2012、2013 年改建。二级公路，路面宽 12~23 米，沥青混凝土路面。

342 省道　371300-30-B-c13
[342 Shěngdào]

省道。起点日照市岚山，止点济宁。全长 135.23 千米。1956 年开工，1957 年建成。1995 年至 1998 年进行路基加宽改造，1999 年铺筑沥青混凝土路面，2007 年、2012 年分别进行路面整修。宽 12~23 米、一、二级公路，沥青混凝土路面。与 205 国道、327 国道衔接。是重要的交通道路。

352 省道　371300-30-B-c14
[352 Shěngdào]

省道。起点山东省临沂郯城，止点枣庄薛城区。全长 126.753 千米。1978 开工，1979 年建成，2006 年改建。二级公路，路面宽 18 米，沥青路面。是连接郯城与枣庄的交通要道。

桥梁

临工大桥　371300-N01
[Língōng Dàqiáo]

在临沂市区南部。桥长 2 980 米，桥面宽 30 米。2011 年动工，2014 年建成。因临工集团投资赞助兴建，故名。为特大型桥梁。通公交车。

九曲大桥　371300-N02
[Jiǔqū Dàqiáo]

在临沂市区中部。桥长 1 960 米，桥面宽 22.5 米，最大跨度 50.6 米，桥下净高 18.4 米。始建于明朝，增扩于清朝，1994 年坍塌。2001 年动工，2002 年建成。因桥梁东侧为九曲街道，故名。为小型公路桥。桥身 81 跨，下为钻孔灌注桩基，上峙简支板梁体系，结构为重力式墩，结构型式为钢筋整体现浇板桥。是连接兰山区和河东区的主要桥梁，最大载重量 15 吨。通公交车。

金雀山路沂河大桥　371300-N03
[Jīnquèshānlù Yíhé Dàqiáo]

在临沂市区中部。桥长 1 760.7 米，桥面宽 23.5 米，最大跨度 56.5 米，桥下净高 25.6 米。2004 年动工，2005 年建成。因在金雀山路，跨沂河，故名。为中型公路桥，结构型式为钢筋整体现浇板桥。是连接兰山区和河东区的主要桥梁，最大载重量汽超 -20、挂 -120 吨，通公交车。

北京路大桥　371300-N04
[Běijīnglù Dàqiáo]

在临沂市区中部。桥长 1 210.7 米，桥面宽 23.5 米，最大跨度 35.5 米，桥下净高 15.6 米。1992 年动工，1994 年建成。因在北京路，跨沂河，故名。为中型公路桥，结构型式为钢筋整体现浇板桥。是连接北城新区与河东区的交通枢纽，最大载重量汽超 -20、挂 -120 吨，通公交车。

兰山区

城市道路

滨河路 371302-K01
[Bīnhé Lù]

在区境东部。北起义堂镇，南至金雀山街道。沿线与西外环、蒙山北路、通达路、沂蒙路、解放路、金雀山路、陶然路相交。长 31.1 千米，宽 14 米，沥青路面。2004 年开工，2006 年建成。因在祊河沿岸而得名。沿途商业发达。两侧有临沂大学、书法广场、凤凰广场等。不通公交车。

北园路 371302-K02
[Běiyuán Lù]

在区境南部。西起涑河北路，东至沂蒙路。沿线与涑河北路、工业大道、蒙山大道、通达路、沂蒙路相交。长 6.3 千米，宽 42 米，沥青路面。1973 年开工，1980 年改扩建。初名环城路，后因路经西北园社区，更名北园路。两侧有银行、水利局、北园路涑河小学、临沂第十二中学等。为临沂城区主干道之一，通公交车。

大山路 371302-K03
[Dàshān Lù]

在区境中部。西起西外环，东至工业大道。沿线与西外环、临西十一路、工业大道相交。长 4.2 千米，宽 60 米，沥青、混凝土路面。1998 年开工，1999 年建成。因该道路从大岭到艾山，故得名大山路。沿途物流市场发达。两侧有中国体育用品城、华强建材物流城、兰华国际酒店家具用品城、大岭小学等。为兰山区东西方向主干道，通公交车。

双岭路 371302-K04
[Shuānglǐng Lù]

在区境中部。西起西外环，东至通达路。沿线与西外环路、临西十二路、蒙山高架路相交。长 8.6 千米，宽 138 米，沥青、混凝土路面。1999 年开工，2000 年建成。该路穿过大岭、小岭，故名双岭路。沿线商业发达，物流市场林立。两侧有临沂长途汽车站、临沂大学、书法广场、金兰物流、天源国际物流园等。为兰山区城区北部东西走向主干道，通公交车。

金雀山路 371302-K05
[Jīnquèshān Lù]

在区境南部。西起工业大道，东至滨河路。沿线与工业大道、蒙山大道、通达路、沂蒙路、沂州路相交。长 6.1 千米，宽 42 米，沥青路面。1965 年修建。以其穿过金雀山而得名。两侧有区政府、市国税局、市地税局、市气象局、市电视台、沂蒙百货大楼等。为城区东西向主干道，通公交车。

解放路 371302-K06
[Jiěfàng Lù]

在区境南部。西起西外环，东至滨河路。沿线与西外环路、临西十一路、工业大道、蒙山大道、通达路、沂蒙路、沂州路相交。长 11.6 千米，宽 42 米，沥青路面。1953 年始建，1973 年改扩建。原名共青团路，后为纪念临沂城两次解放而更名解放路。两侧有人民医院等。为临沂老城区主要道路之一，通公交车。

通达路 371302-K07
[Tōngdá Lù]

在区境中部。北起祊河桥，南至陷泥河桥。沿线与陶然路、金雀山路、银雀山路、解放路相交。长 8.1 千米，宽 42 米，沥青路面。

1958 年修建涑河以南路段，1980 年修建涑河以北路段。寓意道路畅通，顺心通达，故名。两侧有大型服装批发市场、银行、剧院、工商所、城管局等。为城区南北向主干道，通公交车。

银雀山路 371302-K08
[Yínquèshān Lù]

在区境南部。西起陶然路，东至滨河路。沿线与滨河路、沂蒙路、新华路、工业大道相交。长 7.8 千米，宽 30 米，沥青路面。1976 年开工，1977、1978 年改扩建。因在银雀山北麓而得名。两侧有临沂一中、兰山区政务大厅、桃园大世界、人民公园、人民广场等。为临沂城区东西向主干道之一，通公交车。

北京路 371302-K09
[Běijīng Lù]

在区境北部。东起滨河西路，西至西安路。沿线与滨河西路、柳青路、沭河路、汶河路、孝河路、蒙河路、沂蒙北路、上海路、大青山路、马陵山路、春江巷、成都路、文峰山路、蒙山北路、武汉路、南京路等相交。长 7.3 千米，宽 80 米，沥青路面。2005 年开工，2006 年建成。以北京市命名。沿途商业发达。两侧有交通局、国土局、市政务大厅等。是重要的城市交通干道，通公交车。

沂蒙北路 371302-K10
[Yíméng Běilù]

在区境北部。南起滨河路，北至长春路。沿线与北京路、广州路、南京路等相交。长 6.5 千米，宽 40~60 米，沥青路面。2006 年开工，2008 年建成。因在沂蒙路北段，故名。沿途商业发达。两侧有颐高上海街、环球国际中心、临商银行等。为南北方向主干道，通公交车。

南京路 371302-K11
[Nánjīng Lù]

在区境北部。东起滨河大道，西至滨河路。沿线与沂蒙北路、马陵山路、蒙山大道等相交。长 7.0 千米，宽 60 米，沥青路面。2007 年开工，同年建成。沿途商业发达。两侧有临沂第十七中学、临沂第十六中学、临沂汽车北站、辰坤国际大厦、临沂应用科学城等。为东西方向主干道，通公交车。

长春路 371302-K12
[Chángchūn Lù]

在区境北部。东起滨河大道，西至 327 国道。沿线与沂蒙北路、蒙山大道、滨河路、西外环等相交。长 14.7 千米，宽 60 米，沥青路面。2004 年开工，2005 年建成。为东西方向主干道，通公交车。

孝河路 371302-K13
[Xiàohé Lù]

在区境北部。南起北京路，北至长春路。沿线与广州路、南京路等相交。长 6.2 千米，宽 45 米，沥青路面。2012 年开工，2013 年建成。以临沂市著名河流孝河名称命名。沿途政府单位较多，商业发达。两侧有临沂市人民政府、齐鲁园广场、鲁商中心、临沂一中等。为南北方向主干道，通公交车。

温凉河路 371302-K14
[Wēnliánghé Lù]

在区境北部。南起广州路，北至长春路。沿线与南京路、西安路等相交。长 5.9 千米，宽 45 米，沥青路面。2011 年开工，2012 年建成。以临沂市著名河流温凉河名称命名。沿途教育资源丰富。两侧有临沂三十五中学等。为南北方向主干道，通公交车。

东岳庙街 371302-K15

[Dōngyuèmiào Jiē]

在区境中部。南起解放路，北至北园路。沿线与兰山路、北园路、育才路相交。长 2.3 千米，宽 18 米，沥青、混凝土路面。1978 年开工，同年建成。因在东岳庙以东得名。沿途商业发达，商铺林立。两侧有瑞联温州街、兰山区委党校等。为南北走向主干道，通公交车。

洗砚池街 371302-K16

[Xǐyànchí Jiē]

在区境中部。西起通达路，东至沂蒙路。沿线与通达路、沂蒙路相交。长 1.5 千米，宽 18 米，沥青、混凝土路面。1977 年开工，1983 年建成。因晋书书圣王羲之少时学书洗砚的地方在此街，得名洗砚池街。沿途旅游景点众多。两侧有王羲之故居等。为东西走向次干道，通公交车。

考棚街 371302-K17

[Kǎopéng Jiē]

在区境中部。西起沂蒙路，东至沂州路。沿线与沂蒙路、沂州路相交。长 0.4 千米，宽 18 米，沥青、混凝土路面。1975 年开工，1975 年建成。因科举考棚（考院）设立于此而命名为考棚街。沿途商业发达，机关单位众多。两侧有兰山区公安分局、退役军人事务局、兰山区人民医院等。为东西走向次干道，通公交车。

启阳路 371302-K18

[Qǐyáng Lù]

在区境中部。东起沂蒙路，西至陶然路。沿线与工业大道、蒙山大道、通达路、沂蒙路相交。长 6.0 千米，宽 18 米，沥青、混凝土路面。1995 年开工，1995 年建成。借用临沂城最原始的第一个名称"启阳"，寓意从此走向光明而命名。沿途商业发达，商铺林立。两侧有华润中心、城邦中央广场等。为东西走向次干道，通公交车。

红旗路 371302-K19

[Hóngqí Lù]

在区境中部。西起蒙山大道，东至沂蒙路。沿线与蒙山大道、新华路、沂蒙路等相交。长 3.3 千米，宽 31 米，沥青路面。1970 年开工，同年建成。因道路沿线有红旗车辆厂得名。沿途商业发达，商铺林立，教育资源丰富。两侧有临沂六中、临沂人民广场等。为东西走向主干道，通公交车。

沂蒙路 371302-K20

[Yíméng Lù]

在区境东部。北起祊河桥，南至陶然路。沿线与陶然路、金雀山路、银雀山路、解放路相交。长 5.1 千米，宽 40 米，沥青路面。1999 年开工，2000 年建成。以临沂别称沂蒙而得名沂蒙路。沿途商业发达，医疗、教育、文化单位众多。两侧有临沂人民广场、临沂宾馆、兰山区人民医院、兰山区人民法院等。为南北走向主干道，通公交车。

蒙山大道 371302-K21

[Méngshān Dàdào]

在区境西南部。北起枣园镇，南至清河北路。沿线与陶然路、金雀山路、解放路、涑河北路、双岭路、北京路、长春路等相交。长 17.5 千米，宽 60 米，沥青路面。1997 年开工，1999 年建成。因临沂是沂蒙山区，当时为临沂市宽度最大的道路，故名蒙山大道。沿途商业发达，物流市场林立。两侧有临沂商城会展中心、太阳能市场等。为南北走向主干道，通公交车。

工业大道　371302-K22
[Gōngyè Dàdào]

在城区西部。南起陶然路，北至滨河路。沿线与陶然路、金雀山路、银雀山路、解放路等相交。长 8.4 千米，宽 48 米，沥青、混凝土路面。2003 年开工，2004 年建成。因途经工业区而得名工业大道。沿途物流发达。两侧有临沂大学、金兰物流基地、林丰物流市场等。为南北走向主干道，通公交车。

桥梁

沂龙湾大桥　371302-N01
[Yílóngwān Dàqiáo]

在兰山城区北部。桥长 1 550.4 米，桥面宽 22.5 米，最大跨度 45.2 米，桥下净高 18.6 米。2005 年动工，2006 年建成。因桥北侧建有沂龙湾小区得名。为中型公路桥，结构型式为钢筋整体现浇板桥。是连接临沂老城与新区的重要通道，最大载重量汽超 -20 吨、挂 -120 吨。通公交车。

金锣大桥　371302-N02
[Jīnluó Dàqiáo]

在兰山城区东北部。桥长 520.3 米，桥面宽 34.5 米，最大跨度 50.6 米，桥下净高 18.6 米。2006 年动工，2007 年建成。根据出资单位名称命名。为中型公路桥梁，结构型式为钢筋整体现浇板桥。是连接兰山老城区和北城新区主要桥梁，最大载重量 15 吨。通公交车。

蒙山大道祊河桥　371302-N03
[Méngshāndàdào Bēnghé Qiáo]

在兰山城区中部。桥长 520.6 米，桥面宽 34.5 米，最大跨度 45.6 米，桥下净高 23.5 米。2006 年动工，2007 年建成。因在蒙山大道，跨祊河，故名。为中型公路桥，结构型式为五跨异形拱连续梁桥。是联系兰山片区和南坊新区的一条重要通道，最大载重量汽超 -20、挂 -120 吨，通公交车。

玉平沂河大桥　371302-N04
[Yùpíng Yíhé Dàqiáo]

在兰山城区东北部。桥长 1 038.6 米，桥面宽 23.5 米，最大跨度 78.6 米，桥下净高 45.5 米。2009 年动工，2011 年建成。因在玉平连接线、跨沂河而得名。为中型公路桥，结构型式为预应力混凝土连续梁桥。该桥是京沪高速汪沟出口和长深高速临沂北出口的重要连接点。

蒙河大桥　371302-N05
[Ménghé Dàqiáo]

在兰山城区北部。桥长 446.3 米，桥面宽 23.5 米，最大跨度 35.5 米，桥下净高 15.6 米。2010 年动工，同年建成。因在蒙河而得名。为大型公路桥，结构型式为预应力钢筋砼桥。最大载重量 55 吨。

车站

临沂火车站　371302-R01
[Línyí Huǒchē Zhàn]

火车站，二级客运站。在兰山区南部。1981 年开工，1985 年建成。因所在政区得名。车站主要建筑有候车室、铁路站台，车站占地 746 666 平方米，站房占地面积 6 000 平方米。共有线路 12 条、站台 2 座，日均发送旅客 4.1 万余人。胶新铁路、菏（泽）日（照）铁路在临沂相交，使临沂站成为山东省南部的重要铁路运输枢纽之一。

临沂长途汽车站 371302-S01

[Línyí Chángtúqìchē Zhàn]

长途汽车站，二级客运站。在兰山区中部。2005年开工，2006年建成。由售票大厅、候车大厅、检票大厅（三个码头式发车岛）、彩虹拱组成。占地面积33.3万平方米，建筑面积30.16万平方米。年客运量129万人，货运量89万吨。经营线路299条，日发总班次2 325班。临沂长途汽车站承担着重要的交通、运输功能。

罗庄区

城市道路

湖北路 371311-K01

[Húběi Lù]

在区境北部。东起滨河西路，西至罗西街道涧头村。沿线与通达南路、临册路、罗七路、206国道相交。长13.7千米，宽24米，沥青路面。1989年开工，1990年建成，1995年、1998年、2000年多次改扩建。因在双月湖湿地公园北侧得名。两侧有罗庄区人民政府、罗庄区人民检察院、罗庄区人民法院、湖西崖批发市场、双月湖公园等。为罗庄城区东西向重要干道，通公交车。

罗程路 371311-K02

[Luóchéng Lù]

在区境中部。东起滨河西路，西至通达南路。沿线与南大路、临册路相交。长11.5千米，宽21米，沥青路面。1991年开工，1992年建成，1998年、2008年、2013年改扩建。因在罗庄街道且途经高都街道程庄，故名。两侧有高都街道办事处、高都中学、红日集团、沂州府会馆等。为罗庄城区重要东西干道，通公交车。

通达南路 371311-K03

[Tōngdá Nánlù]

在区境中部。北起陷泥河桥，南至南外环路。沿线与沂河路、湖北路、工业北路、文化路、罗程路相交。长10.5千米，宽24米，沥青路面。1980年开工，1981年建成，2002年、2008年改扩建。因连接兰山区通达路，故名。两侧有银座购物广场、江泉大酒店、金鹰家电商场、山东矿业局、山东煤炭技师学院、江泉大酒店等。为罗庄城区重要南北干道，通公交车。

化武路 371311-K04

[Huàwǔ Lù]

在区境北部。西起武德村，东至蒙山大道。沿线与蒙山大道、206国道相交。长36.8千米，宽30米。沙石路面。1990年开工。以起止点得名。两侧有豪德建材市场、鹏盛建材市场。通公交车。

宝泉路 371311-K05

[Bǎoquán Lù]

在区境中部。西起新206国道，东至通达南路。沿线与火炬路、高新大道、通达路相交。长3.6千米，宽18米，沥青混凝土路面。1991年建成。因此路西段有宝泉寺，故名。两侧有工商银行、财富广场、沂州花卉市场等。通公交车。

工业路 371311-K06

[Gōngyè Lù]

在区境中部。西起罗七路，东至通达南路。沿线与高新大道、通达路相交。长1.4千米，宽16米，沥青混凝土路面。1995年建成。因此路为罗庄镇工业发展的摇篮，故名。两侧有湖南崖农贸市场等。通公交车。

开元路 371311-K07
[Kāiyuán Lù]

在区境中部。北起双月湖路，南至文化路。沿线与双月湖路、工业北路、工业路相交。长 2.6 千米，宽 26 米，沥青混凝土路面。1996 年建成。其名取义开元。两侧有临沂兴华学校、罗庄街道办事处、罗庄公园等。通公交车。

龙潭路 371311-K08
[Lóngtán Lù]

在区境中部。西起火炬路，东至通达路。沿线与火炬路、通达路相交。长 3.6 千米，宽 21 米，沥青混凝土路面。1991 年建成。此路靠龙潭公园，故名。两侧有农村信用社、建设银行等。通公交车。

湖东二路 371311-K09
[Húdōng 2 Lù]

在区境中部。北起沂河路，南至双月湖路。沿线与湖北路、双月园路、金九路相交。长 2.9 千米，宽 27 米，沥青混凝土路面。1996 年建成。以湖东路加序数命名。两侧有罗庄消防大队、财税大厦、临沂第四十中学等。通公交车。

湖东路 371311-K10
[Húdōng Lù]

在区境南部。北起沂河，南至双月湖路。沿线与湖北路、双月园路、金九路相交。长 2.9 千米，宽 15 米，沥青混凝土路面。1996 年建成。因此路处双月湖东侧，故名。两侧有罗庄公安分局、罗庄区工商局、罗庄区农商银行、国防教育中心等。通公交车。

罗六路 371311-K11
[Luó 6 Lù]

在区境西部。北起沂河路，南至文化路。沿线与龙潭路、文化南路、南外环相交。长 3.6 千米，宽 46 米，沥青混凝土路面。1997 年建成。以罗路加序数命名。两侧有罗庄交警大队、华盛江泉城大酒店、临沂市罗庄区烟草专卖局等。通公交车。

双月园北路 371311-K12
[Shuāngyuèyuán Běilù]

在区境北部。西起湖东路，东至湖东二路。沿线与通达南路相交。长 0.5 千米，宽 16 米，水泥混凝土路面。1995 年建成。因在双月园路北，故名。两侧有罗庄区建设局、罗庄区国税局等。通公交车。

双月园路 371311-K13
[Shuāngyuèyuán Lù]

在区境北部。西起罗六路，东至通达南路。沿线与南外环、高新大道、通达路相交。长 2.3 千米，宽 26 米，沥青混凝土路面。1997 年建成。以此路南有双月湖公园得名。两侧有双月园会馆、罗庄区人民医院、临沂兴华学校等。通公交车。

双月湖路 371311-K14
[Shuāngyuèhú Lù]

在区境中部。西起罗西街道沙埠庄，东至通达南路。沿线与火炬路、高新大道相交。长 3.7 千米，宽 35 米，沥青混凝土路面。1995 年建成，2008 年改建。因地处双月湖畔而得名。通公交车。

科技大道 371311-K15
[Kējì Dàdào]

在区境西部。北起沂河路，南至工业南路。沿线与新华路、双月湖路、湖北路、双月园路相交。长 3.8 千米，宽 21 米，沥青混凝土路面。1992 年建成，2013 年改建。两侧有高新区公安分局、罗庄区供电局、富士针织公司、宗源食品公司、芙蓉家纺公司、远通汽贸公司等。通公交车。

新华路 371311-K16

[Xīnhuá Lù]

在区境南部。西起俄黄路，东至罗六路。沿线与火炬路、龙腾路、科技大道、湖西路相交。长 4.5 千米，宽 21 米，水泥混凝土路面。1991 年开工，2008 年、2012 年改扩建。以沿途新华印刷厂得名。两侧有新华印刷厂、高新区政务大厅、国联电子、高新区管委会、博盛机械、高新区客运站等。通公交车。

桥梁

南外环涑河桥 371311-N01

[Nánwàihuán Sùhé Qiáo]

在罗庄城区南部。桥长 70.0 米，桥面宽 28 米，最大跨度 13 米，桥下净高 4 米。2010 年建成。以桥处南外环路、跨涑河得名。为中型公路桥，结构型式为空心板梁桥。最大载重量 100 吨。通公交车。

南外环陷泥河桥 371311-N02

[Nánwàihuán Xiànníhé Qiáo]

在罗庄城区东部。桥长 91.0 米，桥面宽 22.4 米，最大跨度 13 米，桥下净高 5 米。2008 年建成。以桥处南外环路、跨陷泥河得名。为中型公路桥，结构型式为空心板梁桥。最大载重量 100 吨。通公交车。

南沂河大桥 371311-N03

[Nányíhé Dàqiáo]

在罗庄城区东北部。桥长 1 560 米，桥面宽 27 米。1996 年动工，1998 年建成。以处沂河大桥南得名。为特大型桥，结构型式为预应力 T 型梁桥。通公交车。

车站

临沂汽车南站 371311-S01

[Línyí Qìchē Nánzhàn]

一级汽车站。在罗庄区盛庄街道境内，沂河路与蒙山大道相交处。1991 年建立罗庄汽车站；1998 年迁至罗庄区文化路；2012 年迁至此处，更名为临沂汽车客运南站。因在临沂市南部得名。占地面积 7 公顷，建筑面积 8 464 平方米。经营管理线路省际 113 条、市际 63 条、县际 159 条，日发 335 个客次。改善了临沂市交通基础设施布局，方便市民旅游出行，对带动三产物流业的发展将起到极大的推动作用。

河东区

城市道路

长安路 371312-K01

[Cháng'ān Lù]

在区境南部。西起滨河东路，东至昆明路。沿线与四平路、海关路、香港路、沃尔沃路相交。长 5.7 千米，宽 18 米，混凝土、沥青路面。2008 年开工，后几经改拓建，2013 年建成。以吉祥嘉语命名为长安路。两侧有城投集团、装饰城等。是河东区主要干道之一，通公交车。

临工路 371312-K02

[Língōng Lù]

在区境南部。西起滨河东路，东至东外环。沿线与香港路、沃尔沃路、杭州路、联邦路相交。长 10.3 千米，宽 30 米，沥青、混凝土路面。2003 年开工，2005 年、2006 年、

2010 年改扩建。曾名北横路，后因近临工集团更现名。两侧有临工集团、凯洋集团等。是河东区主干道之一，通公交车。

香港路 371312-K03
[Xiānggǎng Lù]

在区境南部。北起河东界，南至滨河东路。沿线与沂河路、合肥路、临工路、华夏路、柳州路、山建路相交。长 13.6 千米，宽 21~26 米，沥青、混凝土路面。2004 年开工，2007、2009 年改扩建。以城市名称命名。是城区南北走向主干道之一，通公交车。

杭州路 371312-K04
[Hángzhōu Lù]

在区境南部。北起沂河路，南至南外环。沿线与合肥路、临工路、厦门路、延安路、华夏路、金升路、柳州路、山建路相交。长 11.1 千米，宽 30 米，沥青、混凝土路面。2003 年开工，同年建成。曾名东纵路，后以国内城市名称更名。两侧有翔宇医药物流、鲁光化工立晨、鲁一机械等。为城区主干道之一，通公交车。

孝友路 371312-K05
[Xiàoyǒu Lù]

在区境西部。南起凤凰大街，北至利源街。沿线与利坊街、利源街、桃源街、北京东路、育英街、东夷大街、人民大街、安居街、李公街、人民大街、凤凰大街相交。长 4.0 千米，宽 45 米，沥青路面。2008 年开工，2013 年建成。根据二十四孝文化名人王祥"卧冰求鲤"典故，取其美好含义命名。沿途具有城市人文特点和商业气息。两侧有临沂市老年大学河东分校、市应急管理局、和美大厦等。通公交车。

东夷大街 371312-K06
[Dōngyí Dàjiē]

在区境中部。西起滨河东路，东至温泉路。沿线与滨河东路、孝友路、智圣路、东兴路、华阳路、智兴路、陶然北路、华龙路、龙山路、华年路、温泉路相交。长 4.3 千米，宽 30 米，混凝土、沥青路面。1995 年开工，同年建成。借用汉唐文化中东夷文化之名命名。沿途具有城市人文特点和文化氛围。两侧有河东区政府、临沂第二十七中学。是城区东西主干道之一，不通公交车。

九曲街 371312-K07
[Jiǔqū Jiē]

在区境中部。西起滨河东路，东至陶然东路。沿线与滨河东路、兰亭路、东兴路、陶然北路、正阳路相交。长 1.9 千米，宽 20 米。混凝土路面、沥青路面。2004 年建成。是在九曲街道的一条道路，故名。沿途具有城市人文特点和商业氛围。两侧有五金市场、综合行政执法局、电子商务创业园、卫生防疫站等。通公交车。

人民大街 371312-K08
[Rénmín Dàjiē]

在区境南部。西起滨河东路，东至温泉路。沿线与滨河东路、孝友路、东兴路、正阳路、华阳路、智兴路、沭埠岭一路、温泉路、华龙路、龙山路相交。长 4.4 千米，宽 60 米，沥青混凝土路面。1967 年开工，2010 年建成。因河东区人民政府在此路附近，取"人民"二字命名，寓意政府全心全意为人民服务。沿途具有文化学术氛围。两侧有河东区职业中专。是城区东西主干道之一，通公交车。

兰亭路 371312-K09

[Lántíng Lù]

在区境西部。南起金雀山东路，北至安居街。沿线与安居街、李公街、凤凰大街、解放东路、九曲街、金雀山东路相交。长2.7千米，宽30米，沥青混凝土路面。1996年开工，2010年建成，2011年改扩建。以历史文化名人王羲之传世名作《兰亭集序》命名。沿途具有商业文化特点。两侧有九曲中心幼儿园、九州购物中心、怡海国际商业街、临沂兰亭书画院。通公交车。

北京东路 371312-K10

[Běijīng Dōnglù]

在区境中部。西起滨河东路，东至临沂东立交。沿线与滨河东路、堤下路、孝友路、智圣路、东兴路、华阳路、智兴路、沭埠岭一路、华龙路、龙山路、温泉路相交。长6.7千米，宽60米，沥青混凝土路面。2004年改扩建。借用首都北京之名命名。两侧有河东区委区政府、区公安分局、山东奥德燃气有限公司、远通汽车装饰美容服务中心等。通公交车。

华阳路 371312-K11

[Huáyáng Lù]

在区境中部。北起北京东路，南至凤凰大街。沿线与人民大街、安居街、李公街、凤凰大街、解放东路、金雀山东路、北京东路相交。长2.8千米，宽45米，沥青混凝土路面。1995年建成。以历史典故命名。两侧有河东区人民政府、天翔冷链物流、人民医院东医疗区。不通公交车。

华龙路 371312-K12

[Huálóng Lù]

在区境东部。南起安康街，北至凤仪街。沿线与凤仪街、凤临街、中昇街、利坊街、利源街、桃源街、海棠街、北京东路、东夷大街、人民大街、安康街相交。长4.0千米，宽42米，沥青混凝土路面。1998年开工，1999年建成，2010年改扩建。寓意中华巨龙腾飞，故名。沿途具有商业文化特点。两侧有河东工业园区。不通公交车。

安居街 371312-K13

[Ānjū Jiē]

在区境中部。西起滨河东路，东至正阳路。沿线与堤下路、兰亭路、孝友路、东兴路、正阳路、华阳路、智兴路、沭埠岭一路相交。长1.5千米，宽30米，沥青混凝土路面。1995年开工，1996年建成。表达人民安居乐业的美好愿望，故名。两侧有河东区人民医院、水产肉食市场。通公交车。

安康街 371312-K14

[Ānkāng Jiē]

在区境中部。西起沭埠岭一路，东至陶然东路。沿线与沭埠岭一路、华龙路、龙山路、陶然东路相交。长0.8千米，宽20米，沥青混凝土路面。1998年开工，1999年建成。根据人民追求幸福安康的美好意愿得名。两侧有临沂市特殊教育基地。不通公交车。

智圣路 371312-K15

[Zhìshèng Lù]

在区境西部。北起东夷大街，南至军部街。沿线与军部街、凤鸣街、南京东路、凤翔街、凤仪街、凤临街、中昇街、利坊街、利源街、桃源街、海棠街、北京东路、育英街、东夷大街、人民大街相交。长5.4千米，宽30米，沥青混凝土路面。2012年开工，2013年建成。"智圣"指临沂历史文化名人诸葛亮，故名。两侧有沂州古城、临沂第二十四中学、九曲医院等。通公交车。

智诚路 371312-K16

[Zhìchéng Lù]

在区境西部。南起海棠街,北至西安路。沿线与长虹街、军部街、凤鸣街、南京东路、凤翔街、凤仪街、凤临街、中昇大街、利坊街、利源街、桃源街、海棠街相交。长4.7千米,宽42米,沥青混凝土路面。2012年开工。"智诚"指智慧诚信,表达河东人民智慧诚信的美好品格。两侧有临沂第二十四中学、凤凰实验学校、临沂市肿瘤医院。是城区南北主干道之一,通公交车。

李公街 371312-K17

[Lǐgōng Jiē]

在区境中部。西起滨河东路,东至华阳路。沿线与滨河东路、兰亭路、孝友路、东兴路、正阳路、华阳路、智兴路相交。长1.6千米,宽30米,沥青混凝土路面。2010年建成。以临沂河东当地历史中的文化贤人李公命名。有浓厚的商业文化气息。两侧有翔宇豪生大酒店、新城吾悦广场等。不通公交车。

桃源街 371312-K18

[Táoyuán Jiē]

在区境中部。西起滨河东路,东至陶然东路。沿线与堤下路、孝友路、智圣路、智诚路、东兴路、智兴路、沭埠岭一路、华龙路、华年路、温泉路、顺达路、陶然东路、滨河东路相交。长4.5千米,宽52米,沥青混凝土路面。2009年开工,2010年改扩建。"桃源"指当地桃园村,取同音字桃源。两侧有凤凰水业、九曲医院等。通公交车。

温泉路 371312-K19

[Wēnquán Lù]

在区境东部。北起东兴路,南至金九路。沿线与南京东路、凤翔街、凤仪街、凤临街、中昇街、利坊街、利源街、桃源街、海棠街、北京东路、东夷大街、人民大街、凤凰大街、金九路相交。长12.2千米,宽80米,混凝土路面。1996年开工,1997年建成。以地理标志物得名。两侧有凤凰公园、凯佳食品集团有限公司、河东远通汽车城、临沂市正直驾校、凤凰红木文化城、临沂钢材物流城等。通公交车。

利源街 371312-K20

[Lìyuán Jiē]

在区境北部。西起堤下路,东至陶然东路。沿线与堤下路、孝友路、智圣路、智诚路、东兴路、智兴路、沭埠岭一路、华龙路、华年路、温泉路、顺达路、陶然东路相交。长4.6千米,宽42米,沥青混凝土路面。2005年开工,2006年建成。因文化创意得名,寓意财源茂盛。两侧有临沂市老年大学河东分校、果润邻里中心、河东区九曲中心敬老院等。

龙山路 371312-K21

[Lóngshān Lù]

在区境东部。南起安康街,北至北京东路。沿线与北京东路、人民大街、安康街、东夷大街相交。长1.2千米,宽30米,沥青、混凝土路面。1998年开工,1999年建成,2010年改扩建。以河东区发掘出土新石器时代蛋壳陶器的"龙山文化"命名。沿途具有商业文化氛围。两侧有临沂市恒艺印刷公司、飞象限制旧货交易基地等。

凤仪街 371312-K22

[Fèngyí Jiē]

在区境中部。西起滨河东路,东至临沂火车东站。沿线与滨河东路、堤下路、智圣路、智诚路、东兴路、智兴路、沭埠岭一路、华龙路、温泉路、顺安路、顺达路、顺平路、陶然东路相交。长 4.2 千米，宽 45 米，沥青混凝土路面。2012 年开工。"凤仪"指凤凰来仪，是吉祥的征兆，故名。两侧有奥德职业技术学校、中科创新园、临沂火车站北站等。通公交车。

凤翔街 371312-K23

[Fèngxiáng Jiē]

在区境中部。西起堤下路，东至陶然东路。沿线与堤下路、智圣路、智诚路、智兴路、沭埠岭一路、华龙路、温泉路、顺安路、顺达路、顺平路、陶然东路相交。长 0.9 千米，宽 24 米，沥青混凝土路面。2012 年开工，2013 年建成。"凤翔"指凤凰飞翔，指祥瑞景象，故名。两侧有临沂第二十四中学、凤凰实验学校等。

凤鸣街 371312-K24

[Fèngmíng Jiē]

在区境中部。西起堤下路，东至陶然东路。沿线与堤下路、智圣路、智诚路、东兴路、智兴路、沭埠岭一路、华龙路、温泉路、顺安路、顺达路、顺平路、顺兴路、陶然东路相交。长 0.8 千米，宽 30 米，沥青混凝土路面。2005 年开工，2006 年建成。"凤鸣"指凤凰鸣叫，反映出当地为东夷文化区，故名。两侧有沂州古城等。

中昇街 371312-K25

[Zhōngshēng Jiē]

在区境中部。西起滨河东路，东至陶然东路。沿线与滨河东路、堤下路、智圣路、智诚路、东兴路、智兴路、沭埠岭一路、华龙路、华年路、温泉路、顺安路、顺达路、陶然东路相交。长 1.4 千米，宽 42 米，沥青、混凝土路面。2013 年开工，2014 年建成。"昇"指日上也，喻指河东蓬勃向上发展，故名。沿途具有人文特征。两侧有临沂市肿瘤医院、临沂职业学院河东校区等。

顺达路 371312-K26

[Shùndá Lù]

在区境东部。北起军部街，南至凤仪街。沿线与军部街、凤鸣街、南京东路、凤翔街、凤仪街、凤临街、中昇大街相交。长 2.2 千米，宽 42 米，沥青混凝土路面。2005 年开工，2006 年建成。"顺达"指顺利通达，故名。两侧有天元集团河东产业园、河东工业园区、中科创新园等。通公交车。

东兴路 371312-K27

[Dōngxīng Lù]

在区境中部。南起香港路，北至长春路。沿线与柳杭街、西安路、军部街、凤鸣街、南京东路、凤翔街、凤仪街、凤临街、中昇街、利坊街、利源街、桃源街、海棠街、北京东路、东夷大街、人民大街、安居街、李公街、凤凰大街、解放东路、金雀山东路、陶然东路、巩村路、沭埠岭一路、金九路、香港路相交。长 9.5 千米，宽 60 米，沥青混凝土路面。1995 年开工，1996 年建成，2003 年改扩建。"东"指河东区，"兴"指兴旺发达，喻指带领河东区通向兴旺发达的大路，故名。两侧有临沂市委党校、凤凰实验学校、临沂市肿瘤医院、金秋养老院、临沂职业学院河东校区、豪森广场、吾悦广场等。通公交车。

陶然东路 371312-K28

[Táorán Dōnglù]

在区境南部。西起滨河东路，北至桃源街。沿线与滨河东路、顺和路、东兴路、金雀山东路、解放东路、凤凰大街、安居街、人民大街、东夷大街、北京东路、海棠街、桃源街相交。长 7 千米，宽 62 米，沥青混凝土路面。2010 年开工，2011 年建成。因与兰山区陶然路相连接，为其在河东区的东延路，故名。两侧有九州购物广场、伦达国贸城、临沂市经济学校等。通公交车。

凤凰大街 371312-K29

[Fènghuáng Dàjiē]

在区境中部。西起滨河东路，东至东外环。沿线与滨河东路、兰亭路、孝友路、东兴路、正阳路、华阳路、陶然东路、陶然北路、温泉路相交。长 14 千米，宽 60 米，沥青混凝土路面。1995 年开工，1996 年建成，2006 年、2010 年改扩建。凤凰为东夷文化主要的图腾，且此路通向凤凰岭，故名。两侧有山东省临沂市出入境检疫局、九曲法庭等。为贯通东城、西城的主干道，通公交车。

正阳路 371312-K30

[Zhèngyáng Lù]

在区境中部。北起人民大街，南至金雀山东路。沿线与人民大街、安居街、李公街、凤凰大街、解放东路、金雀山东路相交。长 2.8 千米，宽 45 米，沥青混凝土路面。1997 年开工，同年建成。因寓意"如日中天"得名。两侧有临沂第九实验小学、山东育杰学校、财源广场、鲁商万科新都会、河东土杂市场、临沂市长城驾校等。

滨河东路 371312-K31

[Bīnhé Dōnglù]

在区境西部。北起文泗路，南至沃尔沃路。沿线与 206 国道、北京东路、解放东路、金雀山路、陶然东路、沂河路相交。长 36 千米，宽 21 米，沥青路面。2002 年开工，2004 年建成。因沿沂河东岸得名。两侧有公园、健身广场等。是城区主干道之一。通公交车。

桥梁、立交桥

汤河大桥 371312-N01

[Tānghé Dàqiáo]

在河东城区东部。桥长 116.84 米，桥面宽 24.5 米，最大跨度 116.84 米，桥下净高 15 米。2012 年动工，2013 年建成。所跨河流为汤河，以此命名。为大型河道桥梁，结构型式为板梁桥。最大载重量 60 吨。

状元桥 371312-N02

[Zhuàngyuán Qiáo]

在河东城区南部。桥长 50 米，桥面宽 3.2 米，最大跨度 22.5 米，桥下净高 5 米。2009 年动工，同年建成。由嘉言得名状元桥。为中型河道桥梁，结构型式为廊桥。最大载重量 25 吨。

玉白河中桥 371312-N03

[Yùbáihé Zhōngqiáo]

在河东城区东南部。桥长 65 米，桥面宽 10 米，最大跨度 13 米，桥下净高 15 米。1983 年动工，同年建成。因玉白河得名。为小型河道桥梁，结构型式为空心板梁桥。最大载重量 41.2 吨。通公交车。

程子河桥 371312-N04

[Chéngzihé Qiáo]

在河东城区东部。桥长 244 米，桥面宽 24 米，最大跨度 244 米，桥下净高 15 米。1994 年动工，1995 年建成。因靠近程子河村得名。为大型河道桥梁，结构型式为 T 梁桥。最大载重量 60 吨。通公交车。

沭河大桥 371312-N05

[Shùhé Dàqiáo]

在河东城区东北部。桥长 337 米，桥面宽 24.5 米，最大跨度 30 米，桥下净高 5.5

米。2011 年动工，2013 年建成。因跨越沭河得名。为大型河道桥梁，结构型式为预应力箱梁桥。最大载重量 49 吨。

新石铁路公铁立交桥 371312-P01
[Xīnshí Tiělù Gōngtiě Lìjiāoqiáo]

在河东城区东北部。有一层互不交叉的不同方向的城市道路在此立体相交。最高层离地面 22.5 米。2014 年动工，同年建成。因上跨新石铁路得名。为大型、预应力砼连续箱梁结构型式立交桥。日交通流量为 39 000 辆。在城市交通中起到跨越新石铁路的作用。

沂南县

城市道路

澳柯玛大道 371321-K01
[Àokēmǎ Dàdào]

在县境南部。西起西外环，东至沂河。沿线与卧龙山路、团山路、历山路、花山路等相交。长 11 千米，宽 31 米，沥青混凝土路面。2006 年开工，2007 年建成。因澳柯玛集团企业名称得名。两侧有澳柯玛电动车厂、新大洋电动车厂、华苑大酒店、卧龙学校等。为贯通东城、西城的主干道，是沂南南部重要交通要道，通公交车。

人民路 371321-K02
[Rénmín Lù]

在县境中部。西起卧龙山公园，东至滨河大道。沿线与卧龙山路、团山路、历山路、花山路、正阳路、朝阳路、温泉路等相交。长 8.5 千米，宽 16 米，沥青混凝土路面。1996 年开工，1997 年建成。因县政府驻地而得名。沿途政府机关众多，是

沂南县政治、经济、文化、商贸中心。两侧有教育局、粮食局、文广新局、新华书店、沂南县行政中心等。东西走向，为贯通东城、西城的主干道，通公交车。

历山路 371321-K03
[Lìshān Lù]

在县境中部。北起北外环路，南至澳柯玛大道。沿线与玉泉路、文化路、人民路、永兴路、祥和路、芙蓉路等相交。长 4 千米，宽 28.5 米，沥青混凝土路面。1989 年开工，1990 年建成，2006 年扩建。因道路北段为历山而得名。两侧有君悦商城、东方购物商场、华苑大酒店等。为贯通城区南北的主干道，通公交车。

芙蓉路 371321-K04
[Fúróng Lù]

在县境中部。西起团山路，东至温泉路。沿线与团山路、历山路、花山路、丹阳路、正阳路、朝阳路、温泉路等相交。长 3.6 千米，宽 18 米，沥青混凝土路面。2007 年开工，2008 年建成。因道路两侧栽种的行道树为芙蓉树而得名。两侧有沂南县第三中学、沂南县第五中学、沂南县第四实验小学等。为贯通东城、西城的干道，通公交车。

汉街 371321-K05
[Hàn Jiē]

在县境中部。北起北外环，南至澳柯玛大道。沿线与玉泉路、文化路、人民路、永兴路、祥和路、芙蓉路、澳柯玛大道等相交。长 4.3 千米，宽 14 米，沥青混凝土路面。2005 年开工，2007 年建成。因道路两侧汉代建筑风格命名。两侧有启蒙幼儿园等。为贯通城区南北的主干道，通公交车。

玉泉路 371321-K06

[Yùquán Lù]

在县境北部。西起卧龙山路，东至向阳路。沿线与卧龙山路、团山路、历山路、花山路、正阳路、朝阳路、温泉路、向阳路等相交。长 4.7 千米，宽 16 米，沥青混凝土路面。1995 年开工，1996 年建成。路名来自历史文献，体现温泉之美。两侧有大家饭店、基督教堂、利华鞋业、华润鞋业等。为贯通东城、西城的干道。

祥和路 371321-K07

[Xiánghé Lù]

在县境中部。西起汉街，东至丹阳路。沿线与团山路、历山路、花山路、丹阳路等相交。长 2 千米，宽 10 米，沥青混凝土路面。1994 年开工，1995 年建成。以寓意吉祥平和命名。两侧有人民银行、沂南县住建局、沂南县国土局、沂南县中医院、沂南县审计局、东方大酒店等。为贯通东城、西城的干道。通公交车。

正阳路 371321-K08

[Zhèngyáng Lù]

在县境东部。北起人民路，南至南外环。沿线与人民路、永兴路、祥和、芙蓉路、澳柯玛等相交。长 2.5 千米，宽 16 米，沥青混凝土路面。2001 年开工，2002 年建成。因县城东部道路以阳命名，加之取正义之意，故名。两侧有夜沙龙沂南旗舰店等。为县城主要干道，通公交车。

北外环路 371321-K09

[Běiwàihuán Lù]

在县境北部。西起历山路，东至温泉路。沿线与历山路、花山路、正阳路、朝阳路、温泉路等相交。长 2 千米，宽 23 米，沥青混凝土路面。2008 年开工，2009 年建成。

因处于沂南县北外环而得名。两侧有国网山东沂南县供电公司、沂南宾馆等。为贯通东城、西城的主干道，通公交车。

朝阳路 371321-K10

[Cháoyáng Lù]

在县境东部。北起北外环路，南至澳柯玛大道。沿线与玉泉路、文化路、人民路、永兴路、芙蓉路相交。长 3.5 千米，宽 24 米，沥青路面。2006 年开工，2007 年建成。取生机盎然、朝气蓬勃之意，故名。两侧有家居广场、学校、银行等。为贯通城区南北的干道，通公交车。

文化路 371321-K11

[Wénhuà Lù]

在县境中部。西起卧龙山路，东至温泉路。沿线与团山路、历山路、花山路、丹阳路、正阳路、朝阳路、温泉路等相交。长 4.7 千米，宽 9~16 米，沥青混凝土路面。1996 年开工，1997 年建成。因道路沿线多教育文化单位而得名。两侧有新星商务酒店、沂南县环境保护局、山东省沂南第一中学等。为贯通东城、西城的干道，通公交车。

振兴路 371321-K12

[Zhènxīng Lù]

在县境中部。西起卧龙山路，东至向阳路。沿线与团山路、历山路、花山路、丹阳路、正阳路、朝阳路、温泉路等相交。长 5 千米，宽 14 米，沥青混凝土路面。2005 年开工，2006 年建成。取振兴道路两侧工业企业之含义命名。两侧有汉庭酒店、沂南县公安局、沂南县国税局等。为贯通东城、西城的干道，通公交车。

桥梁

沂河大桥 371321–N01
[Yíhé Dàqiáo]

在沂南县城西南部。桥长 546 米，桥面宽 26 米，最大跨度 30 米，桥下净高 10 米。2000 年建成。桥梁跨沂河，故名。为大型公路桥梁，结构型式为 T 梁桥。最大载重量 100 吨。通公交车。

青驼大桥 371321–N02
[Qīngtuó Dàqiáo]

在沂南县城西南部。桥长 174 米，桥面宽 13.1 米，最大跨度 14 米，桥下净高 12 米。1970 年建成。桥梁所在地为青驼镇，故名。为大型公路桥梁，结构型式为预应力钢筋砼简支梁桥。最大载重量 100 吨。通公交车。

蒙河大桥 371321–N03
[Ménghé Dàqiáo]

在沂南县城西南部。桥长 395 米，桥面宽 19.8 米，最大跨度 261.1 米，桥下净高 12.6 米。1999 年建成，2010 年改（扩）建。所在河流为蒙河得名，故名。为大型公路桥梁，结构型式为钢筋砼简支梁桥。最大载重量 100 吨，通公交车。

隧道

石崇崮隧道 371321–30–E01
[Shíchónggù Suìdào]

在县境西北部。全长 450 多米，高 5 米，宽 9 米。2013 年 4 月开工建设，2014 年 10 月正式建成通车。以沂南县和沂水县交界处的石崇崮得名，取在石崇崮之意。隧道设计为洞双向二车道隧道，还有两个人行道。是临沂市最长的山体隧道。

车站

沂南火车站 371321–R01
[Yínán Huǒchē Zhàn]

四等火车站。在县城东部。建于 203 年。站舍为二层，站内候车室可同时容纳 100 多名旅客休息候车，有 1 个售票窗口，年客运量 7 万余人。办理旅客乘降、行李托运、包裹托运等客运服务，是沂南主要的客运集散中心。

沂南汽车总站 371321–S01
[Yínán Qìchē Zǒngzhàn]

四级长途汽车站。在县城历山路与振兴路交会处路西。1992 年始建，1993 年 10 月投入运营。占地 14.67 公顷，建筑面积 33 000 平方米，其中包含客运枢纽 12 000 平方米、商务综合楼 16 000 平方米、物流中心 4 000 平方米、汽车维护中心 2 200 平方米，同时配套加油站、加气站、加电站等设施。经营客运线路 50 条，日发班次 170 多个，日发送旅客 1 500 多人次。是沂南最主要的客运集散中心。

郯城县

城市道路

人民路 371322–K01
[Rénmín Lù]

在县境中部。东起沂河路，西至安子桥。沿线与郯中路、郯东路、郯西路相交。

长 3.3 千米，宽 50.3 米，沥青路面。1980 年建成，1984 年、1986 年、1988 年、1994 年、1997 年多次改扩建。以"人民当家作主"之意，得名人民路。两侧有县人民政府、商业银行、山东恒通化工、郯城纸板厂等。通公交车。

建设路 371322-K02
［Jiànshè Lù］

在县境中部。东起东外环，西至兴郯路。沿线与郯中路，郯东路、郯西路相交。长 3.1 千米，宽 32 米，混凝土路面。1980 年开工，1996 年、1998 年改扩建。以"人民团结建设祖国"之意，命名为建设路。两侧有家和超市、郯城县西联中等。通公交车。

团结路 371322-K03
［Tuánjié Lù］

在县境中部。东起东外环，西至兴郯路。沿线与郯中路、郯东路、郯西路相交。长 3.6 千米，宽 40 米，沥青路面。1980 年开工，1972 年、1980 年、1992 年改扩建。以"人民团结建设祖国"之意，命名为团结路。沿途为县城商业贸易市场区之一。两侧有商业广场、民政局等。通公交车。

郯西路 371322-K04
［Tánxī Lù］

在县境中部。北起北外环，南至南外环。沿线与团结路、人民路、建设路、皇亭路相交。长 5.3 千米，宽 31.2 米，沥青路面。1977 年开工，1985 年、1996 年改扩建。以方位得名。两侧有郯城一中、育才中学、临沂电子科技学校、郯城县中医院等。通公交车。

郯中路 371322-K05
［Tánzhōng Lù］

在县境中部。北起人民广场，南至南外环。沿线与团结路、人民路、建设路、皇亭路相交。长 3.6 千米，宽 28 米，沥青路面。1984 年开工，1989 年、1994 年改扩建。以方位得名。沿途为城内重要商业街区，是县城最繁华之地。两侧有御道桥商场、向阳小学等。通公交车。

郯东路 371322-K06
［Tándōng Lù］

在县境中部。北起北外环，南至南外环。沿线与团结路、人民路、建设路、皇亭路相交。长 8.3 千米，宽 50.3 米，沥青路面。原为 205 国道之城区部分，1956 年、1968 年、1989 年、1991 年改扩建。以方位得名。两侧有郯子公园、郯子湖大酒店等。通公交车。

皇亭路 371322-K07
［Huángtíng Lù］

在县境南部。东起东外环，西至兴郯路。沿线与郯东路、郯中路、郯西路相交。长 5.3 千米，宽 50.3 米，混凝土路面。1984 年开工，1997 年、2013 年改扩建。因清代乾隆皇帝路过后，以古时迎接皇帝设置的路亭（即感恩亭）而得名。两侧有郯城县中医院、农业局等。通公交车。

桥梁

白马河桥 371322-N01
［Báimǎhé Qiáo］

在郯城县城西部。桥长 146 米，桥宽 28 米，最大跨度 13 米，桥下净高 5.0 米。

2000年动工，同年建成。因跨越白马河，故名。为大型河道桥梁，结构型式为预应力混凝土梁桥。担负马头到城区的交通任务，最大载重量25吨，通公交车。

李庄沂河大桥 371322-N02
[Lǐzhuāng Yíhé Dàqiáo]

在郯城县城北部。桥长431米，桥面宽7米，最大跨度431.3米，桥下净高8米。2004年建成。因桥梁在郯城县李庄且跨沂河，故称。为大桥，结构型式为空心板桥梁。最大载重量20吨。

沭河连心桥 371322-N03
[Shùhé Liánxīn Qiáo]

在郯城县城东南部。桥长406米，桥面宽9.6米，最大跨度402米，桥下净高4米。1977年建成，2013年改建。因桥梁在郯城县固疃红花道路上且跨沭河，故称。为大桥，结构型式为空心板桥梁。最大载重量25吨。

红花埠老沭河桥 371322-N04
[Hónghuābù Lǎoshùhé Qiáo]

在郯城县城东南部。桥长310米，桥面宽8米，最大跨度310米，桥下净高4米。1993年建成，2012年改建。因桥梁在郯城县红花埠乡且跨老沭河，故称。为大桥，结构型式为空心板桥梁。最大载重量20吨。通公交车。

郯东沭河大桥 371322-N05
[Tándōng Shùhé Dàqiáo]

在郯城县城东部。桥长437米，桥面宽8.6米，最大跨度326米，桥下净高4米。1996年建成，2013年改建。因桥梁在郯城到东海道路上且跨沭河，故称。为大桥，

结构型式为空心板桥梁。最大载重量25吨。通公交车。

沭河大桥 371322-N06
[Shùhé Dàqiáo]

在郯城县城东部。桥长835米，桥面宽28米，最大跨度13米，桥下净高5.1米。1999年动工，2000年建成。因跨越沭河，故名。为大型桥梁，结构型式为预应力混凝土梁桥。担负310国道交通任务，最大载重量30吨，通公交车。

车站

郯城火车站 371322-R01
[Tánchéng Huǒchē Zhàn]

三等火车站。在县城东侧。2002年建成。有车站办公综合楼一座，设有售票厅，占地面积大约1500平方米。有到发线4股、货物线2股、牵出线1股、安全线1股。辐射周边县区及沿海地区，大大方便人们出行。

郯城县汽车站 371322-S01
[Tánchéng Xiàn Qìchē Zhàn]

一级汽车客运站。在郯城县北环路与郯东路相交处西北角。2010年5月启用。占地面积4.67公顷，建筑面积2.78公顷，停车场面积24300平方米，划设泊车位145个，发车库位20个，车站总绿化面积8000平方米。设计运营能力为最大旅客日发送量10000人次，发送班次800个。营运线路48条，覆盖全国6个省、直辖市，34个县级以上城市；日发送班次634班。是郯城辐射周边县区的主要汽车站。

沂水县

城市道路

文诚路　371323-K01
[Wénchéng Lù]

在县境北部。南起小沂河路北路，北至北城二路。沿线与北一环路、北城一路相交。长 1.9 千米，宽 16 米，沥青路面。2008 年开工，2009 年建成。以路东有文诚市场，故名。两侧有山东隆科特酶制剂有限公司、大型蔬菜批发市场文成市场等。是城区北部主干道之一，通公交车。

文昌路　371323-K02
[Wénchāng Lù]

在县境中部。东起东一环路，西至府前街。沿线与长安中路、中心街相交。长 2.0 千米，宽 16 米，沥青、水泥路面。1987 年开工，2006 年建成。因路侧原有文昌祠，故名。两侧有体育广场、沂新中学等。是城区中部主干道之一，通公交车。

沂博路　371323-K03
[Yíbó Lù]

在县境北部。南起沂河路，北至北二环路。沿线与小沂河北路、北一环路、北城一路相交。长 4.5 千米，宽 25 米，沥青路面。1997 年开工，同年建成。为沂水通往博山公路城区段，故名。两侧有青援食品有限公司、沂水县恒大食品有限公司、沂水津都食品有限公司、山东万蓉食品有限公司等。是城区北部主干道之一，通公交车。

健康路　371323-K04
[Jiànkāng Lù]

在县境中部。东起长安中路，西至沂河路。沿线与中心街相交。长 1.1 千米，宽 18 米，沥青路面。2003 年开工，同年建成。以路北有沂水中心医院，取"健康"之意命名。两侧有临沂市中心医院、实验中学等。是城区中部主干道之一，通公交车。

正阳东路　371323-K05
[Zhèngyáng Dōnglù]

在县境东部。东起东一环路，西至长安中路。沿线与小沂河南路相交。长 1.1 千米，宽 20 米，沥青路面。1998 年开工，同年建成。因属正阳路东延路段，故名。是城区东部主干道之一，通公交车。

雪山河路　371323-K06
[Xuěshānhé Lù]

在县境东部。东起东院村，西至东一环路。沿线与东二环路相交。长 3.2 千米，宽 20 米，沥青路面。2010 年开工，2011 年建成。因路北邻雪山河，故名。两侧有雪山风情街等。为旅游景观路。通公交车。

健康东路　371323-K07
[Jiànkāng Dōnglù]

在县境东部。东起东一环路，西至长安中路。沿线与小沂河南路相交。长 1.1 千米，宽 18 米，沥青路面。1997 年开工，2003 年建成。因属健康路东延路段，故名。两侧有沂蒙市场等。是城区东部主干道之一，通公交车。

双成路　371323-K08
[Shuāngchéng Lù]

在县境中部。东起长安中路，西至滨河东路。沿线与中心街、莲旺街相交。长 2.1

千米，宽18米，沥青路面。1993年开工，1999年建成。取双成纸业公司名称命名。两侧有第五实验小学等。是城区中部主干道之一，通公交车。

长安北路 371323-K09
[Cháng'ān Běilù]

在县境北部。南起北一环路，北至北三环路。沿线与北城一路、北城二路、北二环路相交。长5.5千米，宽38米，沥青路面。1996年开工，2003年建成。因路北端附近有长安庄，取吉祥意分段命名。两侧有沂水车辆管理所等。是城区北部主干道之一，通公交车。

长安中路 371323-K10
[Cháng'ān Zhōnglù]

在县境中部。南起鑫华路，北至北一环路。沿线与双成路、沂蒙山路、文昌路、正阳路、健康路相交。长4.2千米，宽38米，沥青路面。1986年开工，1992年建成，2003年改建。因路北端附近有长安庄，取吉祥意分段命名。两侧有审计局、国土资源局、检察院等。是城区中部主干道之一，通公交车。

中心街 371323-K11
[Zhōngxīn Jiē]

在县境中部。南起沂蒙山路，北至健康路。沿线与文昌路、正阳路相交。长1.4千米，宽18米，沥青路面。1996年改建。因处沂水城区中心地带，故名。沿路商铺林立，是城区商业中心。两侧有新华书店、凌云商厦等。是城区中部主干道之一，通公交车。

长安南路 371323-K12
[Cháng'ān Nánlù]

在县境南部。南起南三环路，北至鑫华路。沿线与南二环路、南一环路、腾飞路等相交。长7.6千米，宽38米，沥青路面。1996年开工，同年建成。因属长安中路南延路段，故名。两侧有许家湖镇政府、交通运输局等。是城区南部主干道之一，通公交车。

恒泰路 371323-K13
[Héngtài Lù]

在县境南部。东起振兴路，西至滨河东路。沿线与荆山东路、荆山西路相交。长1.8千米，宽18米，沥青路面。2004年开工，2008年建成。取恒泰纺织公司名称命名。两侧有山东众力液压技术公司、奥德燃气公司、九州木业等。是城区南部主干道之一。

城阳一路 371323-K14
[Chéngyáng 1 Lù]

在县境南部。东起丰国路，西至长安南路。沿线与长安北路、长虹北路、东一环路相交。长1.4千米，宽16米，沥青路面。2010年开工，同年建成。因在沂水城南部，以"城阳"为专名，数字序列化命名。两侧有沂水机床厂、山东京普集团、沂龙机械公司等。是城区南部主干道之一。

裕丰路 371323-K15
[Yùfēng Lù]

在县境南部。东起东二环路，西至长安南路。沿线与沂蒙山东路、东一环路相交。长3.0千米，宽20米，沥青路面。2000年开工，2012年建成。因附近有裕丰小区，故名。两侧有第三实验小学等。是城区南部主干道之一。

庐山中路 371323-K16
[Lúshān Zhōnglù]

在县境西南部。南起许姚路，北至南

二环路。沿线与南三环路相交。长 4.0 千米，宽 16 米，沥青路面。2008 年开工，2014 年建成。因处庐山工业园中部，故名。两侧有沂水创新山水水泥有限公司、临沂振峰化工有限公司等。是城区西南部主干道之一。

城阳二路 371323-K17

[Chéngyáng 2 Lù]

在县境南部。东起丰国路，西至滨河东路。沿线与长安南路、中心南街相交。长 3.6 千米，宽 16 米，沥青路面。2008 年开工，2011 年建成。因在沂水城南部，以"城阳"为专名，数字序列化命名。两侧有临沂大学沂水校区等。是城区南部主干道之一。

南二环路 371323-K18

[Nán 2 Huán Lù]

在县境南部。东起莒沂路，西至西二环路。沿线与长安南路、中心南街、滨河东路相交。长 11.3 千米，宽 16 米，沥青路面。2009 年开工，同年建成。以城区南部的第二条环城路命名。沿途化工企业较多。两侧有许家湖镇政府、庐山工业园。是城区南部主干道之一，通公交车。

南三环路 371323-K19

[Nán 3 Huán Lù]

在县境南部。东起长安南路，西至鲁洲化工。沿线与滨河东路、庐山中路相交。长 5.4 千米，宽 16 米，沥青路面。2008 年开工，2009 年建成。以城区南部的第三条环城路规划命名。该路连接沂河两岸，是城区南部主干道之一，通公交车。

腾飞路 371323-K20

[Téngfēi Lù]

在县境南部。东起东二环路，西至滨河东路。沿线与东一环路、长安南路、中心南街、振兴路相交。长 6.9 千米，宽 25 米，沥青路面。1995 年开工，2012 年建成。取沂水经济腾飞之意命名。两侧有沂水热电公司、沂水汽车站等。是城区南部主干道之一，通公交车。

南一环路 371323-K21

[Nán 1 Huán Lù]

在县境南部。东起东二环路，西至西二环路。沿线与东一环路、长安南路、中心南街、振兴路、滨河东路相交。长 7.9 千米，宽 15 米，沥青路面。2008 年开工，同年建成。以城区南部的第一条环城路命名。两侧有东方瑞海国际温泉度假村等。该路连接沂河两岸，是城区南部主干道之一，通公交车。

鑫华西路 371323-K22

[Xīnhuá Xīlù]

在县境西部。东起滨河西路，西至西二环路。沿线与西城三路、西一环路相交。长 2.8 千米，宽 28 米，沥青路面。2006 年开工，同年建成。因属鑫华路西延路段，故名。两侧有中和花都市场、龙家圈镇政府等。是城区西部主干道之一，通公交车。

西一环路 371323-K23

[Xī 1 Huán Lù]

在县境西部。南起西二环路，北至北一环路。沿线与鑫华西路、正阳西路相交。长 5.6 千米，宽 16 米，沥青路面。2011 年开工，同年建成。以城区西部的第一条环城路命名。两侧有西城工业园等。是城区西部主干道之一。通公交车。

滨河西路 371323-K24

[Bīnhé Xīlù]

在县境西部。南起南二环路，北至生物发电厂。沿线与北二环路、北一环路、沂蒙山路、鑫华路相交。长 2.0 千米,宽 12 米,沥青路面。2009 年开工,同年建成。以路处沂河西岸命名。通公交车。

西二环路 371323-K25
[Xī 2 Huán Lù]

在县境西部。南起南二环路,北至北二环路。沿线与南一环路、西一环路、北一环路等相交。长 8.0 千米,宽 20 米,沥青路面。2009 年开工,同年建成。以城区西部的第二条环城路命名。是城区西部主干道之一,通公交车。

沂蒙山路 371323-K26
[Yíméngshān Lù]

在县境中部。东起长安中路,西至龙港路。沿线与中心街、府前街、莲旺街、滨河东路相交。长 3.0 千米,宽 30 米,沥青路面。1999 年开工,同年建成。以沂水香烟“沂蒙山”品牌命名。两侧有万德广场、恒隆广场、沂河商城等。该路连接沂河两岸,是城区中部主干道之一,通公交车。

中心南街 371323-K27
[Zhōngxīn Nánjiē]

在县境南部。南起南二环路,北至沂蒙山路。沿线与南一环路、腾飞路、鑫华路等相交。长 6.4 千米,宽 15 米,沥青路面。1989 年开工,2013 年建成。因属中心街南延路段,故名。两侧有沂水县第二中学、第二实验中学等。是城区南部主干道之一,通公交车。

北二环路 371323-K28
[Běi 2 Huán Lù]

在县境北部。东起长安北路,西至西二环路。沿线与沂博路相交。长 6.5 千米,宽 25 米,沥青路面。2008 年开工,2009 年建成。以城区北部的第二条环城路命名。

该路连接沂河两岸,是城区北部主干道之一,通公交车。

东二环路 371323-K29
[Dōng 2 Huán Lù]

在县境东部。南起南一环路,北至北一环路。沿线与腾飞路、裕丰路、雪山河路等相交。长 7.1 千米,宽 26 米,沥青路面。2013 年开工,2014 年建成。以城区东部的第二条环城路命名。是城区东部主干道之一,不通公交车。

东一环路 371323-K30
[Dōng 1 Huán Lù]

在县境东部。南起南一环路,北至北一环路。沿线与腾飞路、裕丰路、鑫华东路、沂蒙山东路、正阳东路、健康东路等相交。长 6.6 千米,宽 30 米,沥青路面。1995 年开工,2008 年建成。以城区东部的第一条环城路命名。两侧有华隆五金建材城、沂水汽车站、沂蒙中学、沂水科技馆等。是城区东部主干道之一,通公交车。

沂蒙山东路 371323-K31
[Yíméngshān Dōnglù]

在县境东部。东起南一环路,西至长安中路。沿线与腾飞路、裕丰路、东一环路等相交。长 4.7 千米,宽 28 米,沥青路面。1989 年开工,2003 年建成。因属沂蒙山路东延路段,故名。两侧有清真寺等。是城区东部主干道之一,通公交车。

北一环路 371323-K32
[Běi 1 Huán Lù]

在县境北部。东起长深高速沂水收费站,西至西二环路。沿线与东二环路、东一环路、长安北路、沂博路、西一环路等相交。长 8.4 千米,宽 28 米,沥青路面。1995 年开工,2013 年建成。以城区北部的

第一条环城路命名。两侧有华信国际大厦、文诚市场等。该路连接沂河两岸，是城区北部主干道之一，通公交车。

鑫华路 371323-K33
[Xīnhuá Lù]

在县境南部。东起长安中路，西至龙港路。沿线与中心南街、振兴路、滨河东路相交。长3.6千米，宽30米，沥青路面。1993年开工，同年建成，2006年改建。以南庄社区"鑫华小区"命名。两侧有裕丰市场。该路连接沂河两岸，是城区南部主干道之一，通公交车。

正阳路 371323-K34
[Zhèngyáng Lù]

在县境中部。东起长安中路，西至滨河东路。沿线与中心街、莲旺街、沂河路相交。长1.8千米，宽20米，沥青路面。1998年始建，2000年建成。取清正廉洁、政通人和之意命名。是沂水县政治、文化的中心地带。两侧有县委、县政府、县图书馆、县博物馆、县人民医院、东皋公园、文峰广场等。是城区中部主干道之一，通公交车。

振兴路 371323-K35
[Zhènxīng Lù]

在县境南部。南起南一环路，北至鑫华路。沿线与腾飞路、恒泰路相交。长2.4千米，宽25米，沥青路面。2002年始建，2004年建成。取振兴沂水经济之意命名。是城区南部主干道之一，通公交车。

滨河东路 371323-K36
[Bīnhé Dōnglù]

在县境西部。南起南三环路，北至沂博路。沿线与南二环路、城阳二路、南一环路、鑫华路、沂蒙山路、正阳路等相交。长13.5千米，宽20米，沥青路面。2005年开工，2008年建成。以路处沂河东岸命名。两侧有春风广场、金仕顿大酒店等。是城区西部主干道之一，通公交车。

桥梁

开元大桥 371323-N01
[Kāiyuán Dàqiáo]

在沂水县城北部。桥长578.2米，桥面宽19米，最大跨度570米，桥下净高5米。2013年动工，同年建成。以吉语嘉言命名，寓意开创兴盛。为特大型公路桥，结构型式为预应力空心板桥。是北一环路连接沂河两岸的交通枢纽，最大载重量100吨，通公交车。

初元大桥 371323-N02
[Chūyuán Dàqiáo]

在沂水县城西部。桥长614米，桥面宽7米，最大跨度540米，桥下净高2.5米。1966年动工，同年建成。为沂城在沂河上第一座桥，俗称老沂河大桥，后以寓意初始第一而得名。为特大型公路桥，结构型式为简支梁桥。是沂蒙山路连接沂河两岸的交通枢纽，最大载重量13吨，通公交车。

福元大桥 371323-N03
[Fúyuán Dàqiáo]

在沂水县城北部。桥长551米，桥面宽19米，最大跨度510米，桥下净高5米。2008年动工，同年建成。以吉语嘉言命名，寓意幸福第一。为特大型公路桥，结构型式为预应力空心板桥。是北二环路跨沂河桥，最大载重量100吨，通公交车。

顺元大桥 371323-N04
[Shùnyuán Dàqiáo]

在沂水县城西南部。桥长 776.9 米，桥面宽 15.5 米，最大跨度 760 米，桥下净高 5 米。1988 年动工，1989 年建成。为沂城在沂河上第二座桥，俗称新沂河大桥，后以吉语嘉言命名。为特大型公路桥，结构型式为简支梁桥。是鑫华路连接沂河两岸的交通枢纽，最大载重量 100 吨，通公交车。

建元大桥 371323-N05
[Jiànyuán Dàqiáo]

在沂水县城南部。桥长 757 米，桥面宽 15 米，最大跨度 25 米，桥下净高 6 米。2008 年动工，同年建成。以吉语嘉言命名。为特大型公路桥，结构型式为 T 梁桥。是省道石兖路跨沂河桥，最大载重量 100 吨，通公交车。

通元大桥 371323-N06
[Tōngyuán Dàqiáo]

在沂水县城南部。桥长 350 米，桥面宽 11.5 米，最大跨度 13 米，桥下净高 7.5 米。1995 年动工，同年建成。以吉语嘉言命名。为大型河道桥梁，结构型式为钢筋混凝土桥。是南二环路跨沂河桥，最大载重量 100 吨，通公交车。

盛元大桥 371323-N07
[Shèngyuán Dàqiáo]

在沂水县城南部。桥长 578.6 米，桥面宽 19 米，最大跨度 570 米，桥下净高 5 米。2009 年动工，2010 年建成。以吉语嘉言命名。为特大型公路桥，结构型式为预应力空心板桥。是南三环路跨沂河桥，最大载重量 100 吨。通公交车。

顺天河大桥 371323-N08
[Shùntiānhé Dàqiáo]

在沂水县城西北部。桥长 141.1 米，桥面宽 18 米，最大跨度 20 米，桥下净高 3 米。1997 年动工，同年建成。因跨越顺天河，故名。为大型河道桥梁，结构型式为预应力空心板桥。是省道博沂路跨顺天河桥，最大载重量 100 吨，通公交车。

隧道

上虎峪隧道 371323-30-E01
[Shànghǔyù Suìdào]

在沂水县沙沟镇上虎峪村南。青岛方向全长 1 325 米，济南方向全长 1 435 米，洞内净高 8.2 米，单洞净宽 15 米。2007 年 12 月建成通车。为双洞单向分离行车设计，单洞内三车道行驶。保持了高速公路线型平顺，提高了运输效率，保护了沿线当地生态环境。

韩家旺隧道 371323-30-E02
[Hánjiāwàng Suìdào]

在沂水县黄山铺镇韩家旺村。全长 1 024 米，净高 7.7 米，净宽 7.3 米。2011 年始建，2013 年建成通车。为双向铁路隧道，最大载重量轴重 30 吨。缩短了铁路里程，提高了运输效率，保护了沿线当地生态环境。

甘河隧道 371323-30-E03
[Gānhé Suìdào]

在沂水县龙家圈镇甘河村。全长 1 750 米，净高 7.7 米，净宽 7.3 米。2011 年始建，2013 年建成通车。为双向铁路隧道，最大载重量轴重 30 吨。缩短了铁路里程，提高了运输效率，保护了沿线当地生态环境。

上峪子隧道 371323-30-E04

[Shàngyùzi Suìdào]

在沂水县龙家圈镇上峪子。全长 1 560 米，净高 7.7 米，净宽 7.3 米。2011 年始建，2013 年建成通车。为双向铁路隧道，最大载重量轴重 30 吨。缩短了铁路里程，提高了运输效率，保护了沿线当地生态环境。

下峪子隧道 371323-30-E05

[Xiàyùzi Suìdào]

在沂水县龙家圈镇下峪子村。全长 844 米，净高 7.7 米，净宽 7.3 米。2011 年始建，2013 年建成通车。为双向铁路隧道，最大载重量轴重 30 吨。缩短了铁路里程，提高了运输效率，保护了沿线当地生态环境。

车站

沂水火车站 371323-R01

[Yíshuǐ Huǒchē Zhàn]

铁路站。在沂水县四十里堡镇小薛庄村。2003 年始建，同年建成，2005 年 7 月运营，2013 年实施电气化改造工程。车站设站房、候车室。日客运 4 个班次，日发送旅客 400 人。沂水火车站的设立对旅客乘降、货物承运等都具有重要的作用。

沂水西站 371323-R02

[Yíshuǐ Xīzhàn]

铁路三等站。在沂水县黄山铺镇寺前官庄。2010 年始建，2013 年建成。占地面积 3 583 平方米，建筑面积 2 060 平方米。设旅客地道、2 个客运站。日对开货运 16 列，日运送货物 10 万吨。沂水西站是瓦日铁路中的一个重要节点，是铁路生产的重要信息源与运输基石。

沂水汽车站 371323-S01

[Yíshuǐ Qìchē Zhàn]

二级客运站。在沂水县城东一环路与腾飞路相交处西南。1950 年 2 月建立，2009 年 5 月开工建设新站，2010 年 11 月建成，2011 年 4 月正式搬迁。占地面积 100 000 平方米，建筑面积 17 800 万平方米，其中客运楼建筑面积 13 600 平方米，辅助楼建筑面积 4 200 平方米。营运线路 32 条，营运站点 500 个，营运里程 6 000 余千米，日发送班次 411 个，日发送旅客 2 500 人次。是全县大型客货流集散地，是沂水县及周边地区人员、货物始发、到发、中转、联运的交通运输枢纽。

沂水城乡客运站 371323-S02

[Yíshuǐ Chéngxiāng Kèyùnzhàn]

三级客运站。在沂水县城东一环路与腾飞路相交处西南。2003 年 9 月，沂水个体汽车南、北两站合并为沂水城乡客运站。2010 年 12 月，沂水县城乡客运站迁至沂水汽车站处运营。占地面积 100 000 平方米，客运楼建筑面积 13 600 平方米，辅助楼建筑面积 4 200 平方米。城乡客运车 220 辆，客运线路 17 条，年客运量 902 万人次。沂水城乡客运站主要从事县内班车客运业务。

兰陵县

城市道路

顺和路 371324-K01

[Shùnhé Lù]

在县境南部。西起老 206 国道，东至文峰路。沿线与抱犊崮路、中兴路、惠民路相交。长 5.5 千米，宽 20 米，沥青路面。

1995 年始建，2004 年改扩建。以吉祥嘉言命名。两侧有沂蒙老街、兰陵国家农业公园、宝华国际大酒店等。是城区通往外地的主要道路，通公交车。

中兴路 371324-K02
[Zhōngxīng Lù]

在县境中部。北起迎宾路，南至顺和路。沿线与兰陵路、塔山路相交。长 4.5 千米，宽 14 米，沥青路面。1982 年建成，2006 年改扩建。两侧有城北医院、美食街、中国银行、中国邮政储蓄银行、兰陵县中医院、宝庆生活购物广场、开元商城等。是贯穿城区南北向主要道路之一，通公交车。

会宝路 371324-K03
[Huìbǎo Lù]

在县境中部。西起抱犊崮路，东至文峰路。沿线与珠山路、泉山路、中兴路、文化路、惠民路、滨河东路、育才路、东升路相交。长 4.9 千米，宽 14 米，沥青、混凝土路面。1988 年开工，1990 年建成。以沿途的会宝宾馆得名。两侧有农业局、中医院、实验小学、广播局、县医院、药监局、东苑高级中学等。通公交车。

东升路 371324-K04
[Dōngshēng Lù]

在县境东部。北起迎宾路，南至会宝路。沿线与新庄路、会宝路、兰陵路、玉泉路、开阳路相交。长 2.9 千米，宽 14 米，沥青、混凝土路面。2010 年开工，2011 年建成。因在县行政中心东侧，早上的太阳从东方升起，形容朝气蓬勃的景象得名。两侧有东苑高级中学、兰陵文化公园、教育大厦、实验中学、苍山一中等。为兰陵县城主干道，通公交车。

兰陵路 371324-K05
[Lánlíng Lù]

在县境中部。西起大宗山路，东至苍山路。沿线与大宗山路、抱犊崮路、珠山路、泉山路、中兴路、文化路、滨河东路、育才路、东升路、文峰路、9 号路、东二环路相交。长 8.1 千米，宽 12.0 米，沥青、混凝土路面。1997 年始建，2006 年改扩建。有兰陵文化广场，故名。两侧有物价局、第二实验中学、城管局、文化广场、职业中专等。通公交车。

大宗山路 371324-K06
[Dàzōngshān Lù]

在县境西部。北起兰陵北站，南至顺河路。沿线与顺河路、新华路、兰陵路、金盛路、迎宾路相交。长 6.3 千米，宽 20.0 米，沥青路面。2010 年建成。以自然地理实体大宗山命名。两侧有兰陵农场、天马集团现代农业物流城、鲁林木业、兰陵开发区初级中学、兰陵开发区中心小学等。为兰陵县城主干道，通公交车。

迎宾路 371324-K07
[Yíngbīn Lù]

在县境北部。西起大宗山路，东至苍山路。沿线与大宗山路、抱犊崮路、泉山路、中兴路、文化路、滨河路、育才路、东升路、文峰路、东二环路相交。长 8.3 千米，宽 21.0 米，沥青路面。2001 年始建，2010 年改扩建。因该路是进入县城的主要路段，寓意迎接八方来宾，故名。两侧有普金肥料、公路局、客运中心、烟草局。为县城北部东西向交通要道，通公交车。

泉山路 371324-K08
[Quánshān Lù]

在县境中部。南起顺河路，北至迎宾路。沿线与兰陵路相交。长 4.5 千米，宽 18.0 米，沥青路面。1982 年建成。以自然地理实体泉山得名。两侧有泉山商业街、泉山实验学校等。通公交车。

抱犊崮路 371324-K09
[Bàodúgù Lù]

在县境西部。南起顺河路，北至迎宾路。沿线与顺河路、会宝路、新华路、兰陵路、金盛路、迎宾路相交。长 3.3 千米，宽 20.0 米，沥青、混凝土路面。1996 年开工，1997 年建成。以纪念境内的抱犊崮得名。两侧有交通运输公司、县开发区管委会、新广源汽贸等。为兰陵县城主干道，通公交车。

育才路 371324-K10
[Yùcái Lù]

在县境东部。北起迎宾路，南至滨河东路。沿线与大新庄路、会宝路、兰陵路、玉泉路、开阳路相交。长 3.0 千米，宽 20.0 米，沥青、混凝土路面。2007 年开工，2008 年建成。此路段有兰陵一中，寓意教书育人，故名。两侧有老干部活动中心、兰陵文化公园、实验小学、苍山一中、体育馆等。为兰陵县城主干道，通公交车。

文峰路 371324-K11
[Wénfēng Lù]

在县境东部。北起迎宾路，南至顺河路。沿线与顺河路、苍邳路、滨河西路、滨河东路、大新庄路、会宝路、兰玲路、金山路、桃李路、玉泉路、金盾路、开阳路相交。长 3.6 千米，宽 32 米，沥青、混凝土路面。1996 年开工，1997 年建成，2006 年改扩建。以地理实体文峰山命名。两侧有东苑高级中学、妇幼保健院、人民检察院、地税局、国税局、民政局、克拉国际广场等。为兰陵县城主干道，通公交车。

滨河东路 371324-K12
[Bīnhé Dōnglù]

在县境中部。北起迎宾路，南至文峰路。沿线与文峰路、育才路、会宝路、兰陵路、玉泉路、迎宾路相交。长 4.2 千米，宽 14.0 米，沥青、混凝土路面。2007 年开工，2009 年建成。因临近东泇河东而得名。两侧有卞庄卫生院东院、苍山红十字东关医院。为兰陵县城主干道，通公交车。

新华路 371324-K13
[Xīnhuá Lù]

在县境中部。西起文化路，东至抱犊崮路。沿线与泉山路相交。长 2.6 千米，宽 18.0 米，沥青路面。1982 年建成。以新华书店命名。两侧有开发区医院、人民银行、建行、工商银行、新华书店等。通公交车。

文化路 371324-K14
[Wénhuà Lù]

在县境中部。南起顺河路，北至迎宾路。沿线与兰陵路相交。长 4.5 千米，宽 12.0 米，沥青路面。1982 年建成。寓意文化昌盛，故名。两侧有供电局、龙之梦广场、北大市场、志诚中学等。通公交车。

莲花山路 371324-K15
[Liánhuāshān Lù]

在县境中部。西起中兴路北段，东至滨河西路。沿线与中兴路北段、文化路、滨河西路相交。长 0.6 千米，宽 9.0 米，沥青路面。1989 年建成。因自然地理实体莲花山得名。两侧有德源中医院等。通公交车。

桥梁

芙蓉大桥 371324-N01
[Fúróng Dàqiáo]

在兰陵县城东南部。桥长238米，桥面宽16.7米，最大跨度10.0米，桥下净高4.6米。1980年建成。因桥梁所在位置而得名。为大型公路桥梁，结构型式为现浇组合空心板桥。是连通磨山镇到兰陵县的主要桥梁。通公交车。

车站

兰陵北站 371324-R01
[Lánlíng Běizhàn]

二级铁路站。在兰陵县贾庄。2009年8月开工建设，2013年3月开始运营。兰陵北站的建成，打破了兰陵县没有铁路车站的历史，对兰陵县的经济和社会发展起到了至关重要的作用。

兰陵县汽车站 371324-S01
[Lánlíng Xiàn Qìchē Zhàn]

一级客运站。在兰陵县206国道中段南侧与文化路北段东侧相交处。1984年建成使用。经营管理43条客运线路，日发784个客运班次，年平均旅客日发量在5 000人次，年客运量200余万人。新车站采用立体式发车模式，是集长途、城乡、公交、出租四位一体的综合性客运枢纽，地域位置优越，交通便利，是建设新兰陵、富兰陵，促进兰陵经济社会发展和对外开放的重要窗口。

费县

城市道路

建设西路 371325-K01
[Jiànshè Xīlù]

在县境西部。东起温河大桥，西至西外环路。沿线与西外环路、天蒙路、天景路、沂蒙路、人和路、钟山路、胜利路、和平路、温河西路相交。长4.1千米，宽36米，沥青路面。1978年开工，1980年建成，1988年、2002年、2005年改扩建。寓意为建设美好费县而得名。2010年，以温和大桥为界，因在桥西，更名为建设西路。两侧有新华书店、县商务局、县实验中学、县民政局等。为贯通城区东西的主干道，通公交车。

建设东路 371325-K02
[Jiànshè Dōnglù]

在县境东部。东起东外环路，西至温河大桥。沿线与温河东路、鲁公路、光明路、蒙山路、青山路、兴业路、东外环路相交。长4.7米，宽36米，沥青路面。1978年开工，1980年建成，1988年、2002年、2005年改扩建。寓意为建设美好费县而得名。2010年，以温和大桥为界，因在桥东，更名为建设东路。两侧有县客运换乘中心、县政务服务中心、县人民法院等。是城区东西走向主要干道，通公交车。

和平路 371325-K03
[Hépíng Lù]

在县境中部。北起站前路，南至银光化工集团。沿线与银光路、南外环路、自由西路、政通路、建设西路相交。长3.8千米，宽35米，沥青路面。1956年开工，同年建成，1973年、1982年、1993年、2001

年、2005 年、2010 年扩建。以吉祥嘉言命名。两侧有县教育局、县人民政府、县实验幼儿园、县公安局等。是城区南北走向主要干道，通公交车。

南外环路 371325-K04
[Nánwàihuán Lù]

在县境南部。东起东外环路，西至西外环路。沿线与天蒙路、天景路、沂蒙路、人和路、钟山路、和平路、鲁公路、烟墩路、光明路、蒙山路、兴业路、东外环路相交。长 9.5 千米，宽 35 米，沥青路面。2001 年开工，2002 年建成。因在城区南段，故名。两侧有县园林处、县气象局、颜真卿公园、费县第二中学等。是城区东西走向主要干道，通公交车。

西外环路 371325-K05
[Xīwàihuán Lù]

在县境西部。北起北外环路，南至沂州水泥厂。沿线与南外环路、幸福路、建设西路、文化路相交。长 4.9 千米，宽 42 米，沥青路面。2000 年开工，2003 年建成。因在城区最西端而得名。两侧有县汽车站、费县银源电商产业园等。是城区南北走向主要干道，通公交车。

自由东路 371325-K06
[Zìyóu Dōnglù]

在县境东部。西起温河东路，东至东外环路。沿线与鲁公路、烟墩路、光明路、蒙山路相交。长 2 千米，宽 22 米，沥青路面。1972 年开工，同年建成，1900 年、1993 年、2004 年、2006 年、2012 年扩建。因途经自由社区得名自由路，以温凉河为界分为两段，该路在温凉河以东，故名自由东路。两侧有文昌湖公园、费县博文中学等。是城区东西走向主要干道，通公交车。

钟山路 371325-K07
[Zhōngshān Lù]

在县境中部。北起北外环路，南至南外环路。沿线与南外环路、幸福路、自由西路、文昌路、建设西路、文化路、站前路相交。长 2.7 千米，宽 15 米，沥青路面。因靠近钟罗山，故名。1900 年开工，同年建成，1993 年、2006 年、2012 年、2013 年扩建。两侧有临沂大学费县校区、费县实验中学等。是城区南北走向主要干道，通公交车。

兴业路 371325-K08
[Xīngyè Lù]

在县境东部。北起北外环路，南至南外环路。沿线与南外环路、自由东路、建设东路相交。长 2.0 千米，宽 15 米，沥青路面。1999 年开工，2000 年建成。在城东工业园区域，取振兴工业之意命名。两侧有县盐务公司、河东派出所等。是城区南北走向主要干道，通公交车。

东外环路 371325-K09
[Dōngwàihuán Lù]

在县境东部。北起北外环路，南至南外环路。沿线与南外环路、自由东路、建设东路、北外环路相交。长 3.8 千米，宽 40 米，沥青路面。2000 年开工，2001 年建成。因在城区最东段，得名东外环路。两侧有青岛理工大学临沂费县校区、费县第一中学等。是城区南北走向主要干道，通公交车。

烟墩路 371325-K10
[Yāndūn Lù]

在县境东部。北起建设东路，南至文山路。沿线与南外环路、自由东路、建设东路相交。长 1.3 千米，宽 14 米，沥青路面。1989 年开工，1990 年建成。因该路南首有古人传递信号的烟墩而命名为烟墩路。两侧有方圆大厦等。为城区次干道,通公交车。

政通路 371325-K11
[Zhèngtōng Lù]

在县境中部。东起温凉河,西至钟山路。沿线与钟山路、胜利路、和平路相交。长 1.4 千米,宽 14 米,沥青路面。1996 年开工,1997 年建成。原为中兴路、通河街两段路,在县政府前,以政通人和之意命名为政通路。两侧有费县人民政府、费县中医医院等。为城区次干道,不通公交车。

沂蒙路 371325-K12
[Yíméng Lù]

在县境西部。北起北外环路,南至南外环路。沿线与幸福路、建设西路、文化路、站北路相交。长 3.1 千米,宽 22 米,沥青路面。2000 年开工,2001 年建成。原为沂台公路城区段,命名为沂蒙路。两侧有县公路工程处、县农业农村局、县邮政公司等。是城区南北走向主要干道,通公交车。

北外环路 371325-K13
[Běiwàihuán Lù]

在县境北部。西起西外环路,东至东外环路。沿线与沂蒙路、钟山路、和平路、塔山路、兴业路相交。长 8.6 千米,宽 32 米,沥青路面。2001 年开工,2002 年建成。因在县城最北段,故名。两侧有费县汽车站、费县中粮油脂工业有限公司、费县新时代药业有限公司等。是城区南北走向主要干道,通公交车。

蒙山路 371325-K14
[Méngshān Lù]

在县境东部。北起站前路,南至文山路。沿线与南外环路、自由东路、建设东路、笃圣路、温河东路、温河西路相交。长 2.6 千米,宽 23 米,沥青路面。1990 年开工,1994 年建成。因县境内有蒙山山脉,得名蒙山路。两侧有费县政务服务中心、费县第二医院等。是城区南北走向主要干道,通公交车。

特色街巷

西门街 371325-A01-L01
[Xīmén Jiē]

在费城街道东南部。长 410 米,宽 8 米,沥青路面。因之前该街直通老县城西门,故名西门街。沿路商店林立。

御史街 371325-A01-L02
[Yùshǐ Jiē]

在费城街道西部。长 476 米,宽 8 米,沥青路面。该街北首为王雅量墓,为纪念费县籍明监察御史王雅量,命名为御史街。

甜水井巷 371325-A01-L03
[Tiánshuǐjǐng Xiàng]

在费城街道南部。长 230 米,宽 10 米,水泥路面。因巷内有一眼甜水井,故名甜水井巷。

东周街 371325-A01-L04
[Dōngzhōu Jiē]

在费城街道东南部。长 230 米,宽 6 米,水泥路面。街北侧有县粮食局,曾是费县县衙署旧址,东周街意为正宗和正统,属于周王朝,故名东周街。

桥梁

毕城大桥 371325-N01
[Bìchéng Dàqiáo]

在费县城北部。桥长 266 米，桥面宽 12 米，最大跨度 266.1 米。1992 年动工，同年建成。因此桥位于费城街道西毕城村得名。为大型河道桥梁，结构型式为预应力钢筋混凝土空心板梁桥。担负乡镇道路干道交通任务，最大载重量 100 吨。通公交车。

姜庄湖大桥 371325-N02
[Jiāngzhuānghú Dàqiáo]

在费县城东北部。桥长 319 米，桥面宽 11.5 米，最大跨度 319 米。1989 年动工，同年建成。因位于费城街道姜庄湖村附近得名。为大型河道桥梁，结构型式为钢架拱桥。担负乡镇道路干道交通任务，最大载重量 100 吨。通公交车。

温凉河桥 371325-N03
[Wēnliánghé Qiáo]

在费县城中部。桥长 204.4 米，桥面宽 24 米，最大跨度 204.4 米。2000 年动工，2001 年建成。因跨越温凉河而得名。为大型公路桥，结构型式为预应力钢筋混凝土空心板梁桥。担负乡镇道路干道交通任务，最大载重量 100 吨。通公交车。

上冶大桥 371325-N04
[Shàngyě Dàqiáo]

在费县城东北部。桥长 146.2 米，桥面宽 24 米，最大跨度 92.8 米。2002 年动工，2003 年建成。因位于上冶镇而得名。为中型公路桥，结构型式为预应力钢筋混凝土空心板梁桥。担负乡镇道路干道交通任务，最大载重量 100 吨。通公交车。

梁邱大桥 371325-N05
[Liángqiū Dàqiáo]

在费县城西南部。桥长 264.2 米，桥面宽 13 米，最大跨度 264.2 米。1997 年动工，1998 年建成。因位于梁邱镇而得名。为大型公路桥，结构型式为预应力钢筋混凝土空心板梁桥。担负乡镇道路干道交通任务，最大载重量 100 吨。通公交车。

石沟大桥 371325-N06
[Shígōu Dàqiáo]

在费县城北部。桥长 280 米，桥面宽 12 米，最大跨度 280 米。2010 年动工，同年建成。因在南张庄乡南石沟村北，故名。为大桥，结构型式为钢筋混凝土空心板梁桥。担负乡镇道路干道交通任务，最大载重量 100 吨。通公交车。

浚河桥 371325-N07
[Jùnhé Qiáo]

在费县城西北部。桥长 246 米，桥面宽 24 米，最大跨度 246 米。2002 年动工，2003 年建成。因跨浚河，故名。为大型公路桥，结构型式为钢筋混凝土空心板梁桥。担负乡镇道路干道交通任务，最大载重量 100 吨。通公交车。

温河大桥 371325-N08
[Wēnhé Dàqiáo]

在费县城中部。桥长 240 米，桥面宽 36 米，最大跨度 30 米，桥下净高 10.8 米。1987 年开工，1988 年建成，后多次修建。因横跨温凉河得名。为中型河道桥梁，结构型式为拱桥。担负城区道路干道交通任务，最大载重量为 100 吨。通公交车。

车站

费县火车站 371325-R01
[Fèi Xiàn Huǒchē Zhàn]

铁路三等站。在费城站前路。建于1983年，1986年正式建成投入运营。车站建有到发线4条、货物线2条、客运站台2个、客运候车室1个、综合货场1个，建有高站台、仓库等货运设施。日发车80对，年货运量12万吨，年客运量20万人。对带动地方经济和人才流动具有重要意义。

费县汽车站 371325-S01
[Fèi Xiàn Qìchē Zhàn]

一级客运站。在费城西外环路西侧。2010年始建，2013年建成。车站占地107亩，主体建筑面积9 850平方米。设有售票大厅、候车大厅、客运发车区、待发区等，站外设出租、公交换乘点等多个服务区。经营管理33条客运线路，其中省际3条、市际12条、县际5条，日发79个客运班次，年平均旅客日发量5 000人次，年客运量180万人。是费县主要的客运集散中心。

平邑县

城市道路

石都大道 371326-K01
[Shídū Dàdào]

在县境北部。西起327国道，东至浚河桥。沿线与财源路、板桥路、汉阙路相交。长7.4千米，宽40米，沥青路面。1981年开工，1985年建成，1991年扩建。因起点在石材城，故名石都大道。两侧有规划局、农机局、火车站、沂蒙石材市场等。为城区东西向主干道，通公交车。有平邑火车站。

浚河路 371326-K02
[Jùnhé Lù]

在县境中部。西起327国道，东至浚河大桥。沿线与蒙山大道、板桥路、蒙阳路相交。长7.7千米，宽30米，沥青路面。1969年开工，1974年建成，1983年扩建。因境内浚河得名。两侧有华百购物中心、百货大楼、银河商厦、沂州国际宾馆等。为城区近东西向中心道路，通公交车。

兴水路 371326-K03
[Xīngshuǐ Lù]

在县境中部。西起327国道，东至蒙阳路。沿线与仲子路、文化路、板桥路、汉阙路相交。长3.9千米，宽24米，沥青路面。1983年开工，同年建成，1985年扩建。因县内兴水河而得名。两侧有赛博中学、兴蒙学校、街道第三小学、城关医院等。为城区东西向主要道路。通公交车。

银花路 371326-K04
[Yínhuā Lù]

在县境南部。西起327国道，东至南马社区。沿线与蒙山大道、板桥路、汉阙路、蒙阳路、滨河东西路相交。长10.5千米，宽40米，沥青路面。2012年开工，同年建成。以平邑县特产金银花得名银花路。两侧有奥德燃气、慧航机械、阿曼达医药等。为城区东西向主要道路，通公交车。

金花路 371326-K05
[Jīnhuā Lù]

在县境南部。西起327国道，东至滨河西路。沿线与蒙山大道、板桥路、汉阙路、建设路、蒙阳路相交。长4.4千米，宽30米，沥青路面。2012年开工，2013年建成。因县城特产为金银花，与银花路并行，得名金花路。两侧有岐黄中药饮片、鲁安电力、锦源塑编、县人民医院等。为城区东西向主要道路，通公交车。

西环一路 371326-K06
[Xīnhuán 1 Lù]

在县境西部。北起石都大道，南至银花路。沿线与莲花山路、浚河路、兴水路、朝阳路相交。长 6.8 千米，宽 40 米，沥青路面。1999 年开工，2000 年建成，2012 年扩建。因在县城西部而得名。两侧有交通局、法院、赛博中学、公路局、国税局等。为城区南北向主要道路，通公交车。

财源路 371326-K07
[Cáiyuán Lù]

在县境西部。北起兖石铁路，南至银花路。沿线与石都大道、莲花山路、浚河路、兴水路、朝阳路相交。长 5.8 千米，宽 24 米，沥青路面。2005 年开工，2007 年建成，2012 年扩建。寓意财源广进而得名财源路。两侧有安监局、公安局、天宇自然博物馆等。为城区南北向主要道路，通公交车。

板桥路 371326-K08
[Bǎnqiáo Lù]

在县境中部。北起石都大道，南至 327 国道。沿线与莲花山路、浚河路、朝阳路、银花路、金花路相交。长 6.1 千米，宽 40 米，沥青路面。1975 年开工，1977 年建成，1988 年扩建。因 1880 年平邑集魏李氏捐资倡修的南板桥而得名。两侧有新华书店、银河商业大厦、城关医院、金桥商贸城等。是城区南北向主干道，通公交车。

蒙阳路 371326-K09
[Méngyáng Lù]

在县境中部。北起石都大道，南至日兰高速平邑出口。沿线与莲花山路、浚河路、朝阳路、银花路、金花路、327 国道相交。

长 6.4 千米，宽 40 米，沥青路面。1986 年开工，1987 年建成，2006 年扩建。因县域在蒙山之南而得名。两侧有规划局、审计局、保险公司、烟青宾馆、平邑长途汽车站等。是城区近南北向的主干道，通公交车。

蒙山大道 371326-K10
[Méngshān Dàdào]

在县境中部。北起高架桥，南至 327 国道。沿线与石都大道、莲花山路、浚河路、朝阳路、银花路、金花路相交。长 8.2 千米，宽 40 米，沥青路面。1989 年开工，1991 年建成，2012 年扩建。以境内蒙山得名蒙山大道。两侧有龙力石材、冠鲁钢材、财政局、兴蒙学校等。是城区近南北向的主干道，通公交车。

朝阳路 371326-K11
[Cháoyáng Lù]

在县境南部。西起 327 国道，东至浚东社区。沿线与蒙山大道、板桥路、汉阙路、蒙阳路相交。长 6.8 千米，宽 40 米，沥青路面。1990 年开工，1991 年建成，2012 年扩建。因在县城南侧命名为南环路，后县城扩建，更名为朝阳路。两侧有平邑县第一中学、公路局等。为城区东西向主要道路，通公交车。

莲花山路 371326-K12
[Liánhuāshān Lù]

在县境北部。西起 327 国道，东至蒙阳路。沿线与厚德路、板桥路、汉阙路相交。长 5.5 千米，宽 30 米，沥青路面。1982 年开工，1987 年建成，2012 年扩建。因经过平邑县地标性建筑莲花山公园，故名。沿文化气息浓郁。两侧有妇幼保健院、林业大楼、人民商场、实验小学、莲花山广场、天宇自然博物馆等。为城区西北—东南向主干道，通公交车。

桥梁

银花大桥 371326-N01
[Yínhuā Dàqiáo]

在平邑县城东南部。桥长446米,桥面宽31米,最大跨度20米,桥下净高9.4米。2013年动工,2014年建成。因在银花路而得名。为中型河道桥梁,结构型式为装饰性双塔斜拉景观桥。担负县城道路干道交通任务,最大载重量40吨,通公交车。

车站

平邑火车站 371326-R01
[Píngyì Huǒchē Zhàn]

铁路三等站。在平邑县城区中部。1983年建成,1986年开通运营。以所在政区名称和功能命名。车站主要有售票大厅、候车室、过道天桥。设有2个站台,共6条线路,日接发150列列车,日均发送旅客2 500人次。平邑站向西与东平县接轨至莱芜市,向东在沭埠岭站与胶新铁路接轨,为市民铁路出行提供了便利。

莒南县

城市道路

滨海路 371327-K01
[Bīnhǎi Lù]

在县境中部。西起恒山路,东至天桥路。沿线与庐山路、泰山路、隆山路相交。长4.9千米,宽32米,沥青、混凝土路面。1993年开工,同年建成。因以前属滨海区,故名。两侧有十字路街道办事处、财政局、法院等。为主干道,通公交车。

渤海路 371327-K02
[Bóhǎi Lù]

在县境南部。西起恒山路,东至崂山路。沿线与庐山路、泰山路、隆山路、天桥路相交。长6.9千米,宽50米,沥青、混凝土路面。1993年开工,同年建成。路名取自渤海。两侧有政务大厅、鲁东南革命烈士陵园等。为主干道,通公交车。

南环路 371327-K03
[Nánhuán Lù]

在县境南部。西起恒山路,东至崂山路。沿线与庐山路、泰山路、天桥路、隆山路相交。长7.1千米,宽60米,沥青、混凝土路面。1996年开工,同年建成。因位于县城南部而得名。两侧有玉皇粮油公司、国土局、新汽车站等。为主干道,通公交车。

淮海路 371327-K04
[Huáihǎi Lù]

在县境北部。西起华山路,东至崂山路。沿线与恒山路、庐山路、泰山路、隆山路、天桥路、莲花山路相交。长9.7千米,宽60米,沥青、混凝土路面。1996年开工,同年建成。路名取自淮海区域。两侧有检察院等。为主干道,通公交车。

黄海路 371327-K05
[Huánghǎi Lù]

在县境北部。西起华山路,东至崂山路。沿线与恒山路、庐山路、泰山路、隆山路、天桥路、莲花山路相交。长10.0千米,宽32米,沥青、混凝土路面。1996年开工,同年建成。路名取自黄海。两侧有莒南五中、民政局、莒南县第四小学、实验中学等。为主干道,通公交车。

崂山路 371327-K06

[Láoshān Lù]

在县境东部。南起南海路,北至临海路。沿线与东海路、渤海路、十泉路、黄海路、淮海路相交。长 5.8 千米,宽 60 米,沥青、混凝土路面。1996 年开工,同年建成。路名取自崂山。两侧有实验一小东校区等。通公交车。

临海路 371327-K07

[Línhǎi Lù]

在县境北部。西起华山路,东至崂山路。沿线与恒山路、庐山路、黄山路、泰山路、隆山路、天桥路相交。长 9.3 千米,宽 60 米,沥青、混凝土路面。2008 年开工,同年建成。取地理位置近海之意,故名。两侧有政务大厅等。为主干道,通公交车。

隆山路 371327-K08

[Lóngshān Lù]

在县境中部。南起东海路,北至宁海路。沿线与渤海路、十泉路、滨海路、黄海路、淮海路、龙海路。临海路、通海路相交。长 8.5 千米,宽 50 米,沥青、混凝土路面。1996 年开工,同年建成。路名取自武隆山。两侧有长途汽车站、华天商场、新华书店、水利局、自来水公司、五洲广场等。通公交车。

庐山路 371327-K09

[Lúshān Lù]

在县境西部。南起南海路,北至宁海路。沿线与东海路、渤海路、民主路、十泉路、滨海路、黄海路、淮海路、龙海路、临海路、通海路相交。长 8.4 千米,宽 60 米,沥青、混凝土路面。1997 年开工,同年建成。路名取自庐山。两侧有化工厂、碧海机械等。为主干道,通公交车。

民主路 371327-K10

[Mínzhǔ Lù]

在县境中部。西起恒山路,东至崂山路。沿线与庐山路、泰山路、隆山路、天桥路、莲花山路相交。长 5.8 千米,宽 32 米,沥青、混凝土路面。1996 年开工,同年建成。取民主的美好含义,故名。两侧有莒南县政府、莒南县委等。通公交车。

十泉路 371327-K11

[Shíquán Lù]

在县境中部。西起恒山路,东至崂山路。沿线与庐山路、泰山路、隆山路、天桥路、莲花路相交。长 6.9 千米,宽 60 米,沥青、混凝土路面。1996 年开工,同年建成。以道路起止地点命名。两侧有莒南一中、莒南县人民医院等。通公交车。

泰山路 371327-K12

[Tàishān Lù]

在县境中部。南起南海路,北至宁海路。沿线与东海路、渤海路、民主路、十泉路、滨海路、黄海路、淮海路、龙海路、临海路、通海路相交。长 8.6 千米,宽 60 米,沥青、混凝土路面。1997 年开工,同年建成。取自泰山,故名。两侧有刑警大队、车管所等。通公交车。

天桥路 371327-K13

[Tiānqiáo Lù]

在县境东部。南起南海路,北至临海路。沿线与东海路、民主路、十泉路、淮海路相交。长 7.0 千米,宽 42 米,沥青、混凝土路面。1995 年开工,同年建成。因处铁路天桥,故名。两侧有妇幼保健院、体育场、供电公司等。为主干道,通公交车。

通海路 371327-K14

[Tōnghǎi Lù]

在县境北部。西起华山路,东至隆山路。沿线与恒山路、庐山路、黄山路、泰山路相交。长 7.0 千米,宽 60 米,沥青、混凝土路面。2009 年开工,同年建成。取自可通达大海之意,故名。两侧有县医院等。为主干道,通公交车。

镇中路 371327-K15

[Zhènzhōng Lù]

在县境中部。南起珠海路,北至鸡龙河南路。沿线与东海路、渤海路、民主路、十泉路、滨海路、黄海路、淮海路相交。长 5.0 千米,宽 32 米,沥青、混凝土路面。1996 年开工,同年建成。因处原十字路镇中心,故名。两侧有眼科医院、第八中学等。通公交车。

鸡龙河南路 371327-K16

[Jīlónghé Nánlù]

在县境北部。西起云台山路,东至马髻山路。沿线与恒山路、庐山路、泰山路、隆山路、天桥路相交。长 7.3 千米,宽 24 米,沥青、混凝土路面。2009 年开工,同年建成。因在鸡龙河以南,故名。两侧有五洲广场等。通公交车。

马髻山路 371327-K17

[Mǎqíshān Lù]

在县境东部。南起上海路,北至兖日铁路。沿线与黄海路、淮海路、洪石路、鸡龙河南路相交。长 2.0 千米,宽 30 米,沥青、混凝土路面。2008 年开工,同年建成。因马髻山得名。两侧有滨海液化、富民市场等。通公交车。

青云巷 371327-K18

[Qīngyún Xiàng]

在县境东部。南起黄海路,北至淮海路。沿线与长安巷相交。长 0.5 千米,宽 20 米,沥青、混凝土路面。1996 年开工,同年建成。寓意平步青云,故名。两侧有中医院等。通公交车。

莲花山路 371327-K19

[Liánhuāshān Lù]

在县境东部。南起上海路,北至东海路。沿线与渤海路、十泉路、黄海路、淮海路、洪石路、鸡龙河南路相交。长 4.3 千米,宽 32 米,沥青、混凝土路面。2006 年开工,同年建成。取莲花山之名为名。通公交车。

桥梁

浔河大桥 371327-N01

[Xúnhé Dàqiáo]

在莒南县城西北部。桥长 207 米,桥面宽 10 米,桥下净高 4.9 米。2003 年建成。因浔河而得名。为中型河道桥梁,结构型式为预制预应力混凝土空心板桥。通公交车。

沭河大桥 371327-N02

[Shúhé Dàqiáo]

在莒南县城西北部。桥长 616.08 米,桥面宽 13 米,桥下净高 4.2 米。2006 年动工,2008 年建成。因桥建于沭河上,故名。为大型公路桥,结构型式为预制预应力混凝土箱梁桥。通公交车。

车站

莒南县火车站 371327-R01
[Jǔnán Xiàn Huǒchē Zhàn]

三等火车站。在莒南县十字路街道。1985年始建。占地面积14 000平方米,建筑面积1 600平方米。客运办理旅客乘降,行李、包裹托运。货运办理整车货物发到;零担仅办理直达整零货物发到;危险货物仅办理农药、化肥发到。

莒南县长途汽车站 371327-S01
[Jǔnán Xiàn Chángtúqìchē Zhàn]

一级长途汽车站。在隆山路与岚兖公路交会处。2005年7月开工建设,2006年9月完成主体工程,2011年1月正式启用。占地40亩,总建筑面积5 000平方米,其中候车室面积3 000平方米。车站设立发车位15个,日发班次400个,日均旅客发送量11 000人次。承担发往全国各地的客运任务。

蒙阴县

城市道路

新城路 371328-K01
[Xīnchéng Lù]

在县境中部。东起东蒙路,西至刘洪路。沿线与东蒙路、新华路、恒昌路、蒙恬路、蒙山路、文化路、湖滨路、三公路、刘洪路相交。长4千米,宽28米,沥青路面。1980年开工,1984年建成,2005年改扩建。因东西横贯县城新城区,相对古城路而得名。两侧有九州商业大厦、万德福购物广场、三禾商场、桃源超市等。是县城中心东西主干道,通公交车。

云蒙路 371328-K02
[Yúnméng Lù]

在县境北部。东起东蒙路,西至205国道。沿线与西环路、刘洪路、湖滨路、文化路、蒙山路、蒙恬路、恒昌路、新华路、东蒙路相交。长7.2千米,宽24米,沥青路面。1994年开工,2006年扩建。因蒙山有一云蒙峰而得名。两侧有民政局、地税局、交通运输局等。通公交车。

叠翠路 371328-K03
[Diécuì Lù]

在县境北部。东起东蒙路,西至湖滨路。沿线与湖滨路、文化路、蒙山路、蒙恬路、恒昌路、新华路、东蒙路相交。长3.6千米,宽12米,沥青路面。1996年开工,2007年建成。因古蒙阴八大名景——蒙山峦叠而得名。两侧有县医院、蒙阴县实验中学、公路局、银座商城、特殊教育学校等。通公交车。

汶河北路 371328-K04
[Wènhé Běilù]

在县境南部。东起东蒙路,西至西环路。沿线与西环路、刘洪路、三公路、汶溪路、湖滨路、蒙山路、蒙恬路、新华路、东蒙路相交。长6.9千米,宽12米,沥青路面。2007年开工,同年建成。因地处汶河北侧而得名。两侧有体育运动场、公安局等。不通公交车。

南环路 371328-K05
[Nánhuán Lù]

在县境南部。东起东蒙路,西至西环路。沿线与东蒙路、蒙山路、兖石路相交。长7.3千米,宽23米,沥青路面。1998年开工,2007年建成。因地处城南,绕城而建,故名南环路。两侧有刘洪中学、刘洪公园等。通公交车。

东蒙路 371328-K06

[Dōngméng Lù]

在县境东部。南起南环路,北至云蒙路。沿线与云蒙路、叠翠路、新城路、兴蒙路、汶河北路、南环路相交。长3.4千米,宽32米,沥青路面。1996年开工,2006年改建。因古时的蒙山称东蒙而命名。道路两侧有县医院、东郊水厂、奥德燃气等。通公交车。

蒙山路 371328-K07

[Méngshān Lù]

在县境中部。北起府兴路,南至南环路。沿线与汶河北路、兴蒙路、古城路、新城路、叠翠路、云蒙路相交。长4千米,宽23米,沥青路面。1991年始建,2008年改扩建。因县境内蒙山而得名。两侧有国土资源局、人力资源和社会保障局、妇幼保健院、银座商城、刘洪公园等。是城区南北走向主干道,通公交车。

桥梁

汶河桥 371328-N01

[Wènhé Qiáo]

在蒙阴县城南部。桥长377米,桥面宽20米,最大跨度13米,桥下净高10米。1989年动工,同年建成,2010年改扩建。因纵跨东汶河而得名。为大型河道桥梁,结构型式为钢筋混凝土桥。是连接城区与外地的交通枢纽,最大载重量20吨。通公交车。

东蒙大桥 371328-N02

[Dōngméng Dàqiáo]

在蒙阴县城东南部。桥长390米,桥面宽16米,桥下净高9.5米,最大跨度13米。1998年动工,同年建成,2013年大修。因在东蒙路得名。为大型河道桥梁,结构型式为钢筋混凝土桥。是县城东外环东蒙路的重要枢纽,最大载重量20吨。通公交车。

云蒙湖大桥 371328-N03

[Yúnménghú Dàqiáo]

在蒙阴县城东北部。桥长600.9米,桥面宽15米,最大跨度600米,桥下净高15米。2002年建成。因在云蒙湖而得名。为大型公路桥,结构型式为钢筋混凝土桥。

车站

蒙阴汽车站 371328-S01

[Méngyīn Qìchē Zhàn]

一级长途汽车站。在蒙阴县城区新城西路143号。1951年10月建立,1975年10月迁现址。生产经营区9 806.23平方米,总建筑面积5 950平方米。市际营运线路14条,县际5条,县内26条。日发班次454个,年均日发送旅客4 000人次。该汽车站是集多功能为一体的现代化交通枢纽工程,对改善交通环境、方便群众出行、带动旅游业发展、提升城市形象、促进经济社会发展发挥有效推动的引领作用。

临沭县

城市道路

正大街 371329-K01

[Zhèngdà Jiē]

在县境北部。西起顺河路,东至苍山路。沿线与顺河路、光明路、振兴路、中山路、正源路、苍山路相交。长2.1千米,宽13米,沥青路面。2011年开工,2012年建成。以美好的祝愿得名。两侧有鲁商综合体、体育场等。属主干道,通公交车。

沭河大街 371329-K02

[Shùhé Dàjiē]

在县境北部。西起 225 省道，东至冠山路。沿线与 225 省道、青云山路、顺河路、光明路、振兴路、苍山路、冠山路相交。长 5.4 千米，宽 21 米，沥青路面。1997 年建成，2005 年改扩建。以区域内主要的地理实体沭河命名。两侧有会展中心、常林大酒店、苍源河公园、文化中心等。属主干道，通公交车。

沭新街 371329-K03

[Shùxīn Jiē]

在县境中部。西起常林大街，东至冠山路。沿线与常林大街、225 省道、青云山路、顺河路、光明路、振兴路、中山路、正源路、苍山路、演武山路、冠山路相交。长 5.4 千米，宽 12~21 米，沥青路面。2005 年建成。两侧有党校、文化广场、临沭县委县政府、林业局、人社局、环保局、国土局、临沭镇政府等。属主干道，通公交车。

常林大街 371329-K04

[Chánglín Dàjiē]

在县境中部。西起青石路，东至冠山路。沿线与青石路、225 省道、青云山路、光明路、振兴路、中山路、正源路、苍山路、演武山路、冠山路相交。长 10.8 千米，宽 18~32 米，沥青路面。1995 年建成，2001 年改扩建。以区域内常林钻石得名常林大街。两侧有常林集团、兴隆商场、中医院、新华书店等。通公交车。

兴大街 371329-K05

[Xīngdà Jiē]

在县境南部。西起青石路，东至冠山路。沿线与青山云路、光明南路、冠山路相交。长 8.1 千米，宽 21~28 米，沥青路面。1996 年建成，2005 年改扩建。因兴大食品厂在此街上而得名。两侧有金沂蒙集团、振兴小学、兴大食品厂、金正大集团、红石湖公园等。通公交车。

光明路 371329-K06

[Guāngmíng Lù]

在县境中部。北起正大街，南至泰安路。沿线与正大街、沭河大街、利民街、夏庄街、沭新街、顺河街、常林大街、滨海街、兴大街、工业大道、泰安路相交。长 5.9 千米，宽 9~21 米，沥青、混凝土路面。1995 年建成，2005 年、2008 年、2011 年改扩建。寓意对光明的向往而得名。两侧有县法院、县检察院、热电厂等。通公交车。

苍山路 371329-K07

[Cāngshān Lù]

在县境中部。北起 327 国道，南至泰安路。沿线与 327 国道、利城街、正大街、沭河大街、利民街、夏庄街、沭新街、育新街、顺河街、常林大街、滨海街、兴大街、泰安路相交。长 6.4 千米，宽 18~35 米，沥青、混凝土路面。1985 年建成，2003 年改扩建。以区域内主要的地理实体苍山命名。两侧有汽车站、体育场、金沂蒙广场、华美商城、红石湖公园等。通公交车。

冠山路 371329-K08

[Guànshān Lù]

在县境东部。北起 327 国道，南至兴大街。沿线与 327 国道、利城街、沭河大街、夏庄街、沭新街、育新街、常林大街、顺河街、兴大街相交。长 4.1 千米，宽 21 米，沥青路面。1995 年建成，2005 年、2012 年改扩建。以区域内主要的地理实体冠山命名。两侧有车管所、药监局等。通公交车。

利城街 371329-K09

［Lìchéng Jiē］

在县境北部。西起顺河路，东至冠山路。沿线与顺河路、中山路、苍山路、演武山路、冠山路相交。长 3.1 千米，宽 13 米，沥青路面。2011 年开工，2012 年建成。以历史典故得名。两侧有鲁商综合体、临沭汽车站、澳林国际商贸城等。通公交车。

利民街 371329-K10

［Lìmín Jiē］

在县境北部。西起顺河路，东至苍山路。沿线与顺河路、光明路、振兴路、中山路、正源路、苍山路相交。长 2.2 千米，宽 14 米，沥青路面。2008 年建成，2014 年改扩建。以利民街村命名。两侧有小学等。通公交车。

顺河街 371329-K11

［Shùnhé Jiē］

在县境中部。西起沭新街，东至冠山路。与沭新街、光明路、振兴路、中山路、正源路、苍山路、演武山路、常林大街、冠山路相交。长 5.2 千米，宽 10~12 米，沥青路面。2002 年建设，同年建成。以区域内主要的地理实体苍源河得名顺河街。通公交车。

中山路 371329-K12

［Zhōngshān Lù］

在县境中部。北起利城街，南至泰安路。沿线与利城街、正大街、沭河大街、利民街、夏庄街、沭新街、育新街、顺河街、常林大街、滨海街、兴大街、兴南街、工业大道、泰安路相交。长 6.1 千米，宽 12~21 米，沥青路面。19 世纪 70 年代建成，2005 年、2012 年改扩建。因对孙中山先生的纪念与缅怀而得名。通公交车。

演武山路 371329-K13

［Yǎnwǔshān Lù］

在县境中部。北起沭河大街，南至顺河街。沿线与沭河大街、利民街、夏庄街、沭新街、育新街、顺河街相交。长 1.9 千米，宽 12~16 米，沥青混凝土路面。2003 年建成。以区域内主要的地理实体命名。通公交车。

夏庄街 371329-K14

［Xiàzhuāng Jiē］

在县境中部。西起顺河路，东至冠山路。沿线与顺河路、光明路、振兴路、中山路、正源路、苍山路、演武山路、冠山路相交。长 3.3 千米，宽 9~14 米，沥青路面。2008 年建成。以区域内夏庄街命名。通公交车。

育新街 371329-K15

［Yùxīn Jiē］

在县境中部。西起中山路，东至冠山路。沿线与中山路、苍山路、演武山路、冠山路相交。长 1.7 千米，宽 9 米，混凝土路面。19 世纪 70 年代建成。以吉祥嘉言命名。通公交车。

惠民街 371329-K16

［Huìmín Jiē］

在县境中部。西起沭郊路，东至光明路。沿线与沭郊路、明河路、光明路相交。长 1.0 千米，宽 9 米，沥青路面。2005 年建成。取惠及群众之意命名。通公交车。

苍马街 371329-K17

［Cāngmǎ Jiē］

在县境中部。西起振兴路，东至苍山路。沿线与振兴路、中山路、苍山路相交。长 1.1 千米，宽 9 米，沥青路面。2005 年建成。以区域内主要的地理实体苍马山命名。通公交车。

兴南街 371329-K18
[Xīngnán Jiē]

在县境南部。西起振兴路，东至中山路。沿线与振兴路、中山路相交。长 0.5 千米，宽 12 米，沥青路面。2012 年开工，同年建成。以在兴大街南命名。通公交车。

朝阳街 371329-K19
[Cháoyáng Jiē]

在县境南部。西起 225 省道，东至青云山路。沿线与 225 省道、青云山路相交。长 1.3 千米，宽 21 米，沥青路面。2013 年开工，同年建成。寓意朝气蓬勃和阳光普照，故名。通公交车。

泰安路 371329-K20
[Tài'ān Lù]

在县境南部。西起 225 省道，东至苍山路。沿线与 225 省道、青云山路、光明路、振兴路、中山路、苍山路相交。长 3.6 千米，沥青路面。2008 年建成。因泰山得名。通公交车。

成才街 371329-K21
[Chéngcái Jiē]

在县境东南部。西起苍山路，东至孙岭村。沿线与苍山路、一中西路相交。长 1.7 千米，宽 21 米，沥青路面。2003 年开工，同年建成。因濒临县一中而得名。通公交车。

明河路 371329-K22
[Mínghé Lù]

在县境中部。北起常林大街，南至惠民街。沿线与常林大街、惠民街相交。长 0.3 千米，宽 8 米，混凝土路面。2012 年开工，同年建成。以区域内明河街村命名。通公交车。

顺河路 371329-K23
[Shùnhé Lù]

在县境西部。北起正大街，南至顺河街。沿线与正大街、沭河大街、利民街、夏庄街、沭新街相交。长 1.9 千米，宽 12 米，沥青路面。2009 年开工，同年建成。以区域内主要的地理实体苍源河命名。通公交车。

正源路 371329-K24
[Zhèngyuán Lù]

在县境中部。北起沭河大街，南至滨海街。沿线与沭河大街、利民街、夏庄街、沭新街、育新街、顺河街、常林大街、滨海街相交。长 2.0 千米，宽 12~16 米，沥青路面。19 世纪 70 年代建成，2004 年、2009 年改扩建。取正本清源之意得名。通公交车。

公园路 371329-K25
[Gōngyuán Lù]

在县境东部。北起兴大街，南至育才路。沿线与兴大街、育才路相交。长 0.8 千米，宽 8 米，沥青路面。2013 年开工，同年建成。以区域内红石湖公园命名。通公交车。

青石路 371329-K26
[Qīngshí Lù]

在县境西部。北起 327 国道，南至兴大街。沿线与常林大街、常林西大街、兴业街、兴福街、兴大街相交。长 6.5 千米，宽 26 米，沥青路面。2006 年开工，2007 年建成。因起点青云镇和止点石门镇而得名青石路。通公交车。

金柳路 371329-K27
[Jīnliǔ Lù]

在县境西部。北起常林大街，南至朝阳街。沿线与常林大街、兴业街、兴福街、兴大街、工业大道、朝阳街相交。长 3.6 千米，宽 16 米，沥青路面。2002 年开工，同年建成。以枸柳之乡命名。通公交车。

兴业街 371329-K28
[Xīngyè Jiē]

在县境西部。西起青石路，东至青云山路。沿线与青石路、金牛路、225 省道、金柳路、青云山路相交。长 5.0 千米，宽 12 米，沥青路面。2007 年开工，同年建成。取百业兴旺之意命名。通公交车。

常林西大街 371329-K29
[Chánglín Xīdàjiē]

在县境西部。西起青石路，东至 225 省道。沿线与青石路、金牛路、225 省道相交。长 3.8 千米，宽 12 米，沥青路面。2011 年开工，2012 年建成。以在常林集团西侧而得名常林西大街。通公交车。

金牛路 371329-K30
[Jīnniú Lù]

在县境西部。北起兴业街，南至兴大街。沿线与兴业街、兴福街、兴大街相交。长 2.0 千米，宽 16 米，沥青路面。2006 年开工，同年建成。以区域内主要的地理实体牛腿沟命名。通公交车。

滨海街 371329-K31
[Bīnhǎi Jiē]

在县境中部。西起青石路，东至苍山路。沿线与青石路、金牛路、225 省道、青云山路、光明路、振兴路、中山路、正源路、苍山路相交。长 7.8 千米，宽 12~16 米，沥青路面。2005 年建成。因历史上县内有滨海区而得名。通公交车。

青云山路 371329-K32
[Qīngyúnshān Lù]

在县境西部。北起沭河大街，南至泰安路。沿线与沭河大街、沭新街、常林大街、兴业街、沭郊路、滨海街、兴大街、工业大道、泰安路相交。长 4.7 千米，宽 12~16 米，沥青混凝土路面。1996 年建成，2013 年改扩建。以区域内主要的地理实体青云山命名。通公交车。

工业大道 371329-K33
[Gōngyè Dàdào]

在县城南部。西起金柳路，东至中山路。沿线与金柳路、青云山路、光明路、振兴路、中山路相交。长 2.9 千米，宽 12 米，混凝土路面。2008 年开工，同年建成。因道路两侧工厂林立而得名。通公交车。

振兴路 371329-K34
[Zhènxīng Lù]

在县境中部。北起正大街，南至泰安路。沿线与正大街、沭河大街、利民街、夏庄街、沭新街、顺河街、常林大街、滨海街、兴大街、兴南街、工业大道、泰安路相交。长 5.8 千米，宽 9~21 米，沥青路面。19 世纪 80 年代建成，2005 年、2012 年改扩建。取期盼家园振兴、富强之意命名。通公交车。

桥梁

彩虹桥 371329-N01
[Cǎihóng Qiáo]

在临沭县城中部。桥长 76 米，桥面宽 19 米，最大跨度 24 米，桥下净高 3.5 米。2002 年建成。因原桥结构为系杆彩虹拱而得名。为小型河道桥梁，结构型式为钢筋混凝土结构桥。担负城区道路干道交通任务，最大载重量 120 吨。不通公交车。

四 自然地理实体

临沂市

山

蒙山 371300-21-E01
[Méng Shān]

在省境中部，市境西南部，跨平邑、费县、蒙阴、沂南等县。西北—东南走向。其名始见于春秋、战国古籍。春秋时属鲁，因在鲁东，又名东蒙、东山。亦名云蒙、龟蒙。一般海拔 600~1 000 米，最高海拔 1 156 米。主峰为龟蒙顶。有万寿宫、迎仙桥、承天宫、明广寺、朝天宫、玉皇庙、慈宁宫等古迹与对松山、白云岩、擂鼓台、望海楼、龟蒙顶、平仙顶等名胜。土壤类型以棕壤为主，中性至微酸。气候属暖温带大陆性季风气候，四季分明，光照充足。年降水量约为998 毫米。山体结构为泰山变质岩系，混合花岗岩、麦饭石广泛分布。森林覆盖率为60%，植被以松、柏树为主，主要树种有赤松、黑松、落叶松、刺槐、楸树、侧柏、麻栎及果树。野生动物有獾、狼、狐狸等。特产全蝎、银花、天麻、人参、灵芝、酸枣仁、杜仲、虫草参等中药材。特产有蒙山黄牛、黑山羊。通公交车。

文峰山 371300-21-E02
[Wénfēng Shān]

在省境北部，市境中部。东北—西南走向。原名神峰山，因鲁国执政大臣季文子以兰陵为次室邑，后人为纪念他，把神峰山改为文峰山。一般海拔 150 米，主峰海拔 213 米。有郭云舫、赵博、曾明桃等烈士墓和银厂惨案纪念碑、寺院、鲁南革命烈士纪念馆和文峰山地质博物馆等。山体主要由石灰岩和变质岩构成，山上多植松、柏等。206 国道经此。

传经山 371300-21-G01
[Chuánjīng Shān]

在省境南部。相传郎公寺老僧每日在此教小僧念经，因而得名。海拔 228 米。主要由石灰岩构成，山上种植松柏、刺槐、果树等。有公路经此。

望海楼山 371300-21-G02
[Wànghǎilóu Shān]

属望海楼山脉。在省境东南部。日出时在顶峰可看到东海，故名望海楼山。海拔 457.5 米。松、槐、苹果、板栗等树遍及全山。野生动物为野兔。主要由粗安岩构成，基岩以花岗岩为主。通公交车。

挂心崛子 371300-21-G03
[Guàxīnjuézi]

属蒙山山脉。在省境南部。当地民间传说云蒙的狐仙。为惩治人间不孝儿女，将他们的心肝挂于峰上，以警示众生，故称为挂心崛子。海拔 1 026 米。山势笔立陡峭，峰后有瀑布飞泻，下为水帘洞，北麓水入东汶河，南麓水入浚河。林木覆盖率达90%，主要有油松、落叶松、赤松、黑松，下部间有麻栎、刺槐、板栗等。产柴胡、连翘、桔梗、何首乌等中药材，并产香菇、松蘑、金针。有公路经此。

河流

沂河 371300-22-A-a01
[Yí Hé]

外流河。在省境中南部，市境中部。沂河源自沂蒙山，因此得名。发源于淄博市沂源县西部，流经淄博市沂源、临沂市沂水、沂南、兰山、河东、郯城等县区，至江苏省邳县吴楼村入新沂河，抵燕尾港入黄海。长 574 千米，平均宽 670 米，流域面积 11 473 平方千米。平均流量 35.1 亿立方米。沿岸历史文化底蕴丰富，流经东夷文化发源地、沂蒙精神发源地等文化核心区域。是一条具有防洪、排涝、灌溉综合效益的河道。主要支流有蒙河、柳青河、祊河、涑河、孝河等。

蒙河 371300-22-A-a02
[Méng Hé]

沂河支流。在省境南部，市境北部。因"水出蒙山之阴"而得名蒙河。发源于蒙阴县界牌乡内蒙山山脉的中山南麓沂汶庄，流经蒙阴、沂南，穿济新公路，经高里，于砖埠镇洙阳村南入沂河。长 62.3 千米，宽 70~400 米，流域面积 632 平方千米。平均径流总量 2 亿立方米，年平均含沙量 0.9 千克 / 立方米，实测最大含沙量 12.4 千克 / 立方米。是一条具有防洪、排涝、灌溉综合效益的河道。主要支流有界牌西河、下峪河、黄仁河、棱庄河等。

祊河 371300-22-A-a03
[Bēng Hé]

沂河支流。在省境中南部，市境中部。因流经古祊邑（今费县东南）而得名。发源于费县西北之聪山，横跨平邑、费县、兰山，于临沂城东北入沂河。长 134.3 千米，平均宽 1 200 米，流域面积 3 376.32 平方千米。最大流量 6 330 立方米 / 秒。含沙量大，淤积严重。沿河山岭地盛产木材、果品、花生，平原洼地系小麦、玉米、稻谷主要产区。通航能力为七级航道。主要支流有西河、鲁埠河、柏林河、固城河、金线河、银线河、吴家庄河、东阳河、大井河、西皋河、彭泉河、西崮河、朱田河。

沭河 371300-22-A-a04
[Shù Hé]

外流河。在省境南部，市境东部。因从临沭县分出东支，故名沭河。发源于沂水县北部沂山南麓的泰薄顶，流经沂水、莒县、莒南、河东、临沭、郯城、新沂等县区，注入黄海。长 400 千米，平均宽 800 米，流域面积 6 400 平方千米。多年平均径流量 10.69 亿立方米。沭河大官庄站和老沭河新安站多年平均含沙量分别约为 1.1 千克 / 立方米、0.76 千克 / 立方米，多年平均输沙量分别为 126 万吨、39.1 万吨。两岸地质旅游资源丰富、类型多样，主要有齐魏马陵之战古战场遗址、岜山恐龙遗迹、地质构造遗迹、常林钻石发现地、岱涧丹霞地貌、荞麦涧大汶口文化遗址等六大类地质旅游资源。是一条具有防洪、排涝、灌溉综合效益的河道。主要支流有袁公河、浔河、高榆河、汤河等。

燕子河 371300-22-A-a05
[Yànzi Hé]

外流河。在省境南部，市境南部。名称来历不可考。发源于临沂市和苍山县交界的丘陵地区，流经沂堂、神山、磨山、芦柞、长城等乡镇，汇入邳苍分洪道。长 57 千米，宽 15~50 米，流域面积 311.5 平方千米。五年一遇设计流量 201.9 立方米 / 秒，二十年一遇设计流量 448 立方米 / 秒。是一条具有防洪、排涝、灌溉综合效益的河道。

东汶河 371300-22-A-a06
［Dōngwèn Hé］

沂河支流。在省境南部，市境北部。古称桑泉水，俗称汶水。后为区别于泰山之北的大汶河，以方位改名东汶河。发源于联城镇李家榛子崖村西青山北麓，自西北流向东南，流经蒙阴县、新泰市、沂南，至大庄镇王家新兴村南入沂河。长56千米，平均宽165米，流域面积559平方千米。年径流量6.88亿立方米。是一条具有防洪、排涝、灌溉综合效益的河道。主要支流有岸堤河、马牧池河、代庄河等。

邳苍分洪道 371300-22-A-a07
［Pīcāng Fēnhóngdào］

外流河。以江苏省邳州市和苍山县名首字取名。发源于郯城县李庄镇王沙沟村西北的江风口，流经黄山镇、褚墩镇，于兰陵县庞庄南入江苏省邳州市境，在柳林庄注入中运河。长74千米，流域面积23.57平方千米。是为承泄江风口分泄沂河洪水人工开挖的行洪河道。

温凉河 371300-22-A-a08
［Wēnliáng Hé］

沂河支流。在省境东南部。因流经青龙山北与泉水汇合，冬季泉水温，河水凉，夏季相反，故称温凉河。发源于平邑县南部太平崮，流经魏庄、梁邱、许家崖、费城，与浚河汇合流入沂河。长142.4千米，平均宽250米，流域面积1 334平方千米。沿河与许家大型水库，文化底蕴丰富，有南武城曾子故里、隋代费县遗址。主要用于农田灌溉。通航能力为7级，主要水产有鱼、虾。主要支流有蒋家沟河、石门河。

梓河 371300-22-A-b01
［Zǐ Hé］

内陆河。在省境中南部，市境北部。以两岸多梓树而得名梓河。发源于蒙阴县岱崮镇井旺庄社区后雪山北，途经蒙阴县岱崮镇、沂水县高庄镇、蒙阴县坦埠镇、旧寨乡，在旧寨乡马家良村北入岸堤水库。长66千米，最大宽度350米，流域面积630平方千米。是一条具有防洪、排涝、灌溉综合效益的河道。主要支流有十字涧河、坦埠西河、野猪河、莫庄河、石井河、夏蔚河、上里庄河、王庄河。

兰山区

山

艾山 371302-21-G01
［Ài Shān］

在区境西部。依据前人有"大艾如马小艾驹，两山相逐类联呼"之诗句命名。海拔254.6米。山体主要由石灰石构成。主要植被有马尾松树、杨树，植被覆盖率不高。多产苹果、桃、山楂等。通公交车。

茶山 371302-21-G02
［Chá Shān］

在区境东北部。因产茶而得名茶山。海拔227米。为柳青河源头之一。植被主要有桃树、松树、茶树。在西北部的尖山子南麓设茶山园艺场，产苹果、桃、李子、葡萄、山楂、梨。石英砂岩储量丰富，现已开采。有公路经此。

胡子山 371302-21-G03
［Húzi Shān］

在区境西北部。据说因山上驻扎土匪（当地人把土匪称为胡子），故名。海拔430米。植被主要有马尾松树、杨树、桃树等树木，植被覆盖率30%。山体主要由石灰石构成。229省道经此。

忠义山 371302-21-G04

[Zhōngyì Shān]

在区境西北部。传说二郎神担着两座山路过此处有些累，在此处休息时，鞋里面有些沙子硌脚，随手一抖，沙子掉到地上就成了两座山，一座是现在的忠义山，因二郎神是忠义的化身，所以得名忠义山。海拔153米。植被主要有松树、桃树，植被覆盖率不高。山体主要由石灰石构成。有公路经此。

河流

涑河 371302-22-A-a01

[Sù Hé]

沂河支流。在区境南部。根据河流的地貌特征和河流河口的特征命名。发源于费县南部天井汪，流经水磨头、大芝房、堰东，于南郭庄分2支，一支系明泾王开凿的人工河，东南流抵临沂城，另一支由南绕城东去，于大埠东入沂河。长60.4千米。宽70~100米，流域面积295平方千米。最大流量520立方米/秒。是一条具有防洪、排涝、灌溉综合效益的河道。

柳青河 371302-22-A-a02

[Liǔqīng Hé]

祊河支流。在区境中部。因沿河两岸多柳树，风景宜人，故名。有东西两源，东源在李官镇、白沙埠镇，西源出自汪沟镇北双山子，双源汇于枣园镇陶家庄东，流经半程、柳青街道部分村庄，于王岔河东南注入沂河。长34千米，宽30~60米，流域面积258.7平方千米。最大流量300立方米/秒。是一条具有防洪、排涝、灌溉综合效益的河道，上游为山洪河道，下游为平原河道。主要支流有韩村河、枣林沟、龙王河等。

孝河 371302-22-A-a03

[Xiào Hé]

沂河支流。在区境东部。传因晋元公王祥卧冰求鲤孝其母而得名。发源于城北桃花岭，流经孝友村，从玩花楼村向下为浅排水沟，流经柳青街道朱高村入沂河。长10.5千米，宽30~70米，流域面积15.5平方千米。最大流量270立方米/秒。孝河水清澈甜润，河底为黑紫淤泥，盛产白莲藕、红莲藕、茭白、菱角、鱼虾等，尤以孝河白莲藕最为出名。

罗庄区

山

寨山 371311-21-G01

[Zhài Shān]

属蒙山山脉。在市境南部。清代，有土匪在山顶安营扎寨，故名。海拔272.4米。山上植有刺槐、松柏等，常年有喜鹊、麻雀等鸟类栖息。有公路经此。

庆云山 371311-21-G02

[Qìngyún Shān]

属蒙山山脉。在市境南部。古人认为山上有祥瑞之气结成的彩云，叫作庆云山。海拔174.2米。产黄白色细沙土，为陶瓷釉的主要原料，是当地自然资源之一。植被覆盖率不足10%，以杨树、杏树、枣树、桃树为主。有公路经此。

峰山 371311-21-G03

[Fēng Shān]

在黄山镇政府驻地前黄山村西北2.3千米。在此突起一峰，故名。海拔120.7米。

山上植有刺槐、松柏等，常年有喜鹊、麻雀等鸟类栖息。有公路经此。

黄山 371311-21-G04
［Huáng Shān］

属蒙山山脉。在黄山镇政府驻地前黄山村西。因山体表面为黄土覆盖，故名，又名黄崮山、黄柱山。海拔 124.4 米。山上植有刺槐，松柏等，常年有喜鹊、麻雀等鸟类栖息。有公路经此。

文曲山 371311-21-G05
［Wénqū Shān］

在黄山镇政府驻地西南 3.0 千米。相传，二郎神用肩挑山于此，走在山崖村位置在此歇息，后二山在此，东边的山石头多土少，西边的土多石头少，后两山合称文曲山。海拔 85.3 米。山上植有刺槐、松柏等，常年有喜鹊、麻雀等鸟类栖息。有公路经此。

蝎子山 371311-21-G06
［Xiēzi Shān］

在黄山镇政府驻地前黄山南 1.5 千米。据传，从前山上蝎子较多，故称蝎子山。海拔 98 米。山上植有刺槐、松柏等，常年有喜鹊、麻雀等鸟类栖息。有公路经此。

虎山 371311-21-G07
［Hǔ Shān］

在褚墩镇政府驻地西 3 千米。因状如卧虎，故称卧虎山，简称虎山。海拔 150 米。山体为石灰岩。山上植有刺槐、松柏等，常年有喜鹊、麻雀等鸟类栖息。有公路经此。

峰山 371311-21-G08
［Fēng Shān］

在沂堂镇丰山社区。相传，乾隆皇帝下江南迷路，在过台井抬头看见此山，得名丰山，后易名峰山。海拔 135 米。山上

植有刺槐、松柏等，常年有喜鹊、麻雀等鸟类栖息。有公路经此。

黑石山 371311-21-G09
［Hēishí Shān］

在沂堂镇贤孝庄东北。因山石为灰黑色，故名。海拔 214 米。山上植有刺槐、松柏等，常年有喜鹊、麻雀等鸟类栖息。有公路经此。

驴脖子山 371311-21-G10
［Lǘbózi Shān］

在沂堂镇贤孝庄西。以山形似驴脖子得名。海拔 200 米。植被以松柏为主。

麒麟山 371311-21-G11
［Qílín Shān］

在沂堂镇麒麟山村村东。因山上有块奇石像麒麟，故名。海拔 180 米。山上植有刺槐、松柏等，常年有喜鹊、麻雀等鸟类栖息。有公路经此。

桃子山 371311-21-G12
［Táozi Shān］

在沂堂镇寨子村村西。以山形似桃子得名。海拔 150 米。植被以柏树、桃树为主。常年有喜鹊、麻雀等鸟类栖息。有公路经此。

卧牛山 371311-21-G13
［Wòniú Shān］

在沂堂镇政府驻地西北。相传，朱元璋小的时候在此放牛，牛躲进此山中找不到了，故名卧牛山。海拔 224 米。山上植有刺槐、松柏等，常年有喜鹊、麻雀等鸟类栖息。有公路经此。

梧桐山 371311-21-G14
［Wútóng Shān］

在沂堂镇政府驻地西北 2.0 千米。以山

上梧桐树甚多得名。海拔 200 米。植被以梧桐、松柏为主。常年有喜鹊、麻雀等鸟类栖息。有公路经此。

兰山 371311-21-G15
[Lán Shān]

属蒙山山脉。在褚墩镇政府驻地西南 3.5 千米。因兰山县得名。海拔 138.1 米。山上植有刺槐、松柏等，常年有喜鹊、麻雀等鸟类栖息。有公路经此。

河流

南涑河 371311-22-A-a01
[Nánsù Hé]

外流河。在区境南部。因是涑河南流之故道而得名。发源于兰山区西北义堂镇堰西村南，流经罗西、罗庄、傅庄街道和黄山镇，在黄山镇廖屯村南入邳苍分洪道。长 41.7 千米，平均宽 50 米，流域面积 250 平方千米，最大引洪流量 306.9 立方米 / 秒。是一条具有防洪、排涝、灌溉综合效益的河道。

西燕子河 371311-22-A-a02
[Xīyànzi Hé]

外流河。在区境西部。名称来历不可考。发源于罗庄区沂堂镇后台井村北山麓，向南流过后台井村，经后峰山、前峰山、迷龙等村，汇入吴坦河。长 95.30 千米，流域面积 95.3 平方千米。是一条具有防洪、排涝、灌溉综合效益的河道。

陷泥河 371311-22-A-a03
[Xiànní Hé]

外流河。在区境东部。因过去水利失修、河道淤积得名。发源于兰山区兰山街道南沙埠庄西，流经银雀山街道、李家白庄、

高都街道，于册山街道黄墩村西入邳苍分洪道。长 31 千米，平均宽度 45 米，最大引洪流量 253.09 立方米 / 秒。该河流域土地肥沃，多系黄黑黏土，宜于农作物种植。是一条具有防洪、排涝、灌溉、提供生活用水综合效益的河道。

泉

宝泉 371311-22-I01
[Bǎo Quán]

冷泉。在罗庄街道朱陈村西南、宝泉寺公园内。因泉水味甘美、质清澈，故名宝泉。因地下水开采严重，枯水期无泉水涌出。近期无开发条件。

河东区

河流

汤河 371312-22-A-a01
[Tāng Hé]

外流河，沭河支流。在区境东部。流经汤头村时有温泉水（俗名"汤"）注入，故名。发源于沂南县大庄镇张家埠子村，流经大庄、汤头、八湖、郑旺、汤河等乡镇街道，注入沭河。长 56 千米，宽 30~260 米，流域面积 460.2 平方千米。流量 4.2 立方米 / 秒。沿线孕育了汤泉文化、管仲河文化、祝丘文化。分为上、中、下游三段，上游由源头至尹寨前河入汤河口，往下至汤河大闸为中游，汤河大闸以下为下游。是一条具有防洪、排涝、灌溉、提供生活用水综合效益的河道。主要支流有祝丘河、柳沟、宋沟、管仲河、梁子沟、西沂沟等。

泉

汤头温泉 371312-22-I01
[Tāngtóu Wēnquán]

温泉。在省境东南部，区境北部。因性质为温泉而得名。开采量每年 25.73 万立方米，水质类型为 Cl-Na.Ca 型，偏硅酸含量均值为 92.71 毫克/升，达到命名矿泉水浓度标准。近期无开发条件。长深高速连接线、日东高速、206 国道、227 省道经此。

沂南县

山

孟良崮 371321-21-G01
[Mèngliáng Gù]

在省境西南部，县境西部。因孟良崮战役得名。海拔 536 米。植被以马尾松为主。土壤以棕壤类为主。是沂河支流汶河与蒙河的分水岭。205 国道经此。

鼻子山 371321-21-G02
[Bízi Shān]

在省境西南部，张庄镇西部。因山形状像鼻子，故名鼻子山。海拔 475.1 米。全山皆为马尾松，属鼻子山林场。通公交车。

历山 371321-21-G03
[Lì Shān]

在省境西南部，铜井镇西南。原名黎山，后因该山较高，登山东望，早见曙光，有迎接黎明之意，后演变为历山。海拔 300.4 米。

万松山 371321-21-G04
[Wànsōng Shān]

在省境西南部，依汶镇西北。因山上长满松树，故名万松山。海拔 198 米。336 省道经此。

大青山 371321-21-G05
[Dàqīng Shān]

在省境西南部，双堠镇西南。因山上松树茂密四季常青，故名大青山。海拔 686.2 米。山上皆植马尾松。有公路经此。

五彩山 371321-21-G06
[Wǔcǎi Shān]

属蒙山山脉。在省境西南部，沂南县西南部与费县交界处。该山有五个山头，故名。海拔 762.7 米。植被为针阔混交林，以黑松、刺槐为主，森林覆盖率 95%。通公交车。

泉

竹泉 371321-22-I01
[Zhú Quán]

冷泉。在省境西南部，县境西北部。因泉边多竹，故名。水温 17~18 摄氏度。最大输出量 140 立方米，日出水量 300 立方米。最高水位 28 米，最低水位 12 米。涌水高度 12 厘米，pH 值 6.1~7.2，矿化度小于 0.5 克/升。水质甘甜，富含人体必需的十几种微量元素，符合国家饮用天然矿泉水标准。近期无开发条件。通公交车。

郯城县

山

马陵山 371722-21-G01

[Mǎlíng Shān]

在省境南部,县境东部。据《郯城县志》记载:此山岗陵起伏,形似奔马,故称马陵山。海拔 184.2 米。山体系砂质页岩。山上植被多为农作物,主要种植地瓜、花生等,部分山坡有刺槐等用材林,以及少量果园、茶园零星分布。

河流

白马河 371722-22-A-a01

[Báimǎ Hé]

外流河。在省境南部。相传明万历年间,时任左都御史的张景华因不满奸臣严嵩专权乱政,愤然辞官归乡,回到他的诞生地郯城县北涝沟村,从此开始用多年做官的积蓄甚至变卖家产组织乡人开挖河流。传说当时他的义举感动了上天,上天便派来天神,化作一匹巨大的白河马,经常在夜间出来帮助民工开河,它的大嘴巴拱一下,河道就变得又宽又深,白马河的名字从此而来。发源于山东省郯城县马陵山区,流经山东省郯城县及江苏省邳州市,于江苏省邳州市杨庄汇入沂河。长 50.8 千米,平均宽 58 米。是一条具有防洪、排涝、灌溉综合效益的河道。主要支流为小白马河、老白马河、围带河等。

沂水县

山

泰薄顶 371323-21-G001

[Tàibó Dǐng]

属沂山主体南延部分。在省境北部,县境北部。因山势陡峻、雄伟壮阔而得名。海拔 916.1 米。山体由片麻岩、含铁石英岩等组成。植被以刺槐、马尾松为主,设沂山林场。有公路经此。

西跋山 371323-21-G002

[Xī Báshān]

属长虹岭山脉。在省境北部,县境西北部。古称爆山、爆山、雹山,后"雹"演变为"跋"。跋山有东、西两峰,该峰在西,故名西跋山。海拔 294 米。石质系花岗岩。植被有马尾松等树。通公交车。

东跋山 371323-21-G003

[Dōng Báshān]

在省境北部,县境西北部。古称爆山、爆山、雹山,后"雹"演变为"跋"。跋山有东、西两峰,该峰在东,故名东跋山。海拔 284.3 米。石质系花岗岩。植被以马尾松为主。通公交车。

荣福山 371323-21-G004

[Róngfú Shān]

在省境北部,县境东北部。因吉祥嘉言得名。海拔 230.9 米。石质系花岗岩。植被有刺槐、马尾松等树。有公路经此。

泰山寺 371323-21-G005

[Tàishānsì]

在省境北部,县境北部。因山上曾修

有泰山寺得名。海拔 243.7 米。石质系白垩系砂岩、凝灰质砂砾岩及安山玄武岩。有公路经此。

夹子山 371323-21-G006
[Jiāzi Shān]

在省境北部，县境北部。因山上两尖突出，当中一洼，形似夹子而得名。海拔307 米。山体由砂岩、凝灰质砂砾岩及安山玄武岩等构成。植被有刺槐等。有公路经此。

车网山 371323-21-G007
[Chēwǎng Shān]

在省境北部，县境北部。因山状似车辋，故名，后"辋"演变为"网"。海拔 300 米。山体由砂岩、凝灰质砂砾岩及安山玄武岩等构成。山上植有刺槐等树。有公路经此。

簸箕山 371323-21-G008
[Bòji Shān]

在省境北部，县境北部。因山体分别向南北、东西方向绵延，状似簸箕，故名。海拔 508 米。山体由砂岩、凝灰质砂砾岩及安山玄武岩等构成。山上植有刺槐等树。有公路经此。

米山子 371323-21-G009
[Mǐshānzi]

在省境北部，县境北部。因相传古时人们习惯在此山上种谷子，故名米山子。海拔 364 米。山体由第四系松散地层堆积而成。植被有少量刺槐。有公路经此。

柴山 371323-21-G010
[Chái Shān]

在省境北部，县境北部。因柴姓曾居此，得名柴山。海拔 487.5 米。山体由石质系前震旦系片麻岩构成。有公路经此。

凤凰山 371323-21-G011
[Fènghuáng Shān]

在省境北部，县境北部。相传，以古有凤凰落此得名。海拔 248 米。石质系奥陶系石灰岩及白云质灰岩。植被有马尾松、刺槐等树。山北部有采石区。有公路经此。

高岳山 371323-21-G012
[Gāoyuè Shān]

在省境北部，县境北部。相传古有高、岳二将战死其上，故称高岳山。海拔 220 米。石质系前震旦系片麻岩。植被有刺槐等。有公路经此。

犁山 371323-21-G013
[Lí Shān]

属长虹岭山脉。在省境北部，县境北部。因山上表层岩石结构一层压一层，排列较整齐，像犁地垡头一样，故名犁山。海拔272.9 米。石质系前震旦系片麻岩，多垦为田地，山北部有采石区。植被有刺槐、桃树、柿子树等。有公路经此。

塔山 371323-21-G014
[Tǎ Shān]

在省境北部，县境北部。因主峰突兀陡峭，远看如塔得名。海拔 440.1 米。石质系白垩系砂岩、凝灰质砂砾岩及安山玄武岩。植被有刺槐等树。住龙河支流源于其南。有公路经此。

岜山 371323-21-G015
[Bā Shān]

属长虹岭山脉。在省境北部，县境南部。因此山为石山，周围系平原，势若拔地而起，故得此名。海拔 240 米。石质为奥陶系石灰岩、白云质灰岩。植有松、桃等树。有公路经此。

郭山 371323-21-G016

[Guō Shān]

在省境北部，县境南部。因山状似一口倒扣的大锅得名锅山，后"锅"演变成"郭"。海拔 210.5 米。石质为寒武系石灰岩及页岩。有公路经此。

灵山 371323-21-G017

[Líng Shān]

属高板场山脉。在省境北部，县境南部。昔日山上有庙，人们常到庙上祈祷，望神显灵保佑平安，故得此名。海拔 341.4 米。石质为寒武系石灰岩及页岩。其上有松、柏等树。有公路经此。

炉山 371323-21-G018

[Lú Shān]

属高板场山脉。在省境北部，县境南部。因其状似炉子得名。海拔 301.8 米。石质为寒武系石灰及页岩。其上多刺槐、柏树等。有公路经此。

吉子山 371323-21-G019

[Jízi Shān]

在省境北部，县境南部。相传山顶一石像只凤凰，以此得名凤凰山，后因其头部被毁而成鸡状，遂改称鸡子山，后演变为吉子山。海拔 215 米。石质为前震旦系片麻岩。有公路经此。

打虎山 371323-21-G020

[Dǎhǔ Shān]

在省境北部，县境南部。原称大孤山，后演变成打虎山。海拔 275 米。石质为寒武系石灰岩及页岩。有公路经此。

石关坪 371323-21-G021

[Shíguānpíng]

在省境北部，县境南部。因其山体长阔，绵亘数里，其顶端峭壁如削，顶部较平坦，宛若屏障，故称石关坪。海拔 346 米。石质为寒武系石灰岩及页岩。植被以马尾松为主。有公路经此。

养老山 371323-21-G022

[Yǎnglǎo Shān]

在省境北部，县境西南部。以吉祥语取名养老山。海拔 279 米。石质为寒武系石灰岩及页岩。植被以松、槐树为主。有公路经此。

黄石山 371323-21-G023

[Huángshí Shān]

属高板场山脉。在省境北部，县境西南部。因山体裸露的页岩呈黄色，故名黄石山。海拔 339 米。石质为寒武系石灰岩及页岩。植被以松树为主。有公路经此。

龙山 371323-21-G024

[Lóng Shān]

属高板场山脉。在省境北部，县境西南部。因状似腾龙得名。海拔 242 米。石质为寒武系石灰岩及页岩。有公路经此。

卧狼峙 371323-21-G025

[Wòlángzhì]

在省境北部，县境西北部。因山峰耸立，其上树密涧深，是野狼藏卧之地，故名卧狼峙。海拔 348 米。石质为寒武系石灰岩及页岩。山上多刺槐。有公路经此。

围子山 371323-21-G026

[Wéizi Shān]

在省境北部，县境西南部。因其上曾筑有围子，故得名围子山。海拔 261 米。石质为寒武系石灰岩及页岩。山上有刺槐等树。有公路经此。

刘家大崮 371323-21-G027
[Liújiā Dàgù]

属泰薄顶山脉。在省境北部，县境西北部。因刘姓在此垦殖，故称刘家大崮。海拔 525 米。石质系寒武系石灰岩及页岩。山上植有刺槐、马尾松等树。有公路经此。

小崮子 371323-21-G028
[Xiǎogùzi]

在省境北部，县境西北部。因山之顶部四周陡峭，且顶端较小，得名小崮子。海拔 443 米。石质系寒武系石灰岩及页岩。山上植有松、柏、刺槐等树。有公路经此。

青山 371323-21-G029
[Qīng Shān]

在省境北部，县境西北部。因山上松柏树郁郁葱葱，远望呈青色，故名青山。海拔 487 米。石质系寒武系石灰岩及页岩。有公路经此。

三角崮 371323-21-G030
[Sānjiǎo Gù]

在省境北部，县境西北部。因崮顶向三面延伸呈三角形，得名三角崮。海拔 514.9 米。石质系寒武系石灰岩及页岩。山上植有刺槐等树。有公路经此。

风山 371323-21-G031
[Fēng Shān]

在省境北部，县境西北部。因其上有一洞穴，刮风时，洞口风声尤响，由此得名风山。海拔 461 米。石质系前震旦系片麻岩。山上植有刺槐等树。有公路经此。

石鼓 371323-21-G032
[Shígǔ]

在省境北部，县境西北部。因其上有一圆形巨石，状似鼓，得名石鼓。海拔 456.8 米。石质系前震旦系片麻岩。有公路经此。

挡门墙 371323-21-G033
[Dǎngménqiáng]

在省境北部，县境西北部。因古时人们在山顶筑围墙抵挡土匪，以此得名挡门墙。海拔 386 米。石质系前震旦系片麻岩。其上植有刺槐等树。有公路经此。

北马山 371323-21-G034
[Běimǎ Shān]

在省境北部，县境西北部。因山状如马，且处南马山之北而得名。海拔 487.9 米。石质系寒武系石灰岩及页岩。山上植有刺槐、马尾松等树。有公路经此。

徐家顶 371323-21-G035
[Xújiā Dǐng]

在省境北部，县境西北部。因此山上部较小，昔时徐姓在此垦荒，故名徐家顶。海拔 427 米。石质系寒武系石灰岩及页岩。山上植有刺槐等树。有公路经此。

红山顶 371323-21-G036
[Hóngshān Dǐng]

在省境北部，县境西北部。因山顶土、石呈红色得名。海拔 358.6 米。石质系前震旦系片麻岩。山上植有刺槐等树。韩（旺）莱（芜）公路经此。

土崮 371323-21-G037
[Tǔ Gù]

在省境北部，县境西北部。因其顶部较陡峭且为砂土所覆盖，得名土崮。海拔 502 米。石质系前震旦系片麻岩。山上植有刺槐、马尾松等树。有公路经此。

团崖 371323-21-G038

[Tuán Yá]

在省境北部，县境西北部。因山之阳面呈圆形，且陡峭，故称团崖。海拔443.7米。石质系寒武系石灰岩及页岩。山上植有刺槐等树。有公路经此。

玉皇顶 371323-21-G039

[Yùhuáng Dǐng]

在省境北部，县境西北部。以山顶曾建有玉皇庙，得名玉皇顶。海拔464米。石质系寒武系石灰岩及页岩。山上植有刺槐等树。韩（旺）莱（芜）公路经此。

马崮顶 371323-21-G040

[Mǎgù Dǐng]

在省境北部，县境西北部。因山顶部四周陡峭，其状似马而得名。海拔433米。石质系寒武系石灰岩及页岩。山上植有刺槐等树。有公路经此。

宿山 371323-21-G041

[Sù Shān]

在省境北部，县境西北部。因传说曾有仙人居此，得名宿山。又有民谚"宿山戴帽，下雨没规调"，以其山高云低，别名青云山。海拔481米。石质系前震旦系片麻岩。山上植有马尾松、刺槐等树。博沂公路经此。

高顶子 371323-21-G042

[Gāodǐngzi]

在省境北部，县境西北部。因其较周围山高，得名高顶子。海拔479米。石质系前震旦系片麻岩。山上植有刺槐、柏等树。顺天河经其东。有公路经此。

瀑崮峪 371323-21-G043

[Pùgùyù]

在省境北部，县境西北部。因山势陡峭，每逢雨季雨水自崮上飞流入峪，形成瀑布，由此得名瀑崮峪。海拔313米。石质系寒武系石灰岩及页岩。山上植有刺槐、马尾松等树。暖阳河经其东。有公路经此。

南马山 371323-21-G044

[Nánmǎ Shān]

在省境北部，县境西北部。因山状如马，且处北马山之南，故名。海拔492米。石质系寒武系石灰岩及页岩。山上植有刺槐、马尾松等树。青兰高速经此。

卞山 371323-21-G045

[Biàn Shān]

属泰薄顶山脉。在省境北部，县境西北部。因相传早年有卞姓在此山垦荒，故名。海拔537.7米。山体主要由花岗片麻岩、玄武岩等组成。植被以马尾松、刺槐为主。有公路经此。

双崮 371323-21-G046

[Shuāng Gù]

在省境北部，县境西部。因其上两崮对峙得名。海拔424米。石质为寒武系石灰岩及页岩。山上植有松、柏、刺槐等树。有公路经此。

牛头崮子 371323-21-G047

[Niútóu Gùzi]

在省境北部，县境西部。因崮状似牛头得名。海拔451米。山上植有刺槐、松柏等树。石质为前震旦系片麻岩。有公路经此。

宝全山 371323-21-G048
[Bǎoquán Shān]

在省境北部，县境西北部。相传，古时人们曾在其上安全地躲避了土匪的侵掠，以此得名保全山，后"保"演变为"宝"。海拔 337 米。石质为寒武系石灰岩及页岩。植被以刺槐、松树为主。有公路经此。

锄刃崮子 371323-21-G049
[Chúrèn Gùzi]

在省境北部，县境西部。因崮状似锄头得名。海拔 381 米。石质为寒武系石灰岩及页岩。有公路经此。

东尖山子 371323-21-G050
[Dōngjiānshānzi]

在省境北部，县境西部。因其主峰峭拔，且处同名山之东，故名。海拔 393 米。石质为寒武系石灰岩及页岩。山上有松、柏等树。有公路经此。

庙崖顶 371323-21-G051
[Miàoyá Dǐng]

在省境北部，县境西部。因其上曾筑有三官殿庙宇，东面顶端悬崖壁立，故得此名。海拔 504 米。山体由寒武系石灰岩及页岩构成。山上植有松树。有公路经此。

跑马道 371323-21-G052
[Pǎomǎdào]

在省境北部，县境西部。相传，古时曾有一女子在其上走马习武，故称跑马道。海拔 370 米。石质为寒武系石灰岩及页岩。有公路经此。

虎囤山 371323-21-G053
[Hǔtún Shān]

属高板场山脉。在省境北部，县境西部。相传，古时此地人烟稀少，常有老虎出没，称之为虎蹲顶，后演变为虎囤山。海拔 424 米。石质为寒武系石灰岩及页岩。山上有松、柏、刺槐等树。有公路经此。

西尖山子 371323-21-G054
[Xījiānshānzi]

在省境北部，县境西部。因其主峰峭拔，且处同名山之西，故名。海拔 417 米。山体主要由寒武系石灰岩及页岩构成。其上植有刺槐等树。有公路经此。

九山 371323-21-G055
[Jiǔ Shān]

在省境北部，县境西部。因其上有九个峰头，故称九山。海拔 539 米。山体由寒武系石灰岩及页岩构成。山上植有刺槐等树。有公路经此。

磨山 371323-21-G056
[Mò Shān]

在省境北部，县境东北部。因山石可做磨，故名磨山。海拔 359 米。山体由砂岩、片麻岩等构成。

五山 371323-21-G057
[Wǔ Shān]

在省境北部，县境东北部。因其上五峰罗列，得名五山。海拔 451.8 米。山体由砂岩、片麻岩等构成。有公路经此。

汞丹山 371323-21-G058
[Gǒngdān Shān]

在省境北部，县境东北部。因传说修道者曾在此山以汞炼丹，由此得名汞丹山。海拔 415 米。山势陡峻，树木茂密。山体由砂岩、片麻岩等构成。有公路经此。

峨山 371323-21-G059
[É Shān]

属泰薄顶山脉。在省境北部，县境东北部。因山势高峻，坎坷不平，得名嵯峨山，后简写为峨山。海拔491.9米。山势险要，岩石裸露，石质系前震旦系片麻岩。有公路经此。

金华山 371323-21-G060
[Jīnhuá Shān]

在省境北部，县境东北部。因吉祥言得名。海拔423.9米。石质系前震旦系片麻岩。有公路经此。

莺山 371323-21-G061
[Yīng Shān]

在省境北部，县境东北部。因山上莺较多，故称莺山。海拔427米。石质系寒武系石灰岩及页岩。有公路经此。

锨板子崮 371323-21-G062
[Xiānbǎnzi Gù]

属狼炕子山脉。在省境北部，县境西北部。因其远望山状似木锨板，故名。海拔601米。崮顶四周陡峭，山势雄伟。山体由寒武系石灰岩及页岩构成。有公路经此。

连崮 371323-21-G063
[Lián Gù]

在省境北部，县境西部。因有两崮相连，故称连崮。海拔551米。石质为寒武系石灰岩及页岩。山上植有刺槐等树。

圣母山 371323-21-G064
[Shèngmǔ Shān]

在省境北部，县境西部。因上建有圣母教堂，故名。海拔370米。石质为寒武系石灰岩及页岩。有公路经此。

长岭 371323-21-G065
[Cháng Lǐng]

在省境北部，县境西部。因其连亘数里长，故称长岭。海拔405米。山体由寒武系石灰岩及页岩构成。有公路经此。

吉宝山 371323-21-G066
[Jíbǎo Shān]

在省境北部，县境西部。因吉祥嘉言得名。海拔588米。山体由寒武系石灰岩及页岩等组成。有公路经此。

透明崮 371323-21-G067
[Tòumíng Gù]

在省境北部，县境西部。崮顶有洞穴，在洞的一端能望见另一端的天空，故名透明崮。海拔604米。山体主要由页岩、灰岩、泥质灰岩等组成。植被以刺槐为主。有公路经此。

牧龙孤墩 371323-21-G068
[Mùlóng Gūdūn]

在省境北部，县境西部。此山孤峰独处，传说曾有"神仙"在此牧龙，故得此名。海拔568米。石质为寒武系石灰岩及页岩。山上植有刺槐等树。有公路经此。

高板场 371323-21-G069
[Gāobǎnchǎng]

属高板场山脉。在省境北部，县境西部。因其较高，顶部平坦如场，故名高板场。海拔642米。石质为前震旦系片麻岩。其上有刺槐、马尾松等树。有公路经此。

香炉崮 371323-21-G070
[Xiānglú Gù]

在省境北部，县境西部。因崮顶状似"香炉"得名。海拔593米。山体由寒武系石灰岩及页岩等组成。有公路经此。

姜家崮 371323-21-G071

[Jiāngjiā Gù]

属狼炕子山脉。在省境北部，县境西部。因早年曾有姜姓居此得名。海拔 617 米。山体为寒武系石灰岩及页岩构成。有公路经此。

锥子崮 371323-21-G072

[Zhuīzi Gù]

在省境北部，县境西部。因其顶端呈"锥子"形得名。海拔 602 米。山体由寒武系石灰岩及页岩等组成。有公路经此。

歪头崮 371323-21-G073

[Wāitóu Gù]

在省境北部，县境西部。以崮顶倾斜得名。海拔 607.4 米。山体主要由页岩、灰岩、砂质灰岩等组成，局部有岩石露出，山势险峻。有公路经此。

芝麻顶 371323-21-G074

[Zhīma Dǐng]

在省境北部，县境西部。因其形状扁平似芝麻粒，故名。海拔 565 米。山体由寒武系石灰岩及页岩构成。有公路经此。

狼坑子 371323-21-G075

[Lángkēngzi]

在省境北部，县境西部。因其上有坑洞，传说早年有狼栖居，故名。海拔 640 米。石质为寒武系石灰岩及页岩。有公路经此。

野鸡台 371323-21-G076

[Yějītái]

在省境北部，县境西部。相传古时其上有野鸡栖息，故名。海拔 546 米。山体由寒武系石灰岩及页岩等组成。有公路经此。

良山 371323-21-G077

[Liáng Shān]

属狼炕子山脉。在省境北部，县境西部。相传昔时有梁姓居此，故称梁山，后"梁"演变成"良"。海拔 604.2 米。山高坡陡，峰顶插天。石质为寒武系石灰岩及页岩。有公路经此。

莲花山 371323-21-G078

[Liánhuā Shān]

在省境北部，县境西部。因与其相接连的山头多，形似莲花，故名。海拔 568 米。山体由寒武系石灰岩及页岩等组成。有公路经此。

双墙崮 371323-21-G079

[Shuāngqiáng Gù]

在省境北部，县境西部。因其上早年筑有两层围墙，故称双墙崮。海拔 563 米。石质为寒武系石灰岩及页岩。有公路经此。

烙子崮 371323-21-G080

[Làozi Gù]

在省境北部，县境西部。相传古时常有贩卖骡马者经此，得名骡子崮，后"骡"演变为"烙"。海拔 598 米。山体由寒武系石灰岩及页岩等组成。有公路经此。

瓦屋崖 371323-21-G081

[Wǎwū Yá]

属高板场山脉。在省境北部，县境西部。因山状似瓦屋且有一悬崖得名。海拔 547 米。植被以马尾松、刺槐等树为主。石质为前震旦系片麻岩。有公路经此。

摩天岭 371323-21-G082

[Mótiān Lǐng]

在省境北部，县境西部。因其重岩叠

嶂，山势绵延，为西出之要塞，故名摩天岭。海拔 355 米。石质为寒武系石灰岩及页岩。石（曰所）兖（州）公路经此。

荞麦山 371323-21-G083
[Qiáomài Shān]

在省境北部，县境西部。因山呈三棱形似荞麦粒，故名。海拔 529 米。石质为前震旦系片麻岩。有公路经此。

天桥崮 371323-21-G084
[Tiānqiáo Gù]

属沂山支脉。在省境北部，县境西部。因崮顶高耸入云，如通天桥梁，故名天桥崮。海拔 624 米。植被以刺槐为主。山体主要由砂质页岩、粉砂岩、灰岩等组成。有公路经此。

晏婴崮 371323-21-G085
[Yànyīng Gù]

属高板场山脉。在省境北部，县境西部。相传以春秋时期齐相晏婴曾率部在此安营扎寨得名。海拔 463 米。石质为前震旦系片麻岩。有公路经此。

炕头山 371323-21-G086
[Kàngtóu Shān]

在省境北部，县境西部。以其状似土炕，故得名炕头山。海拔 489.2 米。石质为前震旦系片麻岩。植被以刺槐、马尾松为主。有公路经此。

孙家崮子 371323-21-G087
[Sūnjiā Gùzi]

在省境北部，县境西部。因昔时孙姓在此垦荒得名。海拔 495 米。石质系寒武系石灰岩及页岩。有公路经此。

三山朵子 371323-21-G088
[Sānshānduǒzi]

属沂山山脉南延部分。在省境北部，县境北部。因三峰突兀，状似花朵而得名。海拔 707 米。山体由片麻岩组成。植被以马尾松、刺槐为主。有公路经此。

雷瀑顶 371323-21-G089
[Léipù Dǐng]

在省境北部，县境北部。因山石嵯峨，散落山顶，传说为雷劈所致，得名雷瀑顶。海拔 831.3 米。山体由片麻岩、含铁石英岩等组成。植被以马尾松为主。有公路经此。

墙山崖 371323-21-G090
[Qiángshān Yá]

在省境北部，县境北部。因山崖陡峭，状似山墙得名。海拔 425 米。山体由第三系玄武岩、砾岩及黏土层组成。山上植有刺槐和松树。有公路经此。

轿顶山 371323-21-G091
[Jiàodǐng Shān]

在省境北部，县境北部。因山顶部平而方，遥看状似轿顶，故名。海拔 500.3 米。石质系前震旦系片麻岩。山上植有刺槐等树。有公路经此。

麻拉崮顶 371323-21-G092
[Málāgù Dǐng]

在省境北部，县境北部。因崮顶陡峭、野麻丛生、枝茎缠绕而得名。海拔 602 米。山体由第四系松散地层堆积而成。山上植有马尾松等树。有公路经此。

砚台山 371323-21-G093
[Yàntái Shān]

在省境北部，县境北部。因山石能做

砚台得名。海拔 314.9 米。山体由砂岩、凝灰质砂砾岩及安山玄武岩等构成。植被有刺槐等。有公路经此。

雨山 371323-21-G094

[Yǔ Shān]

在省境北部，县境北部。因云雾缭绕山顶，即为下雨之兆，以此得名雨山。海拔 520.7 米。石质系前震旦系片麻岩。有公路经此。

对崮山 371323-21-G095

[Duìgù Shān]

属沂山山脉南延部分。在省境北部，县境北部。因两崮相对得名。海拔 597 米。山体主要由花岗片麻岩、玄武岩等构成。有公路经此。

连理坪 371323-21-G096

[Liánlǐpíng]

在省境北部，县境北部。因山坪上杂草、灌木枝干连生在一起，故名连理坪。海拔 622 米。山体由寒武系石灰岩及页岩组成。有公路经此。

朱家顶 371323-21-G097

[Zhūjiā Dǐng]

在省境北部，县境北部。因早年朱姓曾居此垦荒，故名朱家顶。海拔 536 米。石质系寒武系石灰岩及页岩。有公路经此。

演草顶 371323-21-G098

[Yǎncǎo Dǐng]

属狼炕子山脉。在省境北部，县境西部。相传古时曾有人在此操练兵马，得名演操顶，后"操"演变为"草"。海拔 526 米。石质系寒武系石灰岩及页岩，悬崖峭壁，岩石裸露。有公路经此。

坯子顶 371323-21-G099

[Pīzi Dǐng]

在省境北部，县境西部。因其状似制土坯的坯子，故名。海拔 513 米。石质系寒武系石灰岩及页岩。有公路经此。

鏊子崮 371323-21-G100

[Àozi Gù]

在省境北部，县境西部。因其状似鏊子而得名。海拔 616 米。山体系寒武系石灰岩及页岩构成。有公路经此。

大坪崮 371323-21-G101

[Dàpíng Gù]

在省境北部，县境西部。因其上部四周陡峭，顶面平坦且大，故称大坪崮。海拔 519 米。石质系寒武系石灰岩及页岩。山顶有寨墙遗址。有公路经此。

黄斗山 371323-21-G102

[Huángdǒu Shān]

在省境北部，县境西部。因山体表层之土、石呈黄色，且山状如斗，得名黄斗山。海拔 376.3 米。石质为寒武系石灰岩及页岩。有公路经此。

朱家崮 371323-21-G103

[Zhūjiā Gù]

在省境北部，县境西部。因早年曾有朱姓居此得名。海拔 533 米。石质系寒武系石灰岩及页岩。有公路经此。

积米山 371323-21-G104

[Jīmǐ Shān]

在省境北部，县境西部。因山体表层土质适宜种谷，每岁多获丰收，故名积米山。海拔 325 米。山体主要由寒武系石灰岩及页岩构成。其上植有刺槐、松、柏等树。有公路经此。

南天桥 371323-21-G105

[Nántiānqiáo]

在省境北部，县境西部。因其在天桥崮之南，故名。海拔 405 米。山体由寒武系石灰岩及页岩等组成。有公路经此。

五台山 371323-21-G106

[Wǔtái Shān]

在省境北部，县境西部。因山顶部有五个平台得名。海拔 585.6 米。山体由灰岩、页岩、粉砂岩等组成。植被以松、槐为主。有公路经此。

盘龙崮 371323-21-G107

[Pánlóng Gù]

在省境北部，县境西部。因崮状似蛟龙盘卧，得名盘龙崮。海拔 450.1 米。石质为寒武系石灰岩及页岩。山上植有刺槐等树。有公路经此。

玉葫芦山 371323-21-G108

[Yùhúlu Shān]

在省境北部，县境西部。因其顶部状似葫芦，得名玉葫芦山。海拔 605 米。石质系寒武系石灰岩及页岩。植被以松树为主。有公路经此。

腊花山 371323-21-G109

[Làhuā Shān]

在省境北部，县境西部。因山腰长有腊条得名。海拔 433 米。石质为前震旦系片麻岩。有公路经此。

大崮 371323-21-G110

[Dà Gù]

在省境北部，县境西部。山的顶部四周陡峭，称为崮，此崮较大，故名大崮。海拔 579 米。石质为前震旦系片麻岩。有公路经此。

黄姑山 371323-21-G111

[Huánggū Shān]

在省境北部，县境中东部。因山石呈黄色，孤峰独立而得名黄孤山，后"孤"演变为"姑"。海拔 348 米。石质系前震旦系片麻岩。植被有刺槐等树。有公路经此。

石门山 371323-21-G112

[Shímén Shān]

在省境北部，县境中东部。因山之后崖上有两块巨石，状似门，故称石门山。海拔 384.9 米。石质系前震旦系片麻岩。植被有刺槐、马尾松等树。有公路经此。

鹰嘴崮 371323-21-G113

[Yīngzuǐ Gù]

在省境北部，县境中南部。因崮顶端状似鹰嘴，故名。海拔 316 米。植有松、槐、木瓜、花椒等树。山体主要由寒武系石灰岩及页岩组成。有公路经此。

盆山 371323-21-G114

[Pén Shān]

在省境北部，县境中南部。因其顶端呈盆状得名盆山。海拔 367 米。石质为寒武系石灰岩及页岩。植有柏树、桃树、杨树等。有公路经此。

牛山 371323-21-G115

[Niú Shān]

在省境北部，县境中南部。因其上杂草丛生，时人常在此放牧牛羊，故名牛山。海拔 261 米。石质为寒武系石灰岩及页岩。山上植有刺槐等树。有公路经此。

无儿崮 371323-21-G116

[Wú'ér Gù]

属狼炕子山脉。在省境北部，县境中

南部。据传，古时候有纪王、纪由父子二人，曾各占大崮山（即纪王崮）和小崮山（今罗鼓山）为王，子纪由被敌围困，纪王得信火速前往解围，行经此山听说儿子已战死，便号啕大哭"无儿了"，山以此得名。海拔 384.2 米。石质为寒武系石灰岩及页岩。主要植有柏树、桃树、杨树等。有公路经此。

富安山 371323-21-G117
[Fù'ān Shān]

在省境北部，县境中南部。因吉祥意得名。海拔 228 米。植有松树、柏树等。石质为寒武系石灰岩及页岩。有公路经此。

拉山 371323-21-G118
[Lā Shān]

属狼炕子山脉。在省境北部，县境西北部。因山势逶迤连绵，故名拉山。海拔 437 米。山体由寒武纪石灰岩及页岩组成。其上多松、槐等树。有公路经此。

马头崮 371323-21-G119
[Mǎtóu Gù]

在省境北部，县境西北部。因其状似马头得名。海拔 582 米。石质为寒武系石灰岩及页岩。有公路经此。

鱼骨顶 371323-21-G120
[Yúgǔ Dǐng]

在省境北部，县境西北部。因其上曾出土过蛤、蚌壳等化石，故称鱼骨顶。海拔 419 米。山体由寒武系石灰岩及页岩组成。有公路经此。

板子崮 371323-21-G121
[Bǎnzi Gù]

在省境北部，县境西北部。因崮上耸立一大石板，故称板子崮。海拔 578 米。石质为寒武系石灰岩及页岩。有公路经此。

丁家崮 371323-21-G122
[Dīngjiā Gù]

在省境北部，县境西北部。因相传丁姓曾居其上，故名。海拔 559 米。石质为寒武系石灰岩及页岩。有公路经此。

脚子崮 371323-21-G123
[Jiǎozi Gù]

在省境南部，县境西北部。因崮状似人脚，故称脚子崮。海拔 580 米。山体由寒武系石灰岩及页岩构成。有公路经此。

猪栏崮 371323-21-G124
[Zhūlán Gù]

在省境北部，县境西北部。相传，古时纪姓在其上建有猪栏，以此得名。海拔 575 米。山体由寒武系石灰岩及页岩组成。山上植有刺槐等树。有公路经此。

纪王崮 371323-21-G125
[Jìwáng Gù]

属狼炕子山脉。在省境北部，县境西北部。因相传春秋时期纪王曾据此，故名。海拔 577 米。山体主要由页岩、灰岩、粉砂岩、厚层鲕状灰岩等组成。有公路经此。

东汉崮 371323-21-G126
[Dōnghàn Gù]

属狼炕子山脉。在省境北部，县境西北部。因相传东汉时曾有人居其上，得名东汉崮。海拔 561.9 米。山体由寒武系石灰岩及页岩组成。植被以松为主。有公路经此。

青草顶 371323-21-G127
[Qīngcǎo Dǐng]

在省境北部，县境西北部。因其上草木茂密，春夏季郁郁葱葱，故称青草顶。海拔 546 米。石质为寒武系石灰岩及页岩。有公路经此。

卧牛城 371323-21-G128
[Wòniú Chéng]

在省境北部，县境东北部。因山顶状似一头卧牛，山体如城墙一般，故名卧牛城。海拔 349.2 米。山体系由白垩系砾岩、凝灰质砂砾岩及安山玄武岩等构成。山上刺槐茂密。有公路经此。

虎墩顶 371323-21-G129
[Hǔdūn Dǐng]

属高板场山脉。在省境北部，县境西南部。因其状如虎蹲于顶上，得名虎蹲顶，后演变为虎墩顶。海拔 635 米。石质为前震旦系片麻岩。植被以松树为主。有公路经此。

挡羊柱 371323-21-G130
[Dǎngyáng Zhù]

在省境北部，县境西南部。因峰顶突起如柱，山羊也难通行得名。海拔 505 米。山体由石英斑岩、石英砂岩及混合片麻岩等组成。植被以松树为主。有公路经此。

吉利山 371323-21-G131
[Jílì Shān]

在省境北部，县境西南部。因其上长有蒺藜，故称蒺藜山。后以谐音称吉利山。海拔 328 米。石质为寒武系石灰岩及页岩。植被以马尾松为主。有公路经此。

了高顶 371323-21-G132
[Liǎogāo Dǐng]

在省境北部，县境西南部。因其较周围山矮，站在山顶上可以瞭望其他高山，故称瞭高顶，后"瞭"演变为"了"。亦称桃树顶。海拔 378 米。石质为寒武系石灰岩及页岩。植被以刺槐、马尾松为主。有公路经此。

高坪 371323-21-G133
[Gāopíng]

在省境北部，县境西南部。因其较高且顶部较平，得名高坪。海拔 305 米。石质为前震旦片麻岩。有公路经此。

石崇崮 371323-21-G134
[Shíchóng Gù]

在省境北部，县境西南部。因山势高峻，顶部四周石壁陡峭，故名。海拔 596.6 米。石质系花岗岩。有公路经此。

八亩地 371323-21-G135
[Bāmǔdì]

在省境北部，县境西南部。因其顶部较平，面积约八亩，故名。海拔 633.8 米。石质为前震旦系片麻岩。植被以马尾松为主。有公路经此。

榆棵顶 371323-21-G136
[Yúkē Dǐng]

属高板场山脉。在省境北部，县境西南部。因相传以古时其顶部多榆树得名。海拔 392 米。石质为寒武系石灰岩及页岩。其上多刺槐。有公路经此。

寨子山 371323-21-G137
[Zhàizi Shān]

在省境北部，县境西南部。相传古时王姓在其上扎寨称王，故名寨子山。海拔 290.4 米。石质为前震旦系片麻岩。有公路经此。

李家顶 371323-21-G138
[Lǐjiā Dǐng]

在省境北部，县境西南部。相传以李姓曾居此山得名。海拔 419 米。石质为前震旦系片麻岩。其上多马尾松。有公路经此。

仙姑顶 371323-21-G139

[Xiāngū Dǐng]

在省境北部，县境西南部。因相传八仙之一何仙姑曾居此，故名。海拔544米。山体由石英斑岩、石英砂岩及混合片麻岩等组成。植被以松、槐为主。有公路经此。

增山 371323-21-G140

[Zēng Shān]

在省境北部，县境北部。相传曾子曾到过此山，故名曾山，后"曾"演变为"增"。海拔383.9米。山体由第三系玄武岩、砾岩及黏土层堆积而成。山上植有刺槐等树。有公路经此。

荆山 371323-21-G141

[Jīng Shān]

在省境北部，县境北部。因山上长满荆条而得名荆山。海拔325.8米。石质系前震旦系片麻岩。山上植有刺槐等树。浯河支流经其西。有公路经此。

大弓山 371323-21-G142

[Dàgōng Shān]

在省境北部，县境北部。因山上部状似弓形，得名大弓山。海拔362米。山体由第三系玄武岩、砾岩及黏土层堆积而成。山上有刺槐等树。有公路经此。

供养山 371323-21-G143

[Gòngyǎng Shān]

在省境北部，县境北部。相传，古时人们为摆脱灾难，到山上设供品向神灵祈祷保佑，故称供养山。海拔418米。山体由第三系玄武岩、砾岩及黏土层等构成。山上植有刺槐等树。有公路经此。

唐王山 371323-21-G144

[Tángwáng Shān]

属泰薄顶山脉。在省境北部，县境北部。相传，以唐王李世民北征经此山而得名。海拔476.1米。石质系前震旦系片麻岩，顶部较平，树木杂草繁茂。有公路经此。

张古山 371323-21-G145

[Zhānggǔ Shān]

在省境北部，县境北部。相传古有张姓尼姑居此，得名张姑山，后"姑"演变为"古"。海拔230.7米。石质系寒武系石灰岩及页岩。植被以刺槐为主。有公路经此。

罗鼓山 371323-21-G146

[Luógǔ Shān]

属长虹岭山脉。在省境北部，县境北部。相传古时纪王之子纪由占此山为王，以击锣鼓为号，与父王联系取得救援，故名锣鼓山，后"锣"演为"罗"。海拔267.6米。石质系寒武系石灰岩。植被有马尾松、刺槐等树。有公路经此。

扈山 371323-21-G147

[Hù Shān]

在省境北部，县境南部。相传以昔时扈姓居此得名。海拔251米。石质为寒武系石灰岩及页岩。有公路经此。

岚崮 371323-21-G148

[Lán Gù]

在省境北部，县境西部。因山顶部较平，且四周陡峭，常有雾气笼罩，故得名岚崮。海拔361米。石质为前震旦系片麻岩。植被以松树、刺槐为主。有公路经此。

峙山 371323-21-G149
[Zhì Shān]

属高板场山脉。在省境北部，县境西南部。因南北两峰对峙，得名峙山。海拔396.3米。石质为前震旦系片麻岩。植被以松、槐为主。有公路经此。

泉

三泉 371323-22-I01
[Sān Quán]

冷泉。在沙沟镇驻地西北8千米，三泉村西。因有三处山泉相近，呈三角形分布，故名。平均水温1℃。最大输出量84万立方米/年，日出水量230立方米。泉水澄清碧透，甘甜可口。三泉水是低钠、高钙镁、多微量元素的优质矿泉水，具有较高的医疗保健和饮用价值。近期无开发条件。有公路经此。

兰陵县

山

伏山 371324-21-G01
[Fú Shān]

在省境南部，县境西南部。因山形似龙得名伏龙山，后易今名。海拔165.7米。山体主要由红砂岩构成。

大苍山 371324-21-G02
[Dàcāng Shān]

属尼山山系。在省境南部，县境东部。因山上松柏苍翠得名苍山，后因与小苍山对应称今名。海拔179米。山体主要由石灰石和变质岩构成。遍植松、刺槐等树，

产远志、地圩、西沙参、凤尾草等中药材。临枣高速经此。

九女山 371324-21-G03
[Jiǔnǚ Shān]

在省境南部，县境西北部。相传古代山脚下一户人家，有九个女儿常在山上打柴，故名。海拔266米。山体主要由石灰岩构成。山上植有刺槐、松树等，产金银花等中药材。有公路经此。

石城崮 371324-21-G04
[Shíchéng Gù]

属尼山山系。在省境南部，县境西部。因主峰顶部宽平，曾建有石城而得名。海拔248.5米。山体由石灰岩构成。山上多植松树和刺槐，产松子等中药材。206国道经此。

邓王山 371324-21-G05
[Dèngwáng Shān]

在省境南部，县境中部。相传，因古人邓飞虎曾在此山占山为王而得名。海拔262.4米。山体主要由石灰石构成。植有松树、刺槐等树。有公路经此。

黄山 371324-21-G06
[Huáng Shān]

在省境南部，县境西北部。因山上长满黄草，故名。海拔317米。山体主要由青石构成。山上植有松、槐、桃、花椒等树。

薛山 371324-21-G07
[Xuē Shān]

在省境南部，县境北部。相传，因薛礼征东时曾在此扎寨，故名。海拔224米。山体主要由石灰岩构成。

大虎山 371324-21-G08
［Dàhǔ Shān］

在省境南部，县境西北部。远看像大老虎，故名。海拔 361 米。山体主要由石灰岩构成。植有松、槐、柿等树。

驴脖子山 371324-21-G09
［Lǘbózi Shān］

在省境南部，县境北部。因山体形状像驴脖子，故名。海拔 257.4 米。山体主要由石灰岩构成。山上植有松、柏等，山下建有郎公寺和塔林。

白人山 371324-21-G10
［Báirén Shān］

在省境南部，县境西部。因山势似人脸形，略显白色，故名。海拔 287 米。山体主要由石灰岩构成。植有梨树、刺槐等。

五座山 371324-21-G11
［Wǔzuò Shān］

在省境南部，县境西北部。因共有五个山头，故名。海拔 304 米。山体主要由石灰岩构成。山上植有松、槐、花椒等树。有公路经此。

十八岭 371324-21-G12
［Shíbā Lǐng］

在省境南部，县境西北部。因共有十八个岭头，故名十八岭。海拔 191 米。植被有花生和金银花等。

荒子山 371324-21-G13
［Huāngzi Shān］

在省境南部，县境西北部。因从前长满荒草，故名。海拔 332 米。山体主要由石灰岩构成。山上植有松、槐、栗等树。

虎山 371324-21-G14
［Hǔ Shān］

在省境南部，县境西北部。因远望像只老虎，故名。海拔 295 米。山体主要由石灰岩构成。植有槐、枣、柿等树。

燕柱山 371324-21-G15
［Yànzhù Shān］

在省境南部，县境东部。传说因燕子经常在此栖息而得此名。海拔 147 米。山体主要由石灰岩构成。山上植有刺槐和松树。有公路经此。

南山 371324-21-G16
［Nán Shān］

在省境南部，县境西北部。因在温庄南而得名。海拔 207 米。山体主要由石灰岩构成。山上植被以松树、刺槐为主。

层山 371324-21-G17
［Céng Shān］

在省境南部，县境东南部。原名缯山，东汉建武五年（29）易为今名。海拔 86.4 米。山体主要由石灰岩构成。有公路经此。

青竹山 371324-21-G18
［Qīngzhú Shān］

在省境南部，县境东部。因古时山上曾长了一大片竹子，故名。海拔 100 米。山体主要由石灰岩构成。山上植有松树、刺槐等。206 国道经此。

万松山 371324-21-G19
［Wànsōng Shān］

在省境南部，县境东部。原名梧桐山，明天启年间，因遍山植满松树，遂易今名。海拔 93 米。山体主要由石灰岩构成。有公路经此。

凤凰山 371324-21-G20
[Fènghuáng Shān]

在省境南部，县境东部。因山体形似凤凰，故名。海拔 120 米。山体主要由石灰岩构成。山上植有刺槐等树。有公路经此。

磨山 371324-21-G21
[Mó Shān]

在省境南部，县境东部。相传二郎神担两山置于此处，阻碍出行，将两山磨开，得名。海拔 77 米。山体主要由石灰岩构成。有公路经此。

小青山 371324-21-G22
[Xiǎo Qīngshān]

在省境南部，县境中西部。因山石呈青色，与大青山对应，故名。海拔 213 米。小青山有铁矿。有公路经此。

庙山 371324-21-G23
[Miào Shān]

在省境南部，县境西南部。因山体南北两端近似东西走向，故曰横山，因旧时建有兴云寺院，又曰庙山。海拔 94.4 米。山体主要由变质岩构成。山上植有刺槐、松树、白杨树等。

小五座山 371324-21-G24
[Xiǎowǔzuò Shān]

在省境南部，县境西北部。因是有五个山头的山，故名。海拔 329 米。山体主要由青石构成。山上植有松、槐、桃、板栗等树。

安乐山 371324-21-G25
[Ānlè Shān]

在省境南部，县境中西部。清末，附近百姓为了避乱，准备搬到山上居住，房屋刚盖好，世道又平安了，故得此名。海拔 253 米。山体主要由石灰岩构成。山上多植槐树。

石龙山 371324-21-G26
[Shílóng Shān]

在省境南部，县境中部。该山远望像一条巨龙，故名石龙山。海拔 115 米。山体主要由石灰岩构成。有公路经此。

阎王鼻子山 371324-21-G27
[Yánwángbízi Shān]

在省境南部，县境中西部。山顶南面向外突出而陡峭，形似鼻子，若从此摔下，将粉身碎骨见阎王，山名源此。海拔 283.4 米。山体主要由石灰岩构成。植有松树，多荆棘。

高山 371324-21-G28
[Gāo Shān]

在省境南部，县境西北部。高于周围其他山，故名。海拔 379.2 米。山体主要由青石构成。植有松、刺槐、花椒等树。有公路经此。

五峰山 371324-21-G29
[Wǔfēng Shān]

在省境南部，县境北部。由大小五个山头组成，因而得名。海拔 225 米。山体主要由石灰岩构成。山上种植柏树、刺槐等。

荆山 371324-21-G30
[Jīng Shān]

在省境南部，县境北部。传说其间有一棵古老的荆疙瘩树而得名，海拔 235 米。山体主要由石灰岩构成。山上植有松、柏等树。有公路经此。

康山 371324-21-G31
[Kāng Shān]

在省境南部，县境中部。因北临有座猪山和西面有地形像簸箕掌的村庄，该山似筛下的糠，故名糠山，后易名为康山。海拔 144 米。山体主要由石灰岩构成。

黄龙山 371324-21-G32
[Huánglóng Shān]

在省境南部，县境中部。传说因山中有条黄色巨龙，故名黄龙山。海拔 176 米。山体主要由石灰石构成。山上植有侧柏、柏树等。有公路经此。

河流

吴坦河 371324-22-A-a01
[Wútǎn Hé]

外流河。在县境中部。因河流经过吴坦村，故名。发源于苍山、费县交界的山区，流经矿坑、大仲村、卞庄、芦柞、南桥、长城，至邳县境内经沙园于卞家湖北入邳苍分洪道。长 65 千米，流域面积 648 平方千米。主要用于农田灌溉。主要支流有金桥河、双庆河、良田河等。

西泇河 371324-22-A-a02
[Xījiā Hé]

外流河。在县境中部。原河道于江苏省邳县岔河镇与汶河并流经泇口入中运河，故名。发源于枣庄市东北水涧沟东高山西坡，流经枣庄市北部、苍山县西部，于林子村北入邳苍分洪道。长 39 千米，宽 90~160 米，流域面积 642 平方千米。主要用于农田灌溉。

汶河 371324-22-A-a03
[Wèn Hé]

外流河。在县境中部。名称来历不可考。发源于贾庄、向城一带山区，流经南桥乡、邳县，于杏树村西大墩涵洞入邳苍分洪道。长 93.07 千米，宽 25 ~ 36 米，省界以上流域面积 164 平方千米。五年一遇设计流量 125.5 立方米 / 秒。主要用于农田灌溉。

阳明河 371324-22-A-a04
[Yángmíng Hé]

外流河。在县境西北部。因该河流分为地上段和地下段，故名。发源于车辋镇桃峪一带山区，流经向城镇，于三合村汇入西泇河。长 18.5 千米，宽 30~70 米，流域面积 79.2 平方千米。主要用于农田灌溉。主要支流有龙桃峪河、桥庄河、郁家行河。

东泇河 371324-22-A-a05
[Dōngjiā Hé]

外流河。在县境中部。原河道于江苏省邳县岔河镇与汶河并流经泇口入中运河，故名。发源于费县旗山，流经苍山、卞庄，于卞家湖入邳苍分洪道。长 24.5 千米，流域面积 29.2 平方千米。主要用于农田灌溉。

白家沟 371324-22-A-a06
[Báijiā Gōu]

外流河。在县境中部。名称来历不可考。发源于卞庄南，流经赵庄、邳县，汇入汶河。境内段长 19.4 千米，宽 3 米，流域面积 50 平方千米。五年一遇设计流量 43 立方米 / 秒。主要用于农田灌溉。

陶沟河 371324-22-A-a07
[Táogōu Hé]

外流河。在县境中部。名称来历不可考。发源于新兴镇北部，流经苍山县、枣庄市、邳县，于王庄西入中运河。省界以上河长 18 千米，宽 15～45 米，流域面积 129.74 平方千米。主要用于农田灌溉。

小涑河 371324-22-A-a08
[Xiǎosù Hé]

外流河。在县境东南部。名称来历不可考。发源于庄坞乡涌泉村附近，流经邳县，于徐桥村东改入武河。长 32.5 千米，流域面积 72 平方千米。主要用于农田灌溉。

运女河 371324-22-A-a09
[Yùnnǚ Hé]

外流河。在县境中部。名称来历不可考。发源于兰陵县卞庄街道办事处南，流经兰陵县卞庄、南桥等乡镇，后汇入中运河。县境内长 14.9 千米，宽 3～20 米，流域面积 41.17 平方千米。径流量（年平均）43 立方米／秒。是一条具有防洪、排涝、灌溉综合效益的河道。

费县

山

小花山 371325-21-G01
[Xiǎohuā Shān]

属尼山山脉。在省境南部，费县中部。据清光绪《费县志》记载："玉带山，县东北 12 里，祊水西来，环绕若带，故名。"按其位置，玉带山即今小花山，清代，石沟村李琢曾把此山作为私人休闲地，修凉亭、置奇石、栽花草，清新雅致，后人称为小花山。海拔 130 米。植被以黑松为主。

燕子山 371325-21-G02
[Yànzi Shān]

属蒙山山脉。在省境南部，费县东北部，与蒙阴县、沂南县交界处。此山东、西、北三面陡峭，南面稍缓，岩壁突出如屋檐，有山燕在此垒窝居住，故名。最高海拔 575.2 米。植被以黑松、刺槐、板栗为主。

焦山 371325-21-G03
[Jiāo Shān]

属尼山山脉。在省境南部，费县西南部。因山上有野生辣椒，故名椒子山，后演化为焦山。海拔 421 米。山上植被为板栗、黑松和杨树。

长山子 371325-21-G04
[Chángshānzi]

属尼山山脉。在省境南部，费县西南部。因山势颇长而得名。海拔 322 米。山上植被为山楂和板栗。

马头山 371325-21-G05
[Mǎtóu Shān]

属尼山山脉。在省境南部，费县西南部，为费县与平邑县交界处。因山的形状酷似马头得名。最高海拔 436 米。植被以侧柏、黑松为主。

陡山 371325-21-G06
[Dǒu Shān]

属尼山山脉。在省境南部，费县西南部。因该山地势陡峭，故名。海拔 243 米。植被以黑松树为主。

独山子 371325-21-G07
[Dúshānzi]

属尼山山脉。在省境南部，费县西南部。此山四外无连，为一孤独小山，故名。海拔 238 米。山上植被为黑松和杨树。

岳山 371325-21-G08
[Yuè Shān]

属尼山山脉。在省境南部,费县西南部。清光绪《费县志》记载为月山,明代正德年间碑文记为月而山。因顶部圆而平坦,形似圆月,故名月山,后演变为岳山。海拔 279 米。植被以黑松为主。

团山子 371325-21-G09
[Tuánshānzi]

属尼山山脉。在省境南部,费县西南部。因山为圆形,故名。海拔547米。植被以侧柏、黑松为主。

秕谷山 371325-21-G10
[Bǐgǔ Shān]

属尼山山脉。在省境南部,费县西南部。据清光绪《费县志》记载:"县西南六十五里,自高山头东北为避彀山。"因山上有许多野谷子籽粒,多空壳,称其为"秕谷",演变为秕谷山。海拔 315 米。植被主要是黑松。

阴阳寨 371325-21-G11
[Yīnyángzhài]

属尼山山脉。在省境南部,费县西南部。清光绪《费县志》记载:"西洳起源,实在费境,迤东为大黄山、高山头、宜仰寨。"其中宜仰寨因主峰陡峭,必须仰视,方能见到顶上山寨,故名宜仰寨,后因音讹传为阴阳寨。海拔 395 米。

华皮岭 371325-21-G12
[Huápí Lǐng]

属蒙山山脉。在省境南部,费县北部与蒙阴县界上。因山势陡峭,峰如劈削,称华劈顶,后演为今名。为蒙山东段高峰之一,海拔 773 米。东麓水入蒙河,西麓水入浚河。山林主要有赤松、黑松、麻栎、刺槐,灌木有胡枝子、黄荆。产连翘、柴胡、桔梗、芫花等中药材。有公路经此。

文山 371325-21-G13
[Wén Shān]

属尼山山脉。在省境南部,费县南部。清初以其北有县学,取名崇文山,后简化为今名。海拔 431 米。山水流入温凉河。山林主要有侧柏、臭椿、刺槐、杨树、柽柳等。产柿子、山楂、核桃等。有公路经此。

利尖崮 371325-21-G14
[Lìjiān Gù]

属尼山山脉。在省境南部,费县南部。据相传明代,有张九子占据此山称王,因山峰很尖而取名利尖崮。海拔 405 米。植被种类属针叶纯林,以侧柏为主。是沂蒙七十二崮之一。景点有晾马台、明代石围子等遗址。

凉山 371325-21-G15
[Liáng Shān]

属尼山山脉。在省境南部,费县南部。据清光绪《费县志》记载:"梁山齐眉崮,县南三十五里,柱子固北,府志亦云,然与梁山并载,其实即一山,此山有'梁'与'齐眉'之名,相传已久,可想称名之由来矣。"海拔 417 米。植被种类属针叶纯林,以侧柏为主。

青山 371325-21-G16
[Qīng Shān]

属尼山山脉。在省境南部,费县南部。因此山柏树茂密,四季常青,故名青山。海拔 356 米。植被种类属针阔混交林,以侧柏、核桃为主。

神山 371325-21-G17

[Shén Shān]

属蒙山山脉。在省境南部，费县东北部。据传东头山脚下曾有山神庙，由此得名神山。海拔 246 米。植被种类属针阔混交林，以侧柏、黄栌为主。

肖山 371325-21-G18

[Xiāo Shān]

属尼山山脉。在省境南部，费县东部。相传宋代有人占据此山，称为肖王，故名肖山。另有传说，此山比较突兀、高立，曾在此设哨所，故名"哨山"，后演变为肖山。海拔 247 米。植被种类属针阔混交林，以侧柏、桃树、核桃为主。

钟罗山 371325-21-G19

[Zhōngluó Shān]

属蒙山山脉。在省境南部，费县北部。据清光绪《费县志》记载："钟山，县北五里……连起数峰，中峰最高，形如复钟，为县治座山。"后演变为钟罗山。海拔 259.2 米。植被为针叶林，以侧柏为主。

土山 371325-21-G20

[Tǔ Shān]

属尼山山脉。在省境南部，费县西南部。因此山植物覆盖率较低，土壤裸露在外，远望全是土，得名土山。海拔 361 米。植被种类属阔叶纯林，主要树种为麻栎。

小龙山 371325-21-G21

[Xiǎolóng Shān]

属蒙山山脉。在省境南部，费县东北部。山体远望像是一条龙，又因北边有山名为龙山，故得名小龙山。海拔 352 米。植被种类属针叶纯林，树种以黑松为主。

彩山 371325-21-G22

[Cǎi Shān]

属蒙山山脉。在省境南部，费县东北部。每到山上植物繁茂生长之时，远望此山花红叶绿，五彩缤纷，得名彩山。海拔 411 米。植被种类属针叶纯林，树种以黑松为主。

大顶子 371325-21-G23

[Dàdǐngzi]

属蒙山山脉。在省境南部，费县东北部。是蒙山东端较高的山峰，山势险要，山顶平坦，故名。海拔 728 米。植被种类属针阔混交林，树种以黑松、麻栎为主。

大崮 371325-21-G24

[Dà Gù]

属蒙山山脉。在省境南部，费县东北部。由于附近众多山中，此山山体较大，得名大崮。海拔 595 米。植被种类为针叶纯林，以黑松为主。

丁字崮 371325-21-G25

[Dīngzì Gù]

属蒙山山脉。在省境南部，费县东北部。因山顶形状像丁字，故名。海拔 583 米。植被种类属针阔混交林，以黑松、刺槐为主。

右前崮 371325-21-G26

[Yòuqián Gù]

属蒙山山脉。在省境南部，费县东北部。因此山位于几个村落的右前方得名。海拔 524 米。植被种类属针叶纯林，以黑松为主。

转虎山 371325-21-G27

[Zhuǎnhǔ Shān]

属蒙山山脉。在省境南部，费县东北部。因山体蜿蜒形状比较像虎得名。海拔 356 米。植被种类属针阔混交林，以黑松、板栗为主。

猫头山 371325-21-G28
［Māotóu Shān］

属蒙山山脉。在省境南部，费县东北部。因山体形似猫头而得名。海拔 517 米。植被为针阔混交林，以黑松、刺槐为主。

望海楼 371325-21-G29
［Wànghǎilóu］

属蒙山山脉。在省境南部，费县东北部。海拔 1001.2 米。据清光绪《费县志》记载："望海楼，在平仙顶北，峰极高峻，平明时映日光，可望东海。"故名望海楼。植被为针阔混交林，以黑松、麻栎为主。

五彩山 371325-21-G30
［Wǔcǎi Shān］

属蒙山山脉。在省境南部，费县东北部。据清光绪《费县志》记载："五彩崮，县东北五十里，自黄草关而东曰燕子山，出云山，再东起两峰，俱名五彩崮。"因该山土质肥沃，草木旺盛，春夏季节山上野花盛开，五彩缤纷，山名演变为五彩山。是蒙山最东端的高峰，海拔 762 米。东麓水入蒙河，西侧水入石岚水库。山林主要有赤松、黑松、黄荆等。

大青山 371325-21-G31
［Dàqīng Shān］

属蒙山山脉。在省境南部，费县东北部。因青山植被覆盖率较高，夏秋季节青山如黛，故名。海拔 686 米。植被为针阔混交林，以黑松、刺槐为主。主要景点有大青山胜利突围纪念馆、纪念碑、纪念亭、综合报告厅、抗大碑林等。

牛皮岭 371325-21-G32
［Niúpí Lǐng］

属蒙山山脉。在省境南部，费县东北部。据清光绪《费县志》标注为牛皮山。因此山植被较少，远看光滑如牛皮，故名牛皮岭。海拔 407 米。植被种类为针阔混交林，树种以黑松、麻栎为主。

塔山 371325-21-G33
［Tǎ Shān］

属蒙山山脉。在省境南部，费县东北部。因山峰陡峭如塔，故名。海拔 929 米。山下设有国营塔山林场，主要有赤松、黑松、油松、麻栎、栓皮栎，灌木有黄荆、胡枝子，中药材有桔梗、柴胡、何首乌、连翘等，盛产松蘑、香菇。有公路经此。

方山 371325-21-G34
［Fāng Shān］

属尼山山脉。在省境南部，费县东南部。因山顶平而方，故名。海拔 372 米。植被为针阔混交林，以侧柏、刺槐为主。

黑顶子 371325-21-G35
［Hēidǐngzi］

属尼山山脉。在省境南部，费县东南部。因此山顶多为黑石，故名。海拔 367 米。植被为针叶林，以侧柏为主。

岐山 371325-21-G36
［Qí Shān］

属尼山山脉。在省境南部，费县东南部。据清光绪《费县志》记载："其山，县东南四十五里。《府志》作旗山，讹作箕山。自方山而东南起此山，顶平，长数里，石淡紫色，可作砚。山前有古寺，南、东俱濒于涑。"后演变为岐山。海拔 325 米。植被为针阔混交林，以侧柏为主。山顶有霸王寨，有岐山寺。

岩坡山 371325-21-G37
[Yánpō Shān]

属蒙山山脉。在省境南部，费县东南部。据清光绪《费县志》记载："凤山，县东南二十里，许家顶之北，旧名雁坡山。因山形如雁得名。"后演变为岩坡山。海拔276米。植被为针阔混交林，以侧柏、果树为主。

黑山 371325-21-G38
[Hēi Shān]

属尼山山脉。在省境南部，费县西南部。因山体土质为黑色得名。海拔462米。植被种类属针阔混交林，主要树种为侧柏、刺槐。

横梁山 371325-21-G39
[Héngliáng Shān]

属尼山山脉。在省境南部，费县西南部。因山势东西横贯，与附近山势截然不同，故名横梁山。海拔448米。植被种类属针阔混交林，树种以黑松、山楂为主。

老虎山 371325-21-G40
[Lǎohǔ Shān]

属尼山山脉。在省境南部，费县西南部。因山形似虎，故名。海拔516米。主要有黑松、赤松，山下有国营老虎山林场。有公路经此。

石屋山 371325-21-G41
[Shíwū Shān]

属尼山山脉。在省境南部，费县西南部。因山上有自然形成的石棚，当地称为石屋，故名。海拔340米。植被种类属针阔混交林，树种以刺槐、黑松、板栗为主。

四道湾 371325-21-G42
[Sìdàowān]

属尼山山脉。在省境南部，费县西南部。因此山绵延狭长，有四道山湾而得名。海拔517米。植被种类属针阔混交林，以黑松、山楂为主。

由吾崮 371325-21-G43
[Yóuwú Gù]

属尼山山脉。在省境南部，费县西南部。据清光绪《费县志》记载："由吾崮，县西南三十五里，自庙子崖东北行起此山，世传有由余之后曰由吴（府志作吾）道荣者，隐居于此，故名。"现为由吾崮。据清光绪《费县志》人物篇记载，由吾道荣精于异人法术，更精于符水、禁咒、阴阳、律数，后云游至此隐居，因此该崮得名由吾崮。为沂蒙七十二崮之一，海拔411米。植被种类以针叶树为主，主要为侧柏。

云天崮 371325-21-G44
[Yúntiān Gù]

属尼山山脉。在省境南部，费县西部，费县与平邑县交界处。因此崮比周围其他崮都高，经常云雾缭绕而得名。据清光绪《费县志》记载，该崮又名云台崮或云彩崮。是沂蒙七十二崮之一，海拔568米。植被种类属阔叶纯林，以桃树、山楂为主。

小崮子 371325-21-G45
[Xiǎogùzi]

属尼山山脉。在省境南部，费县西部，费县与平邑县交界处。因山峰较小得名。海拔572米。植被种类属阔叶林，树种以刺槐、山楂、桃为主。

滩山 371325-21-G46
[Tān Shān]

　　属尼山山脉。在省境南部,费县西部,费县与平邑县交界处。因山顶部平坦,形如沙滩得名。海拔 434 米。植被种类属针阔混交林,树种以侧柏、核桃为主。

骟马山 371325-21-G47
[Piànmǎ Shān]

　　属尼山山脉。在省境南部,费县西部,费县与平邑县交界处。因地形像马得名。海拔 462 米。植被种类属针阔混交林,树种有侧柏、刺槐。

轿顶山 371325-21-G48
[Jiàodǐng Shān]

　　属尼山山脉。在省境南部,费县西部,费县与平邑县交界处。因山头较为平坦,中间突出,形似轿顶,故名。海拔 472 米。植被种类属针阔混交林,树种有侧柏、山楂、杨树等。

玉环山 371325-21-G49
[Yùhuán Shān]

　　在省境南部,费县西南部。因有白色石层周匝山腰似玉环得名。海拔 405 米。为温凉河源地。山林主要有侧柏、刺槐、枰柳、臭椿、楸树、泡桐、毛白杨和灌木。盛产黄梨。产全蝎、远志、芫花等多种中药材。山南侧半腰有仙人洞,洞外明建丛柏庵残迹尚存。有公路经此。

娘娘顶 371325-21-G50
[Niángniang Dǐng]

　　属尼山山脉。在省境南部,费县西部与平邑县界处。因山顶曾有娘娘庙得名。海拔 568 米。为浚河源地。山林主要有侧柏、刺槐、杨树等。产核桃、柿子、山楂、金银花、酸枣仁。有公路经此。

薄山 371325-21-G51
[Bó Shān]

　　属尼山山脉。在省境南部,费县西南部。因此山土少石多,草木生长不旺,故称薄山。海拔 365 米。植被为针阔混交林,以侧柏、板栗为主。

黄山 371325-21-G52
[Huáng Shān]

　　属尼山山脉。在省境南部,费县西南部。据清光绪《费县志》记载:“西泇起源处,实在费境,迤东为大黄山,高山头,宜仰寨。”其中,大黄山系指现在的黄山,有九个山顶,当地群众亦称九顶黄山。海拔 373 米。植被为针阔混交林,以侧柏、核桃、桃为主。

老牛槽山 371325-21-G53
[Lǎoniúcáo Shān]

　　属尼山山脉。在省境南部,费县西南部。此山南、北两侧高,中间有条沟,形似牛槽,故名。海拔 388 米。植被为针阔混交林,树种以侧柏、板栗为主。

青龙山 371325-21-G54
[Qīnglóng Shān]

　　属尼山山脉。在省境南部,费县西南部。据清光绪《费县志》记载:“漯流山,县西南六十五里……上有柳毅庙,下有葡萄涧。”按其方位,漯流山即现名青龙山。传说龙女在此山牧羊,托赶考举子柳毅传书,故名。海拔 354 米。植被为针阔混交林,以黑松、侧柏、刺槐、桃树为主。山有青龙寺。

皮崮顶 371325-21-G55
[Pígù Dǐng]

　　属尼山山脉。在省境南部,费县西南部。相传此山因皮狐(即狐狸)较多,故名皮狐山,后演变为皮崮顶。海拔 475 米。植被为针阔混交林,主要树种为侧柏、板栗。

双山 371325-21-G56
[Shuāng Shān]

属尼山山脉。在省境南部，费县西南部。海拔532米。据清光绪《费县志》记载："双山，在大苍山南，双峰耸峙，宛若熊耳。"因顶有两峰，故名双山。植被为针阔混交林，以黑松、侧柏、刺槐、板栗为主。

白皮崮 371325-21-G57
[Báipí Gù]

属尼山山脉。在省境南部，费县南部。因山上瓜连石较多，远望就像瓜皮一样光滑明亮，得名白皮崮。海拔422米。植被为针阔混交林，以侧柏、杨树为主。

几辈崖 371325-21-G58
[Jǐbèi Yá]

属尼山山脉。在省境南部，费县南部。据神话传说，山下余家店的高逢去东海贩鱼，龙王托他给蒇北崖（山）黄泥洞的老道捎信一封。他到洞中送信后出洞回家，他的第七代孙已82岁了，故此得名几辈崖。沂蒙七十二崮之一，海拔414米。植被为针阔混交林，以侧柏、大枣、核桃为主。山北坡为红丹脆大枣采摘园，山半腰建有凉亭，山间观光路围绕。

刘家崮 371325-21-G59
[Liújiā Gù]

属尼山山脉。在省境南部，费县南部。相传唐代山下有座天禧寺，住持和尚姓刘，故名。海拔409米。植被为针阔混交林，以侧柏、核桃为主。

梅齐崮 371325-21-G60
[Méiqí Gù]

属尼山山脉。在省境南部，费县南部。相传明末清初时，起义军首领王小吾在此占山为王，被附近九个山头的义军推举为"九山王"，后被清官府围困剿灭，妻离子散，故以此称迷失崮，后演变为梅齐崮。海拔395米。植被为针阔混交林，以侧柏、刺槐为主。

泉安子北山 371325-21-G61
[Quán'ānziběi Shān]

属尼山山脉。在省境南部，费县南部。因山下有村庄泉安子，此山在村庄北部，故名。海拔362米。植被为针叶纯林，树种为侧柏。

柱子山 371325-21-G62
[Zhùzi Shān]

属尼山山脉。在省境南部，费县南部。清光绪《费县志》曾名冠石山，因山峰直立如柱得名。海拔426米。山水流入许家崖水库。上部多侧柏、刺槐等，下部为梯田。产柿子、黄梨、山楂、核桃等。有公路经此。

鸽子山 371325-21-G63
[Gēzi Shān]

属尼山山脉。在省境南部，费县西南部。因山上曾经有很多野生鸽子，故名。海拔352米。植被主要为针阔混交林，以侧柏为主。

虎头山 371325-21-G64
[Hǔtóu Shān]

属尼山山脉。在省境南部，费县南部。因此山形似虎头，故名。海拔340米。植被主要为针阔混交林，以侧柏为主。

居林山 371325-21-G65
[Jūlín Shān]

属尼山山脉。在省境南部，费县西南部。1955年以后此山造林，专有造林人居住，故称为居林山。海拔319米。植被主要为针阔混交林，以侧柏为主。

擂鼓山 371325-21-G66

[Léigǔ Shān]

属尼山山脉。在省境南部,费县南部。传说农民起义军幅军在此与清军交战,有一将军赤裸上体在此擂鼓,故名。海拔266米。植被主要为针阔混交林,以侧柏为主。

密山 371325-21-G67

[Mì Shān]

属尼山山脉。在省境南部,费县南部。因山上植被覆盖较密,得名密山。海拔261米。植被主要为针阔混交林,以侧柏为主。

无儿崮 371325-21-G68

[Wú'ér Gù]

属尼山山脉。在省境南部,费县南部。因附近众多山峰林立,此山高度规模排第五,称五儿崮。后演为无儿崮。海拔347米。植被主要为针阔混交林,以侧柏为主。

玉皇顶 371325-21-G69

[Yùhuáng Dǐng]

属尼山山脉。在省境南部,费县南部。因峰顶颇平,称平仙顶。又因上有玉皇庙,习称今名。海拔935米。山势峻拔陡峭,东、西两侧水分别流入薛庄河、浚河。山林主要有油松、赤松,其次为麻栎、栓皮栎、辽东栎等,灌木有胡枝子、黄荆、葛条。产连翘、葛根等中药材。有公路经此。

长寿山 371325-21-G70

[Chángshòu Shān]

属尼山山脉。在省境南部,费县西南部。据清光绪《费县志》记载:"长寿山(旧名破山,或云原名文课山,破为课之讹)。"现当地人仍称为破山。海拔244米。植被主要为针阔混交林,以侧柏为主。

大涧 371325-21-G71

[Dàjiàn]

属尼山山脉。在省境南部,费县西南部。因山下有条深沟而得名。海拔415米。植被为针阔混交林,以侧柏、刺槐为主。

荆山 371325-21-G72

[Jīng Shān]

属尼山山脉。在省境南部,费县西南部。因山上荆条灌木多而得名。海拔356米。山下有荆山寺,附近建有烈士陵园。植被为针阔混交林,以侧柏、刺槐为主。

青皮山 371325-21-G73

[Qīngpí Shān]

属尼山山脉。在省境南部,费县西南部。据史载,此山南侧有柏树,北侧山草繁茂,夏日常青而得名青皮山。海拔357米。植被为针阔混交林,以侧柏、果树为主。

泉崮山 371325-21-G74

[Quángù Shān]

属尼山山脉。在省境南部,费县西南部。据史载,因山顶平坦,山中有十多处山泉,泉水常年流淌不断而得名。海拔596米。植被为针阔混交林,以侧柏、黑松、刺槐为主。

高山 371325-21-G75

[Gāo Shān]

属尼山山脉。在省境南部,费县西南部。因此山在附近的群山中较高而得名。海拔420米。植被为针阔混交林,以侧柏、果树为主。

老虎洞山 371325-21-G76

[Lǎohǔdòng Shān]

属蒙山山脉。在省境南部,费县北部,

与平邑县界处。山顶有洞，口如虎嘴，故名。海拔 874 米。南麓水流入浚河。有国营塔山林场，主要有赤松、油松、麻栎，灌木有黄荆、胡枝子等。有公路经此。

朝阳洞山 371325-21-G77
[Cháoyángdòng Shān]

属蒙山山脉。在省境南部，费县北部。山上有一洞口朝东，天明日出即能照到洞口，故名。海拔 791 米。植被种类属针阔混交林，以黑松、板栗为主。景点有朝阳洞。

大门山 371325-21-G78
[Dàmén Shān]

属蒙山山脉。在省境南部，费县北部。远望此山，犹如大门，故名。海拔 456 米。植被种类属针阔混交林，以黑松、板栗为主。

穷汉崮 371325-21-G79
[Qiónghàn Gù]

属蒙山山脉。在省境南部，费县北部。清光绪《费县志》山川图中标注为冲汉顶，《费县志》山川篇记为冲汉崮。清光绪末年，此处是从姓家人的山场，称为从家崮。1928 年，土匪横行，穷人在崮上修围子避难，故名穷汉崮。海拔 510 米。植被种类属针阔混交林，以黑松、板栗为主。

山口、关隘

小安子山口 371325-21-H01
[Xiǎo'ānzi Shānkǒu]

在省境南部，费城街道北 2 千米处。因位于小安子村附近而得名。海拔 259 米，关口长 300 米，宽 15 米，所在山峰是钟罗山。早年仅一条山间小道，陡峭难行，后经多次扩建，逐步削高填低，始成现状。为县城到县境北部地区的交通要道。

可乐庄山口 371325-21-H02
[Kělèzhuāng Shānkǒu]

在省境南部，费县城西 7 千米。因所在村庄得名。海拔 311 米，山口宽 30 米。是通往县城的必经之地。

紫荆关 371325-21-I01
[Zǐjīng Guān]

在省境南部，费城北 29 千米与蒙阴县交界处。因多紫荆树得名。海拔 310 米，南北长约 200 米，东西宽约 100 米。是蒙山三关之一，地势险要，是沟通南北之咽喉。234 省道经此。

黄草关 371325-21-I02
[Huángcǎo Guān]

在省境南部，费县薛庄镇驻地北 13.8 千米处。关口附近山坡盛产黄草，故名。海拔 227 米，长 300 米，宽 15 米。系通往费县的交通要道。

洞穴

许由洞 371325-21-N01
[Xǔyóu Dòng]

属石灰岩洞穴。在省境东南部，费县东南部马庄镇许由洞村。相传上古时期高士许由曾隐居于此，人们称此洞为隐真洞，后改称许由洞。洞长 20 米，宽 5 米，高 4 米，面积 100 米，容量 400 立方米。

仙人洞 371325-21-N02
[Xiānrén Dòng]

属石灰岩洞穴。在省境东南部，费城街道西南 10 千米玉环山南侧，小凉山半腰。因传说古人视此处为仙境，故名仙人洞。海拔 243 米。洞长 100 米，宽 2 米，高 3 米，面积 200 平方米，容量 600 立方米。洞内有泉、碑，附近有松柏、银杏、寺庙等文物。明大学士张四知曾在此留有"四面青山一线天，避暑何必进桃园"的诗句。

朝阳洞 371325-21-N03
[Cháoyáng Dòng]

属花岗岩洞穴。在省境东南部，大田庄乡驻地北5.6千米、大寨山西北部的深山中。因洞口向东，天明日出就能照到洞口，故名。海拔761米。洞长16米，宽8米，高5米左右，面积128平方米，容量640立方米。洞内有泉、碑，附近有松柏、银杏、寺庙等。

楼景洞 371325-21-N04
[Lóujǐng Dòng]

属石灰岩洞穴。在省境东南部，朱田镇西部5千米处，轿顶山半腰处。世传为娄瑾修炼处，故名娄瑾洞，后演为楼景洞。海拔277米。洞穴分为3个，一、二洞总长70余米，宽4米，高4米，面积280平方米，三洞深不可测，容量1 120立方米。洞内有泉、碑，附近有松柏、银杏、寺庙等。

老虎洞 371325-21-N05
[Lǎohǔ Dòng]

属花岗岩洞穴。在省境东南部，大田庄乡驻地北8千米，老虎洞山顶部。因洞口形如虎口，故称。海拔823米。洞长3米，宽2米，高2米，面积6平方米，容量12立方米。

河流

朱田河 371325-22-A-b01
[Zhūtián Hé]

沂河支流。在省境西南部，平邑县、费县境内。史称乾河。《山东通志·山川》

载："乾河，费县30里，源出由吾广泉诸山，北流入小沂水。"据《费县志》记载"治水……至岔河南山乾河入焉"。乾河按其位置当指朱田河，亦名由吾河。因该河自西向东横穿朱田全境，故名朱田河。发源于朱田镇大山顶东麓。上源分二支，北支出母子崮，南支出画眉山，两支汇入龙王口水库。河流走向为西转东北，长度30千米，流域面积175.98平方千米。

泉

玉泉 371325-22-I01
[Yù Quán]

在省境东南部，费县上冶镇东岭西侧，紫荆河东岸。因泉自石罅涌出，流如碧玉，故名。日涌水量1.7万吨。水质良好，水温较高，建有罗非鱼养殖基地。泉北有明代礼部主事周京修建的枕流亭和明太子少保、礼部尚书于慎行的题碑。再北有玉泉书院旧址。有公路经此。

琴泉 371325-22-I02
[Qín Quán]

在省境东南部，费县朱田镇境内苑上村东。据清光绪《费县志》记载："一芹泉，府志亦名琴泉，以泉声似琴韵也"，故以泉声似琴韵得名。立石碑书"琴泉"二字，系明代崇祯元年（1628）卢照京所书。泉西南有商代文化遗址古台。主要供附近居民生活及农业灌溉。有公路经此。

平邑县

山

龟蒙顶 371326-21-G01
[Guīméng Dǐng]

属蒙山山脉。在省境南部，县境东北部。因山顶宛如龟形，似神龟高卧云端而得名。海拔1 156米。龟蒙顶岩石主体是约形成于25.36亿年前的片麻状中粒含黑云花岗闪长岩。山顶有泉水。松、柏茂密，生长油松、黑松、橡树、赤松、刺槐等。产中药材紫草、地柏、何首乌、桔梗等。南麓有国营万寿宫林场。有公路经此。

摩云崮 371326-21-G02
[Móyún Gù]

属蒙山山脉。在省境南部，县境东北部。山势险峻，高耸入云，故得"摩云"之名。海拔1 025米。山体岩石主体为片麻状花岗闪长岩。植被以松、柏、刺槐等树木为主。有公路经此。

太平顶 371326-21-G03
[Tàipíng Dǐng]

属蒙山山脉。在省境南部，县境北部。因山顶平坦，且人民希望有安静和平的美好生活，得名太平顶。海拔813米。为浚河发源地之一。山林多松柏、刺槐。山北有新泰市国营太平林场，山南有平邑县云台寺林场。有公路经此。

黑山 371326-21-G04
[Hēi Shān]

属蒙山山脉。在省境南部，县境北部。因山体呈黑色，故名。海拔368米。植被为松、柏及杂树。有公路经此。

太皇崮 371326-21-G05
[Tàihuáng Gù]

属尼山山脉。在省境南部，县境西南部。1736年，乾隆侍人南巡时，在此留有佳话，刻有："正重归宛泰山方，因有名水出大匡，温凉清水流不尽，万山尽在水中央"，是时改称太皇崮。海拔505米。属典型的岱崮地貌特征，崮呈三角形，为三层崮顶，顶端呈方形，四周为悬崖峭壁，崖壁最高处达50多米。为温凉河南源。山下多植金银花。通公交车。

四开山 371326-21-G06
[Sìkāi Shān]

属尼山山脉。在省境南部，县境西南部。因周围山峰连绵，站于山顶四下环顾，群山如海，故名。海拔624.9米。山体由太古界泰山群变质岩构成，有黑云斜长片麻岩、混合花岗岩、混合岩等。山上盛长松柏、刺槐等树木，山坡遍植金银花。通公交车。

毓秀山 371326-21-G07
[Yùxiù Shān]

属尼山山脉。在省境南部，县境南部。旧志称曾子山，后以山景秀美改称今名。海拔480米。山体圆形，层次结构明显，为石灰岩质。山景秀美，遍植金银花。通公交车。

苏家崮 371326-21-G08
[Sūjiā Gù]

属尼山山脉。在省境南部，县境南部。以姓名山。海拔498米。山上树木甚少，杂草丛生。有公路经此。

母子山 371326-21-G09
[Mǔzǐ Shān]

属尼山山脉。在省境南部，县境东南

部。因山上有两块巨石，一大一小形如母子，故名。海拔 640 米。为典型的岱崮地貌。山体为沉积岩结构，上部覆盖厚层石灰岩。山上遍植马尾松、侧柏、槐树等，山下植金银花及各类果树。有公路经此。

天宝山 371326-21-G10
[Tiānbǎo Shān]

属尼山山脉。在省境南部，县境东南部。据传清咸丰年间，为避匪祸，近处村民在山上构筑围寨，贼寇屡次来攻，在危急时刻，似有天公相助，其他山寨皆破，唯此山寨巍然屹立，村民遂改名天宝山。海拔 501 米。山多松、柏，山腰以下遍植梨树。山西麓建有国营天宝山林场。有公路经此。

娘娘顶 371326-21-G11
[Niángniang Dǐng]

属尼山山脉。在省境南部，县境东南部。因山顶曾有娘娘庙得名。海拔 568 米。为浚河源地。山林主要有侧柏、刺槐、杨树等，产核桃、柿子、山楂、金银花、酸枣仁。有公路经此。

长山 371326-21-G12
[Cháng Shān]

属尼山山脉。在省境南部，县境西北部。因山形狭长而得名。海拔 405 米。山体为沉积岩结构，以石灰岩为主。山上多植松柏、刺槐，出彩霞石、竹叶石、图案石等奇石。有公路经此。

大白山 371326-21-G13
[Dàbái Shān]

属尼山山脉。在省境南部，县境中部。因山上岩石多土很少，岩石大量裸露，呈灰白色，故名。海拔 515.7 米。山体为石灰岩结构。有公路经此。

云头山 371326-21-G14
[Yúntóu Shān]

在省境南部，县境西北部。因该山山峰比较高，夏季山上经常云雾缭绕、云彩若隐若现，宛如天堂仙境，被当地人称作云头山。海拔 468.3 米。山上栽有茶树，产"云头山茶"。通公交车。

天台山 371326-21-G15
[Tiāntái Shān]

属蒙山山脉。在省境南部，县境西部。山高顶平，以神话中的仙境之意得名天台山。海拔 350 米。西部有浚河，巨石遍山，枝草横生。通公交车。

马家崮 371326-21-G16
[Mǎjiā Gù]

属尼山山脉。在省境南部，县境中南部。山形似马鞍，原名马鞍崮，后由马家管，故得今名。海拔 690.5 米。山体为沉积岩结构，顶端系厚层石灰岩。生有树木和杂草。通公交车。

吴王崮 371326-21-G17
[Wúwáng Gù]

属尼山山脉。在省境南部，县境东南部。相传春秋时期吴王伐鲁，行军至此被困，后用计倒穿着鞋跑而脱困，故名。海拔 653.9 米。山体为沉积岩结构，上层覆盖厚层石灰岩。通公交车。

大苍山 371326-21-G18
[Dàcāng Shān]

属尼山山脉。在省境南部，县境南部。因该山在苍山湾附近，与小苍山对称，得名大苍山。海拔 449 米。山顶较平坦，盛长松柏。通公交车。

老虎山 371326-21-G19
[Lǎohǔ Shān]

属尼山山脉。在省境南部，县境南部。相传滕县崔虎峪村，古代有一姓崔的农夫，在村边发现一只虎，与之搏斗后追至此山后无踪影，得名老虎山。海拔517米。山顶种植叶柏。通公交车。

富贵顶 371326-21-G20
[Fùguì Dǐng]

属尼山山脉。在省境南部，县境南部。以富有、贵气的美好寓意得名。海拔455米。山西侧绝壁，唯南山嘴有路可通山顶，山顶南北长，东西宽，较平坦，生野草。通公交车。

越峰山 371326-21-G21
[Yuèfēng Shān]

属尼山山脉。在省境南部，县境西南部。因该山在三县市交界处，越过此峰即为他乡，故名越峰山。海拔476.2米。周围山头拱卫，沟壑纵横，梯田缠绕，草木丛生。通公交车。

香山 371326-21-G22
[Xiāng Shān]

属尼山山脉。在省境南部，县境西部。因此处久有三月初三庙会的习俗，香火较旺，得名香山。海拔378米。山上千年古树如林，有古链、五角枫、燕子树、古槐等2000余棵树。通公交车。

洞穴

老虎洞 371326-21-N01
[Lǎohǔ Dòng]

天然洞穴。在省境南部，费县北部与平邑县界上。因洞口如虎嘴，故名。海拔874米。有国营塔山林场，主要有赤松、油松、麻栎，灌木有黄荆、胡枝子等。近期无开发条件。有公路经此。

朝阳洞 371326-21-N02
[Cháoyáng Dòng]

天然洞穴。在省境南部，县境东南部。因洞口向南，朝阳，故名。洞处于山腰峭壁下，洞口隐蔽，环境幽静，可容纳数百人。洞分两层，下层有一块巨大石壁，上原有多种图案。上层宽敞，底部面积322平方米。近期无开发条件。有公路经此。

赵家庄溶洞 371326-21-N03
[Zhàojiāzhuāng Róngdòng]

天然洞穴。在省境南部，县境东南部。因洞在赵家庄附近，故名。洞口朝西，呈拱形。入洞10余米处屈曲狭窄，洞深200余米，底部面积约1000平方米。近期无开发条件。有公路经此。

河流

浚河 371326-22-A-a01
[Jùn Hé]

祊河支流。在省境南部，县境东部。清朝中期拓宽河流时逐渐称之为浚河，浚为疏通、挖深之意。发源于武台镇云台山，流经武台、保太、平邑、柏林、铜石、地方等镇，在费城东北十里的南东洲村东，汇入祊河。长153千米，平均宽150米，流域面积3379平方千米。沿线有颛臾故城、归来庄金矿、左宝贵衣冠冢等。是养殖、灌溉主要水源。主要支流有跃牛河、鲁埠河、上河、唐村河等。

西皋河 371326-22-A-a02

[Xīgāo Hé]

浚河支流。在省境南部，县境东南部。因该河流经西皋村，故名。发源于昌里水库，流经白彦镇、郑城镇、铜石镇，入浚河。全长 34 千米，平均宽 23 米，流域面积 24.5 平方千米。河水主要用于灌溉及鱼虾类小型养殖，通航能力为七级航道。

鲁埠河 371326-22-A-a03

[Lǔbù Hé]

外流河。在省境南部，县境北部。因流经鲁埠村而得名。发源于武台镇北部，流经武台镇、保太镇，向南汇入浚河。全长 29 千米，平均宽 22 米，流域面积 195 平方千米。通航能力为七级航道，河水主要用于灌溉、鱼虾等小型养殖。主要支流有公家庄河。

跃鱼沟河 371326-22-A-a04

[Yuèyúgōu Hé]

外流河。在省境南部，县境北部。取鲤鱼跃龙门之意改为跃鱼沟河。发源于仲村镇北端，流经仲村镇、平邑街道，汇入浚河。长 28 千米，平均宽 24 米，流域面积 151 平方千米。通航能力为七级航道，河水主要用于灌溉、鱼虾等小型养殖。

资邱河 371326-22-A-b01

[Zīqiū Hé]

内陆河。在省境南部，县境东部。因主要流经原资邱乡境内，得名资邱河。发源于大洼林场群山，流经卞桥镇、地方镇，汇入杨庄水库。长 12.78 千米，平均宽 30 米，流域面积 32.93 平方千米。年平均径流量 1 106.45 万立方米。河水主要用于灌溉及鱼虾类小型养殖。

莒南县

山

扁山 371327-21-G01

[Biǎn Shān]

属扁山山脉。在省境东南部，县境东北部。以其形状轮廓命名为扁山。海拔 228 米。岩石构成为粗安岩。森林覆盖率 60%，常见树种有松树。野生动物有野兔、蛇。通公交车。

柴火山 371327-21-G02

[Cháihuǒ Shān]

在省境东南部，县境北部。本山自清朝建有柴火山南头村以来，以山上树林柴草生长茂盛而得名柴火山。海拔 270 米。通公交车。

赤嵋山 371327-21-G03

[Chìméi Shān]

在省境东南部，县境东南部。西汉末年，山东农民起义军"赤眉军"曾在此山驻扎过，故名赤眉山。海拔 180.9 米。主要岩石是石英二长斑岩。森林覆盖率 95%，常见树种为松柏。山中野生动物多为野兔。通公交车。

大山 371327-21-G04

[Dà Shān]

五莲山脉余脉。在省境东南部，县境东部。因此山大于周围诸山，故名大山。海拔 560 米。基岩以花岗岩为主。大山山峻坡陡，沟深谷狭，岩石裸露，土层较薄，山上马尾松覆盖率约 5%，多奇石、药草。通公交车。

东鲁继山 371327-21-G05

[Dōnglǔjì Shān]

在省境东南部，县境东北部。因坐落于鲁继山东侧，因地理位置得名，故名东鲁继山。海拔418.1米。基岩以花岗岩为主。山上马尾松覆盖率约8%，多奇石、药草。通公交车。

凤山 371327-21-G06

[Fèng Shān]

在省境东南部，县境东北部。相传，古时有对凤凰曾在此山栖息，故名凤山。海拔343.5米。基岩以花岗岩为主。

黑虎山 371327-21-G07

[Hēihǔ Shān]

在省境东南部，县境西北部。传说，本山古传有黑虎驻此，故名黑虎山。海拔349米。岩石构成为粗安岩。森林覆盖率60%，常见树种有松树。通公交车。

横山 371327-21-G08

[Héng Shān]

在省境东南部，县境东部。本山与其他山走向不一样，为东西走向，因而众称之横山。海拔342米。森林覆盖率95%，多系刺槐、马尾松等。通公交车。

虎山 371327-21-G09

[Hǔ Shān]

属望海楼山脉。在省境东南部，县境东北部。相传，古时山顶部的石洞内曾住过老虎，故称为虎山。海拔317米。岩石构成为粗安岩。森林覆盖率96%，常见树种为松树。野生动物是野兔。通公交车。

郇家山 371327-21-G10

[Huánjiā Shān]

在省境东南部，县境北部。因明朝时期郇氏居山西脚下，在此开荒种田，人们贯称郇家山。海拔259米。农田占50%，多花生；山林占50%，多系马尾松。通公交车。

黄墩山 371327-21-G11

[Huángdūn Shān]

属黄山山脉。在省境东南部，县境东北部。相传，古时北山沟内长有野黄豆，故名此山为黄豆山。又传明朝末年，以此地有牛头山，牛吃草有草山子，此山囤有黄豆，故称黄墩山。海拔321米。马尾松与刺槐树遍及全山，森林覆盖率达90%。通公交车。

黄山 371327-21-G12

[Huáng Shān]

属黄山山脉。在省境东南部，县境东北部。因本山古时无树，山上布满黄斑岩石，故名黄山。海拔479.6米。森林覆盖率85%。通公交车。

鸡山 371327-21-G13

[Jī Shān]

属扁山山脉。在省境东南部，县境东北部。因山顶上有块凸出的岩石，形似鸡头、鸡嘴、鸡冠，尤为真切，故名鸡山。海拔585米。岩石主要由粗安岩构成。常见树种为马尾松，森林覆盖率90%。野生动物为野兔。通公交车。

种谷山 371327-21-G14

[Zhònggǔ Shān]

属望海楼山脉。在省境东南部，县境西北部。相传，古时有个叫王乾的人，在此山种谷子，连年丰收，故名种谷山。海拔383米。基岩以花岗岩为主。有松树、果树等。通公交车。

尖山子 371327-21-G15
[Jiānshānzi]

在省境东南部，县境西南部。山头尖而高，人们称为尖山子。海拔340米。植被多系松、槐等，还有少量的檀树，森林覆盖率95%。通公交车。

峤山 371327-21-G16
[Jiāo Shān]

在省境东南部，县境东北部。因山形状如一座"轿子"，故称轿山，后逐渐演变为峤山。海拔310米。植被以马尾松为主，栽有苹果、山楂、梨树等。通公交车。

康山 371327-21-G17
[Kāng Shān]

在省境东南部，县境东北部。该处三山东西相连，其东一座，形似簸箕山。根据人们的想象，中间紧接着簸箕山的是米山，西边紧接着米山的为糠山。初称糠山，后演变为康山。海拔341.6米。植被以马尾松为主，栽有苹果、山楂等。通公交车。

空山 371327-21-G18
[Kōng Shān]

在省境东南部，县境东北部。古传800年前是南仙起名为空山，又传，此山地处三空中间，故称空山。海拔408米。山上多植马尾松，森林覆盖率90%。通公交车。

狼窝山 371327-21-G19
[Lángwō Shān]

在省境东南部，县境东北部。本山原有较多山狼，故名狼窝山。海拔346米。山上栽有苹果、山楂、梨树等，多刺槐树、马尾松，森林覆盖率50%。通公交车。

马鬐山 371327-21-G20
[Mǎqí Shān]

在省境东南部，县境东北部。南宋时称磨旗山，俗称莽栖山，后因山势狭长陡峻，绵延几十里，形似一匹扬鬐奔驰的骏马，以形定名为马鬐山。海拔662.2米。奇峰万叠，怪石林立，松柏苍翠，山泉叮咚。有公路经此。

牛头山 371327-21-G21
[Niútóu Shān]

在省境东南部，县境东北部。本山形似牛头，故名牛头山。海拔316米。山上多植刺槐树、马尾松等，森林覆盖率95%。通公交车。

坪顶山 371327-21-G22
[Píngdǐng Shān]

在省境东南部，县境西北部。以地理形态得名，故名坪顶山。海拔389米。山上多植松、槐等，还有少量的檀树。通公交车。

鹊山 371327-21-G23
[Què Shān]

属望海楼山脉。在省境东南部，县境东北部。因此山主峰向东似鹊头，两边各有一顶似鹊翅，其形状似鹊，故名鹊山。海拔326.5米。山上植被多系松、槐等。通公交车。

三皇山 371327-21-G24
[Sānhuáng Shān]

属黄山山脉。在省境东南部，县境东北部。据神话传说，若干年前，玉皇大帝的三女儿曾下凡住过此山，故借此传说，取名三皇山。海拔389.2米。马尾松、板栗树、苹果树布满山坡，森林覆盖率达100%。通公交车。

竖旗山 371327-21-G25
[Shùqí Shān]

属望海楼山脉。在省境东南部,县境东北部。明洪武年间,曹五生自东海县至此山,竖旗招兵,故取名竖旗山。海拔304.4米。森林覆盖率90%以上,以苹果、松柏为主。通公交车。

四顶山 371327-21-G26
[Sìdǐng Shān]

在省境东南部,县境北部。本山顶部有四个高顶,故名四顶山。海拔293米。森林覆盖率95%,多系松、槐等,还有少量的檀树。通公交车。

松山 371327-21-G27
[Sōng Shān]

属五龙山脉。在省境东南部,县境北部。本山于明朝就以松山相称,以山上松树较多,取名松山。海拔302.7米。森林覆盖率达70%,常见树种有松树,马尾松、板栗、苹果布满山坡。野生动物有野兔、蛇。通公交车。

头山 371327-21-G28
[Tóu Shān]

在省境东南部,县境东北部。相传明朝年间,以山顶西南部的几个尖头峰而得名头山。海拔441米。基岩以花岗岩为主。山上多马尾松,山脚下有少量苹果、山楂等,森林覆盖率达50%。通公交车。

王家山 371327-21-G29
[Wángjiā Shān]

在省境东南部,县境东北部。因本山清朝时期有王姓居此看山,开荒种田,故称王家山。海拔330米。多为马尾松,山脚下属耕地,主产花生、小麦,森林覆盖率达40%。通公交车。

卧石山 371327-21-G30
[Wòshí Shān]

属黄山山脉。在省境东南部,县境东北部。因山上有许多形似牲畜伏卧状的巨石,故名卧石山。海拔446米。植被主要有松树、苹果、山楂等。通公交车。

小头山 371327-21-G31
[Xiǎotóu Shān]

在省境东南部,县境北部。因本山比头山小,故名小头山。海拔245米。基岩以花岗岩为主。森林覆盖率50%。通公交车。

有钱山 371327-21-G32
[Yǒuqián Shān]

在省境东南部,县境北部。因本山地质好,山草树木旺盛,只要肯劳动就能换取果实,果为财(钱),因而人们称此山为有钱山。海拔185米。以林木为主,多为马尾松,森林覆盖率90%。通公交车。

寨山 371327-21-G33
[Zhài Shān]

属扁山山脉。在省境东南部,县境西南部。相传,北宋时期,杨文广曾在此安营扎寨,故名寨山。海拔314米。基岩以花岗岩为主。山上松、槐、檀树茂密,森林覆盖率95%。通公交车。

甲子山 371327-21-G34
[Jiǎzǐ Shān]

在省境东南部,县境北部。因山顶有两峰,形似两个角,故称角子山。后因方言"角""甲"近音,演变为甲子山。海拔480米。山中树木葱郁。有公路经此。

河流

绣针河 371327-22-A-a01
[Xiùzhēn Hé]

外流河。在县境西北部。因河水在阳光照射下银光四射，似无数根绣花针，故名绣针河。发源于刘家彩西北、三皇山东坡，流经坪上、团林、碑廓镇，至狄水南流入黄海。长 46 千米，宽 150 米，流域面积 370 平方千米。是一条具有防洪、排涝、灌溉综合效益的河道。

龙王河 371327-22-A-a02
[Lóngwáng Hé]

外流河。在县境东北部。因清代在入海处建有龙王庙一座，故得名龙王河。发源于莒南县文疃镇横山南，流经莒南县涝坡镇、坊前镇后入临沂临港区，后于江苏省赣榆县入黄海。长 47.5 千米，流域面积 552 平方千米。防洪流量 637 立方米 / 秒。是一条具有防洪、排涝、灌溉综合效益的河道。主要支流有王家大庄河、大峪崖河、甘霖河、龙头河、臧家庄子河、竹园河。

浔河 371327-22-A-a03
[Xún Hé]

外流河。在县境北部。因傍马亓山山下深水而得名，别称南大河。发源于日照市岚山区黄墩镇垛山北麓，从莒县刘家峪村南入莒县县境，于莒南大店镇大公书村西汇入沭河。长 64 千米，流域面积 535 平方千米。行洪流量 1 390 立方米 / 秒。属季节性河流，是排水、灌溉重要河道。主要支流有后崖河、滩井河、孔家沟河、粮山河、板石河、文疃河、马亓河等。

鸡龙河 371327-22-A-a04
[Jīlóng Hé]

外流河。在县境中部。因源出鸡山，蜿蜒似龙，故取名鸡龙河。发源于莒南县涝坡镇鸡山西麓，流经涝坡镇、十字路镇、岭泉镇和板泉镇，于莒南县板泉镇龙窝村汇入沭河。长 37.9 千米。宽 100~140 米，流域面积 308 平方千米。防洪流量 801 立方米 / 秒，平均年径流量 9 391 万立方米。是一条具有防洪、排涝、灌溉综合效益的河道。

泉

热泉 371327-22-I01
[Rè Quán]

温泉。在莒南县大店镇后官庄村村北，龙潭南约 50 米处。由于泉水较一般井水温热，所以当地人称之为热泉。平均温度 18℃。每逢冬季，因气温与泉水温差较大，所以此处往往是雾气缭绕，萦回不息。近期无开发条件。

蒙阴县

山

北岱崮山 371328-21-G01
[Běidàigù Shān]

属新甫山系。在省境中南部，县境东北部。以岱崮为名的南北两山，对称南、北岱崮，此山在北，故名北岱崮山。海拔 679 米。岩石结构以石灰岩、页岩为主，崮顶呈不规则三角形，四周为碳酸盐岩绝壁。植被以松、柏树为主。有公路经此。

南岱崮山 371328-21-G02
[Nándàigù Shān]

属新甫山系。在省境中南部，县境东北部。因在北岱崮之南，与其对称得名。海拔 705 米。岩石结构以石灰岩为主。植被以松、柏树为主。有公路经此。

司马寨山 371328-21-G03
[Sīmǎzhài Shān]

属新甫山系。在省境中南部，县境东北部。传说过去有位兵部司马在此山练过兵，故名司马寨山。海拔 568 米。岩石结构以石灰岩为主。植被以柏树、黑松、马尾松林为主。有公路经此。

白草坪山 371328-21-G04
[Báicǎopíng Shān]

属新甫山系。在省境中南部，县境东北部。因山上有很多白草，山顶又比较平坦，故名白草坪山。海拔 715 米。岩石以花岗岩、砂石为主。植被以松树、刺槐为主。

关隘

紫荆关 371328-21-I01
[Zǐjīng Guān]

在省境中南部，县境东南部。因此处多紫荆树，故名紫荆关。海拔 310 米。南北长 200 米，东西宽 100 米。属暖温带半湿润气候，夏季高温多雨，冬季寒冷干燥，四季分明。盛产蜜桃、板栗等农产品。为蒙山四关之一，地势险要，是沟通南北之交通咽喉。有公路经此。

白马关 371328-21-I02
[Báimǎ Guān]

在省境中南部，县境西部。因传说从前此处有白马，关口附近有块白马石，形状像马，故名白马关。海拔 315 米。东西长 300 米，南北宽 150 米。属暖温带半湿润气候，夏季高温多雨，冬季寒冷干燥，四季分明。盛产蜜桃、板栗、花生等农产品，出产金刚石。为蒙山四关之一，历为交通要塞，石兖公路从关口通过。有公路经此。

九女关 371328-21-I03
[Jiǔnǚ Guān]

在省境中南部，县境西南部。传说古时有九个女子在此为王，故名九女关。海拔 320 米。长 100 米，宽 18 米。属暖温带半湿润气候，夏季高温多雨，冬季寒冷干燥，四季分明。盛产蜜桃、花生等农产品。为蒙山四关之一，历为交通要塞。有公路经此。

洞穴

仙人洞 371328-21-N01
[Xiānrén Dòng]

石灰岩洞穴。在省境中南部，县境南部。自宋朝传说有仙人在此修炼得名。洞内南北长 19 米，东西宽 15 米，高 4.5 米。其中有浮雕、滴水等景观，并残留有石碑两块。此洞为蒙阴古八景之一。近期无开发条件。有公路经此。

龙虎洞 371328-21-N02
[Lónghǔ Dòng]

石灰岩洞穴。在省境中南部，蒙阴县坦埠镇龙虎寨村南山顶上。传说是明太监魏忠贤开银矿留下的矿洞，后为虫兽潜藏之处，故名龙虎洞。洞口宽 2.6 米，洞口高 2.1 米，洞内长 11.5 米，洞深 38 米，洞内宽 2.9 米，高 2.2 米，进入洞口 2 米处有井 1 眼，井口直径约 1 米，深不可测，下部为一天然溶洞穴，内有水可饮用。近期无开发条件。

将军洞 371328-21-N03
[Jiāngjūn Dòng]

石灰岩洞穴。在省境中南部，蒙阴县坦埠镇茂固寨山后。传说太上老君在此洞炼丹，故名老君洞。1947 年 5 月，孟良崮战役前夕，为陈毅将军指挥所，1996 年更名为将军洞。占地面积 240 平方米。长度 30 米，宽度 8 米，高度 5 米。容量 1 100 立方米。近期具有一定开发条件。有公路经此。

云霞洞 371328-21-N04
[Yúnxiá Dòng]

石灰岩洞穴。在省境中南部，蒙阴县垛庄镇石屋山村后睡虎山上顶部。因洞口向东，地势较高，早晨云雾缭绕，朝霞对映，如在云霞之中，故名云霞洞。海拔 419 米，洞深 20 米，高 10.3 米，宽 6 米。是一天然石洞，可容纳千人。里面壁雕佛像已损坏，仅存一组尚可辨认。近期具有一定开发条件。有公路经此。

李老爷洞 371328-21-N05
[Lǐlǎoyé Dòng]

石灰岩洞穴。在省境中南部，蒙阴县旧寨乡杏山子村北山。因洞内供奉传说中的托塔李天王之子——哪吒命名，得名李老爷洞。占地面积 13 平方米。洞口向东，洞体走向东西偏西南，洞口宽 3.4 米，洞内宽 4.4 米，洞高 2.1 米，洞深 6 米，容量 27 立方米。近期具有一定开发条件。有公路经此。

瀑布、泉

河河水瀑布 371328-22-H01
[Héhéshuǐ Pùbù]

在省境中南部，蒙阴县垛庄镇河河水村南。因所在地得名。上游水源来自蒙山脉的华皮岭山，瀑布最大落差 46 米，最大宽度 24 米，最大水流量 0.5 立方米 / 秒。该瀑布周围绿树环绕，郁郁葱葱，瀑布下面雨雾缭绕，场面非常壮观。近期有一定开发条件。

中国瀑布 371328-22-H02
[Zhōngguó Pùbù]

在省境中南部，蒙阴县桃墟镇花果庄西南。因瀑布所挂崖壁的轮廓酷似中国版图而得名。最大落差约 200 米，最大宽度约 80 米，流量约 7.5 立方米 / 秒。此瀑布为江北罕见的三叠式瀑布，水流从高约百米的悬崖上一跃而下，中途受两道断崖阻隔，稍做盘旋随即又腾身直泻，形成了典型的叠式跌水。已作为旅游景观开发。有公路经此。

南泉 371328-22-I01
[Nán Quán]

冷泉。在省境中南部，蒙阴县常路镇南泉村西。因该泉在东汶河以南山坡上，故名南泉。平均水温 14℃。最高水位 2 米，最低水位 1 米，丰水期水深 2.5 米，涌水高度 0.5 米。古泉水势汹涌，喷水成柱，有 1 米多高，被誉为"龙泉淑玉"。近期无开发条件。有公路经此。

西崖泉 371328-22-I02
[Xīyá Quán]

冷泉。在省境中南部，蒙阴县坦埠镇西崖村南。因该泉在坦埠镇西崖村，故名。平均水温 14℃。最高水位 8 米，最低水位 6 米，丰水期水深 2 米。最大输出量 4 000 立方米，日出水量 2 000 立方米，涌水高度 0.4 米。水质 pH 值 7。近期无开发条件。有公路经此。

泉桥泉 371328-22-I03
[Quánqiáo Quán]

冷泉。在省境中南部，蒙阴县垛庄镇泉桥村西。因在垛庄镇泉桥村，故名。平均水温14℃。最高水位10米，最低水位8米，丰水期水深1米，最大输出量1 000立方米，日出水量500立方米，涌水高度0.1米，水质pH值7。近期无开发条件。250国道经此。

后佛峪泉 371328-22-I04
[Hòufóyù Quán]

冷泉。在省境中南部，县境东部。因处在后佛峪村，故名。平均水温14℃。最高水位16米，最低水位12米，丰水期水深4米。最大输出量6 000立方米，日出水量4 320立方米。涌水高度0.4米。近期不具备开发条件。有公路经此。

临沭县

山

苍山 371329-21-G01
[Cāng Shān]

在县境东北部。取沧海无边之意，取名苍山。海拔394.7米。山体为花岗岩结构，蕴含铁、磷等矿产资源。山坡有野生何首乌，产丹参、半夏、黑狗筋、白莲、酸枣等中药材。有公路经此。

冠山 371329-21-G02
[Guàn Shān]

在县境东北部。因主峰北侧有一巨石耸立，犹如凤凰之冠，故名冠山。海拔288.2米。山上有马尾松、刺槐、果树等，中药材有柴胡等。有公路经此。

马山 371329-21-G03
[Mǎ Shān]

在县境东北部。因山上有一巨石，似骏马奔腾，故名马山。海拔333.5米。有野生丹参、半夏、白莲、酸枣等中药材。有公路经此。

羽山 371329-21-G04
[Yǔ Shān]

在县境东南部。羽山（又名禹山），大禹的父亲鲧因治水无方，被舜赐死于此，禹在此出生，因而称为禹山，后演为羽山。海拔269.5米。山体系沉积岩结构。山坡上有野生丹参、半夏、白莲、酸枣等中药材。有公路经此。

钟华山 371329-21-G05
[Zhōnghuá Shān]

在县境西北部。原名华山，早年钟姓迁到山下居住，遂易名钟华山。海拔85.9米。山体系沉积砂质岩结构。山上植有松柏、刺槐、苹果、山楂等。有公路经此。

啦子山 371329-21-G06
[Lāzǐ Shān]

在县境东北部。人们以此山与长沙岭连绵不断而命名为啦啦山，后称为啦子山。海拔135.6米。山体系沉积岩结构。山上植有赤松、刺槐等。山坡辟有梯田，宜植小麦、花生、地瓜等农作物。有公路经此。

双山 371329-21-G07
[Shuāng Shān]

在县境东北部。因山有双峰，故名双山。海拔221米。山体为沉积岩结构。山上多植赤松、刺槐等，有土元、毒蝎及桔梗、柴胡等中药材。有公路经此。

玉山 371329-21-G08
[Yù Shān]

在县境东北部。山顶西南部有洁白如玉的大石头，故名。海拔 280.9 米。山体系沉积岩结构。山上植有赤松、刺槐、板栗等，有野生柴胡、丹参等中药材及山芋、山丹丹花等。有公路经此。

前花山 371329-21-G09
[Qiánhuā Shān]

在县境东北部。据传宋朝杨文广之妹杨金花曾在山上扎过营寨，故得名花山，因两山前后起伏相连，习称前花山。海拔 246 米。山上有马尾松、刺槐等树，有柴胡、红参、酸枣等中药材。有公路经此。

演武山 371329-21-G10
[Yǎnwǔ Shān]

在县境东北部。山顶有一巨石，形似燕窝，故旧称燕窝山。后因山上建有演武庙、演武场，改称演武山。海拔 575.2 米。山体系沉积岩结构。有公路经此。

磨山 371329-21-G11
[Mò Shān]

在县境东南部。因此山的石头在以前可以凿制成石磨而得名。海拔 158.3 米。山体系沉积岩结构。山上多植松柏，绿树成荫。有公路经此。

寨山 371329-21-G12
[Zhài Shān]

在县境东北部。宋将杨文广东征在此山扎寨，故名寨山。海拔 290 米。山体系沉积岩结构。山上植有赤松、刺槐等，有野生柴胡、丹参、酸枣等中药材。有公路经此。

竖子山 371329-21-G13
[Shùzǐ Shān]

在县境东北部。原名虎头山。后因此山直对东寨子，寨内杨姓颇多，为忌讳虎视羊（杨），更名为竖子山。海拔 187.9 米。山体系沉积岩结构。山上有赤松、刺槐等，有柴胡、酸枣等中药材。有公路经此。

盛水山 371329-21-G14
[Shèngshuǐ Shān]

在县境东北部。因山顶东侧有一山泉，故名。海拔 207.9 米。山体系沉积岩结构。山上多植赤松、刺槐等，有野生柴胡、酸枣等中药材。有公路经此。

民子山 371329-21-G15
[Mínzǐ Shān]

在县境东北部。原名虎头山。以顶部较大的地形地貌特征得名大顶子山，后改为民子山。海拔 147 米。山体系沉积岩结构。山上多植板栗、赤松、刺槐等，有野生柴胡、桔梗、双花、丹参等中药材。有公路经此。

河流

苍源河 371329-22-A-a01
[Cāngyuán Hé]

外流河。在县境中部。苍源河古称义水，又称夏庄河、花冒河，1984 年 5 月，因源于朱仓乡，改为苍源河。一支源于朱仓乡圆岭洞村东北 2 千米处，另一支源于朱仓乡坷山西麓，流经临沭县城向南在东大于科村南入新沭河。长 43 千米，流域面积 210 平方千米。年平均径流量 7 120 万立方米。是一条具有防洪、排涝、灌溉综合效益的河道。

塘子河 371329-22-A-b01
[Tángzi Hé]

内陆河。在县境东部。因流经东塘子村，故名。发源于唐岭乡罐子山东，流经赣榆县，汇入石梁河水库。长 17 千米，流域面积 42.8 平方千米。是一条具有防洪、排涝、灌溉综合效益的河道。

穆疃河 371329-22-A-b02
[Mùtuǎn Hé]

内陆河。在县境东部。因主河道流经朱苍乡穆疃村，故名。发源于朱仓乡竖子山东麓，流经赣榆县，汇入石梁河水库。长 34 千米，平均宽 100 米，流域面积 211 平方千米。是一条具有防洪、排涝、灌溉综合效益的河道。主要支流有朱仓河、东盘河、西盘河、龙潭沟。

五　名胜古迹、纪念地和旅游地

兰山区

纪念地

华东革命烈士陵园 371302-50-A-a01
[Huádōng Gémìnglièshì Língyuán]

在区境中部。因是华东地区烈士纪念的陵园，故名。建于 20 世纪 50 年代。陵园坐北朝南，占地 15 万平方米，目前共有塔、堂、馆、亭、廊、墓等大型纪念建筑物 19 座，整体布局为中轴对称式，风格为仿古建筑，南北大门与主体建筑革命烈士纪念塔、革命烈士纪念堂在一条中轴线上，其他建筑物对称布列于东西两侧。南大门为厅坊式建筑，面宽 36 米，高 12.8 米，门前并立 12 根红色圆柱，黄色琉璃瓦覆顶，蓝色斗拱疏密相间，红色匾额题写着"华东革命烈士陵园" 8 个金色大字。正门和左右侧门皆为朱红色，两边各有配房 3 间，大气庄重，与古朴的铁质透景墙相得益彰。门前为广场，两侧松柏夹道，多彩而肃穆。为全国爱国主义教育示范基地和全国青少年教育基地。1986 年 10 月被批准为全国重点烈士纪念建筑物保护单位。通公交车。

茶山烈士陵园 371302-50-A-c01
[Cháshān Lièshì Língyuán]

在区境中部。因地理位置和单位职能命名。建于 1959 年。烈士墓前后分 15 排，每排并列 6~7 座，共计 214 座，墓皆为块石砌筑，长方形。为广大群众缅怀革命前辈丰功伟绩、接受革命传统教育和爱国主义教育的场所。1989 年被批准为区级文物保护单位。通公交车。

重点文物保护单位

北寨墓群 371302-50-B-a01
[Běizhài Mùqún]

在区境中部。因所在地得名。为汉代墓葬，兼有战国至唐、宋、元、明、清历代的墓葬群。1964 年发现，1972 年至 1986 年先后发掘 100 余座墓葬，大多是西汉前期墓葬。北寨墓群竹简的出土，对中国军事史、文字学、古音训、古简册制度及古代历法的研究，均有重要价值。2001 年 6 月被批准为国家级文物保护单位。通公交车。

王羲之故居 371302-50-B-c01
[Wángxīzhī Gùjū]

在区境中部。因是书圣王羲之出生并生活过的地方，故名。汉至清代遗址。为古典园林式建筑。内有洗砚池、普照寺、晒书台、右军祠、左公祠、四宝台、五贤祠、琅琊书院等古迹。正门上匾额由著名书法家启功先生题写。王羲之故居有重要的考古价值和历史研究价值。2003 年 10 月被批准为市级文物保护单位。通公交车。

临沂天主教堂 371302-50-B-c02
[Línyí Tiānzhǔ Jiàotáng]

在区境中部。因所在政区而得名。1913 年建成。教堂坐北朝南,气势宏伟壮观,属古罗马式建筑风格。现为临沂市天主教爱国会和天主教临沂教区办公所在地,承担着全市 100 多处宗教场所和 5 万多名信众的教育、管理、示范、引领工作。是山东省唯一的一座古罗马式的大教堂,是研究当地民俗宗教与地方史的重要实物资料。2006 年 12 月被批准为市级文物保护单位。通公交车。

临沂市基督教两会基督教堂
371302-50-B-c03
[Línyí Shì Jīdūjiàoliǎnghuì Jīdū Jiàotáng]

在区境中部。因所在政区为临沂市,此堂为临沂市基督教两会办公中心,全市基督教重要的培训等活动均在此堂举行,故名。2012 年建成。教堂采取哥特式建筑风格与中国文化相融合,彰显着基督教信仰合一、相爱、融合的神学理念。是研究当地民俗宗教与地方史的重要实物资料。通公交车。

兰山区基督教堂 371302-50-B-c04
[Lánshān Qū Jīdū Jiàotáng]

在区境中部。因所在政区而得名。1986 年动工,1987 年 12 月建成,2005 年进行修整。该教堂积极引导信教群众爱国爱教。是研究当地民俗宗教与地方史的重要实物资料。通公交车。

临沂观音禅院 371302-50-B-c05
[Línyí Guānyīn Chányuàn]

在区境中部。因所在政区而得名。始建于明末清初,后毁于抗日战争,2009 年 8 月恢复重建观音禅院,2010 年 1 月开放。

是集佛教文化学术研究、佛教文化交流以及开展佛事活动于一体的宗教活动场所。通公交车。

白云寺 371302-50-B-c06
[Báiyún Sì]

在区境中部。因寺院坐落于茶芽山上,白云缭绕,故名白云寺。唐朝始建,明清时期扩建。现有建筑包括大雄宝殿、观音殿、地藏殿、三圣殿、念佛堂、白云洞、无梁殿、文昌塔等。在历史上曾对当地佛教的传播和发展产生过较大的影响。通公交车。

甘露寺 371302-50-B-c07
[Gānlù Sì]

在区境中部。乾隆下江南途经沂州适逢干旱,到甘露寺后见寺周围露雨蒙蒙,云雾缭绕,故赐名甘露寺。始建于南北朝,后被毁坏,2008 年开始恢复建设。寺中有大雄宝殿、天王殿、地藏殿、财神殿、念佛堂、西厢房。是研究当地民俗宗教与地方史的重要实物资料。通公交车。

重要景点和一般名胜古迹

临沂人民公园 371302-50-D-c01
[Línyí Rénmín Gōngyuán]

在区境东南部。因公园的功能是为人民提供休闲娱乐之地,故名。园区占地面积 280 000 平方米,动物园面积 26 666 平方米。主要采用以植物景观为主的自然式布局,共分六大功能区,由北向南依次为花卉盆景区、游戏活动区、安静游览区、动物区、水上活动区、滨河休闲区。园属动物园有狮、虎、熊、豹等国家一、二类保护动物 30 余种 150 多头(只)。是临沂市建设规模较大的综合性公园之一。通公交车。

临沂普照寺 371302-50-D-c02
[Línyí Pǔzhào Sì]

在区境中部。以普照众生之意命名。日军侵占临沂后，古建筑被破坏，古文物遭洗劫。1982年修复。现在普照寺主要包括大雄宝殿、地藏殿、财神殿、天王殿等。是集佛教文化学术研究、佛教文化交流以及开展佛事活动于一体的宗教活动场所。通公交车。

罗庄区

重点文物保护单位

王家三岗遗址 371311-50-B-b01
[Wángjiāsāngǎng Yízhǐ]

在罗庄区双月湖街道王家三岗村。因所在地得名。新石器时代遗址。东西长约400米，南北宽约400米，总面积约180 000平方米。出土和采集的陶器、石器、骨器等遗物百余件，陶器有背壶、瓶、罐、鼎、镂孔高柄杯、器盖等，石器有斧、锛、镞等，骨器有锥等。该遗址为研究新石器时代当地居民的生产生活特点提供了重要参考依据。1992年6月被批准为省级文物保护单位。通公交车。

朱陈古瓷窑址 371311-50-B-b02
[Zhūchén Gǔcí Yáozhǐ]

在罗庄街道朱陈社区宝泉寺公园内涑河两岸。因所在地得名。该窑址创烧于北朝晚期，延续至唐、宋或更晚仍然烧造器物。窑址分布于南涑河两岸与余粮沟西岸，南北长约400米，东西宽约300米，总面积达14 000平方米，在此范围内到处都散落有不同时期的瓷片和窑具。从采集的器物标本看，朱陈窑的烧造技术较前有进

步，釉色比较纯正，釉面光洁晶莹，施釉薄而均匀，胎釉结合紧密，胎骨制作规整。该遗址为山东地区陶瓷发展史的研究提供了较丰富的资料，具有非常重要的价值。2006年12月被批准为省级文物保护单位。通公交车。

吴白庄画像石墓 371311-50-B-b03
[Wúbáizhuāng Huàxiàng Shímù]

在盛庄街道吴白庄社区西北部。因所在地得名。东汉遗址。墓葬面积约2 600平方米，1972年底，画像石被运至临沂市博物馆收藏，墓葬的基石与一些墓砖等被封埋在原地，现堆筑封土高约3米。该墓属半地下建筑，地面起冢，墓室封土下有一号画像石大墓和二号无画像中型墓两座。墓东西宽15米，南北长9米，高约3.5米，由墓道、四墓门、前室、中室、双后室、三耳室、回廊等部分组成，墓室立柱上有栩栩如生的胡人、虎、猴、熊、盘龙等高浮雕、透雕。该汉墓在全国的汉画像石墓中占有突出的地位，具有鲜明的地方特点。2006年12月被批准为省级文物保护单位。通公交车。

晏驾墩遗址 371311-50-B-b04
[Yànjiàdūn Yízhǐ]

在罗庄区册山街道。因所在地得名。为新石器时代大汶口文化、龙山文化、岳石文化和商、周时期以及汉代的遗存。遗址高隆，东西约450米，南北约430米，总面积约20万平方米。出土大量夹砂红陶凿形鼎足、泥质黑陶鬶形杯、石斧、蘑菇纽器盖、灰陶豆柄等文物。该遗址对研究东夷文化的发展、聚落和商周时期文化的发展具有重要的价值。2006年12月被批准为省级文物保护单位。通公交车。

重要景点和一般名胜古迹

山东省临沂市双月湖国家城市湿地公园
371311-50-D-c01

[Shāndōng Shěng Línyí Shì Shuāngyuèhú Guójiā Chéngshì Shīdì Gōngyuán]

在罗庄区委、区政府驻地。早在明朝时期，双月湖景色优美，被誉为沂蒙琅琊八景之一，史称"泥沱双月""泥沱月色"，故名。公园有8万多平方米市民健身广场，中心花坛组成了"双月拱日"的图案。园内形成了春有花、夏有荫、秋有果、冬有青，四季有绿的绿化格局。丰富了市民的休闲娱乐生活。2007年6月被批准为国家城市湿地公园。通公交车。

河东区

重点文物保护单位

祝丘故城 371312-50-B-b01
[Zhùqiū Gùchéng]

在临沂市河东区故县村。因原故城而得名。东周、汉代聚落遗址。该遗址是鲁东南地区一处十分重要的古城遗址，它不仅面积较大，文化内涵丰富，而且延续时间较长，含有不同阶段的文化序列。特别是现存的高台遗址，保存相对较好，对研究新石器—东周时期的高台聚落成因具有重要的考古价值。2006年12月被批准为省级文物保护单位。通公交车。

泉上屯遗址 371312-50-B-b02
[Quánshàngtún Yízhǐ]

在汤头街道泉上屯村东。因所在地得名。新石器时代遗址。1982年12月底，中科院考古所山东队采集了3件玛瑙等特殊石质的人工石片，后又进行了多次调查，采集百余件打制石器，还有典型细石器。1984年曾进行了试掘。该遗址填补了山东省内从旧石器时代向新石器时代过渡的空白，衔接了新、旧石器时代的考古缺环，为鲁南地区古代文化区域类型、聚落分布、文化谱系等研究提供了资料，使山东史前考古序列的建立变为现实。1992年6月被批准为省级文物保护单位。有公路经此。

青峰岭遗址 371312-50-B-b03
[Qīngfēnglǐng Yízhǐ]

在朝阳街道养马庄村东。因传说是唐朝罗成大战青峰岭的遗址而得名。新石器时代至汉代遗址。青峰岭遗址是一处以中石器时代细石器文化为主的史前居址。它的发现引起了中外考古学界的瞩目，对研究人类历史发展及鲁南古代发展史有重大贡献。1992年6月被批准为省级文物保护单位。

凤凰岭遗址 371312-50-B-c01
[Fènghuánglǐng Yízhǐ]

在凤凰岭街道王家黑墩村东。因地处王家黑墩村而得名。为新石器时代、东周、汉代聚落遗址。1982年发掘。先后清理战国至汉代墓葬88座，出土文物有鼎、盒、罐、盆、壶、钵、铜镜、五铢钱等，另有8个乐舞、杂技俑，塑雕精致，栩栩如生。新石器在山东省乃首次发现，其文化层年代距今1.3万～1.9万年。这一发现填补了鲁南旧石器时代晚期开始出现原始农业的空白，被考古界称为"凤凰岭文化"。2003年被公布为市级重点文物保护单位。有公路经此。

后林子遗址 371312-50-B-c02
[Hòulínzi Yízhǐ]

在汤头街道后林子村东500米。因所

在地得名。新石器时代遗址。20世纪80年代文物普查时地表采集有细石器、石斧和龙山时期陶片。据采集的标本分析，此处为细石器、新石器和汉代聚居地。为研究河东区细石器、新石器和汉代文化聚落分布以及经济文化提供了资料。2006年12月被批准为市级文物保护单位。206国道经此。

东洪湖遗址 371312-50-B-c03
[Dōnghónghú Yízhǐ]

在芝麻墩街道东洪湖村东北。因所在地而得名。商至汉代聚落遗址。面积40 000平方米，文化层厚约0.8米，采集有商周夹砂灰陶、鬲足、鬲口沿、灰陶豆柄、汉代灰陶罐残片。1989年5月被批准为市级文物保护单位。有公路经此。

崔家大院 371312-50-B-c04
[Cuījiā Dàyuàn]

在九曲街道独树头二村内。因是崔姓建造，故名。明清时期建筑。有明二暗三、明三暗五式结构，房子用两梁一柱作为支撑房子的骨架。木梁全部采用粗圆木，架梁的两侧刻有奔牛、虎、狼、菊花等精美图案，活灵活现，栩栩如生。具有典型明清时期建筑风格，对明清时期房屋建筑构造及文化有重要的研究价值。2006年12月被批准为市级文物保护单位。有公路经此。

沂南县

纪念地

鲁中革命烈士陵园 371321-50-A-b01
[Lǔzhōng Gémìnglièshì Língyuán]

在沂南县城西北万松山南麓。因烈士原属军区而得名。1943年7月建立。1945

年5月，陵园惨遭破坏，碑身被炸毁。1965年3月重修鲁中烈士陵园。2009年改扩建。占地0.33平方千米。园内安葬了450名烈士。墓均为水泥圹，部分前竖石碑，部分为卧石碑。纪念馆在陵园前，陈列烈士遗物及展出抗战时期发生在境内军民抗战情况。纪念碑高5.3米，正面刻有"抗日烈士碑"五个镏金大字，背面刻着纪念碑序文，碑的两侧书刻着1 885名烈士的英名。是弘扬爱国主义精神、教育后人继承先烈遗志、激发奋图强之决心、实现民族复兴伟业的教育基地。1988年1月被批准为省级重点烈士纪念物保护单位。336省道经此。

重点文物保护单位

山东抗日军政干部学校旧址
371321-50-B-b01
[Shāndōng kàngrìjūnzhènggànbùxuéxiào Jiùzhǐ]

在沂南县岸堤镇岸堤二村南庙遗址上。因旧址原单位而得名。1938年成立，1939年与八路军第一纵队随营学校迁至沂南岸堤与山东抗日军政干部学校合并。占地2 500平方米。现存房屋两排，属民国建筑风格。大门东侧的一排为当年的政治处，后排为保卫处。为广大群众缅怀革命前辈丰功伟绩、接受革命传统教育和爱国主义教育的场所。1977年12月被批准为省级文物保护单位。有公路经此。

山东省战时工作推行委员会旧址
371321-50-B-b02
[Shāndōng Shěng zhànshígōngzuòtuīxíngwěiyuánhuì Jiùzhǐ]

在沂南县青驼镇青驼东村内。因原单位而得名。抗日战争时期遗址。1940年7月26日至8月26日，山东省联合大会在此召开。1990年在原址上修建战工会纪念馆。占地面积 4 000 平方米。馆内建有徐向前题写的"山东省抗日民主政权创建纪念碑"，谷牧题写的"为人民政权而献身的先烈们永垂不朽"，杨得志题写的"丰功壮齐鲁，伟绩照千秋"。现仅存大门西侧的古银杏树一株。树围 5.4 米，树高 35 米。1977 年 12 月被批准为省级文物保护单位。有公路经此。

西司马遗址 371321-50-B-b03
[Xīsīmǎ Yízhǐ]

在沂南县大庄镇西司马村西。因所在地得名。新石器时代遗址。文化堆积厚 1~1.5 米。出土遗物主要有夹砂红陶三角形鼎足、凿形鼎足、夹砂红陶罐上沿及罐底、黑陶碗等，纹饰以印纹、划纹为主。遗址为大汶口文化中晚期遗存，保存较好，内涵丰富。1992 年 6 月被批准为省级文物保护单位。有公路经此。

信量桥 371321-50-B-b04
[Xìnliàng Qiáo]

在沂南县辛集镇永成村北。名称来历不可考。宋元时期建筑。为石块垒砌拱形桥。占地 6 000 平方米。桥长 60 米，宽 4.6 米，桥面平缓。东引桥 50 米，西引桥 30 米。拱形桥洞 11 孔，每孔宽 4.2 米，高 4.6 米。桥南拱上嵌 11 龙首，桥北拱上嵌 11 龙尾。原在东西桥头的石柱上各有石狮一对，桥中间南北两侧石柱上各有一只石猴，其他石柱形状有鼓形、球形、香炉形、宝石形等。2006 年 12 月被批准为省级文物保护单位。有公路经此。

阳都故城 371321-50-B-b05
[Yángdū Gùchéng]

在沂南县砖埠镇孙家黄疃村。因原有故城而得名。商至汉代遗址。占地 4 500 000 平方米。古代为齐、鲁、莒三国交界。整个故城范围内植被茂盛，地表下 1.5~2 米为古城墙，城内出土文物有铜器、陶器、铁器、汉画像石等，有带铭文的国家一级文物青铜钺。2006 年 12 月被批准为省级文物保护单位。有公路经此。

常山庄山东省青代会会址 371321-50-B-b06
[Chángshānzhuāng Shāndōng Shěng Qīngdàihuì Huìzhǐ]

在沂南县马牧池乡常山庄村内。因原单位而得名。建于 1942 年。占地 300 000 平方米。北面有清末民国的建筑民房、高家大院，南侧建有清末时期民房、古戏台、炼铁炉、石门牌坊、炮楼子、土地庙等建筑物。2013 年 10 月被批准为省级文物保护单位。通公交车。

大青山战斗遗址 371321-50-B-b07
[Dàqīngshān Zhàndòu Yízhǐ]

在沂南县双堠镇西梭庄。因纪念大青山突围战烈士而得名。抗日、解放战争时期遗址。1994 年建立，同年 10 月修建 5 米纪念碑。整个墓地占地 1.67 万平方米。安葬着德国友人、太平洋学会记者汉斯·希伯和山东省战工会秘书长陈明等 297 名烈士（后汉斯·希伯和陈明及夫人辛锐等人的遗骸迁往临沂华东革命烈士陵园），后迁入散葬烈士墓 285 座。墓均为水泥圹，前竖石碑，正面镌刻烈士英名，背面刻烈士生平事迹。为广大群众缅怀革命前辈丰功伟绩、接受革命传统教育和爱国主义教育的场所。1977 年 12 月被批准为省级文物保护单位。有公路经此。

重要景点和一般名胜古迹

竹泉村旅游度假区　371321-50-D-a01
[Zhúquáncūn Lǚyóu Dùjiàqū]

在沂南县铜井镇西北 5 千米处。因此泉边多竹，故名竹泉村。占地 0.5 平方千米，核心区占地面积 0.1 平方千米。旅游度假村以竹泉古村为依托，以沂蒙古村生态和古村民俗为资源优势，以"竹""泉""村"为突出特色，打造具有显著沂蒙特色、泉乡个性、竹乡景观、农家风情，融观光、度假、休闲等功能于一体的北方沂蒙山乡综合性旅游目的地。旅游区分为凤凰迎宾、竹梅幽境、田园闹市、竹林菊舍、三分乐土、泉上兰亭六个功能分区。2010 年被评为国家 AAAA 级旅游景区。通公交车。

山东智圣汤泉旅游度假村　371321-50-D-a02
[Shāndōng Zhìshèngtāngquán Lǚyóu Dùjiàcūn]

在县城北部。因是诸葛亮故里而得名。占地 0.312 平方千米。建筑面积 10.6 万平方米。智圣汤泉温泉水日出水量达 10 000 多吨，水温高达 78℃，富含偏硅酸、氟、碘、溴、锂、锶等 30 多种有益人体健康的矿物质微量元素。按照汉代建筑风格结合江南园林景观设计，以诸葛亮文化为主题，度假村共分为客房接待中心、餐饮中心、会议中心、温泉中心和温泉影剧院五大主题，是集温泉沐浴、休闲养生、生态旅游于一体的温泉旅游度假景区。2010 年被评为国家 AAAA 级旅游景区。229 省道、336 省道经此。

沂蒙红色影视基地　371321-50-D-a03
[Yíméng Hóngsè Yǐngshì Jīdì]

在沂南县马牧池乡常山庄。因以沂蒙红色文化为背景而得名。由古山村、沂州城、爱国主义教育基地、山乡梦工场、沂蒙红色写生基地等五部分组成。拍摄了《沂蒙》《沂蒙六姐妹》《红高粱》等 100 余部影视剧，被誉为"山东好莱坞"。是一处集红色旅游、绿色养生、影视拍摄、红色教育体验、餐饮娱乐等功能于一体的综合性休闲度假胜地。2012 年被评为国家 AAAA 级旅游景区。通公交车。

自然保护区

孟良崮国家森林公园　371321-50-E-a01
[Mèngliánggù Guójiā Sēnlín Gōngyuán]

在沂南县孙祖镇西北部。东至孙祖镇宝石官庄，南至孙祖镇大路沟，西至孙祖镇大碾村，北至孙祖镇牛家沟。面积 1.5 平方千米。因公园依托孟良崮建立而得名。主峰孟良崮海拔 536 米，最高峰大庵顶海拔 575.2 米。山上峰峦叠翠，奇石多姿、石洞叠连。属暖温带季风区大陆性气候。植被覆盖率 76%，以马尾松为主。1992 年被批准为国家森林公园。主要保护自然景观、沂蒙红色文化、古历史文化。公园内自然景观独特，珍稀动植物资源丰富，有动物 12 科 20 余种，植物 55 科 121 种，白蝙蝠、五角枫等是稀有物种。有孟良崮战役纪念碑、原国民党七十四师指挥部遗址、古城堡、孟良祠、万福洞、九龙洞、将军林、支前村、崮魂石、竹林幽胜、神女泉、泰山老母行宫、雕窝观云等 50 多个景点。有公路经此。

郯城县

重点文物保护单位

郯国故城 371321-50-B-a01
[Tánguó Gùchéng]

在县境北部。因郯国故城是郯国都城，故名。周至汉代遗址。故城呈不规则四边形，现故城南墙无存，东墙和西墙颓垣断壁断续可见，只有北墙尚为完整，一般高度为4~5米，以郯城一中院内西北隅一段古城墙保存尤其好，城墙上植满松柏、刺槐，间有山枣、荆条等灌木丛，两面砌有砖墙和护坡。故城内及城附近尚有不少古迹，有社稷坛、师军台和曾子（参）在郯授徒时建的一贯书院等。2006年5月被批准为国家级文物保护单位。有公路经此。

马头清真寺 371321-50-B-b01
[Mǎtóu Qīngzhēn Sì]

在郯城县马头镇清真街路南。因所在地得名。明清时期建筑。是鲁南苏北年代最久、规模最大、保存最完整的伊斯兰建筑。1984年6月，立"重修马头镇清真寺纪实"石碑一座，碑眉刻"硕德永昭"四个大字。是研究当地民俗宗教与地方史的重要实物资料。2006年12月被批准为省级文物保护单位。通公交车。

沂水县

纪念地

沂水革命烈士陵园 371323-50-A-b01
[Yíshuǐ Gémìnglièshì Língyuán]

在沂水县沂城街道荷叶官庄村北。因安葬抗战时期革命烈士而得名。建于1960年。陵园呈半圆形，正中台阶上耸立着革命烈士纪念碑和沂水革命纪念馆。陵园中共安葬革命烈士1 503名，主要为抗战时期沂水境内历次战役中牺牲的烈士。1990年被批准为省级革命烈士纪念建筑物保护单位。通公交车。

王庄烈士陵园 371323-50-A-c01
[Wángzhuāng Lièshì Língyuán]

在沂水县夏蔚镇王庄西。因所在地得名。建于1945年。大门向东，石座铁门，上面饰有"烈士陵园"四个大字，陵园内耸立一高4米的革命烈士纪念碑，正面刻有"浩气长存"四个金色大字，三面刻有烈士名录和碑文。陵园共有21排353名抗日烈士陵墓，东西向排列。2014年10月被批准为市级文物保护单位。

重点文物保护单位

齐长城遗址 371323-50-B-a01
[Qíchángchéng Yízhǐ]

在县境北部。为春秋战国时期齐国所建的军事防御工程，故名。春秋战国时期遗址。齐长城从春秋时期开始筑西段，在鲁襄公十八年（前555）完成。西自泰薄顶入沂水县境内10余千米，东去富官庄镇折入安丘县境近50千米，城墙多为混合沙土夯筑。穆陵关是齐长城上的重要关隘，在马站镇关顶村，现旧址东侧仍存有两块明清时期守关和修关的记载碑。具有重要的考古价值。2001年6月被批准为国家级文物保护单位。有公路经此。

纪王崮墓群 371323-50-B-b01
[Jìwánggù Mùqún]

在沂水县泉庄镇纪王崮顶。因所在自

然地理实体而得名。东周墓葬。墓葬呈"船"形，北侧相传为纪王妃子墓。现为天上王城景区内的一处著名景点。2013 年 10 月被批准为省级文物保护单位。

垛庄王氏家族墓 371323-50-B-b02
[Duǒzhuāng Wángshìjiāzú Mù]

在沂水县富官庄镇垛庄村西。为垛庄村王氏家族墓地，故名。始建于明代。现有坟冢近百座，总面积 6 000 余平方米。该墓是全县保护较好、墓葬完整、碑碣较多的一处明代家族墓地，对研究明代丧葬习俗及文化发展分布提供了实物标本。2013 年 10 月被批准为省级文物保护单位。有公路经此。

姑子顶遗址 371323-50-B-b03
[Gūzidǐng Yízhǐ]

在沂水县富官庄镇何家庄子村西南。因所在自然地理实体得名。新石器时代至汉代遗址。高台地遗址，当地群众俗称"姑子顶"。遗址东西略长，面积约 30 245 平方米，高出四周 3 米余，南侧断崖暴露文化层 1~3 米。地表及周围有大量的陶器残片。具有重要的考古价值。2006 年 12 月被批准为省级文物保护单位。有公路经此。

抬头遗址 371323-50-B-b04
[Táitóu Yízhǐ]

在沂水县富官庄镇抬头村北，故名。因所在地得名。新石器时代至唐代遗址。遗址地势隆起，略高于四周，北侧断崖暴露文化层 1.5 米左右。现从断崖上可看到灰坑、红烧土层及夹杂在文化层中的陶片和其他遗物。2006 年 12 月被批准为省级文物保护单位。有公路经此。

圈里卫东大桥 371323-50-B-b05
[Quānlǐ Wèidōng Dàqiáo]

在沂水县圈里乡北代庄西南。因所在政区而得名。1968 年 7 月始建，1970 年 10 月建成。桥面和桥栏杆为水泥钢筋混筑而成，下部为全石结构一孔双曲石拱。该桥保存状况良好，极具时代特色，是近现代重要史迹及代表性建筑。2013 年 10 月被批准为省级文物保护单位。通公交车。

中共中央山东分局旧址 371323-50-B-b06
[Zhōnggòng Zhōngyāng Shāndōng Fēnjú Jiùzhǐ]

在沂水县夏蔚镇王庄。因所在地原有单位而得名。1938 年 11 月，中共苏鲁豫皖边区省委迁至王庄，省委机关设在村西的天主教堂内。同年 12 月边区省委改称中共中央山东分局。中共山东分局旧址是一幢两层的红色楼房，楼房后面是一个天主教堂，为 1893 年德国传教士所建。是沂水县党性教育基地、革命传统教育和爱国主义教育基地。1992 年 6 月被批准为省级文物保护单位。通公交车。

大众日报创刊地旧址 371323-50-B-b07
[Dàzhòngrìbào Chuàngkāndì Jiùzhǐ]

在沂水县夏蔚镇云头峪村。因原有单位而得名。抗战时期革命遗址。1939 年 1 月 1 日，中共中央山东分局机关报《大众日报》在此创刊。当时的印刷所办公室、装订发行室尚存。1986 年，沂水县人民政府在王庄村修建了《大众日报》创刊地纪念馆。1992 年 6 月被批准为省级文物保护单位。通公交车。

孟良崮战役陈毅指挥所旧址
371323-50-B-c01
[Mèngliánggù Zhànyì Chényì Zhǐhuīsuǒ Jiùzhǐ]

在沂水县夏蔚镇双山村东。因原有单

位而得名。抗战时期革命遗址。1947 年 5 月设立。指挥所旧址东侧广场上树立了陈毅指挥所旧址纪念碑。当年"指挥所"三间草房已改为瓦房,"防空洞"水沟仍在。陈毅司令员当年借用房东浇水的铜燎壶一把、搭防空洞的门板至今仍保留下来。是革命传统教育和爱国主义教育场所。2006 年 12 月被批准为市级文物保护单位。有公路经此。

山东纵队后方医院旧址 371323-50-B-c02
[Shāndōng Zòngduì Hòufāng Yīyuàn Jiùzhǐ]

在沂水县泉庄镇尹家峪村。因抗日战争时为八路军山东纵队卫生部直属后方医院,简称山东纵队后方医院,故名。抗日战争时期遗址。由前后两座民房院落组成,总面积 610 平方米。后院北屋为原医院办公室,前院房陈设为原医院病房兼手术室。后院中有一块高 1.8 米、宽 2 米的山东纵队后方医院纪念碑。2007 年在旧址附近建八路军山东纵队卫生部直属后方医院纪念馆,展室内陈列了 20 余块展板,详细介绍了后方医院诞生、发展及在血与火的战场上转战沂蒙山区中发生的动人事迹。2006 年 10 月被批准为市级文物保护单位。有公路经此。

义举桥 371323-50-B-c03
[Yìjǔ Qiáo]

在沂水县沂城街道小滑石沟村。为该村先祖辈集资兴建,故名义举桥。建于 1933 年。该桥为全石结构的单孔拱桥,南侧有石井一眼,北侧立有一通记录建桥情况及捐款人姓名的石碑。是近现代重要史迹及代表性建筑。2003 年 10 月被批准为市级文物保护单位。

杨家城子故城遗址 371323-50-B-c04
[Yángjiāchéngzi Gùchéng Yízhǐ]

在沂水县马站镇杨家城子村东。因所

在地得名。汉代遗址。部分地表暴露有砖、瓦、陶器残片,北侧断崖处暴露文化堆积 1 米左右。城址地表除汉代文化遗物暴露外,还有唐宋时期的陶、瓷片,说明此城历史应延至宋代。2011 年 12 月被批准为市级文物保护单位。

圣水祠 371323-50-B-c05
[Shèngshuǐ Cí]

在沂水县黄山铺镇圣水坊村南。以山间的一泓清泉取意而名。明清建筑。现祠中保存有三元洞府、观音祠,另存明清石碑 4 通,古银杏树 6 株。今为临沂市佛教协会培训中心。是研究当地民俗宗教与地方史的重要实物资料。2006 年 12 月被批准为市级文物保护单位。

平安桥 371323-50-B-c06
[Píng'ān Qiáo]

在沂水县崔家峪镇龙凤湾村中。因桥体刻有"平安桥"三字而得名。相传建于清晚期。该桥为单孔石拱桥,青石材质。是近现代重要史迹及代表性建筑。2011 年 12 月被批准为市级文物保护单位。

桲椤峪遗址 371323-50-B-c07
[Bóluóyù Yízhǐ]

在沂水县沙沟镇桲椤峪村西北。因所在地得名。东周遗址。遗址东西长 45 米,南北宽 30 米,面积约 1 330 平方米。文化层 1~1.5 米,地表散布有陶器残片,文化堆积距地表约 0.2 米。具有重要的考古价值。2011 年 12 月被批准为市级文物保护单位。

九山山寨 371323-50-B-c08
[Jiǔshān Shānzhài]

在沂水县泉庄镇塔井峪村东南的九山山顶。因所在自然地理实体得名。近现代遗址。1862 年 8 月修筑山寨。山寨周长 5 000

多米，共有 4 个寨门、马面 5 座。山寨有泉井两口、房屋遗址 7 处、房基上百间，现存建寨时的石刻一处。是研究当地民俗与地方史的重要实物资料。2014 年 10 月被批准为市级文物保护单位。

凤台遗址 371323-50-B-c09
[Fèngtái Yízhǐ]

在沂水县富官庄镇官庄村西。因在高台地上得名。新石器时代至汉代遗址。遗址高出地表 1~3 米，南北长，东西宽，面积约 6 800 平方米。西高东低，遗址东面已成断崖，文化堆积厚 0.5~1 米。遗址地表及四周暴露大量陶器残片、石器残片等。2014 年 10 月被批准为市级文物保护单位。

上小庄摩崖石刻 371323-50-B-c10
[Shàngxiǎozhuāng Móyá Shíkè]

在沂水县院东头镇上小庄村北。因所在地得名。近现代遗址。石刻共分为三处，一处在山东头石崖之上，刻有"灵泉之麓"四个隶书体字；一处刻于山北侧石崖之上；民国初年绅士刘涛所书刻于第三处石刻，山崖上有隶书"灵泉"两字。具有重要的考古价值。2011 年 12 月被批准为市级文物保护单位。

塔涧庵摩崖石刻 371323-50-B-c11
[Tǎjiàn'ān Móyá Shíkè]

在沂水县院东头镇崮墩村西北小山石崖之上。因石刻在塔涧庵得名。宋代遗址。石刻南山凹中为古庵旧址，石刻在古庵旧址东北悬崖石壁之上，其西侧石上还刻有零星文字。具有重要的考古价值。2011 年 12 月被批准为市级文物保护单位。

张家庄子古塔 371323-50-B-c12
[Zhāngjiāzhuāngzi Gǔtǎ]

在沂水县院东头镇张家庄子村西北。

因所在地得名。明代建筑。今存石碑 2 通、清代石碑 2 通，以及石塔、石鼓等遗物。该塔为 3 级密檐中空砖石塔，现高 11 米，塔基台为石台，刻有松柏图案。基座为仰莲石座。塔身下部为石砌，上部为青砖砌，由下至上逐渐往里收缩变细。塔身下部南有龛，门高 1.35 米，宽 0.65 米。是研究当地民俗宗教与地方史的重要实物资料。2003 年 10 月被批准为市级文物保护单位。

杨家城子城隍庙 371323-50-B-c13
[Yángjiāchéngzi Chénghuángmiào]

在沂水县马站镇杨家城子村东。因所在地得名。清代建筑。有庙房三间，东西长 9 米，南北宽 5 米。内为四道木架梁，用青砖覆内顶房内四柱，前出檐有双柱，内建有杨家城子城隍庙等塑像，门外为三台阶。现房顶瓦已换，门窗改换。坐北朝南，外墙结构仍为原建形成，现建有围墙和大门。是研究当地民俗宗教与地方史的重要实物资料。2014 年 10 月被批准为市级文物保护单位。

灵泉寺遗址 371323-50-B-c14
[Língquánsì Yízhǐ]

在沂水县龙家圈镇上肖家沟村南，灵泉山森林公园内。因灵泉山而得名。唐宋时期建筑。坐北朝南，面积约 5 000 平方米。唐贞观九年（635）创建，兴盛于宋代，后历代皆有修缮。现存建筑为 20 世纪 90 年代依清代建筑复修，有大雄宝殿、地藏王宝殿、罗汉堂、观音阁、南海轩、鼓楼、钟楼、门楼、灵泉池等建筑。寺院内有 5 株相传植于唐代的银杏树。是研究当地民俗宗教与地方史的重要实物资料。2014 年 10 月被批准为市级文物保护单位。

玄天上帝阁 371323-50-B-c15
[Xuántiānshàngdì Gé]

在沂水县龙家圈镇柴山村西南。因拱石门东上楣有刻石一块，上书"玄天上帝阁"，故名。清代建筑。阁为双层，底层是石砌台基，二层是阁室。通高9.5米，南北长6.38米，东西宽5.05米。阁室门口朝南，下有9阶进门台阶，台阶宽2米。是研究当地民俗宗教与地方史的重要实物资料。2014年10月被批准为市级文物保护单位。

三圣堂石祠 371323-50-B-c16
[Sānshèngtáng Shící]

在沂水县龙家圈镇营盘村西。因石祠内正面墙浮雕有道教三圣像而得名。1866年建成。三圣堂坐北朝南，前出檐，石房顶，下有台。三圣堂内正面墙浮雕有道教三圣像，东西内墙各浮雕有一仙人像。三圣堂建筑及石刻画像损坏较小，图像清晰，保存较完整。是研究当地民俗宗教与地方史的重要实物资料。2014年10月被批准为市级文物保护单位。

兴佛庵旧址 371323-50-B-c17
[Xīngfó'ān Jiùzhǐ]

在沂水县夏蔚镇上桃峪村西山上。因旧址石碑刻有"凤仪山下古有兴佛庵"而名。1792年建成。庵内西依山崖凿有三洞，最大洞高2米。山崖下三洞，中洞前有石碑，南洞为水池，清澈见底，中洞有现代瓷观音菩萨像一尊，高约0.4米。庵址南部一南北向石碑，为新建玉皇阁记，碑文清晰可见。是研究当地民俗宗教与地方史的重要实物资料。2011年12月被批准为市级文物保护单位。

重要景点和一般名胜古迹

山东地下大峡谷 371323-50-D-a01
[Shāndōng Dìxià Dàxiágǔ]

在沂水县城西南8千米处的龙岗山下。因所在自然地理实体而得名。规划占地面积32平方千米，洞体长6100米，目前开发3100米。景区为喀斯特溶洞地貌，外形酷似峡谷，故称地下大峡谷。该景区是一座风貌奇特的溶洞王国，形成于20万年前，由巨大的喀斯特裂隙发育而成，是我国的特大型溶洞之一，是江北第一长洞，被誉为"中国地下河漂流第一洞"。景区有"一河""九泉""九宫""十二瀑""十二峡"等景观100余处，并开发了"中国最长溶洞漂流"。2003年被评为国家AAAA级旅游景区。有公路经此。

天上王城景区 371323-50-D-a02
[Tiānshàngwángchéng Jǐngqū]

在沂水县泉庄镇驻地西北。因核心景区在纪王崮顶上，传说春秋时期纪王迁都于此，故名天上王城。规划占地面积3.8平方千米。纪王崮海拔577.2米，为沂蒙"七十二崮"唯一有住户的崮，崮顶历史遗迹众多，"纪王"和饱经沧桑的"纪王城"的传说充满了传奇色彩。景区以纪王崮为中心，以春秋时期纪王迁都至此的历史故事为主题建设，有王者之战、地下冰宫、比武招亲、御鸟园、乡村游乐场等60多处景点。2009年被评为国家AAAA级旅游景区。有公路经此。

沂水萤火虫水洞旅游区 371323-50-D-a03
[Yíshuǐ Yínghuǒchóng Shuǐdòng Lǚyóuqū]

在沂水县院东头镇四门洞村北崮密山。因景区为喀斯特溶洞地貌，洞内有大量萤火虫，故称萤火虫水洞。1999年开始建设，

2000 年建成。占地面积 2 平方千米。景区内有"南国风情园""蝴蝶谷""萤火虫水洞"等著名景点，是集休闲观光、科普教育、科考探险等多功能于一体的大型综合性生态旅游区。2006 年被评为国家 AAAA 级旅游景区。有公路经此。

雪山彩虹谷景区 371323-50-D-a04
[Xuěshān Cǎihónggǔ Jǐngqū]

在沂水县城东 2.5 千米处。景区因地处雪山，以彩虹谷为核心而得名。占地面积 1.88 平方千米。景区以彩虹文化为核心，主要有彩虹谷、欢乐谷、情人谷、野战谷等景点，是一处集观光休闲、餐饮娱乐、培训表演和国防教育等于一体的综合性生态人文景区。2007 年被评为国家 AAAA 级旅游景区。有公路经此。

天然地下画廊 371323-50-D-a05
[Tiānrán Dìxià Huàláng]

在沂水县院东头镇留虎峪村。因景区特色而得名。占地面积 0.03 平方千米。景区内有天然地下画廊、怡然居度假村、沂蒙第一生态谷等著名景点。是一处综合性生态人文景观。2007 年被评为国家 AAAA 级旅游景区。有公路经此。

红旗山苹果庄园 371323-50-D-a06
[Hóngqíshān Píngguǒ Zhuāngyuán]

在沂水县城北 9 千米处。景区因在红旗山，依托苹果种植园区而得名。占地面积 3.73 平方千米。2012 年 7 月始建。有幽兰广场、玉兰湖、青松湖、采摘园、果品展示区等景点，是一处集休闲、观光、采摘、农事体验于一体的现代农业旅游园区。2014 年 12 月被评为国家 AAA 级旅游景区。

沂水县雪山风情小镇 371323-50-D-a07
[Yíshuǐ Xiàn Xuěshān Fēngqíng Xiǎozhèn]

在沂水县城东部。景区因东近雪山，采用岭南风格建筑而得名。占地面积 0.29 平方千米。2012 年始建，2013 年建成。采用岭南建筑风格，同时配有极具沂蒙民宿文化特色的建筑和园林景观，成为沂蒙首席集餐饮、休闲、娱乐、旅游为一体的岭南文化商业街。2013 年被评为国家 AAA 级旅游景区。通公交车。

云水禅旅游区 371323-50-D-a08
[Yúnshuǐchán Lǚyóuqū]

在沂水县黄山铺镇圣水坊村。景区内环境清幽，取云水禅心之意命名。占地面积 0.74 平方千米。1996 年始建，2006 年建成。景区有山奇、树奇、水奇三大特点，内有"九仙落圣水"景观，观音祠、三元洞府、圣水龙宫等景点。是一处集佛教文化、旅游观光、休闲娱乐为一体的旅游景区。带动了附近村群众就业，收到了良好的社会效益。2014 年被评为国家 AAA 级旅游景区。有公路经此。

沂蒙山根据地旅游区 371323-50-D-a09
[Yíméngshān Gēnjùdì Lǚyóuqū]

在沂水县夏蔚镇。在抗日战争和解放战争时期，这里是著名的革命根据地，景区以此得名。占地面积约 0.031 平方千米。2006 年始建，2008 年建成。景区内有中共中央山东分局旧址、八路军山东纵队指挥部旧址、《大众日报》创刊地及孟良崮战役陈毅指挥所旧址等众多革命历史遗迹，是沂蒙红色文化旅游胜地之一。2009 年被评为国家 AAA 级旅游景区。有公路经此。

灵泉山景区 371323-50-D-a10
[Língquánshān Jǐngqū]

在沂水县城西北 15 千米处。山上有泉

名灵泉，故名。占地面积 1.8 平方千米。2003 年始建，2004 年建成。景区内有崖壁栈道、灵泉湖、九龙碑、观音洞、孔雀谷、灵泉寺等众多景点。2010 年被评为国家 AAA 级旅游景区。有公路经此。

蒙山龙雾山茶文化园 371323-50-D-a11
[Méngshān Lóngwùshān Cháwénhuàyuán]

在沂水县院东头镇驻地。景区依托蒙山龙雾山茶，以茶文化为主题而得名。占地面积 0.06 平方千米。2008 年始建。景区主要传播高山绿茶文化，分为茶文化展示区、加工示范区、茶艺表演区、茶叶采摘园及风情岛等部分，集茶史展览、工艺展示、茶艺表演、茶文化研究交流、旅游住宿于一体。2012 年被评为国家 AAA 级旅游景区。有公路经此。

沂蒙山酒文化生态旅游园 371323-50-D-a12
[Yíméngshān Jiǔwénhuà Shēngtài Lǚyóuyuán]

在沂水县院东头镇刘家店子村北。景区依托沂蒙山酒厂建设，以酒文化为主题而得名。占地面积 0.18 平方千米。2007 年始建，2008 年建成，内有酒文化长廊、古典别墅、天然地下洞藏等景观。2012 年被评为国家 AAA 级旅游景区。有公路经此。

沂水县东皋公园 371323-50-D-a13
[YíShuǐ Xiàn Dōnggāo Gōngyuán]

在沂水县城中心。公园因依托东皋山建设而得名。占地面积 0.333 平方千米。公园主要有文峰塔、三孔玉带桥、松涛亭、李逵打虎像等景点，是人民休闲生活的场所。2013 年被评为国家 AAA 级旅游景区。有公路经此。

兰陵县

纪念地

鲁南革命烈士陵园 371324-50-A-b01
[Lǔnán Gémìnglièshì Língyuán]

在临沂市兰陵县县城西 15 千米。因安葬纪念在 1941 年 10 月 27 日"银厂惨案"中牺牲的中共鲁南区党委书记、鲁南军区政委赵镈同志和在鲁南 1941 年"四二五""七二五"事变中牺牲的烈士，而得名。建于 1944 年。分为山上与山下两个部分。山下部分坐北朝南，东西宽 128 米，南北长 206 米，占地面积约 2.7 万平方米。中部为烈士灵堂 9 间，东西总长 24 米，南北宽 14 米，高 4.5 米。两侧为展室和骨灰堂，中部有 1988 年竖立的 14 块大理石纪念碑，铭刻着国内革命战争、解放战争、抗美援朝和对越自卫反击战及社会主义建设中牺牲的 2 556 名烈士英名。纪念堂后为烈士墓区，安葬着 1 264 位客籍烈士。为广大群众缅怀革命前辈丰功伟绩、接受革命传统教育和爱国主义教育的场所。1992 年 6 月被批准为省级文物保护单位。通公交车。

银厂惨案纪念地 371324-50-B-c01
[Yínchǎngcǎn'àn Jìniàndì]

在兰陵县车辋镇前银厂村。因历史事件得名。抗战时期革命纪念地。主体建筑为坐北朝南的赵镈烈士纪念堂，堂内陈列的文物有：赵镈生前部分遗物，赵镈与夫人李岩、一一五师政委罗荣桓等人合影，银厂惨案烈士名录赵镈、杨清法等 14 人，薄一波等中共领导人的题词。院内塑赵镈像，前侧立"赵镈办公旧址"石碑。2011 年 12 月被批准为市级文物保护单位。通公交车。

重点文物保护单位

鄫国故城遗址 371324-50-B-a01
[Zēngguógùchéng Yízhǐ]

在向城镇鄫城前村后。鄫国是东方较早建立的部落方国，为夏朝第七代君主少康次子曲烈的封地，因大禹为姒姓，故称其为姒姓鄫国。周至汉代遗址。故城近似方形，城墙遗址显不规则丘陵状，起伏绵延，部分城垣积土呈红褐色，如战火烧过的焦土。城垣为人工黄黏土夯筑，平面略呈方形。东墙长 550 米，西墙长 480 米，北墙长 530 米，南墙长 528 米，分布面积约 29.15 公顷，其中，城墙东南角、东北角高约 9.5 米，所存城墙墙基宽 30 米。城内有鄫子井 1 眼。城中一高台遗址，东西长 290 米，南北宽 140 米，为宫殿和府衙遗址，地面散布较多的瓦当等残片，地表采集的标本有商周鬲足、东周豆柄、东周瓦当、汉代瓦当、汉代豆盘等。是山东地区时代较早、面积较大、保存较好的故城遗址之一，对研究山东地区先秦古国史和秦汉时代经济文化具有重要的历史价值与科学价值。2013 年 5 月被批准为国家级文物保护单位。通公交车。

萧望之墓地 371324-50-B-b01
[Xiāowàngzhī Mùdì]

在临沂市兰陵县兰陵镇小仲村西南。因墓主人而得名。汉代墓葬。萧望之墓地封土高出地面约 3 米，东西长约 120 米，南北宽约 80 米，分布面积 9 600 平方米。20 世纪 50 年代，萧望之墓曾出土的文物有圆瓦当、半瓦当、石兽、陶楼等。2013 年 10 月被批准为省级文物保护单位。通公交车。

于官庄遗址 371324-50-B-b02
[Yúguānzhuāng Yízhǐ]

在兰陵县兰陵镇于官庄村北及村内。因所在地得名。新石器时代至商周遗址。该文化堆积跨越北辛文化、大汶口文化、龙山文化、商、周、汉等历史时期，南北约 400 米，东西约 400 米，分布面积约 160 000 平方米，现遗址的三分之二为村落所覆盖。地表采集标本有北辛文化的夹砂红陶鼎足、大汶口文化的夹砂鼎足、龙山鬲足、商周鬲口沿、汉代板瓦片等。1992 年 6 月被批准为省级文物保护单位。通公交车。

小湖子遗址 371324-50-B-b03
[Xiǎohúzi Yízhǐ]

在兰陵县南桥镇小湖子村南。因所在地得名。大汶口文化至汉遗址。总体形状为土丘式高台，东西长约 180 米，南北宽约 200 米，分布面积约 36 000 平方米，地表采集的标本有大汶口鼎足、龙山鼎足、商周盆口沿、汉代筒瓦等。1992 年 6 月被批准为省级文物保护单位。通公交车。

东高尧遗址 371324-50-B-b04
[Dōnggāoyáo Yízhǐ]

在兰陵县庄坞镇东高尧村南。因所在地得名。大汶口文化至汉遗址。总体形状为土丘式高台，最高点高出地面约 5 米，东西 180 米，南北 150 米，分布面积约 27 000 平方米，地表采集标本有大汶口鼎足、龙山鬲足、龙山黑陶口沿、商周鬲足等。1963 年出土一批晚商青铜器，1984 年 9 月清理发现大汶口时期长方形土坑竖穴墓两座，出土罐、甑、背壶等一批铜器，同时发现晋墓一座。2006 年 12 月被批准为省级文物保护单位。通公交车。

柞城故城 371324-50-B-b05
[Zuòchéng Gùchéng]

在兰陵县城东。因故城而得名。新石器时代至汉代遗址。分外城、内城两部分。大城全长 3 915 米，城区轮廓完整，界限分明，东、西城门遗址清晰可见，自城西南起向北 651 米为西城门遗址，门址宽约 15 米。大城南城墙长 845 米，残留高 3 米，东城墙长 1 070 米，残留高 3 米，北墙长 905 米，西城墙长 1 095 米，墙基宽约 40 米，建筑年代为秦汉早期，分布面积约为 99 万平方米。小城略成正方形，分西、北、南三段，共长 1 450 米，小城分布面积约 23 万平方米，建筑年代为春秋时期。故城内曾出土陶鬲、陶豆、瓦当、铜镜、铜壶、铜洗等。具有重要的考古价值。2006 年 12 月被批准为省级文物保护单位。通公交车。

金山汉墓 371324-50-B-b06
[Jīnshān Hànmù]

在兰陵县兰陵镇东南。因所在自然地理实体得名。汉代墓葬。墓体为单墓道岩坑竖穴木椁墓，由墓道、甬道、墓室、墓上封土、墓上祭祀建筑等部分构成。墓室坐西面东，墓室东西长 7.3 米，南北宽 4.6 米，深 11 米。墓道向东敞开，全长 44 米。墓道前设坛、祭祀祠堂建筑为全国首次发现。根据该墓的墓葬性质和出土遗物时代特点分析，其时代为西汉武帝前后的西汉中期。这是临沂市目前经科学发掘的西汉墓葬中规模最大的一座，墓上祭祀建筑在山东省尚属首次发现，对西汉时代的墓穴研究具有重要的意义。2006 年 12 月被批准为省级文物保护单位。通公交车。

荀子墓 371324-50-B-b07
[Xúnzǐ Mù]

在临沂市兰陵镇政府驻地东南约 1.5 千米。因墓主人而得名。1991 年进行修缮。荀子作为一位杰出的历史文化名人，其墓葬有重要的考古价值和历史研究价值。1977 年 12 月被批准为省级文物保护单位。通公交车。

庄坞牌坊 371324-50-B-b08
[Zhuāngwù Páifāng]

在临沂市兰陵县庄坞镇河西村北。因所在政区得名。清代建筑。始建于嘉庆十年（1805），竣工于清嘉庆十一年（1806），是清廷旌表儒林郎杨绩继配夫人刘氏的节孝牌坊。牌坊结构为 4 柱 3 间 5 层楼阁式，条石层叠，石柱擎承。坊中间跨度大，走车马，两侧跨度小，过行人。斗拱承托楼檐，歇山顶，坐北朝南，四立柱两侧刻有赞美刘氏的对联，其下为四尊门神雕像、四座神兽雕刻。朝阳面的对联分别是："三美全收卓矣大家之范，一清独抱蔚然女士之宗"，"冰霜著节垂千古，松柏为心贯四时"；朝阴面的对联分别是"宜文学富兼从慈孝同传，道韫风高闻者心形俱服"，"青闺品望寿贞珉，丹阙恩光昭绰楔"。主横梁为二龙戏珠透雕，其上五层石刻，自上而下，最上层为斗拱飞檐，中间镶嵌圣旨刻石；第二层朝阳面刻丹凤朝阳，背面刻凤参牡丹；三层朝阳面浮雕状元及第，背面浮雕八洞神仙；第四层两面分别为"光扬彤史""节重清门"巨匾；第五层横匾书"敕建例授儒林郎候选州同杨绩继妻例封安人刘氏孝节坊" 24 字。门楣两侧两块刻石刻文记录牌坊筹建经过。该牌坊为清代苍山望族杨族遗物，临沂地区仅存的三座牌坊中雕刻精美、价值最高的一座。2006 年 12 月被批准为省级文物保护单位。通公交车。

朗公寺遗址 371324-50-B-b09
[Lǎnggōngsì Yízhǐ]

在临沂市兰陵县大仲村镇政府驻地东 3.5 千米处的车庄村东北大宗山。因所在自然地理实体而得名。隋唐至清代遗址。创建于东晋成帝咸康五年（339），兴于隋唐，元成宗元贞元年（1295）重修，明弘治三年（1490）大力扩建，清代多次扩建重修。

朗公寺旧为沂州四大名寺之首，与杭州灵隐寺、泰山灵岩寺齐名，寺院早已倾废，遗址犹存。现有上寺、塔林、下寺三大建筑群落遗址。为山东省地区建寺时间较早、面积较大、保护较好的古寺庙之一。对研究山东地区的佛教、雕刻书法艺术以及当地古代历史文化具有重要的意义和价值。2013 年 10 月被批准为省级文物保护单位。通公交车。

大城子遗址 371324-50-B-c01

[Dàchéngzi Yízhǐ]

在临沂市兰陵县庄坞镇大城子村。因所在地得名。大汶口时期至汉代遗址。总体形状为缓丘高台地，东西、南北各长约250 米，分布面积约 62 500 平方米。地表采集标本有大汶口鼎足、龙山鼎足、商周鬲足、汉代筒瓦残片等。1979 年出土大汶口白鬶陶一件。遗址西北 2 000 米处的层山东坡有西汉中晚期墓葬群，曾出土龙柄玉斗和羊脂白玉玉带钩。2014 年 10 月被批准为市级文物保护单位。通公交车。

小湖子牌坊 371324-50-B-c02

[Xiǎohúzi páifāng]

在临沂市兰陵县南桥镇小湖子村内。因所在地得名。建于清光绪十年（1884），是清廷表彰刘纯修夫人闫氏及其儿媳李氏的两节合孝坊。该牌坊刻工精细，是临沂市仅存的清代三座节孝牌坊之一，对研究清代山东地区礼制文化、石刻古建及书法艺术具有重要的价值。2011 年 12 月被批准为市级文物保护单位。通公交车。

泉源寺摩崖造像 371324-50-B-c03

[Quányuánsì Móyázàoxiàng]

在兰陵县尚岩镇。因古时此地曾建泉源寺，故名。五代遗迹。相传，汉代刘秀被王莽追赶至此，前为悬崖，后有追兵，

处境十分危险，为避拘捕，跃马而下却安然无恙。刘秀登基称帝后，不忘厄难脱险之情，拨专款修建千佛庙。污吏贪吞款项自肥，只好在悬崖上刻镂佛像，敷衍欺世，即为千佛崖。此处摩崖造像对研究兰陵地区佛教文化发展史及石刻造像艺术均有重要意义。2011 年 12 月被批准为市级文物保护单位。通公交车。

王守正墓地 371324-50-B-c04

[Wángshǒuzhèng Mùdì]

在临沂市兰陵县兰陵镇南横山村北。因墓主人得名。明代墓葬。墓体为黄土堆积，周长 12 米，高 2 米。墓前现存石人一对，万历四十七年（1619）立墓碑一通。墓碑圆首方座，青石质，高 1.95 米，宽 0.80 米，厚 0.28 米，阳面镌楷书 "皇明显考中宪大夫四川按察司副使兼参议府君显妣诰赠恭人杨氏杨氏之墓"。2011 年 12 月被批准为市级文物保护单位。通公交车。

高柴墓 371324-50-B-c05

[Gāochái Mù]

在兰陵故城东北刘堡子村。因墓主人得名。东周墓葬。该墓遗存封土高约 10 米，近于圆形，顶部直径约 30 米，周长约 100 米；底部直径约 60 米，周长约 200 米，分布面积约 1 万平方米。墓冢高台封土上有清嘉庆二十年（1815）所立碑碣一通，圆首方座，高 1.90 米，宽 0.72 米，厚 0.28 米，碑阳中部竖刻 "孔子弟子先贤高柴字子羔之墓"，右刻 "唐封共城伯"，左刻 "宋封共城侯"，除 "孔子弟子" 为篆书，余皆隶书，碑阴刻高氏自高柴之后流传述略。高柴作为一位著名的历史文化名人，其墓葬有重要的考古价值和历史研究价值。2011 年 12 月被批准为市级文物保护单位。通公交车。

鄫城后赵氏节孝坊 371324-50-B-c06
[Zēngchénghòu Zhàoshì Jiéxiàofāng]

在临沂市兰陵县向城镇鄫城后河东村南部。因所在地和牌坊纪念人物而得名。建于清乾隆三年（1738）。为二柱一间石牌坊，坐北朝南，面宽3.5米，残高4米，原为斗拱承托楼檐，歇山顶，后横梁以上被拆除，坊柱前后两侧以抱鼓石夹戗，主横梁正面雕饰二龙戏珠、祥云等图案，雕刻精美。该牌坊是清廷表彰宋氏宋念祖之子三立夫人赵氏的节孝坊，是目前兰陵县境内保存三座清代牌坊中的一座，具有重要的历史、艺术、科学价值。通公交车。

灵峰寺遗址 371324-50-B-c07
[Língfēngsì Yízhǐ]

在临沂市兰陵县下村乡山北头村西。名称来历不可考。元代建筑。寺庙坐北朝南，东西宽约50米，南北长约80米，占地面积约4 000平方米。遗有藏经楼、钟楼、鼓楼等建筑。藏经楼顶已塌毁，墙体仍岿然屹立，东西长14米，南北宽8米，高10米，正门门楣题写"释迦文佛"4字，北门门楣题写"灵峰大寺"4字。钟楼、鼓楼各三间，面阔9.50米，进深5.50米，其中东配殿房门两侧镶嵌石碑，北为"重修灵峰寺碑记"，乾隆六年（1741）立。院内存有明、清重修碑刻10余通。2014年10月被批准为市级文物保护单位。通公交车。

万村李家大院 371324-50-B-c08
[Wàncūn Lǐjiādàyuàn]

在临沂市兰陵县尚岩镇万村村南。因是李氏家族宅邸而得名。明清时期建筑。万村李家大院是传统民居，分东区和西区两部分。该古宅院为研究临沂地区的明清传统民居提供了重要的资料。2014年10月被批准为市级文物保护单位。通公交车。

后杨官庄村遗址 371324-50-B-c09
[Hòuyángguānzhuāngcūn Yízhǐ]

在兰陵县神山镇后杨官庄村北。因所在地得名。新石器时代至唐代遗址。遗址出土陶器、石器、骨器、蚌器、角器、铜器、铁器等300余件文物。陶器除大量陶片外，可辨器物有鼎、盆、罐、甗、碗、豆、鬶、鬶形壶、筒形杯、高柄杯、器盖、纺轮、拍、球、弹丸、珠和网坠等。其中有少量岳石文化时期陶片，如陶甗腰部、瓮腹上的附加堆纹等。石器中有斧、锛、凿、铲、长方形刀、双孔半月形刀、矛、镞、打磨器和大量磨石，石镞数量最多，质料多采用板状泥灰岩、闪长岩和千枚岩制成，形状主要有菱形、三棱形、柳叶形、桂叶形等。大型石斧和双孔半月形石刀制作规整，刃部锋利，尤为珍贵。石钻帽的发现，反映出当时钻孔技术的普遍运用与不断提高，属山东省境内首次发现。骨器中的骨针磨制光滑，而且针鼻还可以穿进丝线，说明大汶口、龙山文化时期该地区纺织缝纫技术已经出现。对深入研究临沂地区大汶口文化、龙山文化、岳石文化的面貌特征和文化内涵以及周、汉时期的历史提供了不可缺少的实物资料，因此，具有重要的学术价值。2011年12月被批准为市级文物保护单位。通公交车。

向邑故城遗址 371324-50-B-c10
[Xiàngyìgùchéng Yízhǐ]

在临沂市兰陵县向城驻地西。向邑故城为鲁国于鲁桓公十六年（前696）所建，故名。春秋时期遗址。故城东西长约500米，南北宽约450米。现故城遗存部分——西南城角，东西长约60米，墙基宽约30米，高2.5米。曾采集到半角瓦、平瓦当、陶豆盘、陶纺轮、铜剑等文物。对研究临沂地区春秋时期的历史文化、鄫国城邑设置分布具有重要的价值和意义，具有重要的考古研究价值。2014 年 10 月被批准为市级文物保护单位。通公交车。

大吴宅古墓群 371324-50-B-c11
[Dàwúzhái Gǔmùqún]

在临沂市兰陵县大仲村镇大吴宅村。因所在地得名。汉代墓葬。墓主无考，东西长约 200 米，南北宽约 180 米，占地面积约 36 000 平方米。墓葬形制为土坑竖穴石室，由墓道、墓门、前室、后室、回廊、耳室、壁龛等部分组成，个别墓葬有三个后室。墓葬面积大者 100 平方米左右，小者 30 平方米左右。出土文物主要有铜镜、铜钱、玛瑙饰件、银饰件、鎏金饰件、陶耳杯、陶灯、陶盘、陶建筑模型等。3 号墓体前室两立柱下有石虎柱础，雕刻精美，动感强烈，惟妙惟肖。对研究两汉时期的丧葬习俗、历史文化有着重要的考古和学术价值。2006 年 12 月被批准为市级文物保护单位。通公交车。

沈坊前沈家大院 371324-50-B-c12
[Shěnfángqián Shěnjiā Dàyuàn]

在临沂市兰陵县兰陵镇沈坊前村内。因是沈氏家族宅邸而得名。明清建筑。该古宅院为明代沈家祖辈所建，沿用到清代。此古宅院为明代遗留下来的具有典型建筑风格的宅院，对研究明、清临沂地区地方建筑风格、民俗具有重要的价值和意义。2014 年 10 月被批准为市级文物保护单位。通公交车。

何逊墓 371324-50-B-c13
[Héxùn Mù]

在临沂市兰陵县长城镇长城二村村内的西南部。因墓主人而得名。梁代墓葬。墓体呈半球状，封土高出地面约 5 米，直径约 10 米，分布面积约 300 平方米，墓上

遍长榆树，四周露出部分墓石。何逊作为一位著名的历史文化名人，其墓葬有重要的考古价值和历史研究价值。2011 年 12 月被批准为市级文物保护单位。通公交车。

兰陵故城遗址 371324-50-B-c14
[Lánlínggùchéng Yízhǐ]

在临沂市兰陵县兰陵镇驻地。因原有故城而得名。东周至汉代遗址。故城为土城，城墙及护城河已淹没成耕地。遗址东西约 860 米，南北约 1 900 米，分布面积约 1 634 000 方米，墙基宽约 30 米，护城河遗址宽约 50 米。北墙确切位置为所在镇五中北墙基，东门遗址为兰陵酒厂厂房东南角，故城中心在兰陵酒厂的十字路口。采集文物标本有圆瓦当、半瓦当、筒瓦、灰陶豆、花纹砖。对研究兰陵历史文化及秦汉时期的城市发展史具有重要的价值和意义。1991 年 5 月被批准为县级文物保护单位。通公交车。

重要景点和一般名胜古迹

塔山公园 371324-50-D-c01
[Tǎshān Gōngyuán]

在兰陵县文化路以东。在塔山脚下，故名。1983 年始建。是兰陵县集休闲、娱乐、观赏及文化教育于一体的综合性公园，有塔山景区、泇河游园、儿童乐园等景点，在塔山顶部有高 33 米、共 11 层的兰陵县标志性建筑大蒜塔。通公交车。

费县

纪念地

费县革命烈士陵园 371325-50-A-a01
[Fèi Xiàn Gémìnglièshì Língyuán]

在费城北 24 千米薛庄镇大青山西侧。因所在政区得名。2012 年初由费城东王庄搬迁至此，2012 年 3 月、2013 年 11 月两次将县境散葬烈士墓迁此集中安葬。陵园包括广场、雕像、纪念馆、报告厅、抗大碑林（亭）、墓区等纪念设施，占地面积约 20 万平方米。2014 年 9 月被批准为国家级抗战纪念设施。通公交车。

大青山胜利突围纪念馆 371325-50-A-c01
[Dàqīngshān Shènglìtūwéi Jìniànguǎn]

在费县薛庄镇东北部。是大青山胜利突围旧址所在地，故名。抗战时期革命遗址。2012 年 12 月建成。该纪念馆采用"两馆一轴"的独特布局，分为序厅、沂蒙烽火燃遍沂蒙、浴血青山胜利突围、蒙山沂水铭记殊功、军民一心水乳交融、薪火相传继往开来等部分。主要建筑物有纪念馆、综合报告厅。纪念馆以历史图片和实物为主，辅以景观、油画、雕塑、多媒体等展示手段，突出展现了大青山突围战中英烈人物顾全大局、同仇敌忾、不怕牺牲、敢于胜利的革命英雄主义和爱国主义精神。整个纪念馆占地 1 600 平方米。该馆与大青山胜利突围纪念广场、纪念碑、抗大碑林、烈士墓区、综合报告厅等一并成为费县大青山党性教育基地的重要组成部分。通公交车。

重点文物保护单位

费县故城遗址 371325-50-B-a01
[Fèi Xiàn Gùchéng Yízhǐ]

在费县上冶镇西毕城、古城、宁国庄村一带。因所在政区而得名。东周至汉代遗址。故城平面呈不规则的长方形，总面积约 222.8 万平方米。小月河自宁国庄村南蜿蜒东流，横穿古城，在古城村前注入浚河。故城遗址现存有清代石碑两幢，一幢为清乾隆年间费县知县骆大俊所立"季桓子井"碑，一幢为嘉庆年间钱泳隶书题记"季桓子得羵羊之井"。2003 年，考古发现东周至两汉时期墓葬 1 700 余座，出土文物 5 000 余件。墓葬为家族墓地，其形制均为长方形岩坑竖穴，排列有序，双室并穴墓较多。2013 年 5 月被批准为国家级文物保护单位。通公交车。

许田城遗址 371325-50-B-b01
[Xǔtiánchéng Yízhǐ]

在费城东北 25 千米处的许由城村。这里早在两千多年前已有先人居住于此，古称"许田城"，故名。东周至汉代遗址。据史书记载，该城始建于春秋时期。文化层较厚且内涵丰富，为周、汉、宋时期的文化堆积。地势平坦，呈长方形，东西长约 400 米，南北宽约 300 米，面积约 120 000 平方米，城墙多已平毁，现存东北部一段，残长近 100 米，宽 10 米，高 3~4 米，为黄土夯筑。城内文化层堆积厚约 0.8 米。早年曾出土楚国"郢爰""陈爰"金币，采集的标本有"千秋万岁"瓦当、五铢钱等。2013 年 10 月被批准为省级文物保护单位。通公交车。

重要景点和一般名胜古迹

云瀑洞天景区 371325-50-D-a01
[Yúnpùdòngtiān Jǐngqū]

在费县东蒙镇驻地北 4 千米。因所在自然地理实体而得名。景区游览面积 10 平方千米。景点有指动石、天蒙湖、乡村竞技场、石瀑洞天、通天峡等。风景区内有木步道 1 250 米、桥涵 15 座。丰富了市民的休闲娱乐生活。2009 年被评为国家 AAAA 旅游景区。通公交车。

自然保护区

大青山省级自然保护区 371325-50-E-b01
[Dàqīngshān Shěngjí Zìránbǎohùqū]

在省境东南部，市境西北部。东至沂南县界，南至费县薛庄镇驻地，西至石岚水库，北至蒙阴县界。面积 40 平方千米。因所在自然地理实体而得名。保护区海拔 180~768 米，土壤为山地棕壤，林木以黑松、刺槐、麻栎为主，经济林为板栗、山楂。2000 年 12 月成立省级自然保护区。重点保护对象有国家保护的一、二级植物 7 种，其中，裸子植物 2 种、被子植物 5 种，有多种陆生野生动物。大青山省级自然保护区自然景观和人文景观资源丰富，有折彩崮、牛角洞等自然景观，有大崮龙王庙、三清殿、玉皇殿等古迹遗址。为林区发展旅游业提供了得天独厚的条件。

平邑县

纪念地

苏家崮战斗烈士陵园 371326-50-A-c01
[Sūjiāgùzhàndòu Lièshì Língyuán]

在平邑县郑城镇西岭。因安葬苏家崮战斗中牺牲的革命烈士而得名。建于 1944 年。陵园占地 1 万平方米，由烈士墓区和抗日烈士纪念碑组成。纪念碑铭刻着费南县 509 位抗日烈士的英名；碑记记述抗日军民在中国共产党领导下，为保卫祖国、保卫家乡和解放费南人民，在白彦、老泉崖、苏家崮、太皇崮战斗中，与日本侵略军及巨匪刘桂堂进行斗争的英勇事迹。为广大群众缅怀革命前辈丰功伟绩、接受革命传统教育和爱国主义教育的场所。2006 年被批准为市级爱国主义教育基地。通公交车。

重点文物保护单位

南武城故城 371326-50-B-a01
[Nánwǔchéng Gùchéng]

在平邑县郑城镇南部。因古代政区而得名。春秋至南北朝时期遗址。为鲁国武城邑治所，后经战国、两汉至北齐废。城址平面呈不规则圆形，周长约 5 295 米，面积约 220 万平方米。现存宽度 1.5~30 米之间，高度 0.5~6.0 米，高低起伏，断续可见。故城内文化层堆积厚约 2 米，曾出土大量的青铜器、玉器、陶器等文物。是鲁南、苏北地区著名的古城址，具有重要的历史、科学价值。2013 年 5 月被批准为国家级文物保护单位。通公交车。

铜石遗址 371326-50-B-b01
[Tóngshí Yízhǐ]

在平邑县铜石镇铜石村东北。因所在地而得名。新石器时代遗址。遗址南北长300米,东西宽250米。地势较高,属河旁台地,文化层堆积厚0.5~1米。地表散布着大量的陶器残片,暴露的遗迹有灰坑、房址。曾出土大口尊、折腹鼎、罐形鼎、背壶、豆、罐等。为研究新石器时代、大汶口文化提供参考依据。1992年6月被批准为省级文物保护单位。通公交车。

北池遗址 371326-50-B-b02
[Běichí Yízhǐ]

在平邑县铜石镇北池村西南。因所在地得名。新石器时代遗址。遗址东西、南北各约100米,文化层堆积厚约2米。采集的遗物有鼎、罐、鬶、鬲、尊、杯、壶、蘑菇形器钮等,也发现少量的石铲、石斧、石刀等生产器具。为研究新石器时代文化提供依据。1992年6月被批准为省级文物保护单位。通公交车。

颛臾故城 371326-50-B-b03
[Zhuānyú Gùchéng]

在平邑县柏林镇固城村北。因古代政区而得名。春秋至汉代遗址。故城平面近方形,南北长600米,东西宽550米。城垣轮廓清晰,基宽12米,西、北两面高4米,西北、东北和东南城角残高9米。城内地面陶片遍地,文化层堆积厚约2米,采集的遗物有夹砂灰陶鬲、泥质灰陶豆、云纹瓦当、铜剑等。城北有颛臾王祭祀蒙山神的主祭处古蒙祠,又名颛臾王庙、万寿宫。是研究当地民俗宗教与地方史的重要实物资料。1992年6月被批准为省级文物保护单位。通公交车。

蔡庄遗址 371326-50-B-b04
[Càizhuāng Yízhǐ]

在平邑县经济开发区蔡庄村西北。因所在地得名。新石器时代至汉代遗址。遗址南北长500米,东西宽约400米,文化层堆积厚1~5米,暴露的遗迹有灰坑、墓葬等。1976年出土春秋早期郳国青铜器20余件。发现的遗物有石质的斧、铲、凿、锛和陶质的鼎、罐、鬲、壶、盆、杯、纺轮等,还有一些骨角器、蚌器等。为研究大汶口文化到商周、汉时历史提供参考。2006年12月被批准为省级文物保护单位。通公交车。

左宝贵衣冠冢 371326-50-B-b05
[Zuǒbǎoguì Yīguānzhǒng]

在平邑县地方镇驻地西南。以墓葬主人命名。清代墓葬。占地2 000平方米。衣冠冢封土四周以料石砌筑,冢前神道有石狮、牌坊、华表、御制祭文碑、御制碑等。是开展爱国主义教育的重要场所。2006年12月被批准为省级文物保护单位。通公交车。

邱舆故城 371326-50-B-b06
[Qiūyú Gùchéng]

在平邑县丰阳镇南埠庄村西。因系春秋时期鲁国城邑邱舆城而得名。新石器时代至汉代遗址。城址为高出周围地面2~6米的台形高地,城垣现已基本无存,唯有西南角堆土高约6米,北面可见夯土墙址。该城建在早期遗址之上,采集的遗物有罐形鼎、鬶、器盖、杯、纺轮、豆、罐、几何纹砖、粗绳纹筒瓦、板瓦、云纹瓦当等,也出土过石斧、石刀、石镞、石锛等器物。为研究春秋时期、新石器时代历史提供参考。2013年10月被批准为省级文物保护单位。通公交车。

南武阳故城 371326-50-B-b07
[Nánwǔyáng Gùchéng]

在平邑县仲村镇南、北昌乐庄之间。为兖州泰山郡南武阳县治所，因而得名。汉至唐代遗址。故城平面呈刀形，东、北两面城墙各长 500 米，西城墙长 600 米，南城墙东段长 200 米，西段长 300 米，两段由一南北长 100 米的城墙相连接。城墙系当地黄土夯筑而成，最高处为西北角，高约 3 米，底宽 15 米。城北护城河痕迹尚存。城内曾出土完整的陶器、瓷器、铁器等遗物，出土五铢钱约 9 000 枚。具有重要的考古价值。2013 年 10 月被批准为省级文物保护单位。通公交车。

富饶庄墓群 371326-50-B-b08
[Fùráozhuāng Mùqún]

在平邑县温水镇富饶庄村北。因所在地得名。北宋墓葬。墓地平面呈正方形，南北、东西各约 100 米。墓前建筑除扑倒在地的华表外，其他均已离开原位置。发掘面积 3 000 平方米，清理宋代墓葬 16 座，其中砖室墓 7 座、砖石墓 4 座、石椁墓 5 座，出土各类文物 60 余件、文物标本 400 余件。2013 年 10 月被批准为省级文物保护单位。通公交车。

毓秀山鲁王墓 371326-50-B-b09
[Yùxiùshān Lǔwáng Mù]

在平邑县白彦镇小山后村东北，毓秀山南麓。以所在山峰及墓葬主人命名。明代墓葬。墓穴共两座，两墓东西相距 50 米，其中鲁怀王朱当滪墓位东，高 5 米，直径 10 米；鲁悼王朱健杙墓位西，高 7 米，直径 16 米。墓区原建有陵园，后破坏殆尽，附近地表留有大量砖石和琉璃瓦片。1972 年冬，两墓曾被挖开，出土两合墓志和部分陶俑，后又封固。鲁王墓是县内较为完整的明代墓葬，对研究当时本地的丧葬习俗和建筑等方面的情况，提供了珍贵的实物资料，具有重要的史料价值。2013 年 10 月被批准为省级文物保护单位。通公交车。

平邑清真寺 371326-50-B-b10
[Píngyì Qīngzhēn Sì]

在平邑县城文化路中段。以政区及寺庙性质得名。始建于明嘉靖十四年（1535）。坐西朝东，占地 2 668 平方米。寺内现有各类房屋 36 间，中轴线上有大门、二门、礼拜殿和后门；两侧有讲堂、沐浴室、架子房等，左右对称，为二进四合院。整座寺院造型古朴，具有明显的民族风格。寺内现存古、今碑刻十余通，记载了清真寺修缮、扩建等情况。该寺规模较大，保存完好，是平邑县现存最大的古建筑群。2013 年 10 月被批准为省级文物保护单位。通公交车。

九间棚旧址 371326-50-B-b11
[Jiǔjiānpéng Jiùzhǐ]

在平邑县地方镇九间棚风景区龙顶山上。相传一刘姓夫妇逃荒躲难，在此处以石棚为屋，繁衍生息，后人口增加，砌石为墙，分为九室，故名九间棚。清代遗址。旧址由石棚、石屋、石碾、石磨、龙泉组成，东西长 150 米，南北最宽处约 30 米，基本呈弧形分布。其中石棚为天然形成的岩厦洞穴，面阔 30 米，进深 10 米，高 3 米。2013 年 10 月被批准为省级文物保护单位。通公交车。

故县城址 371326-50-B-c01
[Gùxiàn Chéngzhǐ]

在平邑县郑城镇东、西故县村之间。因所在地得名。东周至汉代遗址。城址南北、东西各约 400 米。现仅存西南、西北、东北三个角及南城墙东段，最高处 6 米，底宽约 10 米，系用黄土夯筑而成，夯层清晰。出土有豆、罐、壶、筒瓦、板瓦等。

为研究东周及两汉时期的文化提供参考。
2006年12月被批准为市级文物保护单位。
通公交车。

孟子祠 371326-50-B-c02
[Mèngzǐ Cí]

在平邑县平邑街道西张庄三村。因系供奉亚圣孟子的庙而得名。始建于清乾隆四十二年（1777）。南北长50米，东西宽30米，主要建筑有亚圣殿、孟母祠、穿堂式大门、东西厢房等。是弘扬中华传统文化和中华传统美德的教育基地。2014年10月被批准为市级文物保护单位。通公交车。

九龙宫观音殿 371326-50-B-c03
[Jiǔlónggōng Guānyīndiàn]

在平邑县蒙山主峰龟蒙顶前南天门处。因所在殿宇而得名。明代建筑。观音殿前临深涧，背靠龟蒙顶，面阔13.5米，进深6米，高5米。全石结构，殿梁、柱皆巨石雕成，粗可径尺。殿顶用大石板铺成，殿脊两端饰鸱吻，门额题"九龙宫观音殿"。殿内原有观音等泥塑神像7尊，现仅存神坛。九龙宫观音殿距今已有500余年，这座饱受风霜雨雪侵蚀的高山建筑仍屹立于蒙山之上，它体现了古代沂蒙人的巨大智慧和精湛的建筑技艺，为研究明代历史提供参考。2014年10月被批准为市级文物保护单位。通公交车。

重要景点和一般名胜古迹

蒙山龟蒙景区 371326-50-D-a01
[Méngshān Guīméng Jǐngqū]

在平邑县东北部。以主峰龟蒙顶之名命名。龟蒙顶海拔1 156米，为山东省第二高峰，森林茂密，水系发达。动植物资源丰富，有木本植物71科174属440种；有

各类中草药植物64科111属189种；有鸟类100多种。主要景点有龟蒙顶、伟人峰、九龙潭、鹰窝峰、蒙山寿星、福寿康宁鼎、神龟探海、神女峰、白云岩、百寿摩崖石刻等100余个。世界最大的山体雕刻——蒙山寿星，已载入吉尼斯世界纪录。2014年被评为国家AAAAA级旅游景区。通公交车。

天宇自然博物馆 371326-50-D-a02
[Tiānyǔ Zìrán Bówùguǎn]

在平邑县县城中部。天宇指代天体宇宙，为自然地质博物馆，因而命名。博物馆内设科研馆1处、4D动感影院1处、展厅28个，馆藏展品39万余件。展品主要以矿物标本和古生物化石为主，馆内保存1 200多件恐龙以及2 200多件鸟类化石。因保存有1 106件较完整个体的恐龙化石，被吉尼斯世界纪录英国总部认定为"世界上最大的恐龙博物馆"。拥有"世界上最大的收藏恐龙和其他史前动物化石的博物馆""世界上最长的硅化木""世界上最大的中华龙鸟"等6项吉尼斯世界纪录。是目前世界上最大的自然地质博物馆。2007年被评为国家AAAA级旅游景区。通公交车。

曾子山旅游区 371326-50-D-a03
[Zēngzǐshān Lǚyóuqū]

在平邑县南部。因出生于山脚下南武城村的孔子得意门生"宗圣"曾子而得名。曾子山山势俊朗峭拔、峰奇石怪、造型各异、栩栩如生、林木葱郁、移步异景。由南及北形成数个山峰，即曾子山、棺材山、孝子山、富贵顶、透明崮、印盒山，这些山峰峭壁悬崖，如刀削成，或高或低，或方或圆，似人像物，形象逼真。景区内有曾子墓、曾点墓、武城古城遗址、富贵顶摩崖造像和石刻、彭祖修道处等景点，有曾子杀猪、斩壁投蛟、神驴驮水、倒穿草鞋

等动人的传说。曾子山以独特的自然景观和人文景观，成为省内外游客登临观光、凭吊古迹、登险远眺、寻胜探奇、度假休闲的好去处。2013 年被评为国家 AA 级旅游景区。通公交车。

观音山旅游区　371326-50-D-c01
[Guānyīnshān Lǚyóuqū]

　　在平邑县东南部。因主峰神似观音而得名。2008 年 1 月建成。占地面积 9 平方千米。有 115 师会议旧址、桃峪高干会议旧址、罗荣桓住所等众多革命历史遗迹，郑玄坟、猛虎回头、天然卧佛、崮顶草原、观音庙、莲花宝座峰、金银花生态园、柿子王、桃峪山楂王、迎客松、观景台、昌里水库等 10 多个自然人文景点。为广大群众缅怀革命前辈丰功伟绩、接受革命传统教育和爱国主义教育的场所。丰富了市民的休闲娱乐生活。通公交车。

莒南县

纪念地

鲁东南革命烈士陵园　371327-50-A-c01
[Lǔdōngnán Gémìnglièshì Língyuán]

　　在莒南县十字路镇温水泉村南。因安葬革命烈士而得名。1995 年 3 月建成。鲁东南革命烈士陵园对加强革命主义教育和爱国主义教育起到了积极作用，为社会各界瞻仰革命烈士、继承发扬革命传统，接受爱国主义教育和沂蒙精神教育提供了最佳场所。2014 年 5 月被批准为市级重点烈士纪念设施保护单位。通公交车。

重点文物保护单位

八路军 115 师司令部旧址　371327-50-B-a01
[Bālùjūn 115 Shī Sīlìngbù Jiùzhǐ]

　　在临沂市莒南县大店镇大店九村。因抗战时期八路军 115 师司令部曾驻扎于此，故名。1942 年建成。该旧址对研究 115 师的战斗史、该地区的抗战史以及进行传统爱国主义教育都起到了积极的作用。1996 年 11 月被批准为国家级文物保护单位。通公交车。

山东省政府旧址　371327-50-B-b01
[Shāndōng Shěngzhèngfǔ Jiùzhǐ]

　　在莒南县大店镇政府驻地。因原有单位而得名。抗日战争时期革命遗址。建筑为清末民初鲁东南地区庄园式民居，名 "四余堂"。旧址现有房屋建筑 5 座 17 间，占地 1 400 平方米。与此相邻的东院为八路军 115 师司令部旧址。2006 年 12 月被批准为省级文物保护单位。通公交车。

山东新华书店旧址　371327-50-B-b02
[Shāndōng Xīnhuáshūdiàn Jiùzhǐ]

　　在莒南县洙边镇后净埠子村。因原有单位而得名。抗日战争时期革命遗址。1941 年至 1944 年，山东新华书店前身《大众日报》社出版部、滨海书局先后在此驻扎。1944 年 7 月 6 日，山东新华书店在此成立。占地面积 900 平方米。为广大群众缅怀革命前辈丰功伟绩、接受革命传统教育和爱国主义教育的场所。2006 年 12 月被批准为省级文物保护单位。通公交车。

王璟御封林　371327-50-B-b03
[Wángjǐng Yùfēng Lín]

　　在莒南县板泉镇大白常村南。因墓葬主人而得名。明代墓葬。院内现存明嘉靖御封王璟祖父王昇碑 2 通、父亲王纲碑 2 通、明万历年间御封王璟之孙王宗性碑 2 通及王璟后辈墓碑 5 通。具有重要的考古价值。2006 年 12 月被批准为省级文物保护单位。通公交车。

甲子山医院旧址 371327-50-B-c01
[Jiǎzǐshān Yīyuàn Jiùzhǐ]

在莒南县文疃镇甲子山医院西邻。因原有单位而得名。抗日战争时期建筑，1952 年建成。该旧址为研究甲子山医院的发展历程提供了一定的实物资料。2011 年 12 月被批准为市级文物保护单位。通公交车。

金沟官庄青年团支部旧址 371327-50-B-c02
[Jīngōuguānzhuāng Qīngniántuánzhībù Jiùzhǐ]

在莒南县筵宾镇金沟官庄村内。1946 年 12 月 24 日中国新民主主义青年团金沟官庄团支部成立，故名。该旧址是当时团支部建立、开会、议事的主要场所，对研究该地区的团支部发展历程，以及进行爱国主义教育都起到了积极的作用。2006 年 12 月被批准为市级文物保护单位。通公交车。

重要景点和一般名胜古迹

天马岛旅游区 371327-50-D-a01
[Tiānmǎdǎo Lǚyóuqū]

在莒南县西北 22 千米处的马鬐山和天湖岛之间。因所在自然地理实体而得名。占地面积 46 平方千米，湖面水体面积 26 平方千米。主要景点、主要建筑物有金盆顶、仿古长城、天马忠魂、圣水观音。2010 年被评为国家 AAAA 级旅游景区。通公交车。

卧佛寺公园 371327-50-D-a02
[Wòfósì Gōngyuán]

在莒南县城公园路 1 号。因公园内寺庙而得名。卧佛寺，始建于南北朝时期，由图澄大师在山下结庐为寺，祈奉天佛而建，名曰卧佛寺。唐开元年间，高僧一行大师为修"大衍历"，重新奠基卧佛寺。1996 年莒南县政府修缮卧佛寺。主要景点有卧佛殿、八卦阵、大观亭、半山亭、牡丹园、翠竹园、水上乐园、儿童乐园、动物园、奇石园、魔幻城等。2005 年被评为国家 AAA 级旅游景区。通公交车。

蒙阴县

重点文物保护单位

铁城遗址 371328-50-B-b01
[Tiěchéng Yízhǐ]

在蒙阴街道公家万村南首。因所在地而得名。汉代遗址。占地面积 57 万平方米。地表采集有龙山文化的凿形鼎足，汉代的几何纹砖、板瓦、筒瓦、瓦当、罐、盆等陶器残片，唐代的瓷碗残片。遗址对研究蒙山腹地古代不同时期文化面貌，提供了重要的实物资料，具有重要的史料价值和文物价值，对弘扬传统历史文化具有重要意义。2013 年 10 月被批准为省级文物保护单位。通公交车。

丁家庄四合院 371328-50-B-b02
[Dīngjiāzhuāng Sìhéyuàn]

在岱崮镇丁家庄。因所在地而得名。清代建筑。抗日战争期间毁于战火，后又重建。占地面积 1 372 平方米，民居坐西朝东，分南、北两院。宅院东北角有一小门，为如意门，面阔 2.75 米，进深 3 米，单檐、硬山式顶，清水脊，两侧各饰有一鸱吻。北院现有房屋14间，南院现有房屋11间，均为砖木结构。四合院采用二进院落，平面呈"日"字形，从进院门到正房，需连登三次台阶，它不仅预示着"连升三级"和"平步青云"之意，也是建筑层次结构的科学安排。该建筑遗址为研究蒙山腹地文化面貌提供了重要的实物资料，具有很强的文物价值，对弘扬传统历史文化具有重要意义。2013年10月被批准为省级文物保护单位。

卢县故城 371328-50-B-b03

[Lúxiàn Gùchéng]

在岱崮镇东指村西南。以其所在地名称及古代行政区划命名。汉代遗址。占地面积18万平方米。地面显露大量的古文化遗址，包括筒瓦、板瓦、古砖等建筑遗物和生活用器具，诸如灰陶豆、鬲足及陶器片等，遗址西北有一棵古槐。该遗址为研究蒙山腹地文化面貌，提供了重要的实物资料，具有重要的史料价值和文物价值，对弘扬传统历史文化具有重要意义。2013年10月被批准为省级文物保护单位。335省道经此。

孟良崮战役遗址 371328-50-B-b04

[Mèngliánggù Zhànyì Yízhǐ]

在蒙阴县垛庄镇泉桥村北。以所在地名称及历史事件命名。解放战争时期革命遗址。孟良崮战役遗址保护范围26.8平方千米。该遗址对后人缅怀先烈、了解历史，弘扬红色文化和沂蒙精神具有重要的意义。1977年12月被批准为省级文物保护单位。有公路经此。

刘洪故里遗址 371328-50-B-c01

[Liúhóng Gùlǐ Yízhǐ]

在蒙阴街道召子官庄村西。以东汉末年杰出的天文学家、数学家、珠算创始人刘洪名字命名。东周至汉遗址。占地面积0.18平方千米。遗址为研究蒙山腹地周代、汉代文化面貌，提供了重要的实物资料。2003年10月被批准为市级文物保护单位。205国道经此。

蒙恬故里遗址 371328-50-B-c02

[Méngtián Gùlǐ Yízhǐ]

在联城镇和恬兴镇村边家城子村北。因历史人物而得名。秦汉时期遗址。蒙家林被覆盖在边家城子老村之下。占地面积2万平方米。地表采集有汉代的菱形纹砖。蒙家宅在边家城子村东，面积约14万平方米。地表采集有东周的罐、瓮、盆，汉代的筒瓦、砖等陶器残片。遗址为研究蒙山腹地古代文化面貌提供了重要的实物资料，具有重要的史料价值和文物价值，对弘扬传统历史文化具有重要意义。2006年12月被批准为市级文物保护单位。有公路经此。

解放蒙阴城战斗遗址 371328-50-B-c03

[Jiěfàngméngyīnchéng Zhàndǒu Yízhǐ]

在湖滨路南部，汶河公园边沿。以历史事件命名。抗战时期革命遗址。是广大群众缅怀革命前辈丰功伟绩、接受革命传统教育和爱国主义教育的场所。1999年被批准为县级文物保护单位。

大崮革命遗址 371328-50-B-c04

[Dàgù Gémìng Yízhǐ]

在岱崮镇大崮村西大崮山上。因纪念1941年大崮山突围战而命名。抗战时期革命遗址。占地面积260万平方米。此地也是抗日战争期间八路军鲁中军区机关、兵工厂、被服厂、弹药库旧址。具有十分重要的爱国主义教育意义。1999年9月被批准为县级文物保护单位。

重要景点和一般名胜古迹

临沂蒙阴县刘洪文化园海浪谷景区

371328-50-D-a01

[Línyí Méngyīn Xiàn Liúhóng Wénhuàyuán Hǎilànggǔ Jǐngqū]

在蒙阴县城区汶河南岸、蒙山路南段。以所在政区和历史人物命名。占地面积180 000平方米。刘洪文化园一期工程海浪谷景区，是一处以水上活动为主题、水景为特色的大型水上游乐园，有水上游乐区、水韵风光展示区、水上运动区、广场商业区、滨江漫步区五大功能区。该景区对提升城市品位、完善城市功能具有重要意义，是当地及周边市民休闲纳凉的理想场所，有力推动了当地经济社会发展和产业配套。2012年被评为国家AAA级旅游景区。京沪高速经此。

蒙阴县沂蒙六姐妹纪念馆旅游区

371328-50-D-a02

[Méngyīn Xiàn Yíméngliùjiěmèi Jìniànguǎn Lǚyóuqū]

在蒙阴县野店镇烟庄。沂蒙六姐妹是革命战争年代在沂蒙老区涌现出的一个女性英雄群体，为进一步传承和发扬这种优良传统，在烟庄村建立沂蒙六姐妹纪念馆，故名。2010年3月修建。占地面积5 050平方米，分为支前事迹和实物展厅、新时期"沂蒙六姐妹"事迹展厅、家乡巨变展厅、领导关怀展厅和声像厅5个展厅。目前该纪念馆已成为当地重要的红色教育基地，其对弘扬沂蒙精神和红色文化起到重要的作用。2011年被评为国家AA级旅游景区。有公路经此。

蒙阴中山寺旅游区 371328-50-D-c01

[Méngyīn Zhōngshānsì Lǚyóuqū]

在蒙阴县坦埠镇驻地西4.5千米处。因该旅游区在蒙阴县坦埠镇，区域内有景点中山寺，故名。主要景点和建筑物有中山寺、大雄宝殿、文昌殿、千年古槐、古柏、度假村等。该景区的保护与开发对保护当地历史遗迹，弘扬历史文化具有重要意义。有公路经此。

临沂蒙阴县岱崮地貌旅游区

371328-50-D-c02

[Línyí Méngyīn Xiàn Dàigùdìmào Lǚyóuqū]

在岱崮镇笊篱坪村。因所在自然地理实体而得名。主要景点有上山下乡旅游度假村、岱崮地质博物馆、崮乡野营拓展基地、崮上草原、神佛崮、军事体验实弹射击项目、乡村采摘园、将军树等景点30余处。中国地理学会依据山东省临沂市蒙阴县岱崮镇全国最集中的崮形地貌现象，将原称"方山地貌"正式更名为"岱崮地貌"，成为中国第五大岩石造型地貌。234、332、335省道经此。

临沭县

重点文物保护单位

北沟头遗址 371329-50-B-a01

[Běigōutóu Yízhǐ]

在临沭县郑山街道北沟头村北。因所在地而得名。新石器时代至汉代遗址。是一处遗址与墓葬并存的遗存，遗址与墓群部分隔苍源河相望。2013年5月被批准为国家级文物保护单位。有公路经此。

郭家山遗址 371329-50-B-b01

[Guōjiāshān Yízhǐ]

在临沭县青云镇郭家山村。因所在地而得名。新石器时代至商代遗址。为山前冲积地带，地势东高西低。东西长369米，南北宽248米，面积约91 300平方米。采集有大汶口文化夹砂褐陶鼎足，龙山文化陶片以夹砂和泥质为主等。1992年6月被批准为省级文物保护单位。有公路经此。

东盘遗址 371329-50-B-b02
[Dōngpán Yízhǐ]

在临沭县玉山镇东盘中村。因所在地而得名。新石器时代至汉代遗址。东西长286米，南北宽215米，面积约61 380平方米。遗址南部受河水冲刷形成断崖，采集有大汶口文化夹砂褐陶鼎足、鬶足、白陶鬶足等。2013年10月被批准为省级文物保护单位。有公路经此。

利城遗址 371329-50-B-c01
[Lìchéng Yízhǐ]

在临沭县蛟龙镇后利城村。因所在地而得名。周至宋代遗址。地表遗物丰富，采集有汉代泥质灰陶罐口、瓮口、板瓦残片，唐、宋时期的瓷器残片等。2011年12月被批准为市级文物保护单位。有公路经此。

新华社山东分社诞生地 371329-50-B-c02
[Xīnhuáshè Shāndōngfēnshè Dànshēngdì]

在临沭县蛟龙镇前利城村。因原有单位而得名。建于1941年。在战争年代充分发挥了其党和人民耳目喉舌的职责，起到了宣传群众、鼓舞士气、打击敌人的桥梁纽带作用。2011年12月被批准为市级文物保护单位。有公路经此。

大官庄民居 371329-50-B-c03
[Dàguānzhuāng Mínjū]

在临沭县石门镇大官庄村内。因所在地而得名。清代建筑。民居由南北两座不相邻的院子组成，面积共计591.9平方米。其中北院由正房六间、耳房二间、厢房三间组成，面积有521.5平方米，院子西北角原来有座炮楼，现已坍塌；南院由三间正房组成，面积约70.4平方米。2006年12月被批准为市级文物保护单位。有公路经此。

荞麦涧遗址 371329-50-B-c04
[Qiáomàijiàn Yízhǐ]

在临沭县石门镇荞麦涧村。因所在地而得名。新石器时代至西周遗址。遗址地表遗物丰富，采集有大汶口文化的蛋壳陶片、夹砂红陶鼎足、鬶足、夹砂白陶鬶足、鬶把、夹砂灰褐陶鼎口、划纹匜口、罐口、泥质灰陶盆口、罐口、豆把，以及石斧、铲、箭镞，岳石文化夹砂灰陶罐口、泥质灰陶盖钮等。2006年12月被批准为市级文物保护单位。有公路经此。

小寺遗址 371329-50-B-c05
[Xiǎosì Yízhǐ]

在临沭县石门镇小寺村东。因所在地而得名。商至宋代遗址。南北长320米，东西宽138米，面积约43 500平方米。遗址采集有商周时期夹砂灰陶绳纹鬲足、三足钵（残）、泥质灰陶罐口沿，汉代泥质灰陶盆口沿，宋代瓷壶底等。2011年12月被批准为市级文物保护单位。有公路经此。

陈官庄遗址 371329-50-B-c06
[Chénguānzhuāng Yízhǐ]

在临沭县石门镇陈官庄村。因所在地而得名。周至汉代遗址。地表西为现代墓地，东为耕地。遗址采集有东周时期泥质褐陶、灰陶罐口沿，汉代夹砂灰陶瓮口沿，泥质灰陶筒瓦、瓦当残片等。2006年12月被批准为市级文物保护单位。有公路经此。

西郭疃墓群 371329-50-B-c07
[Xīguōtuǎn Mùqún]

在临沭县曹庄镇东郭疃村。因所在地而得名。汉代至宋代墓葬。墓群分布于岭上，中部隆起，形成龟盖形浅丘。墓群东西长 462 米，南北宽 312 米，分布面积约 111 700 平方米。已暴露的墓葬为砖石结构，曾出土汉代铜镜、铁剑，宋代黄釉四系壶等。具有重要的考古价值。2011 年 12 月被批准为市级文物保护单位。有公路经此。

岌山古墓群 371329-50-B-c08
[Jíshān Gǔmùqún]

在临沭县曹庄镇华侨村东。因所在自然地理实体而得名。汉代至宋代墓葬。地势东高西低，南北长 1 568 米，东西宽 732 米，面积约 976 890 平方米。已发现的墓葬为砖石结构，曾出土大量汉砖、板瓦、灰陶罐等。该墓群对研究这一地区汉代的葬制葬俗具有一定价值。2011 年 12 月被批准为市级文物保护单位。有公路经此。

八路军老四团钢八连朱村抗战旧址
371329-50-B-c09
[Bālùjūn Lǎosìtuán Gāngbālián Zhūcūn Kàngzhàn Jiùzhǐ]

在临沭县曹庄镇。以抗战时期八路军老四团钢八连曾在朱村战斗过而得名。抗战时期革命遗址。占地约 4 000 平方米，分为 4 个展馆，分别是钢八连朱村抗日战斗纪念馆、朱村村史馆、朱村档案馆、临沭人民支前纪念馆。为广大群众缅怀革命前辈丰功伟绩、接受革命传统教育和爱国主义教育的场所。2011 年 12 月被批准为市级文物保护单位。有公路经此。

糜家村遗址 371329-50-B-c10
[Míjiācūn Yízhǐ]

在临沭县青云镇糜家村东约 10 米。因所在地而得名。新石器时代至周代遗址。南北长 382 米，东西宽 210 米，面积约 79 500 平方米。地表遗物丰富，采集遗物有大汶口文化夹砂褐陶鼎足，龙山文化夹砂红陶鼎足、夹砂褐陶鬶足等。具有重要的考古价值。2006 年 12 月被批准为市级文物保护单位。有公路经此。

重要景点和一般名胜古迹

钟华山旅游区 371329-50-D-a01
[Zhōnghuáshān Lǚyóuqū]

在临沭县城西。以自然地理实体命名。主要景点有放生池、福寿合壁、老子亭、转运亭、奎星阁和奶奶庙。2010 年被评为国家 AAAA 级旅游景区。有公路经此。

玉圣园旅游区 371329-50-D-a02
[Yùshèngyuán Lǚyóuqū]

在临沭县玉山镇东盘村。以旅游区内的玉圣园得名。占地总面积 0.1 平方千米。玉圣园园内小桥流水，楼榭亭台，竹露荷香，奇石宝塔，主要景点有观音禅寺、普度桥、观音殿、沂阳书院、致远亭等。2007 年被评为国家 AA 级旅游景区。通公交车。

夹谷山旅游区 371329-50-D-c01
[Jiāgǔshān Lǚyóuqū]

在临沭县玉山镇李河东村东 2 千米处。以夹谷山得名。占地总面积 30 平方千米。夹谷山海拔 304.9 米，现有圣人殿、圣庙、圣化亭、魁星阁和夹谷书院等建筑群遗址，建筑面积约 15 000 平方米。"夹谷莺啼"为赣榆八景之一。3 100 米的夹谷山地下战备洞为夹谷山景区的另一特色景点，主要景点有地下战备洞、真人 CS、鸟语林、老母奶奶洞、魁星阁、子孙殿、齐鲁会盟处、圣人泉、沂蒙知青村、兵营、百草园、孟良石、响石、尼山分秀等名胜景致。有公路经此。

苍马山旅游区　371329-50-D-c02
[Cāngmǎshān Lǚyóuqū]

在临沭县城东北 3 千米处。以自然地理实体而得名。景区由苍山、马山、草山组成，境内松青、草绿、水蓝、云翠，历史文化传说甚多，是从古至今在鲁南苏北，乃至全国具有较高知名度的佛教圣地。有苍山叠翠、神龟回望、抗金寨、鬼谷驻地、慧济寺、映翠湖、浅水湾乐园，陆上儿童乐园等景致。有公路经此。

冠山风景区　371329-50-D-c03
[Guànshān Fēngjǐngqū]

在临沂市临沭县县城西北。因主峰若凤凰之冠而得名。占地 0.5 平方千米。景区以道教文化、生态农业为发展核心，是集道教养生、生态旅游、休闲康体、商务会议、饮食娱乐为一体的综合性旅游区。开发之初重点就地保护了两株千年银杏树、三清阁遗址、龟驮碑等历史性文物；再建了长春观文化区三座道观（灵官殿、七真殿、三清殿）、梅花鹿园、九曲栈道等景点，并结合休闲农业与乡村旅游特点，依托山区优势，建成千亩板栗园、千亩茶园、千亩杂果园、野菜采摘园、生态鱼塘。丰富了市民的休闲娱乐生活。通公交车。

中国临沭岌山省级地质公园
371329-50-D-c04
[Zhōngguó Línshù Jíshān Shěngjí Dìzhì Gōngyuán]

在临沭县曹庄镇和石门镇。因自然地理实体而得名。地质遗迹景观区包括岌山构造剖面及恐龙足迹景观区、常林钻石景观区，丹霞沭河古道景观区包括沭河古道及样山景区、荞麦涧原始森林景观区。有公路经此。

六　农业和水利

临沂市

灌区

许家崖水库灌区 371300-60-F01
[Xǔjiāyá Shuǐkù Guànqū]

在临沂市费县费城街道、兰山区两县区境内。因许家崖水库得名。1959 年 11 月开始兴建；1968 年使干渠过祊河，增建了北干渠，灌溉面积扩大到 21.95 万亩。1974 年对原有总干渠、西干渠、北干渠进行开挖和配套，使灌溉面积逐步扩大；1982 年设计灌溉面积 146.3 平方千米；1983 年设计灌溉面积 178.67 平方千米；1984 年建成石沟拦河闸一座，对北干进行补源。已建成总干渠一条，长 23.8 千米；西干渠、南干渠、北干渠共长 59.8 千米；支渠 15 条，长 63.6 千米；建成大小建筑物 1 650 座，其中干支渠建筑物 804 座，比较大的建筑物有隧洞 3 处、渡槽 4 处、涵洞 4 处，最大实浇面积达 88.7 平方千米。灌区以灌溉为主，兼具发电、养殖等效益，对促进费县农业经济的发展发挥了重要的作用。兖石铁路过境，327 国道贯穿灌区。

陡山灌区 371300-60-F02
[Dǒushān Guànqū]

在沭河以东，纵涉莒县、莒南、临沭 3 县。以陡山水库为灌溉水源，故名。1958 年始建，1986 年 11 月开工除险加固工程，1990 年 9 月完成。设计灌溉面积 30.04 万亩，干支渠控制面积 19.20 万亩，有效灌溉面积 16.20 万亩。共有干渠 3 条，支渠 16 条。有公路经此。

兰山区

林场

兰山区寨外林场 371302-60-C01
[Lánshān Qū Zhàiwài Línchǎng]

属兰山区管辖。在兰山区东北部。面积 179 公顷。以所在政区名称和从事的行业命名。1959 年春，在人民公社的基础上，由官庄管理区把寨里、寨外、李彭庄、河湾四个大队的河滩 3 400 亩组成联营林场，进行林业生产。以河滩沙地为主，林业开发力度较大，林场内沟、渠、路、林配套，排水系统自成体系，抵抗洪涝旱灾害能力强。主要负责营造生态防护林、提高防水固沙功能，林木新品种的试验、示范、繁育。通公交车。

灌区

花园灌区 371302-60-F01
[Huāyuán Guànqū]

在兰山区中部。根据灌区所在的地理位置命名。1958 年动工，1959 年开灌，1963 年正式建坝。基本构成是总干 1 条 0.8

千米，干渠 5 条 31.5 千米，支渠 16 条 34.4 千米，干支渠建筑物 529 座。灌溉引水方式以自流为主，结合提水。设计灌溉面积 34 平方千米，有效灌溉面积 1.8 万亩。灌区充分发挥了农田水利规划及引导作用。通公交车。

施庄水库灌区 371302-60-F02
[Shīzhuāng Shuǐkù Guànqū]

在兰山区北部。根据灌区所在的地理位置命名。1967 年开工，1970 年建成。基本构成为现在有干渠两条，其中南干渠 8 600 米，北干渠 3 933 米。水库渠首有放水闸门 2 孔，为浆砌石无压涵洞，设计流量 14.52 立方米 / 秒。灌溉引水方式以自流为主。有效灌溉面积 1.33 平方千米，最大实灌面积 4.2 平方千米。灌区充分发挥了农田水利规划及引导作用。通公交车。

刘庄水库灌区 371302-60-F03
[Liúzhuāng Shuǐkù Guànqū]

在兰山区西北部。根据水库的地理位置命名。1966 年 9 月动工，1967 年 8 月建成，1968 年开始蓄水。现有干渠两条，其中东干渠 3.2 千米，西干渠 2.4 千米。灌溉引水方式以自流为主。设计灌溉面积 7 平方千米，有效灌溉面积 1.3 平方千米。灌区充分发挥了农田水利规划及引导作用。通公交车。

茶山灌区 371302-60-F04
[Cháshān Guànqū]

在兰山区东北部。根据灌区所在地的地理风貌命名。1958 年动工，1961 年建成，1966 年扩建改建。灌区共有总干渠一条，长 6.9 千米；干渠 4 条，长 29.6 千米；支渠 2 条，长 8 千米。灌溉引水方式以自流为主，结合提水。有效灌溉面积 30.3 平方千米。灌区充分发挥了农田水利规划及引导作用。通公交车。

罗庄区

水利枢纽

南涑河丁庄橡胶坝 371311-60-E01
[Nánsùhé Dīngzhuāng Xiàngjiāo Bà]

在傅庄街道丁庄南涑河上。以位置得名。建于 2009 年 1 月。坝长 55 米，挡水高度 3.5 米，设计流量 213 立方米 / 秒，一次蓄水 46 万立方米。主要用于蓄水泄洪。通公交车。

武河蒋史汪橡胶坝 371311-60-E02
[Wǔhé Jiǎngshǐwāng Xiàngjiāo Bà]

在黄山街道蒋史汪村武河上。以位置得名。2009 年 2 月建。坝长 300 米，挡水高度 2.09 米，设计流量 4 000 立方米 / 秒，一次蓄水 215 万立方米。主要用于蓄水泄洪。通公交车。

青龙河十里堡橡胶坝 371311-60-E03
[Qīnglónghé Shílǐpù Xiàngjiāo Bà]

在盛庄街道十里堡社区南青龙河。以位置得名。挡水高度 3.5 米，坝长 30 米，设计流量 40 立方米 / 秒，核校流量 65 立方米 / 秒，一次蓄水 12 万立方米。主要用于蓄水泄洪。通公交车。

水库、灌区

台井水库 371311-60-F01
[Táijǐng Shuǐkù]

在沂堂镇后井台村北 1 千米。以地处台井村得名。1966 年 10 月开工兴建，1967 年 6 月建成蓄水。水库控制流域面积 450 公顷，总库容 124 万立方米，其中兴利库容 58 万立方米。整个枢纽工程由大坝、溢洪道、放水洞等三部分组成。此库由于库底渗水严重，只能防洪，起不到灌溉作用，是一座以防洪和兴利为主的小型水库。通公交车。

小埠东灌区 371311-60-F02

[Xiǎobùdōng Guànqū]

在罗庄区境内小埠东村。因位置得名。1958 年始建。灌溉面积 5 366 公顷。干渠长 5.2 千米；分干渠 2 条，总长 11.2 千米；支渠 12 条，总长 19.8 千米。干、支渠各类建筑物共 229 座，其中水闸 116 座，渡槽 6 座，倒虹吸 3 座，跌水 3 座，桥梁 101 座。灌区为周边农田提供水利灌溉。通公交车。

渠道

总干渠 371311-60-G01

[Zǒng Gànqú]

在盛庄、高都街道境内。东北起小埠东灌区渠首进水闸，西南至沈牌子社区。1958 年始建，1959 年建成。长 8.6 千米，平均流量 21.8 立方米 / 秒，设计流量 21.6 立方米 / 秒，实际流量 21.6 立方米 / 秒，最大水深 3.5 米。渠系建筑物有倒虹吸 1 座、农桥 2 座、泵站 2 座。农田受益面积 1.5 万亩。系小埠东灌区灌排结合渠道。通公交车。

一干渠 371311-60-G02

[1 Gànqú]

在盛庄街道东部。北起十里堡社区，南至许家冲村。1958 年始建，1963 年建成，2012 年对渠道进行全部衬砌。长 3.2 千米，平均流量 2.1 立方米 / 秒，设计流量 1.6 立方米 / 秒，实际流量 1.2 立方米 / 秒，最大水深 3 米。渠系建筑物有水闸 2 座、跌水陡坡 1 座、农桥 8 座、量水建筑物 1 座、

泵站 2 座。系小埠东灌区灌排结合渠道。通公交车。

二干渠 371311-60-G03

[2 Gànqú]

在高都街道境内。西北起东高都社区，东南至肖庄。1958 年始建，1963 年建成。长 10 千米，平均流量 1.5 立方米 / 秒，设计流量 2.5 立方米 / 秒，实际流量 1.3 立方米 / 秒，最大水深 1.5 米。渠系建筑物有水闸 6 座、跌水陡坡 1 座、涵洞 1 座、农桥 34 座、量水建筑物 1 座。农田受益面积 2.4 万亩。系小埠东灌区灌排结合渠道。通公交车。

三干渠 371311-60-G04

[3 Gànqú]

在高都、册山街道境内。北起高都街道东高都社区，南至册山街道房沙沟村。1958 年始建，1963 年建成。长 11.2 千米，平均流量 3.8 立方米 / 秒，设计流量 2.5 立方米 / 秒，实际流量 2 立方米 / 秒，最大水深 2.2 米。渠系建筑物有水闸 10 座、跌水陡坡 1 座、农桥 31 座、量水建筑物 1 座、泵站 2 座。农田受益面积 3.56 万亩。系小埠东灌区灌排结合渠道。通公交车。

四干渠 371311-60-G05

[4 Gànqú]

在高都、册山街道和黄山境内。北起高都街道沈牌子社区，南至黄山镇丁屯。1958 年始建，1963 年建成。长 8.2 千米，衬砌 8.4 千米，平均流量 3.5 立方米 / 秒，设计流量 2 立方米 / 秒,实际流量 2 立方米 / 秒，最大水深 1.8 米。渠系建筑物有水闸 8 座、跌水陡坡 1 座、农桥 14 座、量水建筑物 1 座。农田受益面积 4.8 万亩。系小埠东灌区排灌结合渠道。通公交车。

五干渠 371311-60-G06
［5 Gànqú］

在高都、罗庄街道境内。东北起高都街道沈牌子社区，西南至罗庄街道山南头社区。1958 年始建，1963 年建成。长 8.5 千米，平均流量 2.1 立方米 / 秒，设计流量 8.9 立方米 / 秒，实际流量 6 立方米 / 秒，最大水深 1.8 米。渠系建筑物有水闸 16 座、渡槽 1 座、农桥 20 座、量水建筑物 1 座。农田受益面积 2.3 亩。系小埠东灌区灌排结合渠道。通公交车。

小庄子闸东干渠 371311-60-G07
［Xiǎozhuāngzizhá Dōnggànqú］

在高都、册山街道境内。东北起高都街道大塘崖村，西南至册山街道沙旦子村。1958 年始建，1963 年建成。长 4.1 千米，平均流量 1.7 立方米 / 秒，设计流量 1.5 立方米 / 秒，实际流量 1.2 立方米 / 秒，最大水深 1.6 米。渠系建筑物有水闸 4 座、倒虹吸 1 座、农桥 5 座。灌溉农田面积 0.8 万亩。系小埠东灌区灌溉渠道。通公交车。

郑旺闸西干渠 371311-60-G08
［Zhèngwàngzhá Xīgànqú］

在册山街道和黄山镇境内。北起册山街道郑旺闸西侧，南至黄山镇丁屯。1958 年始建，1963 年建成。长 4.1 千米，平均流量 2.3 立方米 / 秒，设计流量 1.5 立方米 / 秒，实际流量 1.2 立方米 / 秒，最大水深 1.8 米。渠系建筑物有水闸 4 座、倒虹吸 1 座、农桥 5 座。灌溉农田面积 1.5 亩。系小埠东灌区灌溉渠道。通公交车。

河东区

农场

河东区梅埠街道梅埠甜瓜生产基地 371312-60-A01
［Hédōng Qū Méibù Jiēdào Méibù Tiánguā Shēngchǎn Jīdì］

属临沂经济技术开发区西甜瓜协会。在河东区梅埠街道。保护地栽培面积 8 000 亩，露地栽培面积 4 000 亩，总计 12 000 亩。因该生产基地在梅埠街道得名。总产 3.6 万吨，平均每亩收益 1.5 万元，初步形成了甜（香）瓜周年供应，成为当地瓜农增收致富的主导产业。助力村民发家致富，带动区域经济发展。通公交车。

河东区梅埠街道醋庄葡萄园 371312-60-A02
［Hédōng Qū Méibù Jiēdào Cùzhuāng Pútaoyuán］

属临沂经济技术开发区葡萄协会。在梅埠街道醋庄前村。葡萄园种植面积 2.2 余万亩。因在醋庄前村而得名。种植品种 20 余个，年产 7 万吨。2012 年被农业农村部、财政部命名为现代农业产业技术示范基地。通公交车。

国家蔬菜标准园临沂长生园 371312-60-A03
［Guójiā Shūcài Biāozhǔnyuán Línyí Chángshēngyuán］

属临沂市长生园生态农业有限公司。在玉白河与沭郯路交会处。面积 2.0 平方千米。因建设投资公司名称而得名。2013 年初新造栾树林 1 000 余亩，2014 年建设林下香菇示范基地 200 亩。是以食用菌、设施蔬菜为主导产业的国家蔬菜标准园，主要以设施蔬菜和食用菌为主导产业，主要示范项目为现代生态农业循环项目、食用菌夏季高效安全生产技术推广项目、菌糠二次利用技术推广项目，年产杏鲍菇 5 400 吨，其他蔬菜 2 000 吨，主要产平菇、彩椒、西红柿、芸豆等。实现农村剩余劳动力的有效转移，带动周边 500 户农民从事食用菌、设施蔬菜的种植，引导农民改变传统的种植模式，发展循环农业、生态农业，营造良好的生态环境，提高农业可持续发展能力。通公交车。

河东区锦盛花卉种植专业合作社
371312-60-A04

[Hédōng Qū Jǐnshènghuāhuì Zhòngzhí Zhuānyè Hézuòshè]

属锦盛花卉种植合作社。在河东区朝阳街道。面积 173 330 平方米。园区名称寓意前程锦绣，永远昌盛。2010 年设立。合作社规模 180 亩左右，种植火龙果、台湾桑葚、百香果、绿萝等亚热带植物，另外种植有市场少有的香蕉草莓、白雪公主草莓等优质果品。引领合作社成员熟练掌握亚热带水果花卉的种植技术，对合作社成员掌握技术起到重要作用。通公交车。

灌区

小埠东灌区 371312-60-F01
[Xiǎobùdōng Guànqū]

在小埠东橡胶坝东岸。以地理位置和功能命名。1963 年 5 月建成。属中型灌区，以沂河为界，分东、西两个灌区，设计灌溉面积 21.8 平方千米。灌区在临沂经济开发区，随着经济发展，开发区农业面积逐年减少，灌区主要功能为区内河流进行生态补水。通公交车。

渠道

八支渠 371312-60-G01
[8 Zhīqú]

在河东区太平街道东张屯村后东。起点为葛沟总干东张屯村，终点为鸭蛋沟。1958 年建成。渠道长度 3.3 千米，为浆砌石矩形渠道，灌溉面积 4 700 亩。为农业灌溉渠道。

红卫渠 371312-60-G02
[Hóngwèi Qú]

在河东区八湖镇张柴埠河村。起点为汤河高柴河橡胶坝上游 20 米，终点为八湖镇朱城旺村。1958 年建成。渠道长度 5 千米，为浆砌石矩形渠道，灌溉面积 9 620 亩。为农业灌溉渠道。通公交车。

九支渠 371312-60-G03
[9 Zhīqú]

在河东区太平街道东张屯村后东。起点为东张屯村西北幸福闸站门前，终点为相公街道平墩湖村。1958 年建成。渠道长度 7.1 千米，前半部分为浆砌石矩形渠道，尾部为土渠，灌溉面积 5 800 亩。为农业灌溉渠道。

七支渠 371312-60-G04
[7 Zhīqú]

在河东区太平街道罗家官庄东。起点为葛沟总干罗官庄村，终点为八间屋村。1958 年建成。渠道长度 3.5 千米，为浆砌石矩形渠道，灌溉面积 4 150 亩。通公交车。

二干渠 371312-60-G05
[2 Gànqú]

在河东区太平街道东南白塔村东。起点在总干东南白塔闸上游 100 米，终点为八湖镇苏呈旺村。1958年建成。渠道长度6千米，为浆砌石矩形渠道，灌溉面积11 071亩。为农业灌溉渠道。通公交车。

三干渠 371312-60-G06
[3 Gànqú]

在河东区太平街道东水湖崖村东。起点为葛沟总干管理处院内，终点为相公街道小茅茨村。1958年建成。渠道长度6.5千米，为浆砌石矩形渠道，灌溉面积8 636亩。通公交车。

十二支渠 371312-60-G07
[12 Zhīqú]

在河东区太平街道东水湖崖村东。起点为总干相公街道甘屯，终点为凤凰岭街道王黑墩村。1958年建成。渠道长度4.4千米，为浆砌石矩形渠道，灌溉面积2 600亩。通公交车。

十一支渠 371312-60-G08
[11 Zhīqú]

在河东区太平街道东水湖崖村东。起点为葛沟总干东水湖村，终点为相公街道平墩湖村。1958年建成。渠道长度4.4千米，为浆砌石矩形渠道，灌溉面积3 400亩。通公交车。

十支渠 371312-60-G09
[10 Zhīqú]

在河东区太平街道后水湖崖村后。起点为葛沟总干东水湖村北，终点为九曲街道柳行头村。1958年建成。渠道长度4.3千米，为浆砌石矩形和梯形渠道，灌溉面积1 100亩。通公交车。

石拉渊总干渠 371312-60-G10
[Shílāyuān Zǒnggànqú]

在河东区东北部。起点为沭河八湖镇石拉渊村处，终点为临沂经济开发区彭白河排水沟。1958年建成。灌区渠道为土渠，总干渠1条长40.6千米，衬砌长度6.3千米，衬砌率15.52%。总干渠承担着农业灌溉、防汛抗旱、除涝、生态补水等任务。通公交车。

沂南县

林场

沂南县国有北大山林场 371321-60-C01
[Yínán Xiàn Guóyǒu Běidàshān Línchǎng]

属沂南县国有林场总厂。在沂南县西北部。面积1 227公顷。因方位得名。1959年建场。林地面积18 405亩，木材蓄积量35 756万立方米，森林覆盖率98%。树种以刺松、黑松、刺槐、板栗为主。林场是著名的景区影视基地。沂蒙生态大道环山经过。

沂南县国有孟良崮林场 371321-60-C02
[Yínán Xiàn Guóyǒu Mèngliánggù Línchǎng]

属沂南县国有林场总厂。在沂南县西南部，孙祖镇、依汶乡境内。占地面积740公顷。该林场在孟良崮山脉，以行政区域名和所处位置得名。1958年始建，1992年成立国家级森林公园。东西长5.2千米，南北宽4.5千米。山上峰峦叠翠、奇石多姿、石洞叠连，植被多马尾松。有公路经此。

渠道

斜屋灌区水渠 371321-60-G01
[Xiéwū Guànqū Shuǐqú]

在许家湖镇斜屋村。起自斜屋拦河闸，

终点为葛沟沙汀村。1964 年 10 月建设，1965 年 5 月使用，1999—2007 年进行改造续建。全长 29 千米。该拦河坝总长 525 米，副坝长 125 米，为沙心浆砌石护堰坝，坝顶宽 1.5 米，泄水闸 15 孔，长 36.5 米。为斜屋灌区调蓄工程，年引水量 1 000 多万立方米。拦河坝的兴建，不仅为灌区提供了水源，而且便利了沂河两岸的交通。对改善生产条件，促进灌区农业增产起了重要作用，发挥了显著经济效益。有公路经此。

丹山灌区水渠 371321-60-G02
[Dānshān Guànqū Shuǐqú]

在沂南县界湖镇丹山子村西北东汶河之上。自丹山拦河闸起，至大庄镇止。1979 年 5 月始建，1980 年底建成。总干渠 1 条长 6.7 千米，干渠 3 条长 26.2 千米，支渠 10 条长 30 千米，干排水沟 20 条长 30.5 千米。水渠灌溉面积 0.5 万亩，灌区灌溉面积 14.5 万亩，保证了界湖、大庄等乡镇农业灌溉及县城部分工业用水。有公路经此。

郯城县

水库

庵姑涧水库 371322-60-F01
[Āngūjiàn Shuǐkù]

在红花镇固疃村东马陵山处。因邻近庵姑涧得名，1958 年 4 月始建。水库坝址控制流域面积 56 公顷，坝址多年平均径流量 1.736 万立方米，最大泄洪流量 17.92 立方米 / 秒，设计年供水量 4.4 万立方米。重要保护对象为农田。有道路通往山下村庄。

黑龙潭水库 371322-60-F02
[Hēilóngtán Shuǐkù]

在红花镇大尚庄村东大沙河上游马陵山山涧。因邻近黑龙潭得名。1958 年 8 月始建。水库坝址控制流域面积 18 平方千米，坝址多年平均径流量 55.8 万立方米，最大泄洪流量 351 立方米 / 秒，设计年供水量 6.8 万立方米。重要保护对象为农田。有道路通往山下村庄。

沂水县

林场

沂水县国有沂山林场 371323-60-C01
[Yíshuǐ Xiàn Guóyǒu Yíshān Línchǎng]

属沂水县。在沂水县沙沟镇西于沟村北 4 千米。经营面积 610 公顷。以行政区域和单位性质命名。1958 年 9 月建场，建场时为沂山园艺场。1958 年 12 月改为沂山林场。1959 年 12 月改为国营沂山林场。2001 年更名为沂水县国有沂山林场。主要负责沂山林场公益林木的抚育管理和森林防护开发等工作。主管植树造林、培植资源、森林保护、植物研究、护林防火、病虫害防治等。1993 年 1 月，被山东省林业厅批准为省级森林公园。1998 年 12 月，在场圃分类经营时，被临沂市人民政府确定为生态公益型林场。有公路经此。

水利枢纽

沂河水利枢纽工程 371323-60-E01
[Yíhé Shuǐlì Shūniǔ Gōngchéng]

在沂河干流沂水县城湖埠西村北。因工程建于沂河上，故名。2000 年 1 月始建，同年 12 月建成。由 8 节橡胶坝带、6 孔冲沙闸、两岸堤防和泵房组成。工程总长 515.2 米，顶宽 73 米，坝袋每节长 55 米，坝高 4.1 米，闸底板高程 131.0 米。两岸堤防其中左岸长 3 200 米，右岸堤防 2 700 米。总库容 515 万立方米，回水面积 247 公顷。具有防洪、养殖、发电、工业供水以及城市景观效益的作用。有公路经此。

水库、灌区

跋山水库　371323-60-F01
[Báshān Shuǐkù]

在沂水县政府驻地西北 13.7 千米。因水库东邻跋山，故名。1958 年 11 月开工清基，1960 年 5 月建成。流域面积 1 782 平方千米，东西长 12.5 千米，南北宽 10.5 千米，正常蓄水位集水面积 29 平方千米，总蓄水量 52 837 万立方米，平均水深 15.2 米。坝体为壤土心墙砂壳坝，长 1 780 米，坝顶宽度 7.5 米，最大坝高 33.65 米。设有放水闸等水利设施，最大泄洪流量 12 110 立方米 / 秒，设计灌溉面积 240.3 平方千米。主要水源是沂河，属沂沭河水系。是兼具防洪、灌溉、养殖于一体的大型水库。通公交车。

沙沟水库　371323-60-F02
[Shāgōu Shuǐkù]

在沙沟镇沙沟村南。因处沙沟村南，故名。1958 年 10 月开工，1959 年 11 月建成，2002 年进行除险加固工程，2005 年达现在规模。流域面积 163 平方千米，东西长 3.05 千米，南北宽 2.04 千米，正常蓄水位集水面积 6.52 平方千米，总蓄水量 10 437 万立方米，平均水深 13.75 米。坝体为壤土心墙砂壳坝，长 580 米，坝顶宽度 7 米，最大坝高 26.66 米。设有放水闸等水利设施，最大泄洪流量 1 703.6 立方米 / 秒，设计灌溉

面积 86 平方千米。主要水源是沭河，属沂沭河水系。是兼具防洪、灌溉、养殖于一体的大（二）型水库。有公路经过，通城乡客运。

跋山水库灌区　371323-60-F03
[Báshān Shuǐkù Guànqū]

在沂水县南部的沂河两岸。以水库得名，为跋山水库灌溉工程。1958 年 5 月始建，1964 年建成。有效灌溉面积 83.95 平方千米，其中耕地有效灌溉面积 71.85 平方千米，2011 年实际灌溉面积 55.79 平方千米。可向沂水县城供水，向双龙河、余粮河、小沂河及东皋公园供水补水。有公路经此。

干渠

跋山水库东干渠　371323-60-G01
[Báshān Shuǐkù Dōnggànqú]

在沂水县南部，沂河东岸。起于跋山水库大坝东端，止于许家湖镇龙泉站。1958 年 5 月始建，1964 年建成。全长 38 千米，设计引水流量 19.1 立方米 / 秒。可向沂水县城供水。有公路经此。

费县

林场

费县国有塔山林场　371325-60-C01
[Fèi Xiàn guóyǒu Tǎshān Línchǎng]

属费县人民政府。在费县北部。面积 34 平方千米。因所在地得名。1946 年设立。现有国家重点生态公益林 3 365.8 平方米，有极少部分的苗圃地和林业辅助生产用地。活立木总蓄积 230 000 立方米，森林覆被率

达 98%，林分状况较好。树种以黑松、赤松、栎类为主，少部分为针阔混合林。有巨大的生态效益和社会效益。

费县国有大青山林场 371325-60-C02
[Fèi Xiàn guóyǒu Dàqīngshān Línchǎng]

在蒙山东麓，费县东北部。建场面积 30 平方千米，现保存面积 9.49 平方千米。因位于大青山得名。1959 年冬建立。林场林以黑松、刺槐、麻栎为主，经济林为板栗、山楂。林场现有国家级刺槐林木良种基地 1 处，面积 1.13 平方千米，汇集国内外优良刺槐品系 300 个，板栗优良品种 50 个。

水库、灌区

许家崖水库 371325-60-F01
[Xǔjiāyá Shuǐkù]

在费县费城街道西南，温凉河中游。因坝址靠许家崖村，故名。1959 年竣工。集水面积 580 平方千米。总库容 2.81 亿立方米，兴利库容 1.74 亿立方米。坝长 1 209 米，高 32.2 米。有泄洪闸 6 孔，最大泄洪量 4 300 立方米 / 秒。有电站 2 处，装机容量 2 400 千瓦。引水干渠分总干、北干、南干、西干，总长 83.6 千米。设计灌溉面积 1.79 万公顷，有效灌溉面积 0.89 万公顷。以防洪、灌溉为主，兼具发电、养殖等效益。省道蒙阴一台儿庄公路经此。

许家崖水库灌区 371325-60-F02
[Xǔjiāyáshuǐkù guànqū]

在费县费城街道、兰山区两县区境内，沿祊河两岸。因许家崖水库得名。1959 年兴建；1968 年使干渠过祊河，增建了北干渠；1974 年对原有总干渠、西干渠、北干渠进行开挖和配套；1984 年建成石沟拦河闸 1 座，对北干进行补源。属大型灌区。

建成总干渠 1 条，长 23.8 千米，西干、南干、北干渠共长 59.8 千米，支渠 15 条，长 63.6 千米，建成大小建筑物 1 650 座，其中干支渠建筑物 804 座，比较大的建筑物有隧洞 3 处、渡槽 4 处、涵洞 4 处，最大实浇面积达 88.7 平方千米。

渠道

许家崖水库总干渠 371325-60-G01
[Xǔjiāyáshuǐkù Zǒnggànqú]

在费县费城街道。南起许家崖水库，北至玉良庄入祊河。1960 年始建，1978 年建成。总干渠长 23.8 千米，西干、南干、北干渠共长 59.8 千米，支渠 15 条，长 63.6 千米，建成大小建筑物 1650 座，其中干支渠建筑物 804 座、隧洞 3 处、渡槽 4 处，最大实浇面积达 88.7 平方千米。

平邑县

林场

天宝山林场 371326-60-C01
[Tiānbǎoshān Línchǎng]

国有林场。在省境南部，平邑县东南部山区。总经营面积 335.3 公顷。因在天宝山一带而得名。1948 年秋成立，1950 年开始大面积造林，1962 年完成造林任务。森林覆盖率 99.1%，主栽树种有黑松、侧柏、赤松、刺槐和杨树等，为水源涵养林。林场对改善生态环境、保护生物多样性、丰富森林景观、发展地方经济起到了重要的推动作用。为国家 AAA 级旅游区九间棚景区的重要组成部分。通公交车。

四开山林场 371326-60-C02
[Sìkāishān Línchǎng]

　　国有林场。在省境南部，平邑县南部。总经营面积 599.4 公顷。因在四开山一带而得名。1959 年建场，1965 年与山阴寺林场合并。森林覆盖率 90%。林木总蓄积 14 772.7 立方米，国家级重点生态公益林面积为 559.4 公顷。种植有松类、刺槐、侧柏及各种果树。四开山林场对改善当地生态环境、保护生物多样性、丰富森林景观、发展地方经济起到了重要的推动作用。通公交车。

锅泉林场 371326-60-C03
[Guōquán Línchǎng]

　　国有林场。在省境南部，平邑县中部。总经营面积 436.8 公顷。因在铜石镇锅泉村而得名。1959 年自天宝山林场分出，1965 年基本完成造林任务。森林覆盖率 98.7%。林木总蓄积 12 838.3 立方米，国家级重点生态公益林面积为 428.5 公顷。林地多为山顶山脊，裸岩颇多，土壤干瘠。种植有松类、刺槐、侧柏及柿树、杏树等。林场对改善生态环境、保护生物多样性、丰富森林景观、发展地方经济起到了重要的推动作用。通公交车。

浚河林场 371326-60-C04
[Xùnhé Línchǎng]

　　国有林场。在省境南部，平邑县中部。总经营面积 209.9 公顷。因在浚河河畔而得名。1959 年建立，1962 年基本完成造林任务。森林覆盖率达到 98% 以上。活林木总蓄积 100.18 万立方米。建立绿化苗木种植基地 1 个，面积共 12 公顷，培育法桐、白蜡、柳树、国槐、黑松、华山松等近 40 万株。为市民休闲旅游的最佳去处。通公交车。

海螺寺林场 371326-60-C05
[Hǎiluósì Línchǎng]

　　国有林场。在省境南部，平邑县北部。面积 2 858 亩。因属地明清时期所建海螺寺而得名。1948 年建场，1952 年开始大面积造林，1963 年完成造林任务。森林覆盖率 97.4%。林木总蓄积 5 363 立方米，国家级重点生态公益林面积为 165.2 公顷。种植松类、栎类、刺槐、杨类等。开发建设了海螺寺景区。林场兼具旅游功能，扩大了森林资源，提高森林质量，净化空气，涵养水源，充分发挥了国有林地生产潜力，提高了生态、社会和经济效益。通公交车。

大洼林场 371326-60-C06
[Dàwā Línchǎng]

　　国有林场。在省境南部，平邑县东部。总经营面积 1 215 公顷。因在大洼片区而得名。1948 年 8 月建场，1950 年开始大面积造林，1960 年造林任务基本结束。有林地 749 公顷，种植松类、侧柏、栎类、刺槐、杨类、竹类、板栗等。目前，大洼林场内开发建设了大洼景区、鬼谷子文化旅游区，成为国家 AAAAA 景区蒙山旅游区的重要组成部分。大洼林场兼具旅游功能，林场对改善生态环境，保护生物多样性，丰富森林景观，发展地方经济起到了重要的推动作用。通公交车。

明光寺林场 371326-60-C07
[Míngguāngsì Línchǎng]

　　国有林场。在省境南部，平邑县东北部。面积 16 665 亩。因属地内始建于元朝的明光寺而得名。1948 年 9 月建场，1954 年开始大面积造林，1964 年完成造林任务。种植松类、栎类、刺槐、杨类、板栗、胡桃等。开发建设了明光寺景区，为国家 AAAAA 景区蒙山旅游区的重要组成部分。林场兼具旅游功能，扩大了森林资源，提高森林质量，净化空气，涵养水源，充分发挥了国有林地生产潜力，提高了生态、社会和经济效益。通公交车。

万寿宫林场 371326-60-C08
[Wànshòugōng Línchǎng]

国有林场。在省境南部，平邑县东北部。经营总面积 1 518 公顷。因蒙山万寿宫而得名。1948 年 8 月建场，1964 年完成造林任务。有林地 1 156 公顷，种植有松类、落叶松、栎类、刺槐、杨类及竹类、板栗、苹果等。目前，以万寿宫林场为核心开发建设了蒙山龟蒙景区，已成为国家 AAAAA 景区蒙山旅游区的核心景区。林场对改善生态环境、保护生物多样性、丰富森林景观、发展地方经济起到了重要的推动作用。同时兼具旅游功能，扩大了森林资源，提高森林质量，净化空气，涵养水源，充分发挥了国有林地生产潜力，提高了生态、社会和经济效益。通公交车。

水库、灌区

唐村水库 371326-60-F01
[Tángcūn Shuǐkù]

在省境南部，平邑县西南部，淮河流域沂河水系浚河支流唐村河上游。因水库在唐村岭而得名。1958 年开工建设，1959 年建成。控制流域面积 26 300 公顷，水库总库容量 14 399 万立方米，兴利库容 9 440 万立方米，死库库容 79 万立方米，水面面积 750 公顷，长度 2.5 千米，平均水深 19 米，最大泄洪流量 1 700 立方米 / 秒。是一座以防洪、灌溉为主，结合旅游、发电、养鱼等综合利用的大型水库。通公交车。

昌里水库 371326-60-F02
[Chānglǐ Shuǐkù]

在省境南部，平邑县南部，沂河水系浚河支流西皋河上。因在铜石镇昌里村南而得名。1970 年开工建设，1971 年建成。控制流域面积 16 070 公顷，总库容 7 183 万立方米，兴利库容 3 277 万立方米，死库容 144 万立方米，水面面积 47 100 公顷，长度 4.7 千米，集水面积 160.7 平方千米，平均水深 15 米，最大泄洪流量 1 843.8 立方米 / 秒。是一座具有防洪、灌溉、水产等多功能的中型水库。通公交车。

杨庄水库 371326-60-F03
[Yángzhuāng Shuǐkù]

在省境南部，平邑县东部，淮河流域沂河水系浚河支流资邱河上。因在卞桥镇杨庄村东北而得名。1959 年开工建设，1960 年建成。控制流域面积 3 600 公顷，总库容量 1 000.3 万立方米，兴利库容 574 万立方米，死库容 18 万立方米，水面面积 81 公顷，长度 1.26 千米，集水面积 36 平方千米，平均水深 12 米，最大泄洪流量 724 立方米 / 秒。是一座以防洪为主，兼顾灌溉、养殖、供水等综合利用的中型水库。通公交车。

安靖水库 371326-60-F04
[Ānjìng Shuǐkù]

在省境南部，平邑县东部，沂河水系浚河支流金线河上游。因在卞桥镇安靖村西而得名。1958 年 6 月修建，10 月建成。控制流域面积 3 510 公顷，总库容量 1 191 万立方米，兴利库容 882 万立方米，死库容 53 万立方米，水面面积 161 公顷，长度 2.2 千米，集水面积 35.12 平方千米，平均水深 8 米，最大泄洪流量 406.5 立方米 / 秒。是防洪、灌溉、养殖、供水等综合利用的中型水库。通公交车。

公家庄水库 371326-60-F05
[Gōngjiāzhuāng Shuǐkù]

在省境南部，平邑县北部，沂河水系浚河公家庄河、大埠槐河上。因在保太镇公家庄村东而得名。1958 年开工建设，1960 年建成。控制流域面积 3 300 公顷，总库容量 1 130 万立方米，兴利库容 936 万立方米，死库容 21.6 万立方米，水面面积 164 公顷，长度 2.4 千米，集水面积 33 平方千米，平均水深 6.8 米，最大泄洪流量 637 立方米/秒。是防洪、灌溉、养殖、供水等综合利用的中型水库。通公交车。

大夫宁水库 371326-60-F06
[Dàfūníng Shuǐkù]

在省境南部，平邑县北部，沂河水系浚河支流下关河上。因在保太镇大夫宁村东而得名。1970 年 9 月开工兴建，1975 年 9 月竣工。控制流域面积 1 680 公顷，总库容量 1 024 万立方米，兴利库容 777 万立方米，死库容 17 万立方米，水面面积 102 公顷，长度 1.7 千米，集水面积 16.8 平方千米，平均水深 10 米，最大泄洪流量 275.9 立方米/秒。是防洪、灌溉、养殖、供水等综合利用的中型水库。通公交车。

吴家庄水库 371326-60-F07
[Wújiāzhuāng Shuǐkù]

在省境南部，平邑县西部。因在平邑街道吴家庄村南而得名。1958 年 10 月开工建设，1960 年 5 月完成大坝加高及放水洞、溢洪道等主体工程建设。控制流域面积 2 100 公顷，总库容量 1 660.8 万立方米，兴利库容 1 370 万立方米，死库容 30 万立方米，水面面积 206 公顷，长度 1.4 千米，宽度 0.48 千米，集水面积 21 平方千米，平均水深 8 米，最大泄洪流量 62.2 立方米/秒。是防洪、灌溉、养殖、供水等综合利用的中型水库。通公交车。

唐村灌区 371326-60-F08
[Tángcūn Guànqū]

在省境南部，平邑县中部。因唐村水库为主要水源而得名。1959 年 6 月始建，1999 年完成二干渠改造。经过改造，唐村水库的渠系输水能力达到 17.7 立方米/秒，恢复改善灌溉面积 0.1 万公顷。东西长 23 千米，南北宽 21 千米。有效灌溉面积 0.67 万公顷。唐村灌区是县内主要粮食产区，耕地面积占全县的 20%，在全县农业经济发展中具有重要地位。通公交车。

昌里灌区 371326-60-F09
[Chānglǐ Guànqū]

在省境南部，平邑县南部。因昌里水库为主要水源而得名。1973 年 11 月开工建设，1977 年 12 月竣工。昌里灌区是中型灌区，有效灌溉面积 0.33 万公顷。1978 年、1979 年又对东干渠进行开挖，到 1988 年本灌区共完成干渠两条，长 29 千米；分干渠 2 条，长 19.5 千米；支渠 12 条，长 31 千米；建渡槽 23 座、涵洞 6 个。集防汛、抗洪、调蓄、抗旱、灌溉作用于一体，对县境东南部农业经济发展具有重要作用。通公交车。

莒南县

林场

望海楼林场 371327-60-C01
[Wànghǎilóu Línchǎng]

国有林场。在县城东北 10 千米处。占地面积 1.7 平方千米。因可望到东海而得名。1950 年 2 月成立。多植松树等针叶类树木和杨树等落叶类树木。交通便利。

水库、灌区

陡山水库 371327-60-F01
[Dǒushān Shuǐkù]

在大店镇与涝坡镇交界处，离县城 20 千米。因水库在陡山脚下，故名。1958 年 9 月动工兴建，1959 年 7 月竣工。水库控制流域面积 431 平方千米，总库容 2.9 亿立方米，兴利库容 1.68 亿立方米，设计灌溉面积 35.2 万亩。陡山水库是一座以防洪、灌溉为主，兼有发电、水产养殖、旅游等多功能的大（2）型水库。在抗御水旱灾害、保障人民生命财产安全和国民经济的持续稳定发展、保护水土资源和改善生态环境等方面发挥了重要作用。交通便利。

石泉湖水库灌区 371327-60-F02
[Shíquánhú Shuǐkù Guànqū]

在县城东、北和西部。以石泉湖水库为灌溉水源，故名。1958 年春开发灌区，1960 年 2 月开灌，1963 年进行了田间配套，1966 年扩建了新三干渠。面积 66.67 平方千米，设计灌溉面积 43.87 平方千米，有效灌溉面积 24.67 平方千米，保浇面积 18 平方千米。到 1966 年共完成干渠 4 条，长 28.3 千米；支渠 8 条，长 25.6 千米；斗渠 95 条，长 60.6 千米。较大型建筑物 865 座，其中桥 6 座、渡槽 10 处、涵闸 7 座。排水干沟 5 条，长 40.1 千米；支沟 58 条，长 69.6 千米。灌区内主要作物有小麦、玉米、水稻、花生等。通公交车。

相邸水库灌区 371327-60-F03
[Xiàngdǐ Shuǐkù Guànqū]

在莒南县县城东部。以相抵水库为灌溉水源，故名。1963 年兴建。共有干支渠 4 条 54.5 千米，其中引河干渠 2 条，长 18.2 千米；支渠 27 条，长 73.13 千米。主要建筑物 396 座，其中公路桥 6 座、较大型渡槽 3 座、隧洞 9 处、闸坝 11 座。设计灌溉面积 11 万亩，有效灌溉面积 4.5 万亩。通公交车。

渠道

陡山灌区北干渠 371327-60-G01
[Dǒushān Guànqū Běigànqú]

在陡山水库北。起点为大店镇薛家窑村，止点为大店镇大公书村。1964—1965 年建设。长 14 千米。平均流量 0.9 立方米 / 秒，最大水深 1.2 米。作用为灌溉土地。通公交车。

陡山灌区刘庄西干渠 371327-60-G02
[Dǒushān Guànqū Liúzhuāng Xīgànqú]

在板泉镇。起点为板泉镇西于湖村，止点为板泉镇大王刘庄村。1960—1962 年建设。长 9.58 千米。平均流量 2.4 立方米 / 秒，最大水深 1.2 米。作用是灌溉土地。通公交车。

陡山灌区芦沟干渠 371327-60-G03
[Dǒushān Guànqū Lúgōu Gànqú]

在县城西北部。起点为道口镇芦沟闸，止点为岭泉镇西怪草。1962—1964 年建设。长 5.14 千米。平均流量 1.6 立方米 / 秒，最大水深 1.1 米。作用是灌溉土地。通公交车。

陡山灌区西干渠 371327-60-G04
[Dǒushān Guànqū Xīgànqú]

在陡山水库西。起于大店镇十村，止于板泉镇西辛庄村。1959 年 10 月始建，1963 年建成。平均流量 20 立方米 / 秒，最大水深 3 米。作用是灌溉土地。通公交车。

朱家洼子引河干渠 371327-60-G05
[Zhūjiāwāzi Yǐnhé Gànqú]

在莒南县坊前镇戴家洼子村。起点是戴家洼子村，止点是临港区小朱陈村。1966 年建成。全长 5.35 千米，渠道底宽 1.5 米，水深 1.2 米，设计流量 1.0 立方米 / 秒，设计灌溉面积约 0.15 万亩。作用是灌溉土地。通公交车。

相邸水库九岭干渠 371327-60-G06
[Xiàngdǐ Shuǐkù Jiǔlǐng Gànqú]

在莒南县城东部。起点是相邸水库放水洞出口，止点是于家岭 7# 隧道。1962 年 8 月始建，1965 年 5 月建成。全长 18.24 千米，渠道底宽 3.2 米，水深 1.9 米，设计流量 7.7 立方米 / 秒。作用是灌溉土地。通公交车。

邱官庄引河干渠 371327-60-G07
[Qiūguānzhuāng Yǐnhé Gànqú]

在莒南县坊前镇邱官庄村西引河。起点是邱官庄拦河坝左侧，止点是张家相邸村。全长 15.7 千米，渠道底宽 2.5 米，水深 2 米，设计流量 3.5 立方米 / 秒。设计灌溉面积约 1.5 万亩。作用是灌溉土地。通公交车。

蒙阴县

林场

蒙阴县国营中山寺林场 371328-60-C01
[Méngyīn Xiàn Guóyíng Zhōngshānsì Línchǎng]

在坦埠镇驻地西北 3 千米。占地面积 385.1 公顷。以行政区域名称、性质和地理实体命名。1950 年建。场内植被茂密、葱郁，树种繁多，以黑松、赤松、侧柏、杨树、楸树等防护林为主，自然物种资源丰富。有效保护了森林资源，改善了当地生态环境，在森林养护科学规划设计和防火等方面发挥了重要作用。有公路经此。

蒙阴县国有林场总场 371328-60-C02
[Méngyīn Xiàn Guóyǒu Línchǎng Zǒngchǎng]

国有林场。在岱崮镇驻地西北 11 千米。占地面积 8.136 亩。以行政区域名称和单位性质命名。1960 年始建，原为蒙阴县岱崮林场，2012 年成立蒙阴县国有林场总场。林场地形复杂，山峦起伏，境内奇峰林立，沟壑交错，植被茂密、葱郁，树种繁多，以黑松、赤松、刺槐、侧柏、杨树、麻栎等防护林为主，物种资源丰富。有效保护了森林资源，改善了当地生态环境，在森林养护科学规划设计和防火等方面发挥了重要作用。有公路经此。

天麻林场 371328-60-C03
[Tánmá Línchǎng]

在蒙阴县南部，地处蒙山山脉北坡。占地面积 3 676 公顷。据说，山上原有天麻场数十亩，其平如砥，故名。1950 年 4 月始建。场下设钻石公园、曲流涧、云蒙峰、望海楼 4 个分区，其中钻石公园分区面积 4 636.05 亩、曲流涧分区 25 435.95 亩、云蒙峰分区 12 082 亩、望海楼分区 12 984 亩。林场山岳和森林景观众多，植被覆盖率 98% 以上，自然资源丰富，拥有黑松、麻栎等树木 100 余科 900 余种，野兔、獾等兽类 10 科 15 种，白鹭、雀鹰、白头鹰等多种珍禽 28 科 78 种，灵芝、何首乌、丹参等中药材 400 余种。1994 年被批准为蒙山国家森林公园，2002 年被批准为国家级重点生态公益林。有效保护了动植物资源，改善了当地生态环境，在森林养护科学规划设计和防火等方面发挥了重要作用。有公路经此。

水库

岸堤水库 371328-60-F01
[Àndī Shuǐkù]

在蒙阴县东部。因水库在岸堤镇，故名。1959年11月始建，1960年5月建成。属大型水库，主要水源是东汶河、梓河。南北呈"S"状，占地面积58.62平方千米，长度26千米，宽度3.1千米，周长115千米，集水面积169 000公顷，总库容量74 940万立方米。以防洪、农业灌溉为主，兼顾小水力发电及渔业生产。335省道经跨湖大桥横穿水库通过。

临沭县

灌区

龙潭水库灌区 371329-60-F01
[Lóngtán Shuǐkù Guànqū]

在临沭县城东南部。因在龙潭附近而得名。1958年10月动工兴建，1959年5月竣工，1976年11月扩建。灌区由三部分组成，由水库北放水洞引出北干渠，以溢洪道及其下游排水河道为界，形成灌区的北半部分；由南放水洞引出南干渠，穿过蛟龙、大兴两个镇街，是灌区的南半部分，为灌区的主要部分。干渠总长18.1千米。设计灌溉面积40平方千米，有效灌溉面积7平方千米。是一座集防洪、灌溉、发电、水产养殖等综合利用的中型水库。通公路。

凌山头水库灌区 371329-60-F02
[Língshāntóu Shuǐkù Guànqū]

在临沭县城北部。因在凌山头而得名。1965年11月动工兴建，1967年4月竣工。

由南干渠、北干渠和水库扬水站控制区组成，设计灌溉面积18平方千米，有效灌溉面积9平方千米。1972年开挖南北干渠，有支渠19条、斗渠121条。水库扬水站1980年建成，扬水流量0.4立方米/秒。灌区开挖排水沟4条，总长3千米。有建筑物295座，建筑物按20年一遇标准设计。东靠225省道，交通便利。

埠前灌区 371329-60-F03
[Bùqián Guànqū]

在郑山街道埠前村南，徐埠前村北的沭河左岸。因在埠前村而得名。1962年开工兴建。灌区设干渠1条，总长4.4千米；支渠7条，长10千米。灌区南北长7千米，东西宽2.1千米，控制19个村的4平方千米土地。通公路。

大官庄灌区 371329-60-F04
[Dàguānzhuāng Guànqū]

在石门镇大官庄村北的新沭河泄洪闸南、老沭河左岸。因坐落于大官庄附近，故名。1976年11月开工兴建，1977年10月竣工。设计灌溉面积30平方千米。设有一级、二级提水站，为粮食增产和农业经济发展发挥了重要作用。通公路。

岭南头灌区 371329-60-F05
[Lǐngnántóu Guànqū]

在曹庄镇岭南头村西南，老沭河右岸。因在岭南头而得名。1970年开工兴建，1972年竣工。灌区南北长11.3千米，东西宽7.5千米。干渠长8.3千米，渠系建筑物共117座，设计灌溉面积30平方千米。起到调节土壤温度、湿度、空气和养分，提高土地的生产能力的作用。通公路。

词目拼音音序索引